30 ANOS DA CONSTITUIÇÃO DE 1988
UMA JORNADA DEMOCRÁTICA INACABADA

CARLOS BOLONHA
FÁBIO CORRÊA SOUZA DE OLIVEIRA

Coordenação Geral

MAÍRA ALMEIDA

Coordenação Científica

ELPÍDIO PAIVA LUZ SEGUNDO

Coordenação Executiva

Prefácios
Peter Häberle
Paulo Bonavides
Cass R. Sunstein
Luís Roberto Barroso

30 ANOS DA CONSTITUIÇÃO DE 1988
UMA JORNADA DEMOCRÁTICA INACABADA

Belo Horizonte

2019

© 2019 Editora Fórum Ltda

É proibida a reprodução total ou parcial desta obra, por qualquer meio eletrônico, inclusive por processos xerográficos, sem autorização expressa do Editor.

Conselho Editorial

Adilson Abreu Dallari
Alécia Paolucci Nogueira Bicalho
Alexandre Coutinho Pagliarini
André Ramos Tavares
Carlos Ayres Britto
Carlos Mário da Silva Velloso
Cármen Lúcia Antunes Rocha
Cesar Augusto Guimarães Pereira
Clovis Beznos
Cristiana Fortini
Dinorá Adelaide Musetti Grotti
Diogo de Figueiredo Moreira Neto
Egon Bockmann Moreira
Emerson Gabardo
Fabrício Motta
Fernando Rossi
Flávio Henrique Unes Pereira

Floriano de Azevedo Marques Neto
Gustavo Justino de Oliveira
Inês Virgínia Prado Soares
Jorge Ulisses Jacoby Fernandes
Juarez Freitas
Luciano Ferraz
Lúcio Delfino
Marcia Carla Pereira Ribeiro
Márcio Cammarosano
Marcos Ehrhardt Jr.
Maria Sylvia Zanella Di Pietro
Ney José de Freitas
Oswaldo Othon de Pontes Saraiva Filho
Paulo Modesto
Romeu Felipe Bacellar Filho
Sérgio Guerra
Walber de Moura Agra

Luís Cláudio Rodrigues Ferreira
Presidente e Editor

Coordenação editorial: Leonardo Eustáquio Siqueira Araújo

Av. Afonso Pena, 2770 – 15º andar – Savassi – CEP 30130-012
Belo Horizonte – Minas Gerais – Tel.: (31) 2121.4900 / 2121.4949
www.editoraforum.com.br – editoraforum@editoraforum.com.br

Dados Internacionais de Catalogação na Publicação (CIP) de acordo com ISBD

A244	30 anos da Constituição de 1988: uma jornada democrática inacabada / Carlos Bolonha, Fábio Corrêa Souza de Oliveira, Maíra Almeida, Elpídio Paiva Luz Segundo (Coord.). Belo Horizonte : Fórum, 2019.
	624p. ; 17cm x 24cm Inclui bibliografia. ISBN: 978-85-450-0595-7
	1. Direito. 2. Direito Constitucional. 3. Constituição de 1988. I. Bolonha, Carlos. II. Oliveira, Fábio Corrêa Souza de. III. Almeida, Maíra. IV. Segundo, Elpídio Paiva Luz. V. Título.
2018- 1255	CDD 342 CDU 342

Elaborado por Vagner Rodolfo da Silva - CRB-8/9410

Informação bibliográfica deste livro, conforme a NBR 6023:2002 da Associação Brasileira de Normas Técnicas (ABNT):

BOLONHA, Carlos et al. (Coord.). *30 anos da Constituição de 1988*: uma jornada democrática inacabada. Belo Horizonte: Fórum, 2019. 624p. ISBN 978-85-450-0595-7.

SUMÁRIO

PARTE I
BALANÇOS NOS TRINTA ANOS

POR UMA REPÚBLICA INCLUSIVA: USOS E ABUSOS DO PRINCÍPIO REPUBLICANO NOS 30 ANOS DA CONSTITUIÇÃO FEDERAL
Daniel Sarmento...59
1 Introdução 59
2 A República que não temos sido: Patrimonialismo, Cordialidade e Desigualdade 59
3 O princípio republicano e seus componentes 61
3.1 Elegibilidade e temporariedade dos mandatos políticos 62
3.2 Responsabilidade dos governantes e autoridades por seus atos 62
3.3 Igualdade republicana: ninguém abaixo e ninguém acima das leis 64
3.4 Liberdade contra a tirania e a sujeição: a não dominação 65
3.5 Separação entre o público e o privado: impessoalidade, transparência e controle na gestão da coisa pública 66
3.6 A participação do cidadão: direitos e responsabilidades perante a "coisa pública" 68
4 O que o Princípio Republicano não deve ser: não ao *republicanismo seletivo, ao republicanismo dos heróis mascarados e ao jacobinismo republicano* 69
5 Conclusão 70
Referências 71

30 ANOS DE CONSTITUIÇÃO: UM BALANÇO
Fábio Corrêa Souza de Oliveira, Larissa Pinha de Oliveira..............................73
1 Notas iniciais..73
2 Um balanço doutrinário 74
3 Um balanço jurisprudencial..76
4 Dois estudos de caso 78
4.1 Parques ambientais: modelo ético, constitucional e administrativo............78
4.2 Vaquejada: a entrada da Ética Animal no STF e *backlash* 81
5 Considerações finais...86
Referências 88

A PREVIDÊNCIA SOCIAL BRASILEIRA 30 ANOS DEPOIS – A "METAMORFOSE INCOMPLETA"
Fábio Zambitte Ibrahim 91
1   Introdução – Proteção social e liberdade 91
2   Previdência Social no Brasil – As lacunas de cobertura.............................92
3   Financiamento do Sistema – Reflexos da metamorfose incompleta..............93
4   Conclusão – A necessidade de universalidade de cobertura e financiamento..97
Referências...97

"CHEGA DE GOLPES", "O PAÍS JÁ VIVE A CONSTITUIÇÃO": EXPECTATIVAS, EFETIVIDADE CONSTITUCIONAL E ESPERANÇAS NA IMPRENSA BRASILEIRA NOS DIAS 5 E 6 DE OUTUBRO DE 1988
Gustavo Silveira Siqueira..99
1   Introdução 99
2   05 de Outubro de 1988: o Dia da Promulgação...99
3   06 de Novembro de 1988: notícias sobre a festa, chega de golpe! 102
4   Palavras finais 106
Referências 107

30 ANOS DA CONSTITUIÇÃO DE 1988: UM OLHAR HERMENÊUTICO DE UMA JORNADA INACABADA
Lenio Luiz Streck 109
1   Palavras primeiras...109
2   Com que olhos temos visto a Constituição?..109
3   É a Constituição o que o Judiciário diz que ela é?......................................114
4   Considerações para uma Jornada Inacabada 118
Referências 118

OS TRINTA ANOS DA CONSTITUIÇÃO E AS POLÍTICAS PÚBLICAS: A CELEBRAÇÃO INTERROMPIDA
Maria Paula Dallari Bucci..119
1   Permanência e transformação sob a CF 88..119
2   "Rigidez Complacente": uma centena de Emendas Constitucionais e seus diversos efeitos..121
3   "Compromisso Maximizador": o sucesso das políticas públicas constitucionalizadas..122
4   "Sistema Político Consensual": a sustentação democrática da CF em xeque 127
Referências 129

PARTE II
ENTORNO DA TEORIA DA CONSTITUIÇÃO

A CONSTITUIÇÃO DESCONSERTADA
André Ramos Tavares 133
1   A Constituição Cidadã 133
2   A desconstrução de um pacto social e democrático 136
3   A Constituição-Menos-Cidadã e o Mercado-Divindade 138
3.1   O novo modelo: um Pacto não pactuado de austeridade, de segurança seletiva e persecutório (controle e contenção) 141
4   A Constituição de 1988 entre o passado auspicioso, o desconserto atual e o projeto de futuro desejável e possível 145
Referências 146

LINGUAGEM CONSTITUCIONAL, DENSIDADE JURÍDICA E INTERPRETAÇÃO: O CAMINHO AINDA NÃO TRILHADO
Daniel de Souza Lucas, Carlos Bolonha 149
1   Introdução 149
2   O lugar-comum da linguagem constitucional, da densidade jurídica e da interpretação 152
3   O caminho ainda não trilhado 155
4   Conclusão 158
Referências 159

A DEGRADAÇÃO CONSTITUCIONAL BRASILEIRA
Daniel Vargas 161
1   Introdução 161
2   Cultura constitucional brasileira 162
2.1   Cultura constitucional como método 162
2.2   Momentos constitucionais 162
3   Momentos constitucionais 164
3.1   Fundacionalismo 164
3.2   Construtivismo 165
3.3   Gerencialismo 167
3.4   Ceticismo 169
4   A degradação constitucional 170
5   Conclusão 171
Referências 172

AS CONFLITUALIDADES INTRÍNSECAS DA NORMA CONSTITUCIONAL
Emerson Garcia..173
1   Premissas argumentativas...173
2   Aspectos essenciais das conflitualidades intrínsecas 175
3   Requisitos das conflitualidades intrínsecas................................180
4   Fatores que concorrem para o surgimento das conflitualidades intrínsecas..182
5   Planos de desenvolvimento das conflitualidades intrínsecas......186
6   Epílogo 192
Referências 193

RAZÕES HISTÓRICAS DO PRESIDENCIALISMO NO BRASIL E SUA PERMANÊNCIA NA CONSTITUIÇÃO PROMULGADA EM 1988
Leonam Baesso da Silva Liziero...197
1   Introdução 197
2   O histórico predomínio do Presidente da República no Brasil 197
3   A instauração do parlamentarismo na era republicana..............201
4   O Parlamentarismo em questão na Constituinte de 1987/1988 204
5   Conclusão 205
Referências 206

TRANSFORMAÇÕES DO ESTADO E DA CONSTITUIÇÃO BRASILEIRA NA CONJUNTURA DA "CRISE ECONÔMICA"
Soraya Gasparetto Lunardi, Dimitri Dimoulis..207
1   Introdução 207
2   A crise do estado brasileiro durante o governo Temer. Palavras de ordem do discurso dominante e a postura de STF........................208
3   Crise de direitos fundamentais 213
4   Crise democrática...214
5   Uma contraproposta. A constituição da multidão (Antonio Negri)............216
6   Considerações conclusivas..219
Referências 220

PARTE III
CONSTITUIÇÃO, 30 ANOS E DIREITOS FUNDAMENTAIS

30 ANOS DA CONSTITUIÇÃO DE 1988: DIREITOS FUNDAMENTAIS PARA ALÉM DO PAPEL E O DIREITO À INFORMAÇÃO
Ana Paula de Barcellos..225
Referências 233

DIREITOS FUNDAMENTAIS, CONSTITUIÇÃO E MEIO AMBIENTE
Daniel Braga Lourenço 235
1   Introdução: natureza em colapso 235
2   O arcabouço jurídico-ambiental brasileiro 237
3   Inefetividade administrativa e retrocesso legislativo 240
4   Considerações finais 243
Referências 245

DIREITOS HUMANOS E SAÚDE GLOBAL
Deisy Ventura 247
1   Introdução 247
2   O paradoxo constitutivo da saúde global 249
3   Austeridade em saúde e direitos humanos 251
4   Direito à saúde x cobertura universal de saúde 252
Referências 254

A LIBERDADE RELIGIOSA AOS TRINTA ANOS DA CONSTITUIÇÃO FEDERAL BRASILEIRA
Jayme Weingartner Neto, Ingo Wolfgang Sarlet 257
1   Considerações preliminares 257
2   A liberdade religiosa como direito fundamental 259
3   Apresentação e breve análise dos principais casos submetidos ao STF 260
3.1   A ausência de força normativa da referência a Deus no Preâmbulo 260
3.2   O problema da não realização de exame (ENEM) por força de convicção religiosa 262
3.3   A querela em torno do sacrifício ritual de animais 265
3.4   Vedação de proselitismo em rádios comunitárias 271
3.5   Ensino religioso em escolas públicas 272
4   Considerações finais 280
Referências 280

AS FASES DE UMA EVOLUÇÃO TRINTENÁRIA E A IMPORTÂNCIA DE REFORÇO COTIDIANO DOS DIREITOS DE LIBERDADE EXPRESSOS NA CONSTITUIÇÃO DE 1988 SOB SUA DICOTOMIA ESTRITA E SUBSTANTIVA
Luigi Bonizzato 283
1   Introdução 283
2   As fases e momentos nos primeiros 30 anos da Constituição 283
3   Breve histórico e considerações sobre alguns direitos de liberdade tradicionais e em sentido estrito 288

4	Liberdades substantivas e direitos sociais: a associação decorrente, conclusiva e futurística	298
5	Conclusão	305
Referências		305

A INFLUÊNCIA DO MANIFESTO DE CÓRDOBA DE 1918 NA CONSTITUIÇÃO BRASILEIRA DE 1988: UMA ANÁLISE EVOLUTIVA SOBRE O DIREITO À EDUCAÇÃO

Maria Elizabeth Guimarães Teixeira Rocha 307

1	Introdução	307
2	O ensino superior no Brasil: genealogia histórica	316
3	A educação na Constituição brasileira de 1988	323
4	Conclusão	326
Referências		332

O LOBBY DO BATOM: 30 ANOS DA CONSTITUIÇÃO DE 1988

Schuma Schumaher 335

1	Contextualizando	335
2	Estava dada a largada	335
3	Uma estratégia bem sucedida	336

MOVIMENTOS FEMINISTAS E OS 30 ANOS DA CONSTITUIÇÃO FEDERAL BRASILEIRA: DO "LOBBY DO BATOM" AOS RETROCESSOS

Vanessa Batista Berner 341

1	Situando o debate	341
2	O feminismo, a política e o processo constituinte	341
3	O *lobby* do batom	346
4	Um Estado heterossexual	350
5	"Eu sozinha ando bem, mas com você ando melhor"	355
Referências		357

PARTE IV
CONSTITUIÇÃO, A VIA JUDICIAL E OUTRAS VIAS

JUÍZES FALANDO PELO POVO: POPULISMO JUDICIAL PARA ALÉM DAS DECISÕES JUDICIAIS

Diego Werneck Arguelhes 361

Referências 366

TRIBUNAIS CONSTITUCIONAIS E SEUS AUDITÓRIOS
Fábio Perin Shecaira, Noel Struchiner 369
1   O difícil trabalho de um juiz constitucional 369
2   Fundamentação das decisões judiciais 369
3   Lógica *vs* Retórica 370
4   O problema da diversidade de auditórios 372
5   Auditórios privilegiados 374
6   Conclusão: soluções à vista? 375
Referências 376

TRÊS DESAFIOS À APLICAÇÃO DA METÁFORA DOS "DIÁLOGOS INSTITUCIONAIS" PARA A LEGITIMAÇÃO DA JURISDIÇÃO CONSTITUCIONAL
Fernando Leal 377
1   Introdução 377
2   Três problemas 379
3   Conclusão 386
Referências 387

INDEPENDÊNCIA REAL DO MINISTÉRIO PÚBLICO APÓS A CONSTITUIÇÃO DE 1988: DESENHOS INSTITUCIONAIS INFORMAIS E JOGOS OCULTOS ENTRE PODERES
Flavianne Fernanda Bitencourt Nóbrega 389
1   Introdução: a correlação inversa entre a independência *de jure* e a independência *de facto* do ministério público 389
2   Desmistificando a independência do Ministério Público no Brasil 391
3   A autonomia financeira e administrativa dada pela Constituição da República Federativa do Brasil em 1988: desenho institucional formal 393
4   Indícios da não implementação do desenho institucional formal após 1988. A regra constitucional da autonomia administrativa e financeira do Ministério Público não vale para todos 395
5   A não independência *de facto* do Ministério Público – O caso de Pernambuco 397
5.1   Ministério Público de Pernambuco pós-1988 como Departamento da Secretaria de Justiça do Poder Executivo 398
5.2   O início da autonomia administrativa do Ministério Público em Pernambuco: a crise de 1995 401
5.3   Orçamento do Ministério Público definido pelo Poder Executivo – O desenho institucional real e jogos ocultos entre os poderes 403
5.4   Outros indicadores relacionados à autonomia financeira do Ministério Público 408

| 6 | Conclusão: Ministério Público, estado de direito aparente e jornada democrática inacabada | 409 |

Referências ... 412

A CONSTITUIÇÃO FEDERAL DE 1988 E A CULTURA DO INCONSTITUCIONALISMO
Luiz Henrique Urquhart Cademartori, Eduardo de Carvalho Rêgo ... 415
1 Introdução ... 415
2 Neoconstitucionalismo e ativismo judicial no contexto brasileiro pós-1988 ... 416
2.1 Neoconstitucionalismo enquanto expressão do chamado "moralismo jurídico" ... 418
2.2 Ativismo judicial e politização do Direito ... 422
3 Ativismo judicial e controle de constitucionalidade ... 425
3.1 Ativismo judicial no controle de constitucionalidade ... 426
3.2 A cultura do "inconstitucionalismo" no Brasil contemporâneo ... 428
4 Conclusão ... 431
Referências ... 432

CONSIDERAÇÕES SOBRE O ATIVISMO JUDICIAL NO SÉCULO XXI
Maria Cristina Irigoyen Peduzzi ... 435
1 Introdução ... 435
2 Segurança jurídica, hermenêutica e ativismo judicial ... 435
3 Críticas contemporâneas ao ativismo ... 438
3.1 Ran Hirschl: ativismo judicial como consequência da juristocracia ... 438
3.2 Cass Sunstein e o minimalismo judicial ... 440
3.3 Jeremy Waldron, o desacordo moral e a dignidade da legislação ... 442
3.4 É possível defender a dignidade da legislação? ... 443
3.5 O papel do Poder Judiciário na perspectiva de Waldron ... 444
3.6 Mark Tushnet e a crítica dos direitos ... 445
4 Conclusão ... 446
Referências ... 447

JULGANDO FORA DOS AUTOS: UMA NOVA REFLEXÃO SOBRE *OBITER DICTA* EXOPROCESSUAIS NO BRASIL
Thomas Bustamante ... 449
1 Introdução ... 449
2 A noção de *obiter dicta* exoprocessuais ... 451
3 Modalidades de *obiter dicta* exoprocessuais ... 452

3.1 *Obiter dicta* prejulgadores 452
3.2 *Obiter dicta* de competição interna 454
3.3 *Obiter dicta* corporativos 455
3.4 *Obiter dicta* pseudo-científicos 458
4 Conclusão 460
Referências 462

PARTE V
CONSTITUIÇÃO E DIREITO ADMINISTRATIVO

CONSTITUCIONALIZAÇÃO DO DIREITO ADMINISTRATIVO SANCIONADOR: UM PROCESSO EM ANDAMENTO
Alice Bernardo Voronoff 465
1 Constitucionalização do direito, do direito administrativo e do direito administrativo sancionador: desafios da pós-modernidade. 465
2 Primeira etapa do processo de constitucionalização do direito administrativo sancionador: sindicabilidade, extensão de garantias e estreitamento do mérito administrativo 468
3 Segunda etapa do processo de constitucionalização do direito administrativo sancionador: é preciso corrigir premissas e critérios equivocados..472
3.1 Premissas equivocadas 472
3.2 Critérios hermenêuticos equivocados 474
4 Qual o caminho a ser percorrido para a efetiva constitucionalização do direito administrativo sancionador? 477
Referências 478

COMO DESESTRUTURAR UMA AGÊNCIA REGULADORA EM PASSOS SIMPLES
Eduardo Jordão, Maurício Portugal Ribeiro 481
1 Introdução 481
2 As dicas para os chefes do Poder Executivo...482
2.1 Enfraqueça o corpo diretor das agências reguladoras 482
2.2 Prejudique a operação da agência..483
2.3 Exponha as decisões das agências a todo tipo de controle 485
3 As dicas para os órgãos de controle..486
3.1 Limite o leque de ações ou instrumentos à disposição das agências..486
3.2 Usem os poderes de punição para amedrontar os funcionários das agências..487
3.3 Interfira nas escolhas e decisões regulatórias...488
4 As dicas para os membros das próprias agências 489

4.1	Descumpram contratos e frustrem a segurança jurídica	489
4.2	Não liguem muito para procedimentos	490
4.3	Negligenciem a importância da difusão informacional	491
5	Conclusão	492
Referências		493

PODER DE POLÍCIA, DIREITOS FUNDAMENTAIS E INTERESSE PÚBLICO: 30 ANOS DE CONSTITUCIONALIZAÇÃO DO DIREITO ADMINISTRATIVO NO BRASIL
Gustavo Binenbojm 495

1	Direitos fundamentais e democracia como elementos estruturantes do estado administrativo contemporâneo	495
2	Poder de polícia, direitos fundamentais e democracia	506
3	Limites impostos ao poder de polícia pelos direitos fundamentais	508
4	O papel do poder de polícia na proteção e promoção de direitos fundamentais	517
5	Poder de polícia, democracia e limites constitucionais: a ponderação proporcional entre objetivos coletivos e direitos fundamentais	524
6	Conclusões	530
Referências		533

INTEGRAÇÃO METROPOLITANA E A PRESTAÇÃO DE SERVIÇOS PÚBLICOS DE INTERESSE COMUM
Sérgio Guerra 535

1	Introdução	535
2	A repartição de competência e o princípio da predominância do interesse	536
3	A função de serviço público e a partilha de competências constitucionais	539
3.1	Os serviços públicos de competência da união, dos estados e municípios	540
4	A instituição de regiões metropolitanas pelo estado para a execução de função pública (serviço público) de interesse comum	542
5	A instituição e organização das regiões metropolitanas no Supremo Tribunal Federal: os limites para atuação dos estados e municípios	545
6	Conclusão	548
Referências		549

PARTE VI
OUTRAS ABORDAGENS

A CONSTITUIÇÃO BRASILEIRA DE 1988: ENTRE O *HOMEM ECONÔMICO* E A *MULHER LITERÁRIA*
André Karam Trindade, Guilherme Gonçalves Alcântara 553
1   Introdução 553
2   Constituição Brasileira de 1988: mulher de fases.......................554
3   O *homem econômico*...556
4   Um contraste: a *mulher literária* 558
5   Conclusão 562
Referências 564

DO LIBERALISMO AO NEOLIBERALISMO: O ESVAZIAMENTO DEMOCRÁTICO E A TIRANIA DO MERCADO
Georgheton Melo Nogueira...567
1   Liberalismo e democracia..567
2   A face neoliberal do capitalismo 570
3   A tirania do mercado e a submissão democrática......................572
4   Considerações 575
Referências 575

O FUTURO DA ADVOCACIA: UMA ESPECULAÇÃO FUNDAMENTADA DO QUE NOS ESPERA; O QUE PENSA E QUER A GERAÇÃO QUE VAI FAZER O FUTURO DA ADVOCACIA?
Luiz Guilherme Migliora 577
1   Introdução 577
2   As firmas e suas várias formas no Brasil de hoje.......................577
3   Os talentos que serão o futuro da advocacia.............................578
4   O comprometimento organizacional afetivo.............................580
5   E o que têm feito os escritórios de advocacia nesse cenário?.....581
6   Conclusão 584
Referências 585

O PRINCÍPIO DA COLABORAÇÃO NO CÓDIGO DE PROCESSO CIVIL DE 2015: BREVE ANÁLISE SOB A ÓTICA DOS PRINCÍPIOS CONSTITUCIONAIS
Marcia Cristina Xavier de Souza 587
1   Introdução 587

2	Cooperação nacional	589
3	Igualdade	589
4	Contraditório, vedação de decisão surpresa e fundamentação	590
5	Negócios jurídicos processuais e calendário processual	592
6	Colaboração entre os representantes legais das partes	593
7	Conclusão	594

Referências 594

A TRIBUTAÇÃO NA ERA DA AUSTERIDADE SELETIVA
Ricardo Lodi Ribeiro 595
Referências 602

RESILIÊNCIA CONSTITUCIONAL E O PAPEL ESTABILIZADOR DAS CONSTITUIÇÕES NAS SOCIEDADES DEMOCRÁTICAS
Luís Cláudio Martins de Araújo 605
Introdução 605
1   Constitucionalismo e a criação das Constituições 606
2   Resiliência constitucional e o papel estabilizador das constituições nas sociedades democráticas 610
3   Conclusão 615
Referências 616

SOBRE OS AUTORES
....619

PREFÁCIOS

> # UMA ACLAMAÇÃO CORDIAL VINDA DO OUTRO LADO DO "MUNDO DOS ESTADOS CONSTITUCIONAIS DE DIREITO"[1]

1 Introdução

Jubileus constitucionais são fundamentais ao "Dia da Constituição", isto é, ao dia de seu aniversário. Eles celebram uma obra que "pertence" a todos os cidadãos da sociedade aberta de intérpretes constitucionais. A participação ativa dos cidadãos em tal cultura de memória constitui um importante processo de integração na comunidade política. Em especial a academia deve se dedicar à realização de eventos e palestras comemorativas. Assim ocorreu na Alemanha, em maio de 2009, quando os "60 Anos da Constituição Alemã" foram celebrados em numerosos locais, inclusive pela comunidade acadêmica (por exemplo, em revistas e anuários, cf. G. Mendes, in: P. Häberle, *60 Jahre deutsches Grundgesetz*, 2011), pelos parlamentos, autoridades locais, cidadãos e grupos. Notadamente em tempos de crise, faz-se necessário um fórum nacional, como o promovido neste livro: uma revisão crítica de toda a grande tradição geral; uma representação honesta daquilo que foi conjuntamente alcançado no Estado e na sociedade; e uma perspectiva do futuro almejado e seus desafios. Alguns preâmbulos constitucionais traçam essas três fases em linguagem simples e festiva (Prelúdios ou Prólogos). Trata-se de uma tríade: o "princípio da esperança" (E. Bloch), levando ao "princípio da responsabilidade" (H. Jonas), e a *res publica* tendo sempre em vista o "princípio da paz" no futuro. Apesar de todo o otimismo científico da atualmente universal República das Letras, as possibilidades da Teoria do Estado são *limitadas* por processos políticos democraticamente legítimos, muitas vezes dramáticos, irracionais, orientados para o poder e vulneráveis à corrupção – a ciência é a "eterna busca pela verdade" (W. v. Humboldt). Uma "âncora" especial – mais especificamente, um fator de estabilidade – consiste na independência, imparcialidade e integridade do *Terceiro Poder*, o Judiciário. No Brasil, ele é exercido

---

[1] Traduzido para o português, com autorização do autor, por Jean R. R. de Pontes, e revisado por Carlos Bolonha e Daniel Dias do artigo de Peter Häberle, produzido originalmente em língua alemã. Jean Pontes é graduado em Direito pela Universidade Federal do Rio de Janeiro, Mestrando em Direito pela Universidade do Estado do Rio de Janeiro, Ex-bolsista do Deutscher Akademischer Austauschdienst (DAAD) e Pesquisador vinculado ao Laboratório de Estudos Institucionais (LETACI). E-mail: jeanpontes@hotmail.com. Carlos Bolonha é Professor da Faculdade Nacional de Direito e da Pós-Graduação em Direito da UFRJ. Diretor da Faculdade Nacional de Direito da UFRJ. Pesquisador Produtividade 2 do CNPq. Coordenador do Laboratório de Estudos Institucionais – LETACI/PPGD/UFRJ, com o apoio do CNPq, da CAPES e da FAPERJ. E-mail: bolonhacarlos@gmail.com. Daniel Dias é Professor da FGV Direito Rio, Doutor em Direito, na modalidade de doutorado-sanduíche, pela USP (2013-2016), com período de pesquisa na LMU em Munique (2014-2015) e no Instituto Max-Planck em Hamburgo, na Alemanha (2015), com bolsa concedida pelo Deutscher Akademischer Austauschdienst (DAAD). Foi Visiting Researcher na Harvard Law School (2016-2017). E-mail: dpndias@gmail.com

de maneira exemplar, de acordo com disposições específicas da Constituição (artigos 92-135). A Suprema Corte em Brasília merece admiração mundial, em razão de seu alto profissionalismo e de sua "abertura democrática" (audiências públicas, *amicus curiae*). Ela faz da Constituição um diálogo. O direito constitucional processual opera como concretizador das disposições constitucionais.

2 Primeira Parte: Pluralidade de Interpretações Constitucionais – A Interpretação Constitucional Mista – Constituição como Cultura

Na Alemanha e na Suíça, ao longo dos anos, renomados professores de direito constitucional desenvolveram algumas interpretações constitucionais que geraram intensas polêmicas. Cita-se: Constituição como sugestão e barreira [*Verfassung als Anregung und Schranke*] (*R. Smend*, 1928), Constituição como ordem jurídica básica do Estado [*Verfassung als rechtliche Grundordnung des Staates*] (do suíço *W. Kägi*, 1945) – pode-se complementar: Ordem jurídica fundamental também da *sociedade composta/escrita*, Constituição como norma e tarefa [*Verfassung als „Norm und Aufgabe"*] (*U. Scheuner*, 1962), Constituição como decisão – "normativa a partir do nada" [*Verfassung als Entscheidung – „normativ aus dem Nichts"*] (*C. Schmitt*, 1928), e, por último, a Constituição como processo aberto e como cultura [Verfassung als öffentlicher Prozess bzw. als Kultur] (*P. Häberle*, 1969 bzw. 1982). Adiciona-se a ideia da "Constituição como um contrato de todos com todos" ["Verfassung als Vertrag aller mit allen"] (1978). Todas essas interpretações constitucionais são, em minha opinião, verdades parciais, nas quais o decisionismo merece ser duramente criticado, assim como mereceu a doutrina amigo-inimigo na política. O mesmo vale para o positivismo constitucional de H. Kelsen (lei é igual ao direito; identidade entre Estado e direito; todo Estado é um Estado de Direito). No entanto, a contribuição pioneira de Kelsen em termos de jurisdição constitucional e seu compromisso pessoal com a democracia merecem amplo reconhecimento. A Lei Fundamental Alemã deve ser entendida como uma ordem ligada a valores (assim G. Dürig nos anos 50, o qual a Corte Constitucional segue ainda hoje). Esse conceito deve ser internalizado (ainda que de forma leiga) na consciência cívica. Não deve ser apenas um entendimento científico, mas uma consciência constitucional carregada pelos cidadãos esclarecidos. Atualmente, convivemos com palavras-chave controvertidas: "Patriotismo Constitucional" (*D. Sternberger/J. Habermas*), a Lei Fundamental como uma "cultura orientadora" [*Leitkultur*], a coexistência pacífica na diversidade cultural da "alta cultura" [*Hochkultur*] e da "cultura cotidiana" [*Alltagskultur*]. Sobretudo nos objetivos educacionais vivem valores constitucionais voltados para o cidadão, como a dignidade humana (i.S. *Kant*), atitudes constitucionais e democráticas, consciência ambiental, amor à paz e renúncia à violência. Muitas constituições estaduais alemãs hodiernas prescrevem isso expressamente, enquanto em algumas outras isso pode ser alcançado por meio de uma "interpretação pedagógica da constituição". A proibição da violência privada e social (por exemplo, em manifestações) é justificada pelo monopólio constitucional do uso da força. Somente dessa maneira a paz pública se torna realidade. O Brasil atesta isso ainda hoje.

3 Segunda Parte: Tempo e Constituição – A Constituição no Horizonte Temporal, sua Capacidade de Assimilação do Fator Temporal, sua Natureza Provisória apesar de todas as "Garantias de Eternidade", a Responsabilidade da Democracia Pluralista para a "Jornada Democrática" em Andamento

O título deste livro, "Jornada Democrática Inacabada", refere-se, com razão, à Constituição do Brasil de 1988. A Constituição de Andorra (1993) fala sugestivamente de "jornada pacífica ao longo dos séculos". Com isso, alude-se ao horizonte temporal. Constituições de Estados de Direito estão em uma "jornada" desde o momento em que entram em vigor: uma jornada local, regional e, hoje, também universal. Essa jornada deve ocorrer e triunfar sobre os seguros trilhos e caminhos da garantia da dignidade da pessoa humana e de sua estrutura democrática (por exemplo, em aspectos de proteção a minorias e por regras formais). Por certo, não há *"Big Bang"*, tampouco uma hora zero, pois o constituinte democrático (*"we, the people"*) lida com uma variedade de requisitos culturais: da história, da ciência, da economia e até mesmo das tragédias (por exemplo, o artigo sobre Chernobyl na Constituição da Ucrânia). Não há "tábula rasa" antes de uma constituição e de seu "nascimento". Considere, por exemplo, como a Constituição alemã aprendeu com as experiências negativas da era nazista e da era de Weimar (Constituição como "comunidade de aprendizado" [Lerngemeinschaft]) e com textos clássicos, mas também assimilou disposições constitucionais da história europeia. A Constituição portuguesa de 1976 também lida com a difícil história da ditadura. Além disso, aqui e ali, as experiências e valores europeus universais desempenham um papel importante. Na América Latina, existe um "direito constitucional comum latino-americano", termo do autor, utilizado no ano de 2003. Na Alemanha, e não só aqui, são dados imutáveis a dignidade humana como premissa antropológica cultural do Estado de Direito e a democracia pluralista liberal constitucional como sua *consequência* organizacional. Na Suíça, já há décadas, os governos federal, cantonal e comunal têm tido sucesso na democracia "semidireta"; fala-se da "Fronteira da Revisão Total", e na Alemanha da intocável identidade constitucional (no momento, contrária à atividade da União Europeia).

No Brasil, sob o "céu" de uma *evocatio dei* ("Deus é brasileiro") desde 1988, pode-se observar um sábio *equilíbrio de tradição e inovação*. Por exemplo, cite-se o profundo preâmbulo: "valores supremos de uma sociedade fraterna, pluralista e sem preconceitos". Outras palavras-chave são: a "defesa da paz" e integração abrangente dos povos da América Latina (art. 4), em seguida, o capítulo extremamente bem sucedido sobre os direitos sociais (art. 6 a 13), os princípios da ordem econômica (art. 170 e seguintes, "Justiça social", "existência digna" e, sobretudo, o art. 193 ("primado do trabalho"). Inovador foi e é o art. 215 sobre o direito constitucional à cultura (quase o tipo ideal de um artigo de cultura constitucional universal), assim como o art. 225 sobre o meio ambiente (é notavelmente a perspectiva da nova geração). O art. 182 sobre "política urbana" alcança uma inovação sensacional. Finalmente, o capítulo sobre os índios (art. 231 e seguintes) merece grande aprovação como disposição textual. Qual é a *realidade* constitucional da Amazônia? O federalismo é importante, como uma parte da separação vertical de poderes. Ele deveria ser desenvolvido por uma teoria cultural do Estado federal (com a maior pluralidade possível e apenas com a homogeneidade necessária).

Existe uma rica paleta de instrumentos e procedimentos diferenciados, pois as constituições do nosso tipo respondem à evolução "ao longo do tempo" – exige-se capacidade e prontidão para reformas. Em primeiro lugar, menciona-se a *revisão total*, de acordo com o modelo suíço. Nessa, toda a constituição se adapta às mutações do tempo, porém, com as reservas da "eterna" garantia da dignidade da pessoa humana e do regime democrático baseado na separação de poderes. A *emenda constitucional* segue, geralmente, um rito que exige uma maioria de 2/3 dos órgãos constitucionalmente indicados (no caso de um estado federal, também a representação dos estados federados), muitas vezes com o envolvimento do povo. A próxima forma de adaptação às mudanças históricas, isto é, à evolução cultural, ocorre por meio da *legislação simples*, não raramente por meio de "leis experimentais". Essas são "precisos" instrumentos para lidar com a mudança histórica ou novos desafios, por exemplo, aqueles trazidos pela internet e pela crise dos refugiados. Significativas são as possibilidades específicas de interpretação da constituição pelos tribunais, conduzidas pelos *cinco* métodos de interpretação (o direito comparado é o "quinto" método de interpretação, palavra-chave: comparação constitucional sensível ao contexto, "interpretação através da reflexão"). Desde G. Jellinek fala-se de "mutação constitucional". O voto divergente nas mais altas instâncias, instituído em muitas cortes constitucionais, por exemplo, em Karlsruhe, em Madri ou na CEDH em Estrasburgo, é uma "jurisprudência alternativa" ["Alternativjudikatur"], uma forma especial de interpretar as mudanças da constituição ao longo tempo. Mesmo o "obiter dictum" em certas decisões judiciais pode assimilar antecipadamente o tempo. O Executivo dispõe de seu próprio espaço de criação no campo da sua vinculação com o bem comum: como governo e administração, por exemplo, em domínios discricionários. Nesse sentido, é apropriado falar de uma "jornada democrática" da Constituição de 1988: com muitos atores e "companheiros de viagem" e, com sorte, poucos "deixados para trás" (o que acontece com os "passageiros indesejados"?). O aspecto democrático é essencial. Requer a resposta contínua de todos esses procedimentos aos cidadãos, formal e informalmente. Os direitos fundamentais individuais são uma base funcional da democracia, por exemplo, via liberdade de imprensa, mas também pela liberdade religiosa: isso cria recursos culturais indispensáveis. É por isso que se fala de uma "democracia cidadã". O direito está a *serviço dos cidadãos*. Todos os juristas deveriam se lembrar disso todos os dias. Somente dessa maneira, a constituição e o direito constitucional permanecem legítimos; *prova de que os próprios cidadãos "elaboram" sua constituição,* como, por exemplo, prescreve a Constituição de Brandemburgo (1992). A sociedade civil, que se fortalece em muitos países, é demandada por inovações e crises.

4 Perspectivas

O autor agradece a honra de poder escrever sobre este jubileu no Brasil. Ele tem sido associado há décadas ao constitucionalismo desta "terra do futuro" (S. Zweig), em particular por influências dos professores G. Mendes, I. Sarlet, A. Maliska e C. Bolonha, e admira a música, o folclore, a literatura e a arquitetura do país, por exemplo, a de Brasília. Amizades científicas intercontinentais são um presente especial de nosso tempo. Hoje, existe uma responsabilidade mundial e compartilhada pelo *typus* "Estado constitucional cooperativo como projeto de paz". A teoria constitucional universal torna-se possível, bem como uma dogmática jurídica universal (por exemplo, em matéria de *rule of law*, princípios gerais do direito e métodos de interpretação). No entanto, a experiência ensina que crises repentinas podem surgir: pense na Venezuela, na Turquia, na Espanha/Catalunha, nos EUA de Trump e, provavelmente, também no Brasil. O autor não está em condições de dar conselhos (na Espanha, entretanto, uma autonomia mais ampla para a Catalunha, sob um regionalismo diferenciado, poderia representar uma solução pacífica). Como cientistas, com dificuldade, devemos lembrar que a ciência tem seus *limites*. Demanda-se uma *política* fiel à Constituição; os políticos democraticamente eleitos têm uma responsabilidade extraordinária pelo bem comum, e ninguém pode removê-la (o bem comum é parcialmente determinado pelo conteúdo da Constituição, devendo também ser buscada em processos pluralistas: *salus publica* e *processu*). Mesmo as melhores constituições (como, por exemplo, a última na Tunísia, 2014) são "edifícios" e estruturas "inacabadas", tão vulneráveis, tão frágeis quanto todo o trabalho humano. Em última análise, o que é necessário é a constante vontade de todos para a Constituição e a boa vontade para a paz. Do ponto de vista da ciência cultural ("Constituição da cultura e como cultura"), o Estado Constitucional é, antes de mais nada, *o projeto de paz por excelência.* Pode-se falar de uma "cultura da paz", pela qual a Colômbia luta há anos, e que o Brasil vivencia até hoje. Os elementos da paz interna incluem: o acesso à lei, o estado de direito, a justiça social e, como parte dela, a segurança jurídica, os direitos humanos, a democracia, a independência do judiciário e o monopólio constitucional do uso da força (ver P. Häberle, *Das Prinzip Frieden*, Berlim, 2017).

Que esta obra jubilar também contribua, e ensine aos *cidadãos* o quão preciosa é a herança cultural da tão bem-sucedida Constituição de 1988 como objetivo educacional para os jovens cidadãos e orientação para todos: não só para o Brasil, mas também para toda a América Latina e para todo o "mundo de Estados Constitucionais de Direito".

Bayreuth, Outubro de 2017.

Peter Häberle
Prof. Dr. H.C. Mult. da Universidade de Bayreuth

1 A renovação periódica dos mandatos presidenciais figura entre os traços que formam a efígie republicana da democracia representativa e constitucional de nosso tempo.

Nos países da periferia os riscos de abalo e instabilidade de governo são frequentes e de cunho institucional.

Procedem grandemente da indigência moral e cívica do corpo político, da fraca cidadania, da desigualdade social, do analfabetismo, da miséria, do baixo influxo da classe média em seu teor participativo, de fatores históricos adversos, de golpes de Estado, de ditaduras, de toda uma conjunção de elementos de agitação e turbulência, que contribuem para as oscilações do sistema e aparelham a crise da ingovernabilidade e da queda do regime.[2]

Haja vista a esse respeito as instituições republicanas da América Latina, vazadas num constitucionalismo teoricamente avançado, mas adormecido no formalismo que não consente possam elas galgar os degraus da realidade e seguirem na escala do tempo os aperfeiçoamentos qualitativos do sistema.

2 O modelo presidencial de governo rege as repúblicas meridionais do continente, em nome, pois, de um constitucionalismo programático, de pureza meramente doutrinária, submisso na verdade à ação de governos que, sob o manto da legitimidade aparente, arruínam a democracia, confiscam a liberdade, apodrecem o sistema representativo e fazem da soberania da nação e da soberania popular duas ficções do contrato social.

Vítima perpétua do subdesenvolvimento político, a América Latina tem sido o ventre de ditaduras que predispõem as nações ao flagelo da ingovernabilidade.

Daí deriva a fraqueza das instituições em estabelecer com base no pacto social as garantias formais de estabilidade e legitimidade do regime.

3 Em verdade as instituições do continente, sob inspiração do modelo presidencial de governo, regem já dois séculos de constitucionalismo

---

[2] A crise que ronda a forma republicana de governo no Brasil já foi objeto de um artigo nosso publicado em 23 de julho de 1989, no "Correio Brasiliense", do qual destacamos o seguinte lugar, pertinente ao problema de concretização do Estado social em nosso país; Estado que, a nosso ver, é o único caminho para tirar a nação da depravação política e institucional do sistema.

A crise da estatalidade social no Brasil não é a crise de uma Constituição, mas da Sociedade, do Estado e do Governo: em suma, das próprias instituições por todos os ângulos possíveis. É a mesma crise política da Constituinte dissolvida em 1823 e soprada, de último, cento e cinquenta anos depois, pelo seu agente mais ativo e gerador de instabilidade, desequilíbrios e comoções: o social, que mina as estruturas normativas vigentes, proclama a injustiça das relações humanas e subverte todo o quadro dos comportamentos políticos, em virtude da inadequação do instrumento constitucional à realidade circunjacente.

Urge restabelecer, pois, a esta altura uma distinção de suma importância: aquela que separa claramente a crise constitucional da crise constituinte.

Com relação à crise constituinte, esta, ao contrário da crise constitucional, costuma ferir mortalmente as instituições, compelindo à cirurgia dos tecidos sociais ou fazendo até mesmo inevitável a revolução. Entende não raro com a necessidade de substituir a forma de Governo ou a forma de Estado, pois, em nome da legitimidade, há sempre aí um poder ou uma organização social contestada desde os seus fundamentos.

A crise constituinte não é, por conseguinte, crise de uma Constituição, senão crise do próprio poder constituinte: um poder que quando reforma ou elabora a Constituição se mostra, nesse ato, de todo impotente para extirpar a raiz dos males políticos e sociais que afligem o Estado, o regime, as instituições e a Sociedade mesma no seu conjunto.

A crise constituinte tem sido, aliás, desde as origens do Estado brasileiro, a crise que ainda não se resolveu.

nominalmente republicano, ancorado apenas do ponto de vista teórico no princípio da soberania popular.

Mas esse princípio não vinga, portanto, em termos de realidade e concretização constitucional.

O Executivo dirige a máquina de governo, mas costuma desvirtuar-lhe a aplicação ao cobri-la com o véu da vocação autoritária e a inclinação de perpetuar ditaduras dissimuladas em vestes constitucionais.

Essas ditaduras, em geral, condenam ao abandono as formas representativas clássicas de pureza tão somente teórica, e ao mesmo passo se servem, porém, do sistema legal para minar, destruir ou atraiçoar a legitimidade e levar a cabo a pior modalidade de assalto ao poder democrático que é aquela proveniente do golpe de Estado institucional.

4 O primeiro golpe desse gênero, a nosso parecer, ocorreu quando Hitler na Alemanha, sem quebra aparente da legalidade, lavrou os decretos que puseram fim à república de Weimar. Exemplo este seguido três décadas depois no Brasil pelos autores da ditadura de 1964 ao dissolverem por atos institucionais duas Constituições: a de 1946, promulgada por via legítima, e a de 1967, outorgada por uma Casa Congressual, com a democracia desmaiada, o parlamento mutilado e a federação combalida.

5 A partir do presidencialismo da ditadura de 1964 já não havia república no Brasil; havia unicamente uma espécie funesta de governo imperial, consubstanciado no poder absoluto e despótico de presidentes fardados, que em vão forcejavam por manter a imagem e o paradoxo dum Estado de Direito erguido sobre as ruínas da Constituição.

6 Em verdade, naquele período triste havia Congresso, mas não havia legitimidade representativa; havia partidos políticos, mas não havia pluralismo partidário; havia lei, mas não havia Constituição; havia eleições, mas não havia autenticidade do sufrágio; havia imprensa, mas não havia periodismo livre; havia tribunas, mas não havia tribunos; havia universidades abertas, mas não havia liberdade de cátedra; havia oposição, mas era oposição consentida, humilhada, censurada, recolhida ao silêncio, ou contida nos limites da indulgência; havia diretórios acadêmicos, mas o movimento estudantil reprimido não chegava às ruas, nem às praças, nem aos logradouros públicos para o discurso, o comício, a passeata e o congresso de estudantes.

7 Época aquela de passividade, abstenção e medo, que mostrava a face dura e repressiva do regime.

As pressões do poder absoluto na mão do Executivo e dos inimigos da Constituição anulavam e sufocavam a Câmara dos Deputados e o Senado Federal, onde a oratória política dos parlamentares de oposição emudecera, debaixo do temor de perderem seus mandatos na guilhotina da ditadura.

8 Tudo isso passava a certidão daquela vil tristeza que Camões, o poeta das navegações e das glórias lusitanas, sentia no seu Portugal decadente e perdido, prestes a cair sob o domínio espanhol, depois do desastre de Alcácer-Quibir nas areias africanas onde D. Sebastião enterrava a independência do reino.

Com efeito, Camões morria com a pátria cuja aristocracia, Filipe II, a onça do Escurial, corrompera escandalosamente ao comprar-lhe a usurpação do trono imperial, que um monarca célebre e venturoso como D. Manuel ocupara no auge da expansão portuguesa, pela África e pelo Oriente.

9 Durante duas décadas, o Brasil chorou a perda de sua democracia constitucional golpeada de morte pelo braço de ferro da ditadura.

Mas restituída a nação à legitimidade da forma representativa de governo, faz-se mister assinalar que a restauração de 1988, em grande parte fruto da perseverança de Ulysses Guimarães, atravessou triunfante as crises da Constituinte, fundando a Nova República e restabelecendo a ordem constitucional no Brasil.

Promulgada a Carta em 5 de outubro de 1988, Ulysses Guimarães fê-la publicar acompanhada de um Prefácio, oficialmente estampado na primeira edição saída dos prelos da democracia.

Foi a única Lei Magna do mundo que teve um prólogo em sua versão oficial.

10 Posto que excêntrico, o Prefácio honra todavia quem o escreveu, porquanto espelhou a alma da nação soberana.

O texto de Ulysses, mais que um poema, é a melodia do patriotismo constitucional, a música da resistência bem sucedida, o hino dos entes constitucionais restauradores, a marselhesa das liberdades, a voz da nação cujos filhos a ditadura tanto humilhara e perseguira, aprisionando os rebeldes nos calabouços da repressão.

Impresso na madrugada da Nova República, o prefácio da edição original da Carta Magna logo sumiu das edições subsequentes; mas nem por isso sumirá jamais da nossa história como episódio singular da crônica constitucional deste País.

Expurgado do texto constitucional, entrará, porém, na história por síntese das esperanças e aspirações de um povo que soube guardar vivo o sentimento patriótico, o espírito de nacionalidade, o idealismo de justiça, a repulsa ao confisco das liberdades.

O povo brasileiro é bom e generoso. A virtude lhe move a alma e impulsiona o coração, inalcançável aos ardis da classe política fistulada de podridão e sequestradora da verdade representativa.

11 Das misérias morais na vida dos povos, a mais devastadora é a miséria política associada à corrupção.

Ela arruína repúblicas, arrasa reinos, corrompe governos, instaura ditaduras, leva regimes e instituições ao despreparo e ao patíbulo, veste de luto uma nação, derrama sangue inocente, sacrifica gerações, opera os piores retrocessos da história, acende as chamas do ódio, da guerra civil e da desunião mortal.

Faz prevalecer no poder os governos de opressão porquanto nunca estende a mão à concórdia e ao respeito das liberdades públicas.

12 Esse o clima criado no Brasil pela maldição de um presidencialismo, desafeto contumaz e histórico da Constituição, o qual, numa sequência funesta de golpes de Estado fez o país cair na agonia e na morte de três repúblicas.

O vulcão político da crise brasileira nos coloca diante de duas forças que se nos afiguram no momento as mais capacitadas a removerem a crise e restituírem o país à normalidade representativa: a Constituição e o cidadão.

Com elas se formará uma consciência pública de constitucionalidade e de cidadania, a melhor fórmula indubitavelmente de lograr a paz social, estancar a crise e fazer o regime estável e menos sujeito a comoções políticas desestabilizadoras do sistema de governo.

13 A Constituição desponta, assim, como a porta aberta à nação brasileira para sair duma crise veloz e ameaçadora, prestes a tomar a feição de crise constituinte.

Os perigos da crise se mostram assim suscetíveis de abalar as instituições e precipitar o Brasil no despenhadeiro das soluções autocráticas, estas que a história demonstrou, de maneira cabal, impotentes para imprimir nas instituições a indispensável reconciliação social, alicerce da ordem, do progresso, da justiça e da liberdade.

14 Se persistir, porém, a corrupção, se a política da inépcia e do assalto aos cofres públicos e ao contribuinte perdurar, nunca teremos o Brasil de Stefan Zweig, mas o de Alberdi.[3]

O austríaco prognosticava o paraíso, o argentino profetizava o inferno.

Alberdi via com apreensão o futuro da nação brasileira regida pela coroa de um monarca.

Manifestava, portanto, o temor dum Brasil imperial numa América republicana.

Em verdade, se os erros da classe política e dos governantes despedaçaram a constituição, derradeiro baluarte da sobrevivência do regime, quem se enganou com o Brasil foi Stefan Zweig e não Alberdi.

15 Quanta melancolia, quanta dor, quanto peso no coração se a história corroborar a crítica atroz do jurista de Buenos Aires, estrela do constitucionalismo liberal e republicano da nação irmã; crítica exarada há mais de um século, quando havia menos corrupção e mais seriedade no reinado constitucional de D. Pedro II, o consolidador da unidade nacional na América Portuguesa que é o Brasil.

Vivemos épocas distintas daquela retratada no livro de Alberdi e se ainda houver sentimento patriótico, devoção ao direito e à justiça, liberdade de expressar o pensamento o Brasil jamais será palco de ditadores desafetos da lei e da ordem constitucional, autores de crimes contra a humanidade.

16 O Estado Moderno, em seu primeiro período pós-feudal e pós-absolutista foi o Estado Constitucional da democracia representativa, dos direitos individuais, da separação de poderes, do juscivilismo de inspiração romanista, da hegemonia jusprivatista, do positivismo jurídico e, ao cabo da era liberal, no século passado,

---

[3] Juan Bautista Alberdi, "El Brasil ante la Democracia de América, las disensiones de las repúblicas del Plata y las maquinaciones del Brasil". Buenos Aires: ELE, 1946.

do formalismo inerente à teoria pura do direito de Kelsen e ao procedimentalismo jurídico de Luhman.

Nesse período os teoristas do Estado se empenhavam, de preferência, em dar curso à noção de Estado e Sociedade como duas entidades distintas.

Tanto do ponto de vista axiológico (valores) como teleológico (fins). Ambas, porém, autônomas, ambas votadas em suas relações de reciprocidade a sustentar a doutrina individualista e subjetivista, que fundamentava o liberalismo do século passado, até perder este a superioridade no campo do direito e acabar se tornando em sua versão primordial, uma ideia morta.

Só as correntes ideológicas da Reação, correntes antissociais, antidemocráticas e anti-humanistas, forcejam ainda, animadas do espírito de retrogradação, por ressuscitá-la, travando a nosso ver uma batalha perdida. A escravidão é o passado, a civilização é o futuro.

17 O primeiro período alcança o auge quando o direito natural, secularizado pela razão, empresta legitimidade e amparo ao constitucionalismo francês da Revolução e, ao começo do século XIX, legitima por igual o direito positivo, que assume o primado da ordem jurídica individualista, assentada nos códigos da época.

Tocante ao direito público, faz-se mister assinalar que as Constituições daquele instante histórico se acercavam mais da metafísica filosófica que da ciência propriamente dita e haviam já desempenhado seu papel revolucionário e ideológico de conferir legitimidade à supremacia política, jurídica e social do "terceiro estado". Este se levantava sobre os destroços do sistema feudal, tomando as rédeas do poder para constitucionalizar monarquias e fundar repúblicas.

18 O segundo período do Estado moderno pertence à democracia dos direitos sociais em substituição da democracia dos direitos individuais, que caiu numa irremissível decadência.

A democracia da segunda fase foi elaborada de forma precursora, em termos doutrinários e constitucionais, no século passado, pelas constituintes do México e da Alemanha, respectivamente em Querátaro (1917) e Weimar (1919).

Deixou de ser, por obra revolucionária dos batalhadores do progresso e das liberdades humanas, o santuário duma utopia para se tornar realidade geradora do Estado em que preponderam as forças normativas da Constituição.

Estado de feição jurídica consistente e sólida veio a ser, portanto, aquele que mais aprofundou o constitucionalismo contemporâneo com a ação normativa e superlativa dos princípios constitucionais.

Paulo Bonavides
Professor Emérito da Universidade Federal do Ceará
e Doutor Honoris Causa pela Universidade
Federal do Rio de Janeiro.

COMO AS CONSTITUIÇÕES PODEM AJUDAR A DEMOCRACIA[4]

Costuma-se dizer que o constitucionalismo está em considerável tensão com a democracia. Nos Estados Unidos, Thomas Jefferson foi enfático quanto a essa posição, ao defender que as Constituições deveriam ser emendadas a cada geração, a fim de garantir que o passado morto não restringisse o presente vivo. Muitos observadores contemporâneos reiteram a posição jeffersoniana, alegando que as restrições constitucionais muitas vezes equivalem a limites antidemocráticos e injustificados sobre o poder do presente e do futuro.

Respondendo a Jefferson, James Madison afirmou que uma Constituição sujeita frequentemente à emenda promoveria o faccionismo e não forneceria uma base firme para o autogoverno republicano. Mais importante, Madison vislumbrou firmes e duradouras limitações constitucionais como pré-condição para processos democráticos, ao invés de prever controles sobre eles.

Essa visão aborda uma meta central do constitucionalismo: assegurar as condições para a manutenção pacífica e de longo prazo da democracia, em face das persistentes diferenças sociais existentes e da pluralidade religiosa, étnica, cultural, entre outras vertentes. Madison considerava a diferença e a diversidade como pontos fortes, e não como pontos fracos, a pluralidade canalizada por meio das estruturas constitucionais levaria os grupos a controlar, em vez de explorar, outros grupos.

E os direitos? As Constituições protegem alguns direitos devido à crença de que esses direitos são, em algum sentido, pré ou extrapolíticos – isto é, porque os indivíduos devem poder exercê-los, independentemente do que as maiorias possam pensar. Alguns desses direitos estão consolidados por razões totalmente independentes da democracia. Aqui o constitucionalismo é de fato um controle autoconsciente de autogoverno, tentando imunizar uma esfera privada do poder público. Exemplos plausíveis incluem os direitos à propriedade privada, à liberdade contra a autoincriminação, à integridade corporal, à proteção contra a tortura ou punição cruel e à privacidade.

Mas muitos dos direitos que estão constitucionalmente consolidados derivam, na verdade, do próprio princípio da democracia. Sua proteção contra processos majoritários decorre, e não cria tensão, com o objetivo de autodeterminação

---

[4] Traduzido para o português, com a autorização do autor, por Maíra Almeida e revisado por Eurico Silva e Antônio Sepúlveda, do artigo de Cass R. Sustein, produzido originalmente em língua inglesa. Maíra Almeida é Mestra e Doutoranda em Direito pelo Programa de Pós-Graduação em Direito da Universidade Federal do Rio de Janeiro (PPGD/UFRJ), pesquisadora visitante na Faculdade de Direito de Harvard, com apoio da CAPES e da Comissão Fulbright (2016-2017) e membro do Laboratório de Estudos Institucionais (LETACI). Advogada. E-mail: almeida.maira.1@gmail.com. Eurico Silva é Mestrando em Direito pelo Programa de Pós-Graduação em Direito da Universidade Federal do Rio de Janeiro (PPGD/UFRJ) e pesquisador do Laboratório de Estudos Institucionais (LETACI). E-mail: emoreira@ufrj.br. Antônio Sepúlveda é Professor e Doutorando em Direito/UERJ. Pesquisador do Laboratório de Estudos Institucionais (LETACI).– Letaci/PPGD/UFRJ. E-mail: antonioguisep@gmail.com

por meio da política. A estratégia de pré-comprometimento *permite que as pessoas protejam os processos democráticos contra seus próprios excessos ou erros de julgamento.*

O direito à liberdade de expressão e o direito de voto são ilustrações usuais. A proteção constitucional desses direitos não está em desacordo com o compromisso com o autogoverno, mas sim com uma parte lógica deste.

Arranjos institucionais, incluindo a proteção de um judiciário independente, também podem ser entendidos como um esforço para proteger a esfera privada do majoritarismo. Muitas vezes, esse esforço decorre do medo dos processos democráticos. A decisão de dividir o governo entre os poderes Legislativo, Executivo e Judiciário pode ser considerada um esforço para controlar e limitar o governo, exigindo um consenso entre todos os três ramos para que o Estado possa interferir na esfera privada. A liberdade privada prospera, pois o governo é parcialmente incapacitado. Da mesma forma, um sistema federal pode garantir que a nação e suas subunidades se controlem mutuamente, gerando um atrito que possibilita a liberdade privada prosperar.

Disposições estruturais desse tipo limitam o poder político das maiorias (ou minorias) atuais e, por isso, criam dificuldades para aqueles que acreditam que o único ou principal objetivo do constitucionalismo é fornecer um arcabouço para a governança democrática. Todavia, algumas disposições estruturais podem ser incentivadoras tanto quanto limitadoras. Podemos entender os direitos individuais e as disposições estruturais dessa maneira. Como as regras da gramática, tais disposições estabelecem as regras pelas quais a discussão política ocorrerá e, assim, libera os participantes para conduzir suas discussões com maior facilidade.

O sistema de separação de poderes, por exemplo, não apenas restringe o governo, mas também ajuda a fortalecê-lo e torná-lo mais eficiente, criando uma divisão saudável de trabalho. Um sistema no qual o Executivo não arca com o ônus da adjudicação pode fortalecer o Executivo ao remover dele uma tarefa que frequentemente produz desaprovação pública. De fato, todo o arcabouço constitucional poderia capacitar, em vez de restringir, a democracia, não apenas criando um Executivo fortalecido, mas, essencialmente, possibilitando que o povo soberano seguisse a estratégia, contra seu governo, de dividir e conquistar.

Desde que se compreenda que nenhum ramo do governo é realmente *"the people"*, um sistema de separação de poderes pode permitir que os cidadãos monitorem e limitem seus agentes inevitavelmente imperfeitos. Em geral, o entrincheiramento de arranjos institucionais estabelecidos viabiliza, ao invés de meramente restringir, ao criar uma estrutura estável sob a qual as pessoas, tanto de gerações presentes quanto de gerações futuras, possam tomar decisões.

Até agora, sugeri que as Constituições podem criar direitos e instituições que derivam de alguma teoria independente das quais os indivíduos estão obrigados, que são um corolário natural do compromisso com a democracia, ou que ajudam a facilitar o processo democrático ao estabelecer as estruturas básicas sob as quais arranjos políticos podem ocorrer. Mas as disposições constitucionais podem ser facilitadoras em outro sentido: a decisão de tirar certas questões da agenda política ordinária pode ser indispensável ao processo político.

Por exemplo, a decisão inicial de criar um sistema de propriedade privada gera restrições severas no escopo de quaisquer deliberações políticas sobre esse direito constitucional e, muitas vezes, serve para manter as questões de propriedade privada totalmente fora da agenda política. De fato, Madison entendeu a proteção dos direitos de propriedade, em grande parte, como um mecanismo para limitar o conflito de facções no governo, não como um meio de proteger os "direitos" e, muito menos, como um meio de se prevenir contra redistribuição: a remoção da questão da política serve, talvez ironicamente, para garantir que a política possa continuar. Assim também, uma nação pode proteger questões de religião contra a resolução por processos democráticos, não apenas porque há um direito à liberdade de consciência religiosa, mas também porque o processo democrático funciona melhor se a questão fundamental e potencialmente polêmica da religião não se imiscuir em decisões do dia a dia.

Finalmente, as estratégias constitucionais podem servir para superar a miopia ou a fraqueza de vontade por parte da maioria, ou para assegurar que os representantes sigam opiniões do povo. A proteção da liberdade de expressão, ou de injustificadas buscas e apreensões, pode representar um esforço das próprias pessoas para fornecer garantias contra o comportamento impulsivo das maiorias. Aqui o objetivo é garantir que o juízo deliberativo da comunidade prevaleça sobre as paixões momentâneas. Da mesma forma, uma Constituição pode representar um firme reconhecimento de que os desejos do governo, mesmo em uma república que funcione bem, nem sempre coincidem com os do povo.

Os limites constitucionais, introduzidos pelas próprias pessoas, respondem, portanto, ao problema criado por um sistema no qual os servidores do governo inevitavelmente têm seus próprios interesses. Este problema surge em todos os sistemas de governo, incluindo as democracias. Quando estão funcionando bem, os limites constitucionais ajudam a resolver esse problema.

Cass R. Sunstein
Professor Robert Walmsley da Harvard University

TRINTA ANOS DA CONSTITUIÇÃO: A REPÚBLICA QUE AINDA NÃO FOI

1 Introdução

A chegada de uma Constituição à sua terceira década, na América Latina, é um evento digno de comemoração efusiva. Sobretudo se ela, apesar de muitos percalços, tiver conseguido ser uma Carta verdadeiramente normativa, derrotando o passado de textos puramente semânticos ou nominais.[5] É certo que houve chuvas, trovoadas e tempestades. É inevitável em uma vida completa. No momento em que escrevo essas linhas, aliás, o céu continua bem escuro. A fotografia do quadro atual é devastadora. Porém, como se pretenderá demonstrar ao longo do presente ensaio, o filme da democracia brasileira é bom. Temos andado, no geral, na direção certa, embora certamente não na velocidade desejada. É sempre bom relembrar: a história é um caminho que se escolhe, e não um destino que se cumpre. Ao longo dos anos, a Constituição tem sido uma boa bússola. Sobre o desencanto de uma República que ainda não foi, precisamos que ela nos oriente em um novo começo.

1.1 A comemoração dos dez anos

Quando a Constituição completou a sua primeira década, escrevi um artigo intitulado "Dez anos da Constituição de 1988: foi bom para você também?". Logo ao início do artigo, eu voltava o relógio no tempo a 20 anos antes, ao ano de 1978, quando começara o movimento pela convocação de uma Assembleia Constituinte. Escrevi, então:

> O País ainda se recuperava do trauma do fechamento do Congresso Nacional para outorga do Pacote de Abril, conjunto de reformas políticas que eliminavam quaisquer riscos de acesso da oposição a alguma fatia de poder. Os atos institucionais que davam poderes ditatoriais ao Presidente da República continuavam em vigor. O bipartidarismo artificial, a cassação de mandatos parlamentares e casuísmos eleitorais diversos falseavam a representação política. A imprensa ainda enfrentava a censura. Havia presos políticos nos quartéis e brasileiros exilados pelo mundo afora".[6]

---

[5] LOWEWENSTEIN, Karl. *Teoría de la Constitución*, 1965, p. 217 e s. A Constituição *normativa* é a que domina efetivamente o processo político. A Constituição *semântica* é mera formalização da situação de poder político existente, para o exclusivo benefício dos detentores do poder de fato. A Constituição *nominal* não controla efetivamente o processo político, mas desempenha um caráter educativo e prospectivo.

[*] BARROSO, Luís Roberto. Dez anos da Constituição de 1988: foi bom para você também? *Revista de Direito Administrativo* 214:1, 1988, p. 1. Disponível em: <http://bibliotecadigital.fgv.br/ojs/index.php/rda/article/view/47263>. Acesso em: 24 abr. 2018.

Em seguida, o texto dava um salto no tempo para o ano de 1998, ocasião da celebração dos dez anos, quando então anotei:

> Mova-se o relógio, agora, de volta para o presente. Estamos no final do ano de 1998. Refazendo-se da longa trajetória, o intrépido viajante intertemporal contempla a paisagem que o cerca, enebriado pelo marcante contraste com a aridez que deixara para trás: a Constituição vige com supremacia, há liberdade partidária, eleições livres em todos os níveis, liberdade de imprensa e uma sociedade politicamente reconciliada.
> (...) [É] inegável: sem embargo das dificuldades, dos avanços e dos recuos, das tristezas e decepções do caminho, a história que se vai aqui contar é uma história de sucesso. Um grande sucesso.
> Sorria. Você está em uma democracia.[7]

O tom moderadamente otimista, sem ignorar os múltiplos obstáculos e dificuldades, marcou, ao longo do tempo, minha percepção da Constituição e do avanço institucional brasileiro.

1.2 A comemoração dos vinte anos

Por ocasião do vigésimo aniversário da Constituição, voltei ao tema, escrevendo um longo artigo denominado "Vinte anos da Constituição brasileira de 1988: o Estado a que chegamos". Na abertura do texto, consignei:

> Percorremos um longo caminho. Duzentos anos separam a vinda da família real para o Brasil e a comemoração do vigésimo aniversário da Constituição de 1988. Nesse intervalo, a colônia exótica e semi-abandonada tornou-se uma das dez maiores economias do mundo. O Império de viés autoritário, fundado em uma Carta outorgada, converteu-se em um Estado constitucional democrático e estável, com alternância de poder e absorção institucional das crises políticas. (...) A Constituição de 1988 representa o ponto culminante dessa trajetória, catalizando o esforço de inúmeras gerações de brasileiros contra o autoritarismo, a exclusão social e o patrimonialismo,[8] estigmas da formação nacional.[9] Nem tudo foram flores, mas há muitas razões para celebrá-la.[10]

---

[7] BARROSO, Luís Roberto. Dez anos da Constituição de 1988: foi bom para você também? *Revista de Direito Administrativo* 214:1, 1988, p. 2.

[8] V. TORRES, Ricardo Lobo. *A idéia de liberdade no Estado patrimonial e no Estado fiscal*, 1991.

[9] Para uma densa análise da formação nacional, das origens portuguesas até a era Vargas, v. FAORO, Raymundo. *Os donos do poder*. 2001 ed. 1957. Embora sob perspectivas diferentes, são igualmente considerados marcos para a compreensão do Brasil: FREYRE, Gilberto. *Casa grande e senzala* (1. ed. 1933); HOLANDA, Sérgio Buarque de. *Raízes do Brasil* (1. ed. 1936); e PRADO JÚNIOR, Caio. *Formação do Brasil contemporâneo* (1. ed. 1942). Sobre a importância dessas três últimas obras, v. CANDIDO, Antonio. "O significado de raízes do Brasil". In: Silviano Santiago (coord.), *Intérpretes do Brasil*, 2002. Para uma anotação sobre a obra de Raymundo Faoro e de Sergio Buarque de Holanda, que considera representantes de correntes opostas, v. CARDOSO, Fernando Henrique. *A arte da política*: a história que vivi, 2006. p. 55-6, em que também averbou: "Ancorado na tradição ibérica, o patrimonialismo transposto para as terras americanas confunde família e ordem pública, interesse privado e Estado".

[10] BARROSO, Luís Roberto. Vinte anos da Constituição de 1988: o Estado a que chegamos. *Cadernos da Escola de Direito e Relações Internacionais*, janeiro/julho 2008, p. 185. Disponível em: <http://revistas.unibrasil.com.br/cadernosdireito/index.php/direito/article/view/699>. Acesso em: 24 abr. 2108.

Após análise detida das instituições e dos governos que se sucederam no período, assinalei na conclusão:

> O modelo vencedor chegou ao Brasil com atraso, mas não tarde demais, às vésperas da virada do milênio. Os últimos vinte anos representam, não a vitória de uma Constituição específica, concreta, mas de uma ideia, de uma atitude diante da vida. O constitucionalismo democrático, que se consolidou entre nós, traduz não apenas um modo de ver o Estado e o Direito, mas de desejar o mundo, em busca de um tempo de justiça, fraternidade e delicadeza. Com as dificuldades inerentes aos processos históricos complexos e dialéticos, temos nos libertado, paulatinamente, de um passado autoritário, excludente, de horizonte estreito. E vivido as contradições inevitáveis da procura do equilíbrio entre o mercado e a política, entre o privado e o público, entre os interesses individuais e o bem coletivo. Nos duzentos anos que separam a chegada da família real e o vigésimo aniversário da Constituição de 1988, passou-se uma eternidade.[11]

O futuro parecia ter chegado, com atraso mas não tarde demais, no final da primeira década dos anos 2000. Em sua edição de 12 de novembro de 2009, a revista *The Economist*, uma das mais influentes do mundo, estampou na capa uma foto do Cristo Redentor elevando-se como um foguete, sob o título "*Brazil takes off*" ("O Brasil decola"). Tendo escapado da crise de 2007 com poucas escoriações, o país voltara a crescer a taxas anuais superiores a 5%. Exibindo prestígio internacional, havia sido escolhido para sediar a Copa do Mundo de 2014, as Olimpíadas de 2016 e pleiteava uma vaga no Conselho de Segurança da Nações Unidas. Investimentos internacionais abundavam e o preço das *commodities* bombava.

O foguete, porém, aparentemente, não conseguiu sair da atmosfera e libertar-se da gravidade das muitas forças do atraso. Quatro anos depois, a mesma *The Economist*, em sua edição de 28 de setembro de 2013, foi portadora das más notícias. Na nova capa, o Cristo Redentor dava um *looping* e descia em queda livre. A aterrisagem não seria suave. O ciclo de prosperidade parecia ter chegado ao fim. Na sequência, veio o *impeachment*, que foi um trauma para o país. Uma vez mais, fomos do ufanismo à depressão. Não foi pequeno o tombo.

Apesar do desalento, procurei demonstrar, à época, que embora o futuro não tivesse chegado, como se supôs, ele continuava à espera. Em palestra na Universidade de Oxford, assim me manifestei para uma plateia que tinha muitos mestrandos e doutorandos brasileiros:

> E devo dizer, por implausível que possa parecer nessa hora, que avisto um horizonte promissor. Assim que começarmos a andar na direção certa, a confiança voltará e as perspectivas continuam favoráveis. Há múltiplos lados para onde crescer: estradas, aeroportos, portos, ferrovias, saneamento, habitação popular – não faltam demandas. Em outro front, precisamos investir em educação, pesquisa científica e tecnológica, incentivar

---

[11] BARROSO, Luís Roberto. Vinte anos da Constituição de 1988: o Estado a que chegamos. *Cadernos da Escola de Direito e Relações Internacionais*, janeiro/julho 2008, p. 225. Disponível em: <http://revistas.unibrasil.com.br/cadernosdireito/index.php/direito/article/view/699>. Acesso em: 24 abr. 2108.

a inovação, fazer parcerias com grandes centros. E, ainda, na lista dos problemas crônicos, precisamos de reforma política, reforma da previdência, reforma tributária. Há muito por fazer e muitas razões para ser moderadamente otimista".[12]

Parece que foi logo ali, na esquina do tempo, que tudo começou. Mas lá se vão três décadas.

1.3 A Constituição de Trinta Anos

O título do presente tópico baseia-se no livro do escritor francês Honoré de Balzac, escrito entre 1829 e 1842, chamado *A mulher de trinta anos* ("La femme de trente ans"). A obra ficou célebre, menos pela qualidade literária – não é considerada um dos pontos altos da produção literária do autor –, mas por ter consagrado o termo "balzaquiana" para se referir às mulheres na casa dos 30. O enredo conta a história de uma jovem que viveu um casamento infeliz por muitos anos, só vindo a encontrar o verdadeiro amor depois dos 30 anos. A narrativa valoriza a idade mais avançada – em uma época em que as protagonistas mal haviam chegado aos 20 anos –, enfatizando a maturidade em lugar do romantismo e a capacidade de se reinventar após sofrimentos diversos. Até aqui, o livro parecia oferecer uma boa alegoria para o momento brasileiro. Mas na verdade não é. Quem ler a história até o fim verá que ela acumula tristeza, tragédia e melancolia. Não há de ser o nosso caso nem o nosso destino.

Sem fechar os olhos às vicissitudes desses últimos trinta anos, o texto que se segue procura lançar um olhar crítico, positivo e construtivo sobre esse período da vida institucional brasileira. Após uma breve nota pessoal, destaco os pontos altos e os desencontros dessas últimas décadas, concluindo com uma reflexão sobre o momento atual. Pessoalmente, devo dizer que minhas expectativas continuam elevadas, inspiradas por uma passagem antológica atribuída a Michelângelo, que me anima nos momentos difíceis:

> O maior perigo, para a maioria de nós
> não é que o alvo seja muito alto
> E não se consiga alcançá-lo.
> É que ele seja muito baixo
> E a gente consiga.[13]

---

[12] BARROSO, Luís Roberto. O legado de trinta anos de democracia, a crise atual e os desafios pela frente (Brasil: o caminho longo e sinuoso). Texto-base de palestra proferida na Universidade de Oxford em 18 de jun. 2016. Disponível em: <http://www.luisrobertobarroso.com.br/wp-content/uploads/2016/06/Trinta-anos-de-democracia-a-crise-autal-e-os-desafios-pela-frente1.pdf>. Acesso em: 24 abr. 2016.

[13] A frase é generalizadamente atribuída a Michelangelo Buonarroti por mais de um autor e em sítios diversos. Todos sem remissão à fonte. Não há, portanto, certeza da autoria. Na Wikipedia americana consta a seguinte observação: "Attributed without citation in Ken Robinson, The Element (2009), p. 260. Widely attributed to Michelangelo since the late 1990s, this adage has not been found before 1980 when it appeared without attribution in E. C. McKenzie, Mac's giant book of quips & quotes".

2 Minha relação com a Constituição

Minha relação com a Constituição de 1988 e com o direito constitucional é antiga, constante e fiel. Começou em 1978, quando eu estava no 3º ano da Faculdade de Direito e compareci a um ato público na Cinelândia, no Rio de Janeiro. Era a deflagração do movimento pela convocação de uma Assembleia Nacional Constituinte, *livre e soberana*, como exigiam as palavras de ordem da época. Não havia mais do que 200 pessoas na manifestação. Quase ninguém interrompera a sua rotina para aderir a uma reivindicação tão distante e abstrata. O futuro não parecia promissor.

Ainda assim, jamais me distanciei do rumo que ali se delineou. Desde então, tenho me dedicado ao direito constitucional, sem seguir inteiramente o conselho do meu pai, que me dizia: "Estuda processo civil". Aos poucos, fui acumulando informações e lendo os autores da época: Afonso Arinos de Mello Franco, Paulino Jacques, Manoel Gonçalves Ferreira Filho, Pinto Ferreira.[14] Logo à frente vieram os portugueses, na onda da redemocratização de Portugal: J.J. Gomes Canotilho e Jorge Miranda. Apesar da excelência de muita coisa que li, eu queria fazer algo diferente daquele direito constitucional que era essencialmente descritivo das instituições políticas – entremeado de reflexões históricas e sociológicas –, sem muita preocupação com a concretização dos mandamentos constitucionais. Vaguei algum tempo pelo deserto, até que um dia encontrei o meu caminho.

Após ter lido alguns textos seminais de José Afonso da Silva, Konrad Hesse, Celso Antonio Bandeira de Mello, Vezio Crisafulli, bem como Bernard Schwartz e outros americanos, descobri o que me pareceu ser a demanda mais premente do direito constitucional brasileiro naquela quadra histórica: o casamento com o processo civil. E, assim, de certa forma, pude seguir o conselho de meu pai. Para isso, foi de grande valia ter sido aluno de José Carlos Barbosa Moreira, um dos maiores juristas e processualistas que o país já teve, com quem aprendi muito. Passei então a refletir e a escrever sobre a concretização da Constituição perante o Poder Judiciário, defendendo a sindicabilidade judicial das normas constitucionais, inclusive e sobretudo, as que consagravam direitos fundamentais. Isso pode parecer óbvio nos dias de hoje, mas a ideia de que a Constituição era um documento jurídico, dotado de aplicabilidade direta e imediata, era revolucionária naqueles dias e enfrentava grande resistência. Muita gente olhava de banda para a novidade.

Meus primeiros trabalhos acadêmicos de maior expressão foram sobre a efetividade das normas constitucionais, isto é, os limites e possibilidades de concretização da Constituição.[15] Por quase uma década dediquei-me ao tema,

---

[14] José Afonso da Silva e Paulo Bonavides, dois dos maiores de todos os tempos, só entraram no meu radar um pouco mais adiante.

[15] BARROSO, Luís Roberto. A efetividade das normas constitucionais: por que não uma Constituição para valer?, *Anais do XIII Congresso Nacional de Procuradores do Estado. Teses*. Brasília, 1987, p. 354 e s.; A efetividade das normas constitucionais revisitada, *Revista de Direito Administrativo* 197:30, 1994; e *O direito constitucional e a efetividade de suas normas* (a 1ª edição é de 1990).

viajando pelo país em eventos acadêmicos e congressos, pregando esse novo paradigma e tentando conquistar corações e mentes. Consolidada a ideia de normatividade e de cumprimento efetivo da Constituição, dediquei os anos seguintes ao estudo da intepretação constitucional, que passou a exigir uma dogmática mais sofisticada nesse novo cenário de aplicação ampla, onde ocorriam colisões de direitos, necessidade de ponderação e de resgate da argumentação jurídica.[16] Na sequência histórica, participei do processo de reaproximação do direito constitucional com a filosofia moral, o desenvolvimento de uma cultura pós-positivista e da leitura de todo o ordenamento jurídico à luz dos valores e princípios constitucionais.[17] O Judiciário se tornava um ator decisivo na realização dos direitos fundamentais. Surgia um novo direito constitucional.[18]

A efetividade da Constituição – *i.e.*, sua concretização perante os tribunais – avançou tanto que, ultimamente, tenho feito reflexões sobre os riscos da judicialização excessiva em determinadas áreas.[19] A esse propósito, judicialização e ativismo judicial se tornaram debates imprescindíveis na atualidade brasileira.[20] E, nos últimos tempos, tenho me dedicado ao estudo dos papéis das supremas cortes e tribunais constitucionais, que divido em contramajoritário, representativo e iluminista.[21] Este foi o tema do meu debate recente na Faculdade de Direito de Harvard, com o professor Mark Tushnet,[22] e é o objeto de artigo que será publicado proximamente pelo *American Journal of Constitutional Law*, na versão em inglês, e pela Revista *Direito e Práxis*, na versão em português.[23]

Simultaneamente à minha carreira acadêmica, tive uma atuação relativamente intensa como advogado na área. Era um tempo em que os advogados nem tinham Constituição no escritório. Os civilistas usavam o Código Civil e o Código de Processo Civil. Os criminalistas, o Código Penal e o Código de Processo Penal. Os advogados trabalhistas utilizavam a CLT. O direito societário começava a se desenvolver, após a promulgação da Lei das Sociedades por Ações. Pois bem: em

---

[16] BARROSO, Luís Roberto. *Interpretação e aplicação da Constituição* (a 1ª edição é de 1996).

[17] BARROSO, Luís Roberto. Fundamentos teóricos e filosóficos do novo direito constitucional brasileiro. *Revista de Direito Administrativo* 225:5, 2001. Neste processo, teve papel importante Ricardo Lobo Torres, meu colega no Programa de Pós-Graduação em Direito Público da UERJ, autor de obras importantes como *Teoria dos direitos fundamentais* (org.), 1999 e *O direito ao mínimo existencial*, 2009.

[18] BARROSO, Luís Roberto. Neoconstitucionalismo e constitucionalização do direito: o triunfo tardio do direito constitucional no Brasil. *Revista de Direito Administrativo* 240:1, 2005.

[19] BARROSO, Luís Roberto. Da falta de efetividade à judicialização excessiva: direito à saúde, fornecimento gratuito de medicamentos e parâmetros para a atuação judicial. *Interesse Público* 46:31, 2007. Disponível em: <https://www.conjur.com.br/dl/estudobarroso.pdf>.

[20] BARROSO, Luís Roberto. Constituição, democracia e supremacia judicial: direito e política no Brasil contemporâneo. *Revista da Faculdade de Direito – UERJ* 21:1, 2012.

[21] BARROSO, Luís Roberto. Contramajoritário, representativo e iluminista: os papéis dos tribunais constitucionais nas democracias contemporâneas. *Revista Direito e Práxis*, ahead of print, 2017.

[22] *The roles of Supreme Courts*, 2017. Disponível em: <https://luisrobertobarroso.com.br/2017/11/25/em-harvard-com-mark-tushnet/>.

[23] BARROSO, Luís Roberto. Counter-Majoritarian, Representative and Enlightened: The Roles of Constitutional Courts in Democracies. Disponível em: <https://ssrn.com/abstract=3096203>.; e tb. Contramajoritário, representativo e iluminista: os papeis dos tribunais constitucionais nas democracias. Disponível em: <http://www.e-publicacoes.uerj.br/index.php/revistaceaju/article/view/30806>.

um dos meus primeiros casos, comecei a trabalhar com a Constituição. Postulei a anulação de um ato administrativo do diretor do Observatório Nacional, que criara obstáculo à pesquisa de seu principal astrônomo, com entraves burocráticos. Invoquei o art. 179, parágrafo único da Constituição de 1967-69, que previa que "O Poder Público incentivará a pesquisa e o ensino científico e tecnológico". Sustentei, então, que normas conhecidas como "programáticas", como esta, não permitiam que se exigisse um comportamento positivo. Porém, serviam como fundamento para se exigir uma abstenção, isto é, que o Poder Público não embaraçasse a pesquisa. Deu certo e foi feito um acordo. Começava ali um novo ramo de atividade jurídica, que era a do advogado constitucionalista.

Com o tempo, a vida me propiciou testar muitas das ideias que havia desenvolvido academicamente em ações perante os tribunais, inclusive o Supremo Tribunal Federal. Dentre os casos de mais visibilidade estiveram, por exemplo, (i) o direito de as mulheres interromperem a gestação no caso de gravidez de um feto anencefálico e, consequentemente, inviável; (ii) a proibição do nepotismo no Poder Judiciário (depois estendida aos três Poderes); (iii) a equiparação das uniões homoafetivas às uniões estáveis convencionais; e (iv) a defesa das pesquisas com células-tronco embrionárias. Todos eles envolviam a aplicação direta e criativa da Constituição. E, mais à frente, já como ministro do Supremo Tribunal Federal, segui fiel às minhas ideias, em decisões envolvendo ações afirmativas para negros, direitos das mulheres, *gays* e transgêneros, liberdade de expressão, restrição ao foro privilegiado e direito à interrupção da gestação no primeiro trimestre, para citar algumas.

E assim se passaram os anos. Presto esse breve depoimento na primeira pessoa porque a minha vida acadêmica, de advogado e, agora, de juiz constitucional desenvolveu-se em conexão profunda com a Constituição. Uma convivência intensa, que me trouxe realizações intelectuais, proveitos materiais e algumas frustrações. Poucas, felizmente. Mesmo assim, trinta anos representam uma data emblemática e constituem um bom marco para discutir a relação. Uma DR básica. Aqui vai ela.

3 Alguns pontos altos

3.1 Estabilidade institucional

Desde o fim do regime militar e, sobretudo, tendo como marco histórico a Constituição de 1988, o Brasil vive o mais longo período de estabilidade institucional de sua história. E não foram tempos banais. Ao longo desse período, o país conviveu com a persistência da hiperinflação – de 1985 a 1994 –, com sucessivos planos econômicos que não deram certo – Cruzado I e II (1986), Bresser (1987), Collor I (1990) e Collor II (1991) – e com escândalos em série, que incluem o dos "Anões do Orçamento", o "Mensalão", a "Operação Lava-Jato" e duas denúncias criminais contra o Presidente em exercício, para citar os de maior visibilidade. A tudo isso se soma o trauma de dois *impeachments* de Presidentes da República eleitos pelo voto popular: o de Fernando de Collor, em 1992, com adesão majoritária da sociedade; e o de Dilma Roussef, em 2016, que produziu um ressentimento político sem precedente na história do Brasil.

Todas essas crises foram enfrentadas dentro do quadro da legalidade constitucional.[24] É impossível exagerar a importância desse fato, que significa a superação de muitos ciclos de atraso. O Brasil sempre fora o país do golpe de Estado, da quartelada, das mudanças autoritárias das regras do jogo. Desde que Floriano Peixoto deixou de convocar eleições presidenciais, ao suceder Deodoro da Fonseca, até a Emenda Constitucional nº 1/1969, quando os Ministros militares impediram a posse do vice-presidente Pedro Aleixo, o golpismo foi uma maldição da República. Pois tudo isso é passado. Na sucessão de crises recentes, o Supremo Tribunal Federal evitou mudanças casuísticas nas regras do *impeachment*, embora, lamentavelmente, em momentos subsequentes, tenha sido casuístico em outros pontos da sua própria jurisprudência. Já as Forças Armadas têm mantido o comportamento exemplar que adotaram desde a redemocratização do país. Em suma: trinta anos de estabilidade institucional, apesar de tudo. Nessa matéria, só quem não soube a sombra não reconhece a luz.

3.2 Estabilidade monetária

Todas as pessoas no Brasil que têm 40 anos ou mais viveram uma parte de sua vida adulta dentro de um contexto econômico de hiperinflação. A memória da inflação é um registro aterrador. Os preços oscilavam diariamente, quem tinha capital mantinha-o aplicado no *overnight* e quem vivia de salário via-o desvalorizar-se a cada hora. Generalizou-se o uso da *correção monetária* – reajuste periódico de preços, créditos e obrigações de acordo com determinado índice –, que realimentava drasticamente o processo inflacionário.[25] Até hoje, um percentual relevante de ações que tramitam perante a Justiça brasileira está relacionado a disputas acerca da correção monetária e de diferentes planos econômicos que interferiram com sua aplicação. Pois bem: com o Plano Real, implantado a partir de

---

[24] É certo que partidários da Presidente Dilma Roussef e outros observadores caracterizam como "golpe" a sua destituição, mediante procedimento de *impeachment* em 2016. Do ponto de vista jurídico-constitucional, foi observada a Constituição e o rito estabelecido pelo próprio Supremo Tribunal Federal. Do ponto de vista político, porém, a ausência de comportamento moralmente reprovável por parte da Presidente afastada sempre dará margem a uma leitura severamente crítica do episódio. Sua queda se deu, em verdade, por perda de sustentação política, em processo semelhante à moção de desconfiança dos sistemas parlamentaristas, em um país presidencialista.

[25] Um herói anônimo do combate à correção monetária foi o jurista carioca Letácio Jansen, que escreveu diversos trabalhos sobre o tema, dentre eles *Crítica da doutrina da correção monetária*, 1983 e, mais recentemente, *Contra a correção monetária*, 2017.

1º de julho de 1994, quando Fernando Henrique Cardoso era Ministro da Fazenda, a inflação foi finalmente domesticada, tendo início uma fase de estabilidade monetária, com desindexação da economia e busca de equilíbrio fiscal.

Este é outro marco histórico cuja importância é impossível de se exagerar. Para que se tenha uma ideia do tamanho do problema, a inflação acumulada no ano de 1994, até o início da circulação da nova moeda, o real, que se deu em 1º de julho, era de 763,12%. Nos 12 meses anteriores, fora de 5.153,50%. A inflação, como se sabe, é particularmente perversa com os pobres, por não terem como se proteger da perda do poder aquisitivo da moeda. Como consequência, ela agravava o abismo de desigualdade do país. Em uma década de democracia e de poder civil, iniciado em 1985, o país consolidou a vitória sobre a ditadura e sobre a inflação. Em desdobramento da estabilidade monetária, entrou na agenda da sociedade a percepção da importância da *responsabilidade fiscal*. Embora não seja uma batalha totalmente ganha, aos poucos foi se consolidando a crença de que se trata de uma premissa das economias saudáveis. Responsabilidade fiscal não tem ideologia, não é de direito ou de esquerda. A não observância da regra básica de não se gastar mais do que se arrecada traz como consequências o aumento de juros ou a volta da inflação, disfunções que penalizam drasticamente as pessoas mais pobres.

3.3 Inclusão social

A pobreza e a desigualdade extrema são marcas indeléveis da formação social brasileira. Apesar de subsistirem indicadores ainda muito insatisfatórios, os avanços obtidos desde a redemocratização são muito significativos. De acordo com o IPEA, de 1985 a 2012, cerca de 24,5 milhões de pessoas saíram da pobreza, e mais 13,5 milhões não estão mais em condições de pobreza extrema. Ainda segundo o IPEA, em 2012 havia cerca de 30 milhões de pessoas pobres no Brasil (15,93% da população), das quais aproximadamente 10 milhões em situação de extrema pobreza (5,29% da população). Infelizmente, a crise econômica dos últimos anos impactou de forma negativa esses números. Entre 2014 e 2015, o desemprego e a queda de renda levaram de volta à pobreza 4,1 milhões de brasileiros, dos quais 1,4 milhão estão em pobreza extrema.[26] A reversão de expectativas é, evidentemente, dramática, mas não elimina o saldo extremamente positivo obtido ao longo de muitos anos. E com a retomada do crescimento econômico no ano de 2018, espera-se a recuperação desses indicadores sociais.

---

[26] Crise levou 1,4 milhão de brasileiros para a pobreza extrema, diz IPEA. *Carta Capital*, 16 agosto 2017. Disponível em: <https://www.cartacapital.com.br/sociedade/crise-levou-1-4-milhao-de-brasileiros-para-a-pobreza-extrema-diz-ipea>. Acesso em: 28 mar. 2018.

Merece registro, também, o Programa Bolsa Família, implantado a partir do início do Governo Lula, em 2003, que unificou e ampliou diversos programas sociais existentes.[27] Conforme dados divulgados em 2014, retratando uma década de funcionamento, o Programa atendia cerca de 13,8 milhões de famílias, o equivalente a 50 milhões de pessoas, quase um quarto da população brasileira. No início de 2018, os números eram essencialmente os mesmos. Apesar de enfrentar críticas e problemas administrativos, o Programa Bolsa Família recebeu apoio de diversos organismos das Nações Unidas.

Nas últimas três décadas, o Índice de Desenvolvimento Humano (IDH) do Brasil, medido pelo Programa das Nações Unidas para o Desenvolvimento (PNUD), foi o que mais cresceu entre os países da América Latina e do Caribe. Nessas três décadas, os brasileiros ganharam 11,2 anos de expectativa de vida e viram a renda aumentar em 55,9%. Na educação, a expectativa de estudo para uma criança que entra para o ensino em idade escolar cresceu 53,5% (5,3 anos). Segundo dados do IBGE/PNAD, 98,4% das crianças em idade compatível com o ensino fundamental (6 a 14 anos) estão na escola. Os avanços, portanto, são notáveis. Porém, alguns dados ainda são muito ruins: o analfabetismo atinge ainda 13 milhões de pessoas a partir de 15 anos (8,5% da população) e o analfabetismo funcional (pessoas com menos de 4 anos de estudo) alcança 17,8% da população.

Também aqui, infelizmente, o impacto da crise econômica dos últimos anos trouxe estagnação. De acordo com os dados do Relatório de Desenvolvimento Humano (RDH) do Programa das Nações Unidas para o Desenvolvimento (PNUD), divulgado em 2017, com base em informações de 2015, o IDH brasileiro, pela primeira vez desde 2004, deixou de apresentar crescimento. Na verdade, houve pequenos avanços em termos de expectativa de vida e escolaridade, mas decréscimo na renda per capita. Também no tocante à desigualdade, houve avanços expressivos, mas estes continuam a ser um estigma para o país, como atesta o coeficiente GINI, que mede a desigualdade de renda. Somos o décimo país mais desigual do mundo.[28] O Brasil ostenta uma incômoda 79ª posição em matéria de justa distribuição de riqueza. Em suma: apesar de algum retrocesso recente, o balanço da inclusão social no Brasil nos últimos 30 anos é extremamente positivo e merece ser celebrado.

4 O destaque maior: o avanço dos direitos fundamentais

Uma Constituição tem dois propósitos principais: (i) organizar e limitar o exercício do poder político, assegurando o governo da maioria e estabelecendo

---

[27] Trata-se de um programa de transferência condicionada de renda, em que as condicionalidades são: crianças devem estar matriculadas nas escolas e terem frequência de no mínimo 85%; mulheres grávidas devem estar em dia com os exames pré-natal; crianças devem estar com as carteiras de vacinação igualmente atualizadas.

[28] CORRÊA, Marcello. Brasil é o 10º país mais desigual do mundo. *O Globo*, 21 mar 2017. Disponível em: <https://oglobo.globo.com/economia/brasil-o-10-pais-mais-desigual-do-mundo-21094828>. Acesso em: 28 mar 2018.

as regras do jogo democrático; e (ii) definir os direitos fundamentais do povo, instituindo mecanismos para a sua proteção. Os dois grandes papéis das supremas cortes e dos tribunais constitucionais são, precisamente, assegurar o respeito às regras da democracia e proteger os direitos fundamentais. Este foi um dos domínios em que a Constituição e o Supremo Tribunal Federal se saíram particularmente bem nos últimos 30 anos.

Este tópico destaca os direitos fundamentais, que correspondem aos direitos humanos incorporados aos ordenamentos jurídicos internos. Direitos humanos são uma combinação de conquistas históricas, valores morais e razão pública, fundados na dignidade humana, que visam à proteção da vida, da liberdade, da igualdade e da justiça. E – por que não? –também a busca da felicidade. Embora tenham uma dimensão jusnaturalista, eles são normalmente incorporados aos ordenamentos jurídicos domésticos,[29] sendo rebatizados como direitos fundamentais. Significam a positivação pelo Estado dos direitos morais de cada indivíduo. Uma reserva mínima de justiça a ser assegurada a todas as pessoas.[30]

Veja-se, em enunciação esquemática, alguns marcos da jurisprudência do Supremo Tribunal Federal nessa área:

Liberdade individual: (i) proibição da prisão por dívida no caso de depositário infiel, reconhecendo a eficácia e prevalência do Pacto de San Jose da Costa Rica em relação ao direito interno; (ii) declaração da inconstitucionalidade da proibição de progressão de regime, em caso de delitos associados a drogas; e (iii) o Tribunal sinaliza com a descriminalização da posse de drogas (ou ao menos maconha) para consumo pessoal.

Moralidade administrativa (direito à boa governança): (i) proibição do nepotismo; (ii) inconstitucionalidade do modelo de financiamento eleitoral por empresas sem restrições mínimas que preservassem a decência política e evitasse a corrupção; (iii) validação ampla da Lei da Ficha Limpa.

Direito à saúde: determinação de fornecimento gratuito de medicamentos necessários ao tratamento da AIDS em pacientes sem recursos financeiros.

Direito à educação: direito à educação infantil, aí incluídos o atendimento em creche e o acesso à pré-escola. Dever do Poder Público de dar efetividade a esse direito.

Direitos políticos: proibição de livre mudança de partido após a eleição para cargo proporcional, sob pena de perda do mandato, por violação ao princípio democrático.

Direitos dos trabalhadores públicos: regulamentação, por via de mandado de injunção, do direito de greve dos servidores e trabalhadores do serviço público.

Direito dos deficientes físicos: direito de passe livre no sistema de transporte coletivo interestadual a pessoas portadoras de deficiência, comprovadamente carentes.

---

[29] Bobbio, Matteucci e Pasquino. *Dicionário de política*, 1986, p. 659: "Com a promulgação dos códigos, principalmente do napoleônico, o Jusnaturalismo exauria a sua função no momento mesmo em que celebrava o seu triunfo. Transposto o direito racional para o código, não se via nem admitia outro direito senão este. O recurso a princípios ou normas extrínsecos ao sistema do direito positivo foi considerado ilegítimo".

[30] ALEXY, Robert. *La institucionalización de la justicia*, 2005. p. 76.

Proteção das minorias:
 (i) *Judeus*: a liberdade de expressão não inclui manifestações de racismo, aí incluído o antissemitismo;
 (ii) *Negros:* (i) validação de ações afirmativas em favor de negros, pardos e índios para ingresso na universidade (ii) no acesso a cargos públicos e (iii) proteção aos quilombolas;
 (iii) *Comunidade LGBT:* equiparação das relações homoafetivas às uniões estáveis convencionais e direito ao casamento civil.
 (iv) *Comunidades indígenas:* demarcação da reserva indígena Raposa Serra do Sol em área contínua;
 (v) *transgêneros:* direito à alteração do nome social, com ou sem cirurgia de redesignação de sexo;

Liberdade de pesquisa científica: declaração da constitucionalidade das pesquisas com células-tronco embrionárias.

Liberdade de expressão: inconstitucionalidade da exigência de autorização prévia da pessoa retratada ou de seus familiares para a divulgação de obras biográficas.

Direito das mulheres: (i) direito à antecipação terapêutica do parto em caso de feto anencefálico; (ii) constitucionalidade da Lei Maria da Penha, que reprime a violência doméstica contra a mulher; (iii) direito à interrupção da gestação até o 3º mês de gestação (decisão da 1ª Turma).

Ética animal: proibição da submissão de animais a tratamento cruel, como nos casos de (i) briga de galo, (ii) farra do boi e (iii) vaquejada.

Por evidente, nenhum tribunal do mundo acerta todas. Até porque a verdade não tem dono e há diferentes pontos de observação da vida. Pessoalmente, incluiria em qualquer futura antologia de equívocos jurídicos julgados como o que (i) deu permissão para o ensino religioso confessional em escolas públicas (*i.e.*, autorizou a doutrinação religiosa no espaço público), (ii) a declaração de inconstitucionalidade da cláusula de barreira (dando causa à multiplicação descontrolada de partidos de aluguel) e (iii) a manutenção do monopólio (privilégio) postal da Empresa de Correios e Telégrafos (na era da internet!). Sem mencionar sustos como a defesa da distribuição compulsória de fosfoetanolamina (a "pílula do câncer"), sem pesquisa clínica ou registro na ANVISA, que teve medida cautelar deferida e quatro votos a favor.

Porém, também aqui, o saldo dos últimos trinta anos é extremamente positivo. Poucos países do mundo têm um número tão expressivo de decisões progressistas e civilizatórias em tema de direitos fundamentais.

5 Os pontos fracos desses 30 Anos

5.1 O sistema político

Há exatos dez anos, em meu texto sobre os vinte anos da Constituição, abri um tópico específico para "as coisas que ficaram por fazer". Estampando a evidência, consignei, a propósito da reforma do sistema político:

Nos vinte anos de sua vigência, o ponto baixo do modelo constitucional brasileiro e dos sucessivos governos democráticos foi a falta de disposição ou de capacidade para reformular o sistema político. No conjunto de desacertos das últimas duas décadas, a política passou a ser um fim em si mesma, um mundo à parte, desconectado da sociedade, visto ora com indiferença, ora com desconfiança. As repetidas crises produzidas pelas disfunções do financiamento eleitoral, pelas relações oblíquas entre Executivo e parlamentares e pelo exercício de cargos públicos para benefício próprio têm trazido, ao longo dos anos, uma onda de ceticismo que abate a cidadania e compromete sua capacidade de indignação e de reação. A verdade, contudo, é que não há Estado democrático sem atividade política intensa e saudável, nem tampouco sem parlamento atuante e investido de credibilidade. É preciso, portanto, reconstruir o conteúdo e a imagem dos partidos e do Congresso, assim como exaltar a dignidade da política. O sistema político brasileiro, por vicissitudes diversas, tem desempenhado um papel oposto ao que lhe cabe: exacerba os defeitos e não deixa florescer as virtudes.

Pouca coisa mudou de lá para cá. Todas as pessoas trazem em si o bem e o mal. O processo civilizatório existe para potencializar o bem e reprimir o mal. O sistema político brasileiro faz exatamente o contrário. O sistema político envolve o sistema de governo (presidencialismo ou parlamentarismo), o sistema eleitoral (proporcional, majoritário ou misto) e o sistema partidário (regras que regem a criação e o funcionamento dos partidos políticos). Temos problemas nos três. A grande dificuldade, nessa matéria, é que as reformas de que o país precisa dependem, para serem feitas democraticamente, como se impõe, da deliberação de pessoas cujos interesses são afetados pelas mudanças necessárias.

Como sistema de governo, eu proponho a atenuação do hiperpresidencialismo brasileiro com um modelo semipresidencialista, inspirado pelo que existe na França e em Portugal. Na minha proposta, o Presidente da República seria eleito por voto direto e conservaria competências importantes, mas limitadas – como, por exemplo, a condução da política internacional, a indicação de embaixadores e de ministros de tribunais superiores, a nomeação dos comandantes militares –, inclusive a de nomear o Primeiro Ministro, que, todavia, dependeria de aprovação do Congresso. Já ao Primeiro Ministro caberia a condução do dia a dia da política, sujeito às turbulências próprias da função. Em caso de perda de sustentação política, poderia ser substituído pela vontade majoritária do Congresso, sem que isso importasse quebra da legalidade constitucional. Defendo esta ideia desde a proposta de reforma política que escrevi e publiquei em 2006. E penso que se esta fórmula estivesse em vigor, teríamos evitado o trauma do *impeachment* recente.

Mas não é o sistema de governo que está no centro das discussões atuais, mas sim o sistema eleitoral e o sistema partidário. A eles são dedicados os parágrafos que se seguem. Todos perdem com a persistência de um modelo que produziu um perigoso descolamento entre a classe política e a sociedade civil. A reforma política de que o Brasil precisa deverá ser capaz de atender três objetivos: (i) baratear o custo das eleições; (ii) aumentar a representatividade democrática dos eleitos; e (iii) facilitar a governabilidade.

No tocante à necessidade de *barateamento*, a demonstração é singela e socorre-se de pura aritmética. Em valores calculados parcimoniosamente, um deputado federal precisa gastar, para ter chance de se eleger, entre 5 e 10 milhões de reais.[31] Ao longo de quatro anos de mandato, o máximo que conseguirá arrecadar, a título de subsídios, em valores líquidos, será 1,1 milhão de reais.[32] Não é difícil intuir que a diferença terá de ser buscada em algum lugar. Aí está uma das grandes fontes de corrupção no país. No tocante à necessidade *de incrementar a representatividade* dos parlamentares, tampouco é difícil ilustrar a disfunção existente. O sistema eleitoral, relativamente à eleição para a Câmara dos Deputados, é o proporcional em lista aberta. Nesse sistema, o eleitor vota em quem ele quer, mas elege quem ele não sabe, porque o voto vai, em última análise, para o partido. Os mais votados do partido obtêm as vagas, de acordo com o número de vezes que o partido preencha o quociente eleitoral. Na prática, menos de 10% dos Deputados são eleitos com votação própria; mais de 90% são eleitos pela transferência de votos feita pelo partido. Tem-se, assim, uma fórmula em que o eleitor não sabe exatamente quem elegeu e o candidato não sabe exatamente a quem prestar contas. Não tem como funcionar.

Por fim, no tocante à *governabilidade,* o fato é que o sistema partidário impõe ao Executivo práticas reiteradas de fisiologismo e favorecimentos. As regras em vigor fomentam a multiplicação de partidos e a criação de legendas de aluguel. Disso resulta uma legião de agremiações irrelevantes para a sociedade, mas com atuação no Congresso, que vivem da apropriação privada do Fundo Partidário por seus dirigentes e da venda do tempo de televisão. Vale dizer: trata-se da institucionalização da desonestidade. Repleta de incentivos errados, a política deixa de ser a disputa pela melhor forma de realizar o interesse público e o bem comum, e passa a ser um negócio privado. A denominada "janela partidária", criada pelo Congresso Nacional por emenda à Constituição – permissão, por 30 dias, da troca de partido sem perda do mandato – gerou o que a imprensa e os próprios parlamentares denominaram de "leilão de deputados".[33] A própria expressão já denota a desmoralização do modelo.

A reforma precisa conciliar muitos interesses legítimos e encontrar um caminho do meio, com concessões recíprocas e consensos possíveis. Uma ideia que tem amplo curso é a adoção de um sistema distrital misto, inspirado no alemão, em que metade das cadeiras da Câmara seria preenchida por voto distrital e a outra metade pelo voto no partido. O eleitor, assim, teria direito a dois votos: o primeiro para a escolha do representante do seu distrito, onde cada partido

---

[31] Disponível em: <http://www.otempo.com.br/capa/pol%C3%ADtica/eleger-se-deputado-federal-pode-custar-até-r-5-milhões-1.734350>. Estes números se referem à campanha de 2014. Outro levantamento, também relativo à campanha de 2014, refere-se a R$ 6,4 milhões, em média, por candidato. Disponível em: <https://www.em.com.br/app/noticia/politica/2014/08/02/interna_politica,554453/gasto-para-eleger-um-deputado-federal-alcanca-r-6-4-milhoes.shtml>. Com relação à campanha de 2018, R$ 10 milhões como custo de uma campanha na eleição proporcional é uma estimativa próxima da realidade.

[32] O teto de remuneração no serviço público é representado pelo subsídio de Ministro do Supremo Tribunal Federal, que percebe em torno de R$ 23 mil líquidos. Multiplicando-se este valor pelos 48 meses de mandato, chega-se ao número referido no texto.

[33] ALENCASTRO, Catarina. *Janela partidária*: fundo público eleitoral financia leilão de deputados. *O Globo,* 15 mar 2018. Disponível em: <https://oglobo.globo.com/brasil/janela-partidaria-fundo-publico-eleitoral-financia-leilao-de-deputados-22490956>. Acesso em: 1º abr. 2018.

lançaria um candidato, sendo os distritos demarcados em função de quantitativos populacionais. O segundo voto seria no partido. O voto seria em lista, mas o eleitor teria a faculdade de mudar a ordem de preferência dos candidatos. O candidato que obtivesse individualmente o quociente eleitoral furaria a lista. Ao final do pleito, faz-se o ajuste necessário para preservar a proporcionalidade entre votação e número de cadeiras.

No tocante ao sistema partidário, a Emenda Constitucional nº 97, de 4.10.2017, instituiu cláusula de desempenho eleitoral para acesso dos partidos ao fundo partidário e ao tempo de rádio e TV[34] e proibiu coligações partidárias em eleições proporcionais a partir de 2020. A possibilidade de coligações e a ausência de cláusula de barreira contribuem para manter vivas legendas vazias de representatividade e conteúdo programático, produzindo uma fragmentação no Legislativo que acaba exigindo o "toma-lá-dá-cá" do fisiologismo.

Quanto ao financiamento eleitoral, o melhor modelo é o misto, que combina financiamento público, via propaganda eleitoral gratuita e fundo partidário, como já temos hoje, e financiamento privado, mas só por pessoas físicas e com limite máximo de contribuição. O modelo anterior que tínhamos, de financiamento por empresas, era contrário à moralidade administrativa e à decência política porque:

a) uma empresa podia tomar dinheiro emprestado no BNDES e utilizar para financiar os candidatos da sua escolha, isto é, usava o dinheiro que era de todos para bancar seus interesses privados;

b) uma empresa podia financiar, por exemplo, os três candidatos que tinham chance de vitória. Naturalmente, se financia candidatos concorrentes, não está exercendo direito político, para quem acha que empresa tem direito político. Quando isso ocorre, ou a empresa foi achacada ou está comprando favores futuros. Qualquer uma das duas opções é péssima;

c) uma empresa podia fazer doação de campanha e depois ser contratada pelo governo que ajudou a eleger. E, aí, o favor privado, que foi a doação de campanha, é pago com dinheiro público, que é o contrato com a Administração.

A reforma política é uma agenda inacabada no Brasil. Tal como no combate à inflação, em outras épocas, temos andado em círculos e feito opções equivocadas, tanto legislativa quanto jurisprudencialmente, aprofundando e realimentando problemas. O país precisa de um Plano Real para a política.

---

[34] A emenda deu nova redação ao art. 17, §3º da Constituição, que passou a ter a seguinte redação: "§3º Somente terão direito a recursos do fundo partidário e acesso gratuito ao rádio e à televisão, na forma da lei, os partidos políticos que alternativamente: I – obtiverem, nas eleições para a Câmara dos Deputados, no mínimo, 3% (três por cento) dos votos válidos, distribuídos em pelo menos um terço das unidades da Federação, com um mínimo de 2% (dois por cento) dos votos válidos em cada uma delas; ou II – tiverem elegido pelo menos quinze Deputados Federais distribuídos em pelo menos um terço das unidades da Federação". Esta regra, todavia, só valerá a partir de 2030, sendo implantada gradualmente. Na legislatura seguinte às eleições de 2018, valerá o seguinte: "Terão acesso aos recursos do fundo partidário e à propaganda gratuita no rádio e na televisão os partidos políticos que: I – na legislatura seguinte às eleições de 2018: a) obtiverem, nas eleições para a Câmara dos Deputados, no mínimo, 1,5% (um e meio por cento) dos votos válidos, distribuídos em pelo menos um terço das unidades da Federação, com um mínimo de 1% (um por cento) dos votos válidos em cada uma delas; ou b) tiverem elegido pelo menos nove Deputados Federais distribuídos em pelo menos um terço das unidades da Federação".

5.2 A corrupção sistêmica

É impossível não identificar as dificuldades em superar a corrupção sistêmica como um dos pontos baixos desses últimos trinta anos. O fenômeno vem em processo acumulativo desde muito longe e se disseminou, nos últimos tempos, em níveis espantosos e endêmicos. Não foram falhas pontuais, individuais. Foi um fenômeno generalizado, sistêmico e plural, que envolveu empresas estatais, empresas privadas, agentes públicos, agentes privados, partidos políticos, membros do Executivo e do Legislativo. Havia esquemas profissionais de arrecadação e distribuição de dinheiros desviados mediante superfaturamento e outros esquemas. Tornou-se o modo natural de se fazerem negócios e de se fazer política no país. A corrupção é fruto de um pacto oligárquico celebrado entre boa parte da classe política, do empresariado e da burocracia estatal para saque do Estado brasileiro.

A fotografia do momento atual é devastadora: a) o Presidente da República foi denunciado duas vezes, por corrupção passiva e obstrução de justiça, e é investigado em dois outros inquéritos; b) um ex-Presidente da República teve a condenação por corrupção passiva confirmada em segundo grau de jurisdição; c) outro ex-Presidente da República foi denunciado criminalmente por corrupção passiva; c) dois ex-chefes da Casa Civil foram condenados criminalmente, um por corrupção ativa e outro por corrupção passiva; d) o ex-Ministro da Secretaria de Governo da Presidência da República está preso, tendo sido encontrado em apartamento supostamente seu 51 milhões de reais; e) dois ex-presidentes da Câmara dos Deputados estão presos, um deles já condenado por corrupção passiva, lavagem de dinheiro e evasão de divisas; f) um presidente anterior da Câmara dos Deputados foi condenado por peculato e cumpriu pena; g) mais de um ex-governador de Estado se encontra preso sob acusações de corrupção passiva e outros crimes; h) todos os conselheiros (menos um) de um Tribunal de Contas estadual foram presos por corrupção passiva; i) um Senador, ex-candidato a Presidente da República, foi denunciado por corrupção passiva.

Alguém poderia supor que há uma conspiração geral contra tudo e contra todos! O problema com esta versão são os *fatos*: os áudios, os vídeos, as malas de dinheiro, os apartamentos repletos, assim como as provas que saltam de cada compartimento que se abra. É impossível não sentir vergonha pelo que aconteceu no Brasil. Por outro lado, poucos países no mundo tiveram a coragem de abrir as suas entranhas e enfrentar o mal atávico da corrupção com a determinação que boa parte da sociedade brasileira e uma parte do Poder Judiciário têm demonstrado. Para isso têm contribuído mudanças de atitude das pessoas e das instituições, assim como alterações na legislação e na jurisprudência. Há uma imensa demanda por integridade, idealismo e patriotismo na sociedade brasileira, e esta é a energia que muda paradigmas e empurra a história.

Como seria de se esperar, o enfrentamento à corrupção tem encontrado resistências diversas, ostensivas e dissimuladas. A Nova Ordem que se está pretendendo criar atingiu pessoas que sempre se imaginaram imunes e impunes. Para combatê-la, uma enorme *Operação Abafa* foi deflagrada em várias frentes. Entre os representantes da Velha Ordem, há duas categorias bem visíveis: (i) a dos que não querem ser punidos pelos malfeitos cometidos ao longo de muitos anos; e (ii) um lote pior, que é o dos que não querem ficar honestos nem daqui para frente. Gente que tem aliados em toda parte: nos altos escalões, nos Poderes da República, na imprensa e até onde menos seria de se esperar. Mesmo no Judiciário ainda subsiste, em alguns espaços, a mentalidade de que rico não pode ser preso, não importa se corrupto, estuprador ou estelionatário. Parte da elite brasileira milita no tropicalismo equívoco de que corrupção ruim é a dos outros, mas não a dos que frequentam os mesmos salões que ela. Infelizmente, somos um país em que alguns ainda cultivam corruptos de estimação. Mas há um sentimento republicano e igualitário crescente, capaz de vencer essa triste realidade.

Naturalmente, é preciso tomar cuidado para evitar a criminalização da política. Em uma democracia, política é gênero de primeira necessidade. Seria um equívoco pretender demonizá-la e, mais ainda, criminalizá-la. A vida política nem sempre tem a racionalidade e a linearidade que uma certa ânsia por avanços sociais e civilizatórios exige. O mundo e o Brasil viveram experiências históricas devastadoras com tentativas de governar sem política, com a ajuda de militares, tecnocratas e da polícia política. Porém, assim como não se deve criminalizar a política, não se deve politizar o crime. Não há delito por opiniões, palavras e votos. Nessas matérias, a imunidade é plena. No entanto, o parlamentar que vende dispositivos em medidas provisórias, cobra participação em desonerações tributárias ou canaliza emendas orçamentárias para instituições fantasmas (e embolsa o dinheiro), comete um crime mesmo. Não há como "glamourizar" a desonestidade.

A corrupção tem custos elevados para o país. De acordo com a Transparência Internacional, em 2016 o Brasil foi o 96º colocado no *ranking* sobre percepção da corrupção no mundo, entre 168 países analisados. Em 2015, havíamos ocupado o 79º lugar. Em 2014, o 69º. Ou seja: pioramos.[35] Estatísticas como essas comprometem a imagem do país, o nível de investimento, a credibilidade das instituições e, em escala sutil e imensurável, a autoestima das pessoas. A corrupção acarreta custos financeiros, sociais e morais.

No tocante aos custos financeiros, apesar das dificuldades de levantamento de dados – subornos e propinas geralmente não vêm a público –, noticiou-se que apenas na Petrobras e empresas estatais investigadas na Operação Lava-jato os pagamentos de propina chegaram a 20 bilhões de reais. Levantamento feito pela Federação das Indústrias de São Paulo (FIESP) projeta que até 2,3% do PIB são perdidos a cada ano com práticas corruptas, o que chegaria a 100 bilhões de reais

---

[35] É certo que uma percepção da corrupção nem sempre corresponde ao seu aumento efetivo. Na medida em que ela passa a ser exposta e combatida, esta percepção pode aumentar, sem que haja incremento na sua manifestação concreta.

por ano. Os custos sociais também são elevadíssimos. Como intuitivo, a corrupção é regressiva, pois só circula nas altas esferas e ali se encontram os seus grandes beneficiários. Porém, e muito mais grave, ela compromete a qualidade dos serviços públicos, em áreas de grande relevância como saúde, educação, segurança pública, estradas, transporte urbano etc. Nos anos de 2015 e 2016, ecoando escândalos de corrupção, o PIB brasileiro caiu 7,2%.[36]

O pior custo, todavia, é provavelmente o custo moral, com a criação de uma cultura de desonestidade e esperteza, que contamina as pessoas ou espalha letargia. O modo de fazer política e de fazer negócios no país passou a funcionar mais ou menos assim: (i) o agente político relevante indica o dirigente do órgão ou da empresa estatal, com metas de desvio de dinheiro; (ii) o dirigente indicado frauda a licitação para contratar empresa que seja parte no esquema; (iii) a empresa contratada superfatura o contrato para gerar o excedente do dinheiro que vai ser destinado ao agente político que fez a indicação, ao partido e aos correligionários. Note-se bem: este não foi um esquema isolado! Este é o modelo padrão. A ele se somam a cobrança de propinas em empréstimos públicos, a venda de dispositivos em medidas provisórias, leis ou decretos; e os achaques em comissões parlamentares de inquérito, para citar alguns exemplos mais visíveis. Nesse ambiente, faz pouca diferença saber se o dinheiro vai para a campanha, para o bolso ou um pouco para cada um. Porque o problema maior não é para onde o dinheiro vai, e sim de onde ele vem: de uma cultura de desonestidade que foi naturalizada e passou a ser a regra geral.

A cidadania, no Brasil, vive um momento de tristeza e de angústia. Uma fotografia do momento atual pode dar a impressão de que o crime compensa e o mal venceu. Mas seria uma imagem enganosa. O país já mudou e nada será como antes. A imensa demanda por integridade, idealismo e patriotismo que hoje existe na sociedade brasileira é uma realidade inescapável. Uma semente foi plantada. O trem já saiu da estação. Há muitas imagens para ilustrar a refundação do país sobre novas bases, tanto na ética pública quanto na ética privada. É preciso empurrar a história, mas ter a humildade de reconhecer que ela tem o seu próprio tempo. E não desistir antes de cumprida a missão. Li recentemente em um cartaz uma frase cuja autoria é disputada, mas que é uma boa alegoria para traduzir o espírito dessa hora: *"Viver não é esperar a tempestade passar. Viver é aprender a dançar na chuva"*. E seguir em frente.

6 Conclusão

A seguir, algumas reflexões e proposições acerca desse momento em que a Constituição brasileira chega a uma idade mais madura, em um país com o ciclo de desenvolvimento econômico, social e civilizatório ainda incompleto. Ideias que

---

[36] SARAIVA, Alessandra; SALLE, Robson. PIB do Brasil cai 7,2%, pior recessão desde 1948. *Valor Econômico*, 7 mar. 2017.

aproveitem a experiência acumulada e que ajudem a retificar as escolhas que nos mantêm como um país de renda média, com o futuro constantemente adiado.

1. Apesar de muitos avanços e conquistas que merecem ser comemorados, ainda não fomos capazes de enfrentar algumas das causas importantes do atraso, da pobreza e da corrupção. Dentre elas se inclui (i) um Estado que é grande demais – maior do que a sociedade pode e deseja sustentar –, extremamente ineficiente e apropriado privadamente; e (ii) um sistema político viciado, com incentivos equivocados, que extrai o pior das pessoas. Sem equacionarmos algumas das causas estruturais dos nossos problemas, eles se renovarão e se perpetuarão. A mera repressão criminal, ainda que fosse altamente eficaz – e está longe de ser –, jamais poderá ser vista como o melhor caminho para a transformação. É preciso desarmar os mecanismos que estimulam os comportamentos desviantes.

2. A referência ao tamanho do Estado não tem por alvo programas e redes de proteção social, a despeito dos problemas de gestão. A crítica volta-se contra estruturas onerosas, que transferem renda dos mais pobres para os mais ricos – como o sistema de previdência e o sistema tributário, por exemplo –, assim como o excesso de cargos em comissão, o clientelismo e a distribuição discricionária e seletiva de benesses. A tudo se soma uma cultura cartorial e burocrática, sem controles mínimos de desempenho e de resultados das políticas públicas adotadas.

3. Algumas ideias desenvolvidas e demonstradas por Daron Acemoglu e James A. Robinson, em um livro notável intitulado "Why Nations Fail", ajudam a compreender as razões que levam os países à pobreza e à prosperidade. Segundo os autores, essas razões não se encontram – ao menos na sua parcela mais relevante – na geografia, na cultura ou na ignorância do que seja a coisa certa a se fazer. Encontram-se, sobretudo, na existência ou não de instituições econômicas e políticas verdadeiramente inclusivas, capazes de dar a todos segurança, igualdade de oportunidades e confiança para inovar e investir. A análise e os diagnósticos desses dois autores estão refletidos nessas considerações finais.

4. Países que se tornaram prósperos são aqueles que conseguiram, progressivamente, distribuir adequadamente direitos políticos e oportunidades econômicas, com um Estado transparente e responsivo aos cidadãos. Países que se atrasaram na história foram os conduzidos por elites extrativistas, que controlam um Estado apropriado privadamente, que distribui por poucos os frutos do progresso econômico limitado que produzem. Os mecanismos para tanto incluem monopólios, concessões, empresas estatais e profusão de cargos públicos. A comparação que Acemoglu e Robinson fazem entre a experiência histórica da Inglaterra – com a quebra do absolutismo e a abertura econômica no século XVII – e da Espanha, que seguiu trajetória exatamente inversa, ilustra o argumento de maneira emblemática.

5. Elites extrativistas e autorreferentes organizam a sociedade para o seu próprio benefício, às expensas da massa da população. Ao procederem assim, não criam um país em que as pessoas se sintam efetivamente livres e iguais. Sem terem o nível de respeito e incentivos adequados, os cidadãos desenvolvem

uma relação de desconfiança com o Estado e tornam-se menos seguros, menos solidários e menos ousados. Ou seja: não desenvolvem a plenitude do seu talento, ambição e inventividade.

6. Nesse contexto, a sociedade e seus empreendedores não são capazes de promover a destruição criativa da ordem vigente, substituindo-a com criatividade, inovações e avanços sociais. A estagnação se torna inevitável. A consequência de instituições econômicas e políticas extrativistas é a impossibilidade do desenvolvimento verdadeiramente sustentável. Pode haver ciclos de crescimento, mas ele será sempre limitado e seus frutos apropriados por poucos. Triste como possa parecer, a narrativa acima não se distancia de modo significativo da realidade brasileira.

7. A parte boa dessa história é que conjunturas críticas podem liberar a energia capaz de produzir grandes mudanças institucionais. Conjunturas críticas envolvem um conjunto de eventos relevantes que abalam o equilíbrio político e econômico da sociedade. É inegável que o Brasil vive um desses momentos, decorrente da tempestade ética, política e econômica que se abateu sobre o país nos últimos anos. É possível – apenas possível – que estejamos vivendo um momento de refundação, um novo começo.

8. Desenvolveu-se na sociedade, nos últimos tempos, um grau sem precedente de conscientização em relação à corrupção sistêmica, à deficiência nos serviços públicos, à péssima governança e à má distribuição de riqueza, poder e bem-estar. Não é fora de propósito imaginar que essa possa ser a energia transformadora de instituições extrativistas em instituições inclusivas. Aos trinta anos de democracia, temos uma chance de nos repensarmos e nos reinventarmos como país, com uma revolução pacífica capaz de elevar a ética pública e a ética privada. Não é uma tarefa fácil, mas pode ser um bom projeto para quem não tenha optado por ir embora. Recentemente, ao saudar-me em um evento acadêmico, um jovem dirigente estudantil me disse: "Eu não quero viver em outro país. Eu quero viver em outro Brasil". Pareceu-me uma boa ideia.

Luís Roberto Barroso
Professor Titular de Direito Constitucional da Universidade
do Estado do Rio de Janeiro – UERJ.
Ministro do Supremo Tribunal Federal

NOTA DOS COORDENADORES

Para além de comemorar os 30 anos da Constituição, o que se impõe a fazer é uma análise de balanço destas três décadas de vigência da Carta de 1988. Esta é a razão de ser deste livro coletivo. Ele reúne um conjunto de especialistas que examinam aspectos desta história constitucional.

Muito mudou desde o advento da Constituição da República Federativa do Brasil. Mas muito não mudou ou mudou pouco ou muda lentamente. A Constituição é dado da história e ela também não pode dar saltos. Não pode antecipar o futuro. Pode divisá-lo, mas não garanti-lo.

Sopesadas as vitórias e as derrotas, no contexto da complexidade, a trajetória até aqui pode ser considerada de sucesso. Confiar na Constituição é confiar nas pessoas, na sociedade, nos constituintes.

Agradecemos aos autores dos artigos desta obra e esperamos que os leitores possam se beneficiar do seu conteúdo.

Rio de Janeiro, outubro de 2018.

Os coordenadores

PARTE I

BALANÇOS NOS TRINTA ANOS

POR UMA REPÚBLICA INCLUSIVA: USOS E ABUSOS DO PRINCÍPIO REPUBLICANO NOS 30 ANOS DA CONSTITUIÇÃO FEDERAL

Daniel Sarmento

1 Introdução

A alusão ao princípio republicano tornou-se extremamente frequente no país, não só nos textos acadêmicos e decisões judiciais, como também nos debates travados na sociedade por pessoas alheias ao mundo do direito. O tema tem vindo à baila, por exemplo, em discussões sobre a corrupção e seu combate; sobre privilégios concedidos a autoridades públicas e poderosos de todo tipo; sobre a persistência no país de cultura patrimonialista e desigualitária. Existe na sociedade a difusa percepção, infelizmente correta, de que, embora nossa forma de governo seja a república e não a monarquia, falta República – com "r" maiúsculo – às nossas relações políticas e sociais.

A Constituição de 88 consagrou o princípio republicano em seu art. 1º, e acolheu diversos elementos e institutos que guardam estreita relação com o ideário republicano: o direito à igualdade (art. 5º, *caput*); a legitimidade de todo cidadão para propor ação popular visando à tutela da *res publica* (art. 5º, LXXIII); os princípios da moralidade, publicidade e impessoalidade administrativa (art. 37, *caput*); as exigências constitucionais de concurso público e licitação (art. 37, II e XXI), dentre tantos outros. Porém, entre a proclamação do princípio e a realidade há um abismo, que ainda não fomos capazes de transpor nestes trinta anos de vigência da Carta de 88.

No presente artigo, discuto brevemente alguns déficits relacionados à efetivação da ideia de república no Brasil. Em seguida, busco definir o conteúdo básico do princípio republicano na ordem constitucional brasileira, delineando seus principais componentes. No final, descrevo três desvios em que a invocação desse princípio vem incorrendo nos últimos tempos.

2 A República que não temos sido: Patrimonialismo, Cordialidade e Desigualdade

O começo não foi promissor. Na primeira carta escrita no país, em que Pero Vaz de Caminha comunica a D. Manoel, rei de Portugal, a "descoberta" do Brasil, a aversão aos valores republicanos já se revelava. Na missiva, Caminha solicita o favor real para a libertação de seu genro, que fora banido para a ilha africana de São Tomé. Essa aversão foi também registrada no primeiro livro sobre a história nacional, de Frei Vicente de Salvador, publicado em 1627: *"Nenhum homem nesta terra é república, nem zela ou trata do bem público, senão cada um do bem particular"*.[1]

O nosso sistema político tardou a adotar o regime republicano. As demais nações sul-americanas tornaram-se repúblicas tão logo conquistaram a independência. No Brasil, como se sabe, demoramos mais: em solução singularíssima, proclamou-se a independência de Portugal, mas se optou pela monarquia, com a manutenção da própria dinastia que reinava em nossa antiga metrópole – os Bragança. Décadas depois, quando a República foi finalmente instituída, ela não resultou de revolução popular, ou de movimento insurgente respaldado pela população. Na verdade, o povo não passou de espectador passivo dos acontecimentos de novembro de 1889.[2]

Vários fatores históricos contribuíram para o não enraizamento dos valores republicanos nos padrões de sociabilidade vigentes no país.[3] Na nossa organização política, desde o início, o patrimônio público e o das autoridades com frequência se interpenetraram e confundiram. Desde então, a confusão entre o público e o privado tem sido a tônica, das capitanias hereditárias, passando pelo coronelismo da República Velha,[4] até chegar, na contemporaneidade, aos "feudos" dentro do Estado, atribuídos pelos governos a partidos e lideranças políticas como contrapartida pelo seu apoio legislativo, na lógica do nosso degenerado presidencialismo de coalizão.[5]

---

[1] Veja-se Frei Vicente de Salvador. *História do Brasil*, 1627. Disponível em: <http://www.dominiopublico.gov.br/download/texto/bn000138.pdf>.

[2] Cf. É conhecida a afirmação de Aristides Lobo, insuspeito por se tratar de republicano histórico e integrante do Governo Provisório formado após a proclamação: *"O povo assistiu aquilo tudo bestializado, atônito, surpreso, sem conhecer o que se passava. Muitos acreditavam, sinceramente, que se tratava de uma parada"*. Cf. CARVALHO, José Murilo de. *Os bestializados*: o Rio de Janeiro e a República que não foi. São Paulo: Companhia das Letras, 1990.

[3] Isso não significa, porém, que o ideário republicano não tenha penetrado no pensamento político e nas reivindicações sociais feitas no país, desde cedo. Pelo contrário, diversos movimentos políticos e insurreições recorreram a esse ideário ao longo da história nacional, desde a época do Brasil Colônia. Veja-se, a propósito, STARLING, Heloísa M. *Ser Republicano no Brasil Colônia*: a história de uma tradição esquecida. São Paulo: Companhia das Letras, 2018.

[4] Sobre o tema, veja-se a obra insuperável de LEAL, Vitor Nunes. *Coronelismo, enxada e voto*: o município e o regime representativo no Brasil. 6. ed. São Paulo: Alfa-Ômega, 1993.

[5] A expressão "presidencialismo de coalizão" é frequentemente empregada para retratar a dinâmica real de funcionamento do sistema político brasileiro. O presidencialismo de coalizão decorre da necessidade de obtenção de apoio legislativo para o Presidente, para que este consiga governar. No presidencialismo, tal apoio não é uma exigência jurídica para que os governos se mantenham, diferentemente do que ocorre no parlamentarismo. Porém, sem o apoio, na prática, os governos ficam paralisados, pois as suas iniciativas mais importantes dependem da aprovação do Congresso. Nesse contexto, o governo busca atrair partidos e grupos políticos para a sua base de sustentação parlamentar, visando a garantir a governabilidade. Tal dinâmica, em si mesma, não é necessariamente patológica. A patologia surge quando os partidos e lideranças políticas passam a aderir ao governo não pela perspectiva de participar da administração e de influenciar na formulação da sua agenda, mas no afã de conseguir ganhos econômicos, visando a viabilizar o financiamento de campanhas eleitorais, ou mesmo obter o puro enriquecimento pessoal dos agentes envolvidos. Nesse segundo cenário – infelizmente tão comum no Brasil –, partidos e grupos políticos trocam o apoio ao governo por posições estratégicas na administração pública, que abrem espaço para criação de relações promíscuas com empresas e para a prática da corrupção. A expressão "presidencialismo de coalizão" foi cunhada por Sérgio Abranches, em texto que se tornou um clássico das ciências políticas no Brasil: "Presidencialismo de coalizão. O dilema institucional brasileiro". *Dados. Revista de Ciências Sociais*, v. 31, n. 1, 1988, p. 5-34. Veja-se também, LIMONGI, Fernando. "A democracia no Brasil. Presidencialismo, coalizão partidária e processo decisório". *Novos Estudos CEBRAP*, n. 76, 2006.

Nesse cenário, tem vicejado o *patrimonialismo*,[6] que se caracteriza pela circunstância de governantes e agentes públicos tratarem o Estado como se fosse sua propriedade privada, submetendo a coisa pública às suas preferências e interesses. O patrimonialismo tem subsistido ao longo da história, a despeito de profundas mudanças políticas, econômicas e jurídicas vividas pelo país, e continua presente nas nossas práticas e mentalidades, conquanto venha sendo cada vez mais questionado e combatido.

Associada a esse fenômeno está a predominância da lógica da *cordialidade*, destacada em obra clássica por Sérgio Buarque de Holanda.[7] A cordialidade não reside na propalada simpatia do brasileiro, mas na nossa conhecida dificuldade em orientar comportamentos por normas impessoais de conduta, com a tendência à priorização das relações pessoais e afetivas em detrimento das razões objetivas, inclusive no trato da coisa pública. É a predominância do *jeitinho* para equacionamento de todos os problemas.

Outro gravíssimo problema sob a perspectiva republicana é a desigualdade. Nossa cultura desigualitária, cujas raízes mergulham no passado escravocrata do país, enseja a sobrevivência de compreensão pré-moderna, hierárquica e estamental das relações sociais, em que direitos e deveres são concebidos não em bases universalistas, mas a partir da posição de cada indivíduo na estrutura social. No mundo real, a classe, a cor e o acesso a "amigos importantes", por exemplo, valem muito mais do que a simples condição de cidadão ou cidadã. Nossas práticas sociais ensinam "a cada um o seu lugar". Uma frase bem sintetiza essa cultura: "você sabe com quem está falando?"[8]

Esse *ethos* problemático ajuda a compreender o déficit de efetividade do princípio republicano no Brasil. Mas ele não justifica qualquer tipo de capitulação fatalista, como se estivéssemos irremediavelmente condenados ao atraso. Nosso quadro sociocultural não é imutável e já vem se alterando na direção certa. Prosseguir nessa mudança é um dos maiores desafios para o Brasil contemporâneo.

3 O princípio republicano e seus componentes

O princípio republicano é pilar fundamental da nossa ordem jurídica. Além da inequívoca importância no sistema constitucional, ele possui amplo raio de abrangência, pois se projeta sobre inúmeros domínios e questões. A

---

[6] "Patrimonialismo" é categoria empregada por Max Weber para descrever uma das formas de dominação política tradicional (cf. WEBER, Max. *Economia y Sociedad*. México: Fondo de Cultura Econômica, 1998, p. 180-193). No pensamento social brasileiro, o tratamento canônico da matéria encontra-se em FAORO, Raymundo. *Os Donos do Poder*: formação do patronato político brasileiro, 2 v. 9. ed. Rio de Janeiro: Globo, 1991.

[7] HOLANDA, Sérgio Buarque de. *Raízes do Brasil*. 26. ed. São Paulo: Companhia das Letras, 2004. p. 139-152.

[8] Cf. Roberto Damatta. "Sabe com quem está falando?: ensaio sobre a distinção entre indivíduo e pessoa no Brasil". In: *Carnavais, Malandros e Heróis*: para uma sociologia do dilema brasileiro. 6. ed. Rio de Janeiro: Rocco, 1996. p. 181-248.

seguir, apresento os principais componentes do princípio republicano no sistema constitucional brasileiro.

3.1 Elegibilidade e temporariedade dos mandatos políticos

Na monarquia tradicional, a investidura dos governantes era hereditária e vitalícia. Os reis e rainhas ascendiam ao trono, em regra por estarem na linha de sucessão de uma dinastia, e governavam até a morte. Na república é muito diferente: os governantes são eleitos pelo povo, e governam temporariamente. Nas repúblicas presidencialistas, como a brasileira, essa exigência de temporariedade traduz-se na existência de mandatos eletivos para os integrantes do Poder Legislativo e para os chefes do Poder Executivo.[9]

No Brasil, as exigências republicanas de elegibilidade e temporariedade dos mandatos não suscitam maiores controvérsias. Elas dão fundamento, por exemplo, às limitações à reeleição para cargos no Poder Executivo (art. 14, §§5º e 7º), que visam a impedir que pessoas ou mesmo grupos familiares se perpetuem no poder, ao molde das antigas monarquias. Até a aprovação da emenda constitucional nº 16, em 1997, a reeleição era vedada no Executivo. Com a mudança, ela passou a ser permitida para um único mandato sucessivo (não há limitação para o exercício de mandatos intercalados). Felizmente, o Brasil não incorreu no grave equívoco cometido por outros países do continente de eliminar o limite para o número de reeleições, o que criaria o risco de perpetuação de líderes políticos no poder, em detrimento da república e da democracia.

3.2 Responsabilidade dos governantes e autoridades por seus atos

Nas monarquias absolutas do passado, os reis estavam acima das leis e não respondiam jurídica ou politicamente pelos próprios atos. *The king can do no wrong* era brocardo invocado tanto para negar a responsabilidade civil do Estado, como para isentar os governantes da submissão a mecanismos de responsabilização pessoal por atos ilícitos praticados. Na República, deve se dar o oposto. Os governantes respondem plenamente pelos seus atos e devem ser passíveis de responsabilização pelas irregularidades que cometam. O poder de que desfrutam não é razão para isentá-los de responsabilidade, mas, ao contrário, justifica a plena incidência dos instrumentos competentes de responsabilização.[10] Afinal,

---

[9] Nas repúblicas parlamentaristas, como se sabe, os governos não têm mandato fixo, mas desempenham suas funções enquanto contarem com a confiança do respectivo parlamento – este sim, composto por representantes do povo periodicamente eleitos para mandatos pré-estabelecidos.

[10] Nessa linha, a doutrina é farta: *e.g.*, ATALIBA, Geraldo. *República e Constituição*. 2. ed. São Paulo: Malheiros, 1998. p. 65-69; LEWANDOWSKI, Enrique Ricardo. Reflexões em torno do princípio republicano. *Revista da*

se a *res publica* pertence à coletividade e não aos governantes e autoridades, a responsabilidade desses deve ser reforçada pelo fato de que cuidam do que não é deles próprios, mas de todo o povo.

Além disso, a responsabilidade dos governantes e agentes públicos significa também que eles não devem desfrutar de privilégios no tocante à responsabilização pelos atos ilícitos que porventura perpetrem, e que não guardem relação com o poder que exerçam. O fundamento aqui se liga à igualdade e ao Estado de Direito. As autoridades, na república, não são "sagradas" e "invioláveis", como os reis nas monarquias. Portanto, não há, via de regra, razão para imunizá-las diante dos instrumentos de responsabilização que atingem a todos os demais cidadãos.

É certo que o próprio texto constitucional prevê, por vezes, exceções a esse princípio, criando certos temperamentos e exceções pontuais à responsabilização de determinadas autoridades. Nessas hipóteses, o princípio republicano impõe que se adote interpretação restritiva de tais exceções, que não devem exceder ao estritamente necessário à promoção das finalidades a que se destinam.

Tal orientação foi adotada pelo STF em alguns casos importantes. Assim, o Supremo já decidiu, por exemplo, que a imunidade penal relativa concedida pelo art. 86, §4º, da Constituição, segundo o qual *"o Presidente da República, na vigência de seu mandato, não pode ser responsabilizado por atos estranhos ao exercício de suas funções"*: (a) sendo norma excepcionalíssima, não pode ser estendida aos governadores de estado;[11] e (b) não impede que os fatos sobre os quais recai a imunidade presidencial sejam investigados em inquérito, até para evitar que as provas pereçam pela passagem do tempo.[12] Também nessa trilha, a Suprema Corte assentou o entendimento de que a exigência de prévia autorização legislativa para instauração de ação penal por crime comum contra o Presidente da República (art. 86, *caput*, CF) não pode ser estendida aos governadores de estado, nem mesmo por decisão das constituições estaduais.[13]

A mesma lógica vem sendo adotada pelo Supremo em decisões relativas ao foro por prerrogativa de função – também conhecido como foro privilegiado. Como se sabe, no Brasil, o constituinte foi pródigo no reconhecimento de hipóteses de foro por prerrogativa de função, alcançando milhares de pessoas ocupantes de funções públicas – em número muito maior, pelo que consta, do que o de qualquer outra democracia constitucional. Na prática, o foro privilegiado se converteu em causa de impunidade, pois os tribunais, especialmente o próprio STF, costumam ser muitíssimo mais lentos do que os juízes monocráticos na instrução e julgamento das ações penais. Com isso, torna-se comum a prescrição ou o grave retardamento da imposição da pena, gerando, em ambos os casos, a

---

Faculdade de Direito da Universidade de São Paulo. V. 100, 2005, p. 193-194; BARROSO, Luís Roberto; OSÓRIO Aline. O Supremo Tribunal Federal em 2017: a República que ainda não foi, p. 8-9. Disponível em: <http://www.osconstitucionalistas.com.br/o-stf-em-2017-a-republica-que-ainda-nao-foi>.

[11] STF. ADI 978, Tribunal Pleno, Rel. Min. Celso de Mello, D.J. 17.11.95.
[12] STF. Inq. 672 – QO, Tribunal Pleno, Rel. Min. Celso de Mello, julg. 16.09.92.
[13] STF. ADI 4.764, Tribunal Pleno, Rel. Min. Celso de Mello, Red. do. ac. Min. Roberto Barroso, julg. 04.05.2017.

sensação de impunidade. Nesse cenário, o ideal seria a aprovação de reforma constitucional que eliminasse ou restringisse drasticamente as hipóteses de foro privilegiado. Contudo, enquanto isso não ocorre, o Supremo vem, ao longo do tempo, adotando interpretações restritivas do instituto, alicerçadas, dentre outros argumentos, no princípio republicano.

Com efeito, o STF já decidiu que o foro privilegiado cessa quando o agente público deixa de exercer o cargo que o justificava, invalidando lei que determinara o contrário.[14] Mais recentemente, a Corte firmou a interpretação de que o foro privilegiado de parlamentares federais só se aplica aos crimes praticados no exercício do mandato e em função dele.[15]

3.3 Igualdade republicana: ninguém abaixo e ninguém acima das leis

A igualdade é outro componente fundamental do princípio republicano, que não se compatibiliza nem com a instituição de privilégios aos governantes e às elites, nem com a denegação sistemática de direitos aos segmentos excluídos da população. Trata-se, como já salientado, de componente bastante problemático na sociedade brasileira, por razões históricas, econômicas e culturais.

A desigualdade no Brasil não é apenas material. Nem mesmo a igualdade formal, que se alicerça na compreensão de que as pessoas devem ter os mesmos direitos, chegou a ser plenamente absorvida pela nossa cultura. Esta ainda se vale, por vezes, de categorias estamentais para a distribuição de direitos e deveres, se não na letra da lei, pelo menos no mundo real.

Evidentemente, o regime republicano vê-se comprometido diante de tamanha desigualdade. Em uma república, as relações travadas em sociedade devem ser horizontais, entre pessoas que se reconheçam e se tratem como iguais. Nas palavras de Philip Pettit, a república está intimamente ligada à capacidade de cada cidadão *"de olhar os demais no olho, sem ter que se curvar ou que temer"*.[16] Essa horizontalidade é gravemente prejudicada no país tanto pela persistência da lógica estamental, como pelas abissais diferenças socioeconômicas. E ela ainda é comprometida pela falta de reconhecimento adequado das diferenças identitárias, que estigmatiza e humilha os integrantes de determinados grupos sociais não hegemônicos.

O princípio da isonomia abarca tanto a *igualdade perante a lei*, voltada a impedir discriminações e favoritismos no processo de aplicação das normas

---

[14] STF. ADI 2.797, Tribunal Pleno, Rel. Min. Sepúlveda Pertence, DJ 19.12.2006.
[15] STF, AP 937 – QO, Tribunal Pleno, Rel. Min. Roberto Barroso, julg. 03.05.2018. A decisão tratou apenas do foro por prerrogativa de parlamentares federais, mas a *ratio* é aplicável a qualquer hipótese de foro privilegiado: este só deve se aplicar aos crimes praticados no exercício da função pública que justifica o foro, e em razão desse exercício.
[16] PETTIT, Philipe. "The Republican Ideal of Freedom". In: David Miller (Ed.). *The Liberty Reader*. Boulder: Pardigm Publishers, 2006. p. 231.

jurídicas, como a *igualdade na lei*, que veda a edição de normas jurídicas discriminatórias. O ideário republicano abrange essas duas dimensões, e ambas geram problemas no Brasil.

No campo da igualdade perante a lei, existe amplo contingente de pessoas que simplesmente não consegue exercer, na prática, os direitos garantidos pela ordem jurídica.[17] São os presos, os favelados, a população de rua, dentre outros grupos de excluídos. Eles normalmente não se beneficiam das normas jurídicas vigentes, como se estivessem fora do contrato social. Relacionam-se com o Estado sobretudo pelo contato com o seu aparelho repressivo-punitivo: são as vítimas das execuções sumárias; os favelados "esculachados" pela polícia em suas operações; as pessoas que lotam as nossas "masmorras medievais".

Já um nítido exemplo de ofensa à república pela violação da igualdade na lei consiste na previsão de prisão especial para pessoas com curso superior.[18] Não há qualquer razão plausível que justifique o melhor tratamento no cárcere, antes da condenação definitiva, das pessoas mais cultas – quase sempre também as mais ricas e mais brancas. Nada obstante, o privilégio, que tem o sabor do Antigo Regime, vigora entre nós, quase sem contestações.[19]

3.4 Liberdade contra a tirania e a sujeição: a não dominação

Na história das ideias, a república sempre foi associada à liberdade política. O republicanismo valoriza os governos limitados, rejeitando todas as formas de despotismo, ao mesmo tempo em que estimula a participação popular no exercício do poder, como será visto adiante.

Na filosofia política,[20] o republicanismo desenvolveu compreensão própria de liberdade, a qual não se confunde com aquela tradicionalmente sustentada pelo liberalismo, que a enxerga como ausência de constrangimento externo à

---

[17] Veja-se, a propósito, NEVES, Marcelo. Entre subintegração e sobreintegração: a cidadania inexistente. *Dados – Revista de Ciências Sociais*, v. 37, n. 2, 1994; e VIEIRA, Oscar Vilhena. A desigualdade e a subversão do Estado de Direito. In: Daniel Sarmento, Daniela Ikawa e Flávia Piovesan (Orgs.). *Igualdade, Diferença e Direitos Humanos*. Rio de Janeiro: Lumen Juris, 2008.

[18] A prisão especial encontra-se prevista e disciplinada no art. 295 do Código de Processo Penal.

[19] Veja-se, a propósito, PADILHA, Valquíria. A distinção por trás das grades: reflexões sobre a prisão especial. *Revista de Sociologia Jurídica*, n. 4, 2007. Saliente-se, por oportuno, que a prisão especial foi questionada no STF por meio da ADPF 334, ajuizada pela Procuradoria-Geral da República.

[20] Não será objeto de análise aprofundada neste estudo a corrente filosófica conhecida como republicanismo. Vale, porém, consignar que, na contemporaneidade, o republicanismo é uma linha importante do pensamento que critica o liberalismo político, acusando-o de endossar visão excessivamente atomizada e individualista da sociedade. Sem abandonar a defesa dos direitos fundamentais, que marca o liberalismo, o republicanismo incorpora outras preocupações centrais à sua agenda, como a valorização da participação do cidadão na coisa pública e o cultivo de virtudes cívicas. Veja-se, a propósito, VIROLLI, Maurizio. *Republicanism*. New York: Hill and Wang, 2002; PETTIT, Philip. *Republicanism*: A Theory of Freedom and Government. Oxford: Oxford University Press, 1996; MICHELMAN, Frank. "Law's Republic". *Yale Law* Journal, v. 97, n. 8, 1998, p. 1493-1537; GARGARELLA, Roberto. *Las Teorias de la Justicia desde Rawls*. Barcelona: Paidós, 1999, p. 181-186.

ação do agente.²¹ A liberdade, para o republicanismo, é concebida como "não dominação".²² Nessa perspectiva, a submissão a leis gerais e abstratas, compatíveis com a lógica do Estado de Direito (*rule of law*), não é vista como problema para a liberdade. Mas a sujeição dos cidadãos aos caprichos e preferências das autoridades e governantes, sim.

Por isso, o republicanismo demanda o emprego de técnicas de controle do poder estatal: separação de poderes, sistema de freios e contrapesos (*checks and balances*), submissão das autoridades ao princípio da legalidade, garantia de liberdades individuais etc. Em outras palavras, a liberdade republicana não é compatível com arranjos institucionais, formais ou informais, que confiram poderes incontrastáveis a determinados agentes.

Por outro lado, é igualmente problemática para o republicanismo a inserção dos indivíduos em relações políticas, sociais e econômicas caracterizadas pela dependência e pela subordinação, que, na prática, sufoquem a sua liberdade. O ideário republicano visa também a assegurar a cada cidadão as condições necessárias para o exercício da sua liberdade, não só perante o Estado, como também diante dos poderes sociais privados. Essa pretensão requer, muitas vezes, a intervenção estatal nas relações sociais. Portanto, a república não se concilia com o absenteísmo do Estado diante de fortes assimetrias de poder e opressão das partes mais vulneráveis. Republicanos normalmente endossam a conhecida máxima de Lacordaire: *"entre o forte e o fraco, entre o rico e o pobre, entre o mestre e o senhor, é a liberdade que oprime e a lei que liberta"*.²³

3.5 Separação entre o público e o privado: impessoalidade, transparência e controle na gestão da coisa pública

A república exige clara separação entre a coisa pública e o domínio privado, com a garantia de impessoalidade, transparência e controle na gestão da *res publica*. Os agentes do Estado não cuidam do que é seu, mas de toda a coletividade. Por isso, não podem se relacionar com a coisa pública do mesmo modo como lidam com seus assuntos e interesses particulares, submetendo-os aos seus desejos e preferências pessoais.

O texto constitucional é pródigo em normas voltadas a assegurar essas ideias: os princípios da impessoalidade, moralidade e publicidade administrativas (art.

---

[21] A visão liberal clássica da liberdade como ausência de interferência externa foi canonicamente exposta por Hobbes: *"Liberdade significa, em sentido próprio, a ausência de oposição (entendendo por oposição os movimentos externos do movimento)"*(HOBBES, Thomas. *O Leviatã*. 2. ed. São Paulo: Abril Cultural, 1979. p. 29).

[22] Cf., *e.g.*, PETTIT, Philip. *Republicanism* : A Theory of Freedom and Government. *Op. cit.*, p. 51-79; SKINNER, Quentin. "A Third Concept of Liberty". In: David Miller (Ed.). *The Liberty Reader*. Boulder: Pardigm Publishers, 2006. p. 243-254.

[23] LACORDAIRE, Jean-Baptiste-Henri Dominique. *Conferénces de Notre-Dame de Paris*. Paris: Sagnier et Bray, 1848. p. 246.

37, *caput*); a obrigatoriedade de realização de concursos públicos para investidura em cargo ou emprego público (art. 37, II), e de licitações para a celebração de contratos administrativos (art. 37, XXI); o dever de prestação de contas de todos os que utilizem, guardem, gerenciem ou administrem bens e recursos públicos (art. 70, Parágrafo único).

A impessoalidade envolve o dever estatal de atuar de forma imparcial na gestão da coisa pública, sem que as autoridades favoreçam seus asseclas ou os poderosos, ou prejudiquem desafetos ou grupos vulneráveis. Apesar da plena vigência do princípio, a prática do nepotismo, com ele francamente incompatível, persistiu no Brasil por bastante tempo após a promulgação da Carta de 88. Em boa hora, o STF reconheceu que o nepotismo não se compatibiliza com a Constituição, e que a sua proibição pode ser diretamente extraída de princípios constitucionais como a impessoalidade, a moralidade administrativa e a própria república.[24]

A ideia de separação do público e do privado alimentou também uma das mais importantes decisões da história do Supremo, que envolveu a proibição do financiamento empresarial de campanhas políticas.[25] Na prática, essas doações permitiam a infiltração excessiva do poder econômico na política brasileira, gerando relações altamente promíscuas entre empresas e candidatos, amplamente documentadas. Além disso, elas contribuíam para tornar mais desigual a nossa esfera eleitoral, por favorecerem o poder dos eleitores e das forças políticas com mais recursos, em detrimento da grande maioria da população.

A exigência de transparência na gestão da coisa pública também é central no regime republicano. Além de decorrente do princípio da publicidade, ela está diretamente associada ao direito à informação, positivado no art. 5º, incisos XIV e XXXIII, da Constituição. A transparência proporcionada pelo acesso à informação talvez seja o melhor antídoto para a corrupção, para as violações de direitos humanos e para a ineficiência governamental. Na conhecida frase de Louis Brandeis, *"a luz solar é o melhor dos desinfetantes"*.[26] Não por outra razão, os regimes autoritários têm ojeriza à transparência, buscando criar redoma de opacidade ao redor das suas atividades, o que frequentemente envolve a censura da imprensa e a perseguição dos críticos.[27]

A Constituição também fortaleceu o controle sobre a gestão da coisa pública. Além de impor rigorosos limites substantivos aos gestores, ela ampliou os mecanismos de controle jurisdicional da administração. Ademais, robusteceu

---

[24] STF. ADC 12, Tribunal Pleno, Rel. Min. Ayres Britto, DJe 18.12.2009. Tal decisão voltou-se contra o nepotismo no âmbito do Poder Judiciário. Posteriormente, o STF explicitou a vedação dessa prática em todos os poderes e entidade federativas, por meio da edição da Súmula Vinculante nº 12.
[25] STF. ADI 4.650, Tribunal Pleno, Rel. Min. Luiz Fux, julg. 17.09.2015.
[26] Louis Brandeis. "What publicity can do". *Harpers Weekly*, 20.12.1913.
[27] Norberto Bobbio desenvolveu o mesmo argumento com foco na democracia. Nas suas palavras, *"a opacidade é a negação da democracia"*, que pode ser concebida como *"o governo do poder visível, ou o governo cujos atos se desenvolvem em público, sob o controle da opinião pública"*. ("O poder invisível". In: *A Democracia e o Poder em Crise*. Brasília: Ed. UnB, 1990. p. 211).

instituições controladoras, notadamente o Ministério Público (arts. 127 a 130-A) e os Tribunais de Contas (arts. 71 a 75), conferindo-lhes novas competências e maior autonomia. E vários outros órgãos de controle foram instituídos no plano infraconstitucional, nas três esferas federativas.

3.6 A participação do cidadão: direitos e responsabilidades perante a "coisa pública"

O ideário republicano envolve a ideia de que os cidadãos devem participar ativamente na gestão da *res publica*. A compreensão contemporânea de república tem, portanto, muitos pontos de contato com a democracia.[28] Valoriza-se a autonomia pública do cidadão, partindo-se da premissa de que cada pessoa deve poder fazer as suas escolhas políticas e levá-las à arena pública, seja pelo voto, seja por outros mecanismos, como o exercício da liberdade de expressão, a participação em movimentos sociais e em reuniões públicas etc.

O republicanismo projeta um ideal ambicioso para a política. Deseja-se que a política – compreendida em sentido amplo – tenha importância para as pessoas, que não devem limitar as suas atividades e atenção aos seus interesses e negócios privados.[29] Ademais, espera-se que a política não se resuma à disputa entre forças movidas por interesses egoísticos, mas se volte à busca coletiva do bem comum. Nessa chave, a esfera pública é idealmente concebida não como algo similar ao mercado – em que os agentes visam apenas a defender os próprios interesses –, mas como um fórum, em que existe disputa, mas também troca de razões e argumentos objetivando a identificação e persecução do interesse público.[30] Não se afirma que essa seja a realidade da política nas sociedades contemporâneas. Trata-se, isso sim, do ideal normativo a ser perseguido para a construção do Estado republicano.

Por isso, a lógica republicana não se contenta com a garantia de liberdades e de direitos políticos, que o cidadão pode exercer se quiser. Ela é mais exigente, pois almeja fomentar o engajamento político-social das pessoas e o desenvolvimento de virtudes cívicas entre cidadãos.[31] Sem descurar dos direitos, a república também enfatiza o papel dos deveres. Dentre eles, destaca a obrigação política do cidadão de se interessar pela construção dos destinos de sua comunidade e de participar desta empreitada coletiva.[32]

---

[28] Cf. CANOTILHO, José Joaquim Gomes. O Círculo e a Linha: da 'liberdade dos antigos' à 'liberdade dos modernos' na teoria republicana dos direitos fundamentais'". In: *Estudos sobre Direitos Fundamentais*. Coimbra: Coimbra Editora, 2004. p. 7-34.
[29] Cf., *e.g.*, ARENDT, Hannah. Freedom and Politics. In: David Miller (Ed.). *The Liberty Reader*. Op. cit., p. 58-80.
[30] Cf., *e.g.*, FORST, Rainer. "The Rule of Reasons: Three Models of Deliberative Democracy". *Ratio Juris*, v. 4, n.4, 2001.
[31] Cf. CUNHA, Paulo Ferreira da. Da constituição antiga à constituição moderna: república e virtude. *Revista Brasileira de Estudos Constitucionais*, n. 5, v.2, 2008.
[32] Cf. BRESSER-PEREIRA, Luiz Carlos. *Construindo o Estado Republicano*: democracia e reforma da gestão pública. Rio de Janeiro: FGV, 2009. p. 165.

Essa lógica republicana foi em boa parte acolhida pela Constituição de 88. Daí, por exemplo, a decisão do constituinte de garantir a todo cidadão o direito à propositura de ação popular para a tutela da coisa pública (art. 5º, LXXIII). Daí também a opção pelo voto obrigatório (art. 14, §3), que desvela a compreensão de que votar não é apenas o exercício de um direito subjetivo – como prefere o pensamento liberal – mas também o cumprimento de um dever cívico. Daí, ainda, a previsão de instrumentos de democracia participativa no texto constitucional – plebiscito, referendo e iniciativa popular de leis (art 14, I, II e III) –, infelizmente tão pouco utilizados nestes trinta anos de vigência da Carta de 88. Daí, finalmente, a definição de que o direito à educação não se presta apenas para formar pessoas para a o mercado de trabalho e para a vida privada, mas visa também a prepará-las *"para o exercício da cidadania"* (art. 212).

O olhar republicano sobre deveres e virtudes cívicas é importante, por temperar os excessos de individualismo que muitas vezes caracterizam o discurso constitucional do liberalismo. Nada obstante, esse condimento deve ser usado com moderação. O republicanismo pode assumir viés autoritário, se alentar a pretensão de criar "um novo homem", ou de erguer uma "religião civil" em torno do Estado, de suas normas e instituições.

4 O que o Princípio Republicano não deve ser: não ao *republicanismo seletivo*, ao *republicanismo dos heróis mascarados* e ao *jacobinismo republicano*

Como já ressaltado, a "república" vem sendo invocada com frequência cada vez maior no Brasil, geralmente para criticar práticas que se desviam do seu ideário. Trata-se de bom sinal de que condutas erradas, contrárias aos valores republicanos, estão deixando de ser toleradas pela sociedade. Há, porém, alguns abusos nessa invocação, que devem ser denunciados e combatidos. Explico, a seguir, os três que me parecem mais graves e salientes no cenário brasileiro contemporâneo.

O primeiro é o *republicanismo seletivo*. O republicano seletivo é duro e rigoroso na crítica e no combate aos desvios éticos dos adversários políticos. Mas é manso e complacente quando se depara com práticas similares envolvendo pessoas próximas ou do mesmo campo ideológico. Evidentemente, não se trata de verdadeiro republicanismo, o qual pressupõe o respeito irrestrito à igualdade.

Outro desvio é o *republicanismo dos heróis mascarados*. Ele ocorre quando setores da sociedade, cansados diante de graves problemas que parecem invencíveis, como a corrupção, deixam-se seduzir pela ideia de que a república só pode ser construída pela ação voluntarista de alguns "heróis", e passam a tolerar, quando não a aplaudir, seus excessos e arbitrariedades. No Brasil atual, esses heróis mascarados são sobretudo juízes, integrantes do Ministério Público e delegados envolvidos na persecução e jurisdição penal.

A crença na salvação nacional pela ação de vingadores mascarados gera vários problemas. Nessa lógica, a república deixa de ser concebida como uma construção da cidadania, dependente do funcionamento adequado das instituições e do engajamento cívico das pessoas, para se converter em dádiva concedida por heróis, e deles dependente. O povo não é visto como agente de transformação, mas como mero espectador de um filme de faroeste, cabendo-lhe apenas torcer para que os *cowboys* derrotem os bandidos. Pior ainda, cria-se ambiente de tolerância em relação a excessos e violações de direitos cometidas pelos "heróis". Esses excessos são muitas vezes aplaudidos pela sociedade, e qualquer crítica contra eles, ou tentativa institucional de limitá-los, é logo vista como manifestação de apoio e de cumplicidade diante de práticas corruptas. Contudo, o republicanismo não rima com a tirania ou com o culto à personalidade. A república é a antítese do despotismo.

Há ainda o *jacobinismo republicano*, que aceita sacrificar direitos fundamentais no "altar da república". A defesa dos valores republicanos – especialmente, o combate à corrupção – é vista como fim maior, que legitima graves restrições aos direitos humanos. O objetivo é promover a "salvação pública" e a nobreza do fim justifica qualquer meio empregado. O jacobinismo republicano tem pontos de contato com o republicanismo dos heróis mascarados, mas dele se diferencia por não envolver necessariamente a veneração personalista dos supostos salvadores da pátria.

O jacobinismo republicano é também perigosíssimo. Ao longo da história, ideias e movimentos similares já eliminaram milhões de vidas. Direitos fundamentais são "trunfos",[33] que não devem ser sacrificados, mesmo que para a promoção de objetivos muito relevantes, tais como a luta contra a corrupção. O republicanismo que vale à pena não é avesso ou indiferente aos direitos fundamentais. Pelo contrário, ele toma a proteção e promoção desses direitos, em bases equânimes e igualitárias, como uma das suas maiores missões. Ele não concebe a existência de um "bem superior" cuja preservação justifique o generalizado atropelo a direitos fundamentais. Muito menos aceita a instituição, em seu nome, de um estado de exceção,[34] em que tudo se torne aceitável, desde que voltado ao objetivo maior de "purificar" a sociedade dos seus vícios.

5 Conclusão

Nesses trinta anos de vigência da Constituição de 88, houve alguns avanços no que concerne à efetivação do princípio republicano. Estamos ainda muito

---

[33] A ideia de que os direitos fundamentais representam "trunfos", que devem prevalecer sobre outros objetivos políticos, inclusive os ligados à promoção do bem-estar da comunidade, foi desenvolvida com densidade por Ronald Dworkin. Veja-se, a propósito, DWORKIN, Ronald. Rights as Trumps. In: Jeremy Waldron (Ed.). *Theories of Rights*. Cambridge: Oxford University Press, 1984.

[34] A teoria do estado de exceção foi explicitamente invocada em acórdão do TRF da 4ª Região, para justificar e validar medidas heterodoxas impostas pelo Juiz Sério Moro no âmbito da Operação Lava-Jato (cf. TRF da 4ª Região, P.A. nº 003021-32.2016.4.04.8000/RS, Corte Especial, Relator Des. Federal Rômulo Pizzolati, julg. 23.09.2016. Disponível em: <https://www.conjur.com.br/dl/lava-jato-nao-seguir-regas-casos.pdf>).

longe de superar o patrimonialismo, a desigualdade e a corrupção, mas certas práticas e situações que antes eram toleradas e naturalizadas – como o nepotismo, a "carteirada" e a imunidade penal dos ricos e poderosos – já são rejeitadas ou pelo menos questionadas.

É verdade que nossos problemas nessa área não são somente jurídicos, mas sobretudo culturais, econômicos e políticos. O seu combate enfrenta fortes resistências dos que sempre se beneficiaram do *status quo*. Por isso, superar tais déficits republicanos é tarefa tão difícil. A Constituição não é onipotente, mas é possível utilizá-la como instrumento de luta nesse *front*, não só nos tribunais – em que, aliás, o desrespeito aos valores republicanos também se manifesta com frequência e intensidade –, como também nas instâncias políticas e administrativas, e, sobretudo, nas mobilizações da cidadania no espaço público.

A missão é edificar uma república que combata, sim, a corrupção – que tanto mal faz ao povo brasileiro –, sem seletividade e com respeito incondicional aos direitos fundamentais. Mas, além e acima disso, uma república que se devote à inclusão no contrato social dos que sempre foram tratados como subcidadãos. Uma República inclusiva.

Referências

ABRANCHES, Sérgio. Presidencialismo de coalizão. O dilema institucional brasileiro. In: _____. *Dados. Revista de Ciências Sociais*, v. 31, n. 1, 1988.

ARENDT, Hannah. Freedom and Politics. In: _____. David Miller (Ed.). *The Liberty Reader*. Boulder: Pardigm Publishers, 2006.

ATALIBA, Geraldo. *República e Constituição*. 2ª ed. São Paulo: Malheiros, 1998.

BARROSO, Luís Roberto; OSÓRIO, Aline. *O Supremo Tribunal Federal em 2017*: a República que ainda não foi, 2017 – Disponível em: <www.osconstitucionalistas.com.br/o-stf-em-2017-a-republica-que-ainda-nao-foi>.

BOBBIO, Norberto. O poder invisível. In: _____. *A Democracia e o Poder em Crise*. Brasília: Ed. UnB, 1990.

BRANDEIS, Louis. *What publicity can do*. Harpers Weekly, 20.12.1913.

BRESSER-PEREIRA, Luiz Carlos. *Construindo o Estado Republicano*: democracia e reforma da gestão pública. Rio de Janeiro: FGV, 2009.

CANOTILHO, José Joaquim Gomes. O Círculo e a Linha: da 'liberdade dos antigos' à 'liberdade dos modernos' na teoria republicana dos direitos fundamentais. In: _____. *Estudos sobre Direitos Fundamentais*. Coimbra: Coimbra Editora, 2004.

CARVALHO, José Murilo de. *Os bestializados:* o Rio de Janeiro e a República que não foi. São Paulo: Companhia das Letras, 1990.

CUNHA, Paulo Ferreira da. Da constituição antiga à constituição moderna: república e virtude. In: _____. *Revista Brasileira de Estudos Constitucionais*, n. 5, v.2, 2008.

DAMATTA, Roberto. Sabe com quem está falando?: ensaio sobre a distinção entre indivíduo e pessoa no Brasil. In: _____. *Carnavais, Malandros e Heróis:* para uma sociologia do dilema brasileiro. 6. ed. Rio de Janeiro: Rocco, 1996.

DWORKIN, Ronald. Right as Trumps. In: _____. Jeremy Waldron (Ed.) *Theories of Rights*. Cambridge: Oxford University Press, 1984.

FAORO, Raymundo. *Os Donos do Poder:* formação do patronato político brasileiro, 2 v. 9. ed. Rio de Janeiro: ed. Globo, 1991.

FORST, Rainer. The Rule of Reasons: Three Models of Deliberative Democracy. In: _____. *Ratio Juris,* v. 4, n.4, 2001.

GARGARELLA, Roberto. *Las Teorias de la Justicia desde Rawls.* Barcelona: Paidós, 1999.

HOBBES, Thomas. *O Leviatã.* 2. ed. São Paulo: Abril Cultural, 1979.

HOLANDA, Sérgio Buarque de. *Raízes do Brasil.* 26ª ed. São Paulo: Companhia das Letras, 2004.

LACORDAIRE, Jean-Baptiste-Henri Dominique. *Conferénces de Notre-Dame de Paris.* Paris: Sagnier et Bray, 1848.

LEAL, Victor Nunes. *Coronelismo, enxada e voto:* o município e o regime representativo no Brasil. 6. ed. São Paulo: Alfa-Ômega, 1993.

LEWANDOWSKI, Enrique Ricardo. Reflexões em torno do princípio republicano. In: _____. *Revista da Faculdade de Direito da Universidade de São Paulo.* V. 100, 2005.

LIMONGI, Fernando. "A democracia no Brasil. Presidencialismo, coalizão partidária e processo decisório". In: _____. *Novos Estudos CEBRAP,* n. 76, 2006.

MICHELMAN, Frank. Law's Republic. In: _____. *Yale Law* Journal, v. 97, n. 8, 1998.

NEVES, Marcelo. Entre subintegração e sobreintegração: a cidadania inexistente. In: _____. *Dados – Revista de Ciências Sociais,* v. 37, n. 2, 1994.

PADILHA, Valquíria. A distinção por trás das grades: reflexões sobre a prisão especial. In: _____. *Revista de Sociologia Jurídica,* n. 4, 2007.

PETTIT, Philipe. The Republican Ideal of Freedom. In: _____. David Miller (Ed.). *The Liberty Reader.* Boulder: Pardigm Publishers, 2006.

PETTIT, Philipe. *Republicanism:* A Theory of Freedom and Government. Oxford: Oxford University Press, 1996.

SALVADOR, Frei Vicente de. *História do Brasil,* 1627 – Disponível em <http://www.dominiopublico.gov.br/download/texto/bn000138.pdf.>.

SKINNER, Quentin. A Third Concept of Liberty. In: _____. David Miller (Ed.). *The Liberty Reader.* Boulder: Pardigm Publishers, 2006.

STARLING, Heloísa Murgel. *Ser Republicano no Brasil Colônia: a história de uma tradição esquecida.* São Paulo: Companhia das Letras, 2018.

VIEIRA, Oscar Vilhena. A desigualdade e a subversão do Estado de Direito. In: _____. (Orgs.). Daniel Sarmento, Daniela Ikawa e Flávia Piovesan. *Igualdade, Diferença e Direitos humanos.* Rio de Janeiro: Lumen Juris, 2008.

VIROLLI, Maurizio. *Republicanism.* New York: Hill and Wang, 2002.

WEBER, Marx. *Economia y Sociedad.* México: Fondo de Cultura Econômica, 1998.

Informação bibliográfica deste texto, conforme a NBR 6023:2002 da Associação Brasileira de Normas Técnicas (ABNT):

SARMENTO, Daniel. Por uma República Inclusiva: Usos e abusos do Princípio Republicano nos 30 Anos da Constituição Federal. In: BOLONHA, Carlos et al. (Coord.). *30 anos da Constituição de 1988*: uma jornada democrática inacabada. Belo Horizonte: Fórum, 2019. p. 59-72. ISBN 978-85-450-0595-7.

30 ANOS DE CONSTITUIÇÃO: UM BALANÇO

Fábio Corrêa Souza de Oliveira
Larissa Pinha de Oliveira

1 Notas iniciais

Aniversários podem ser oportunidades para balanços. Os 30 anos da Constituição brasileira permitem uma análise própria da maturidade da idade. Não é tanto tempo assim, mas muito ocorreu neste período. O país mudou consideravelmente, embora continue carregando ranços, atrasos, incapacidades institucionais, promessas não cumpridas, personalismos, etc. Embora a Constituição seja entendida como fundante do sistema jurídico (fundamento de validade de todas as demais normas), a verdade é que ela não é marco zero de uma sociedade. Há uma ambiência fática e normativa que antecede a Constituição e sobrevive a ela e a despeito dela.

Não é cabível sobrevalorizar a Constituição. Pedir mais do que ela pode dar. É comum que os juristas (juízes, professores) estimem em demasia o papel desempenhado pela Carta Constitucional e, assim, passem a contar a história a partir dela ou muito atrelada a ela, incorrendo em hipostasias, artificialismos, o que pode revelar arrogância, pretensões de autossuficiência, encastelamentos, fechamentos epistêmicos. Ora, a constitucionalidade não pretende totalizar a vida, colonizar o mundo. Mesmo quando dirigente, a Constituição não se arvora a dirigir tudo e, no que se propõe, é uma direção parcial, sujeita aos contornos de caminhos que ela própria não pode traçar, não pode antecipar. Há trânsitos, idas e vindas, paradas, acidentes, sinais e atalhos.

A Constituição de 1988 não pode ser vista como a principal responsável pelos sucessos e insucessos vivenciados pelo Brasil ao longo destas três décadas. Embora por Constituição se compreenda a sua experiência (texto, contexto e norma), o *sentimento constitucional*, a facticidade, seu caráter compromissório e de mobilizador político, conquanto seja certo também que a Constituição de 1988 não alcançou o *status* de Constituição Normativa, há uma parte da dinâmica do *mundo da vida* que não passa, ao menos não de forma determinante, pelo constitucionalismo. A trajetória brasileira de 1988 para cá traduz uma complexidade que não é sintetizável ao modelo constitucional.

Empreender um exame da Constituição é, antes de tudo, investigar a Teoria da Constituição. A teoria de uma Constituição: a teoria da Constituição do Brasil. Teorias diferentes disputam a hermenêutica (interpretação e aplicação) da juridicidade constitucional. Uma Constituição que ainda antes de entrar em vigência foi, por um lado, criticada por ser estatizante e, até mesmo se afirmou com evidente exagero e equívoco, socializante ou socialista, enquanto, de outro lado, foi criticada por ser liberal ou capitalista, nem mesmo comprometida com o Estado Social. Teorias Procedimentais e Teorias Materiais, doutrinas que podem ser tão díspares, concorrem diante do (mesmo) texto constitucional. É a arena da competição para verbalizar a voz da Constituição, com o risco da fala ser apenas o eco do próprio intérprete, já então transformado em criador autônomo da norma. A problemática da relação entre sujeito e objeto.

Reconhecida a limitação da constitucionalidade, o que não é, por si, uma mácula, pode, ao invés, ser uma virtude, mas, sobretudo, é uma circunstância, este artigo não apresenta um inventário detalhado dessas três décadas de vigência da Carta Magna. No decorrer deste interregno, algumas publicações fizeram análises especializadas e pormenorizadas. O propósito aqui é desenhar, em linhas gerais e por meio de dois casos, um quadro representativo de aspectos da existência da Constituição.

2 Um balanço doutrinário

A doutrina constitucional brasileira conheceu um desenvolvimento inédito a partir de 1988. A academia nacional possui hoje uma teoria constitucional diversificada, com matrizes distintas, atualizada, sofisticada, original e com desdobramentos que transcendem o próprio Direito Constitucional, como o denominado Direito Civil Constitucional. Nunca se publicou tanto como agora, inclusive no que tange ao Direito Constitucional. Esse fenômeno tem diferentes razões.

A primeira delas é a valorização da Constituição no ordenamento jurídico, seu ganho de proeminência inclusive na cultura da comunidade, explicado também pelo avanço do relevo dos direitos fundamentais no debate público. Outro motivo é a vigorosa expansão dos cursos de Mestrado e Doutorado, a maioria com pesquisas específicas ou pelo menos relacionadas ao Direito Constitucional. Grande parte das obras mais significativas são edições de dissertações (Mestrado) ou teses (Doutorado). A difusão dos Programas de Pós-Graduação *Stricto Sensu*[1] possibilitou a profusão de espaços para reflexões e discussões aprofundadas, em conjunto com o incremento do intercâmbio acadêmico internacional. Nunca se recebeu tantos estrangeiros e nunca se enviou tantos pesquisadores brasileiros para o exterior como nestes últimos tempos. Mérito principalmente de uma política pública de concessão de bolsas de estudos (CNPQ, CAPES, FAPERJ).

Nesse particular, vale um registro. A CAPES promoveu uma regulação intensa da Pós *Stricto Sensu*: além de autorizar ou não a abertura de Programas, avalia periodicamente e confere nota a cada um deles, estabelece um *ranking* das revistas

---

[1] Ao final de 2016, eram 99 Programas de Pós-Graduação *Stricto Sensu* em Direito: 66 Mestrados Acadêmicos, 3 Mestrados Profissionais e 36 Doutorados. Cf. CAPES, Relatório de Avaliação 2013-2016, Quadrienal.

(brasileiras e estrangeiras), o Qualis, bem como atribui conceito aos livros e realiza classificação de eventos (congressos, seminários), tudo tendo como correspondência uma escala de pontuação que serve de métrica para a avaliação dos Mestrados e Doutorados. É um arquétipo, até onde sabemos, sem paralelo no mundo. Esse proceder da CAPES, com a sua veemência de categorizar, de ampliar seus exames, a despeito das críticas aos critérios empregados e das distorções e disfuncionalidades que gera, não desperta debate sobre a sua compatibilidade com a Constituição.

No impulso dado pela Pós *Stricto Sensu*, especialmente no Direito Constitucional, alguns Programas se destacaram. Entre eles, o Programa da Universidade do Estado do Rio de Janeiro (UERJ),[2] com nomes como Luís Roberto Barroso, Paulo Braga Galvão, Ricardo Lobo Torres e Antonio Cavalcanti Maia. Formou-se, assim, um sentido de escola de pensamento, o que é raro acontecer. Sob outro marco teórico, *v. g.*, o trabalho influente de Lenio Streck.

Conquanto parte da Europa (notadamente, Portugal, Espanha, Itália, França, Alemanha e Inglaterra) e os Estados Unidos sigam sendo os principais polos de referência, houve, nos últimos anos, uma aproximação com a América Latina, especialmente frente ao que se convencionou denominar de *O Novo Constitucionalismo Latino-Americano*.[3] Conversar com a vizinhança e com ambientes que guardam semelhanças é relevante.

Se *Taking rights seriously*, de Ronald Dworkin, publicado em 1977, começou a ser propriamente discutido na academia brasileira na virada do milênio, atualmente há um acompanhamento *pari passu* da produção de outros países. Além de Dworkin, autores como Konrad Hesse, Robert Alexy, Jürgen Habermas, Niklas Luhmann, Peter Häberle, Jeremy Waldron, Richard Posner, Cass Sunstein, Pablo Lucas Verdú e Gomes Canotilho, entre tantos outros, são incorporados, debatidos e invocados para defender compreensões acerca da Constituição de 1988.

O sucesso de uma Constituição passa por ter uma boa teoria. Uma *teoria constitucional constitucionalmente adequada*. O Brasil já teve outras Constituições Dirigentes, inclusive mais diretivas do que a atual. Porém, não tinha teoria do dirigismo constitucional.[4] A preocupação com a eficácia jurídica e a efetividade da Constituição

---

[2] O PPGD/UERJ formou, em diferentes áreas, uma geração de professores da qual muitos ingressaram nas universidades federais sediadas no Estado do Rio. Já se divisava o final da primeira década do terceiro milênio e o Programa da UERJ era o único de instituição pública no Rio (o Programa da UFRJ iniciou em 2009). As faculdades de direito das universidades federais do Rio (UFRJ, UFF, UFRRJ e UNIRIO) se beneficiaram decisivamente dos quadros titulados pela UERJ, a qual teve, assim, uma atuação propulsora destas faculdades fluminenses de direito.

[3] OLIVEIRA, Fábio Corrêa Souza de; STRECK, Lenio. The new Constitutions in Latin America: is it necessary to reform constitutional theory? *Jahrbuch des öffentlichen Rechts der Gegenwart*, 63, p. 569-589, 2015. Dentre as novidades trazidas por este grupo de Constituições (Colômbia, Venezuela, Equador e Bolívia), a maior de todas, a que simboliza, como nenhuma outra, o movimento de quebra com o paradigma mais arraigado, ou seja, o paradigma antropocêntrico, é a previsão, pela Carta equatoriana, de que a natureza é titular de direitos, traduzindo a concepção Ecocêntrica. A respeito: OLIVEIRA, Fábio Corrêa Souza de. Direitos da natureza e Direito dos Animais: um enquadramento. *Revista do Instituto do Direito Brasileiro*, Faculdade de Direito da Universidade de Lisboa, ano 2, n. 10, 2013. Tb. Juris Poiesis, Revista do PPGD/UNESA, n. 15, p. 213-238, 2012.

[4] Sobre a teoria da Constituição Dirigente, a obra balizadora de José Joaquim Gomes Canotilho: *Constituição Dirigente e vinculação do legislador: contributo para a compreensão das normas constitucionais programáticas*. Tb.: OLIVEIRA, Fábio Corrêa Souza de. *Morte e vida da Constituição Dirigente*. Rio de Janeiro: Lumen Juris, 2010.

ganhou centralidade após 1988.[5] Nesta linha, a revisão da concepção concernente à eficácia das normas programáticas.[6] A reformulação do conceito de discricionariedade,[7] instrumentalizada sumamente pelo princípio da razoabilidade[8] e tributária dos progressos dos estudos de hermenêutica,[9] é outra mudança crucial operada nestas últimas três décadas. A classificação das normas em regras e princípios.[10]

O balanço da doutrina constitucional construída no Brasil, neste entretanto, é bem positivo e, ainda que a academia se ressinta das dificuldades que caracterizam o cenário universitário brasileiro, constitui fator decisivo em prol do êxito do projeto da Constituição.

3 Um balanço jurisprudencial

Desde a entrada em vigor da Carta Magna, um emblemático traço do judiciário brasileiro é o ativismo, com realce para a conduta do Supremo Tribunal Federal. O protagonismo judicial alcançou um nível espantoso, bem superior ao da generalidade das nações. Esta não é uma característica do STF ao longo da sua história, passou a ser a partir de 1988. A judicialização da vida (das matérias políticas, das questões moralmente controvertidas) é, em boa medida, antes uma mácula da democracia brasileira do que uma virtude do seu funcionamento, nada obstante se apresente, muitas vezes, como solução fornecida pelo arranjo institucional havido.

De toda sorte, ainda que seja procedente conectar o ativismo judicial com a formulação estabelecida pela *Lex Legum*, a verdade é que este comportamento é, antes de tudo, fruto de uma cultura e de inoperâncias do Executivo e do Legislativo. Por outras palavras: a Constituição não é a responsável pelo ativismo. Em que pese a normatividade constitucional, o protagonismo do judiciário poderia não existir. Um elenco extenso de direitos fundamentais, inclusivo de direitos sociais, não explica o

---

[5] Livro que é símbolo deste comprometimento, de Luís Roberto Barroso, *O Direito Constitucional e a efetividade de suas normas: limites e possibilidades da Constituição brasileira*.

[6] Para mais das eficácias hermenêutica e negativa, é pertinente admitir, diferentemente da posição tradicional, a eficácia positiva das normas programáticas. OLIVEIRA, Fábio Corrêa Souza de. *Eficácia positiva das normas programáticas*. Revista Brasileira de Direito, IMED, v. 11, p. 34-45, 2015.

[7] OLIVEIRA, Fábio Corrêa Souza de. Sobre discricionariedade. In: *A discricionariedade nos sistemas jurídicos contemporâneos*. STRECK, Lenio Luiz. (Org.). Salvador: Podium, 2017, p. 105-118.

[8] OLIVEIRA, Fábio Corrêa Souza de. *Por uma teoria dos princípios*: o princípio constitucional da razoabilidade. 2. ed. Rev. Atual. Ampl. Rio de Janeiro: Lumen Juris, 2007.

[9] Sobressai a investigação de Lenio Streck. Do autor, por ex., *Verdade e consenso*. 6. ed. Rev. Ampl. São Paulo: Saraiva, 2017.

[10] Na doutrina estrangeira, o trabalho pioneiro e basilar de Ronald Dworkin. Na sequência, Robert Alexy. Vale ressaltar que a afirmação do *status* normativo dos princípios está inserida na contestação do *juízo discricionário* uma vez entendido como juízo tomado na ausência de norma; ou melhor, regra. Na doutrina brasileira, o livro revisionista de Humberto Ávila, *Teoria dos princípios*: da definição à aplicação dos princípios jurídicos. 3. ed. Aum. São Paulo: Malheiros: 2004. Tb. OLIVEIRA, Fábio Corrêa Souza de. Voltando à problemática da tipologia regras e princípios: primeiro ensaio. Juris Poiesis, *Revista do PPGD/UNESA*, n. 13, p. 201-228, 2010; *Por uma teoria dos princípios: o princípio constitucional da razoabilidade*, cit.

ativismo judicial.[11] Uma Constituição Dirigente e uma constitucionalidade prolixa não justificam o ativismo judicial. A expansão do controle de constitucionalidade, conforme previsto pela Carta, não leva necessariamente ao ativismo judicial.

Assuntos, mais ou menos problemáticos, que em outros lugares tiveram resoluções por caminhos diversos (Poder Legislativo, plebiscito), foram aqui conduzidos à via judicial. O elenco de julgados ativistas, no âmbito do STF, é farto, difícil de contar. Entre os temas mais emblemáticos, a pesquisa com células-tronco embrionárias,[12] a verticalização das coligações eleitorais,[13] a fidelidade partidária,[14] a cláusula de barreira,[15] a união-estável homossexual,[16] a interrupção da gravidez de feto anencéfalo[17] e a prisão após decisão de segunda instância.[18] Essa lista demonstra claramente a impropriedade da segmentação entre *decisões formais* e *decisões materiais*, com a qual se procura sustentar que o tribunal constitucional, enquanto guardião da democracia, está autorizado apenas a tomar decisões relativas ao processo deliberativo e não decisões substantivas. Incorre-se no erro de considerar que julgados acerca do regime democrático não denotam posição de conteúdo e, assim, não são ativistas. Ora, é preciso definir o que se tem por procedimento comunicativo, o que é, afinal, a democracia. A afirmação por parte do Supremo Tribunal Federal da verticalização das coligações partidárias, da fidelidade partidária e da cláusula de barreira revela o embaraço e a polêmica dos objetos e a delicadeza do papel do STF. Ora, como dizer que não foram decisões de substância?

Muitas outras hipóteses de judicialização podem ser citadas.[19] A ADI 5915 impugnou a intervenção federal no Rio de Janeiro sob a alegação de violação ao devido processo legal delineado pela Constituição e também de que a decretação, no mérito, não deveria ter sido feita. A ordem de votação sobre o *impeachment* de Dilma Rousseff, estabelecida pelo presidente da câmara dos deputados, foi contestada perante o STF. O próprio impedimento foi judicializado: objeto de pedido de anulação por parte da ex-presidente. O debate, no Supremo, sobre a possibilidade de rever o juízo, atribuído ao presidente da república, de não extraditar: caso Cesare Battisti. Instado pelo Ministério Público Federal, o STF foi provado a apreciar indulto natalino.

---

[11] Outros países que têm catálogos de direitos fundamentais semelhantes ao brasileiro, como Portugal e Espanha, não conhecem o ativismo que se verifica por aqui.
[12] Ação Direta de Inconstitucionalidade (ADI) nº 3510.
[13] ADIs nºs 3685 e 3686.
[14] ADIs nºs 3999, 4086 e 5081.
[15] ADIs nºs 1351 e 1354.
[16] ADPF nº 132.
[17] ADPF 54.
[18] HC nº 126.292.
[19] A primeira temática de judicialização mais veemente e que despertou mais atenção e celeumas foi a relativa a prestações de saúde (a *judicialização da saúde*). Cabe salientar uma curiosidade, uma aporia teórica acerca da situação. O STJ, em muitos julgados, ao mesmo tempo em que afirmava o caráter programático do art. 196 da Carta Magna, reconhecia, com esteio no mesmo preceito, obrigações positivas por parte do Estado. De duas, uma: 1) ou a norma programática pode ostentar eficácia positiva 2) ou o art. 196 é norma definidora de direito e não programática. Para uma crítica sobre a *judicialização da saúde* no Brasil, v. NUNES, António José Avelãs. Os tribunais e o direito à saúde. *Revista do Tribunal de Contas do Estado da Paraíba*, ano IV, n. 7, p. 20-47, 2010.

Algumas singularidades identificam a contingência brasileira. Uma delas é o televisionamento de sessões do Supremo. Ressalte-se, não apenas pela TV Justiça. Julgamentos do STF sendo transmitidos ao longo de várias horas. Sob os holofotes, votos extremamente longos, soando intermináveis, em um exercício, por vezes despiciendo e deslocado, de manifestar erudição. Contendas e agressões entre ministros do STF estamparam noticiários. Com algum prejuízo do recato esperado dos magistrados, ministros vistos como celebridades, cumprimentados e hostilizados, o lugar de fala expandido para além dos autos, um ex-presidente do Supremo cotado como candidato a presidente da república. E, nesta esteira, muito já se disse em relação à falta de coesão do STF, do respeito à colegialidade, da carência de unidade de fundamentação de julgados, de previsibilidade, o que oportunizou a imagem das *onze ilhas*.[20]

Sobre o local do STF no mapa da estatalidade, novas conversações surgiram. A discussão sobre se cabe mesmo (quando e em que medida) ao Supremo dar a última palavra sobre o significado da Constituição; se o juiz pode decidir não decidir; o dado das capacidades institucionais; os diálogos institucionais e sociais; os efeitos sistêmicos (e potencialmente não antecipados) de julgados; a reação a decisões judiciais, o *backlash*.

Com percalços que não são novidades, com predicados que conspurcam o judiciário brasileiro, uma série de privilégios que expressam o atraso do Estado Democrático de Direito por aqui (auxílio-moradia, auxílio-paletó, auxílio-livro, carros oficiais), a judicatura, não apenas o STF, veio a ocupar um lugar de realce na vida comunitária. Mesmo que não se reconheça no STF uma *vanguarda iluminista*, a *empurrar a história*, como dito por Luís Roberto Barroso, o fato é que o tribunal foi e segue sendo ator cardinal no percurso trilhado pela Constituição.

4 Dois estudos de caso

A seguir, dois breves estudos sobre casos atuais que implicam a interpretação da Constituição.

4.1 Parques ambientais: modelo ético, constitucional e administrativo

Os parques ambientais foram criados nos Estados Unidos da América na segunda metade do século XIX e, desde então, são decantados como *America's*

---

[20] Conforme a metáfora de Conrado Hübner Mendes, *Onze ilhas*, Folha de São Paulo, 1º.02.2010.

best idea.²¹ O primeiro parque ambiental brasileiro é o Parque Nacional de Itatiaia (RJ), fundado em 1937.

Expressão da cultura estadunidense, posteriormente estendida para diversos países, a invenção da figura dos parques nacionais suscita uma série de debates atinentes às vertentes do movimento ambientalista. Concebidos como locais especiais de proteção de uma natureza atemporal, questiona-se a compreensão do mundo natural e dos animais nestes espaços: seriam eles meros instrumentos de promoção da qualidade de vida do ser humano? Ou seja, o meio ambiente teria valoração meramente reflexa, indireta, construída a partir da percepção e do bem-estar existencial humano? Ou, em sentido contrário, podem os parques nacionais ser percebidos como um *locus* de ampliação e reconhecimento de outras dimensões que não a humana? Qual a ética subjacente a sua instituição?

Isso importa na verificação da posição filosófica que embalou a criação dos parques ambientais nos Estados Unidos da América. Pode ela ser qualificada como Ética Ecocêntrica, que vem a ser uma das correntes da denominada Ética Ambiental? Vale dizer, a concepção moral surgida no período, que teve em John Muir²² o seu mais famoso verbalizador, se propôs em crítica ao Antropocentrismo. Nesse passo, cumpre indagar em que medida se mostra acertado afirmar que o Ecocentrismo é efetivamente diferente ou antagônico à posição antropocêntrica, esta a concepção amplamente dominante na Filosofia e, assim, no Direito.

A oposição entre Ética Antropocêntrica e Ética Ecocêntrica pode ser mais aparente do que real: a linha demarcatória entre elas é maleável ou tênue. Uma certa confusão conceitual, que contribui para tal embaralhamento, fica evidente quando alguns autores identificam a visão ecocentrista com a Ética Biocêntrica, a qual, como o nome manifesta, tem o seu foco no indivíduo e não no ecossistema, ou seja, uma ética de cunho individualista e não coletivista ou holística.²³ A Ética Animal, da qual o Direito dos Animais é uma vertente, muitas vezes caracterizada como sendo Biocentrismo Mitigado, uma vez que nas posições mais difundidas (Peter Singer e Tom Regan, por ex.) apenas alguns animais são pacientes morais (porque possuem interesses, conforme Singer [e nem todos os animais possuiriam];

---

²¹ Esta noção de parque enquanto marco histórico, enquanto área formalmente constituída de preservação da natureza e acesso partilhado pela comunidade, foi instituída de forma pioneira em 1864, quando implementado o primeiro parque estadual ambiental, o Yosemite, mediante a assinatura da Lei de Preservação de Yosemite Valley e Mariposa Grove (Yosemite Grant), por Abraham Lincoln, seguido, em 1872, pela criação do primeiro Parque Nacional, o Yellowstone. Curiosamente, a atribuição da qualificação de parque nacional foi circunstancial, porquanto ao contrário de Yosemite, posto sob a administração do Estado da Califórnia, Yellowstone localizava-se no território de Wyoming, que, à época, ainda não constituído como Estado, estando, pois, sob a jurisdição federal. OLIVEIRA, Larissa Pinha de; OLIVEIRA, Fábio Corrêa Souza de. Apontamentos referenciais acerca da configuração dos parques ambientais e da sua filiação ética. In: *Direito e ambiente para uma democracia sustentável*: diálogos multidisciplinares entre Portugal e Brasil. ARAGÃO, Alexandra; BESTER, Gisela Maria; HILÁRIO, Gloriete Marques Alves. (Orgs) Curitiba: Instituto Memória: Centro de Estudos da Contemporaneidade, p. 211-229, 2015.

²² MUIR, John. *A Thousand-mile to the Gulf*. New York: Houghton Mifflin Company, 1916.

²³ OLIVEIRA, Fábio Corrêa Souza de. Direitos da natureza: biocentrismo? *Revista Direito e Desenvolvimento*, v. 8, série 2, p. 128-142, 2017. *Direitos da natureza* não é sinônimo de Direito dos Animais. LOURENÇO, Daniel Braga; OLIVEIRA, Fábio Corrêa Souza de. Heróis da natureza, inimigos dos animais. Juris Poiesis, *Revista do PPGD/UNESA*, nº 16, p. 181-206, 2013.

ou, nesta mesma esteira de fundamento, têm direitos, consoante Regan), confronta a Ética Ecocêntrica apontando que pode haver nela, embora disfarçadamente ou não de forma consciente, um traço antropocêntrico.

Assim, cumpre verificar se o fenômeno da criação dos parques ambientais não é tributário, em maior ou decisiva escala, à Filosofia Ecocêntrica, mas sim a diversos outros fatores, um conjunto diferente e divergente de impulsos que converge à visão antropocêntrica. A Ética Ecocêntrica seria, pois, uma postura em disputa com outras, em um cenário onde talvez não tenha vencido como aquela a imprimir o tom dos parques ambientais, mesmo porque, em sendo assim, os parques seriam ilhas ecocêntricas em meio a um mundo (cultural) antropocêntrico. Seria isso possível? Ou o mais razoável é entender que tais correntes permanecem em conflito, inclusive no âmbito dos parques ambientais?

Por fim, indaga-se se os parques ambientais não denotam compromisso com o professado pela Ética Animal, embora possam ter contribuído ou estar colaborando, em alguma medida e não propriamente com tal intuito, para um ganho de consciência na linha do chamado *animalismo*. Em outras palavras: os parques ambientais são instâncias que favorecem a Ética Animal ou, pelo contrário, operam em contraposição? Os animais, na dimensão dos parques ambientais, são considerados exclusivamente enquanto componentes de espécies, que merecem ser preservadas (seja pela razão antropocêntrica ou pela razão ecocêntrica), ou há abertura para o reconhecimento de valor intrínseco ao indivíduo, como apregoa a Ética Animal?

Registrada esta dimensão dos parques ambientais, a sua razão de ser, importa perguntar qual a posição assumida pela Constituição de 1988. Embora mais recentemente algumas leituras do texto constitucional apontem para a incorporação da Ética Ecocêntrica ou da Ética Biocêntrica, enquanto outros falem em um Antropocentrismo Alargado, é notório que a interpretação tradicional e amplamente majoritária do art. 225 é a antropocêntrica. Conquanto haja possibilidades hermenêuticas críticas ao Antropocentrismo, fato é que, diferentemente do ineditismo da Constituição do Equador, que previu a natureza como titular de direitos (Ecocentrismo), uma compreensão do texto constitucional brasileiro em linha filosófica diversa da antropocêntrica enfrenta dificuldades jurídicas, resistências filosóficas e culturais, estranhamentos. [24]

Sendo certo que a definição da fundamentação ética e constitucional dos parques ambientais vai determinar o seu funcionamento, a sua lógica operacional, é devido perguntar qual a realidade destas *unidades de conservação de proteção integral*, seus entraves e potencialidades. Trata-se do modelo administrativo adotado ou a adotar.

Vê-se que o modelo funcional dos Parques Ambientais dos Estados Unidos parece se revelar mais profícuo e pujante do que o modelo brasileiro. Os parques

---

[24] "Art. 225. Todos têm direito ao meio ambiente ecologicamente equilibrado, bem de uso comum do povo e essencial à sadia qualidade de vida, impondo-se ao Poder Público e à coletividade o dever de defendê-lo e preservá-lo para as presentes e futuras gerações."

ambientais no Brasil não alcançaram a mesma relevância para a sociedade quanto os parques na cultura estadunidense, a qual percebeu os *National Parks* como uma identidade da nação, um orgulho nacional, sendo hoje um dos principais destinos turísticos (Yosemite, Yellowstone, Grand Canyon, *e. g.*) tanto para o próprio povo quanto para estrangeiros. Há nos Estados Unidos uma infraestrutura desconhecida na experiência brasileira: hotéis e outras acomodações dentro dos Parques, cinemas, bibliotecas e livrarias, centros culturais, supermercados, restaurantes e lanchonetes, trilhas bem sinalizadas, equipes de socorristas bem aparelhadas, transportes por linhas de ônibus gratuitas, etc.

O perfil do Direito Administrativo dos Estados Unidos contribui para explicar o sucesso da empreitada. Um regime administrativo mais flexível, com incidência relevante da iniciativa privada, operada por meio de institutos de parceria entre o público e o privado, sob disciplina da *National Park System*. Contam-se também o incentivo ao voluntariado, iniciativas autônomas de apoio aos parques, bem como a interação com os governos locais e a participação comunitária.

O debate que começa a ser travado diz com a adoção de ferramentas do Direito Administrativo, tal como o instituto da concessão, a fim de trazer para a dinâmica dos parques ambientais a iniciativa privada. Uma primeira indagação é: quais serviços podem ser delegados? A própria ação de proteção do ambiente poderia ter a sua execução transferida? O que entender exatamente por *ação de proteção do ambiente*? Ou a delegação deve estar circunscrita a atividades-meio ou, por assim dizer simplificadamente, de entretenimento, tais como alimentação, esportes, atrações culturais, hospedagem?

Além do modelo normativo dos parques ambientais brasileiros, a gestão, o exercício que se faz da legislação estão a demandar, a bem do projeto constitucional, revisão, otimização de modo a que os parques possam cumprir da melhor maneira possível o seu desiderato. Muito mais do que serem parques de diversão para seres humanos, os parques ambientais são lugares de educação, de conservação da natureza, refúgios para animais, de percepção e experimentação de que a vida é partilhada, de ampliação de horizontes, de catarse. Espaços mais cruciais para os seus moradores do que para os seus visitantes. E talvez esteja em curso uma mutação constitucional do art. 225 a compreender por *Todos* e *presentes e futuras gerações* não apenas os seres humanos.

4.2 Vaquejada: a entrada da Ética Animal no STF e *backlash*

No dia 6 de outubro de 2016, o plenário do STF, pela maioria mais estreita, 6 a 5, declarou, no julgamento da ADI nº 4.983, a inconstitucionalidade de lei cearense que regulamentava a vaquejada. Em favor da jurisprudência do próprio tribunal, a decisão não surpreendeu, muito pelo contrário, o que espantou foi o placar apertado. Ora, há mais de vinte anos, o Supremo afirmou, em respeito ao art. 225,

1º, VII, da Constituição,²⁵ que a *farra do boi* (melhor seria chamar *farra com o boi*) é inconstitucional.²⁶ Oito anos após, o STF pronunciou a invalidade de lei catarinense que normatizava a *rinha de galos* e no mesmo sentido o fez em ocasiões posteriores.²⁷

O art. 225, §1º, VII versa uma regra que proíbe que os animais sejam alvo de tratamentos cruéis.²⁸ Ainda quando não se adote a tese de que as regras não admitem ponderação (relativização), uma norma que é regra, descrevendo (no caso, proibindo) uma hipótese, possui uma alta pretensão de reger o seu objeto. O que se extrai do preceito é que, se uma conduta implica crueldade aos animais, é vetada pela Constituição. Não é cabível reconhecer a crueldade e simultaneamente, em nome de algum interesse, concluir pela sua constitucionalidade. Portanto, sendo a vaquejada uma prática cruel, que acarreta sofrimento, dor, lesões e morte aos animais, mesmo que se alegue a cultura, o comércio e o trabalho como valores contrapostos, ela é, simplesmente, inconstitucional.

O que se seguiu ao julgado do Supremo foi uma espécie de *backlash*.²⁹ Impulsionado por grupos que exploram a prática da vaquejada, a qual movimenta vultosas somas financeiras, em *lobby* ostensivo, o Congresso Nacional aprovou primeiro uma lei e depois, de modo concatenado, uma emenda constitucional em reação contrária ao STF. A Lei nº 13.364/2016 qualificou a vaquejada, o rodeio e outras "expressões decorrentes" como "patrimônio cultural imaterial do Brasil". Há um problema de devido processo legal aqui. É que, consoante preconiza o Decreto nº 3.551/2000, o patrimônio cultural imaterial brasileiro é enunciado por meio do "Registro de Bens Culturais de Natureza Imaterial", que está a cargo do Instituto do Patrimônio Histórico e Artístico Nacional (IPHAN). O diploma normativo, ademais de criar o Programa Nacional do Patrimônio Imaterial, disciplina minuciosamente o "processo do registro": quatro livros de registro, iniciativa para a instauração do procedimento de registro, competência decisória do Conselho Consultivo do Patrimônio Cultural, instrução do processo, publicidade, manifestações de interessados e obrigações do IPHAN e do Ministério da Cultura após a inscrição registral.

O IPHAN endereçou ofício ao Senado no qual reafirma a sua atribuição exclusiva para a catalogação, mediante registro, dos *bens culturais de natureza*

---

[25] Art. 225, §1º, VII: "Todos têm direito ao meio ambiente ecologicamente equilibrado, bem de uso comum do povo e essencial à sadia qualidade de vida, impondo-se ao Poder Público e à coletividade o dever de defendê-lo e preservá-lo para as presentes e futuras gerações. §1º Para assegurar a efetividade desse direito, incumbe ao Poder Público: (...) VII – proteger a fauna e a flora, vedadas, na forma da lei, as práticas que coloquem em risco sua função ecológica, provoquem a extinção de espécies ou submetam os animais a crueldade."

[26] Recurso Extraordinário nº 153.531-8-SC. Julgamento em 3 de junho de 1997. Esta decisão foi tomada pela segunda turma, com apenas um voto discordante (Ministro Maurício Corrêa).

[27] ADI nº 2.514-SC: julgamento em 29 de junho de 2005. ADI nº 3.776-RN: julgamento em 14 de junho de 2007. ADI nº 1.856-RJ: julgamento em 26 de maio de 2011. Sublinhe-se que todos os julgamentos foram por unanimidade.

[28] O comando tem desdobramento na legislação ordinária, por exemplo, no crime de maus-tratos, conforme a Lei nº 9.605/98, art. 32.

[29] POST, Robert. Roe Rage: democratic constitutionalism and backlash. *Harvard Civil Rights-Civil Liberties Law Review*, v. 42, p. 373-433, 2007. Tb. OLIVEIRA, Larissa Pinha de; OLIVEIRA, Fábio Corrêa Souza de. Abrindo, lendo e escrevendo as páginas do romance em cadeia: diálogos, backlash e hermenêutica. In: *Juris Poiesis*, nº 14, p. 103-132, 2011.

imaterial e se posiciona no sentido de não reconhecer como constitucional o projeto de lei que deu origem à Lei nº 13.364/2016.[30] Deveras, o registro, previsto no art. 216, §1º, da CR, é o instrumento para a consignação do título de patrimônio cultural imaterial. É tarefa do IPHAN e não do legislativo exatamente pelo exame cuidadoso, criterioso, dialógico que deve informar o juízo, que não deve ficar refém de pressões ou barganhas políticas, mas também pelos resultados que decorrem da qualificação. É flagrante que a aludida lei é consequência de um encaminhamento apressado, feito na base do atropelo, pensado estrategicamente em resposta ao STF e que termina por esvaziar o instituto do registro e, neste passo, o próprio IPHAN.

Além deste ato legislativo ser inédito, a Lei nº 13.364/2016 gerou uma situação insólita, um paradoxo: uma prática declarada inconstitucional é, ao mesmo tempo, considerada patrimônio nacional imaterial (logo, tutelada pela Constituição). Isso nunca aconteceu na história. Uma atividade cruel aos animais pode ser elevada a bem cultural imaterial, motivo de orgulho, a ensejar o fomento da prática a bem da sua preservação? Evidentemente que não.

Na sequência, aprovou-se a Emenda Constitucional (EC) nº 96/2017, que acrescentou o §7º ao art. 225 dispondo: "Para fins do disposto na parte final do inciso VII do §1º deste artigo, não se consideram cruéis as práticas desportivas que utilizem animais, desde que sejam manifestações culturais, conforme o §1º do art. 215 desta Constituição Federal, registradas como bem de natureza imaterial integrante do patrimônio cultural brasileiro, devendo ser regulamentadas por lei específica que assegure o bem-estar dos animais envolvidos." Veja-se a confusão causada!

Em primeiro lugar, segundo posicionamento do próprio IPHAN, apesar da lei, não houve registro da vaquejada (a própria lei não utiliza a palavra *registro*). Por conseguinte, não pode ser reputada patrimônio imaterial. Por outro lado, e este é o aspecto mais impressionante, a Emenda Constitucional padece de uma incoerência lógica. Ela dispõe que uma prática não é cruel desde que seja desportiva e qualificada como de "natureza imaterial integrante do patrimônio cultural brasileiro". Ora, um comportamento não deixa de ser cruel por ser considerado bem cultural imaterial. A crueldade é uma qualidade da conduta, uma característica intrínseca, não pode ser apagada pela concessão de um título. Não se pode artificialmente transformar uma prática que incorre em crueldade em algo que não é cruel. Ou a adjetivação é pertinente em função da ação em si ou não é. Mesmo que o IPHAN viesse a proceder o registro da vaquejada, uma vez que a prática é cruel, o ato seria inconstitucional. A EC nº 96 é inconstitucional e se encontra impugnada por duas ADIs.[31]

Sem embargo de todo este imbróglio, o julgamento da ADI nº 4.983 é um marco histórico, podendo significar uma mudança paradigmática. Pela primeira

---

[30] Ofício nº 852/2016-PRESI/IPHAN.
[31] Uma ADI (nº 5772) foi proposta pelo Procurador-Geral da República e a outra (ADI nº 5728) pelo Fórum Nacional de Proteção e Defesa Animal. Ambas aguardam julgamento. Enquanto o STF não aprecia os pedidos das ADIs, o Ministro Marco Aurélio julgou prejudicada ADI (nº 5713, ajuizada pela Procuradoria da República) que tinha por objeto lei da Paraíba que regulava a vaquejada, sob o argumento de que, com o advento da EC 96, a ADI perdeu o objeto.

vez na história do Supremo Tribunal Federal a Ética Animal[32] ingressou no debate do tribunal. E tal se deu pelo voto do Ministro Luís Roberto Barroso. Barroso é o primeiro (e até agora o único) ministro do STF que trata da Ética Animal, cita Peter Singer, Tom Regan e Gary Francione, entre outros, referencia o critério da senciência e o debate entre *bem-estarismo* x *direitos animais*. Não empreende uma tomada de posição, não se assume como adepto da tese de que animais são titulares de direitos ou que possuem interesses a serem levados com igual consideração, mas se mostra receptivo à argumentação da Ética Animal, reconhece a sua força de convencimento e é sugestivo sobre um futuro em que ela pode se expandir e, assim, operar uma enorme transformação.

Em trecho especialmente significativo: "Se os animais possuem algum interesse incontestável, esse interesse é o de não sofrer. *Embora ainda não se reconheça a titularidade de direitos jurídicos aos animais,* como seres sencientes, têm eles pelo menos o direito moral de não serem submetidos à crueldade."[33]

É verdadeiramente curioso e simbólico que, em nenhum dos julgamentos anteriores que versaram sobre a crueldade contra os animais, o STF tenha feito menção à Ética Animal. Isso pode ser explicado, em parte, pelo fato de que as justificativas dos pedidos de inconstitucionalidade não fizeram alusão à Ética Animal. Impressiona porque a vedação de crueldade contra os animais é comando autônomo, não está atrelado à proteção do meio ambiente, dos ecossistemas, não está associado à preservação das espécies, ao risco de extinção e nem à preocupação com as gerações humanas futuras. Galos ou cães em rinhas, bovinos sendo torturados, feridos e mortos na *farra do boi* e cavalos e bovinos sujeitados a sofrimento e morte na vaquejada em nada acarretam prejuízo ao meio ambiente, nenhuma espécie está, por causa disso, sendo ameaçada de extinção. A proibição da crueldade é preceito que se basta, que se exaure, protege os animais porque não se quer que a eles seja dispensado tratamento cruel, degradante, indigno, independentemente do ambiente e das espécies. O Ministro Barroso acerta também em ressaltar tal fato, tal inconsistência de fundamentação.

Digno de nota e louvor – e talvez até mesmo mais impactante – é a manifestação da Ministra Rosa Weber, que admite a dignidade para além dos seres humanos e afirma que a Constituição encampou a matriz biocêntrica. Aduz Rosa Weber: "A Constituição, no seu artigo 225, §1º, VII, acompanha o nível de esclarecimento

---

[32] Embora se possa visualizar a Ética Animal ainda antes da filosofia grega, passando por ela (com Pitágoras, Plutarco e Porfírio) e por outros, de uma forma mais sistemática, especificada, desenvolvida e difundida, é elaboração da década de 70 do século XX. As produções de Peter Singer (Universidade de Princeton), com o precursor *Animal Liberation*, e Tom Regan (Universidade da Carolina do Norte), com *The case for animal rights*, são basilares. Na doutrina brasileira: LOURENÇO, Daniel Braga. *Direito dos Animais: fundamentação e novas perspectivas*. Porto Alegre: Sergio Antonio Fabris, 2008. Tb., por ex.: LOURENÇO, Daniel Braga; OLIVEIRA, Fábio Corrêa Souza de. Em prol do Direito dos Animais: inventário, titularidade e categorias. In: Juris Poiesis, *Revista do Mestrado e Doutorado em Direito da Universidade Estácio de Sá*. Ano 12, nº 12, p. 113-157, 2009; OLIVEIRA, Fábio Corrêa Souza de. Direitos humanos e direitos não-humanos. In: *Direito Público e evolução social*. FLORES, Nilton César; KLEVENHUSEN, Renata Braga. (Coords.). Rio de Janeiro: Lumen Juris, p. 63-113, 2011.

[33] Voto do Ministro Luís Roberto Barroso, p. 55 do acórdão. Grifos acrescentados.

alcançado pela humanidade no sentido de *superação da limitação antropocêntrica* que coloca o homem no centro de tudo e todo o resto como instrumento a seu serviço, em prol do reconhecimento de que *os animais possuem uma dignidade própria que deve ser respeitada*."[34] Essa assertiva é especialmente modelar e tem efeitos revolucionários. A postura tradicional e majoritária – na Filosofia, no Direito –, de esteio kantiano, não vê dignidade nos animais (não-humanos). A concatenação é: valor intrínseco = ser reconhecido como um fim em si = dignidade > sujeito de direitos. Como se sabe, esta foi a alegação histórica em prol dos direitos humanos. Afirmar que a Constituição acolhe a *dignidade animal* é afirmar que ela dá guarida a enxergar o valor em si (inerente) dos animais, o que abre as portas para a admissão dos direitos dos animais, abertura esta que, por sua vez, abala (ou melhor reforça) os alicerces do edifício jurídico construído até agora.[35]

Diga-se, ademais, como anotado por integrantes do STF, que, ao contrário do previsto pela EC nº 96, nenhuma lei pode garantir o bem-estar dos animais na vaquejada pelo simples motivo de que a crueldade é ínsita a esta prática. Se uma lei viesse a estabelecer uma regulação que afastasse a crueldade (maus-tratos, sofrimento, dor, lesão, morte), a prática já não poderia ser chamada de vaquejada.

Quiçá esteja em curso uma mutação do art. 225, §1º, VII, da Carta Constitucional na direção de reconhecer, a partir da constatação de que a argumentação forte/vencedora que confere fundamento a direitos humanos encontra paralelo nos direitos animais, que animais também possuem interesses e que tais interesses são juridicamente embasados e protegidos, isto é, que é devido reconhecer que animais são titulares de direitos.[36] Isto, pois, para além da tese segundo a qual os animais seriam, já de acordo com a legislação vigente, sujeitos de um único direito, qual seja, o direito de não serem submetidos à crueldade ou a maus-tratos.[37] Esta modificação de interpretação enfrenta tensões fáticas e normativas, inclusive no âmbito da própria Constituição, mas parece ser uma tendência, embora lenta apesar de urgente.

---

[34] Voto da Ministra Rosa Weber, p. 73 do acórdão. Grifos acrescentados.

[35] É que as consequências são variadas e essenciais. Se animais têm direito à vida, é permitido, em condições usuais, matá-los para a alimentação ou para vestuário? Se animais possuem direito à liberdade, é possível mantê-los em gaiolas, jaulas, confinados em zoológicos? Se animais têm direito à vida, à liberdade e à integridade física, é viável prendê-los, causar danos físicos e psicológicos e matá-los em experimentos científicos? OLIVEIRA, Fábio Corrêa Souza de. Bases de sustentação da Ecologia Profunda e a Ética Animal aplicada (o Caso Instituto Royal). In: *Direito, democracia e sustentabilidade*. Anuário do Programa de Pós-Graduação *Stricto Sensu* em Direito da Faculdade Meridional. TRINDADE, André Karam; ESPÍNDOLA, Angela Araujo da Silveira; BOFF, Salete Oro. (Orgs.). Passo Fundo: IMED, p. 35-64, 2013.

[36] OLIVEIRA, Fábio Corrêa Souza de. Direito e Ética Animal: uma leitura a partir da categoria Romance em Cadeia, de Ronald Dworkin. In: *Direito, democracia e sustentabilidade*. Anuário do Programa de Pós-Graduação *Stricto Sensu* em Direito da Faculdade Meridional. TRINDADE, André Karam; ESPÍNDOLA, Angela Araujo da Silveira; BOFF, Salete Oro. (Orgs.) Passo Fundo: IMED, p. 163-188, 2015.

[37] Passa-se, então, a entender, com razão, que a vítima do crime de maus-tratos é o próprio animal. Afinal é ele quem sente a dor, quem sofre, quem é lesionado. Nesta linha, na Argentina, Eugenio Zaffaroni. ZAFFARONI, Eugenio Raúl. La Pachamama y el humano. In: La naturaleza con derechos: de la Filosofía a la Política. ACOSTA, Alberto; MARTÍNEZ, Esperanza. (Orgs.). Quito: Abya-Yala, p. 25-139, 2011. No Brasil, *v. g.*, a coluna de Lenio Streck, Quem são esses cães e gatos que nos olham nus? Conjur, *Senso incomum*, 06 de junho de 2013.

5 Considerações finais

Este estudo buscou traçar um breve e panorâmico balanço destas três décadas de Constituição tendo por base eventos representativos. A história brasileira até 1988 e a que se seguiu sinaliza para um sucesso da Carta Magna, nada obstante se continue no aprimoramento de conceitos, na busca por consensos racionais, dialógicos, em prol da efetividade.

É preciso admitir que se, em alguns momentos, o texto constitucional tivesse disposto menos e, em outros, mais, algumas questões teriam se resolvido melhor. Por exemplo, a redação do art. 226, §3º poderia ser diferente, como a redação da Constituição espanhola: menos fechada, mais aberta.[38] Isso porque não é possível compatibilizar este texto com outras normas da própria Constituição. A solução, evitada pelo STF (nem cogitada por qualquer dos seus ministros), seria declarar a inconstitucionalidade do §3º do art. 226, ou seja, reconhecer a existência de *norma constitucional inconstitucional*.[39] Acrescente-se que, a rigor, a melhor solução seria a aprovação de uma emenda à Constituição modificando o referido texto. A democracia brasileira não operou aqui da maneira mais apropriada.

Se o texto constitucional tivesse trazido o *recall* (revogação de mandato, individual e coletivo), o problema em torno do impedimento de Dilma Rousseff – se estava configurado ou não crime de responsabilidade, a acusação de golpe – teria sido evitado.[40] A hipótese seria de convocação de plebiscito para decidir pelo fim do mandato ou pela permanência da presidente e não de *impeachment*. Outros mecanismos de democracia direta poderiam estar previstos no texto da Constituição, impulsionando este exercício da cidadania tão pouco presente na história brasileira, inclusive depois de 1988. Em mais um exemplo, a iniciativa popular de emenda à Constituição.

A cultura da Constituição se vê diante de culturas refratárias e surpreendentes. Lembre-se da celeuma acerca do auxílio-moradia dos juízes. O juiz Sergio Moro, célebre pela atuação no contexto da *Operação Lava-Jato*, afirmou que o pagamento do auxílio-moradia para juízes que possuem imóvel próprio no local

---

[38] Art. 226, §3º: "Para efeito da proteção do Estado, é reconhecida a união estável entre o homem e a mulher como entidade familiar, devendo a lei facilitar sua conversão em casamento." Art. 32, 1, da Constituição da Espanha: "El hombre y la mujer tienen derecho a contraer matrimonio con plena igualdad jurídica." As redações são bem diversas. A espanhola permite a interpretação inclusiva das relações homossexuais. Homem e mulher têm direito a contrair matrimônio, mas não necessariamente entre si. A brasileira é taxativa: "a união estável entre o homem e a mulher".

[39] Calha recordar que a ADPF 132 requereu interpretação conforme a Constituição do art. 1.723 do Código Civil. Acontece que, paradoxalmente, o texto do dispositivo civilista é, no que interessa, idêntico ao constitucional (art. 226, §3º). Confira-se: "É reconhecida como entidade familiar a união estável entre o homem e a mulher, configurada na convivência pública, contínua e duradoura e estabelecida com o objetivo de constituição de família." Como fazer interpretação conforme quando a Constituição possui regra específica a respeito, norma esta repetida pelo Código Civil? OLIVEIRA, Fábio Corrêa Souza de. *Voltando à problemática da tipologia regras e princípios: primeiro ensaio*, cit., p. 223-227.

[40] OLIVEIRA, Fábio Corrêa Souza de. (In)Capacidades institucionais e recall: no segundo mandato de Dilma Rousseff. In: *Teoria institucional e constitucionalismo contemporâneo*. BOLONHA, Carlos; BONIZZATO, Luigi; MAIA, Fabiana. (Ogs.). Curitiba: Juruá, p. 535-564, 2016.

de trabalho, como ele mesmo, se justifica em função de um alegado défice do subsídio da categoria pela falta de reajuste.[41] Ora, é flagrante o desvio de finalidade neste argumento, o mesmo, aliás, utilizado por outros juízes e associações de juízes: auxílio-moradia não tem por finalidade suprir défice remuneratório. Evidentemente, ululante.

Conquanto a Lei Orgânica da Magistratura Nacional (LOMAN, art. 65, II) enuncie que a "ajuda de custo para moradia" depende de lei para ser concedida,[42] o Ministro Luiz Fux, afirmando o direito de todo juiz receber a vantagem, oficiou ao Conselho Nacional de Justiça (CNJ) para regulamentar o preceito da LOMAN,[43] o que ocorreu por meio da Resolução nº 199/2014. A previsão legal e do ato normativo do CNJ: há direito ao auxílio quando não houver residência oficial à disposição do juiz. Por que o Estado, ressaltando-se a situação sócio-financeira do Brasil, deveria disponibilizar imóvel funcional para juiz? Nem em países ricos é assim. A "ajuda de custo para moradia" pode chegar ao valor de R$ 4.377,73 (ao tempo da resolução do CNJ) enquanto o salário mínimo nacional é de R$ 954,00 e deve atender ao art. 7º, IV, da CR.[44] Ao enumerar os casos que não permitem o recebimento do benefício, a resolução do CNJ não excetua quem possui imóvel próprio no local do exercício da judicatura. De tão óbvio, seria possível interpretar que o CNJ nem considerou necessário explicitar? Ao que parece, não. Calha realçar que o auxílio também favorece os integrantes do Ministério Público.[45] São milhares recebendo

---

[41] Moro fez esta declaração no programa Roda Viva (TV Cultura), no dia 26 de março de 2018, e antes em entrevista ao jornal O Globo. Disponível em: <https://oglobo.globo.com/brasil/auxilio-moradia-compensa-falta-de-reajuste-aos-juizes-diz-moro-22357823>.; <https://www1.folha.uol.com.br/poder/2018/02/auxilio-moradia-compensa-falta-de-reajuste-afirma-moro-a-jornal.shtml>.; <https://oglobo.globo.com/brasil/moro-volta-defender-pagamento-de-auxilio-moradia-por-falta-de-reajuste-salarial-22529858>.

[42] Lei Complementar nº 35/79: "Art. 65 – Além dos vencimentos, poderão ser outorgadas aos magistrados, nos termos da lei, as seguintes vantagens: (...) II – ajuda de custo, para moradia, nas localidades em que não houver residência oficial à disposição do Magistrado."

[43] A decisão, de caráter liminar, foi tomada em 2014. Mais de 3 anos depois, em dezembro de 2017, Fux liberou o processo para o plenário. As demandas que sucessivamente foram estendendo o benefício a todos os magistrados foram propostas por juízes, pela Associação dos Juízes Federais do Brasil (Ajufe) e pela Associação dos Magistrados Brasileiros (AMB). A Advocacia-Geral da União considerou inválida a decisão de Fux e apontou efeitos deletérios nas contas públicas, "danos irreparáveis à União". Contra o julgado de Fux, a AGU impetrou o Mandado de Segurança nº 33.245. O julgamento de mérito no plenário do Supremo, marcado para março de 2018, acabou não acontecendo, tendo o problema sido enviado à Câmara de Conciliação e Arbitragem da AGU a fim de se tentar uma solução negociada, dispensando o pronunciamento do STF. Após três meses de conversação, os processos foram devolvidos ao STF uma vez que não se chegou a acordo entre a AGU e representantes da judicatura. Segundo notícia do jornal O Estado de São Paulo: "Estudo feito pela Consultoria de Orçamento e Fiscalização Financeira da Câmara dos Deputados aponta que o fim do auxílio-moradia para o Judiciário e o Legislativo resultaria em uma economia anual de R$ 1,6 bilhão aos cofres públicos. Somente com o Judiciário federal e os estaduais, o levantamento mostra uma economia média de R$ 945,6 milhões por ano – esse valor seria, por exemplo, próximo ao que o governo prevê arrecadar em 2018 com a reoneração da folha de pagamento das empresas (R$ 830 milhões)." Disponível em: <https://politica.estadao.com.br/noticias/geral,sem-acordo-acao-sobre-auxilio-moradia-vai-ao-stf,70002356802>.

[44] "Art. 7º São direitos dos trabalhadores urbanos e rurais, além de outros que visem à melhoria de sua condição social: (...) IV – salário mínimo, fixado em lei, nacionalmente unificado, capaz de atender a suas necessidades vitais básicas e às de sua família com moradia, alimentação, educação, saúde, lazer, vestuário, higiene, transporte e previdência social, com reajustes periódicos que lhe preservem o poder aquisitivo, sendo vedada sua vinculação para qualquer fim;"

[45] O Conselho Nacional do Ministério Público, sob a presidência de Rodrigo Janot, emitiu a Resolução nº 117/2014, equivalente àquela do CNJ. Coincidência ou não, ambas as resoluções foram aprovadas no mesmo dia, 7 de outubro de 2014.

a vantagem[46] a expensas de um Estado com graves limitações de recursos, com prestações básicas de direitos fundamentais não satisfeitas.

Além de outras questões que podem ser levantadas sobre o problema,[47] assombra que se defenda, sem maior constrangimento, o auxílio-moradia como forma de compensar um subsídio supostamente deficitário e que um juiz que possui imóvel próprio faz jus à vantagem. Não é uma compreensão concordante com o Estado Constitucional. A *leitura moral da Constituição* rechaça tal concepção. O Estado Democrático de Direito não comporta estamentos, corporativismos, diferenças remuneratórias tão elevadas e injustificadas, segmentos com tantos privilégios ao passo que outros à mingua.

Este episódio revela que para mais de um bom texto constitucional e computados os seus limites é fundamental para o sucesso de uma sociedade que haja espírito republicano, um sentimento movido pela solidariedade, pela prestação de contas, pelo senso da realidade, pela superação dos próprios interesses. Ainda quando se possa convergir a solução para a normatividade constitucional, há um espaço que, tomado pelo civismo, dispensaria invocar a interpretação da Constituição. O sucesso da Constituição é também o sucesso das dimensões que carregam uma autonomia em relação a ela mesma. De todo modo, para citar novamente Dworkin, há uma única resposta certa sobre o auxílio-moradia.

Como antes dito, não se pode esperar mais do que a Constituição (qualquer Constituição) pode dar. Ela não é um mapa que garanta chegar ao tesouro. É antes uma bússola. E, como tal, precisa ser compreendida, operada e querer se chegar ao destino.

Referências

ÁVILA, Humberto. *Teoria dos princípios: da definição à aplicação dos princípios jurídicos.* 3. ed. Aum. São Paulo: Malheiros: 2004.

---

[46] "Segundo levantamento da Consultoria Legislativa do Senado Federal, o auxílio-moradia é recebido por 88 ministros das cortes superiores, 14.882 juízes e 2.381 desembargadores. Além deles, recebem o benefício: 9 ministros do Tribunal de Contas da União, 553 conselheiros dos tribunais de contas dos estados e municípios, 2.390 procuradores do Ministério Público da União e 10.687 promotores dos Ministérios Públicos estaduais. Entre os que recebem auxílio-moradia mesmo tendo imóvel próprio estão 26 ministros de tribunais superiores (Superior Tribunal de Justiça, Superior Tribunal Militar e Tribunal Superior do Trabalho)." Disponível em: <https://www.gazetaonline.com.br/noticias/brasil/2018/02/mais-de-17-mil-juizes-recebem-auxilio-moradia-1014117581.html>.

[47] Na Resolução nº 199/2014, o CNJ dispôs: "Art. 3º O magistrado não terá direito ao pagamento da ajuda de custo para moradia quando: (...) IV – perceber, ou pessoa com quem resida, vantagem da mesma natureza de qualquer outro órgão da administração pública, salvo se o cônjuge ou companheiro(a) mantiver residência em outra localidade." Não obstante esta previsão, juízes recorreram ao próprio Judiciário para receberem o benefício ainda que enquadrados no dispositivo transcrito. É o caso, amplamente divulgado, do juiz Marcelo Bretas (Justiça Federal do Rio de Janeiro), conhecido por atuar em processos da *Lava- Jato*, que recebe o auxílio embora casado e residindo com juíza que também recebe o benefício. A alegação é que a resolução do CNJ viola a Lei da Magistratura e quebra a isonomia. Outra questão é que se entende que o auxílio-moradia não prejudica a noção de subsídio enunciada pela Constituição e não se sujeita ao teto remuneratório, ocasionando que se aufira, sob esta e outras rubricas, valor consideravelmente superior à "parcela única" de remuneração, conforme prevista pelo art. 39, §4º, da CR. *In verbis*: "§4º O membro de Poder, o detentor de mandato eletivo, os Ministros de Estado e os Secretários Estaduais e Municipais serão remunerados exclusivamente por subsídio fixado em parcela única, vedado o acréscimo de qualquer gratificação, adicional, abono, prêmio, verba de representação ou outra espécie remuneratória, obedecido, em qualquer caso, ao disposto no art. 37, X e XI."

BARROSO, Luís Roberto. *O Direito Constitucional e a efetividade de suas normas:* limites e possibilidades da Constituição brasileira. 3.ed. atual. ampl. Rio de Janeiro: Renovar, 1996.

CANOTILHO, José Joaquim Gomes. *Constituição Dirigente e vinculação do legislador:* contributo para a compreensão das normas constitucionais programáticas. 2. ed. Coimbra: Coimbra Editora, 2001.

LOURENÇO, Daniel Braga. *Direito dos Animais:* fundamentação e novas perspectivas. Porto Alegre: Sergio Antonio Fabris, 2008.

LOURENÇO, Daniel Braga; OLIVEIRA, Fábio Corrêa Souza de. Em prol do Direito dos Animais: inventário, titularidade e categorias. In: Juris Poiesis, *Revista do Mestrado e Doutorado em Direito da Universidade Estácio de Sá.* Ano 12, nº 12, p. 113-157, 2009.

_____. Heróis da natureza, inimigos dos animais. Juris Poiesis, *Revista do PPGD/UNESA*, nº 16, p. 181-206, 2013.

MENDES, Conrado Hübner. *Onze ilhas*, Folha de São Paulo, 1º.2.2010.

MUIR, John. *A Thousand-mile to the Gulf.* New York: Houghton Mifflin Company, 1916.

NUNES, António José Avelãs. Os tribunais e o direito à saúde. *Revista do Tribunal de Contas do Estado da Paraíba*, ano IV, n. 7, p. 20-47, 2010.

OLIVEIRA, Fábio Corrêa Souza de. Bases de sustentação da Ecologia Profunda e a Ética Animal aplicada (o Caso Instituto Royal). In: *Direito, democracia e sustentabilidade.* Anuário do Programa de Pós-Graduação *Stricto Sensu* em Direito da Faculdade Meridional. Orgs. TRINDADE, André Karam; ESPÍNDOLA, Angela Araujo da Silveira; BOFF, Salete Oro. Passo Fundo: IMED, p. 35-64, 2013.

_____. Direitos da natureza: biocentrismo? *Revista Direito e Desenvolvimento*, v. 8, série 2, p. 128-142, 2017.

_____. Direitos da natureza e Direito dos Animais: um enquadramento. *Revista do Instituto do Direito Brasileiro*, Faculdade de Direito da Universidade de Lisboa, ano 2, n. 10, 2013.

_____. Direitos humanos e direitos não-humanos. In: *Direito Público e evolução social.* FLORES, Nilton César; KLEVENHUSEN, Renata Braga Klevenhusen. (Coords). Rio de Janeiro: Lumen Juris, p. 63-113, 2011.

_____. Direito e Ética Animal: uma leitura a partir da categoria Romance em Cadeia, de Ronald Dworkin. In: Direito, democracia e sustentabilidade. *Anuário do Programa de Pós-Graduação Stricto Sensu em Direito da Faculdade Meridional.* TRINDADE, André Karam; ESPÍNDOLA, Angela Araujo da Silveira; BOFF, Salete Oro. (Orgs.).Passo Fundo: IMED, p. 163-188, 2015.

_____. Eficácia positiva das normas programáticas. *Revista Brasileira de Direito*, IMED, v. 11, p. 34-45, 2015.

_____. (In)Capacidades institucionais e recall: no segundo mandato de Dilma Rousseff. In: *Teoria institucional e constitucionalismo contemporâneo.* BOLONHA, Carlos; BONIZZATO, Luigi; MAIA, Fabiana. (Ogs). Curitiba: Juruá, p. 535-564, 2016.

_____. *Morte e vida da Constituição Dirigente.* Rio de Janeiro: Lumen Juris, 2010.

_____. *Por uma teoria dos princípios:* o princípio constitucional da razoabilidade. 2. ed. Rev. Atual. Ampl. Rio de Janeiro: Lumen Juris, 2007.

_____. Sobre discricionariedade. In: *A discricionariedade nos sistemas jurídicos contemporâneos.* STRECK, Lenio Luiz. (Org.). Salvador: Podium, 2017. p. 105-118.

_____. Voltando à problemática da tipologia regras e princípios: primeiro ensaio. *Juris Poiesis*, *Revista do PPGD/UNESA*, n. 13, p. 201-228, 2010.

OLIVEIRA, Fábio Corrêa Souza de; STRECK, Lenio. *The new Constitutions in Latin America:* is it necessary to reform constitutional theory? Jahrbuch des öffentlichen Rechts der Gegenwart, 63, p. 569-589, 2015.

OLIVEIRA, Larissa Pinha de; OLIVEIRA, Fábio Corrêa Souza de. Abrindo, lendo e escrevendo as páginas do romance em cadeia: diálogos, backlash e hermenêutica. In: *Juris Poiesis*, nº 14, p. 103-132, 2011.

_____. Apontamentos referenciais acerca da configuração dos parques ambientais e da sua filiação ética. In: *Direito e ambiente para uma democracia sustentável: diálogos multidisciplinares entre Portugal e Brasil.* ARAGÃO, Alexandra; BESTER, Gisela Maria; HILÁRIO, Gloriete Marques Alves. (Orgs.). Curitiba: Instituto Memória: Centro de Estudos da Contemporaneidade, p. 211-229, 2015.

POST, Robert. Roe Rage: democratic constitucionalism and backlash. *Harvard Civil Rights-Civil Liberties Law Review*, v. 42, p. 373-433, 2007.

STRECK, Lenio. *Quem são esses cães e gatos que nos olham nus?* Conjur, *Senso incomum*, 06 de junho de 2013.

_____. *Verdade e consenso*. 6. ed. Rev. Ampl. São Paulo: Saraiva, 2017.

ZAFFARONI, Eugenio Raúl. La Pachamama y el humano. In: *La naturaleza con derechos: de la Filosofía a la Política*. ACOSTA, Alberto; MARTÍNEZ, Esperanza. (Orgs.). Quito: Abya-Yala, p. 25-139, 2011.

Informação bibliográfica deste texto, conforme a NBR 6023:2002 da Associação Brasileira de Normas Técnicas (ABNT):

OLIVEIRA, Fábio Corrêa Souza de; OLIVEIRA, Larissa Pinha de. 30 anos de Constituição: um balanço. In: BOLONHA, Carlos et al. (Coord.). *30 anos da Constituição de 1988*: uma jornada democrática inacabada. Belo Horizonte: Fórum, 2019. p. 73-90. ISBN 978-85-450-0595-7.

A PREVIDÊNCIA SOCIAL BRASILEIRA 30 ANOS DEPOIS – A "METAMORFOSE INCOMPLETA"

Fábio Zambitte Ibrahim

1 Introdução – Proteção social e liberdade

Proteção social, no contexto aqui utilizado, designa os instrumentos, mecanismos e instituições adotados pela Constituição de 1988 como forma de consolidar a existência digna de todos os brasileiros, mediante a garantia de direitos sociais. No contexto normativo atual, a proteção social é denominada de "seguridade social", na forma do art. 194 da Constituição, reunindo um conjunto de ações na área da previdência social, assistência social e saúde. Das três linhas de atuação, a previdência social tende a assumir maior importância nos anos vindouros, tendo em vista as dificuldades atuariais decorrentes de uma sociedade em franco processo de envelhecimento.

Direitos sociais, tradicional e equivocadamente, são apresentados como inferiores aos direitos de liberdade, seja pelo aspecto geracional (2ª ou 3ª geração), valorativo (liberdade *versus* igualdade) ou mesmo normativo (regra *versus* princípio).[1] No entanto, é inegável que aspectos centrais da liberdade somente tomam lugar com a garantia de algumas prerrogativas básicas. A importância de direitos sociais como forma de patrocínio da liberdade real não é nova, sendo apregoada desde longa data, até em nações com tradições liberais, como os Estados Unidos da América. Um exemplo distante foi o segundo *Bill of Rights* proposto por F. D. Roosevelt, buscando a liberdade do querer.[2]

A Constituição de 1988, em seus 30 anos de vida, apregoa a necessidade de liberdade efetiva dos brasileiros. Não por outro motivo trouxe modelo protetivo abrangente, sem paralelo na história pretérita de nosso país. A adoção de modelo universal de saúde, assim como prestações assistenciais a necessitados independente de contribuição são mudanças paradigmáticas. E para melhor. No entanto, o mesmo não se pode dizer da previdência social. Aqui, a opção constitucional recaiu sobre o arquétipo tradicional de cobertura, com as deficiências tradicionais de ausência de

---

[1] Sobre o tema, ver o meu *A Previdência Social no Estado Contemporâneo*. Niterói: Impetus, 2011.
[2] O segundo *Bill of Rights*, visando a assegurar existência digna a todas as pessoas, foi proposto por Roosevelt em discurso realizado em 11 de janeiro de 1944, no qual afirmava que as pessoas em necessidade não são verdadeiramente livres. A liberdade do medo deveria ser conjugada com a liberdade do querer. Sobre o tema, com ampla explanação histórica da matéria e influência no Direito norte-americano, ver SUNSTEIN, Cass. *The Second Bill of Rights – FDR'S Unfinished Revolution and Why We Need It More Than Ever*. New York: Basic Books, 2004.

universalidade e financiamento, produzindo reflexos negativos tanto no atendimento da sociedade brasileira como complicando o modelo tributário vigente. Como se observará, temos a impressão de que a Assembleia Nacional Constituinte "perdeu fôlego" ao disciplinar a previdência social, ao contrário da saúde e assistência social.

2 Previdência Social no Brasil – As lacunas de cobertura

A previdência social brasileira, assim como todos os modelos da América Latina, possui fundamentos tipicamente bismarckianos, ou seja, espécie de seguro social, de filiação compulsória, contributivo e de organização estatal, amparando exclusivamente seus beneficiários frente as chamadas *necessidades sociais*.[3] Já o regime complementar tem como características a autonomia frente aos regimes básicos e a facultatividade de ingresso. O ingresso também poderá ser voluntário no RGPS, mas somente para aqueles que não exercem atividade remunerada.

O sistema previdenciário brasileiro é dotado de dois Regimes Básicos (Regime Geral de Previdência Social e Regimes Próprios de Previdência de Servidores Públicos) e os Regimes Complementares de Previdência. O Regime Geral é o mais amplo, responsável pela proteção da grande massa de trabalhadores brasileiros. É organizado pelo Instituto Nacional do Seguro Social (INSS). Os Regimes Próprios de Previdência são os mantidos pela União, pelos Estados, DF e por Municípios em favor de seus servidores públicos. Nesses entes federativos, os servidores ocupantes de cargos públicos efetivos não são vinculados ao RGPS, mas sim a regime próprio de previdência (RPPS), desde que existentes. Somente com relação a esses regimes próprios é que Estados e Municípios poderão legislar, embora seja competência da União estabelecer normas gerais (art. 24, XII da Constituição). A competência do RGPS é exclusiva da União (art. 22, XXIII da Constituição). Parte dos municípios brasileiros não possui regime próprio de previdência e, por isso, seus servidores são obrigatoriamente vinculados ao RGPS.[4]

A organização atual, em linhas gerais apresentada,[5] é anacrônica e ultrapassada. A adoção dos modelos de seguro social, aliada a segmentação de regimes entre servidores públicos e os demais trabalhadores, representa o ápice da *metamorfose incompleta* da Constituição de 1988. A Constituição de 1988, ao criar um Título próprio para a Ordem Social, apresenta o sistema de seguridade social, como

---

[3] ASSIS, Armando de Oliveira. Em Busca de Uma Concepção Moderna de Risco Social. *Revista de Direito Social* n.14. São Paulo: Ed. Notadez. Evita-se a expressão risco social, haja vista a cobertura de eventos venturosos, como a maternidade. Sobre o tema, ver, também, DURAND, Paul. *La Política Contemporánea de Seguridad Social*. Madrid: Centro de Publicaciones MTSS, 1991, p. 55.

[4] Militares possuem cobertura própria, segregada dos servidores, mediante sistemática diferenciada, sem contribuição do interessado, salvo para pensão. Não raramente, são apresentados como compondo um terceiro regime básico de previdência social. Sem embargo, a divisão não é adequada, pois os militares, aos menos nos moldes bismarckianos, não possuem propriamente previdência social, mas somente a garantia da inatividade remunerada.

[5] Para uma apresentação mais detalhada, ver o meu *Curso de Direito Previdenciário*. 23. ed. Niterói: Impetus, 2018.

forma mais avançada, nos moldes nacionais, de proteção frente a necessidades sociais. A liberdade do querer é desejada na maior medida do possível, a ponto de o primeiro objetivo da seguridade social brasileira, aí incluído a previdência, ser a universalidade de cobertura e atendimento (art. 194, parágrafo único, I).

Ainda que tal universalidade seja cotejada com a necessária seletividade em ambiente de recursos escassos, não há sentido em adotar, como faz no art. 201, especialmente com as últimas reformas, um modelo bismarckiano de proteção social, o qual, por definição, não é universal, fundado em uma solidariedade de grupo. Sabe-se que o modelo protetivo brasileiro até tenta buscar a universalidade, seja pela criação de segurados facultativos, seja pela adoção de subsistema auxiliar de proteção, que é a assistência social. No entanto, a realidade nos mostra que tal organização somente produz ineficiência, inadequação protetiva e, na parte assistencial, ainda é estigmatizante.

Para piorar, ainda se manteve a anacrônica distinção entre o RGPS e os regimes próprios de servidores, o que é desprovido de fundamento técnico, somente ainda existindo por questões históricas e interesses corporativos. A metamorfose do Estado brasileiro propiciada pela Assembleia Constituinte de 1988, no sentido da proteção integral, foi relevante e abrangente, mas, sem dúvida, incompleta. Tentou-se, em 1988, a guinada para a universalidade, mas o conservadorismo reinou, com modelo de seguro social que, com suas premissas de carência, qualidade de segurado, filiação etc. acabam por produzir efeito indesejado, que é a exclusão.

3 Financiamento do Sistema – Reflexos da metamorfose incompleta

Posição atualmente dominante na doutrina e jurisprudência brasileira aponta as contribuições especiais, incluindo as sociais, como espécies autônomas de tributos, inconfundíveis com impostos ou taxas. A tese não é nova, pois, para Rubens Gomes de Souza, haveria distinção ontológica entre as contribuições e os demais tributos.[6] Em verdade, já em 1887, dentro da sistemática moderna de tributação, havia identificação das contribuições como exações visando a interesse de determinados grupos, não sendo idênticos aos impostos convencionais e nem às taxas.[7]

Como dizia Morselli, haveria uma *capacidade contributiva geral* a ser aferida para fins de cobrança de impostos e, para as exações parafiscais, uma *capacidade*

---

[6] Nas palavras do autor, (...) *sempre sustentei, inclusive no meu projeto de 53, que a contribuição era gênero, tanto quanto o imposto e a taxa, e consignei isto num artigo, que foi violentamente criticado pela Comissão, que trabalhou sobre meu anteprojeto. O artigo dizia com toda simplicidade, o seguinte:* "contribuições são todos os tributos, que não sejam impostos nem taxas (Comentários ao Código Tributário Nacional, São Paulo, Revista dos Tribunais, 1975, p. 55). Para uma visão geral da doutrina brasileira sobre o tema, ver MARTINEZ, Wladimir Novaes. *Curso de Direito Previdenciário*, 3. ed, São Paulo: LTr, 2010, p. 206 e seguintes e RIBEIRO, Ricardo Lodi. *As Contribuições Parafiscais e a Validação Constitucional das Espécies Tributárias, op. cit.*

[7] Cf. FARIA, Sylvio Santos, *Aspectos da Parafiscalidade*. Salvador: Progresso, 1955, p. 28.

contributiva especial, que seria aferida frente a determinado grupo, com o fim de atender necessidades públicas particulares.[8] A ideia da solidariedade de grupo como fundamento de contribuições e os impostos, por sua vez, com base na solidariedade social já era apresentada, ainda que de modo incipiente,[9] cabendo aqui as mesmas críticas já lançadas anteriormente.

De forma semelhante, há quem aponte para a existência de contribuições especiais típicas ou atípicas, de acordo com a vinculação da hipótese de incidência a determinada pessoa, grupo beneficiado pela ação estatal, ou seja, de acordo com o nexo causal entre a atividade e a sujeição passiva. Daí, quanto maior a referibilidade, menor a incidência da capacidade contributiva, pois a gradação da contribuição seria de acordo com os benefícios concedidos aos sujeitos passivos, como o caso da previdência social.[10]

O tema, no entanto, sempre foi envolto em controvérsias, tendo a doutrina brasileira, durante muito tempo, questionado severamente a existência autônoma das contribuições, apresentando-as, em geral, como verdadeiros impostos de escopo. Como arauto de tal visão, no Brasil, com forte influência mesmo no exterior, Aliomar Baleeiro, ao definir a parafiscalidade, a apresentava como um *neologismo afortunado*,[11] simples rótulo para uma prática já existente por décadas – entidades públicas que demandam cotizações compulsórias de seus integrantes, à margem do poder tributário estatal. A tese de Baleeiro teve forte acolhida na doutrina nacional e, em grande medida, possuía sintonia com a doutrina estrangeira, que sempre fora reticente com a parafiscalidade.[12] No caso brasileiro, o assunto foi pacificado pelas recorrentes decisões citadas do STF

---

[8] *Parafiscalidade e Seu Controle*. Rio de Janeiro: Instituto Brasileiro de Direito Financeiro, 1954, p. 25.

[9] *Op. cit.*, p. 25-6. Também afirmava que o efeito redistributivo da parafiscalidade seria mais limitado que a fiscalidade, pelo escopo de incidência e ação mais restrito (*op. cit.*, p. 43).

[10] Sobre o tema, ver FERNANDES, Simone Lemos, *Contribuições Neocorporativas na Constituição e nas Leis*. Belo Horizonte: Del Rey, 2005, p. 196 a 199. Em suas palavras, *A capacidade contributiva não é critério informador das contribuições especiais típicas, cujo nascimento originou-se da necessidade especial de um grupo de pessoas cujo ônus não poderia ser transferido a toda a coletividade*. No entanto, tal afirmativa ignora a existência da solidariedade de grupo, o que impõe algum tipo de gradação da contribuição dentre o universo de pessoas atendidas. Da mesma forma trata de uma espécie de *infiltração* da solidariedade no direito tributário, a qual teria tomado lugar com as contribuições, o que não se suporta, pois a sociedade sempre foi projeto cooperativo que, em alguma medida, impunha a participação solidária no financiamento de atividades de interesse comum. Somente acepção muito estreita da solidariedade poderia compor tese diversa. Quanto a contribuição previdenciária, insere a autora a cota patronal como contribuição atípica – ignorando a vantagem gerada aos empregadores – e a cota dos segurados como típica – ignorando que podem não obter vantagem alguma no futuro ou mesmo atingir pessoas diversas, como dependentes (*op. cit.*, pp. 199 e 204).

[11] BALEEIRO, Aliomar. *Uma Introdução à Ciência das Finanças*. 12. ed. Rio: Forense. 1978, p. 282. Resumidamente, a contribuição parafiscal possuía, como características básicas, *a) delegação do poder fiscal do Estado a um órgão oficial ou semi-oficial autônomo; b) destinação especial ou "afetação" dessas receitas aos fins específicos cometidos ao órgão oficial ou semi-oficial investido daquela delegação; c) exclusão dessas receitas delegadas no orçamento geral (seriam, então "para-orçamentárias", para-budgetaires, segundo LAFERRIÈRE); d) conseqüentemente, subtração de tais receitas à fiscalização do Tribunal de Contas ou órgão de controle da execução orçamentária* (*op. cit.*, p. 284).

[12] Como sintetizou bem GUIMARÃES, Ylves J. de Miranda, *em conclusão; como vocábulo, a parafiscalidade nada mais significa no nosso direito tributário. Da terminologia técnica que deve ser servir, na trajetória científica que o impulsiona no presente e o balizará no futuro, sempre voltada para o norte do rigor e da precisão, aquele étimo pode ser riscado, por inútil e vazio de conteúdo pragmático* (*A Situação Atual da Parafiscalidade no Direito Tributário*, São Paulo: José Bushatsky, 1977, p. 134). Para um apanhado da doutrina estrangeira sobre o tema, com a opinião de autores clássicos afirmando a coincidência de natureza das contribuições com impostos, ver FONROUGE, Carlos M. Giuliani, *Derecho Financiero*, v. II, 2. ed. Buenos Aires: Palmas, 1970, p. 1024 e seguintes.

qualificando as contribuições como tributos, mas dotadas de natureza diversa frente às demais imposições tributárias.

A discussão sobre sua natureza, hoje, embora possa parecer de escasso interesse prático, pode permitir identificar contribuições com real natureza de impostos, além de guiar eventuais reformas do sistema tributário nacional, que possui larga previsão de contribuições especiais, servindo de instrumento complicador do modelo e, não raramente, vulnerando o pacto federativo, haja vista a exclusão de tais receitas dos critérios de rateio previstos na Constituição. Ademais, não é nova na doutrina a aceitação dos impostos como instrumento de necessidades especiais, voltados a grupos restritos, sem necessariamente desnaturar a exação.[13] A ideia da solidariedade do grupo, restringindo o custeio ao grupo beneficiado, por si só precária, em nada impede a utilização de impostos.

A própria Constituição de 1988 prevê, no art. 195, que a seguridade social será financiada, de forma direta e indireta, por toda a sociedade. A universalidade do custeio, com um modelo de seguro social, financiado por contribuições, é um claro anacronismo do Constituinte Originário, reproduzindo a *metamorfose incompleta* da Constituição de 1988, que pretendeu criar uma proteção universal, mas fundamentada em um modelo de seguro social financiado por contribuições, na expectativa de preenchimento das lacunas protetivas pela tímida assistência social.

As poucas situações concretas, estritamente limitadas a alguns grupos, fora do interesse da coletividade, podem, a partir da ideia de solidariedade de grupo, subsidiar a criação de associações voluntárias, com cotizações privadas, como clubes e entidades de bairro, mas fora do escopo de ação estatal. A tentativa do Estado em gerir interesses restritos a determinados grupos, sem repercussão social – o que poderia fundamentar uma verdadeira contribuição especial – não tem amparo em um Estado Democrático de Direito.[14]

Caso haja interesse global em determinada ação estatal, o imposto terá função preponderantemente fiscal, buscando assegurar a solidariedade social necessária ao preceito legal ou constitucional. Caso haja matéria de interesse restrito a determinado grupo, mas com impacto global que justifique a regulação estatal, eventual tributação poderia, também, ser feita por impostos, ainda que a finalidade, no caso, seja preponderantemente extrafiscal. Não há motivo para criar-se nova figura exacional, como as contribuições especiais, subsidiada em uma pretensa solidariedade de grupo.[15]

---

[13] NASCIMENTO, A. Theodoro. *Preços, Taxas e Parafiscalidade – Tratado de Direito Tributário Brasileiro* (Coord. Aliomar Baleeiro). Rio de Janeiro: Forense, 1977, p. 403.

[14] Como reconhece TORRES, Ricardo Lobo, o princípio estrutural da solidariedade, com fundamento na obra de J. J. Canotilho, pode vir a substituir a solidariedade de grupo, criando impostos afetados, com destinação especial, como a contribuição dos inativos (*Existe um Princípio Estrutural da Solidariedade?*, op. cit., p. 203-4). Sobre o princípio estruturante da solidariedade, ver CANOTILHO, José Joaquim Gomes. *Direito Constitucional e Teoria da Constituição*. Op. cit., p. 1173.

[15] Ainda que o tema aqui desenvolvido tenha especial enfoque no financiamento da seguridade social, é interessante notar que, em grande parte, as críticas ora apresentadas podem, também, subsidiar enfrentamentos quanto às demais contribuições especiais, sejam de categoria profissional ou intervenção econômica. No entanto, não serão aqui tratadas.

A eventual benesse a determinados grupos ou certos fins não implicaria, necessariamente, a inaptidão dos instrumentos existentes – impostos ou taxas, mas sua conformação legislativa para tais objetivos. Não sem razão afirmaria Jean Guy Merigot que as contribuições seriam verdadeiros impostos, não obstante a parafiscalidade externar certa medida de intervencionismo estatal, visando a determinados fins, com frequente delegação da capacidade tributária ativa.[16]

No caso brasileiro, a doutrina majoritariamente acabou por admitir a natureza tributária das contribuições, e a reconhecer como espécie autônoma, reafirmando a doutrina de Rubens Gomes de Souza, admitindo que a hipótese de incidência não seria mais o único critério identificador da natureza jurídica específica do tributo, mitigando a aplicação do art. 4º do CTN.[17] A destinação tornar-se-ia verdadeiro marco distintivo das contribuições, assumindo, para esta espécie, importância maior que a própria hipótese de incidência, pois as contribuições, em geral, acabam por adotar fato gerador de impostos, já que não possuem pressuposto de incidência próprio.[18] De modo a assegurar tal atributo, a vinculação da receita, visando a produzir efeitos concretos, deve constar não somente da lei instituidora, mas também da lei orçamentária, capaz de produzir o liame necessário da receita com sua despesa específica.[19]

A questão da necessária vinculação da receita já foi admitida pelo STF, ao afirmar a impossibilidade de desvirtuar a destinação, na lei orçamentária, por meio de crédito suplementar, a receita de contribuições para ações estranhas ao seu fundamento instituidor.[20] No entanto, há outras maneiras de se evitar o gasto, como, por exemplo, o expediente corriqueiro de, simplesmente, não aplicar os recursos previstos, de forma, por exemplo, a assegurar *superavit* primário.

É hora de superar-se a visão ingênua das contribuições como capazes de, normativamente, vincular a receita a determinado fim e, afinal, reconhecer a anacrônica figuração das contribuições em sistema tributário que deve patrocinar condições dignas de vida a todos os cidadãos. Não se pode alcançar a liberdade do querer com a desconfiança da sociedade frente à inaptidão das escolhas orçamentárias – devemos assegurar as receitas para que, ao confeccionar o orçamento, o legislador ordinário possa prever o que deve ser direcionado aos serviços públicos universais e tradicionais e a parte destinada a proteção social universal, como saúde. O Estado pós-social será financiado por impostos.

---

[16] Em suas palavras, a parafiscalidade *é uma técnica que, em regime de intervencionismo econômico e social, visa a criar e utilizar receitas de aplicação específica, extra-orçamentárias, percebidas sob autoridade, à conta de órgãos de economia dirigida, de organização profissional ou de previdência social, seja pelos órgãos beneficiários diretamente ou seja pelas repartições fiscais do Estado* (Elementos de uma Teoria da Parafiscalidade – tradução de Guilherme A. dos Anjos, Revista de Direito Administrativo, v. 33:55, 1953, p. 62).

[17] Como arauto desta tese, com ampla repercussão na doutrina nacional, ver GRECO, Marco Aurélio. *Contribuições – Uma Figura Sui Generis*. São Paulo: Dialética, 2000.

[18] Neste sentido, RIBEIRO, Ricardo Lodi. As Contribuições Parafiscais e a Validação Constitucional das Espécies Tributárias. *RDDT*, 174, p. 116.

[19] Cf. RIBEIRO, Ricardo Lodi. *Op. cit.*, p. 118.

[20] ADI n. 2925-DF, Rel. Min. Ellen Grace.

4 Conclusão – A necessidade de universalidade de cobertura e financiamento

Pelo exposto, já se pode compreender o motivo da chamada "metamorfose incompleta" de nosso modelo protetivo. Ao mesmo tempo que avançamos, com a Constituição de 1988, nas áreas de saúde e assistência social, pouco evoluímos no âmbito da previdência social, ainda submetido ao arquétipo do seguro social, com severas lacunas protetivas e modelo de financiamento complexo e, por consequência, injusto.

Toda a população brasileira, direta ou indiretamente, participa do financiamento do sistema, pois tais encargos são, regularmente, repassados ao preço de produtos e serviços. Todavia, somente aqueles que possuem os atributos formais do sistema – filiação e carência – conseguem as prestações. Basicamente, cria-se uma cobertura privilegiada a trabalhadores com emprego formal, em detrimento da outra metade da população economicamente ativa, submetida a atividades no mercado informal.

O modelo previdenciário vigente é signatário das relações laborais do Século XIX, não mais compatível com a sociedade contemporânea. Além de desproteção, geramos custos indiretos para pessoas e empresas, em regime confuso de cobertura e financiamento. Melhor seria evoluirmos para modelo universal, com prestações a todos os brasileiros alcançados pelas necessidades sociais, financiados exclusivamente por impostos. Alia-se a universalidade de cobertura e atendimento com o princípio da equidade do custeio. A Constituição não foi capaz de realizar a mudança, mas deixou as diretrizes apontando o caminho correto. 30 anos depois, é chegada a hora de concluirmos a transformação protetiva.

Referências

ADI nº 2925-DF, Rel. Min. Ellen Grace.

ASSIS, Armando de Oliveira. Em Busca de Uma Concepção Moderna de Risco Social. *Revista de Direito Social*, n. 14. São Paulo: Ed. Notadez.

BALEEIRO, Aliomar. *Uma Introdução à Ciência das Finanças*. 12. ed. Rio: Forense. 1978.

CANOTILHO, José Joaquim Gomes. *Direito Constitucional e Teoria da Constituição*. Coimbra: Almedina, 2003.

DURAND, Paul. *La Política Contemporánea de Seguridad Social*. Madrid: Centro de Publicaciones MTSS, 1991.

FARIA, Sylvio Santos. *Aspectos da Parafiscalidade*. Salvador: Progresso, 1955.

FERNANDES, Simone Lemos. *Contribuições Neocorporativas na Constituição e nas Leis*. Belo Horizonte: Del Rey, 2005.

FONROUGE, Carlos M. Giuliani. *Derecho Financiero*, v. II, 2. ed. Buenos Aires: Palmas, 1970.

GRECO, Marco Aurélio. *Contribuições – Uma Figura Sui Generis*. São Paulo: Dialética, 2000.

GUIMARÃES, Ylves J. de Miranda. *A Situação Atual da Parafiscalidade no Direito Tributário*. São Paulo: José Bushatsky, 1977.

MARTINEZ, Wladimir Novaes. *Curso de Direito Previdenciário*, 3. ed, São Paulo: LTr, 2010.

MERIGOT, Jean Guy. Elementos de uma Teoria da Parafiscalidade – tradução de Guilherme A. dos Anjos. *Revista de Direito Administrativo*, v. 33:55, 1953.

MORSELLI, Emanuelle. Parafiscalidade e seu Controle. Rio de Janeiro: Instituto Brasileiro de Direito Financeiro, 1954.

NASCIMENTO, Theodoro. Preços, Taxas e Parafiscalidade – Tratado de Direito Tributário Brasileiro. (Coord. Aliomar Baleeiro). Rio de Janeiro: Forense, 1977.

RIBEIRO, Ricardo Lodi. As Contribuições Parafiscais e a Validação Constitucional das Espécies Tributárias. *RDDT*, 174

SOUZA, Rubens Gomes de. *Comentários ao Código Tributário Nacional*, São Paulo, Revista dos *Tribunais*, 1975.

SUNSTEIN, Cass. *The Second Bill of Rights – FDR'S Unfinished Revolution and Why We Need It More Than Ever*. New York: Basic Books, 2004.

TORRES, Ricardo Lobo. Legalidade Tributária e Riscos Sociais. *Revista Dialética de Direito Tributário* n. 59, 1999, São Paulo: Dialética

ZAMBITTE IBRAHIM, Fábio. *Curso de Direito Previdenciário*. 23 ed. Niterói: Impetus, 2018.

Informação bibliográfica deste texto, conforme a NBR 6023:2002 da Associação Brasileira de Normas Técnicas (ABNT):

IBRAHIM, Fábio Zambitte. A Previdência Social Brasileira 30 Anos Depois – A "Metamorfose Incompleta. In: BOLONHA, Carlos et al. (Coord.). *30 anos da Constituição de 1988*: uma jornada democrática inacabada. Belo Horizonte: Fórum, 2019. p. 91-98. ISBN 978-85-450-0595-7.

"CHEGA DE GOLPES", "O PAÍS JÁ VIVE A CONSTITUIÇÃO": EXPECTATIVAS, EFETIVIDADE CONSTITUCIONAL E ESPERANÇAS NA IMPRENSA BRASILEIRA NOS DIAS 5 E 6 DE OUTUBRO DE 1988

Gustavo Silveira Siqueira

1 Introdução

"Chega de Golpes". Esse era o título, em letras garrafais, da reportagem da Tribuna da Imprensa, no dia 06 de outubro de 1988. O presente artigo pretende analisar como parte da imprensa nacional manifestou-se nos dias 05 e 06 de outubro de 1988 em relação ao novo texto e a nova ordem constitucional. O objetivo é entender os horizontes de expectativas em relação ao futuro do país e ao futuro da Constituição, bem como as descrições das experiências vividas naquele momento.[1]

Este artigo é um relatório preliminar de uma pesquisa maior cujo objetivo consiste em compreender a relação entre a Constituição de República Federativa do Brasil (1988), quando a sua promulgação, e os jornais impressos em São Paulo e no Rio de Janeiro naquele momento.

Utilizarei os seguintes Jornais; Folha de São Paulo,[2] Estado de São Paulo,[3] Jornal do Commércio do Rio de Janeiro,[4] a Tribuna da Imprensa do Rio de Janeiro[5] e o Globo do Rio de Janeiro.[6]

2 05 de Outubro de 1988: o Dia da Promulgação

Em 05 de outubro de 1988, no dia da promulgação da Constituição – que aconteceu pela tarde –, a manchete da Folha de São Paulo era "Nova Constituição

---

[1] KOSELLECK, Reinhart. *Futuro passado: contribuição à semântica dos tempos históricos.* Tradução de Wilma Patrícia Maas e Carlos Almeida Pereira. Rio de Janeiro: Contraponto e PUC-Rio, 2006.
[2] Fundado em 1960 com junção dos Jornais Folha da Noite, Folha da Manhã e Folha da Tarde.
[3] Fundado em 1875 com o nome de "A Província de São Paulo".
[4] Fundado em 1827, é marcado por uma linha tradicional conservadora. Vide: <http://bndigital.bn.gov.br/artigos/jornal-do-commercio-rio-de-janeiro/>.
[5] Fundado por Carlos Lacerda em 1949, tinha fortes ligações com a UDN.
[6] Fundado em 1925 e comandado pela família Marinho. Apesar de sempre declarar-se totalmente isento, apesar de ter posições políticas muito claras. Vide: <http://www.fgv.br/cpdoc/acervo/dicionarios/verbete-tematico/globo-o>.

entra em vigor; termina a transição para a democracia." Acompanhada de uma foto de Ulysses Guimarães (PMDB) plantando uma árvore no "Bosque dos Constituintes" em Brasília, a reportagem informava sobre os ritos da promulgação do novo texto.[7]

No editorial da Folha, intitulado "Fim da transição", constava que o "desafio que se coloca após a entrada em vigor da nova Constituição" era permitir que as "contradições e antagonismos que compõem uma sociedade progressivamente complexa sejam solucionados por meio da disputa dentro de instituições consensualmente pactuadas, e não através do arbítrio de quem está no poder." O mesmo editorial também informa que a Justiça Eleitoral "interferiu indevidamente no processo político e violentou o princípio constitucional que assegurava a liberdade de expressão" ao interromper o programa eleitoral do Partido dos Trabalhadores.[8]

Na página 3, Waldir Pires, governador do Estado da Bahia, assinava um artigo intitulado "A necessidade de cumprir a Constituição", defendendo que a sociedade deveria "viver" e não apenas conhecer a Constituição.[9]

O jornal, em suplemento especial, trazia um glossário sobre a nova Constituição e publicava seu texto completo; informava quem eram os constituintes; trazia uma tabela diferenciando a "carta atual" da "nova carta"; e apresentava uma pesquisa de opinião sobre o conhecimento e a concordância com alguns artigos da Constituição. Em que pese o jornal não tenha tratado com grande entusiasmo o novo texto, a intenção de informar, ao publicar o texto integral, destacar os constituintes, as diferenças e os pontos controversos, parecia ser a principal ideia, juntamente com marca de que a transição terminava ali. Agora o Brasil viveria uma democracia.[10]

Na Tribuna da Imprensa do Rio de Janeiro, em 05 de novembro de 1988, constava, em letras garrafais, que a "Nova Carta mantém o poder dos militares" ao lado de outra reportagem que informava que Sarney assegurava que cumpriria a nova Constituição. A primeira matéria questionava o art. 142 do texto que assegurava às forças armadas "a manutenção da lei, da ordem, podendo depor o presidente da República, fechar o Congresso Nacional e intervir na vida sindical".[11] [12]

O mesmo jornal que, em 02 de abril de 1964, publicava que "Democratas assumem comandos militares", que Miguel Arrais havia sofrido "impeachment" em Pernambuco e que o ex-Ministro da Justiça, Aberlado Jurema, e o governador

---

[7] FOLHA DE SÃO PAULO. *Nova constituição entra em vigor*. São Paulo, 05 out. 1988, p. 1.
[8] FOLHA DE SÃO PAULO. *Fim da transição*. São Paulo, 05 out. 1988, p. 2.
[9] PIRES, Waldir. *A necessidade de cumprir a Constituição*. FOLHA DE SÃO PAULO, São Paulo, 05 out. 1988, p. 2.
[10] A Folha assumiu a mesma posição moderada em 1º de abril de 1964. As notícias sobre o Golpe Militar não são comemorativas. O periódico descreve os fatos e uma certa "calma" com que tudo acontecia.
[11] Art. 142. As Forças Armadas, constituídas pela Marinha, pelo Exército e pela Aeronáutica, são instituições nacionais permanentes e regulares, organizadas com base na hierarquia e na disciplina, sob a autoridade suprema do Presidente da República, e destinam-se à defesa da Pátria, à garantia dos poderes constitucionais e, por iniciativa de qualquer destes, da lei e da ordem.
[12] TRIBUNA DA IMPRENSA. *Nova Carta mantém o poder dos militares*. Rio de Janeiro, 05 out. 1988, p.1.

do Estado do Rio de Janeiro, Badger Silveira, estavam presos, parecia assumir uma postura mais crítica do novo regime naquele momento. [13]

Em 05 de outubro de 1988, "A Tribuna" também informava que a Central Única dos Trabalhadores (CUT) faria um protesto em São Paulo contra o caráter "global, conservador e reacionário da Nova Carta" e que a Ordem dos Advogados do Brasil (OAB) iria manter uma comissão permanente para assegurar o cumprimento do "novo texto constitucional". O cumprimento do texto constitucional foi a grande preocupação das reportagens do Jornal naquele dia, que informava também que a "festa" de promulgação deveria começar 9h da manhã.[14]

Já o "Jornal do Commercio", na mesma data, alertava em sua capa a "Enxurrada de decretos no último dia" e informava as centenas de nomeações e decretos que o Governo Sarney fazia às vésperas da nova Constituição. Parentes eram nomeados e remanejados e orçamentos eram alterados. Na reportagem ao lado, o Presidente José Sarney prometia ser "servidor da nova Constituição."[15] Na página 4, Austregésilo de Athayde[16] frisava pontos fortes do novo texto: "o fortalecimento do Poder Judiciário, o mais frágil de todos," "a competência constitucional das Forças Armadas", garantindo o texto "que não haverá 'ingovernabilidade' no país" e o fim da censura prévia.[17]

O Jornal "O Globo" anunciava em sua capa que "Vigora hoje a Constituição democrática." A reportagem informava que o "País passará a viver sob a ordem constitucional democrática, livrando de uma carta outorgada que rege seus destinos desde 1969."[18]

O mesmo Jornal que em 02 de abril de 1964, após o golpe militar, informava que "Fugiu Goulart e a democracia está sendo restaurada", que a ação militar fez "ressurgir a democracia" e que, em 18 de outubro de 1969, noticiava que a Emenda Constitucional outorgada no dia anterior era "instrumento de defesa da democracia", publicava o fim daquela ditadura.[19]

A página 10, em 05 de outubro, anunciava a promessa de José Sarney em cumprir a Constituição, ao lado de uma reportagem que denunciava a "enxurrada de decretos para driblar o Congresso". Segundo o Jornal, para fazer isso o Governo teria até atrasado a publicação do Diário Oficial.[20]

O Globo também trazia uma tabela dos dispositivos que já estavam "valendo" e daqueles que dependiam de lei. Entre os imediatamente vigentes

---

[13] TRIBUNA DA IMPRENSA. *Democratas assumem comandos militares*. Rio de Janeiro, 02 abril 1964, p.1.
[14] TRIBUNA DA IMPRENSA. Rio de Janeiro, 05 out. 1988, pp. 1-2.
[15] JORNAL DO COMMERCIO. Rio de Janeiro, 05 out. 1988, p.1.
[16] Belarmino Maria Austregésilo Augusto de Athayde, jornalista, formado em direito e diplomado na Escola Superior de Guerra. Em 1951, ingressou na Academia Brasileira de Letras, a qual presidiu de 1958 até sua morte, no Rio de Janeiro, em 1993.
[17] ATHAYDE, Austregésilo. *Três pontos orfeônicos*. JORNAL DO COMMERCIO. Rio de Janeiro, 05 out. 1988, p. 4.
[18] JORNAL O GLOBO. *Vigora hoje a Constituição democrática*. Rio de Janeiro, 05 out. 1988, p. 1.
[19] JORNAL O GLOBO. *Fugiu Goulart e a democracia está sendo restaurada*. Rio de Janeiro, 02 abril 1964, p. 1. JORNAL O GLOBO. Rio de Janeiro, 18 out. 1969, p.1.
[20] JORNAL O GLOBO. Rio de Janeiro, 05 out. 1988, p. 10.

destacavam-se dispositivos que previam o fim da tortura, da censura, o direito ao mandado de segurança, de ação popular, de voto ao 16 anos, entre outros. Entre os dispositivos que dependiam de lei constavam o direito de greve, o valor do salário mínimo, os direitos autorais, os direitos do consumidor, etc.

3 06 de Novembro de 1988: Notícias sobre a festa, chega de golpe!

"Ulysses faz a sua festa". Sem muita empolgação e parecendo estar mais preocupada com a sucessão presidencial – e a eventual candidatura de Ulysses Guimarães – a Folha de São Paulo, em 06 de outubro de 1988, anunciava a vigência da nova Constituição. A notícia de pouco menos de meia página era acompanhada de uma série de reportagens.[21]

Na página 14 o discurso de promulgação da Constituição, feito por Ulysses Guimarães, era reproduzido na íntegra. No discurso percebia-se a esperança de que o Brasil iria mudar com a nova Constituição – "Brasil vai mudar, o Brasil precisa mudar" – e a crença de que, em um país em que milhares de pessoas passam fome, "a cidadania começa com o alfabeto."[22]

A página seguinte era uma reportagem sobre o discurso do senador Afonso Arinos (PSDB) e uma coletânea de depoimentos sobre o novo texto constitucional da seguinte maneira: Joaquim dos Santos Andrade, presidente da Confederação Geral dos Trabalhadores, "Acho que apesar de a correlação de força no Congresso ser desfavorável para os trabalhadores, a Constituição acabou sendo progressista; Roberto Farias, presidente do Conselho Nacional de Cinema, "A nova Carta coloca o Brasil entre os países que têm as constituições mais avançadas do mundo"; Marco Antonio Barbosa, presidente da Comissão Justiça e Paz, "Representa um avanço em termos de direitos humanos individuais – acabou com a censura – e um relativo avanço em termos de direitos humanos sociais"; Roberto Macedo, presidente dos Economistas de São Paulo, "O que mais me incomoda é que ela deveria ser simples e capaz de ser compreendida por todos. Ela é incompreensível para os brasileiros"; Sergio Barcelos, presidente da Bolsa de Valores do Rio de Janeiro, "A nova Constituição pode ter falhas e até omissões, mas é um esboço do Brasil de hoje"; e D. Erwin Krautler, presidente do Conselho Indigenista Missionário, "Foi uma vitória dos povos indígenas que estavam representados por mais de 200 lideranças indígenas".[23]

Nem todos os comentários eram elogiosos. Mas parece que a crítica vinha não dos trabalhadores ou dos movimentos de minorias e sim de grupos que talvez quisessem contestar a Constituição em defesa daqueles que concordavam com ela.

---

[21] FOLHA DE SÃO PAULO. *Ulysses faz a sua festa*. São Paulo, 06 out. 1988, p. 1.
[22] GUIMARÃES, Ulysses. FOLHA DE SÃO PAULO. São Paulo, 06 out. 1988, p. 14.
[23] FOLHA DE SÃO PAULO. São Paulo, 06 out. 1988, p. 15.

Em grandes letras, a "Tribuna da Imprensa" escrevia em 06 de outubro de 1988, "Chega de golpes". As letras garrafais vinham acompanhadas da frase de Ulysses Guimarães: "Que este plenário não abrigue outra Constituição." Ao mesmo tempo que o Jornal anunciava a promulgação da nova Constituição no dia anterior, denunciava que alguns artigos não seriam cumpridos por instrução do Palácio do Planalto, como o limite de juros de 12% e outras garantias asseguradas pelo texto.[24]

Helio Fernandes, também em matéria de capa, criticava o discurso de Afonso Arinos, "Melancólico, Lamentável. Monótono. Uma aula sem substância" e informava que era publicada a quarta Constituição brasileira. As outras seriam 1891, 1934 e 1946. Citando Castro Rebello, Fernandes afirmava que "Constituição outorgada não é Constituição. Só merece o nome de Constituição aquela que é regida por representantes do povo e é promulgada sem a interferência de ninguém. Como realmente aconteceu ontem, como aconteceu em 1934, em 1946 e finalmente em 1891, a primeira que este país já teve.[25]

Fernandes também apresentava críticas ao texto constitucional, por não ter feito a reforma agrária, por não prever uma eleição presidencial imediata e por manter a Assembleia Constituinte como Congresso Nacional.

A página dois do Jornal lembrava que o "País já vive a Constituição", anunciava vaias ao Presidente Sarney na Constituinte e denunciava o "trem da alegria" do governo que nomeava 460 funcionários sem concurso público – proibição expressa no novo texto constitucional.[26]

Na mesma página também denunciava que "a briga pela interpretação já tinha começado" ao informar que o artigo que previa o limite de 12% de juros anuais não seria cumprido imediatamente, apesar do desejo de alguns parlamentares, pois o governo entendia que era necessário lei complementar.

"Difícil entender o 5 de Outubro". Era assim que a reportagem da página 3 descrevia o dia anterior. O texto era uma crítica aos decretos suplementares orçamentários feitos por José Sarney e declarados inconstitucionais pela Constituição.[27]

De fato o 05 de outubro, descrito no dia seguinte, era recheado de contradições. As contradições de um presidente que parecia estar ainda no antigo regime e que claramente, nos últimos minutos, aproveitou para promulgar atos que, pelo texto da Constituição de 05 de outubro de 1988, seriam inconstitucionais.

A página 3 do Jornal trazia uma grande foto de Ulysses Guimarães segurando a Constituição:

---

[24] TRIBUNA DA IMPRENSA. *Chega de golpes*. Rio de Janeiro, 06 out. 1988, p. 1.
[25] FERNANDES, Helio. *O Brasil tem agora a quarta Constituição*. TRIBUNA DA IMPRENSA. Rio de Janeiro, 06 out. 1988, p. 1.
[26] TRIBUNA DA IMPRENSA. *País já vive a Constituição*. Rio de Janeiro, 06 out. 1988, p. 2.
[27] TRIBUNA DA IMPRENSA. *Difícil entender o 5 de Outubro*. Rio de Janeiro, 06 out. 1988, p. 3.

Fonte: DIFÍCIL entender o 5 de Outubro. *Tribuna da Imprensa*, Rio de Janeiro, 6 out. 1988, p. 3.

A propaganda, do PMDB, também publicada no mesmo dia no jornal "O Estado de São Paulo", defendia a efetividade do texto constitucional e afirmava isso como compromisso.

No dia 1º de abril de 1964, "O Estado de São Paulo" anunciava que São Paulo e Minas levantavam-se "pela Lei" contra João Goulart; no dia 02 de abril de 1964 publicava, como matéria de capa, em letras garrafais, "Vitorioso o movimento democrático"; e no 03 de abril, "Democratas dominam toda a Nação."[28]

---

[28] O ESTADO DE SÃO PAULO. *São Paulo e Minas levantam-se pela lei*. São Paulo 1º abril 1964, p. 1. O ESTADO DE SÃO PAULO. *Vitorioso o movimento democrático*. São Paulo 02 abril 1964, p.1. O ESTADO DE SÃO PAULO. *Democratas dominam toda a Nação*. São Paulo 03 abril 1964, p. 1.

Já em 05 de outubro de 1988, o mesmo jornal anunciava o início da "nova ordem constitucional" e extinção da "antiga ordem constitucional em vigor desde 1969". Em um suplemento especial o periódico publicava a íntegra do novo texto, confirmava o direito individual como a maior conquista e informava que a reforma tributária favorecia os estados.[29]

O "Jornal do Commércio" anunciava, naquele dia: "Ulysses promulga a Carta da Dignidade."[30] O Jornal também reproduzia parte do discurso do Presidente da Assembleia Nacional Constituinte e os atos que aconteceram em "sessão solene." Na página 02, uma engraçada reportagem anunciava o fim das "farras": "Acabou a farra – A torneira das contratações no serviço público esteve aberta até anteontem, jorrando apaniguados. Promulgada ontem a Constituição, quem comeu, comeu; quem não comeu, não come mais."[31]

As nomeações de "última hora" do Presidente Sarney eram notícias em todos os jornais. E a esperança de que a Constituição fosse cumprida, talvez por ambos os lados (oposição e governo), fazia com que a farra acontecesse.

Já a página 05 do jornal, anunciava a "Promulgação da Constituição da liberdade" e, a página 06, uma tentativa, por parte do deputado José Genoíno (PT), de anulação dos últimos decretos de José Sarney antes da promulgação. Na reportagem eram denunciadas 460 nomeações no último dia e o jornal noticiava que o "Governo já viola a nova constituição."[32]

Na página 10 era destacada a ação do Ministro de Minas e Energias, Aureliano Chaves, que já tinha montado uma comissão para propor revisões no texto Constitucional.[33]

O Jornal "o Globo", de 06 de outubro de 1988, anunciava "Promulgada a nova Constituição" e destaca o discurso de Ulysses Guimarães, "interrompido 53 vezes por aplausos."[34]

A página 08 informava os dispositivos que, de acordo com a posição do jornal, precisariam de legislação para ser implementados e prescrevia que a "Prática da nova Carta exige 450 leis".

Na página 9, o jornal destacava, mais uma vez, o discurso de Ulysses Guimarães, classificando-o como discurso de candidato e informava também o descontentamento dos militares pelo discurso ter lembrado a repressão.[35]

O jornal "O Estado de São Paulo" anunciava que a nova Carta era "promulgada com festa", e anunciava o plano que alguns partidos já tinham para anunciar o texto, assim como as nomeações na "undécima hora" do Presidente Sarney.[36]

---

[29] O ESTADO DE SÃO PAULO. *Começa a nova ordem Constitucional*. São Paulo 05 out. 1988, p. 1.
[30] JORNAL DO COMMÉRCIO. *Ulysses promulga a Carta da Dignidade*. Rio de Janeiro 06 out. 1988, p. 1.
[31] JORNAL DO COMMÉRCIO. *Promulgação da Constituição da liberdade*. Rio de Janeiro 06 out. 1988, p. 5.
[32] JORNAL DO COMMÉRCIO. Rio de Janeiro 06 out. 1988, p. 6.
[33] JORNAL DO COMMÉRCIO. Rio de Janeiro, 06 out. 1988, p. 10.
[34] JORNAL O GLOBO. *Promulgada a nova Constituição*. Rio de Janeiro, 06 out. 1988, p. 1.
[35] JORNAL O GLOBO. Rio de Janeiro, 06 out. 1988, p. 8.
[36] O ESTADO DE SÃO PAULO. *Carta é promulgada com festa*. 06 out. 1988, p. 1.

4 Palavras finais

Naquele momento era possível perceber uma transição entre o passado e o futuro. Por mais que a Constituição de 1988 marcasse – como afirmavam alguns jornais – o fim da transição entre o passado "ditatorial" e o futuro "democrático", nuances da ditadura, revestidas de práticas inconstitucionais, ainda estavam presentes.

Seja pelos decretos promulgados no apagar das luzes pelo Governo Sarney, seja pela declaração, ainda nos debates, de que alguns artigos não seriam cumpridos – a exemplo da referência, durante e após a elaboração da Carta, aos juros de 12% –, seja pelas inconstitucionalidades posteriores, a Constituição defendida pelo constitucionalismo da efetividade.[37]

Optei por informar o posicionamento de cada Jornal também nos dias 1º ou 02 de abril. Eu queria saber como os periódicos reagiram no momento do Golpe Militar. A ideia não foi informar que o Jornal era apoiador do regime ou não – muitas relações mudam entre o início e o fim da ditadura –, mas apenas entender como as publicações aconteceram quando o governo militar chegou ao poder.

Pelos debates da imprensa, a Constituição de 1988 não rompeu totalmente com o antigo regime e com as práticas ditatoriais. Ela nasce deles e leva cicatrizes que estariam em suas vivências. Assim, os debates na imprensa podem nos ajudar a compreender as expectativas, as críticas e também as esperanças e projetos que existiam naquele momento. O calor do debate, especialmente por usarmos reportagens do dia da promulgação e de poucos dias seguintes, talvez ajude a deixar claro as paixões e estratégias que ali estavam em jogo.

Sim, havia esperança. Havia esperança, mesmo com desconfiança, de uma Constituição que seria cumprida e havia esperança na democracia. Se a promulgação marcou para aqueles periódicos o fim da transição e o início da democracia, talvez fosse possível perceber que toda transição, assim como fato histórico, não pode ser reduzida a datas. Os acontecimentos têm de ser entendidos com seus antecedentes e episódios sucessores. As esperanças de cumprimento de Constituição e de democracia estão ligadas ao passado de ditaduras e a transição está marcada por esta. Mas o fim da transição não acaba com a ditadura e o início da democracia também não. As práticas e experiências da ditadura, ainda por um tempo, ficariam (ou ficarão) expostas como feridas que não cicatrizam fácil e que, mesmo cicatrizadas, ainda existem. A ditadura, definidamente, não acabou no dia 05 de outubro de 1988.

Também é interessante perceber que a Emenda Constitucional de 1969, que altera significativamente a Constituição de 1967, é considerada a ordem constitucional vigente até 1988. O texto de 1969 é mais lembrado que o texto

---

[37] LYNCH, Christian Edward Cyril; DE MENDONÇA, José Vicente Santos. Por uma história constitucional brasileira: uma crítica pontual à doutrina da efetividade / Defense of studies on the constitutional history of Brazil: a critique of the doctrine of the effectiveness of the Constitution. *Revista Direito e Práxis*, [S.l.], v. 8, n. 2, p. 942-973, jun. 2017. ISSN 2179-8966. Disponível em: <http://www.e-publicacoes.uerj.br/index.php/revistaceaju/article/view/25654/20597>. Acesso em: 1º maio 2018. doi:<https://doi.org/10.12957/dep.2017.25654>.

de 1967. Se for possível chamar a ditadura militar e a outorga de emenda constitucional de 1969 de democracia, talvez não exista muita coerência em alguns periódicos em utilizar tal conceito. Talvez ele possa ser usado como sinônimo de um novo governo que os periódicos, naquele momento, em parte acreditavam. Ou seja, desconfio das fontes, pois desconfio das crenças de democracia que algumas vezes eles apresentam. Obviamente isto leva a uma outra pesquisa, fruto da inquietação aqui presente, mas, se o presente é algo que existe entre o passado e o futuro, talvez discutir conceitos mais concretos de democracia, ou entender os múltiplos conceitos de democracia, possa auxiliar na compreensão dos rumos planejados e projetos do país.

Foi também interessante perceber como o termo "Carta" foi utilizado como sinônimo de Constituição e como o nome oficial "Constituição da República Federativa do Brasil" praticamente não era citado.

Esta pesquisa preliminar permitiu entender o clima de festa, as preocupações e as esperanças – sentimentos que conviviam e davam início a um novo período da história constitucional brasileira. Um período que já se anunciava polêmico e com diversas divergências sobre a Constituição.

Referências

ATHAYDE, Austregésilo. Três pontos orfeônicos. *Jornal do Commercio*. Rio de Janeiro, 05 out 1988.

FERNANDES, Helio. O Brasil tem agora a quarta Constituição. *Tribuna da Imprensa*. Rio de Janeiro, 06 out 1988.

FOLHA DE SÃO PAULO. São Paulo, 06 out. 1988, p. 15.

FOLHA DE SÃO PAULO. Fim da transição. São Paulo, 05 out. 1988.

FOLHA DE SÃO PAULO. Nova constituição entra em vigor. São Paulo, 05 out. 1988.

FOLHA DE SÃO PAULO. Ulysses faz a sua festa. São Paulo, 06 out. 1988.

GUIMARÃES, ULYSSES. FOLHA DE SÃO PAULO. São Paulo, 06 out. 1988.

JORNAL DO COMMERCIO. Rio de Janeiro, 05 out. 1988.

JORNAL DO COMMÉRCIO. Rio de Janeiro, 06 out. 1988.

JORNAL DO COMMÉRCIO. *Promulgação da Constituição da liberdade*. Rio de Janeiro 06 out. 1988.

JORNAL DO COMMÉRCIO. *Ulysses promulga a Carta da Dignidade*. Rio de Janeiro 06 out. 1988.

JORNAL O GLOBO. Rio de Janeiro, 18 out. 1969.

JORNAL O GLOBO. Rio de Janeiro, 05 out. 1988.

JORNAL O GLOBO. Rio de Janeiro, 06 out. 1988.

JORNAL O GLOBO. *Fugiu Goulart e a democracia está sendo restaurada*. Rio de Janeiro, 02 abril 1964.

JORNAL O GLOBO. *Promulgada a nova Constituição*. Rio de Janeiro, 06 out. 1988.

JORNAL O GLOBO. *Vigora hoje a Constituição democrática*. Rio de Janeiro, 05 out. 1988.

KOSELLECK, Reinhart. *Futuro passado*: contribuição à semântica dos tempos históricos. Tradução de Wilma Patrícia Maas e Carlos Almeida Pereira. Rio de Janeiro: Contraponto e PUC-Rio, 2006.

LYNCH, Christian Edward Cyril; DE MENDONÇA, José Vicente Santos. Por uma história constitucional brasileira: uma crítica pontual à doutrina da efetividade / Defense of studies on the constitutional history of Brazil: a critique of the doctrine of the effectiveness of the Constitution. *Revista Direito e Práxis*, [S.l.], v. 8, n. 2, p. 942-973, jun. 2017. ISSN 2179-8966. Disponível em: <http://www.e-publicacoes.uerj.br/index.php/revistaceaju/article/view/25654/20597>. Acesso em: 01 maio 2018. doi: <https://doi.org/10.12957/dep.2017.25654>.

O ESTADO DE SÃO PAULO. *Carta é promulgada com festa*. São Paulo, 06 out 1988.

O ESTADO DE SÃO PAULO. *Começa a nova ordem Constitucional*. São Paulo 05 out. 1988.

O ESTADO DE SÃO PAULO. *Democratas dominam toda a Nação*. São Paulo 03 abril 1964.

O ESTADO DE SÃO PAULO. *São Paulo e Minas levantam-se pela lei*. São Paulo 01 abril 1964.

O ESTADO DE SÃO PAULO. *Vitorioso o movimento democrático*. São Paulo 02 abril 1964.

PIRES, Waldir. A necessidade de cumprir a Constituição. FOLHA DE SÃO PAULO, São Paulo, 05 out 1988.

TRIBUNA DA IMPRENSA. Rio de Janeiro, 05 out. 1988.

TRIBUNA DA IMPRENSA. *Chega de golpes*. Rio de Janeiro, 06 out. 1988.

TRIBUNA DA IMPRENSA. *Democratas assumem comandos militares*. Rio de Janeiro, 02 abril 1964.

TRIBUNA DA IMPRENSA. *Difícil entender o 5 de Outubro*. Rio de Janeiro, 06 out. 1988.

TRIBUNA DA IMPRENSA. *País já vive a Constituição*. Rio de Janeiro, 06 out. 1988.

TRIBUNA DA IMPRENSA. *Nova Carta mantém o poder dos militares*. Rio de Janeiro, 05 out. 1988.

Sites:

Fundação Biblioteca Nacional
<http://bndigital.bn.gov.br/artigos/jornal-do-commercio-rio-de-janeiro/>.

Fundação Getúlio Vargas – CPDOC
<http://www.fgv.br/cpdoc/acervo/dicionarios/verbete-tematico/globo-o>.

Informação bibliográfica deste texto, conforme a NBR 6023:2002 da Associação Brasileira de Normas Técnicas (ABNT):

SIQUEIRA, Gustavo Silveira. "Chega de Golpes", "O País já vive a Constituição": Expectativas, efetividade constitucional e esperanças na imprensa brasileira nos dias 5 e 6 de outubro de 1988. In: BOLONHA, Carlos et al. (Coord.). *30 anos da Constituição de 1988*: uma jornada democrática inacabada. Belo Horizonte: Fórum, 2019. p. 99-108. ISBN 978-85-450-0595-7.

30 ANOS DA CONSTITUIÇÃO DE 1988:

UM OLHAR HERMENÊUTICO DE UMA JORNADA INACABADA

Lenio Luiz Streck

1 Palavras primeiras

Como um hermeneuta, reconheço a imprescindibilidade das perguntas. O questionamento representa uma abertura, um modo de aproximação. Com isto há um rompimento com a impessoalidade do "todo mundo sabe o que é" na tentativa de, fenomenologicamente, reconstruir os sentidos que foram se escondendo com o passar do tempo. Agora, diante das comemorações de 30 anos da Constituição de 1988, temos um momento mais que oportuno para que algumas questões sejam (re)enfrentadas sob pena de haver uma perda de direção numa jornada ainda distante de um "fim".

Assim, procuro romper com a ideia de Direito como uma mera operacionalidade (prática), pois esta forma de olhar o coloca à margem das indagações. Um olhar hermenêutico, mesmo que ciente dos limites da finitude, pretende ir além da superfície do fenômeno no intuito que este possa mostrar-se a si mesmo.

Neste breve ensaio proponho duas perguntas fundamentais para a reflexão: 1) Com que olhos temos visto a Constituição? 2) É a Constituição o que o Judiciário diz que ela é? Pensar sobre elas bem como a tentativa de respondê-las são imperativos para todos aqueles que levam o Direito a sério, sendo este escrito também um convite ao diálogo.

Tenho afirmado à sociedade que o Direito não é moral, não é política, tampouco economia. Há nele algo que limita estes agentes exógenos/endógenos que procuram dominá-lo. Parto da premissa de que o epicentro desta autonomia está na Constituição, por isso precisamos compreender como a vemos e como consideramos aquele que deveria ser apenas o seu guardião e jamais seu dono.

2 Com que olhos temos visto a Constituição?

Há sempre um paradoxo em relação ao território do nosso olhar. Não vemos nossos próprios olhos, nem aquilo que está fora do nosso campo de visão. Contudo, o reconhecimento de limitações como estas é ao mesmo tempo a condição de possibilidade para que os olhares possam ser avaliados e, em certo sentido, até corrigidos.

Nesse ambiente a Crítica Hermenêutica do Direito pensa numa relação dialógica. Os olhares não podem ser projeções de um subjetivismo fora do mundo, tampouco apenas uma descrição neutra de uma realidade estática de que não participamos. Existe um encontro entre aquele que vê e o que é visto, nesta fusão compreendemos o outro como também nos autocompreendemos. Temos assim uma circularidade virtuosa. Estamos entre os anseios de uma naturalização absolutizante e de uma desconstrução niilista. Eis o nosso mirante, e dele avistamos a Constituição de 1988 a completar seus 30 anos.

A Constituição, mais do que um texto que é a condição de possibilidade hermenêutica de outro texto, é um fenômeno construído historicamente como produto de um pacto constituinte, enquanto explicitação do contrato social.

A tradição nos lega vários sentidos de Constituição. Contemporaneamente, a evolução histórica do constitucionalismo no mundo (mormente no continente europeu) coloca-nos à disposição a noção de Constituição enquanto detentora de uma força normativa, dirigente, programática e compromissária, pois é exatamente a partir da compreensão desta realidade que poderemos dar sentido à relação Constituição-Estado-Sociedade no Brasil, por exemplo. Mais do que isso, é do sentido que temos de Constituição que dependerá a interpretação dos textos normativos do sistema.

Tenho escrito de há muito que a comunidade jurídica pátria "tardou" em compreender a Carta de 1988, e uma parcela significativa hodiernamente tem contribuído para sua fragilização. Como resultado vivemos numa "baixa constitucionalidade". Uma "baixa compreensão" acerca do sentido de Direito – inexoravelmente acarretará uma "baixa aplicação", problemática que não é difícil de constatar nas salas de aula de expressiva maioria dos cursos jurídicos do país e na cotidianidade das práticas dos operadores do Direito.

As condições de possibilidades para que o intérprete possa compreender um texto implicam – sempre e inexoravelmente – a existência de uma pré-compreensão (seus pré-juízos) acerca da totalidade (que a sua linguagem lhe possibilita) do sistema jurídico-político-social. Desse belvedere compreensivo, o intérprete formulará (inicialmente) seus juízos acerca do sentido do ordenamento. E sendo a Constituição o fundamento de validade de sua interpretação/aplicação (adequada ou não) é que exsurgirá a sua (in)efetividade.

Konrad Hesse em *a força Normativa da Constituição* afirma que "resulta de fundamental importância para a preservação e a consolidação da força normativa da Constituição a interpretação constitucional, a qual se encontra necessariamente submetida ao mandato de otimização do texto constitucional." Trata-se, pois, de problema fundamentalmente hermenêutico, muito bem detectado, aliás, por Paulo Bonavides, para quem,

> para agravar a crise das Constituições verificou-se o emprego a metodologia interpretativa que caiu prisioneira do formalismo e do jusprivatismo. Foi, portanto, um equívoco,

segundo Müller, a recepção de regras da herança romanista de Savigny, fazendo da realização do Direito e da concretização da norma simples operação interpretativa de textos de norma.[1]

Desse modo, tenho me perguntado desde o nascedouro do texto constitucional de 1988: *como foi ou ainda é possível olhar o novo se os nossos pré-juízos (pré-compreensão) estão dominados por uma compreensão inautêntica do Direito?*

Com efeito, precisamos reconhecer que nossos pré-juízos estão tomados por um histórico de jurisdição constitucional pouco favorável. Explicando melhor essa questão: tornado independente de Portugal, a primeira Constituição brasileira – outorgada pelo Imperador D. Pedro I – não estabeleceu controle de constitucionalidade *stricto sensu*. Inspirados (sic) no modelo revolucionário francês, foi deixada ao Poder Legislativo a tarefa de controlar a legalidade/constitucionalidade das leis. Consta que, em todo o período colonial-imperial, que durou mais de 70 anos, somente em duas oportunidades foi feito o referido "controle". A mais alta Corte de justiça do Império era o Supremo Tribunal de Justiça, composto de dezessete juízes, que, na sua primeira composição, teve cinco juízes portugueses de nascimento, e somente sete brasileiros natos. Todos eles vieram das Cortes de Relação, consoante o disposto no art. 163 da Constituição de 1824 e tinham o título de Conselheiros. A competência do Tribunal estava restrita a conceder ou denegar recursos de revista, decidir conflitos de jurisdição e conhecer os delitos e erros de ofício que cometessem os seus ministros, os das Relações, os empregados no corpo diplomático e os Presidentes das Províncias. Desnecessário dizer que a falta da instituição de uma forma de controle de constitucionalidade colocava a Constituição em um plano secundário, sendo absolutamente ineficaz e inoperante o modelo de "controle" legislativo por ela estabelecido. Agregue-se a isso a forma de provimento dos cargos de Conselheiro do Supremo Tribunal de Justiça, mormente nos primeiros anos: o Brasil tornara-se independente, adotara uma nova Constituição, e os membros do mais alto tribunal de justiça do Império eram originários das Cortes de Relação, isto é, eram instituídos pelo colonizador!

Como se isso não bastasse, com o advento da República, importamos o sistema de controle difuso jurisdicional vigorante nos Estados Unidos. Lamentavelmente, os republicanos brasileiros não atentaram para o relevante fato de que os Estados Unidos dispunham de uma fórmula advinda da tradição inglesa – o *stare decisis*– de conceder efeito *erga omnes*, próprio do sistema jurídico da *common law*, às decisões da Suprema Corte, julgadas em grau de recurso. Por incrível que possa parecer, em plena República, ficamos 43 anos sob os auspícios de um sistema de controle jurisdicional difuso que somente funcionava interpartes. Não se deve deixar de registrar que, muito embora tenhamos ingressado na República, o Supremo Tribunal Federal, que veio a substituir o Supremo Tribunal de Justiça do Império, foi composto por juízes do velho regime, sem conhecimento e experiência

---

[1] Cf. BONAVIDES, Paulo. *Direito Constitucional*. São Paulo: Malheiros, 1996. p. 34.

acerca do que era o controle jurisdicional de constitucionalidade. Os ministros do novo Supremo Tribunal Federal foram nomeados quarenta e oito horas após a promulgação da Constituição e instalados quatro dias após no edifício da Relação, na rua do Lavradio, no Rio de Janeiro. Aproveitou-se a maior parte do Supremo Tribunal de Justiça da Monarquia, inclusive quatro Conselheiros septuagenários, sete sexagenários e apenas quatro, com menos de sessenta anos.

O avanço representado pela Constituição de 1934 tão somente teve o condão de fazer com que as decisões do STF em sede de controle difuso fossem remetidas ao Senado cuja consequência era de, uma vez suspensa a execução da lei, conceder eficácia *erga omnes* à decisão. Ademais, tirante o período da ditadura Vargas, no qual houve retrocesso no campo do controle de constitucionalidade – o Poder Legislativo podia, por voto de dois terços, revogar a decisão de inconstitucionalidade tomada pelo Supremo Tribunal Federal –, a Constituição de 1946 não trouxe qualquer avanço no plano da jurisdição constitucional. Tivemos que esperar até o ano de 1965 para que passássemos a ter um modo de conceder efeito *erga omnes* às decisões em ações (representações) de inconstitucionalidade (EC 16/65). Ou seja, embora no final dos anos 50 já se falasse em controle direto de constitucionalidade do direito estadual naquilo que diz respeito aos princípios sensíveis, somente no ano de 1965 inaugura-se o controle objetivo concentrado de constitucionalidade no país.

Esse breve inventário demonstra que apenas sob a égide da Constituição de 1988 consolidou-se a jurisdição constitucional no Brasil e isso explica muito sobre o modo como vimos e ainda hoje enxergamos a nossa Carta Maior. Dito de outro modo, há poucas décadas o direito constitucional e o próprio texto constitucional não tinham a relevância que atualmente possuem. Logo, não tínhamos uma tradição para dar conta do novo modelo de Estado Democrático de Direito estabelecido pela Constituição, que seguiu os modelos de Constituições dirigentes e compromissárias do segundo pós-guerra.

A partir disso, é possível afirmar que, no campo jurídico brasileiro, esses pré-juízos, calcados em uma história que tem relegado o direito constitucional a um plano secundário, constituem um fenômeno que se pode denominar de "baixa constitucionalidade", que, hermeneuticamente, estabelece o limite do sentido e o sentido do limite de o jurista dizer o Direito, impedindo, consequentemente, a sua manifestação constitucionalmente adequada (do Direito).

Um dos fatores que colabo(ra)ram para a pouca importância que se dá à Constituição deve-se ao fato de que as Constituições brasileiras, até o advento da atual, sempre haviam deixado ao legislador a tarefa de fazer efetivos os valores, direitos ou objetivos materiais contidos no texto constitucional, que, com isso, transformava-se, porque assim era entendida, em mero programa, uma mera lista de propósitos. O legislador ordinário erigia-se em dono absoluto dos conteúdos da Constituição, podendo desenvolvê-los com maior ou menor amplitude, ou, inclusive, desconhecê-los, sem que nem os cidadãos e nenhum outro órgão do Estado pudessem ser capazes de reprovar tais comportamentos. Na prática – e isso não é difícil de constatar – em que pese as várias Constituições que tivemos, sempre prevaleceram os Códigos (Civil, Comercial, Penal etc.). Mesmo com o advento da Constituição de 1988, ainda é considerável o movimento de refração ao novo texto, mormente naquilo que ele tem de ab-rogante e no seu papel de filtragem hermenêutica. Nesse sentido, veja-se a importância que teve o processo de derrogação das normas fascistas (anteriores a 1948) feito pelo Tribunal Constitucional italiano.

Não é possível interpretar sem uma prévia teoria da Constituição, isso porque para compreender a norma é preciso uma teoria constitucional. Na verdade, esta resulta igualmente necessária para compreender, caso a caso, a realidade em que deve ser aplicado o texto da Constituição.

Em síntese: não há como negar que a ausência de uma adequada compreensão do novo paradigma do Estado Democrático de Direito torna-se fator decisivo para a (in)efetividade da Constituição. Acostumados com a resolução de problemas de índole liberal-individualista e com posturas privatísticas, muitos operadores do Direito não conseguiram, ainda, despertar para o novo, mesmo passadas três décadas. O novo (Estado Democrático de Direito) continua obscurecido pelo velho paradigma, sustentado por uma dogmática jurídica circunscrita ao senso comum teórico. Dizendo de outro modo: ocorreu uma verdadeira revolução copernicana na filosofia, no direito constitucional e na ciência política, que ainda não foi suficientemente recepcionada pelos juristas brasileiros.

Por outro lado, paradoxalmente, a consolidação da jurisdição constitucional – um dos marcos mais relevantes da Carta de 1988 – também tem proporcionado a sua fragilização. E isso está intimamente relacionado com o modo como temos visto a Constituição de 1988. Num primeiro momento, a ausência de uma tradição democrática e constitucional fez com que seus reflexos tardassem a ser compartilhados sistematicamente nos mais diversos ramos do direito e na cotidianidade das práticas jurídicas. Contudo, com o passar dos anos houve um florescimento do ativismo judicial que fortaleceu uma juristocracia e não um Estado Democrático de Direito conforme preconiza(va) a Constituição. Houve um salto de uma jurisdição objetivista, presa a um literalismo e que via a Constituição apenas como uma carta programática – ou seja, não dirigente –, para uma jurisdição subjetivista centrada na experiência moral singular do julgador (moralismo). Consequentemente, a Constituição tornou-se, em muitos casos, um álibi retórico de legitimidade.

Os olhares que impulsionam esta realidade são vários. Existem aqueles que estão preocupados apenas com as consequências concretas das decisões. Para isso avaliam aspectos políticos, morais, econômicos, etc. e após encontrarem a "melhor" decisão buscam um modo constitucional de justificação. Existem aqueles que não acreditam na possibilidade de uma objetividade jurídica de modo que os processos de decisão seriam sempre experiências morais particulares. Assim, após definirem a sentença – que acreditam vir do sentir – também procuram na Constituição um dito fundamento. Existem também aqueles que concebem o direito como um jogo. Para estes a Constituição é apenas uma peça importante no tabuleiro a ser usada de acordo com as conveniências estratégicas. Em todos os casos a Constituição não é ouvida, mas sim instrumentalizada.

Em sentido diverso, tem-se uma das premissas hermenêuticas evidenciada na seguinte afirmação de Gadamer: se queres dizer algo sobre um texto, deixe primeiro que o texto te diga algo. Mas, o que isso significa? Em síntese, é que a compreensão da realidade vai além de nós e que esta exige escuta e reconhecimento. Estes são olhos com que vemos a Constituição. Dessa forma, entendemos que o texto jurídico basilar do sistema jurídico brasileiro estabelecesse normativamente algo que mesmo quando nos desagrada, seja por quaisquer motivos, precisa ser ouvida e reconhecida e, quando necessário, alterada dentro dos moldes que ela própria estabelece. Do contrário ela deixa de constituir-à-ação jurídica, isto é, deixa ser o que ela é/deveria ser. Nesses 30 anos saímos de um contexto em que a Constituição não era vista para outro em que ela se tornou visível a todos, mas muitas vezes não a partir de si mesma. Parafraseando Gadamer, diria que se queres compreender a Constituição devemos deixar que ela nos diga algo, precisamos ouvi-la, isto não é um processo confortável, sobretudo num país de modernidade tardia como o nosso, mas é o caminho mais adequado para o estabelecimento do Estado Democrático de Direito.

3 É a Constituição o que o Judiciário diz que ela é?

Antes de enfrentar direitamente a pergunta em epígrafe faz-se necessário aclararmos uma importante diferenciação que ainda provoca alguma controvérsia. Falamos da judicialização da política e do ativismo judicial.[2] O primeiro foi e é o resultado do modelo de Constituição que possuímos, da nossa realidade social e da mudança e do paradigma a respeito do papel da Constituição. Dito de outra forma: 1) a nossa Carta é analítica, extensa e abrangente de modo que afeta significativamente o Direito como um todo em suas diversas ramificações; 2) o Brasil é um país com profundas desigualdades sociais com uma série de direitos carentes de implementação, 3) de um texto meramente programático, a Constituição foi assumindo seu caráter vinculante e dirigente. Diante desse cenário já era de se esperar que uma série de questões outrora fora do espectro Judiciário recebesse a devida prestação jurisdicional. Noutro passo, o ativismo judicial diz respeito ao modo como esta prestação é realizada, se conforme o ordenamento ou se criativamente opera em dissonância aos limites substantivativos/procedimentais que a Constituição estabelece.

Passados 30 anos, afirmamos que o ativismo judicial é um fenômeno presente no contexto brasileiro e que, sobretudo, apesar de retoricamente "usar" a Constituição, este, de fato, a fragiliza.

---

[2] Para maiores aprofundamentos recomendo a obra TASSINARI, Clarissa. *Jurisdição e ativismo judicial: limites da atuação do judiciário*. Porto Alegre: Livraria do Advogado, 2013.

Esta história de o Direito ser o que o Judiciário diz que ele é não é nenhuma novidade. O realismo jurídico norte-americano se notabilizou por esta defesa. A afirmação lapidar foi produzida pelo Justice Holmes *"the law is what the courts say it is"*[3] como uma reação à jurisprudência analítica, forma de positivismo exegético de um Direito produzido pelos juízes no século XIX e no início do século XX. Como já tenho demonstrado em vários textos [especialmente em *Hermenêutica Jurídica e(m) crise* e *Verdade e Consenso*], o século XIX teve três formas de positivismo (o exegetismo francês — para sustentar, ideologicamente, o Direito produzido pelo legislador, a jurisprudência dos conceitos alemã, como forma de preservar o direito produzido pelos professores e a jurisprudência analítica, forma de positivismo dedutivista da *common law*). Cada um deles gerou a sua antítese, por assim dizer. Holmes foi o precursor do realismo norte-americano; disse o que disse ainda no século XIX; mas, veja-se que o "movimento" antiexegetista se dá concomitantemente em três países (França, Alemanha e Estados Unidos).

Interessa-me, apenas — mas, sobretudo — mostrar que a postura realista, nos moldes propagados por Holmes, foi um modo de superar a forma dedutiva de aplicação dos precedentes no *common law*, que, para usar uma linguagem simples, era tão "dura" quanto o positivismo francês (o que Ferrajoli chama de paleojuspositivismo e Castanheira Neves denomina de positivismo legalista). Logo, ao invés de o juiz ficar vinculado automaticamente aos precedentes, com o realismo jurídico a validade do direito foi transferida para a decisão, ou seja, criou-se uma nova forma de positivismo, o "positivismo fático".

Assim, pergunto: É a Constituição o que o Judiciário diz que ela é? Acrescento ainda: Passados 30 anos, como esta pergunta tem sido respondida pelos participantes da prática judiciária? Nesse sentido, seguem quatro citações paradigmáticas de ministros do Supremo Tribunal Federal que apontam para um modo de se compreender as perguntas elencadas:

> Não estamos aqui para caminhar seguindo os passos da doutrina, mas para produzir o direito e reproduzir o ordenamento. Ela nos acompanhará, a doutrina. Prontamente ou com alguma relutância. Mas sempre nos acompanhará, se nos mantivermos fiéis ao compromisso de que se nutre a nossa legitimidade, o compromisso de guardarmos a Constituição. O discurso da doutrina [= discurso sobre o Direito] é caudatário do nosso discurso, o discurso do direito. Ele nos seguirá; não o contrário.
>
> Venho afirmando que o julgador, ao deparar-se com determinada questão jurídica, busca, nas convicções íntimas, na formação humanística, enfim, na cosmovisão que possui, a resposta que mais lhe afigure correta e justa. É o que chamam de contexto de descoberta. Em seguida, procura, no ordenamento jurídico, os fundamentos capazes de sustentar a conclusão. Surge aí contexto de justificação. Quando a solução mais justa, na concepção particular do intérprete, não encontra esteio no arcabouço normativo, impõe-se a revisão do sentimento inicial. Às vezes, o politicamente correto simplesmente não equivale ao juridicamente acertado.

---

[3] Cfe. HOLMES, Oliver Wendell. One Nation Indivisible, With Liberty And Justice For All: Lessons From The American Experience For New Democracies. WALD, Patricia M., *Fordham Law Review*, v. 59; Issue 2; Article 3.

Sendo assim e considerando que a atividade de interpretar os enunciados normativos, produzidos pelo legislador, está cometida constitucionalmente ao Poder Judiciário, seu intérprete oficial, podemos afirmar, parafraseando a doutrina, que o conteúdo da norma não é, necessariamente, aquele sugerido pela doutrina, ou pelos juristas ou advogados, e nem mesmo o que foi imaginado ou querido em seu processo de formação pelo legislador; o conteúdo da norma é aquele, e tão somente aquele, que o Poder Judiciário diz que é. Mais especificamente, podemos dizer, como se diz dos enunciados constitucionais (= a Constituição é aquilo que o STF, seu intérprete e guardião, diz que é), que as leis federais são aquilo que o STJ, seu guardião e intérprete constitucional, diz que são.

O STF é a vanguarda iluminista e impulsionadora da História quando ela emperra.

Qual seria a diferença entre as quatro posturas ou quatro modelos de Direito acima delineados? Em termos de fundamentação teórica, nenhuma. Vale notar que estes excertos representam um passado recente, o presente e o futuro da Corte. A primeira é do ex-ministro Eros Grau (Rcl 4.335 — STF), a segunda é do ministro Marco Aurélio Mello (ADI 3.937/SP — STF) e a terceira é da lavra do novo ministro do STF, Teori Zavaski (AI nos EREsp 644.736/PE, Rel. Ministro Teori Zavaski, Corte Especial, julgado em 06.06.2007, DJ 27.08.2007, p. 170) e a quarta e última é do ministro Luís Roberto Barroso em entrevista ao jornal Folha de S.Paulo, publicada no dia 22.12.2013.

O ponto não é uma crítica ao pensamento dos ministros, mas sim a contundência dos enunciados que possuem um valor simbólico incomensurável, porque evidenciam um claro deslocamento do discurso de validade do Direito em direção ao Judiciário. Por isso, há várias razões para que nos preocupemos.

Por exemplo, por trás dessa tese de que *"a Constituição é aquilo que o STF diz que é"* e *"o Direito infraconstitucional é o que o STJ diz que é"*, está um livre-atribuir-de-sentido, que aproxima esse tardio realismo à Escola de Direito Livre e seus sucedâneos (sociologistas, voluntaristas ou não cognitivistas). Sim, isso deve ser dito. Devemos debater isso no seio da doutrina brasileira. Afinal, por ocasião do julgamento do mensalão, várias vezes (ou)vimos ministros falarem do primado da "livre apreciação da prova" e/ou do "livre convencimento". Claro que a maior parte da comunidade jurídica quedou-se silente, embora grande parte dela tenha sido derrotada, simbolicamente, no aludido julgamento. Assim, não é de se surpreender os excessos, as ilegalidades e inconstitucionalidades da operação Lava-Jato.

Ademais, se o iluminismo brasileiro, ou o progresso brasileiro, depender do Supremo Tribunal, é porque nós chegamos ao último grau de apelo para que alguém nos ajude na democracia. O que ele afirma nada mais é do que enfraquecer a própria Constituição, enfraquecer o grau de autonomia do Direito. Significa depender muito mais dos conceitos morais e políticos dos ministros do que daquilo que o Direito, enquanto estrutura, nos diz a partir do pacto constituinte.

De minha parte, permito-me — acadêmica e mui respeitosamente — contestar as quatro posições dos Ministros de nossa Corte Suprema, que, na verdade, são uma só, porque tem uma raiz comum. E contesto dizendo que o direito é um conceito interpretativo e é aquilo que é emanado pelas instituições jurídicas, sendo que as questões a ele relativas encontram, necessariamente, respostas nas leis, nos princípios constitucionais, nos regulamentos e nos precedentes que tenham DNA constitucional, e não na vontade individual do aplicador. Ou seja, a Constituição não é o que Judiciário diz que ela é.

Ou seja, o direito possui, sim, elementos (fortes) decorrentes de análises sociológicas, morais etc. Só que estas, depois que o direito está posto — nesta nova perspectiva (paradigma do Estado Democrático de Direito) — não podem vir a corrigi-lo de forma indutivista, transferindo o *locus* do discurso de validade para a experiência moral singular de um juiz, sob pena de completa ausência de legitimidade democrática. Aqui me parece fundamental um olhar dworkiniano. Na verdade, o direito presta legitimidade à política, compreendida como poder administrativo, sendo que a política lhe garante coercitividade. Concebendo a política como comunidade (*Polity*), o direito faz parte dela. Compreendida como exercício da política (*politics*), há uma coimplicação (sim, co-implicação e não "complicação") entre eles na constituição do político. Como ponto de vista partidário, o Direito tem o papel de limitar a política em prol dos direitos das minorias, definindo o limite das decisões contramajoritárias. O Direito é essencialmente político se o considerarmos como um empreendimento público. Daí política ou político, no sentido daquilo que é da *polis*, é sinônimo de público, de *res publica*.

Por tudo isso, a doutrina brasileira deveria estar (mais) atenta. Sejamos claros. Se é verdade que a Constituição é aquilo que os tribunais dizem que é e se é verdade que os juízes possuem livre apreciação da prova (sic) ou "livre convencimento" (sic), então para que serve a doutrina? Ela só serve para "copiar" ementas e reproduzir alguns *"obter dictum"*? Para que serve o "bordão" da "comunidade aberta dos intérpretes da Constituição", tão propalada pelo mesmo Supremo Tribunal Federal?

A questão que se põe — e aí a responsabilidade é da doutrina *lato sensu* — é que parece que não estamos preocupados com uma efetiva teoria "do" e "no" Direito. Historicamente, apostamos em uma dogmática jurídica tecnicizante, de cunho pragmaticista. No centro dessa dogmática, encontra-se o sincretismo metodológico. O que sempre importou foi uma espécie de "hermenêutica de resultados", algo do tipo "decido-e-depois-busco-o-fundamento".

Penso que o debate sobre os diferentes modelos de interpretação e de decisão é absolutamente necessário. Esse debate nada tem de pessoal. A questão é sabermos que tipo de direito queremos para o futuro do Brasil. E que tipo de efetividades queremos: se meramente as quantitativas ou se qualitativas. E isso parece que não se resolve transferindo o discurso de validade do direito para o judiciário, como dizem os realistas.

O Direito não está à disposição do julgador. O Direito não é uma mera racionalidade instrumental. Na democracia, as decisões não podem ser fruto da vontade individual ou da ideologia ou, como queiram, da subjetividade do julgador. A primeira coisa que se deveria dizer a um juiz, quando ele entra na carreira é: Não julgue conforme o que você acha ou pensa. Julgue conforme o

Direito. Julgue conforme a Constituição. Aceitar que as decisões são fruto de uma "consciência individual" é antidemocrático. O direito depende de uma estrutura, de uma intersubjetividade, de padrões interpretativos e não da "vontade". Por isso, minha contestação à frase famosa de Holmes! Por isso a minha contestação à ideia de que a Constituição é o que Judiciário diz que ela é.

4 Considerações para uma Jornada Inacabada

Desta vez as considerações não são finais. Dentro de uma jornada em processo a nossa reflexão é feita no sentido de impulsionar a caminhada que ora contabiliza 30 anos. Duas são as recomendações que não podem ser perdidas durante o percurso: 1) devemos olhar a Constituição a partir dela própria e buscando a sua consolidação; 2) O Judiciário não é o senhor da Constituição, ele não diz o que ela é. Isto é, a Constituição conforma a jurisdição e não o contrário.

O Estado Democrático de Direito é uma conquista. É, portanto, um paradigma, a partir do qual compreendemos o direito. Ou seja, a defesa que faço da Constituição não significa "qualquer Constituição"! Há uma principiologia constitucional que garante a continuidade da Democracia. Ora, o Direito possui uma dimensão interpretativa. Essa dimensão interpretativa implica o dever de atribuir às práticas jurídicas o melhor sentido possível para o direito de uma comunidade política. A integridade e a coerência devem garantir o DNA do direito nesse novo paradigma. Eis um mapa, é hora de (pro)seguir.

Referências

BONAVIDES, Paulo. *Direito Constitucional*. São Paulo: Malheiros, 1996.

HESSE, Konrad. *A força Normativa da Constituição*. Porto Alegre: Sergio Antonio Fabris, 1991.

HOLMES, Oliver Wendell. One Nation Indivisible, With Liberty And Justice For All: Lessons From The American Experience For New Democracies. WALD, Patricia M., *Fordham Law Review*, v. 59; Issue 2; Article 3.

STRECK, Lenio Luiz. *Dicionário de Hermenêutica*: quarenta temas fundamentais de teoria do direito à luz da Crítica Hermenêutica do Direito. Belo Horizonte: Casa do Direito, 2016.

_____. *Hermenêutica jurídica e(m) crise*: uma exploração hermenêutica da construção do direito.11 ed. rev. atual. Porto Alegre: Do Advogado, 2014.

_____. *Verdade e consenso*. Constituição, hermenêutica e teorias discursivas. Da possibilidade à necessidade de respostas corretas em direito. 6. ed. São Paulo: Saraiva, 2017.

OS TRINTA ANOS DA CONSTITUIÇÃO E AS POLÍTICAS PÚBLICAS: A CELEBRAÇÃO INTERROMPIDA

Maria Paula Dallari Bucci

1 Permanência e transformação sob a CF 88

Em aniversários anteriores da CF 88, o balanço dos seus efeitos passou por diferentes leituras. Após os dez anos, o inconformismo de alguns com as emendas do governo Fernando Henrique Cardoso que deram base às privatizações dos anos 1990, subvertendo o sentido dirigente do texto original (BERCOVICI e MASSONETTO, 2006), convivia com o reconhecimento da permanência do sentido referencial do texto para o processamento dos conflitos distributivos em torno da cidadania, que sustentou o fortalecimento do papel do Estado brasileiro, nos anos 2000.

Aos vinte anos, sobressaía a exaltação do neoconstitucionalismo, a fundamentar o protagonismo inédito do Poder Judiciário, legitimando decisões judiciais inovadoras, baseadas em princípios e ponderação, que avançavam sobre campos antes restritos à aplicação estrita de regras em operações lógicas de subsunção (CALSAMIGLIA, 1998; MAIA, 2009; ÁVILA, 2009). Superando-se a concepção positivista do ordenamento jurídico como algo completo, passa-se a admitir a importância dos princípios como aberturas para a comunicação do direito com a moral e a política (MAIA, 2009). Com isso, a importância da argumentação e a solução dos "casos difíceis" como critérios de aplicação do direito formam a base instrumental do tipo de atuação que se verá em seguida no "sistema de justiça" (juízes, membros do Ministério Público, órgãos de controle etc.).

Apesar de tudo, o balanço soava mais positivo que negativo, no sentido de que a CF 88 teria demonstrado capacidade de atuar como eixo de orientação do amadurecimento político e social esperado pelo país desde a sua promulgação. A interpretação judicial alargada funcionaria como fator dinâmico, a permitir construções jurídicas que avançassem nas múltiplas e diferentes direções reclamadas pelos direitos e pelo país. A atuação supostamente "moderadora" do Supremo Tribunal Federal e do Judiciário em geral seria capaz de suprir deficiências de um Poder Legislativo carente de representatividade e densidade política, negligentemente toleradas.

Nos trinta anos, há resultados a comemorar. Embora jovem, a duração da CF 88 não tem paralelo na história democrática do Brasil. Sua antecessora nessa linha, a de 1946, durou dez anos menos. Nesses trinta anos a vocação cidadã da

CF 88 foi posta em ação, houve melhorias sociais palpáveis, mesmo que não no patamar desejado, graças a avanços na organização do Estado e à sustentação social desses, no embate de forças realizado conforme pactuado no texto.

Entretanto, o golpe parlamentar de 2016 (SANTOS e SZWAKO, 2016), mesmo sem os requisitos típicos do fechamento do Congresso ou cerceamento do Poder Judiciário, com o *impeachment* da Presidente eleita, sem fundamentação convincente, fora das regras da CF 88, inicia um novo momento de desgaste da ordem constitucional. A prisão do ex-Presidente Lula em 2018 completa esse quadro, após um processo em que o tempo acelerado, a discrepância em relação aos padrões usuais de decisão e a manipulação da comunicação com a opinião pública pelos principais agentes do processo judicial, em busca de legitimação "em tempo real", expõem o alto grau de politização da justiça.

Os efeitos desse caso serão profundos para a democracia e a ordem política, social e jurídica brasileira. Em primeiro lugar, graças à aceleração anômala do processo (9 meses, enquanto os demais processos da Lava Jato no TRF-4 duram mais que o dobro), foi afetado o quadro eleitoral para as eleições presidenciais de 2018, subtraindo-se ao eleitorado a decisão política fundamental.

Em segundo lugar, a conjugação de forças excepcional representada pela Operação Lava Jato dificilmente se sustenta como rotina para o julgamento de casos comparáveis (se é que há casos comparáveis), de réus das outras forças políticas em disputa. O "triunfo" da operação é, ao mesmo tempo, o seu ápice, a partir do qual dificilmente se manterão as condições excepcionais (delações premiadas e prisões preventivas em profusão, uma força-tarefa processante, um juízo com força atrativa de grande amplitude de casos etc.) que levaram a esse resultado. O mais provável é a desmobilização paulatina dessa operação especial, de modo a restabelecer a acomodação tradicional entre a justiça e a política, afastando a ingerência daquela sobre essa. Como a história do Brasil demonstra fartamente, iniciativas de "melhorar a política" pelo viés da moralização, apartadas do eleitor, dificilmente vão além da remoção do governo de turno.

A reflexão que este artigo se propõe a fazer é em que termos se combinam a permanência da CF 88 e as transformações nos últimos trinta anos. A CF 88 teria configurado um regime democrático peculiar, combinando, até 2016, estabilidade política, com o "compromisso maximizador" em relação aos direitos, e a "rigidez complacente", no plano normativo (VIEIRA e GLEZER, 2017). Porém, o exame das dimensões jurídica, política e social demonstra que há diferentes efeitos da CF 88, conforme o prisma pelo qual se observe. Nossa tese é que os melhores resultados em relação às expectativas originais se deram no campo social, devido especialmente às políticas públicas constitucionalizadas.

Mas o clima deste aniversário não permite contemplar apenas os trinta anos de vida passada, uma vez que exatamente nesse campo a ruptura definida pela Emenda Constitucional nº 95, de 2016, projeta efeitos desorganizadores pelos próximos vinte anos, conforme adiante se verá.

Por motivos diversos, a celebração foi interrompida.

2 "Rigidez Complacente": uma centena de Emendas Constitucionais e seus diversos efeitos

A "rigidez complacente" seria a característica mais estritamente jurídica da CF 88, o fator a permitir "a constante atualização de seu projeto sem que ocorra erosão de sua estrutura", "sem que esse perca a sua identidade" (VIEIRA e GLEZER, 2017, p. 225).

Precisar essa identidade é algo problemático, uma vez que a CF 88 é um composto de normas de cunho "nacional-desenvolvimentista-social", ao abrigo da ideologia da constituição dirigente, com outras de inspiração liberal (VIEIRA e GLEZER, 2017, p. 230). O "compromisso maximizador", isto é, o componente social da CF 88, talvez desempenhe, funcionalmente, esse papel. O rol de direitos e garantias, estabelecido como novo patamar coletivo da dignidade humana no Brasil, associado a uma nova concepção de civilidade que decorre da inédita participação na Constituinte, faria dele o centro vital da "Constituição-cidadã", conforme será adiante analisado.

A rigidez complacente está relacionada com os mecanismos de permanência e atualização do texto constitucional: as emendas, a cargo do Poder Legislativo (no exercício do poder constituinte derivado), e a interpretação, pelo Judiciário, mais especialmente o Supremo Tribunal Federal (BRANDÃO, 2009).

Quanto ao emendamento, a centena de emendas editadas, mais de três por ano de vigência do texto, revela a "provisoriedade permanente" criticada por Cláudio Couto e Rogério Arantes no sentido da agenda constitucional em aberto.

> o país permaneceu numa espécie de agenda constituinte, como se, paradoxalmente, o processo de reconstitucionalização não houvesse se encerrado em outubro daquele ano" (COUTO e ARANTES, 2006, p. 41)

Mas as emendas também podem significar o contrário, a ductibilidade do texto, a condição que explica a sua permanência. Rodrigo Brandão demonstra que nos constitucionalismos mais recentes a normalidade pode estar no emendamento e não na fixidez, como ocorre com algumas constituições dos países do leste europeu dos anos 1990. Conforme Donald Lutz, haveria um índice de emendabilidade razoável, associado à extensão do texto constitucional (como é próprio das constituições analíticas), à quantidade de funções governamentais nele tratadas e à facilidade do processo de emenda (BRANDÃO, 2009, p. 271).

Além disso, se contrastarmos esse ponto com a experiência histórica brasileira, perceberemos como a prática do emendamento pode ser um sinal de vitalidade democrática. Basta lembrar que a Constituição imperial do Brasil, de 1824, não teve emendas, e a da República, de 1891, teve uma única emenda, em 1926. Ambas foram inspiradas por concepções formalmente liberais, sem o atrelamento às garantias e possibilidades de exigir seu cumprimento que caracterizam a "força normativa das Constituições" do pós-guerra.

A questão é saber se o efeito das emendas atinge a capacidade do texto de atuar como fator de coesão do sistema jurídico e institucional do Estado brasileiro, na direção civilizatória que inspirou a redação original. Aparentemente não, embora a resposta não seja única. Dadas as características do processo constituinte, o texto abriga tensões entre valores distintos e até contraditórios. A mesma "Constituição-cidadã", que resultou de intensa participação da sociedade, e por isso conferiu centralidade sem precedentes aos direitos fundamentais, também protegeu privilégios de corporações e cristalizou profunda deformação da representação política.

Não seria de se esperar que o emendamento seguisse lógica distinta.

3 "Compromisso Maximizador": o sucesso das políticas públicas constitucionalizadas

A CF 88 tem um forte componente social, que se traduz no "compromisso maximizador", segundo o qual "todos os setores que foram capazes de se articular no processo constituinte tivessem satisfeita ao menos parcela de seus interesses". E isso conferiria estabilização a uma "ordem assimétrica" (VIEIRA e GLEZER, 2017, p. 234).

A participação, marca da vocação democrática da CF 88, está na gênese de desafios e qualidades. A falta de unidade ideológica do texto se reflete tanto nas dificuldades de implementação como na dispersão do processo político. Isso remete a permanente tensão, em que a competição política e a efetivação dos direitos se alimentam reciprocamente – o oposto de um modelo "puro" ou purificado de Constituição, sem políticas públicas, como propõem Couto e Arantes (2006). Na verdade, é sob esse aspecto que se revelam os melhores resultados da Constituição de 1988 – ainda que distantes das expectativas originais – na forma de "políticas públicas de notável intensidade" (VIEIRA e GLEZER, p. 227).

Um singelo quadro, publicado na Folha de São Paulo, traz números que permitem a rápida visualização do argumento, ao comparar os cenários eleitorais do início do governo Collor e das eleições de 2018, cujas tendências em geral são corroboradas pela literatura especializada mais recente (ARRETCHE, 2015). Houve uma redução constante e significativa da mortalidade infantil, elevação generalizada da expectativa de vida e uma diminuição do analfabetismo, para utilizar apenas os dados da matéria que integram os referenciais das antigas Metas do Milênio da Organização das Nações Unidas (ONU).

	1989	2018
Mortalidade infantil*	48,3	13,8
Esperança de vida	66,9	75,4
Analfabetismo **	19,7	7,4
Taxa de homicídios***	22,2	26,2****

Fonte: Folha de S. Paulo, 29.1.2018. Comparada com 1989, eleição de 2018 ocorrerá em um Brasil bem diferente. *por mil nascidos vivos/** pessoas com 10 anos ou mais/*** por 100 mil habitantes/****dado de 2016

Seria uma supersimplificação atribuir esses resultados diretamente à CF 88, até porque há uma tendência mundial no mesmo sentido. No entanto, para o raciocínio que aqui se desenvolve, a demonstração não deixa de ser válida, especialmente quando se comparam os avanços das políticas mais minuciosamente disciplinadas no texto – saúde e educação – daquelas que não o foram, como é o caso da segurança pública.

Para o primeiro caso, o registro de Paulo Sena Martins, consultor legislativo da Câmara Federal em matéria educacional, demonstra que a oposição entre os modelos sintético e analítico de constituição se apresentou, com muita clareza, nos debates na Assembleia Nacional Constituinte, quando se adotou, conscientemente a

> "[...] opção do constituinte por uma Constituição analítica para assegurar a efetividade do direito à educação. Nesse sentido, manifestou-se o constituinte Florestan Fernandes em defesa de uma Carta "não enxuta", mas "molhada e salgada":
>
> 'Tenho a impressão de que devemos ser relativamente flexíveis com relação à extensão da parte concernente à educação na Constituição brasileira.[...] Deveremos, nesse assunto e talvez em alguns outros, inovar no sentido de aumentar o número de normas constitucionais. Tornando certas inovações imperativas, é provável que consigamos movimentar o carro. Não podemos ficar naquelas formulações abstratas: 'A educação é direito de todos e dever do Estado', e depois fecharmos os olhos à realidade concreta. [...] acho que a nossa Constituição deve ser molhada e salgada. Deve ser uma Constituição 'peso-pesado'. E, claro que não uma enciclopédia, porque senão ela também perderá o seu valor; deixará de ser instrumental na ação prática.' (Diário da Assembleia Nacional Constituinte, 16/7/1987, p.142) [...]
>
> As alterações a esse capítulo, promovidas pelas Emendas Constitucionais nºs 11/96 (contratação de professores estrangeiros), 14/96 (Fundef), 53/06 (Fundeb) e 59/09 (fim da incidência da DRU, extensão da faixa da educação obrigatória, qualificação do PNE decenal como instrumento de articulação dos sistemas de ensino e previsão de percentual do PIB em investimentos na educação), guardaram o espírito originário e buscaram, a par de aprimoramentos técnicos, promover uma expansão qualificada da educação e ampliar direitos e mecanismos de sua garantia."

Uma disposição que resume a orientação de aprofundamento do compromisso original da Constituição é a garantia da educação básica obrigatória e gratuita, de 4 a 17 anos, ampliação determinada pela EC 59, de 2009 (art. 208, I da CF). Essa medida não se apresenta isolada, mas se integra aos planos de educação, tanto os nacionais de 2002 (Lei nº 10.172) e 2014 (Lei nº13.005), como os estaduais e municipais, que ganharam força como instrumentos de coordenação para a distribuição de recursos públicos (art. 214 e 212, §2º da CF). É verdade que o conflito político se desloca para a execução dos planos, mas não se pode deixar de reconhecer os progressos reais havidos, em termos de concretização desse direito, tanto pelo seu atendimento direto, ainda que parcial, como pela tessitura de uma rede de legitimação e ação mais apta a impedir retrocessos no campo (BUCCI, 2016).

Em sentido diametralmente oposto, os dados referentes à segurança pública demonstram que nessa área o país nitidamente regrediu, com o aumento dos homicídios e da violência. O artigo 144 da CF 88 nunca logrou obter a legitimação necessária para as transformações que a situassem no espírito da Constituição cidadã. Tampouco passou por emendas que poderiam ajustá-lo a uma nova institucionalidade, livre da cultura autoritária e das práticas cunhadas senão na ditadura militar, ainda antes, quando os vínculos das instituições policiais com o poder político eram menos velados.

A intervenção federal decretada em fevereiro de 2018 no Rio de Janeiro – a par das críticas intrínsecas que merece por seu improviso, descolamento dos aspectos reais do problema e desconsideração de soluções articuladas mais profundas, como o Plano Estadual de Segurança, então em processo de construção–, demonstra, por contraste, como a falta de políticas públicas constitucionalizadas na área da segurança pública dificulta a coordenação de longo prazo necessária à implantação de garantias básicas do Estado de direito nesse campo.

A visão de que haveria um excesso de políticas públicas na CF 88, portanto, a nosso ver, não se sustenta. Os sucessos governamentais sob a CF 88 estão, em grande medida, associados ao poder de organização e articulação das políticas públicas. A recíproca neste caso é verdadeira; a ausência de políticas públicas bem estruturadas e eficientes compromete a efetivação dos direitos fundamentais.

A crítica contra o engessamento da CF 88 pelas políticas constitucionalizadas refere-se ao fato de que ao não se distinguir os elementos estruturantes do Estado e direitos fundamentais (*polity*), da competição política (*politics*), e dos programas de ação dos governos (*policies*), o jogo político seria indevidamente cerceado. O arbitramento entre as várias forças, no processo de concretização do texto constitucional seria adiado para disputas nas arenas do Legislativo e do Judiciário, e teria seu custo político muito elevado, o que seria um fator adicional de instabilidade política e social (COUTO e ARANTES, 2006).

Essa leitura, contudo, é baseada numa concepção liberal nutrida na bibliografia norte-americana, cujo contexto é o da Constituição dos EUA, de 1787, experiência única no mundo, que resulta do projeto de uma elite homogênea. Esse padrão não é aplicável ao constitucionalismo brasileiro contemporâneo, que segue o modelo das constituições do pós-guerra do século XX, as quais, além de analíticas, estão associadas a garantias típicas do Estado social.

Na verdade, a tensão entre as dimensões jurídica e política também se apresentava nos primórdios do nosso constitucionalismo. No Brasil imperial, com a distinção entre normas formal ou materialmente constitucionais, reservava-se a rigidez apenas às últimas. Essa concepção tem raízes na supremacia do Poder Legislativo, que embora não fosse plenamente aplicável no Brasil – dado o caráter quase absolutista do Poder Moderador –, inspirava, por emulação, o publicismo nacional. Em resumo, não se confiava em juízes interpretando a lei. Com base no entendimento de Montesquieu, de que "o juiz é a boca que profere as palavras da lei", qualquer interpretação mais elaborada deveria ser de caráter autêntico, reservada ao Poder Legislativo, como emanação de seu exclusivo poder criador do direito. Essa visão ficou superada no período republicano, com a instituição do Supremo Tribunal Federal e o próprio Judiciário como poder autônomo, à semelhança do modelo americano.

Posteriormente, a distinção entre normas formal e materialmente constitucionais foi rejeitada de maneira específica no plano doutrinário.

E isso, a rigor, não é novo nem peculiar do Brasil. O debate sobre o caráter das "normas programáticas" do período pré-88 no Brasil bebia nas águas de discussão originária do constitucionalismo italiano do pós-guerra, em que também havia uma tensão clara entre o plano normativo e o regime político.

> As normas programáticas, introduzidas na constituição como resultado do conflito de interesses, importam, ao menos, uma tentativa de superação da democracia formal e tendem, como visto, a instaurar um regime de democracia substancial [...] (AFONSO DA SILVA, 1998, p. 72)

Esse processo alongado de concretização das disposições constitucionais, que se desdobra em ações atribuídas a diversos participantes do jogo político – Presidência da República, Congresso Nacional, Estados e Municípios, o Judiciário em decisões de aplicação, partidos políticos, corporações e entidades, movimento social – os quais atuam em tensão, mas sobre a base convergente do texto constitucional, faz das políticas públicas um dos fatores explicativos da permanência da CF 88. A estrutura constitucional aberta, complementada por leis e disposições de regulamentação, segundo o procedimento do "reenvio normativo" – marca do constitucionalismo dirigente (CANOTILHO, 1994) –, tornou possível um diferimento no tempo de obrigações cuja pactuação não seria viável no momento da constituinte.

As medidas de concretização constitucional incluem um número significativo de Emendas Constitucionais – aspecto, entretanto, dificilmente apreciável nas análises quantitativas adotadas como expediente metodológico por Couto e Arantes, podendo-se indicar nos dedos das mãos as Emendas que alteram as políticas públicas no sentido aqui exposto, como as EC 29 e 86, no caso da saúde, ou as ECs 14, 53 e 59, no caso da educação. Tais emendas, conforme dito acima, ao contrário de enfraquecer a Constituição, completam o trabalho organizativo que ela indica, compondo os arranjos jurídico-institucionais necessários à produção das prestações positivas determinadas no texto (BUCCI e COUTINHO, 2017).

Mesmo as emendas ao Ato das Disposições Constitucionais Transitórias (ADCT), que desafiam as teorias das normas constitucionais como expressão do "momento fundador" de uma ordem jurídica e política, podem, em alguns casos, funcionar como mecanismos de articulação federativa, associados à definição de objetivos em prazo certo, o que contribui para a efetividade incremental do texto. Trata de construções normativas heterodoxas, cujo conteúdo poderia ter sido disciplinado por lei complementar, sem criar-se precedentes para a fantasmagoria de uma disposição transitória que expirará nos quarenta e oito anos da CF 88, como a EC 95.

Assim, a CF 88 segue como repositório de expectativas sociais não apenas simbólicas, mas orientadoras de uma pauta política de mais longo prazo, que se traduz em produção legislativa adicional, muitas vezes por força de compromissos assumidos no âmbito do Sistema Internacional de Direitos Humanos, de que o

Brasil é parte. Isso ocorreu, por exemplo, com a ampliação do rol de direitos sociais enunciado no artigo 6º, como a moradia (EC 26, de 2000) e o transporte (EC 64, de 2010), que se completaram com medidas legislativas e governamentais de grande relevância, como a Política Nacional da Mobilidade Urbana (Lei nº 12.587, de 2012) e o programa Minha Casa Minha Vida (Lei nº 11.977, de 2009).

Esse entendimento desafia noções muito assentadas na Ciência Política, segundo as quais num ambiente democrático, politicamente fragmentado como o do Brasil, em que se tem a combinação de presidencialismo e federalismo com multipartidarismo e sistema proporcional de lista aberta, seria muito difícil aprovar reformas (ARRETCHE, 2015, MELO). O Poder Executivo viveria "uma dinâmica permanente de construção de coalizões parlamentares de apoio" (POU GIMÉNEZ, 2017; MELO). Não obstante, tanto Marcus André Melo quanto Marta Arretche, por razões distintas, enxergam a melhoria das políticas sociais sob a CF 88, contrariando os prognósticos que decorreriam desse desenho político propício a bloqueios.

Para Melo, o elemento determinante para a exigência das emendas constitucionais é o federalismo, que permeia a organização das políticas sociais. Isso seria explicado pela gênese da CF 88, em que os governadores teriam jogado um papel central – os governos estaduais foram os primeiros eleitos pós-democratização, em 1982 (nomes de grande expressão política, como Montoro, Brizola, Itamar Franco, entre outros), e assim se transformaram em fiadores da transição política, os "guardiões do novo regime". Com o Plano Real, teria havido a reorganização da União e centralização das políticas, via renegociação da dívida dos Estados, com a federalização de 80 bilhões de dólares de débito e a cessação da emissão da dívida pública pelos bancos estaduais, controlados politicamente. Isso associado à criação das contribuições sociais, que produziram um aumento da participação relativa da União no montante das receitas tributárias totais (MELO).

Combinado com esse, teria havido outro movimento, de atribuição de um "novo lugar da política social" no governo, em que os ministérios da área social, em especial saúde e educação, passaram a ocupar o lugar político antes reservado às pastas da área de infraestrutura. Os ministros escolhidos passaram a ter perfil com forte componente técnico (ao contrário dos Ministros de Minas e Energia e dos Transportes, em regra, parlamentares) e tiveram permanência no governo muito superior à média histórica (MELO, p. 863). E assim, contra as expectativas, devido a circunstâncias históricas particulares, as reformas aconteceram e terminaram por gerar um saldo institucional importante, em especial para as políticas de saúde e educação, que explica, pelo menos em parte, seus bons resultados, na comparação histórica do Brasil com períodos anteriores e com outras políticas.

Já para Marta Arretche, a constitucionalização dos direitos sociais – e seu sucesso – combinada com a maior participação eleitoral dos mais pobres explicam tanto a diminuição da desigualdade na base da pirâmide social brasileira, como um novo balanço entre a política e as políticas públicas, em que passa a haver um processo de influência recíproca:

os fatores políticos que deram origem às políticas de inclusão de outsiders não são os mesmos que explicam sua trajetória posterior. Se a inclusão de outsiders foi resultado [...] [da] transição democrática, a contínua expansão dos benefícios é mais bem explicada pelo fato de que as policies passam a explicar a politics (LOWI, 1972), isto é, a convergência dos partidos em torno de beneficiários dessas políticas." (ARRETCHE, 2018, p. 19)

Essa leitura coincide com a percepção de que esse aspecto da CF 88 tem sido o grande argumento em defesa do texto, rejeitando propostas de Constituinte, integral ou parcial, acenadas ocasionalmente em momentos de crise nos últimos anos. No campo progressista, há um entendimento de que a coligação de forças do presente é inteiramente avessa ao compromisso com a garantia dos direitos, cerne da CF 88, que seria posto em risco em um país ainda muito desigual.

No campo oposto, sob o argumento de que as promessas constitucionais "não cabem no PIB" e "engessam a política do país", a estratégia é o esvaziamento do sentido emancipador da CF 88 "por dentro", como ocorreu com a Emenda Constitucional 95, de 2016, que instituiu um teto de gastos até 2036 – cuja inconstitucionalidade no exercício do poder derivado, cabe lembrar, está sendo arguida perante o STF. O teto de gastos, por si só, terá um potente efeito desorganizador das políticas sociais. E esse efeito tende a ser agravado. Como havia uma lógica de complementariedade financeira entre a EC 95 e a reforma da previdência, a não aprovação dessa última, cujos gastos continuarão a crescer, provocará uma grande compressão sobre todos os demais dispêndios, que prejudicará as políticas públicas, especialmente as não protegidas por mecanismos de vinculação de recursos, ainda que disciplinadas constitucionalmente, como a de cultura (art. 215, §3º; EC 48, de 2005) e de ciência, tecnologia e inovação (art. 218 e ss.; EC 85, de 2015), entre outras.

As políticas públicas subsistem, mas seu financiamento está ameaçado. Os conservadores dirão que já estava, dada a escalada dos gastos públicos, especialmente a previdência. Mas esse argumento omite o caráter político por trás das escolhas da EC 95 (Bucci, 2016), em particular o fato de que o endividamento público não está sendo submetido a controle, mas apenas o gasto. Se houver crescimento acima da inflação, permanece o congelamento dos gastos, mas não o pagamento da dívida, aprofundando a lógica perversa do tratamento privilegiado dado a essa última desde edição da Lei de Responsabilidade Fiscal. Pode-se prever a piora do problema crônico na relação entre a política e as políticas públicas, com o agravamento das descontinuidades determinadas pelas trocas políticas e os "voos de galinha" típicos das políticas sociais brasileiras.

4 "Sistema Político Consensual": a sustentação democrática da CF em xeque

A política é terceira dimensão importante para um balanço da CF 88. O "sistema político consensual" proposto por Vieira e Glezer seria "produto de um intenso processo de conciliação entre as forças políticas que moldaram a transição brasileira (sem ruptura) e as arraigadas estruturas de poder." (VIEIRA E GLEZER, 2017)

Um dos méritos da CF 88 apontado pelos cientistas políticos teria sido viabilizar a competição política real que, de maneira geral, contribuiu para o aprimoramento das instituições (NICOLAU, 2017; MELO 2005). De fato, nos seus trinta anos, a CF 88 viu um ciclo longo de governos do PSDB (oito anos de governo FHC, de 1995 a 2002) e um ciclo longo de governos do PT (treze anos de governos Lula e Dilma, de 2003 a 2016), que somam vinte e um anos de experiência democrática plena, de que participaram, diretamente ou em coligações compondo a base de sustentação dos governos, as principais forças políticas organizadas no país. Do ponto de vista das políticas públicas, a despeito de diferenças importantes entre os dois períodos, ao final deles tem-se um acúmulo importante para a cidadania, que passa a ser alvo de retrocesso com a troca governamental que se segue a 2016.

O período anterior a 1994 pode ser caracterizado como um ciclo de transição para a democracia, com o governo Sarney (1985-90), o tumultuado período Collor (1990-92) e o governo Itamar Franco (1993-94), que somam pouco menos de uma década.

Neste último, o país viveu aquele que se considerava o maior teste das instituições até então, o *impeachment* do Presidente Collor, que, a despeito de inequívoca legitimação popular que tornou o resultado irreversível, terminou não confirmado pelo Supremo Tribunal Federal. A ação penal 470 no STF, processo do chamado "mensalão", em 2006, também demonstrava que o aparato institucional poderia ser exposto a situações limite. Mas não se caminhou para ruptura da ordem constitucional. Ainda que do ponto de vista jurídico o caso tivesse sido reconhecido como "ponto fora da curva", decisão que não se enraizou como parâmetro geral de aplicação da lei, sob o aspecto político, as forças de então não experimentaram as vias extremas, diferentemente do que ocorreu em 2016. O segundo *impeachment*, da Presidente Dilma Roussef, em 2016, quando interpretação inusitada de procedimentos contábeis editados conforme antiga prática foi imputada como motivo para a desconsideração da escolha de milhões de eleitores, marca a derruição da fase democrática, que se completa com a prisão do ex-Presidente Lula em 2018, encerrando o período de normalidade e abrindo um período de degradação institucional e instabilidade.

A "lealdade constitucional" (VIEIRA e GLEZER, 2017) que até então era assentada sobre frágil base política, um sistema partidário de poucas forças principais representativas, cercado de legendas disponíveis para cooptação em grande escala. Isso tudo embalado em regras de financiamento de campanha indutoras de práticas não republicanas – agravadas por decisões do STF que impediram a cláusula de desempenho (ADIs 1351 e 1354, decididas em 2006) e distorceram ainda mais a distribuição do tempo de TV, grande ativo da disputa eleitoral (ADIs 4430 e 4795). Embora se espere alguma melhora com a reforma eleitoral da EC 97, de 2017, com o fim das coligações em eleições proporcionais, o mesmo não se pode dizer da criação do Fundo Eleitoral, que tende a reforçar as oligarquias partidárias existentes.

O aspecto negativo do consensualismo político (VIEIRA e GLEZER, 2017) é mascarar a incapacidade das instituições de abrigar e processar as transformações sociais inadiáveis, ocultando o seu peso na permanência de problemas de fundo, como a desigualdade social e a resiliência da mentalidade e de práticas autoritárias. O risco de punições seletivas é iludir-nos sobre esse sentido, o velho "mudar para permanecer".

O problema da acomodação das mazelas políticas sob as formas da lei é histórico no Brasil, como advertia o Frei Caneca, em 1824, no Voto sobre o Juramento do Projeto de Constituição oferecido por D. Pedro I, recomendando a rejeição do texto outorgado, que frustrava as aspirações liberais da constituição inaugural do Brasil, após a dissolução de nossa primeira Assembleia Constituinte pelo Imperador (MELLO, 2001, p. 561):

> [o] sistema constitucional [...] deve chegar o mais possível à igualdade civil, [não] ficando o povo indefeso nos atentados do imperador contra seus direitos, e realmente escravo, debaixo porém das formas da lei, que é o cúmulo da desgraça, [...]

À guisa de fecho se pode dizer, sobre a CF 88, que se é difícil com ela, pior será sem ela.

Referências

ARRETCHE, Marta (org.). *Trajetória das desigualdades*. Como o Brasil mudou nos últimos cinquenta anos. São Paulo: UNESP/ Centro de Estudos da Metrópole. 2015.

ARRETCHE, Marta. Democracia e redução da desigualdade econômica no Brasil. A inclusão dos outsiders. *Revista Brasileira de Ciências Sociais*, v. 33, n. 96, p. 1-23. 2018.

ÁVILA, Humberto. Neoconstitucionalismo: entre a Ciência do Direito e o Direito da Ciência. In: *Vinte anos da Constituição Federal de 1988*. SOUZA NETO,Claudio Pereira de; SARMENTO, Daniel; BINEMBOJM, Gustavo (Coords.). Rio de Janeiro: Lumen Juris, p. 27-64. 2009.

BARROSO, Luis Roberto. Vinte anos da Constituição brasileira de 1988: o estado a que chegamos. In Vinte anos da Constituição Federal de 1988. SOUZA NETO, Claudio Pereira de; SARMENTO, Daniel; BINEMBOJM, Gustavo (Coords.). Rio de Janeiro: Lumen Juris, p. 27-64. 2009.

BERCOVICI, Gilberto; MASSONETTO, Luís Fernando. *A constituição dirigente invertida*: a blindagem da constituição financeira e a agonia da constituição econômica. Coimbra: Separata do Boletim de Ciências Econômicas, XLIX. 2006.

BRANDÃO, Rodrigo. Rigidez constitucional e pluralismo político. In: Vinte anos da Constituição Federal de 1988. SOUZA NETO, Claudio Pereira de; SARMENTO, Daniel; BINEMBOJM, Gustavo (Coords.). Rio de Janeiro: Lumen Juris, p. 255-294. 2009.

BUCCI, Maria Paula Dallari. A PEC 241 (teto de gastos) ou como degradar a educação em política de governo. *Revista Colunistas Direito do Estado*, n. 262, 22.9.2016. 2016.

BUCCI, Maria Paula Dallari, COUTINHO, Diogo. Arranjos jurídico-institucionais da política de inovação tecnológica: uma análise baseada na abordagem de direito e políticas públicas. In: *Inovação no Brasil*: avanços e desafios jurídicos e institucionais. COUTINHO, Diogo; FOSS, Maria Carolina; MOUALEM, Pedro (Orgs.). São Paulo: Blucher, 2017, p. 313-340.

CALSAMIGLIA, Albert. Postpositivismo. Universidade de Alicante, *Revista Doxa*, n. 21, p. 209-220. 1998.

CANECA, Frei Joaquim do Amor Divino. Voto sobre o juramento do projeto de Constituição oferecido por D. Pedro I. In: *Frei Joaquim do Amor Divino Caneca*. MELLO, Evaldo Cabral de. (organização e introdução). São Paulo: Editora 34, p. 557-566. 2001.

CANOTILHO. José Joaquim Gomes. *Constituição dirigente e vinculação do legislador*. Contributo para a compreensão das normas constitucionais programáticas. Coimbra: Coimbra Editora. 1994

COUTO, Cláudio Gonçalves; ARANTES, Rogério Bastos. Constituição, governo e democracia no Brasil. *Revista Brasileira de Ciências Sociais*, v. 21, n. 61, junho, p. 41-62. 2006.

MAIA. Antonio Cavalcanti. Nos vinte anos da Carta Cidadã: do Pós-positivismo ao Neoconstitucionalismo. In: *Vinte anos da Constituição Federal de 1988*. SOUZA NETO, Claudio Pereira de; SARMENTO, Daniel; BINEMBOJM, Gustavo (coords.). Rio de Janeiro: Lumen Juris, p. 117-168.

MELO, Marcus André. O sucesso inesperado das reformas de segunda geração: federalismo, reformas constitucionais e política social. *Dados*, Rio de Janeiro, v. 48, n. 4, dez., p. 845-889. 2005.

NICOLAU, Jairo. Representantes de quem. Os descaminhos do seu voto da urna à Câmara dos Deputados. Rio de Janeiro: Zahar. 2017.

SANTOS, Fabiano, e SZWAKO, José. Da ruptura à reconstrução democrática no Brasil. Saúde debate [online], v.40, p.114-121. 2016.

SILVA, José Afonso da. Aplicabilidade das normas constitucionais. 3. ed. São Paulo: Malheiros, 1998.

VIEIRA, Oscar Vilhena, e GLEZER, Rubens (Orgs.). *Transformação constitucional e democracia na América Latina*. São Paulo: FGV Direito SP. (Coleção acadêmica livre) 2017.

(O acesso ao material disponível na internet foi verificado em fevereiro e março de 2018).

Informação bibliográfica deste texto, conforme a NBR 6023:2002 da Associação Brasileira de Normas Técnicas (ABNT):

BUCCI. Maria Paula Dallari. Os Trinta Anos da Constituição e as Políticas Públicas: A celebração interrompida. In: BOLONHA, Carlos et al. (Coord.). *30 anos da Constituição de 1988*: uma jornada democrática inacabada. Belo Horizonte: Fórum, 2019. p. 119-130. ISBN 978-85-450-0595-7.

PARTE II

ENTORNO DA TEORIA DA CONSTITUIÇÃO

A CONSTITUIÇÃO DESCONSERTADA

André Ramos Tavares

1 A Constituição Cidadã

Muitas e profundas foram as inovações introduzidas pela Constituição de 1988. Houve, a partir dela, uma verdadeira "revolução suave" no Direito brasileiro, que, por meio de suas instituições, teve de se adaptar ao novo cenário constitucional, reformulando conceitos, substituindo institutos e implementando o novo regime constitucional. Nesse sentido, tenho para mim que a mais alta função que o Direito constitucional brasileiro tem desempenhado é a defesa intransigente dos direitos humanos. Este é, fora de dúvida, o tema mais candente na atualidade mundial. Como observa Luiz Carlos dos Santos Gonçalves (2008: 149), "se há um coração na Constituição brasileira de 1988, ele é o conjunto de direitos fundamentais" – e não poderia ser diferente.

Constata-se, pois, uma forte (re)valorização dos direitos fundamentais, alocados logo no pórtico da nova Constituição, com a expressiva e expressa contemplação de diversos direitos até então não presentes nas constituições pretéritas. Mais importante, porém, do que a geografia ou a quantidade de diretos, é a propensão a cumpri-los e os mecanismos para tanto. E foi inserida a inequívoca cláusula da incidência imediata (aplicação já!) desses direitos, combatendo teorias, em voga no Brasil, que reduziam ou mutilavam a imperatividade constitucional, traduzindo a supremacia em uma falsa promessa, em um eterno compromisso, jamais cumprido (um constitucionalismo que floresce, nesses termos, como um constitucionalismo de sinceridade, de "não mentirás", para usar, aqui, em sentido inverso, expressões conhecidas de José Roberto Dromi, 1997: 108 *et seq.*). Mas esse é um campo do qual a própria Constituição só sai vitoriosa após uma batalha diária e incessante de conscientização da sociedade e controle de seus representantes e magistrados, pelos inúmeros instrumentos e caminhos abertos pela própria Constituição.

Nesse ponto cumpre ressaltar o entendimento que tenho defendido há décadas de que a Constituição de um povo, como verdadeira e própria Constituição, não é apenas um documento normativo, nem é um documento voltado apenas para o normativo; não se trata de uma entidade que surge de um nada, de uma ausência, de uma não sociedade. Ela é a vivência, é a experimentação diuturna de uma comunidade, é a realidade conhecida e pressuposta. Para usar uma expressão do pensador alemão Peter Häberle, a teoria dessa Constituição é também, por isso mesmo, a ciência de uma cultura (2012: 205 *et. seq.*); os textos da Constituição devem ser cultivados e contextualizados, experimentados e tutelados pela sociedade, pelas instituições e pelas autoridades. Essa vivência constitucional consolida um sentimento de nação e de civilização, deixando para trás a ideia de um constitucionalismo como "fruto exótico" de que falava Carlos Santiago Nino (1992).

Nesse tom, constata-se que a centralidade da dignidade humana na estrutura do Estado encontra-se proclamada solenemente, no primeiro dos artigos constitucionais. Mas não apenas ali. Registra-se, ainda, no *caput* do art. 170, compondo, neste caso, algo diverso, superando as críticas retóricas daqueles que consideram nossa Constituição um texto prolixo porque repetitivo. A "vida digna" do art. 170 expressa um comando de democracia econômica, advindo da inovadora Constituição de Weimar de 1919. Como inovações, o direito ao meio ambiente sadio, a tutela do consumidor (com a aprovação do Código de Defesa do Consumidor), o *habeas data* (devidamente regulamentado pelo Congresso Nacional, cf. Lei nº 9.507/97), o mandado de injunção e a ampliação da ação popular, a proteção da propriedade privada apenas se submetida à necessária função social. Todos esses novos direitos e garantias representam esse novo constitucionalismo garantista implantando em 1988, e assim foram realizados em nosso amadurecimento social e institucional. Mas sua existência só está garantida na preservação constante, na atenção diuturna de todos. Outros direitos de grande alcance em uma democracia, como a liberdade de imprensa, puderam também ser consolidados na prática constitucional brasileira. Mesmo em momentos recentes de polarização extrema na sociedade, as entidades nacionais da imprensa foram mantidos em sua integridade.

Retornado ao tema central, a Constituição de 1988 certamente foi pródiga com os direitos em geral. Ainda assim, posteriormente incluídos, somaram-se o direito à moradia e o direito a uma duração razoável do processo, ambos de extrema importância em um Estado social periférico. A insistência num elevado rol de direitos como categoria aberta (não taxativos) é mais um ponto alto da Constituição, reforçado pela EC 45/04. E a implantação do Estado Social, ainda longe de ser realidade nacional, pode ser considerada a mais forte contribuição de 1988 para a cidadania plena e construção de uma nação menos desigual.

Tendo como finalidade primacial a busca da realização desses direitos, há uma pletora de permissivos constitucionais direcionados ao Estado para a obtenção de recursos (impostos, taxas, diversas espécies de contribuições e outras fontes secundárias), além da titularização pelo Estado, primacialmente pela União, de bens e recursos naturais significativos do ponto de vista econômico. Mas, aqui, também a Constituição não descurou de um rol de direitos dos contribuintes, impedindo uma exação tributária arbitrária que fosse despreocupada com a cidadania.

Mesmo com o pior dos pesadelos econômicos e com a estratosférica inflação, o país manteve-se no rumo constitucional, buscando sempre alternativas não atentatórias à democracia. A estabilidade econômica, tão cara às nações e ao desenvolvimento pleno do ser humano, pôde ser alcançada dentro desse ambiente, apesar de algumas medidas iniciais nitidamente inconstitucionais, como o famigerado confisco das contas-poupança no Plano Collor.[1]

No levantamento de suas múltiplas dimensões, percebe-se, pois, que a Constituição centralizou a figura do cidadão de direitos; este deveria receber sempre, em qualquer relação na qual figure, um influxo de salvaguardas constitucionais.

Do ponto de vista da organização territorial, a valorização dos municípios foi constitucionalmente reforçada (para além de uma estrutura tradicionalmente binária), numa busca pela maior proximidade entre cidadão e governo. A possibilidade de redigirem sua própria Lei Orgânica, contra a competência estadual para fazê-lo no sistema constitucional pretérito, alçou os municípios a um novo patamar de autonomia real. A prática, contudo, esteve muito longe dos modelos ideais. Tanto assim que Congresso Nacional e STF entenderam que deveriam intervir para reduzir, em determinados segmentos, uma ampla (talvez excessiva) autonomia municipal (caso do número máximo de vereadores por município – STF – e dos limites com despesas em geral – EC 25/00).

Já os estados-membros, com suas constituições próprias, foram contemplados com a possibilidade de desenvolverem uma jurisdição constitucional estadual (que havia tido duração efêmera entre 1965 e 1967), reforçando o constitucionalismo no âmbito estadual; mas isso ainda aguarda um autorreconhecimento desse espaço pelos próprios estados (pela advocacia e pelos tribunais de Justiça). Esse atraso é indício de uma mentalidade ainda altamente centralizada (e de subordinação) dentro de uma (tipicamente assimétrica) federação.

No âmbito administrativo, houve uma preocupação muita intensa da Constituição com as despesas e a aplicação de percentuais mínimos em determinados setores, como na educação e saúde, assim como com a tutela da moralidade administrativa (a aprovação da Lei de Improbidade e, mais recentemente, da Lei Anticorrupção são marcos dessa realização).

Como assinalei em 2008, por ocasião dos 20 anos de nosso novo constitucionalismo, "[t]odo esse segmento recebeu, via de regra, um amplo desenvolvimento por parte de todas as instâncias do Poder Judiciário, que não se intimidou em assumir um papel essencial na vida do país. A bem da verdade, toda essa postura normativa arrojada por parte da Constituição de 1988 poderia ter sucumbido em face de um Judiciário retrógrado, inerte ou inadvertidamente reticente, malformado e mal-informado." (TAVARES, 2008: 23). Nesse aspecto e em muitos outros o Ministério Público é um capítulo importante dessas cruzadas constitucionais. E se pode dizer que, de maneira geral, as instituições foram se fortalecendo.

---

[1] HARADA, Kiyoshi. *Planos econômicos. Sua constitucionalidade ou inconstitucionalidade. ADPF. Efeitos jurídicos, políticos e econômicos.* Disponível em: <http://www.ambito-juridico.com.br/site/?n_link=revista_artigos_leitura&artigo_id=12063>. Acesso em: 21 jun. 2018; YAZBEK, Priscila. *O confisco da poupança poderia acontecer novamente?* Disponível em: <https://exame.abril.com.br/seu-dinheiro/por-que-o-confisco-da-poupanca-jamais-se-repetiria/>. Acesso em: 22 jun. 2018.

Mas tivemos nos últimos anos dificuldades em manter esse rumo traçado constitucionalmente. A revolução suave parece ter se tornado bruta, e para muitos há um sentimento de que se tenta inverter o roteiro constitucional, essa "carta de navegação do país", para tomar de emprestado a expressão de Alberdi. Parece ir se realizando o pesadelo que descrevi há alguns anos, quando a Constituição "se torna um rascunho constantemente reescrito ao sabor das vontades momentâneas e egoísticas dos que exerçam temporariamente o poder, descambando para um desgoverno.".

Ademais, como veremos, a célebre indagação constitucional atribuída ao Presidente Dutra, "o que é que diz o livrinho?", parece ter se tornado irrelevante em face de determinados desafios que foram colocados à sociedade. O *impeachment* de 2016 certamente foi o momento mais marcante desses 30 anos de poder democrático. Dadas as circunstâncias em que foi encaminhado, dividiu o país de maneira radical. A retirada de uma Presidenta eleita democraticamente ocorreu pelo processo previsto, não pela força de armas ou por um golpe militar. Apesar de realizado nesses termos, entendi que não havia causa constitucional válida. O desequilibrado e instável sistema político do presidencialismo de coalizão, a conjuntura de intensa crise econômica e financeira nacional, bem como a forte reação de certos setores conservadores desapontados com o Governo e com as eleições foram determinantes para essa decisão política favorável ao *impeachment*. O pressuposto deste, porém, há de ser sempre jurídico. Naquele momento esse assunto, em seu mérito, não chegou a ser controlado pelo STF. Este só foi acionado para tratar das normas processuais arcaicas que tínhamos sobre *impeachment*.

A partir daí o combate à corrupção também parece ter se tornado um dos grandes momentos de consenso social, mas passou a ser apontado como causa de todos os males da sociedade, em tom messiânico avassalador, transformando a Constituição garantista em uma seção de conselhos supérfluos e arcaicos que se poderia descartar por inutilidade.

2 A desconstrução de um pacto social e democrático

Em 1988 o Brasil alcançava não apenas uma avançada Constituição democrática (escrita) como visto. Surgia ali também uma concepção socioeconômica adequada à realidade nacional e às pretensões de transformação estrutural de nossa sociedade. Porém, a realização e extensão desse Pacto Social dependia – e continua a depender – de sua prática, de sua representação no imaginário social e da cultura que incute e que com o Pacto se desenvolve diuturnamente.

A Constituição política e econômica forjada nesse contexto, porém, foi sendo destituída da sua posição de supremacia inaugural. Esse fatídico desfecho derivou, basicamente, de emendas constitucionais e de meios pouco ou nada ortodoxos de suplantação do Pacto Constitucional, combinados com forças poderosas, promotoras da defesa intransigente de setores, interesses e espaços *divergentes* dos consagrados constitucionalmente.

Certamente que há evolução e mudanças inevitáveis na sociedade ao longo do tempo. E mudanças constitucionais são inevitáveis, apesar da estabilidade que se espera de uma Constituição. Esse, aliás, não é um dilema novo. O problema, contudo, que estou tentando retratar aqui é diverso. Não se trata de impedir mudanças nas constituições e, especialmente, na nossa Constituição em vigor. Embora a quantidade de emendas assuste, trata-se, mais propriamente, de compreender para onde essas mudanças todas nos conduziram.

Com relação à permanente supressão, acréscimos e alterações de cláusulas constitucionais, o fenômeno chegou a ser denominado pejorativamente de "emendismo", mas que pode ser denominado, mais genericamente, como a "desconstrução do Pacto Constitucional Soberano", como já acentuei em outra oportunidade (TAVARES, 2017). O emendismo passa a ideia de que estamos apenas diante de um fenômeno de excessivo uso do processo legislativo (tradicionalmente denominado de processo constituinte derivado),[2] quando na verdade estamos diante de um fenômeno muito maior, que se firma em forças extraparlamentares. E aqui três casos são simbólicos do impacto desse fenômeno, que indico apenas a título ilustrativo: (i) a eliminação do art. 192, que estabeleceu o limite de juros reais de 12% ao ano; (ii) o banimento da cláusula constitucional que identificava interesses empresariais nacionais (art. 171) e (iii) a chamada flexibilização do monopólio do petróleo. Veremos, adiante, que normas subconstitucionais apresentaram força semelhante ou até mesmo superior a essas mudanças constitucionais (como a reforma trabalhista e a Portaria do trabalho escravo)

A retirada de artigos da Constituição não é um episódio secundário. Em realidade, mudanças aparentemente menores e "técnicas" podem ter impacto avassalador, quanto ao futuro de uma nação. No caso, as mudanças eram significativas, pois procuravam subtrair elementos constitucionais basilares para uma sociedade mais igualitária. Como não há vazio nesse âmbito em que operaram as emendas (âmbito político-econômico), os novos espaços "em branco" foram preenchidos, de maneira rápida e agressiva. E o foram pelas ideologias e interesses que guiaram ocultamente as mudanças. Posturas neoliberais e globalizantes têm alcançado sucesso jurídico extraordinário. Seus interesses e suas pautas individualistas, utilitaristas, eficientistas e rentistas ganharam novo impulso com a era da pós-verdade, embora desde muito tempo rotuladas pelo discurso hegemônico como representativas do melhor interesse da sociedade.

Interessante observar que esse processo de desconstrução de nosso Pacto teve seu início antes mesmo da promulgação da Constituição de 1988, com a notícia da elaboração do que viria a ser o Parecer do Consultor-Geral da República,

---

[2] Nesse sentido: MENDES, Gilmar Ferreira. *Curso de direito constitucional*. 8. ed. São Paulo: Saraiva, 2013. p. 118-119; MORAES, Alexandre de. *Direito constitucional*. 32. ed. São Paulo: Atlas, 2016, p. 28; TAVARES, André Ramos. *Curso de direito constitucional*. 16. ed. São Paulo: Saraiva, 2018. p. 151-158.

cargo já inexistente na Constituição de 1988. Da lavra de Saulo Ramos, o Parecer literalmente suspendeu o referido art. 192, no que estipulava o teto de juros reais em 12% ao ano. O Banco Central do Brasil, por meio de uma mera Circular (Circular nº 1365) liberou todas instituições financeiras de cumprirem o referido teto constitucional. A esse parecer, logo a seguir, o STF emprestaria sua força de nova corte constitucional. E, alguns anos mais tarde, o Congresso Nacional ratificou formalmente o que já se fazia na prática autorizada do STF, banindo a cláusula do texto da Constituição.

A desconstrução do Pacto Constitucional iria ocorrer como um processo permanente, por vezes com mais intensidade, mas sempre endereçado a fazer emergir uma *Constituição-menos-cidadã* em uma sociedade com alta concentração de renda, abundância de mão de obra desqualificada, industrialização ainda precária e com algumas instituições carentes de consolidação. Fomos apresentados a essa "nova" Constituição em um processo progressivo e silencioso de desconstrução do Pacto Constitucional, que foi tendo seu sentido alterado fortemente por meio de emendas constitucionais. O processo, portanto, foi formal, oficialmente apresentado e aprovado, mas com efeitos que nem sempre foram devidamente declarados por seus proponentes e evidenciados pelos seus executores mais fiéis.

3 A Constituição-Menos-Cidadã e o Mercado-Divindade

Apesar de grandes avanços normativos promovidos em 1988, e de superação de crises ao longo desses quase trinta anos de novo constitucionalismo, com inegável aperfeiçoamento de tantas instituições e institutos, realização de direitos e progresso em muitos setores, a realidade atual, porém, apresenta-se, a todos nós, em sua facticidade inexorável. É a realidade de uma sociedade ainda fortemente guiada pelos interesses "superiores" do poder econômico, que, ocultamente, estabelecem relações de dominação social dissimuladas, assimétricas e estagnadoras, que impedem um real avanço democrático e um adequado desenvolvimento socioeconômico do país. O futuro de uma sociedade liberta do domínio de um discurso do atraso ainda está distante no Brasil. As desigualdades regionais não foram devidamente enfrentadas como determina a Constituição de 1988, as desigualdades sociais entraram a partir do ano de 2016 em um chocante processo de rápida ampliação[3] e intensificação, com políticas, desajustadas, que implementam cortes nas áreas chamadas sociais, a fim de resguardar e promover as áreas econômicas e financeiras sob tutela do Estado, especialmente a manutenção de juros oficiais em níveis atrativos

---

[3] BALTHAZAR, Ricardo. *Desigualdade no Brasil é maior do que se pensava, apontam novos estudos*. Disponível em: <https://www1.folha.uol.com.br/ilustrissima/2017/10/1922594-desigualdade.shtml>. Acesso em: 22 jun. 2018; LEITE, Fabrício Pitombo. *A desigualdade aumenta no Brasil pós-austeridade*. Disponível em: <https://www.cartacapital.com.br/blogs/brasil-debate/desigualdade-aumentou-no-brasil-pos-austeridade>. Acesso em: 22 jun. 2018.

para o capital especulativo e para o rentismo privado, que parece ter cooptado o Estado e seus representantes.

Essa política é uma política de falsa austeridade, porque promove o maior desperdício imaginável, pela privatização com cálculos e limites inadequados, promovendo a perda do patrimônio público a preço vil, apenas para elevar os valores em caixa. É a política econômica que promove um Estado cada vez mais forte quando se trata da defesa e implementação de interesses tanto do grande poder econômico como dos setores corporativos mais bem organizados nacionalmente. O Estado alinhou-se a pautas regressivas. A força desse Estado (ou talvez, mais propriamente, dos interesses que o movem e o pressionam) pode ser medida em sua capacidade de alcançar esses objetivos muito velozmente. Para dar um passo ainda maior nesse processo de decadência constitucional, porém, foi preciso assumir mais radicalmente a Constituição-menos-cidadã, praticamente eliminando-a, por abertamente suspender-se o projeto constitucional de 1988 por meio do emendismo.

O ápice desses episódios foi a Emenda Constitucional 95, de 15 de dezembro de 2016, que, como afirma Gilberto Bercovici, suspende por vinte anos a Constituição, sob o impoluto título de um "Novo Regime Fiscal".[4] No regime de estagnação, os gastos não podem suplantar os valores apurados no ano de 2016, acrescidos de índices indicados pela Emenda para uma mera correção do valor nominal anual. Na prática, sob o comando de um Governo com pautas políticas e econômicas não representativas da Democracia, foi interrompida a Constituição de 1988 em vigor, em seu avanço popular, em sua preocupação com o social, em suas pautas inclusivas e em sua proposta desenvolvimentista. No choque entre a Constituição-cidadã e práticas não democráticas de governantes em exercício do poder, estas últimas vão avançando com total êxito a partir desse desfecho normativo inimaginável em tempos democráticos.

A consequência daquele movimento de desconstrução do Pacto social-constitucional se agiganta no ato de, agora, promover a paralisia orçamentária, significando com isso impedir qualquer forma de progresso. Sendo o Estado impedido de conduzir o processo democrático, reforça-se uma crença inaudita nas forças do mercado. O mercado, porém, não é uma entidade natural irresistível, nem um espaço democrático por excelência como o Estado. Seus atores são particulares, que representam quase sempre entidades privadas, que não estão submetidas a mecanismos democráticos de acesso ou controle. É dessa entidade em certo sentido espúria que se deposita a crença (por vezes mero fanatismo e ilusionismo) na condução do país ao desenvolvimento real, à melhoria geral e à Justiça social.

Dessa Emenda surge um Estado-ausente, contrariando os comandos constitucionais expressos que exigem um Estado-ação, um Estado que deveria

---

[4] BERCOVICI, Gilberto. Conferência com o título "A soberania econômica e o desmonte do Estado no Brasil.", em 2017. Disponível em: <http://waltersorrentino.com.br/2017/07/13/a-soberania-economica-e-o-desmonte-do-estado-no-brasil-por-gilberto-bercovici/>.

ter presença promotora e portadora de um futuro devidamente planejado de maneira racional e aberta. Considero que a ausência estatal (no social) é uma das consequências diretas da letargia autorizada pela Emenda Constitucional inconstitucional. Um Estado ausente é contrário ao projeto mínimo de 1988, assim como o abandono do Estado Constitucional em nome de subjetivismos e voluntarismos espúrios e desautorizados.

É sintomático que o não cumprimento de metas pouco auspiciosas pelo Governo em 2017 (projetadas pelo próprio Governo) tenha sido atribuído à reduzida arrecadação fiscal, supostamente abaixo do esperado. Assim, o setor empresarial tributado do país seria causa da falência do Estado-ausente. Ou seja, o Estado que se dissocia do mercado para que este funcione regularmente, supostamente produzindo maior riqueza, logo a seguir atesta a incapacidade de esse mercado promover desenvolvimento e precisa atuar para dar suporte ao funcionamento do mercado. Ainda assim, diante desse choque de realidade e da busca por ampliar seus gastos com fisiologismo e com o *spoil system* atrelado às emendas orçamentárias, permanece como Estado inerte no social.

Ademais, é um Estado incapaz de perceber – ou apenas não deseja reconhecer – a falta do refinamento de uma engenharia constitucional-econômica da tributação, uma engenharia normativa que fosse capaz de identificar e alcançar o incrível excedente inexplorado tributariamente de maneira adequada, relacionado aos bens e recursos naturais apropriados, sem controle social, pela indústria extrativa, embora pertencentes ao país, ao menos nos termos do Direito Constitucional ainda em vigor (art. 20, IV a IX, da Constituição do Brasil em vigor). Mais uma vez constata-se a falência do Pacto Constitucional, promovida pelo discurso vencedor de grupos que se assenhoram indevidamente das decisões constituintes para substituí-las e subjugá-las às suas próprias visões particularistas de futuro.

Na sequência de obras jurídicas socialmente inescrupulosas, em novo capítulo na desconstrução da cidadania em suas conquistas sociais e históricas mais relevantes, emerge a reforma trabalhista. Sagra-se vencedor o chamado "mercado livre da mão-de-obra", sob o argumento setecentista da igualdade de todos perante a lei e da liberdade ampla e irrestrita como melhores estratégias de uma sociedade moderna. O ideal da liberdade máxima, como paradigma e medida de todo o desenvolvimento, sufragado pela Escola Monetarista, abate o modelo econômico da Constituição de 1988 em pleno voo e sem maiores cerimônias. Agora, considera-se que a liberdade conduzirá à melhor forma de igualdade. Mas é uma igualdade velha conhecida, pois proclamada nos albores do capitalismo, a partir especialmente das revoluções burguesas, porque se traduz exatamente na manutenção da desigualdade econômica real, abissal e irrestrita, hoje cada vez mais intensificada pelo processo de concentração de renda e pauperização da classe trabalhadora em geral.

Decorre desse pensamento a defesa da flexibilização do contrato de trabalho, com o modelo intermitente e outras fórmulas "modernizantes" que reduzem o nível protetivo do cidadão. Na prática, houve redução dos postos de emprego com carteira assinada e o aumento de trabalhos não formalizados.[5] Paradoxalmente, o *slogan* adotado pelo Governo Federal foi "direitos garantidos e novas oportunidades". Apesar de seu teor e força na desconstrução das relações trabalhistas, a reforma foi aprovada por um Congresso Nacional desacreditado e deslegitimado, que se aproveita em boa medida da falta de politização e baixa instrução geral da sociedade. Aprovou-se na forma de lei ordinária, a Lei nº 13.467, de 13 de julho de 2017, ignorando-se totalmente a proteção constitucional ao direito social do trabalho. O desarranjo dessa legislação é mais um momento de desconstrução de nosso Pacto Constitucional,[6] agora por meios oficiais que deveriam ser subordinados à Constituição, e não subordiná-la.

Por fim, menciono a Portaria nº 1.129/2017 do Ministério do Trabalho e Emprego, Publicada no Diário Oficial em 16 de outubro de 2017. O afrouxamento dos conceitos correlatos ao de trabalho escravo, promovido nessa Portaria, geraria uma situação de permissividade às odiosas práticas contemporâneas de escravidão. No atual momento histórico, o principal método de exploração do trabalho em regime de neoescravidão consiste em extrair benefícios máximos e abusivos da condição de miserabilidade econômica e social de certos cidadãos, independentemente de coação ou restrição da liberdade de ir e vir.

3.1 O novo modelo: um Pacto não pactuado de austeridade, de segurança seletiva e persecutório (controle e contenção)

A caminhada, por parte de autoridades e atores sociais comprometidas com uma agenda em direção ao ocaso socioeconômico de uma nação flagra outras ocorrências que indicam o desmonte do Pacto Constitucional e, com ele, dos direitos e garantias fundamentais.

Segundo o Atlas da Violência 2017,[7] produzido pelo Ipea em conjunto com o Fórum Brasileiro de Segurança Pública, o Brasil teve em 2015 um aumento da taxa de homicídios por habitantes. É o país com o maior número absoluto de homicídios.

---

[5] Merece ser destacado que houve uma migração do trabalho com carteira assinada para o empreendedorismo. Assim, diante da dificuldade de absorção do trabalho formal pelo mercado, busca-se o empreendedorismo como alternativa, isto é, por falta de opção (cf. CRISTINA, Paula. Lojista por necessidade deve se reinventar para sobreviver. *Diário Comércio Indústria e Serviços*, ano XVII, n. 4061, 21 de julho de 2018, e também cf. DURÃO, Mariana. *Redução do emprego é generalizada, diz IBGE*. Disponível em: <https://exame.abril.com.br/economia/reducao-do-emprego-e-generalizada-diz-ibge/>. Acesso em: 21 jun. 2018; RIOS, Cristina. *Trabalho informal cresce com a crise*. Disponível em: <https://www.gazetadopovo.com.br/economia/trabalho-informal-cresce-com-a-crise-bi1cuxnxfg73atcpzj5ypissu>. Acesso em: 21 jun. 2018).

[6] Não foi, porém, novidade. A jurisdição e o papel de todos os juízes no Brasil já haviam sido alterados profundamente por meio de outra Lei ordinária (Lei nº 13.105, de 2015), que instaurou o modelo de "precedentes", embora até hoje permaneçamos com a incerteza sobre o alcance desse modelo.

[7] *Atlas da Violência 2017*. Rio de Janeiro: Ipea e FBSP, 2017. Disponível em: <http://www.ipea.gov.br/portal/images/170602_atlas_da_violencia_2017.pdf>. Acesso em: 22 jun. 2018.

Esse dado chocante deveria sensibilizar os próprios governantes, se não pelos motivos corretos, ao menos como habitantes do mesmo espaço geográfico da violência desmedida e sem controle. O que se verificou nos anos de 2016 a 2018, porém, é estarrecedor, pois testemunhamos recentes reduções orçamentárias na área da segurança pública, escudadas na chamada "crise" e apoiadas em nome de um Estado mínimo e austero. Isso significa não apenas um caso escandaloso de descaso com a sociedade como também um descuido consciente do Estado com o preparo democrático e técnico do aparato policial, cada vez mais precarizado e sucateado, que se vê permanentemente envolvido em um círculo vicioso, incapacitado e inabilitado pela decisão política central para exercer suas próprias funções. Além de ser altamente violenta, a sociedade brasileira está ainda *mais* violenta, o que parece ter ocorrido com total apoio do Estado.

Outra demonstração de desprezo total com o Estado Constitucional de Direito tem sido a atuação inadequada de alguns poucos segmentos envolvidos com a Justiça, como o Poder Judiciário e o Ministério Público, que são, tecnicamente, os curadores constitucionais de primeira ordem da Constituição. Luiz Werneck Vianna descreve a recente atitude de alguns procuradores e juízes como sendo a de "tenentes de toga",[8] unidos por nada além da intenção de realizar uma reforma moral, sem maiores preocupações com os destinos do país, obviamente, acrescento, sem qualquer base em nosso Pacto Constitucional.

Esse tipo de postura produz apenas mais insegurança e instabilidade. Ao cabo, assistimos a mais uma forma de silenciar e domesticar o conjunto da sociedade, estarrecida e atônita com o desfile de medidas que melhor cairiam a um Estado de exceção. Embora pontuais – e aqui poderiam ser assumidas como desvios individuais que não abalam as estruturas maiores das instituições envolvidas –, são, ainda assim, assustadoras para o cidadão, porque corroboradas por esses poderes que deveriam estar na linha de frente no combate aos menores sinais de violações de direitos e garantias, tão arduamente conquistados.

Institutos, direitos e regimes foram diretamente impactados e rebaixados de sua estatura constitucional. Cito alguns, como a presunção de inocência, a privacidade, a liberdade das escolhas e até mesmo as fronteiras entre condutas lícitas e ilícitas, algo básico em qualquer sociedade. A condução coercitiva, uma dessas hipóteses de transmutação ou inversão, passou a ser exercida amplamente como um novo instrumento jurídico acusatório e intimidatório. Não me parece aceitável que abandonemos o roteiro constitucional em nome de um suposto bem maior. Assim parece ter compreendido o próprio STF, que proibiu esse uso em 2018.[9] Mas logo a seguir surge a ameaça de uso indiscriminado da prisão preventiva,

---

[8] TOSTA, Wilson. *Tenentes de toga comandam essa balbúrdia jurídica, afirma cientista político*. Disponível em: <https://politica.estadao.com.br/noticias/geral,tenentes-de-toga-comandam-essa-balburdia-juridica-afirma-cientista-politico,10000095549>. Acesso em 22 jun. 2018.

[9] "O STF, por maioria e nos termos do voto do Relator, julgou procedente a ADPF, para pronunciar a não recepção da expressão 'para o interrogatório', constante do art. 260 do CPP, e declarar a incompatibilidade com a Constituição do Brasil da condução coercitiva de investigados ou de réus para interrogatório, sob pena de responsabilidade disciplinar, civil e penal do agente ou da autoridade e de ilicitude das provas

para substituir a condução coercitiva, em um pensamento abusivo e medieval, desconhecida do Direito em vigor no Brasil e das melhores práticas verificadas em nações civilizadas. É uma medida de exceção, só aceitável em tempos de guerra ou de ditadura propriamente dita. No caso, uma ditadura segmentada, porque pontual, a afetar diretamente apenas a vítima (midiática) do momento, em substituição (ou complemento, pois é algo que ainda não está claro) à vítima tradicional e principal do sistema policial-judicial-carcerário (o jovem negro).[10] Mas como efeito geral temos a intimidação, o medo e a sociedade perplexa.

Nessa mesma linha de desconstrução estarrecedora, assiste-se o próprio STF[11] a autorizar o fim de um sedimentado postulado constitucional expresso, da presunção de inocência do acusado, para autorizar a prisão desde logo a partir da decisão em segunda instância, independentemente da existência de recursos legítimos em tramitação, alguns dos quais de índole constitucional.

Incerteza é a "nova ordem" desse Ordenamento Jurídico e aparato judicialiforme. Incerteza decorrente da mutação constante de ações e garantias consolidadas nesses 30 anos. Incerteza decorrente, ainda, do redesenho específico desses instrumentos, cujos contornos pretendem abertamente surpreender o cidadão. Reproduz-se, assim, a insegurança, em muitos níveis diferentes, como forma de controle e contenção.

O combate exasperado e, como disse, messiânico, à corrupção é anunciado como o caminho para um futuro melhor. Embora seja importante e necessário combater a corrupção, seria simplista considerar esse o maior e mais contundente elemento a prejudicar nosso futuro. Bastaria, aqui, para ilustrar, considerar o volume total de corrupção detectado no Rio de Janeiro e o rombo diário da Previdência daquele Estado.

---

obtidas, sem prejuízo da responsabilidade civil do Estado. O STF destacou, ainda, que esta decisão não desconstitui interrogatórios realizados até a data daquele julgamento, mesmo que os interrogados tenham sido coercitivamente conduzidos para tal ato. Ficaram vencidos, parcialmente, o Ministro Alexandre de Moraes, nos termos de seu voto, e o Ministro Edson Fachin, nos termos de seu voto, no que foi acompanhado pelos Ministros Roberto Barroso, Luiz Fux e Cármen Lúcia." (ADPF 395 e ADPF 444. Relator: Min. Gilmar Mendes. julgamento em 14.06.2018, publicação da decisão de julgamento em 15.06.2018).

[10] Cf. Relatório Final da Câmara dos Deputados na Comissão Parlamentar de Inquérito destinada a investigar a realidade do sistema carcerário brasileiro Disponível em: <https://www.conjur.com.br/dl/sistema-carcerario-brasileiro.pdf>. Acesso em: 21 jun. 2018; MONTEIRO, Felipe Mattos; CARDOSO, Gabriela Ribeiro. A seletividade do sistema prisional brasileiro e o perfil da população carcerária: um debate oportuno. Disponível em: <https://www.revistaseletronicas.pucrs.br/ojs/index.php/civitas/article/download/12592/9689>. Acesso em: 21 jun 2018).

[11] A admissão da execução da sentença criminal condenatória após decisão de segunda instância era o entendimento que prevalecia na jurisprudência do STF. Este, contudo, em 2009, no julgamento dos HC 84.078 e 83.868, modificou esta orientação e passou a considerar que a execução provisória da sentença penal condenatória ofende a cláusula constitucional da presunção de inocência. A jurisprudência do STF, todavia, foi novamente modificada em 2016, no julgamento do HC 126.292, no qual se firmou o entendimento de inexistência de violação à referida presunção de inocência pela execução da pena com decisão em segunda instância. Foram vencidos os Ministros Rosa Weber, Marco Aurélio, Celso de Mello e Ricardo Lewandowski. A orientação pela possibilidade do início do cumprimento da pena após decisão de segunda instância foi mantida, em 2018, no julgamento do HC 152.75, por maioria de votos. Prevaleceu o voto do Min. Rel. Edson Fachin, que denegou a ordem e, confirmando a jurisprudência do STF, entendeu pela possibilidade do cumprimento da pena após a confirmação da condenação em segunda instância. Acompanharam o Relator os Ministros Alexandre de Moraes, Luís Roberto Barroso, Rosa Weber, Luiz Fux e Cármen Lúcia. De outra parte, votaram favoravelmente à concessão do HC os Ministros Gilmar Medes, Dias Toffoli, Ricardo Lewandowski, Marco Aurélio, Celso de Mello. (HC 152.752. Relator: Min. Edson Fachin, Tribunal Pleno, julgado em 04.04.2018).

Ademais, entendo que as medidas criadas e adotadas para combater a corrupção, e as megaoperações permanentes passaram a operar em espectro muito maior do que o mero combate à corrupção, pois acabaram por conter e manobrar a sociedade. Houve um extrapolamento claro do campo judicial tradicional. Junte-se o segmento político-partidário no "comando" do país, que consegue reforçar a contenção social por meio das medidas de redução da cidadania. São forças que, ao final e ao cabo, se unem e potencializam o efeito destrutivo imediato e amplo dos direitos constitucionais no Brasil.

É chocante atestar a falta de equilíbrio de forças atuantes no país, de poderes se controlando e se contrapondo, como era de se esperar. Surge, pois, um modelo de instabilidade permanente, da surpresa constante. É isso que se deve esperar do projeto de 1988? Uma modelagem flexível e instável a ponto de se poder afirmar que tudo se torna admissível, desde que resulte num espetáculo maior que o anterior, a serviço de uma Constituição ideal, desejada apenas à luz de cada fato a ser decidido em face das circunstâncias e das forças que nele se revelarem (favoravelmente à Constituição real ou não). A sociedade, hipnotizada, torna-se cada vez mais refém desse mecanismo de subversão da ordem e negação permanente do Estado de Direito em nome de um Estado de Direito melhor – que jamais chegará e sempre será menor, e não melhor que o anterior.

Está presente no Brasil pós-2013 a advertência perturbadora de Giorgio Agamben, segundo quem, hoje, "a relação normal entre Estado e seus cidadãos é composta pela suspeita, pelo fichamento criminal e pelo controle".[12] Isso nos empurra para a babel jurídica da qual decorre, inexoravelmente, a indisponibilidade do Estado de Direito. Nega-se, com a maior simplicidade esquizofrênica possível, o modelo teórico e prático de convivência social pacífica que a duras penas foi sendo implantado a partir de nossa (por vezes aparente) independência colonial.

Há quem queira nos convencer de que esse é o único caminho. Que o bom combate de hoje é o combate enérgico, incessante e impiedoso contra os "corruptos", como no passado recente assistimos a perseguição dos comunistas e outros tantos inimigos úteis, assim considerados por poderem simbolizar a culpa pelos males da civilização.

Nada justifica, porém, uma conspiração jurídica contra a política, contra o empresariado nacional produtivo e empreendedor e contra a estrutura civilizatória que temos construído a partir da Constituição de 1988.

O cenário, porém, é exatamente o da desconstrução do Pacto Constitucional de 1988, em nome de um *Pacto de Austeridade* para o social, com a redução e o teto orçamentário, de um *Pacto de Segurança* para o poder financeiro, blindando as políticas de juros altos que financiam o rentismo nacional e internacional, e de um *Pacto Persecutório*, para a sociedade em geral, especialmente para impedir a

---

[12] AGAMBEN, Giorgio. Conferência Pública, Atenas, Grécia, em 16.11.2013. Disponível em: <http://port.pravda.ru/news/sociedade/12-07-2015/39044-poder_destituinte-0/>. Acesso em: 22 jun. 2018.

liberdade ampla e a segurança jurídica e pública. Não se trata, pois, de uma agenda social livre, democrática e emancipatória. A grande desigualdade que aloca o país dentre os mais desiguais do Mundo e que prejudica seriamente nosso modelo produtivo e nossa economia será o mais seguro produto final desses novos Pactos não pactuados, mas sim impostos abruptamente. A ruptura com a Constituição ocorre, atualmente, portanto, em múltiplos níveis, com velocidades e caminhos diversos, mas com o mesmo resultado perturbador.

4 A Constituição de 1988 entre o passado auspicioso, o desconserto atual e o projeto de futuro desejável e possível

A desagregação social parece ser uma das mais expressivas dos últimos tempos. Por isso é possível afirmar que a ruptura tem origem em ações isoladas e, por vezes, díspares, embora ilegítimas, com base em opções de poder econômico e sem respaldo popular. Qualquer discussão séria nesse contexto deve resgatar a regra de ouro da Democracia, que é o Estado de Direito e a cultura constitucional vigorosa em torno da cidadania plena e de um país avançado.

Não tenho a pretensão, aqui, de indicar soluções definitivas. Tenho, porém, como inevitável, que o caminho está, inicialmente, na reforma política, uma reforma que promova o fortalecimento dos partidos políticos, e não o enfraquecimento das legendas em nome de individualismos inconsequentes ou que o pretenda desconstruir por causa de um passado de relações corrompidas com seus ideais.

É preciso pensar em um sistema político-partidário com base ideológica clara e firme, o que demanda a eliminação do bizarro sistema de coligações (alianças espúrias entre partidos alavancada por Lei contra a Constituição). É necessário, ainda, vedar a proliferação de partidos, o que exige retomar a cláusula de barreira (eliminada do país pelo mesmo STF). Mas não basta. Será necessário "intervir" nos partidos políticos para deles exigir a democracia interna, base de nossa Constituição de 1988. Assim, uma medida poderia ser a imposição de prévias ou primárias, evitando o conhecido coronelismo e "mandonismo" partidários brasileiros, de maneira a promover também a renovação das lideranças pela identificação popular das melhores opções e plataformas.

Do ponto de vista do desenvolvimento, o país necessita urgentemente de um plano para a ação econômica, com planejamento e investimentos na infraestrutura, pré-condição de existência da economia. Só o Estado poderá ser capaz de enfrentar esse enorme desafio no Brasil.

Independentemente do caminho que se possa cogitar ou apresentar, tenho por certo que *não haverá solução fora da sociedade e de sua conscientização plena* sobre este passado recente, bem como sobre o seu projeto de futuro. Isso eleva, evidentemente, o nível de complexidade do caminho a ser traçado e dos instrumentos específicos a serem adotados para a melhoria do ambiente dos direitos humanos no país em momento tão crítico.

Os meios de comunicação, as organizações sociais, sindicais e empresariais de diversas conotações, a universidades, os partidos políticos reformulados e todos os interessados, ainda que individualmente, devem desempenhar especial papel em um momento de retomada da Constituição, dos direitos e, em especial, do direito ao desenvolvimento nacional.

Referências

AGAMBEN, Giorgio. *Conferência Pública*, Atenas, Grécia, em 16.11.2013. Disponível em: <http://port.pravda.ru/news/sociedade/12-07-2015/39044-poder_destituinte-0/>. Acesso em: 22 jun. 2018.

ATLAS da Violência 2017. Rio de Janeiro: Ipea e FBSP, 2017. Disponível em: <http://www.ipea.gov.br/portal/images/170602_atlas_da_violencia_2017.pdf>. Acesso em: 22 jun. 2018.

BALTHAZAR, Ricardo. *Desigualdade no Brasil é maior do que se pensava, apontam novos estudos*. Disponível em: <https://www1.folha.uol.com.br/ilustrissima/2017/10/1922594-desigualdade.shtml>. Acesso em: 22 jun. 2018.

BERCOVICI, Gilberto. Conferência com o título "A soberania econômica e o desmonte do Estado no Brasil.", em 2017. Disponível em: <http://waltersorrentino.com.br/2017/07/13/a-soberania-economica-e-o-desmonte-do-estado-no-brasil-por-gilberto-bercovici/>.

CRISTINA, Paula. Lojista por necessidade deve se reiventar para sobreviver. *Diário Comércio Indústria e Serviços*, ano XVII, n. 4061, 21 de julho de 2018.

DROMI, José Roberto. La reforma constitucional: el constitucionalismo del "por-venir": la reforma de la constitución. In: GARCÍA ENTERRÍA, Eduardo; CLAVERO AREVALO, Manuel et. Al. (coord.). *El derecho publico de finales de siglo*: una perspectiva iberoamericana. Madrid: Civitas e Fundación BBV, 1997.

DURÃO, Mariana. *Redução do emprego é generalizada, diz IBGE*. Disponível em: <https://exame.abril.com.br/economia/reducao-do-emprego-e-generalizada-diz-ibge/>.

GONÇALVES, José Carlos do Santos. A criminalização e direitos fundamentais. *In: 1988-2008: 20 anos da Constituição Cidadã*. São Paulo: Imprensa Oficial do Estado de São Paulo, 2008.

HÄBERLE, Peter. *Nove ensaios constitucionais e uma aula de jubileu*. São Paulo: Saraiva, 2012.

HARADA, Kiyoshi. *Planos econômicos. Sua constitucionalidade ou inconstitucionalidade. ADPF. Efeitos jurídicos, políticos e econômicos*. Disponível em: <http://www.ambito-juridico.com.br/site/?n_link=revista_artigos_leitura&artigo_id=12063>.

LEITE, Fabrício Pitombo. *A desigualdade aumenta no Brasil pós-austeridade*. Disponível em: <https://www.cartacapital.com.br/blogs/brasil-debate/desigualdade-aumentou-no-brasil-pos-austeridade>. Acesso em: 22 jun. 2018.

MENDES, Gilmar Ferreira. *Curso de direito constitucional*. 8. ed. São Paulo: Saraiva, 2013.

MONTEIRO, Felipe Mattos; CARDOSO, Gabriela Ribeiro. *A seletividade do sistema prisional brasileiro e o perfil da população carcerária: um debate oportuno*. Disponível em: <revistaseletronicas.pucrs.br/ojs/index.php/civitas/article/download/12592/9689>.

MORAES, Alexandre de. *Direito constitucional*. 32. ed. São Paulo: Atlas, 2016.

NINO, Carlos Santiago. *Fundamentos de derecho constitucional*. Buenos Aires: Astrea, 1992.

RELATÓRIO Final da Câmara dos Deputados na Comissão Parlamentar de Inquérito destinada a investigar a realidade do sistema carcerário brasileiro. Disponível em: <https://www.conjur.com.br/dl/sistema-carcerario-brasileiro.pdf>.

RIOS, Cristina. Trabalho informal cresce com a crise. Disponível em: <https://www.gazetadopovo.com.br/economia/trabalho-informal-cresce-com-a-crise-bi1cuxnxfg73atcpzj5ypissu>.

TAVARES, André Ramos. *A desconstrução do Pacto Constitucional*. Relatório da Rede Social de Justiça e Direitos Humanos: Direitos Humanos no Brasil 2017. São Paulo: Outras Expressões, 2017, p. 147-56.

_____. Apresentação. In: Tavares, André Ramos (org.). *1988-2008: 20 anos da Constituição cidadã*. São Paulo: Imprensa Oficial, 2008.

_____. *Curso de direito constitucional*. 16. ed. São Paulo: Saraiva, 2018.

VIANNA, Luiz Werneck. *In*: TOSTA, Wilson. *'Tenentes de toga comandam essa balbúrdia jurídica', afirma cientista político*. Disponível em: <https://politica.estadao.com.br/noticias/geral,tenentes-de-toga-comandam-essa-balburdia-juridica-afirma-cientista-politico,10000095549>.

YAZBEK, Priscila. *O confisco da poupança poderia acontecer novamente?* Disponível em: <https://exame.abril.com.br/seu-dinheiro/por-que-o-confisco-da-poupanca-jamais-se-repetiria/, acesso em 22/06/2018>.

Informação bibliográfica deste texto, conforme a NBR 6023:2002 da Associação Brasileira de Normas Técnicas (ABNT):

TAVARES. André Ramos. A Constituição Desconsertada. In: BOLONHA, Carlos et al. (Coord.). *30 anos da Constituição de 1988*: uma jornada democrática inacabada. Belo Horizonte: Fórum, 2019. p. 133-147. ISBN 978-85-450-0595-7.

LINGUAGEM CONSTITUCIONAL, DENSIDADE JURÍDICA E INTERPRETAÇÃO: O CAMINHO AINDA NÃO TRILHADO

Daniel de Souza Lucas
Carlos Bolonha

1 Introdução

Este artigo pretende, em especial, fazer uma reflexão sobre a abertura do Direito que tem como marco temporal a promulgação da Constituição de 1988. Uma constituição comprometida com a "restauração" do federalismo e a descentralização do poder governamental, uma constituição que, segundo Celina Souza (2005, p. 109), estaria comprometida com a superação do descaso que o regime anterior demonstrou para com os dispositivos e constrangimentos constitucionais que deveriam limitá-lo.

Esse marco temporal é significativo por que permite verificar dois movimentos de ruptura com a ordem anterior que hoje estabelecem uma assimetria no direito: (i) a constitucionalização de políticas públicas que muitas vezes inviabilizam correções de desvio, e (ii) a banalização do processo de determinação do sentido e alcance das expressões do Direito que diminuem a previsibilidade do direito e tornam o conjunto de interpretações constitucionais e institucionais ininteligíveis *a priori*, exigindo uma incessante atuação de quem tem a *última palavra*.

Quanto ao primeiro dos dois movimentos, resta claro que a intenção de tornar a Constituição de 1988 a mais detalhada de todas as constituições brasileiras – por meio de princípios, regras, direitos e um amplo leque de políticas públicas – não foi suficiente para garantir que, efetivamente, retrocessos não acontecessem por vontades infraconstitucionais.

Quanto ao segundo movimento insta ressaltar a evolução doutrinária da hermenêutica ao longo desses trinta anos, sempre muito voltada ao indivíduo e ansiosa por responder à pergunta: "como *eu* decidiria o caso, se fosse o tomador de decisão?". Teorias como o pós-positivismo, o neo-constitucionalismo e, mais modernamente, o novo constitucionalismo latino-americano suprimem o que Sunstein e Vermeule (2003, p. 949) consideram o mais importante: *regras derivadas da interpretação*, conhecidas no direito norte-americano como *interpretative rules* são produzidas por práticos, em vez de teóricos. E a disputa entre esses práticos deve ser resolvida por meio de um critério: qual dos práticos detêm a maior capacidade institucional?

A capacidade institucional é o conceito central de uma teoria que reconhece as instituições democráticas como as responsáveis pela eficácia do plano normativo-constitucional e busca coordená-las na consecução de suas missões. Essa proposta de institucionalistas como Sunstein e Vermeule (2003) se mostra complexa e dinâmica, porque pretende conciliar o contexto jurídico das competências constitucionalmente asseguradas às instituições com o contexto político das interações entre elas (DE ALMEIDA; RANGEL, 2012, p. 04).

Um aspecto que se pretende destacar, e que é o objeto deste artigo, é a assimetria entre o grau de detalhamento da constituição brasileira – que acaba por definir expectativas normativas quanto à forma de intervenção estatal na esfera individual, na vida em sociedade, na economia e etc. – e o grau de generalidade da linguagem e dos procedimentos desenvolvidos doutrinariamente para interpretar a constituição. Se por um lado, em comparação às constituições anteriores, a Constituição de 1988 optou por expandir o rol de atores aptos a exercer algum tipo de controle sobre os três níveis de governo – isso se deu, por exemplo, por meio do aumento das competências dos poderes Legislativo e Judiciário e do reconhecimento da legitimidade dos movimentos sociais e organismos não governamentais para o controle (SOUZA, 2005, p. 110); por outro, ela não sistematizou a forma de exercício desse poder de controle dando espaço para sobreposições ou lacunas que acabam enfraquecendo a participação dos diversos atores e, consequentemente, o controle que eles são capazes de realizar.

A hipótese deste artigo é a de que deferência e capacidade institucional possuem forte relação com as ideias de autoridade prática e teórica no direito, sendo possível operacionalizar a Teoria das Capacidades Institucionais a partir da identificação de qual tipo de autoridade está em jogo. Pretende-se explorar a tese de acordo com a qual haveria um problema de coordenação entre aqueles que integram o *círculo de intérpretes* da constituição. E isso porque as reflexões da teoria constitucional alemã da segunda metade do século XX – reflexões de ordem normativa como as de Hans Kelsen, de ordem fenomenológica como as de Konrad Hesse, de ordem interpretativa como as de Peter Häberle, de ordem deliberativa como as de Jürgen Habermas e de ordem argumentativa como as de Robert Alexy – influenciaram fortemente os doutrinadores brasileiros a considerar como o principal elemento a ser equacionado na relação entre norma constitucional e democracia o plano limitado de exercício formal dos atos e decisões de instituições isoladamente consideradas, em particular, do Tribunal Constitucional (DE ALMEIDA; RANGEL, 2012, p. 08).

O objetivo do artigo é ofertar razões para afastar a tese de que seria necessário, ou desejável, que alguém deste círculo de intérpretes tivesse a última palavra em assuntos constitucionais. Assim, explora-se a possibilidade de encarar a *última palavra* como o resultado de um procedimento de caráter plural em um sentido específico. A abertura do Direito à realidade ou necessidade social seria mediada pelo conjunto de instituições e seus agentes, e não por um conjunto de agentes de uma instituição.

Partindo da premissa de que qualquer raciocínio jurídico prático que tenha a pretensão de ser efetivo no futuro deve incorporar às premissas constitucionais de caráter programático ou abstrato premissas intermediárias que representam as reais possibilidades de intervenção estatal. Conclusões, premissas necessariamente operacionais, que ignoram ou desconsideram essas reais possibilidades que as instituições oferecem não são sólidas ou realistas o suficiente para extrapolar os limites da retórica.

E em termos teóricos? É particularmente importante para quem deseja, por exemplo, a efetiva incorporação do *pensamento de possibilidades* de Peter Häberle (MENDES, 2016, p. 34) que se incorpore ao direito brasileiro *mecanismos de democracia* como os propostos por Adrian Vermeule (2007) para que a interpretação constitucional seja o resultado de um procedimento desenhado para mitigar interpretações absolutas ou múltiplas em sentido divergente, o que é contraproducente quando se considera o agregado de interpretações cuja função é orientar os comportamentos e dizer o Direito.

É que como defendem Sunstein e Vermeule (2003), as instituições promovem a interpretação da Constituição e das normas infraconstitucionais considerando suas *reais* capacidades em oposição às correntes perfeccionistas que tradicionalmente alocam no Judiciário a legítima prerrogativa de dar sentido aos dispositivos constitucionais (DE ALMEIDA; RANGEL, 2012, p. 10). Assim, da tensão entre a linguagem constitucional e a densidade das normas que podem ser extraídas dessa linguagem, ganha relevo o debate acerca da interpretação em si, enquanto resultado de um processo, e da atuação dos intérpretes.

Mas não é qualquer tipo de intepretação que interessa aos propósitos do artigo. A interpretação que tem por escopo ressignificar uma norma em razão das circunstâncias do caso concreto, sem a pretensão de produção de efeitos além das partes em litígio em clara pretensão retrospectiva não interessa aos propósitos do artigo. O Poder Judiciário tem a última palavra nesse tipo de interpretação que procura restabelecer um equilíbrio, e não orientar os comportamentos futuros.

De maneira diversa, aquelas interpretações que, por exemplo, têm por escopo ressignificar uma norma *in abstrato*, esclarecer ou explicar uma lei pré-existente ou declarar a constitucionalidade de uma norma, com a pretensão de orientar os comportamentos ou produzir efeitos para além das partes em litígio em clara pretensão prospectiva é o que interessa aos propósitos desse artigo. Interpretações que se projetam no futuro como aquelas feitas em Ações Diretas de Constitucionalidade, Recursos Extraordinários, Instruções Normativas, Resoluções e congêneres são o tipo de interpretação que se deve ter em mente ao longo das próximas seções.

Assim, a primeira seção apresenta a constante tensão derivada da opção por "detalhar" a constituição, ou seja, a opção por dar menos espaço aos poderes constituídos. E fazer uso de uma "linguagem constitucional", linguagem essa que, como destacam Luís Roberto Barroso e Ana Paula de Barcellos (2003, p. 162), é própria à veiculação de normas principiológicas ou esquemáticas, mais abstratas e menos densas juridicamente que conferem à constituição adaptabilidade à realidade ao custo da concessão de um significativo espaço de discricionariedade ao intérprete. A segunda seção chama a atenção para o caminho ainda não trilhado dentro da doutrina brasileira da interpretação, mitigar a supremacia do Judiciário conformando um procedimento capaz de coordenar, e integrar, às interpretações constitucionais as interpretações institucionais.

2 O lugar-comum da linguagem constitucional, da densidade jurídica e da interpretação

Como bem chama a atenção Barroso e de Barcellos (2003, p. 162), as normas constitucionais são normas jurídicas às quais os conceitos e elementos clássicos da interpretação em geral são aplicáveis. Mas, os autores chamam a atenção para determinadas especificidades que singularizam esse tipo de norma e acabam repercutindo nas possibilidades de interpretação, sendo elas: a superioridade jurídica, a natureza da linguagem, o conteúdo específico e o caráter político. Sobre a natureza da linguagem, o primeiro aspecto que se pretende destacar nessa seção, os autores aduzem que:

> A natureza da linguagem constitucional, própria à veiculação de normas principiológicas ou esquemáticas, faz com que estas apresentem maior abertura, maior grau de abstração e, consequentemente, menor densidade jurídica. Cláusulas gerais e conceitos indeterminados conferem à Constituição uma adaptabilidade às mudanças operadas na realidade e ao intérprete um significativo espaço de discricionariedade. (BARROSO; DE BARCELLOS, 2003, p. 162)

E isso chama a atenção para dois pontos que são sensíveis à tese que se defende. Primeiro, se o constituinte teve a clara intenção de restaurar o federalismo e a descentralizar o poder governamental, por que concentrar isso no *intérprete*, tratado como uma entidade singular e abstrata à semelhança do *legislador racional*? Se a racionalidade intrínseca desse legislador idealizado pode ser questionada e superada, por que não questionar a racionalidade intrínseca desse intérprete? Em que essas figuras se distinguem? Em razão da *razoabilidade,* e não racionalidade, de seu discurso? Em razão da sua maior habilidade no uso do *ethos*, do *patos*, e do *logos*?

Segundo, a ruptura com a antiga ordem não envolvia, exatamente, a redução do espaço de discricionariedade? Não é a discricionariedade apontada como a principal fraqueza do positivismo em relação ao pós-positivismo? A discricionariedade exercida pelo legislador é diferente da discricionariedade exercida pelo intérprete? Por que a discricionariedade é vista de forma tão negativa? Ela está inexoravelmente associada ao decisionismo ou a discricionariedade pode ser exercida de maneira comprometida?

A crença de cada um pode conduzir a respostas diferentes em uma ou outra pergunta, mas um núcleo comum tende a gerar o seguinte acordo: uma "codificação por princípios", ou seja, um extenso número de cláusulas principiológicas e esquemáticas formuladas em linguagem aberta não atribuem a qualidade de "detalhada" a uma constituição. A Constituição de 1988 não é a mais detalhada, é a mais extensa. E, assim como na experiência dos sistemas jurídicos mistos,[1] princípios dão margem a decisões judiciais de *estreitamento* das interpretações possíveis, ou seja, de discricionariedade "comprometida", decisões sistemáticas que se aproximam de regras e conseguem orientar no futuro os tribunais subsequentes e também os jurisdicionados (PALMER, 2012, p. 44).

O que dizer da ideia de densidade normativa? Ela merece atenção por um detalhe em especial, a densidade jurídica é uma construção doutrinária que atribui *função normativa* à jurisprudência para a *integração* do direito. Essa função delicada e *excepcional* de extrair regra de princípio em função da *densidade normativa* do segundo, fortemente ligada à sua maior ou menor positivação no ordenamento segundo Ives Gandra Martins Filho (2016, p. 225), pressupõe que "tanto mais denso e de maior normatividade um princípio, quanto o *preceito constitucional ou legal* no qual estiver plasmado possuir *redação* que *incorpore positivamente os valores* por ele albergados" (MARTINS FILHO, 2016, p. 226).

Martins Filho (2016, p. 234) se mostra especialmente preocupado com os casos em que há baixa densidade normativa, porque, segundo ele, o intérprete se vê seriamente tentado a atuar como legislador. Para ele,

> A tentação do julgador, de dar a *maior efetividade aos princípios*, quando estes possuem baixa densidade normativa, impondo obrigações concretas, extraídas exclusivamente dos princípios, quando inexiste preceito de lei que preveja a obrigação, é real e instigante. No entanto, gera no sistema uma *proteção fictícia* e uma *insegurança jurídica* que não compensam a supervalorização do princípio. (MARTINS FILHO, 2016, p. 234)

Por que Martins Filho enxerga um aumento da insegurança jurídica e uma ficta proteção no exercício dessa função normativa pelo Poder Judiciário? É possível levantar algumas hipóteses que responderiam a pergunta, mas aquela que, por afinidade temática, se mostra mais útil ao artigo é a que defende que o *intérprete*[2] ao exercer, ainda que subsidiariamente, o papel de criador de regras, acumula a autoridade de intérprete da constituição com o exercício de poder legislativo (VIEIRA, 2008, p. 441). Essa hipótese de acumulação das funções adjudicatória e legislativa, de cunho institucional, ventilada nos vinte anos da Constituição parece cada vez mais atual, sendo hoje, aos trinta, mais ostensiva em função do novo Código de Processo Civil que estendeu aos outros tribunais prerrogativas similares.

A natureza da linguagem, principalmente no âmbito constitucional, e a ideia de densidade normativa incentivam a assunção de que a interpretação

---

[1] De forma introdutória, sistemas mistos são uma forma híbrida que assimila elementos de duas grandes famílias jurídicas, *common law* e *civil law*. São exemplos de sistemas jurídicos mistos: África do Sul, Escócia, Porto Rico, Filipinas, Israel, Quebec no Canadá e Louisiana nos EUA.

[2] Usa-se o termo no singular para destacar a ideia um pouco fora da moldura de que o *intérprete,* aquela ideia de entidade singular e abstrata que é constitucionalmente competente para dar a *última palavra* em assuntos constitucionais, à semelhança do legislador racional, faz parte de um clube exclusivo.

no direito deve assumir a premissa assumida pela literatura. Segundo Leonor Súarez Llanos:

> A premissa literária é de que o Direito não é um objeto físico ou lógico-formal capaz de ser descoberto em termos de demonstração e previsibilidade. O direito é narração. Portanto, a literatura é a maneira apropriada de conhecê-lo e reconstruí-lo. Porque quando nos referimos a ele, assim como quando contamos histórias, as causas se tornam razões e a verdade representacional e verificável transforma-se em "verossimilhança". (LLANOS, 2018, p. 352).

Ou seja, esses dois fatores teriam contribuído para a assunção generalizada do pressuposto de acordo com o qual a *vontade do autor*, constituinte ou legislador, perdeu importância em comparação à interpretação do *leitor* (LLANOS, 2018, p. 366), principalmente em função dos "capítulos de crise e renovações sucessivas, (...) [consequência] da incapacidade e/ou do desinteresse do Direito, do teórico, do dogmático e de seus juízes em (...) fazer justiça para as pessoas reais (LLANOS, 2018, p. 349). Aqueles que compartilham dessa visão estariam tentados a aceitar que: (i) soluções pós-modernas de interpretação encorajariam a justiça do caso, e não o universalismo e a imparcialidade, e que (ii) seria necessário desafiar o silogismo da aplicação do direito para desconstruir a ideia de que existam fatos objetivos que podem ser subsumidos (LLANOS, 2018, p. 364).

Mas é assim que deve ser? Essa é uma pergunta de difícil de resposta, sendo certo apenas que a *função mais típica e diuturna* no direito é a função *interpretativa. Entendida como aquela que orienta* juízes, advogados, procuradores, administradores e os jurisdicionados em geral na "arte de extrair da lei o seu sentido genuíno e compositor prévio dos conflitos sociais" (MARTINS FILHO, 2016, p. 225). Espera-se que a esta altura, em função do exposto, tudo esteja mais claro do que antes. É a expectativa que se tem acerca do interpretado que causa as maiores celeumas quanto ao acúmulo de funções na figura do intérprete.

A interpretação realizada irá incrementar a densidade normativa? Então ela tem o objetivo de esclarecer, explicar tornar claro um termo ou conceito que não pode ser ressignificado sem a superação de algum tipo de ônus. Esse tipo de interpretação de caráter prévio, como destacou Martins Filho, não é do tipo criativa, ela representa uma escolha institucional discricionária de uma possibilidade dentro do universo de respostas possíveis. No Direito Administrativo norte-americano, a *regra interpretativa* é a categoria desenvolvida para designar esse subconjunto de determinações que tem a pretensão de universalidade e são postas por agentes competentes para densificar normas pré-existentes (SUNSTEIN; VERMEULE, 2003). É que, por essência, essa interpretação é prospectiva, se projeta no futuro para regular comportamentos e resolver casos subsequentes.

A interpretação realizada excepciona a abstração do direito em nome da justiça ou identifica que alguma circunstância excepciona o resultado esperado? Então a equidade permite o ajuste das consequências jurídicas como defende Llanos (2018) com sua preocupação eminentemente retrospectiva. O que está em jogo é a promoção da justiça e não o ordenamento social, e é por isso que essa operação não exige universalidade. Ela não ingressa no conjunto de interpretações que produzem efeitos no futuro para além das partes em litígio. Ela não é uma interpretação que precise ser coordenada com as demais.

A falta de uma distinção forte entre a interpretação prospectiva e a retrospectiva provoca uma confusão de efeitos que é similar à confusão que se observa no recurso aos precedentes. Todo precedente é uma decisão judicial, mas nem toda decisão judicial é um precedente. O precedente tem a característica de produzir efeitos no futuro e essa produção de efeito não é uma vontade do tomador de decisão, é, em verdade, um compromisso do tomador de decisão com o sistema jurídico que necessita de algum grau de coordenação.

Então cabe a pergunta: é possível conciliar essas duas visões? Sim, quando se abandona a perspectiva do intérprete e adota a perspectiva do *círculo de intérpretes*. Ou, em outras palavras, quando se abandona o tipo de interpretação que está centrado no sujeito para adotar uma interpretação de caráter procedimental. De acordo com Gilmar Mendes (2016, p. 32), os últimos vinte anos foram marcados pela difusão dos sistemas de jurisdição constitucional em democracias recentes, sendo o pensamento de Peter Häberle, forte no sentido de fortalecer e consolidar o *arcabouço institucional* do Estado constitucional. Ele aduz que, especificamente no Brasil, muitos doutrinadores de renome adotaram a doutrina de interpretação pluralista e procedimental da Constituição a ser executada por um alargado *círculo de intérpretes* (MENDES, 2016, p. 33). Häberle propõe, e essa é a característica mais notável do seu pensamento, que integrariam esse círculo não apenas as autoridades públicas e partes formais nos processos de controle de constitucionalidade, mas também todos os cidadãos e grupos sociais. Como coordenar tudo isso?

3 O caminho ainda não trilhado

A seção anterior apresentou o lugar-comum da interpretação, alguns de seus pontos fortes e fracos que agora permitem introduzir o caminho que ainda não foi trilhado na doutrina da interpretação brasileira. Cass Sunstein e Adrian Vermeule (2003, p. 948-949) argumentam que questões de interpretação jurídica não podem ser resolvidas de maneira adequada sem que seja dada a devida atenção às questões de ordem institucional. Essa é uma crítica contundente aos dois lugares-comuns da interpretação jurídica destacados na seção anterior: (i) a defesa do formalismo, ou da subsunção dos fatos à norma; e (ii) a defesa do direito como integridade, ou a possibilidade de ressignificação das normas sem (quase) nenhum constrangimento ao intérprete.

Para os dois autores, desde o fim da segunda guerra mundial até os dias atuais, um grande número de teóricos explorou as diferentes estratégias interpretativas sem, no entanto, dar a devida atenção ao fato de que as estratégias elaboradas seriam inevitavelmente utilizadas por pessoas falíveis em processos decisórios cujos efeitos dinâmicos muito provavelmente se estenderiam para além do caso posto em questão. Um dos pontos abordados na seção anterior foi exatamente o da necessidade de fazer uma distinção forte entre interpretações que devem produzir efeitos no futuro e interpretações que só devem produzir efeitos para as partes.

O diagnóstico de Sunstein e Vermeule (2003, p. 949) demonstra que a responsabilidade pela *cegueira* dos teóricos em relação ao papel das instituições no processo de interpretação jurídica é a tentativa de dar uma resposta à pergunta errada. Em geral, a pergunta feita pelos teóricos, independentemente de sua orientação é a seguinte: "como *eu* decidiria o caso, se fosse o tomador de decisão?". E essa resposta deixa de fora a variável mais importante de todas: as interpretações prospectivas são realizadas em ambientes de incerteza por tomadores de decisão que são práticos, e não teóricos. Esses práticos estão sujeitos a uma margem de erro maior e, portanto, é pouco útil para eles uma teoria que pretenda determinar "como juízes perfeitos decidem os casos", uma vez que a verdadeira questão é "como juízes falíveis devem proceder de acordo com o seu lugar no complexo sistema de regulação?".

Retomando o pensamento de Häberle, como coordenar um procedimento plural, aberto e fundado na dúvida? Acredita-se que a resposta esteja relacionada com o tipo de autoridade que cada posição dentro desse procedimento plural e aberto confere ao participante do *círculo de intérpretes*, mas essa resposta ainda é prematura diante da complexidade do sistema de regulação. É preciso ter em mente que interpretações, em geral, ocorrem em três diferentes níveis: (i) um primeiro nível em que instituições constitucionalmente ou legalmente reconhecidas como produtoras e/ou aplicadoras do direito produzem atos normativos com fundamento em uma autoridade prática para estabelecer como *deve ser o comportamento no futuro*, esse é o caso das agências reguladoras, por exemplo; (ii) um segundo nível em que a interpretação do direito tem a pretensão de ser a *última palavra* de uma disputa concreta levada à instituição judiciária e que, ao final, será possível dizer como alguém *deveria ter se comportado no passado*; e, (iii) um terceiro nível em que a interpretação do direito, também feita pela instituição judiciária, tem o objetivo de orientar tomadas de decisão futuras e as demais instituições e jurisdicionados em suas relações jurídicas determinando como todos *devem se comportar no futuro*.

E como a autoridade poderia ordenar e coordenar esse processo? Funcionando como um elo entre a *Teoria das Capacidades Institucionais*[3] (CIs) e os práticos no direito. É que a autoridade é um elemento familiar aos práticos e útil aos teóricos, sendo uma noção relativamente simples de operar para indicar como os três poderes da República e os demais integrantes do círculo de intérpretes devem se relacionar.

---

[3] De maneira breve, essa teoria elaborada por Cass R. Sunstein e Adrian Vermeule (2003, p. 885-951) pretende oferecer razões para o Poder Judiciário a ser deferente ao Poder Executivo a partir do apelo à *real* capacidade que o Executivo possui para considerar todas as circunstâncias que estão questão, e assim produzir os melhores *efeitos dinâmicos* possíveis quando o que está em jogo são políticas públicas e questões regulatórias. Essa teoria, apesar de não defender explicitamente o aumento do número de intérpretes da constituição como faz Häberle, pode ser utilizada para a modelagem de um procedimento interpretativo que efetivamente leva em consideração o risco, a incerteza e a capacidade das instituições que devem concretizar o direito.

Veja que, em termos mais sistêmicos, espera-se que o Poder Judiciário, autoridade prática em assuntos adjudicatórios, seja capaz de resolver os problemas que emergem da constante tensão entre a generalidade das normas, impositivas em função da autoridade prática legislativa, e sua aplicação, a interpretação auto executável de uma autoridade prática administrativa. Qual autoridade prática prevalece? Por que razão? Como manter o tênue equilíbrio entre as autoridades dos poderes que a maioria das Constituições contemporâneas pretende promover?

Já em termos mais periféricos, a autoridade serve para conformar os agentes ao desenho institucional desejado. Por exemplo, o Poder Judiciário prevê que tribunais superiores têm o dever de estabelecer políticas judiciárias que levem em conta todas as circunstâncias em jogo para produzir os melhores *efeitos dinâmicos* possíveis. Por política judiciária entende-se o conjunto de iniciativas institucionais que pretendem promover uma atuação organizada e sinérgica dos diversos órgãos que compõem a estrutura do Judiciário. E assim também é no funcionamento do Legislativo e do Executivo.

O ponto de toque entre a teoria das CIs e a ideia de autoridade no direito é a deferência, quando a teoria das CIs estabelece que a instituição menos capaz em uma comparação empírica das capacidades deve ser deferente à instituição mais capaz, ela consegue conciliar às condições de exercício da autoridade no direito. Em qualquer processo, e com mais intensidade no processo judicial, a deferência nos moldes propostos por Vermeule (2016) pode ser entendida como a possibilidade da autoridade prática reconhecer e acompanhar, de forma justificada, a manifestação de uma autoridade teórica. Essa teoria consegue contornar o problema da delegação de uma autoridade prática de *última palavra*, polêmica que outras teorias não conseguem contornar.

Mas, como se reconhece uma autoridade como prática ou teórica no direito? Fábio Perin Shecaira (2017, p. 307) propõe que essa distinção seja feita nos seguintes termos: uma autoridade teórica dá razão para uma crença de natureza *factual*, ou seja, não prescritiva, enquanto a autoridade prática deve ser entendida de amplamente como aquela que dá razão para a ação ou crença sobre como agir. Esses termos estão apoiados em dois pressupostos: indivíduos sempre agem como acreditam que deveriam, desde que tenham chegado às crenças relevantes por meios racionais; e, a menos que se seja cético quanto à existência de *genuínas* autoridades, deve-se considerar que as crenças induzidas por outros, em certas circunstâncias, contam como crenças racionalmente adquiridas (SHECAIRA, 2017, p. 307-308).

É útil distinguir as diferentes autoridades nesses termos, porque é relativamente simples avaliar as manifestações e seu contexto para identificar prescrições e declarações factuais[4] dos intérpretes. Por exemplo, Shecaira (2017, p. 308) destaca

---

[4] O termo é entendido por Shecaira (2017, p. 308) como relacionado não somente ao que é empírico e não empírico, mas entre o que é prescritivo e não prescritivo.

que um meteorologista tem informações privilegiadas sobre como está o clima e sobre como ele estará no futuro. De maneira que são essas informações que levam o público a buscar suas previsões. Ao fazer sua previsão, o meteorologista assume que seu público compartilha certos interesses como, por exemplo, a de não serem pegos de surpresa pela chuva. E com base nessa suposição, ele se dedica a fazer prescrições. Ele sabe que as pessoas procuram sua opinião não porque desejam ser convencidos de que é ruim se molhar, mas porque eles querem saber se existe o risco de se molhar.

Trilhar esse caminho implica deixar em segundo plano a relação entre judiciário e legislativo, sempre central no debate nacional e formador de uma perspectiva de confronto do tipo diálogos institucionais em oposição à supremacia judicial. O problema do lugar-comum é que ele elege como principal critério de coordenação dos intérpretes a verificação de quem tem o poder de proferir a *última palavra* em determinada controvérsia constitucional, como se o fenômeno da interpretação tivesse apenas a dimensão de uma sequência de "atos consecutivos praticados entre poderes na solução de uma mesma controvérsia" (ALMEIDA; RANGEL, 2012, p. 07). O lugar-comum da interpretação é incapaz de lidar com as ideias de cooperação e sinergia.

4 Conclusão

É em função do caráter abstrato e orientador da interpretação com intenção prospectiva que se defendeu a tese de que a *última palavra* deveria ser o resultado de um procedimento decisório realizado no interior do círculo de intérpretes da constituição. Procedimento em que, mais do que dar voz a alguns intérpretes para que outros definam o que efetivamente importa ou não, implica uma análise séria e cuidadosa de todos os argumentos apresentados e do contexto em que eles estão inseridos. Um tipo de análise cujo desenvolvimento poderia constranger em certo grau a autoridade prática a assumir a posição mais bem fundamentada emitida por umas das autoridades teóricas.

Isso em substituição à tese de que há alguém no *círculo de intérpretes*, por ser o detentor da autoridade prática (competência), possui sempre a *última palavra* à revelia dos demais intérpretes. Ao explorar essa tese, significativamente mais complexa em função da necessidade de estabelecer coordenações entre os vários níveis de interpretação, restou claro que esse caminho não trilhado exige como condição para sua operacionalização que se aprofunde a compreensão teórica geral acerca dos tipos de autoridade no Direito, bem como exige que, para ser efetiva sua operação, se desenvolvam instrumentos práticos aptos a estabelecer e articular qual tipo de autoridade está em jogo em determinado momento. Isso aponta para uma fértil agenda de pesquisa no campo do Direito Constitucional.

Referências

ALMEIDA, Maíra V.; RANGEL, Henrique. Os efeitos sistêmicos na teoria institucional. In: Congresso Nacional de Pesquisa e Pós-Graduação em Direito. 2012.

LLANOS, Leonor Suárez. Literatura do direito: entre a ciência jurídica e a crítica literária. ANAMORPHOSIS – Revista Internacional de Direito e Literatura, v. 3, n. 2, p. 349-386, 2018.

MARTINS FILHO, Ives Gandra da Silva. Os princípios jurídicos e sua densidade normativa. **Revista ESMAT**, [S.l.], v. 5, n. 5, p. 219-240, set. 2016. ISSN 2447-9896. Disponível em: <http://esmat.tjto.jus.br/publicacoes/index.php/revista_esmat/article/view/79>. Acesso em: 30 jul. 2018.

MENDES, Gilmar Ferreira. A influência de Peter Häberle no constitucionalismo brasileiro. *Revista Estudos Institucionais*, v. 2, n. 1, p. 30-56, 2016.

PALMER. Vernon Valentine. (Ed.). *Mixed jurisdictions worldwide: The third legal family*. 2. ed. Cambridge University Press, 2012.

SHECAIRA, Fábio P. Legal arguments from scholarly authority. *Ratio Juris*, v. 30, n. 3, p. 305-321, 2017.

SOUZA, Celina. Federalismo, desenho constitucional e instituições federativas no Brasil pós-1988. *Revista de sociologia e política*, v. 24, n. 24, p. 105-122, 2005.

SUNSTEIN, Cass R.; VERMEULE, Adrian. Interpretation and institutions. *Michigan Law Review*, v. 101, n. 4, p. 885-951, 2003.

VERMEULE, Adrian. *Judging under uncertainty: an institutional theory of legal interpretation*. Harvard University Press, 2006.

_____. *Mechanisms of democracy: institutional design writ small*. Oxford University Press, 2007.

VIEIRA, Oscar Vilhena. Supremocracy. *Revista Direito GV*, v. 4, n. 2, p. 441-463, 2008.

Informação bibliográfica deste texto, conforme a NBR 6023:2002 da Associação Brasileira de Normas Técnicas (ABNT):

LUCAS, Daniel de Souza; BOLONHA, Carlos. Linguagem constitucional, densidade jurídica e interpretação: o caminho ainda não trilhado. In: BOLONHA, Carlos et al. (Coord.). *30 anos da Constituição de 1988*: uma jornada democrática inacabada. Belo Horizonte: Fórum, 2019. p. 149-159. ISBN 978-85-450-0595-7.

A DEGRADAÇÃO CONSTITUCIONAL BRASILEIRA

Daniel Vargas

1 Introdução

A celebração dos 30 anos da Constituição de 1988 chega com um gosto amargo. É cada vez mais frequente a perceção de que o Brasil vive uma crise constitucional. O primeiro sinal dessa crise é a luta carnal entre os três poderes, com a destituição de presidente de dois deles, um por *impeachment*, o outro por prisão. O segundo é a ascensão dos radicalismos de lado a lado, acompanhados da perda da fé nas instituições representativas.

Outra evidência incômoda está na maneira como o Judiciário se estapeia a portas abertas, sem ordem nem comando, em disputa aberta por interesse e protagonismo. Movido por essa circunstância, parte da academia entende que a solução para a crise brasileira exige uma escalada de rigor nos métodos de interpretação judicial, para separar, com mais clareza, o espaço de trabalho do direito e o espaço de trabalho da política.

Entendo, contudo, que o caos interpretativo é apenas mais um sintoma da doença democrática, do que sua verdadeira causa. A compreensão da crise constitucional brasileira exige o reconhecimento de fenômeno diverso: a *degradação constitucional*. Por degradação constitucional, refiro-me à perda gradual, constante e profunda da autoridade da Constituição de 1988 ao longo do tempo.

A Constituição de 1988 nasce no país como uma força viva que orienta a tudo e a todos. Torna-se, a partir de 2002, um horizonte principiológico e maleável, cujo verdadeiro sentido deve ser contruído pelo magistrado. Em 2007, converte-se, na prática constitucional, em estatuto de gestão das tarefas fixadas para distintos atores, obcecada com o tempo e a eficiência de suas ações. Até que, em 2014, ela se torna um verdadeiro zumbi, um corpo sem alma, em que o intérprete encontra espaço para defender a ideologia e os interesses que bem entender.

O propósito central deste ensaio é explicar como este processo erosivo ocorreu em etapas. Como cupim em madeira, entendo que a democracia brasileira foi comida por dentro. A casca do regime segue firme e reluzente. Mas o seu interior é oco, vazio de substância. Se e como conseguiremos resgatar a vitalidade da democracia constitucional no Brasil, isso é matéria para outra análise. Por ora, espero apresentar as bases desta nova percepção sobre a degradação do constitucionalismo brasileiro.

O desenvolvimento das ideias seguirá em etapas. A primeira apresentará conceito de cultura constitucional, como momento de um regime democrático mais abrangente. A segunda apresentará quatro momentos centrais do constitucionalismo nacional: o fundacionalismo (1988-2002), o construtivismo (2002-2007), o gerencialismo (2007-2014) e o ceticismo (2014 em diante). A parte final sugerirá visão integrada dos distintos momentos constitucionais.

2 Cultura constitucional brasileira

2.1 Cultura constitucional como método

O pensamento constitucional costuma compreender a cultura democrática de um país como bloco coerente, desenrolando-se em trajetória mais ou menos contínua e linear ao longo do tempo. Leis e votos, decisões jurídicas e movimentos políticos são interpretados como linhas de um mesmo novelo. A tarefa central da inteligência, nessa visão, está em reconstruir as linhas de coerência que conectam o desenrolar constitucional. E o papel do juízo está em saber decifrar e aplicar as normas de maneira consistente.

Essa perceção, compartilhada como axioma pelos professores de todo o mundo, desvia nossa atenção de particularidades relevantes que marcam o funcionamento de cada democracia. No Brasil, de 1988 a 2018, vivemos sob a mesma Constituição. Mas, ao mesmo tempo, neste período, o sentido real da Constituição mudou imensamente e, com ela, o funcionamento da própria democracia. A maneira como se compreende a democracia constitucional hoje é muito diferente do que compreendíamos em 1988.

Para enxergar as particularidades de um regime constitucional e suas mudanças ao longo do tempo, é importante aprender a ler as alterações na cultura constitucional. O que define a cultura constitucional é a percepção que as lideranças do regime possuem da (autoridade da) Constituição e de si mesmos. Por trás das regras e previsões formais do regime sobre como a democracia opera, a forma como os altos representantes gerem o seu funcionamento influencia sensivelmente a cara da democracia. É por isso que, na forma, a Constituição pode permanecer a mesma, enquanto, na substância, o regime mudou totalmente.

2.2 Momentos constitucionais

Um momento constitucional delimita período circunscrito de tempo em que uma cultura constitucional específica predomina. De 1988 a 2016, é possível distinguir a formação de quatro momentos constitucionais distintos no Brasil, cada um compartilhando traços de uma cultura particular.

I. O momento fundador — ou fundacionalismo — se inicia logo antes da aprovação da constituição de 1988 e prossegue até o ano de 2002, com a aposentadoria do Ministro Moreira Alves—o último membro do Supremo indicado pelo regime militar.

II. O momento construtivo — ou construtivismo — impera entre 2002 e 2009, quando o Supremo adota, como política institucional, o primeiro planejamento estratégico de gestão, com o intuito de "organizar" e orientar seu funcionamento.

III. O momento gerencial — ou gerencialismo — inicia-se em 2009 e segue até 2015. É neste momento em que o discurso da eficiência passa a ganhar ascensão no mundo jurídico e, de forma cada vez mais contundente, influencia a dinâmica da cultura jurídica.

IV. O momento cético — ou ceticismo — é o quarto momento constitucional, cujos primeiros indícios de nascimento estão na decisão do Supremo sobre o impeachment e nos atos subsequentes.

Em cada um destes momentos constitucionais, prevalece visão particular sobre a autoridade da Constituição e sobre como ela deve ser interpretada. É dizer: a maneira como a Justiça compreende a autoridade das normas constitucionais em uma democracia, e a maneira como compreende o seu papel de intérprete e aplicador das leis se altera.

Em análise análoga sobre o constitucionalismo norte-americano, Bruce Ackerman realizou a reconstrução das bases da democracia nos Estados Unidos. Para o professor de Yale, a história constitucional do seu país se subdivide em momentos constitucionais particulares, cada um deles marcados por um conjunto de valores preponderantes, que se sucedem em ciclos evolutivos cada vez mais inclusivos. A história da democracia, pensa Ackerman, caminha rumo ao progresso.

Contraponto a esta visão otimista é apresentado por Roberto Mangabeira Unger. Para o professor brasileiro, não existe uma cultura jurídica única, predestinada a conduzir o seu povo à salvação. O filme fidedigno da história das democracias constitucionais costuma não atingir o final feliz. Regimes constitucionais, como as pessoas, nascem, crescem e morrem. Ao longo do tempo, o ciclo se repete inúmeras vezes, como a história constitucional brasileira revela. No momento inicial, euforia. A euforia logo cede espaço à rotina, momento em que a burocracia intelectual e jurídica ganha prestígio e luta para ocultar as contradições que a experiência democrática produz. Até que o ato final se concretiza, com o fim do ciclo constitucional—antes de se começar um novo.

O talento de Ackerman reside em reconstruir, com maestria, a história constitucional americana, mesclando o melhor da teoria social, política e jurídica, com a análise jurisprudencial e histórica de mais alta qualidade. Os pés encharcados pela utopia democrática dos anos de 1970 nos Estados Unidos talvez ajudem a explicar o otimismo do autor. A originalidade de Mangabeira, por seu turno, consiste em trazer um pouco da crueza do mundo em desenvolvimento para o raciocínio na fronteira da academia global. Ler o Brasil — e grande parte do mundo — como passageiro de um trem da história rumo à Justiça, ainda que não seja essa a intenção de Ackerman, é satirizar a realidade do povo simples.

Creio ser possível, nestes 30 anos de democracia no Brasil, tentar uma reconstrução dos momentos constitucionais chave de nossa breve trajetória. À diferença de Ackerman, os ciclos de cultura constitucional que no país se sucedem parecem "andar para trás". Ou, ao menos, é altamente implausível defender a vocação cada vez mais inclusiva do constitucionalismo democrático brasileiro. À diferença de Mangabeira, espero sugerir compreensão interna ao regime constitucional brasileiro sobre o processo erosivo da vida do direito mata a alma, deixando o corpo vivo.

3 Momentos constitucionais

3.1 Fundacionalismo

O fundacionalismo é marcado por efervescência de aspiração cívica. O espírito utópico das marchas populares naturalmente contagia e contamina, em parte, a ação das instituições. Ainda que se possa dizer que a constituição brasileira não representa uma ruptura com o regime anterior, mas, ao contrário, organiza uma transição suave para a democracia, ainda assim, a força das manifestações e cobranças do povo inevitavelmente rechearam o debate e a ação do Congresso Nacional. O texto que resultou da Assembleia Nacional Constituinte tentou conciliar interesses das lideranças emergentes com receios e privilégios do regime anterior. Concluído o texto e iniciada a dinâmica política ordinária, contudo, o novo texto passa a orientar a ação das instituições políticas, incluindo o Congresso Nacional e o Supremo.

Os primeiros anos do novo legislativo foram marcados por uma alta fertilidade legislativa, não apenas em número de leis aprovadas, mas também no impacto dessas leis para a organização da república. Alguns poucos exemplos de normas aprovadas nos anos seguintes à Constituição de 1988 incluem a constituição do Sistema Único de Saúde, o regime de proteção das crianças e adolescentes, o Código de Defesa dos Consumidores, a organização da estrutura e funções do Ministério Público, o regime jurídico eleitoral, a organização dos órgãos de controle e do próprio funcionamento da Justiça.

O novo regime constitucional também teve efeitos sobre o funcionamento do Supremo. Nos trabalhos realizados pela Subcomissão do Congresso responsável pela revisão da Justiça, chegou-se a considerar a hipótese de criação de uma Corte Constitucional no Brasil, que substituísse o Supremo Tribunal Federal ou que operasse sobre ele. A ideia, contudo, foi abortada, em parte por resistência do próprio Supremo. Em que pese a decisão de manter a antiga Corte — e dos seus 11 ministros indicados pelo regime militar — o seu modo de ação evoluiu ao longo do tempo.

A partir da Constituição de 1988, o Supremo passa a dirigir sua atenção para o novo texto, não mais para a Constituição de 1967-9. Ganhou força, no pensamento jurídico e na prática judicial, a "doutrina brasileira da efetividade". Esta doutrina reconhecia a normatividade plena da nova Constituição, cuja implementação deveria ser dirigida pelo judiciário. O constitucionalista português José Gomes Canotilho, pai intelectual do projeto da "Constituição Dirigente", reforçou essa compreensão da normatividade carregada da Constituição de 1988. É nesse ambiente renovado que o Supremo é chamado agora a atuar.

São muitas as críticas sobre a desidratação da força normativa da Constituição levada adiante pelos ministros do Supremo "herdados" da ditadura militar. Moldados em outro contexto histórico, é natural que trouxessem consigo tendências — e eventuais vícios — consolidados ao longo de anos. Direitos sociais se converteram, na interpretação judicial, em normas programáticas. O mecanismo do mandado de injunção, originalmente instalado no texto da nova Constituição, foi reduzido a cinzas, em decisão que condiciona sua aplicação à regulamentação legislativa.

O que parecia um texto altamente "dirigente" torna-se um texto mais dirigente para o Executivo e para o Legislativo, porém menos para o Supremo. Este aparente desvio da rota mapeada pelo poder constituinte, contudo, também seguia o padrão da cultura constitucional que se instalava à época, segundo a qual a "autoridade" da Constituição residia na vontade popular, captada e consolidada no próprio texto da Constituição de 1988. A engenhosidade intelectual à época consistia em dizer, a partir do novo texto, o que a norma constitucional significava em cada caso. A interpretação judicial, neste ambiente, era tarefa relativamente estreita: ler os comandos contidos no texto constitucional para extrair o seu significado.

3.2 Construtivismo

A reconciliação entre a prática judicial e as palavras da Constituição foi se tornando cada vez mais tênue com o passar dos anos. A aposentadoria dos Ministros Moreira Alves e Nery da Silveira, os últimos ministros no Supremo indicados pelo regime militar, é um marco na mudança de orientação do Supremo. A partir de então, ganha alta credibilidade nova visão, até então periférica no constitucionalismo brasileiro, sobre a autoridade da Constituição de 1988 e sobre a autoridade da Corte. A fé no texto é matizada por princípios acessíveis pela razão. E o dogmatismo linguístico é substituído pelo construtivismo pragmático.

Para compreender a cultura construtivista, três características centrais do construtivismo pragmático merecem atenção.

Primeiro, diálogo constante entre os dois níveis normativos que caracterizam o regime democrático — o constitucional e o ordinário.

A interpenetração entre valores de distintos níveis é uma das diretrizes básicas do pensamento pragmático que ascendeu no início do século XX. A verdade ocupa a terra do meio entre a ideia e seus efeitos ao longo do tempo. Esta ideia agora chega com força à teoria e prática democrática e constitucional. Na Alemanha, por exemplo,

O giro pragmático é popularizado por Jürgen Habermas, ao examinar a relação simbiótica entre constitucionalismo e democracia. John Rawls e Ronald Dworkin, nos Estados Unidos, empreendem raciocínio similar: a integridade de Dworkin é a resultante pragmática de um constitucionalismo democrático dinâmico, e a razão pública de Rawls é o resultado da interação de razões articuladas por cidadãos racionais e razoáveis sobre sua visão de bem comum.

Para o construtivismo pragmático, o regime político opera sobre dois níveis normativos analiticamente distintos (o nível constitucional e o nível ordinário. Na prática judicial, contudo, estes dois níveis constituem-se redefinem-se reciprocamente. O sentido da constituição, por assim dizer, é função da prática política e jurídica ordinária combinados. Ao mesmo tempo que o sentido da prática política e judicial ordinários é conformada pelo sentido da constituição.

Segundo, o construtivismo contribui para dar consistência e legitimar prática reinante no judiciário.

O juiz, ao decidir um caso, nunca está apenas a "traduzir" acriticamente o sentido da norma. Em vários casos, na verdade, juízes funcionam como intermediários entre os valores superiores da ordem democrática e o caso concreto. Neste processo, sua ação contém inevitavelmente resíduo criativo, que deve ser exercido com sabedoria. Esta criatividade interpretativa, explícita em casos complexos, porém também perceptível em casos de rotina, é não apenas inafastável da prática judicial, como é frequentemente desejável para dar oferecer "coerência" à cultura constitucional. Para Rawls, por exemplo, a Suprema Corte é expressão da "razão pública" da democracia: quando aprecia casos constitucionais, está a mobilizar e oferecer os melhores argumentos para o bom funcionamento da democracia. Não há razão alguma para timidez do magistrado, quando seu ato criativo é parte do processo de realização da autoridade da Constituição.

Terceiro, o construtivismo confere ao Supremo a autoridade para avançar em novos temas até então reconhecidos como monopólio da política.

Um dos primeiros casos emblemáticos do construtivismo no país foi o julgamento da ADPF 45, de relatoria do Ministro Celso de Mello, sobre o direito à saúde no Brasil. Em seu voto, o Ministro Celso de Mello rejeita a natureza programática do direito à saúde, para afirmar sua prioridade sobre limitações orçamentárias. O que mais significativo, no caso, é como o Ministro fundamenta sua decisão contrastando doutrina do *cost of rights* com doutrina do *núcleo essencial* dos direitos fundamentais. Nenhum destes princípios, contudo, estão inscritos na Constituição, mas, como o voto reconhece, são implicitamente derivados do seu texto.

Desde então, a luta constitucional transmutou-se em luta construtivista. Visões distintas do pragmatismo penetram o pensamento acadêmico e a prática judicial brasileira. De um lado, populariza-se o construtivismo principiológico, tal como expresso no pensamento de Ronald Dworkin e John Rawls, ou na jurisprudência de valores alemã. A razoabilidade e a proporcionalidade, utilizadas na prática judicial, porém não sem desconforto, agora se convertem nas principais ferramentas de justificação das decisões. De outro lado, o construtivismo consequencialista, amadurecido pelas escolas de *law and economics*, torna-se cada vez mais influente no Brasil.

Para ambos, a autoridade da Constituição já não pode ser identificada apenas pela leitura do texto aprovado pela constituinte em 1988. Mas exige a atuação qualificada do magistrado para recorrer a princípios elaborados e fundamentados segundo visões distintas da realidade. A autoridade da Constituição agora se mistura com a autoridade do juiz. A particularidade de cada pragmatismo é que o principiológico quer explicar a linha de coerência que une as experiências históricas de um povo por processo deliberativo qualificado. Ao passo que, para o construtivismo consequencialista, o atalho para a compreensão do verdadeiro sentido da norma constitucional está na apuração dos seus melhores efeitos na experiência concreta.

3.3 Gerencialismo

O gerencialismo importa para a cultura constitucional princípios e ferramentas comuns à cultura empresarial, tais como missão, programas, metas e indicadores.

Esses recursos chegam ao direito por três vias complementares. Em 1998, a Emenda Constitucional nº 19 introduz o princípio da eficiência no artigo 37 da Constituição, que dispõe sobre a organização da Administração Pública no Brasil. Esta nova orientação foi gradualmente assimilada pelo Executivo, mais do que pelo Legislativo, e bem mais do que pelo Judiciário, que operava, em boa medida, à margem de qualquer forma de controle externo.

A criação do Conselho Nacional de Justiça (CNJ) pela Emenda Constitucional nº 45, de 2005, cria órgão de controle do Judiciário. Sua ação mais relevante, nos primeiros anos, consistiu em combater desvios morais na administração da Justiça, tais como o nepotismo na magistratura (Resolução nº 7 de 2005). Ao mesmo tempo, o CNJ dá os passos iniciais para criação de cultura de planejamento e eficiência na Justiça. Nasce o projeto Justiça em Números, que organiza as primeiras bases estatísticas para acompanhar o funcionamento da Justiça no país.

Momento chave para ascensão da cultura gerencialista no constitucionalismo brasileiro ocorre com a aprovação em 2009, pelo Supremo Tribunal Federal, do Planejamento Estratégico 2009-2013. O documento, deliberado pelo Pleno, afirma preocupação central da Corte com a gestão administrativa dos seus recursos e processos. O Planejamento Estratégico internaliza no Supremo e ajuda a disseminar no país o compromisso com valores tradicionais da cultura empresarial da gestão.

A separação tradicional entre as tarefas de gestão administrativa e de aplicação judicial agora se dilui. A maneira como a Corte funciona passa a ser visto como decisivo para sua autoridade e para a autoridade da própria Constituição.

As preocupações com o tempo ascendem ao centro das atenções rapidamente desde então. Novo Planejamento Estratégico, desta vez com validade de 5 anos, é editado pelo Supremo em 2015. Documentos anuais de prestação de contas passam a avaliar não apenas gastos, mas estoque e velocidade de decisão.

Entrevistas públicas de Ministros continuamente afirmam preocupação crescente com gestão dos trabalhos. Com o fundamento de conferir mais eficiência ao funcionamento do tribunal, abarrotado com processos de alta repercussão, o Supremo decide transferir, por resolução, competências do Plenário para as Turmas. E, em um dos momentos mais emblemáticos desta nova cultura, em seu discurso de posse em 2016, a bandeira central levantada pela Presidente Carmen Lucia foi a "eficiência" do Supremo. A nova meta é clara: cortar custos e tempo no processo decisório.

A ascensão da eficiência inspira trabalhos acadêmicos originais. Carlos Gouvêa, da Universidade de São Paulo, sugere leitura "corporativa" da Constituição de 1988. Assim como o estatuto de uma empresa, a constituição é o estatuto de nossa democracia. Preocupações com transparência e eficiência, portanto, são os critérios mais importantes que lhe definem. Toda a sua substância, por assim dizer, poderia ser alterada, se as circunstâncias da necessidade assim exigissem.

A ascensão gerencialista modifica a compreensão do constitucionalismo no país. Se a justiça tardia é injusta, tão ou mais importante que prestar a jurisdição constitucional, como manda a Constituição, é prestá-la rapidamente. A preocupação com os estoques infindáveis de processos judiciais à espera de uma decisão por anos — ou mesmo por décadas — modifica, na prática constitucional, a compreensão da autoridade da Constituição e do seu próprio papel como intérprete e aplicador dos seus ditames ao caso concreto. A decisão correta, porém ineficiente, equivale a decisão errada. Mais importante que prestar a justiça é decidir. Na linguagem popular, o ótimo é inimigo do bom.

O gerencialismo promove a horizontalização — e a diluição — do constitucionalismo. Os dos níveis normativos da democracia constitucional (o plano constitucional e o plano ordinário) são colocados em mesmo plano. A única precedência que existe entre eles agora é resultado de uma divisão de trabalhos que a prática judicial exige. O magistrado, ao decidir sobre o significado da Constituição, parametriza sua decisão na Constituição. Mas pouco importa, na prática, os fundamentos exatos da autoridade desta Constituição; o que, de fato, ela deve significar no caso concreto.

Do mesmo modo que uma empresa toma algumas decisões dentro dos limites do estatuto, e em outras decisões altera o estatuto, assim também ocorre (e deve ocorrer) com a democracia. Juízes, neste contexto, são guardiões da divisão de trabalho que serve ao propósito de harmonizar as expectativas sociais. Nada disso deveria causar qualquer culpa na ação dos tribunais, ao alterarem sua estrutura organizacional e dinâmica de funcionamento, reverem paradigmas com grande frequência. Tudo isso é natural — e bem-vindo a qualquer organização. É o que faz a AMBEV, a Coca-Cola e, por que não, também o Supremo Tribuna Federal.

3.4 Ceticismo

A decisão tomada pelo Supremo no processo de *impeachment* da Presidente Dilma Rousseff parece sinalizar o início de uma nova fase do constitucionalismo brasileiro. Nesta fase, a divisão de trabalhos entre os níveis constitucional e ordinário, presente em maior ou menor grau nos momentos constitucionais anteriores, desaparece completamente. A via ordinária se torna canal para, quando necessário, refazer a Constituição. A relação entre direito e política, do mesmo modo, desparece por completo. Tudo é direito. Tudo é política. São as circunstâncias que definirão se e quando a Constituição e o magistrado deverão entrar em ação.

O marco do ceticismo constitucional é provavelmente o processo de *impeachment* da Presidente Dilma Rousseff. O Supremo não soube compreender sua função na decisão sobre o *impeachment*. Permitiu que uma guerra ideológica, contaminada por interpretações variadas da Constituição e dos fatos, utilizassem o direito como arma da disputa política. Ao dirimir as controvérsias, o Supremo cuidou de fundamentar o que lhe parecia certo no caso concreto, porém ignorou que sua decisão, na prática, seria incapaz de "colar" o *apartheid* político e social que se formava no país.

O papel decisivo desempenhado pela Lava-Jato na formação de uma convergência nacional favorável ao *impeachment* da Presidente Dilma não pode ser desconsiderado. Em especial, a revelação ilegal de conteúdo de escutas telefônicas da Presidente Dilma com ex-Presidente Lula, e a publicidade de áudios com conversas particulares do ex-Presidente, serviram para atiçar a fúria popular contra o partido governista. O efeito político deste contexto foi construir base de suporte à decisão do Presidente da Câmara dos Deputados Eduardo Cunha para iniciar o processo de impeachment, e dos deputados para cassarem o mandato da Presidenta.

Desde então, decisões judiciais têm continuamente "remexido" velhas convicções sociais brasileiras. O Supremo autorizou a prisão após segunda instância, revendo posicionamento que prevalecia na Corte. Flexibilizou critérios de proteção trabalhista, afirmando a prioridade das convenções negociais sobre o mínimo legal. Declarou a constitucionalidade da PEC 241/55, que fixa um teto para os gastos públicos por período de 20 anos, limitando também possibilidades de avanço social pela ação estatal. Limitou radicalmente o exercício do direito de greve, determinando aos superiores responsáveis o corte de salários dos servidores grevistas. Individualmente, cada uma dessas decisões podem ser interpretadas como desvios da rota constitucional. No conjunto, acenam com clareza para uma direção "nova", em que os rumos do país são influenciados por ideologias e interesses momentâneos.

Esta nova direção também marca a diluição radical dos dois níveis de autoridade normativa que caracterizam a democracia constitucional. Talvez estejamos na iminência de uma mutação constitucional — em que novos padrões de moralidade pública passam a ser exigidos de todos os agentes públicos. Talvez estejamos vivendo um momento de exceção, que em breve passará. Ou talvez, entre uma coisa e outra, ingressamos em um ciclo em que o Supremo passa a agir não para garantir ou avançar determinados valores originais ou princípios caros à nova forma da "opinião pública", mas preocupa-se principalmente em safar-se, proteger a própria pele, contra eventual descalabro do regime.

Quando a "coesão" solidária se esvai, o fundamento de autoridade do regime não pode mais ser derivado da norma ou de princípios compartilhados racionalmente, mas deve ser encontrado nas expectativas políticas sobre como sua decisão interagirá com as demais instituições públicas, com a mídia, com os grandes interesses corporativos, com os agentes políticos e com a população em geral. Quando não parece ser mais possível conquistar a legitimidade pela substância e procedimentos justos, que pelo menos não sejamos abatido pela enxurrada do momento.

4 A degradação constitucional

A genealogia do declínio constitucional brasileiro revela a erosão do nosso constitucionalismo. Avançamos de um momento utópico e dirigente (como previsto no pensamento de J. Gomes Canotilho) para uma fase cética e conveniente. Este novo perfil do constitucionalismo também altera sensivelmente o papel dos juízes no país. De um momento inicial em que se percebem como "intérpretes" da lei, pois é na lei que reside a autoridade da norma, tornam-se agora "estrategistas" da lei, conforme as oscilações do vento e dos interesses e ideologias de plantão.

A erosão dos valores do constitucionalismo é mais do que um processo individual. Revela uma tendência histórica — ainda que circunscrita às particularidades de uma democracia grande e desigual como a brasileira — de declínio da força do direito constitucional. Para compensar o déficit crescente de autoridade da Constituição e, com elas dos seus intérpretes, novas táticas e técnicas de ação se formam. A transmissão ao vivo da deliberação no Supremo amplia a visibilidade e o prestígio dos ministros. O aumento da extensão dos votos dos ministros e das citações de doutrinas bibliográficas transmitem a impressão de esforço, conhecimento vasto e amparo científico. A presença contínua dos Ministros na mídia televisiva e impressa cria canal de comunicação direto da autoridade judicial com o povo, preparando o terreno para sua decisão ou influenciando a forma como ela será compreendida pela população.

Cada um destes fenômenos específicos que caracterizam a rotina de funcionamento do Supremo — a estrutura de organização, a extensão e qualidade das decisões, a publicidade e transparência, a participação frequente em programas de televisão e eventos sociais — podem ser compreendidos por como singulares e independentes uns dos outros. E cada Ministro provavelmente possui razões distintas para agir de seu modo. Tomados em conjunto, contudo, e interpretados à luz do processo de degradação constitucional, esses fenômenos ganham outro significado. São tentativas de complementar a autoridade pública que o texto constitucional e a serenidade da deliberação já não são capazes de oferecer. A força que já não existe na substância da Constituição agora clama por estratégias de complementação cada vez mais sofisticadas.

Existe uma causa para este processo de degradação constitucional? Creio que parte da resposta está em uma escolha que fizemos na transição constituinte. Na transição do regime militar para a democracia, escrutinamos a política, o Legislativo e o Executivo, mas não o Judiciáro e a cultura jurídica. O maior símbolo desta absolvição do direito pelos desmandos do regime anterior foi a manutenção, na Suprema Corte, dos mesmos onze ministros indicados pelo regime militar. Ainda que sua composição tenha se alterado ao longo dos anos, perdemos a oportunidade de sacramentar, no coração da cultura jurídica e das novas lideranças da Justiça, o compromisso profundo com a substância democrática que se inaugurava.

5 Conclusão

O ensaio sugeriu nova visão para a crise brasileira: a degradação do constitucional. Vivemos a euforia democrática em 1988 e, com ela, afirmamos o texto da nova Constituição como bússola do funcionamento do regime. Migramos, a partir de 2002, para novo momento constitucional: o construtivismo pragmático. O magistrado agora assume a tarefa não apenas de "ler" o texto constitucional, mas de preenchê-lo de sentido. No gerencialismo, a gestão eficiente e o tempo de decisão ascendem à primeira ordem de preocupação dos tribunais. O magistrado, assim como o CEO de uma empresa, vira um gestor eficiente dos recursos. Por fim, no ceticismo constitucional, a Constituição deixa de ser compreendida como âncora da democracia, para ser vista como uma entre outras ferramentas nas mãos de um estrategista institucional.

A erosão da democracia e do constitucionalismo pode ser observada na fragilização da cultura constitucional ao longo desse processo. A luz da Constituição, tão viva em um primeiro momento, vai decrescendo com o tempo. Para compensar o déficit de vitalidade constitucional, o magistrado modifica sua forma de comunicação com o país. Abandona o mosteiro de reflexão e decisão, e ingressa no campo de batalha da política. A forma democrática persiste, simpática e reluzente, anunciadas por mecanismos de comunicação cada vez mais efetivos. Mas a vida do constitucionalismo democrático, a força que inspira e anima o país a tentar conviver sob o mesmo teto e com base nas razões corretas, para realizar os benefícios da união, da diferença, da escala coletiva — esta respira com ajuda de aparelhos.

Rousseau sugeria que a liberdade pode ser conquistada e mantida, mas uma vez perdida, não pode ser restaurada. A erosão do constitucionalismo brasileiro sugere problema similar. O espírito da Constituição pode ser criado e mantido, mas agora, internada em estado grave, dificilmente poderá ser reconstruído simplesmente pela boa gestão judicial, por melhor que seja a sua técnica de interpretação. A técnica judicial é tão mais importante quanto mais sólido for o espírito de um regime. Quando o espírito desaparece, o que resta em seu lugar é apenas uma estrutura mórbida e onerosa que teima em caminhar entre nós.

Referências

ACKERMAN, Bruce. *We the People*, v. 1: Foundations. Cambridge: The Belknap Press of Harvard University Press, 1998.

_____. We the People, v. 2: *Transformations*. Cambridge: The Belknap Press of Harvard University Press, 2000.

_____. We the People, v. 3: *The Civil Rights Revolution*. Cambridge: The Belknap Press of Harvard University Press, 2014.

ARGUELHES, Diego W.; RIBEIRO, Leandro Molhano. Ministrocracia: O Supremo Tribunal individual e o processo democrático brasileiro. *Novos Estudos CEBRAP*, 2018, v.37, n.1, p.13-32.

BARROSO, Luís Roberto. A razão sem voto: o Supremo Tribunal Federal e o governo da maioria. *Revista Brasileira de Políticas Públicas*, v. 5, n. 2 (2015).

_____. Neoconstitucionalismo e constitucionalização do direito (o triunfo tardio do direito constitucional no Brasil). *Revista de Direito Administrativo*, v. 240, p. 1-42, 2005.

BERCOVICI, Gilberto. A problemática da constituição dirigente: algumas considerações sobre o caso brasileiro. *Revista de Informação Legislativa*, v. 142, 1999.

CANOTILHO, J. J. Gomes. *A Constituição Dirigente e a Vinculação do Legislador* – Contributo para a Compreensão das Normas Constitucionais Programáticas. Coimbra: Coimbra Editora, 2001.

DWORKIN, Ronald. *Freedom's Law*: The Moral Reading of the American Constitution. Cambridge: Harvard University Press, 1997.

_____. *Law's Empire*. Cambridge: Harvard University Press, 1986.

LEAL, Fernando. Seis objeções ao direito civil constitucional. *Revista Direitos Fundamentais e Justiça*, ano 9, n. 33; p. 123-165, Out/Dez. 2015.

MICHELMAN, Frank I. *Constitutional Authorship by the People*. 74 Notre Dame L. Rev. 1605 (1999).

_____. *Legitimacy, the Social Turn, and Constitutional Review*: What Political Liberalism Suggests. Critical Quarterly for Legislation and Law, No. 3, 2015.

POSNER, Ricard. *Economic Analysis of Law*. Cambridge: Aspen Law & Business, 2002.

_____. *The Constitution as an Economic Document*. 56 Geo. Wash. L. Rev. 4, 1987-8.

RAWLS, John. *Political Liberalism*. New York: Columbia University Press, 1993.

UNGER, Roberto Mangabeira. *What Should Legal Analysis Become?* New York: Verso, 1996.

Informação bibliográfica deste texto, conforme a NBR 6023:2002 da Associação Brasileira de Normas Técnicas (ABNT):

VARGAS, Daniel. A degradação constitucional brasileira. In: BOLONHA, Carlos et al. (Coord.). *30 anos da Constituição de 1988*: uma jornada democrática inacabada. Belo Horizonte: Fórum, 2019. p. 161-172. ISBN 978-85-450-0595-7.

AS CONFLITUALIDADES INTRÍNSECAS DA NORMA CONSTITUCIONAL[1]

Emerson Garcia

1 Premissas argumentativas

A norma constitucional é o resultado do processo intelectivo conduzido pelo intérprete, de natureza ativa e dinâmica, que tem por base, em caráter mediato ou imediato, a Constituição formal, ao menos nos sistemas que a adotam.

Ao analisarmos as distintas teorias da interpretação ou, de modo mais preciso, aquelas teorias que conferem a devida importância aos referenciais de natureza semiótica, constatamos que os enunciados linguísticos ou irão figurar como objeto da interpretação, permitindo que deles seja extraído o significado da norma, ou serão vistos como fonte exclusiva do significado normativo, que neles está ínsito, devendo ser tão somente conhecido pelo intérprete. Como se constata, no primeiro caso, o intérprete desenvolve um discurso interpretativo, sendo reconhecida a dicotomia entre texto e norma. No segundo, por sua vez, é realizado um discurso descritivo, baseado na rígida separação entre sujeito cognoscente e objeto cognoscido, no qual os referenciais de texto e norma se sobrepõem, ocupando o mesmo plano existencial.

O texto normativo é editado para se protrair no tempo, o que evidencia que se projetará sobre uma realidade potencialmente distinta daquela subjacente ao momento de sua edição. Além disso, é vocacionado à disciplina de situações concretas, cujas peculiaridades hão de influir no delineamento da própria norma que irá disciplina-las. As construções de Konrad Hesse[2] e Friedrich Müller[3] são bem sugestivas a esse respeito.

A norma *é* significado, obtido, pelo intérprete, a partir de significantes textuais sob a influência do contexto. Dwokin,[4] aliás, já evidenciara que "[l]*aw*

---

[1] O artigo que se oferece ao público condensa algumas das principais ideias expostas na obra de nossa autoria, intitulada *Interpretação constitucional. A resolução das conflitualidades intrínsecas da norma constitucional*. São Paulo: Atlas, 2015, finalista do 58º Prêmio Jabuti, da Câmara Brasileira do Livro, categoria direito.

[2] Elementos de Direito Constitucional da República Federal da Alemanha (*Grundzüge des Verfassungsrechts der Bundesrepublik Deutschland*). Trad. de Luís Afonso Heck. Porto Alegre: Sérgio Antonio Fabris Editor, 1998, p. 61-70.

[3] *Juristische Methodik, Band* I: *Grundlagen Öffentliches Recht*. Berlin: Duncker & Humbolt. 9. ed., 2004, p. 258 e ss.; *Discours de la Méthode Juridique (Juristische Methodik)*. Trad. de Olivier Jouanjan. Paris: Presses Universitaires de France, 1996, p. 186 e ss.; e Métodos de Trabalho do Direito Constitucional. 3. ed. Trad. de Peter Naumann. Rio de Janeiro: Renovar, 2005, p . 47 e ss..

[4] *Law's Empire*. 11ª reimp. Massachussets: Harvard University Press, 2000, p. 87.

is an interpretive concept", sendo necessariamente influenciado pelas exigências da realidade. A norma aqui referida ocupa uma posição intermédia entre o enunciado linguístico e a denominada *"norma de decisão"*, que oferecerá a solução para o caso concreto. A norma é individualizada após a superação das conflitualidades intrínsecas; a norma de decisão, por sua vez, pode ter sua formação condicionada à solução de conflitualidades extrínsecas (*rectius*: antinomias), presentes sempre que duas ou mais normas antagônicas entre si possam incidir sobre a mesma situação concreta.[5]

Considerando a concorrência de fatores extrínsecos e intrínsecos no seu delineamento, é possível afirmar que a norma constitucional não é propriamente interpretada, mas obtida com a interpretação:[6] o objeto da interpretação (*rectius*: objeto do pensamento)[7] é o enunciado linguístico textual (*obiectum affectum*); a norma, o seu resultado (*obiectum effectum*).[8]

Falar em *interpretação da norma* somente é uma opção viável se utilizarmos o significante *norma* no sentido de *texto normativo*, não como enunciado deôntico pronto e acabado, passível apenas de averiguação pelo intérprete.[9] O Poder Constituinte, em consequência, não é o autor da norma constitucional, mas, sim, do enunciado linguístico de natureza constitucional que a originou. O enunciado linguístico não é a norma, mas um dos fatores que concorrem para a sua formação, fator, aliás, de indiscutível relevância, em razão dos limites que estabelece para a atividade do intérprete,[10] interpondo-se entre a fonte de

---

[5] Em sentido contrário, afirmando que a norma se distingue do enunciado normativo por corresponder à solução de um caso concreto, vide: DE BARCELLOS, Ana Paula. Ponderação, Racionalidade e Atividade Jurisdicional. In: BARROSO, Luís Roberto (org.). A Reconstrução Democrática do Direito Público no Brasil. Rio de Janeiro: Renovar, 2007, p. 259 (260, 265-266). Em passagem posterior, no entanto, discorre sobre o conflito entre regras e princípios, que são espécies de normas (*op. cit.*, p. 281-286), e afirma que *"normas que realizam diretamente direitos fundamentais dos indivíduos têm preferência sobre normas relacionadas apenas indiretamente com os direitos fundamentais"* (*op. cit.*, p. 286). Ora, se essas normas podem coexistir e se projetar sobre a mesma situação concreta, é possível identificar um aparente engano no conceito inicialmente referido: afinal, podem existir normas que não correspondem à solução do caso concreto, já que passíveis de terem sua aplicação afastada de acordo com as circunstâncias do caso. O que regula o caso concreto é a norma de decisão, que pode ser antecedida por uma pluralidade de normas e estas por uma pluralidade de enunciados.

[6] Cf. TARELLO, Giovanni. *Diritto, enunciati, usi. Studi di teoria e metateoria del diritto*. Bologna: Societè editrice Il Mulino, 1974, p. 394; MODUGNO, Franco. *Interpretazione Giuridica*. Padova: CEDAM, 2009, p. 4-5 e 326-327; HAMON, Francis; TROPER, Michel; BURDEAU, Georges. *Manuel de Droit Constitutionnel*. 27. ed. Paris: L.G.D.J, 2001, p. 59; OST, François, *Retour sur l'interprétation*, in *Journal of Legal Interpretation (Reasonableness and interpretation)*. Münster: LIT Verlag, 2003, p. 127 (139); PERELMAN, Chain. *Les Antinomies en Droit. Essai de synthèse*, in PERELMAN, Chain. *Les Antinomies en Droit*, Bruxelles: Établissements Émile Bruylant, 1965, p. 392 (402-403); BUNG, Jochen. *Theorie der Interpretation: Davidson*. In: BUCKEL, Sonja, CHRISTENSEN, Ralph e FISCHER-LESCANO, Andreas (orgs.). *Neue Theorien des Rechts*. 2. ed. Stuttgart: Lucius & Lucius, 2009, p. 271 (282-283); ÁVILA, Humberto. *Teoria dos Princípios, da definição à aplicação dos princípios jurídicos*. 11. ed. São Paulo: Malheiros, 2010. p. 16, 22, 32, 33 e 60; e NEVES, Marcelo. *A Constitucionalização Simbólica*. São Paulo: Acadêmica, 1994, p. 79.

[7] Cf. WEINBERGER, Ota. The Norm as Thought and as Reality. In: MACCORMICK, Neil e WEINBERGER, Ota (org.). *An institutional theory of law: new approaches to legal positivism*. Netherlands: Springer, 1986 (reimp. de 1992), p. 31 (35).

[8] Cf. MODUGNO. *Interpretazione...*, p. 46; e CANOTILHO, J. J. Gomes. e MOREIRA, Vital. Fundamentos da Constituição. Coimbra: Coimbra Editora, 1991, p. 47.

[9] Cf. GUASTINI, Ricardo. *Das Fontes às Normas* (*Dalle Fonti alle Norme*). Trad. de BINI, Edson. São Paulo: Quatier Latin, 2005.

[10] Cf. CRISAFULLI, Vezio. Atto normativo. *Encíclopedia dell diritto*. Vol. IV (1959). Milano: Giuffrè, 2007, p. 238, §13.

direito constitucional e a norma. A respeito da distinção entre texto e norma, a nomenclatura utilizada é bem diversificada. Ferrajoli,[11] por exemplo, denomina o primeiro de *"enunciado"*, enquanto a segunda, que consubstancia o significado atribuído ao texto, é a *"proposição."*

A partir dessas singelas premissas conceituais a respeito do processo de interpretação constitucional, apresentaremos os lineamentos básicos das conflitualidades intrínsecas, incidentes a serem identificados e resolvidos pelo intérprete como parte indissociável do *iter* de individualização da norma constitucional.

2 Aspectos essenciais das conflitualidades intrínsecas

Etimologicamente, *conflitualidade* indica um estado de choque, de embate entre individualidades distintas. A *conflitualidade intrínseca da norma constitucional* nada mais é que a oposição de grandezas, identificadas pelo intérprete no curso do processo de interpretação, consideradas indispensáveis à individualização dos significados passíveis de serem atribuídos ao texto constitucional. Essas grandezas surgem a partir da interação entre texto e contexto e retratam as peculiaridades da linguagem, os valores concorrentes, os fins a serem alcançados pela futura norma e o modo de operacionalizá-la. Devem ser devidamente individualizadas, de modo que o intérprete identifique aquelas que têm preeminência, os significados que com elas se compatibilizam e, entre os significados possíveis, aquele que será atribuído ao enunciado linguístico objeto de interpretação.

A conflitualidade intrínseca, portanto, é um incidente, efetivo ou potencial, do processo de interpretação constitucional, que reflete a oposição entre grandezas argumentativamente relevantes, passíveis de influir na identificação de uma pluralidade de significados reconduzíveis ao mesmo enunciado linguístico. O intérprete deve necessariamente aferir a sua presença, tomando uma decisão a esse respeito no curso do processo de interpretação. Caso conclua pela existência da conflitualidade, o intérprete deve resolvê-la. Inclinando-se pela negativa, deve atribuir ao enunciado linguístico interpretado o único significado que lhe foi possível identificar.

Na medida em que a conflitualidade surge no curso do processo de interpretação, apontando para a oposição entre fatores intrínsecos, afetos à linguagem, ou entre fatores extrínsecos, como os que caracterizam a projeção do padrão deôntico na realidade, afigura-se evidente que ela antecede a individualização da norma constitucional. Em verdade, enquanto não resolvidas as conflitualidades e proferida a decisão final pelo intérprete, atribuindo um significado ao texto, não haverá norma propriamente dita. Conflitualidade intrínseca e norma mantêm entre si uma relação de antecedente e consequente.

---

[11] *Principia iuris. Teoria del diritto e della democrazia*. Vol. I. *Teoria della democrazia*. Roma-Bari: Laterza, 2007, p. 217.

Deve ser ressaltado, conforme observa Tribe,[12] que proposições de direito constitucional nem sempre encontrarão uma conexão imediata com o texto constitucional, sendo plenamente factível a existência de instituições e práticas que encontrem sustentação em fontes outras. Essa possibilidade não só é factível como recorrente em sistemas como o norte-americano, que encontra sua pedra fundamental em uma Constituição sintética com mais de dois séculos de vigência. O texto é a fonte primária, mas não exclusiva da normatividade constitucional. Embora seja exato afirmar que as normas jurídicas, a depender da concepção de *"fonte"* partilhada pelo operador do direito, podem apresentar origens tão diversificadas como os costumes ou a jurisprudência, nos sistemas do tipo europeu continental a preeminência tem sido atribuída ao direito escrito, formado a partir dos enunciados linguísticos aprovados pela autoridade competente e que demandam interpretação.

Em relação à posição secundária da jurisprudência nos sistemas do tipo europeu continental, não deve ser desconsiderada a constatação de Roscoe Pound,[13] direcionada aos sistemas de *common law*, mas perfeitamente generalizável, no sentido de que os órgãos legislativos, ainda que sejam considerados os mais qualificados, somente de modo intermitente realizarão um trabalho construtivo de criação do direito, o que torna não só inevitável, como imprescindível, a atuação dos tribunais. Daí a constatação de Dicey,[14] no sentido de que, nesses sistemas, o apelo aos precedentes é uma espécie de *"ficção"* por meio da qual a *"decisão judicial"* dissimula sua transformação em *"legislação judicial"*.

Enquanto os sistemas de *common law* são marcados pela força expansiva dos precedentes (*case-law*), objeto de consideração em todo e qualquer julgamento,[15] de modo que a sua *ratio decidendi*[16] estabelece uma diretiva jurídica geral e adquire força *erga omnes*,[17] sendo analogicamente aplicada a casos futuros,[18] nos sistemas de *civil law* os precedentes, apesar de ostentarem uma *"eficácia persuasiva"*,[19] são normalmente vistos como meras pontes de transição entre o texto e a realidade. Identificada a prevalência dos textos normativos postos pela autoridade competente

---

[12] *American Constitutional Law*. 3. ed. New York: The Foundation Press, 2000, p. 35.

[13] *Jurisprudence*. Vol. 1. New Jersey: The Lawbook Exchange, 2000, p. 7 e ss.

[14] *Introduction to the Study of the Law of the Constitution*. England: Elibron, 1902 (reimp. de 2005), p. 18.

[15] Cf. FARBER, Daniel A. e SHERRY, Suzanna. *Judgment Calls. Principle and Politics in Constitutional Law*. New York: Oxford University Press, 2009, p. 63 e ss.

[16] A *ratio decidendi* assume contornos descritivos, apontando o caminho conducente à decisão adotada no precedente, e prescritivos, vinculando os demais tribunais aos seus termos. Cf. McLEOD, Ian. *Legal Method*. 2. ed. England: MacMillan, 1996, p. 139 e ss.

[17] Cf. BRADLEY, A. W. e EWING, K. D. *Constitutional and Administrative Law*. 13. ed. Harlow: Pearson Education Limited, 2003, p. 12 e 366.

[18] Como ressaltado por Neil MacCormick, nenhum evento verificado na realidade é exatamente idêntico a outro, daí a conclusão de que os precedentes são sempre aplicados por analogia [*Particulars and Univers*, in BANKOWSKI, Zenon e MACLEAN, James (org.). *The Universal and the Particular in Legal Reasoning*. Hampshire: Ashgate Publishing Company, 2006, p. 3 (5)]. No mesmo sentido: ALEXANDER, Lary. *Precedent*. In: PATTERSON, Dennis (org.). *A Companion to philosophy of Law and legal theory*. U.S.A: Wiley-Blackwell, 2003 (reimp. de 1999), p. 503 (504).

[19] Cf. MODUGNO. *Interpretazione...*, p. 304.

e a ausência de uma tradição que outorgue aos tribunais o *munus* de criar o direito *ex novo*, é natural que os precedentes sejam contextualizados no plano do discurso técnico-argumentativo, como fatores de compreensão, sem força vinculante, do potencial expansivo de enunciados linguísticos preexistentes, que delimitam o alcance da norma a ser obtida pelo intérprete. É recorrente que possíveis interferências no processo de comunicação normativa, fruto das características dos enunciados linguísticos constitucionais (*v.g.*: ambiguidade, vagueza etc.),[20] sejam superadas com o recurso a pautas argumentativas adotadas nos precedentes, que são institucionalizadas no âmbito da ciência jurídica e contribuem para aumentar a determinação e a previsibilidade do conteúdo normativo da Constituição.[21] No extremo oposto, em que as características intrínsecas do sistema ou a própria tradição atribuem esse papel criativo aos tribunais, os precedentes sofrem uma análise mais detalhada, que começa pelo exato delineamento da situação fática, permitindo a definição do paradigma a que deverão ser associados os casos supervenientes, e se estende à própria interpretação da *ratio decidendi*, possibilitando a identificação do seu alcance. Além da importância dada à matéria fática,[22] a vinculatividade é o principal fator distintivo entre os sistemas.

Essa constatação, por certo, apresenta algumas nuances quando transposta para o plano constitucional, já que o Tribunal Constitucional, enquanto órgão responsável pelo delineamento final do direito posto, definirá o significado e o alcance da norma constitucional. A Constituição, como repetidamente se diz, é o que o Tribunal diz que é ou, na lúcida percepção de Rawls, o que o povo, agindo constitucionalmente por meio de outros poderes, permite que o Tribunal diga que é.[23] É possível que suas decisões produzam efeitos (1) *inter partes*, o que não chega a afastar a sua influência sobre as instâncias inferiores, sempre atentas ao que decidirá o Tribunal Constitucional; ou (2) *erga omnes*, o que costuma decorrer de disposição expressa do próprio sistema. Em ambos os casos, é intuitivo que suas decisões, ao resolverem situações específicas, serão estruturadas em enunciados linguísticos de *"terceira geração"*, que formarão uma sequência lógica com os enunciados de primeira e de segunda geração, consubstanciados, respectivamente, no texto constitucional e na norma constitucional obtida com o processo de interpretação. Os enunciados de terceira geração, a depender do seu grau de generalidade e do distanciamento temporal em relação às situações concretas que possam alcançar, também sofrerão a influência de fatores extrínsecos e poderão exigir que a individualização do seu sentido seja antecedida pela necessária resolução

---

[20] Cf. SCHAUER, Frederick. *An Essay on Constitutional Language*. In: LEVINSON, Sanford e MAILLOUX, Steven. *Interpreting law and literature: a hermeneutic reader*. Illinois: Northwestern University Press, 1988, p. 133 (133).
[21] Cf. ALEXY, Robert. Teoria da Argumentação Jurídica (*Theorie der Juristischen Argumentation*). Trad. de SILVA, Zilda Hutchinson Schild. São Paulo: Landy, 2001, p. 268.
[22] Cf. MACCORMICK, D. Neil; SUMMERS, Robert S. *Further General Reflections and Conclusions*. In: MACCORMICK, D. Neil e SUMMERS, Robert S. (org.). *Interpreting Precedents: A Comparative Study*. 3. ed. England: Dartmouth Publishing Company Ltd. e Ashgate Publishing Ltd., 1997, p. 531 (536 e ss.).
[23] O Liberalismo Político. Trad. de AZEVEDO, Dinah de Abreu. 2. ed. 2. imp. São Paulo: Ática, 2000, p. 288.

de outro conjunto de conflitualidades intrínsecas, ontologicamente semelhantes àquelas resolvidas no curso do processo de interpretação dos enunciados de primeira geração. Conquanto similar, esse processo se desenvolve posteriormente à individualização da norma constitucional, o que o contextualiza em momento distinto daquele considerado em nossa análise, que somente considera a transição dos enunciados de primeira para os de segunda geração.

Um exemplo bem sugestivo foi oferecido pelo Supremo Tribunal Federal, ao aprovar o Tema nº 678 com repercussão geral,[24] que limitou o alcance de uma súmula vinculante, *verbis*: *"a Súmula Vinculante 18 do STF ("A dissolução da sociedade ou do vínculo conjugal, no curso do mandato, não afasta a inelegibilidade prevista no §7º do artigo 14 da Constituição Federal") não se aplica aos casos de extinção do vínculo conjugal pela morte de um dos cônjuges"*. Nesse caso, o Tribunal limitou o alcance da súmula vinculante em razão de uma exceção não escrita, que comprimiu o potencial expansivo do seu texto. Tal exceção está teleologicamente comprometida com a funcionalidade da súmula vinculada, que é a de formação de hegemonias familiares, inclusive com a simulação de situações de divórcio ou de separação judicial.

Em decorrência da própria diversidade funcional da Constituição (*v.g.*: ordenativa, organizativa, limitativa, garantidora, procedimental, integradora, simbólica etc.),[25] é factível que suas normas sejam enquadradas em arquétipos amplamente variados, que assumirão contornos distintos conforme as condições de aplicação (*v.g.*: normas hipotéticas ou categóricas, conforme exijam, ou não, a presença de uma condição para a sua incidência), a natureza do comando (*v.g.*: normas prescritivas, permissivas, proibitivas ou meramente técnicas), os destinatários (*v.g.*: normas particulares ou gerais), a eficácia (*v.g.*: normas de eficácia limitada ou plena, conforme dependam, ou não, de integração pela legislação infraconstitucional); e o modo de resolução dos conflitos normativos (*v.g.*: regras e princípios). O ângulo de análise da norma constitucional em nada afeta a sua essência, conclusão algo óbvia ao observarmos que qualquer classificação pressupõe a existência do objeto classificado. Com abstração da classificação que possam receber, as normas constitucionais, quando delineadas a partir de uma Constituição formal, sempre serão o resultado de um processo ontologicamente idêntico, refletido em uma atividade intelectiva desenvolvida pelo intérprete, que, com os olhos voltados ao problema, principiará pela análise do enunciado linguístico textual, devendo apreender e considerar os distintos aspectos concernentes ao contexto, e alcançará, ao final, um significado, que será descrito

---

[24] STF, Pleno, RE nº 758.461/PB, rel. Min. Teori Zavascki, j. em 22.05.2014, DJ de 30.10.2014. Como ressaltado pelo Tribunal, "O que orientou a edição da Súmula Vinculante 18 e os recentes precedentes do STF foi a preocupação de inibir que a dissolução fraudulenta ou simulada de sociedade conjugal seja utilizada como mecanismo de burla à norma da inelegibilidade reflexa prevista no §7º do art. 14 da Constituição. Portanto, não atrai a aplicação do entendimento constante da referida súmula a extinção do vínculo conjugal pela morte de um dos cônjuges".

[25] Sobre as múltiplas funções jurídico-políticas da Constituição, vide: CANOTILHO, J. J. Gomes. *Direito Constitucional e Teoria da Constituição*. 7. ed. 8. tiragem. Coimbra: Almedina, 2010, p. 1438-1441; e FERREIRA FILHO, Manoel Gonçalves. *Aspectos do Direito Constitucional Contemporâneo*. 3. ed. São Paulo: Saraiva, 2009, p. 63-75.

em um enunciado linguístico normativo. As distintas classificações existentes nada mais são que uma pluralidade de pontos de vista externos em relação a um paradigma comum, a norma constitucional. Qualquer norma constitucional terá o seu significado determinado após a conclusão do processo de interpretação, em que poderão eclodir inúmeras conflitualidades intrínsecas, a serem resolvidas pelo intérprete como antecedente necessário à sua individualização. Assim ocorre por não ser possível atribuir aos enunciados linguísticos inseridos na Constituição formal uma natureza imanente, de modo que o seu enquadramento em uma dada classificação das normas constitucionais possa ser realizado *a priori*, antes mesmo da conclusão do processo de interpretação.

Ainda que a própria ordem constitucional se antecipe e atribua certa qualificação a um de seus enunciados linguísticos, isso em nada afetará a resolução das conflitualidades intrínsecas. Essa possibilidade é especialmente percebida em relação às normas de estrutura principiológica, não sendo incomum que a Constituição faça menção expressa a alguns princípios, que assumirão uma funcionalidade extremamente diversificada, como a de facilitar a penetração dos valores colhidos no ambiente sociopolítico; influir na interpretação dos demais enunciados do sistema; colmatar as lacunas existentes; estabelecer diretrizes comportamentais e servir de *standards* de juridicidade. Em situações dessa natureza, ao se deparar com o enunciado linguístico intitulado de princípio, caberá ao intérprete levar em consideração todos os fatores extrínsecos que concorrem para a densificação do seu sentido, resolver as conflitualidades intrínsecas que deles se desprendem e alcançar o significado que pode ser atribuído ao respectivo enunciado. A única peculiaridade existente é que os enunciados linguísticos que, *prima facie* e de modo provisório, ostentem natureza principiológica, apresentarão níveis de ambiguidade e vagueza bem mais acentuados que os enunciados normalmente relacionados às regras.

Ressalte-se que a classificação das normas constitucionais pode se mostrar útil na identificação das conflitualidades intrínsecas que ordinariamente surgem no processo de formação de algumas dessas espécies. Haja, ou não, um enunciado linguístico imediatamente encartado na Constituição formal, o que se observa é que as conflitualidades intrínsecas não se desvincularão do processo de interpretação. Especificamente em relação à atividade intelectiva voltada à individualização das normas implícitas, observa-se que a ausência de limites textuais imediatos tende a aumentar a afluência e a importância dos fatores extrínsecos que influirão no delineamento dos significados possíveis. Fatores extrínsecos e conflitualidade intrínseca terminam por se ampliar ou retrair de modo diretamente proporcional.

O intérprete deve desenvolver um processo intelectivo voltado à superação da conflitualidade intrínseca e ao consequente delineamento da norma. Esse processo, ainda que concebido em sua individualidade teórica, é caracterizado por uma pluralidade de opções metódicas, a serem consideradas de acordo com o seu efeito sinergético, vale dizer, os métodos de interpretação escolhidos hão de concorrer, simultaneamente, para a efetivação de um resultado comum. Métodos distintos podem concorrer para o delineamento de conflitualidades diversas e resultar em significados variáveis, daí a necessidade de compreender os distintos caminhos passíveis de serem percorridos pelo intérprete.

3 Requisitos das conflitualidades intrínsecas

Incidente que se manifesta no curso do processo de interpretação, a configuração da conflitualidade intrínseca exige a presença de três requisitos básicos: (1) unicidade de programa normativo; (2) unicidade de âmbito de incidência dos significados; e (3) significados divergentes.

A unicidade de programa normativo (*rectius*: base textual sobre a qual se desenvolve a interpretação) pode ser considerada o cerne da conflitualidade intrínseca. É justamente esse requisito que contextualiza a análise no plano intranormativo, no processo conducente à individualização da norma. Identificada a presença de mais de um programa normativo, com o desenvolvimento de interpretações paralelas, não propriamente confluentes, daí resultará a individualização de mais de uma norma constitucional, normas estas que podem coexistir em harmonia, apresentando uma concordância prática, ou serem incompatíveis entre si, ensejando o surgimento da antinomia.

A unicidade de âmbito de incidência dos significados (*rectius*: das normas potencialmente individualizáveis) indica que todos se referem a uma só e mesma norma, não a uma multiplicidade de normas originárias do mesmo programa normativo. Tais significados, na medida em que se projetam no mesmo âmbito temporal, espacial, pessoal e material, são alternativos, cabendo ao intérprete identificar aquele que dará origem à norma, compondo o seu conteúdo. Em consequência, ao programa normativo x há de corresponder uma única norma, ainda que múltiplos significados tenham sido cogitados pelo intérprete no decorrer do processo conducente à sua individualização.

Os significados divergentes apontam para a existência de "normas" potencialmente individualizáveis pelo intérprete e que se mostram incompatíveis entre si. Essa circunstância decorre da contraposição entre grandezas tidas como relevantes no curso do processo de interpretação (*v.g.*: de natureza linguística e axiológica) e que podem influir no surgimento de uma pluralidade de significados, todos reconduzíveis aos limites semânticos do texto. Não identificada a presença de uma variedade de significados possíveis, mas, sim, de uma unicidade de sentido, de conflitualidade intrínseca não se poderá falar. É importante ressaltar que o termo *"significado"* não é unívoco, sendo possível atribuir-lhe quatro noções distintas no âmbito da teoria da linguagem:[26] (a) significado como denotação de um termo – indivíduo ou conjunto de indivíduos aos quais o termo se refere ou aos

---

[26] Cf. LUZZATI, Claudio. *L'interprete e il legislatore: saggio sulla certezza del diritto*. Milano: Giuffrè, 1999, p. 7 e ss.

quais pode ser atribuído de modo verdadeiro;[27][28] (b) significado como conotação – conjunto de propriedades e de relações que permitem o conhecimento do objeto denotado, refletindo o entendimento a seu respeito; (c) significado como parte do sistema lexical – convenção que, no plano semântico, indica o sentido atribuído aos significantes linguísticos; (d) significado como prática contextual – modo de emprego dos significantes linguísticos por certos participantes do processo de comunicação.

Enquanto o significado denotativo assume contornos classificatórios e o conotativo apresenta feição nitidamente subjetiva, indicando o pensamento ou a intenção a respeito de algo, as duas últimas categorias se voltam para o conteúdo do enunciado linguístico enquanto instrumento do processo de comunicação, o que pressupõe a transmissão e o recebimento da informação. Em face da generalidade da comunicação normativa, é no plano lexical que deve ser buscado o significado dos significantes utilizados, não nas especificidades de cada grupo existente no ambiente sociopolítico.

A conflitualidade intrínseca será solucionada ao fim do processo de interpretação, o que se dará justamente com a atribuição de significado ao enunciado linguístico e consequente individualização da norma constitucional. Nesse momento, restarão superadas todas as divergências anteriormente verificadas e consideradas pelo intérprete.

Ressalte-se que a conflitualidade intrínseca, a exemplo da norma, ainda que se tome por base o mesmo enunciado linguístico da Constituição formal, pode assumir contornos distintos conforme a variação dos circunstancialismos de natureza espacial e temporal. Alteradas as circunstâncias, novas grandezas podem se opor, modificando as feições da conflitualidade, e novos significados podem parecer mais atrativos ao intérprete, dando ensejo ao delineamento de uma norma dotada de conteúdo distinto. Essa volatilidade ainda pode se tornar mais intensa quando o enunciado linguístico é interpretado não de modo abstrato, mas com os olhos voltados à resolução de um problema concreto.

Soma-se a isso o fato de as mutações constitucionais, ao permitirem a obtenção de novos significados a partir de antigos significantes, serão normalmente antecedidas pela necessária resolução de conflitualidades intrínsecas reais, que oferecem ao intérprete uma pluralidade de significados. Na medida em que o mesmo enunciado linguístico oferece sustentação a distintos significados, sendo conferida primazia àquele que mais se ajuste aos circunstancialismos do momento em que desenvolvido o processo de interpretação, afigura-se evidente que o intérprete tomou uma decisão, decidindo qual o sentido que iria preponderar.

A conflitualidade, no entanto, pode não conduzir a uma diversidade de significados quando a realidade do presente, que consubstancia o âmbito da norma, torne absolutamente inviável que se obtenha, a partir do mesmo enunciado

---

[27] As noções de verdadeiro ou falso somente se amoldam ao discurso descritivo, não ao prescritivo, prevalecente no âmbito das normas jurídicas.
[28] Cf. TARELLO, Giovanni. *L'Interpretazione della legge*. Milano: Giuffré, 1980, p. 202.

normativo, o antigo significado. Uma situação dessa natureza, embora plenamente aceitável no plano conceitual, dificilmente se harmonizará com o cotidiano da interpretação constitucional. Para que tal ocorra, é necessário vislumbrar, no antigo significado, uma total incompatibilidade com qualquer referencial atual de racionalidade e juridicidade. Isso, obviamente, somente ocorrerá em situações extremas de ruptura política. Nesse caso, apesar de temporariamente preservada a vigência formal do antigo texto constitucional, são rechaçados todos os sentidos que se harmonizem com o regime anterior e se distanciem do movimento revolucionário. Considerando que uma parte dos significados potencialmente reconduzíveis ao enunciado normativo, por razões ideológicas, é, a *priori*, considerada ilícita ou absurda, pode-se afirmar que a conflitualidade intrínseca real, não meramente potencial, deixa de ocorrer, já que não há escolha de significados à margem da racionalidade e da juridicidade. Somente nesse caso seria possível afirmar que o intérprete teve subtraído o seu poder de escolha entre o antigo e o atual significado.

Avançando na análise do terceiro requisito necessário à configuração da conflitualidade intrínseca, consubstanciado na presença de significados divergentes, todos reconduzíveis ao mesmo programa normativo, é necessário identificar que fatores concorrem para o seu surgimento, o que será objeto de análise no item subsequente.

4 Fatores que concorrem para o surgimento das conflitualidades intrínsecas

O primeiro fator, tido como intrínseco, diz respeito à estrutura léxica e gramatical do enunciado normativo, o que permitirá aferir a presença de ambiguidade ou vagueza, semântica ou sintática, nos significantes linguísticos interpretados. Como a linguagem, enquanto instrumento necessário à realização do processo de comunicação normativa, sempre se projetará em um dado contexto, indicando que o texto constitucional, em face de sua abstração e pretensão de permanência,[29] precisa ser constantemente descontextualizado (em relação ao momento de seu surgimento) e recontextualizado (em relação ao momento de sua aplicação), não é possível considerar os significantes linguísticos em uma dimensão atemporal. Essa constatação bem explica o porquê de as conflitualidades intrínsecas estarem frequentemente associadas à mutação constitucional.

É factível que a individualização daquilo que o povo considera um "corpo normativo ideal" tende a variar de geração para geração, consequência dos valores

---

[29] Cf. LEVINSON, Sanford. Designing an Amendment Process. In: FEREJOHN, John A., RAKOYE, Jack N. e RILEY, Jonathan (org.). *Constitutional culture and democratic rule*. Cambridge: Cambridge University Press, 2001, p. 271 (287).

que se desprendem do contexto e das aspirações e necessidades que a cada dia surgem e se renovam. A conexão existente entre as distintas gerações, necessária para o delineamento do alicerce cultural de qualquer povo, exige a combinação dos referenciais de identidade e diferença:[30] identidade para viabilizar a continuidade e assegurar o aproveitamento do "adquirido;" diferença para buscar a constante atualização dessa identidade à luz das peculiaridades do contexto. A Constituição formal não permanece indiferente a essa relação: sua identidade é assegurada com o respeito à indenidade dos seus significantes linguísticos, incluindo os limites interpretativos que oferecem; a diferença, por sua vez, é garantida ao torná-la permeável aos fatores extrínsecos, oferecendo novas possibilidades de significado que se mostrem mais ajustadas ao momento de sua interpretação. Assegura-se, assim, a permanência da ordem constitucional, que, longe de ser fossilizada, tem a sua identidade constantemente construída e reconstruída, de modo a preservar a individualidade de cada geração. Com os olhos voltados à separação entre texto e conteúdo, o primeiro estável, o segundo evolutivo, Lavagna[31] distinguia entre *"Constituição em sentido formal"* e *"Constituição em sentido substancial."*

O segundo fator ou, melhor dizendo, conjunto de fatores, não obstante interligado ao primeiro, possui individualidade própria. Diz respeito ao contexto. A relação de estrita dependência mantida entre o texto e o contexto, com influência direta na correlação entre significantes e significados, exige do intérprete a correta apreensão dos fatores que concorrem no delineamento da variável dinâmica dessa equação. O que se verifica, em verdade, é uma íntima ligação entre fatores intrínsecos, afetos à linguagem do objeto interpretado, que devem ser contextualizados com a necessária consideração de todos os fatores extrínsecos relevantes, e a individualidade que caracteriza esses últimos, contribuindo, mesmo, para a ampliação dos significados em potencial.

O contexto com o qual os significantes linguísticos devem interagir pode ser visto sob uma perspectiva dúplice, podendo assumir contornos linguísticos ou não linguísticos.[32] O contexto linguístico, por sua vez, pode ser dividido em puramente linguístico ou sistêmico.

O contexto puramente linguístico é integrado pelas especificidades da linguagem utilizada, fator que exerce influência direta na individualização dos significados. A linguagem utilizada na formulação do enunciado linguístico, se ordinária ou de propósitos específicos, influi no delineamento do respectivo significado, o mesmo ocorrendo em relação às subdivisões eventualmente existentes no âmbito de cada linguagem específica (*v.g.*: a terminologia própria do direito constitucional, do direito civil, do direito penal etc.). Ainda que a linguagem

---

[30] Cf. BARSHACK, Lior. Time and the Constitution. *IJCL*. V. 7. n. 4. Outubro de 2009, p. 553 (566).
[31] *Costituzione...*, p. 36.
[32] Cf. Wroblewski, Bánkowski e MacCormick, que preconizam a divisão entre contexto puramente linguístico, sistêmico ou ambiental (*The judicial application of Law*, Vol. 15 de *Law and philosophy library*. Springer: The Netherlands, 1992, p. 91); e OST, François, *Retour sur l'interprétation, in Journal of Legal Interpretation (Reasonableness and interpretation)*. Münster: LIT Verlag, 2003, p. 127 (139).

específica faça intenso uso de significantes característicos da linguagem ordinária, é necessário identificar em que situações o significado ordinário deve ser preterido em prol do técnico. É de todo relevante compreender o *acquis linguístico*, presente nas distintas convenções existentes no ambiente sociopolítico, o que permite sejam associados significantes e significados de modo a tornar possível a compreensão pelos participantes do processo de comunicação.

O contexto sistêmico, como deriva de seus próprios contornos semânticos, há de ser visto a partir da interação entre grandezas inseridas num mesmo plano existencial. Nessa perspectiva, é plenamente factível que certos enunciados linguísticos possam influir sobre o sentido de outros, o mesmo ocorrendo em relação à forma em que são dispostos na frase. Estruturada a frase, o seu sentido será inevitavelmente influenciado pelas demais frases inseridas no texto ou no sistema de textos. No plano normativo não é diferente. Termos técnicos, quando analisados em sua individualidade, podem receber sentidos em tudo destoantes daqueles que receberiam quando acompanhados de outros significantes linguísticos, colhidos na linguagem técnica ou ordinária. Os enunciados linguísticos, do mesmo modo, terão o seu significado influenciado pelos demais enunciados do texto, e este, por sua vez, por outros textos do sistema.[33]

Sob a epígrafe do contexto sistêmico estão igualmente incluídas as demais normas constitucionais, extraídas das fontes formais ou não formais do direito constitucional. Conquanto não estejam inseridas no mesmo plano existencial dos enunciados linguísticos ainda carentes de interpretação, essas figuras mantêm entre si uma relação de antecedente e consequente, o que faz surgir uma situação de dependência recíproca: enquanto a ratio *essendi* do enunciado é dar origem à norma, esta é construída sobre os balizamentos por ele estabelecidos. As demais normas de natureza constitucional devem ser necessariamente consideradas pelo intérprete em momento anterior à finalização do processo de interpretação. Com isso, rende-se homenagem ao postulado de coerência, evitando, tanto quanto possível, seja escolhido significado que comprometa a harmonia do sistema, precipitando a eclosão de conflitos normativos.

Por fim, o contexto não linguístico ou ambiental está associado à realidade propriamente dita, englobando todos os fatores circunstanciais existentes no momento em que deflagrado o processo de interpretação, bem como os valores que a partir deles se formam. Esses fatores apresentam feições extremamente variáveis, sendo certo que a interpretação tende a se aproximar de um referencial de completude argumentativa na medida em que o intérprete logre êxito em identificá-los e apreendê-los com a maior amplitude e intensidade possíveis. Fatores dessa natureza refletem o modo de interação entre texto e realidade, o que exige a correta apreensão do ambiente sociopolítico em que a futura norma

---

[33] Cf. WRÓBLEWSKI, Jerzy. Moral Values and Legal Reasoning: Some Aspects of their Mutual Relations. In: SADURSKI, Wojciech (editor). *Ethical dimensions of legal theory*. The Netherlands: Rodopi, 1991, p. 15 (23).

se projetará e os efeitos que produzirá nesse ambiente: no primeiro caso, exige-se o delineamento da base cultural que permeia toda a sociedade politicamente organizada, alcançando todos os valores que lhe dão sustentação; no segundo, o modo de interação da futura norma com essa base cultural, que alcança, igualmente, as suas expectativas políticas e econômicas.

Como se constata, o processo de interpretação não nasce e se desenvolve em um ambiente puramente teórico, indiferente ao seu entorno. Afinal, a ele se somam fatores de natureza nitidamente pragmática.[34] Como ressaltado por Häberle,[35] é necessário ter sempre presente a tríade *"Texten, Theorien und Praxis"*. Essa constatação bem ilustra a sentença de Patterson,[36] no sentido de que a *"interpretação sozinha não gera conhecimento."* A exemplo da linguística, que somente pode desenvolver-se se convenções intersubjetivas, colhidas na prática, permitirem a compreensão das palavras em um mesmo sentido, a interpretação não prescinde de fatores extrínsecos. Recorrer a uma interpretação asséptica, que surge e se desenvolve com a só consideração do individualismo do intérprete, é um "não início", já que desconectada dos demais fatores que concorrem para a formação do significado. O discurso dogmático-jurídico é, em si, um discurso sobre questões práticas. É, em consequência, também um discurso prático.[37]

O terceiro fator diz respeito à necessidade de estruturação da norma em harmonia com os fins a serem alcançados. Além da diversidade de fins que podem influenciar as opções do intérprete, a norma pode resultar em enunciados deônticos operativamente diversos, exigindo distintas posturas por parte de seus destinatários imediatos (*v.g.*: certos objetivos podem ser alcançados por atos comissivos ou omissivos). É necessário que o intérprete identifique os operadores deônticos passíveis de serem utilizados e busque escolher, com os olhos voltados ao fim pretendido, o que melhor assegure a aproximação entre texto e contexto.

O quarto fator encontra sua gênese no próprio intérprete. Aponta para a sua formação, humana e profissional, para a base ideológica que dá sustentação às suas ações e para os métodos de interpretação a que confira preeminência. É plenamente factível que métodos distintos de interpretação podem conduzir à ampliação ou à retração dos significados passíveis de serem atribuídos aos significantes interpretados, bem como que a pré-compreensão do intérprete pode ser decisiva em relação à maior inclinação por certos significados. As características do intérprete podem, igualmente, influir na manipulação dos métodos de interpretação, utilizados não para alcançar significados, mas, sim, para justificar significados escolhidos em momento antecedente à sua própria

---

[34] Cf. WROBLEWSKI, Jerzy; BÁNKOWSKI, Zenon; MACCORMICK, Neil. The judicial application of Law, v. 15 de *Law and philosophy library*. Springer: The Netherlands, 1992, p. 94.
[35] *Funktion und Bedeutung der Verfassungsgerichte in vergleichender Perspektive*, in *Europäische Grundrechte Zeitschrift* 32. Jg. Heft 22-23, 2005, p. 685 (685).
[36] *Law and Truth*. Oxford: Oxford University Press, 1999, p. 94.
[37] Cf. ALEXY, Robert. Teoria da Argumentação Jurídica (*Theorie der Juristischen Argumentation*). Trad. de SILVA, Zilda Hutchinson Schild. São Paulo: Landy, 2001, p. 320.

deflagração. Diversidade de métodos, utilização preponderantemente política, não jurídica, e, consequentemente, relatividade lógica dos resultados alcançados, são aspectos de decisiva influência no delineamento da norma.

O modo de conduzir o processo de interpretação, cuja estrutura é igualmente influenciada pelo contexto cultural, assume decisiva importância em relação ao modo como os distintos Tribunais Constitucionais veem a Constituição formal e a conduzem pelas nuances da realidade. Enquanto o *Conseil Constitutionnel* francês parece prestigiar uma lógica cartesiana, valorizando a precisão e a concisão, o *Bundesverfassungsgericht* alemão não raro observa a realidade estrangeira e recorre a monografias científicas, de modo a realizar a maior integração possível entre texto, teoria e prática.[38]

5 Planos de desenvolvimento das conflitualidades intrínsecas

A presença de conflitualidades intrínsecas não aponta para qualquer debilidade no sistema normativo. Indica, apenas, que, no processo de adjudicação de sentido ao texto, múltiplas possibilidades se abriram ao intérprete, o que pode ter decorrido exclusivamente de fatores de ordem linguística, da influência de fatores extrínsecos, inclusive de natureza axiológica e teleológica, ou por razões puramente operativas. Esses são os quatro planos de desenvolvimento das conflitualidades intrínsecas: linguístico, axiológico, teleológico e operativo.

É importante lembrar que a ordem constitucional, além de apresentar uma dimensão espacial, indicativa da esfera territorial em que projetará a sua força normativa, deve ser temporalmente contextualizada. Como já dissemos, essa constatação, por si só, permite intuir o seu constante desenvolvimento histórico, de modo a adaptar-se, sem a necessidade de constante modificação formal, aos circunstancialismos do ambiente sociopolítico.[39] É natural que a multiplicação de significados decorra diretamente desse desenvolvimento, que tende a ser potencializado em razão da pretensão de permanência que costuma acompanhar a ordem constitucional, exceção feita a algumas poucas que emergem de um processo revolucionário. Nessa linha, os mesmos enunciados linguísticos, conquanto formalmente invariáveis, devem dar origem a normas materialmente ajustadas a contextos que sofreram profundo realinhamento com o fluir do tempo. Novos contextos fazem emergir novos significados, que podem se contrapor entre si ou com significados pretéritos.

Debilidade, se houver, estará presente, apenas, nos fatores pré-normativos, que deixam de apresentar relevância após a individualização da norma. A

---

[38] Cf. HÄBERLE. *Funktion und Bedeutung...*, p. 685 (685-686).
[39] Cf. CRISAFULLI, Vezio. Disposizione (e norma). *Enciclopedia del diritto*. Vol. XIII (1964). Milano: Giuffrè, 2007, p. 195 (207); BEVILAQUA, Clóvis. *Teoria Geral do Direito Civil*. 7. ed. Rio de Janeiro: Livraria Francisco Alves, 1955, p. 43.

pluralidade de sentidos divergentes, quando contextualizada em momento pós-normativo, vale dizer, após a individualização das normas que os veiculam, que incidiriam, de modo divergente, sobre uma mesma situação, indica uma incoerência no sistema normativo. Nesse caso, cabe ao intérprete, utilizando-se das técnicas apropriadas (*v.g.*: a aplicação das regras da *lex superior*, da *lex specialis*, da *lex posterior derogat priori*, da *ponderatio* etc.), afastar a aplicação de normas já individualizadas, eliminando as incoerências existentes.[40]

A identificação dos distintos fatores que concorrem para o surgimento da conflitualidade intrínseca permite sejam compreendidos os múltiplos obstáculos a serem superados e as distintas decisões parciais a serem tomadas pelo intérprete até a decisão final, que atribui significado ao enunciado linguístico, com a consequente individualização da norma constitucional. Nesse *iter*, o intérprete passa por sucessivas séries de valorações e decisões, que alcançam a individualização (1) do enunciado linguístico a ser levado em consideração, o que inclui a verificação de sua validade, (2) do contexto com o qual interage, (3) dos valores a que deve atribuir preeminência, (4) dos fins a serem alcançados, (5) dos contornos operativos do futuro enunciado deôntico, (6) dos métodos de interpretação a serem empregados, e (7) do significado atribuído à norma constitucional.

Como se percebe, a necessária correlação entre o significado escolhido e o enunciado interpretado não autoriza seja encampada uma visão simplista de que a conflitualidade intrínseca, em verdade, se reduziria ao plano linguístico, materializada na vagueza e na ambiguidade inerentes à linguagem. É possível afirmar que existem duas categorias de significados. A primeira categoria, de natureza teórica, absorve todos os significados que a linguagem utilizada, consideradas as variantes possíveis do léxico e da gramática, permite sejam atribuídos aos enunciados linguísticos. São abrangidos por essa categoria, inclusive, os significados de todo dissociados da realidade, já que a análise realizada se desenvolve em um plano puramente teórico. A segunda categoria, por sua vez, alcança, apenas, os significados que se mostrem harmônicos com a realidade. Em outras palavras, somente irão transpor o círculo maior, de natureza teórica, e penetrar no círculo menor, de natureza teórico-pragmática, os significados que, à luz do contexto, sejam considerados viáveis pelo intérprete. Essa "viabilidade", por sua vez, sofre grande influência dos fatores extrínsecos, que permitem sejam identificados os significados potencialmente atribuíveis à norma, que podem apresentar, ou não, uma relação de superposição com o círculo dito "teórico". É factível que esses significados, tanto no plano qualitativo como no quantitativo, serão influenciados pela posição assumida pelo intérprete em relação aos referidos fatores, o que conduz à inevitável necessidade de resolução das conflitualidades intrínsecas.

---

[40] Cf. ALCHOURRÓN, Carlos E; BULYGIN, Eugenio. *Introducción a la metodologia de las ciencias jurídicas y sociales*. 1. ed. 5ª reimp. Buenos Aires: Editorial Astrea, 2006, p. 44.

Apesar de o principal plano de desenvolvimento da conflitualidade intrínseca ser o linguístico, os outros três terão influência decisiva na individualização do significado a ser atribuído ao significante interpretado.

Os enunciados linguísticos inseridos na Constituição formal, como se sabe, são mais sensíveis à influência dos valores colhidos no ambiente sociocultural, o que se manifesta tanto na sua elaboração, por iniciativa Constituinte, como no momento de sua interpretação. Essa permeabilidade é particularmente acentuada nas Constituições contemporâneas, prosélitas do pluralismo e da tolerância, o que exige a sua contínua compatibilização com os padrões ideológicos do ambiente. Observa-se, ainda, que a sensibilidade a esses valores é um indicativo da constante evolutividade da ordem constitucional, que, almejando a permanência, normalmente apresentará contornos formais que assegurem a sua mobilidade, permitindo a adaptação aos circunstancialismos subjacentes ao momento de sua projeção na realidade.

A Constituição, por consubstanciar "*a principal porta de entrada da política no direito*,"[41] deve acolher e refletir, tanto quanto possível, a base de valores existente no seu plano de incidência, o que é de vital importância para se assegurar a sua permanência e força normativa.[42] Não é por outra razão que a orientação política prevalecente à época tende a direcionar a interpretação constitucional,[43] daí surgindo normas politicamente alinhadas, não politicamente assépticas. Os padrões normativos infraconstitucionais, por sua vez, apesar de não serem avessos à influência de fatores extrísencos, em especial daqueles de natureza axiológica, não podem se distanciar dos valores encampados pela ordem constitucional. A norma constitucional atua como elemento fundante e propulsor de uma ordem de valores. As demais normas devem respeitá-la e contribuir para o seu desenvolvimento, com observância dos limites por ela estabelecidos, inclusive aqueles de natureza axiológica.

Em constituições compromissórias como a brasileira, em que valores aparentemente incompatíveis entre si, como livre iniciativa e função social da empresa são amparados pelo sistema, é factível que os significados passíveis de serem atribuídos à norma podem estar embasados em valores colidentes, de modo que a decisão do intérprete, em relação a qual deles deve ser prestigiado, terá grande influência no delineamento da norma constitucional.

---

[41] Cf. CANOSA USERA, Raul., *Interpretación Constitucional y Fórmula Política*. Madrid: Centro de Estúdios Constitucionales, 1988, p. 106 e ss. No mesmo sentido: MEIRELLES TEIXEIRA, J. H. *Curso de Direito Constitucional*. Rio de Janeiro: Forense Universitária, 1991, p. 274. Na síntese de Callies: "*direito e política se unem sobre o instituto da Constituição*" ("*Recht und Politik koppeln sich dann über das Institut der Verfassung*") – CALLIESS, Gralf-Peter. *Systemtheorie: Luhmann/Teubner*. In: BUCKEL, Sonja, CHRISTENSEN, Ralph e FISCHER-LESCANO, Andreas (orgs.). *Neue Theorien des Rechts*. 2. ed. Stuttgart: Lucius & Lucius, 2009, p. 53 (61).

[42] Nas palavras do Tribunal Constitucional espanhol, "*La Constitución es una norma cualitativamente distinta de las demás, por cuanto incorpora el sistema de valores esenciales que ha de constituir el orden de convivencia política y informar todo el ordenamiento jurídico*" (Sentença nº 9/1981, de 31.03.1981, BOE de 14.04.1981).

[43] Cf. PENSOVECCHIO LI BASSI, Antonino. *L'Interpretazione delle Norme Costituzionali. Natura, Metodo, Difficoltà e Limiti*. Milano: Dott. A. Giuffrè Editore, 1972, p. 57.

A Constituição e, consequentemente, a norma constitucional, sempre terão um ideal, uma teleologia, uma funcionalidade, produzindo certos efeitos no ambiente sociopolítico. Essa visão pragmática, que certamente norteia as decisões do Constituinte, influencia, em um segundo momento, as decisões tomadas pelo intérprete no curso do processo de interpretação. Cada uma dessas visões, na medida em que se distanciem no tempo, serão influenciadas por contextos diversos, linguísticos e não linguísticos, não sendo incomum que apresentem consideráveis distinções quando cotejadas entre si.[44]

Na resolução das conflitualidades intrínsecas que surgem no plano teleológico, não é incomum a invocação do argumento baseado no *"espírito da norma."*[45] Esse tipo de argumento, como é intuitivo, ostenta contornos multifacetários, sendo normalmente apresentado como indicando as características essenciais de um dado sistema normativo, o que inclui a sua base de formação, em especial a evolução histórica, os valores que dele defluem e a sua influência no ambiente sociopolítico.[46] Em um plano mais restrito, é possível afirmar que o *"espírito da norma"* ou, na perspectiva aqui tratada, o espírito do enunciado linguístico objeto de interpretação, reflete o modo como a norma individualizada pelo intérprete irá interagir com a realidade. Esse modo de interação irá se refletir justamente nos fins da norma, vale dizer, nos efeitos a serem produzidos.[47] Identificada uma diversidade de significados, cada qual produzindo um efeito específico no ambiente sociopolítico, o que demanda uma decisão por parte do intérprete, será necessário definir a base de sustentação do discurso interpretativo e, nesse particular, o argumento do espírito serve para demonstrar a coerência oferecida pelos significados possíveis. O *espírito* indica o *objetivo imediato* da norma, já que o *objetivo mediato* será sempre reconduzido à ideia de justiça.[48]

Argumentos de natureza consequencialista se enquadram no âmbito das conflitualidades que se desenvolvem no plano teleológico, influindo na escolha do significado a ser atribuído à norma constitucional. Nesse plano, a análise tende a oscilar entre os extremos da expansão do poder e da proteção da pessoa humana.

---

[44] Cf. MODUGNO. *Interpretazione...*, p. 137-138.
[45] Cf. BLACK, Henry Campbell. *Handbook on the Construction and Interpretation of the Laws*. 2. ed. St. Paul: West Publishing, 1911, p. 66 e ss.
[46] É esse o fio condutor da célebre obra de Roscoe Pound: *The spirit of the common Law*. New Jersey: Transaction Publishers, 1999. Tebbit, por sua vez, analisa a questão em termos mais amplos, afirmando que ou o *"espírito do direito"* aponta para a realização da justiça que dele se espera ou se assemelha à equidade, isso nos sistemas indiferentes à realização da justiça (*Philosophy of law: an introduction*. London: Routledge, 2000, p. 9-10). Contextualizando a questão no plano da interpretação bíblica, vide: HIRSCH JR. E. D.. *Contrafactuals in Interpretation*, in LEVINSON, Sanford e MAILLOUX, Steven. *Interpreting law and literature: a hermeneutic reader*. Illinois: Northwestern University Press, 1988, p. 55 (61).
[47] Cf. STORY, Joseph. *Commentaries on the conflict of laws, foreign and domestic: in regard to contracts, rights, and remedies, and especially in regard to marriages, divorces, wills, successions, and judgments*. Boston: Hilliard, Gray and company, 1834, §422.
[48] Remonta ao jurisconsulto *Celsus* a constatação de que *"saber as leis é compreender não as suas palavras, mas a sua força e poder"* ("*Scire Leges non hoc est verba earum tenere, sed vim ac potestatem*" – Digesto, Livro XXVI). Essa passagem, como acentuado por Simonds, já evidencia a distinção entre a letra e o espírito da norma (*Rational individualism: the perennial philosophy of legal interpretation*, Netherlands: Rodopi, 1995, p. 37).

Por fim, o significado que venha a ser delineado a partir do texto normativo, com influência dos valores prevalecentes e do fim a ser alcançado, deve ser agregado à forma pela qual a norma alcançará a realidade. É nesse momento que devem ser resolvidas as conflitualidades no plano operativo.

O intérprete, ao analisar os enunciados normativos de modo a aferir a natureza e a intensidade dos poderes outorgados a esses órgãos, terá que assumir uma postura em relação (1) à plena operatividade do poder objeto de análise; (2) aos reflexos de sua expansão ou retração no sistema em que inserido, mais especificamente quanto aos efeitos produzidos junto aos demais órgãos de soberania; e (3) ao modo de interação com os direitos fundamentais, que podem ser comprimidos com a sua expansão. Nesse plano, a conflitualidade intrínseca aflora em grande intensidade. Ao contrapor o poder ao próprio poder e, em um segundo momento, ao indivíduo, exige do intérprete uma intrincada série de decisões que permitam a observância do padrão de racionalidade exigido do processo de interpretação. O poder deve ser estruturado de modo a viabilizar o seu pleno exercício, sendo igualmente necessário assegurar a coexistência entre as distintas manifestações do poder estatal, evitando a criação de posições de hegemonia, de modo que o poder seja o elemento de contenção do próprio poder.[49] E, ainda, não se pode desconsiderar a funcionalidade do Estado e do poder, que possuem caráter instrumental e devem estar comprometidos com a proteção da esfera jurídica individual e o bem estar da coletividade.

Ao analisarmos a conflitualidade no plano operativo, devemos lançar nossos olhos sobre o modo como a normatividade constitucional se apresenta e se projeta na realidade. A tradicional *summa divisio* entre permissão, proibição, imposição e declaração técnica delineia o primeiro aspecto a ser considerado pelo intérprete. Afinal, o significado da norma há de se afeiçoar a um desses parâmetros de operacionalização, os quais nem sempre ocuparão compartimentos estanques, permanecendo separados um dos outros. É não só factível, como absolutamente normal, que a mesma norma possa dar lugar a parâmetros distintos de ação quando analisada sob o prisma de sujeitos diversos. É basilar que ao se permitir o exercício de um direito proíbe-se, de modo correlato, que esse exercício seja obstado por quem quer que seja. A permissão é direcionada ao titular do direito, a proibição às demais pessoas, humanas ou jurídicas, que com ele coexistam no ambiente sociopolítico. O mesmo pode ocorrer em relação à imposição, que pode ser direcionada a certos sujeitos com o objetivo de tornar viável a permissão ou a proibição contida na norma em relação a sujeitos diversos. É o que ocorre, por exemplo, com o dever de o Estado estruturar e disponibilizar órgãos jurisdicionais aos quais os interessados possam recorrer sempre que queiram fazer valer as permissões que, apesar de outorgadas pelo sistema constitucional, tenham sido violadas por terceiros que afrontaram as proibições a que estavam sujeitos.

---

[49] Cf. MONTESQUIEU, Barão de. *L'Esprit des Lois, Tome Premier*. Paris: Éditions Garnier Frères, 1949, Cap. VI.

Avançando no delineamento do aspecto operativo da norma constitucional, o intérprete, ao firmar posição a respeito da dicotomia entre faculdade (*rectius*: permissão) e dever (*rectius*: proibição ou imposição), terá o *munus* de identificar os distintos contornos que esse último poderá assumir. Enquanto a faculdade apresenta contornos unitários, indicando a *permissão*, que absorve tanto a opção de fazer, como de não fazer algo, e normalmente reflete o objeto imediato da norma (*v.g.*: o exercício de um direito fundamental), o dever apresenta contornos dúplices, que se materializam justamente na *proibição* ou na *imposição*, e pode consubstanciar o objeto mediato ou imediato da norma.

O dever assumirá contornos de objeto mediato ou, de modo mais preciso, complementar, quando for cotejado com a faculdade atribuída a um dado sujeito. A complementariedade do dever, longe de refletir a sua acessoriedade ou dispensabilidade, aponta para a presença de uma espécie de conexão existencial com o objeto imediato (*rectius*: a faculdade), contribuindo ou, mesmo, tornando-se indispensável para a sua realização. Esse aspecto é facilmente perceptível em relação aos denominados direitos sociais (*v.g.*: assistência social), cuja realização está normalmente condicionada ao reconhecimento da existência de um dever prestacional por parte do Estado. Reconhecendo-se a existência não de um dever, mas de uma faculdade do Estado, o que denota a possibilidade de ser avaliada a conveniência política da implementação, ou não, de certas prestações referidas na Constituição formal, ter-se-á o correlato esvaziamento do "direito" inicialmente assegurado à pessoa humana.

Será igualmente possível qualificar o dever como objeto imediato quando, sob a ótica da Constituição formal, as possíveis faculdades associadas a ele forem tratadas como consequência do seu cumprimento, não como razão de ser de sua existência. Um enunciado linguístico de natureza constitucional que descreva, semanticamente, a obrigação de o Estado oferecer, imediatamente, certos serviços à população, dará origem a uma norma cujo objeto imediato é a imposição de um dever, sendo a faculdade de gozo desse serviço o seu objeto mediato, umbilicalmente vinculado àquele e situado no mesmo plano existencial.

Não é de se excluir, evidentemente, a possibilidade de um dever coexistir não com uma faculdade, mas, sim, com outro dever. Para tanto, basta seja identificado, em relação aos sujeitos envolvidos, mais especificamente aqueles que se beneficiarão com a conduta de outrem (*rectius*: os titulares do "direito"), a inexistência de qualquer poder de disposição em relação aos respectivos bens e interesses. Esse aspecto torna-se particularmente nítido no que diz respeito às relações jurídicas em que o Poder Público figure como beneficiário de um dever imposto a outrem. Nesse caso, não é incomum que a ordem jurídica lhe imponha o dever jurídico de exigir a observância da referida obrigação. Exemplo bem sugestivo é o dever de pagar tributos, imposto aos cidadãos em geral, e o correlato dever de o Poder Público diligenciar na sua arrecadação, adotando, inclusive, as medidas judiciais necessárias, isso sob pena de possível responsabilização do administrador omisso. Nessa linha, cabe ao intérprete verificar se um dado dever se correlaciona a uma faculdade ou, mesmo, a outro dever.

A conflitualidade intrínseca, no plano operativo, é especialmente percebida na seara dos direitos fundamentais, quer nas relações com o Estado, quer entre privados. Nessa seara, é constante a necessidade de o intérprete identificar que normas podem ser extraídas do enunciado linguístico interpretado, de modo concorrente ou alternado, e quais delas mostram-se aptas a viabilizar a plena efetividade do direito fundamental no ambiente sociopolítico. Essas questões mostram-se particularmente relevantes em torno (1) da liberdade e da postura a ser assumida pelo Estado, que pode oscilar entre o *non facere* e o *facere*, (2) da transposição da igualdade formal ao plano substancial, o que traz consigo a tormentosa discussão em torno das *"ações afirmativas"* e (3) da implementação dos direitos sociais, normalmente carente de integração legislativa e sujeita à valoração política das maiorias ocasionais.

6 Epílogo

A resolução das conflitualidades intrínsecas tem importância decisiva no delineamento do significado a ser atribuído à norma constitucional. Os resultados alcançados pelo intérprete, por sua vez, serão diretamente influenciados pelos fatores endógenos, subjacentes ao sistema jurídico em que inserido (*v.g.*: outras normas) e exógenos, associados a paradigmas externos (*v.g.*: a moral ou a ordem jurídica internacional). Nesse contexto, a interpretação constitucional assume uma posição de nítida ambivalência, já que teorias e métodos prestigiados pelo intérprete tanto influenciarão no surgimento das conflitualidades como na sua resolução.

A *ratio essendi* da interpretação constitucional, atividade intelectiva que comporta o discurso argumentativo e a interpretação *stricto sensu*, de contornos decisórios, é justamente a de superar as conflitualidades intrínsecas, adjudicando um sentido ao significante interpretado. A identificação dos contornos dessa função resolutiva passa necessariamente pela compreensão das teorias da interpretação, as quais, em seus contornos mais amplos, podem ser agrupadas no âmbito (a) do contrato, em que se valoriza o teor do pacto fundante e o entendimento dos seus autores, (b) da axiologia, permitindo a confluência de valores e referenciais textuais no delineamento da norma constitucional e (c) do procedimento, de modo a minimizar o comprometimento com referenciais de substância, assegurando-se, apenas, a racionalidade do *iter* percorrido.

O intérprete, embora influenciado por suas pré-compreensões, requisito necessário à sua própria inserção nos universos linguístico e normativo, deve encontrar um ponto de equilíbrio na formação de sua compreensão, de modo a não desconsiderar os balizamentos oferecidos pelo texto e a influência exercida pelo contexto, com especial ênfase à base cultural inerente ao ambiente sociopolítico. Nesse processo, devem ser aferidos os níveis de permeabilidade textual e observados os postulados de racionalidade da interpretação constitucional, evitando que os resultados alcançados levitem no imaginário do intérprete ou se distanciem do referencial mais amplo de justiça.

A condução do processo de interpretação será influenciada pelos métodos escolhidos pelo intérprete, que assumem feição nitidamente argumentativa, subsidiando e justificando as decisões tomadas.

Referências

ALCHOURRÓN, Carlos E.; BULYGIN, Eugenio. *Introducción a la metodologia de las ciencias jurídicas y sociales*. 1. ed. 5. reimp. Buenos Aires: Editorial Astrea, 2006.

ALEXANDER, Lary. *Precedent*. In PATTERSON, Dennis (org.). *A Companion to philosophy of Law and legal theory*. U.S.A: Wiley-Blackwell, 2003 (reimp. de 1999), p. 503.

ALEXY, Robert. Teoria da Argumentação Jurídica (*Theorie der Juristischen Argumentation*). Trad. de SILVA, Zilda Hutchinson Schild. São Paulo: Landy, 2001.

ÁVILA, Humberto. Teoria dos Princípios, da definição à aplicação dos princípios jurídicos. 11. ed. São Paulo: Malheiros, 2010.

BARCELLOS, Ana Paula de. Ponderação, Racionalidade e Atividade Jurisdicional, In: BARROSO, Luís Roberto (org.). A Reconstrução Democrática do Direito Público no Brasil. Rio de Janeiro: Renovar, 2007, p. 259.

BARSHACK, Lior. Time and the Constitution. *International Journal of Constitutional Law*. V. 7. n. 4. Outubro de 2009, p. 553.

BEVILAQUA, Clóvis. *Teoria Geral do Direito Civil*. 7. ed. Rio de Janeiro: Livraria Francisco Alves, 1955.

BLACK, Henry Campbell. *Handbook on the Construction and Interpretation of the Laws*. 2. ed. St. Paul: West Publishing, 1911.

BRADLEY, A. W. e EWING, K. D.. *Constitutional and Administrative Law*. 13. ed. Harlow: Pearson Education Limited, 2003.

BUNG, Jochen. Theorie der Interpretation: Davidson. In: BUCKEL, Sonja, CHRISTENSEN, Ralph e FISCHER-LESCANO, Andreas (orgs.). *Neue Theorien des Rechts*. 2. ed. Stuttgart: Lucius & Lucius, 2009, p. 271.

CALLIESS, Gralf-Peter. Systemtheorie: Luhmann/Teubner. In: BUCKEL, Sonja, CHRISTENSEN, Ralph e FISCHER-LESCANO, Andreas (orgs.). *Neue Theorien des Rechts*. 2. ed. Stuttgart: Lucius & Lucius, 2009, p. 53-72.

CANOSA USERA, Raul., *Interpretación Constitucional y Fórmula Política*. Madrid: Centro de Estúdios Constitucionales, 1988.

CANOTILHO, José Joaquim Gomes. *Direito Constitucional e Teoria da Constituição*. 7. ed. 8ª tiragem. Coimbra: Edições Almedina, 2010.

CANOTILHO José Joaquim Gomes; MOREIRA, Vital. *Fundamentos da Constituição*. Coimbra: Coimbra Editora, 1991.

CRISAFULLI, Vezio. Atto normativo. *Enciclopedia dell diritto*. V. IV (1959). Milano: Giuffrè, 2007, p. 238.

_____. *Disposizione (e norma)*. *Enciclopedia dell diritto*. V. XIII (1964). Milano: Giuffrè, 2007, p. 195.

DICEY, Albert Venn. *Introduction to the Study of the Law of the Constitution*. England: Elibron, 1902 (reimp. de 2005).

DWORKIN, Ronald. *Law's Empire*. 11. reimp. Massachussets: Harvard University Press, 2000.

FARBER, Daniel A. e SHERRY, Suzanna. *Judgment Calls. Principle and Politics in Constitutional Law*. New York: Oxford University Press, 2009.

FERRAJOLI, Luigi. Principia iuris. Teoria del diritto e della democrazia. V. I. *Teoria della democrazia*, Roma-Bari: Laterza, 2007.

FERREIRA FILHO, Manoel Gonçalves. *Aspectos do Direito Constitucional Contemporâneo*. 3. ed. São Paulo: Saraiva, 2009.

GARCIA, Emerson. *Interpretação Constitucional*. A resolução das conflitualidades intrínsecas da norma constitucional. São Paulo: Atlas, 2015.

GUASTINI, Ricardo. Das Fontes às Normas (*Dalle Fonti alle Norme*). Trad. de BINI, Edson. São Paulo: Quatier Latin, 2005.

HÄBERLE, Peter. *Funktion und Bedeutung der Verfassungsgerichte in vergleichender Perspektive, in Europäische Grundrechte Zeitschrift* 32. Jg. Heft 22-23, 2005, p. 685.

HAMON, Francis; TROPER, Michel; BURDEAU, Georges. *Manuel de Droit Constitutionnel*. 27ª ed. Paris: L.G.D.J, 2001.

HESSE, Konrad. Elementos de Direito Constitucional da República Federal da Alemanha (*Grundzüge des Verfassungsrechts der Bundesrepublik Deutschland*). Trad. de Luís Afonso Heck. Porto Alegre: Sérgio Antonio Fabris Editor, 1998.

HIRSCH JR. E. D.. *Contrafactuals in Interpretation*. In: LEVINSON, Sanford e MAILLOUX, Steven. *Interpreting law and literature: a hermeneutic reader*. Illinois: Northwestern University Press, 1988, p. 55.

LEVINSON, Sanford. *Designing an Amendment Process*. In: FEREJOHN, John A., RAKOYE, Jack N. e RILEY, Jonathan (org.). *Constitutional culture and democratic rule*. Cambridge: Cambridge University Press, 2001, p. 271.

LUZZATI, Claudio. *L'interprete e il legislatore: saggio sulla certezza del diritto*. Milano: Giuffrè, 1999.

MacCORMICK, Neil. *Particulars and Univers, in* BANKOWSKI, Zenon e MACLEAN, James (org.). *The Universal and the Particular in Legal Reasoning*. Hampshire: Ashgate Publishing Company, 2006, p. 3.

MACCORMICK, Neil e SUMMERS, Robert S. *Further General Reflections and Conclusions, in* MACCORMICK, D. Neil e SUMMERS, Robert S. (org.). *Interpreting Precedents: A Comparative Study*. 3. ed. England: Dartmouth Publishing Company Ltd. e Ashgate Publishing Ltd., 1997, p. 531.

McLEOD, Ian. *Legal Method*. 2. ed. England: MacMillan, 1996.

MEIRELLES TEIXEIRA, J. H. *Curso de Direito Constitucional*. Rio de Janeiro: Forense Universitária, 1991.

MODUGNO, Franco. *Interpretazione Giuridica*. Padova: CEDAM, 2009.

MONTESQUIEU, Barão de. *L'Esprit des Lois, Tome Premier*. Paris: Éditions Garnier Frères, 1949.

MÜLLER, Friedrich. *Discours de la Méthode Juridique (Juristische Methodik)*. Trad. de Olivier Jouanjan. Paris: Presses Universitaires de France, 1996.

_____. *Juristische Methodik, Band I: Grundlagen Öffentliches Recht*. Berlin: Duncker & Humbolt. 9ª ed., 2004.

_____. Métodos de Trabalho do Direito Constitucional. 3. ed. Trad. de Peter Naumann. Rio de Janeiro: Renovar, 2005.

NEVES, Marcelo. *A Constitucionalização Simbólica*. São Paulo: Acadêmica, 1994.

OST, François, Retour sur l'interprétation. *Journal of Legal Interpretation (Reasonableness and interpretation)*. Münster: LIT Verlag, 2003.

PATTERSON, Dennis. *Law and Truth*. Oxford: Oxford University Press, 1999.

PENSOVECCHIO LI BASSI, Antonino. *L'Interpretazione delle Norme Costituzionali. Natura, Metodo, Difficoltà e Limiti*. Milano: Dott. A. Giuffrè Editore, 1972.

PERELMAN, Chain. *Les Antinomies en Droit. Essai de synthèse*. PERELMAN, Chain. *Les Antinomies en Droit*, Bruxelles: Établissements Émile Bruylant, 1965, p. 392.

POUND, Roscoe. *Jurisprudence*. Vol. 1. New Jersey, The Lawbook Exchange, 2000.

_____. *The spirit of the common Law*. New Jersey: Transaction Publishers, 1999.

RAWLS, John. *O Liberalismo Político*. Trad. de Dinah de Abreu Azevedo. 2. ed. 2. imp. São Paulo: Ática, 2000.

SCHAUER, Frederick. An Essay on Constitutional Language. In: LEVINSON, Sanford e MAILLOUX, Steven. *Interpreting law and literature: a hermeneutic reader*. Illinois: Northwestern University Press, 1988, p. 133.

SIMONDS, Roger. *Rational individualism:* the perennial philosophy of legal interpretation, Volume 20 de Value inquiry book series, Natural law studies. Netherlands: Rodopi, 1995.

STORY, Joseph. *Commentaries on the conflict of laws, foreign and domestic: in regard to contracts, rights, and remedies, and especially in regard to marriages, divorces, wills, successions, and judgments*. Boston: Hilliard, Gray and company, 1834.

TARELLO, Giovanni. *Diritto, enunciati, usi. Studi di teoria e metateoria del diritto*. Bologna: Societè editrice Il Mulino, 1974.

_____. *L'Interpretazione della legge*. Milano: Giuffré, 1980.

TEBBIT, Mark. *Philosophy of law: an introduction*. London: Routledge, 2000.

TRIBE, Lawrence H.. *American Constitutional Law*. 3. ed. New York: The Foundation Press, 2000.

WEINBERGER, Ota. The Norm as Thought and as Reality. In: MACCORMICK, Neil e WEINBERGER, Ota (org.). *An institutional theory of law: new approaches to legal positivism*. Netherlands: Springer, 1986 (reimp. de 1992), p. 31.

WROBLEWSKI, Jerzy. Moral Values and Legal Reasoning: Some Aspects of their Mutual Relations. In: SADURSKI, Wojciech (editor). *Ethical dimensions of legal theory*. The Netherlands: Rodopi, 1991, p. 15.

WROBLEWSKI, Jerzy, BÁNKOWSKI, Zenon e MACCORMICK, Neil. The judicial application of Law, v. 15 de *Law and philosophy library*. Springer: The Netherlands, 1992.

Informação bibliográfica deste texto, conforme a NBR 6023:2002 da Associação Brasileira de Normas Técnicas (ABNT):

GARCIA, Emerson. As conflitualidades intrínsecas da norma constitucional. In: BOLONHA, Carlos et al. (Coord.). *30 anos da Constituição de 1988*: uma jornada democrática inacabada. Belo Horizonte: Fórum, 2019. p. 173-195. ISBN 978-85-450-0595-7.

RAZÕES HISTÓRICAS DO PRESIDENCIALISMO NO BRASIL E SUA PERMANÊNCIA NA CONSTITUIÇÃO PROMULGADA EM 1988

Leonam Baesso da Silva Liziero

1 Introdução

A presente pesquisa tem como objetivo investigar a formação do sentido de sistema de governo na Assembleia Nacional Constituinte de 1987/1988. Nesse caso, com base nos argumentos acadêmicos e políticos apresentados no momento histórico, pretende-se reconstruir as razões da escolha pelo presidencialismo em detrimento ao parlamentarismo. Em tempos de crise institucional, faz-se necessária tal descrição para a melhor compreensão das instituições atuais.

No caso brasileiro, para lançar-se ao debate sobre vantagens e desvantagens de sistema de governo no Brasil – que perfaz uma forma muito específica –, é preciso o resgate das ideias sobre os regimes presidencialista e parlamentarista. Especialmente, das idas e vindas imperfeitas da pretensão de se estabelecer o parlamentarismo para o governo brasileiro ao longo da história política brasileira.

A pesquisa terá como principal fonte os Diários da Assembleia Nacional Constituinte de 1987/1988 e em especial, as atas de duas subcomissões temáticas: a do Poder Legislativo e a do Poder Executivo. Nos diários dessas duas subcomissões, serão estudadas as atas das sessões nas quais o sistema de governo foi discutido.

Na Subcomissão do Poder Executivo, o tema foi discutido na 6ª Reunião Ordinária, em 5.5.1987. Na Subcomissão do Poder Legislativo, foi debatido nas 3ª, 4ª e 5ª Reunião Ordinária, ocorridas respectivamente em 14.4.1987, 23.4.1987 e 28.4.1987.

Serão consultados também trabalhos acadêmicos sobre o tema para aprofundar o sentido de parlamentarismo e presidencialismo no Brasil e suas possibilidades de realização. Também serão pesquisadas publicações lançadas nos anos da Constituinte ou próximos que versem sobre sistemas de governo.

2 O histórico predomínio do Presidente da República no Brasil

Historicamente no Brasil é perceptível o predomínio do Poder Executivo e da figura do Presidente da República, acreditado como grande delegado nacional, nas relações com o Poder Legislativo, ao mesmo tempo em que este, numa perspectiva da sociologia política, é visto com desprestígio.

Segundo Horta (1987, p.139), "é visível o esgotamento do regime presidencial brasileiro". Era notável uma tendência dos autores à crítica ao sistema do regime militar e seu autoritarismo. Grande parte da concentração de poder nas mãos do Presidente deixava evidente a supremacia real do Poder Executivo sobre o Legislativo, o que fazia presente a necessidade de rediscussão dos limites do poder do Presidente e das relações entre estes dois poderes, o que passa pelo modo como o sistema de governo é prescrito pela Constituição. Assim, tais repercutem em outras questões, como a distribuição do poder entre partidos político e as relações destes com o partido do Chefe de Governo.

No início dos debates na Subcomissão do Poder Executivo, a rejeição aos superpoderes do Executivo fica bem evidente no discurso do Constituinte Osvaldo Macedo (PMDB-PR):

> Pelo que tenho observado no foro da Constituinte, acho que há uma tendência parlamentarista, mas todo mundo sabe da inadequabilidade do parlamentarismo puro agora, assim como ninguém admite o presidencialismo com tantos poderes como existe atualmente. A tendência que observo é a de se buscar um presidencialismo ou um parlamentarismo "mitigado". Portanto, um sistema misto (BRASIL, 1988f, p.4).

Era claro o cuidado que os Constituintes procuravam ter para não dar poderes demais ao Presidente da República. O cargo acumulava muitas prerrogativas na égide da ordem constitucional de 1967 e, aliado ao fato de a União ser hipertrofiada (o que colocava fazia da forma federal de Estado ser meramente nominal), provocava evidente desequilíbrio em relação aos outros poderes da República. A respeito dessa combinação, comenta Bonavides (1971, p.75): "a hegemonia do Poder federal entrou a revestir-se de força incontrastável com o volume de atribuições constitucionais conferidas ao Presidente da República, tanto no domínio legislativo como na ordem administrativa e nas demais esferas".

Tradicionalmente no Brasil o Presidente da República sempre recebeu das Constituições poderes em demasia, e, quando não os recebia constitucionalmente, eram obtidos por meio da força. Ainda na República Velha, o Presidente utilizou diversas vezes a intervenção federal com mecanismo de sobrepujar sua vontade sobre a autonomia dos Estados.

Com a Revolução de 1930 os poderes do Presidente da República foram ampliados assim que Getúlio Vargas instituiu o Governo Provisório. Conforme o ato formal que estabeleceu tal governo, o Decreto nº 19.398, de 11 de novembro de 1930, houve a consagração da força incomensurável do Poder Executivo. O referido decreto de Vargas, em seu art. 1º, já dispunha: "o Governo Provisório exercerá discricionariamente, em toda sua plenitude, as funções e atribuições, não só do Poder Executivo, como também do Poder Legislativo, até que, eleita a Assembléia Constituinte, estabeleça esta a reorganização constitucional do país" (BRASIL, 1930).

Como um ato formal proveniente do poder revolucionário, este decreto, por meio da força do Chefe do Governo Provisório, na função equivalente de

Presidente da República, teve força normativa extra-constitucional, por instaurar verdadeira reforma na ordem constitucional então vigente. Isso é verificável na disposição do art. 4º, que permitia a alteração à Constituição de 1891 e às Constituições estaduais por meio de decretos ulteriores do Governo Provisório.

Interessante uma observação a respeito dos sistemas de governo no interregno entre 1930-1934, que o presidencialismo desapareceu, uma vez que o Governo Provisório concentrava os poderes da República de forma quase que ilimitada. A respeito do que vigorou neste interlúdio, comenta José Afonso da Silva (2011, p. 374): "era a Ditadura. Não se pode dizer que vigorava o sistema presidencialista, porque este, como o Parlamentarismo, é um sistema que só se concebe em função do princípio da divisão de Poderes".

A partir de 1934, com elementos sociais na Constituição, há o alargamento de funções do Executivo. Isso é perceptível com a previsão de obrigações do Estado em prestações à sociedade, tais quais a educação, previstas no título sobre a Ordem Econômica e Social.

A Carta de 1937 retoma o aumento exagerado de poderes do Presidente da República, agora constitucionalmente institucionalizado. Estabelecido como a autoridade suprema do Brasil, o cargo de Presidente tinha a função de coordenar os órgãos representativos e promover ou orientar a política legislativa (art. 73), além de outras inúmeras competências (art. 74). Sua ingerência nos outros Poderes era demasiadamente expressiva.

Uma questão interessante de legística a respeito da disposição e uso dos termos na Constituição de 1937 é o Poder Executivo. A menção a este poder, na redação original, é feita apenas três vezes. No restante do texto, é utilizada sempre a expressão "Presidente da República" para designar as atribuições das funções do Executivo federal. Além disso, em momento algum a Constituição de 1937 prescreve a separação dos poderes; o Legislativo e o Judiciário são regulamentados, mas institucionalmente o Executivo, ali simbolicamente expresso pela figura do Presidente da República, era o poder dominante com permissão constitucional. Não demais, retornando ao art. 73, o Presidente da República era a autoridade suprema do Estado brasileiro. Em um sistema com a devida separação harmônica dos poderes, seria inadmissível um cargo público se constituir como autoridade suprema. Assim, fica clara a supremacia do Presidente da República sobre o Poder Legislativo e Judiciário, reforçando as pretensões autoritaríssimas do Estado Novo.

Além do mais, os dois últimos artigos da Constituição de 1937 traziam previsões próprias do regime autoritário. O art.186 prescrevia a declaração de estado de emergência no Brasil. Por sua vez, o art. 187 condicionava o texto da Constituição a um plebiscito nacional a ser regulado por um decreto do Presidente da República. Todavia, Vargas não cumpriu o mandamento constitucional, o que levou diretamente ao impedimento de realização de eleições para o Parlamento Nacional, já que o art. 178 determinava que tais eleições seriam realizadas após o plebiscito. Como Vargas nunca emitiu o decreto, não houve composição do

Poder Legislativo a nível federal durante o Estado Novo. Novamente, assiste-se a um cenário de concentração das funções executiva e legislativa na figura do Presidente da República, o que leva ao questionamento se realmente é possível falar em presidencialismo no Estado Novo, já que tal sistema de governo presume a existência de um órgão legislativo independente e especializado, que eficazmente cumpre suas funções.

A Lei Constitucional nº 9, de 28 de fevereiro de 1945, decretada exclusivamente pelo Presidente da República (já que não havia Parlamento constituído no Estado Novo), alterou alguns dispositivos da Constituição de 1937 e finalmente convocou novas eleições. Evidentemente, deu-se em razão da grande pressão popular pela redemocratização e pelo desgaste político de Vargas, fatos que podem ser observados na redação dos "considerandos" desta lei constitucional, como "considerando que se criaram as condições necessárias para que entre em funcionamento o sistema dos órgãos representativos previstos na Constituição" ou ainda "considerando que a eleição de um Parlamento dotado de poderes especiais para, no curso de uma Legislatura, votar, se o entender conveniente, a reforma da Constituição, supre com vantagem o plebiscito de que trata o art. 187 desta última, e que, por outro lado, o voto plebiscitário implicitamente tolheria ao Parlamento a liberdade de dispor em matéria constitucional" (BRASIL, 1945b). Perceba-se que este "considerando" remete ao descumprimento de quase oito anos do art. 187 da então Constituição por parte de Vargas.

Em seu art. 4º, a Lei Constitucional nº 9 previa também a convocação de novas eleições para Presidente da República, Parlamento Federal, Governadores e as Assembleias Legislativas. A regulamentação dessas eleições se deu com o Decreto-Lei nº 7.586, de 28 de maio de 1945. Em seu art. 136, previu "As eleições para Presidente da República, Conselho Federal e Câmara dos Deputados realizar-se-ão no dia 2 de dezembro de 1945, e as eleições para Governadores dos Estados e Assembléias Legislativas no dia 6 de maio de 1946" (BRASIL, 1945a).

A reorganização dos poderes da República somente voltaria a ser normalizada com a Constituição de 1946. Sendo prevista a realização de uma Assembleia Constituinte pela Lei Constitucional nº 13, de 12 de novembro de 1945, composta pelos representantes que seriam eleitos nas eleições previstas em 2 de dezembro do mesmo ano, assim que a nova Constituição foi promulgada, o Poder Legislativo com suas funções ordinárias voltou a existir no Brasil. Desse modo, Senadores e Deputados eleitos voltariam ao exercício do Poder Legislativo, conforme previsão a partir do art. 37 da Constituição de 1946.

A figura do Presidente da República continua forte, mas é exercida nos moldes determinados pela Constituição, juntamente com o Poder Legislativo e o Poder Judiciário. Todavia, conforme a readequação de forças necessárias para os objetivos a serem alcançados pelo constitucionalismo social, que inspira Constituição de 1946, no qual se observa a exigência de um Executivo atuante, o Presidente concentra amplas competências, conforme prescrevia o art. 87.

3 A instauração do parlamentarismo na era republicana

O funcionamento do Poder Executivo sob esta ordem constitucional foi modificado pela Emenda Constitucional nº 4, que instituiu no Brasil o sistema parlamentar de governo. Esta emenda foi por ela própria denominada de Ato Adicional (art. 20). Sua promulgação se deu em um contexto histórico muito específico, o qual é importante mencionar para a compreensão das razões dessa modificação.

Na ocasião da renúncia ao cargo de Presidente da República por Jânio Quadros em 25 de agosto de 1961, o Vice-Presidente do Brasil, João Goulart, estava em viagem à China. Em meio a um quadro de instabilidade política no País, gerada pela renúncia do Presidente e pela desconfiança em relação a João Goulart por seus vínculos a forças da esquerda, incialmente sua posse foi impedida pelos militares, em pleno descumprimento do art. 79 da Constituição de 1946. Houve oposição também da maioria dos parlamentares do Congresso Nacional.

A mensagem enviada ao Presidente do Congresso Nacional pelo então Presidente da Câmara dos Deputados, Ranieri Mazzilli (que assumiu interinamente a Presidência da República com a renúncia de Jânio Quadros), deu ensejo à convocação da sessão do Congresso Nacional em 28 de agosto de 1961. O teor da mensagem foi o seguinte:

> Tenho a honra de comunicar à Vossa Excelência que, na apreciação da atual situação política criada pela renúncia do Presidente Jânio da Silva Quadros, os Ministros Militares, na qualidade de Chefes das Forças Armadas, responsáveis pela ordem interna, me manifestaram a absoluta inconveniência, por motivos de segurança nacional, do regresso ao País do Vice-Presidente da República, João Belchior Marques Goulart (BRASIL, 1961a, p.5).

Todavia, o apoio aos militares não era uníssono no Congresso Nacional. Contra a evidente violação à Constituição de 1946, fez-se voz na mesma sessão o Deputado Adauto Cardoso:

> Ora, Sr. Presidente, em representação que hoje tive a honra de dirigir à Câmara dos Deputados, sustentei uma tese que está na consciência de todo homem capaz de discernir a realidade jurídica deste País: a de que tanto o Presidente Ranieri Mazzilli quanto os Ministros da Guerra, da Aeronáutica e da Marinha são réus de delitos de violação da Constituição da República (BRASIL, 1961a, p.12).

Após tal posição dos militares, foi realizada naqueles breves dias a Campanha da Legalidade, capitaneada pelo então governador do Rio Grande do Sul, Leonel Brizola, com o apoio de outros governadores. Após o retorno de João Goulart à América do Sul, tendo aguardado em Montevidéu a resolução da crise, foi discutida pelo Congresso, a partir de 1º de setembro, a Proposta de Emenda Constitucional nº 16, que originou a já citada Emenda Constitucional nº 4, promulgada em 2 de setembro. Com o parlamentarismo instaurado no Brasil, João Goulart prestou compromisso em sessão solene do Congresso Nacional no dia 7 de setembro.

Nessa sessão houve ainda a discussão a respeito do sistema parlamentarista implantado no Brasil pelo Ato Adicional. Na continuação da sessão, em 8 de setembro, o Deputado Ruy Ramos (PTB-RS) discursou contra o parlamentarismo, por tal sistema colidir com a tradição da democracia no Brasil. Em suas palavras:

> O Primeiro Ministro, segundo a reforma que combatemos, será o diretor da política de governo, interna e externa, responsável pela administração federal, comandante direto das Fôrças Armadas; com poderes para estabelecer relações com países estrangeiros, para decretar o estado de sítio, para decretar e executar a intervenção federal nos Estados. Nós somos contra, porque tudo isto é aberrante da realidade nacional, conflita com as tradições da política brasileira e não atenta para as circunstâncias da conjuntura atual, que tem um Presidente eleito com as prerrogativas que o povo lhe conferiu em eleição soberana, ainda na vigência presidencial de governo (BRASIL, 1961b, p.202).

E a respeito da contenção de poderes do Presidente da República, pela qual João Goulart foi submetido em razão do Ato Adicional, também comentou Ruy Ramos neste mesmo discurso:

> A realidade que povo precisa conhecer, para poder julgar, é de que o Presidente João Goulart é hoje um Presidente prisioneiro de um sistema arbitrário e "ad-hoc", que só se aplica a êle, com a exclusão dos Senadores, dos Deputados, dos Governadores de Estado, das Assembleias estaduais, dos Prefeitos e dos Vereadores. Só êle é que precisa governar manietado, estrangulado numa camisa de fôrça, em nome de uma suposta segurança nacional, exatamente na hora em que êle é precebido na Pátria e no Congresso quase no colo do povo, sob flores, músicas e cânticos, na mais expressiva unidade da consciência popular. E por isso que nós somos contra (BRASIL, 1961b, p.203).

O "primeiro-ministro" inicial do sistema parlamentarista no Brasil foi Tancredo Neves. Na verdade, em conformidade ao Ato Adicional, o nome técnico do cargo era Presidente do Conselho de Ministros. Este era indicado pelo Presidente da República para aprovação na Câmara dos Deputados por maioria absoluta de seus membros (art. 8º). Após sua nomeação pelo Presidente da República, indicava os demais Ministros de Estado (art.3º).

No Ato Adicional, além de se verificar previsões comuns a outros sistemas parlamentaristas, como a moção de desconfiança (art. 12) e possiblidade de dissolução da Câmara dos Deputados (art. 14), trazia uma limitação ao exercício dos poderes do Presidente da República que, apesar de suas competências estabelecidas nos dezesseis incisos do art. 3º, necessitava ter todos seus atos, como condição de validade, referendados pelo Presidente do Conselho e pelo Ministro competente.

Uma disposição do Ato Adicional que evidenciava seu circunstancialismo em razão da pessoa do Presidente João Goulart – e que depois foi determinante para os fatos seguintes quase dois anos depois –, foi a previsão do art. 25 sobre a realização de um plebiscito que decidiria sobre a manutenção do sistema parlamentar ou o retorno do presidencialismo. O plebiscito, segundo este artigo, deveria ser realizado nove meses antes do término do mandato do Presidente.

Após a saída de Tancredo Neves em 26 de junho de 1962, João Goulart indica San Tiago Dantas, nome que é vetado pelo Congresso. O Presidente indica então o Presidente do Senado, Auro de Moura Andrade, cujo nome é aprovado pelo Congresso, mas que renunciou ao cargo antes da posse em razão da recusa de homologação de seu gabinete ministerial por João Goulart. O cargo de Presidente do Conselho de Ministro foi ocupado por Brochado da Rocha e, em seguida, a partir de setembro, por Hermes Lima que o exerceu até o resultado do plebiscito de 1963. Sobre esta questão, observa Maria Victoria Benevides (1993):

> Em agosto de 1962, os três ministros militares assinam manifesto de apoio à antecipação do plebiscito. O comandante do III Exército, Jair Dantas Ribeiro, chegara a afirmar, em nota oficial, que não se responsabilizaria pela ordem, caso a consulta popular não fosse antecipada. Em setembro, o Ministro Brochado da Rocha comunica ao gabinete que a antecipação era uma "questão de confiança" e que renunciaria, caso ela não fosse concedida pelo Congresso.

O plebiscito previsto no art. 25 do Ato Adicional foi antecipado para dia 6 de janeiro de 1963 pela Lei Complementar nº 2, de 16 de setembro de 1962 (complementar ao Ato Adicional, não à Constituição de 1946). O art. 2º desta lei dispunha que "A Emenda Constitucional nº 4, de 2 de setembro de 1961, será submetida a '*Referendum*' popular no dia 6 de janeiro de 1963". Seu §2º, por sua vez, previa que a depender do resultado da consulta popular, continuaria a vigorar o Ato Adicional ou a Constituição de 1946 em sua plenitude.

A respeito dessa consulta popular trazida por essa lei, duas interessantes observações podem ser feitas: (i) o Ato Adicional era uma emenda constitucional que criou um documento de nível constitucional extra à Constituição de 1946, que modificou seu sistema de governo sem, contudo, reformá-la propriamente; (ii) houve uma impropriedade terminológica na previsão do termo referendo.

A respeito desta segunda observação, esclarece Benevides (1993):

> Outro dado revelador da manipulação do processo ocorreu por ocasião da votação da emenda constitucional que possibilitaria a antecipação do plebiscito. Os parlamentares governistas temiam não alcançar os 2/3 de votos necessários, devido a uma possível argumentação legalista, fundada no prazo estipulado no Ato de 1961. Recorreram, assim, ao artifício semântico de mudar as palavras "plebiscito" e "consulta plebiscitária", constantes no texto, para "referendo popular". Este foi o termo usado na Lei Complementar nº 2, de 16 de setembro de 1962, que fixava para janeiro seguinte a data do plebiscito.

Após a aprovação desta lei complementar, inicia-se fortemente uma campanha pela defesa ou não de mais poderes ao Presidente da República. Em si, o teor da campanha não se preocupou tanto em explicar ao eleitor os dois tipos de sistemas de governo, suas diferenças e vantagens de cada um. Diferentemente disso, foi totalmente centrada na figura pessoal de João Goulart. Assim, discutia-se não se o cargo de Presidente da República deveria concentrar as funções de Chefe de Estado e de Governo, mas sim se João Goulart deveria receber mais poderes.

Por outro lado, a campanha contrária buscava associá-lo ao populismo e outros aspectos herdados da Era Vargas.

O plebiscito realizado em 6 de janeiro expressou a vontade popular a favor do sistema presidencialista, com 82% dos votos. Confirmou-se o que Ruy Ramos disse em seu discurso na ocasião da sessão de posse de João Goulart. Além da forte campanha feita pelo governo a favor do presidencialismo, o resultado do plebiscito deixa evidente a ampla taxa de rejeição popular ao parlamentarismo. Todavia, o movimento parlamentarismo no Brasil não se encerra ali. Ao contrário.

Os vinte e um anos do autoritaríssimo regime militar, com a superconcentração de poderes da figura do Presidente da República (que volta a ser o cargo supremo do Estado, ainda que a Constituição de 1967 e a Emenda Constitucional nº1 de 1969 não expressasse isso como na Constituição de 1937), faz emergir novamente a busca pelo parlamentarismo como forma de limitação dos poderes presidenciais, já que estes eram uma das grandes desditas do Brasil, para muitos dos Constituintes em 1987/1988.

4 O Parlamentarismo em questão na Constituinte de 1987/1988

A tendência predominante entre os Constituintes em 1987 era a de que o Brasil após a nova ordem constitucional deveria ser parlamentarista. Essa afirmação é comprovável ao se observar os discursos feitos e as exposições nas audiências públicas, especialmente nas duas subcomissões que trataram diretamente do tema: a do Poder Legislativo e a do Poder Executivo, ambas pertencentes à Comissão da Organização dos Poderes e Sistema de Governo.

No Anteprojeto da Subcomissão do Poder Executivo, constava em seu art. 1º: "O Presidente da República é o responsável pelo Poder Executivo e sua autoridade é exercida através do Conselho de Ministros". Nesse sentido, também dispunha o art. 13: "O Governo, constituído pelo Presidente da República, pelo Primeiro-Ministro e demais integrantes do Conselho de Ministros".

O parlamentarismo como sistema de governo também estava previsto no Anteprojeto da Subcomissão do Poder Legislativo. Entre as diversas competências da Câmara dos Deputados, estariam entre elas: "aprovar, por maioria absoluta, a indicação do Primeiro-Ministro, nos casos previstos nesta Constituição"; "aprovar, por maioria absoluta, moção de censura ao Primeiro-Ministro e a um ou mais Ministros de Estado"; "aprovar, por maioria absoluta, voto de confiança solicitado pelo Primeiro Ministro".

O Anteprojeto da Comissão da Organização dos Poderes e Sistema de Governo, que aprovou e condensou as propostas das subcomissões sob seus auspícios, continuou com a previsão do sistema parlamentarista, com a existência do Conselho de Ministros chefiado pelo Primeiro-Ministro. Uma questão interessante é que a própria edição de medida provisória, instrumento de largo uso pelos Presidentes após a promulgação da Constituição de 1988, estava prevista como competência do Presidente da República, mas deveria ser obrigatoriamente solicitada pelo Primeiro-Ministro.

Chega-se então ao questionamento: como a Constituição de 1988 foi promulgada tendo como sistema de governo o presidencialismo se era vontade de boa parte dos Constituintes que compunham a comissão e as subcomissões citadas que o Brasil fosse parlamentarista, bem como é o que constava em seus anteprojetos? Inclusive tendo saído da Comissão de Sistematização com o sistema parlamentarista?

Conforme pode ser observado no compêndio dos projetos na Constituinte, organizado por Lima, Passos e Nicola (2014, p.194), o parlamentarismo saiu da nova Constituição entre o Projeto A, iniciado no Plenário do Congresso Nacional em 24 de novembro de 1987 e o Projeto B, cuja discussão em Plenário se iniciou em 5 de julho de 1988.

Em 23 de março de 1988, foi votada a Emenda nº 1.830-1, subscrita pelos Constituintes Humberto Lucena (PMDB-PB), Vivaldo Barbosa (PDT-RJ), Edison Lobão (PFL-MA) e Theodoro Mendes (PMDB-SP). Essa emenda retirava do texto constitucional todas as menções a Primeiro-Ministro e Conselho de Ministro e direcionava para o Presidente da República todas as competências até então previstas para o Primeiro-Ministro. A emenda foi votada em Plenário do Congresso Nacional, estando 559 Constituintes presentes. Foram 344 votos a favor, 212 votos contrários e 3 abstenções (BRASIL, 1988d, p. 359). A partir daquele momento, o projeto parlamentarista foi rejeitado e o presidencialismo permaneceu como o sistema de governo até a promulgação da Constituição em 5 de outubro de 1988.

5 Conclusão

O Brasil tradicionalmente mostrou-se, até a Constituinte, um país de forte tradição presidencialista, com grande concentração de poder no cargo de Presidente da República. Apesar de algumas tentativas de implementação do parlamentarismo, as relações entre Poder Executivo e Poder Legislativo pautaram-se na proeminência do primeiro.

Foi discutido na Constituinte um sistema alternativo à dicotomia presidencialismo e parlamentarismo, com algumas variações destes dois, buscando maior equilíbrio entre os dois poderes: o semiparlamentarismo, já surgido na Comissão Afonso Arinos. Nos propósitos dos Constituintes, maior equilíbrio significava diminuir o poder do Presidente da República, buscando estabelecer mecanismos de controle às funções do cargo.

Possivelmente, a alternativa era desejável entre constitucionalistas e políticos em razão do repúdio à centralização do poder do regime militar. Ainda assim, por alguns o parlamentarismo era visto como utópico, completamente destoante da experiência brasileira. Como deixou claro Pinto Ferreira, em sua exposição na Subcomissão do Poder Legislativo, "o parlamentarismo não tem raiz entre nós [...] A verdade é uma só: o presidencialismo já ganhou raízes no Brasil e, por isso, tem hoje mais condições históricas de ser aprimorado e estabilizar-se na nossa Constituição (BRASIL, 1988f, p.58)".

Referências

BENEVIDES, Maria Victoria. O plebiscito de 1993 à luz do precedente de 1963. *Lua Nova*, n. 28-29, 1993. p. 75-84. Disponível em: <<http://www.scielo.br/scielo.php?script=sci_arttext&pid=S0102-64451993000100004&lng=en&nrm=iso>. Acesso em: 12 jan. 2018.

BONAVIDES, Paulo. O planejamento e os organismos regionais como preparação a um federalismo das regiões. *Revista de Informação Legislativa*. n. 31, p. 53-78, jul/set. 1971.

BRASIL. Assembleia Nacional Constituinte (1987/1988). Anteprojeto da Comissão de Organização dos Poderes e Sistema de Governo. Brasília: Senado Federal. Centro Gráfico, 1988a.

_____. Assembleia Nacional Constituinte (1987/1988). Anteprojeto da Subcomissão do Poder Executivo. Brasília: Senado Federal. Centro Gráfico, 1988b.

_____. Assembleia Nacional Constituinte (1987/1988). Anteprojeto da Subcomissão do Poder Legislativo. Brasília: Senado Federal. Centro Gráfico, 1988c.

_____. Assembleia Nacional Constituinte (1987/1988). Ata da 231ª Sessão da Assembleia Nacional Constituinte, de 23 de março de 1988. Brasília: Senado Federal. Centro Gráfico, 1988d.

_____. Assembleia Nacional Constituinte (1987/1988). Diário da Subcomissão do Poder Executivo. Brasília: Senado Federal. Centro Gráfico, 1988e.

_____. Assembleia Nacional Constituinte (1987/1988). Diário da Subcomissão do Poder Legislativo. Brasília: Senado Federal. Centro Gráfico, 1988f.

_____. Decreto nº 19.398, de 11 de novembro de 1930. Institue o Governo Provisório da República dos Estados Unidos do Brasil. Legislação informatizada. Rio de Janeiro, nov. 1930. Disponível em: <http://www2.camara.leg.br/legin/fed/decret/1930-1939/decreto-19398-11-novembro-1930-517605-publicacaooriginal-1-pe.html>. Acesso em: 11 jan. 2018.

_____. Decreto-Lei nº 7.586, de 28 de maio de 1945. Regula, em todo o país, o alistamento eleitoral e as eleições a que se refere o art. 4º da Lei Constitucional nº 9, de 28 de fevereiro de 1945. (1945a). Disponível em: < http://www.planalto.gov.br/ccivil_03/Decreto-Lei/1937-1946/Del7586.htm>. Acesso em: 11 jan. 2018.

_____. Diário do Congresso Nacional de 29 de agosto de 1961. (1961a). Disponível em: <http://www2.camara.leg.br/atividade-legislativa/plenario/discursos/escrevendohistoria/emenda-parlamentarista/pdf/24a-sessao-do-congresso-nacional>. Acesso em: 11 jan. 2018.

_____. Diário do Congresso Nacional de 9 de setembro de 1961. Ata da sessão solene destinada a receber o compromisso do Exmo. Sr. Dr. João Belchior Marques Goulart como Presidente da República. (1961b). Disponível em: <http://www2.camara.leg.br/atividade-legislativa/plenario/discursos/escrevendohistoria/emenda-parlamentarista/pdf/diario-do-congresso-nacional-de-09-09-1961>. Acesso em: 12 de jan. 2018.

_____. Lei Constitucional nº 9, de 28 de fevereiro de 1945. Altera a Constituição de 1937. Rio de Janeiro. (1945b). Disponível em: <http://www.planalto.gov.br/ccivil_03/LEIS/LCT/LCT009.htm#art3>. Acesso em: 11 jan. 2018.

FERREIRA, Luiz Pinto. O Problema da Representação Proporcional. *Revista de Informação Legislativa*. Brasília, a. 11, n. 43, p. 3-22, 1974.

HORTA, Raul Machado. Tendências Atuais dos Regimes de Governo. *Revista de Informação Legislativa*. Brasília, a.24, n.95, p. 127-140, 1987.

LIMA, João Alberto de Oliveira; PASSOS, Edilenice; NICOLA, João Rafael. *A Gênese do Texto da Constituição de 1988*. V. I. Brasília: Senado Federal, Coordenação de Edições Técnicas, 2014.

SILVA, José Afonso da. *O Constitucionalismo Brasileiro*: evolução institucional. São Paulo: Malheiros, 2011.

Informação bibliográfica deste texto, conforme a NBR 6023:2002 da Associação Brasileira de Normas Técnicas (ABNT):

LIZIERO, Leonam Baesso da Silva. Razões históricas do presidencialismo no Brasil e sua permanência na Constituição promulgada em 1988. In: BOLONHA, Carlos et al. (Coord.). *30 anos da Constituição de 1988*: uma jornada democrática inacabada. Belo Horizonte: Fórum, 2019. p. 197-206. ISBN 978-85-450-0595-7.

TRANSFORMAÇÕES DO ESTADO E DA CONSTITUIÇÃO BRASILEIRA NA CONJUNTURA DA "CRISE ECONÔMICA"

Soraya Gasparetto Lunardi
Dimitri Dimoulis

1 Introdução

Este texto apresenta elementos de teoria da Constituição e de teoria do Estado, analisando a relação entre as mudanças do texto constitucional e sua (falta de) força para atuar como elemento de resistência política em tempos de mudanças, legais e ilegais, impostas com base no discurso da "crise econômica". É uma reflexão sobre o efetivo exercício do poder com base na observação da conjuntura politico-econômica que permite repensar conceitos teóricos, notadamente o de poder constituinte.

A crise atual pela qual o Brasil passa iniciou-se em 2008 e tem como uma de suas principais causas a crise *subprime*[1] relativa ao financiamento imobiliário nos EUA. Uma de suas consequências foi a opção de enfrentar a crise financeira com cortes de gastos na área social e com a desregulação de relações econômicas. O Brasil:

(a) conteve a dívida pública (em parte gerada pelos pagamentos efetuados a bancos e investidores) com o desmantelamento de políticas sociais, nomeadamente as relativas à assistência social aos mais necessitados, muitas vezes reduzindo a estrutura estatal a situação de paralisia operacional;

(b) reformou a legislação trabalhista e previdenciária, adotando ideias e introduzindo mecanismos do liberalismo econômico que causam a precarização das condições de trabalho e a redução do salário dos trabalhadores;

(c) diminuiu os efetivos do funcionalismo público e sua remuneração com base na ideia do Estado mínimo e com imediato reflexo na qualidade e amplitude dos serviços públicos;

(d) privatizou patrimônio público (recursos naturais e atividades empresariais públicas);

(e) realizou reformas tributárias que aliviam a carga das empresas tributando mais intensamente as camadas populares com tributos indiretos.

---

[1] O termo indica crédito, normalmente imobiliário, de risco, concedido a um tomador que não oferece garantias suficientes para que o banco se beneficie de alta taxa de juros. Essa crise foi desencadeada em 2007 pela concessão de empréstimos hipotecários de alto risco que gerou uma situação de insolvência para inúmeros bancos em razão de uma regulação estatal ineficaz.

Esse programa foi implementado em extensão e intensidade diferente em cada país, a depender da situação política e das reações populares. Mas a tendência geral é a mesma. Na nossa perspectiva interessa observar como essa "reposta à crise" não é apenas um conjunto de decisões econômicas, mas uma forma de *utilizar justificativas econômicas* para não implementar programas constitucionais e/ou legislativos.

2 A crise do estado brasileiro durante o governo Temer. Palavras de ordem do discurso dominante e a postura de STF

Utilizando como referência central a experiência brasileira dos últimos anos, identificamos um discurso dominante que se refere à crise econômica e suas consequências com base nos seguintes argumentos:

1) *Gastos irresponsáveis*. A crise é considerada resultado de má gestão de governos que desempenharam inadequadamente sua atividade, sem mostrar a "responsabilidade" do gestor público, sendo ela considerada sinônimo do imperativo de não gastar mais do que se recebe. Consequência da "irresponsabilidade" é o aumento da dívida dos entes públicos, gerando um círculo vicioso de empréstimos para o serviço da dívida com seus juros.

2) *Populismo*. O Estado deveria abolir os benefícios de cunho "populista", oferecidos para seduzir as massas populares e conquistar seu voto, tornando-se as prestações sociais uma nova forma do "voto de cabresto".

3) *Corrupção*. A corrupção política sistêmica permite desvios de recursos e compromete o bom funcionamento dos aparelhos estatais e a vida econômica em geral.

Esse discurso tem como objetivo promover a proposta política neoliberal. É o discurso que encontramos nos jornais, nas faculdades de economia e também nas propostas do governo Temer. Interessante notar que esse discurso foi adotado também por integrantes do Poder Judiciário. É indicativa a formulação programática que se encontra em voto do Ministro do Supremo Tribunal Federal Luís Roberto Barroso proferido em 2017:

"E acho que, em muito breve reflexão, as lições que se extraem do que está acontecendo no Rio (sic). A primeira é a de que o estado ficou grande demais; os estados da Federação já não arrecadam o suficiente para pagar a folha, que dirá para o custeio, que dirá para os investimentos. Portanto, esta é uma primeira questão, que, independentemente de crise, nós vamos ter que pensar no Brasil. Uma imperativa necessidade de redução do tamanho do estado, o que tem custos jurídicos e custos morais que a sociedade brasileira terá que administrar.

(...) uma coisa que eu acho que nós devemos ter aprendido com o que estamos passando é que a responsabilidade fiscal não tem ideologia; ela é um fundamento da economia. E a falta de responsabilidade fiscal gera invariavelmente inflação, aumento de juros, quando não gera recessão e mais de 12 milhões de desempregados.

Portanto, também acho que esta é uma lição que nós temos que aprender, por melhores que sejam as intenções: quando se gasta repetidamente mais do que se arrecada, quem sai perdendo são os pobres, porque os que mais sofrem com a inflação e com os juros altos.

E acho que a terceira e última lição que eu acho que se pode extrair do que acontece no Rio de Janeiro é que a corrupção, com seus superfaturamentos, desvios, benefícios fiscais ilegítimos, ela agrava os problemas".[2]

Esses argumentos são utilizados para justificar a decretação (informal) de um estado de exceção econômica que se torna permanente. Tradicionalmente, o estado de exceção, com suas medidas de restrição a direitos fundamentais e de congelamento de certos processos democráticos, foi pensado e decretado para enfrentar problemas concretos e com o intuito de retornar à situação de normalidade assim que possível.

O estado de exceção econômica não apresenta essa preocupação. É constantemente prorrogado (ou transformado) e objetiva, na verdade, iniciar um novo período de exercício da política que invoca a crise (permanente) para impor mudança (permanente) de regime e manter a exceção como nova normalidade:[3] "O estado de exceção está se tornando uma estrutura jurídico-política permanente e o paradigma dominante de governo na política contemporânea, com a ameaça de dissolução do Estado".[4]

Como foi observado com base na experiência da crise financeira na Itália na década de 2010, o estado de exceção econômico apresenta duas características. Primeiro, *desconstitucionaliza* as relações e competências para remover obstáculos jurídicos. Segundo, tudo se decide mediante a *pressão política com base em argumentos econômicos*, sendo fundamental o papel do Executivo, contra um Parlamento impotente e um Judiciário silente.[5] Dito de outra maneira, a exceção que se torna normalidade afeta a separação dos poderes, dando papel preponderante ao Executivo, exatamente como ocorre em regimes ditatoriais.

Verdadeiro objetivo do estado de exceção econômica é quebrar resistências políticas e modificar a forma de aplicação da Constituição. Remove "obstáculos" (vedações jurídicas) que, em situação normal, seriam instransponíveis.

Em termos mais concretos, as medidas que os governantes costumam tomar nesse estado de exceção se resumem em duas propostas. Por um lado, privatizar empresas do setor público e desmantelar instituições do Estado social

---

[2] Voto do Ministro Luis Roberto Barroso na Medida Cautelar da ADPF 405, rel. Min. Rosa Weber, julgada em 14-6-2017. Não corrigimos a sintaxe e ortografia do trecho que se encontra na p. 63 da publicação oficial da decisão (DJe-020, publicado em 5-2-2018).
[3] Análises, a partir de várias perspectivas, em: Agamben, 2006. Negri, 2002; Hardt e Negri, 2004; Bercovici, 2004; Martín, 2013; Matos, 2016. Para uma análise histórica do estado de exceção como ferramenta de manipulação política no Brasil, cf. Gomes e Matos, 2017.
[4] Bercovici, 2004: 180.
[5] Ruggeri, 2015. Sobre o impacto constitucional da crise financeira na União Europeia e as restrições impostas à soberania nacional e à democracia com a justificativa de pré-falência de Estados endividados, cf. Contiades (org.), 2013; Kamtsidou, 2015; Kaïdatzis, 2015; Dimoulis e Lunardi, 2017.

para diminuir os gastos (fim da redistribuição) e, por outro, diminuir impostos e encargos trabalhistas para as empresas para aumentar a lucratividade do capital. Já em relação à corrupção, além dos discursos grandiloquentes e dos processos penais que agradam a opinião pública mas não podem resolver o problema, nada substancial é feito.[6]

A política econômica que se depara com o problema dos recursos escassos dá prioridade, via de regra, ao pagamento de juros aos credores e oferece apoio a instituições financeiras em situações de crise, assumindo dívidas de bancos. Ao mesmo tempo, as autoridades do Estado alegam a crise das finanças públicas para diminuir a proteção trabalhista e previdenciária. Dessa maneira ignora-se o critério da maior necessidade e da gravidade das consequências.

A opção neoliberal contraria a finalidade central do Estado legitimado como mecanismo de solidariedade e de promoção do bem comum. Como diz com brilhante laconismo o preâmbulo da Constituição Federal da Suíça de 1999, "a força do povo mede-se no bem estar de seus membros mais fracos".[7] Ao mesmo tempo, a opção neoliberal contraria os princípios estruturantes do Estado constitucional brasileiro fixados no artigo 3º da Constituição de 1988: "I – construir uma sociedade livre, justa e solidária; II – garantir o desenvolvimento nacional; III – erradicar a pobreza e a marginalização e reduzir as desigualdades sociais e regionais".

A compreensão do gasto estatal como problema contábil de equilíbrio entre renda e despesa não é a única nem a correta compreensão das finanças públicas. Em nível individual é correto e prudente dizer que devemos gastar menos do que ganhamos, evitando as consequências do endividamento. Mas o mesmo não ocorre com os Estados que têm possibilidades de aumentar seus recursos com o aumento dos tributos conforme decisão política, assim como com empréstimos de longo prazo. Além disso, o gasto público não tem semelhança estrutural com os gastos de um particular com consumo. A atuação econômica do Estado é algo radicalmente diferente. Não é gasto e muito menos gasto irresponsável. É um poderoso instrumento macroeconômico para realizar obras de infraestrutura e impulsionar o consumo popular: oferece impulsos de crescimento econômico, desenvolve setores de atividade econômica considerados prioritários e redistribui recursos para amenizar desigualdades sociais.

Diante disso, a lógica de imposição de um teto dos gastos e a regra do equilíbrio financeiro ("austeridade") não são medidas necessária nem indicativas de "responsabilidade". São decorrências de decisões políticas que abandonam as já descritas metas constitucionais. Com base em dados de 2017 o Brasil tem dívida

---

[6] Há também o problema, debatido há décadas, da orientação que terá a política econômica do Estado brasileiro. Devem ser favorecidas as importações ou fortalecida a indústria nacional com papel dirigente e/ou propulsor do Estado? O neoliberalismo tende a preferir a unificação dos mercados, retirando incentivos da indústria nacional. Mas há exceções e oscilações históricas. Em âmbito jurídico a questão é analisada em várias obras de Gilberto Bercovici. Entre as análises econômicas cf. Draibe, 2007.

[7] "La force de la communauté se mesure au bien-être du plus faible de ses membres". Disponível em: <https://www.admin.ch/opc/fr/classified-compilation/19995395/201801010000/101.pdf>.

78% do PIB, enquanto países com porcentagens bem superiores, como o Japão (224%), o Canadá (98%) ou a França (96%)[8] não adotam políticas de austeridade e de corte do gasto estatal e conseguem um nível de desenvolvimento melhor. Seriam eles irresponsáveis e populistas?

Do ponto de vista democrático, a população não consegue de maneira efetiva influenciar as decisões do Estado que criaram dívidas nem a forma de sua administração, ainda mais quando a política estatal autoriza os bancos a cobrarem juros extorsivos. Como foi noticiado, "o Brasil ainda ocupa a liderança entre os maiores pagadores de juros reais do mundo (8,49%), seguido pela: Rússia (4,27%), Colômbia (3,61%), Argentina (2,55%), China (2,30%) (...)".[9] Essa espécie de recorde negativo não foi objeto de nenhum programa e discurso eleitoral apresentado à população e os cidadãos não possuem formas para controlar decisões financeiras tomadas por "especialistas" governamentais e autoridades "independentes", isto é, imunes ao controle político como é o Banco Central.

Da mesma maneira, as autoridades estatais não realizaram plebiscito ou outra consulta popular antes de perdoar dívidas e isentar do pagamento de impostos empresários rurais, deixando a União de arrecadar R$ 15 bilhões dos R$ 17 bilhões que os ruralistas devem em tempos de falta de recursos estatais. Tudo foi feito silenciosamente com as Medidas provisórias 793 e 803 de 2017 e, a seguir, com as Leis nº 13.606 e nº 13.630 de 2018 que praticamente foram ignoradas pela mídia, ocupada em discutir detalhes de processos contra políticos.[10]

Ora, a população que não consegue controlar os rumos de atuação econômica do Estado é a principal vítima da austeridade, sofrendo restrição de direitos fundamentais. Isso não diz somente respeito aos cortes nos programas sociais, mas se refere também aos direitos de liberdade individual e de participação política. O desemprego, as doenças e a diminuição das prestações sociais acabam comprometendo a qualidade de vida, a liberdade de ação e o exercício de direitos de cidadania. Quantos desempregados com moradia insalubre e problemas de saúde podem exercer adequadamente seus direitos de liberdade e garantir um futuro profissional digno para seus filhos? A redução do padrão de vida e a dupla ou tripla jornada de trabalho são as formas de sobrevivência que afetam de fato o *status* jurídico das pessoas. Ao contrário do endividamento do Estado que pode ser produtivo, o endividamento dos trabalhadores tem consequências devastadoras.

Na perspectiva da dinâmica da separação de poderes, o estado de exceção econômica, traz importantes mudanças. O legislador atende os comandos do Executivo que assume o controle da política econômica, e de órgãos internacionais que indiretamente guiam suas decisões. O Judiciário, por pressão ou convicção, convalida as mudanças, apresentando como argumento básico o estado de exceção

---

[8] Disponível em: <https://www.cia.gov/library/publications/the-world-factbook/rankorder/2186rank.html>.
[9] Notícia da BBC Brasil veiculada em 19.10.2016. Disponível em: <http://www.bbc.com/portuguese/brasil-37710131>.
[10] Idiana Tomazelli. Nem ruralista esperava megaperdão no Funrural, Estado de São Paulo, 5.4.2018.

e as imposições decorrentes da "reserva do possível". A jurisprudência do STF em relação à crise financeira do Estado do Rio de Janeiro oferece um eloquente exemplo disso.[11]

Em decorrência da suspensão de pagamentos pelo Estado que editou decretos e leis declarando sua insolvência e deixando de realizar pagamentos devidos,[12] houve uma série de ações por parte de fornecedores, agências estatais, funcionários e pessoas aprovadas em concurso e não investidas no cargo. Todos exigiam que o Estado pagasse o que lhes devia. Tratava-se de casos fáceis, pois apenas se pedia que o Estado inadimplente, silente ou omisso, cumprisse com suas obrigações legais.

Contudo, o STF não atendeu os pedidos. Recorreu ao conceito do estado de exceção para permitir que o Estado do Rio de Janeiro violasse leis de maneira sistemática. Vejamos alguns exemplos.

A Ministra Cármen Lúcia suspendeu em janeiro de 2017 cobranças contratuais da União com o argumento que "o Estado do Rio de Janeiro amarga gravíssima situação financeira, tendo o Governador do Estado decretado 'estado de calamidade pública'". E acrescentou: "o Estado Autor não nega a validade do contrato nem as cláusulas de contragarantia, limitando-se a relatar as condições financeiras que sobrevieram e que conduziram à necessidade de serem reavaliados os requisitos e a forma de pagamento devido à União".[13]

Quando um ano depois foi pedido que o Estado do Rio de Janeiro contrate aproximadamente 900 professores aprovados em concurso, a Ministra Cármen Lúcia novamente isentou o Estado dessa obrigação (e deixou os alunos sem professores) com a justificativa de carência orçamentária do Estado: "o atraso na nomeação de professores aprovados em concurso público parece justificável em face da comprovada exaustão orçamentária do requerente e da dificuldade de se efetivar o pagamento da remuneração dos professores do quadro do Estado".[14]

Em um terceiro caso, o Plenário do STF em acórdão relatado em junho de 2017 pela Ministra Rosa Weber ordenou liberar recursos do Estado do Rio de Janeiro que o Judiciário tinha bloqueado em contas com a finalidade de pagamento de salários. Para justificar a suspensão, o STF utilizou o argumento da separação de poderes:

> Expropriações de numerário existente nas contas do Estado do Rio de Janeiro, para saldar os valores fixados nas decisões judiciais, que alcancem recursos de terceiros, escriturados contabilmente, individualizados ou com vinculação orçamentária específica implicam alteração da destinação orçamentária de recursos públicos e remanejamento de recursos entre categorias de programação sem prévia autorização legislativa, o que não se concilia

---

[11] Por razões de espaço deixamos de apresentar outros casos de convalidação pelo STF da política social e econômica, como a reforma trabalhista e previdenciária.
[12] Vigora atualmente a Lei estadual nº 7.627 de 2017.
[13] Medida cautelar na Ação Civil Originária 2.972, decisão monocrática da Ministra Cármen Lúcia, julg. 2-1-2017.
[14] Medida Cautelar na Suspensão de Tutela Antecipada 871, decisão monocrática da Ministra Cármen Lúcia, julg. 9.1.2018.

com o art. 167, VI e X, da Constituição da República. A aparente usurpação de competências constitucionais reservadas ao Poder Executivo – exercer a direção da Administração – e ao Poder Legislativo – autorizar a transposição, remanejamento ou transferência de recursos de uma categoria de programação para outra ou de um órgão para outro – sugere lesão aos arts. 2º, 84, II, e 167, VI e X, da Carta Política.[15]

Mas o verdadeiro argumento era de novo o estado de exceção, como se depreende da argumentação neoliberal adotada pelo Ministro Alexandre de Moraes:

> Se o orçamento foi baseado para gastar 100 no mês, mas só veio 50 (sic), aqui não é questão de má vontade, de inconstitucionalidade ou de desrespeito, é questão de falta de dinheiro (...). Ora, quem vai analisar? Quem vai, numa crise dessa, gerir a crise? É o administrador. Não é possível, por maior boa vontade que tenha, a meu ver, cada magistrado, que não tem o conhecimento do global, até porque não é função do magistrado isso, atuar dentro da sua área de competência. Não é possível fazer um planejamento. E o Ministro Toffoli colocou bem. Se a diferença, como eu disse, é o orçamentário e o financeiro, um corte linear é um corte justo para todos.[16]

A mensagem é que o caráter "justo" dos cortes e do descumprimento de obrigações se decide pelo Executivo de maneira soberana e o Judiciário não pode realizar os devidos controles, pois a inconstitucionalidade é apagada onde há "falta de dinheiro". Imaginemos que um trabalhador demitido pare de pagar suas contas, alegando situação imprevisível de calamidade pessoal e dizendo que "é questão de falta de dinheiro" e não de má vontade. O STF estaria disposto a admitir esse calote, afirmando ainda que o trabalhador possui competência exclusiva de julgar se e quando pagará, tal como disse em relação ao Executivo fluminense? Por que o ônus do Estado de financiar políticas públicas considera-se como quase facultativo?

3 Crise de direitos fundamentais

O governo Temer realizou uma série de reformas constitucionais que objetivam impedir a continuação de políticas sociais previstas na Constituição. Citamos as mais significativas:
- a Emenda constitucional nº 93 de 2016 desvincula as receitas públicas de sua utilização em políticas sociais, impedindo o financiamento adequado de políticas públicas constitucionalmente impostas;[17]
- a Emenda constitucional nº 95 de 2016, ("novo regime fiscal") limita os valores dos orçamentos públicos, paralisando a função redistributiva do

---

[15] Medida cautelar na ADPF 405, relatora Min. Rosa Weber, julg. 14.6.2017.
[16] Voto do Min. Alexandre de Morais na Medida cautelar na ADPF 405, relatora Min. Rosa Weber, julg. 14-6-2017.
[17] Sobre as possíveis inconstitucionalidades dessa recorrente prática de suspensão da eficácia da Constituição transformadora, cf. Rubin, 2016.

Estado, isto é, restringindo de maneira, indireta mas muito eficiente, a implementação das previsões constitucionais sobre políticas públicas;[18]
- a Proposta de Emenda constitucional nº 287 de 2016, ainda em tramitação, que procura limitar a duração e o montante das aposentadorias.[19]

Temos em paralelo reformas legislativas que, mesmo sem alterar o texto constitucional, sinalizam um retrocesso na tutela dos direitos fundamentais dos trabalhadores, como ocorreu notadamente com a Lei 13.467 de 2017, conhecida como de Reforma trabalhista que promove a precarização do trabalho assalariado.[20]

Ainda que essas reformas não sejam consideradas inconstitucionais, temos uma clara inflexão (inversão?) do projeto constitucional que visava à transformação social.[21]

São várias as razões e justificativas dadas para restringir direitos fundamentais e instaurar estados de exceção política ou econômica. Em alguns países se fala em terrorismo e ameaças à segurança pública, surgindo uma legislação liberticida, como ocorreu nos EUA e em muitos outros países.[22] Em outros países invoca-se a crise financeira como justificativa de austeridade. Isso deu-se na União Europeia com a imposição de "memorandos" que suspendem a normalidade constitucional em países com alta dívida pública.[23] Uma terceira justificativa é a "guerra contra as drogas", com alto gasto bélico e milhares de vítimas, como ocorre no México,[24] nas Filipinas.[25] Algo semelhante verifica-se no Brasil, onde o "tráfico" é apresentado pela mídia e pelos governantes como principal inimigo público, tendo justificado em 2018 a intervenção federal de cunho militar no Estado do Rio de Janeiro.[26]

4 Crise democrática

Se as formas, razões e estratégias de proclamação do estado de exceção variam no tempo, o problema está presente ao longo da história moderna. A

---

[18] Sobre o conteúdo da Emenda, suas consequências econômicas e as possíveis inconstitucionalidades, cf. Vieira Jr., 2016; Paiva *et al.*, 2016; Vieira e Benevides, 2016.

[19] Sobre as possíveis inconstitucionalidades, cf. IAPE *et al.*, 2016.

[20] Cf. os argumentos pela inconstitucionalidade das reformas em pareceres do Ministério Público do Trabalho: Disponível em: <http://portal.mpt.mp.br/wps/portal/portal_mpt/mpt/publicacoes/notas-tecnicas>.

[21] Cf. as análises premonitórias em Bercovici e Massonetto, 2004.

[22] Entre a extensa bibliografia, cf. Shafir *et al.* (eds.), 2012.

[23] Contiades (ed.), 2013.

[24] Cf. estudo de Nina Lakhani com o eloquente título: "México y su guerra contra el narco: diez años, 50.000 millones de dólares y más de 200.000 cadáveres" Disponível em: <https://www.eldiario.es/theguardian/guerra-drogas-Mexico-cumple-conseguido_0_588991414.html>.

[25] Sobre os fatos e as reações internacionais cf. Phelim Kine, Philippine President Rodrigo Duterte's 'War on Drugs'. Disponível em: <http://hir.harvard.edu/article/?a=14564 (2017)>.

[26] Cf. os argumentos pela inconstitucionalidade da intervenção federal no Rio de Janeiro na petição inicial da ADIN 5.915, apresentada pelo PSOL e pendente de julgamento Disponível em: <https://www.conjur.com.br/dl/psol-supremo-tribunal-federal-suspenda.pdf>. Cf. o posicionamento do MPF em nota técnica: Disponível em: <http://pfdc.pgr.mpf.mp.br/atuacao-e-conteudos-de-apoio/temas-de-atuacao/direitos-humanos/atuacao-do-mpf/nota-tecnica-conjunta-pfdc-e-2a-ccr-1-2018>.

revolução francesa de 1789 é um momento de alto simbolismo político. O povo francês, cansado da condição de quase escravidão resolve questionar o sistema monárquico que tanto lhe tirava e tão pouco lhe dava. Com base nas reivindicações de abolição dos direitos feudais se proclama "liberdade, igualdade e fraternidade", expressando o ideário dos direitos humanos. A luta estabelecida na Revolução francesa entre detentores de privilégios e os proletários ("povo", "sans-culottes") se resumia em um dilema: a França pertence a seu povo ou ao rei? O rei governa a França ou organiza um sistema de domínio sobre os franceses?

Hoje podemos fazer uma reflexão semelhante. Um indício de desconfiguração democrática é a crise representativa. Pesquisas de opinião mostram que o Presidente Michel Temer apresenta índice de *reprovação* acima de 80% (84,5% em setembro de 2017 e 83,6% em março de 2018), sendo que outra pesquisa constatou reprovação de 70% em abril de 2018, mas com 41% dos entrevistados dando nota zero ao governo.[27] Se praticamente ninguém concorda com as mudanças introduzidas em seu governo, a consequência imposta pelo pensamento democrático seria suspender as reformas e mesmo apresentar sua demissão.

O texto constitucional é aplicado, ontem e hoje, com critério os interesses dos detentores do capital. A fragilização das práticas de aplicação da Constituição, especialmente na área de direitos sociais e da atuação compensatória do Estado, faz alguns teóricos se referirem à "constituição viva", que se distancia radicalmente do projeto de transformação social para supostamente atender necessidades atuais. São justamente as políticas decididas com base em demandas do capital, apresentadas como "desejo do mercado",[28] um ente despersonalizado e poderoso. Não há mais governantes no sentido de detentores de poder efetivo e muito menos no sentido da efetiva representação popular. Os governantes, rodeados por lobbies e organismos financeiros internacionais, tem se tornado uma espécie de figurantes do capital que atua como "master of puppets", mestre das marionetes.

Uma das consequências da quebra do contrato social que tutelava, ainda que parcialmente, interesses das classes populares é o aumento da desigualdade social que, no Brasil, conforme demonstrado em estudo publicado no final de 2017, é uma das mais acentuadas no mundo.[29]

A Constituição brasileira com suas promessas de democracia, vem sendo desconfigurada. O Estado brasileiro consolida a opção política em que, havendo

---

[27] 84,5% em setembro de 2017 e 83,6% em março de 2018. Dados da 134ª e 135ª pesquisa CNT/MDA realizada com entrevistas no território nacional. Disponível em: <http://www.cnt.org.br/Imprensa/noticia/resultados-pesquisa-cnt-mda-134>; Disponível em: <http://www.cnt.org.br/imprensa/Noticia/resultados-135-pesquisa-cnt-mda>. Semelhantes os dados do Ibope e do Datafolha em março 2018. Disponível em: <http://g1.globo.com/jornal-nacional/noticia/2018/04/ibope-divulga-nova-pesquisa-sobre-popularidade-de-michel-temer.html>; Disponível em: <https://www1.folha.uol.com.br/poder/2018/04/temer-e-reprovado-por-70-dos-brasileiros-mesmo-com-esforco-por-popularidade.shtml>.

[28] Um exemplo entre incontáveis oferece o título de primeira página do jornal Folha de SP: "O presidente do Banco Central atua para acalmar o mercado" (18-05-2017, disponível em: <http://www1.folha.uol.com.br/mercado/2017/05/1885230-presidente-do-bc-tenta-acalmar-mercado-apos-dolar-avancar-8.shtml>.)

[29] Morgan, 2017.

conflito entre direitos sociais e direitos de propriedade privada, estes últimos prevaleçam. Como escreveu o filósofo político Alain Badiou,

> dans les sociétés aujourd'hui dominantes, la liberté, dont on fait le fétiche démocratique que nous savons, est en fait entièrement dominée par la propriété (...). Quelqu'un qui a perdu toute possibilité d'acquérir quelque chose n'a dans les faits aucune espèce de liberté".[30]

Os direitos individuais de liberdade reduzem-se às atividades de comércio e consumo. Isso representa o substrato do nosso tempo: uma aliança entre a política e o mercado que funcionam como se fosse um único corpo, formado por duas partes que se retroalimentam. Essa dinâmica gera um discurso que justifica e convence a sociedade e tem como consequência a dominação da sociedade pela riqueza.

O Estado nessa condição ignora a Constituição gerando a violência estrutural. O conceito, formulado pelo sociólogo norueguês Johan Galtung, indica situações crônicas de não satisfação de necessidades humanas ou satisfação em grau menor do que o necessário, em razão de decisões políticas de favorecer certos grupos sociais em detrimento de outros. Esses últimos são submetidos a formas de violência que não é aberta, mas, mediante privações, afeta sua existência e identidade social.[31]

Os variados estados de exceção acima descritos como respostas a "crises" facilitam e, de certa maneira legitimam, a violência estrutural como (suposta) forma de "retorno à normalidade". Sob o manto do interesse geral e da representatividade, o Estado organiza interesses dos poderosos, incluindo empresas que não tem como sede o Brasil, com as políticas e reformas neoliberais descritas nesse trabalho.

5 Uma contraproposta. A constituição da multidão (Antonio Negri)

Várias teorias foram desenvolvidas com referência ao constitucionalismo popular. Esses escritos, partindo de diversas perspectivas teóricas apresentam alguns elementos em comum: repensam o poder constituinte, seus agentes e possibilidades de refundação; revalorizam o poder legislativo, combatendo o ativismo judicial; refletem sobre as formas de influência efetiva do povo nos processos decisórios.[32] Aqui iremos tratar apenas da teoria de Antonio Negri por entender ser, em sua radicalidade, mais adequada para a crítica apresentada no presente texto.[33]

---

[30] "Nas sociedades atualmente dominantes, a liberdade se tornou sabidamente um fetiche democrático, sendo, de fato, totalmente dominada pela propriedade (sc. privada) (...). Quem perde a possibilidade de adquirir algum bem, não tem na verdade, nenhuma liberdade" Badiou, 2014: 217 (trad. nossa).
[31] Galtung, 1969.
[32] Apresentação panorâmica em Bolonha, Zetel, Rangel, 2014; Godoy, 2017; Möller, 2018.
[33] Realizamos uma leitura crítica da perspectiva de Negri sobre o poder constituinte em Dimoulis e Lunardi, 2012. Entre os estudos em português, cf. Quintar, 1998; Guimaraens, 2004; Matos, 2016.

O filósofo italiano, em estudos publicados ao longo de décadas, alguns dos quais em coautoria com Michael Hardt, discute facetas do poder constituinte e nos permite explorar aspectos da crise da teoria constitucional e da teoria do Estado.

Para Negri, o modelo da democracia constitucional é refém da ideia equivocada de que o poder constituinte originário representa o povo e se esgota no momento de elaboração de uma Constituição.[34] O poder constituinte e o poder constituído definidos por juristas e cientistas políticos são ficções que têm como finalidade "justamente negar o caráter absoluto, indeterminado e potencial do poder constituinte".[35] São ficções antidemocráticas que permitem ao liberalismo controlar a política.

Negri rejeita a visão da Constituição como poder supremo político e social que impõe sua vontade, alocando direitos e competências. Não somente porque a interpretação permite manipulações em prol dos poderosos, mas principalmente porque a tese da supremacia normativa impede (ou, ao menos, limita) a atuação política da multidão. O constitucionalismo é uma teoria que procura *afastar* o movimento espontâneo das massas da vida política: domestica a vida social e distorce a representação política.[36]

Além de criticar a tentativa de "esgotamento", melhor dizendo, de impedimento de manifestação continua do poder constituinte, Negri critica sua subordinação aos poderes constituídos. Esses últimos decidem *como* será implementada a Constituição, o que ela é, o que ela diz. Após a adoção do texto originário constitucional, o poder criador deixa de atuar, dando seu lugar aos órgãos estatais que concentram os poderes decisórios. Negri identifica e critica uma inversão: o criador da lei está subordinado aos aplicadores.[37]

A Constituição brasileira de 1988 admitiu, em 30 anos de vigência, mais de 100 Emendas.[38] Isso nos convida a repensar o conceito de rigidez constitucional diante do amplo poder dos "aplicadores" que só podem ser controlados pelo Poder Judiciário, ou seja, por um outro aplicador da Constituição.[39] A crítica de Negri retoma, na substância, a velha constatação do realismo jurídico estadunidense de que a Constituição nada mais é do que a vontade momentânea de seus aplicadores.[40]

Em paralelo, temos as contínuas disputas dos poderes estatais em torno da interpretação constitucional, procurando cada órgão impor a interpretação que considera mais favorável aos seus interesses. São lutas pela dominação sob pretexto de interpretar as normas.

Podemos dizer que Negri formula duas críticas ao poder que cria a Constituição. Primeiro, a crítica da *antidemocraticidade*: o poder constituinte

---

[34] Negri, 2002.
[35] Matos, 2016: 70.
[36] Negri 2002: 20 e *passim*.
[37] Negri, 2002: 292.
[38] Disponível em: <http://www.planalto.gov.br/ccivil_03/constituicao/Emendas/Emc/quadro_emc.htm>.
[39] Sobre o conceito de rigidez complacente cf. Vieira *et al.*, 2013.
[40] Discussão dessa tese e de seus pontos problemáticos em Dimoulis, 2018: 85-89, 127-137.

jurídico procura estabelecer regras limitadoras para domesticar os movimentos da multidão e para garantir a soberania do capital.

Segundo, a crítica da *impotência*: na prática não se impõe a vontade do constituinte, mas aquela dos aplicadores. Podemos dizer, sem medo de trair o pensamento de Negri, que o poder constituinte nos moldes conhecidos pela teoria da Constituição é politicamente reacionário.

Urge, em tal hipótese, repensar o poder da multidão enquanto verdadeiro poder constituinte. Negri apresenta uma série de características do poder da multidão que não se esgota:
- Ilimitado, imprevisível e criativo[41]
- Projeto coletivo em ação[42] e permanente[43]
- "Luta para construir um mundo novo";[44]
- Fator de paz mundial;[45]
- Trabalho vivo,[46] libertado do capital[47] e permitindo que pessoas livres e iguais assumam o governo.[48]

Por fim, o poder constituinte para Negri abrange a sociedade em sua totalidade e não apenas o poder exercido no campo político e separado dos processos sociais, como faz o liberalismo constitucional que limita a política para garantir espaços de liberdade que asseguram os privilégios dos poderosos. Negri crítica também o anarquismo que limita o domínio da política em nome da autonomia de coletivos que não devem estar vinculados por decisões gerais.[49] Em ambos os casos, a limitação da política dificulta o entendimento entre a sociedade e o Estado e as contradições acabam sendo resolvidas de forma violenta.[50]

A proposta teórica de Negri desafia as teorias dominantes sobre as funções da Constituição e argumenta com ousadia e originalidade. Podemos fazer ressalvas em relação à sua abordagem, que, em nossa opinião, subestima os efeitos de legitimação que gera o poder constituinte no sentido liberal-jurídico. Podemos também lembrar que a sociedade mundial ainda não conseguiu criar um modelo melhor que a democracia constitucional, sendo a crítica de Negri pouco construtiva.

Apesar disso, suas análises não só iluminam os aspectos de dominação e repressão nos Estados constitucionais, como também oferecem caminhos para interpretar acontecimentos concretos. O processo de impeachment de Dilma

---

[41] Negri, 2002: 279, 299-301, 431.

[42] Negri, 2002: 431.

[43] Negri, 2002: 20-22.

[44] Negri, 2002: 304-305.

[45] Hardt e Negri, 2004: 67.

[46] Negri, 2002: 372.

[47] Negri, 2002: 327-329, 373.

[48] Hardt e Negri, 2004: 67.

[49] Negri, 2002: 449.

[50] Negri, 2002: 449.

Rousseff (2015-2016) tem como característica a decisão de afastar a pessoa eleita com uma motivação jurídica de mero pretexto. Objetivo do processo era mudar a aliança partidária. O vice-presidente Michel Temer (PMDB) assumiu o poder e criou nova aliança com partidos da oposição derrotada, afastando o PT, vencedor nas eleições. Ao mesmo tempo, Michael Temer, mesmo eleito na chapa da Presidenta e oficialmente comprometido com o programa que ela defendia, mudou radicalmente as prioridades políticas, adotando posicionamentos dos partidos derrotados.

Isso tudo ocorreu com fortes questionamentos da constitucionalidade do processo de *impeachment* na doutrina nacional. Mas os novos governantes em nada se incomodam com isso. Aplicam seu programa mesmo com baixíssima popularidade e sequer cogitam antecipar as eleições ou mesmo convocar um referendo para aprovação da nova política econômica ou antecipar as eleições. Apenas usam a Constituição e as instituições do Estado para impor sua política que é contrária os anseios da maioria da população em uma completa desconfiguração da democracia.

A visão de Negri explica essa ocorrência muito melhor que uma leitura liberal baseada na legalidade, na democracia e no sistema de freios e contrapesos. Mostra, em uma palavra, a *função antidemocrática* do constitucionalismo,[51] que procura afastar o povo do exercício efetivo do poder e a necessidade de repensar conceitos e práticas, procurando mecanismos de tutela mais efetiva e duradoura de todos os direitos fundamentais.

6 Considerações conclusivas

O nosso texto questiona posições idealistas, tanto progressistas como conservadoras, que compreendem o texto constitucional como valor e símbolo associado à justiça e à democracia. Para a visão crítica ocorre o contrário. A compreensão do direito como técnica de emancipação legitima a manutenção de um sistema que reproduz as desigualdades sociais, ocultando-as por detrás de proclamações generosas de direitos e de invocação de valores com alta carga ideológica.

O direito constitucional não deveria ser usado como uma espécie de casa de espelhos que distorce as imagens. Não podemos nos contentar com a promessa de mudança que não se torna efetiva nem com a enumeração de proclamações de direitos. Devemos verificar, concretamente, onde, quando e em que medida, nos 200 anos de constitucionalismo e nos trinta anos de vigência da Constituição Federal de 1988 houve efetivos progressos sociais, eliminando situações de discriminação sistêmica e secular.

---

[51] Reflexões e indicações bibliográficas sobre os conflitos entre democracia e ordem constitucional em Dimoulis, 2007.

Citando um exemplo, o determinante não é estudar as normas que proclamam a igualdade entre mulheres e homens, nem de descrever instituições e procedimentos voltados a garanti-la. A pergunta central é saber se houve efetivos e decisivos avanços ou apenas promessas vãs.

No Brasil como em tantos outros países, as empresas investem importantes quantias de dinheiro na política, de maneira legal ou ilegal, para influenciar as decisões do Legislativo.[52] A legislação eleitoral e os tribunais eleitorais não conseguem combater essa situação e acabam admitindo que a liberdade das empresas permite que elas usem recursos financeiros para apoiar a campanha de "seus" candidatos e transformar a política em luta publicitária para seduzir os eleitores.

O mandamento constitucional da soberania popular e o dever dos eleitos de representar seus eleitores se torna sinônimo de utopia quando a política funciona como braço da economia, sendo monetarizada e incorporada aos mecanismos de mercado. É o que a filósofa estadunidense Wendy Brown analisou como *abandono da promessa de deliberação democrática* que aumenta as desigualdades e exclusões e submete as sociedades à lógica da "governança"[53] que confia as decisões políticas aos "técnicos".[54]

É urgente resistir à seletividade e à violência social que acompanha as práticas do estado de exceção econômica que colonizou o mundo político e distorceu os sistemas representativos. O primeiro passo nesse caminho é compreender como as elites afastam limites constitucionais e controlam as decisões políticas, manipulando procedimentos e instituições.

Referências

AGAMBEN, Giorgio. *Estado de exceção*. São Paulo: Boitempo, 2006.

BADIOU, Alain. *L'impuissance* contemporaine. In: A. Badiou et al. *Le symptôma grec*. Paris: Lignes, 2014: 209-224.

BERCOVICI, Gilberto. *Constituição e estado de exceção*. São Paulo: Azougue, 2004.

BERCOVICI, Gilberto; MASSONETTO, Luis Fernando. A Constituição dirigente invertida: a blindagem da Constituição financeira e a agonia da Constituição econômica. *Revista de Direito Público*, v. 45, 2004: 79-89.

BOLONHA, Carlos; ZETTEL, Bernardo; RANGEL, Henrique.. O constitucionalismo popular em uma leitura Rawlsiana. *Revista Scientia Iuris*, v. 18-2, 2014: 171-187.

BROWN, Wendy. *Undoing the Demos*. Neoliberalism's Stealth Revolution. New York: Zone Books, 2015.

CONTIADES, Xenophon (ed.). *Constitutions in the Global Financial Crisis*. A Comparative Analysis. Syrrey: Ashgate, 2013.

DIMOULIS, Dimitri. Direitos fundamentais e democracia. Da tese da complementaridade à tese do conflito. *Revista Brasileira de Estudos Constitucionais*, n. 16, 2007: 200-214.

---

[52] Peixoto, 2016.

[53] Brown, 2015: 72.

[54] Brown, 2015: 122-150.

DIMOULIS, Dimitri. *Positivismo jurídico*. Porto Alegre: Livraria do Advogado, 2018.

DIMOULIS, Dimitri; LUNARDI, Soraya. *O poder constituinte além do constitucionalismo burguês e da impotência da multidão (em grego)*. Theseis (Athena), v. 120, 2012: 19-3.

DIMOULIS, Dimitri; LUNARDI, Soraya. *O direito do Capital (em grego)*. Theseis, v. 141, 2017: 27-44.

DRAIBE, Sonia Miriam. *Rumos e Metamorfoses*. Estado e Industrialização no Brasil: 1930/1980. Rio de Janeiro: Paz e Terra, 2007.

GALTUNG, Johan. Violence, peace and peace research. *Journal of Peace Research*. v. 6-3, 1969: 167-191.

GODOY, Miguel Gualano de. *Devolver a Constituição ao Povo*. Belo Horizonte: Fórum, 2017.

GOMES, Ana Suelen Tossigen; MATOS Andityas Soares de Costa. *O Estado de Exceção no Brasil Republicano*. Direito e Praxis, v. 8-3, 2017: 1760-1787.

GUIMARAENS, Francisco de. *O poder constituinte na perspectiva de Antonio Negri*. Um conceito muito além da modernidade. Rio de Janeiro: Forense, 2004.

HARDT, Michael, Antonio NEGRI. *Multitude*, New York: Penguin, 2004.

IAPE et al. *Parecer técnico*. Disponível em: <http://iprevita.com.br/iprevita/wp-content/uploads/2016/12/CARTA-AOS-DEPUTADOS-Parecer-Técnico.pdf, 2016>.

KAIDATZIS, Akritas. L'état d'exception dans la pratique et la jurisprudence constitutionnelle grecque. En Jeu. Histoire et mémoires vivantes, n. 5, 2015: 97-107. Disponível em: <https://www.academia.edu/27892895/L%C3%A9tat_dexception_dans_la_pratique_et_la_jurisprudence_constitutionnelle_grecque>.

KAMTSIDOU, Iphigénie. *Un état d'exception nullement exceptionnel*. La crise souveraine et le crépuscule de la Constitution. Un aperçu historique. 2015. Disponível em: <https://www.academia.edu/13117996/Un_État_d_exception_nullement_exceptionnel._La_crise_souveraine_et_la_Constitution_Revue_En_Jeu_Juin_2015>.

MARTÍN, Francisco Javier de Lucas. Desobediência e democracia: a hora da cidadania. *Revista da Faculdade de Direito da Universidade Federal de Goiás*, v. 37, n. 1, 2013: 58-72.

MATOS Andityas Soares de Costa. *O estado de exceção, desobediência civil e desinstituição*. Por uma leitura democrática-radical do poder constituinte. Direito e Praxis, v. 7, n. 4, 2016: 43-95.

MÖLLER, Kolja. *From Constituent to Destituent Power beyond the State*. Transnational Legal Theory, 2018: 1-23.

MORGAN, Marc. *Extreme and Persistent Inequality*: New Evidence for Brazil Combining National Accounts, Surveys and Fiscal Data, 2001-2015, 2017. Disponível em: <http://www.ecineq.org/ecineq_nyc17/FILESx2017/CR2/p456.pdf>.

NEGRI, Antonio. *O poder constituinte*. Rio de Janeiro: DP&A, 2002.

PAIVA, Andrea Barreto de. MESQUITA, Ana Cleusa Serra; JACCOUD, Luciana; PASSOS, Luana. *O Novo Regime Fiscal e suas implicações para a política de assistência social no Brasil*. 2016. Disponível em: <http://www.ipea.gov.br/portal/images/stories/PDFs/nota_tecnica/160920_nt_27_disoc.pdf>.

PEIXOTO, Vitor de Morais. *Eleições e financiamento de campanhas no Brasil*. Rio de Janeiro: Garamond, 2016.

QUINTAR, Aida. *A potência democrática do poder constituinte em Negri*. Lua Nova, n. 43, 1998: 131-154.

RUBIN, Fernando. *O superávit da previdência*: a macroestrutura constitucional das suas fontes de custeio e a verdadeira lógica de utilização da DRU. Síntese: Direito previdenciário, n. 75, 2016: 99-109.

RUGGERI, Antonio. *Stato costituzionale e Stato d'eccezione, nella più recente esperienza italiana: dall'alternativa alla mutua integrazione?* Consulta online, 2015. Disponível em: <http://www.giurcost.org/studi/ruggeri40.pdf>.

SHAFIR, Gershon et al. (eds.). *Lessons and Legacies of the War On Terror*: From Moral Panic to Permanent War. London: Routledge, 2012.

VIEIRA, Fabiola; BENEVIDES, Rodrigo Pucci de Sá e. *Os impactos do novo regime fiscal para o financiamento do SUS e para a efetivação do direito à saúde no Brasil*. 2016. Disponível em: <http://www.ipea.gov.br/portal/images/stories/PDFs/nota_tecnica/160920_nt_28_disoc.pdf>.

VIEIRA Junior, Ronaldo Jorge Araujo. *As inconstitucionalidades do Novo Regime Fiscal instituído pela PEC nº 55, de 2016*. 2016. Disponível em: <http://www12.senado.leg.br/publicacoes/estudos-legislativos/tipos-de-estudos/boletins-legislativos/bol53>.

VIEIRA, Oscar Vilhena et al. *Resiliência constitucional*. São Paulo: Direito-GV, 2013.

Informação bibliográfica deste texto, conforme a NBR 6023:2002 da Associação Brasileira de Normas Técnicas (ABNT):

LUNARDI, Soraya Gasparetto; DIMOULIS, Dimitri. Transformações do Estado e da Constituição Brasileira na conjuntura da "Crise Econômica". In: BOLONHA, Carlos et al. (Coord.). *30 anos da Constituição de 1988*: uma jornada democrática inacabada. Belo Horizonte: Fórum, 2019. p. 207-222. ISBN 978-85-450-0595-7.

PARTE III

CONSTITUIÇÃO, 30 ANOS E DIREITOS FUNDAMENTAIS

30 ANOS DA CONSTITUIÇÃO DE 1988: DIREITOS FUNDAMENTAIS PARA ALÉM DO PAPEL E O DIREITO À INFORMAÇÃO

Ana Paula de Barcellos

A Constituição de 1988 veiculou o compromisso do novo Estado brasileiro, reorganizado naquele momento, com a promoção dos direitos fundamentais. É certo que isso não significa que haja consenso acerca do que esse compromisso significa em todas as suas possibilidades, e mesmo a definição do sentido e alcance de muitos direitos envolve diferentes visões de mundo, concepções políticas, filosóficas, religiosas e ideológicas. Sem prejuízo dessas diversidade e complexidade próprias do pluralismo, parece correto afirmar que a Constituição de 1988 explicitou uma decisão majoritária no sentido do respeito, da garantia e da promoção dos direitos fundamentais.

Desde então, muitos esforços têm sido empreendidos – oriundos, *e.g.*, da esfera normativa, da doutrina e da jurisprudência – com fundamento nessa decisão constitucional e/ou com o propósito de desenvolvê-la. Cerca de dois anos após a promulgação da Constituição de 1988, foi editada a Lei nº 8.080/90, que organizou a estrutura básica do Sistema Único de Saúde, previsto constitucionalmente. Várias alterações foram introduzidas nessa lei ao longo do tempo para adaptar o sistema a novas necessidades e realidades. No plano infralegal, normas são constantemente editadas dispondo sobre os serviços prestados pelo SUS, o relacionamento entre os entes federativos e com os parceiros privados, dentre muitos outros temas. Atos concretos são praticados igualmente a fim de dar execução a esse conjunto normativo.

Percurso similar é observado, por exemplo, em relação ao direito à educação, igualmente previsto pelo texto constitucional de forma bastante analítica. Em 1996 foi editada a Lei nº 9.394, a chamada Lei de Diretrizes e Bases da Educação Nacional, que também tem sido objeto de reformas e atualizações ao longo do tempo. Outras leis foram editadas sobre o tema da educação, como, *e.g.*, a que criou o Programa Universidade para Todos – PROUNI (Lei nº 11.096/05) e o Programa Nacional de Acesso ao Ensino Técnico e Emprego – PRONATEC (Lei nº 12.513/11). Do mesmo modo, atos infralegais têm sido expedidos e atos concretos praticados com o propósito de dar execução a tais normas, com maior ou menor sucesso.

Vários outros exemplos poderiam ser dados da produção normativa do Estado brasileiro em relação a direitos fundamentais desde a edição da Constituição de 1988. O Programa Bolsa Família (Lei nº 10.836/04), independentemente das controvérsias políticas que o envolvem, se ocupa, não há dúvida, de direitos fundamentais. O Estatuto da Cidade (Lei nº 10.257/01) é considerado um documento da maior importância, inclusive no plano internacional, para o direito à moradia e demais direitos relacionados com o fenômeno da cidade. A Lei nº 13.146/15 instituiu o Estatuto da Pessoa com Deficiência, atualizando a legislação sobre a matéria no país.

Paralelamente às normas, a doutrina jurídica brasileira dedicou-se nas últimas décadas a desenvolver uma dogmática voltada para a expansão da eficácia jurídica e da efetividade da Constituição como um todo e dos direitos fundamentais de forma específica. O esforço doutrinário é notável e deve ser registrado, mesmo quando seu impacto efetivo na compreensão e aplicação do direito leve algum tempo para se verificar. A jurisprudência tem seguido na mesma linha, em todos os ramos do Poder Judiciário e graus de jurisdição, e sequer há necessidade de enumerar exemplos de decisões nesse sentido. O Supremo Tribunal Federal em múltiplas ocasiões tem destacado a centralidade dos direitos fundamentais e da dignidade humana no sistema jurídico-constitucional brasileiro.

Todo esses esforços – normativos, doutrinários e jurisprudenciais – pretendem, em última análise, garantir, proteger e promover os direitos fundamentais. E parece certo de que eles são efetivamente necessários para a realização dos direitos nos Estados contemporâneos, embora não sejam suficientes. A edição de normas, a produção doutrinária e mesmo a prolação de decisões judiciais não garantem, por si, a realização de direitos.

O fato de existirem múltiplas normas disciplinando o direito à saúde, doutrina tratando de sua fundamentalidade e eficácia, e decisões judiciais impondo obrigações nesse sentido, não significa que as normas estejam sendo efetivamente executadas e, mesmo que sua execução esteja acontecendo, isso não garante, nos termos do art. 196 da Constituição, que os riscos de doença e agravos estejam sendo reduzidos ou que a promoção, proteção e recuperação da saúde estejam se verificando. Mesmo quando se trata de decisões judiciais, nem sempre seu cumprimento se dá de forma tão rápida ou equitativa.

Paralelamente, portanto, à edição normativa e aos desenvolvimentos doutrinários e jurisprudenciais que visam à promoção dos direitos, eu gostaria de propor duas outras dimensões para o compromisso constitucional com os direitos fundamentais que, para fins didáticos, seguem denominadas de *dimensões da realidade e da realidade desagregada*. Inicie-se pela dimensão da realidade.

A decisão majoritária constitucional em relação aos direitos fundamentais apenas faz sentido se a pretensão for compreendida no sentido de que os direitos sejam de fato, isto é, no mundo da realidade, garantidos às pessoas. O direito em geral e o direito constitucional em particular têm como objetivo transformar o mundo real, de tal modo que ele se conforme a suas prescrições. Ocorre que entre a norma, e mesmo entre a decisão judicial, e a transformação da realidade haverá sempre um processo, por vezes longo, complexo e acidentado. Alguns exemplos ilustram o ponto.

As normas constitucionais que tratam do direito à educação, por exemplo, pretendem que o serviço educacional produza, na existência individual, "pleno desenvolvimento da pessoa, seu preparo para o exercício da cidadania e sua qualificação para o trabalho" (art. 205). Não é difícil perceber, em primeiro lugar, que essa previsão normativa em si, ou as leis e atos infralegais que tratam do assunto, não produzirão esse resultado por sua simples existência. Infelizmente não existe um efeito mágico associado à edição de uma norma – mesmo de uma norma constitucional! – pelo qual a realidade automaticamente se transforma para conformar-se a suas previsões. Muitíssimos atos terão que ser praticados ao longo do tempo para conduzir a norma constitucional a sua realização concreta.

Em primeiro lugar, será preciso que o serviço educacional exista e que suas condições de oferta (quantidade, localização, acessibilidade, etc.) sejam adequadas ao público. A Constituição garante, *e.g.*, o serviço educacional em horário diferenciado para adultos que não tiveram acesso ao ensino regular na idade própria. Se esse serviço não existe no horário adequado, ou se só existe em locais distantes do público a que se destinariam (inviabilizando o acesso), a realização do direito já restará inviabilizada. O mesmo se diga para o serviço de creche e pré-escola: se não há vagas suficientes ou se a localização é inacessível, a realização do direito já encontra um óbice desde logo.

Além disso, atos terão que ser praticados quanto ao como esse serviço será prestado. Que conteúdos, habilidades, capacidades promoverão, por exemplo, a qualificação para o trabalho? Ou o preparo para o exercício da cidadania? Ou o desenvolvimento humano? Essas avaliações estão longe de ser singelas, mas serão indispensáveis. E como esses conteúdos, habilidades, capacidades, etc., serão desenvolvidos junto aos alunos, dependendo da faixa etária e das diferentes características do público? São decisões que terão de ser tomadas e, provavelmente, será necessário revisá-las periodicamente.

E isso porque não basta existir o serviço educacional para o que direito seja realizado. O direito à educação não se realiza propriamente, ou apenas, pela frequência a um local chamado escola. Se os alunos frequentam a escola pelo tempo planejado mas os fins constitucionais não se realizam minimamente – isto é: se não houve um desenvolvimento ao menos razoável da pessoa, se ela não está preparada para o exercício da cidadania e nem qualificada para o trabalho –, alguma coisa está errada: afirmar que o direito à educação dessas pessoas foi garantido simplesmente não é real. O serviço deve ser desenvolvido de tal modo que, ao menos em tese, ele seja capaz de produzir os resultados desejados pela Constituição e pela legislação para os diferentes públicos. Não sendo assim, não se terá a realização do direito na vida das pessoas.

De outra parte, será indispensável avaliar se os usuários do serviço estão efetivamente obtendo dele o que se imagina. Isto é: se os resultados esperados estão efetivamente se produzindo, até para que seja possível reavaliar e promover os ajustes capazes de reconduzir o processo para a produção dos resultados esperados. Eventualmente, a escola pode existir em local adequado, com vagas suficientes, os conteúdos e métodos foram desenvolvidos com o propósito de produzir os resultados constitucionais mas, por razões que não puderam ser antecipadas, esses resultados não estão se verificando.

Esse é um ponto importante, pois a realidade é muito mais complexa do que se pode antecipar e reavaliações e ajustes serão frequentemente necessários nas políticas públicas em geral, e em matéria de direitos em particular. Não se trata propriamente de erros ou incompetências (embora eles também possam existir), mas dos limites do conhecimento humano e da nossa capacidade de prognóstico. Assim, não é incomum que os meios pelos quais se imaginou promover determinado resultado se revelem afinal infrutíferos, seja de forma geral, seja para determinados grupos ou situações.

Imagine-se, assim, que um dos resultados esperados do sistema educacional é que o indivíduo seja capaz de ler materiais jornalísticos e compreendê-los, bem como expressar ideias por escrito, após determinado número de anos no sistema. Se, a despeito da passagem do tempo se observa que o sistema educacional não conseguiu conduzir crianças/adolescentes de determinadas comunidades a tais resultados, será preciso avaliar o que precisa ser feito para que eles sejam afinal produzidos, sob pena de, para esse conjunto de crianças, o direito à educação não estar sendo garantido. O garantia do direito, portanto, não se verifica apenas pela existência de um serviço que, em tese, foi concebido com o objetivo de promovê-lo, mas pela fruição real desse direito pelos indivíduos.

Os exemplos apresentados acima estão longe de percorrer a complexidade inerente à realização do direito à educação. O ponto que se quer destacar aqui é o de que a edição de normas sobre direitos fundamentais é apenas um ponto de partida. A realização dos direitos dependerá de muitos outros atos subsequentes que não podem ser ignorados, não apenas por outros ramos do conhecimento, mas também pelo Direito Constitucional.

O mesmo pode acontecer com decisões judiciais. Nas últimas décadas multiplicaram-se decisões judiciais, ao redor do mundo e no Brasil, com o objetivo de promover a realização de direitos fundamentais. Os exemplos envolvendo direitos sociais são provavelmente os mais emblemáticos, mas não são únicos: demandas envolvendo direito à água, à alimentação, a prestações de saúde, à habitação, a saneamento básico, etc.. Mas o que aconteceu efetivamente com essas decisões? Elas foram executadas? Elas incrementaram a realização dos direitos fundamentais no mundo dos fatos? Esse é um tema que tem suscitado amplo debate entre acadêmicos e ativistas ao redor do mundo.[1]

A conclusão preliminar a que já se chegou, não apenas no Brasil, mas também em outros países, é a de que as decisões judiciais são executadas de forma razoável quando se trate de bens privados postulados em demandas individuais, como, *e.g.*, a entrega de medicamentos. Entretanto, quando se cuida de ações coletivas e/ou de demandas que envolvem bens públicos, como a alteração, correção ou implantação de uma política pública, a execução das decisões judiciais pode demorar décadas ou eventualmente nunca acontecer.[2]

---

[1] V. discutindo a questão os textos reunidos na coletânea de GAURI e BRINKS, Courting social justice. Judicial enforcement of social and economic rights in the developing world, Cambridge: Cambridge University Press, 2008.

[2] Veja-se para ações tratando de saneamento no Brasil, BARCELLOS, Ana Paula de. *Sanitation Rights, Public law Litigation and Inequality*: A Case Study from Brazil, Health and Human Rights, v. 16/2, 2014. p. 35-46.

Se o compromisso constitucional com os direitos fundamentais tem essa dimensão de realidade – isto é: que as pessoas efetivamente tenha seus direitos garantidos, protegidos e promovidos no dia a dia –, e se as normas e as decisões judiciais sozinhas não têm o condão de transformar magicamente a realidade, a que ponto somos conduzidos? A consequência dessas duas premissas é a de que o compromisso constitucional com os direitos fundamentais não é um compromisso propriamente com a existência de normas sobre o assunto, de políticas públicas de direitos fundamentais ou mesmo de decisões judiciais que determinem sua execução. Todos esses mecanismos serão meios para atingir um fim: a garantia efetiva, no dia a dia das pessoas, dos direitos fundamentais.

Essa primeira dimensão, portanto, significa de forma bastante simples que a promoção dos direitos fundamentais não se esgota na elaboração, interpretação e aplicação de normas sobre direitos fundamentais. Ela precisará envolver também o que acontece no mundo real com as normas editadas e com as decisões proferidas. Não é o caso de o Direito Constitucional adotar uma autocompreensão megalomaníaca e pretender tratar de temas tradicionalmente afetos a outros ramos do Direito ou de assuntos próprios de outras espécies de conhecimento. Bem ao contrário, é o caso de o Direito Constitucional adotar uma autocompreensão mais humilde, no sentido de abrir-se para aprender com outros campos do conhecimento acerca da realidade – complexa, variada e mutável ao longo do tempo – que se pretende regular e transformar.

A segunda dimensão do compromisso constitucional com os direitos fundamentais é o que se denominou aqui de *dimensão da realidade desagregada*. Trata-se de um desdobramento da dimensão da realidade discutida acima mas que, por sua importância, merece um destaque específico. E isso porque, quando se trata de direitos, a realidade do mundo, e do Brasil em particular, é profundamente desigual. A conhecida frase sobre estatística (e realisticamente cruel) ilustra o ponto: se A come um frango por dia e B passa fome, na média cada um comeu meio frango. A desagregação de dados é o mecanismo pelo qual as desigualdades podem ser explicitadas e tornadas visíveis.

Alguns dados brasileiros deixam clara a relevância de se apurar a realidade dos direitos fundamentais não apenas de forma genérica, mas também, e particularmente, de forma desagregada, considerando elementos de desigualdade tradicionalmente observados no país como renda, cor, gênero e as diferentes regiões, dentre outros.[3]

A mortalidade infantil sofreu uma redução considerável nos últimos anos: em 2000, estimava-se 29 mortes por 1000 nascidos, e em 2013 a estimativa é de 15 mortes. Esse número, porém, não reflete as desigualdades regionais que continuam a existir. Os números das Regiões Nordeste (19,4), Norte (19,2) e Centro-Oeste

---

[3] Os dados expostos no texto constam de IBGE-Brasil. Síntese de Indicadores Sociais. Uma análise das condições de vida da população brasileira. Rio de Janeiro: Instituto Brasileiro de Geografia e Estatística – IBGE, 2014.

(15,6) são maiores que os da média nacional, enquanto Sudeste (11,6) e Sul (10,4) apresentam valores inferiores. Os valores extremos na estimativa da taxa de mortalidade infantil foram observados no Maranhão (24,7 mortes por 1.000 nascidos vivos) e em Santa Catarina (10,1).

Quanto ao direito à educação (os dados são de 2013), o acesso à escola estava próximo da universalização (93,1%) para as crianças de 4 a 5 anos do quinto mais rico da população (os 20% com maiores rendimentos), ao passo que apenas 75,2% das crianças nessa faixa etária são escolarizadas quando se examina o quinto mais pobre (os 20% com menores rendimentos). Paralelamente às desigualdades sociais, há também desigualdades regionais e entre áreas urbanas e rurais. No mesmo ano de 2013, o Norte possuía a menor proporção de crianças de 4 e 5 anos na escola (67,9%), contra 87,0% no Nordeste e 85,0% no Sudeste. Além disso, 27,2% das crianças dessa faixa etária que viviam na área rural não frequentavam a escola.

Os dados registram um aumento da frequência escolar mas os níveis de atraso escolar continuam altos. Mais de 25% dos jovens de 15 a 17 anos estavam no ensino fundamental em 2013, e as Regiões Norte e Nordeste apresentaram as maiores taxas de distorção idade/série (55,2% e 52,2%, respectivamente). A proporção desses estudantes com atraso no ensino fundamental era mais elevada entre aqueles da rede de ensino pública, homens, residentes em área rural e de cor preta ou parda. Além disso, os 20% mais pobres possuíam taxa de distorção idade/série 3,3 vezes maior do que aquela observada entre os estudantes pertencentes aos 20% mais ricos (5º quinto), fazendo com que o atraso escolar afetasse mais da metade desses estudantes (54,0%). O abandono escolar também é alto no Brasil e vem crescendo. Em 2013, 31,0% dos jovens de 18 a 24 anos de idade não haviam concluído o ensino médio e não estavam estudando. Pior, o abandono escolar precoce atingia cerca de metade dos jovens de 18 a 24 anos de idade pertencentes ao quinto mais pobre (50,9%) enquanto no quinto mais rico essa proporção era de apenas 9,8%.

A realização dos direitos fundamentais, mesmo quando se observa ao longo do tempo, varia muitíssimo em um país desigual como o Brasil. Parece correto afirmar, porém, que o compromisso da Constituição é com a efetiva realização dos direitos de todos e de cada um, e não apenas com uma média global que pode esconder, como na história do meio frango per capita, obesos e esfomeados. A desigualdade não pode ser ignorada quando se trata da promoção de direitos. É preciso saber não apenas *quantos* têm efetivamente determinado direito garantido no país, mas quem são de fato esses "quantos", onde vivem, sua identificação racial, gênero, renda, etc., já que o que se observa é que a promoção dos direitos não se distribui de maneira uniforme pela população. Daí a importância da dimensão da realidade desagregada.

Ou seja: do ponto de vista do Direito Constitucional, a realidade desagregada é indispensável porque ela revela os grupos que estão sendo deixados para trás no esforço de garantia dos direitos. Há mais que isso, todavia. A própria Constituição previu de forma explícita que a redução das desigualdades é um dos objetivos fundamentais da República (art. 3º, III). Trata-se, portanto, de uma prioridade constitucional no contexto dos múltiplos esforços de realização dos direitos previstos pela própria Constituição. Mas se essas desigualdades sequer são explicitadas, como serão conhecidas? E se não são conhecidas, como serão discutidas? E se não forem discutidas, como se conseguirá reduzi-las?

A pergunta final que cabe fazer é a seguinte: quais as consequências que essas duas dimensões – da realidade e da realidade desagregada – têm sobre o Direito Constitucional especificamente? Aqui se tratará de apenas uma delas: o direito de acesso à informação sobre a realidade desagregada dos direitos fundamentais.

Como é corrente, a Constituição de 1988 consagrou de forma expressa o direito de acesso à informação (art. 5º, XIV e XXXIII), ao lado dos correspondentes deveres de publicidade e de prestação de contas, impostos aos agentes públicos em geral (art 37, *caput*, §3º, II e §8º, II; art. 49, IX; art. 84, XI e XXIV; art. 74, I e II). Nos termos da Constituição, a publicidade será sempre a regra, e o sigilo dos atos do Poder Público apenas é admitido para preservação da intimidade e quando seja necessária à segurança da sociedade e do Estado. Além disso, a Constituição faz menção expressa a planos de governo, à avaliação do cumprimento das metas previstas e à execução dos programas de governo.

O direito de acesso à informação desdobra-se em duas direções. Em primeiro lugar, cada indivíduo tem o direito de ter acesso a informações acerca de si próprio, mas que estejam sob poder do Estado. Esse primeiro aspecto do tema se vincula a interesses como a privacidade, o poder do indivíduo de controlar suas informações pessoais e, eventualmente, a proteção contra discriminações. Em segundo lugar, o acesso à informação diz respeito ao direito de todos, e de cada um, de ter acesso em caráter permanente a informações sobre os atos públicos de interesse geral: esse é o ponto que interessa de forma direta aqui. O art. 5º, XXXIII, identifica como objeto desse aspecto do direito "informação de interesse coletivo ou geral". O art. 37, §3º, II, de forma mais específica, menciona o direito de ter acesso a registros administrativos e a informações sobre atos de governo.[4]

O direito de acesso à informação de interesse geral desencadeia ao menos dois efeitos. Em primeiro lugar, caso o Poder Público não dê publicidade a informações existentes de interesse público, surge para os indivíduos a pretensão de exigi-las. É possível identificar manifestações individuais, coletivas e difusas desse direito. Com efeito, após uma solicitação administrativa infrutífera, um indivíduo poderá ingressar com uma demanda postulando determinada informação. Também uma associação de moradores pode pretender obter informação, *e.g.*, sobre os níveis de salubridade da água distribuída no bairro e as ações estatais planejadas para garantir sua potabilidade.

Além dessa dimensão coletiva, não é difícil visualizar uma dimensão difusa desse direito. A coletividade tem o direito de exigir informações, por exemplo,

---

[4] A Lei nº 12.527/11, chamada Lei de acesso à informação, trata deste segundo aspecto do direito à informação de forma específica, e seus arts. 7º e 8º indicam, exemplificativamente, o conteúdo do direito à informação.

sobre gastos públicos em geral, ou sobre a quantidade de mortos em decorrência da dengue, caso eles não sejam fornecidos. Em resumo, existe um direito de exigir que a informação de interesse geral existente seja fornecida.

Mas o que dizer de uma informação que não esteja disponível, seja porque não foi coletada, seja porque não foi processada? É neste ponto que se manifesta um segundo efeito do direito de acesso à informação de interesse geral: é preciso que exista a informação de interesse geral, "existir" entendido no sentido de ter sido coletada e estar disponível. É certo que não existe um direito de ter acesso a qualquer informação que se deseje. Informações astronômicas são de interesse geral, mas dificilmente se poderá sustentar que o Estado está obrigado a produzi-las e difundi-las, a não ser que haja uma conexão de alguma delas com alguma espécie de ação estatal. Coletar informação, processá-la e colocá-la a disposição do público é uma atividade complexa, por vezes demorada e custosa. Por isso mesmo, o Estado não estará obrigado a produzir e colocar à disposição informações não relacionadas com sua atividade, ainda que se possa considerar uma determinada informação desse tipo de interesse geral.

O mesmo não se pode dizer, porém, sobre informações diretamente com a realidade da garantia e da fruição dos direitos na vida das pessoas, bem como com o impacto das políticas públicas em matéria de direitos fundamentais sobre essa realidade. Respeitar, proteger e promover os direitos fundamentais é o compromisso fundamental do Estado brasileiro e há, portanto, um direito constitucional à informação sobre se e como os direitos estão sendo garantidos – a dimensão da realidade – para os diferentes grupos, nas diferentes regiões do país – a dimensão da realidade desagregada. Até porque, será impossível avaliar a execução das políticas públicas e dos programas de governo em geral, como exigido pela própria Constituição, se o Poder Público não monitorar ao longo do tempo suas ações e seus resultados, a fim de coletar, processar e divulgar tais informações.

Pouco sentido haveria em se garantir acesso à informação de interesse geral relacionada com a atuação estatal se o Estado pudesse negar a informação sobre o argumento de que não a possui, ainda que o argumento fosse verdadeiro. A ausência da informação, no caso, não afasta o direito difuso da coletividade de obtê-la, mas, o contrário, gera para o Poder Público o dever-meio de tomar providências de modo a ser capaz de produzir e divulgar essa informação.

A questão é tão relevante que a Constituição comete de forma específica à União a coleta e divulgação de informações estatísticas de caráter nacional, particularmente dados geográficos, geológicos e cartográficos, dados que serão necessários para a compreensão da realidade brasileira de forma ampla e indispensáveis para a concepção de qualquer política pública por qualquer ente federativo.

O direito de acesso à informação acerca da realidade (desagregada) da promoção dos direitos fundamentais é, portanto, um tema profundamente constitucional e, passados 30 anos, parece ter chegado a hora de levá-lo mais a sério. Em primeiro lugar, por seu caráter potencialmente contramajoritário, a exigir o manejo do Direito Constitucional. Coletar informação, processá-la e colocá-la a disposição do público é uma atividade complexa, por vezes demorada e custosa, e provavelmente com pouco retorno eleitoral. Por isso mesmo não seria contrafático assumir como premissa que o Poder Público preferiria, do ponto de vista político, gerar e divulgar apenas a informação que revele seus avanços e sucessos.

E, em segundo lugar, porque em uma democracia, além de um direito fundamental em si, o acesso à informação é indispensável para a promoção dos demais direitos, para além do papel. Se em um república democrática todos são iguais e responsáveis como cidadãos por deliberar e levar a cabo as escolhas coletivas – escolhas essas que vão afinal promover ou não os direitos de que as normas tratam –, o acesso à informação acerca de um tema tão fundamental quanto o da realidade desagregada de respeito ou desrespeito aos direitos fundamentais será indispensável para que essas escolhas possam ser feitas de forma minimamente consciente.

Referências

BARCELLOS, Ana Paula de. *Sanitation Rights, Public law Litigation and Inequality*: A Case Study from Brazil, Health and Human Rights, v. 16/2, 2014. p. 35-46.

GAURI, Varun; BRINKS, Daniel M. *Courting social justice*. Judicial enforcement of social and economic rights in the developing world, Cambridge: Cambridge University Press, 2008.

Instituto Brasileiro de Geografia e Estatística. *Uma análise das condições de vida da população brasileira*. Rio de Janeiro: Instituto Brasileiro de Geografia e Estatística – IBGE, 2014.

Informação bibliográfica deste texto, conforme a NBR 6023:2002 da Associação Brasileira de Normas Técnicas (ABNT):

BARCELLOS, Ana Paula de. 30 Anos da Constituição de 1988: Direitos fundamentais para além do papel e o direito à informação. In: BOLONHA, Carlos et al. (Coord.). *30 anos da Constituição de 1988*: uma jornada democrática inacabada. Belo Horizonte: Fórum, 2019. p. 225-233. ISBN 978-85-450-0595-7.

DIREITOS FUNDAMENTAIS, CONSTITUIÇÃO E MEIO AMBIENTE

Daniel Braga Lourenço

1 Introdução: natureza em colapso

A consolidação teórica dos direitos fundamentais coincidiu com a emergência temática do Direito Ambiental, face às exigências da crescente crise ecológica[1] e da necessidade de proteção do meio ambiente pelo Estado e pela coletividade. No cenário dos problemas ambientais e ecológicos predomina, segundo Ulrich Beck, a denominada "sociedade de risco".[2] Nela, o desenvolvimento da ciência e da tecnologia acarretam a pulverização e a distribuição absolutamente imprevisível dos riscos (caracterização da *incerteza*), sem respeito a eventuais diferenças sociais, econômicas ou geográficas.[3] A particularidade dos impactos ambientais é a de que embora a humanidade, de uma forma ou de outra, sempre tenha convivido com eles, a especificidade, a origem e a abrangência dos novos riscos são todos frutos de uma "incerteza manufaturada", ou nas palavras do próprio Beck, de uma (*auto*) destruição criativa do homem, o que sobreleva a importância dos mecanismos de informação e de controle preventivo dessas situações.[4]

Embora as tentativas de se responder à degradação da natureza sejam bastante antigas, foi no período moderno, principalmente a partir das décadas de 60 e 70, com a criação do *Clube de Roma* (1968) e a elaboração da *Declaração de Estocolmo sobre*

---

[1] A etimologia do vocábulo crise (do latim *crisis* e do grego *krisis*) além do sentido de seleção, julgamento, possui um significado de separação, de discriminação. Talvez essa segunda acepção da palavra crise esteja relacionada às origens da referida *crise ambiental* na medida em que em seu cerne encontra-se a afirmação da dicotomia *homem vs. mundo natural* ou *natureza vs. cultura*. Permitindo-me continuar a refletir, talvez, de outro lado, o vocábulo crise seja inapropriado para designar o cenário ambiental atual, pois tradicionalmente carrega o sentido de evento imprevisível e temporário, características que definitivamente não fazem parte deste estado de coisas, razão pela qual preferi falar em colapso. No mesmo sentido, GIOVANINI, Dener. Crise hídrica? Que crise? Não existe nenhuma crise hídrica. Estado de São Paulo, 31 jan. 2015.
[2] BECK, Ulrich. *Risk society*: towards a new modernity. Londres: Sage Publications, 1992.
[3] A corrente da *Justiça Ambiental* alerta para o fato de que a relação homem-natureza é marcada pelo fenômeno da assimetria econômica, social e política. Nesse sentido, trabalha, por exemplo, com o conceito de "racismo ambiental", segundo o qual há uma alocação de riscos e maior impactação justamente de parcelas e segmetos sociais mais vulneráveis e fragilizados do ponto de vista socioeconômico. O acesso à natureza e a distribuição dos modos de usufruir da qualidade ambiental seriam marcados pela desigualdade. Cf. ACSELRAD, Henri; HERCULANO, Selene; PÁDUA, José Augusto (orgs.). *Justiça Ambiental e cidadania*. Rio de Janeiro: Relume Dumará, 2004.
[4] BECK, Ulrich; GIDDENS, Anthony; LASH, Scott. *Reflexive modernization*: politics, traditions and aesthetics in the modern social order. Cambridge: Polity Press, 1994. Beck fragmenta o risco em três etapas históricas distintas: (a) risco na sociedade pré-industrial (riscos eminentemente naturais); (b) risco na sociedade industrial (riscos naturais passam a conviver com riscos fabricados pelo homem, mas com escala local ou regional e normalmente passíveis de contenção); (c) risco na modernidade (riscos produzidos pelo homem em larga escala, imprevisíveis, invisíveis, complexos, e incertos, gerando cenário de grande insegurança).

o *Meio Ambiente Humano* (1972), que se iniciou, efetivamente, a inserção institucional e sistematizada da questão ambiental no meio científico, acadêmico e jurídico.[5] A partir dos anos 90, as constatações científicas a respeito das transformações do regime termodinâmico do planeta (panorama das mudanças climáticas) conjugada com a intensificação das inúmeras e graves mudanças do macroambiente terrestre consolidaram definitivamente no imaginário social o questionamento a respeito dos padrões de crescimento, desenvolvimento e consumo.

A intensificação dos processos de desenvolvimento econômico e industrial modificou definitivamente diversas sociedades e marcou a necessidade de introdução de mecanismos regulatórios mais efetivos, principalmente, conforme mencionado, diante de riscos cada vez mais imprevisíveis e incontroláveis. Especialmente após a II Guerra Mundial, testemunhou-se uma explosão de novas tecnologias e o surgimento de uma cultura urbana centrada no uso do automóvel e de diversos mecanismos voltados ao incremento do conforto e do bem-estar individual.

Neste cenário, a "libertação das privações" (tradução de *"freedom from want"*) rooseveltiana[6] estimula a criação de novas demandas de mercado e a criação de um padrão de vida baseado numa sociedade na qual não somente a produção, mas o consumo é, também, massificado. A expansão dos mercados e o desenvolvimento de novos bens (e de novas *necessidades*) foram constantemente reforçados por meio de novas tecnologias e de uma mentalidade racionalista em seu sentido mais instrumental possível (*paradigma reducionista* onde tudo é quantificado ou quantificável) que valorizava a ideia de progresso linear infinito.[7]

Paralelamente, ao lado dessas mudanças nos padrões de produção e consumo, começavam, cada vez mais, a surgir situações então imprevistas relacionadas à degradação ambiental que colocaram por terra o mito de uma natureza supostamente inesgotável.

Uma série de desastres ambientais desencadeou o surgimento de respostas institucionais regulatórias sobre o uso humano dos elementos naturais. A criação da *Política Nacional do Meio Ambiente* norte-americana em 1969, a *National Environmental Policy Act* (42 U.S.C. §§4321-4370f); o *Clean Air Act*, de 1970 (legislação de proteção do ar – 42 U.S.C. §§7401-7671q); o *Clean Water Act*, de 1972 (legislação de proteção dos recursos hídricos – 33 U. S. C. §§1251-1387); o *Marine Mammal Protection Act*,

---

[5] Arlindo Daibert enumera o surgimento das primeiras associações civis de cunho ambiental no Brasil a partir do final da década de 50 com a *Associação de Defensores da Flora e da Fauna* – ADEFLOFA (1954); *União Protetora da Natura* – UPN (1955); *Fundação Brasileira para a Conservação da Natureza* – FBCN (1958); e a *Associação Gaúcha de Proteção ao Ambiente Natural* – AGAPAN (1971). Cf. DAIBERT, Arlindo. Historical views on environment and environmental law in Brazil. *George Washington International Law Review*, n. 40, 2009, p. 779-840.

[6] Na sua mensagem anual ao Congresso, em 1941, Roosevelt justifica o envolvimento dos EUA na guerra com base na garantia de quatro liberdades fundamentais, que seriam: liberdade de opinião e expressão (*freedom of speech*), liberdade de culto (*freedom of worship*), liberdade das privações (*freedom from want*) e liberdade dos temores (*freedom from fear*).

[7] Um exemplo paradigmático desta mudança se deu a partir da ênfase conferida aos produtos petroquímicos, incluindo plásticos, pesticidas, aditivos alimentares, detergentes e solventes. A sociedade que emerge desse modelo de crescimento tornou-se não só, neste sentido, "plastificada", como também largamente dependente da energia elétrica e do transporte automotivo.

de 1972 (legislação de proteção dos mamíferos marinhos – 13 U.S.C. §1361 et seq.); o *Endangered Species Act*, de 1973 (legislação de proteção das espécies ameaçadas de extinção – 16 U.S.C. §§1531-1599), entre tantas outras, podem ser citados como exemplos de reação e enfrentamento estatal a estas externalidades negativas.

O próprio movimento ambientalista a partir da década de 60, inserido no cenário da contracultura, passou a contribuir mais diretamente para impulsionar respostas mais efetivas a estas questões.[8] Um exemplo bastante ilustrativo dessa tomada de posição foi a publicação da obra *Primavera Silenciosa* (*Silent Spring*), de Rachel Carson, em 1962.[9] Na ocasião, a autora denunciava os graves problemas derivados da utilização indiscriminada de herbicidas e pesticidas nas lavouras, com ênfase nos efetivos nocivos do *Dicloro-Difenil-Tricloroetano*, mais conhecido como DDT.[10] A mensagem subliminar do estudo é a de que deveríamos ser cautelosos e prudentes e não assumir que substâncias fazem bem somente porque são eventualmente tidas como legais, aceitas ou desenvolvidas para aumentar a produtividade. Outras publicações do mesmo período alertavam para o distanciamento dos negócios/economia frente à responsabilidade social e para a falta de comprometimento governamental em relação às grandes questões ambientais.

Tardiamente, mais de um século passado desde a *Revolução Industrial*, percebeu-se que a civilização possuía um poder de alteração e de destruição do mundo natural sem precedentes[11] e que, portanto, a proteção do ambiente consistia numa questão fundamental. Gradativamente, com base na necessidade de implementação de políticas públicas voltadas primordialmente a assegurar uma qualidade de vida mais satisfatória para os seres humanos, entraram na agenda ambiental global temas relacionados ao uso dito "sustentável" dos recursos naturais e manutenção dos ecossistemas.

2 O arcabouço jurídico-ambiental brasileiro

Embora o discurso protecionista esteja muitas vezes dissociado da prática, o pioneirismo ambiental do Brasil, ao menos no campo jurídico, é digno de nota. Cronologicamente, a Emenda Constitucional nº 1/1969 utilizou a expressão "ecológico" em seu art. 172, antes mesmo da celebrada Conferência de Estocolmo,

---

[8] A contracultura representou uma mobilização social e contestação às instituições, com valorização de ideias libertárias e busca de novos parâmetros comportamentais. Teve seu início na década de 50 com a *Beat Generation*, formada por intelectuais, artistas e escritores, que contestavam o consumismo e o otimismo norte-americano no pós-guerra.

[9] CARSON, Rachel Louise. *Primavera silenciosa*. São Paulo: Gaia, 2010 [1ª edição pela *Houghton Mifflin Co*. 1962].

[10] Carson dedica um capítulo às características carcinogênicas de determinados produtos químicos. As denúncias sobre as consequências deletérias do DDT sobre a saúde humana e para o meio ambiente levaram a que fosse banido em vários países. No Brasil, a restrição veio a partir de medidas dos *Ministérios da Agricultura* e da *Saúde*, e consolidou-se com a edição da Lei nº 11.936/09.

[11] BOTKIN, Daniel. *Discordant harmonies*: a new ecology for the twenty-first century. New York: Oxford University Press, 1992.

de 1972. Portanto, embora tivéssemos legislação ambiental, era considerada do tipo "fragmentária", não dotada de sistematização. É o caso, por exemplo, do Decreto nº 73.030/73, que criou a Secretaria Especial do Meio Ambiente (SEMA) que, em âmbito federal, foi o embrião do posterior IBAMA (fruto da Lei nº 7.735/89) e da Lei nº 6.803/80, que dispôs sobre a poluição industrial e introduziu o estudo de impacto ambiental em nosso ordenamento jurídico.[12]

Em 1981, com a edição da Lei nº 6.938/81, passamos a contar com uma *Política Nacional do Meio Ambiente* e com a correspondente estruturação de todo um sistema administrativo com a atribuição específica de zelar pela manutenção e conservação do meio ambiente.[13] Tal diploma legal inaugura, para muitos, uma fase "sistemático-valorativa"[14] do Direito Ambiental. Dentre suas inúmeras inovações, consolida as ferramentas administrativas que viabilizam o exercício do poder de polícia ambiental e a responsabilidade civil ambiental. É justamente do comando insculpido no art. 14, §1º, da Lei nº 6.938/81 que surge a necessidade de regular processualmente a ação de reparação civil ambiental, que é levada a cabo pela importante Lei da Ação Civil Pública – Lei nº 7.347/85.

Nesse cenário de afirmação dos novos direitos difusos ocorreu a promulgação da Constituição Federal de 1988 que, aliando-se ao fenômeno das chamadas *Constituições Verdes*,[15] de forma também inovadora, dedicou um capítulo específico para o tratamento da questão ambiental. A consagração do tratamento constitucional da matéria para muitos representou uma "virada ecológica" rumo à consolidação de um verdadeiro Estado Constitucional Ecológico com a atribuição *jusfundamental* do direito subjetivo ao ambiente ecologicamente equilibrado (art. 225, *caput*, da Constituição Federal). O entendimento doutrinário e jurisprudencial foi claro no sentido de estabelecer que tal direito traduziria um autêntico direito humano, de terceira geração:[16]

---

[12] Evidentemente que muito antes já tínhamos normas de conteúdo ambiental. Podemos citar o caso dos chamados "Códigos de 34". Em 1934, durante o "Governo Provisório", Getúlio Vargas editou uma série de normas voltadas à regulamentação do uso dos recursos naturais. Podemos destacar o Decreto nº 23.793/34 (Código Florestal), o Decreto nº 23.634/34 (Código de Águas), o Decreto nº 24.645/34 (Tutela dos Animais), entre outros. A Constituição de 1946 mencionava o dever do Estado de proteger "os monumentos naturais, as paisagens e os locais dotados de particular beleza". O Decreto nº 50.877/61, com o propósito de regulamentar o art. 16 do Código de Pesca, definiu, pela primeira vez, ato de poluição. Posteriormente outros diplomas legais importantes surgiram como o Estatuto da Terra de 1964, o Código Florestal de 1965, o Código de Caça de 1967, os Códigos de Pesca e Mineração, também de 1967, entre tantas outras.

[13] O art. 2º da Lei nº 6.938/81 estabelece que a *Política Nacional do Meio Ambiente* tem por objetivo a preservação, melhoria e recuperação da qualidade ambiental propícias à vida, visando assegurar, no País, condições ao desenvolvimento socioeconômico, aos interesses da segurança nacional e à proteção da dignidade da vida humana.

[14] SARLET, Ingo Wolfgang; FENSTERSEIFER, Tiago. *Direito Ambiental*: introdução, fundamentos e teoria geral. São Paulo: Saraiva, 2014. p. 182.

[15] A Constituição Portuguesa de 1976 é das primeiras a positivar constitucionalmente o ambiente como *direito fundamental*, prescrevendo, em seu art. 66, n.º1, que " [...] todos têm direito a um ambiente de vida humano, sadio e ecologicamente equilibrado e o dever de o defender" (que muito se assemelha à redação do art. 225, *caput*, da Constituição Federal brasileira). Logo a seguir, temos o exemplo da Constituição Espanhola de 1978 que dispõe em seu art. 45 sobre o direito de todos a "desfrutar de um ambiente adequado para o desenvolvimento da pessoa, bem como o dever de o conservar [...]".

[16] STEIGLEDER, Annelise Monteiro. Discricionariedade administrativa e dever de proteção do ambiente. *Revista do Ministério Público do Estado do Rio Grande do Sul*, n. 48, 2002, p. 280.

O direito à integridade do meio ambiente – típico direito de terceira geração – constitui prerrogativa jurídica de titularidade coletiva, refletindo, dentro do processo de afirmação dos direitos humanos, a expressão significativa de um poder atribuído, não ao indivíduo identificado em sua singularidade, mas, numa sentido verdadeiramente mais abrangente, à própria coletividade social. Enquanto os direitos de primeira geração (direitos civis e políticos) – que compreendem as liberdades clássicas, negativas ou formais – realçam o princípio da liberdade e os direitos de segunda geração (direitos econômicos, sociais e culturais) – que se identificam com as liberdades positivas, reais ou concretas – acentuam o princípio da igualdade, os direitos de terceira geração, que materializam poderes de titularidade coletiva, atribuídos genericamente a todas as formações sociais, consagram o princípio da solidariedade e constituem um momento importante no processo de desenvolvimento, expansão e reconhecimento dos direitos humanos caracterizados, enquanto valores fundamentais indisponíveis, pela nota de uma essencial inexauribilidade (MS 22.164, rel. Min. Celso de Mello, j. 30.10.1995, DJ de 17.11.1995).

A consequência imediata dessa mencionada *jusfundamentalidade* consiste na ampliação, expressa, de um direito e, simultaneamente, um dever, dirigido ao Poder Público e à coletividade no sentido de proteger e preservar o meio ambiente para as presentes e futuras gerações. Tal como destaca Patryck de Araújo Ayala,

> a afirmação política e normativa de um objetivo de solidariedade e de um compromisso com as gerações presentes e futuras, como os que se encontram expressos nos arts. 3º, inciso I, e 225, caput, da Constituição brasileira, impõe a sujeição do Estado e dos particulares ao dever de autorrestrição no livre exercício da autonomia da vontade. Nem todas as escolhas são toleráveis e admissíveis pelo projeto de sociedade (que, neste caso, também é um projeto de futuro) definido pela ordem constitucional brasileira.[17]

A ampliação constitucional expressa do objeto da ação popular (art. 5º, LXXIII) para lidar com a matéria ambiental, bem como a previsão e o estabelecimento, nos arts. 23 e 24, da repartição da competência administrativa (*comum*) e legislativa (*concorrente*) especificamente em matéria ambiental, fizeram com que a Constituição Federal de 1988 consagrasse um sistema de valorização da proteção ambiental como forma de garantia da própria dignidade humana.

Simbolicamente traduziu um momento de grande cidadania que se espraiou para a seara ecológica. Na sequência dessa fase constitucionalizada do Direito Ambiental, tivemos a edição de normas importantes que procuraram consolidar a complexa tarefa de preservar o meio ambiente. Como exemplo, podem ser citadas a Lei da Política Nacional de Recursos Hídricos (Lei nº 9.433/97); a Lei dos Crimes e Infrações Administrativas Ambientais (Lei nº 9.605/98); a Lei da Política Nacional de Educação Ambiental (Lei nº 9.795/99); a Lei do Sistema Nacional de Unidades de Conservação da Natureza (Lei nº 9.985/00); o Estatuto da Cidade (Lei nº 10.257/01); a Lei de Biossegurança (Lei nº 11.105/05); Lei da Mata Atlântica (Lei nº

---

[17] AYALA, Patryck de Araújo. Direito ambiental da sustentabilidade: os imperativos de um direito ambiental de segunda geração na lei de política nacional do meio ambiente. In: SAMPAIO, Rômulo S. R.; LEAL, Guilherme J.S.; REIS, Antonio Augusto (orgs.). *Tópicos de direito ambiental*: 30 anos da Política Nacional do Meio Ambiente. Rio de Janeiro: Lumen Juris, 2011, p. 68-9.

11.428/06); a Lei da Política Nacional de Saneamento Básico (Lei nº 11.445/07); a Lei da Política Nacional sobre Mudança do Clima (Lei nº 12.187/09); a Lei da Política Nacional de Resíduos Sólidos (Lei nº 12.305/10); a Lei do Acesso à Informação (Lei nº 12.527/11); a Lei sobre Competência Administrativa em Matéria Ambiental (LC nº 140/11); a Lei da Política Nacional de Proteção e Defesa Civil (Lei nº 12.608/12); entre tantas outras.

3 Inefetividade administrativa e retrocesso legislativo

A despeito da inegável consolidação teórica do Direito Ambiental como um ramo autônomo do Direito, e de sua inafastável correlação com os direitos fundamentais, passados trinta anos da Constituição Federal de 1988, percebe-se que aquele momento simbólico de auge do reconhecimento da matéria ambiental sofreu sucessivos refluxos, seja por ineficiência administrativa no exercício do poder de polícia ambiental (vide exemplificativamente o lamentável, grave e triste episódio do rompimento das barragens de rejeitos de mineração em Mariana-MG no final do ano de 2015), seja por retrocessos legislativos que retiraram parte significativa do conteúdo material dos níveis de proteção ambiental já anteriormente assegurados e estabelecidos.

Em relação ao segundo item, a título meramente ilustrativo, necessário é fazer rápida menção a dois importantes momentos, quais sejam o da aprovação do novo Código Florestal – Lei nº 12.651/12 –, e da EC nº 96/17. A aprovação do novo Código Florestal Brasileiro em 2012, em substituição à mencionada Lei nº 4.771/65, talvez tenha representado um dos momentos de maior embate ideológico colocado fundamentalmente entre os ambientalistas e os produtores rurais. A proposta central do novo Código se colocava no sentido de desoneração do agronegócio por meio da flexibilização das normas ambientais já existentes. Embora contasse com grande resistência por parte da sociedade civil, o novo Código Florestal foi aprovado, trazendo alterações sensíveis, em muitos casos, para pior. Grosso modo, modificou drasticamente o regime de proteção das áreas de preservação permanente e das áreas de reserva legal, além dei ter anistiado o pagamento de multas administrativas e desonerado a recomposição das áreas degradadas em determinadas situações.

O principal debate em jogo, portanto, consubstanciado pelas Ações Diretas de Inconstitucionalidade 4901, 4902, e 4903 (ajuizadas em 21 de janeiro de 2013 pela Procuradoria-Geral da República) e 4937[18] (ajuizada em 4 de abril de 2013

---

[18] Ponto central da ADI 4901, de relatoria do Min. Luiz Fux, é a redução da área da Reserva Legal e da dispensa de sua constituição por empreendimentos de abastecimento público de água, tratamento de esgoto, exploração de energia elétrica, e implantação ou ampliação de ferrovias e rodovias. É também questionada a compensação da reserva legal sem que haja identidade ecológica entre as áreas, e permissão de plantio de espécies exóticas para recomposição da reserva legal. Na ADI 4902, de relatoria da Min. Rosa Weber, o tema fundamental tratado é a anistia de multas e de recuperação de áreas degradadas, com consequente consolidação dos danos ambientais decorrentes a infrações anteriores a 22 de julho de 2008. Na ADI 4903, de relatoria do Min. Gilmar Mendes,

pelo Partido Socialismo e Liberdade – PSOL) reside na proibição de retrocesso, ou seja, na violação do direito subjetivo à manutenção do núcleo material do direito fundamental ao meio ambiente ecologicamente equilibrado.

Do ponto de vista da dogmática dos direitos fundamentais, a cláusula de não regressão opera como um autêntico limite à alteração material dos direitos subjetivos fundamentais, pois parte da noção segundo a qual a modificação prejudicial necessitaria de uma justificação constitucional (restrição operaria no sentido de ser imprescindível para a tutela urgente de outros direitos fundamentais) como também controle de sua compatibilidade com o sistema de tutela dos direitos humanos sob o ponto de vista da proporcionalidade, adequação e exigibilidade, em atenção à não violação do mencionado "mínimo existencial ecológico". Haveria por isso, a princípio, uma presunção de inconstitucionalidade de medidas que restringissem o direito fundamental à proteção e ao acesso ao meio ambiente ecologicamente equilibrado. O julgamento das referidas ADIs iniciou-se em setembro de 2017, mas ainda está por ser concluído.

Outro caso bastante emblemático ocorreu no final de 2016 com o julgamento da ADI 4983/CE. Nele, o Plenário do Supremo Tribunal Federal, por maioria, julgou inconstitucional a Lei nº 15.299/2013, do estado do Ceará, que regulamentava a vaquejada[19] como prática desportiva e cultural naquele Estado. Em resumo, a questão constitucional que se apresentava consistia em determinar se a prática da vaquejada, diante de suas características e contornos, viola a previsão constitucional do art. 225, §1º, VII, da Constituição Federal, que veda a submissão dos animais à crueldade.[20]

A esse respeito, sinteticamente, cabe afirmar que a interpretação vigente é a de que o vocábulo crueldade, que vem do latim *crudelitas*, de *crudus*, originário de cruor (sangue vivo), está associado à causação de um ato impiedoso ou insensível. Nessa linha, os atos flagrantemente teratológicos, associados a um estado ou predisposição mental individual por parte do agente de causar dor, lesão ou sofrimento de forma deliberada e sem motivação robusta e razoável ("sofrimento desnecessário") mereceriam o repúdio do ordenamento jurídico.

---

inclui-se, além do debate da reserva legal, o das áreas de preservação permanente. A ADI 4937 aborda todos os temas anteriores em conjunto.

[19] A vaquejada possui raízes ligadas a práticas de manejo rural do gado. Nos movimentos de apartação, onde o gado era separado e selecionado para diversas finalidades, os animais mais resistentes e rebeldes eram perseguidos e derrubados. Hoje, no entanto, a vaquejada em seu viés contemporâneo, deixou de ser uma prática rural de manejo do gado para ser uma atividade altamente lucrativa. Tornou-se um negócio, um evento onde uma dupla, cada qual na sua montaria, partem em perseguição a um boi, puxando-o pelo rabo para que caia dentro de uma área previamente demarcada. O cerne de tal prática consiste, portanto, em submeter um animal a um forte estresse, derivado tanto do ambiente de confinamento e estimulação artificial prévia para que saia em desabalada corrida do brete, seguido da angústia da perseguição, e da derrubada por meio de violento puxão de um de seus membros mais sensíveis que é a cauda. Episódios de graves lesões são comuns na prática.

[20] Na sequência da ADI 4983/CE foram propostas as seguintes ações: (i) a ADI 5.703/RR, contra lei semelhante, do Estado de Roraima; (ii) a ADI 5.710/BA, contra a Lei nº 13.454, de 10 de novembro de 2015, do Estado da Bahia; (iii) a ADI 5.711/AP, contra a Lei nº 1.906, de 19 de junho de 2015, do Estado do Amapá; e (iv) a ADI 5.713/PB, contra a Lei nº 10.428, de 20 de janeiro de 2015, do Estado da Paraíba, todas ainda pendentes de julgamento.

O próprio Supremo Tribunal Federal, em julgamentos anteriores, já foi chamado a decidir sobre a aplicabilidade do art. 225, §1º, VII, em situações envolvendo manifestações culturais que faziam uso de animais. Tal foi o caso do precedente envolvendo a denominada "Farra do Boi" (RE nº 153.531-8). O objeto da ação consistia na proibição de evento que tem por objeto central a perseguição e lesão a bovinos em decorrência de festividades tradicionais com origem religiosa ("malhação do Judas").

Em autêntico *backlash*, reagindo à decisão do Supremo Tribunal Federal sobre a vaquejada, antes mesmo do seu trânsito em julgado, o Congresso Nacional já discutia e propunha uma emenda ao texto constitucional para, contornando a recente interpretação judicial no sentido da inconstitucionalidade da prática, passar a permiti-la. O ativismo legislativo, em tempo recorde, com largo apoio da expressiva bancada ruralista, apoiou e aprovou, em 6 de junho de 2017, a Emenda Constitucional nº 96/17 que incluiu novo parágrafo sétimo ao art. 225 da Constituição Federal para estabelecer que:

> §7º Para fins do disposto na parte final do inciso VII do §1º deste artigo, não se consideram cruéis as práticas desportivas que utilizem animais, desde que sejam manifestações culturais, conforme o §1º do art. 215 desta Constituição Federal, registradas como bem de natureza imaterial integrante do patrimônio cultural brasileiro, devendo ser regulamentadas por lei específica que assegure o bem-estar dos animais envolvidos.

Resta bastante claro que o propósito da Emenda é o de esvaziar o conteúdo material da vedação genérica da submissão dos animais a práticas cruéis, ao excepcionar do alcance do art. 225, §1º, VII, da Constituição Federal, uma série de práticas, dentre elas a própria vaquejada. Conjugada e orquestradamente, foi editada a Lei nº 13.364/16 que elevou a vaquejada à condição de patrimônio cultural brasileiro. O debate central é fundamentalmente o mesmo apresentado por ocasião da edição do novo Código Florestal. A EC nº 96/17 revelaria mais um movimento de retrocesso legislativo retirando parte do conteúdo eficacial do dispositivo constitucional protetivo dos animais. Existiria, neste sentido, uma violação material ao poder de reforma constitucional, especialmente diante da inegável conexão da matéria ambiental com a própria dignidade existencial humana.[21]

Nesse mesmo contexto de retrocesso ambiental inserem-se temas variados, como os relacionados ao afrouxamento das regras para o licenciamento ambiental para as grandes obras consideradas "estratégicas" para o governo (PL nº 654/2015); a Medida Provisória nº 759 que permite a regularização de terras públicas ocupadas até 2011 em zonas urbanas e rurais, em especial na Amazônia (validando uma espécie de anistia a "grileiros"); tentativas de modificar o regime de controle de agrotóxicos para facilitar e ampliar o seu uso; redução de áreas protegidas e da

---

[21] Foram propostas duas ADIs sobre a inconstitucionalidade da EC 96/17 tema: ADI 5572 (proposta pela Procuradoria-Geral da República) e ADI 5728 (proposta pelo Fórum Nacional de Defesa Animal), ainda não julgadas pelo STF.

proteção de terras indígenas; falta de investimento nos órgãos encarregados da fiscalização ambiental, dentre tantos outros problemas que podem ser levantados.

4 Considerações finais

Em 1967, o historiador Lynn White Jr. produziu um artigo seminal no qual afirmava que a tradição judaico-cristã contribuía decisivamente para o aprofundamento da crise ambiental.[22] Somente pela superação desse paradigma opressivo e reificador[23] poderíamos viver com mais equilíbrio e harmonia com a natureza. Verdadeiras ou não, essas colocações de White estimularam o debate sobre a ética aplicada ao meio ambiente na medida em que identificavam que o grande problema era um problema axiológico, valorativo e não um problema gerencial ou tecnológico. A percepção que se tem é a de que se relegou a um segundo plano investigativo o debate sobre o valor moral da natureza e de seus elementos. Isso significa dizer que a qualidade ambiental, embora elemento integrante da dignidade da pessoa humana, é vista usualmente somente sob a perspectiva unicamente do bem-estar existencial do próprio homem.

Nessa linha, como se verificou, a adoção do marco jurídico-constitucional socioambiental resulta de um projeto político de consolidação dos direitos humanos sob o enfoque do *desenvolvimento sustentável*. Tal como já se alertou, a ideia de *sustentabilidade*, com a tutela integrada do ambiente e dos direitos individuais, sociais, e econômicos, embora extremamente importante, resulta em um olhar voltado à promoção da dignidade existencial humana, constituindo o meio ambiente mero instrumento para o êxito no atingimento deste objetivo. A natureza e seus elementos estruturais são classificados dogmaticamente como instrumentos de promoção da qualidade de vida do ser humano, com valoração moral meramente reflexa ou indireta. São, de acordo com a referida Lei da Política Nacional do Meio Ambiente, "recursos naturais".[24] De acordo com esse entendimento prevalente, o âmbito de proteção do direito à vida, assim como o próprio conceito de mínimo existencial material ecológico, compreendido como uma extensão ambiental do princípio da dignidade humana, diante do quadro de risco ambiental, projeta sua eficácia em direção ao homem e somente a ele.

De acordo com essa visão largamente predominante, a essência dominial, objetivada, coisificada da natureza, não desaparece, portanto, com a passagem do Estado Liberal para o Estado socioambiental de Direito. Constata-se, ao

---

[22] WHITE, Lynn. Historical roots of our ecological crisis. *Science*, n. 155, 1967, p. 1203-1207.
[23] O economista norte-americano H. C. Carey (1793-1879), na sua obra "The past, the present and the future" (1848), ilustra esse posicionamento ao afirmar que "a Terra é uma grande máquina, concedida ao homem para se adequar aos seus propósitos" CAREY *apud* PASSMORE, John. *Man's responsibility for nature*. Londres: Duckworth, 1974, p. 21, tradução nossa.
[24] V. art. 3º, V, da Lei nº 6.938/81 (*Lei da Política Nacional do Meio Ambiente*).

contrário, que o modelo clássico do liberalismo, elege, de forma genérica, como pré-condição para a participação na comunidade moral a posse da *autonomia* e/ou da *autoconsciência* (ou consciência de si). Essa tese largamente aceita, até os dias de hoje, adota, implicitamente, a concepção de *oikeiosis* (pertencimento) estoica,[25] por meio da qual a participação na arena política e moral estava adstrita aos seres eminentemente racionais e linguísticos. Conforme mencionado, a natureza, e seus elementos constituintes, estariam, portanto, de acordo com essa lógica, alijados, por princípio, da possibilidade de possuírem valoração moral própria, *inerente*. A ecologia penetrou a dignidade do homem, mas o conceito de dignidade não foi, via de regra, ampliado para abraçar outras dimensões que não as estritamente humanas.

O paradoxo desta constatação é o de que a expansão conceitual da dignidade humana,[26] a rigor, traz em si um conteúdo de exclusão do não humano, dado que somente o homem participaria da *subjetividade*. A despeito, portanto, da constitucionalização das normas ambientais, e de todo o arcabouço normativo existente em favor da tutela do meio ambiente, o novo modelo institucional de *Estado socioambiental* carrega em seu âmago o mesmo paradigma antropocêntrico, ou seja, traz em si uma limitação teórica que projeta o homem como sendo o único ente merecedor de atenção moral e jurídica.[27] A natureza, nessa linha, como corretamente menciona Ost, permanece "à margem da lei".[28]

Richard Routley (1935-1996),[29] no importante artigo "Is There a Need for a New, an Environmental Ethic?",[30] publicado em 1973, sustenta que por mais de dois milênios a ética tradicional interessou-se de forma praticamente exclusiva pela fundamentação dos deveres que pautam a experiência humana, ou seja,

---

[25] Sobre o conceito de *oikeiosis* e sua influência no pensamento filosófico relativamente aos animais não humanos e à natureza, verificar a obra do professor Gary Steiner. Cf. STEINER, Gary. *Anthropocentrism and its discontents*: the moral status of animals in the history of western philosophy. Pittsburgh: University of Pittsburgh Press, 2005.

[26] Segundo afirma o professor Vicente Barreto, "a ideia de que a pessoa possui uma dignidade que lhe é própria deita raízes na história da Filosofia Ocidental. Antes mesmo do texto clássico de Picco della Mirandola, *Discurso sobre a dignidade do homem* (1486), a questão encontrava-se na obra de Aristóteles, Santo Agostinho, Boécio, Alcuíno e Santo Tomás, indicando como através dos tempos agregaram-se valores à ideia de pessoa, que terminaram por objetivar a ideia de dignidade humana". BARRETO, Vicente de Paulo. *O fetiche dos direitos humanos e outros temas*. Rio de Janeiro: Lumen Juris, 2010, p. 58.

[27] Segundo afirma o professor Fernando Araújo, "as concepções teleológica e hierárquica da natureza e das relações sociais já levaram, ao longo da história – e desgraçadamente levam ainda –, a diversas afirmações que não se confinam ao estatuto dos não humanos, e que hoje se revelam patentemente absurdas: a 'ilusão finalista' de que as marés existem para propiciar a entrada e saída dos navios dos portos, de que os papagaios e os touros só existem para nosso entretenimento, de que as árvores só existem para nos proporcionar sombra e frutos, de que os suínos só existem para nossa alimentação e os cavalos para nosso transporte, de que algumas raças humanas são inferiores e estão predispostas ao serviço das outras, de que as mulheres existem para servir os homens ou para agradar-lhes. Proposições teleologistas que não se distinguem das classificações propostas por Aristóteles, as quais, ao admitirem uma escala de participação na 'alma racional' a partir de uma base de teleologismo antropocêntrico e androcêntrico, subalternizavam a condição das mulheres e tornavam concebível a condição de 'escravo natural', de alguém naturalmente predisposto à servidão, dentro da própria espécie humana". ARAÚJO, Fernando. *A hora dos direitos dos animais*. Lisboa: Almedina, 2003, p. 53.

[28] OST, François. *A natureza à margem da lei:* a ecologia à prova do direito. Lisboa: Piaget, 1995.

[29] Routley foi filósofo na *Australian National University*. Após o divórcio com a também filósofa Val Routley, passou a adotar o sobrenome de Sylvan.

[30] SYLVAN, Richard, Is there a need for a new environmental ethic? In: ZIMMERMAN, Michael (org.). *Environmental philosophy*: from animal rights to radical ecology. Upper Saddle River, NJ: Prentice Hall, 2005, p. 16-23.

centrou-se no âmbito do relacionamento entre seres humanos. Com o argumento do "último homem", o autor constrói a hipótese segundo a qual o último homem remanescente sobre a Terra (que morrerá em breve) tem a opção de destruir a natureza. Se o ponto de partida é o de que ela seria valiosa somente de forma instrumental, na medida em que atende às necessidades de quem avalia, então quando o valorador sai de cena também desapareceria a possibilidade de ela possuir qualquer valor. Isso resultaria em negar, portanto, que os elementos que compõem o mundo natural sejam autonomamente relevantes.[31] Há, no entanto, uma intuição moral relevante no sentido de que essa eliminação importaria em uma afronta a determinados valores que são independentes dos juízos humanos e que sugerem a existência de um estatuto moral independente para determinadas entidades não humanas (*valoração intrínseca/inerente*).

Os problemas ecológicos não dependem exclusivamente de soluções tecnológicas, antes, pedem uma resposta sobre qual caminho tomar, qual é a conduta adequada, correta, "requerem uma mudança de paradigma da vida pessoal, na convivência social, na produção de bens de consumo e, principalmente, no relacionamento com a natureza".[32]

De nada adianta termos formalmente um arcabouço normativo ambiental relativamente evoluído se as práticas sociais e administrativas não revelam o mesmo cuidado com a natureza. A fragilidade desse sistema protetivo desnuda-se, conforme mencionado, diante das várias tentativas de diminuir o alcance da tutela ambiental, tentativas que, na maior parte das vezes, infelizmente, tem se revelado exitosas. Os indicadores socioambientais revelam que há pouco que se comemorar em termos de melhoria da proteção ambiental desde a promulgação da Constituição Federal de 1988. Em alguma medida, talvez devamos valorizar o alerta de Lynn White Jr: a crise ambiental é, antes de tudo, uma crise de valores, uma crise da percepção sobre o valor da natureza e isto é o que a torna especialmente complexa e tormentosa.

Referências

ACSELRAD, Henri; HERCULANO, Selene; PÁDUA, José Augusto (orgs.). *Justiça Ambiental e cidadania*. Rio de Janeiro: Relume Dumará, 2004.

ARAÚJO, Fernando. *A hora dos direitos dos animais*. Lisboa: Almedina, 2003.

BARRETO, Vicente de Paulo. *O fetiche dos direitos humanos e outros temas*. Rio de Janeiro: Lumen Juris, 2010.

BECK, Ulrich. *Risk society*: towards a new modernity. Londres: Sage Publications, 1992.

BECK, Ulrich; GIDDENS, Anthony; LASH, Scott. *Reflexive modernization*: politics, traditions and aesthetics in the modern social order. Cambridge: Polity Press, 1994.

---

[31] Além da dicotomia *valor instrumental/inerente*, está presente também nesta assertiva uma outra que se dá entre as correntes *objetivistas* e as *subjetivistas* (dependência ou não de um avaliador para a existência do próprio valor).
[32] JUNGES, José Roque. *Ética ambiental*. São Leopoldo: Editora UNISINOS, 2004, p. 8.

BOTKIN, Daniel. *Discordant harmonies*: a new ecology for the twenty-first century. New York: Oxford University Press, 1992.

CARSON, Rachel Louise. *Primavera silenciosa*. São Paulo: Gaia, 2010.

DAIBERT, Arlindo. Historical views on environment and environmental law in Brazil. *George Washington International Law Review*, n. 40, 2009, p. 779-840.

JUNGES, José Roque. *Ética ambiental*. São Leopoldo: Editora UNISINOS, 2004.

OST, François. *A natureza à margem da lei*: a ecologia à prova do direito. Lisboa: Piaget, 1995.

PASSMORE, John. *Man´s responsability for nature*. Londres: Duckworth.

SAMPAIO, Rômulo Silveira da Rocha. *Direito ambiental*: doutrina e casos práticos. Rio de Janeiro: Elsevier, 2011.

SARLET, Ingo Wolfgang; FENSTERSEIFER, Tiago. *Direto Ambiental*: introdução, fundamentos e teoria geral. São Paulo: Saraiva, 2014.

STEIGLEDER, Annelise Monteiro. Discricionariedade administrativa e dever de proteção do ambiente. *Revista do Ministério Público do Estado do Rio Grande do Sul*, n. 48, 2002, p. 271-301.

STEINER, Gary. *Anthropocentrism and its discontents*: the moral status of animals in the history of western philosophy. Pittsburgh: University of Pittsburgh Press, 2005.

SYLVAN, Richard, Is there a need for a new environmental ethic? In: ZIMMERMAN, Michael (org.). *Environmental philosophy*: from animal rights to radical ecology. Upper Saddle River, NJ: Prentice Hall, 2005.

Informação bibliográfica deste texto, conforme a NBR 6023:2002 da Associação Brasileira de Normas Técnicas (ABNT):

LOURENÇO, Daniel Braga. Direitos fundamentais, Constituição e meio ambiente. In: BOLONHA, Carlos et al. (Coord.). *30 anos da Constituição de 1988*: uma jornada democrática inacabada. Belo Horizonte: Fórum, 2019. p. 235-246. ISBN 978-85-450-0595-7.

DIREITOS HUMANOS E SAÚDE GLOBAL

Deisy Ventura

1 Introdução

O Brasil é uma referência internacional em matéria de saúde pública, entre outras razões, por ter um sistema de acesso universal e gratuito, que abrange a União, os Estados federados e Municípios, sendo potencialmente o maior sistema público de saúde do mundo se considerarmos a população brasileira, de mais de 200 milhões de pessoas. As bases do atual Sistema Único de Saúde (SUS) encontram-se na Constituição Federal de 1988, que não apenas inclui a saúde entre os direitos sociais que figuram em seu artigo 6º, mas também promove uma inovação de monta no direito constitucional pátrio. Graças à intensa atuação dos movimentos sociais e dos sanitaristas brasileiros, diferentemente dos demais direitos sociais afirmados na Carta Magna, o direito à saúde tem sua garantia claramente vinculada às políticas sociais e econômicas; a Constituição prevê a criação de um sistema único, formula expressamente suas diretrizes que incluem a participação social, e enumera as suas atribuições, especialmente em seus artigos 196, 198 e 200 (DALLARI, 2008).

Além da evolução do SUS como experiência paradigmática no plano mundial, o Brasil destacou-se por programas que tiveram grande repercussão internacional, caso da resposta nacional ao HIV/Aids. Hoje reconhecida como exemplo, ela foi construída, nos anos 1990, sob forte oposição dos Estados desenvolvidos, contrariando o que preconizavam, à época, a OMS, a United Nations Programme on HIV/Aids (UNAIDS), a Organização Pan-Americana da Saúde (OPS), o Banco Mundial, a Fundação Gates, entre outros (SOUZA, 2012). Durante os mandatos presidenciais de Luís Inácio Lula da Silva a ação internacional brasileira no campo da saúde ampliou-se. De um lado, desenvolveu a cooperação internacional com os países em via de desenvolvimento, em especial a Comunidade dos Países da Língua Portuguesa (CPLP), e a União das Nações Sul-americanas (UNASUL). De outra banda, a atuação brasileira em foros multilaterais veiculou propostas que convergiam para a defesa de uma "nova governança" da saúde global, tendo como baliza os princípios do SUS (VENTURA, 2013).

Quase 30 anos depois da promulgação da Constituição Federal, entre fevereiro e novembro de 2016, o Brasil destacou-se internacional por outras razões: tornou-se o epicentro de uma Emergência de Saúde Pública de Importância

Internacional (ESPII),[1] declarada pela Organização Mundial da Saúde (OMS), tendo como objeto a relação entre o vírus zika e o aumento de transtornos neurológicos e malformações congênitas (OMS, 2016). Em 2014, a epidemia da doença do vírus Ebola na África Ocidental havia promovido uma guinada no discurso político e na literatura acadêmica sobre saúde no plano internacional, buscando generalizar os enfoques que a apresentam como um problema de segurança. O campo emergente da "saúde global" passou a ser, então, para uma influente parte da classe política e da literatura acadêmica, o campo da *"segurança da saúde global"*, com ênfase na defesa da intensificação da cooperação internacional para o desenvolvimento de sistemas internacionais de vigilância e resposta a epidemias, especialmente de doenças infectocontagiosas, que serviria também ao enfrentamento do bioterrorismo. É significativo o potencial de violação de direitos humanos desta abordagem voltada à segurança dos Estados, ou de determinados Estados, em detrimento dos direitos das populações (VENTURA, 2016a).

A crise do Ebola ensejou igualmente uma significativa produção crítica sob variados enfoques – por exemplo, como fenômeno pós-colonial, expressão dos efeitos nefastos do neoliberalismo, vetor de novas formas de governamentalidade e biopoder, ou ainda reveladora dos limites do humanitarismo, entre outros (BIEHL, 2016) – , que inclui estudos sobre violações de direitos humanos durante a resposta a estas crises (VENTURA, 2016b).

No entanto, sem minimizar a importância da aferição pontual da violação de direitos por esquemas securitários, e reconhecendo, ainda, a relevância da literatura que constata as deficiências da cooperação internacional no que se refere à promoção de direitos fundamentais no campo da saúde (por exemplo, DUJARDIN e KEROUEDAN, 2014), gostaria de sustentar que o principal elemento da intersecção entre saúde global e direitos humanos é, atualmente, a ameaça à consagração do direito à saúde, que se afirma tanto no plano mundial como em âmbito nacional.

Durante a emergência do zika, por exemplo, o Brasil demonstrou que a existência de um sistema público de saúde, de acesso universal e gratuito, com vasta abrangência geográfica, constitui a mais eficiente, senão a única, garantia efetiva da capacidade de detectar e responder a emergências com risco de propagação internacional. Foram médicos de beira de leito do sertão nordestino

---

[1] Em virtude do artigo 1º do Regulamento Sanitário Internacional (RSI), aprovado em 2005 e vigente desde 2007, inclusive no Brasil, uma ESPII « significa um evento extraordinário que, nos termos do presente Regulamento, é determinado como: (i) constituindo um risco para a saúde pública para outros Estados, devido à propagação internacional de doença e (ii) potencialmente exigindo uma resposta internacional coordenada » – doença, por sua vez, « significa uma doença ou agravo, independentemente de origem ou fonte, que represente ou possa representar um dano significativo para seres humanos » (OMS, 2009). Trata-se da quarta ESPII declarada pela OMS desde que o RSI criou esta categoria jurídica, inclusive no Brasil. A multiplicidade e a complexidade de causas e características dificultam comparações entre elas (VENTURA, 2016a). A primeira refere-se à gripe A (H1N1), em abril de 2009, posteriormente reconhecida como uma pandemia, em junho daquele ano; a segunda declaração, em maio de 2014, concerne sobretudo ao risco de propagação do poliovirus devido ao enfraquecimento ou inviabilização de programas de imunização em regiões atingidas conflitos armados ; e a terceira ESPII, relativa ao Ebola, foi declarada em agosto de 2014 (*Ibid*.).

que identificaram a associação entre o vírus Zika e a microcefalia (DINIZ, 2016). Foi também a existência do SUS que permitiu que o Brasil, mesmo mergulhado em profunda crise política e econômica, dispusesse dos recursos suficientes para declarar, antes da OMS, em novembro de 2015, uma Emergência de Saúde Pública de Importância Nacional (ESPIN).[2] Apesar de suas disfunções que derivam de uma complexidade evidente e de um subfinanciamento crônico, o SUS precisa ser aperfeiçoado, e não eliminado.

Esta e outras experiências levam-me a afirmar que só pode haver segurança internacional com a plena consagração do direito à saúde, razão pela qual as abordagens que privilegiam esquemas de vigilância em sentido estrito, em detrimento da consolidação dos sistemas nacionais de saúde, não somente implica riscos para os direitos fundamentais como também está fadada à ineficiência, ao menos no que se refere à segurança das populações.

Neste breve texto, eu gostaria de apresentar uma síntese da evolução do campo da saúde global, e em seguida demonstrar os riscos que o ideário da austeridade em saúde e a promoção internacional da "Cobertura Universal da Saúde" podem aportar aos direitos humanos.

2 O paradoxo constitutivo da saúde global

A dimensão internacional da regulação da saúde pública emerge no século XIX por ocasião da primeira Conferência Sanitária Internacional, ocorrida na França em 1851. Embora amiúde este evento seja apresentado como a primeira iniciativa dos Estados em prol da saúde das populações, seu objeto foi, na verdade, a redução do impacto negativo de medidas quarentenárias sobre o comércio internacional. Por conseguinte, a tensão entre saúde e comércio, entre interesses humanos e econômicos, entre a ciência e o lucro, pode ser considerada o paradoxo constitutivo do que nos últimos vinte anos passou a ser chamado de *saúde global* (KEROUEDAN, 2013). No âmbito da presente síntese, a expressão saúde global será usada como sinônimo da agenda internacional no campo da saúde pública, envolvendo tanto os Estados e Organizações Internacionais como os atores não estatais, entre os quais se destacam o setor privado, as fundações ditas filantrópicas, as organizações não governamentais e as instituições universitárias. Ainda que não se pretenda adentrar o debate conceitual sobre o campo da saúde global, não se pode deixar de ressaltar que ele corresponde, hoje, a uma anarquia de códigos abertos capaz de mobilizar atores, agendas e interesses profundamente diversos – embora por vezes aparentem ter os mesmos objetivos –, além de recursos financeiros e tecnológicos sem precedentes (BIEHL e PETRYNA, 2014).

---

[2] Em virtude do artigo 2º do Decreto nº 7.616/2011, a declaração de uma ESPIN « ocorrerá em situações que demandem o emprego urgente de medidas de prevenção, controle e contenção de riscos, danos e agravos à saúde pública »(BRASIL, 2011).

Nos primeiros cem anos da diplomacia da saúde que teve início em 1851, criou-se um vasto compêndio de direito internacional, hoje largamente esquecido, que teve como principais características: a tendência de internacionalizar a saúde em função do comércio; a necessidade de cooperação que os riscos de contaminação impunham aos Estados; o envolvimento de corporações multinacionais e de atores não governamentais em numerosas iniciativas; e a grande diversidade entre os resultados dos diferentes regimes jurídicos adotados (FIDLER, 2001). De modo geral, pode-se dizer que ele atingiu número reduzido de doenças transmissíveis, chamadas de quarentenárias, que podiam afetar comércio e viagens, estabelecendo um sistema de vigilância internacional para algumas doenças específicas e buscando harmonizar as políticas de quarentenas nacionais e regulamentos (FIDLER, 2005).

Ao final desse período, em plena Segunda Guerra mundial, ocorria na Europa uma grande evolução no campo da saúde pública. O *Plano Beveridge*, de 1942, considerado um marco fundamental do paradigma do *Welfare State*, lança as bases para que se institua no Reino Unido, em 1946, um sistema nacional, universal e gratuito de assistência médica, financiado pelo orçamento fiscal e portanto desvinculado da relação contratual que até então havia caracterizado as políticas públicas no campo social (FIORI, 1997). Por meio dele, a sociedade inglesa assumia o encargo explícito de garantir aos seus membros não somente a vida, mas também a vida em boa saúde, consolidando, assim, um direito diferente, mais importante e mais complexo do que o direito à vida, que é o direito à saúde (FOUCAULT, 2001 [1974]).

Em 1946, cria-se a OMS, cuja Constituição estipula como objetivo a "aquisição, por todos os povos, do nível de saúde mais elevado que for possível" e como função primordial a de atuar como autoridade diretora e coordenadora dos trabalhos internacionais no domínio da saúde (OMS, 1946, arts. 1º e 2º). A Constituição da OMS traz, ainda, em seu preâmbulo, um conceito de saúde amplo ("a saúde é um estado de completo bem-estar físico, mental e social, e não consiste apenas na ausência de doença ou de enfermidade") e um conjunto de princípios que refletem o novo paradigma do bem-estar social, entre eles a consagração internacional da saúde como direito humano ("gozar do melhor estado de saúde que é possível atingir constitui um dos direitos fundamentais de todo o ser humano, sem distinção de raça, de religião, de credo político, de condição econômica ou social") e a atribuição da tutela deste direito aos Estados ("os Governos têm responsabilidade pela saúde dos seus povos, a qual só pode ser assumida pelo estabelecimento de medidas sanitárias e sociais adequadas").

Com a globalização econômica e a crescente importância da saúde na agenda de organismos internacionais e de corporações transnacionais, a dimensão internacional da saúde pública acelerou-se. Além da atuação da OMS, da cooperação internacional bilateral clássica e do surgimento de ONGs transnacionais de grande relevância (por exemplo, a emergência do humanitarismo por meio da atuação dos *Médicos sem Fronteiras*), a paisagem institucional dos programas de cooperação para o desenvolvimento diversificou-se na década de 1990 com a entrada em cena do Banco Mundial e da Comissão Europeia; paulatinamente, afirmaram-se as "parcerias público-privadas" (PPPs) como grandes promotoras dos programas ditos de "saúde global", tais como a *Aliança Mundial para Vacinas e Imunização* (GAVI), ou o *Fundo Global de Luta Contra AIDS, Tuberculose e Malária*, de 2002 (KEROUEDAN, 2016). Ainda que os interesses empresariais tenham estado presentes desde sempre na saúde internacional, a partir da década de 1990 as PPPs tornaram-se centrais para a saúde global. O chamado *filantrocapitalismo*, que tinha como referência fundamental a atuação da Fundação Rockefeller, vê-se consolidado e ampliado com a forte presença da Fundação Bill e Melinda Gates nos programas de saúde global; tais "colaborações" entre o setor privado e órgãos públicos (multilaterais e nacionais) acabam ocultando uma gama de interesses comerciais e permitindo que o setor empresarial exerça um papel sem precedentes na formulação de políticas de saúde pública no plano internacional, sem assumir as responsabilidades que incumbem, ou outrora incumbiam, ao setor público (BIRN, 2014). O déficit de transparência, de prestação de contas e de responsabilidade é apontado de forma cada vez mais intensa em relação às PPPs, mas também no que atine à colaboração de fundações e empresas privadas com órgãos públicos. Recentemente, a OMS adotou um marco regulatório para sua colaboração com atores não estatais, considerado incipiente em especial no que se refere ao conflito de interesse dos financiadores de seus programas (RACHED e VENTURA, 2017).

Nesse diapasão, os programas de saúde global que se justificam pela proteção de direitos humanos, em especial o direito à vida por meio da proteção da saúde, não apenas possuem dificuldades de realizar seus objetivos, como bem revelam os alarmantes indicadores mundiais sobre o estado de saúde das populações, como podem causar um impacto negativo sobre a efetividade dos direitos humanos, inclusive sobre o direito à saúde, o que confirma a já citada tese da persistência de um paradoxo constitutivo da saúde global.

3 Austeridade em saúde e direitos humanos

A austeridade pode ser definida como um "tratamento" que visa a mitigar os sintomas das crises econômicas, especialmente déficits orçamentários, a fim de curar recessões por meio da redução dos orçamentos governamentais para a proteção social, inclusive no campo da saúde pública (STUCKLER e BASU, 2013). David Stuckler e Sanjay Basu sistematizaram numerosos estudos, publicados em periódicos de excelência internacional, que comprovam o efeito positivo dos programas de saúde pública sobre o crescimento econômico dos Estados que os adotam, enquanto a redução do investimento em programas sociais em períodos de recessão resulta em piora tanto da economia como dos indicadores de saúde. Logo, segundo os autores, o discurso da austeridade é essencialmente um discurso ideológico. Ele dá vazão à convicção de que um governo limitado e um mercado livre são sempre preferíveis à intervenção estatal, ou seja, a um mito socialmente construído, que se afigura ademais como uma crença conveniente entre políticos instrumentalizados por quem aufere lucro com a privatização dos serviços públicos. Por conseguinte, os defensores da austeridade ignoram as provas dos efeitos de suas recomendações em termos de saúde e de economia, mesmo quando essas provas provêm de seus próprios dados. É o caso dos estudos feitos pelos citados autores com dados do Banco Mundial ou do Fundo Monetário Internacional, grandes difusores internacionais deste tipo de ideologia.

A combinação entre a profusão das já referidas PPPs e a difusão do discurso da austeridade, reduzindo de modo crescente o investimento público em saúde, constituem o terreno ideal para a predominância do enfoque da saúde pública como um grande mercado. A privatização de serviços facilita a sua internacionalização, viabilizando a penetração de empresas estrangeiras em mercados nacionais. Para determinadas empresas, sistemas eficientes de promoção de saúde e prevenção de doenças, por exemplo, não constituem um bom negócio.

No Brasil, o discurso da austeridade não é novo, mas encontrou sua plena tradução na Emenda Constitucional nº 95/2016, que representa uma ruptura na trajetória incompleta de consolidação do Estado do bem-estar social brasileiro. Ela dificultou ainda mais a efetivação do direito à saúde, « empurrando aqueles que dispõem de recursos financeiros para o mercado de planos de saúde; os que têm consciência de seu direito, da responsabilidade do Estado e meios de exigi-lo, para a judicialização; e os mais vulneráveis sujeitos à insuficiência da oferta e da qualidade dos serviços públicos cada vez mais precarizados » (VIEIRA e BENEVIDES, 2016). Numerosas publicações recentes demonstram os efeitos nefastos da austeridade fiscal sobre o direito à saúde em nosso país. Limito-me a citar o de Fabiola Sulpino Vieira, Isabela Soares Santos, Carlos Ocké Reis e Paulo Henrique de Almeida Rodrigues, que utilizam a expressão « austericídio », e conectam o novo regime fiscal brasileiro à propagação internacional da ideologia da austeridade (VIEIRA *et al*, 2018). Nesse contexto, é preciso avaliar de forma crítica a ênfase de Estados desenvolvidos e de organizações internacionais na agenda da Cobertura Universal da Saúde.

4 Direito à saúde x cobertura universal de saúde

Gostaria de concluir este grande esforço de síntese chamando a atenção para o potencial de violação de direitos humanos que pode estar oculto em uma agenda internacional supostamente favorável à sua promoção. Em 2015, os Estados-membros da Organização das Nações Unidas adotaram uma nova agenda de desenvolvimento sustentável, conhecida como Agenda 2030, baseada nos precedentes Objetivos de Desenvolvimento do Milênio (ODMs). Foram eleitos novos 17 Objetivos do Desenvolvimento Sustentável (ODSs), havendo um objetivo específico sobre saúde, o ODS3 (ONU, 2018). À época de sua negociação, uma das metas deste objetivo, relacionada à Cobertura Universal de Saúde, foi criticada pelos negociadores brasileiros que a consideravam demasiado genérica. Trata-se do 3.8 : « Atingir a cobertura universal de saúde, incluindo a proteção do risco financeiro, o acesso a serviços de saúde essenciais de qualidade e o acesso a medicamentos e vacinas essenciais seguros, eficazes, de qualidade e a preços acessíveis para todos ». Negociadores brasileiros preferiam a seguinte redação: "Alcançar a Cobertura Universal de Saúde por meio de sistemas de saúde baseados no direito à saúde, e que sejam universais, equitativos, integrais e de qualidade" (BUSS *et al.*, 2014). O direito à saúde não aparece, então, nesta diretriz fundamental da cooperação internacional.

No campo da saúde global, a transformação semântica do direito à saúde à cobertura universal, que encontrou seu apogeu na configuração do ODS3.8, teve início em 2005, por meio de uma resolução da OMS, em que a ideia de cobertura aparece claramente associada à proteção do risco financeiro e à busca de meios alternativos de financiamento de saúde (NORONHA, 2013). Ocorre que a cobertura contributiva a um seguro social ou privado nem sempre garantirá o acesso e a fruição do direito à saúde, eis que há uma segmentação da oferta de acordo com as classes sociais e o tipo de proteção oferecido pelas diferentes modalidades de seguros públicos ou privados, gerando segmentação tanto na "cesta de oferta" como na qualidade (*Ibid.*).

No Brasil, é inegável a paulatina erosão da linguagem de direitos que marcou a nova ordem constitucional brasileira e a retomada da democracia, nos anos 1980. Tal retrocesso encontra paralelo na dimensão internacional, marcada pela crescente transformação do sujeito de direitos um em indivíduo vulnerável, que reivindica uma proteção cujo conteúdo pode ser opaco, e amiúde contraditório (a depender do conceito de segurança com o qual se opera).

O mercado participa ativamente dessa transformação. Observando os novos fundos de financiamento para prevenção da propagação internacional de epidemias, há quem sustente que o Banco Mundial está criando um novo mercado, sobretudo no setor privado das finanças, baseado nos riscos pandêmicos (STEIN e SRIDHAR, 2017). Ademais, a agenda da segurança da saúde global apresenta-se claramente como um instrumento da política externa dos países desenvolvidos, cuja eficiência potencialmente se amplia na medida em que os termos do debate político se modificam quando se apresenta um problema de saúde como uma ameaça à segurança de um Estado ou de uma população (HORTON, 2017).

Cabe, então, aos brasileiros não apenas perceber as conexões internacionais entre os movimentos em defesa da austeridade e dos planos de saúde de baixo custo, e as medidas governamentais que vêm se implementando em nosso país, mas também defender com veemência nosso acervo constitucional, tanto em nossas instituições deliberativas como nos foros internacionais. Promover programas de saúde global para prevenção e combate de doenças específicas pode ser importante para atender necessidades pontuais, mas está longe de ser uma garantia de melhora efetiva das condições de saúde das populações que depende inexoravelmente de determinantes sociais e econômicos. A linguagem de direitos humanos, e especialmente a do direito à saúde, acossada pelo discurso ideológico da austeridade que atravessa fronteiras, necessita ser resgatada com urgência.

Referências

BIEHL, J. 2016. Theorizing Global Health. *Medicine Anthropology Theory* 3(2), p. 127-142.

___; PETRYNA, A. 2014. Peopling Global Health. *Saúde e Sociedade, 23*(2), p.376-389.

BIRN, A-E. 2014. Philanthrocapitalism, past and present: The Rockefeller Foundation, the Gates Foundation, and the setting(s) of the international/ global health agenda. *Hypothesis* 12(1): e8, doi:10.5779/hypothesis.v12i1.229.

BRASIL. 2011. Decreto nº 7.616/2011. Dispõe sobre a declaração de Emergência em Saúde Pública de Importância Nacional – ESPIN e institui a Força Nacional do Sistema Único de Saúde – FN-SUS

___. 2015. Ministério da Saúde. Portaria nº 1.813 de 11 de novembro. *Declara Emergência em Saúde Pública de importância Nacional (ESPIN) por alteração do padrão de ocorrência de microcefalias no Brasil.*

Buss PM *et al*. 2014. Saúde na Agenda de Desenvolvimento pós-2015 das Nações Unidas. *Cadernos de Saúde Pública*, 30(12), 2555-2570.

DALLARI, S. 2008. A construção do direito à saúde no Brasil. *Revista de Direito Sanitário*, v. 9, n. 3, p. 9-34.

DINIZ, Débora. *2016. Zika*: Do sertão nordestino à ameaça global. Rio de Janeiro: Civilização Brasileira.

DUJARDIN, B; KEROUEDAN, D. 2014. Pourquoi les Nations Unies échouent en matière de santé. *Visionscarto*. Disponível em: <https://visionscarto.net/pourquoi-les-nations-unies>. Acesso em: 10 jul. 2018.

FIDLER, D. 2001. The globalization of public health: the first 100 years of international health diplomacy, *Bulletin of the WHO* 79(9), p.842-849.

___. 2005. From International Sanitary Conventions to Global Health Security: The New IHR. *Chinese Journal of International Law* (Oxford). Disponível em: <http://www.repository.law.indiana.edu/facpub/397>. Acesso em: 10 jul. 2018.

FIORI, JL. 1997. Estado de bem-estar social: padrões e crises. *Physis: Revista de Saúde Coletiva*, 7(2), p.129-147.

FOUCAULT, M. 2001[1974]. Crise de la médicine ou crise de l'antimédicine? In *Dits et écrits* – Tomo III. Paris, Gallimard, p.40-58.

HORTON, R. 2017. Global health security—smart strategy or naive tactics? *The Lancet* Volume 389 , Issue 10072, 892. doi:10.1016/S0140-6736(17)30637-2

KEROUEDAN, D. 2013. *Géopolitique de la santé mondiale. Conférence inaugurale au Collège de France*. Paris: Fayard.

___. 2016. Segurança ou insegurança da saúde mundial na África? Mais saúde parcial do que saúde global. *Lua Nova: Revista de Cultura e Política*, (98), 47-76.

NORONHA, JC. 2013. Cobertura universal de saúde: como misturar conceitos, confundir objetivos, abandonar princípios. *Cadernos de Saúde Pública*, 29(5), p.847-849.

ORGANIZAÇÃO DAS NAÇÕES UNIDAS. 2018. Portal ONUBr – Nações Unidas no Brasil. Disponível em: <https://nacoesunidas.org/pos2015/ods3>. Acesso em: 06 jun. 2018

ORGANIZAÇÃO MUNDIAL DA SAÚDE. 1946. *Constituição*. Disponível em: <http://www.direitoshumanos.usp.br/index.php/OMS-Organiza%C3%A7%C3%A3o-Mundial-da-Sa%C3%BAde/constituicao-da-organizacao-mundial-da-saude-omswho.html>. Acesso em: 10 jul. 2018.

___. 2016. WHO statement on the first meeting of the International Health Regulations (2005) (IHR 2005) Emergency Committee on Zika virus and observed increase in neurological disorders and neonatal malformations. Genebra, 1º de fevereiro.

SOUZA, AM. 2011. Saúde pública, patentes e atores não estatais: a política externa do Brasil ante a epidemia de aids. In: *Política Externa Brasileira: a política das boas práticas e as práticas da política*. Rio de Janeiro: Editora FGV, p. 208-240

STUCKLER, D; BASU, S. 2014. *A economia desumana: porque mata a austeridade*. Lisboa: Editorial Bizâncio, 2014.

RACHED, D; VENTURA, D. 2017. World Health Organization and the search for accountability: a critical analysis of the new framework of engagement with non-state actors. *Cadernos de Saúde Pública, 33*(6), e00100716.

STEIN, F; SRIDHAR, D. 2017. *Health as a "global public good"*: creating a market for pandemic risk. BMJ 2017; 358.

VENTURA, D. 2013. Saúde pública e política externa brasileira. *Sur : Revista Internacional de Direitos Humanos.*, n.19, p.99-117.

___. 2016a. Do Ebola ao Zika: as emergências internacionais e a securitização da saúde global.*Cadernos de Saúde Pública, 32*(4), e00033316.

___. 2016b. Saúde global e direitos humanos: o primeiro caso suspeito de Ebola no Brasil. *Lua Nova: Revista de Cultura e Política*, (98), 107-140.

VIEIRA, FS; BENEVIDES, RPS. 2016. O direito à saúde no Brasil em tempos de crise econômica, ajuste fiscal e reforma implícita do Estado. *Revista de Estudos e Pesquisas sobre as Américas*, v. 10, n. 3, p.1-28.

___ et al. 2017. *Políticas sociais e Austeridade fiscal – Como as políticas sociais são afetadas pelo austericídio da agenda neoliberal no Brasil e no mundo*. Rio de Janeiro : CEBES/Fiocruz.

Informação bibliográfica deste texto, conforme a NBR 6023:2002 da Associação Brasileira de Normas Técnicas (ABNT):

VENTURA, Deisy. Direitos humanos e saúde global. In: BOLONHA, Carlos et al. (Coord.). *30 anos da Constituição de 1988*: uma jornada democrática inacabada. Belo Horizonte: Fórum, 2019. p. 247-255. ISBN 978-85-450-0595-7.

A LIBERDADE RELIGIOSA AOS TRINTA ANOS DA CONSTITUIÇÃO FEDERAL BRASILEIRA

Jayme Weingartner Neto
Ingo Wolfgang Sarlet

1 Considerações preliminares

O fenômeno religioso, ao longo da história humana, sempre revelou ser poderoso vetor de coesão social. Por outro lado, também muitas vezes foi manejado para a opressão e a discriminação, especialmente em relação aos "infiéis" ou não crentes. Daí que a experiência constitucional procure regrá-lo, seja ao garantir a livre opção e exercício da liberdade de religião e de culto, pelo menos em Estados Democráticos de Direito, mas ao mesmo tempo estabelecer determinados limites. Além disso, percebe-se que a dimensão espiritual é constitutiva da dignidade humana (também no aspecto *identitário*), bem por isso imprescindível para assegurar a autodeterminação pessoal, na condição de uma tutela individual de concretização da *dignidade*, expressão de dimensão existencial pessoal nuclear. Por tudo isso, o direito constitucional do Estado Democrático de Direito ocupa-se desta fundamental liberdade pública, a fim de compatibilizar a mais ampla e livre (con)vivência religiosa com os valores constitucionais basilares, em especial da igual dignidade e liberdade, do pluralismo intercultural, da tolerância e da justiça social.

Diante desse programa normativo, deve-se operar com um *conceito amplo* de liberdade religiosa e de religião (um âmbito normativo alargado), que aposte no maior grau de *inclusividade* (abertura para religiões minoritárias e inconvencionais) compatível com a igual liberdade e dignidade dos cidadãos, anteparos ao *fundamentalismo-militante*, que discrimina e quer se impor aos não crentes.[1]

Embora o Brasil não responda, atualmente, a processos perante a Corte Interamericana de Justiça, nem se tenha notícia de reclamações no âmbito do Comitê de Direitos Humanos, o país experimentou, recentemente, incremento no quadro das hostilidades sociais em face da questão religiosa. Nesse sentido, embora tal aspecto não seja esse o nosso enfoque, vale lembrar que o Brasil ratificou os principais tratados internacionais que dizem respeito ao tema, tratados que se integram ao direito interno

---

[1] Confira-se, para discussão mais ampla e detalhada, inclusive de aspectos históricos, com farta indicação bibliográfica, WEINGARTNER NETO, Jayme. *Liberdade religiosa na Constituição: fundamentalismo, pluralismo, crenças e cultos*. Porto Alegre: Livraria do Advogado, 2007. O conceito de fundamentalismo religioso e a distinção entre fundamentalismo-crença e fundamentalismo-militante encontra-se às pp. 50-4 e uma perspectiva de tratamento seletivo entre eles às pp. 247-51.

com estatura supralegal (de acordo com a orientação atual do Supremo Tribunal Federal (STF), e que, portanto, informam a própria concretização legislativa e aplicação jurisdicional no domínio da liberdade religiosa.

A rigor, no que tange a restrições e embaraços governamentais, o quadro legal-institucional situa-se, numa comparação com 198 países realizada pelo Pew Research Center numa série entre 2007 e 2013, em nível baixo. Todavia, no quadro das hostilidades sociais, praticadas entre indivíduos, organizações ou grupos privados (que podem ir de conflitos armados a assédios e intimidações, vandalismos e injúrias), o Brasil classifica-se em nível alto e o viés é de incremento do risco, nada obstante tal indicador (soma de níveis alto e muito alto), na média mundial, tenha caído de 33% (2012) para 27% (2013).[2]

Registraram-se casos, por exemplo, apenas nos últimos três anos, de agressão a estudante da cidade do Rio de Janeiro que vestia roupas de credo de religião afro-brasileira (Kailane, de 11 anos, junho de 2015). No mesmo Rio de Janeiro, aliás, recém-eleito prefeito (outubro de 2016), que é pastor evangélico e já escreveu obra tisnada de conteúdo intolerante contra homossexuais e outras religiões. Ainda no Rio de Janeiro, que vem de sediar a Olimpíada de 2016, houve intervenção do Ministério Público Federal para retirada de vídeos postados no "You Tube", que confrontavam pastores evangélicos e religiões de matriz africana (2014/2015). Sempre no Rio de Janeiro (2013), proibiu-se judicialmente a pregação e cultos religiosos em trens metropolitanos.

O Brasil experimenta uma rica experiência religiosa, ainda que ambígua, de acentuada maioria cristã e importante minoria das religiões de matriz africana, introduzidas ao tempo da escravidão. De acordo com o Censo Demográfico IBGE 2000/2010, umbanda e candomblé (as principais religiões afro-brasileiras) representam 0,3% da diversidade religiosa brasileira, cerca de 600.000 adeptos. Num país substancialmente cristão, em que "o pastor sobe e o padre desce" (123,2 milhões de católicos, uma queda [inédita] em números absolutos no intervalo de uma década [uma diminuição de 9 pontos percentuais, de 73,6% para 64,6%]; 42,2 milhões de evangélicos saltaram de 15,4% para 22,2% – seriam 45 milhões, atualmente), as religiões de matriz africana estacionam bem abaixo dos espíritas (3,8 milhões) e dos sem religião (15,3 milhões).[3] Assim, numericamente, tem-se

---

[2] Ainda assim, dentre os 25 países mais populosos do mundo, levando em consideração ambos os indicadores, o Brasil, junto com República Democrática do Congo, Japão, Filipinas e África do Sul, encontra-se no limiar inferior, ao passo que Egito, Indonésia, Paquistão, Rússia e Turquia lideram o preocupante *ranking*. Cf. PewResearchCenter. Religion & Public life. Disponível em: <http://www.pewforum.org/2015/02/26/religious-hostilities/>. Acesso em: 16 nov. 2016).

[3] "Em média, a Igreja Católica perdeu 465 fiéis por dia entre 2000 e 2010. Os evangélicos ganharam 4.383 novos fiéis por dia no mesmo período", sendo as denominações pentecostais as que mais crescem. As cinco maiores igrejas evangélicas do Brasil são: Assembleia de Deus (12,3 milhões), Igreja Evangélica Batista (3,8 milhões), Congregação Cristã do Brasil (2,3 milhões), Igreja Universal do Reino de Deus (1,9 milhão) e Igreja do Evangelho Quadrangular (1,5 milhão) [segue a Igreja Adventista, com 1,5 milhão de fiéis, e a Igreja Luterana, com 1 milhão, cfe. Valor Econômico, Eu & Fim de Semana, 09/10/2015, p. 5] – cfe. Superinteresante, edição 351, setembro de 2015, "Extremismo Evangélico", reportagem de capa, p. 28-37. Como se vê, a quinta igreja evangélica tem mais que o dobro de seguidores do que as religiões afro-brasileiras. Tendencialmente proselito o fenômeno (neo) pentecostal, contra tendência inversa das comunidades de matriz africana, as fronteiras, em alguns casos, estão sendo negociadas em muita tensão, franca hostilidade e até com violência, o que dá o tom da matéria citada, já na capa: "Milícias atacando cultos de outras religiões, minorias acuadas, teocracia no Congresso. Entenda como

uma minoria estratificada, na qual 21,11% são pretos (percentual que oscila de 6,6% a 8,5% nas outras religiões) e que tem apenas 2,2% com renda acima de 10 salários mínimos (de fato, 84,5% ficam na faixa de 0 a 3 salários mínimos per capita).

No plano normativo, seja como for, a Constituição Federal de 1988 (CF), vista de modo sistemático, pode-se considerar atenta ao fenômeno religioso, que vai separado do Estado, por sua vez não confessional, constituindo-se uma Constituição cooperativa, solidária e tolerante em relação às vivências religiosas.

Com tais premissas, o presente texto, depois de breve enquadramento dogmático da liberdade religiosa no quadro jurídico-constitucional brasileiro, seleciona relevantes decisões do STF, algumas ainda pendentes, para dar conta tanto do estado da arte da matéria, quanto da trajetória percorrida desde a promulgação da CF nesses seus quase trinta anos de existência.

2 A liberdade religiosa como direito fundamental

Como se sabe, mas aqui a título de pressuposto necessário para o desenvolvimento posterior do texto, a CF consagra um direito geral à liberdade religiosa. No texto constitucional, deve-se partir dos artigos 5º, incisos VI, VII e VIII; 19, inc. I; 143, §§1º e 2º; 150, inc. VI, "b"; 210, §1º [*o ensino religioso, de matrícula facultativa, constituirá disciplina dos horários normais das escolas públicas de ensino fundamental*]; 213, *caput*, e inc. II; e 226, §2º (além da referência, no Preâmbulo: "sob a proteção de Deus").

Os três dispositivos do artigo 5º consagram, a rigor, dois direitos fundamentais distintos, embora conexos: a liberdade de consciência e a liberdade de religião. A primeira parte do inciso VI assegura genericamente a liberdade de consciência que, adiante, no inciso VIII, densifica-se no direito à objeção (ou escusa) de consciência. Tal liberdade, em suma, traduz-se na autonomia moral-prática do indivíduo, a faculdade de autodeterminar-se no que tange aos padrões éticos e existenciais, seja da própria conduta ou da alheia – na total liberdade de autopercepção, seja em nível racional, mítico-simbólico e até de mistério. Já a *liberdade de religião*, como *direito complexo*, engloba em seu *núcleo essencial, a liberdade de ter, não ter ou deixar de ter religião* e desdobra-se em *várias concretizações*: *liberdade de crença* (2ª parte do inciso VI), as liberdades de expressão e informação em matéria religiosa, a *liberdade de culto* (3ª parte do inciso VI) e uma sua especificação, o *direito à assistência religiosa* (inciso VII) e outros direitos fundamentais relacionados, como o de reunião e associação e a privacidade, com as peculiaridades que a dimensão religiosa acarreta.

---

alguns radicais ameaçam incendiar o Brasil com ódio religioso". Na abertura, p. 28-9, lê-se, em destaque: "Pastores que agem como aiatolás. Intolerância religiosa nas ruas. Conheça a fúria dos fundamentalistas que ameaçam as liberdades individuais – e as próprias igrejas evangélicas. 'Se der polícia, some', prega o pastor para uma milícia de jovens fiéis prestes a atacar um terreiro de candomblé. É a violência religiosa brotando no Brasil". Ilustra, a abertura, com o pastor Lucinho, da Igreja Batista da Lagoinha (Belo Horizonte, MG), contando, em um vídeo que circulou pelo Facebook neste ano, como arregimentou vinte adolescentes para dar uma "busca e apreensão no Preto Velho", culminando com a perturbação e impedimento de uma festa de umbanda na praça pública (p. 30).

Quanto ao *âmbito normativo,* a liberdade religiosa compreende duas grandes dimensões, apresentando-se como *direito subjetivo* (1) e como *vetor objetivo* (2). Examinada na ótica do direito subjetivo, comporta duas outras categorias, consoante o titular respectivo: *direitos subjetivos individuais* (1.1), que pertencem aos brasileiros e estrangeiros (pessoas naturais), incluindo os menores e os incapacitados (com particularidades no seu exercício); e *direitos subjetivos das pessoas jurídicas* (1.2), titulados pelas igrejas e confissões religiosas. Vista pelo prisma objetivo, a liberdade religiosa apresenta pelo menos três vertentes: *princípios* (2.1), *deveres de proteção* (2.2) e *garantias institucionais* (2.3).[4]

No que tange à dimensão objetiva (2), trata-se de um problema estrutural, atinente à organização do Estado, ínsita à formatação político-administrativa do Estado democrático de direito a noção de que as *confissões religiosas devem andar apartadas de seu edifício* – ideia da separação das confissões religiosas do Estado, princípio da separação Igreja/Estado, consagrado no inciso I do artigo 19 da Constituição. A doutrina brasileira costuma tratar do tema sob o manto da liberdade de organização religiosa, identificando o princípio da separação (também da neutralidade e/ou da não confessionalidade), referindo-se, esparsamente, à cooperação

Nessa perspectiva hermenêutica e com tais premissas dogmáticas,[5] segue a análise dos precedentes escolhidos da jurisprudência do STF e que dão conta da evolução da compreensão e tratamento da liberdade religiosa no contexto da vigência da CF.

3 Apresentação e breve análise dos principais casos submetidos ao STF

3.1 A ausência de força normativa da referência a Deus no Preâmbulo

De acordo com o julgamento da ADI 2.076-5 (2002), *não há inconstitucionalidade na ausência de invocação a Deus na Constituição Estadual do Acre, diante da ausência de força normativa do Preâmbulo da Constituição Federal.*[6]

---

[4] Confira-se *Catálogo de Posições Jusfundamentais* (CPJ, mais de oitenta) que densifica o conteúdo e o alcance da liberdade religiosa. Para discussão ampla e detalhada, inclusive de aspectos históricos, com farta indicação bibliográfica, WEINGARTNER NETO (2007).

[5] Uma perspectiva jurisprudencial sistemática, com olhos também em decisões mais antigas do STF, encontra-se em WEINGARTNER NETO, "Liberdade religiosa na jurisprudência do STF. In: SARMENTO, Daniel; SARLET, Ingo Wolfgang. (Coords). *Direitos fundamentais no Supremo Tribunal Federal: balanço e crítica.* Rio de Janeiro: Lumen Juris, 2011, p. 481/530. Comentários mais recentes e detalhados sobre a liberdade de religião, na ótica constitucional, inclusive com referência a constituições estrangeiras e direito internacional, em WEINGARTNER NETO, Comentários ao artigo 5º, incisos VI a VIII e artigo 19, incisos I a III. In: CANOTILHO, J. J. Gomes; MENDES, Gilmar F.; SARLET, Ingo Wolfgang; STRECK, Lênio L. (Coords). *Comentários à Constituição do Brasil.* São Paulo: Saraiva/Almedina, 2014, p. 264 e 706.

[6] STF, ADI 2.076, Tribunal Pleno, Rel. Min. Carlos Velloso, julgamento em 15/8/2002, *DJ* de 08/08/2003.

A ação fora impetrada pelo Partido Social Liberal (PSL) contra a Assembleia Legislativa do Estado do Acre, por omissão da expressão "sob a proteção de Deus" do Preâmbulo da Constituição do Acre, que seria, na alegação, "ato normativo de supremo princípio básico com conteúdo programático e de absorção compulsória pelos Estados", mormente porque o "Preâmbulo integra o texto constitucional e suas disposições têm verdadeiro valor jurídico" (a omissão da invocação litúrgica privou os cidadãos acreanos, únicos no país que deixaram de ficar sob a proteção de Deus).[7]

A Corte firmou entendimento, vertido no Acórdão: "II. – Preâmbulo da Constituição: não constituiu norma central. Invocação da proteção de Deus: não se trata de norma de reprodução obrigatória na Constituição estadual, *não tendo força normativa*" (grifei).[8] Ao fundamentar, o relator citou Jorge Miranda e doutrina nacional para concluir que o preâmbulo "não se situa no âmbito do direito, mas no domínio da política, refletindo posição ideológica do constituinte. (...) Não contém o preâmbulo, portanto, relevância jurídica". Contém, de regra, "proclamação ou exortação no sentido dos princípios inscritos na Carta", essas sim normas centrais de reprodução obrigatória (princípio do Estado Democrático de Direito, princípio republicano, princípio dos direitos e garantias etc.). Em concreto, o preâmbulo da Constituição do Acre não dispõe de forma contrária aos princípios consagrados na CF, só não invoca a proteção a Deus – a invocação preambular da CF, todavia, "reflete, simplesmente, um sentimento deísta e religioso, que não se encontra inscrito na Constituição, mesmo porque o Estado brasileiro é laico", consagrada a liberdade de consciência e de crença e a não privação de direitos por crença/convicção (objeção de consciência). Assim, a "Constituição é de todos, não distinguindo entre deístas, agnósticos ou ateístas".[9]

---

[7] Na Assembleia Nacional Constituinte, a emenda que visava a suprimir a invocação divina foi derrotada na comissão de Sistematização por 74 votos contrários (e somente um voto a favor) – STF, Adin 2.076-5, pp. 219-21. Promulgada a CF 88, dos então 25 Estados-membros, 24 fizeram o chamamento a Deus, apenas o Acre apartando-se da tradição. Segundo o PSL, a omissão feriu os arts. 11 e 25 do Ato das Disposições Constitucionais Transitórias, "sem falar que a Divindade está presente nas constituições de quase todo o mundo, sendo um Deus ecumênico, irrestrito a esta ou àquela religião em particular".

[8] STF, ADI 2.076-5, p. 218. O item I do Acórdão diz: "Normas centrais da Constituição Federal: essas normas são de reprodução obrigatória na Constituição do Estado-membro, mesmo porque, reproduzidas ou não, incidirão sobre a ordem local".

[9] A referência divina não tem maior significação, tanto que Constituições de Estados de populações majoritariamente teísta "não contêm essa referência" – exemplifica com os Estados Unidos, França, Itália, Portugal e Espanha (STF, ADI 2.076-5, pp. 224-8). Segundo Jorge Miranda, citado, o preâmbulo, "proclamação mais ou menos solene, mais ou menos significante, anteposta ao articulado constitucional não é componente necessário de qualquer Constituição, mas tão somente um elemento natural de Constituições feitas em momentos de ruptura histórica ou de grande transformação político-social". As três posições doutrinárias: (a) tese da irrelevância jurídica; (b) tese da plena eficácia; (c) tese da *relevância jurídica indireta*, não confundindo o preâmbulo com preceitos normativos, sendo a última versão acolhida pelo autor português, para quem o preâmbulo participa das características jurídicas da Constituição (sem criar direitos ou deveres ou sustentar constitucionalidade por violação). O relator cita, ainda, Paulino Jacques, Sérgio Araújo, Manoel Gonçalves Ferreira Filho e José Wilson Ferreira Sobrinho, recolhendo a orientação global de que não é normativo, mas princípio informador da interpretação constitucional. A rigor, bem de ver, o *STF abraçou a tese (a) da irrelevância jurídica, colocando o preâmbulo no domínio da política*. Neste sentido, inclusive, os demais votos. O Ministro Sepúlveda Pertence aduziu: a locução "sob a proteção de Deus" não é uma norma jurídica, "até porque não se teria a pretensão de criar obrigação para a divindade invocada"; é uma "afirmação de fato (observação de Clemente Mariana, em 1946, recordada pelo Ministro Celso de Mello),

Tal discussão parece bizantina no quadro da liberdade religiosa, supérflua qualquer referência ao Preâmbulo da CF de 1988 para a configuração do direito fundamental à liberdade religiosa como um todo, *firmes o princípio da separação e da não confessionalidade* e em *harmonia* com os *princípios da cooperação e da solidariedade, na tolerante e atenta Carta Constitucional.*

3.2 O problema da não realização de exame (ENEM) por força de convicção religiosa

No julgamento da STA 389 AgR (2009), *ao rejeitar agravo regimental interposto contra decisão (de Desembargador do TRF da 3ª Região), que suspendera "determinação de que fosse oportunizada a autores de ação ordinária oriunda de Minas Gerais – alunos secundaristas que professam a fé judaica – a participação no Exame Nacional do Ensino Médio (ENEM), em dia compatível com exercício da fé por eles professada (que seria fixado pelas autoridades responsáveis pela realização das provas e teria o mesmo grau de dificuldade das provas realizadas por todos os demais estudantes), a Corte manteve o fundamento da decisão impugnada (risco à ordem pública, em termos de ordem jurídico-administrativa).*[10]

Nesse caso, o Tribunal afirmou indubitável que o direito fundamental à liberdade religiosa impõe ao Estado o *dever de neutralidade em face do fenômeno religioso,* proibido que privilegie certa confissão em detrimento das demais – o que *não significa "indiferença* estatal, sendo necessário que o Estado, em determinadas situações, adote *comportamentos positivos,* a fim de evitar barreiras ou sobrecargas que venham a inviabilizar ou dificultar algumas opções em matéria de fé".

Ressaltou-se não ser inconstitucional, dessa forma, que o Estado venha a se relacionar com as confissões religiosas, tendo em vista, inclusive, os benefícios

---

"jactanciosa e pretensiosa, talvez – de que a divindade estivesse preocupada com a Constituição do Brasil". Não é, de todo modo, norma jurídica (nem princípio constitucional), "independentemente de onde esteja" (p. 229). O Ministro Marco Aurélio acrescentou que o "intróito não integra o corpo da própria constituição" – pelo que não pode repercutir a ponto de se "adentrar o campo da simetria, exigindo-se que haja adoção uniforme em todas as unidades da Federação" (p. 230). Também considera que "peca" contra a *humildade* a invocação divina preambular, citando Celso Bastos), MARTINS, *A educação religiosa,* p. 85, nota 13: tendo-se voltado à "fórmula soberba da Constituição de 1946", ao passo que a de 1967 foi mais *humilde* (observação que Celso Bastos retirou de Manoel Gonçalves Ferreira Filho), ao *invocar Deus*, "vez que não se sabe a partir de que indícios os constituintes se consideraram certos de estarem sob a proteção divina".

[10] Agravo Regimental em Suspensão de Tutela Antecipada. 2 Pedido de restabelecimento dos efeitos da decisão do Tribunal a quo que possibilitaria a participação de estudantes judeus no Exame Nacional do Ensino Médio (ENEM) em data alternativa ao Shabat. 3. Alegação de inobservância ao direito fundamental de liberdade religiosa e ao direito à educação. 4. Medida acautelatória que configura grave lesão à ordem jurídico-administrativa. 5. Em mero juízo de delibação, pode-se afirmar que a designação de data alternativa para a realização dos exames não se revela em sintonia com o princípio da isonomia, convolando-se em privilégio para um determinado grupo religioso. 6. Decisão da Presidência, proferida em sede de contracautela, sob a ótica dos riscos que a tutela antecipada é capaz de acarretar à ordem pública. 7. Pendência de julgamento das Ações Diretas de Inconstitucionalidade nº 391 e nº 3.714, nas quais este Corte poderá analisar o tema com maior profundidade. 8. Agravo Regimental conhecido e não provido. (STA 389 AgR, Relator(a): Min. Gilmar Mendes (Presidente), Tribunal Pleno, julgado em 03/12/2009, DJe-086 DIVULG 13-05-2010 PUBLIC 14-05-2010 EMENT VOL-02401-01 PP-00001 RTJ VOL-00215-01 PP-00165 RT v. 99, n. 900, 2010, p. 125-135).

sociais que elas são capazes de gerar, não se admitindo, entretanto, que assuma certa concepção religiosa como a oficial ou a correta, que beneficie um grupo religioso ou lhe conceda privilégios em detrimento de outros. Portanto, dever-se-ia promover a livre competição no "mercado de ideias religiosas".

Tais ações positivas, contudo, apenas são legítimas se preordenadas à manutenção do livre fluxo de ideias religiosas e se comprovadamente não houver outro meio menos gravoso de se alcançar esse desiderato, devendo-se ter o cuidado de que a medida adotada estimule a igualdade de oportunidades entre as confissões religiosas e não, ao contrário, seja fonte de privilégios e favorecimentos.

Afirmou-se, ainda, que a designação de *dia alternativo* para a realização das provas do ENEM pelo grupo religioso em questão, apesar de poder ser, *em princípio, considerada uma medida de "acomodação", apta a afastar as mencionadas sobrecargas indesejáveis*, não estaria em consonância com o princípio da isonomia, convolando-se em privilégio para esse grupo. Observou-se, no ponto, que *o Ministério da Educação oferta aos candidatos que, em virtude de opções religiosas não podem fazer as provas durante o dia de sábado, a possibilidade de fazê-las após o pôr-do-sol, medida que já vem sendo aplicada, há algum tempo, em relação aos adventistas do sétimo dia*, grupo religioso que também possui como "dia de guarda" o sábado. Não obstante, salientando não se estar insensível ao argumento de que medida adotada pelo MEC poderia prejudicar os candidatos praticantes da citada profissão religiosa — os quais *teriam de ser confinados*, para apenas ao fim do dia iniciar as suas provas —, considerou-se que tal medida revelar-se-ia, diante dos problemas decorrentes da *designação de dia alternativo*, mais condizente com o dever do Estado de neutralidade em face do fenômeno religioso, bem como com a necessidade de se tratar todas as denominações religiosas de forma isonômica.

O Min. Gilmar Mendes, por fim, consignou *não se cuidar de posicionamento definitivo* desta Corte sobre a matéria, haja vista a existência de duas ações diretas de inconstitucionalidade pendentes de julgamento, nas quais será possível se aprofundar sobre o tema, de modo a definir, com maior acuidade, o âmbito de proteção e o alcance do direito fundamental à liberdade religiosa (CF, art. 5º, VIII). Vencido o Min. Marco Aurélio, que dava provimento ao recurso, restabelecendo a decisão do TRF da 3ª Região que determinara fosse observada a cláusula final do inciso VIII do art. 5º da CF, a revelar que se deveria sempre sinalizar com uma prestação alternativa, no caso, a designação do exame para um dia útil.

Trata-se de mais um caso envolvendo o problema das "provas e concursos, sendo, de longe, o julgado em que mais adentrou a Suprema Corte na configuração material do problema específico, fornecendo, ainda, substanciais subsídios para avançar na determinação do âmbito de proteção e alcance do direito fundamental à liberdade religiosa. Reconheceu o Tribunal, na dimensão objetiva, o princípio da não confessionalidade, que não significa indiferença nem afasta comportamentos positivos do Estado (que identifico como princípios da cooperação e da solidariedade e que podem chegar ao dever de aperfeiçoamento já citado. Parece que o STF reconhece a constitucionalidade da "acomodação" da religião pelo poder público – no escopo de evitar sobrecargas para as minorias – e que, no caso concreto, foi razoavelmente alcançado (o dever de acomodação razoável) pelo Ministério da Educação (apesar do inconveniente do confinamento). Assim, na leitura se faz da decisão, afirmou-se "a priori" o direito subjetivo à dispensa do trabalho e de aulas/provas por motivo religioso, que só se tornará posição definitiva quando ponderado com as demais circunstâncias (acomodação razoável da situação pela Administração, não violação da isonomia com adeptos de outras religiões e, mesmo, em relação a não crentes etc.).

Assim, no intuito de avançar no exame do mérito, seguem observações atinentes ao dever de acomodação da religião no trabalho,[11] com reflexos na dispensa ao trabalho e de aulas/provas por motivo religioso.[12]

O Estado também há de ponderar a tradição cultural (apoiar e incentivar a valorização e a difusão das manifestações culturais) e considerar a "fixação de datas comemorativas de alta significação para os diferentes segmentos étnicos nacionais", a par de proteger as culturas populares, indígenas e afro-brasileiras (CF 88, art. 251, §1º e 2º).

Alguma redução de complexidade operou o legislador. Em nível federal, a Lei nº 10.607/2002 estabeleceu que são feriados nacionais: 1º/01, 21/4, 1º/5, 7/9, 02/11, 15/11 e 25/12.[13] A Lei nº 6.802/80 estabeleceu que "é declarado feriado nacional o dia 12 de outubro, *para culto público e oficial a Nossa Senhora Aparecida, Padroeira do Brasil*". No que tange ao "culto público e oficial", por afronta ao princípio da não confessionalidade, considera-se quase óbvio que a norma não foi recepcionada pela CF 88.

Já a Lei nº 9.093/95,[14] estabeleceu, no art. 1º, como feriados civis: I – os declarados em lei federal; II – a data magna do Estado fixada em lei estadual; III – os dias do início e do término do ano do centenário de fundação do Município, fixados em lei municipal. No seu art. 2º determinou que *"são feriados religiosos os dias de guarda, declarados em lei municipal, de acordo com a tradição local e em número não superior a quatro, neste incluído a Sexta-Feira da Paixão"*.

Necessário, portanto, compatibilizar a fixação dos feriados religiosos com a determinação constitucional de respeito à diversidade religiosa de cultos, crenças e liturgias, a permitir o livre exercício de crença e religião.

No que toca especificamente às relações de trabalho, a situação complica-se, ainda mais, se considerarmos que no exercício de atividades não religiosas e, mesmo, de finalidades próprias, o empregador pode ser confissão religiosa.

---

[11] Há uma interessante decisão do Tribunal Europeu de Direitos Humanos, aplicando o dever de acomodação, curiosamente para uma cristã [Nadia Eweida x UK (CEDH, 15/01/2013)].

[12] A discussão completa, partindo da vinculação dos direitos fundamentais nas relações entre particulares, incluindo tópicos sobre um "direito especial de igualdade" e assédio religioso, encontra-se em WEINGARTNER NETO, Liberdade religiosa na Constituição, p. 230-42. No contexto trabalhista, veja-se, por todos, a excelente obra de SANTOS JUNIOR, Aloísio Cristovam dos. *A liberdade religiosa e contrato de trabalho – a dogmática dos direitos fundamentais e a construção de respostas constitucionalmente adequadas aos conflitos religiosos no ambiente de trabalho.* Niterói: Impetus, 2013.

[13] Dando nova redação ao art. 1º da Lei nº 662/49 e revogando a Lei nº 1.266/50. Dois, dos sete feriados elencados, são visivelmente religiosos (02/11 e 25/12).

[14] Com a redação dada pela Lei nº 9.335/96.

3.3 A querela em torno do sacrifício ritual de animais

No âmbito do Recurso Extraordinário nº 494.601 (2006), *questiona-se dispositivo, no âmbito de Código Estadual de proteção aos animais, que permite o sacrifício ritual de animais, por considerá-lo livre exercício dos cultos e liturgias de matriz africana*.[15]

No Rio Grande do Sul, em virtude da edição de *Código Estadual de Proteção aos Animais*, controverteu-se a questão, no que pode ser considerado um *leading case*. A Lei Estadual nº 11.915, de 21.5.2003, na tutela dos animais, visa a "compatibilizar o desenvolvimento socioeconômico com a preservação ambiental". Em seu art. 2º, estabeleceu as vedações gerais, proibindo condutas ofensivas ao bem jurídico tutelado. No art. 16, tratou do abate de animais.

Seguiu-se acirrada polêmica, com amplo noticiário nos meios de comunicação social, alegando as *comunidades religiosas afro-brasileiras* que estavam sendo *discriminadas* ou *constrangidas*, em face do sacrifício ritual de animais, ameaçadas pelo poder de polícia e temerosas de sanção penal. Dicotomizaram-se as posições, de um lado os "ambientalistas" (ao menos, algumas correntes e setores) e, de outro, os "religiosos", representados por associações e movimentos, aos quais se somaram ativistas do movimento negro; os primeiros pugnavam pela aplicação estrita do Código de Proteção aos Animais; os segundos pretendiam ressalvar que suas práticas religiosas continuavam lícitas. Nesse contexto, adveio a Lei Estadual nº 12.131, de 22.7.2004, que acrescentou parágrafo único ao citado artigo 2º da Lei nº 11.915/2003 (Código Estadual de Proteção aos Animais). Literalmente: "*Não se enquadra nessa vedação o livre exercício dos cultos e liturgias das religiões de matriz africana*".[16]

Ao entendimento de que a Lei Estadual nº 12.131/2004 era formal e materialmente inconstitucional, por ter tratado indevidamente de matéria penal (competência legislativa privativa da União) e ter desrespeitado o princípio isonômico, ao excepcionar apenas os cultos de matriz africana, o Procurador-Geral de Justiça do Estado do Rio Grande do Sul, em 22.10.2004, promoveu Ação Direta de Inconstitucionalidade perante o Pleno do Tribunal de Justiça do Rio Grande do Sul.[17] No primeiro caso, alega-se que o art. 32 da Lei nº 9.605/98 (Lei Federal dos Crimes Ambientais) dispõe ser crime praticar ato de abuso, maus-tratos, ferir ou mutilar animais silvestres, domésticos ou domesticados, nativos ou exóticos (no art. 37, o mesmo diploma legal federal estabelece causas de justificação, permitindo o abate de animais em caso de estado de necessidade, fome, v.g.; para

---
[15] STF, RE 494.601, Rel. Min. Marco Aurélio, distribuída em 29.9.2006, última movimentação: conclusos ao Rel. em 19.12.2007.
[16] O Decreto nº 43.252, de 22.7.2004, regulamentou o indigitado artigo 2º. Considerou que os animais são merecedores de atenção especial por parte do Poder Público "e que é inviolável a liberdade de consciência e de crença, assegurado o livre exercício de cultos religiosos" e dispôs: *Para o exercício de cultos religiosos, cuja liturgia provém de religiões de matriz africana, somente poderão ser utilizados animais destinados à alimentação humana, sem utilização de recursos de crueldade para a sua morte* (art. 2º).
[17] ADI nº 70010129690.

proteger lavouras, pomares e rebanhos; e por ser o animal nocivo – vale dizer, *não excepciona o sacrifício religioso*).[18] Quanto ao aspecto material, a peça vestibular rebela-se contra a violação da isonomia, em face do favorecimento às religiões afro-brasileiras, sendo o privilégio específico incompatível com a natureza laica do Estado (art. 19, I, da Constituição).[19]

No deslinde da causa, fracionou-se o Órgão Pleno do Tribunal de Justiça do Estado do Rio Grande do Sul, por maioria julgando improcedente a ação e afirmando a constitucionalidade do dispositivo inquinado, ao explicitar não infringir o Código Estadual o *sacrifício ritual em cultos e liturgias das religiões de matriz africana, desde que sem excessos ou crueldades* – mesmo porque "não há norma que proíba a morte de animais, e, de toda sorte, no caso a liberdade de culto permitiria a prática".[20] Merece análise a fundamentação, a iniciar pelo voto do relator, que prevaleceu. Sob ponto de vista formal, não se usurpou competência da União em matéria penal, já que o preceito inquinado (parágrafo único) "tão-só pré-exclui dos atos arrolados no próprio dispositivo [art. 2º] as práticas religiosas", de modo

---

[18] A inicial consigna, e bem: "*É de advertir, porém, que a supressão do dispositivo impugnado não inviabilizará as práticas de cultos africanos, pois, apesar de vedada a crueldade contra animais, sempre será possível aferir, em cada caso concreto, a prevalência, ou não, do direito fundamental à liberdade religiosa*". Sinala, também, que já havia a proibição de submeter animais a crueldade, ao menos desde o art. 64 da Lei das Contravenções Penais. E, "mesmo sem exceção expressa a tal regra, já se podia entender que os sacrifícios rituais ali não se enquadravam (...) O dispositivo atacado, mesmo que tivesse sido veiculado por lei federal, afigura-se, assim, até mesmo desnecessário, porquanto jamais a liberdade de religião, constitucionalmente garantida, poderia ser afetada decisivamente em seu núcleo essencial por norma protetiva de animais. E isso porque parece evidente que, no caso, o direito de liberdade goza de primazia qualificada (*preferred position* do direito norte-americano) relativamente à proteção ambiental. Em sendo assim, impedir o sacrifício ritual de animais implica, para esses cultos, a perda da própria identidade da sua expressão cultural."

[19] Nesse caso, "o *discrimen* em favor das religiões afro-brasileiras revela-se arbitrário, por carente de justificação jusfundamental. Cuida-se de tentativa de compatibilização de interesses políticos – ambientalistas e religiosos – que levou o Parlamento estadual a uma decisão equivocada, privilegiadora de apenas uma expressão cultural, deixando à margem inúmeras outras, também titulares do amparo constitucional (art. 5º, VI)". No corpo da fundamentação, a petição cita o entendimento de Celso Antônio Pacheco Fiorillo, que inclui o sacrifício de animais em ritos religiosos nas hipóteses de *conflito aparente entre o meio ambiente natural e o meio ambiente cultural* (arts. 215 e 216, CF 88). Para dirimir a "aparente litigiosidade", utiliza-se do *princípio do desenvolvimento sustentável*, de análise específica caso a caso, sem prevalência automática. Pondera a inicial que "não há como deixar-se de, em cada caso concreto, verificar se os limites de compatibilização entre manifestação cultural e proteção à fauna foram observados". E sugere alguns parâmetros: "ritos exóticos sem significação cultural, abate de animais em vias de extinção, utilização de meio desnecessário à atividade, provocação de sofrimento exagerado aos animais" deslegitimariam a expressão cultural e poderiam caracterizar infração penal. Repete, ao cabo, que o dispositivo tido por inconstitucional apresenta-se manifestamente *inócuo*, pois "não afasta a necessidade de compatibilização dos princípios constitucionais em choque em cada situação concreta", apenas externou *preferência pela manifestação cultural*, decorrente da "posição preferente da liberdade religiosa no catálogo de direitos fundamentais".

[20] Adin nº 70010129690, Tribunal Pleno, Rel. Des. Araken de Assis, 18/4/2005. "CONSTITUCIONAL. AÇÃO DIRETA. SACRIFÍCIO RITUAL DE ANIMAIS. CONSTITUCIONALIDADE. 1. Não é inconstitucional a Lei 12.131/04-RS, que introduziu parágrafo único ao art. 2.º da Lei 11.915/03-RS, explicitando que não infringe ao "Código Estadual de Proteção aos Animais" o sacrifício ritual em cultos e liturgias das religiões de matriz africana, desde que sem excessos ou crueldade. Na verdade, não há norma que proíba a morte de animais, e, de toda sorte, no caso a liberdade de culto permitiria a prática. 2. AÇÃO JULGADA IMPROCEDENTE. VOTOS VENCIDOS." (citado doravante como "Acórdão"). À unanimidade, rejeitaram preliminar de incompetência da Corte. A constitucionalidade afirmou-se por 15 votos contra 10 (1 vencido parcialmente e 10 integralmente, com 4 alterações de voto na última sessão). Entidades religiosas de matriz africana e ativistas do Movimento Negro postularam intervenção, indeferida. A Mesa da Assembleia Legislativa do Estado alegou a preliminar e, no mérito, sustentou que os rituais afro-brasileiros "pressupõem o sacrifício de animais domésticos em suas liturgias", criados em cativeiro para este fim específico, o que não afronta a Lei nº 9.605/98.

algum pretendendo eliminar o crime capitulado no art. 32 da Lei nº 9.605/98. Quanto à isonomia, em face da existência de outras religiões que se ocupam de sacrifício ritual, mostra-se a disposição "apenas insuficiente e suscetível de generalização". Ainda, "nada exclui a incidência de normas penais em casos concretos e específicos, preenchidos os respectivos pressupostos".[21]

Nem no art. 64 da Lei das Contravenções Penais, nem do citado art. 32 da Lei nº 9.605/98, prossegue o relator, acomoda-se o "sacrifício ritual de animais". Citou, ainda, para servir como *diretriz geral,* precedente da Suprema Corte norte-americana (*Church of Lukumi Balalu Aye v. City of Hialeah*), em que leis locais, que proibiam expressamente o sacrifício de animais (prática religiosa ligada à "Santería", trazida por negros cubanos), foram invalidadas, pois "as autoridades locais deviam respeitar a tolerância religiosa".[22]

Tendo embargos de declaração desacolhidos, o Ministério Público interpôs Recurso Extraordinário, com fundamento no artigo 102, inciso III, alínea "a", da CF 88.[23] No STF, a Ação Direta de Inconstitucionalidade ensejou o Recurso Extraordinário em comento. Em 03/3/2007, o Procurador-Geral da República ofereceu parecer, "pelo conhecimento e desprovimento do recurso ou pelo provimento parcial deste para expungir da norma questionada a expressão 'de matriz africana', permanecendo o dispositivo com a seguinte redação: não se enquadra nesta vedação o livre exercício dos cultos e liturgias das religiões".

Com relação ao caso, formulam-se, agora, algumas observações:[24]

Parece, à partida, *inviável* que o precedente citado da Suprema Corte norte-americana (*Church of Lukumi Balalu Aye v. City of Hialeah*) possa servir de *diretriz geral*. De fato, neste caso, julgado em 1993, a Suprema Corte invalidou, com base na *Free Exercise Clause* (e não na *Establishment Clause* [que se aproximaria do art. 19, I, CF 88] e menos ainda em face de alguma espécie de "tolerância religiosa"), legislação municipal que proibia o sacrifício de animais, *na medida em que era*

---

[21] Acórdão, p. 4 e 5. "Bastaria, a meu ver, um único praticante de religião que reclame o sacrifício de animais para que a liberdade de culto, essencial a uma sociedade que se pretenda democrática e pluralista, já atue em seu benefício. Dir-se-á que nenhum direito fundamental se revela absoluto. Sim, mas o confronto acabou de ser revolvido através do princípio da proporcionalidade. Ao invés, dar-se-ia proteção absoluta ao meio ambiente natural proibindo, *tout court*, o sacrifício ritual" (Des. Rel.).

[22] "Então, não vejo como presumir que a morte de um animal, a exemplo de um galo, num culto religioso seja uma "crueldade" diferente daquela praticada (e louvada pelas autoridades econômicas com grandiosa geração de moedas fortes para o bem do Brasil) pelos matadouros de aves. Existindo algum excesso eventual, talvez se configure, nas peculiaridades do caso concreto, a já mencionada contravenção; porém, em tese nenhuma norma de ordem pública, ou outro direito fundamental, restringe a prática explicitada no texto controvertido" (Acórdão, p. 7-9).

[23] Petição de 06/10/2005. Em síntese, reiterando os argumentos de invasão da competência da União, por cuidar de matéria penal, bem como o da violação ao princípio isonômico e ao caráter laico do Estado brasileiro, por privilegiar apenas religiões de matriz africana. Prequestionou a incidência dos arts. 5º, *caput*, 19, I, e 22, I, da CF 88.

[24] Para referências mais detalhadas, inclusive indicação de doutrina norte-americana e decisão do Tribunal Constitucional Federal Alemão, a par de doutrina brasileiro na linha da sociologia das religiões vide WEINGARTNER NETO, Jayme. Entre anjos e macacos, a prática humana de sacrifício ritual de animais. In: Carlos Alberto Molinaro e outros (Org.). *A dignidade da vida e os direitos fundamentais para além dos humanos: uma discussão necessária*. Belo Horizonte: Fórum, 2008, p. 331-59 – especialmente pp. 350 e ss. (diretrizes para resolução do caso no STF).

aplicada a uma particular seita religiosa, pois os juízes, à unanimidade, entenderam que a normativa fora aprovada com o *único propósito* de "excluir a seita religiosa da cidade". Todavia, evitaram estabelecer se "membros de uma seita religiosa que utiliza sacrifício de animais ritualmente, estariam inteiramente ao abrigo da cláusula de livre exercício", de maneira a excepcionar a lei proibitiva, caso esta fosse "uma lei de aplicação geral religiosamente neutra".[25]

Convém reiterar. No caso citado, os juízes da Suprema Corte *não enfrentaram a questão* de saber se "uma lei religiosamente neutra, que banisse todos os sacrifícios de animais, teria que permitir exceções para as hipóteses de sacrifício de animais em rituais religiosos". Em face do propósito de suprimir determinada seita religiosa, os juízes foram unânimes quanto à inconstitucionalidade, mas a maioria deles não viu razão para questionar o princípio de que uma lei religiosamente neutra, de aplicação geral, deveria atingir também as pessoas com crenças religiosas dissonantes. Assim, a legislação de Hialeah, na medida que tinha como alvo a comunidade religiosa "Church of the Lukumi Babalu Aye" (que professava a *Santería* e, por isso, estava sendo discriminada – o regramento local excetuava virtualmente todas as formas de sacrifício animal, exceto àquelas utilizadas pela religião em tela), e não conseguindo a Municipalidade demonstrar qualquer interesse prevalecente que justificasse a proscrição somente do sacrifício de animais em rituais religiosos, foi invalidada. Porém, Novak e Rotunda figuram a hipótese (mais próxima do caso em comento, no nosso entender) de uma *lei religiosamente neutra*, que fosse uniformemente *aplicável a todas as pessoas*, proibindo o sacrifício de animais. A lei não tenciona suprimir atos religiosamente motivados, antes tem o propósito de promover tanto a saúde pública quanto prevenir a "crueldade no tratamento dos animais". Perguntam: se membros de uma seita religiosa, em violação da lei, sacrificassem animais em ritos religiosos, poderiam ser punidos pela ilicitude? "A Corte, no caso *Church of the Lukumi*, não enfrentou a questão". O entendimento da Corte no caso *Smith II* (supracitado) indicaria que "a seita religiosa não teria o direito constitucional a uma exceção legal".[26]

---

[25] Em vez disso, os juízes consideraram que a legislação municipal visava a proibir somente o sacrifício ritual de animais praticado pela religião *Santería* (o momento em que foi votada e outros fatos, tudo demonstrava que a legislação só fora adotada quando a Municipalidade soubera que membros da *Santería* estavam por estabelecer um lugar de culto na Cidade). Vale dizer, a lei em questão tinha um *evidente propósito inconstitucional*, de obstaculizar a liberdade religiosa. A lei que não passasse no teste de "neutralidade religiosa" e "aplicabilidade geral" deveria ser objeto de um "estrito escrutínio judicial" e só seria constitucional se "realmente necessária para atender a relevante interesse governamental". *A Suprema Corte tem indicado que uma lei religiosamente neutra deve ser seguida por todas as pessoas, inclusive por aquelas cujas crenças religiosas determinem-lhes a desobediência.* Entretanto, em alguns poucos casos (v.g., para obtenção do auxílio desemprego), a Corte tem aberto exceções.

[26] "The court in the *church of the Lukumi Babalu Aye* case did not reach this question. The Court's ruling in *Smith II* would indicate that the religious sect would not have a constitutional right to an exemption from the law" (NOVAK, John; ROTUNDA, Ronald D. *Constitutional law*. St. Paul: West Publishing Co., 1995, pp. 1297). Vale lembrar o caso *Bunn v. North Carolina* (1949), em que a Suprema Corte do Estado da Carolina do Norte sustentou a aplicação de lei que proibia o manuseio de cobras venenosas a uma igreja determinada. Tratava-se de ordenação local (Cidade de Durham) que visava à saúde, segurança e ao bem-estar públicos e os juízes consideraram que a "segurança pública é superior à prática religiosa". Benjamin Massey e C. H. Bunn, da Igreja "Tabernáculo Zion", foram flagrados (com intervalo de uma semana), por policiais locais, engajados em serviços religiosos no meio de homens, mulheres e crianças, ao brandirem do púlpito as cobras venenosas, à vista da

A *concordância prática é mais conseguida no acórdão do Tribunal Constitucional Alemão* (Caso do Açougueiro turco de Essen, Sentença 104/337, 2002), preferencial para servir de *guide line*. A Corte alemã, clara e didaticamente, estabeleceu, em concreto, o conflito entre o devido respeito à liberdade religiosa e o interesse da comunidade, mediado pelo legislador, na proteção dos animais – e chamou, para a tutela recíproca, o princípio da proporcionalidade.[27]

É preciso, considerando as tensões do caso concreto, *avançar na análise das posições jurídicas que colidem*. Do lado *do direito fundamental à liberdade religiosa como um todo*, podem-se chamar, *prima facie*, pelo menos (e ficando apenas no plano subjetivo): liberdade de atuação segundo a própria crença; liberdade de praticar os atos do culto da religião professada e, direito de autocompreensão e autodefinição das confissões religiosas, no que tange à identidade e ao caráter próprio da confissão professada; liberdade de exercício dos atos de culto, sem interferência do Estado ou de terceiros). Da banda do *direito fundamental ao meio ambiente* (assim considerado, em que pese a localização heterotópica, forte na abertura material do catálogo propiciada pelo §2º do art. 5º, CF 88), é de lembrar o direito genérico ao meio ambiente ecologicamente equilibrado (*caput* do art. 225, CF 88) e, especificamente, a proteção da fauna, nos termos do inc. VII do mesmo artigo (vedadas as práticas que coloquem em risco sua função ecológica, provoquem a extinção de espécies ou submetam os animais a crueldade). Seria de esclarecer, então: quais são os animas sacrificados? Aves? Gatos e Cachorros? Bodes? O citado Decreto nº 43.252/04 refere "animais destinados à alimentação humana" – qual a importância deste vetor? O rito sacrificial é exótico, extremamente raro? Ou, pelo contrário, partilhado por significativa parcela de crentes, ainda que minoritária? O que se faz com os animais? Como são sacrificados? Evita-se o sofrimento exagerado? Seria impossível fornecer alguns exemplos de "recursos de crueldade"? De onde provêm os animais que serão sacrificados, como são mantidos em cativeiro e qual a destinação dos cadáveres? Ressente-se, enfim, de maiores informações, que possibilitariam uma concordância prática mais acurada;

Ainda que, em termos metódicos, o teste de proporcionalidade pudesse ser favorável ao regramento ambiental, dever-se-ia prosseguir e *verificar se o núcleo essencial da liberdade religiosa das confissões afro-brasileiras não restaria atingido*, a indicar a conveniência de um aporte de sociologia das religiões. Parece, numa primeira vista de olhos, que sim. Entre as religiões não cristãs que se desenvolveram no Brasil, um grupo se destaca pela *posição de relevância estrutural* no quadro geral da cultura brasileira: as religiões afro-brasileiras, assim chamados os respectivos cultos pela origem, trazidos que foram pelos escravos traficados da África.[28] Mire-se

---

congregação – ninguém foi ferido em nenhuma das ocasiões (conforme "The RJ&L Religious Liberty Archive", citado como: 229 N.C 734, 51 S.E.2d 179).

[27] WEINGARTNER NETO, Entre anjos e macacos, p. 338-42.

[28] Até meados do século XX, "funcionavam exclusivamente como ritos de preservação do estoque cultural dos diferentes grupos étnicos negros que compunham a população dos antigos escravos e seus descendentes"; ainda hoje são reconhecidas como "*religiões negras*, autênticas expressões culturais da *negritude*" (PIERUCCI, Antônio Flávio. As

o *candomblé*, descrito como uma "religião mágica e ritual", em que se busca, "mediante a manipulação de forças sagradas, a invocação das potências divinas *e os sacrifícios oferecidos às diferentes divindades*, os chamados *orixás*".[29] Representa o melhor exemplo de *politeísmo explícito* que se tem no Brasil. Pois diferente de outras grandes religiões, de vinco ético ou moral, a *ênfase do candomblé é ritual* – "(...) e a distinção entre o bem e o mal depende basicamente da relação entre cada seguidor e seu deus pessoal, o orixá (...) Pois cada orixá está relacionado a uma série de tabus específicos". Cada orixá conta com símbolos particulares, "sem falar dos animais sacrificiais próprios de cada orixá".[30] Neste contexto, é muito provável que proibir o sacrifício ritual, *tout court*, signifique *erodir o conteúdo essencial da religião professada por significativa parcela de brasileiros*, o que se afigura, à vista desarmada, inconstitucional;

No que toca à inconstitucionalidade material, por discriminação contra as outras religiões que eventualmente utilizam de forma ritual o sacrifício de animais, sugere-se (apoiados no princípio da interpretação da lei conforme a Constituição e na noção de aplicação direta do princípio da igualdade), na linha da proposta de Jónatas (*supra*), a figura da *extensão das conquistas das confissões majoritárias* (no caso, de um grupo religioso mais articulado politicamente) *aos grupos minoritários*, que de fato não parecem ter, na vida social e cultural brasileira (o que explicaria a ausência de referência expressa), o mesmo peso que joga a favor das religiões afro-brasileiras – *princípio fundamental de alargar para as minorias o tratamento jurídico dispensado à confissão religiosa mais favorecida*.

Acena-se, então, com a *intervenção regulatória estatal* – Estado juiz e administrador – *na correção das falhas de mercado*, concretizando, proteção dos indivíduos, na defesa da liberdade religiosa individual do crente potencialmente discriminado; coordenando as diversas liberdades religiosas coletivas; garantia institucional da liberdade religiosa individual; as igrejas, também minoritárias, como instituições; garantia do princípio da igualdade "sem lei, contra a lei e em vez da lei" [Canotilho]; e diversidade e pluralismo religioso) – nestas tarefas, é de se atender aos *princípios* e não ao desigual peso político das diferentes confissões religiosas, daí que o patamar de tutela mais favorável obtido, não se opondo obstáculo intransponível, é de estender-se automaticamente às minorias;

Tergiversam os comentários, ora aventando um "conflito aparente", ora admitindo uma colisão. Na nossa ótica, o quadro normativo posto pelo legislador (seja estadual, seja federal), não se aplica, *a priori*, ao *sacrifício ritual de animais* (não faz parte do programa das normas ambientais vedá-lo, nem se encontra no respectivo âmbito normativo a proibição das situações decorrentes do exercício

---

religiões no Brasil, apêndice. In: GAARDER, Jostein, HELLERN, Victor; NOTAKE, Henry. *O livro das religiões*. São Paulo: Companhia das Letras, 2005. pp. 311-2).

[29] PIERUCCI, *As religiões no Brasil*, apêndice, p. 312 (o primeiro grifo nosso). Como, aliás, faziam os guerreiros de Aquiles na Ilíada, um dos mitos fundadores da cultura ocidental.

[30] PIERUCCI, *As religiões no Brasil*, apêndice, p. 313-5. Já a umbanda, mais híbrida e menos africana, "evita os sacrifícios de sangue" (p. 319).

religioso). Todavia, conflito, ao menos potencial, há. E *não entre um meio ambiente expansivo*, açambarcando o natural e o cultural (mesmo porque, nessa linha, tudo seria dissolvido, a começar pelo direito, num grande caldo cultural), inclusive pela *incorreta assimilação das posições subjetivas decorrentes do direito fundamental à liberdade religiosa como um todo, com sua especificidade e prioridade, pleno de conteúdo em dignidade*, no tal "meio ambiente cultural" (arts. 215 e 216, CF 88), a lançar mão do "princípio do desenvolvimento sustentável" para orientar a ponderação (que não se atina que papel jogaria aqui). Trata-se, a rigor, de superinterpretação ambientalista, que sucumbe à análise sistemática. A *tensão concreta*, já se referiu (*supra*, observação 3ª), trava-se *entre a liberdade religiosa e a tutela do meio ambiente (fauna)*. A *cultura*, que está no Capítulo III da Ordem Social da CF 88 (enquanto o *meio ambiente* aparece no Capítulo VI da mesma Ordem Social), é conceito jurídico dotado de autonomia, e, no caso, *joga a favor da prevalência do sacrifício ritual dos animais* pelas religiões afro-brasileiras – em face do componente cultural, o Estado protegerá (*reforço de tutela*) as manifestações (também religiosas) das culturas afro-brasileiras (art. 215, §1º, CF 88), o que pode ser igualmente cogitado na consideração da contribuição religiosa ao patrimônio cultural brasileiro, diante dos traços portadores de referência à identidade e à memória de um dos grupos formadores da sociedade brasileira (art. 216, CF);

Provavelmente, a discussão também se beneficiaria da agregação de (princípio da *tolerância*), já que os crentes das religiões afro-brasileiras manifestaram concretos receios de discriminação, e (*função estatal de criar condições* para que as confissões religiosas desempenhem suas missões), o que explicaria o recurso a um preceito quase simbólico, mas sinalizador de diversidade e pluralismo. Vale lembrar que, recentemente (03.11.2016), o Ministro Relator encaminhou o feito para julgamento, ainda sem data.[31]

3.4 Vedação de proselitismo em rádios comunitárias

No âmbito da ADI 2.566 (2002), ao *indeferir medida cautelar contra lei federal reguladora da atividade das rádios comunitárias, o Tribunal, reafirmando que não há direitos absolutos, ilimitados ou ilimitáveis, considerou válida vedação genérica ao proselitismo de qualquer natureza na programação das emissoras de radiodifusão comunitária, referindo expressamente a pregação religiosa, certo que cabe ao intérprete dos fatos concretos verificar se ocorreu ou não o proselitismo abusivo proibido.*[32]

O Min. Rel. apontou que, literalmente, o dispositivo inquinado "foi mais longe do que precisava ir, ao coibir, ao vedar, o proselitismo de qualquer

---

[31] 1. O tema versado neste extraordinário – definir se lei estadual poderia autorizar o sacrifício de animais em rituais de religiões de matriz africana – é de relevância ímpar, sendo recomendável o julgamento pelo Plenário.
2. Aciono o Regimento Interno e afeto a apreciação deste recurso extraordinário ao Pleno.

[32] STF, ADI 2.566, Tribunal Pleno, Rel. Min. Sydney Sanches, julgamento em 22/05/2002, DJ de 27/02/2004.

natureza" – por outro lado, acresceu a seguir, "não há direitos absolutos, ilimitados e ilimitáveis", daí a fórmula de remeter à interpretação do caso concreto, para verificar-se se ocorreu *proselitismo desvirtudado de suas finalidades*. Pela minoria, o Min. Celso de Mello sustentou que, se não é direito absoluto (eventuais abusos ficarão sujeitos a controle jurisdicional "a posteriori"), não deve o Estado impedir a livre expressão e divulgação de ideias – o pluralismo de ideias como fundamento da República, pelo que "a prática do proselitismo representa elemento de concretização do direito à livre difusão de ideias (...) sendo irrelevante, sob tal aspecto, que se trate de proselitismo de natureza religiosa.".

A corte, aqui, já antecipava dificuldades dogmáticas que, mais recentemente, desaguaram na ADPF nº 130, de um lado – a Lei de Imprensa de 1967 não foi recepcionada, em bloco, consignando a ementa: "Não há liberdade de imprensa pela metade ou sob as tenazes da censura prévia, inclusive a procedente do Poder Judiciário, pena de se resvalar para o espaço inconstitucional da prestidigitação jurídica" –; e, de outro, a Reclamação nº 9.428.[33]

3.5 Ensino religioso em escolas públicas

Na ADI 4.439 (2010), prevaleceu o entendimento de que *O Poder Público, observado o binômio Laicidade do Estado (CF, art. 19, I)/Consagração da Liberdade religiosa (CF, art. 5º, VI), deverá atuar na regulamentação integral do cumprimento do preceito constitucional previsto no artigo 210, §1º, autorizando na rede pública, em igualdade de condições (CF, art. 5º, caput), o oferecimento de ensino confessional das diversas crenças, mediante requisitos formais previamente fixados pelo Ministério da Educação.*

O ponto de partida constitucional é o §1º do art. 210 da CF 88,[34] inserido no Título VII da Constituição (da *ordem social*), no seu Capítulo III, Seção I (da *educação*) – orienta-se pelos princípios estabelecidos no art. 206 e especifica o disposto no *caput* do art. 210 (serão fixados conteúdos mínimos para o ensino fundamental, de maneira a assegurar formação básica comum e respeito aos valores culturais e artísticos, nacionais e regionais).

---

[33] STF, ADPF 130, Tribunal Pleno, Rel. Min. Ayres Britto, julgada em 30/4/2009; STF, Rcl. 9.428/DF, Tribunal Pleno, Rel. Min. Cezar Pelluso, julgada em 10/12/2009, publicada no Informativo STF nº 571 (07 a 11/12/2009): *verbis*: Em síntese, o relator frisou não ser possível extrair do acórdão da ADPF 130/DF, sequer a título de motivo determinante, uma posição vigorosa e unívoca da Corte que implicasse, em algum sentido, juízo decisório de impossibilidade absoluta de proteção de direitos da personalidade, como a intimidade, a honra e a imagem, por parte do Poder Judiciário, em caso de contraste teórico com a liberdade de imprensa. Acrescentou que essa afirmação não significaria que toda e qualquer interdição ou inibição judicial a exercício de liberdade de expressão fosse constitucionalmente admissível, mas apenas sublinharia não se encontrar, na leitura de todos os votos que compuseram o acórdão paradigma, quer no dispositivo, quer nos fundamentos, pronúncia coletiva de vedação absoluta à tutela jurisdicional de direitos da personalidade segundo as circunstâncias de casos concretos, e que, como tal, seria a única hipótese idônea para autorizar o conhecimento do mérito da reclamação.

[34] Art. 210, §1º – *O ensino religioso, de matrícula facultativa, constituirá disciplina dos horários normais das escolas públicas de ensino fundamental.*

Na sua tarefa de conformação democrática e redução de complexidade, o legislador infraconstitucional regulou a matéria por meio da Lei nº 9.394, de 20.12.96, que estabelece as Diretrizes e Bases da Educação Nacional (LDB). Ao tratar do *ensino fundamental* (segunda etapa da educação básica), previa seu artigo 33 a *oferta de ensino religioso*, programado inicialmente (na redação original da LDB) *sem ônus* para os cofres públicos e em duas modalidades: (a) *confessional*, conforme opção religiosa do aluno/responsável, a cargo das respectivas igrejas/confissões; (b) *interconfessional*, mediante acordo entre as diversas entidades religiosas.[35] Na sequência, a Lei nº 9.475, de 23.07.97, promoveu a primeira alteração da LDB e conferiu nova redação ao artigo 33, assegurando o respeito à diversidade cultural religiosa do Brasil e vedando qualquer forma de proselitismo. Remete-se, agora, aos *sistemas de ensino*, a *regulamentação* do conteúdo do ensino religioso e das normas para habilitação e admissão dos professores.[36]

Pouco mais de dez anos depois da alteração da LDB, novo dado legislativo perturba o cenário. Celebrou-se, em 13 de novembro de 2008, *Acordo* (Concordata) entre a República Federativa do Brasil e a Santa Sé relativo ao *Estatuto Jurídico da Igreja Católica no Brasil*. O texto, composto por 20 artigos, foi aprovado pelo Decreto Legislativo nº 698/2009 e promulgado pelo Presidente da república por meio do Decreto nº 7.107/2010.

O ensino religioso mereceu especial atenção. A República Federativa do Brasil parte, no art. 11, do direito de liberdade religiosa (complexo), da diversidade cultural e da pluralidade confessional, para informar que respeita a *importância do ensino religioso em vista da formação integral da pessoa*. Tal ensino, católico *e de outras confissões*, de matrícula facultativa, *constitui disciplina dos horários normais das escolas públicas de ensino fundamental* – assegurado expressamente o *respeito à diversidade cultural religiosa do Brasil*, em conformidade com a Constituição e as outras leis vigentes, *sem qualquer forma de discriminação*.

Por meio da Ação Direta de Inconstitucionalidade ADI 4.439 (2010), a Procuradoria-Geral da República postula interpretação conforme da LDB e do Acordo com a Santa Sé para assentar que *o ensino religioso em escolas públicas só pode ser não confessional, proibida a admissão de professores que representem confissões religiosas; subsidiariamente, pugna pela inconstitucionalidade parcial da norma concordatária, para suprimir do texto do artigo 11, §1º, a expressão "católico e de outras confissões religiosas".*[37]

---

[35] Art. 33 (redação original da LDB): *O ensino religioso, de matrícula facultativa, constituirá disciplina dos horários normais das escolas públicas de ensino fundamental, sendo oferecido, sem ônus para os cofres públicos, de acordo com as preferências manifestadas pelos alunos ou por seus responsáveis, em caráter*: I – confessional, de acordo com a opção religiosa do aluno ou do seu responsável, ministrado por professores ou orientadores religiosos preparados e credenciados pelas respectivas igrejas ou entidades religiosas; II – interconfessional resultante de acordo entre as diversas entidades religiosas que se responsabilizarão pela elaboração do respectivo programa.

[36] Art. 33 (redação dada pela Lei nº 9.475, de 23/07/97): *O ensino religioso, de matrícula facultativa, é parte integrante da formação básica do cidadão e constitui disciplina dos horários normais das escolas públicas de ensino fundamental, assegurado o respeito à diversidade cultural religiosa do Brasil, vedadas quaisquer formas de proselitismo*. §1º Os sistemas de ensino regulamentarão os procedimentos para a definição dos conteúdos do ensino religioso e estabelecerão as normas para a habilitação e admissão dos professores. §2º Os sistemas de ensino ouvirão entidade civil, constituída pelas diferentes denominações religiosas, para a definição dos conteúdos do ensino religioso.

[37] ADI nº 4.439, DF, Rel. Min. Roberto Barroso. Iniciado em 30/8/2017, o julgamento prosseguiu em 31/8, 21/9

O Ministério Público pretende que o STF realize interpretação conforme a Constituição do art. 33, *caput*, e dos §§1º e 2º, da Lei nº 9.394/96, bem como ataca a norma concordatária referida. A liminar foi indeferida em 03.8.2010. Desde então, uma série de entidades foram admitidas a ingressar nos autos na qualidade de *amicus curiae* (Confederação Nacional de Bispos do Brasil, Fórum Nacional Permanente do Ensino Religioso, Associação Nacional de Educação Católica do Brasil, Conferência dos Religiosos do Brasil, Grande Loja Maçônica do Estado do Rio de Janeiro, Comitê Latino-Americano e do Caribe para os Direitos da Mulher, Associação Brasileira de Ateus e Agnósticos, dentre outras). Em 15.6.2015 houve audiência pública, quando 31 entidades religiosas ou ligadas à educação ou interessadas no tema, além de especialistas, foram ouvidos. A maioria dos participantes defendeu a impossibilidade prática de conciliar os modelos confessional e interconfessional de ensino com a laicidade do Estado (32, dentre os 31, defenderam a procedência da ação).

Diversamente, a CNBB propugnou *pelo reconhecimento da constitucionalidade do entendimento de que o ensino religioso nas escolas públicas de ensino fundamental, de matrícula facultativa (CF, art. 210, par. 1), pode e deve ser ministrado de forma confessional, na medida em que a neutralidade do Estado laico em relação às religiões não pode ser compreendida como intolerância à fé, pois só assim se estará dando efetividade à liberdade de crença (CF, art. 5, VI), que inclui a assistência e o ensino ministrado por aqueles que professam a mesma religião, sendo que a Constituição do Brasil admite que recursos públicos sejam destinados a escolas confessionais (art. 213), evitando-se, portanto, a discriminação dos alunos da rede pública.*

A ação busca assentar que o ensino religioso em escolas públicas deve ter natureza não confessional, proibindo-se a admissão de professores na qualidade de representantes das confissões religiosas, o que seria a única forma de compatibilizar o ensino religioso com o caráter laico do Estado brasileiro. O conteúdo da disciplina, no modelo proposto, é uma espécie de história e sociologia das religiões e também das posições não religiosas, sem qualquer tomada de partido pelos educadores, que devem sem professores da rede pública e não pessoas vinculadas às igrejas ou confissões religiosas. A inicial, portanto, rechaça o modelo confessional e o interconfessional (ou ecumênico, que promoveria valores consensuais das religiões "dominantes" e poderia ser ministrado por representantes das comunidades religiosas ou por professores da rede pública).

O voto do Relator assenta duas premissas: (a) o princípio constitucional da laicidade (CF, art. 19, I) apresenta-se com três conteúdos: (i) separação formal entre Estado e Igrejas; (ii) neutralidade estatal em matéria religiosa; e (iii) garantia da liberdade religiosa; (b) o ensino religioso nas escolas públicas, em tese, pode ser

---

e concluiu-se em 27/9/2017, quando o presente texto estava finalizando. O Tribunal, por maioria, julgou improcedente a ação direta de inconstitucionalidade, vencidos os Ministros Roberto Barroso (Relator), Rosa Weber, Luiz Fux, Marco Aurélio e Celso de Mello. O acórdão ainda não foi publicado, disponíveis apenas alguns dos votos. Disponível em: <http://www.stf.jus.br/portal/processo/verProcessoAndamento.asp?incidente=3926392>. Acesso em: 07 out. 2017.

ministrado em três modelos: (i) confessional, que tem como objeto a promoção de uma ou mais confissões religiosas; (ii) interconfessional, que corresponde ao ensino de valores e práticas religiosas com base em elementos comuns entre os credos dominantes na sociedade; e (iii) não confessional, que é desvinculado de religiões específicas.

Argumenta que "Somente o modelo não confessional de ensino religioso nas escolas públicas é capaz de se compatibilizar com o princípio da laicidade estatal. Nessa modalidade, a disciplina consiste na exposição, neutra e objetiva, das doutrinas, práticas, história e dimensões sociais das diferentes religiões (incluindo posições não religiosas), e é ministrada por professores regulares da rede pública de ensino, e não por pessoas vinculadas às confissões religiosas.". Conclui pela procedência do pedido, com a tese: "O ensino religioso ministrado em escolas públicas deve ser de matrícula efetivamente facultativa e ter caráter não confessional, vedada a admissão de professores na qualidade de representantes das religiões para ministrá-lo".[38]

O Relator consigna que secularismo não implica desapreço à religião ou à religiosidade e que a modernidade e as transformações dos últimos 500 anos não levaram ao ocaso das religiões. Posto que o Estado deve assegurar a liberdade religiosa e conservar a neutralidade em relação às diferentes religiões, está em jogo a educação religiosa das crianças e adolescentes brasileiros. Urge "estabelecer qual a melhor forma de prepará-los, com valores e informações, para que possam fazer as suas próprias escolhas na vida". Conciliar laicidade estatal e ensino religioso afasta possa o Estado optar pela modalidade confessional ou interconfessional, incompatíveis com a exigência de separação formal entre Estado e religiões, pois permitir que alunos recebam instrução religiosa dentro das escolas públicas torna "inevitável a identificação institucional", mormente se os professores forem representantes ou credenciados pelas igrejas e remunerados pelo Estado. Também quebra a neutralidade, pois não há como acomodar as mais de 140 denominações religiosas que compõem a pluralidade brasileira, o que favoreceria as majoritárias. Anota que crianças e adolescentes são especialmente influenciáveis por professores e colegas, pelo que carecem do dever de proteção do Estado.

Assim, só o ensino não confessional, plural, objetivo e neutro harmoniza-se com a laicidade. E mesmo nesse, teoricamente compatível, não há como ignorar as complexidades práticas de "trazer a religião para dentro da sala de aula", a primeira delas pela ausência de diretrizes curriculares nacionais, o que dificulta

---

[38] A Min. Rosa Weber acompanhou o Relator ("Religião e fé dizem respeito ao domínio privado e não com o público. Neutro há de ser o Estado"), como também o Min. Luiz Fux (questionou se é razoável a escola pública ser um espaço para se transmitir lições de fé a crianças e adolescentes; "A educação pública religiosa, universalista e não confessional é a única apta a promover gerações tolerantes que possam viver em harmonia com diferentes crenças na sociedade plural, ética e religiosa"). O Min. Marco Aurélio foi na mesma linha, ao considerar que o ensino confessional em escolas públicas prejudica a situação de equilíbrio, entre Estado e religião, preconizada pelo princípio da laicidade. O Min. Celso de Mello assentou a não confessionalidade no cotejo entre a atual CF e o que prescrevia a Constituição de 1946, assim como na função contramajoritária do STF na defesa das minorias religiosas ou não, tudo para manter o Estado em posição de estrita neutralidade axiológica

a prevenção do proselitismo e torna o quadro confuso.[39] O segundo problema é o custeio da disciplina pelo Poder Público, indicando o sistema do Rio de Janeiro como violador da laicidade dos princípios que regem os concursos públicos, fazendo o cargo de professor depender do credenciamento pelas confissões. Finalmente, para implantar o modelo não confessional é conveniente que o Ministério da Educação defina parâmetros curriculares nacionais e garanta a facultatividade do ensino religioso.[40]

O Min. Alexandre de Moraes inaugurou a divergência, que acabou prevalecendo, ampliando a discussão para o campo da liberdade de expressão, sob a luz da tolerância e da diversidade de opiniões, inclusive em sala de aula. Estranha que tal programa, a valer para todas as demais manifestações de pensamento, vire "censura prévia à livre manifestação de concepções religiosas em sala de aula, mesmo em disciplinas com matrícula facultativa, transformando o ensino religioso em uma disciplina neutra com conteúdo imposto pelo Estado em desrespeito à liberdade religiosa", o que limita o legítimo direito subjetivo constitucional do aluno (ou pai/responsável) que já possui religião em matricular-se no ensino religioso de sua própria confissão, a restringir a liberdade religiosa de 92% da população brasileira que tem uma determinada crença religiosa (Censo IBGE, 2010). Nota que a implantação do ensino religioso é texto consituinte originário e que a matrícula facultativa protege os 8% (que não professam fé religiosa) e os demais que não tenham interesse em matricular-se. Paradoxal: "grupos que auxiliaram as minorias a conquistar legítima e corretamente o direito de liberdade de expressão de suas ideias e convicções, inclusive em salas de aula e dentro de currículos de matérias de matrícula obrigatória, pretendem impor forte censura prévia às opiniões religiosas diversas, ao pleitearem um conteúdo neutro e meramente descritivo de religiões, em uma impensável 'doutrina religiosa oficial', criada artificialmente pelo Poder Público, mesmo que em disciplinas de matrícula facultativa".

Assim resume sua posição pela improcedência da ação: *O Poder Público, observado o binômio Laicidade do Estado (CF, art. 19, I)/Consagração da Liberdade religiosa (CF, art. 5º, VI), deverá atuar na regulamentação integral do cumprimento do preceito constitucional previsto no artigo 210, §1º, autorizando na rede pública, em igualdade de condições (CF, art. 5º, caput), o oferecimento de ensino confessional das diversas crenças, mediante requisitos formais previamente fixados pelo Ministério da Educação. Dessa*

---

[39] Atualmente, 4 estados adotam o modelo confessional (Acre, Bahia, Ceará e Rio de Janeiro); a maioria (20 mais o Distrito Federal) trabalha com ensino interconfessional; apenas São Paulo adotou o "ensino sobre religiões". Ademais, variam os conteúdos, a forma de matrícula, a aferição dos resultados e os requisitos para admissão dos professores. O Relator endossa opinião da professora Débora Diniz na audiência pública de sujeitar o ensino religioso ao regime nacional de avaliação da qualidade do material didático pelo Ministério da Educação, para garantir a não confessionalidade.

[40] Recomenda o Relator: o cargo público de professor não pode depender de ato de vontade de qualquer confissão religiosa; a matrícula não pode ser automática; os não optantes devem ter alternativas pedagógicas para atingir a carga horária mínima anual; o ensino deve ocorrer em aula específica (vedada a transversalidade); os alunos podem desligar-se a qualquer tempo.

maneira, será permitido aos alunos, que expressa e voluntariamente se matricularem, o pleno exercício de seu direito subjetivo ao ensino religioso como disciplina dos horários normais das escolas públicas de ensino fundamental, ministrada de acordo com os princípios de sua confissão religiosa, por integrantes da mesma, devidamente credenciados a partir de chamamento público e, preferencialmente, sem qualquer ônus para o Poder Público.

O Ministro realça a singularidade da previsão constitucional do ensino religioso baseado nos dogmas da fé como direito subjetivo individual e não um dever imposto pelo Poder Público. Cita: "A neutralidade não existe no ensino religioso de qualquer confissão que se baseia, fundamentalmente, em dogmas de fé, protegidos integralmente pela liberdade de crença, conforme decisão do Primeiro Senado do Tribunal Constitucional Federal Alemão, de 19 de outubro de 1971" (1 BvR 387/65. Cinquentas anos de jurisprudência do Tribunal Constitucional Alemão. Konrad Adenauer Stiftung. Coletânea original: Jürgen Schwabe). E não se trata de proselitismo, "que tem por objetivo a *conversão* de determinada pessoa para que adira a uma religião, pois o requisito constitucional primordial é a matrícula facultativa do aluno que já professa a crença objeto da disciplina".

A divergência recusa que a Corte "substitua a legítima escolha que o legislador constituinte originário fez pelo ensino religioso de matrícula facultativa pelo ensino de filosofia, história ou ciência das religiões", vedado ao poder público, ao disciplinar o conteúdo do ensino religioso, adotar qualquer das duas vertentes de *dirigismo estatal*, seja ao privilegiar uma única crença, seja elaborando um conteúdo único e oficial, suma de aspectos descritivos, históricos e filosóficos, a mutilar os diversos dogmas e obrigar alunos de determinada fé a ter contato com dogmas alheios. Em prol da igualdade, aposta em regras administrativas gerais que permitam parcerias voluntárias (Lei nº 13.204/2015) sem transferência de recursos, regime de mútua cooperação com todas as confissões religiosas, como já ocorre, por exemplo, com a assistência religiosa nos presídios.

O Ministro Edson Fachin também divergiu, ainda que amparado noutros fundamentos. Registrou que o voto do Relator está de acordo com os precedentes do STF e dos órgãos internacionais de direitos humanos, citando o Comentário Geral nº 22/1993 do Comitê de Direitos Humanos sob o Pacto de Direitos Civis e Políticos da ONU e decisões da Corte Europeia e da Corte Interamericana de Direitos Humanos. Se o apelo [do filósofo John Rawls] à "razão comum" pode fundar a separação Igreja/Estado, a retirar a motivação religiosa (por definição, privada) do espaço público, todavia, "é preciso advertir que a definição desses limites deve levar em conta o exato conteúdo do direito à liberdade religiosa, como expresso na própria Carta Política".

Nesse contexto, o art. 5º, VI, da CF é integrado pelo disposto nos artigos 12 do Pacto de São José da Costa Rica (liberdade de professar e divulgar sua religião, individual ou coletivamente, tanto em público quanto em privado) e 18 do Pacto Internacional de Direitos Civis e Políticos (o ensino como dimensão da liberdade de professar a religião). Daí a dimensão pública da liberdade religiosa, sendo que o pluralismo democrático não prescinde de "convicções religiosas particulares".

Afirma: "É incorreto, assim, afirmar que a dimensão religiosa coincide apenas com a espacialidade privada. Isso não significa, porém, que o espaço público possa ser fundado por razões religiosas. (...) A separação entre Igreja e Estado não pode, portanto, implicar o isolamento daqueles que guardam uma religião à sua esfera privada. O princípio da laicidade não se confunde com laicismo". Cita Habermas, a "ética da cidadania democrática", com ônus recíproco para religiosos e não religiosos de considerarem todas as contribuições feitas ao debate público. O Ministro conecta pluralismo ao aprendizado a partir da diferença, sendo a própria neutralidade do Estado sujeita ao diálogo e o processo de aprendizagem visto como parte integrante do direito à educação. Portanto, a "escola deve espelhar o pluralismo da sociedade brasileira. Ela deve ser um microcosmo da participação de todas as religiões e também daqueles que livremente optaram por não ter nenhuma.". E mais, insere-se na garantia da gestão democrática do ensino público (CF, art. 206, VI) a possibilidade dos entes federados deliberarem sobre a forma como será ministrado o ensino religioso.

Conclui: "não há como deixar de reconhecer que, conquanto possa ser confessional, o ensino religioso não pode ser obrigatório (art. 210, §1º, da CRFB). Além disso, porque se fundamenta na própria pluralidade democrática, não pode o ensino, confessional, interconfessional ou não confessional, tornar-se proselitista ou desrespeitar a diversidade cultural religiosa do Brasil, o que abrange também as religiões confessionais que se afirmem apenas pelos usos, costumes e tradições". E tal interpretação não diverge do citado Comentário Geral 22, pois o "ensino confessional somente é incompatível com o Pacto, se não forem garantidas as dispensas ou 'alternativas que harmonizem o ensino com os desejos de pais e guardiães'. Nos estritos limites do texto constitucional, a facultatividade e a ênfase no respeito à pluralidade não excluem, portanto, a possibilidade de outras modalidades de ensino religioso.[41]

O debate prossegue na esfera pública. Argumenta-se que o Estado não pode apoiar a religiosidade em detrimento da não religiosidade. Todavia, a Constituição Federal foi quem decidiu, axiologicamente, que haverá ensino religioso, de matrícula facultativa (a preservar a liberdade e autonomia dos demais), nas escolas públicas.

Com tal premissa, mais harmônico com a *Federação*, em que se estrutura a *República* brasileira, a remessa da regulação conteúdo/professores aos *sistemas de ensino* no âmbito dos *entes federados*. A vedação do proselitismo tem sido aceita

---

[41] Os votos dos Ministros Gilmar Mendes, Dias Toffoli e Ricardo Lewandowski também foram pela improcedência da ação, cabendo o desempate, no mesmo sentido da improcedência, à Presidente da Corte, Ministra Carmen Lúcia. Dias Toffoli afirmou que houve expressa e consciente autorização do legislador constituinte pelo modelo histórico de ensino confessional, cuja facultatividade torna-o compatível com o a laicidade do Estado, ao resguardar a individualidade da pessoa e sua liberdade de crença. As dificuldades de implementação prática (riscos para minorias) não podem resultar em aniquilamento do direito para todos, vedado em lei o proselitismo e prevista consulta à sociedade civil, em harmonia com a descentralização do sistema de ensino (CF, art. 211) e o princípio da gestão democrática (CF, art. 206, VI). Citando precedentes da Corte Europeia de Direitos Humanos, o Min. Ricardo Lewandowski ressaltou que a facultatividade é salvaguarda bastante para o respeito ao pluralismo democrático e à liberdade de crença (pelo que é de assegurar o direito ao desligamento a qualquer tempo e não devem ser atribuídas notas), sendo que a separação entre Estado e Igreja não constitui muralha que separa cosmovisões incomunicáveis; e o fato de haver confissão majoritária (decorrente da formação histórica do país) não implica proselitismo religioso ou violação da igualdade.

tradicionalmente no direito comparado, quando decorre de intervenção legislativa e considerando a salvaguarda do processo educativo e do próprio autodesenvolvimento da personalidade dos educandos, em formação. Os votos do Relator e do Min. Alexandre parecem desvelar pretensão normativa *implícita*, paradoxalmente de sinais inversos: ou o ensino religioso deve ser confessional ou não confessional, sem espaço para a concretização, na forma da LDB, aos sistemas de ensino. Preferível o voto do Min. Fachin, preservados os espaços de conformação legislativa.

De Portugal, Paulo Ferreira da Cunha alerta para a necessidade de sensibilidade múltipla e de sopesar as situações e os valores em cada caso: "Nem sempre a oferta de mil e um credos *à la carte* para uma aula de religião será a melhor forma. Ou o ensino de todas (e de nenhuma) por um professor de uma, ou, mais normalmente, por um sociólogo, um historiador, ou outro cientista social tão religiosamente assépticos como ignorantes da profundidade do fenómeno".[42]

O direito do aluno é *aprender* – a garantia de ensino fundamental (art. 208, I, CF 88) engloba, em combinação com o art. 210, *caput*, e §1º, o ensino religioso –, ao passo que o direito de *ensinar a doutrina da confissão professada* compete às confissões religiosas, inclusive como salvaguarda de seu direito de autocompreensão e autodefinição. O princípio da colaboração permitiria harmonização, inclusive com despesas públicas proporcionais e compatíveis com as tarefas estatais (ao menos, levando-se a sério o ensino religioso nas escolas públicas). O modelo interconfessional não padece de inconstitucionalidade. Mesmo o confessional, com as ressalvas de evitar-se o envolvimento excessivo do Estado (o que também vale para o não confessional), pode conviver no sistema constitucional.

Há possibilidade de efeitos perversos? Sim, que podem ser prevenidas e devem ser combatidas, em concreto. É de recusar uma pré-compreensão negativa em relação à própria decisão constitucional (*não levar a sério o suficiente o ensino religioso nas escolas públicas*); urge romper *incompreensão basilar*, como se o ensino religioso, pese o preceito constitucional, não fizesse parte do ensino fundamental

Refere-se, ainda, que seria desproporcional o exercício da faculdade de recusa para a criança ou adolescente. Entretanto, com base neste ônus não demonstrado empiricamente (a soar mais como argumento retórico, superável com matrícula específica e comissiva), não se considera desproporcional a alternativa imposta a crianças e adolescente que desejem usufruir do direito constitucional de ensino religioso interconfessional, que se veriam, *tout court*, privadas da possibilidade. Paradoxalmente, o item 46 da petição afirma que a opção do ensino interconfessional "deixa de promover a autonomia do educando". Penso, ao revés, que retirar tal opção configura paternalismo estatal.

Em suma, a decisão do STF levou em consideração o maior espectro de interesses e valores envolvidos. Parece que a redução inicial de complexidade operada pelo legislador infraconstitucional oferece um patamar razoável para as devidas concretizações no sistema educacional dos diversos entes federativos envolvidos.

---

[42] (CUNHA, 1998, p. 151).

Fundamental, ao cabo, que o estabelecido pelo Poder Constituinte originário e regulado, no espaço de conformação democrática, pelo Poder Legislativo, desde que não viole os valores constitucionais aglutinantes (iguais em liberdade e dignidade, pelos quais o Poder Judiciário há de velar), seja respeitado por todos os atores institucionais e cidadãos em geral, não se prestando, a via judicial, para reversão de decisões majoritárias, mormente em questões altamente sensíveis e moralmente controversas, por indução de ativismos que não encontram ressonância suficiente no livre mercado de ideias.

4 Considerações finais

O quadro delineado nas páginas precedentes revela que, do ponto de vista da realidade fática, a liberdade religiosa no Brasil encontra-se gradualmente em risco em virtude das crescentes (e preocupantes) tensões e hostilidades sociais, gerando um incremento da intolerância religiosa e dos embates sociais, institucionais e jurídicos nesse domínio, que há muito tempo não se conhecia no cenário nacional. Tal a razão, ao menos em boa parte, da crescente "judicialização" do fenômeno, gerando, ao longo dos anos, especialmente desde a promulgação da CF, um leque diferenciado de decisões pelo STF, desafiando a Corte a se pronunciar numa seara altamente sensível do ponto de vista social, visto que afetam concepções morais e espirituais e dizem respeito à própria liberdade de consciência.

É possível arriscar, ainda, a afirmação de que o caráter devidamente generoso da CF para com o fenômeno religioso, caracterizando-se por um Estado Laico do tipo moderado e amistoso à liberdade religiosa, tem encontrado, em termos gerais, receptividade no âmbito da jurisprudência do STF, embora o mesmo se mantenha mais contido quando se trata de questões que afetam a própria ordem pública, como é o caso dos feriados religiosos. O quanto tal linha de orientação irá prevalecer resta em aberto, seja pela alteração na composição do STF, mas a decisão em relação ao ensino religioso parece prosseguir na configuração de uma laicidade moderada.

De todo modo, o que importa destacar é que a liberdade religiosa passou a ocupar um lugar de destaque, desafiando cada vez maior reflexão acadêmica e atenção pela sociedade e na seara política, cabendo ao STF quedar atento para assegura que a liberdade religiosa seja exercida numa ambiência plural e tolerante, ademais de harmonizada com os demais direitos fundamentais.

Referências

ADRAGÃO, Paulo Pulido. *A liberdade religiosa e o Estado*. Coimbra: Almedina, 2002;

ALVES, Rodrigo Vitorino Souza; BORGES, Alexandre Walmott. Church-State relations and religious freedom in Argentina and Brazil: An Introduction. *International Journal of Religious Freedom*, Bonn / Cape Town / Colombo, v. 6, n. 1/2, 2013. p. 37-49;

BALDI, Cesar Augusto. Secularismo, Islã e o 'muçulmano': reflexões sobre colonialidade e biopolítica. *Meritum*. v. 6, n. 2, Belo Horizonte, jul./dez., 2011, p. 139/186.

BASTOS, Celso Ribeiro; MEYER-PFLUG, Samantha. Do direito fundamental à liberdade de consciência e de crença. *Revista de Direito Constitucional e Internacional*. Ano 09, n. 36, p. 106-114, julho-setembro 2001;

BRUGGER, Winfried. Da hostilidade passando pelo reconhecimento até a identificação – modelos de estado e igreja e sua relação com a liberdade religiosa. *Direitos Fundamentais e Justiça*. n. 10 – Jan/Mar 2010.

CANOTILHO, J. J. Gomes; MOREIRA, Vital. *Constituição da República Portuguesa Anotada*. 4: ed. rev. Coimbra: Coimbra Editora, v. I, 2007. Charges de Maomé: liberdade de expressão, liberdade religiosa e direitos humanos, *Revista da Faculdade de Direito da FMP*, n. 2 (2008). Porto Alegre: FMP, 2007, pp. 205-232;

CUNHA, Paulo Ferreira da. *A Constituição Viva:* cidadania e direitos humanos. Porto Alegre: Livraria do Advogado, 2007.

CRUZ, Álvaro Ricardo de Souza. *A laicidade para além de liberais e comunitaristas*, Belo Horizonte: Arraes, 2017.

GOMES, Nadilson. Direito e religião no Brasil. *Revista de História do direito e do pensamento político*. n. 01, Lisboa, 2010.

GRIMM, Dieter. Após as disputas em torno das caricaturas: precisamos de um novo balanço entre liberdade de imprensa e proteção à religião? In: LEITE, George Salomão; SARLET, Ingo Wolfgang (coords.). *Direitos fundamentais e Estado constitucional: estudos em homenagem a J. J. Gomes Canotilho*. São Paulo, Coimbra: Revista dos Tribunais e Coimbra Editora, 2009, v. 1, p. 176-189;

LEITE, Fábio Carvalho. O laicismo e outros exageros sobre a primeira república no Brasil. *Religião e sociedade*. v. 31, n. 1, Rio de Janeiro, 2011;

LOREA, Roberto Arriada (org.). *Em defesa das liberdades laicas*. Porto Alegre: Livraria do Advogado, 2008;

MACHADO, Jónatas Eduardo Mendes. *Liberdade religiosa numa comunidade constitucional inclusiva. Dos direitos da verdade aos direitos dos cidadãos*. Coimbra: Coimbra Editora, 1996; Id., Estado constitucional e neutralidade religiosa – entre o teísmo e o (neo)ateísmo. Porto Alegre: Livraria do Advogado, 2013.

MACHADO, Jónatas Eduardo Mendes. Tempestade perfeita? Hostilidade à liberdade religiosa no pensamento teorético-jurídico. In: MAZZUOLI, Valério de Oliveira; SORIANO, Aldir Guedes (Coord.). Direito à liberdade religiosa: desafios e perspectivas para o século XXI. Belo Horizonte: Fórum, 2009.

MACHADO, Jónatas Eduardo Mendes. *Estado constitucional e neutralidade religiosa: entre o teísmo e o (neo) ateísmo*. Porto Alegre: Livraria do Advogado, 2013.

MAZZUOLI, Valério de Oliveira; SORIANO, Aldir Guedes. *Direito à liberdade religiosa:* desafios e perspectivas para o século XXI. Belo Horizonte: Fórum, 2009.

MIRANDA, Jorge. *Manual de Direito Constitucional*. Tomo IV, Coimbra: Coimbra, 2000.

MIRANDA, F. C. *Comentários à Constituição de 1967*.Tomo IV. São Paulo: Revista dos Tribunais, 1967;

NOVAK, John; ROTUNDA, Ronald D. *Constitutional law*. St. Paul: West Publishing Co., 1995.

PIERUCCI, Antônio Flávio. As religiões no Brasil, apêndice. In: GAARDER, Jostein, HELLERN, Victor; NOTAKE, Henry. *O livro das religiões*. São Paulo: Companhia das Letras, 2005.

SANTOS, Boaventura de Sousa. Se Deus fosse um ativista dos direitos humanos. São Paulo: Cortez, 2013.

SANTOS JUNIOR, Aloísio Cristovam dos. *A liberdade de organização religiosa e o estado laico brasileiro*. São Paulo: Mackenzie, 2007;

SANTOS JUNIOR, Aloísio Cristovam dos. *A liberdade religiosa e contrato de trabalho – a dogmática dos direitos fundamentais e a construção de respostas constitucionalmente adequadas aos conflitos religiosos no ambiente de trabalho*. Niterói: Impetus, 2013.

SARLET, Ingo Wolfgang; MARINONI, Luiz G; MITIDIERO, Daniel. *Curso de direito constitucional*.São Paulo: Revista dos Tribunais, 2012, p. 462-70.

SILVA NETO, Manoel Jorge. *Proteção constitucional à liberdade religiosa*. Rio de Janeiro: Lumen Juris, 2008;

SORIANO, Aldir Guedes. *Liberdade religiosa no direito constitucional e internacional*. São Paulo: Juarez de Oliveira, 2000.

WEINGARTNER NETO, Jayme. *Liberdade religiosa na Constituição:* fundamentalismo, pluralismo, crenças e cultos. Porto Alegre: Livraria do Advogado, 2007.

___. Inviolabilidade de consciência, uma raiz preferencial para a liberdade religiosa, *Revista da Ajuris*, v. 106, p. 83-105, 2007.

___. Religião e expressão: preconceito e ódio sob o prisma jurídico-penal. *Revista Ibero-Americana de Ciências Penais*, n. 14, p. 95-118, 2006.

___., Liberdade religiosa na jurisprudência do STF. In: SARMENTO, Daniel; SARLET, Ingo Wolfgang. (Coords) *Direitos fundamentais no Supremo Tribunal Federal: balanço e crítica*. Rio de Janeiro: Lumen Juris, 2011, p. 481-530.

___. Comentários ao artigo 5º, incisos VI a VIII e artigo 19, incisos I a III. In: CANOTILHO, J. J. Gomes; MENDES, Gilmar F.; SARLET, Ingo Wolfgang; STRECK, Lênio L. (Coords). *Comentários à Constituição do Brasil*. São Paulo: Saraiva/Almedina, 2014.

Informação bibliográfica deste texto, conforme a NBR 6023:2002 da Associação Brasileira de Normas Técnicas (ABNT):

WEINGARTNER NETO, Jayme; SARLET, Ingo Wolfgang. A liberdade religiosa aos Trinta Anos da Constituição Federal Brasileira. In: BOLONHA, Carlos et al. (Coord.). *30 anos da Constituição de 1988*: uma jornada democrática inacabada. Belo Horizonte: Fórum, 2019. p. 257-282. ISBN 978-85-450-0595-7.

AS FASES DE UMA EVOLUÇÃO TRINTENÁRIA E A IMPORTÂNCIA DE REFORÇO COTIDIANO DOS DIREITOS DE LIBERDADE EXPRESSOS NA CONSTITUIÇÃO DE 1988 SOB SUA DICOTOMIA ESTRITA E SUBSTANTIVA

Luigi Bonizzato

1 Introdução

Em brevíssimas considerações preliminares, este artigo tem por finalidade esmiuçar, discutir e trazer conclusões, ainda que iniciais, para reflexões sobre a relação entre Estado e sociedade, direitos de liberdade e sociais, sobretudo após os primeiros 30 (trinta) anos de existência da atual Constituição da República, ou seja, a de 1988, a qual reserva e separa, nesta estrada, momentos e fases peculiares. Assim, o Brasil contemporâneo, juntamente com alguns dos principais direitos previstos em normas constitucionais e todas as consequências jurídicas decorrentes de uma série de marcos históricos e institucionais ocorridos neste longo período, merecem ser encarados de forma particular e distinta, mas, de algum modo, inclusiva e associada. É o que se tentará executar nas linhas seguintes, principalmente após o decurso de prazos para amadurecimentos e mais recentes abordagens.

2 As fases e momentos nos primeiros 30 anos da Constituição

Quando da promulgação da Constituição e sua entrada em vigor, em 05 de outubro de 1988, várias foram as expectativas, inúmeras foram as preocupações e múltiplos foram os festejos. Afinal de contas, se motivos existiam para os mais variados sentimentos, o rompimento com anos de ditadura militar e uma dita retomada da democracia já seriam suficientes para, naquela época, celebrarem-se novos presente e futuro.

Mas, se desde o início dessas primeiras linhas forem eleitos e escolhidos momentos para os tantos anos e décadas subsequentes à nova e, até o dias de hoje, atual Constituição brasileira, pelo menos 05 (cinco) são logo apresentados: a) um primeiro momento aqui denominado de "festejos"; b) um segundo e posterior momento de "dúvidas"; c) um terceiro já reputado de "desenvolvimento"; d) um quarto período, na cronologia ora sugerida entendido como de "abusos"; e, por fim, pelo menos até o momento de encerramento deste Artigo, nos mais de 30 anos do trabalho constituinte nacional, um quinto momento denominado de "abusos".

Assim, nos breves parágrafos que se seguirão, tentar-se-á explanar as razões da quíntupla subdivisão acima sugerida. Uma, logicamente, separação que leva em conta aspectos e critérios livremente escolhidos pelo ora Autor, a partir de um recorte temático e teórico-metodológico bem específico.

Nesse sentido, o primeiro momento salientado seria o momento ligado aos "festejos". Apesar de se ter, desde o parágrafo inaugural deste texto, feito menção também a preocupações, crê-se que o contexto brasileiro preponderante, em vários grupos e setores da sociedade brasileira, foi o de comemoração.

Na história brasileira, conseguia-se – ainda que com dificuldades naturais ligadas à formação de um poder constituinte originário, que, no caso da Constituição de 1988, findou por ser um poder aproveitado do movimento "Diretas Já" e emprestado a congressistas que passaram a gozar da condição de constituintes – novamente ou, pela primeira vez (a depender das interpretações que possam ser dadas aos rompimentos com ordens constitucionais anteriores), ter uma vontade popular majoritariamente voltada para a conclusão de um ciclo e para o início de outro; ligada ao esgotamento de um regime e a milhões de vozes e/ou pensamentos que clamavam por uma nova ordem. E, mais precisamente, para além de fatores econômicos, sociais, comportamentais etc., para uma nova ordem jurídica, a partir de uma nova chefia constitucional.

Portanto, durante os primeiros anos de vigência da Constituição, seguidos de crises políticas e econômicas, mas de processos eleitorais e de manifestações democráticas que marcaram época,[1] o momento foi de se festejar a nova ordem vigente.

Entretanto, não tardaram que vozes preocupadas e, principalmente, duvidosas sobre o futuro de uma Constituição que a cada dia mostrava uma característica multifacetada, ou seja, repleta de comprometimentos normativos, boa parte dos quais até contraditórios entre si, ganhassem progressiva força e começassem a se ouvir com cada vez mais força. Um período em que se percebeu que não seria fácil garantir o direito de povos indígenas, a valorização do trabalho humano, a sustentabilidade e a defesa dos ambientes natural e artificial, em comunhão e, ao mesmo tempo em que se defenderia a livre concorrência e a livre iniciativa.

E, para além disso, um momento em que normas jurídicas específicas começavam a ser confrontadas em um novo Poder Judiciário, que passava a ter que se deparar com questões de difícil solução concreta. Mas para as quais não tinha outra saída a não ser decidir, sobretudo diante do princípio da inafastabilidade do Poder Judiciário,[2] estampado no rol de direitos fundamentais da Carta Magna Nacional.

---

[1] Eleições presidenciais após a Constituição; manifestações sociais e processos de *impeachment* do então Presidente da República eleito; início da consolidação e reestruturação de uma série de instituições, sobretudo a partir de amparos constitucionais e democráticos etc.

[2] *"Art. 5º. (...) XXXV – a lei não excluirá da apreciação do Poder Judiciário lesão ou ameaça a direito".*

Nesse ambiente, por anos e, principalmente, durante boa parte da década de 90, a última do século passado, ao mesmo tempo em que juristas silenciavam, em que se ouviam vozes de tranquilidade, mas, sobretudo, ares de preocupação com o futuro de uma Constituição chamada de colcha de retalhos, de amontoado de vontades, de compromissória, entre tantos vários outros verdadeiros apelidos, posturas de Tribunais brasileiros, mas, acima de qualquer outro, do Supremo Tribunal Federal, vieram a dar robustez e garantir a continuidade da ainda quase recém-criada ordem constitucional. E que posturas foram essas? Máxime, em termos gerais, a da proclamação da inexistência de contradições na Constituição e a de afirmação de que, o que pareciam contradições e choques entre normas, nada mais seriam do que exceções constitucionais expressas, a serem entendidas como tais e, quando muito, solucionadas por técnicas e métodos interpretativos empregados pelo Poder Judiciário.

O amadurecimento, assim, deste pensamento e comportamento, foi sucessivamente enrijecendo as bases e alicerces constitucionais brasileiros e profundindo uma ideia de maior solidez, a qual, em anos subsequentes já tinha transformado, preponderantemente, a visão ameaçadora de uma Constituição de poderia sequer durar 10 ou 15 anos e poderia estar fadada a um sucesso maior do que o pelo que se estava então e, naqueles momentos, esperando.

E, realmente, a história mostra que um terceiro período começou a se instaurar – ainda que durante o próprio momento anterior -, marcantemente voltado a um desenvolvimento e fortalecimento da ordem constitucional brasileira. Um momento em que processos distintos convergiram para dar sustentáculo e aprofundar as raízes da Constituição de 1988.

Portanto, nesse viés, se as acima citadas decisões, entendimentos e posicionamentos judiciais muito auxiliaram uma gradativa mudança de olhares e de opiniões sobre o futuro da Constituição vigente no país, fatos outros mostraram-se também importantes. Com efeito, entre vários que poderiam ser citados, como não mencionar a progressiva criação de novas e relevantes legislações que, com base e em respeito ao texto constitucional – e, caso não, submetidas ao controle de constitucionalidade que paralelamente mostrava a sua crescente força no Brasil -, auxiliaram a formar um sempre maior bloco normativo a, principalmente, dar solidez e força normativa à Constituição da República. A Lei de Defesa do Consumidor (Código de Defesa do Consumidor) de 1990, assim como a Lei dos Juizados Especiais Cíveis e Criminais de 1995,[3] juntamente com outros tantos exemplos, foram grandes auxiliadoras. Sobretudo porque fomentaram uma constante maior procura pela atividade e prestação jurisdicional, alimentando o direito fundamental ao acesso à Justiça e, em última instância, para além de decisivamente ajudarem a dar força normativa a vários direitos previstos na Constituição, a fortalecerem substancialmente o Judiciário, por meio do papel exercido pelos mais variados

---

[3] Leis nºs 8.078, de 11 de setembro de 1990 e 9.099, de 26 de setembro de 1995, respectivamente.

Juízos e Tribunais do país, foram potencias estimuladoras do Direito propriamente dito e em seu sentido mais amplo. Tantas abstrações jurídicas passaram a ser mais concretizáveis, ainda mais para cada vez mais grupos sociais brasileiros, inclusive de menor poder econômico e financeiro.

Assim, tal desenvolvimento foi o gás necessário para que se pudesse chegar ao novo momento no início anunciado como sendo o de se "abusar". Primeiro, um abuso até natural e que poderia não ter sido lesivo se usado com mais parcimônia. Mas, com o pedido de licença para em exercício metafórico, ao invés de se comer o chocolate em ambiente de fartura, com aquele se lambuzou. Foi-se com muita sede ao pote.

Mas, ainda que este tenha sido o resultado maior, durante também anos a fartura, que nada mais foi do que um Judiciário cada dia mais atuante e garantidor de direitos, muitos dos quais diretamente previstos na Constituição, foi amplamente comemorada, usada, defendida, apoiada e estimulada. Em um movimento que, se não natural, muito difundido pelo país e com base em matrizes estrangeiras, máxime referente à proteção, garantia e tutela dos direitos fundamentais, com generoso rol na Constituição de 1988.

E quantas não foram as escolas jurídicas do país que se enveredaram em estudos, pesquisas e desenvolvimentos jurídicos pautados nessa linha maior de pensamento e estudo, ressalte-se, ligado ao entendido necessário papel do Judiciário enquanto garantidor mor dos direitos e do Direito brasileiro. E isso, frise-se, desde as primeiras até as últimas instâncias de decisão, com foco final na figura cada vez mais ativa do Supremo Tribunal Federal (STF) enquanto cúpula do Poder Judiciário e guardião da Constituição, nos termos dos seus Artigos 100 e seguintes.

Mas, seguindo os objetivos propostos e, embora cada um dos momentos e fases citados permitam enormes desdobramentos analíticos e críticos, a pujança judicial depreendida do acima exposto findou por, dia após dia, conduzir o país a uma aqui reputada última fase, mais precisamente, seguindo a nomenclatura suprassugerida, a um último momento, repita-se, assim considerado até o momento em que este Artigo é elaborado: o momento do "ataque". Ataque que começou também em períodos e momentos anteriores, mas que se intensificou nos últimos anos e representa um processo de comprometimento, em vários casos, pelo próprio e tão importante Poder Judiciário, do também e próprio Direito brasileiro, assim como dos direitos previstos na Constituição.

A fartura atuacional jurisdicional findou por levar o país e inúmeros sistemas, não somente a mudarem, mas também a adaptarem comportamentos institucionais a uma realidade ativista. Judicialização da política e politização do Direito, expressões que começaram a ser debatidas no país há décadas, foram acrescidas de novas conotações e necessárias diferenciações para a postura que passou, igualmente, a ser considerada verdadeiramente ativista pelo Judiciário brasileiro. E que levou o país a experimentar, gradativamente, mas, com muito mais força em tempos atuais e contemporâneos, sucessivas decisões de cunho absolutamente construtivo, seja do ponto de vista legislativo, seja do ponto de vista constitucional, seja, ainda e, na visão mais preocupante que ora se coloca, do ponto de vista constituinte.

E o que seria isso, nos aproximados 30 anos da dirigente, extensa e analítica Constituição de 1988? Um "ataque" inicial ao Poder Legislativo, responsável primeiro pela elaboração das normas jurídicas. Um "ataque" ao poder constituinte derivado reformador, entregue, coincidentemente, nas mãos do mesmo Poder Legislativo, materializado na figura do Congresso Nacional, mas que, para o cumprimento de tal função, deve seguir rito único e diferenciado de todos os demais relativos ao processo de criação de leis, mais precisamente o contido no Art. 60 da Constituição, que prevê o mais qualificado processo para criação de uma espécie normativa, a chamada Emenda à Constituição. E um ataque final ao próprio poder constituinte, também derivado reformador, mas sob ótica distinta, e ao poder constituinte originário.

No primeiro caso exposto no parágrafo anterior, quando o Judiciário criava o Direito, mas para além das tradicionais faculdades conferidas à complementação de normas, preenchimento de lacunas, entre outras que poderiam ser levantadas e farta e classicamente estudadas no país e fora dele. No segundo caso, quando o Judiciário, principalmente na figura do Supremo Tribunal Federal, passou a alterar, principalmente por meio de interpretações bem extensivas do texto constitucional, as normas neste último previstas, gerando verdadeiras alterações, mas sem modificações formais no corpo da Constituição. Em tantos casos, a figura das mutações constitucionais sem redução de texto foi também invocada, valendo apenas ressaltar que essas últimas não necessariamente têm, em sua origem, uma vontade judicial ativista ou não, podendo, por outro lado, estar muito mais enraizadas em comportamentos sociais, apenas ratificados pelo Poder Judiciário após tempos de consolidações de práticas contrárias e diferentes de uma previsão constitucional específica e expressa. E, por fim, no terceiro caso, a partir de uma mudança comportamental da maior relevância por parte do Supremo Tribunal Federal (STF) e contaminadora de toda a atividade jurisdicional brasileira (em que o Supremo Tribunal Federal passa a, muitas vezes, deixar de ser guardião da Constituição, para ser um alterador, modificador e criador, entre outras características), quando o Judiciário passou a efetivamente alterar o texto da Constituição de modo mais direto, específico, vinculador e definitivo, versando suas decisões sobre, principalmente, direitos fundamentais em relação aos quais dúvidas pareciam jamais ter pairado do ponto de vista estritamente jurídico, que ressalte-se, deve ser o primeiro e principal a ser levado em conta por uma Corte cuja principal função é judicial e de garantia da ordem constitucional.

Assim, nesta última situação, não mais por atuar interpretativamente e no exercício mais clássico da visão judicial hermenêutica, mas, sim, por agir em substituição ao Poder Legislativo e, cumulativamente, em sobreposição a inúmeras previsões constitucionais expressas, o poder constituinte derivado reformador tem uma nova vertente atacada. E, ao também criar novas situações e condutas jurídicas, equiparadas a normas – para agravar o quadro, constitucionais -, por meio de decisões normalmente juridicamente de grande impacto, o Supremo Tribunal Federal passou a poder ser considerado um real detentor de novo poder constituinte originário, ainda que a ele não tenha sido transferido tal prerrogativa.

Um resultado, não necessariamente, mas bastante relacionado ao ativismo crescente e duradouro a que se fez menção em fases e momentos anteriores deste breve e escolhido histórico de um aspecto e de uma nuança da evolução jurídica da Constituição brasileira, de sua promulgação a seus mais de 30 anos de existência, a contar dos trabalhos constituintes.

Se esta evolução representa, a partir do que se desenvolve, um mapeamento, ainda que um tanto quanto a poder ser reputado superficial da realidade jurídica nacional a partir e sob a égide da Constituição de 1988, ultrapassada tal etapa, reservar-se-á o espaço subsequente para uma valorização do que se acredita terem sido grandes conquistas constituintes e pelas quais se deve lutar. Em homenagem e benefício do direito brasileiro. Por conseguinte, entre outros exames que poderiam ser facilmente aqui feitos e utilizados, será abordada uma questão relacionada aos direitos de liberdade e a maneiras pelas quais podem ser encarados.

E, em um país de dimensões continentais, com elevado Produto Interno Bruto (PIB), mas precária distribuição de renda *per capita*, a mencionada abordagem remeterá a problemas sociais graves, com os quais ainda convive o Brasil em larga escala. E, por corolário, levará a necessárias remissões a direitos sociais palmares, aos quais olhar então diferenciado merecerá realce. Um olhar mais inclusivo aos direitos de liberdade em sentido mais do que estrito e que alcance, paralela e concomitantemente, os direitos sociais, garantidores de uma liberdade mais substancial, alargada e robusta, por isso, denominada substantiva.

Nas linhas que a seguir virão, portanto, serão selecionados escolhidos alguns principais direitos de liberdade em sentido estrito e, no capítulo subsequente, direitos sociais integradores de uma visão substantiva dos direitos de liberdade, que servirão de exemplo para o que se quer examinar e, ao mesmo tempo, ressaltar. Uma análise, portanto, plural, variada, e comprobatória das finalidades mores deste Artigo.

3 Breve histórico e considerações sobre alguns direitos de liberdade tradicionais e em sentido estrito

Alguns dispositivos constitucionais, assim, merecem desde já destaque e atenção, entre vários que versam, em menor ou maior grau, sobre as liberdades e direitos correlatos, aqui já reputados como sendo associados a direitos de liberdade em sentido estrito. Nesse sentido, devem invariavelmente ser mencionados os incisos IV, V, XV e XVI, do Art. 5º, os quais, nos desenvolvimentos dos parágrafos seguintes, mostrarão uma relação construtiva. Mas, para além deles, outros vários incisos do próprio Art. 5º referem-se a direitos de liberdade fundamentais, tais como os portadores de direitos a inviolabilidades e sigilos, como os incisos VI, VIII, X, XI e XII do referido Art. 5º da Constituição de 1988, respectivamente e, em resumo, voltados para a liberdade de crença, de religião e de consciência (incisos VII e VIII), intimidade e vida privada (inciso X), inviolabilidade do domicílio (inciso XI) e sigilo das correspondências, comunicações telefônicas e dados (inciso XII). Entretanto, conforme anunciado, os fins ora colimados fazem com que se direcione e recorte o estudo aqui proposto. E a seleção de algumas liberdades para estudo mais direto e preciso mostrar-se-á inevitável, apesar de não se abondar, por completo, demais e igualmente importantes liberdades constitucionais.

Nesse viés, reforce-se que, neste texto ganham um inicial e especial destaque os incisos IV e V, além dos XV e XVI, todos do Art. 5º da Constituição.[4] Portanto, vale ressaltar, primeiramente, que a liberdade de manifestação de pensamento é garantia fundamental na República Federativa do Brasil, assim como o direito de resposta proporcional e de indenização por danos eventualmente causados por posicionamentos expressados, direitos estes somente garantidos e viabilizados a partir da exceção constitucional trazida em conjunto com a liberdade de manifestação do pensamento, isto é, a vedação do anonimato. Exige-se a assunção da autoria para que se proporcione a responsabilização. Opinião, com responsabilidade. Quis assim o legislador constituinte originário, sobretudo com o depreendido da junção dos mencionados incisos IV e V, do Art. 5º ora estudado. Da mesma maneira, a expressão coletiva do pensamento, a partir de reuniões realizadas em locais públicos, é direito de todos os brasileiros, com a suficiência, para seu exercício, que seja pacífica, sem a utilização e porte de armas, além de aviso prévio ao Poder Público diretamente responsável pela administração e polícia[5] do local público onde ocorrerá a reunião.

---

[4] Art. 5º, inciso IV: *"é livre a manifestação do pensamento, sendo vedado o anonimato"*; Art. 5º, inciso V: *"é assegurado o direito de resposta, proporcional ao agravo, além da indenização por dano material, moral ou à imagem"*; Art. 5º, inciso XV: *"é livre a locomoção no território nacional em tempo de paz, podendo qualquer pessoa, nos termos da lei, nele entrar, permanecer ou dele sair com seus bens"*; e, por fim, Art. 5º, inciso XVI: *"todos podem reunir-se pacificamente, sem armar, em locais abertos ao público, independentemente de autorização, desde que não frustrem outra reunião anteriormente convocada para o mesmo local, sendo apenas exigido prévio aviso à autoridade competente"*.

[5] No seu sentido mais amplo, ligado ao poder de polícia da Administração Pública, ora não aprofundado e considerado uma premissa teórica para a continuação deste Artigo, tendo em vista, principalmente, os recortes temáticos já expostos. Mas, a fim de que o leitor não fique desamparado, seguem algumas rápidas considerações sobre o dito poder de polícia. Conforme sintético entendimento a respeito do tema, poder de polícia seria a atividade estatal consistente em limitar o exercício dos direitos individuais em favor do interesse público. Tranquilidade, segurança e salubridade públicas devem ser garantidos pelo Estado, que, exercendo as funções de polícia, passa a deter valioso meio de efetivação do público interesse. Assim, no atuar administrativo, mormente quando sob incentivo legal que impõe limitações variadas à propriedade e à liberdade individuais, tem em suas mãos o Poder Público um dever-poder, o qual, se esmiuçado em prol de uma melhor compreensão, traz à tona facetas que conduzem desde a uma prerrogativa de emitir licenças e autorizações, até a emissão de decretos, a proteção e defesa do patrimônio público, a consecução da segurança pública e, por conseguinte, dos administrados em geral, a fiscalização material de atividades dos administrados e aplicação de sanções, quando necessárias forem. Com efeito, atividade de polícia, em seu sentido mais amplo, encaixa-se, com precisão, nos contornos acima desenhados, sendo, nessa linha, expressão condizente com as atribuições estatais que se resumem em seu poder de polícia administrativa e judiciária. Abstendo-se de situações excepcionais e guardadas as devidas proporções, costuma-se apontar o cunho repressivo da polícia judiciária, em oposição ao caráter eminentemente preventivo da polícia administrativa. É ainda por muitos ressaltado que a polícia administrativa restringe o exercício de atividades lícitas, reconhecidas pelo ordenamento como direitos dos particulares,

Entretanto, tais dispositivos e, sobretudo, os direitos de liberdade neles contidos, exigem um maior aprofundamento, direcionado para os fins ora propostos. Não foram poucas, em breve recordação histórica, no âmbito do direito internacional e do direito de vários outros países, as previsões garantísticas das liberdades supra anunciadas, tais como, no primeiro caso (internacional), na Declaração Universal de Direitos Humanos de 1948; na Convenção Europeia de 1950; na Convenção Americana de Direitos Humanos de 1969 (Pacto de San José); na Carta de Banjul de 1981 (Carta Africana dos Direitos Humanos e dos Povos); e na Carta de Direitos Humanos de 2000, da União Europeia. E, no segundo caso, ou seja, no âmbito do direito interno de outras nações, na Emenda nº 01 à Constituição dos Estados Unidos da América[6] e na Constituição Francesa, ambas de 1791.[7]

Já no Brasil, a história constitucional mostra que, desde a Constituição de 1824, liberdades eram previstas enquanto direitos constitucionalizados, embora, ou não concretizáveis e exercitáveis ou não abordados e garantidos em toda sua capacidade, tendo em vista o momento histórico de cada Constituição do Brasil e os respectivos textos constitucionais. De qualquer forma vale breve o destaque, abaixo, à história brasileira.

Nessa linha, a Constituição de 1824, primeira do Brasil, recém independente de Portugal, antiga metrópole e a quem era a então colônia vinculada, previa que todos podiam comunicar os seus pensamentos, com vinculação à responsabilização por eventuais abusos.[8] As duas Constituições seguintes, ou seja, de 1891 e 1934, introduziram dispositivos que vedavam o anonimato e previam o direito de reunião, com mais extenso detalhamento e delimitação de direitos na Constituição de 1934, a primeira brasileira a contemplar, inclusive, uma série de direitos sociais, sob forte e marcante influência alemã e mexicana.[9] Anote-se que a Constituição de

---

isolados ou em grupo, fato que expressa uma conformação e ponderação necessárias entre interesses público e privado. Por outro lado, a polícia judiciária visa a impedir o exercício de atividades ilícitas, vedadas pelo ordenamento jurídico, auxiliando o Estado e o Poder Judiciário na repressão e prevenção de delitos – Art. 144, incisos e parágrafos, da Constituição da República. Ademais, pode-se identificar uma diferenciação orgânica, a partir da qual a polícia administrativa seria inerente e se difundiria por toda a Administração, enquanto que a polícia judiciária concentrar-se-ia em determinados órgãos, *exempli gratia*, Secretaria Estadual de Segurança Pública, em cuja estrutura se inserem a polícia civil e a polícia militar. Entre outros clássicos estudiosos do tema, conferir: CRETELLA JÚNIOR, José. *Direito Administrativo brasileiro*. 2. ed. Rio de Janeiro: Forense, 2000, p. 547; MOREIRA NETO, Diogo de Figueiredo. *Curso de Direito Administrativo*. 12. ed. Rio de Janeiro: Forense, 2001, p. 385.; e CAETANO, Marcello. *Princípios fundamentais do Direito Administrativo*. Coimbra: Almedina, 1996, p. 269.

[6] Eis a redação da Emenda nº 01 (de 1791) à Constituição Americana de 1787, em tradução livre: *"O Congresso não legislará definindo uma preferência por uma religião ou lhe proibindo o livre exercício, restringindo a liberdade de expressão, de imprensa ou o direito dos cidadãos de se reunirem pacificamente e dirigir ao Estado petições para obter reparação de prejuízos sofridos"*.

[7] Enumeração, com citação de alguns dispositivos mais diretamente relacionados ao direito de reunião, encontrados em: MARINONI, Luiz Guilherme; MITIDIERO, Daniel; SARLET, Ingo Wolfgang. *Curso de Direito Constitucional*. São Paulo: Revista dos Tribunais, 2012, p. 512-513.

[8] Assim estatuía o Art. 179, inciso IV, da Constituição de 1824: *"Art. 179. A inviolabilidade dos Direitos Civis, e Politicos dos Cidadãos Brazileiros, que tem por base a liberdade, a segurança individual, e a propriedade, é garantida pela Constituição do Império, pela maneira seguinte: (...) IV. Todos podem communicar os seus pensamentos, por palavras, escriptos, e publicai-os pela Imprensa, sem dependencia de censura; com tanto que hajam de responder pelos abusos, que commetterem no exercício deste Direito, nos casos, e pela fórma, que a Lei determinar"*.

[9] Constituição alemã de Weimar, de 1919, e Mexicana, de 1917. No tocante à Constituição de 1891, assim determinavam os §§8º e 12 do seu Art. 72: *"Art. 72. A Constituição assegura a brasileiros e a estrangeiros residentes no

1934, em matéria de liberdade de reunião, trouxe limites ligados, também, ao local onde se poderia realizar a reunião, com possibilidade de determinação do lugar da reunião pelo Poder Público. Já a Constituição de 1937, umbilicalmente ligada à decretação do Estado Novo pelo então Presidente da República, Getúlio Vargas, elencou os direitos de liberdade de reunião e de manifestação do pensamento, mas com observância de limites, fossem oriundas de leis infraconstitucionais, fossem oriundas de expressas previsões constitucionais.[10] A Constituição de 1946, rompendo com o Estado Novo, retomou uma maior garantia aos direitos de liberdade sob estudo, mais precisamente, no Art. 141, parágrafos 5º e 11.[11] E, por fim, as previsões constitucionais que antecederam a Ordem atual (pós-1988), ou seja, as de 1967 e 1969, instauraram restrições ao exercício de direitos de liberdade neste estudo enfrentados, sobretudo em função do regime político que vigorou no Brasil por praticamente duas décadas. Os Artigos 150 e 151, da Constituição de 1967 e, 153 e 154 da Constituição de 1969 (Emenda Constitucional nº 01 à Constituição de 1967) são as principais referências do que ora se examina.[12]

---

paíz a inviolabilidade dos direitos concernentes a á liberdade, á segurança individual e á propriedade nos termos seguintes: (...) §8º A todos é licito associarem-se e reunirem-se livremente e sem armas; não podendo intervir a policia, sinão para manter a ordem publica. (...) §12. Em qualquer assumpto é livre a manifestação do pensamento pela imprensa, ou pela tribuna, sem dependencia de censura, respondendo cada um pelos abusos que cometer nos casos e pela fórma que a Lei determinar. Não é permittido o anonymato". E com relação à de 1934, alvo das influências advindas também das Constituições de Weimar e Mexicana supra citadas, estatuíam os itens 09 e 11 do Art. 113: "Art. 113. A Constituição assegura a brasileiros e a estrangeiros residentes no paiz a inviolabilidade dos direitos concernentes á liberdade, á subsistência, á segurança individual e á propriedade, nos termos seguintes: (...) 9) Em qualquer assumpto é livre a manifestação do pensamento, sem dependencia de censura, salvo quanto a espetaculos e diversões publicas, respondendo cada um pelos abusos que commetter, nos casos e pela fórma que Lei determinar. Não é permittido o anonymato. É assegurado o direito de resposta. A publicação de livros e periodicos independe de licença do poder publico. Não será, porém, tolerada propaganda de guerra ou de processos violentos para subverter a ordem politica ou social. (...) 11) A todos é licito se reunirem sem armas, não podendo intervir a autoridade senão para assegurar ou restabelecer a ordem publica. Com este fim, poderá designar o local onde a reunião se deva realizar, com-tanto que isso não a impossibilite ou fruste".

[10] *"Art. 122. A Constituição assegura aos brasileiros e estrangeiros residentes do país o direito à liberdade, à segurança individual e à propriedade, nos termos seguintes: (...) 10 – Todos têm direito de reunir-se pacificamente e sem armas. As reuniões a céu aberto podem ser submetidas à formalidade de declaração, podendo ser interditas em caso de perigo imediato para a segurança pública. (...) 15 – Todo cidadão tem o direito de manifestar o seu pensamento, oralmente, por escrito, impresso ou por imagens, mediante as condições e nos limites prescritos em lei".* Em seguida, a Constituição de 1937 subdividia o item 15, do Art. 122, em várias alíneas e subitens, ora estabelecendo censuras, ora com rigor limitando a manifestação do pensamento. O anonimato manteve-se vedado, por meio de redação expressa de uma das alíneas a que se fez apenas menção.

[11] *"Art. 141. A Constituição assegura aos brasileiros e aos estrangeiros residentes no país a inviolabilidade dos direitos concernentes à vida, à liberdade, à segurança individual e à propriedade, nos termos seguintes: (...) §5º É livre a manifestação do pensamento, sem que dependa de censura, salvo quanto a espetáculos e diversões públicas, respondendo cada um, nos casos e na forma que lei preceituar, pelos abusos que cometer. Não é permitido o anonimato. É assegurado o direito de resposta. A publicação de livros e periódicos não dependerá de licença do poder publico. Não será, porém, tolerada propaganda de guerra, de processos violentos para subverter a ordem política e social, ou de preconceitos de raça ou de classe. (...) §11. Todos podem reunir-se, sem armas, não intervindo a polícia senão para assegurar a ordem pública. Com êsse intuito, poderá a polícia designar o local para a reunião, contanto que, assim procedendo, não a frustre ou impossibilite".*

[12] Assim determinava a Constituição de 1967 nos dispositivos mencionados: *"Art. 150 – A Constituição assegura aos brasileiros e aos estrangeiros residentes no País a inviolabilidade dos direitos concernentes à vida, à liberdade, à segurança e à propriedade, nos termos seguintes: (...) §8º – É livre a manifestação de pensamento, de convicção política ou filosófica e a prestação de informação sem sujeição à censura, salvo quanto a espetáculos de diversões públicas, respondendo cada um, nos termos da lei, pelos abusos que cometer. É assegurado o direito de resposta. A publicação de livros, jornais e periódicos independe de licença da autoridade. Não será, porém, tolerada a propaganda de guerra, de subversão da ordem ou de preconceitos de raça ou de classe. (...) §27 – Todos podem reunir-se sem armas, não intervindo a autoridade senão para manter a ordem. A lei poderá determinar os casos em que será necessária a comunicação prévia à autoridade, bem como a designação, por esta, do local da reunião. (...) Art. 151 – Aquele que abusar dos direitos individuais previstos nos §§8º, 23, 27 e 28 do artigo anterior e*

Todo o exame histórico acima deixa clara a inserção de direitos de liberdade nos textos constitucionais brasileiros, sobretudo os que ora foram pinçados no estudo presente. Mas se a solidificação de tais direitos fundamentais foi gradual e sujeita a uma série de percalços ao longo dos anos, deve-se sempre melhor consolidar seu alcance, extensão e, principalmente, limites, ainda mais se pensando nas mais de 03 (três) décadas dos trabalhos constituintes que levaram à formação da Constituição de 1988. Se nas duas primeiras décadas de vigência da referida Constituição da República lutou-se, falou-se e, ao final, tentou-se garantir a ideia de fundamentalidade substancial de direitos como liberdade de expressão e de reunião, a segunda metade da terceira década já anuncia um quadro de novas necessidades jurídicas e sociais, ou seja, voltadas para a um novo olhar interpretativo – tanto do Poder Judiciário e do Poder Executivo -, quanto do Poder Legislativo, a quem incumbe, em instância primeira, a criação e estabelecimento dos direitos e obrigações no Estado Democrático de Direito constitucionalmente proclamado. Nesse sentido, mostram-se também necessárias algumas definições, para que se possa com rigor concluir a abordagem do tema. Assim, em primeiro lugar, é fundamental afirmar que uma das análises deste artigo se direciona à manifestação do pensamento e não a este, propriamente dito. É claro que, na democracia brasileira e com base em critérios racionais de análise, todos são livres para pensar no que melhor lhes aprouver e no que quiserem, fato este que muito se aproxima, embora não se limite, de outro inciso do Art. 5º da Constituição de 1988, que enquadra a liberdade de crença como direito fundamental (Art. 5º, inciso VI, da Constituição vigente). Na esfera íntima de cada um de nós, repita-se, com base na racionalidade humana, cada um de nós é livre para pensar e acreditar, querer e poder, sonhar, amar e odiar. Por outro lado, tal liberdade encontra um caminho especificamente delineado a ser seguido a partir do momento em que a pessoa pretende exteriorizar e externar seus pensamentos, aí residindo o direito de manifestação do pensamento, umbilicalmente ligado à proibição do anonimato, a fim de que possam ser garantidos outros direitos e obrigações, eventuais bônus e ônus também constitucionalmente embasados.

---

dos direitos políticos, para atentar contra a ordem democrática ou praticar a corrupção, incorrerá na suspensão destes últimos direitos pelo prazo de dois a dez anos, declarada pelo Supremo Tribunal Federal, mediante representação do Procurador-Geral da República, sem prejuízo da ação civil ou penal cabível, assegurada ao paciente a mais ampla defesa". E assim estabelecia a Constituição de 1969: *"Art. 153. A Constituição assegura aos brasileiros e aos estrangeiros residentes no País a inviolabilidade dos direitos concernentes à vida, à liberdade, à segurança e à propriedade, nos têrmos seguintes: (...) §8º É livre a manifestação de pensamento, de convicção política ou filosófica, bem como a prestação de informação independentemente de censura, salvo quanto a diversões e espetáculos públicos, respondendo cada um, nos têrmos da lei, pelos abusos que cometer. É assegurado o direito de resposta. A publicação de livros, jornais e periódicos não depende de licença da autoridade. Não serão, porém, toleradas a propaganda de guerra, de subversão da ordem ou de preconceitos de religião, de raça ou de classe, e as publicações e exteriorizações contrárias à moral e aos bons costumes. (...) §27. Todos podem reunir-se sem armas, não intervindo a autoridade senão para manter a ordem. A lei poderá determinar os casos em que será necessária a comunicação prévia à autoridade, bem como a designação, por esta, do local da reunião. (...) Art. 154. O abuso de direito individual ou político, com o propósito de subversão do regime democrático ou de corrupção, importará a suspensão daqueles direitos de dois a dez anos, a qual será declarada pelo Supremo Tribunal Federal, mediante representação do Procurador-Geral da República, sem prejuízo da ação cível ou penal que couber, assegurada ao paciente ampla defesa".*

No mesmo passo, em reforço à ideia de liberdade de manifestação de pensamento, sobretudo a partir da previsão por vezes mencionada, presente no Art. 5º, inciso IV, da Constituição, é imperioso ressaltar que tal direito de liberdade inclui, necessariamente, o chamado direito ao silêncio, ou seja, o direito de ninguém manifestar pensamento algum. Aliás, uma base relevante da intenção constituinte de garantir o direito ao silêncio encontra-se exposta no Art. 5º, inciso LXIII, que estabelece que *"o preso será informado de seus direitos, entre os quais o de permanecer calado, sendo-lhe assegurada a assistência da família e de advogado"*. Embora o dispositivo mencione a figura do chamado "preso", não se tem dúvidas, neste momento, que o valor que deu ensejo ao direito de "permanecer calado" é o que norteará todo texto constitucional. E, no mesmo rumo, não se esqueça que o direito ao silêncio também possui relação com um dos mais absolutos direitos fundamentais previstos na Constituição da República, em inúmeros Tratados Internacionais e Cartas Magnas de também diversos países. Aqui se refere ao direito à não tortura, na Constituição logo previsto no Art. 5º, inciso III, segundo o qual *"ninguém será submetido a tortura nem a tratamento desumano ou degradante"*.

Adite-se, ainda, tendo em vista o que ora se abordar, que a tão relevante liberdade de manifestação de pensamento inclui e possui íntima relação com a conhecida liberdade de imprensa, com previsão constitucional mais específica no Capítulo V (Da Comunicação Social), do Título VIII (Da Ordem Social), da Constituição de 1988. Assim, no Art. 220, que reforça as próprias liberdades de manifestação de pensamento e outras da mesma espécie e gênero, fica clara a ideia de inexistência primeira de restrições, salvo as constitucionalmente permitidas, de acordo com o logo a seguir exposto, à importante e fundamental liberdade de imprensa.[13] Assim, em sequência, o legislador constituinte de 1988, para além de outras permissões restritivas – mas, ressalte-se, sem que jamais se afete o núcleo essencial da liberdade, a qual é o direito fundamental por excelência a ser respeitado, restrições e limitações devendo ser entendidas como de caráter excepcional – trouxe princípios a serem as bases sobre as quais tal liberdade deve fundar-se,[14] representando reais e primordiais exceções e requisitos constitucionais para o exercício da liberdade de imprensa. Ressalte-se, entre outros, a *"preferência a finalidades educativas, artísticas, culturais e informativas"*.

Paralelamente, entretanto, se todas as avaliações, possibilidades e definições acima referidas se mostram importantes, igualmente relevantes são aquelas ligadas ao direito de reunião, uma também das liberdades aqui selecionadas para específico desenvolvimento. Nesse sentido, primeiramente e, já se partindo para o exame desta outra liberdade fundamental, vale diferenciar reunião de associação

---

[13] *"Art. 220. A manifestação do pensamento, a criação, a expressão e a informação, sob qualquer forma, processo ou veículo não sofrerão qualquer restrição, observado o disposto nesta Constituição"*.

[14] *"Art. 221. A produção e a programação das emissoras de rádio e televisão atenderão aos seguintes princípios: I – preferência a finalidades educativas, artísticas, culturais e informativas; II – promoção da cultura nacional e regional e estímulo à produção independente que objetive sua divulgação; III – regionalização da produção cultural, artística e jornalística, conforme percentuais estabelecidos em lei; IV – respeito aos valores éticos e sociais da pessoa e da família"*.

e, da mesma maneira, categorizar o vocábulo reunião, a fim de que se enquadre naquilo que foi previsto no inciso XVI, do Art. 5º, da Constituição de 1988, pelo legislador constituinte originário. Como explicam Luiz Guilherme Marinoni, Daniel Mitidiero e Ingo Wolfganf Sarlet associação e reunião distinguem-se, porque na associação pressupõe-se uma coligação estável e sob direção comum de pessoas, enquanto que reunião é um encontro não estável, não vinculado à criação de uma entidade comum, de duas ou mais pessoas.[15] E a reunião, assim definida, também se subdivide em categorias. Por exemplo, neste momento não interessa diretamente e para as finalidades propostas no presente estudo, a reunião informal, não proposital e acidental, tal como é a que acontece quando pessoas se encontram – mesmo sem se conhecerem – em praias, programas culturais, estádios de futebol etc. Note-se que, como o interesse se volta para outro tipo de reunião, na primeira ilustração apenas mencionada sequer se preocupará em classificar as reuniões acontecidas em locais públicos (praias, praças etc.) e privados (restaurantes, estádios de futebol etc.).[16] Por outro lado, se, neste momento, de pouca serventia aparenta ser a primeira espécie de reunião acima exposta, o mesmo não ocorre quando se refere à reunião formalmente convocada, para acontecer em local público específico, com objetivo definido e, logicamente, propositalmente organizada. Trata-se de reunião como um agrupamento de pessoas, em local determinado, com um claro vínculo de finalidade comum (interno) e de natureza transitória (o que a difere também da associação, conforme acima exposto). Certamente, tal espécie de reunião para fins específicos e reunidora dos demais requisitos e elementos apenas apresentados, pode possuir um caráter estático ou dinâmico, ou seja, acontecer de forma localizada e sem deslocamentos ou de forma mais elástica, a partir do momento em que deslocamentos por vias públicas, por exemplo, fazem parte daquilo que se previu quando de sua convocação.

E, para além de todo o acima explanado, é imperioso salientar que a Constituição da República, em norma comumente reputada de eficácia plena e aplicabilidade imediata, não obstante nada impeça uma complementação da norma constitucional de maneira a se lapidar tanto o direito de reunião, quanto os direitos de liberdade àquele ligados, não somente previu o direito de reunião como direito fundamental, mas elencou alguns requisitos para seu exercício. Dessa forma, deve a reunião aqui estudada e para a qual o foco ora se direciona ser pacífica, sem a utilização de armas e acontecer com prévio aviso às autoridades competentes, ou seja, ao Poder Público diretamente responsável pela tutela, cuidado e administração do local em que se consolidará a reunião. Estar-se-á, basicamente, diante da necessidade de aviso à municipalidade e ao Estado

---

[15] *"Por outro lado o direito de reunião não é idêntico ao direito de associação, pois este pressupõe a coligação entre pessoas, em caráter estável, sob uma direção comum, ao passo que reuniões são encontros de duas ou mais pessoas em caráter não estável e não necessariamente voltados à criação de uma entidade comum, que é a associação, que assume a feição de uma pessoa coletiva"* (MARINONI, Luiz Guilherme; MITIDIERO, Daniel; SARLET, Ingo Wolfgang. *Obra citada*, p. 514.).

[16] *"Mero aglomerado fortuito de pessoas em um mesmo local"* (MARINONI, Luiz Guilherme; MITIDIERO, Daniel; SARLET, Ingo Wolfgang. *Obra citada*, p. 514.)

membro da Federação brasileira no interior do qual se localiza o Município, a fim de que, respectivamente e, pelo menos, sejam mobilizadas, se necessárias, as forças policiais (polícia militar, no caso dos Estados, e Guarda Municipal, no caso dos Municípios).

E vale lembrar que o aviso prévio em nada se confunde com pedido de autorização. O legislador constituinte originário conferiu ampla e irrestrita possibilidade de reunião, desde que presentes seus requisitos constitucionais, um dos quais o referido aviso, que objetiva, principalmente, evitar que duas ou mais reuniões ocorram de forma simultânea e no mesmo local (espaço público), além de servir como aviso para que o Poder Público, se entender necessário, promova a garantia da segurança aos reunidos e, outrossim, à população em geral, ainda que não participante do ato de manifestação coletiva do pensamento. Portanto, perceba-se que fica clara algum teor de relação – ou, até mesmo, a depender da interpretação, uma completa e imediata correlação – com a própria democracia participativa, já desde o Art. 1º, parágrafo único, da Constituição da República, prestigiada, juntamente com a democracia representativa.[17]

Vale também observar que a generosidade do legislador constituinte brasileiro foi patente. As Constituições italiana, de 27 de dezembro de 1947, e alemã, de 23 de maio de 1949, apesar de possuírem redações semelhantes à da Constituição brasileira vigente, acrescentaram um requisito de segurança, sobretudo para a figura estatal. A Constituição alemã de 1949 deixou para o legislador pós-constituinte a possibilidade de estabelecimento de restrições à referida liberdade de reunião, a partir de um dispositivo constitucional aparentemente altamente garantidor do exercício de tal liberdade. Já na Constituição italiana de 1947 entendeu-se por bem já estabelecer a restrição, *a priori*, excepcional, ao exercício do direito, por questões de segurança e saúde públicas.[18] [19] Ademais, restou

---

[17] Art. 1º, parágrafo único, da Constituição de 1988: *"Todo o poder emana do povo, que o exerce por meio de representantes eleitos ou diretamente, nos termos desta Constituição"*. Artigo que já anuncia uma série de desdobramentos ligados à temática democrática e que deixa clara a vontade constituinte de valorização tanto da democracia representativa, quanto da participativa.

[18] Assim estatui o Art. 17 da Constituição Italiana (República Democrática da Itália): *"Artigo 17. Os cidadãos têm o direito de reunirem-se pacificamente e sem armas. Para as reuniões, mesmo em lugares abertos ao público, nenhuma autorização prévia é requerida. As reuniões em um lugar público devem ser previamente anunciadas às autoridades, que apenas podem proibi-las por motivos procedentes de segurança e saúde públicas"*. E assim determinou o legislador constituinte alemão, criador da Lei Fundamental da Alemanha (República Federal da Alemanha) de 1949: *"Artigo 8. Liberdade de Reunião. 1. Todos os alemães têm o direito de reunirem-se pacificamente e sem armas, sem declaração ou autorização prévias. 2. No que concerne às reuniões ao ar livre, esse direito pode ser restringido por uma lei ou em virtude de uma lei"*.

[19] Em acréscimo ao ora estudado, é interessante cruzar o Meridiano de Greenwich e examinar as previsões da Constituição da República Popular da China. Primeiramente, transcreva-se o Artigo 35, em tradução livre: *"Artigo 35. Os cidadãos da República Popular da China gozam de liberdade de expressão, de imprensa, de associação, de reunião, de desfile e de manifestação"*. Embora pareça nitidamente falaciosa tal previsão constitucional, sobretudo diante do mundialmente conhecido regime de governo chinês, vale menção paralela ao que talvez constitucionalmente justifique limitações a várias liberdades naquele país: *"Artigo 51. No exercício das suas liberdades e dos seus direitos os cidadãos da República Popular da China não podem atentar contra os interesses do Estado, da sociedade e da coletividade ou contra as legítimas liberdades e direitos dos outros cidadãos"; "Artigo 52. É dever dos cidadãos da República Popular da China preservar a unidade do país e a unidade de todas as suas nacionalidades"; "Artigo 53. Os cidadãos da República Popular da China devem obediência à Constituição e à lei e devem guardar os segredos de Estado, defender a propriedade pública e respeitar a disciplina no trabalho, a ordem pública e a moral social"; "Artigo 54. Constitui dever dos cidadãos da*

determinada distinção entre reunião em lugar privado (reunião privada), reunião em lugar aberto ao público e reunião em local público (reunião pública). E somente no tocante a esta última espécie é que se entende ter o legislador constituinte exigido a prévia anunciação e estabelecido a possibilidade de restrições por motivos de segurança e saúde públicas.[20] [21]

Note-se, portanto, que o direito de reunião é previsto em inúmeras Constituições de Estados soberanos, algumas mais antigas, outras menos. Umas mais outras menos eficazes e aplicáveis em matéria de direitos fundamentais, entre os quais as liberdades civis básicas. De qualquer forma, no Brasil, o direito de reunião não somente é constitucionalmente consagrado, mas também deve conviver com demais direitos de liberdade e, conforme desde o início levantado, inclusive, assim como vários outros direitos fundamentais, integrado com a liberdade de manifestação de pensamento.

E de acordo com o também já dito, o Brasil contemporâneo reserva para os brasileiros, entre tantas novidades, uma necessidade de nova interpretação e regulação para o exercício dos direitos atrelados às referidas liberdades constitucionais. Principalmente a partir, aí sim, das clássicas ideias de que, por um lado, deve-se sempre ter em mente que os direitos fundamentais são a regra geral, dada sua fundamentalidade conferida pelo legislador constituinte e, por outro lado, de que não se pode invocar um direito fundamental para a prática de atos ilícitos e/ou inconstitucionais. Em tempos em que manifestações populares de variadas matrizes práticas e teóricas ganharam força no país, com menção exemplificativa às de junho de 2013, às de 2015 – ligadas ora a interesses

---

República Popular da China defender a segurança, a honra e os interesses da Mãe-Pátria e não cometer atos atentatórios da segurança, da honra e dos interesses da Pátria".

[20] De forma mais precisa, assim se pode explicar a restrição em destaque e as demais, que coincidem com as presentes em nosso ordenamento jurídico: *"Il diritto di riunione è sottoposto a determinati limiti: 1. un primo limite riferibile a tutte le reunioni considte nel fato che devono svolgersi in forma pacifica e senza armi. Questa disciplina è dettata dalla necessità di garantire l'ordine e la sicurezza pubblica. Pertanto, l'autorità di polizia dovrà allontanare le persone armate eventualmente presenti e procedere al loro arresto, se ne ricorrono gli estremi. Non è invece tenuta a sciogliere la riunione solo per questo motivo, almeno che non si svolga in modo violento contro persone o cose oppure denoti un grave pericolo di degenerazione in tal senso; 2. per le riunione pubbliche, i promotori devono dare preavviso al questore almeno tre giorni prima del loro svolgimento, affinchè l'autorità di pubblica sicurezza possa intervenire ala riunione a scopo preventivo e di vigilanza o possa vietarne lo svolgimento per* 'comprovati motivi di sicurezza ed incolumità pubblica'; *3. per le riunione private o in luoghi aperti al pubblico non occorre nemmeno il preavviso"* (MIGNOSI, Francesca. *Diritto Costituzionale*. 18. ed. Napoli: Gruppo Editoriale Esselibri – Simone, 2003, p. 456-457.). E, em conclusão semelhante ao que previu o legislador constituinte brasileiro, na Itália entende-se que: *"Il diritto di riunione spetta al singolo (exclusivo titolare di esso); pertanto il preavviso non presuppone un atto d'assenso dell'autorità di pubblica sicurezza, ma è da considerarsi una mera comunicazione il cui obbligo ricade sui promotori dele sole riunioni pubbliche"* (MIGNOSI, Francesca. *Obra citada*, p. 456-457.).

[21] Relativamente a uma importante definição, a Corte Constitucional Italiana pronunciou-se sobre o que poderia ser reputado arma, tendo em vista sua proibição constitucional quando da participação do cidadão em uma reunião. Assim explicam Roberto Bin e Giovanni Pitruzzella: *"Problematica è la definizione di 'arma' perchè la legge l'estende alle c.d. 'armi improprie', che non raramente compaiono nelle manifestazioni (per esempio spranghe di ferro formalmente impiegate per sostenere bandiere o striscioni). La Corte Costituzionale ha però precisato che si devono considerare 'arma impropria solo gli strumenti chiaramente utilizzabili, per le circostanze di tempo e luogo, per l'offesa alla persona' (sent. 79/1982)"*. E relativamente a tema que muito interessa ao Brasil pós-junho de 2013, assim se pronunciam os mesmos autores: *"La legislazione penale dell'emergenza (emanate negli anni del terrorismo) vieta inoltre l'uso di caschi protettivi e di altri mezzi che rendano 'difficoltoso il riconoscimento della persona'"* (BIN, Roberto, PITRUZZELLA. *Diritto Costituzionale*. 11. ed. Torino: G. Giappichelli Editore, 2010, p. 527.).

contrários ao poder político constituído (que findaram por, juntamente com outras vontades de grupos sociais e institucionais do país, a também levar ao *impeachment* da então Presidente da República),[22] ora à defesa da até então Presidência da República –, assim como, enfim, às de 2018, iniciadas como uma greve dos caminhoneiros do país, logo e paralelamente associadas a manifestações de classes populares em defesa de interesses específicos do país, deve-se trazer à tona, sempre, algumas preocupações complementares ligadas ao exercício dos direitos de liberdade até aqui explorados.

Por corolário, a vedação do anonimato, outrora estudada com finalidades muito mais individuais e privadas, ligadas a manifestações, principalmente, individuais de pensamento, pode vestir-se de nova roupagem, para abranger, também, manifestações coletivas. Em outras palavras, se coletivamente se expressa uma opinião, a princípio, por que se permitir um anonimato, sobretudo a partir da utilização irrestrita e ilimitada, a título meramente ilustrativo e, tendo em vista ocorrências passadas brasileiras, de máscaras por parte de participantes de eventos daquela natureza? Anote-se desde já que, muito embora tenham reuniões e manifestações públicas e coletivas finalidades ligadas a um grupo, às vezes, até indeterminado de pessoas, homens e mulheres mascarados[23] são, a partir de uma análise originária, indivíduos, unicamente considerados, ainda que participantes de um evento maior, do qual são parte de um todo.

---

[22] Dadas as forças, grupos e interesses sociais e institucionais envolvidos no referido processo de *impeachment*, tal ato aqui é ora realmente considerado um verdadeiro golpe de Estado.

[23] Sobre a utilização de máscaras, nada obstante diversas sejam as pessoas que se valem deste artifício para se manterem em anonimato, mostra-se relevante mencionar a figura internacionalmente conhecida do grupo ou movimento dos chamados *Black Blocs*. Em reportagem de capa, a Revista Veja, publicada na segunda metade do mês de agosto, do ano de 2013, apresentou matéria sobre o assunto e, da parte conclusiva, relativamente ao fenômeno no Brasil, extraiu-se o seguinte: "*O anarquismo, do qual derivam os black blocs, prega a organização da vida em sociedade fora da moldura do estado – segundo creem, a fonte de todos os males. Os black blocs, no entanto, assimilam apenas o subproduto desse ideario: a improvisação, a baderna e a tolerância para com certos crimes*" (ARAGÃO, Alexandre; MEGALE, Bela. O bloco do quebra-quebra. *Revista Veja*: Editora Abril, edição 2335, nº 34, ano 46, p. 79, 2013.). Independentemente de qualquer juízo de valor sobre a posição do periódico citado, fato é que os mascarados brasileiros, entre eles os *Black Blocs* nacionais, principalmente naquela época (repita-se, junho e meses subsequentes do ano de 2013), adquiriram notoriedade e estamparam manchetes dos mais variados jornais e revistas do Brasil. As liberdades que perdoem qualquer intromissão, mas não podem servir de escudo para a prática de ilícitos e, sobretudo, para o desrespeito a outros direitos fundamentais previstos na Constituição. Que liberdades, Estado e sociedade consigam o equilíbrio necessário à própria sobrevivência humana contemporânea, talvez, um dos grandes desafios de uma modernidade em que a altamente avançada tecnologia da informação leva a facilitações para o exercício de uma série de liberdades fundamentais. Portanto, que sejam usadas de acordo com o constitucionalmente previsto e permitido, a fim de que não sejam atingidas suas essências básicas. Com, entretanto, a sempre lembrança, em preocupada e paralela atenção, de que a regra geral, no país, é a garantia do exercício dos direitos fundamentais, decorrentes dos princípios e ordem democráticas estabelecidas pelo legislador constituinte originário, sendo eventuais restrições entendidas como absolutas exceções e em prol do respeito e garantia de outros direitos fundamentais. Por fim e, com fins meramente exemplificativos ao que se anuncia, em algumas situações, poder-se-á defender a ausência de irregularidades na utilização de máscaras e manutenção do anonimato individual. Sobretudo se este, na situação concreta, sucumbir à clareza coletiva de manifestações em que pouco importará a identificação de um ou outro elemento, ou seja, da opinião individualizada. Pois a coletiva já bastará. Será suficiente e plenamente identificada e identificável (Aproveitando-se para se reforçar importante distinção, a liberdade de manifestação de pensamento difere do direito de reunião, principalmente porque, no primeiro caso, está-se diante de uma opinião normalmente individual – exceções, claro, em escritos e obras coletivas etc. –, enquanto que, no segundo, de uma opinião coletiva a partir de uma manifestação coletiva de uma ou mais ideias, ideais ou objetivos).

Por derradeiro, considerando, assim, todo o até aqui mencionado, fato é que, com a natural necessidade de enfrentamentos hermenêuticos ligados à contemporaneidade e ao que, certamente, o futuro indica e para o que aponta, o Brasil e sua Constituição com mais de três décadas de existência, cada vez mais necessitarão, em comunhão com análises, abordagens, reflexões, interpretações e atuações especializadas e específicas de seus direitos fundamentais, de uma unificação de inúmeras forças, inclusive normativas e de tudo que logo anteriormente se mencionou, para que direitos possam ser exercidos, cada vez mais, em proximidade com uma, senão possível, objetivada plenitude. O capítulo subsequente esboçará uma entre outras tantas possibilidades de se pensar de modo mais amplo e inclusivo, direitos fundamentais. E, ressalte-se, a partir de uma interpretação e visão mais ampla dos até aqui propositalmente destrinchados direitos de liberdade, que devem migrar de um raio de abrangência mais restrito, para outro mais amplo e, conforme a seguir explanado, substantivo.

4 Liberdades substantivas e direitos sociais: a associação decorrente, conclusiva e futurística

Assim, em sequência imediata ao todo acima exposto, com início em um proposto levantamento, subdivido em momentos, dos primeiros 30 anos de existência da Constituição da República, seguido de um exame específico e recortado de clássicos direitos e liberdades fundamentais, o presente Artigo propõe-se, em sua etapa final, a reforçar a ideia de uma mais ampla concepção a ser conferida aos próprios direitos de liberdade. Um concepção mais abrangente porque integradora e, por conseguinte, englobadora de outros direitos constitucionais e igualmente fundamentais que, apesar de possuírem uma natureza jurídica distinta, são também imprescindíveis para o pleno exercício de uma verdadeira, real e concreta cidadania, pautada não somente nas tão relevantes liberdades a que já se fez bastante menção, mas também em direitos sociais, em relação aos quais se espera, ao invés de tradicionais abstenções por parte do Estado, ações, atitudes e efetivação de políticas públicas.

Nesse viés, por corolário, atinge-se um patamar bastante delicado do ponto de vista político, jurídico e, portanto, normativo, do Estado brasileiro, pois, conforme sabido e de conhecimento amplamente difundido, direitos como o à saúde, à educação, à segurança, à moradia, ao transporte, entre tantos outros de natureza social, são ainda mal proporcionados pelo Poder Público, de modo que uma visão substantiva dos direitos liberdade, pelo menos a partir de uma visão ainda teórica, pode ser de grande serventia para uma projeção futurística de busca por soluções para a atualmente um tanto fragilizada República Federativa do Brasil.

E, iniciando uma exemplificação e exame[24] das situações jurídicas e fáticas mais indicativas dos problemas e dificuldades que ora se afirmam, a questão da saúde no Brasil já aparece como palmar ilustração. Se o desenvolvimento depende da tutela de direitos básicos pelo Estado, tais como saúde, educação e moradia e, na mesma medida, tal tutela também depende do desenvolvimento de um país[25], é sobremaneira importante prestar toda a atenção à dinâmica de tais direitos no seio das relações jurídicas e sociais do Brasil.

Assim, é mister salientar alguns pontos da saúde pública e do direito à saúde constitucionalmente previsto. Uma já ventilada inércia do Poder Executivo na promoção de políticas públicas, fez com que, nos últimos anos, diversas fossem as manifestações judiciais de tutela do direito à saúde, muitas das quais em razão de pleitos diretos dos cidadãos, seja para a obtenção de vagas em Hospitais Públicos, ou para a aquisição de medicamentos, seja para centenas de outras demandas ligadas à saúde básica. Note-se, um aumento de provocação e invocação da tutela jurisdicional sobre determinado assunto é indicativo de algum cenário, que pode estar diretamente relacionado a desrespeitos de direitos assim entendidos pelos cidadãos, mais precisamente, por aqueles que, cientes e informados da possibilidade de exercício do direito ao acesso à justiça, buscam a tutela de seus interesses pela via do Poder Judiciário.

Com efeito, com o foco agora já voltado ao direito à saúde, ressalte-se que é, sem dúvida, direito fundamental e se encontra corretamente inserido no rol de direitos sociais previsto na Constituição Federal brasileira. O Art. 6º ficou assim elaborado após decisões dos poderes constituinte originário e derivado, este último já responsável por 03 (três) Emendas à Constituição de 1988, versando sobre o mesmo dispositivo:[26]

> Art. 6º São direitos sociais a educação, a saúde, a alimentação, o trabalho, a moradia, o transporte, o lazer, a segurança, a previdência social, a proteção à maternidade e à infância, a assistência aos desamparados, na forma desta Constituição.

Além disso, ciente da necessidade de melhor se cuidar, em sede constitucional, do direito à saúde, lembrando-se sempre da opção criadora por

---

[24] Adiante-se, serão escolhidos exemplos, os quais, naturalmente, não esgotarão uma análise que poderia estender-se por todos os direitos sociais e outros tantos direitos fundamentais garantidos pela Constituição de 1988, a partir de sua inclusão no texto magno pelo legislador constituinte de 1988.

[25] "*O desenvolvimento tem de estar relacionado sobretudo com a melhora da vida que levamos e das liberdades que desfrutamos*" (SEN, Amartya. *Desenvolvimento como liberdade*. Tradução de Laura Teixeira Motta. São Paulo: Companhia das Letras, 2000, p. 29.".

[26] Em 2000, a Emenda Constitucional nº 26 acrescentou ao rol dos direitos sociais previstos no Art. 6º, o direito social à moradia. Em 2010, por meio da Emenda Constitucional nº 64, foi acrescentado o direito à alimentação. E, em 2015, pela Emenda nº 90 à Constituição de 1988, foi acrescido o direito social ao transporte. No tocante ao direito à moradia e ao direito ao transporte, conferir nossos trabalhos, respectivamente: BONIZZATO, Luigi. *Propriedade Urbana Privada & Direitos Sociais: 2. ed. – Revista e Atualizada, incluindo a Lei nº 13.089/15, que instituiu o Estatuto da Metrópole*. Curitiba: Juruá, 2015; BONIZZATO, Luigi; BOLONHA, Carlos; BONIZZATO, Alice Ribas Dias. *Consequências institucionais do revigorado direito constitucional ao transporte: questões, indagações e desenvolvimentos urbanísticos e institucionais após a emenda constitucional nº 90 à Constituição brasileira de 1988*. Revista de Direito da Cidade. Vol. 09. N. 01., p. 198-232, 2017, disponível em SSRN: <http://www.e-publicacoes.uerj.br/index.php/rdc/article/view/26627/19540>.

uma Constituição dirigente, abriu o legislador constituinte mais espaço para o tratamento do direito à saúde, prevendo-o, outrossim, nos Arts. 196 e seguintes da Constituição.

Melhor definindo o afirmado, assim estatui o Art. 196 da Constituição Federal:

> Art. 196. A saúde é direito de todos e dever do Estado, garantido mediante políticas sociais e econômicas que visem à redução do risco de doença e de outros agravos e ao acesso universal igualitário às ações e serviços para sua promoção, proteção e recuperação.

Por conseguinte, não há dúvidas de que grande relevância foi conferida ao direito à saúde, frise-se, direito fundamental básico, petrificado pela interpretação adequada do Art. 60, §4º, inciso IV, de acordo com o qual não pode ser objeto de deliberação a proposta de emenda tendente a abolir os direitos e garantias fundamentais.[27]

Nessa linha, paralelamente, a mesma previsão constitucional do direito à saúde reforça a noção da já anunciada força normativa da Constituição, sobretudo diante da afirmação de que o direito à saúde é direito de todos e dever do Estado. Assim, o pleito judicial pelo direito à saúde mostra-se legítimo e vem sendo o Judiciário sensível a tal realidade, máxime quando se percebe a ineficácia e, até mesmo, ausência de políticas públicas consentâneas e profícuas para a população.

Na linha desta carência de ações por parte do Estado brasileiro, eis reportagem sobre um entre múltiplos problemas cotidianamente e, há muito tempo, vivenciados no país em matéria de saúde-pública. Vale, por corolário, ser também salientado problemática das e nas chamadas Unidades de Terapia Intensiva (UTIs), em relação às quais se denuncia:

> (…) a imensa desigualdade da distribuição dos leitos de UTI no país. Há 40 mil leitos para 204 milhões de habitantes. O problema é o desequilíbrio na distribuição: 77% dos municípios brasileiros não têm nenhum leito, enquanto as regiões metropolitanas concentram 74% das vagas para tratamento intensivo (SUS e particulares). Há desequilíbrio também na oferta de vagas entre os setores público e privado. O SUS conta com 2,5 leitos para cada 10 mil habitantes, enquanto no sistema particular este número é de 6 para cada 10 mil habitantes (…).[28]

O problema social é grave e afeta as searas jurídica, política, econômica, entre outras, que sentem o reflexo, de modo mais ou menos direto, da ineficácia das medidas estatais sobre tão relevante direito.

---

[27] Neste momento, sem maiores pretensões investigativas acerca do tema que é, no mínimo, instigante, reforça-se posicionamento em outras ocasiões já adotado e em consonância com o entendimento de outros autores. Portanto, lê-se, no Art. 60, §4º, inciso IV, direitos e garantias fundamentais e, não, direitos e garantias individuais. Para um melhor aprofundamento, conferir, entre outros: SARLET, Ingo Wolfgang. *A eficácia dos Direitos Fundamentais*. 02. ed. Porto Alegre: Livraria do Advogado, 2001.

[28] *QUASE 8 entre 10 Cidades Brasileiras não têm Unidades de Terapia Intensiva*. [on line] Disponível na Internet via www. URJ: <http://g1.globo.com/fantastico/noticia/2016/05/quase-8-entre-10-cidades-brasileiras-nao-tem-unidades-de-terapia-intensiva.html>., G1, Rio de Janeiro, última atualização em 15 de maio de 2016.

Em sequência e, sem se estender rumo a uma análise de inúmeros direitos sociais, o que desvirtuaria os fins maiores ora colimados, a exemplificação seguinte, somada à anterior, já é suficiente para demonstrar o que se pretende e, sobretudo, uma realidade a ser aplicada a, senão todos, a maioria absoluta dos direitos sociais farta e amplamente previstos na Constituição da República. Portanto, no mesmo Art. 6º supra transcrito, infere-se que a educação é também direito fundamental, assim como também, direito social.

E, da mesma forma como dito anteriormente com relação ao direito à saúde, vem sendo, desde longa data, sensível o Poder Judiciário a pleitos de cidadãos que, a título ilustrativo, buscam a prestação jurisdicional para fazerem valer o direito à educação. Normalmente, pais e mães que procuram a via judicial para conseguirem uma vaga, em escola pública, para filhos e filhas que, por algum motivo, tiveram sua inscrição denegada. Comumente, vagas não concedidas por esgotamento em determinadas escolas. As decisões judiciais, com base nos respectivos pedidos feitos pelas Partes pleiteantes, mostram que, para além da falta de vagas, a falta destas em locais próximos à residência, têm dado ensejo a ordens de inscrição forçada, com o Poder Público sendo obrigado a abrir mais vagas ou, em outros casos, a custear o ensino fundamental em escolas privadas que exijam do Estado um custo médio semelhante ao por ele despendido, por aluno, em uma escola pública.

Nesse rumo, assim estatui o Art. 205, da Constituição de 1988:

> Art. 205. A educação, direito de todos e dever do Estado e da família, será promovida e incentivada com a colaboração da sociedade, visando ao pleno desenvolvimento da pessoa, seu preparo para o exercício da cidadania e sua qualificação para o trabalho.

Assim, o direito à educação também assume posição de destaque no ordenamento jurídico brasileiro, o qual não é solitário em tal preocupação, uma vez que tantos e tantos países também preveem, ou em suas Constituições ou em legislações infraconstitucionais, a magnitude do direito à educação, o mesmo podendo ser dito e referido relativamente ao direito à saúde, conforme observações antecedentes. E, em uma união no que concerne às abordagens até aqui realizadas, ressaltem-se as linhas que se seguem.

No intuito de reforçar a desde o início proposta valorização dos direitos sociais, enquanto também direitos de liberdade em seu sentido substantivo, áreas de interseção fácil e relevantemente se formam. E, no que tange a interseções de direitos à saúde e à educação, se incertezas e gravidade são características a serem realçadas, a preocupação com a inclusão social merece ser reforçada e o momento é adequado, por exemplo, com transição para o âmbito educacional, para se citar a opinião de Lucas Emanuel Ricci Dantas, máxime no que diz respeito, bem especificamente, a pessoas portadoras de deficiência. De acordo com o autor apenas mencionado, assim:

> (...) somente pela educação se formará alteridade no meio social; a prática educacional é um meio de transformação social. Igualmente, por meio dela, se encontrará o objetivo buscado pela inclusão da pessoa com deficiência.

E, em reforço à educação como meio de transformação, defende o mesmo autor citado:

> Essencial uma profunda transformação social, possibilitando a inclusão e o acesso da pessoa com deficiência aos bens jurídica e constitucionalmente tutelados. Ocorre que, atualmente, a pessoa com deficiência apenas costuma ter acesso ao bem quando a sociedade e o Estado reconhecem a dignidade dentro da deficiência. Objetiva-se um conhecimento relacional entre as pessoas por meio da educação.[29]

Se a citação trouxe apenas à tona uma, entre tantas zonas de comunhão, junção e, frise-se, interseção entre os direitos à educação e à saúde, fato é que outras várias existem e a ora salientada é mero exemplo aqui eleito. De todo modo, avançar é necessário e o próprio texto constitucional brasileiro, com sua pluralidade de normas e caráter dirigente, tratou de também servir de apoio para causas diversas.

Nesse diapasão, considerando as peculiaridades regionais e locais de cada parte do país, preocupou-se também o legislador constituinte com a política a ser adotada nas cidades brasileiras, abrindo capítulo específico para a inserção de normas gerais de política urbana. Nesse sentido, assim estatui o Art. 182 da Constituição Federal brasileira:

> Art. 182. A política de desenvolvimento urbano, executada pelo Poder Público municipal, conforme diretrizes gerais fixadas em lei, tem por objetivo ordenar o pleno desenvolvimento das funções sociais da cidade e garantir o bem-estar dos seus habitantes.

Por este artigo denota-se que a política de desenvolvimento urbano tem por objetivo ordenar o pleno desenvolvimento das funções sociais da cidade, as quais refletem a importância de em ambientes urbanos muitos direitos sociais encontrarem guarida e a necessidade de as cidades brasileiras, focos incessantes e crescentes de encontro e concentração dos mais variados grupos sociais, privilegiarem o atendimento dos proclames mais prementes destes mesmos grupos, ansiosos, na maioria das vezes, pela consecução de direitos sociais palmares. Assim é que, diversas Constituições Estaduais e Leis Orgânicas Municipais preveem em seu bojo a definição precisa das funções sociais da cidade, entre as quais se encontram os direitos à educação e à saúde.

---

[29] DANTAS, Lucas Emanuel Ricci. *Políticas Públicas e Direito – A Inclusão da Pessoa com Deficiência*. Curitiba: Juruá, 2016, p. 86. Quando o assunto é saúde, certamente não apenas se devem voltar olhares para doenças agudas, mas também crônicas. E, nesta categoria, ora amplamente concebida, atenções, por exemplo, a pessoas com deficiência e distúrbios, físicos e/ou mentais. Uma ilustração patente de como saúde e educação podem estar em zonas praticamente conexas para a tomada de medidas e ações pelo Estado. Assim como para a interpretação e aplicação de normas constitucionais e infraconstitucionais complementadoras da Constituição da República brasileira. E tudo em prol da concepção segundo a qual ser livre importa não somente na garantia de direitos de liberdade em sentido estrito, anteriormente explorados. Mas também na garantia de inclusão, proporcionada, sobretudo, pela eficácia e efetivação dos direitos sociais estampados na Constituição de 1988.

De qualquer forma, qualquer que seja o exame jurídico da questão, a magnitude da previsão de um direito à saúde e de um direito à educação, entre todos os outros de natureza social citados neste trabalho, poderia ter significado uma real importância dada pelo Poder Público à saúde e à educação no Brasil. Deveras, todo este rol de normas acima exemplificativamente elencado, deveria ser a representação de uma atenção do Estado com a saúde e educação públicas. No entanto, a preocupação legislativa não teve por base a prévia atenção governamental com a matéria e, sim, *a contrario sensu*, a quase inexistência de preocupação com o assunto. Ao invés de normas serem criadas para a ratificação de uma situação concreta, foram criadas no intuito de se tentar promover o até então desconsiderado e abandonado pelo Poder Público. E, destaque-se, mesmo diante da normatização constitucional, a qual em muito auxiliou a aproximação entre a saúde e a educação, e as necessidades dos cidadãos, sobretudo em razão da confirmação de verdadeiros direitos à saúde e à educação, os caminhos do Executivo no que tange à realização e concretização de políticas públicas continuam tortuosos, ineficazes e, por que não dizer, aventureiros, no sentido mais negativo do vocábulo. Ainda mais quando o assunto envolve educação fundamental e saúde básica.

A saúde e educação públicas no país padecem em vários de seus setores e com elas também os respectivos direitos, relegados aos que, por circunstâncias específicas e particulares, conseguem ter acesso à justiça e pleitear pelo Judiciário o que o Poder Público não proporciona. E, pasme, fala-se dos direitos à saúde e à educação por terem sido estes eleitos para uma abordagem recortada no presente artigo. A mesma e implacável realidade vem assolando os demais direitos sociais, tais como os igualmente importantes direitos à segurança, ao transporte, ao trabalho e à tão almejada moradia. A inércia governamental, por um lado, e a má gestão, por outro, conduzem a uma realidade de caos e de quase incontornável falência das instituições ditas democráticas. Não há como se defender uma democracia e um Estado que se diz em vias de desenvolvimento sem a garantia de direitos básicos dos cidadãos. As liberdades substanciais, às quais já se faz menção desde o início deste texto, devem ser a todo o tempo protegidas e proporcionadas à sociedade, a qual, dividida em seus vários grupos de interesse, passa a ser parte integrante do desenvolvimento da nação em função da satisfação de seus anseios mais básicos. O desenvolvimento como liberdade induz a essa dupla concepção, segundo a qual não há liberdade sem desenvolvimento e nem mesmo desenvolvimento sem liberdade. Pode-se, sob esse prisma, afirmar, por corolário, que não há saúde sem desenvolvimento nem mesmo desenvolvimento sem saúde; que não há educação sem desenvolvimento nem desenvolvimento sem educação. E, em última análise, que não há liberdade sem saúde e educação, entendidas estas em seu sentido mais amplo. E o mesmo valendo para todos os direitos sociais, aos quais se devem associar os direitos de liberdade, a fim de que se possa real e verdadeiramente conceber uma liberdade com substância. Ou seja, novamente, liberdades substanciais, de acordo com o mais uma vez anunciado, agora no início deste parágrafo, assim como defendido desde o começo deste Artigo.

Nesse sentido e, conclusivamente, pensando-se no desenvolvimento como liberdade, pensa-se, paralelamente, mas não somente, na saúde e, igualmente, na educação como liberdade. E, na linha da formação de uma relação entre diversas formas de liberdade, merecem realce as considerações de Amartya Sen:

> As liberdades não são apenas os fins primordiais do desenvolvimento, mas também os meios principais. Além de reconhecer, fundamentalmente, a importância avaliatória da liberdade, precisamos entender a notável relação empírica que vincula, umas às outras, liberdades diferentes. Liberdades políticas (na forma de liberdade de expressão e eleições livres) ajudam a promover a segurança econômica. Oportunidades sociais (na forma de serviços de educação e saúde) facilitam a participação econômica. Facilidades econômicas (na forma de oportunidades de participação no comércio e na produção) podem ajudar a gerar a abundância individual, além de recursos públicos para os serviços sociais. Liberdades de diferentes tipos podem fortalecer umas às outras.[30]

Portanto, o fortalecimento geral das liberdades substantivas leva ao desenvolvimento assim como este conduz ao enrijecimento daquelas.

Entretanto, conforme já acima salientado, a realidade brasileira é de ainda grande descaso com várias liberdades qualificadas como substantivas. Direitos sociais vários são ainda encarados como meros programas de governo a serem implantados de acordo com as possibilidades políticas e econômicas de determinado momento. Com efeito, sofrem a saúde, a educação, a segurança, a moradia, o transporte, o lazer etc. como direitos e os cidadãos que deles dependem para sobreviver.

Mas, quando o assunto é o da correlação de um suposto ambiente relacional, complementar ou de sobreposição, entre as liberdades substantivas e as tradicionais, um cenário de amplas possibilidades surge. Desde uma ideia de separação com finalidades de especialização, até uma de tendência à inclusão e associação, com o objetivo de não se conceber uma liberdade tradicional sem se poder cogitar da mais ampla e acolhedora noção substantiva.

Realmente, em tempos contemporâneos, como e para que assegurarem-se, exemplificativamente, liberdades de manifestação de pensamento, reunião e de consciência sem se, paralelamente, assegurar e promover o acesso mais amplo à educação, saúde, segurança, lazer, entre outros direitos que, pelo senso mais comum, são considerados clássicos direitos sociais e fundamentais de segunda geração ou dimensão, mas acrescidos aos de primeira?

Que a mais que trintenária Constituição de 1988 possa rumar para respostas a esta última e às várias outras depreendidas deste texto, assim como de outras numerosas pesquisas sobre o assunto. E que tais respostas representem soluções eficazes para que o Brasil possa, dia após dia, vivenciar novas e mais profícuas realidades para seu povo e sua população.

---

[30] SEN, Amartya. *Obra citada*, p. 25-26.

5 Conclusão

As liberdades em seu sentido substantivo são, sem dúvida, um dos pontos centrais e conclusivos deste trabalho, que procurou, desde o começo, trilhar um caminho na direção da associação de tradicionais e clássicos direitos de liberdade, com igualmente enraizados e conhecidos direitos sociais. Sua fundamentalidade foi várias vezes proclamada e, embora a associação citada tenha sido um norte, não se abriu mão de abordagem compartimentalizada, tanto de direitos de liberdade, ditos em sentido estrito, quanto de direitos sociais selecionados para exame. Mas tudo para, por fim, não se olvidar que os primeiros 30 (trinta) anos da Constituição podem ter representado retrocessos e avanços, inúmeras fases e momentos, entretanto a não serem considerados desestimuladores de um cenário futuro de mais garantias e preservação dos mais basilares direitos constitucionais e, também, fundamentais.

Referências

ARAGÃO, Alexandre; MEGALE, Bela. O bloco do quebra-quebra. *Revista Veja*: Editora Abril, edição 2335, nº 34, ano 46, p. 79, 2013.

BIN, Roberto; PITRUZZELLA, Giovanni. *Diritto Costituzionale*. 11. ed. Torino: G. Giappichelli Editore, 2010.

BONIZZATO, Luigi; BOLONHA, Carlos; BONIZZATO, Alice Ribas Dias. Consequências institucionais do revigorado direito constitucional ao transporte: questões, indagações e desenvolvimentos urbanísticos e institucionais após a emenda constitucional nº 90 à Constituição brasileira de 1988. *Revista de Direito da Cidade*. Vol. 09. N. 01., p. 198-232, 2017. Disponível em SSRN: <http://www.e-publicacoes.uerj.br/index.php/rdc/article/view/26627/19540>.

BONIZZATO, Luigi. *Propriedade Urbana Privada & Direitos Sociais*. 2. ed. – Revista e Atualizada, incluindo a Lei 13.089/15, que instituiu o Estatuto da Metrópole. Curitiba: Juruá, 2015.

_____. *Constituição, Democracia e Plano Diretor, sob o influxo dos direitos sociais e de liberdade, políticas estatais e institucionais*. Rio de Janeiro: Lumen Juris, 2014.

CAETANO, Marcello. *Princípios fundamentais do Direito Administrativo*. Coimbra: Livraria Almedina, 1996.

CASTELLS, Manuel. *Redes de indignação e esperança*: movimentos sociais na era da internet. Tradução de Carlos Alberto Medeiros. Rio de Janeiro: Jorge Zahar, 2012.

CRETELLA JÚNIOR, José. *Direito Administrativo brasileiro*. 2. ed. Rio de Janeiro: Forense, 2000.

DANTAS, Lucas Emanuel Ricci. *Políticas Públicas e Direito* – A Inclusão da Pessoa com Deficiência. Curitiba: Juruá, 2016.

FERRAJOLI, Luigi. *Principia iuris* – Teoria Del diritto e della democrazia. V. I, II e III. Roma-Bari: Editori Laterza, 2007.

MARINONI, Luiz Guilherme; MITIDIERO, Daniel; SARLET, Ingo Wolfgang. *Curso de Direito Constitucional*. São Paulo: Revista dos Tribunais, 2012.

MIGNOSI, Francesca. *Diritto Costituzionale*. 18. ed. Napoli: Gruppo Editoriale Esselibri – Simone, 2003.

MOREIRA NETO, Diogo de Figueiredo. *Curso de Direito Administrativo*. 12. ed. Rio de Janeiro: Forense, 2001.

QUASE 8 entre 10 Cidades Brasileiras não têm Unidades de Terapia Intensiva. [on line] Disponível na Internet via www.URJ: <http://g1.globo.com/fantastico/noticia/2016/05/quase-8-entre-10-cidades-brasileiras-nao-tem-unidades-de-terapia-intensiva.html, G1, Rio de Janeiro, última atualização em 15 de maio de 2016>.

SARLET, Ingo Wolfgang. *A eficácia dos Direitos Fundamentais*. 2. ed. Porto Alegre: Livraria do Advogado, 2001.

SEN, Amartya. *Desenvolvimento como liberdade*. Tradução de Laura Teixeira Motta. São Paulo: Companhia das Letras, 2000.

Informação bibliográfica deste texto, conforme a NBR 6023:2002 da Associação Brasileira de Normas Técnicas (ABNT):

BONIZZATO, Luigi. As fases de uma evolução trintenária e a importância de reforço cotidiano dos direitos de liberdade expressos na Constituição de 1988 sob sua dicotomia estrita e substantiva. In: BOLONHA, Carlos et al. (Coord.). *30 anos da Constituição de 1988*: uma jornada democrática inacabada. Belo Horizonte: Fórum, 2019. p. 283-306. ISBN 978-85-450-0595-7.

A INFLUÊNCIA DO MANIFESTO DE CÓRDOBA DE 1918 NA CONSTITUIÇÃO BRASILEIRA DE 1988: UMA ANÁLISE EVOLUTIVA SOBRE O DIREITO À EDUCAÇÃO[*]

Maria Elizabeth Guimarães Teixeira Rocha

"La única actitud silenciosa que cabe en un instituto de ciencia es la del que escucha una verdad o la del que experimenta para crearla o comprobarla."
Manifiesto de Córdoba. 21 de junio de 1918

1 Introdução

Neste ano de 2018 celebram-se o centenário do Manifesto de Córdoba Argentino e os trinta anos da Constituição Federal Brasileira. Dois documentos emblemáticos, cujas latitudes lançaram bases inéditas para o sistema educacional e mudaram os rumos da aquisição e transmissão do conhecimento. Comemorá-los festeja a latinidade sul-americana e rende ensejo às análises acerca do desenvolvimento histórico das Reformas Universitárias por eles promovidas no século passado, tanto no Brasil quanto na Ibero-América, e, num segundo plano, propicia confrontá-los com os novos reptos que norteiam o ensino na contemporaneidade.

Sabido que os desafios da Educação superior neste novo milênio vão além das meras alterações na metodologia pedagógica. Englobam os limites da autonomia universitária, o direito em si, o surgimento da internet, dentre outras discussões. Inexistem respostas prontas ou fáceis, todavia, ao revés do que buscavam os signatários do Manifesto de Córdoba em 1918, as soluções atuais não impõem uma ruptura total do sistema, mas mudanças graduais e constantes. Para a melhor compreensão do tema, mister um breve escorço histórico sobre o surgimento das universidades[1] na Europa, na América Latina e, especificamente, no Brasil, objeto da presente análise.

---

[*] Colaboradora Daniela Boson Gropen. Graduada em Direito pela Universidade de Brasília – UNB – Brasil. Analista Judiciária e Assessora Jurídica do Superior Tribunal Militar do Brasil.

[1] A palavra Universidade provém do latim *universitas*, derivada de *unus* que representa unidade, e *verto* que significa: voltar, tornar, torcer. Em conjunto, traduz-se em: "tornado em um". O termo latino *unus* é o mesmo utilizado em vocábulos como *universo* e *uni*versal, que remetem ao conceito de unidade. As primeiras Universidades, iniciadas na Europa, foram inicialmente denominadas *Universitas Magistrorum et Scholarium*: Associação de Mestres e Alunos e sua utilização dizia respeito aos temas considerados "universais" nela ensinados e ministrados.

A primeira instituição do gênero de que se tem notícia no Ocidente surgiu em Bolonha, Itália, no ano de 1088, quando o ensino na cidade tornou-se independente das escolas religiosas. Pouco depois, em 1096, foi fundada a Universidade de Oxford, no Reino Unido, seguida da de Paris, em 1170. A partir de então inúmeras se espraiaram pelo continente europeu. Contudo, mesmo desvinculadas da Igreja, dependiam do aval do clero ou dos governos para funcionarem.

Naquela época acreditava-se que o conhecimento da humanidade era imutável e limitado, tais como as leis universais de natureza divina. Assim, os professores restringiam os estudos aos grandes filósofos da Antiguidade, [2] cingindo-se a reproduzir os conteúdos existentes.

Ao avaliar o desenvolvimento e as vicissitudes da educação superior na América Espanhola e Portuguesa, diferenças expressivas se sobressaem. Sérgio Buarque de Holanda[3] define o estilo da colonização hispânica como "ladrilhadora". Sob sua égide cidades foram edificadas com traçados bem definidos, e fundadas universidades com vistas a suprir as demandas dos cargos burocráticos e administrativos. Já a portuguesa é descrita como "semeadora", que priorizou as povoações costeiras para a exploração da riqueza fácil e o estabelecimento de relações comerciais, mantendo o ensino superior restrito à metrópole.[4]

A colonização Espanhola destacou-se, pois, naquilo que faltou à lusitana. Enquanto as universidades castelhanas presenciavam mais de quatro séculos de existência e eram o palco de importantes transformações, no Brasil, as instituições de ensino superior sequer existiam de maneira sistematizada. Daí a primazia dada pelos espanhóis a elas no Ultramar, cuja fundação da primeira data de 1538, em São Domingos,[5] seguida da de San Marcos no Peru, em 1551.

A título de comparação, a primeira universidade norte-americana – de Harvard – só seria criada em 1636, quando a América Latina já contava com mais de treze.

Em Portugal, o Marquês de Pombal, Secretário de Estado de Dom José I, entre os anos de 1750 e 1777, promoveria uma reforma educacional com o objetivo

---

[2] PAULA, Benjamin Xavier de. *O Ensino Superior no Contexto da Luta Social*. XIII Encontro ANPUH-Rio. Rio de Janeiro, 2008.

[3] *In: Raízes do Brasil*. 26. Ed. São Paulo: Companhia das Letras, 1995. Página 93 *et seq*.

[4] *"En América Latina el origen de las primeras Universidades estuvo vinculado, al igual que en Europa, a la Iglesia Católica, con la salvedad de que hubo una acción mancomunada de la Corona española y la Iglesia para promover el establecimiento de las Universidades. No sucedió lo mismo en Brasil, donde la creación de Universidades se demoró hasta el siglo XX. En este sentido, la acción de la monarquía española se diferencia de las otras potencias coloniales europeas que no tuvieron similar actitud. Aun cuando en las colonias inglesas se crearon Universidades, fue con posterioridad a la América española y por procesos que no involucraron a la Corona ni a la Iglesia. Es así que ya en el siglo XVI, el primero de dominación colonial, fueron creadas cuatro Universidades, que coincidieron con las líneas de expansión del dominio español sobre América. Es decir, estas nuevas instituciones se crearon en primer término y en orden sucesivo, en Santo Domingo, México, Lima y la Nueva Granada, territorio de la actual Colombia. Para el siglo XVII se crearon siete Universidades más, siendo la primera de ellas la de Córdoba, luego la de Charcas-Chuquisaca —que fuera especialmente relevante para el Cono Sur americano—, además de otras en el actual territorio colombiano, ecuatoriano, guatemalteco y peruano. Finalmente, antes de la Independencia se crearon cuatro Universidades más en el siglo XVIII y dos en el XIX, en las actuales naciones de Chile, Cuba, México, Nicaragua y Venezuela"*. PITTELI, Cecília; HERMO, Javier Pablo. La Reforma Universitaria de Córdoba (Argentina) De 1918. Su influencia en el origen de un renovado pensamiento emancipatorio en América Latina. In: *Historia de la Educación*. Ediciones Universidad de Salamanca – España, v. 29, 2010, p. 138.

[5] Fundada em 1538 e extinta em 1767.

de libertar o ensino dos entraves do conservadorismo e da restauração católica, tidos como os principais responsáveis pelo atraso científico em comparação aos demais Estados do Velho Continente.[6]

No Brasil, a primeira instituição de ensino superior foi a Real Academia de Artilharia, Fortificação e Desenho, em 1792.[7] Posteriormente, em 1808, com a transferência da Coroa Portuguesa para a Colônia, o príncipe regente Dom João VI criaria a Academia de Medicina e Cirurgia.[8] As faculdades de Direito de São Paulo e de Pernambuco, as mais antigas do país, seriam instituídas somente em 1827, após a proclamação da Independência, seguida da faculdade de Direito de Minas Gerais, em 1892. Apesar da existência anterior das mencionadas faculdades, a primeira Universidade foi a do Rio de Janeiro, fundada em 07 de setembro de 1920 por Decreto do então Presidente Epitácio Pessoa.[9]

Fato é que, até 1878, o ensino superior do Império manteve-se público e privativo do poder central. Sua capacidade de ampliação e diversificação dependia do investimento e interesse da Coroa.[10] A distribuição de cátedras[11] atendia critérios políticos e não acadêmicos, tendo a referência cultural, no campo econômico, florescido sob o auspício inglês e, no dos costumes e das ideias, sob o francês. No período imperial buscou-se conciliar a formação de uma elite intelectual consolidada como classe dominante ao lado de uma casta de funcionários públicos especializados para desempenhar as funções estatais.[12]

A criação de cursos superiores privados adviria após a outorga da Constituição de 1891. Estes provieram da iniciativa das elites locais e confessionais católicas. Dentre eles estão o de Engenharia Civil, Elétrica e Mecânica (1896) da atual Universidade Mackenzie, de caráter confessional e presbiteriana, no estado de São Paulo.[13]

As universidades hispano-americanas, por outro lado, inspiraram-se em duas matrizes, a Universidade de Salamanca[14] e a Universidade de Alcalá de

---

[6] SAMPAIO, Helena. Evolução do ensino superior brasileiro. In: *Documento de trabalho 8/95*, São Paulo, NUPES/USP, 1991. Disponível em: <http://nupps.usp.br/downloads/docs/dt9108.pdf>. Acesso em: 03 abr. 2018.

[7] A Escola Politécnica da UFRJ e o Instituto Militar de Engenharia – IME – descendem da antiga Real Academia. A Instituição foi a precursora do ensino superior militar e de engenharia no continente americano.

[8] Atual Faculdade de Medicina da Universidade Federal da Bahia.

[9] O motivo da criação formal da instituição foi para que o presidente do Brasil pudesse conceder o título de *Doutor Honoris Causa* (título que só pode ser dado por uma universidade) ao Rei da Bélgica, que visitaria o país. A Universidade do Brasil reuniu as faculdades de Medicina, de Direito e a Escola Politécnica, que já existiam isoladamente.

[10] SAMPAIO, Helena. *Op cit*. p. 6.

[11] A cátedra, em latim *cathĕdra* e no grego καθέδρα, "cadeira", refere-se originalmente a um mobiliário, com assento de espaldar alto, poltrona ou trono que remonta ao Cristianismo. Na Idade Média acomodava fisicamente os mestres, em um plano superior ao de seus discípulos, aspirantes à universalidade do saber. A peça poderia estar coberta por um baldaquino e disposta em um local mais elevado do recinto público, de modo a ser notada a distância. Na estrutura universitária atual, a cátedra é a posição do professor na Instituição, de caráter contratual permanente, destinada ao ensino e à investigação de disciplinas científicas específicas, bem como a sua coordenação.

[12] CUNHA, Luiz Antônio. *A Universidade Temporã*. 2. ed. Rio de Janeiro: Francisco Alves, 1986, p.69.

[13] MARTINS, Antônio Carlos Pereira. *Ensino Superior no Brasil*. In: *Acta Cirurgica Brasileira*. v.17, Suppl.3. São Paulo: 2002. Disponível em: <http://www.scielo.br/scielo.php?pid=S0102-86502002000900001&script=sci_arttext&tlng=pt>. Acesso em: 05 abr. 2018.

[14] A Universidade de Salamanca é a mais antiga da Espanha. Foi fundada entre 1218, pelo Rei Afonso IX com o título de Escola Geral do Reino para indicar a diversidade das disciplinas ensinadas, sendo um estabelecimento

Henares,[15] ambas referências mundiais. Tais modelos foram transplantados para a América do Sul, definindo os extremos que marcariam as tendências educacionais ultramarinas.

Seguiam o modelo de Alcalá a Universidade Autônoma de Santo Domingo, em São Domingos, e a de San Fulgêncio, em Quito,[16] dirigidas diretamente pela Igreja e desvinculadas da responsabilidade do Estado, foram as antecessoras das Universidades Católicas atuais. As Universidades do México, de Lima e de Santiago de La Paz, seguiram Salamanca, protagonista de uma maior abertura científica, que admitia, inclusive, o ensino de Copérnico, por abraçar a metodologia adotada por Bolonha. Salamanca foi, indubitavelmente, a precursora das universidades públicas e influenciou positivamente as congêneres latinas. Porém, com o movimento da Contrarreforma Católica na Europa, o exemplo de Alcalá de Henares tornar-se-ia hegemônico, tanto lá quanto na América, em sua tentativa de edificar a chamada "conquista espiritual".[17]

Por certo, a Idade Média concebia o Homem como um ser divino e a Igreja como sua protetora e zeladora,[18] daí a razão de o ensino superior a ela vincular-se umbilicalmente. No medievo as universidades desenvolviam-se precariamente, com poucos mestres e um grande número de alunos. De forma idêntica, transladava-se para as Colônias o sistema dominante, cuja estrutura atrelava-se aos interesses clericais, metropolitanos e burocráticos.

Sem embargo destas limitações, a *Universitas* no Novo Continente cumpriram um importante papel para a formação da vanguarda intelectual da juventude que comporia a *inteligenzia* daquela quadra. Para se ter uma ideia, a América Espanhola graduou aproximadamente cento e cinquenta mil estudantes; estudantes que tiveram destacado papel no suporte teórico e prático na independência de seus Estados.

No tocante ao Brasil, quando esta foi proclamada no ano de 1822, não havia sido diplomado um graduado em nível superior no território nacional.[19] Até 1880 contabilizaram-se, aproximadamente, dois mil e trezentos discentes e, por volta de 1915, somavam-se mais de dez mil matrículas. Apenas em 1930 o patamar elevar-se-ia para cerca de vinte mil alunos.[20]

---

     público aberto a todos por critérios de merecimento. Em 1255 recebeu o título de Universidade, concedido pelo Papa Alexandre IV. Lá foram realizados estudos pioneiros em diversos ramos do saber.

[15] Em 1293, o Rei Sancho IV de Castela, autorizou a criação de um Estúdio Geral em Alcalá de Henares, convertido em Universidade pelo Papa Pio II, em 1499. Entre 1501 e 1508, ali se estudava Direito Canônico, artes, filosofia, teologia, letras e medicina. O plano de estudos da Universidade a converteu em estandarte do humanismo cristão, tendo os estudos de teologia papel central. Em 1777 a instituição passou a denominar-se Real Universidade de Alcalá, e, em 1836 foi integrada ao Real Ensino de San Isidro e ao Real Museu de Ciências Naturais de Madri. Nela se formaram Ignácio de Loyola e Pedro Calderón de La Barca.

[16] Fundada em 1586 e extinta em 1786

[17] Disponível em: <http://mepr.org.br/jep/14-jep-6/78-a-universidade-latino-americana-e-as-historicas-bandeiras-do-movimento-estudantil.html>. Acesso em: 02 mar. 2018.

[18] SIMÕES, Mara Leite. *Op cit*.

[19] Disponível em: <http://mepr.org.br/jep/14-jep-6/78-a-universidade-latino-americana-e-as-historicas-bandeiras-do-movimento-estudantil.html>. Acesso em: 02 mar. 2018.

[20] PAULA, Benjamin Xavier de. *Op cit*, p. 6.

O ensino superior brasileiro inspirou-se no ideário francês,[21] concebido sob o jugo autoritário de Napoleão Bonaparte [22] e adotado por Portugal.[23] Dessa forma, ele transmitia os ideais das elites dominantes à sociedade civil que, por sua vez, não detinha clara consciência da situação, visto a educação não estimular a crítica e representar um mecanismo de doutrinação do governo central.[24]

Do outro lado do oceano, porém, a curiosidade dos humanistas rompia a estática didática das escolas medievais, impulsionando a pesquisa e semeando a Idade Moderna. Em paralelo, o debacle do feudalismo europeu e o progresso das Ciências arejariam o pensamento, despertando a sede do conhecimento.

Neste contexto, a *novel Universitas* transformou-se num palco de descobertas extraordinárias. A derrocada dos velhos paradigmas religiosos sustentados pelos poderes eclesiásticos e o advento da República, alçou a educação à condição de serviço público nacional, de caráter laico.

As revoluções liberais, com destaque para a francesa de 1789, abriram as portas ao Iluminismo e fizeram sucumbir o absolutismo monárquico, ensejando o aparecimento do Estado Constitucional.[25]

O ideário deu vazão ao" *surgimento de uma filosofia de ruptura, tanto com o conservadorismo estacionário do Feudalismo quanto com as idéias clássicas do Renascimento. Essa nova filosofia será responsável pela consolidação de instituições de conhecimento não mais com base na repetição (como as universidades medievais) e na tradição clássica (como as academias), mas na invenção, na pesquisa e na descoberta, voltadas para demandas surgidas no seio do Estado Moderno: as "sociedades científicas" – instituições ancoradas na crítica à inércia das antigas instituições universitárias"*.[26]

Enquanto nos séculos XVIII e XIX floresciam as luzes do racionalismo iluminista, na América espanhola as universidades petrificavam o atraso. A

---

[21] O modelo francês surgiu a partir de uma reforma realizada em maio de 1806, quando Napoleão Bonaparte criou a Universidade Imperial, uma corporação estatal de docentes chefiada por um Grão-Mestre e destinada a manter o ensino secundário e superior exclusivamente públicos. No Brasil, caracterizou-se como uma organização não universitária, mas profissionalizante, centrada nos cursos ou faculdades com a finalidade de formar os burocratas que atuariam nos quadros administrativos do Estado. O ensino superior foi criado para servir à única parcela da população que detinha condições econômicas para financiar os estudos de seus filhos. A Universidade da época tinha por objetivo servir ao Império e ser um instrumento de dominação política.

[22] O modelo napoleônico contemplava o divórcio entre o ensino e a pesquisa científica.

[23] MAZZILLI, Sueli. Ensino, pesquisa e extensão: reconfiguração da universidade brasileira em tempos de redemocratização do Estado. *Revista Brasileira de Política e Administração da Educação*, v. 27, n. 2, p. 205-221, maio/ago. 2011. Disponível em: <http://www.seer.ufrgs.br/rbpae/article/view/24770>. Acesso em: 26 mar. 2018.

[24] Disponível em: <https://www.portaleducacao.com.br/conteudo/artigos/pedagogia/o-modelofrances-napoleonico-o-que-foi/43114>. Acesso em: 26 mar. 2018.

[25] Será com o triunfo dos processos de independência que os ideais da Ilustração ganharão corpo, em detrimento da escolástica tradicional e da influência onipresente do catolicismo. Também se verá neste período, um forte impulso das ideias positivistas. "*En todo caso, tanto el avance del iluminismo como del positivismo son tareas de una modernización que necesita romper lo que era visto como parte del pasado oscurantista ligado al dominio español y al absoluto predominio de la Iglesia. Se trata de un proceso que tiene distintas características en los países y que coincide con el declive español posterior a las Independencias americanas. De esta forma, se sentaron las bases para el desarrollo autónomo más claro de los sistemas universitarios americanos, al haberse roto los vínculos políticos y ideológicos con la antigua metrópoli colonial.*" PITTELI, Cecília; HERMO, Javier Pablo. La Reforma Universitaria de Córdoba (Argentina) De 1918. Su influencia en el origen de un renovado pensamiento emancipatorio en América Latina. *Op. cit*, p. 141.

[26] PAULA, Benjamin Xavier de. *Op cit.p*. 3.

crise que se abateu sobre elas foi estrutural e ideológica. A apatia desnudava as sociedades coloniais, dominadas pelas potências mercantis. A arcaica estrutura educacional controlada pelo clero, a ausência de espírito democrático e de autonomia, somada aos métodos academicistas ultrapassados, tolhiam o desenvolvimento das Ciências, levando-as a um profundo declínio nos estertores do século XIX.[27]

O cenário se alteraria a partir de fevereiro de 1908, no primeiro Congresso Americano de Estudantes em Montevidéu. O evento contou com a participação de quase todas as organizações estudantis latinas. Nele foram discutidas a orientação pedagógica, o regime de exoneração com o fito de suprimir o controle do governo sobre a admissão/demissão do quadro docente, os estudos livres e a regulamentação obrigatória da instituição de ensino superior concebida como responsabilidade estatal. O Congresso inaugurou nova fase de discussões e lutas universitárias no Continente. Levantou como bandeira principal a representação direta do alunado nos conselhos universitários, questão ratificada nos Congressos seguintes; o de Buenos Aires (1910) e o de Lima (1912). Por fim, em 1910, foi concedido direito de voz à um estudante no conselho diretor da Universidade do México.[28]

O ano de 1916 inauguraria eleições livres na Argentina pela primeira vez e, Hipólito Irigoyen, candidato das classes média e baixa, foi sufragado sem fraudes. Contudo, no poder, não ofereceu um programa claro de governo, desapontando a juventude. Em virtude disso, os estudantes tornar-se-iam a "tropa de choque" contra as elites intelectuais, desafiando a Universidade a sair do medievalismo e entrar na modernidade, demandando reformas democráticas. Os alunos da Universidade de Córdoba repudiaram com veemência a estreiteza do pensamento filosófico, o nepotismo e a incompetência que grassava na instituição. O gatilho foi o fechamento de uma república estudantil.[29]

O movimento declarou greve geral em março de 1918. A Universidade foi fechada pelas autoridades acadêmicas e o governo interveio. Negociações

---

[27] Disponível em: <http://mepr.org.br/jep/14-jep-6/78-a-universidade-latino-americana-e-as-historicas-bandeiras-do-movimento-estudantil.html>. Acesso em: 02 mar. 2018.

[28] Disponível em: <http://mepr.org.br/jep/14-jep-6/78-a-universidade-latino-americana-e-as-historicas-bandeiras-do-movimento-estudantil.html>. Acesso em: 02 mar. 2018.
Ademais, *"No puede hablarse de la proyección del pensamiento de la Reforma sin referirse muy brevemente a la crucial importancia de los centros y federaciones estudiantiles. En efecto, el mismo movimiento cordobés comienza con un Comité Pro-Reforma que casi inmediatamente, en mayo de 1918, se transforma en la Federación Universitaria de Córdoba. En el mismo proceso ya había sido creada en 1908 la Federación Universitaria de Buenos Aires, y en abril de 1918, en pleno proceso de convulsión reformista, la Federación Universitaria Argentina. Al calor del éxito obtenido en las reivindicaciones estudiantiles argentinas y alentados por el clima de época ya reseñado, se crean otras federaciones estudiantiles en América Latina y se realiza el Primer Congreso Internacional de Estudiantes en la Ciudad de México en 1921, donde se crea la Federación Internacional de Estudiantes. En 1925 se realiza, también en México, el Primer Congreso de Estudiantes Iberoamericanos, y en 1937 se organiza el Primer Congreso Latinoamericano de Estudiantes en Santiago de Chile. Todas estas instancias fueron importantes para la difusión y discusión de ideas, el conocimiento personal de los dirigentes y la continuidad y retroalimentación del movimiento reformista."* PITTELI, Cecília; HERMO, Javier Pablo. La Reforma Universitaria de Córdoba (Argentina) De 1918. Su influencia en el origen de un renovado pensamiento emancipatorio en América Latina. *Op.ci*, p. 152.

[29] SIMHADRI, Yedla C. *Development of Emerging World Youth (A Collection of Cross National Studies)*. New Delhi: Sunil Printers, 1989, p. 92-95.

foram instauradas propondo-se nova eleição para a diretoria, não aceita pelos discentes. No dia 15 de junho, eles interromperam o ato eleitoral organizado pelo interventor, ocuparam a sala onde se reunia a Assembleia de Professores com o novo reitor e afirmaram não reconhecer o sufrágio. A seguir, dirigiram-se ao Presidente da República para proclamar: *"Estamos atravessando uma época de profunda renovação. A única autoridade que a coletividade estudantil reconhece é a deste superior governo".* Acuada, a Presidência Argentina cedeu e elaborou lei inédita regulatória do ensino superior no país.[30]

Em apertada síntese, o Manifesto Liminar ou Manifesto da Federação Universitária de Córdoba, subscrito pelos estudantes em 21 de junho de 1918,[31] inseriu o alunado nos debates acerca das funções e do papel da Instituição, bem como na elaboração do conhecimento nela produzido e seus reais destinatários. Ali foram lançados os princípios orientadores de uma verdadeira revolução do ensino superior, com a representação discente nos órgãos diretivos, a gratuidade do ensino, a autonomia universitária, o ingresso público na carreira docente e a eleição dos dirigentes por meio de assembleias com participação de professores e alunos. Resumidamente, três foram os pontos essenciais reclamados: a autonomia e o governo universitário; os câmbios no ensino e nos métodos docentes e a projeção política e social da *Universitas*.[32]

---

[30] Disponível em: <http://mepr.org.br/jep/14-jep-6/78-a-universidade-latino-americana-e-as-historicas-bandeiras-do-movimento-estudantil.html>. Acesso em: 02 mar. 2018

[31] Como bem resumiram Gabriel David Samacá Alonso e Álvaro Acevedo Tarazona: *"Los principales puntos del Manifiesto fueron: Autonomía universitaria. Sin duda el punto más polémico y trascendental de la Reforma era el que sostenía que la universidad debía ser autogobernada, eligiendo sus propias directivas y formulando sus propios estatutos y programas de estudio. El propósito era que los asuntos políticos externos no influyesen en el ritmo de la actividad universitaria. Dicho principio también implicaba que la fuerza pública no ingresara a los recintos universitarios. De alguna manera también proponía una autarquía financiera, un fin hoy imposible de cumplir. Cogobierno. Otro de los puntos más importantes de la Reforma, el cual implicaba que los profesores, estudiantes y egresados participasen en el gobierno universitario, práctica que se extendió a lo largo de los continentes americano y europeo. Libertad de cátedra o docencia libre con cátedras paralelas y cátedras libres. Con esto se buscaba garantizar que existiese la mayor cantidad posible de corrientes de pensamiento y tendencias sin censuras ni prejuicios. Cualquier cátedra tenía autonomía para investigar y enseñar y no podía ser vigilada académicamente. Así mismo, debía haber variedad de cátedras que podrían ser elegidas libremente por el estudiante. Libertad académica para el análisis y expresión de ideas filosóficas, científicas, sociales y políticas. Misión social de la universidad para que su función social fuese mucho más allá de la simple enseñanza de las aulas de clase. La educación universitaria debía involucrarse en la investigación y la solución de los problemas de la sociedad y de las naciones. Lo que hoy se llama la extensión universitaria. Vinculación de la universidad con el resto del sistema educativo nacional de base. Esto implicaba el apoyo universitario en los procesos de formación y una real cohesión del sistema de Educación Superior con los niveles medio general, técnico y primario. Asistencia libre a clases para facilitar el proceso académico a los estudiantes de clase media que tuviesen que desempeñarse como trabajadores. Docencia libre, es decir, el aula disponible para todo aquel que quisiera impartir sus conocimientos sin importar su corriente de pensamiento. Esto unido a concursos de oposición para seleccionar el profesorado y periodicidad de las cátedras. Gratuidad de la enseñanza superior para que la educación superior fuese asequible a todos los sectores sociales. Unidad latinoamericana, lucha contra cualquier forma autoritaria de gobierno."* De la reforma de Córdoba al Cordobazo La universidad como escenario de las luchas por la democracia en Argentina, 1918- 1969 y su impacto en Colombia. *Revista digital de Historia y Arqueología desde el Caribe Colombiano.* Nº XV, julio-diciembre de 2011, p.181. Disponível em: <http://www.scielo.org.co/scielo.php?script=sci_abstract&pid=S1794-8886201100020000>. Acesso em: 17 jun. 2018.

[32] Id, p. 181 *"El movimiento estudiantil de Córdoba buscaba lograr una participación plena del estudiante como ciudadano de la república universitaria, capaz de elegir y ser elegido. También suprimir el dogmatismo imperante mediante el establecimiento de la docencia libre para asegurar la existencia de cátedras paralelas o nuevas. La Reforma pretendía plantear temas de proyección latinoamericana en cuya discusión participaran los obreros y el público en general no matriculado formalmente en la universidad. Así mismo, los estudiantes denunciaban el atraso científico de la universidad y sobre todo el carácter "arcaico y elitista del sistema de gobierno en la institución"* Los estudiantes

Nele, ainda, foi expressa a necessidade de uma educação liberal e científica, independente da dominação militar e clerical, bem assim o desejo de mudanças sociais. O Manifesto transcendeu fronteiras e mais do que uma mera insurgência acadêmica, simbolizou o ressurgimento de uma juventude que influenciaria, com a força das ideias e dos ideais, gerações de estudantes latinos americanos.[33] Acorde seus signatários, as universidades deveriam produzir não apenas diplomas, mas homens; deveriam tornar-se centros de pensamento criativo e de poder espiritual. Mais, deveriam enfatizar ideologias modernas e o saber necessário para manejar e solver os problemas comunitários em solidariedade aos povos.[34]

Segundo Darcy Riberio, as postulações básicas de Córdoba foram:

> o cogoverno estudantil; a autonomia política, acadêmica e administrativa da Universidade; a eleição de todos os mandatários pelas assembleias com representação dos

---

aseguraron haberse levantado contra un régimen administrativo autoritario en el que las funciones públicas se ejecutaban favoreciendo a determinados grupos. El Manifiesto hizo un llamado a todos los estudiantes del continente a liberarse de ese autoritarismo universitario imperante en todo el territorio y exigir que sus ideas fuesen reconocidas por medio de sus representantes." Ibid, p.180-181.

O documento redigido por Deodoro Roca e firmado pela juventude cordobesa reclamava a defesa de um governo universitário democrático, por tudo e em tudo incompatível com o autoritarismo representado externamente pelo imperialismo e, internamente, pelo domínio oligárquico e o clerical.

Ele principia com um enunciado contundente e termina conclamando a Argentina e os Estados latino americanos a aderirem à obra de liberdade que se inicia. Litteris: "Hombres de una República libre, acabamos de romper la última cadena que, en pleno siglo XX, nos ataba a la antigua dominación monárquica y monástica. Hemos resuelto llamar a todas las cosas por el nombre que tienen. Córdoba se redime. Desde hoy contamos para el país una vergüenza menos y una libertad más. Los dolores que quedan son las libertades que faltan. Creemos no equivocarnos, las resonancias del corazón nos lo advierten: estamos pisando sobre una revolución, estamos viviendo una hora americana"

[33] Mais do que uma insurgência estudantil contra o ensino anacrônico e a busca da refundação de uma nova democracia universitária, o caudal social no qual ela emergiu evidenciou o protagonismo da nova classe média urbana argentina, considerada pelos especialistas como dinamizadora dos processos reformistas, em oposição a tradicional oligarquia e ao clero. Ademais, a crescente imigração europeia facilitaria a circulação dos ideários liberais e socialistas, acompanhados pela pressão da classe obreira. O ano de 1917 prenunciaria o diálogo entre estes segmentos e a conjugação de interesses em massivas manifestações, como noticia Luis Marco del Pont. Segundo ele:"En el movimiento estudiantil de 1918 desempeñaría un papel importante la clase media. Precisamente serían los hijos de esta clase media quienes iban a reclamar una educación superior acorde a las exigencias de la modernización económica del país. Su propósito era acceder a capas sociales antes vedadas y a profesiones liberales restringidas. No obstante, la Reforma de Córdoba no logró cambios sustanciales en la sociedad argentina ni rompió el modelo de universidad napoleónica decimonónico que tanto criticaba. Es por esto que los críticos del movimiento estudiantil de Córdoba ven en la Reforma una profunda frustración y solo un interés de movilidad social por parte de las clases medias." In: Historia del Movimiento Estudiantil Reformista. Córdoba: Universitas, 2005, p.189-190.

[34] SIMHADRI, Yedla C. Op cit, p. 93.

"Aunque el MUR era un movimiento universitario, sus objetivos eran más amplios; de hecho, proponía una democratización de la universidad de una manera tal que la propia universidad se convertiría en un agente democratizador. Esa fue la justificación del propósito que definía el movimiento de reforma: el cogobierno, lo que implicaba el gobierno autónomo de las universidades por sus estudiantes, profesores y graduados. La participación directa de los estudiantes en la dirección de las universidades fue considerada como un valor en sí y como una salvaguarda contra la tendencia de la "casta universitaria" de encerrarse en su propia torre de marfil. Los fines principales que buscaba el MUR eran la ampliación de la cobertura y el libre acceso a las universidades, la promoción de la investigación científica para contribuir al desarrollo del país y a la extensión universitaria, vista como la colaboración con los sectores menos favorecidos de la población a través de la difusión cultural y la asistencia técnica. Esto condujo a que se definiera una triple función para la nueva universidad y una característica muy propia de la universidad en América Latina: enseñanza, investigación y extensión.". PATIÑO, Pablo Javier. El 'movimiento de Córdoba' y su efecto en la universidad latinoamericana. Op. cit, p. 9.

professores e estudantes; a seleção do corpo docente por meio de concursos públicos que assegurem a ampla liberdade de acesso ao magistério; a fixação de mandatos com prazos fixos (cinco anos geralmente) para o exercício da docência, renováveis mediante a apreciação da eficiência e competência do professor; a gratuidade do ensino superior; a assunção pela Universidade de responsabilidades políticas frente à nação e a defesa da democracia; a liberdade docente; a implantação de cátedras livres e a oportunidade de oferecimento de cursos paralelos ao do professor catedrático dando aos estudantes a oportunidade de escolha entre ambos e a livre assistência às classes. Ademais deste decálogo, os estudantes latino-americanos lutaram vinte anos por uma série de recomendações concernentes à elevação do nível de qualificação do professorado e a melhoria de suas condições de vida e de estudos.[35]

Até então, os modelos implantados na Europa e transplantados para as colônias luso-hispânicas não haviam sido questionados, porquanto atendiam aos interesses das classes dominantes. O grito cordobês instituiu um novo paradigma simbólico e determinante: a concepção de ser a Universidade um patrimônio da sociedade como um todo, e não só da parcela que a frequenta. Ao fim e ao cabo, os jovens de Córdoba plantearam o término do ensino aristocrático, obscuro e impermeável às outras classes sociais.

Pode-se dizer que o Manifesto foi a síntese de um movimento que se iniciou no final do século XIX e início do século XX, e deu azo ao florescimento do pensamento nativista emancipador, de cunho "americanista", contrário às correntes culturais e filosóficas europeias carcomidas. A postura crítica e contestatária que dele emana dirigia-se a todo o ultramar, como se lê abertura do escrito: *"La juventude argentina de Córdoba a los hombres libres de Sudamérica"*.

Este câmbio desencadeou inúmeros desdobramentos, dentre os quais se destacam o estabelecimento de novos vínculos entre a Universidade e a sociedade, bem assim a incorporação da extensão universitária[36] às funções da Instituição de ensino em praticamente todos os países do continente Ibero-americano.[37]

O movimento espraiou-se rapidamente e, em 1919, a Universidade de San Marcos, em Lima, Peru, aderira aos ideais reformadores para já, no ano seguinte, o Congresso Nacional dos Estudantes em Cuzco, avançar nas propostas decidindo pela criação das Universidades Populares Gonzáles Prada. Estas reuniram estudantes, operários e intelectuais, ampliando em muito o raio de influência da reforma. No México, após a derrota da revolução liderada por Emiliano Zapata, foi aprovada uma lei orgânica que garantia a participação comunitária na administração das escolas superiores. Nos anos de 1929 e 1933 os alunos

---

[35] *La universidad latinoamericana*. Chile: Editorial Universitaria, S.A, 1971, 1971, p. 153-154.
[36] A *extensão universitária* traduz-se na ação da Instituição Superior junto à comunidade, a fim de possibilitar o compartilhamento com o público externo dos conhecimentos nela adquiridos. Ela representa a articulação do saber científico advindo do ensino e da pesquisa com as necessidades sociais a fim de interagir, transformar e melhorar a realidade da população.
[37] MAZZILLI, S. *Op cit*, p. 4.

empreenderam árdua luta em prol da autonomia universitária,[38] conquistando-a e fundando a Universidade Autônoma do México.[39]

O embate alastrou-se pelo Chile, Uruguai, Colômbia, Equador, Bolívia e Paraguai, e estendeu-se até a América Central e Caribe.

O triunfo reformista foi fazer a Universidade mais do estudante e mais social e marcar a primeira manifestação filosófica em contraposição à Velha Universidade. Nas palavras de Carlos Cossio: *"La Reforma Universitaria, como advenimiento histórico, en todo momento ha significado simultáneamente una nueva materia, un nuevo derecho y un nuevo último imperativo para la Universidad. Así hemos visto desde su comienzo, regular en última instancia todas sus manifestaciones, el doble anhelo de hacer a la Universidad más del estudiante y más social. Y esto no es un nuevo derecho universitario, sino una finalidad, es decir, una moral que regulaba como forma a todo el nuevo derecho universitario desde su aparición."*[40]

O brado cordobês como contributo para a modernização universitária ultramarina foi inquestionável, responsável pela edificação de uma cultura nativista inovadora e engajada com a etnicidade latina. É certo não ter o movimento transcorrido de forma homogênea, por meio de uma organização autônoma dos atores políticos, a exemplo do Brasil, onde a reforma decorreu de processos tecnocráticos para recrutar recursos humanos, vinculada à lógica utilitarista de provisão das necessidades científicas e tecnológicas das administrações pública e privada, décadas após.[41] Contudo, mesmo sob o pálio da ditadura militar instalada, algumas de suas reivindicações restaram absorvidas pela Lei de Diretrizes e Bases da Educação de 1968 e, *a posterior*, com a redemocratização do regime pela Carta Cidadã de 1988, irradiaria a quintessência de seu espírito, como se discorrerá a seguir.

2 O ensino superior no Brasil: genealogia histórica

Precederam a criação das universidades brasileiras, na década de 1900, as primeiras faculdades de Filosofia com o objetivo de formar professores para a

---

[38] A autonomia universitária relaciona-se com a regulamentação que o Estado estabelece para a administração e as políticas educativas das instituições superiores. Acorde definição de Cecília Pitelli e Javier Pablo Hermo: *"La autonomía universitaria es un ideal de gobierno que regula la vida institucional y que toma cuerpo parcialmente en el espacio real y simbólico que la Universidad puede negociar con el Estado, teóricamente para amparar la libertad de enseñanza e investigación y defender el carácter libre del saber universitario."* La Reforma Universitaria de Córdoba (Argentina) De 1918. Su influencia en el origen de un renovado pensamiento emancipatorio en América Latina. In: *Historia de la Educación*. Ediciones Universidad de Salamanca – España, *Op. cit*, p. 136-137.

[39] Disponível em: <http://mepr.org.br/jep/14-jep-6/78-a-universidade-latino-americana-e-as-historicas-bandeiras-do-movimento-estudantil.html>. Acesso em: 02 mar.2018.

[40] COSSIO, Carlos. La Reforma Universitaria. Desarrolo Historico de su Idea. Revista "NOSOTOS", Año XXIV, Enero 1930, Nº 248. Buenos Aires, p.7. Escreveria, ademáis, o autor:" *Los horizontes espirituales de la vida, la afirmación de la libertad humana, la fe en una ética categórica era lo que los estudiantes sentían de más que los profesores y en cuyo generoso nombre y para cuya realización querían hacer más suya a la Universidad. Cosas que, como circunstancia de hecho, [...] eran patrimonio espiritual filosóficamente exclusivo por cuanto significaban la médula misma de la Nueva Generación [...].*" Id, p. 13.

[41] PAULA, Benjamin Xavier de. *Op cit, p.* 3.

escola secundária. Os discentes eram ensinados nos moldes educacionais europeus, com ênfase na cultura geral e nos conhecimentos pedagógicos. Tal panorama perdurou até a década de 1970 até a Reforma Universitária implantada pela Lei nº 5.540/68, inspirada no modelo norte-americano.[42]

No período Imperial e logo após a Independência, os cursos superiores isolados começaram a ser instalados com a chegada da família real. Nomeiem-se a engenharia da Academia Real da Marinha (1808), a Academia Real Militar (1810), o Curso de Cirurgia da Bahia (1808), de Cirurgia e Anatomia do Rio de Janeiro (1808), de Medicina (1809), de Química (química industrial, geologia e mineralogia – 1817), o Curso de Desenho Técnico (1818) e os Cursos de Direito de São Paulo e Olinda (1854).[43]

Durante a Primeira República (1889-1930) houve um incremento na oferta de vagas superiores, impulsionado especialmente pelo surgimento das escolas livres e não estatais (empreendidas por particulares), porquanto a desoficialização do ensino e a liberdade de cátedra eram bandeiras positivistas.[44]

Curiosamente, as ideias propaladas durante os períodos de liberdade política foram implementadas pelos regimes autoritários subsequentes. Em 1930, o Presidente Getúlio Vargas, em seu governo provisório, criou o Ministério da Educação e Saúde Pública e editou lei que definia regras gerais sobre as universidades conhecidas pelo nome do Ministro da Educação da época, Francisco Campos.[45] A referida legislação autorizava e regulamentava o funcionamento do ensino superior, bem como a cobrança de anuidade, uma vez não ser ele gratuito.[46] A universidade poderia ser oficial (pública) ou livre (privada) e incluir, ao menos, três dos seguintes cursos: Direito, Medicina, Engenharia, Educação, Ciências e Letras. As faculdades eram ligadas por meio de uma reitoria e por vínculos administrativos, preservada, porém, a autonomia jurídica.

O período entre 1931 a 1945 marcou intensa disputa entre as lideranças católicas e laicas no controle educacional. A contestação ao modelo vigente e o pleito em favor da incorporação da pesquisa e da extensão no rol das atribuições universitárias restou deflagrada na década de 1930, sob a liderança de Anísio Teixeira e Fernando Azevedo,[47] orientada pelos ideais humboldtianos.[48] Em

---

[42] SIMÕES, Mara Leite. O surgimento das Universidades no mundo e sua importância para o contexto da formação docente. *Revista Temas em Educação*, João Pessoa, v. 22, n. 2, p. 136-152, jul-dez. 2013.

[43] SAVIANI, Dermeval. A expansão do ensino superior no Brasil: mudanças e continuidades. *Poíesis Pedagógica*, [S.l.], v. 8, n. 2, p. 4-17, abr. 2011, p.7. Disponível em: <https://www.revistas.ufg.br/poiesis/article/view/14035/8876>. Acesso em: 05 abr. 2018. Conforme pontuou o autor. "*foi após a Revolução de 1930 que se retomou o protagonismo do Estado nacional na educação[...]. A partir do final da década de 1940 e ao longo da década de 1950 vão ocorrer as federalizações estendendo-se pelas décadas de 1960 e 1970 o processo de criação das universidades federais, de modo geral nas capitais dos estados federados.*"

[44] PAULA, Benjamin Xavier de. *Op cit*, p. 6.

[45] SAMPAIO, Helena. *Op cit*, p. 12.

[46] MARTINS, Antônio Carlos Pereira. Ensino Superior no Brasil. In: *Acta Cirurgica Brasileira*. v.17, Suppl.3. São Paulo: 2002. *Op cit*.

[47] MAZZILLI, S. *Op cit*. p. 6.

[48] Wilhelm von Humboldt foi funcionário do governo da Prússia (atual Alemanha), fundador da Universidade de Berlin e particularmente reconhecido como o pai do sistema educacional alemão, utilizado como modelo por países como Estados Unidos e Japão. O filósofo defendia que cabe às Instituições Científicas a responsabilidade pelo enriquecimento da cultura moral de uma nação.

1932 os educadores brasileiros mobilizaram-se em torno do *"Manifesto dos Pioneiros da Educação Nova"*,[49] o qual defendia uma ampla reforma no sistema educacional do país.

O ensino superior, portanto, começou a tomar vulto somente a partir de 1931, com o Decreto nº 19.851 (Estatuto das Universidades Brasileiras) e o Decreto nº 19.852 que dispunha sobre a organização da Universidade do Rio de Janeiro, ambos datados 11 de abril de 1931. Em 1937 foi criada a União Nacional dos Estudantes com o objetivo de promover a interveniência discente nos assuntos ligados a qualidade e melhoria da instrução.[50]

Os anos que intercalaram 1945 a 1964 presenciaram lutas estudantis e de jovens professores em defesa da Universidade pública, em oposição às escolas isoladas e particulares.[51] Os debates sobre a educação intensificaram-se no final da década de 1950, polarizando de um lado educadores liberais defensores do ensino estatal, laico e gratuito, e do outro, a Igreja Católica, mantenedora das instituições privadas em expansão.

Nesse interregno foram criadas vinte e duas universidades federais na capital de cada unidade federativa. Foram também instituídas nove universidades religiosas, sendo oito católicas e uma presbiteriana.

Em 1961 foi promulgada a Lei nº 4.024/61, primeira Lei de Diretrizes e Bases da Educação Nacional (LDB), que mudou radicalmente a rigidez do Estatuto Universitário regulado pelos decretos de 1931.

O referido diploma teve por propósito reger o sistema educacional brasileiro com base nos princípios descritos na Constituição de 1946, liberal em sua essência. A primeira Lei de Diretrizes e Bases – LDB, voltou-se para a base curricular dos três graus de ensino: primário, secundário e superior. Nela restaram abrangidos a graduação, a pós-graduação, a especialização, o aperfeiçoamento e a extensão.[52] Para os reformistas da época a norma representou uma derrota por não contemplar

---

[49] O documento, datado de 1932, foi escrito durante o governo de Getúlio Vargas e consolidava a visão de um segmento da elite intelectual que, embora com diferentes posições ideológicas, vislumbrava a possibilidade de interferir na organização da sociedade brasileira do ponto de vista da educação. Redigido por 26 intelectuais, seus subscritores foram brasileiros proeminentes como Fernando de Azevedo, Anísio Teixeira, Afrânio Peixoto, Roquette Pinto e Cecília Meireles. Ao ser lançado no meio do processo de reordenação política resultante da Revolução de 1930, o documento tornou-se o marco inaugural do projeto de renovação educacional do país. Além de constatar a desorganização do aparelho escolar, propunha que o Estado elaborasse um plano geral de educação e defendia a bandeira de uma escola única, pública, laica, obrigatória e gratuita. O movimento foi alvo de críticas contundentes da Igreja Católica que, naquela conjuntura, era uma forte concorrente na expectativa de educar a população porque detinha a propriedade e a orientação de parcela expressiva das escolas da rede privada.

[50] Esboçando uma síntese histórica, SAVIANI sobreleva que a expansão do ensino superior no Brasil iniciada em 1808 por Dom João VI, teve continuidade no Império com o estabelecimento das faculdades de Direito de São Paulo e Olinda. Na Primeira República foram criadas instituições livres e não oficiais, de iniciativa particular. Nova mudança se processou na década de 1930 com a retomada do protagonismo estatal, acentuado nas décadas seguintes, sendo que no início dos anos 60 se observou a federalização das instituições estaduais e privadas, acompanhas da criação de novas universidades federais. *Op. cit*, p. 12-13.

[51] MARTINS, Antônio Carlos Pereira. Ensino Superior no Brasil. In: *Acta Cirurgica Brasileira*. V.17, Suppl.3. São Paulo: 2002. *Op cit*.

[52] MARCHELLI, Paulo Sérgio. Da LDB 4.024/61 ao debate contemporâneo sobre as bases curriculares nacionais. *Revista Científica e-Curriculum*, São Paulo, v. 12, n. 3, p. 1480-1511, 2014. Disponível em: <http://revistas.pucsp.br/index.php/curriculum/article/view/21665>. Acesso em: 13 mar. 2018

a extinção da cátedra e a instituição do sistema departamental dependente de decisões democráticas.[53]

Durante o regime militar, o projeto político educacional foi implementado no sentido de criar um sistema que respondesse às promessas de modernização do Estado e a aceleração do desenvolvimento, por meio da entrada do capital estrangeiro e do desenvolvimento tecnológico.[54]

A segunda Lei de Diretrizes e Bases de 1968, em seu art. 2º, estatuiu que o ensino superior, indissociável da pesquisa, seria ministrado em universidades e, só excepcionalmente, em estabelecimentos isolados, organizados como instituições de direito público ou privado. Com isso, a norma privilegiou um arquétipo organizacional no qual a pesquisa inseria-se no cotidiano acadêmico e a extensão, ainda pouco definida, ofereceria à sociedade resultados, e aos alunos, oportunidades de participação em programas de melhoria das condições da vida comunitária.[55]

Dita reforma, arquitetada pelo segundo governo militar, espelhava um projeto de nação alimentado pelo ideal de grandeza, vivificado pela ideologia anticomunista advinda da Guerra Fria.[56] Extensa e profunda, trouxe no seu bojo medidas importantes como a reformulação da natureza dos exames de ingresso, o estabelecimento de uma carreira universitária aberta e baseada no acesso meritório, a instituição do departamento como unidade mínima de ensino e pesquisa e a criação dos colegiados de curso.[57]

A despeito de alguns avanços, fato é que o *"regime militar iniciado em 1964 desmantelou o movimento estudantil e manteve sob vigilância as universidades públicas, encaradas como focos de subversão, ocorrendo em consequência o expurgo de importantes lideranças do ensino superior e a expansão do setor privado, sobretudo a partir de 1970."*[58] Ironicamente e apesar de ocorrer em clima de deterioração dos direitos civis, a LDB de 1968 inspirou-se em muitas das ideias do movimento estudantil e da

---

[53] MARTINS, Antônio Carlos Pereira. *Op cit.*

[54] CHAUÍ, Marilena. *Escrito sobre a Universidade*. São Paulo: Editora UNESP, 2001, p .73 *et seq.*
Como ponderaria Darcy Ribeiro: *"A separação tradicional entre militares e universitários – graduados em diferentes escolas superiores e submetidos a influências distintas – facilitou um isolamento crescente entre as concepções de uns e outros em relação à nação e à conjuntura mundial na qual ela vive seu destino e seus respectivos papéis sociais e políticos.[...] Uma aproximação entre esses dois segmentos da sociedade talvez tivesse sido possível, uma vez que um número crescente de universitários manifestava a disposição de utilizar os recursos de educação e de investigação das universidades para a luta contra o atraso de seus países e que muitos militares de orientação nacionalista, ainda que direitista, aspiravam a formular um projeto próprio de desenvolvimento nacional autônomo. Entretanto, jamais se aproximaram, e até se separaram ainda mais quando as esquerdas passaram a proclamar, baseadas na experiência cubana, que todos os militares eram irrecuperáveis para a democracia."* In: *A Universidade Necessária*. Rio de Janeiro: Paz e Terra, 1969, p. 21-22.

[55] MACEDO, Artur Roquete de *et. al.* Educação superior no século XXI e a reforma universitária brasileira. *In: Ensaio: Avaliação e Políticas Públicas em Educação*, 2005, 13 (Abril-Junho). Disponível em: <http://www.scielo.br/scielo.php?script=sci_arttext&pid=S0104-40362005000200002>. Acesso em: 06 mar. 2018.

[56] O movimento de 1968 em prol das reformas ganhou dinâmica quando os estudantes ocuparam as principais universidades brasileiras durante todo o primeiro semestre daquele ano. Naquele momento, tornou-se necessário efetuar o ajuste do sistema de ensino, o que culminou com a efetivação de nova reforma.

[57] MACEDO. Artur Roquete de *et. al. Op cit.* Acesso em: 18 mar. 2018.

[58] MARTINS, Antônio Carlos Pereira. Ensino Superior no Brasil. In: *Acta Cirurgica Brasileira*. V.17, Suppl.3. São Paulo: 2002. *Op cit.*

intelectualidade das décadas anteriores, inclusive as do Manifesto de Córdoba. Além dos pontos acima mencionados, organizou o currículo em ciclos básicos e profissionalizante, aboliu a cátedra, institucionalizou a pesquisa e centralizou decisões em órgão federais.[59]

O ajuste processado pela Lei nº 5.540, promulgada em 28 de setembro de 1968, e, mais a frente com a ditadura recrudescida, pela Lei nº 5.692 de 11 de agosto de 1971, revolveu as diretrizes da educação nacional. Em verdade, o governo autoritário intentou apaziguar duas demandas contraditórias: *"a dos estudantes [...] e professores que reivindicavam a abolição da cátedra, a autonomia universitária, mais verbas e vagas para pesquisas; e a dos grupos ligados ao regime militar [...] que buscavam vincular mais fortemente o ensino superior aos mecanismos de mercado e ao projeto político de modernização em consonância com os requerimentos do capitalismo internacional."*[60]

Para Marilena Chauí a reforma de 1968 teve por propósito *"erradicar a possibilidade de contestação interna e externa para atender às demandas de ascensão e prestígio sociais de uma classe média que apoiara o golpe de 64 e reclamava sua recompensa."*[61] A primeira modificação desvirtuada foi a departamentalização. Concebida por Darcy Riberio no antigo projeto da Universidade de Brasília, ela democratizaria a instituição pela supressão das cátedras e a transferência para os docentes do poder decisório. Porém, não foi o que ocorreu. Na realidade, consistiu *"em reunir num mesmo departamento todas as disciplinas afins, de modo a oferecer cursos num mesmo espaço (uma única sala de aula), com o menor gasto material[...] e sem aumentar o número de professores (um mesmo professor devendo ministrar o mesmo curso para maior número de alunos)."*[62]

Por seu turno, a matrícula por disciplina ensejou o parcelamento do ensino superior por meio do cumprimento de créditos referentes às cadeiras cursadas pelos alunos, gerando uma divisão entre disciplinas obrigatórias e optativas. O novo método, associado à criação do curso básico para o ingresso na Universidade acorde as áreas escolhidas – Humanas, Exatas ou Biológicas –, acarretou em aulas ministradas pelo mesmo professor para cursos heterogêneos, o que estabeleceu uma quantitativa desproporção entre o corpo docente e discente e uma massificação do ensino.[63] A fragmentação da graduação dispersou os estudantes e obstaculizou

---

[59] *Id.*

[60] SAVIANI, Dermeval. *op. cit*, p. 9. "O Grupo de Trabalho da Reforma Universitária buscou atender à primeira demanda proclamando a indissociabilidade entre ensino e pesquisa, abolindo a cátedra que foi substituída pelo departamento, elegendo a instituição universitária como forma preferencial de organização do ensino superior e consagrando a autonomia universitária cujas características e atribuições foram definidas e especificadas. De outro lado, procurou atender à segunda demanda instituindo o regime de créditos, a matrícula por disciplina, os cursos de curta duração, a organização fundacional e a racionalização da estrutura e funcionamento. Aprovada pelo Congresso, os dispositivos decorrentes da primeira demanda que não se coadunavam com os interesses do regime instaurado com o golpe de 64, em especial aqueles que especificavam as atribuições relativas ao exercício da autonomia universitária, foram vetados pelo presidente da República. E, por meio do Decreto-lei 464/69, ajustou-se melhor a implantação da reforma aos desígnios do regime."*Id.* p. 9.

[61] CHAUÍ, Marilena. *Escritos sobre a Universidade. Op. cit*, p. 47-48.

[62] *Id.* , p. 48.

[63] *Ibid.*, p. 49-50. "Com efeito, se a reforma pretendeu atender às demandas sociais por educação superior, abrindo as portas da universidade, e se com a entrada das "massas" na universidade não houve crescimento proporcional

a vivência acadêmica conjunta devido a inexistência de turmas, substituídas por grupos alunos que se desfaziam ao final de cada semestre.[64]

Pode-se afirmar que sob o bajo do regime militar, o ensino superior brasileiro passou por duas fases de forte expansão. A primeira, no período subjacente à reforma de 1968; a segunda, ao longo da década de 1970 quando muitas instituições, predominantemente privadas, foram criadas para atender a uma demanda crescente não amparada pela universidade pública, limitada que estava pelos altos custos acarretados pela indissociabilidade do ensino-pesquisa e pela desguarnição de recursos orçamentários.[65] A consequência inexorável foi a vinculação do conhecimento ao treinamento para a produtividade.[66] A subordinação das Universidades ao Ministério do Planejamento da época, e não ao da Educação, descortinava *"o modelo organizacional da grande empresa, que tinha o rendimento como fim, a burocracia como meio e as leis do mercado como condição."*[67]

Iniciados os trabalhos da Assembleia Nacional Constituinte em 1986, foi instituído o Fórum da Educação que ofereceu propostas subscritas por entidades científicas e sindicais. Nelas restaram incorporadas os postulados do novo/velho projeto educacional, os quais contemplavam: o ensino público e gratuito; a autonomia e a democratização das universidades; a carreira docente; os concursos públicos; as eleições diretas para dirigentes universitários; a participação da comunidade na vida acadêmica; os financiamentos e as concepções pedagógicas.[68]

Salienta Dermeval Saviani que:

> A Constituição de 1988 incorporou várias das reivindicações relativas ao ensino superior. Consagrou a autonomia universitária, estabeleceu a indissociabilidade entre ensino pesquisa e extensão, garantiu a gratuidade nos estabelecimentos oficiais, assegurou o ingresso por concurso público e o regime jurídico único. Nesse contexto a demanda dos dirigentes de instituições de ensino superior públicas e de seu corpo docente encaminhou-se na direção de uma dotação orçamentária que viabilizasse o exercício pleno da autonomia e, da parte dos alunos e da sociedade, de modo geral, o que se passou a reivindicar foi a expansão das vagas das universidades públicas.[69]

---

da infra-estrutura de atendimento (bibliotecas, laboratórios) nem do corpo docente, é porque está implícita a idéia de que para a "massa" qualquer saber é suficiente, não sendo necessário ampliar a universidade de modo a fazer com que a quantidade não implicasse diminuição da qualidade." *Ibid.,* p51.
Sobre a massificação da educação consultar: FREIRE, Paulo. *Educação como Prática da Liberdade.* Rio de Janeiro: Civilização Brasileira e Paz e Terra, 1967.

[64] *Ibid.,* p. 49.
[65] Em 1980 o país contava com 882 instituições de ensino superior: 65 universidades, 20 faculdades integradas e 797 estabelecimentos isolados. O total de matrículas, que em 1964 fora de 142.386, passou a 1.377.286 em 1980, 52,6% das quais em instituições não universitárias.
[66] CHAUÍ, Marilena. *Escrito sobre a universidade. Op. cit,* p. 52.
[67] *Id.,* p. 56.
[68] MAZZILLI, S. *Op cit,* p.10.
[69] SAVIANI, Dermeval. A Expansão do Ensino Superior no Brasil: Mudanças e Continuidades. *Poíesis Pedagógica,* [S.l.], v. 8, n. 2, p. 4-17, abr. 2011. ISSN 2178-4442. Disponível em: <https://www.revistas.ufg.br/poiesis/article/view/14035/8876>. Acesso em: 05 abr. 2018.

O conceito de não fragmentação entre ensino, pesquisa e extensão como referência para a organização do trabalho curricular, embora de difícil concretização em face das condições estruturais existentes, impôs a imperiosa premissa de pensar e propor alternativas de ensino contrapostas aos modelos baseados exclusivamente na lógica do mercado.[70]

Por derradeiro, no final dos anos de 1990, o Brasil vivenciou um acentuado incremento da educação universitária devido ao aumento significativo das instituições superiores privadas e a decorrente elevação das vagas. O mencionado desenvolvimento é percebido quando consideradas as transformações ocorridas no cenário internacional e nacional, a demandarem inovações para a sociedade em geral e para a educação em particular, com vistas a atender às novas demandas sociais e trabalhistas.[71] Vivenciou a década, por igual, uma diversificação organizacional com o redirecionamento do modelo napoleônico para o anglo-saxão e o refreamento da criação das universidades públicas.

No tocante ao centenário documento de Córdoba, sua principiologia restou incorporada pela trintenária Carta Política de 1988 e, ainda hoje, é invocada para sobrelevar discussões que envolvem a autonomia, a eleição dos dirigentes pela comunidade acadêmica, os concursos para a provisão de cargos docentes, a docência e a assistência livre, a gratuidade do ensino, a renovação dos métodos de aprendizagem, a assistência social para permanência dos estudantes, bem assim, a implementação da extensão.

Sem dúvida, o movimento orquestrado pelos "maestros da juventude" do primeiro quartel do século XX, ressoou por toda a Ibero América e graças ao seu triunfo as Universidades do Continente *"no fue lo que ha de ser, pero dejó de ser lo que venía siendo"*, na expressão de Germán Arciniegas.[72]

---

[70] MAZZILLI, S. *Op cit*, p. 11.

[71] CASTRO, Alda Maria Duarte Araújo. Ensino Superior no Brasil: expansão e diversificação. NETO, Antonio Cabral; NASCIMENTO, Ilma Vieira do; LIMA, Rosângela Novaes. (Orgs.). In: *Política pública de educação no Brasil: compartilhando saberes e reflexões*. Porto Alegre: Sulina, 2006.

[72] *Apud*:ALONSO, Gabriel David Samacá; TARAZONA, Álvaro Acevedo. In: De la reforma de Córdoba al Cordobazo La universidad como escenario de las luchas por la democracia en Argentina, 1918- 1969..., *Op. cit*, p. 190.
Ao falar sobre as universidades latinoamericanas e o modelo que as inspiraram, a Universidade Napoleônica, Darcy Ribeiro descortina a falácia da ideia. Segundo ele: [...] "sólo heredaron la postura antiuniversitaria fomentadora de escuelas autárquicas, el profesionalismo, la erradicación de la teología y la introducción del culto positivista hacia las nuevas instituciones jurídicas que regulan el régimen capitalista y sus cuerpos de autojustificación. Aún estos valores fueron degradados, ya que al ser trasplantados no dieron lugar a una aceleración evolutiva, como economías capitalistas independientes sino, por el contrario, perpetuaron los intereses del pacto oligárquico formado por el patronato empresarial y el patriciado burocrático. Los primeros estaban ocupados en mantener los latifundios y las empresas de importación y exportación, cuya prosperidad se asentaba precisamente en la complementariedad entre la economía interna y la internacional. Los patricios, en cambio, estaban ocupados con sus cargos y prebendas; unos, sacaban su riqueza y poder de la explotación económica; los otros, del ejercicio de funciones político-burocráticas." *Id*, p. 133.
Cumpre destacar os três modelos universitários clássicos que influenciaram o ensino superior Iberoamericano: o napoleônico, no qual prevalece o controle do Estado na manutenção das instituições; o anglo-saxônico, com destaque para o protagonismo da sociedade civil; e o prussiano (adotado por Humboldt na Universidade de Berlim) baseado na supremacia e autonomia da comunidade acadêmica. O Brasil, até o advento da Carta de 1988, adotou o francês. Após sua promulgação, manifestar-se-iam tendências diferenciadoras que culminaram na modificação do padrão de ensino superior. Foi quando se distinguiu universidade de pesquisa e universidade de ensino. O Decreto 2360/97 introduziu a classificação acadêmica das universidades e dos centros universitários, esses últimos as anteriormente chamadas *universidades de ensino*, que não necessitavam desenvolver pesquisa

É seguro afirmar que os estudantes argentinos quebrantaram tradições colonialistas europeias e revigoraram os valores culturais nativistas,[73] contribuindo para a recuperação da identidade comum de uma América Latina unida e independente.[74]

A despeito de não ter alcançado seus objetivos de forma imediata no Brasil, o "Grito de Córdoba", ecoou vitorioso, mormente por ter moldado gerações de professores universitários sob seus princípios e significados, sob cuja base exsurgia a laicidade e o engajamento social da Educação no país.

3 A educação na Constituição brasileira de 1988

A vigente Lei Fundamental dedicou toda a Seção I do Capítulo III – artigos 205 a 214 – à Educação, Cultura e Desporto, incorporando algumas das questões debatidas no continente latino-americano desde o Manifesto de Córdoba. O art. 205 preceitua ser a educação direito de todos e dever do Estado, cuja promoção e incentivo conta com a colaboração da sociedade, tendo por escopo o pleno desenvolvimento da pessoa, seu preparo para o exercício da cidadania e sua qualificação para o trabalho.

Contêm a norma importante carga de programaticidade e de dirigismo constitucional e seu acatamento traduz-se em legítimo dever do Poder Executivo que, se inadimplir, poderá ser compelido na esfera judicial.

À evidência, falar em direito à educação é reconhecer o papel indispensável dos fatores sociais na formação do indivíduo, uma vez que este não poderia adquirir suas estruturas mentais mais essenciais sem uma contribuição exterior.[75] E, diversos são os aspectos que a envolvem, dentre os quais se destacam o permanente aperfeiçoamento cultural e científico da sociedade.

A relevância de uma educação de qualidade para a completa eficácia das preceituações magnas fundamentalizadas supre deficiências na formação intelectual do sujeito e desinibe sua capacitação democrática para a formação da vontade estatal.[76]

O ensino superior, especificamente, encontra guarida no art. 207 da Carta Magna Pátria ao versar acerca da autonomia didático-científica, administrativa e de gestão das instituições que o ministram, determinando a indissolubilidade entre ensino, pesquisa e extensão. A noção de autonomia define o núcleo de

---

como alternativa à necessidade de expansão do número de vagas. Assim, os centros universitários forneciam vagas de custo mais baixo em contraposição às universidades de pesquisa que concentravam o grosso do investimento público. *A posteriori*, com a edição da nova LDB de 1997, procederam-se ajustes ao modelo francês, por meio da incorporação de elementos anglo-saxônicos, de vertente norte-americana, em razão do maior estreitamento dos laços universitários com as demandas do mercado. SAVIANI, Dermeval. *Op cit*, p. 7.

[73] OLIVEIRA, Dalila Andrade de; AZEVEDO, Mario Luiz Neves de. *A atualidade dos ensinamentos da Reforma de Córdoba (1918). Ou qual a herança de Córdoba nas reformas atuais?* Disponível em: <http://biblioteca.clacso.edu.ar/ar/libros/grupos/reforAboit/08oliaze.pdf>. Acesso em: 26 fev. 2018.

[74] PITTELI, Cecília; HERMO, Javier Pablo. *Op. cit*, p. 148.

[75] MALISKA, Marcos Augusto. In: *Comentários à Constituição do Brasil*. J.J Canotilho *et al* – São Paulo: Saraiva/Almedina, 2013, pp.1964 *et seq*.

[76] MENDES, Gilmar Ferreira; BRANCO, Paulo Gustavo Gonet. *Curso de Direito Constitucional*. 11. ed. São Paulo: Saraiva, 2016, p. 675.

independência funcional dos órgãos, assinalando os parâmetros normativos em cujo círculo devem atuar, observadas as regrações estabelecidas.[77]

Em se tratando das universidades federais brasileiras, pertinente a reflexão de dever-se buscar a compatibilidade entre a autonomia conferida pela *Norma Normarum* e sua condição de autarquia, o que implica na necessidade de marcos regulatórios infraconstitucionais que lhes confiram características especiais de gestão, com o fito de diferenciá-las dos demais entes de igual natureza.[78]

Consiste a autonomia didática no reconhecimento da competência universitária para definir os conteúdos a serem por ela ofertados aos estudantes. A científica compreende a liberdade do docente em pesquisar e ensinar o que crê ser verdade, bem como a da própria instituição no que concerne ao desenvolvimento das disciplinas ministradas. Neste ponto cabe uma ressalva: apesar de bela, a liberdade de cátedra não é absoluta, tendo em vista que basear o conteúdo oferecido em sala de aula na crença pessoal do docente pode levar ao desvirtuamento do próprio objetivo da *Universitas*, que é precisamente o de fomentar o raciocínio e o pensamento crítico.Quanto a autonomia administrativa é relativa à edição de normas organizacionais internas e, a de gestão patrimonial, toca na independência dos recursos financeiros disponíveis.

Um traço constitucional marcante é a incumbência do Estado Brasileiro de prover, obrigatoriamente, a educação básica e fundamental, mas não de garantir a universalização da educação superior. O acesso aos níveis mais elevados de ensino no país advém das capacidades intelectuais de cada aluno, *ex vi* do art. 208, I e V.[79] Contudo, insta salientar, a premência, cada vez maior e imediata, de assegurar-se aos segmentos sociais e economicamente vulneráveis a possibilidade de adentrarem os umbrais universitários. Para tanto, ações afirmativas foram adotadas pelo Governo, cuja constitucionalidade restou reconhecida pelo Supremo Tribunal Federal na ADPF 186 [80] e na

---

[77] RANIERI, Nina. *Autonomia Universitária: As Universidades Públicas e a Constituição Federal de 1988*. São Paulo: Editora Universidade de São Paulo, 1969, p. 138.

[78] *Id*, p.139.

[79] "Art. 208. O dever do Estado com a educação será efetivado mediante a garantia de: *I – educação básica obrigatória e gratuita dos 4 (quatro) aos 17 (dezessete) anos de idade, assegurada inclusive sua oferta gratuita para todos os que a ela não tiveram acesso na idade própria;* (Redação dada pela Emenda Constitucional nº 59, de 2009) (Vide Emenda Constitucional nº 59, de 2009) II – progressiva universalização do ensino médio gratuito; (Redação dada pela Emenda Constitucional nº 14, de 1996) III – atendimento educacional especializado aos portadores de deficiência, preferencialmente na rede regular de ensino; IV – educação infantil, em creche e pré-escola, às crianças até 5 (cinco) anos de idade; (Redação dada pela Emenda Constitucional nº 53, de 2006) *V – acesso aos níveis mais elevados do ensino, da pesquisa e da criação artística, segundo a capacidade de cada um;* VI – oferta de ensino noturno regular, adequado às condições do educando; VII – atendimento ao educando, em todas as etapas da educação básica, por meio de programas suplementares de material didático-escolar, transporte, alimentação e assistência à saúde. (Redação dada pela Emenda Constitucional nº 59, de 2009)."

[80] Leia-se a ementa: "ARGUIÇÃO DE DESCUMPRIMENTO DE PRECEITO FUNDAMENTAL. ATOS QUE INSTITUÍRAM SISTEMA DE RESERVA DE VAGAS COM BASE EM CRITÉRIO ÉTNICO-RACIAL (COTAS) NO PROCESSO DE SELEÇÃO PARA INGRESSO EM INSTITUIÇÃO PÚBLICA DE ENSINO SUPERIOR. ALEGADA OFENSA AOS ARTS. 1º, *CAPUT*, III, 3º, IV, 4º, VIII, 5º, I, II XXXIII, XLI, LIV, 37, *CAPUT*, 205, 206, *CAPUT*, I, 207, *CAPUT*, E 208, V, TODOS DA CONSTITUIÇÃO FEDERAL. AÇÃO JULGADA IMPROCEDENTE. I – Não contraria – ao contrário, prestigia – o princípio da igualdade material, previsto no *caput* do art. 5º da Carta da República, a possibilidade de o Estado lançar mão seja de políticas de cunho universalista, que abrangem um número indeterminados de indivíduos, mediante ações de natureza estrutural, seja de ações afirmativas, que atingem

ADI 3.330.[81] A atuação pretoriana a favor da concretização dos direitos coletivos e individuais amplia-se paulatinamente na paisagem jurídica nacional para

> grupos sociais determinados, de maneira pontual, atribuindo a estes certas vantagens, por um tempo limitado, de modo a permitir-lhes a superação de desigualdades decorrentes de situações históricas particulares. II – O modelo constitucional brasileiro incorporou diversos mecanismos institucionais para corrigir as distorções resultantes de uma aplicação puramente formal do princípio da igualdade. III – Esta Corte, em diversos precedentes, assentou a constitucionalidade das políticas de ação afirmativa. IV – Medidas que buscam reverter, no âmbito universitário, o quadro histórico de desigualdade que caracteriza as relações étnico-raciais e sociais em nosso País, não podem ser examinadas apenas sob a ótica de sua compatibilidade com determinados preceitos constitucionais, isoladamente considerados, ou a partir da eventual vantagem de certos critérios sobre outros, devendo, ao revés, ser analisadas à luz do arcabouço principiológico sobre o qual se assenta o próprio Estado brasileiro. V – Metodologia de seleção diferenciada pode perfeitamente levar em consideração critérios étnico-raciais ou socioeconômicos, de modo a assegurar que a comunidade acadêmica e a própria sociedade sejam beneficiadas pelo pluralismo de ideias, de resto, um dos fundamentos do Estado brasileiro, conforme dispõe o art. 1º, V, da Constituição. VI – Justiça social, hoje, mais do que simplesmente redistribuir riquezas criadas pelo esforço coletivo, significa distinguir, reconhecer e incorporar à sociedade mais ampla valores culturais diversificados, muitas vezes considerados inferiores àqueles reputados dominantes. VII – No entanto, as políticas de ação afirmativa fundadas na discriminação reversa apenas são legítimas se a sua manutenção estiver condicionada à persistência, no tempo, do quadro de exclusão social que lhes deu origem. Caso contrário, tais políticas poderiam converter-se benesses permanentes, instituídas em prol de determinado grupo social, mas em detrimento da coletividade como um todo, situação – é escusado dizer – incompatível com o espírito de qualquer Constituição que se pretenda democrática, devendo, outrossim, respeitar a proporcionalidade entre os meios empregados e os fins perseguidos. VIII – Arguição de descumprimento de preceito fundamental julgada improcedente. (ADPF 186, Relator(a): Min. Ricardo Lewandowski, Tribunal Pleno, julgado em 26/04/2012, Acórdão Eletrônico DJe-205 Divulg: 17-10-2014, Public: 20-10-2014).
>
> [81] "AÇÕES DIRETAS DE INCONSTITUCIONALIDADE. MEDIDA PROVISÓRIA Nº 213/2004, CONVERTIDA NA LEI Nº 11.096/2005. PROGRAMA UNIVERSIDADE PARA TODOS – PROUNI. AÇÕES AFIRMATIVAS DO ESTADO. CUMPRIMENTO DO PRINCÍPIO CONSTITUCIONAL DA ISONOMIA. 1. A FENAFISP não detém legitimidade para deflagrar o processo de fiscalização abstrata de constitucionalidade. Isto porque, embora o inciso IX do art. 103 da Constituição Federal haja atribuído legitimidade ativa ad causam às entidades sindicais, restringiu essa prerrogativa processual às confederações sindicais. Precedentes. Ação Direta de Inconstitucionalidade nº 3.379 não conhecida. Participação da entidade no processo, na qualidade de amicus curiae. 2. A conversão de medida provisória em lei não prejudica o debate jurisdicional sobre o atendimento dos pressupostos de admissibilidade desse espécime de ato da ordem legislativa. Presentes, no caso, a urgência e relevância dos temas versados na Medida Provisória nº 213/2004. 3. A educação, notadamente a escolar ou formal, é direito social que a todos deve alcançar. Por isso mesmo, dever do Estado e uma de suas políticas públicas de primeiríssima prioridade. 4. A Lei nº 11.096/2005 não laborou no campo material reservado à lei complementar. Tratou, tão-somente, de erigir um critério objetivo de contabilidade compensatória da aplicação financeira em gratuidade por parte das instituições educacionais. Critério que, se atendido, possibilita o gozo integral da isenção quanto aos impostos e contribuições mencionados no art. 8º do texto impugnado. 5. Não há outro modo de concretizar o valor constitucional da igualdade senão pelo decidido combate aos fatores reais da desigualdade. O desvalor da desigualdade a proceder e justificar a imposição do valor da igualdade. A imperiosa luta contra as relações desigualitárias muito raro se dá pela via do descenso ou do rebaixamento puro e simples dos sujeitos favorecidos. Geralmente se verifica é pela ascensão das pessoas até então sob a hegemonia de outras. Que para tal viagem de verticalidade são compensadas com esse ou aquele fator de supremacia formal. Não é toda superioridade juridicamente conferida que implica negação ao princípio da igualdade. 6. O típico da lei é fazer distinções. Diferenciações. Desigualações. E fazer desigualações para contrabater renitentes desigualações. A lei existe para, diante dessa ou daquela desigualação que se revele densamente perturbadora da harmonia ou do equilíbrio social, impor uma outra desigualação compensatória. A lei como instrumento de reequilíbrio social. 7. Toda a axiologia constitucional é tutelar de segmentos sociais brasileiros historicamente desfavorecidos, culturalmente sacrificados e até perseguidos, como, verbi gratia, o segmento dos negros e dos índios. Não por coincidência os que mais se alocam nos patamares patrimonialmente inferiores da pirâmide social. A desigualação em favor dos estudantes que cursaram o ensino médio em escolas públicas e os egressos de escolas privadas que hajam sido contemplados com bolsa integral não ofende a Constituição pátria, porquanto se trata de um descrímen que acompanha a toada da compensação de uma anterior e factual inferioridade ("ciclos cumulativos de desvantagens competitivas"). Com o que se homenageia a insuperável máxima aristotélica de que a verdadeira igualdade consiste em tratar igualmente os iguais e desigualmente os desiguais, máxima que Ruy Barbosa interpretou como o ideal de tratar igualmente os iguais, porém na medida em que se igualem; e tratar desigualmente os desiguais, também na medida em que se desigualem. 8. O PROUNI é um programa de ações afirmativas, que se operacionaliza mediante concessão de bolsas a alunos de baixa renda e diminuto grau de patrimonilização. Mas um programa concebido para operar por ato de adesão ou participação absolutamente voluntária, incompatível, portanto, com qualquer ideia de vinculação forçada. Inexistência de violação aos princípios constitucionais da autonomia universitária (art. 207) e da livre iniciativa (art. 170). 9. O art. 9º da Lei nº 11.096/2005 não desrespeita o inciso XXXIX do art. 5º da Constituição Federal, porque a matéria nele (no art. 9º) versada não é de natureza penal, mas, sim, administrativa. Trata-se das únicas sanções aplicáveis aos casos de descumprimento das obrigações, assumidas pelos estabelecimentos de ensino superior, após a assinatura do termo de adesão ao programa. Sancionamento a cargo do Ministério da Educação, condicionado à abertura de processo administrativo, com total observância das garantias constitucionais do contraditório e da ampla defesa. 10. Ação Direta de Inconstitucionalidade nº 3.379 não conhecida." ADIs 3.314 e 3.330 julgadas improcedentes. (ADI 3330, Relator(a): Min. Ayres Britto, Tribunal Pleno, julgado em 03/05/2012, acórdão eletrônico DJE-055 Divulg:21-03-2013 Public: 22-03-2013, RTJ, vol-00224-01, p-00207).

conferir perspectiva viável às garantais pétreas, subtraídas historicamente das minorias segregadas. Educar, como diria Paulo Freire, é acima de tudo, *"pensar a rejeição mais decidida a qualquer forma de discriminação. A prática preconceituosa de raça, de classe, de gênero ofende a substantividade do ser humano e nega radicalmente a democracia."*[82]

No tocante à gratuidade do ensino, a Súmula Vinculante nº 12 do STF pacificou entendimento no sentido da inconstitucionalidade da cobrança de taxa de matrícula das Universidades Públicas por violação ao disposto no art. 206, IV da Constituição[83] que prevê o ensino sem ônus financeiro em estabelecimentos oficiais. A inteligência da orientação hermenêutica, no entanto, não se estende aos cursos de pós-graduação e extensão.[84]

4 Conclusão

No século passado os paradigmas educacionais dos Estados Ocidentais esgotar-se-iam por múltiplas razões. O ritmo e a intensidade das mudanças laborais, a evolução do conhecimento em todas as áreas, a transformação da Ciência e do Saber em força produtiva, o surgimento contínuo de novas especialidades e as demandas permanentes de estereótipos profissionais distinguidos pela flexibilidade e pela interdisciplinaridade até então inimagináveis, afetaria todo o sistema pedagógico e orientaria projetos transformativos na propedêutica dominante.[85]

---

[82] FREIRE, Paulo. *Pedagogia da Autonomia: Saberes Necessários à Prática Educativa*. 25. ed, São Paulo: Paz e Terra, 1996.p.19-20.

[83] "Art. 206. O ensino será ministrado com base nos seguintes princípios: I – igualdade de condições para o acesso e permanência na escola; II – liberdade de aprender, ensinar, pesquisar e divulgar o pensamento, a arte e o saber; III – pluralismo de idéias e de concepções pedagógicas, e coexistência de instituições públicas e privadas de ensino; *IV – gratuidade do ensino público em estabelecimentos oficiais;* V – valorização dos profissionais da educação escolar, garantidos, na forma da lei, planos de carreira, com ingresso exclusivamente por concurso público de provas e títulos, aos das redes públicas; (Redação dada pela Emenda Constitucional nº 53, de 2006) VI – gestão democrática do ensino público, na forma da lei; VII – garantia de padrão de qualidade. VIII – piso salarial profissional nacional para os profissionais da educação escolar pública, nos termos de lei federal. (Incluído pela Emenda Constitucional nº 53, de 2006)."

[84] Vide o seu teor: "A cobrança de taxa de matrícula nas universidades públicas viola o disposto no art. 206, IV, da Constituição Federal." A súmula 12 teve como precedente representativo o Recurso Extraordinário 500.171, Relator Min. Ricardo Lewandowski, 13-8-2008, *DJE* 202 de 24-10-2008, Tema 40. Leia-se excerto do julgado: "[...] a gratuidade do ensino público em estabelecimentos oficiais, conforme se lê no *caput* do art. 206, IV, configura um princípio. Um princípio que não encontra qualquer limitação, no tocante aos distintos graus de formação acadêmica. (...) O que não se mostra factível, do ponto de vista constitucional, é que as universidades públicas, integralmente mantidas pelo Estado, criem obstáculos de natureza financeira para o acesso dos estudantes aos cursos que ministram, ainda que de pequena expressão econômica, a pretexto de subsidiar alunos carentes, como ocorre no caso dos autos. (...) Não se afigura razoável, ademais, que se cobre uma taxa de matrícula dos estudantes das universidades públicas, em especial das federais, visto que a CF/1988, no art. 212, determina à União que aplique, anualmente, nunca menos de 18% da receita resultante de impostos na manutenção e desenvolvimento do ensino."

[85] MACEDO, Artur Roquete de *et. al. Op cit.* Acesso em: 18 mar. 2018.

O acesso aos bancos universitários de outrora, hoje não se limita à obtenção de um título ou diploma; requer do graduado o exercício qualitativo do ofício.

Nesta perspectiva, a educação na contemporaneidade exsurge como um trunfo indispensável para a construção da paz, liberdade e justiça social, indispensável ao desenvolvimento da Pessoa,[86] premida pelas exigências de um mundo conectado.

Agregue-se, sofrerem, tanto as instituições de ensino superior de caráter privado quanto às de caráter público em menor proporção, a interferência direta das imposições mercadológicas. Indubitavelmente o panorama é crítico na medida em que o contexto econômico redefine o papel da *Universitas*, comprometendo-a, negativamente, com uma lógica mercantilista, que incorpora conceitos de excelência seletiva e vocacionalismo.

Por isso, sua adaptação *ipso facto* ao mundo competitivo deve estar atenta aos retrocessos ou à estagnação na produção dos saberes. O oferecimento do conhecimento utilitário, que sirva aos projetos de industrialização, definha a inteligência. E os cursos que mais se ressentem são os das Ciências Sociais e Humanas por falta de amparo orçamentário para o desenvolvimento das pesquisas e investigações.[87]

Por óbvio, existe uma correlação real e direta entre recursos financeiros, quantidade de vagas e qualidade da educação. Ninguém crê que a expansão do ensino superior seja viável sem suportes substanciais e, diante desta encruzilhada, a Academia, acuada, é obrigada a repensar suas posturas e a sociedade a conscientizar-se de que desperdiçar cérebros é eticamente condenável e socialmente inaceitável, uma responsabilidade que, por certo, cabe ao Estado e aos cidadãos.[88]

Para além, o século XXI tem como característica marcante a globalização e a emergência da sociedade do conhecimento, que promoveram significativos câmbios no ensino. O progresso tecnológico evidencia e propicia o armazenamento, o processamento, a recuperação e a informação direta que não é mais unilateral,

---

[86] SILVA, E. L; CUNHA, M. V. (2002). *A formação profissional no século XXI: desafios e dilemas*. Ci. Inf., 31 (3), 77-82. Disponível em: <http://www.scielo.br/pdf/ci/v31n3/a08v31n3>. Acesso em: 19 mar. 2018.

[87] Notório as universidades e instituições de ensino superior, mesmo as inseridas em países com economias distintas e identidades diferentes, serem afetadas, de forma mais ou menos intensa pelas novas demandas da economia global e pelos novos papéis desempenhados pelo Estado sob os quais se acrescenta a interferência das "recomendações" embutidas em relatórios, documentos e empréstimos financeiros de organismos multilaterais a serviço dos Estados centrais. A mensagem é clara: de um modo geral, as políticas educacionais vem impondo o padrão anglo-saxônico, que configura a Universidade não mais como uma instituição social, nos moldes clássicos, mas como uma organização social neoprofissional, heterônoma, operacional e empresarial/competitiva. MANCEBO, Deise, *et ali*. Crise e reforma do Estado e da Universidade Brasileira: implicações para o trabalho docente. In: *Educar*. N. 28, p. 37-53. Curitiba: Editora UFPR, 2006. Disponível em: <http://www.scielo.br/pdf/er/n28/a04n28>. Acesso em: 02 abr. 2018.

[88] RISTOFF, Dilvo; ARAÚJO, Luiz. A universidade que o novo Brasil precisa. In: *A Universidade na Encruzilhada: Seminário Universidade: Por que e como reformar*. Brasília 6-7 de agosto de 2003. Disponível em: <http://unesdoc.unesco.org/images/0013/001339/133968por.pdf>. Acesso em: 26 mar. 2018.

mas fruto de uma vasta colaboração cognitiva distribuída entre humanos e sistemas de inteligências artificiais.[89]

Daí porque a educação do terceiro milênio há de ordenar as diferentes sequências de aprendizagem (educação básica, secundária e superior), gerir transições e diversificar percursos, valorizando-os. Mais, deverá preocupar-se com a formação da Pessoa em sentido lato e, não somente, profissional.

Marilena Chauí pondera com percuciência haver duas maneiras, sutis e perigosas, de instrumentalizar a cultura.

> A primeira consiste em convencer cada indivíduo de que estará fadado à exclusão social se cada uma de suas experiências não for precedida de informações que orientem suas ações, sentimentos e desejos [...]. A cultura se transforma em guia prático para viver corretamente e, consequentemente, em poderoso elemento de intimidação social. A segunda consiste em confundir conhecimento e pensamento. Conhecer é apropriar-se intelectualmente de um campo dado de fatos ou de idéias que constituem o saber estabelecido. Pensar é enfrentar pela reflexão a opacidade de uma experiência nova cujo sentido ainda precisa ser produzido pelo trabalho reflexivo, sem outra garantia senão o contato com a própria experiência. O conhecimento se move na região do instituído; o pensamento, na do instituinte."[90]

Antes de mais, a Universidade deve ensinar o significado do pensamento como quintessência da humanidade. O *Cogito, ergo sum* propõe a universalidade da dúvida à alma pensante, que raciocina, deseja, sente, imagina, lembra, em suma, existe. Por isso a maior contribuição da *Universitas* é instigar a razão. Nas palavras de Paulo Freire, *"ninguém nasce feito: é experimentando-nos no mundo que nos fazemos."*[91]

Albergando o conhecimento como honestidade moral autoconsciente, Edgar Morin propõe os sete saberes necessários para o processo educativo, nominando a importância de ensinar-se a identidade terrena, a compreensão e a condição ética do gênero humano por meio do enfrentamento das incertezas e da detecção das cegueiras paradigmáticas, visíveis e ocultas, seus erros e ilusões. A inteligibilidade, na era planetária, está em *"situar tudo no contexto e no complexo [...]. O conhecimento do mundo como mundo é necessidade ao mesmo tempo intelectual e vital. E o problema*

---

[89] SILVA, Edna Lúcia da; CUNHA, Miriam Vieira da. A Formação profissional no século XXI: desafios e dilemas. *Revista IBICT*, Brasília, v. 31, n. 3, p. 77-82, set./dez. 2002, p.77-78. Disponível em: <http://revista.ibict.br/ciinf/article/view/950/987>. Acesso em: 01 jul. 2018.

[90] Escritos sobre a universidade. Op. cit, p.59.

[91] Segundo Freire, é "reinventando-se a si mesmo, experimentando ou sofrendo a tensa relação entre o que herda e o que recebe ou adquire do contexto social que cria e que o recria, que o ser humano veio se tornando este ser que, para ser, tem de estar sendo. Este ser histórico e cultural que não pode ser explicado somente pela biologia ou pela genética nem tampouco apenas pela cultura. Que não pode ser explicado somente por sua consciência como se esta em lugar de ter-se constituído socialmente e transformado seu corpo em um corpo consciente tivesse sido a criadora todo poderosa do mundo que o cerca, nem tampouco pode ser explicado como puro resultado das transformações que se operaram neste mundo. Este ser que vive, em si mesmo, a dialética entre o social, sem o que não poderia ser e o individual, sem o que se dissolveria no puro social, sem marca e sem perfil." Política e Educação: ensaios. 5. ed, São Paulo: Cortez, p.35.

universal de todo cidadão do novo milênio é: como ter acesso às informações sobre o mundo e como ter possibilidade de articulá-las e organizá-las? Como perceber e conceber o Contexto, o Global (a relação todo/partes), o Multidimensional, o Complexo?"[92]

Nesse norte, posicionou-se o Relatório da Comissão Internacional sobre a Educação para o século XXI da UNESCO, que prestigiou como os pilares da educação criativa: aprender a conviver, aprender a conhecer, aprender a fazer, aprender a ser.[93]

Na verdade, o Relatório espelha uma releitura atualizada do postulado da cultura integral, proclamado em Córdoba em 1918, que enfatizava a necessidade de educar com base na totalidade dos valores humanos, respeitados em sua

---

[92] MORIN, Edgar. *Os setes saberes necessários à educação do futuro*. Tradução: Catarina Eleonora F. da Silva e Jeanne Sawaya, Revisão técnica: Edgar Assis de Carvalho. 2. ed, São Paulo: Cortez, Brasília, DF: Unesco, 2000, p. 35. SILVA e CUNHA ao analisar a obra de Edgar Morin (Os sete saberes necessários à educação do futuro), ressaltam *"que o conhecimento comporta erros e ilusões. A mente humana é sujeita a falhas de memória, enganos e por isso, a escola deve preparar a mente humana para conhecer o que é conhecer como forma de estar apta para o combate e identificação permanente de erros."* No tocante ao conhecimento pertinente, deve ele estar voltado *"para apreender os objetos em seu contexto, sua complexidade, seu conjunto."* Daí porque, a educação do milênio deve centrar-se na condição humana. Ensiná-la *"significa situar/questionar nossa posição no mundo no plano físico, biológico, psíquico, cultural, social e histórico"*. Outrossim é necessário o compromisso com a *'identidade da terra'*. *"É preciso aprender a 'estar aqui' [...], a viver, a dividir, a comunicar, a comungar nas culturas singulares e, também, aprender a ser, viver, dividir e comunicar-se como ser humano do planeta terra. O mundo global necessita de seres humanos que tenham 'consciência antropológica', 'consciência ecológica', 'consciência cívica e terrena' e 'consciência espiritual da condição humana."* *"É preciso aprender a navegar em um oceano de incertezas em meio a arquipélagos de certezas."* Nesse sentido, ensinar a compreensão mútua possibilita uma *'educação para a paz'* e conduz a *'antropoética'- 'a ética do gênero humano'* – perspectivada em suas três dimensões: a do indivíduo, a social e a da espécie. *In: A formação profissional no século XXI. Op. cit*, pp.78-79.

[93] DELORS, Jacques. A educação ou a utopia necessária. In: RELATÓRIO PARA A UNESCO DA COMISSÃO INTERNACIONAL SOBRE A EDUCAÇÃO PARA O SÉCULO XXI. *Educação um tesouro a descobrir*. Tradução: Guilherme João de Freitas Teixeira Revisão: Reinaldo de Lima Reis. 2010, UNESCO, p.13-14. O autor presidiu a Comissão Internacional sobre a Educação para o século XXI que elaborou o Relatório para a UNESCO, intitulado *Educação: um tesouro a descobrir*. O texto explora os quatro pilares da educação – *aprender a conhecer* (adquirir instrumentos de da compreensão), *aprender a fazer* (para poder agir sobre o meio envolvente), *aprender a viver juntos* (cooperação com os outros em todas as atividades humana), e, finalmente, *aprender a ser* (conceito principal que integra todos os anteriores). Sobre o assunto, Paulo Freire, eminente educador brasileiro, já expunha nos idos de 1996 requisitos análogos para se ensinar. Para ele, ensinar exige rigorosidade metódica, ensinar exige pesquisa; ensinar exige respeito aos saberes dos educandos; ensinar exige criticidade; ensinar exige estética e ética; ensinar exige a corporeificação das palavras pelo exemplo; ensinar exige risco, aceitação do novo e rejeição a qualquer forma de discriminação; ensinar exige reflexão crítica sobre a prática; ensinar exige o reconhecimento e a assunção da identidade cultural; ensinar não é transferir conhecimento; ensinar exige consciência do inacabamento; ensinar exige o reconhecimento de ser condicionado; ensinar exige respeito à autonomia do ser do educando; ensinar exige bom senso; ensinar exige humildade, tolerância e luta em defesa dos direitos dos educadores; ensinar exige apreensão da realidade; ensinar exige alegria e esperança; ensinar exige a convicção de que a mudança é possível; ensinar exige curiosidade; ensinar é uma especificidade humana; ensinar exige segurança, competência profissional e generosidade; ensinar exige comprometimento; ensinar exige compreender que a educação é uma forma de intervenção no mundo; ensinar exige liberdade e autoridade; ensinar exige tomada consciente de decisões; ensinar exige saber escutar; ensinar exige reconhecer que a educação é ideológica; ensinar exige disponibilidade para o diálogo e ensinar exige querer bem aos educandos. In: *Pedagogia da Autonomia: Saberes Necessários à Prática Educativa*. 25. ed, São Paulo: Paz e Terra, 1996. Nos dias atuais, o conhecimento não se concentra somente nos livros ou em *datas*, ele *"está sempre incorporado por uma pessoa, é transportado por uma pessoa, é criado, ampliado ou aperfeiçoado por uma pessoa, é aplicado, ensinado e transmitido por uma pessoa e é usado, bem ou mal, por uma pessoa."* Por essa razão, *"a sociedade do conhecimento coloca a pessoa no centro, e isso levanta desafios e questões a respeito de como preparar a pessoa para atuar neste novo contexto."* SILVA, Edna Lúcia da; CUNHA, Miriam Vieira da. *A formação profissional no século XXI. Op. cit*, p.78.

peculiaridade.⁹⁴ Tinha-se consciência, de *"a socialização da cultura não se operar pela irradiação do ensino [...] se não pelo conteúdo do ensino em si, que deve ser social ou humanista no sentido originário; isto é, mais dirigido aos problemas permanentes da coletividade, mais ansioso para captar as inquietudes eternas da humanidade, da qual a sociedade é uma parte. Deste modo [...] a socialização da cultura é somente uma parte do problema da cultura integral, que a subsumi e a expressa de forma mais inequívoca, com maior justeza e amplitude."*⁹⁵ Por isso José Ingenieros utilizaria a acertada expressão semântica: *"exclaustración de la cultura"*.⁹⁶

Este momento histórico, mais do que qualquer outro, vivencia o "desenclausurar da cultura". Inovações em salas de aula como o *blended learning* ou ensino híbrido, vêm se tornando corriqueiras. Trata-se da combinação de experiências de aprendizagem flexíveis e *on-line* que permitem aos discentes mover-se de forma mais fluída pelo conhecimento, propiciando aos mestres mais tempo para instruí-los do modo direcionado. Tal experimentação esbate-se no tradicionalismo da velha Academia como *locus* de transmissão do saber. A aprendizagem hodierna está sendo entregue de modo diferenciado a cada aluno que acessa conteúdos via *web* quando necessita. O objetivo da tecnologia como ferramenta de ensino não é substituir o docente, mas facilitar suas tarefas burocráticas, como a lista de chamada, as avaliações ou planejamento de aulas, a fim de possibilitar um melhor aproveitamento de suas habilidades.

O professor de hoje é o fio condutor da Ciência até o discente. Nessa conjuntura, a Universidade do Terceiro Milênio rompe, a olhos vistos, com o *status quo,* e abre novos espaços de reflexão. Tal postura dissemina a percepção democrática da cultura, do qual participam o professorado, os estudantes, os funcionários e a sociedade em geral.⁹⁷

Em tempos cibernéticos, refletir sobre o que é receptado há de ser uma constante, porquanto o excesso de informes incorretos ou descontextualizados, as *fake news*, as notícias rasteiras, geram a ignorância e prejudicam os estudos. Fundamental, então, edificar inteligências produtoras de conhecimento, ao invés de reprodutoras de notícias.⁹⁸ Fundamental, outrossim, a permanente adequação da educação às mudanças sociais, sem negligência das vivências, dos saberes básicos e dos resultados da experiência humana.⁹⁹ Afinal, *"o desenvolvimento da*

---

[94] COSSIO, Carlos. *La Reforma Universitaria. Desarrollo histórico de su idea. Op. cit*, p. 13.
[95] Id. p. 14.Tradução livre.
Acorde o Relatório da UNESCO, para a construção de um de um destino comum nos leva *"a revalorizar as dimensões ética e cultural da educação e, nesse sentido, a fornecer os recursos para que cada um venha a compreender o outro em sua especificidade, além de compreender o mundo em sua busca caótica de certa unidade; mas, previamente, convém começar pela compreensão de si mesmo em uma espécie de viagem interior, permeada pela aquisição de conhecimentos, pela meditação e pelo exercício da autocrítica."* In: Educação: um tesouro a descobrir. *Op. cit*,. p. 10.
[96] *Ibid*, p. 14.
[97] CHARLOT, Bernard. Formação de professores: pesquisa e política educacional. In: PIMENTA, S. G; GHEDIN, E. (Orgs.). *Professor reflexivo no Brasil: gênese e crítica de um conceito*. 3. ed. São Paulo: Cortez, 2005, p. 96.
[98] SÔNEGO, A. (2015). Os desafios da universidade no século XXI e algumas reflexões sobre a posição docente frente a este processo. *Revista Brasileira de Ensino Superior*, 1, 1, p. 30-35.
[99] DELORS, Jacques. *A Educação ou a Utopia Necessária. Op. cit*.p.14.

sociedade da informação e a multiplicação das possibilidades de acesso a dados e fatos, [...] deve permitir que todos possam" coletá-los, selecioná-los, ordená-los, gerenciá-los, utilizá-los, bem como servirem-se deles.[100]

Em suma, num mundo onde os indivíduos estão imersos em constantes fluxos midiáticos, onde as carreiras tidas como tradicionais já não mais atraem grande parte da juventude, onde é possível a aquisição e a produção do conhecimento sem a necessidade de titulação formal, o ensino superior necessita reinventar-se para não se tornar obsoleto.

A história das primeiras universidades do mundo ocidental, sua implantação nas colônias da América Latina, as lutas estudantis e intelectuais e a redação de manifestos como o de Córdoba (Argentina, 1918) e o dos Pioneiros da Educação (Brasil, 1932) sobrelevam reflexões peculiares e notadamente vanguardistas.

Os textos acadêmicos produzidos, induziram à defesa combativa da geração de 1918 em prol da modernização universitária e, passado um século, conservam atualidade. Relevante, pois, manter viva a chama de Córdoba e seu propósito questionador que tanto influenciou a *inteligenzia latino-americana,* propiciando um salto qualitativo nas estruturas acadêmicas do continente.

Dito isso, um olhar pragmático sobre a Educação neste início de século XXI se alevanta em face dos novos desafios que se descortinam, nomeadamente, a substituição dos métodos tradicionais de ensino e a reiterada reivindicação de que o Estado Nacional deve ser o mantenedor exclusivo das Universidades, ao menos no Brasil.

Tome-se o dramático exemplo da Universidade de Brasília (UnB). Em outubro de 2016, os estudantes ocuparam a reitoria por quarenta e quatro dias em protestos motivados pela proposta governamental de congelamento dos gastos públicos por vinte anos. Ocorre que, segundo os dados fornecidos pela direção da instituição e divulgados pela imprensa no final de março de 2018,[101] o órgão acumula dívidas trabalhistas estimadas em mais de dois bilhões de reais, além de um déficit de R$ 92,3 milhões. O governo federal, ao invés de solvê-las, efetuou redução orçamentária em todas as Academias de ensino superior nacional, agravando a crise. Situação pior é enfrentada pela Universidade Federal do Rio de Janeiro – UFRJ, a mais antiga do país, que em várias ocasiões viu-se obrigada a suspender as atividades acadêmicas por falta de verba.

O cenário gera uma única certeza, a de que os modelos de ensino e financiamento da universidade pública brasileira requerem urgente revisão e o chamamento da sociedade civil para com ela dialogar é imprescindível!

Longe de apontar soluções, o objetivo deste texto é levantar questionamentos acerca do sistema vigente. Não se está a defender a privatização do ensino superior

---

[100] *Id.,* p. 14.
[101] Disponível em: <http://www.correiobraziliense.com.br/app/noticia/eu-estudante/ensino_ensinosuperior/2018/04/02/ensino_ensinosuperior_interna,670251/u201cestamos-sendo-atacados-na-nossa-autonomia-u201d-diz-reitora-da.shtml>. Acesso em: 02 abr. 2018.

estatal pátrio, mas sim, uma interlocução que possibilite métodos alternativos de gestão, para aperfeiçoar o já existente.

O incentivo ao voluntariado dos graduados e ex-alunos que prestariam assessoria ou auxiliariam as instituições públicas, bem assim a aceitação de verbas privadas em linhas de pesquisas previamente determinadas, afiguram-se como soluções plausíveis e superadoras para a crise financeira que aniquila o ensino fornecido pelo Estado Nacional na sua integralidade, e não apenas o superior.

Ainda, a excelência universitária não queda comprometida pelas instituições privadas se o ensino por elas administrado é devidamente aferido pelos órgãos governamentais competentes, razão porque não se deve vilanizá-las ou desqualificá-las. Rememore-se, preceituar a Constituição de 1988, em seu art. 205, que a educação, dever do Estado, será promovida e incentivada com a colaboração da sociedade. Trata-se de um compromisso intergeracional impostergável que transcende a estatalidade.

O fundamental é ter em mente que a Universidade do novo milênio há de ser concebida como um instrumento de evolução social contínua e aliá-la às propostas lucrativas de arrecadação de fundos para o investimento em pesquisa não desvirtua seu objetivo ou razão de ser, mormente diante das onerosas inovações tecnológicas que atualizam permanentemente a didática contemporânea.

Como pontuou a juventude argentina de Córdoba, "*toda a educação é uma longa obra de amor aos que aprendem*", e este amor deve ser compartilhado entre os Homens.

Referências

A Universidade no século XXI e a Educação Superior no Brasil. Bagé, 26 e 27 de julho de 2011. Disponível em: <http://porteiras.s.unipampa.edu.br/paapi/files/2011/08/Univ-secXXI-Educa%C3%A7aoSuperior-BR-sem-prof-iniciantes_MariaBeatrizLuce_260711.ppt>. Acesso em: 26 fev. 2018.

ALONSO, Gabriel David Samacá; TARAZONA, Álvaro Acevedo. De la reforma de Córdoba al Cordobazo La universidad como escenario de las luchas por la democracia en Argentina, 1918- 1969 y su impacto en Colombia. In: *Revista digital de Historia y Arqueología desde el Caribe colombiano*. Nº XV, julio-diciembre de 2011, p.81. Disponível em: <http://www.scielo.org.co/scielo.php?script=sci_abstract&pid=S1794-88862011000200007>. Acesso em: 17 jun. 2018.

CASTRO, Alda Maria Duarte Araújo. Ensino Superior no Brasil: expansão e diversificação. In: NETO, Antônio Cabral; NASCIMENTO, Ilma Vieira do; LIMA, Rosângela Novaes. (Orgs.). *Política pública de educação no Brasil: compartilhando saberes e reflexões*. Porto Alegre: Sulina, 2006.

CHARLOT, Bernard. Formação de professores: pesquisa e política educacional. In: PIMENTA, S. G; GHEDIN, E. (Orgs.). *Professor reflexivo no Brasil: gênese e crítica de um conceito*. 3. ed. São Paulo: Cortez, 2005.

CHAUÍ, Marilena. *Ventos do progresso*: a universidade administrada. São Paulo: Editora UNESP, 2001.

COSSIO, Carlos. La Reforma Universitaria. Desarrollo historico de su idea. *Revista "NOSOTOS"*, Año XXIV, Nº 248, Buenos Aires, Enero-1930.

CUNHA, Luiz Antônio. *A Universidade Temporã*. 2. ed. Rio de Janeiro: Francisco Alves, 1986.

DEL PONT, Luis Marco. *Historia del Movimiento Estudantil Reformista*. Universitas, Córdoba, 2005.

DELORS, Jacques. A Educação ou a Utopia Necessária. In: *Educação um tesouro a descobrir*. RELATÓRIO PARA A UNESCO DA COMISSÃO INTERNACIONAL SOBRE A EDUCAÇÃO PARA O SÉCULO XXI. Tradução: Guilherme João de Freitas Teixeira Revisão: Reinaldo de Lima Reis. 2010, UNESCO.

FREIRE, Paulo. *Educação como Prática da Liberdade*. Rio de Janeiro: Civilização Brasileira e Paz e Terra, 1967.

_____. *Política e Educação: ensaios*. 5. ed, São Paulo: Cortez – (Coleção Questões de Nossa Época; v. 23).

_____. *Pedagogia da Autonomia: Saberes Necessários à Prática Educativa*. 25ªed, São Paulo: Paz e Terra, 1996.

HOLANDA, Sérgio Buarque de. *Raízes do Brasil*. 26. ed. São Paulo: Companhia das Letras, 1995.

MACEDO, Artur Roquete de. et. al. *Educação superior no século XXI e a reforma universitária brasileira*. Ensaio: Avaliação e Políticas Públicas em Educação 2005, 13 (Abril-Junho). Disponível em: <http://www.scielo.br/scielo.php?script=sci_arttext&pid=S0104-40362005000200002>. Acesso em: 16 mar. 2018.

MANCEBO, Deise, *et ali*. Crise e reforma do Estado e da Universidade Brasileira: implicações para o trabalho docente. In: *Educar*. n. 28, p. 37-53. Curitiba: Editora UFPR, 2006. Disponível em: <http://www.scielo.br/pdf/er/n28/a04n28>. Acesso em: 02 abr. 2018.

MARCHELLI, Paulo Sérgio. Da LDB 4.024/61 ao debate contemporâneo sobre as bases curriculares nacionais. *Revista Científica e-Curriculum*, São Paulo, v. 12, n. 3, p. 1480-1511, 2014. Disponível em: <http://revistas.pucsp.br/index.php/curriculum/article/view/21665>. Acesso em: 13 mar. 2018.

MARTINS, Antônio Carlos Pereira. Ensino Superior no Brasil. In: *Acta Cirurgica Brasileira*. v. 17, Suppl. 3. São Paulo: 2002. Disponível em: <http://www.scielo.br/scielo.php?pid=S0102-86502002000900001&script=sci_arttext&tlng=pt>. Acesso em: 05 abr. 2018.

MAZZILLI, Sueli. Ensino, pesquisa e extensão: reconfiguração da universidade brasileira em tempos de redemocratização do Estado. *Revista Brasileira de Política e Administração da Educação*, v. 27, n. 2, p. 205-221, maio/ago, 2011. Disponível em: <http://www.seer.ufrgs.br/rbpae/article/view/24770>. Acesso em: 26 mar. 2018.

MORIN, Edgar. *Os setes saberes necessários à educação do futuro*. Tradução: Catarina Eleonora F. da Silva e Jeanne Sawaya. Revisão técnica: Edgar Assis de Carvalho. 2. ed, São Paulo: Cortez, Brasília, DF: Unesco, 2000.

OLIVEIRA, Dalila Andrade de; AZEVEDO, Mario Luiz Neves de. *A atualidade dos ensinamentos da Reforma de Córdoba (1918). Ou qual a herança de Córdoba nas reformas atuais?* Disponível em: <http://biblioteca.clacso.edu.ar/ar/libros/grupos/reforAboit/08oliaze.pdf>. Acesso em: 26 fev. 2018.

PATIÑO, Pablo Javier. El 'Movimiento de Córdoba' y su efecto en la universidad latinoamericana. In: *Agenda Cultural Alma Mater*. Abril/2018. Disponível em: <https://aprendeenlinea.udea.edu.co/revistas/index.php/almamater/article/viewFile/331829/20787823>. Acesso em: 17 jun. 2018.

PAULA, Benjamin Xavier de. *O Ensino Superior no Contexto da Luta Social*. XIII Encontro ANPUH-Rio. Rio de Janeiro, 2008.

PITTELI, Cecília; HERMO, Javier Pablo. La Reforma Universitaria de Córdoba (Argentina) De 1918. Su influencia en el origen de un renovado pensamiento emancipatorio en América Latina. In: *Historia de la Educación*. Ediciones Universidad de Salamanca – España, v. 29, 2010.

RIBEIRO, Darcy. *La universidad latinoamericana*. Chile: Editorial Universitaria S.A, 1971.

_____. *A Universidade Necessária*. Rio de Janeiro: Editora Paz e Terra, 1969.

RISTOFF, Dilvo; ARAÚJO, Luiz. A universidade que o novo Brasil precisa. In: *A Universidade na Encruzilhada*. Seminário Universidade: Por que e como reformar. Brasília 6-7 de agosto de 2003. Disponível em: <http://unesdoc.unesco.org/images/0013/001339/133968por.pdf>. Acesso em: 26 mar. 2018.

SAMPAIO, Helena. *Evolução do ensino superior brasileiro*. Documento de trabalho 8/95, São Paulo, NUPES/USP, 1991. Disponível em: <http://nupps.usp.br/downloads/docs/dt9108.pdf>. Acesso em: 03 abr. 2018.

SAVIANI, Dermeval. A Expansão do Ensino Superior no Brasil: Mudanças e Continuidades. *Poíesis Pedagógica*, [S.l.], v. 8, n. 2, p. 4-17, abr. 2011. Disponível em: <https://www.revistas.ufg.br/poiesis/article/view/14035/8876>. Acesso em: 05 abr. 2018.

SILVA, Edna Lúcia da; CUNHA, Miriam Vieira da. A Formação profissional no século XXI: desafios e dilemas. Revista IBICT, Brasília, v. 31, n. 3, set./dez. 2002. Disponível em: <http://revista.ibict.br/ciinf/article/view/950/987>. Acesso em: 1º jul. 2018.

SIMHADRI, Yedla C. *Development of Emerging World Youth (A Collection of Cross National Studies)*. New Delhi: Sunil Printers, 1989.

SIMÕES, Mara Leite. O surgimento das Universidades no mundo e sua importância para o contexto da formação docente. In: *Revista Temas em Educação*, João Pessoa, v. 22, n. 2, jul-dez. 2013.

SÔNEGO, A. (2015). Os desafios da universidade no século XXI e algumas reflexões sobre a posição docente frente a este processo. *REBES – Rev. Brasileira de Ensino Superior*, 1(1): 30-35, jul.-set. 2015.

<http://www.correiobraziliense.com.br/app/noticia/eu-estudante/ensino_ensinosuperior/2018/04/02/ensino_ensinosuperior_interna,670251/u201cestamos-sendo-atacados-na-nossa-autonomia-u201d-diz-reitora-da.shtml>. Acesso em: 02 abr. 2018.

<http://mepr.org.br/jep/14-jep-6/78-a-universidade-latino-americana-e-as-historicas-bandeiras-do-movimento-estudantil.html>. Acesso em: 02 mar. 2018

JURISPRUDÊNCIAS

STF – ADI Nº 3330, Relator Min. Ayres Britto, Tribunal Pleno, julgado em 03/05/2012, acórdão eletrônico DJE-055 Divulg: 21-03-2013 Public: 22-03-2013, RTJ, vol-00224-01, pp-00207.

STF – ADPF Nº 186, Relator Min. Ricardo Lewandowski, Tribunal Pleno, julgado em 26/04/2012, Acórdão Eletrônico DJe-205 Divulg: 17-10-2014, Public: 20-10-2014.

STF – RECURSO EXTRAORDINÁRIO Nº 500.171, Relator Min. Ricardo Lewandowski, 13-8-2008, *DJE* 202 de 24-10-2008, Tema 40.

STF – SÚMULA VINCULANTE Nº 12.

Informação bibliográfica deste texto, conforme a NBR 6023:2002 da Associação Brasileira de Normas Técnicas (ABNT):

ROCHA. Maria Elizabeth Guimarães Teixeira. A influência do manifesto de Córdoba de 1918 na Constituição brasileira de 1988: Uma análise evolutiva sobre o direito à educação. In: BOLONHA, Carlos et al. (Coord.). *30 anos da Constituição de 1988*: uma jornada democrática inacabada. Belo Horizonte: Fórum, 2019. p. 307-334. ISBN 978-85-450-0595-7.

O LOBBY DO BATOM: 30 ANOS DA CONSTITUIÇÃO DE 1988

Schuma Schumaher

1 Contextualizando

O período de redemocratização do país, pós-ditadura de duas décadas, trouxe para os movimentos sociais, especialmente para o feminismo, um sopro de esperança e novos espaços de atuação, para além da movimentação na sociedade. Em 1982, com a convocação de eleições diretas para governadores, os movimentos de mulheres que contavam com aliados em alguns partidos políticos reinauguram sua relação com o estado. Um grupo de feministas paulistas propôs a criação de um órgão específico, responsável pela defesa da cidadania feminina e implementação de políticas públicas para as mulheres na estrutura do estado. Assim nasceram, em 1993, os dois primeiros Conselhos Estaduais dos Direitos da Mulher do Brasil: o de São Paulo e de Minas Gerais. As experiências regionais repercutiram nacionalmente até que, no 7º Encontro Nacional Feminista, realizado em 1985, em Belo Horizonte, a discussão ganhou dimensões nacionais diante da proposta de criação do Conselho Nacional de Direitos da Mulher (CNDM). Criado em 1985, trazia em seus objetivos, estrutura e composição de seus quadros – conselheiras e técnicas – a marca das proposições do movimento de mulheres.

Até a constituição do CNDM, o estado não possuía política pública específica para as mulheres, salvo alguns programas na área da saúde. Em novembro de 1985, quatro meses após sua criação, o Conselho Nacional dos Direitos da Mulher (CNDM) lançou a Campanha "Constituinte sem mulher fica pela metade", que tinha o propósito de ampliar a representação feminina no Congresso Constituinte, a ser instalado no ano seguinte após as eleições de 1986, debater a situação jurídica da mulher e incentivar sua participação no processo de formulação da nova Constituição Brasileira.

Depois do impacto que a Campanha causou ao ser lançada no saguão do Ministério da Justiça, com a presença de representantes dos diferentes grupos feministas e de mulheres – negras, lésbicas, indígenas, ciganas, brancas, do campo, da floresta e da cidade, das portadoras de deficiências, das trabalhadoras domésticas, trabalhadoras do sexo, era preciso enraizá-la, pulverizá-la.

2 Estava dada a largada ...

Muitas, da equipe do CNDM, viraram peregrinas. Visitaram todos os estados, discutiram com as organizações feministas, grupos de mulheres,

Conselhos da Mulher e lideranças locais, divulgando a campanha, estimulando o debate, a ampliação de candidaturas femininas comprometidas com uma agenda de ampliação de direitos para as mulheres, a participação no processo eleitoral e posteriormente no processo constituinte.

Ao mesmo tempo, o CNDM investiu numa campanha publicitária que incluía TV, outdoors, publicações e outros recursos de comunicação. Também organizou em todo país, debates, encontros e seminários para discussão e formulação de propostas, que foram sistematizadas e apresentadas no Encontro Nacional, em agosto de 1986, com a presença de centenas de representantes estaduais, que culminou com a aprovação da *Carta das Brasileiras aos Constituintes*. Aproveitando o auge da mobilização, lançou a segunda fase da campanha: "Constituinte prá valer tem que ter direitos da mulher".

Nas eleições de 1986, a representação feminina no Congresso Nacional foi mais que triplicada, passando de 08 deputadas federais para 26 deputadas constituintes,[1] num total de 559 parlamentares eleitos. Numa forte conjugação de objetivos comuns, o CNDM, centenas de grupos de mulheres, conselhos, sindicatos e a bancada feminina juntaram esforços para que as propostas contidas na Carta das Brasileiras fossem incorporadas na nova Constituição que estava sendo elaborada.

Tentando evitar o saudosismo, tarefa quase impossível para quem participou do grupo que propôs e acompanhou de perto a criação do Conselho Nacional dos Direitos da Mulher, em 1985, além de ter feito parte de sua equipe, na primeira gestão e ter sido uma das coordenadoras do lobby do batom, considero necessário relembrar as estratégias adotadas no processo de feitura da Constituição, como exemplo de articulação coletiva bem sucedida.

3 Uma estratégia bem sucedida ...

Tanto a história do CNDM, como o envolvimento das mulheres/feministas no processo constitutinte e o Lobby do Batom, tem sido contada de muitas maneiras, por muitas mulheres. É válido lembrar que o país inteiro se debruçava sobre a possibilidade de formulação de novas leis e que, movido pelo compromisso com as mulheres, o CNDM criou a Comissão Mulher Constituinte que tinha como tarefa maior acompanhar de perto os trabalhos das Comissões e Subcomissões, com o objetivo de incluir no novo texto constitucional questões que viessem alterar

---

[1] Abigail Feitosa (PMDB/Bahia), Anna Maria Rattes (PMDB/RJ), Benedita da Silva (PT/RJ), Beth Mendes (PMDB/SP), Cristina Tavares (PMDB/PE), Elizabeth Azize (PSB/Amazonas), Eunice Michiles (PFL/AM), Irma Passoni (PT/SP), Lídice da Mata (PCdoB/Bahia), Lucia Braga (PFL/PB), Lucia Vania Costa (PMDB/GO), Marcia Kubistchek (PMDB/DF), Maria de Lourdes Abadia (PFL/DF), Maria Lucia Araújo (PMDB/AC), Marluce Moreira Pinto (PTB/RR), Miriam Portela (PDS/PI), Moema Santiago (PDT/Ceará), Raquel Cândido (PFL/RO), Raquel Capiberibe (PMDB/Amapá), Rita Furtado (PFL/RO), Sadie Havache (PFL/AM), Sandra Cavalcanti (PFL/RJ), Rita Camata (PMDB/ES), Rose de Freitas (PMDB/ES), Wilma Maia (PDS/RN), Tutu Quadros (PTB/SP).

concretamente a vida das brasileiras. E assim, defendeu propostas feministas no Congresso Nacional, algumas contra o próprio governo do qual fazia parte, como a licença maternidade de 120 dias e a legalização do aborto, entre outras.

A Carta das Brasileiras foi entregue solenemente ao Presidente do Congresso, deputado Ulisses Guimarães, em 26 de março de 1987, e depois, lançada em todas as Assembleias Legislativas Estaduais de maneira a evidenciar a organização articulada das mulheres e o caráter nacional de suas propostas. Estava dada a largada. A estratégia passava a ser, então, visitar gabinete por gabinete e tentar convencer os deputados e senadores da legitimidade e importância das reivindicações das mulheres.

Resumidamente as propostas contidas na Carta das Brasileiras eram:
a) Explicitar no texto constitucional a igualdade entre os sexos, ou seja, que homens e mulheres são iguais perante a lei,
b) Garantia de mecanismos que coíbam a violência doméstica,
c) Garantia de mecanismos que coíbam a discriminação étnica e racial,
d) Licença maternidade de 120 dias,
e) Licença paternidade de 08 dias,
f) Direito à posse da terra ao homem e a mulher, independente do estado civil,
g) Igualdade de direitos e de salários entre homem e mulher,
h) Garantia de direitos e benefícios às trabalhadoras rurais,
i) Direitos trabalhistas e previdenciários à empregada doméstica,
j) Creches no local de trabalho e moradia, de 0 a 06 anos,
k) Igualdade na sociedade conjugal,
l) Ampliação do conceito de família, que não deve mais estar atrelado exclusivamente ao casamento,
m) Reconhecimento da união estável como entidade familiar,
n) Saúde e direitos sexuais e reprodutivos,
o) Não discriminação por Orientação Sexual.

Assim, todos os dias, um grupo de mulheres do CNDM e de organizações sociais percorriam os corredores da Câmara dos Deputados, as 24 Subcomissões, parte do processo constituinte, que se reuniam sistematicamente no Congresso, a fim de acompanhar e incidir nas propostas que estavam sendo discutidas. A constante e forte presença das feministas levou alguns deputados mais conservadores a perguntar: "O que tanto querem as mulheres?", para na sequência tentar desvalorizar o trabalho do Grupo, chamando-as de *"lobby do batom"*.

Mas nós não nos intimidamos e nem perdemos o humor com essa provocação. Conseguimos transformar, estrategicamente, aquilo que pretendia ser uma afronta, em mais um elemento da mobilização e força política das mulheres e da bancada feminina. O apelido foi parar nos jornais, mas não com a conotação pejorativa dos que subestimavam a força e a organização das mulheres.

Daí nasce forte e decisivo o Lobby do Batom. Impossível dizer sua composição e seus limites, em número de pessoas. Todo mundo ajudava a telefonar, consultar, contatar, redigir, reproduzir, expedir, visitar gabinetes e persuadir indecisos. No Congresso até o mais distante dos parlamentares esbarrava no recado: *Constituinte, as mulheres estão de olho em você !!!*

As integrantes do CNDM, a Bancada Feminina do Congresso Nacional e lideranças de inúmeras organizações de mulheres participaram de todas as etapas do processo constitucional, nas subcomissões, nas comissões temáticas, na apresentação de emendas, na análise dos trabalhos do relator, na discussão dos anteprojetos e do projeto final.

A interação do CNDM com a Bancada Feminina era tão grande e colaborativa que a apresentação das emendas (muitas preparadas pelo próprio CNDM) era feita de maneira coletiva. Quando uma deputada constituinte apresentava uma proposta/emenda, várias assinavam em grupo, sinalizando a estratégia colaborativa de fazer avançar nossos direitos. A cumplicidade, o compromisso com a agenda feminista e pautas mais progressistas fizeram com que muitas deputadas constituintes se rebelassem contra suas cúpulas partidárias, por defenderem posições consideradas avançadas para os partidos aos quais pertenciam chamadas por eles de "xiitas" da Constituinte – especialmente Wilma Maia e Miriam Portela (PDS), Maria de Lourdes Abadia e Raquel Cândido (PFL). É claro, foram punidas e algumas delas perderam o status de vice-lideranças de suas bancadas.

Registram-se dois grandes embates travados nas Comissões Temáticas[2] da Câmara no que diz respeito à autonomia das mulheres: um referente ao direito ao aborto e outro, que era garantir explicitamente no texto, a proibição da discriminação em razão da orientação sexual. Embora essa demanda tenha sido pautada pelos movimentos LGBTs e apoiada pelos movimentos de mulheres, também não foi incorporada por pressão dos parlamentares conservadores.

Obviamente, havia também grupos conservadores fazendo lobby no Congresso. A Bancada Evangélica, que naquele momento era composta por 34 parlamentares, somaram forças contra o "suave" avanço incluído no relatório do senador José Paulo Bisol[3] que dizia: "a vida intrauterina, inseparável do corpo que a concebeu, é responsabilidade da mulher, comporta expectativa de direitos e será protegida por lei". Nem esse, nem outros artigos que tratavam de ampliar direitos sobre a autonomia reprodutiva das mulheres, foram incluídos no texto final.

A polêmica estabelecida entre aquelas que defendiam o estado laico e os direitos sexuais e reprodutivos e os que insistiam em continuar controlando o corpo das mulheres, levou a igreja católica a investir numa Consulta Popular – permitida no processo constituinte –, sobre a penalização do aborto em qualquer

---

[2] Oito Comissões Temáticas: Comissão da Soberania e dos Direitos do Homem e da Mulher, Comissão da Família, da Educação, Cultura, Esportes, Ciência e Tecnologia e da Comunicação, Comissão da Ordem Econômica, Comissão da Organização Eleitoral, Partidária e Garantia das Instituições, Comissão do Sistema Tributário, Orçamento e Finanças, Comissão da Ordem Social, Comissão da Organização dos Poderes e Comissão da Organização do Estado.

[3] Para saber mais: Relatório Senador João Paulo Bisol sobre a inclusão do respeito à orientação sexual e a retirada do mesmo do texto, após muita pressão: Disponível em: <https://www2.senado.leg.br/bdsf/bitstream/handle/id/129693/junho87%20-%200419.pdf?sequence=1>. Acesso em:15 mar. 2018.

circunstância. Como resistência o movimento feminista também lançou sua consulta em favor do direito das mulheres decidirem sobre a interrupção da gravidez indesejada, ou seja, o direito ao aborto. Esgotado o prazo, as duas emendas – uma favorável e outra contra o aborto –, foram entregues no Congresso Nacional.

Diante do empate, do impasse e com a polêmica instalada no Congresso e na sociedade, a Equipe do CNDM e a Bancada Feminina avaliaram que era minoritário o grupo de parlamentares que defendiam a descriminalização do aborto, não havendo consenso nem mesmo na Bancada das Mulheres. Considerando o contexto desfavorável e as ameaças de retrocessos, os movimentos de mulheres, feministas, parlamentares e o CNDM consideraram mais prudente deixar esse assunto para o Código Penal.

Atuando em nome dos movimentos de mulheres, o CNDM apresentou nove emendas ao texto da Comissão de Sistematização, defendendo teses feministas. Conseguimos incluir no Relatório propostas que oferecem às mulheres plena igualdade ao pátrio poder, punem a violência doméstica do homem contra a mulher, ampliação da licença maternidade para 120 dias e estabilidade no emprego até 180 dias pós-parto, determinação livre e soberana do casal sobre o número de filhos que deseja ter, barrando qualquer pretensão de controle de natalidade.

Realizamos várias manifestações e vigília para acompanhar a votação final. Mantivemos um canal permanente com os Conselhos, com os grupos de mulheres nos estados, as categorias profissionais específicas, como as trabalhadoras domésticas e rurais, como as mulheres negras, indígenas, lésbicas, informando do andamento das propostas e transformando-se em um verdadeiro lobby nacional – o lobby do batom –, considerado um dos dois maiores grupos da sociedade civil, organizados na Constituinte. Cabe destacar que 85% das propostas, da Carta das Mulheres, foram incorporadas no texto final.

Transcorridas três décadas em que a Carta Magna do país afirma de maneira igualitária a cidadania de mulheres e homens, muitos artigos – aproximadamente 20% deles –, ainda hoje, não estão regulamentados e, portanto permanecem sem aplicação prática. Infelizmente, outros estão sendo ameaçados por deputados conservadores e fundamentalistas que insistem em controlar o corpo e a autonomia das mulheres, portanto a chamada "constituição cidadã" não só está inacabada como permanentemente ameaçada.

Para as mulheres, o exercício pleno da cidadania significa o direito à representação, à voz, e à vez na vida pública, mas implica, ao mesmo tempo, a dignidade na vida cotidiana, que a lei pode inspirar e deve assegurar. Apesar da riqueza e do aumento da participação política das mulheres na sociedade civil, inseridas nos mais diversos campos dos movimentos sociais – direitos das mulheres, combate ao racismo, defesa dos direitos sexuais e dos direitos humanos, ecológico, popular, comunitário e sindical –, a sub-representação feminina nas estruturas formais da política ainda é um dos principais desafios a ser enfrentados pelos países democráticos.

Ainda hoje, a luta das feministas traz consigo uma dupla exigência: um sistema político igualitário e uma vida civil não autoritária. E o lobby do batom ajudou a impulsionar essa posição.

Informação bibliográfica deste texto, conforme a NBR 6023:2002 da Associação Brasileira de Normas Técnicas (ABNT):

SCHUMAHER, Schuma. O lobby do batom: 30 anos da Constituição de 1988. In: BOLONHA, Carlos et al. (Coord.). *30 anos da Constituição de 1988*: uma jornada democrática inacabada. Belo Horizonte: Fórum, 2019. p. 335-340. ISBN 978-85-450-0595-7.

MOVIMENTOS FEMINISTAS E OS 30 ANOS DA CONSTITUIÇÃO FEDERAL BRASILEIRA: DO "LOBBY DO BATOM" AOS RETROCESSOS

Vanessa Batista Berner

1 Situando o debate

A ideia deste texto é relacionar as teorias feministas com o mundo da política, cristalizado na Assembleia Nacional Constituinte de 1987-1988, assinalando avanços e retrocessos no campo dos direitos das mulheres nos últimos 30 anos no Brasil. Pretendo destacar especialmente a relevância dos movimentos sociais, suas construções, e apontar saídas teóricas que possam nos guiar em uma estrutura patriarcal e capitalista, pouco afeta a aderir a uma pauta feminista. Para tanto, me proponho a levantar a bibliografia pertinente e, com o auxílio da teoria, identificar os problemas e elencar propostas de solução. Por ser feminista e militante, os aportes teóricos que me disponho a expor e explorar se relacionam com minha vivência e proximidade com os coletivos de mulheres. Minhas referências são a teoria crítica do direito, as autoras feministas descoloniais e as autoras feministas negras.

Em um primeiro momento me debruço sobre a relação entre o feminismo, a política e o processo constituinte, situando o debate na América Latina. Posteriormente, me ocupo de verificar como funcionou a bancada feminina e o *lobby* do batom na Constituinte, a fim de compreender como a pauta feminista foi tratada na Assembleia Nacional. Finalmente, trago o levantamento de avanços e retrocessos ao longo das últimas décadas, não com o intuito de esgotar este rol de ações ou de me aprofundar em algum assunto em particular, mas com o propósito de explicitar como o sistema patriarcal capitalista influencia – negativa e duramente – na luta das mulheres por efetivação de direitos. Termino o texto propondo que todas e todos abracemos a "utopia feminista" da democracia para reverter um quadro muito desfavorável para as mulheres na atualidade.

2 O feminismo, a política e o processo constituinte

Não é recente a luta das mulheres para reivindicar a mudança da situação de desigualdades e discriminação a que estamos todas submetidas. Por formarmos um coletivo heterogêneo, influenciar mudanças nos ordenamentos jurídicos demanda de nós assumir muito claramente posturas críticas e concepções feministas com o propósito de termos acesso a direitos cuja fruição é naturalizada para os homens, como o direito a falar, o direito ao voto e à representação política. A atuação feminina no espaço público e na política no Brasil, e na América Latina como um todo, é muito inferior à masculina, o que tem servido para que se reproduza, também nessa esfera, a subserviência em que a mulher vive diuturnamente no espaço privado. Ainda assim, se fizermos um percurso histórico pelo subcontinente, podemos verificar que os movimentos de mulheres reivindicam, em todos os momentos, direitos individuais relativos à sua identidade de gênero e também benefícios coletivos fundados em discriminações compartilhadas, como direitos econômicos, sociais e culturais. Para compreendermos estes mecanismos de silenciamento e exclusão, é preciso refletir sobre a sutil relação entre o Direito e a Política em uma perspectiva feminista.

O Direito e a Política são construídos a partir de um ponto de vista patriarcal, no qual os valores "masculinos" e "femininos" se naturalizaram, resultando em uma situação na qual temos, de um lado, aqueles que são iguais diante da lei; e, do outro lado, aqueles que são diferentes. Nesse sentido, as mulheres, historicamente, não se beneficiam dos progressos alcançados por todas e todos na mesma proporção que os homens, recebendo um tratamento sempre pior, sendo menos remuneradas para as mesmas tarefas, sendo sobrecarregadas de todas as formas pelo sistema em que ambos, homens e mulheres, estamos inseridos. O conceito formal de igualdade, no Direito, tem duas faces muito diferentes no mundo da vida, em que impera o patriarcalismo. Para a socióloga feminista afroamericana Patricia Hill Collins (1989), o sistema patriarcal tem raízes políticas, axiológicas e sociais. Em termos *políticos*, a estrutura do patriarcalismo sugere uma realidade universalista, abstrata, onde, obviamente, a desigualdade supera a igualdade. A própria concepção de uma mulher abstrata, universal, com direitos universais, demonstra a inadequação entre a realidade e a abstração teórica que constroem as normas jurídicas a partir das decisões políticas tomadas no âmbito institucional. *Axiologicamente,* o patriarcalismo inflige um conjunto de valores, atitudes e crenças que não derivam da realidade, mas que servem para que determinados grupos humanos se coloquem "naturalmente" acima dos outros: "homens são mais fortes", "negros são malandros", "mulheres são frágeis"... Também *sociologicamente* os mecanismos utilizados pelo patriarcalismo são profundamente arraigados no tecido social, a fim de facilitar o deslocamento sistemático dos grupos excluídos da participação na cultura, na economia e na política, em diversos momentos históricos.

A relação entre o patriarcalismo e o capitalismo é estrutural e necessária para que ambos se mantenham. A autora feminista ítalo-estadounidense Silvia Federici (2017) afirma que "o capitalismo, enquanto sistema econômico-social, está necessariamente ligado ao racismo e ao sexismo." Ela alerta que

> [o] capitalismo precisa justificar e mistificar as contradições incrustadas em suas relações sociais – a promessa de liberdade frente à realidade da coação generalizada, e a promessa de prosperidade frente à realidade de penúria generalizada – difamando a "natureza" daqueles a quem explora: mulheres, sujeitos coloniais, descendentes de escravos africanos, imigrantes deslocados pela globalização. (FEDERICI, 2017: 37)

Os problemas de gênero estão intrinsecamente relacionados às questões étnicas, raciais, sexuais e de classe social na lógica do patriarcalismo capitalista, do *hetero-patriarcalismo*. Nesse sistema, o 'fazer humano' está vinculado com as relações de trabalho e as sociais, que são geradas pela produção e negação de diferenças que, efetivamente, existem nas relações mercantis capitalistas. Em outras palavras, a luta de classes está intrinsecamente associada a toda e qualquer luta humana por uma vida digna. Neste modelo de patriarcalismo há todo um conjunto de leis, normas e valores, instituições e conformações culturais que regulam nossas vidas, as vidas dos povos, sem admitir contestações. Efetivamente, o "desvio" da heteronormatividade impele o contraventor à marginalidade, como bem comprovam os índices de pobreza entre as mulheres no mundo inteiro, a inferioridade salarial dos negros diante dos brancos, a violência letal contra as pessoas LGBTQI...[1]

Esta realidade afeta a todas e todos nós porque as relações de gênero, raciais, étnicas e de classe são ao mesmo tempo consequência e ponto de partida das relações de poder. Nos ordenamentos jurídicos contemporâneos, a realidade se configura sempre discriminatória, colocando à parte, aberta ou veladamente, aqueles não se encaixam nos padrões determinados pelo sistema. E o faz, sistematicamente, por meio da especificação de possibilidades de igualação e quebra de isonomias. A antropóloga feminista mexicana Marcela Lagarde (2003) define esta construção jurídico-política como uma "pedagogia da identidade", na qual é "natural que as mulheres ocupem os lugares próprios das mulheres, os negros de negros, os velhos de velhos..." e assim por diante, a fim de se impor um sistema de percepção política, axiológica e sociológica que nos leve a acreditar que cada qual deve viver em conformidade com a ordem que lhe foi imposta. A nós, feministas, nos cabe o esforço teórico de ressaltar, denunciar e pensar estratégias para demonstrar que esses procedimentos existem e como devemos atuar para extingui-los.

Nesse sentido, é preciso partir da compreensão de qual é, e onde se centra, a política do Estado no sistema capitalista. É tarefa do Estado organizar a sociedade, regular as relações entre aqueles que detêm os lucros e o poder com os que vendem sua força de trabalho e seu tempo. No mundo contemporâneo o *trabalho* ocupa lugar central, e é ao seu redor que se configura o poder do Estado. Assim, o Estado disciplina nossas subjetividades, nossos corpos, sejamos mulheres, homens, negras, negros, indígenas, transexuais, nacionais ou imigrantes. Ao fazê-lo, dentro daquele esquema de incluir/excluir, a autoridade estatal exerce seu poder, ao passo em que estabelece a "alteridade", esta categoria essencial para a sustentação do processo produtivo nas sociedades ocidentais desde o século XVI (CASTRO-GOMEZ, 2005). É o *outro* que nos define.

Para exercer seu poder disciplinar, o Estado se vale de mecanismos que abrangem os manuais de urbanidade, as regras gramaticais dos idiomas e as

---

[1] Sigla de Lésbicas, Gays, Bissexuais, Travestis, Transexuais ou Transgêneros, Queer e Intersex.

constituições. Em países como os latino-americanos, nas "sociedades do Sul", o projeto civilizatório dos colonizadores é alcançado por meio da linguagem, o que significa que a legitimação de nossas subjetividades se dá pela escrita. Portanto, um primeiro passo para o desmonte dos mecanismos de opressão é, justamente, a problematização do *discurso* hegemônico que predomina nas democracias ocidentais, reguladas pelo Estado Democrático de Direito, no qual os conceitos de "igualdade" e "cidadania" são propositadamente elusivos, a fim de designar o que, na realidade, se traduz em *privilégios culturais e políticos*. Não desfruta desses privilégios a maior parte da população, pois está em desconformidade com o perfil do colonizador, que é homem, branco, heterossexual, pai de família, proprietário, cristão, letrado. Os que se desviam deste padrão, somos os "outros", estamos excluídos do modelo de cidadania desenhado pelo colonizador. Silvia Rivera Cusicanqui, socióloga e ativista boliviana, disserta sobre esses modelos de dominação senhoriais:

> a retórica da igualdade e a cidadania se converte em uma caricatura que encobre privilégios políticos e culturais explícitos, noções de sentido comum que tornam tolerável a incongruência e permitem reproduzir estruturas coloniais de opressão.[2] (RIVERA CUSICANQUI, 2010: 56-57)

Assim como o conceito do "outro", o conceito de "cidadania" também é um conceito da modernidade, um mecanismo de ajuste que exclui do projeto civilizatório hegemônico a maioria das pessoas cujos corpos e cujas vidas são sujeitos à disciplina do Estado. No Brasil, essa exclusão se perpetua, de diversas formas, desde 1500...

A luta feminista é, portanto, uma luta política, pois *ser mulher é uma questão política*. Se queremos mudanças estruturais neste sistema opressor, é necessário que nós, mulheres, levemos a cabo tarefas difíceis, como descolonizar as estruturas políticas e econômicas em que todas e todos estamos inseridos. Este trabalho consiste em reformular constituições e leis que vêm, desde sempre, reproduzindo práticas de exclusão e dominação, práticas estas presentes em todas as esferas de nossas vidas – das relações amorosas, eróticas e familiares ao nosso labor profissional e acadêmico. É preciso "desnaturalizar" nosso modo de vida, que não questiona a exclusão a que somos submetidas, e realizar mudanças – inclusive mentais e comportamentais! – *dentro* da estrutura do sistema, abraçando empreitadas diversas que vão desde o engajamento em projetos feministas até a inserção nos poderes do Estado Democrático de Direito que, tradicionalmente, nos exclui, ao regular desigualmente nossas relações de trabalho e todas as relações do fazer humano.

Não por acaso, as vozes feministas na política exigem o reconhecimento de direitos *para as mulheres*. Esses direitos, no entanto, não se limitam ao gênero

---

[2] Tradução livre do original: "la retórica de la igualdad y la ciudadanía se convierte en una caricatura que encubre privilegios políticos y culturales tácitos, nociones de sentido común que hacen tolerable la incongruencia y permiten reproducir las estructuras coloniales de opresión."

feminino, ao contrário, interessam a toda a sociedade. As mulheres organizadas, ao participar dos debates constitucionais, seja pra o reconhecimento de direitos individuais, seja para clamar por direitos coletivos, estão agindo legitimamente no interesse de toda a população. A cientista política chilena Magdalena Valdivieso Ide (2017: 44) ressalta que as feministas não se limitam a fazer propostas sobre assuntos considerados "femininos" – como, por exemplo, os direitos reprodutivos das mulheres – mas se dedicam a defender projetos sobre temas variados como a saúde pública, segurança, funcionamento da economia ou da educação, sistema de propriedade, direito da natureza... Isto porque as *concepções feministas* sobre ética, filosofia, economia, cultura, urbanismo, direito, medicina, etc., são resultado de um corpo próprio de ideias forjado na maneira como nos movemos no interior das sociedades patriarcais em que vivemos.

Os processos constituintes são o momento em que se repensa o Estado, em que temos a oportunidade de fazer a revisão completa da ordem política, da normatização das relações sociais. O debate constitucional, nessas ocasiões, tem como principal característica o tensionamento das relações de poder e a possibilidade de se repensar toda a organização coletiva da vida. Os movimentos sociais são essenciais na América Latina para essa discussão, pois em uma região em que grassa a exclusão e a desigualdade, a disputa pela refundação do Estado evidentemente traz à tona os grupos de opinião que pretendem conformar, no âmbito de suas respectivas atuações, os conteúdos da cidadania, justiça e bem-estar social. É neste espaço de decisão que os movimentos de mulheres podem trazer para a prática política o conteúdo dos feminismos que os delineiam. É essencial, portanto, que nos processos constituintes sejam sempre garantidos os processos democráticos e participativos, em que as mulheres possam ser protagonistas como coletivo.

As mulheres organizadas têm apresentado demandas históricas nas agendas dos processos constituintes na América Latina. Magdalena Valdivieso Ide (2017: 54-59) sintetiza as principais propostas e estratégias compartilhadas no que diz respeito aos direitos das mulheres desde os anos 1980 do século XX no subcontinente. As *demandas* apresentadas são, prioritariamente, as seguintes:
- Igualdade de gênero e autonomia das mulheres como indicadores do nível da democracia e da cidadania;
- Uso da linguagem inclusiva nos debates, documentos e textos constitucionais a fim de visibilizar as mulheres, superar o antropocentrismo e pensar as sociedades como comunidades heterogêneas;
- Reconhecimento integral da remuneração de todas as formas de trabalho, em função da denúncia da existência de um ciclo vicioso de desigualdade gerado pela divisão social do trabalho doméstico e do cuidado que exclui a mulher da política e da tomada de decisões, estabelecendo relações hierárquicas de poder e ausência de reconhecimento social;
- Reprodução humana como direito e responsabilidade compartilhada;
- Estado laico, pois as hierarquias eclesiásticas são eivadas de concepções conservadoras e patriarcais que se contradizem com o tratamento jurídico

e político sobre temas que dizem respeito à autonomia das mulheres, como direitos reprodutivos e aborto;
- Organização econômica que garanta o acesso das mulheres à propriedade, à terra e aos recursos naturais e financeiros destinados à produção;
- Incorporação de novos mecanismos democráticos que favoreçam a participação social dos setores excluídos do poder estatal, como regras de paridade, por exemplo;
- Redefinição do conceito de família, de forma a incorporar o princípio da igualdade;
- Reafirmação da diversidade das mulheres: somos negras, indígenas, imigrantes, lésbicas, transexuais e, nessa pluralidade, todas nos reafirmamos como mulheres e feministas;
- Inclusão nos textos constitucionais do cuidado com o planeta, com a preservação do equilíbrio ecológico; rejeição da exploração predatória dos bens naturais, cuidado com as formas de cultivo tradicionais.

As *estratégias compartilhadas* consistem em ter como base das demandas o reconhecimento, no âmbito constitucional, dos direitos consagrados no ordenamento internacional para a igualdade de gênero; definir agendas comuns onde sejam contemplados os mínimos aos quais não se pode renunciar; trabalhar na formação e difusão para o debate em todas as etapas dos processos; selecionar e apoiar candidatas consensuais para os órgãos colegiados; construir consensos e políticas de alianças.

A articulação dos movimentos de mulheres é essencial para o êxito na batalha contra o capital e o sistema patriarcal. Os movimentos sociais contêm o fundamento dos direitos humanos, é na luta social que se efetiva direitos, não na teoria ou na abstração do conceito de dignidade (GALLARDO, 2006: 32). Nos processos constituintes, tão favoráveis para os movimentos sociais, é que os coletivos vão emplacar, nos ordenamentos nacionais, as novas relações de poder. Sem dúvida alguma, os movimentos organizados de mulheres vêm cumprindo sua parte e têm conseguido avançar no reconhecimento de direitos e no aprimoramento das democracias latino-americanas nas três últimas décadas. No Brasil não foi diferente dos países vizinhos.

3 O *lobby* do batom

O processo constituinte brasileiro fez parte de uma longa e peculiar transição da ditadura civil-militar para a democracia. Seu objetivo era buscar novas alternativas democráticas de organização social, o que ocorreu, lamentavelmente, conforme as regras institucionais do regime autoritário, estabelecendo, dessa forma, uma série de procedimentos de continuidade, o que Anthony Pereira chamou de "permanências autoritárias".[3] Essa situação se reflete na opção de se

---

[3] Conferir em PEREIRA, A. *Ditadura e Repressão:* O Autoritarismo e o Estado de Direito no Brasil na Argentina e no Chile. São Paulo: Paz e Terra, 2010.

eleger no Brasil, em 1986, não uma Assembleia Constituinte, mas um *Congresso Constituinte*, o que é inusitado na perspectiva da teoria constitucional, mas não deixa de ser coerente com a própria forma de convocação, por meio de decreto executivo do então Presidente da República, José Sarney.[4] Porém, diferente das expectativas dos conservadores instalados no poder, a Constituição que disso resultou frustrou sua manobra, pois foi fruto de

> um processo decisório caracterizado pelo dissenso, pela intensa e permanente mobilização de atores coletivos internos e externos, por votações altamente polarizadoras e, ao mesmo tempo – sobretudo em sua fase final, por uma atividade igualmente intensa e incessante de busca de acordos entre as lideranças das diferentes forças em choque (PILATTI, 2008: 1).

Um dos mais expressivos coletivos presentes na Constituinte foi o de mulheres, que se fortaleceu ao longo do século XX no Brasil e viu naquele momento uma oportunidade de ampliar a democracia na nova Constituição. Organizadas desde o final da década de 1970, as feministas viram seu grupo crescer com o retorno, após a anistia de 1979, das ativistas políticas que estavam no exílio. Essas mulheres foram importantes para aumentar a participação feminina, em especial nos poderes legislativos locais a partir de 1982.

Um dos debates mais relevantes por parte das feministas na ocasião da Constituinte foi acerca da possibilidade de incorporação das normas internacionais resultantes dos debates ocorridos na Década da Mulher, iniciada em 1975, conforme declaração da Organização das Nações Unidas (ONU). Tal mobilização em prol do acoplamento entre o direito internacional e o direito interno se ajusta às estratégias defendidas pelas mulheres na América Latina e foi fundamental para as discussões que envolviam a questão de gênero.

A bancada feminina na Assembleia Constituinte contava com vinte e seis deputadas (sendo que uma delas, a atriz Elisabeth Mendes, que se licenciou para exercer cargo no governo de São Paulo logo após a eleição). A maioria dessas políticas não tinha vinculação com o movimento feminista e, portanto, não houve

---

[4] Conforme consta dos anais do da Assembleia Nacional Constituinte, a convocação foi parte do acordo de transição para a democracia, negociado entre as forças políticas progressistas e conservadoras à época: "No dia 18 de julho de 1985, Sarney assinou o Decreto nº 91.450, instituindo a Comissão Provisória de Estudos Constitucionais (CPEC). A CPEC, instaurada sob os cuidados do Ministério da Justiça, ficaria conhecida como Comissão Arinos, em homenagem ao seu idealizador, que também presidiria os trabalhos. Instalada formalmente no dia 3 de setembro de 1985, a CPEC concluiria seu anteprojeto um ano depois, em 7 de setembro, ocorrendo a entrega solene de seu trabalho no dia 24 de setembro de 1986. Na sessão de instalação, o presidente Sarney realçara que a função da CPEC seria ouvir os diversos setores da sociedade, estimulando o debate, e não elaborar um anteprojeto em nome do governo. No entanto, como aspectos do anteprojeto desagradaram o palácio do Planalto, notadamente o sistema de governo parlamentarista e a definição do mandato presidencial em quatro anos, o texto final sequer foi enviado, como sugestão, ao Congresso Nacional. A etapa final da agenda, desfecho institucional da transição, começaria pela convocação da ANC. No dia 28 de junho de 1985, o presidente José Sarney enviou uma mensagem ao Congresso Nacional propondo, por meio de emenda à Constituição, a concessão de poderes constituintes ao Congresso Nacional a ser eleito em novembro de 1986. A mensagem foi lida no dia 7 de agosto, sendo então constituída uma comissão mista do Congresso para elaborar um parecer." Texto integral disponível nos arquivos da FGV/CPDOC: Disponível em: <http://www.fgv.br/cpdoc/acervo/dicionarios/verbete-tematico/assembleia-nacional-constituinte-de-1987-88>.

adesão majoritária a todas as demandas apresentadas pelo coletivo. Naquele momento, então, a atuação do Conselho Nacional de Direitos da Mulher (CNDM)[5] foi determinante para reunir as mulheres em torno de uma pauta oriunda dos movimentos (OLIVEIRA, 2012: 198-199).

Criado em agosto de 1985, o CNDM, lançou em novembro daquele ano a Campanha "Constituinte sem mulher fica pela metade", cujo objetivo era ampliar a participação feminina na Assembleia Nacional Constituinte que se instalaria em 1987. Conforme relatado pela pedagoga e militante feminista brasileira Schuma Schumaher (2007), muitas mulheres se dedicaram a visitar os estados da Federação, a fim de estimular o debate político, discutir com grupos e conselhos de mulheres. O CNDM organizou debates e seminários para formulação de propostas em todo o país com o propósito de que fossem sistematizadas recomendações, apresentadas no Encontro Nacional, em agosto de 1986, no qual foi elaborada a *Carta das Mulheres aos Constituintes*[6] e lançada a campanha "Constituinte pra valer tem que ter direitos da mulher".

O CNDM assumiu o compromisso de incluir no novo texto constitucional propostas feministas, em cuja defesa se empenhou, colocando-se, algumas vezes, contra o governo do qual participava. As principais reivindicações, dentre outras, eram:

- licença maternidade de 120 dias;
- licença paternidade de 08 dias;
- direito à creche para crianças de zero a 06 anos;
- direito à posse da terra para o homem e para a mulher;
- igualdade de direitos e de salários entre homem e mulher;
- igualdade na sociedade conjugal;
- reconhecimento da união estável como entidade familiar;
- direitos trabalhistas e previdenciários para a empregada doméstica;
- direitos sexuais e reprodutivos;
- garantia de mecanismos para reprimir a violência doméstica;
- garantia de mecanismos para a discriminação étnica/racial.[7]

---

[5] "O Conselho Nacional dos Direitos da Mulher (CNDM) foi criado em 1985, vinculado ao Ministério da Justiça, para promover políticas que visassem eliminar a discriminação contra a mulher e assegurar sua participação nas atividades políticas, econômicas e culturais do país. De 1985 a 2010, o Conselho teve suas funções e atribuições alteradas e, em 2003, passou a integrar a estrutura da SPM e a contar, em sua composição, com representantes da sociedade civil e do governo. Isso ampliou significativamente o processo de controle social sobre as políticas públicas para as mulheres. O colegiado tem como um de suas principais atribuições apoiar a Secretaria em suas articulações com diversas instituições da Administração Pública Federal e com a sociedade civil." Conferir em: <http://www.seppir.gov.br/conselho-nacional-dos-direitos-da-mulher-completa-30-anos-e-e-recebido-pela-presidenta-dilma-rousseff-1>.

[6] Conferir a íntegra do documento em: <http://www2.camara.leg.br/atividade-legislativa/legislacao/Constituicoes_Brasileiras/constituicao-cidada/constituintes/a-constituinte-e-as-mulheres/Constituinte%201987-1988-Carta%20das%20Mulheres%20aos%20Constituintes.pdf>.

[7] As diversas mobilizações realizadas pelas mulheres confluíam para que a nova constituição afirmasse a igualdade entre mulheres e homens. Segundo a então Presidente do CNDM, Jacqueline Pitanguy: "Com relação ao capítulo da família, as mulheres denunciavam a desigualdade e hierarquia que permeava as relações nesta esfera, pleiteando a eliminação da figura de chefe da sociedade conjugal atribuída ao homem por nosso Código Civil, com todas as consequências daí derivadas como fixar domicílio, o predomínio da linhagem paterna sobre a

Uma pauta em estreita sintonia com as demandas constantes da agenda dos demais processos constituintes latino-americanos nos anos seguintes.[8] Entretanto, o trabalho do grupo de mulheres não tardou a incomodar e, numa tentativa de desvalorizá-lo, foi apelidado de "*lobby* do batom". Schuma Schumaher (2007) relata que o efeito foi inverso ao que pretendiam os detratores, pois as mulheres, taticamente, adotaram o novo nome, utilizando-o como elemento de mobilização e força política. As estratégias utilizadas para persuadir os parlamentares indecisos envolviam telefonemas, consultas, contatos, visitas a gabinetes, com o seguinte recado: "Constituinte, as mulheres estão de olho em você!!".

No entendimento da jurista feminista Adriana Vidal Oliveira (2012: 456), o espaço institucional de luta por direitos durante a Constituinte foi o das Subcomissões temáticas, em que se propiciava um diálogo direto entre a sociedade e os parlamentares. Segundo a autora, a "Bancada Feminina" foi formada como estratégia para ampliar a influência da pauta das mulheres sobre os deputados constituintes. Ressalta, porém, que essa composição teve limites, especialmente porque as mulheres que compunham esse grupo eram de variadas origens e não havia necessariamente acordo entre elas sobre os diversos pontos a serem defendidos (OLIVEIRA, 2012: 192). Em sua pesquisa,[9] ela ressalta como atuava parte das deputadas constituintes:

> as diferentes Comissões e Subcomissões receberam esses temas [feministas] comuns, como os Constituintes que participavam de mais de uma dessas Subcomissões atuavam em relação a esses temas, na medida em que sentiam ter um público mais propício ou não às suas idéias, e como os demais Constituintes se organizavam considerando o andamento das demais Subcomissões, os rumos que as aprovações tomavam, para apresentarem suas propostas. (OLIVEIRA, 2012: 195)

Ela conclui que o fato de as mulheres da Bancada Feminina terem perfis muito diferenciados fez com que ela não tivesse uma atuação coesa na integralidade e, portanto, o coletivo de deputadas não teve força política para apresentar e garantir as demandas feministas na Constituinte. Mesmo a atuação da Bancada nas Subcomissões não foi concertada de forma estratégica e os temas de gênero ficaram fora de diversos debates. Segundo Oliveira, a Bancada Feminina era uma

---

materna na custódia dos filhos, dentre outros. Apoiávamos também o reconhecimento da instituição da família, independentemente de uma certidão de casamento. No que se refere aos direitos e benefícios sociais as mulheres demandavam a extensão destes para os trabalhadores domésticos, o aumento da licença maternidade para quatro meses, o direito das mulheres em situação prisional de amamentarem seus filhos, o direito à titularidade da terra à mulher rural independente de seu estado civil, o reconhecimento de que havia discriminação da mulher no mercado de trabalho." Disponível em: http://www.cepia.org.br/images/nov089.pdf

[8] As mulheres latino-americanas participaram ativamente dos processos constituintes, sendo seu protagonismo destacado na Colômbia (1991); Peru (1993); Argentina (1994); Equador (1998 e Referendo de 2008); Venezuela (1999); Bolívia (20016). Para mais detalhes, ver Valdivieso Ide, 2017, p. 46 e ss.

[9] A autora se dedica a analisar as seguintes Subcomissões, escolhidas metodologicamente em função do debate entre os constituintes e a sociedade civil que fora possibilitado naqueles espaços: Subcomissão dos Direitos e Garantias Individuais; Subcomissão dos Direitos dos Trabalhadores e Servidores Públicos; Subcomissão de Saúde, Seguridade e do Meio Ambiente e Subcomissão dos Negros, Populações Indígenas, Pessoas Deficientes e Minorias; Subcomissão da Família, do Menor e do Idoso.

"bancada acidental", acidente que ela considera ter sido provocado especialmente pela "atuação da militância feminista e pela pressão do Conselho Nacional de Direitos da Mulher"[10] (2012: 213).

Embora a Constituição de 1988 não tenha avançado suficientemente nos direitos das minorias – especialmente nas questões de gênero – e ainda que a redação final não correspondesse às demandas dos movimentos feministas, são inegáveis os progressos alcançados ao longo da Constituinte. Alguns temas defendidos pelas feministas ficaram de fora da texto final por motivos variados, seja por não terem sido considerados matéria constitucional, como a interrupção da gravidez; seja por não haver força política para que entrassem no debate, como a equiparação das empregadas domésticas aos outros trabalhadores. Em que pesem todas as dificuldades, no entanto, o *Lobby do Batom* foi um dos grupos mais organizados na Constituinte, tendo 85% de suas propostas incorporadas no texto constitucional (SCHUMAHER, 2007:2), o que não é pouca coisa, e que vem a corroborar o papel crucial dos movimentos de mulheres nos processos constituintes em defesa de seus direitos. Pode-se observar que esses grupos feministas organizados adotam diversas formas de participação no processo democrático e, como ficou demonstrado pela atuação do Conselho Nacional de Mulheres, suas iniciativas mobilizadoras são a prova da capacidade propositiva e organizacional de mulheres e feministas, como ressaltado por Magdalena Valdivieso Ide (2017: 47).

4 Um Estado heterossexual

A teórica feminista, cantora e antropóloga social afro-dominicana, Ochy Curiel, considera a Constituição Política uma expressão do poder jurídico, teórico e político, por conter, garantir e legitimar um discurso que resultou da negociação entre aqueles aliados que tiveram o poder de decidir e organizar suas prescrições para o povo de um determinado Estado. Essa pessoas são as que participam do poder constituinte. O processo constituinte tem dois aspectos que ela considera de grande relevância: "a lei e a escrita como meios e tecnologias de estabelecimento do poder e da hegemonia." [11] (CURIEL, 2013: 29) A partir desta constatação, a autora destaca que, na América Latina, desde o período colonial, o discurso jurídico sempre foi peça fundamental para consolidação do poder hegemônico, e a escrita sempre foi privilegiada em detrimento da tradição oral

---

[10] "O Conselho contribuiu tanto diretamente, com a participação de suas representantes em audiências públicas, como prestando auxílio a outros movimentos com demandas comuns ou afins, como foi o caso do Triângulo Rosa, grupo de homossexuais, o caso das empregadas domésticas, sem dúvida vertente do movimento feminista, e as mulheres negras, que se manifestaram na Subcomissão de Minorias." (OLIVEIRA, 2012: 199)

[11] Tradução livre do original: "la ley y la escritura como medios y tecnologías de establecimiento del poder y la hegemonía".

da maior parte da população e das culturas latino-americanas. Ela observa que a Constituição, como texto político e jurídico, enunciador das normas fundamentais da sociedade, pensada pela maioria qualificada dos constituintes, carrega a marca de períodos anteriores, pois sempre traz em seu corpo os elementos das constituições precedentes. (CURIEL, 2013: 32-33)

Concordo com sua análise e me espelho em sua opinião acerca da Constituição Colombiana de 1991 (CURIEL, 2013: 33), pois a ela se assemelha a Constituição Brasileira de 1988 que, embora mais democrática e includente que suas antecessoras, nasceu de um regime autoritário, foi pensada e escrita por uma parcela da população ligada à elite dominante e absorvida pela população em geral como se fosse uma *doxa*.[12] De fato, ao avaliar as posturas da Bancada Feminina durante o processo constituinte brasileiro, nota-se um descompasso entre o que fora pautado pelo movimento feminista – que postulava avançar em temas como família, casamento, maternidade, sexo, gênero – mas que não encontrou eco nas mulheres eleitas para a tomada de decisão, em sua maioria pertencentes às classes sociais mais privilegiadas do país, como constatado por Adriana Vidal de Oliveira em sua tese:

> (...) eram poucas as Constituintes ligadas ao movimento feminista, (...) algumas conseguiram ser eleitas por causa do prestígio de suas famílias na política, ou em decorrência da importância do marido, que no exercício de um mandato conseguia fazer uso da máquina administrativa e reunir recursos financeiros. (OLIVEIRA, 2012: 201).

Obviamente, o texto constitucional brasileiro se caracteriza, no âmbito do gênero, por uma normatividade heterossexual, na concepção defendida por Ochy Curiel, em que assuntos como a maternidade, a exploração econômica e a família devem ser analisadas como instituições políticas cujas bases ideológicas diminuem o poder das mulheres. Vários conceitos que permeiam a constituição brasileira sustentam esse discurso, como, por exemplo, as designações "homem" e "mulher", numa perspectiva relacional e identitária que não atende à diversidade existente na sociedade nacional. Não por acaso, portanto, a luta das mulheres por direito e reconhecimento continuou a ser travada com crescente intensidade ao longo das três últimas décadas no Brasil: para além de efetivar os direitos estabelecidos no novo texto constitucional, trata-se de conquistar o que ficou *de fora*.

Os anos de 1990 no Brasil foram marcados pela ascensão de governos liberais de direita. Naquele período, órgãos como o CNDM foram praticamente extintos pela ação/inação dos governos de Fernando Collor (1990-1992) e Fernando Henrique Cardoso (1995-2003). Entretanto, se o poder público desfavorecia

---

[12] A *doxa* é uma expressão grega, adotada pelo sociólogo francês Pierre Bourdieu e define uma condição para a manutenção do estado das coisas existentes em uma sociedade. Trata-se das experiências incorporadas do mundo social, da adesão às relações de ordem aceitas como evidentes, as quais definem os limites, as posições e os legados do que será pensado nas estruturas das classes sociais. Conferir seu livro *A Distinção. Crítica social do julgamento*. Porto Alegre, Zouk, 2013.

os avanços das pautas feministas, no plano teórico o movimento se fortalecia, alimentado por fatores como a entrada dos estudos de gênero nas universidades brasileiras e a ampliação do acesso aos cursos superiores para a parcela mais pobre da população. Na verdade, somente no início dos anos 2000, com a eleição de Luiz Inácio Lula da Silva (2003-2011) é que foi retomado o projeto feminista inaugurado com a redemocratização.

A "Era Lula" começou com a criação da Secretaria Especial de Políticas para as Mulheres da Presidência da República (SPM), prosseguiu com a promulgação da Lei Maria da Penha,[13] destinada a combater a violência doméstica; e com o programa Bolsa Família,[14] voltado para a transferência de renda, que beneficiou mais de 10 milhões de famílias, sendo que a verba era repassada prioritariamente para mulheres e mães de famílias de baixa renda.

A primeira década do século XXI foi marcada por intensa participação social, por diversas disputas políticas e pelo protagonismo das mulheres. No ano de 2002, ainda no governo de Fernando Henrique Cardoso, foi apresentada a Plataforma Política Feminista,[15] que desembocou na Conferência Nacional de Mulheres Brasileiras.[16] A ativista feminista e ex-ministra da Secretaria de Políticas para as Mulheres da Presidência da República durante o governo Lula, Nilcéa Freire, relata que os princípios e postulados da Conferência foram a inspiração para a criação da SPM e para muitas políticas públicas implementadas posteriormente (FREIRE, 2017: 56). São eles:

- Comprometer-se com a crítica ao modelo neoliberal injusto, predatório e insustentável do ponto de vista econômico, social, ambiental e ético.
- Reconhecer os direitos econômicos, sociais, culturais e ambientais das mulheres.
- Comprometer-se com a defesa dos princípios de igualdade e justiça econômica e social.
- Reconhecer o direito universal à educação, saúde e previdência.
- Comprometer-se com a luta pelo direito à terra e à moradia.
- Comprometer-se com a luta anti-racista e a defesa dos princípios de equidade racial-étnica.
- Comprometer-se com a luta contra todas as formas de discriminação de gênero, e com o combate à violência, maus-tratos, assédio e exploração de mulheres e meninas.

---

[13] Texto integral da lei disponível em: <http://www.planalto.gov.br/ccivil_03/_ato2004-2006/2006/lei/l11340.htm>.

[14] Para mais detalhes sobre o programa, consultar o sítio oficial do governo federal: <http://mds.gov.br/assuntos/bolsa-familia>.; para uma análise mais detalhada da relação entre o Bolsa Família e gênero, sugiro a leitura do artigo de PASSOS, L. e WALTENBERG, F., intitulado "Bolsa Família e assimetrias de gênero: reforço ou mitigação?" e publicado na *R. bras. Est. Pop.*, Rio de Janeiro, v. 33, n. 3, p. 517-539, set./dez. 2016. Disponível em: <http://www.scielo.br/pdf/rbepop/v33n3/0102-3098-rbepop-33-03-00517.pdf >.

[15] O texto integral pode ser consultado em: <http://www.institutobuzios.org.br/documentos/PLATAFORMA%20POLITICA%20FEMINISTA.pdf >.

[16] A convocação para a Conferência, em 2002, seus objetivos e a pauta do debate estão disponíveis em: <http://cfemea.org.br/index.php?option=com_content&view=article&id=658:conferencia-nacional-de-mulheres-brasileiras&catid=95:numero-112-maio-de-2002&Itemid=129>.

- Comprometer-se com a luta contra a discriminação a lésbicas e gays.
- Comprometer-se com a luta pela assistência integral à saúde das mulheres e pela defesa dos direitos sexuais e reprodutivos.
- Reconhecer o direito das mulheres de ter ou não ter filhos com acesso de qualidade à concepção e/ou contracepção.
- Reconhecer o direito de livre exercício sexual de travestis e transgêneros.
- Reconhecer a descriminalização do aborto como um direito de cidadania e uma questão de saúde pública.
- Reconhecer que cada pessoa tem direito às diversas modalidades de família e apoiar as iniciativas de parceria civil registrada.[17]

Muito próximos dos princípios contidos em documentos internacionais, na Conferência se postula os mesmos direitos defendidos pelas mulheres latino-americanas nas últimas décadas. Com a posse de Lula, finalmente a institucionalidade foi inaugurada. Pela primeira vez nós, mulheres, tivemos uma agenda direcionada para nossa pauta. O CNDM foi reativado e permaneceu como órgão de aconselhamento e controle social, enquanto a SPM, que tinha caráter de ministério, se configurou como uma ação afirmativa com fins de promover a igualdade de gênero por meio de políticas públicas e sociais. Porém, aquele governo foi marcado por profundas disputas internas e não prosperou o intento de se criar, efetivamente, um ministério.

Entre 2003 e 2010 foram realizadas 27 conferências envolvendo mais de 120 mil mulheres, cujos resultados se tornaram ferramenta de lutas dentro e fora dos espaços institucionais. A principais reivindicações das mulheres eram: educação não sexista, autonomia e igualdade no mundo do trabalho, tratamento da violência de gênero. Essa pauta foi a base da estruturação do I Plano Nacional de Políticas para as Mulheres.[18] Para além das Conferências, foi criado um comitê de monitoramento em parceria com o CNDM, coordenado pela SPM, cuja função era operacionalizar as propostas retiradas dos encontros.

As políticas de maior visibilidade foram aquelas destinadas a coibir a violência de gênero. Diversas ações se realizaram, como a criação de casas de abrigo, centros de referência especializados, capacitação de gestoras públicas e militantes feministas, bem como negociações com o Conselho Nacional de Justiça para aprimorar a relação com o Judiciário. Um dos resultados mais importantes foi a consolidação da política nacional de enfrentamento à violência e a implementação da Lei Maria da Penha. Outras iniciativas também merecem ser destacadas, como o combate à exploração sexual e ao tráfico de mulheres; a promoção de direitos humanos para mulheres encarceradas e o enfrentamento do avanço da AIDS e outras Doenças Sexualmente Transmissíveis (DSTs) entre as mulheres (FREIRE, 2017: 259).

---

[17] Carta completa de princípios disponível em: <http://osdireitoshumanosnobrasil.blogspot.com/2012/10/principios-da-conferencia-nacional-de.html>.

[18] Disponível em: <http://bvsms.saude.gov.br/bvs/publicacoes/pnpm_compacta.pdf>.

Merece destaque que uma das dificuldades enfrentadas pela SPM foi a discussão acerca da interrupção voluntária da gravidez. Praticamente proibido o debate no âmbito institucional, o tema divide as correntes feministas e não se vislumbra no horizonte uma solução que atenda à demanda das mulheres, que continua em aberto. Outras ações de menos visibilidade foram implementadas, como os programas direcionados para as mulheres do campo ou os programas de igualdade no mundo do trabalho.

Em que pese alguns avanços significativos dos governos do Partido dos Trabalhadores (PT) como os aqui elencados, houve também retrocessos durante os mandatos da Presidenta Dilma Roussef: o programa Escola sem Homofobia foi vetado pela Presidência da República; em função de campanha em favor do bem-estar e saúde das profissionais do sexo, houve uma série de demissões no Ministério da Saúde; e o Estatuto do Nascituro (PL 478/2007 da Câmara dos Deputados), que atinge duramente diversas conquistas feministas quanto ao aborto e à violência sexual, continua tramitando no Congresso Nacional. Isto sem falar da quantidade de propostas misóginas que circulam no Poder Legislativo...

Em 2016, porém, a primeira presidenta mulher do país foi alvo de um processo de *impeachment* que considero, no mínimo, irregular, e que terminou com sua saída do cargo sem que houvesse contra ela imputação de crime que justificasse a interrupção do mandato. Os votos dos congressistas, em sua maioria absoluta homens, brancos, proprietários, pertencentes a classes sociais mais elevadas, e ligados a bancadas religiosas, são a clara explicitação do contorno que caracteriza o patriarcalismo como sistema de opressão e subordinação das mulheres no Brasil.

Um dos pontos relevantes em que devemos nos fixar neste episódio é na ideia obsessiva da *masculinização,* uma acusação que se faz às mulheres que ocupam espaços públicos e, principalmente, políticos. Basta nos lembrarmos do deboche misógino contra a ex-Presidenta Dilma Roussef no decorrer dos ataques que sofreu durante o processo. E é interessante batermos nessa tecla, pois naquele momento, as agressões não diziam respeito à sua postura na vida política, mas à migração de sua suposta "forma feminina", estereotipada, normalizada, naturalizada, para uma posição de comando e resistência dotada de elementos de "masculinidade". Questões de ordem ética e material, como corrupção, violência, abuso de poder, impunidade, são condutas exercidas pelos homens no espaço público que ela *não* praticou. Mas sua "masculinização" não foi perdoada.

Por que isto ocorre? A resposta é simples: é porque é desejável que nós, mulheres, nos comportemos de outra maneira nos espaços públicos. Querem que não nos coloquemos contra a cultura política masculina e patriarcal. Querem que as normas, as regras da política, os procedimentos, os discursos, as linguagens, sejam padronizados conforme o "masculino", a fim de perpetuar a dominação de gênero no âmbito político. Assim, para sermos legitimamente aceitas, as mulheres temos que nos moldar a essa cultura, sob pena de, como a ex-Presidenta Dilma Roussef, sermos automaticamente marginalizadas.

5 "Eu sozinha ando bem, mas com você ando melhor"[19]

Procurei demonstrar que este modelo patriarcal em que todas e todos estamos inseridos é definido como tradição política, axiológica e sociológica. Este sistema é baseado em princípios que são perceptíveis nas ações que, não raro, observamos por parte do Estado no Brasil e, no período mais recente, em especial na atuação do Legislativo e do Judiciário. É evidente que, isto somado a uma cidadania incompleta, faz com que fique ainda mais difícil a disputa por efetivação de direitos das minorias, como ficou demonstrado na dificuldade de efetivar as conquistas que foram obtidas pelo movimento feminista na Assembleia Nacional Constituinte e pelas quais as mulheres temos lutado desde então. Portanto, é importante observarmos atentamente os princípios vetores deste cenário, assim diagnosticados por Patricia Hill Collins (1989):

> 1 o princípio da *dominação*, que nasce das desequiparações discriminatórias entre homens e mulheres, trabalhadores e capital, imigrantes e cidadãos: o que um detém, ao outro é negado. É o caso das reformas trabalhista e previdenciária no Brasil, que afeta duramente as mulheres de baixa renda, sem que haja uma reação por parte dessa parcela populacional diante da subtração de direitos.
> 2 o princípio da *complementaridade*, a partir do qual o dominado aceita a situação de inferioridade, reforçando sua identidade por meio do inafastável sentimento de que pertence a algo ou a alguém. Assim, a identificação do grupo oprimido com o poderoso faz com que ele careça de uma interpretação própria de sua opressão. Nesse sentido, o feminismo burguês, aliado ao individualismo liberal, adotou (talvez inconscientemente) a ideologia competitiva e atomista do individualismo. Aqui observamos a resistência ao debate feminista por parte considerável da mulheres, que naturalizam uma suposta (e irreal) superioridade masculina para assumir determinadas tarefas e executar uma série de ações que são de nosso interesse.
> 3 O princípio da *necessidade*, que leva os grupos inferiorizados (mulheres, negros, indígenas...) a não articular pontos de vista próprios e a colocar sempre alternativas que se originem nos princípios anteriores. A teórica feminista negra, artista e ativista social estadunidense bel hooks[20] (1984) ensina que no sistema capitalista, o patriarcado está estruturado de tal modo que o sexismo restringe o comportamento das mulheres a alguns campos e o libera em outros. Isto faz com que as mulheres muitas vezes ignorem as esferas em que são exploradas ou discriminadas, a ponto, inclusive, de parecer que não estão sendo oprimidas. Este ponto é especialmente problemático e ficou evidente na Constituinte, espaço ocupado também por mulheres, mas que não abraçaram as causas feministas por não se identificarem com elas. A pouca aderência das elites aos movimentos de mulheres é um indicativo de que as questões de gênero, classe e raça devem necessariamente ser vistas a partir da interseccionalidade.[21]

---

[19] Verso cantado pelas mulheres nas passeatas feministas no Rio de Janeiro.
[20] Por escolha da autora, como afirmação de sua identidade, seu nome é escrito com letras minúsculas.
[21] A interseccionalidade, termo cunhado pela jurista feminista afro-estadunidense Kimberlé Creenshaw, se baseia na ideia de que as conceituações clássicas de opressão dentro da sociedade – o racismo, o sexismo, o classismo – são formas de opressão que se inter-relacionam, criando um sistema de opressões que conjuga múltiplas formas de discriminação.

4 O princípio da *vitimização*. Em função dos princípios anteriores, os coletivos submetidos à lógica patriarcal se percebem como pobres, cidadãos de segunda classe, estigmatizados, sociologicamente inferiores. São qualificados como vítimas, passíveis de sofrer as consequências negativas do sistema. Entretanto, sentir-se como vítima não significa ver-se como explorado, ou seja, sujeito de uma relação social concreta, determinada pelo modo como se elaboram, se percebem e se enfrentam – política, axiológica e socialmente – as diferenças e desigualdades.

Como se vê, estamos diante de um quadro estruturalmente desfavorável e repleto de retrocessos no que diz respeito à pauta feminista. Por se tratar de uma questão estrutural, as lutas do movimento de mulheres durante o processo constituinte, e ao longo dos 30 anos que se sucederam, não foi suficiente para reverter o quadro de exclusão, discriminação e desigualdade em relação à mulheres e aos outros grupos minoritários. Isto se explica também pelo fato de que não tivemos potência para nos instalar *dentro* do poder do Estado, a fim de implementar mudanças a partir dali. Portanto, a grande questão que se coloca é: como reverter esta situação? Algumas propostas, a partir da teoria feminista, podem ser colocadas como tarefas urgentes a serem implementadas.

Às mulheres feministas que ocupam cargos na estrutura do Estado Democrático de Direito cabe mudar o discurso. E o que as sustenta são as forças sociais de base, é a nossa força. Portanto, o diálogo aliado à prática é essencial para nos emanciparmos no coletivo – sempre no *coletivo!* – e darmos sustentação ao avanço da causa das mulheres e às mulheres nas posições de poder. Nossa tarefa urgente é construir uma nova ética. Para isto, temos que dar ouvidos à utopia feminista, resultante da crítica histórica feita por tantas mulheres antes de nós; utopia também fruto das lutas pessoais de tantas de nós que resistiram ao poder patriarcal para construir relações solidárias, de cooperação, não hierárquicas, relações de trabalho grupal, relações de responsabilidade, mulheres que lutaram pelo acesso aos recursos naturais que nos são negados, que se engajaram em processos de desenvolvimento das capacidades humanas de maneira democrática. A utopia de Vandana Shiva na Índia, com sua proposta de nos libertarmos da "monocultura da mente"; de Malala Yousafzai no Paquistão, com sua luta para que as mulheres tenham acesso ao conhecimento; de Diaryatou Bah, na Guiné, contra o casamento infantil e a mutilação dos corpos das mulheres; de Margarida Alves, no Brasil, por representatividade e melhores condições de trabalho e de vida no campo; a utopia de Marielle Franco, que apostou na formação política feminista, horizontal e dialógica, para construir outro modelo de democracia.

Se queremos mudar o grave quadro político em que estamos inseridas, se queremos efetivar nossos direitos, precisamos *desaprender*. Precisamos formar um novo acúmulo de conhecimentos. Precisamos mudar nosso olhar, enxergar pelas lentes de gênero feministas o núcleo em torno do qual deve girar nossa concepção da vida e do mundo. Devemos assumir a memória de gênero. Sem neutralidade, mas ao contrário: com toda a dimensão e conteúdo de nossa identidade feminina. Neste sentido, a *sororidade*, ou, ainda melhor!, *a dororidade*, como ensina a escritora negra, feminista e ativista Vilma Piedade (2017), deve ser traduzida no reconhecimento da "outra", das "outras", como nossas semelhantes, destinatárias de nosso respeito e compreensão. Sororidade como aliança de gênero e não como solidariedade de sexo, no estilo dos homens. Precisamos construir nossa solidariedade, normatizá-la, nomeá-la, de forma limitada e pontual.

São essas as dimensões políticas do feminismo contemporâneo: a sororidade e o mútuo reconhecimento. Essas mudanças de posição levam a mudanças ideológicas, intelectuais, afetivas. Modificam-se nossas subjetividades e mentalidades e, acima de tudo, nossa postura diante da vida. Mostremos, então, ao mundo que queremos um política feminista a partir de nosso próprio comportamento. Uma nova política, com lideranças firmes, coligadas, comprometidas, sustentadas, democráticas, locais, globais. Uma política feminista, de afeto, de solidariedade, para mudar este mundo doente em que nos é dado viver. Nesta utopia, talvez, o Estado importe menos que a Democracia e que os direitos.

Referências

CASTRO-GÓMEZ, Santiago. Ciências sociais, violência epistêmica e o problema da "invenção do outro". In: LANDER, Edgardo. *A colonialidade do saber: eurocentrismo e ciências sociais. Perspectivas latino-americanas*. Buenos Aires: CLACSO, 2005.

COLLINS, Patricia Hill. The Social Construction of Black Feminist Thought. *Sins*, v. 14, n. 4, Common Grounds and Crossroads: Race, Ethnicity, and Class in Women's Lives (Summer, 1989), p. 745-773.

CURIEL, Ochy. *La Nación Heterossexual. Análisis del discurso jurídico y el régimen heterosexual desde la antropologia de la dominación*. Bogotá: Brecha Lésbica y en la frontera, 2013.

FEDERICI, Silvia. *Calibã e a Bruxa: mulheres, corpo e acumulação primitiva*. São Paulo: Elefante, 2017.

FREIRE, Nilcéa. Igualdade de gênero e políticas para mulheres. In: *Cinco Mil Dias. O Brasil na era do lulismo*. MARINGONI, G. E MEDEIROS, J. (orgs.). São Paulo: Boitempo, 2017, p. 254-262.

GALLARDO, Helio. *Derechos Humanos como Movimiento Social*. San José: DEI y Bogotá: Desde Abajo, 2006.

hooks, bel. Black women: shaping feminist Theory. In: *Feminist Theory from Margim to Center*. Boston: South and End Press, 1084.

LAGARDE Y DE LOS RÍOS, Marcela. El feminismo y la mirada entre mujeres. Conferência no Seminário Internacional sobre Liderazgo y Dirección para Mujeres. *"Poder y Empoderamiento de las Mujeres. Nueva ética para nuevos liderazgos"*. Valencia, 2003. Disponível em: <http://webcache.googleusercontent.com/search?q=cache:2GcCYCVjPQ4J:pmayobre.webs.uvigo.es/textos/marcela_lagarde_y_de_los_rios/el_feminismo_y_la_mirada_entre_las_mujeres_marcela_lagarde_rios.doc+&cd=1&hl=pt-BR&ct=clnk&gl=br>.

OLIVEIRA, Adriana Vidal de. *A Constituição da Mulher Brasileira: uma análise dos estereótipos de gênero na Assembleia Constituinte de 1987-1988 e suas consequências no texto constitucional*. Tese de Doutorado. Rio de Janeiro, Pontifícia Universidade Católica, 2012. Disponível em: <http://pct.capes.gov.br/teses/2012/31005012020P4/TES.PDF>.

PIEDADE, Vilma. *Dororidade*. Rio de Janeiro: Nós, 2017.

PILATTI, Adriano. *A Constituite de 1987-1988. Progressistas, conservadores, ordem econômica e regras do jogo*. Rio de Janeiro: Lumen Juris, 2008.

RIVERA CUSICANQUI, Silvia. *Ch'ixinakax utxiwa: una reflexión sobre prácticas y duscursos descolonizadores*. Buenos Aires: Tinta Limón, 2010.

SCHUMAHER, Schuma. O *lobby* do batom. Disponível em: <http://www.mulher500.org.br/wp-content/uploads/2017/06/7_O-lobby-do-batom.pdf>.

VALDIVIESO IDE, Magdalena. Propuestas feministas en los procesos constituyentes latino-americanos de las últimas décadas. In: SAGOT, Montserrat (Coord.). *Feminismos, pensamiento crítico y propuestas alternativas en AméricaLatina*. Buenos Aires: CLACSO, 2017.

Informação bibliográfica deste texto, conforme a NBR 6023:2002 da Associação Brasileira de Normas Técnicas (ABNT):

BERNER. Vanessa Batista. Movimentos feministas e os 30 anos da Constituição federal brasileira: Do "lobby do batom" aos retrocessos. In: BOLONHA, Carlos et al. (Coord.). *30 anos da Constituição de 1988*: uma jornada democrática inacabada. Belo Horizonte: Fórum, 2019. p. 341-358. ISBN 978-85-450-0595-7.

PARTE IV

CONSTITUIÇÃO, A VIA JUDICIAL E OUTRAS VIAS

JUÍZES FALANDO PELO POVO:
POPULISMO JUDICIAL PARA ALÉM DAS DECISÕES JUDICIAIS*

Diego Werneck Arguelhes

Nós com frequência pensamos nos tribunais como *vítimas* ou *alvos* de políticos populistas, qualquer que seja nossa definição de populismo. De fato, como são compostos por elites indicadas por governos anteriores, tribunais superiores são alvos óbvios para líderes populistas em ascensão. Para preservar sua autoridade contra essas ameaças, juízes podem procurar ajustar o conteúdo de suas decisões às tendências da opinião pública, ou, talvez, se abrir ao público e falar diretamente ao povo, adotando estratégias de relações públicas que tornem mais difícil para os atores políticos ignorar ou retaliar contra suas decisões.[1] Neste texto, porém, quero esboçar um cenário alternativo. Na medida em que a insatisfação geral com as instituições representativas aumenta, em vez de simplesmente reagir à política populista, os tribunais podem buscar ativamente o seu próprio caminho populista e reivindicar falar *pelo* povo.

A desilusão com o *establishment* político tem sido um ingrediente-chave para alimentar líderes e movimentos populistas ao redor do mundo. Até certo ponto, ir contra o *establishment* político e reivindicar representar o povo melhor do que os outros é parte normal da política eleitoral.[2] Mas, em meio a esse clima de desilusão geral com a política, os tribunais podem acabar assumindo uma postura pública de liderança muito além de defender a autoridade judicial contra

---

* Este texto é uma tradução de "Judges Speaking for the people: judicial populism beyond judicial decisions", *International Journal of Constitutional Law Blog*, 4 de maio de 2017 (disponível em: <http://www.iconnectblog.com/2017/05/judges-speaking-for-the-people-judicial-populism-beyond-judicial-decisions/>.). O texto original foi produzido para o simpósio *online* "Populism and the Courts", organizado em conjunto pelos blogs I-Connect e *Verfassungsblog* (ver Michaela Hailbronner e David Landau, "Introduction: Constitutional Courts and Populism", *International Journal of Constitutional Law Blog*, 22 de Abril de 2017, disponível em: <http://www.iconnectblog.com/2017/04/introduction-constitutional-courts-and-populism/>.). Desde a publicação do texto, no primeiro semestre de 2017, alguns dados, exemplos e informações se tornaram desatualizados, ainda que, a meu ver, o argumento central não tenha sido afetado por nenhum desses desdobramentos. Embora o corpo do texto não tenha sido substantivamente alterado nesta tradução para refletir a passagem do tempo, foram adicionadas algumas informações e dados mais recentes (indicadas com "[ ]") nas notas de rodapé. Gostaria de agradecer a Or Bassok e Luiz Gomes Esteves por comentários à versão original e a Renan Medeiros de Oliveira pelo auxílio na tradução e atualização desta versão.
[1] Cf, por exemplo, Bassok, Or. "The Supreme Court at the Bar of Public Opinion Polls", *Constellations*, v. 23, n. 4, p. 573-584, 2016; Staton, Jeffrey K. *Judicial power and strategic communication in Mexico*. Cambridge University Press, 2010.
[2] WEYLAND, Kurt. "Clarifying a Contested Concept: Populism in the Study of Latin American Politics", *Comparative Politics*, v. 34, n. 1, p. 1-22, 2001, p. 1; WEYLAND, Kurt. "Populism and Social Policy in Latin America", in Arnson and De la Torre (eds.), *Latin American Populism in the 21st Century*, 2013; MÜLLER, Jan-Werner. *What Is Populism?* University of Pennsylvania Press, 2016.

os ataques de políticos. Adotando o vocabulário populista para si, juízes podem reivindicar a capacidade de representar e fazer valer o atual sentimento da maioria da população contra os políticos corruptos do *establishment*.

Considere o caso do Brasil. Desde os protestos de 2013, o país tem enfrentado uma profunda crise política, com o apoio a instituições representativas atingindo níveis extremamente baixos.[3] De 2014 em diante, mais e mais líderes políticos de diferentes partidos – incluindo *todos* os ex-presidentes vivos desde a democratização e oito membros do gabinete do presidente Temer – foram investigados ou processados no âmbito da Operação Lava Jato. O presidente da Câmara dos Deputados, Eduardo Cunha, chegou a ser removido de seu cargo pelo Supremo Tribunal Federal.[4] Some-se a esse cenário uma crise econômica (a partir de 2015), o controverso *impeachment* da presidente Dilma Rousseff, no final de 2016, e um processo em que o Tribunal Superior Eleitoral foi provocado a anular a eleição presidencial de 2014 com base em alegações de corrupção e contribuições eleitorais ilícitas. Esse clima político pode afetar a substância das decisões judicias. Para além desses efeitos, porém, ele parece ter influenciado a própria maneira pela qual os juízes se dirigem e se apresentam ao público.

Sérgio Moro, juiz federal responsável pelos processos penais referentes à Operação Lava Jato, tem sido a única figura pública com uma taxa de aprovação consistentemente alta (acima de 50%) em meio à crise.[5] Em março de 2016, depois de manifestações nas ruas em que seu nome e rosto estavam nas camisas de muitos manifestantes, Moro fez uma declaração pública agradecendo o apoio e explicando que a Lava Jato era o trabalho de muitas autoridades diferentes. Mas também acrescentou: "É importante que as autoridades eleitas e partidos políticos ouçam a voz das ruas e também se comprometam a combater a corrupção."[6] Um ano depois, Moro lançaria um pequeno vídeo, postado em uma página do Facebook mantida por sua esposa, agradecendo às pessoas, mais uma vez, por apoiar a Lava Jato.[7] Dentre juízes e promotores que vêm adotando estratégias de mobilização da opinião pública em favor de decisões judiciais contra o

---

[3] Por exemplo, de acordo com o *"Trust Index"* do Edelman Trust Barometer, em 2017, 48% dos brasileiros acreditavam nas instituições (média mundial: 53%). Em 2013, 55% acreditavam nas instituições (média mundial: 57%). Em 2011, de acordo com a mesma fonte, o Brasil está no topo do ranking global de confiança nas instituições com 80% (contra uma média mundial de 55%). O índice resulta da combinação de confiança popular no governo, no mercado, na mídia e nas organizações do terceiro setor. [Em 2018, segundo o mesmo índice, 44% dos brasileiros acreditavam nas instituições (média mundial: 48%). Dados disponíveis em: <https://edelman.com.br/propriedades/trust-barometer-2018/>.]

[4] A Operação "Lava Jato" é uma investigação em grande escala da polícia federal que começou em 2014 com foco em lavagem de dinheiro. Desde então, a operação cresceu exponencialmente em seu escopo, à medida que foi sendo exposto um cartel de empresas de construção que receberam contratos públicos da Petrobras em troca de propina e contribuições de campanha para partidos da coalizão governista. Mais recentemente, a Lava Jato expandiu-se para incluir, também, acusações contra políticos dos (antigos) partidos da oposição.

[5] Winter, Brian. "Brazil's Never-Ending Corruption Crisis," *Foreign Affairs*, Mai./Jun. 2017.

[6] Disponível em: <http://politica.estadao.com.br/noticias/geral,moro-pede-que-voz-das-ruas-sejaouvida-por-partidos,10000021100>.

[7] Disponível em: <https://g1.globo.com/pr/parana/noticia/mulher-de-sergio-moro-diz-que-vai-retirar-pagina-de-apoio-ao-marido-do-facebook.ghtml>; <http://politica.estadao.com.br/blogs/fausto-macedo/em-video-moro-agradece-apoio-a-lava-jato/>.

crime organizado de colarinho branco, Moro já vinha sendo um pioneiro.[8] No entanto, suas manifestações recentes – por seu simbolismo, pelo vocabulário que empregam, pelo foco na pessoa individual do juiz e sua alegada conexão direta com as demandas públicas – sugerem algo além de uma simples estratégia institucional para reforçar a autoridade judicial.

Em agosto de 2015, durante uma audiência pública no Tribunal Superior Eleitoral, o ministro Gilmar Mendes acusou o Partido dos Trabalhadores de ter transformado o país em um "sindicato de ladrões".[9] Em novembro de 2015, quando o Supremo Tribunal Federal decidiu pela prisão provisória do Senador Delcídio do Amaral, acusado de conspirar para ajudar o réu Nestor Cerveró (e potenciais testemunhas de outros crimes) a fugir do país, o voto da ministra Cármen Lúcia incluiu as seguintes declarações, reproduzidas pela imprensa no dia seguinte: "Na história recente de nossa pátria, houve um tempo em que a maioria de nós, brasileiros, acreditava que a esperança prevalecera sobre o medo. (...) O crime não prevalecerá sobre a justiça. Um aviso para quem navega nas águas escuras da corrupção e das iniquidades: (...) [criminosos] não prevalecerão sobre os juízes do Brasil. [Eles] não prevalecerão sobre as novas esperanças do povo brasileiro (...)."[10]

As deliberações no plenário do STF têm sido televisionadas desde 2002 e transmitidas no YouTube desde 2006, proporcionando uma excelente plataforma para juízes individuais tentarem atingir audiências mais amplas. Contudo, podemos encontrar atitudes judiciais como as descritas no parágrafo acima para além das deliberações dos ministros durante julgamentos. Em setembro de 2015, falando para câmeras de TV após uma sessão de julgamento, o ministro Gilmar Mendes disse a jornalistas que o Partido dos Trabalhadores havia estabelecido no país uma "cleptocracia". Em outubro de 2015, em meio a crescentes escândalos de corrupção, crise econômica e grave conflito entre o Presidente e a Câmara dos Deputados, o ministro Marco Aurélio disse à *Folha de São Paulo* que a única saída "não traumática" para o país seria que a Presidente Dilma Rousseff, o Vice-Presidente Temer e o Presidente da Câmara, Eduardo Cunha, renunciassem simultaneamente. "Falo isso como cidadão e em uma perspectiva utópica, já que seria algo impensável para os atuais detentores dos poderes", disse o Ministro, para quem esses representantes eleitos pareciam mais preocupados em atender a "interesses políticos" do que em enfrentar "o mal maior, a crise econômica".[11]

No Brasil, como se vê, em meio à desilusão geral com o *establishment* político, alguns juízes vêm tomando a iniciativa de se apresentar como canalizadores do sentimento popular – como se falassem pelos *verdadeiros interesses do povo*. Para

---

[8] Cf. MORO, Sérgio. Considerações sobre a Operação *Mani Pulite*. Revista CEJ, v. 8 n. 26 Jul./Set. 2004.
[9] Disponível em: <http://www.bbc.com/portuguese/noticias/2015/10/150921_perfil_gilmar_ms_ab>.
[10] Disponível em: <http://www.ebc.com.br/noticias/politica/2015/11/crime-nao-vencera-justica-diz-ministra-carmen-lucia>.; <https://politica.estadao.com.br/noticias/geral,para-stf--senador-e-banqueiro-tiveram-acoes-de-organizacao-mafiosa,10000002931>.
[11] Disponível em: <http://painel.blogfolha.uol.com.br/2015/10/16/marco-aurelio-mello-do-stf-defende-renuncia-de-dilma-temer-e-cunha/>.

analisar esse fenômeno, é necessário dissociar os juízes individuais, de um lado, e o tribunal como instituição, de outro, em pelo menos dois sentidos.

Primeiro, os objetivos e as motivações dos juízes individuais podem não coincidir com o que seria o melhor interesse da instituição. Para alguns juízes, como observou Lawrence Baum no contexto dos EUA, atingir audiências específicas pode ser até mais importante do que vencer no resultado da decisão.[12] Isso pode ser ainda mais verdadeiro em um contexto de aguda desconfiança pública quanto às instituições do Estado em geral. Nesse cenário, as reputações individuais podem ser promovidas por manifestações públicas contra normas profissionais de autocontenção – talvez até mesmo por meio de críticas ao próprio tribunal como parte do *establishment* político geral. A promoção dessas reputações individuais pode até mesmo estar conectada a objetivos profissionais extrajudiciais que alguns juízes de mais destaque público possam ter em mente – como, por exemplo, concorrer a um cargo político no futuro próximo.[13]

Se considerarmos que menos de 1/3 dos cidadãos consideram o Judiciário confiável no Brasil de hoje, apresentar-se como um *outsider*, como alguém independente das instituições, pode ser uma estratégia bastante eficaz para juízes.[14] Embora tenha um desempenho melhor do que os outros ramos do governo e um pouco melhor do que o judiciário em geral, o próprio STF ainda parece ser encarado de forma semelhante às instituições do sistema político em geral, com níveis de confiança decrescentes desde 2013.[15] Em pesquisa recente, os índices de popularidade de Sérgio Moro (61%) e Joaquim Barbosa (53%) (um ex-Presidente do STF associado publicamente ao combate à corrupção) eram mais altos que o do ex-presidente Lula – que, apesar das acusações de corrupção, ainda é um dos políticos mais populares na história recente do Brasil. A presidente do STF, Ministra Cármen Lúcia, com 26% de popularidade, ainda está à frente da maioria dos possíveis candidatos presidenciais para as eleições de 2018.[16]

Segundo, esses objetivos individuais podem ser promovidos sem que o juiz individual precise de fato lançar mão de decisões judiciais. Com frequência, as decisões judiciais acabam sendo tratadas como o único ou o principal mecanismo pelo qual os tribunais podem exercer poder. Contudo, os ministros dispõem de

---

[12] BAUM, Lawrence. *Judges and their audiences: A perspective on judicial behavior*. Princeton University Press, 2009.

[13] FALCÃO, Joaquim; OSÓRIO, Laura. A futura atividade político-partidária e a responsabilidade ética do magistrado, *Revista USP*, n. 110, jul./set. 2016.

[14] Cf. o relatório de 2016/1 do Índice de Confiança na Justiça Brasileira, FGV-SP, Forças Armadas (59%), Igreja Católica (57%), Redes de Televisão (33%), Poder Judiciário (29%), Forças Policiais (25%), Promotores Públicos (36%), Grandes Negócios (34%), Presidência (11%), Congresso (10%), Partidos Políticos (7%). [O último relatório do Índice de Confiança na Justiça Brasileira, da FGV-SP, se refere ao primeiro semestre de 2017, e indicam: Forças Armadas (56%), Igreja Católica (53%), Redes de Televisão (30%), Poder Judiciário (24%), Forças Policiais (26%), Promotores Públicos (28%), Grandes Negócios (29%), Presidência (6%), Congresso (7%), Partidos Políticos (7%)- Dados também disponíveis em: <http://bibliotecadigital.fgv.br/dspace/bitstream/handle/10438/19034/Relatorio-ICJBrasil_1_sem_2017.pdf?sequence=1&isAllowed=y]>.

[15] OLIVEIRA, Fabiana Luci; RAMOS, Luciana. Conhecer o STF é confiar nele?, *JOTA*, 5 Set. 2017. Disponível em: <https://jota.info/artigos/conhecer-o-stf-e-confiar-nele-05092016>.

[16] Disponível em: <http://www.bbc.com/portuguese/brasil-39439891>.

recursos institucionais para afetar o mundo exterior sem conquistar a maioria necessária para uma decisão judicial formal. Conversar com a imprensa é um desses recursos. Quando um ministro do STF fala com jornalistas, o país todo pode ouvir, e a presença de alguns dos atuais ministros nas notícias tornou-se um lugar comum no Brasil. Ao falarem sobre questões da pauta da conjuntura, os ministros enviam sinais públicos sobre como podem ser as futuras decisões do STF, moldando, assim, ao menos potencialmente, o comportamento de atores fora do tribunal. Com a ajuda da transmissão de TV, do YouTube e das mídias sociais, portanto, manifestações judiciais críticas podem atingir um grande público.

Outros poderes individuais podem ser usados para maximizar o alcance público de um juiz. No Brasil, sabemos que um único juiz pode remover um caso da agenda do tribunal, por exemplo.[17] Este poder de definição de agenda pode ser usado em conjunto com aparições do ministro na imprensa para aumentar o impacto público de sua sinalização, como fez o Ministro Mendes no caso da constitucionalidade do financiamento de campanha por empresas.[18] Com isso, os ministros podem influenciar debates públicos em curso, ajudar a deslegitimar outras instituições públicas, reforçar seu *status* pessoal perante a opinião pública e fazer ameaças críveis aos atores fora do tribunal – tudo isso sem ter que obter a maioria dos votos dentro do tribunal.[19]

Como os juízes *não precisam* fazer reivindicações para representar o povo para manter seu ofício ou sua autoridade, é comum acreditar que eles *não farão* essas coisas. No entanto, mesmo que sua independência institucional não dê incentivos aos juízes para ativamente considerar as demandas populares ao decidir, isso não chega a ser um desincentivo a que o façam. Outras forças informais – como a pressão dos colegas ou o profissionalismo de cada ministro – podem acabar impedindo que um juiz fale publicamente como se fosse um político. Mas, como mostra o caso do Brasil, essas forças não necessariamente prevalecerão contra os incentivos proporcionados pelo ambiente político mais amplo ao redor do tribunal. De sua posição isolada e independente, é possível um juiz afirmar que fala pelo povo e para o povo.

Em artigo recente, o ministro Roberto Barroso afirmou, contraintuitivamente, que a independência judicial pode acabar sendo uma vantagem quando se trata da tarefa de representar a vontade popular. Argumentou que, no Brasil, "em muitas situações, juízes e tribunais se tornaram mais representativos das aspirações e

---

[17] ARGUELHES, Diego Werneck; HARTMANN, Ivar A. Timing Control Without Docket Control: How individual Justices shape the Brazilian Supreme Court's agenda", *Journal of Law and Courts*, v. 5, n. 1, p. 105-140, Spring 2017.
[18] *Idem*.
[19] ARGUELHES, Diego Werneck; RIBEIRO, Leandro Molhano. "O Supremo Individual: Mecanismos de atuação direta dos ministros sobre o processo político", *Direito, Estado e Sociedade*, v. 46, 2015. [ARGUELHES, Diego Werneck; RIBEIRO, Leandro Molhano. "'Ministrocracia'? O Supremo Tribunal Individual e o processo democrático brasileiro". *Novos Estudos CEBRAP*, v. 37, p. 13-32, 2018; ARGUELHES, Diego Werneck; RIBEIRO, Leandro Molhano. "The Court, it is I? Individual judicial powers in the Brazilian Supreme Court and their implications for constitutional theory". *Global Constitutionalism*, v. 7, p. 236-262, 2018].

demandas sociais do que as instituições políticas tradicionais."[20] Embora reconheça que isso é uma espécie de distorção dos ideais democráticos, Barroso prossegue com seu raciocínio dizendo que, considerando que o Congresso com frequência fica paralisado por "interesses especiais" e *"veto players"*, "não é incomum ou surpreendente que o Judiciário, em certos contextos, seja o melhor intérprete do sentimento da maioria."

Nessa perspectiva, enquanto os congressistas são selecionados por meio de um processo no qual as minorias poderosas desempenham um papel decisivo, os juízes seriam, supostamente, recrutados da sociedade brasileira de maneira mais geral, por meio de concursos públicos.[21] Na argumentação de Barroso, as garantias de independência no cargo tornariam os juízes mais capazes de ler corretamente o sentimento da população, pois "não estão sujeitos às tribulações de curto prazo da política eleitoral, nem, pelo menos em princípio, às tentações populistas". Ou seja: nessa linha de raciocínio, se você precisa se preocupar em garantir sua reeleição pelo voto, a sua pretensão de representar o povo se tornaria mais fraca.

Muitos acadêmicos vêm contestando essa posição e os compromissos normativos que ela expressa.[22] Independentemente do mérito desses argumentos, porém, o fato de que um Ministro do STF venha defendendo essa visão sobre o papel dos juízes parece ser parte de um fenômeno mais geral que vem ocorrendo no Brasil – e talvez também em outros países. Um clima de desconfiança geral quanto às instituições representativas pode ser, em vários níveis, uma ameaça à autoridade judicial e ao estado de direito de maneira mais geral. Mas, por outro lado, esse mesmo clima pode dar mais poder e mais incentivos para que juízes individuais aproveitem a oportunidade de falar para o povo e se apresentar como se falassem pelo povo.

Referências

ARGUELHES, Diego Werneck. Um Supremo que não erra. In: VIEIRA, Oscar; GLAEZER, Rubens (eds.). *A Razão e o Voto: Diálogos Constitucionais com Luís Roberto Barroso*. São Paulo: Saraiva, 2017.

ARGUELHES, Diego Werneck; HARTMANN, Ivar A. Timing Control Without Docket Control: How individual Justices shape the Brazilian Supreme Court's agenda. *Journal of Law and Courts*, v. 5, n. 1, p. 105-140, 2017.

ARGUELHES, Diego Werneck; RIBEIRO, Leandro Molhano. "'Ministrocracia'? O Supremo Tribunal Individual e o processo democrático brasileiro". *Novos Estudos CEBRAP*, v. 37, pp. 13-32, 2018.

---

[20] BARROSO, Luís Roberto. "Reason Without Vote: The Representative and Majoritarian Function of Constitutional Courts." In *Democratizing Constitutional Law*, p. 71-90. Springer International Publishing, 2016. [a versão original do texto de Barroso pode ser encontrada em VIEIRA, Oscar; GLAEZER, Rubens (eds.). *A Razão e o Voto: Diálogos Constitucionais com Luís Roberto Barroso*. São Paulo: Saraiva, 2017].

[21] Id.

[22] Arguelhes, Diego Werneck. "Um Supremo que não erra". In Vieira, Oscar; Glaezer, Rubens (eds.). *A Razão e o Voto: Diálogos Constitucionais com Luís Roberto Barroso*. São Paulo: Saraiva, 2017.

ARGUELHES, Diego Werneck; RIBEIRO, Leandro Molhano. "O Supremo Individual: Mecanismos de atuação direta dos ministros sobre o processo político", *Direito, Estado e Sociedade*, n. 46, 2015.

ARGUELHES, Diego Werneck; RIBEIRO, Leandro Molhano. "The Court, it is I? Individual judicial powers in the Brazilian Supreme Court and their implications for constitutional theory". *Global Constitutionalism*, v. 7, p. 236-262, 2018.

BARROSO, Luís Roberto. Reason Without Vote: The Representative and Majoritarian Function of Constitutional Courts. In *Democratizing Constitutional Law*, p. 71-90. Springer International Publishing, 2016.

BASSOK, Or. The Supreme Court at the Bar of Public Opinion Polls. *Constellations*, v. 23, n. 4, 573-584, 2016.

BAUM, Lawrence. *Judges and their audiences:* A perspective on judicial behavior. Princeton University Press, 2009.

FALCÃO, Joaquim; OSÓRIO, Laura. A futura atividade político-partidária e a responsabilidade ética do magistrado. *Revista USP*, n. 110, Jul./Set. 2016.

MORO, Sérgio. Considerações sobre a Operação *Mani Pulite*. *Revista CEJ*, v. 8 n. 26, Jul./Set. 2004.

MÜLLER, Jan-Werner. *What Is Populism?* University of Pennsylvania Press, 2016.

OLIVEIRA, Fabiana Luci; RAMOS, Luciana. Conhecer o STF é confiar nele?, *JOTA*, 5 Set. 2017.

STATON, Jeffrey K. *Judicial power and strategic communication in Mexico*. Cambridge University Press, 2010.

VIEIRA, Oscar; GLAEZER, Rubens (eds.). *A Razão e o Voto: Diálogos Constitucionais com Luís Roberto Barroso*. São Paulo: Saraiva, 2017.

WEYLAND, Kurt. Clarifying a Contested Concept: Populism in the Study of Latin American Politics. *Comparative Politics*, v. 34, n. 1, p. 1-22, 2001.

WEYLAND, Kurt. Populism and Social Policy in Latin America, in Arnson and De la Torre (eds.), *Latin American Populism in the 21st Century*, 2013.

WINTER, Brian. "Brazil's Never-Ending Corruption Crisis", *Foreign Affairs*, Mai./Jun. 2017.

Informação bibliográfica deste texto, conforme a NBR 6023:2002 da Associação Brasileira de Normas Técnicas (ABNT):

ARGUELHES, Diego Werneck. Juízes falando pelo povo: Populismo judicial para além das decisões judiciais. In: BOLONHA, Carlos et al. (Coord.). *30 anos da Constituição de 1988*: uma jornada democrática inacabada. Belo Horizonte: Fórum, 2019. p. 361-367. ISBN 978-85-450-0595-7.

TRIBUNAIS CONSTITUCIONAIS E SEUS AUDITÓRIOS

Fábio Perin Shecaira
Noel Struchiner

1 O difícil trabalho de um juiz constitucional

Nós, juristas, cobramos de juízes e juízas uma série de virtudes morais e intelectuais. Eles devem ser bem-informados, racionais, justos, imparciais, honestos, transparentes, prudentes, atentos, sensíveis, compreensivos, humanos etc. Além de longa, a lista inclui virtudes que nem sempre são conciliáveis na prática: o juiz mais racional nem sempre será o mais sensível, assim como a decisão mais justa nem sempre será a mais humana.

Moralistas e santimoniais, nós costumamos ignorar a impossibilidade da tarefa que atribuímos aos juízes e a incoerência da nossa própria pregação. Talvez seja hora de reconsiderar nosso discurso, de tomar o ponto de vista dos juízes e exercer um pouco da sensibilidade e empatia que deles cobramos. Talvez seja hora de considerar os sérios desafios que são enfrentados pelos juízes em sua rotina de trabalho. De maneira geral, para exercer a justa ambição acadêmica de oferecer orientação intelectual aos operadores do direito, é preciso que sejamos menos presunçosos e mais realistas.

Este artigo discute os desafios argumentativos que se põem diante de juízes de tribunais altos, especialmente tribunais supremos e constitucionais. Esses são os juízes que enfrentam de forma mais aguda o problema retórico da *diversidade de auditórios*. São juízes obrigados a formular decisões que serão lidas e comentadas pela comunidade jurídica, pela comunidade política, pela imprensa e (no Brasil, cada vez mais) pelos cidadãos de modo geral. Como pode um argumento judicial persuadir (ou pelos menos soar razoável para) grupos sociais tão diferentes, com expectativas politicas tão distintas? Como persuadir um jurista ao mesmo tempo em que se persuade um jornalista? Como convencer um político ao mesmo tempo em que se convence um trabalhador comum? A retórica (isto é, a teoria da persuasão) recomenda que o autor de um argumento "conheça seu auditório". Mas de que adianta conhecer um auditório quando ele é composto por pessoas que esperam argumentos muitos diferentes?

2 Fundamentação das decisões judiciais

Por que – é possível que alguém pergunte desde já – devem os juízes ter a preocupação de persuadir os leitores de suas decisões? Afinal, juízes são *autoridades*. Mas essa ideia suscita uma pergunta sobre o que fundamenta a autoridade judicial. O que a torna legítima? O que faz dela autoridade *de jure* e não simplesmente *de facto*?

Juristas contemporâneos frequentemente celebram a chamada "cultura da justificação". Este é o ideal político de acordo com o qual a legitimidade das instituições não deriva da imponência de seu aparato coercitivo, mas de sua capacidade de justificar-se publicamente. A legitimidade do judiciário, da mesma forma, não depende da quantidade de poder que ele é capaz de mobilizar, mas "da solidez dos argumentos que [oferece] em defesa de suas decisões".[1]

No Brasil, a Constituição Federal afirma que os juízes têm o dever de fundamentar suas decisões, e o novo Código de Processo Civil detalha esse dever no sugestivo Artigo 489, §1º. Destaco aqui o inciso IV:

> Não se considera fundamentada qualquer decisão judicial, seja ela interlocutória, sentença ou acórdão, que:
>
> [...]
>
> IV – não enfrentar todos os argumentos deduzidos [sic] no processo capazes de, em tese, infirmar a conclusão adotada pelo julgador

Este dispositivo é simbólico. Ele expressa a legítima preocupação (formulada, talvez, de maneira conceitualmente desajeitada) de que cabe ao juiz explicar, especialmente à parte vencida, por que não foi convencido por argumentos aduzidos no processo que poderiam ter implicado um julgamento diferente. Além de esse tipo de explicação ser importante para os litigantes que queiram considerar a viabilidade de eventual recurso, a explicação é também uma manifestação de boa-fé por parte do juiz, uma maneira de mostrar que todos os argumentos foram genuinamente considerados e avaliados. Aplicar o inciso IV, noutras palavras, é uma maneira de mostrar ao público que o juiz reconhece a existência de diferentes pontos de vista e os avalia com igual cuidado e transparência.

O que é o inciso IV, portanto, se não um comando para que juízes atentem para as expectativas dos diferentes membros do seu auditório? O que é o inciso IV se não uma tácita exortação à retórica, isto é, à arte de formular argumentos que tenham chance de conquistar seus destinatários?

3 Lógica *vs* Retórica

Estudiosos da teoria da argumentação jurídica frequentemente se preocupam com a estrutura interna de argumentos e a relação lógica entre enunciados jurídicos. Eles se interessam pela análise da "validade" (dedutiva, indutiva, abdutiva) dos

---

[1] Etienne Mureinik (1994: 32; minha tradução)

diferentes tipos de ilação que figuram na argumentação jurídica. Tenho em mente autores como Jerzy Wróblewski, Neil MacCormick, Robert Alexy, Ronald Dworkin e Joseph Raz.[2] Tenho em mente, portanto, a literatura que ajudou a inserir no léxico jurídico termos técnicos como "silogismo", "analogia", "abdução", "ponderação", "proporcionalidade". Essa literatura tem discutido questões como as seguintes: O silogismo tem um papel importante na argumentação jurídica ou ele só figura em casos de fácil resolução? Analogias são compostas de enunciados relativos a casos particulares ou são argumentos veladamente dedutivos? A abdução faz parte do contexto de justificação ou de descoberta? O teste de proporcionalidade é um procedimento racional ou um enredo acadêmico que esconde a natureza discricionária da ponderação de valores?

Essas questões de "lógica jurídica" não são irrelevantes do ponto de vista da retórica desde que elas sejam entendidas como parte do "logos" – isto é, aquele elemento do discurso persuasivo que, ao lado de "ethos", "pathos", "kairos" etc., contribui para a conquista da opinião de algum auditório.[3] Na melhor das hipóteses, a validade lógica é uma condição necessária para persuasão. Ela certamente não é suficiente, pois a persuasão exige também que o autor do argumento saiba apresentar-se como um orador confiável (ethos), saiba ativar no seu auditório os sentimentos certos (pathos) e saiba aduzir os argumentos no momento oportuno (kairos).

A retórica discute, portanto, como o autor de um discurso deve ajustar sua argumentação às expectativas do seu auditório. Isso não é o mesmo que caracterizar (pejorativamente) a retórica como o emprego inescrupuloso de falácias e outros truques de argumentação. A retórica é entendida aqui como a disciplina pragmática que só reconhece como bons argumentos aqueles que, além de logicamente bem construídos, são também habilmente aduzidos em termos de ethos, pathos e kairos. Do ponto de vista retórico, um argumento logicamente perfeito é inútil até que o auditório perceba suas virtudes.

Uma grande vantagem da tomada de uma perspectiva retórica no âmbito de uma discussão sobre os deveres de tribunais altos é que a retórica ajuda a revelar desafios importantes enfrentados por esses tribunais. Em vez da análise do problema estritamente *intelectual* da formulação de argumentos válidos, a retórica enfatiza o desafio *prático* de formular argumentos capazes de conquistar diferentes auditórios. Essa é uma preocupação natural do julgador imerso na "cultura da justificação". Para que fique claro, não falamos de um julgador malicioso, que pretenda convencer seus leitores a todo custo, mas do julgador que procura argumentar de maneira racional e, ao mesmo tempo, persuasiva.

---

[2] Curiosamente, um dos mais famosos livros de MacCormick tem como título "Retórica e o Estado de Direito" (2008). Apesar do título, a maioria dos capítulos desse excelente livro discute efetivamente o que entendemos aqui por *lógica* jurídica.

[3] O conceito de *kairos* – entendido como a habilidade para aduzir argumentos *no momento oportuno* – é menos conhecido entre juristas do que os conceitos de *ethos* e *pathos*; v. Berger e Stanchi (2017, cap. 4).

4 O problema da diversidade de auditórios[4]

Quando formulamos um argumento em sala de aula, temos diante de nós um auditório relativamente homogêneo. É claro que há diferenças importantes de idade, gênero e raça entre os alunos da UFRJ e da PUC-Rio, mas são diferenças menos pronunciadas do que aquelas que caracterizam o auditório que (potencialmente) lerá este artigo. Além de possíveis diferenças de idade, gênero e raça, entre os leitores deste artigo deve haver alunos de direito, professores de direito e talvez alguns juízes e advogados.[5] O auditório de um tribunal importante como o STF é ainda mais plural do que o auditório deste artigo (além de muito maior). O voto de um Ministro do STF que trate de um assunto politicamente sensível será lido, ou pelo menos discutido, pelos litigantes, outros juízes, advogados, professores, estudantes de direito, jornalistas e a comunidade política de maneira geral.

Juristas frequentemente ignoram ou subestimam a importância da diversidade do auditório judicial. Não é que eles neguem as afirmações relativamente banais do parágrafo anterior, mas eles parecem presumir um algum auditório específico como merecendo mais destaque ou atenção que os demais. Juristas ocupados em avaliar a estrutura lógica dos argumentos judiciais, por exemplo, talvez presumam subconscientemente que é especialmente urgente que juízes revisem sua técnica argumentativa de acordo com os parâmetros e expectativas dos próprios juristas acadêmicos. Pois são eles, os acadêmicos, que tendem a colocar *logos* na frente dos demais aspectos da argumentação.

A princípio, a cultura da justificação não discrimina entre os sujeitos a quem o juiz deve dar satisfação. É claro que o jargão da justiça tende a alienar pessoas sem formação jurídica e, portanto, juristas acabam tendo acesso privilegiado ao significado das decisões dos tribunais. Mas junto com o acesso privilegiado anda a responsabilidade de traduzir a linguagem técnica do tribunal em termos mais transparentes. Os tribunais dialogam a princípio com juristas, mas suas palavras atingem indiretamente todo cidadão interessado em exercer algum tipo de controle cívico sobre a atuação dos juízes. A legitimidade democrática de um tribunal depende, em última instância, de sua capacidade de dialogar com a comunidade política de maneira geral.

Juízes, advogados, professores, jornalistas, políticos e cidadãos comuns formam um grupo muito heterogêneo do ponto de vista intelectual/profissional (e possivelmente também do ponto de vista dos valores que cultivam). Nesta

---

[4] Muitas das ideias contidas nesta seção são exploradas mais profundamente em Shecaira e Struchiner (2018). Dois autores que têm escrito há muito tempo sobre a interação entre tribunais e seus diferentes auditórios são Nuno Garoupa e Tom Ginsburg. Veja, por exemplo, Garoupa e Ginsburg (2011), onde se discute, para além do conteúdo das decisões judiciais, outros aspectos da deliberação judicial que têm relevância retórica, a exemplo da permissão/proibição de publicação de votos divergentes.

[5] Não queremos sugerir que o auditório deste artigo será maior que o auditório das nossas aulas. Nossas turmas costumam ter entre 50 e 70 alunos que, infelizmente, são obrigados a nos ouvir. O que queremos dizer é apenas que o auditório provável deste artigo é mais *plural*, por menor que seja.

breve discussão, nós gostaríamos de dividir o amplo grupo de leitores de decisões judiciais em dois subgrupos entre os quais há uma diferença de especial importância do ponto de vista retórico. O auditório do STF, por exemplo, reúne indivíduos com formação jurídica (juízes, advogados, professores de direito) e indivíduos sem formação jurídica (jornalistas, políticos, cidadãos comuns). Uma diferença marcante entre os dois grupos diz respeito ao tipo de argumento a que são mais sensíveis, isto é, ao tipo de consideração que lhes parece mais importante enquanto fundamento para a resolução de questões jurídicas, políticas e sociais.

Indivíduos com formação jurídica costumam argumentar e resolver problemas práticos com base em regras e procedimentos derivados das leis, precedentes judiciais e outras "fontes do direito". Por essa razão, a argumentação no âmbito jurídico costuma ser mais engessada, formalista, legalista ou "institucional".[6] Considerações morais, políticas e econômicas – usadas com tanta naturalidade em outras profissões e campos do conhecimento – têm um papel relativamente tímido na argumentação jurídica. Juízes e advogados costumam argumentar primeiro com base nas regras legais e apenas secundariamente com base em considerações extralegais. O advogado ocasionalmente apela à ética e à justiça, mas antes tenta mostrar que o pleito de seu cliente tem fundamento na lei ou na jurisprudência. O juiz pode ter uma série de preocupações relativas aos efeitos políticos e sociais da sua decisão, mas ele se sente profissionalmente obrigado a justificar sua sentença com base nas fontes do direito.

Essa diferença costuma gerar choques de perspectivas entre profissionais do direito e indivíduos sem formação jurídica. Por exemplo, um jurista defende que o político acusado de corrupção seja solto porque sua prisão era irregular do ponto de vista processual. Um cidadão comum, por outro lado, fica indignado com a ideia de que se pode soltar alguém cuja presença na vida política tem efeitos tão negativos. Os dois simplesmente "não se entendem". O que explica o diálogo frustrado nesse tipo de situação é que jurista e leigo enfrentam o mesmo problema prático com recursos argumentativos diferentes: o jurista apela a regras formais e o leigo se vale de um senso de justiça que independe de qualquer sanção oficial. Uma perspectiva não é necessariamente melhor que a outra. O importante, aqui, é notar que elas não são facilmente conciliadas.

Um dos desafios que tribunais como o STF enfrentam, portanto, é o de resolver casos complexos por meio de argumentos que pareçam bons aos diferentes membros do seu auditório. Mas como fazer isso se os diferentes membros do seu auditório esperam argumentos de naturezas tão diferentes? Uma proposta que vem naturalmente à cabeça é a de que os juízes devem combinar ou "acumular" argumentos de diferentes tipos. Eles devem tentar mostrar aos seus leitores que o julgamento dado é o melhor possível tanto do ponto de vista técnico-jurídico quanto do ponto de vista moral, político, social. Argumentando assim, juízes contemplariam diferentes expectativas.

---

[6] O último termo é usado por MacCormick (1993).

O problema é que essa recomendação é de utilidade limitada para tribunais que, como o STF, decidem um número relativamente grande de casos difíceis, isto é, casos tecnicamente complexos e politicamente sensíveis que dividem a comunidade jurídica e a comunidade política. Esse é justamente o tipo de caso em que o acúmulo de argumentos não costuma ser viável. Quando um caso é tecnicamente complicado porque o direito positivo é obscuro ou indeterminado, então faltarão ao tribunal argumentos institucionais conclusivos em defesa de seu julgamento. Quando o caso é politicamente sensível porque o direito positivo é claro, mas criticável do ponto de vista político ou moral, então a perspectiva institucional e a perspectiva político-moral entrarão em conflito, e o tribunal terá alguma dificuldade para mobilizar considerações institucionais e não institucionais em defesa do mesmo julgamento.

Em termos concretos, ou se mantém preso o político aparentemente corrupto com base em um argumento político-moral, ou se solta o político corrupto com base em um argumento técnico-procedimental. Essas são as opções mais claras. Também há a opção de soltar o politico corrupto com base em um argumento técnico e ressaltar a importância política de se respeitar o direito positivo, apelando a ideais como *estado de direito* ou *segurança jurídica*. O problema é que esses são ideais desproporcionalmente valorizados por profissionais do direito, que tendem a considerá-los mais relevantes do que ideais como *justiça* e *utilidade social*. Por mais engenhoso que seja o juiz, o desafio de harmonizar as duas perspectivas permanece.

5 Auditórios privilegiados

Na prática, juízes encontram formas de se adaptar. O estilo argumentativo dos juízes varia significativamente de país para país. As diferenças vão desde o estilo altamente institucional da Corte de Cassação francesa – cujas decisões não parecem ser o resultado do "trabalho de juízes de carne e osso que algum dia deram-se ao luxo de ter dúvidas"[7] – até o estilo mais aberto dos juízes ingleses, que não se esforçam para esconder o que pensam "sob uma cortina de raciocínio aparentemente dedutivo".[8]

O que é que explica o fato de que alguns juízes estão mais dispostos a relaxar seu discurso institucional do que outros? Entre as explicações possíveis está uma teoria essencialmente retórica: juízes adotam o estilo que será capaz de atender às expectativas daqueles membros do seu auditório cujo consentimento é mais importante. De fato, há uma estrutura variável de incentivos profissionais que podem induzir o juiz a dar preferência a certos grupos dento do seu auditório plural. Por exemplo: o juiz é eleito ou selecionado por meio de concurso? O juiz

---

[7] Kötz (1990, 185-186; minha tradução)
[8] Markesinis (2000: 308; minha tradução)

tem sua progressão na carreira afetada pela frequência com que seus julgamentos são revertidos em segunda instância? Por um lado, o juiz eleito tem um forte incentivo para dialogar com seus eleitores leigos. Por outro lado, tem um forte incentivo para empregar um discurso técnico o juiz cuja progressão depende de sua capacidade para persuadir os colegas de profissão.

Há também fatores que podem afetar o estilo de um tribunal de maneira mais pontual, a exemplo da natureza da ação que se julga. Nuno Garoupa e Tom Ginsburg afirmam, por exemplo, que tribunais constitucionais tendem a voltar sua atenção para um auditório político quando julgam ações abstratas de constitucionalidade de leis, mas privilegiam um auditório de juízes quando realizam controle concreto de constitucionalidade.[9]

6 Conclusão: soluções à vista?

A questão sobre como juízes adaptam-se na prática não pode ser confundida com a questão sobre como eles *deveriam* lidar com o problema da diversidade de auditórios. É compreensível que juízes privilegiem retoricamente os grupos que têm mais poder para afetar seu futuro profissional. Mas será que isso é *justificável*? A cultura da justificação, como vimos há pouco, não discrimina entre grupos sociais mais ou menos merecedores de atenção. Em tese, a legitimidade da atuação judicial depende da disposição dos juízes para envolver-se em diálogo racional com todos os cidadãos interessados.

Uma proposta que talvez soe natural para estudiosos da retórica é que juízes não devem dar preferência a auditórios específicos. Afinal, auditórios reais costumam ser imperfeitos, parciais, enviesados. Emprestando o vocabulário de Chaïm Perelman, é possível dizer que o juiz deveria dirigir seus argumentos ao *auditório universal*. Isto é, o juiz deveria imaginar seu auditório como sendo formado apenas por indivíduos "bem-informados e razoáveis".[10] O juiz não deve se preocupar com as expectativas variáveis de grupos sociais diversos, mas deve buscar a melhor solução possível, fundamentada da maneira mais razoável possível, mantendo a esperança de que será capaz de estimular em seu auditório real a inteligência e a racionalidade com que ele mesmo os trata ao imaginá-los membros do auditório universal.

O conceito de *auditório universal* é famoso. Ele também é alvo de muitas críticas, entre elas a crítica relativamente óbvia de que é vago demais para oferecer aos juízes o tipo de orientação de que eles precisam. Recomendar argumentação *razoável* a um juiz encarregado de persuadir um auditório plural no contexto de um caso difícil é quase o mesmo que dizer ao juiz: "argumente como julgar melhor, pois não sou capaz de dar um conselho mais preciso que esse".

---

[9] Garoupa e Ginsburg (2011, 548-552)
[10] Perelman (1980, 72; minha tradução)

A nossa opinião sobre o conceito de *auditório universal* não é tão negativa assim.[11] É possível que a invocação explícita da ideia do auditório universal tenha sobre um auditório real o efeito psicológico salutar de incentivá-lo a relaxar certos vieses e preconceitos. Mas essa ideia ainda precisa ser desenvolvida e empiricamente testada. Este artigo tem um objetivo mais modesto e, ao mesmo tempo, mais urgente: antes de avançarmos no sentido de uma resposta ao problema da diversidade de auditórios, é preciso que o problema seja mais amplamente reconhecido pelos juristas. Reconhecer o problema é tomar consciência da seriedade do desafio argumentativo enfrentado por tribunais cuja atuação nós passamos tanto tempo discutindo (e levianamente criticando).

Referências

BERGER, Linda; STANCHI, Kathryn. 2017. *Legal Persuasion. A Rhetorical Approach to the Science.* New York: Routledge.

GAROUPA, Nuno; GINSBURG, Tom. 2011. Building Reputation in Constitutional Courts: Political and Judicial Audiences. *Arizona Journal of International and Comparative Law* 28: 539-568.

KÖTZ, Hein. 1990. Scholarship and the Courts: A Comparative Survey. In *Comparative and Private International Law: Essays in Honor of John Henry Merryman,* ed. David Clark, 183–195. Berlin: Duncker & Humblot.

MACCORMICK, Neil. 1993. Argumentation and Interpretation in Law. *Ratio Juris* 6: 16-29.

MACCORMICK, Neil. 2008. *Retórica e o Estado de Direito.* Tradução de Conrado Hübner Mendes. Rio de Janeiro: Elsevier.

MARKESINIS, Basil. 2000. Judicial Style and Judicial Reasoning in England and Germany. *Cambridge Law Journal* 59: 294–309.

MUREINIK, Etienne. 1994. A Bridge to Where? Introducing the Interim Bill of Rights. *South African Journal on Human Rights* 10: 31-48.

PERELMAN, Chaïm. 1980. *Justice, Law, and Argument: Essays on Moral and Legal Reasoning.* Dordrecht: D. Reidel.

SHECAIRA, Fábio; STRUCHINER, Noel. 2018. Legal Audiences. *Argumentation* 32: 273-291.

Informação bibliográfica deste texto, conforme a NBR 6023:2002 da Associação Brasileira de Normas Técnicas (ABNT):

SHECAIRA, Fábio Perin; STRUCHINER, Noel. Tribunais Constitucionais e seus auditórios. In: BOLONHA, Carlos et al. (Coord.). *30 anos da Constituição de 1988*: uma jornada democrática inacabada. Belo Horizonte: Fórum, 2019. p. 369-376. ISBN 978-85-450-0595-7.

---

[11] Shecaira e Struchiner (2018, 283-285)

TRÊS DESAFIOS À APLICAÇÃO DA METÁFORA DOS "DIÁLOGOS INSTITUCIONAIS" PARA A LEGITIMAÇÃO DA JURISDIÇÃO CONSTITUCIONAL

Fernando Leal

1 Introdução

Em uma realidade institucional em que o Supremo desempenha um papel cada vez mais central, seja na concretização de direitos, seja na definição dos espaços de atuação dos poderes,[1] teorias de legitimação da jurisdição constitucional adquirem um papel central. Um dos empreendimentos teóricos destinados a realizar a tarefa de justificar o exercício de autoridade do tribunal, especialmente em questões envolvendo tensões atuais ou potenciais entre poderes, inspira-se na imagem dos "diálogos institucionais". Nessas propostas, as relações entre jurisdição constitucional, democracia, separação de poderes e, em alguma medida, racionalidade estão no centro. Um dos projetos mais ambiciosos voltados a harmonizar essas ideias pode ser encontrado em recente trabalho de Luís Roberto Barroso.[2] Nele, Barroso pretende oferecer um modelo de justificação da jurisdição constitucional em regimes democráticos que se sustenta sobre a necessidade de satisfação de algumas exigências de racionalidade nos processos de tomada de decisão do Supremo Tribunal Federal.

Uma dessas racionalidades é de natureza discursiva. Ela está estreitamente relacionada com a compreensão dos processos de interpretação e aplicação da Constituição como expressões de um *diálogo* entre o tribunal constitucional e as instituições majoritárias, notadamente o Parlamento. Em um modelo de democracia deliberativa, em que voto e razão andam lado a lado, a importância de motivar ou "apresentar razões" decorre da visão de que a decisão do tribunal constitucional corresponde à emissão de uma mensagem sobre como compatibilizar opções majoritárias com os compromissos da Constituição. A jurisdição constitucional poderia ser entendida, assim, como "a parte de um diálogo entre juízes e legisladores".[3] A metáfora do *diálogo institucional*, porém, se sustentaria não só

---

[1] V. VIEIRA, Oscar V. Supremocracia. *Revista Direito GV*, v. 4, n. 2, p. 441-464, jul/dez.
[2] BARROSO, Luís Roberto. A Razão sem Voto. *Revista Brasileira de Políticas Públicas*, v. 5, número especial, p. 23-50, 2005.
[3] HOGG, Peter W.; BUSHELL, Anthony A. The Charter Dialogue between Courts and Legislatures (Or Perhaps the Charter of Rights Isn't Such a Bad Thing after All). *Osgoode Hall Law Journal*, v. 35, n. 1, p. 75-124, 1997, p. 79.

sobre a ideia de que as decisões do tribunal constitucional são mensagens, diretas ou indiretas, transmitidas ao Parlamento, mas, sobretudo, sobre a possibilidade real de legisladores *reagirem* a essa mensagem, acatando as sugestões da corte (*v.g.* promulgando novas leis que atendam aos parâmetros fixados pela corte em um processo de declaração de inconstitucionalidade ou atendendo aos "apelos ao legislador" feitos pelo tribunal) ou superando as suas decisões, primordialmente por emendas constitucionais. Na primeira hipótese, poder-se-ia dizer, a adesão do Parlamento às manifestações do tribunal expressaria a visão de que os legisladores foram *persuadidos* pelos argumentos trazidos pela corte a respeito da maneira apropriada de equilibrar as opções do constituinte com decisões majoritárias. Na segunda, a reversão de entendimentos de um tribunal como o Supremo contribuiria para desfazer a tese da *supremacia judicial*, uma das dificuldades para a compatibilização da jurisdição constitucional com a democracia.[4] Nas palavras do próprio Barroso: "[o] que se deduz desse registro final [o fenômeno dos diálogos institucionais] é que o modelo vigente não pode ser caracterizado como de supremacia judicial. O Supremo Tribunal Federal tem a prerrogativa de ser o intérprete final do direito (...), mas não é o dono da Constituição".[5]

A metáfora dos diálogos institucionais, como se nota, é sedutora para explicar e orientar as relações entre um tribunal constitucional mais ativo e outras instituições (especialmente o Legislativo). Nessa perspectiva, essas interações são menos permeáveis a idealizações institucionais,[6] que costumam comumente desaguar em discursos de desconfiança inspirada em fortes doses de ceticismo ou entusiasmo quase ingênuo sobre a aceitabilidade de posturas mais expansivas das cortes em regimes democráticos.[7] Para teorias dialógicas, decisões judiciais não precisam necessariamente ser encaradas como o ponto final das interações entre o tribunal constitucional e alguma instituição majoritária. Ao contrário, podem ser vistas como manifestações conscientes de busca por acordos com outras instituições em torno das respostas constitucionais para problemas específicos.[8] Neste trabalho, alguns problemas relacionados à adequação dessa metáfora para descrever e orientar as relações entre o Supremo, de um lado, e o Congresso

---

[4] V. BRANDÃO, Rodrigo. *Supremacia Judicial versus Diálogos Constitucionais*. A quem cabe a última palavra sobre o sentido da Constituição? Rio de Janeiro: Lumen Juris, 2012. p. 279.

[5] BARROSO, Luís Roberto. *A Razão Sem Voto, op. cit.*, p. 46.

[6] Na ADI 5105/DF (BRASIL. Supremo Tribunal Federal. Ação Direta de Inconstitucionalidade n. 5105. Requerente: Solidariedade. Relator: Luiz Fux. Distrito Federal, 01 de outubro de 2015. Disponível em: < http://redir.stf.jus.br/paginadorpub/paginador.jsp?docTP=TP&docID=10499116>. Acesso em: 20 jun. 2018), manifestou-se o ministro Fux em favor dessa perspectiva: "Insta ressaltar que a opção por reconhecer que dinâmica interinstitucional se funda em premissa dialógica e plural de interpretação da Constituição, e não de monopólio e arrogância, afasta qualquer leitura romântica e idealizada das instituições, evitando, bem por isso, o indesejado fetichismo institucional" (p. 17 do voto).

[7] MENDES, Conrado H. Not last word, but dialogue. Deliberative Separation of Powers 2. *Legisprudence*, v. 3, n. 2, p. 191-246, 2009, p. 191.

[8] Em outro sentido mais geral, teorias sobre diálogo institucional dependem menos da "vontade" das instituições (notadamente do tribunal constitucional), mas se seguem como "produtos da separação de poderes, um corolário inexorável do desenho institucional". V. MENDES, Conrado H. Not last word, but dialogue. Deliberative Separation of Powers 2, *op. cit.* p. 192. Em razão dos limites deste trabalho, será tomada como referência de perspectiva de diálogo institucional aquela apresentada e defendida por Luís Roberto Barroso.

e o Executivo, de outro, são levantados. O seu objetivo não é descaracterizar definitivamente a imagem dos diálogos institucionais em suas dimensões descritiva e normativa como empreendimento teórico geral, mas apontar algumas dificuldades, sobretudo conceituais, para a sua sustentação e problematizar a sua adequação para capturar a realidade político-institucional brasileira.

2 Três problemas

O argumento dos diálogos institucionais é certamente uma estratégia poderosa de legitimação da jurisdição constitucional na democracia. Sua força principal decorre do fato de que a metáfora do diálogo não só se apresenta como a síntese de um argumento *normativo* capaz de enfrentar as objeções comuns feitas à compatibilização entre jurisdição constitucional e democracia, mas, sobretudo, como uma maneira de explicar um tipo especial de interação entre Judiciário e Legislativo com grande apelo *descritivo*.[9] Diálogos entre o tribunal constitucional e o Parlamento seriam, assim, não apenas desejáveis, mas se dariam efetivamente.

A referência a exemplos na realidade brasileira de possíveis diálogos entre o Supremo e o Congresso não é incomum,[10] embora os autores não costumem apesentar dados suficientes para que se possa afirmar se essas interações são frequentes ou excepcionais. Sem embargo, ainda que o processo de seleção das decisões a serem analisadas reproduzisse os critérios fixados por Hogg & Bushell – as principais referências da teoria dos diálogos no Canadá – para sustentar a conclusão de que existe efetivamente um diálogo entre a Suprema Corte canadense e o Legislativo, algumas críticas poderiam ser feitas.[11] Dessa forma, como a teoria normativa que está por trás das análises é que funciona como uma lente para a leitura proposta para os dados, sejam eles obtidos com base nos mesmos critérios de Hogg & Bushell ou de qualquer outra maneira, parece ser possível, independentemente da carência empírica para sustentar a adequação da metáfora dos diálogos para descrever a realidade institucional moldada pelas interações entre Supremo, Congresso e Executivo, levantar alguns problemas que possam afetar a força do argumento do diálogo institucional para lidar com premissas *normativas* que costumam informar críticas democráticas à jurisdição constitucional.[12]

---

[9] No importante estudo de Hogg & Bushell, 65 casos foram analisados. Segundo os autores, "[t]hese include all of the decisions of the Supreme Court of Canada in which a law was struck down, as well as several important decisions of trial courts and courts of appeal which were never appealed to the Supreme Court of Canada." V. HOGG, Peter W.; BUSHELL, Anthony A. The Charter Dialogue between Courts and Legislatures (Or Perhaps the Charter of Rights Isn't Such a Bad Thing after All), *op. cit.*, p. 81 e s.

[10] V., por exemplo, BARROSO, Luís Roberto. A Razão Sem Voto, *op. cit.*, p. 45 e s.

[11] V., por exemplo, MANFREDI, Christopher P.; KELLY, James B. Six degrees of dialogue: a response to Hogg and Bushell. *Osgoode Hall Law Journal*, v. 37, n. 3, p.513-527, 1999, especialmente p. 515-522. O trabalho de Hogg & Bushel é explicitamente citado por Barroso na p. 45, nota 87, de A Razão sem voto, *op. cit., loc. cit.*

[12] Para outras críticas a esse argumento v. a FALCÃO, Joaquim. A razão sem voto e um constitucionalismo de realidade. In: Oscar Vilhena Vieira e Rubens Glezer (Org.) *A razão e o voto*: diálogos constitucionais com Luís Roberto Barroso. Rio de Janeiro: FGV, 2017, p. 224-238.

O primeiro problema para o reconhecimento de um efetivo diálogo entre o Supremo e o Congresso, no entanto, é, em larga medida, de natureza empírica. Se o argumento do diálogo institucional – a menos no sentido apresentado por autores como Barroso – pressupõe uma interação substantiva baseada na qualidade da mensagem do tribunal constitucional, uma questão prévia à determinação do que conta como uma mensagem racional – e até mesmo se uma mensagem racional o suficiente para legitimar democraticamente as decisões da corte é possível – diz respeito à *clareza* da própria mensagem. Quando um tribunal como o Supremo decide uma determinada questão constitucional, qual é, afinal, a mensagem transmitida ao Congresso? Esta não é uma questão irrelevante se se parte da estrutura do processo decisório do STF, em que as manifestações da corte são o resultado da soma das manifestações individuais dos seus membros, há baixo grau de colegialidade, poucos incentivos para deliberação e as ementas nem sempre expressam exatamente os votos dos ministros.[13] Como, portanto, nem sempre é claro precisar *o que* a corte decidiu, *por que* e *como* o tribunal chegou a determinado resultado, não parece ser tão simples inferir da prática do Supremo a tentativa constante de estabelecer um diálogo com o Congresso que parte da *instituição*, e não de esforços isolados – ainda que louváveis – de alguns dos seus ministros.

O segundo problema é de ordem conceitual. Defensores da metáfora dos diálogos institucionais não costumam deixar claro o que entendem por *diálogo*. Há, quando muito, não mais do que algumas pistas para a construção de um sentido. Esse é um problema relevante, especialmente quando se assume que a palavra diálogo pode captar diferentes realidades. Tendo em vista essa obscuridade, talvez faça sentido partir de um conceito amplo, a partir do qual algumas questões para a consistência do argumento do diálogo institucional possam ser levantadas.

Em um sentido geral, pode-se estipular que um diálogo se caracteriza como uma espécie de interação que se dá em um espaço de sentidos intersubjetivamente compartilhados e é condicionada por algumas regras e pressupostos.[14] Para o direito, porém, é fundamental entender que o desenvolvimento de diálogos, sobretudo aqueles que envolvem a atuação do Judiciário, dizem respeito à solução de problemas *práticos*, *i.e.* problemas sobre questões relacionadas à determinação do que pode ou não ser feito ou o que deve ou não ser feito.[15] Com base nesse aspecto, é possível dizer que uma noção de diálogo relevante para o direito deve incluir também uma referência aos seus *propósitos*. Nesse sentido, no caso de um diálogo que se inicia a partir de uma decisão judicial, pode-se estabelecer, ainda em um sentido geral, que o seu objetivo é convencer o destinatário da mensagem a respeito da aceitabilidade da justificação oferecida, já que o ponto de partida para

---

[13] V. a respeito SILVA, Virgílio Afonso da. Deciding Without Deliberating, ICON, v.11, n. 3, p. 557-584, 2013; e VOJVODIC, A. M.; MACHADO, A. M. F.; CARDOSO, E. L. C. Escrevendo um Romance, Primeiro Capítulo: Precedentes e Processo Decisório no STF. *Revista Direito GV*, v. 5, n. 1, São Paulo, p. 21-44, 2009.

[14] TREMBLAY, Luc B. The legitimacy of judicial review: the limits of dialogue between courts and legislatures. *Oxford University Press*, v. 3, n. 4, p. 617-648, 2005, p. 630.

[15] ALEXY, Robert. *Theorie der juristischen Argumentation*. Frankfurt a. M.: Suhrkamp, 1991, p. 263.

essa espécie de interação é um desacordo, linguístico e/ou substantivo, a respeito de uma determinada interpretação.[16] No caso do diálogo institucional, um desacordo sobre a resposta constitucional apropriada para um determinado problema.

É certo que essa não é uma definição única e tampouco não problematizável de diálogo. Hogg & Bushell, por exemplo, oferecem uma alternativa bem mais modesta e instrumental à definição proposta, a qual, pode-se dizer, pressupõe algum tipo de *racionalidade discursiva*.[17] Para os autores canadenses, se uma decisão judicial estiver "aberta a reversão, modificação ou anulação legislativa, então faz sentido encarar a relação entre a corte e o órgão Legislativo competente como um diálogo".[18] Como se nota, a definição é tão pouco exigente que a simples *possibilidade de reação* do destinatário da mensagem é considerada condição suficiente para a existência de um diálogo institucional. Apesar dessa possibilidade de caracterização, porém, as referências feitas por defensores da metáfora, como Barroso, a teorias da argumentação jurídica, à reabilitação da racionalidade prática,[19] a noções como a de auditório,[20] à concepção de Alexy sobre o papel do tribunal constitucional em uma democracia[21] e o endosso de uma concepção de democracia deliberativa na qual a legitimação das decisões do tribunal constitucional depende da "capacidade de demonstrar a racionalidade, a justiça e a adequação constitucional da solução que construiu"[22] levam a crer que o sentido de diálogo pressuposto é bem mais robusto do que aquele oferecido por Hogg & Bushell.[23]

Pois bem. Se é possível afirmar que existe algum tipo de convergência entre a estipulação de diálogo apresentada e o que autores como Barroso têm em mente quando recorrem à metáfora do diálogo institucional, então alguns pressupostos para a operacionalização das interações sugeridas pelo modelo de justificação desenvolvido a partir da imagem dos diálogos deveriam ser satisfeitos para que se pudesse tanto *descrever* as relações entre Supremo e Congresso como um efetivo diálogo, como *orientá-las normativamente* para que elas possam se aproximar de verdadeiros diálogos institucionais. É exatamente neste ponto que é possível levantar uma terceira objeção ao argumento.

Duas condições que parecem ser cruciais para o desenvolvimento de efetivos diálogos interinstitucionais são o reconhecimento recíproco dos participantes

---

[16] Nesse sentido, AARNIO, Aulis. *Reason and Authority*: A treatise on the Dynamic Paradigm of Legal Dogmatics. Aldershot: Ashgate, 1997, p. 201.

[17] Para Peczenik, "a racionalidade discursiva de uma conclusão significa que ela não poderia ser refutada em um discurso perfeito [ou ideal]". V. PECZENIK, Aleksander. *On Law and Reason*. Dordrecht: Reidel, 1989, p. 57.

[18] HOGG, Peter W.; BUSHELL, Anthony A. The Charter Dialogue between Courts and Legislatures (Or Perhaps the Charter of Rights Isn't Such a Bad Thing after All), *op. cit.*, p. 79.

[19] BARROSO, Luís Roberto. A Razão Sem Voto, *op. cit.*, p. 30.

[20] *Id.*, p. 32.

[21] *Id.*, p. 40.

[22] *Id.*, p. 32.

[23] Para Tremblay, um tipo de *diálogo deliberativo*, como parece ser o proposto por Barroso, é o único que tem o potencial para legitimar a jurisdição constitucional na democracia. V. TREMBLAY, Luc B. The legitimacy of judicial review: the limits of dialogue between courts and legislatures, *op. cit.*, p. 633.

da interação como *iguais* e a *predisposição* das partes envolvidas para serem persuadidas pelo melhor argumento. A primeira condição está explicitamente presente mesmo em um modelo pouco exigente como o de Hogg & Bushell;[24] a segunda parece-me claramente endossada por Barroso quando, ao se referir à visão do tribunal constitucional como representante argumentativo da sociedade, afirma que "[p]essoas racionais são capazes de aceitar argumentos sólidos e corretos".[25] Fixados esses pressupostos, a grande questão é saber se eles são implementados ou implementáveis.

Um primeiro óbice à satisfação dessas condições diz respeito à posição do tribunal constitucional como o detentor do monopólio da última palavra sobre o sentido da Constituição.[26] Mesmo sendo "relativamente baixo o número de dispositivos de leis federais efetivamente declarados inconstitucionais sob a vigência da Constituição de 1988",[27] a mera possibilidade de declaração de inconstitucionalidades de manifestações majoritárias, incluindo emendas constitucionais – uma possibilidade, ressalte-se, construída a partir de uma interpretação da Constituição, e não uma prerrogativa conferida textualmente ao tribunal –[28] já tende a colocar o Supremo em uma posição de superioridade relativamente ao Congresso. O fato de ser possível contra-argumentar que o Supremo *usa* esse poder excepcionalmente ou com parcimônia ou que o recurso a essa prerrogativa depende de fatores políticos conjunturais não afeta o ponto, que não é de natureza pragmática, mas conceitual. Igualdade na participação pressupõe a inexistência de hierarquias, sejam elas definidas explicitamente pelo desenho constitucional,[29] sejam elas *construídas* a partir do modo como uma instituição entende o seu papel em uma democracia constitucional.[30] No caso das relações entre o Tribunal Constitucional e o Legislativo, um "genuíno diálogo existe apenas se as legislaturas são reconhecidas como intérpretes legítimos da Constituição e possuem meios *efetivos* de afirmar essa interpretação".[31]

Do ponto de vista teórico, a dificuldade está em compatibilizar a visão de que o tribunal constitucional está em uma posição privilegiada para tomar

---

[24] HOGG, Peter W.; BUSHELL, Anthony A. The Charter Dialogue between Courts and Legislatures (Or Perhaps the Charter of Rights Isn't Such a Bad Thing after All), *op. cit.*, p. 79. No âmbito da teoria do discurso v. ALEXY, Robert. Hauptelemente einer Theorie der Doppelnatur des Rechts, *ARSP*, v. 95, n. 2, p. 151-166, abr. 2009, p. 155.

[25] BARROSO, Luís Roberto. A Razão Sem Voto, *op. cit.*, p. 41.

[26] Este não é um argumento original. Sobre este problema no Canadá, v. MANFREDI, Christopher P.; KELLY, James B. Six degrees of dialogue: a response to Hogg and Bushell, *op. cit.*, p. 523.

[27] BARROSO, Luís Roberto. A Razão Sem Voto, p. 37.

[28] V. ARGUELHES, Diego Werneck. Poder Não é Querer: Preferências Restritivas e Redesenho Institucional no Supremo Tribunal Federal Pós-Democratização. In: *Universitas Jus*, v. 25, n.1, p. 25-45, 2014, p. 33-34.

[29] Apenas para fins de argumentação, este *poderia* ser o caso da ordem institucional brasileira quando o constituinte declarou que compete ao Supremo, "precipuamente, a guarda da Constituição" (art. 102, CF).

[30] Para uma leitura de como a interpretação constitucional pode afetar o desenho institucional, sobretudo o modo como o Supremo Tribunal Federal serviu-se da interpretação constitucional para ampliar e consolidar posições frente a outros poderes, v. ARGUELHES, Diego Werneck. Poder Não é Querer: Preferências Restritivas e Redesenho Institucional no Supremo Tribunal Federal Pós-Democratização.

[31] MANFREDI, Christopher P.; KELLY, James B. Six degrees of dialogue: a response to Hogg and Bushell, *op. cit.*, p. 524.

decisões práticas constitucionalmente adequadas – tanto é que ele é o *representante argumentativo* da sociedade –, a *pretensão de correção* erigida por suas manifestações, elemento que compõe o quadro teórico dentro do qual a ideia alexyana de representação argumentativa se insere,[32] e a *autoridade* das suas decisões com algum tipo de predisposição da corte para rever as suas posições em um diálogo com o Legislativo. Essa possibilidade é conceitualmente problemática porque tende a diminuir a importância dos elementos responsáveis pela legitimidade *moral* da atuação dos órgãos do Poder Judiciário.[33] Por esse motivo, seria inconsistente pressupor que as decisões de um tribunal são mensagens encaminhadas para o Legislativo que esperam reações e novos argumentos até a fixação da melhor resposta constitucional, por qualquer uma das instituições, para um determinado problema. Na verdade, à luz daqueles elementos, uma decisão direcionada ao Legislativo é um comando que espera a adesão, voluntária ou não, exatamente porque ergue a pretensão de ser a melhor leitura constitucional para a questão levada à corte. Na mesma linha, as interações entre um tribunal constitucional e o Parlamento poderiam ser mais adequadamente compreendidas como ações *unilaterais* – e não dialógicas – de uma instituição que quer fazer a sua visão prevalecer em razão da pretensão de autoridade legítima erguida por suas decisões. Torna-se, assim, muito difícil pressupor uma relação de igualdade entre o tribunal constitucional e o Legislativo – ou mesmo o Executivo.

No caso brasileiro, especificamente falando, a efetividade de uma interpretação da Constituição pelo Congresso está condicionada, ao menos potencialmente, a algum tipo de *anuência* do Supremo. Isso porque, no limite, *qualquer* decisão do Congresso dentro da ordem constitucional vigente pode ser anulada pelo tribunal com base nas suas leituras sobre o sentido mais apropriado da Constituição. Adicionando a este fato o monopólio da última palavra, tem-se que a abertura do diálogo depende em larga medida da predisposição da corte em dialogar e de efetivamente propor um diálogo com o Legislativo. Por esses motivos, nada necessariamente leva a crer que a melhor *leitura* para o que acontece quando o Congresso reage a uma manifestação do Supremo é a de um diálogo entre as instituições, e não (i) de uma *concessão* excepcional feita pelo tribunal ou, no caso do Congresso, (ii) a de *aquiescência* decorrente de relações de *subordinação* ou mesmo de acatamento *estratégico* do resultado, seja por receio de posterior anulação de escolhas majoritárias (quando, por exemplo, o Legislativo opta por adotar, em lei nova, exatamente a medida usada pelo tribunal para sustentar o caráter não necessário do meio escolhido na lei declarada inconstitucional após a realização de um exame de proporcionalidade), seja por receio das consequências que podem ser produzidas caso determinado assunto seja decidido definitivamente pelo tribunal

---

[32] Essa relação fica clara em ALEXY, Robert. Hauptelemente einer Theorie der Doppelnatur des Rechts. *ARSP*, v. 95, n. 2, p. 151-166, abr. 2009.

[33] No mesmo sentido, TREMBLAY, Luc B. The legitimacy of judicial review: the limits of dialogue between courts and legislatures, *op. cit.*, p. 638 e ss.

constitucional (situação em que o Legislativo, por exemplo, atua quando a corte comunica uma omissão e opta por ainda não criar a regra constitucional aplicável ao problema levado a seu conhecimento antes de determinado prazo). Todas essas hipóteses alternativas de explicação do que acontece quando o Supremo provoca uma interação com o Congresso e este reage a manifestações da corte, como se vê, não dependem necessariamente da qualidade dos argumentos apresentados na decisão tomada, o que enfraquece substancialmente a possibilidade de legitimação da jurisdição constitucional na democracia como produto de um diálogo – muito menos de um diálogo *racional*.

O caso que Barroso cita como exemplo "muito significativo"[34] de diálogo institucional – o MI 943/DF, que tratava da regulamentação do artigo 7º, XXI, CF – parece ser, na linha exposta, muito mais um exemplo de ação estratégica do Congresso do que o resultado de um diálogo ou o produto de um convencimento racional, por parte dos legisladores, da tese sustentada pelo Supremo. Em primeiro lugar, porque não é claro que o Supremo pretendia efetivamente *dialogar* com o Legislativo. É verdade que o ministro Gilmar Mendes sugere uma reflexão sobre "um novo modelo de diálogo institucional mais efetivo, que estimule o Congresso Nacional a adotar solução adequada para os impasses que frustram a plena eficácia da norma constitucional."[35] No entanto, ao mesmo tempo, o voto do ministro traça uma evolução da compreensão da corte sobre o Mandado de Injunção e sobre o papel do Supremo para efetivar comandos constitucionais ainda carentes de atuação positiva do legislador que atinge o ápice na defesa da possibilidade de tomada de decisões *aditivas*, aceitas "quando a solução adotada pelo Tribunal incorpora [na linguagem de Rui Medeiros] 'solução constitucionalmente obrigatória'."[36]Para Mendes, no caso sob discussão "revelou-se inócua a simples declaração de omissão inconstitucional, cabendo a esta Corte concretizar o direito constitucional assegurado desde 5.10.1988 e reconhecido há quase 20 anos por esta Corte."[37] Como se nota, não havia "diálogo" possível: ou o Congresso editava a lei exigida pelo artigo 7º, XXI, CF, ou o Supremo o faria no caso concreto.

Problema, porém, surgiu ao se iniciarem os debates no plenário sobre a maneira mais apropriada de regulamentar o direito não concretizado pelo legislador. Com efeito, "tendo em vista a quantidade e a diversidade de sugestões oferecidas" pelos ministros, indicou o ministro Gilmar Mendes, com o consentimento do plenário, "o adiamento do julgamento, para consolidar as propostas apresentadas e formular solução conciliatória quanto à forma de

---

[34] BARROSO, Luís Roberto. A Razão sem Voto, *op. cit.* p. 45.
[35] Voto min. Gilmar Mendes no MI 943/DF (BRASIL. Supremo Tribunal Federal. Mandado de Injunção n. 943. Embargante: Vale S/A e Raimundo Nonato de Almeida. Embargado: Os mesmos. Relator: Gilmar Mendes. Distrito Federal, 27 de fevereiro de 2014. Disponível em:< file:///C:/Users/paula.reis/Downloads/texto_238428534.pdf >. Acesso em: 20 jun. 2018), p. 11 do Acórdão.
[36] *Id.*, p. 9 do acórdão.
[37] *Id.*, p. 10.

concretização do aviso prévio proporcional".[38] Foi exatamente nesse meio tempo que se publicou a lei 12.506/11, que regulamentou o tema. Assim, em segundo lugar, parece ser difícil conceber o caso como o de um efetivo diálogo entre as instituições porque a reação do Congresso se deu não só após o Supremo mostrar-se claramente disposto a, ele mesmo, criar a regra aplicável ao caso, como já ter iniciado as discussões sobre os parâmetros que deveriam ser aplicados para a concretização do aviso prévio proporcional. Teria, portanto, o Congresso atuado com mais de 20 anos de atraso por se sentir efetivamente persuadido pela fundamentação do tribunal? Ou teria o Congresso legislado por não saber que parâmetros o tribunal adotaria e ter eventualmente que se ver obrigado a reverter uma decisão do STF ou mesmo a ter que conviver com uma regulamentação diferente da que julga mais apropriada para o caso? E o Supremo, que tendo em vista a edição da referida lei, optou por acatar exatamente os parâmetros fixados pelo legislador? Teria o tribunal integrado a manifestação do Congresso em sua decisão em respeito às margens de conformação legislativas, por entender constitucionalmente adequada a escolha do legislador, ou simplesmente para evitar lidar com os custos decisórios vinculados a uma apreciação mais cuidadosa dos critérios fixados pela lei?

Como se percebe, não há resposta clara que permita inferir o empreendimento de um efetivo diálogo institucional no sentido anteriormente apresentado. O início de interações entre instituições pode ser fruto de meras concessões ou escolhas deliberadas motivadas por fatores exógenos à busca pela melhor resposta constitucional para determinado problema. Da mesma forma, as reações a mensagens enviadas por uma instituição não são necessariamente adesões sustentadas pela racionalidade da argumentação apresentada em favor de certo ponto de vista. Se estes argumentos são plausíveis, então a segunda condição apontada para a efetivação de um diálogo institucional – a predisposição das partes para serem persuadidas pelo melhor argumento – também não é facilmente realizável e muito menos empiricamente constatável.

De fato, ainda que fosse possível neutralizar completamente o processo decisório de um tribunal como o Supremo de influências e motivações políticas, certamente seria difícil crer que deputados e senadores, quando tomam decisões que podem tocar em aspectos constitucionais, estão motivados apenas pela realização mais adequada dos compromissos fundamentais da Constituição. Este é um segundo óbice para a sustentação do argumento do diálogo institucional como capaz de legitimar, pelo tipo de racionalidade discursiva que parece pressupor, a jurisdição constitucional na democracia: para funcionar, o argumento precisa retirar da noção de diálogo os interesses e as relações de poder inerentes às interações entre Judiciário e Legislativo. Tribunais e legislaturas divergem sobre a maneira mais apropriada de conceber e implementar decisões majoritárias sem

---

[38] Id., p. 43 do acórdão.

colocar em risco direitos fundamentais ou a própria democracia. Isso é corriqueiro. O problema do argumento do diálogo institucional, porém, está na pressuposição de que, nesses casos, a política ordinária e o tribunal constitucional estão juntos em uma mesma empreitada e dispostos a acatar opiniões ou mudar as suas visões apenas em função da racionalidade das manifestações de cada um. Barroso mesmo reconhece que a lógica de atuação do Legislativo e do Executivo é, muitas vezes, "mais complexa e menos cartesiana" do que a que nortearia uma "racionalidade judicial".[39] Isso já seria suficiente para afirmar o caráter contraintuitivo da teoria por trás da metáfora do diálogo institucional para explicar como se dão e orientar como deveriam se dar as interações entre um tribunal como o Supremo e o Congresso. Este é mais um ingrediente que contribui para afirmar que, dos pontos de vista descritivo, normativo e conceitual, o argumento do diálogo institucional, apesar do apelo, parece não ser de defesa tão simples para legitimar a jurisdição constitucional em uma ordem democrática.

3 Conclusão

A aplicação da metáfora dos diálogos institucionais à realidade brasileira está relacionada a dois desafios. Um deles é de natureza teórica e envolve a legitimidade da atuação expansiva do Supremo na democracia. Compreender e orientar as decisões da corte como mensagens de um diálogo interinstitucional representam um caminho possível para justificar certas manifestações da corte. Nessa dimensão, o presente trabalho apontou possíveis problemas para a adequação do emprego da metáfora dos diálogos institucionais, especialmente a partir do modo como ela é compreendida pelo ministro Luís Roberto Barroso, para compor as tensões entre jurisdição constitucional, separação de poderes e democracia.

O segundo desafio, no entanto, não está relacionado ao papel que a metáfora dos diálogos pode cumprir para lidar com problemas da realidade nacional. O segundo desafio tem a ver com a própria apropriação, pela prática decisória e pelo discurso acadêmico, de expressões que sintetizam propostas teóricas complexas. Quando se pensa em rótulos como "diálogos institucionais", "capacidades institucionais",[40] "representante argumentativo da sociedade",[41] "leitura moral da Constituição"[42] e tantos outros, os riscos permanentes são o de manipulação estratégica para a construção de teorias sincréticas, que, exatamente por serem sincréticas, são capazes de

---

[39] BARROSO, Luís Roberto. *A Razão Sem Voto*, p. 29.
[40] V. a respeito ARGUELHES, Diego Werneck; LEAL, Fernando. O argumento das "capacidades institucionais" entre a banalidade, a redundância e o absurdo. *Direito, Estado e Sociedade*, n. 38, p. 6-50, jan/jun 2011.
[41] ALEXY, Robert. Balancing, constitutional review, and representation. *International Journal of Constitutional Law* (ICON) 3 (2005), p. 572-581.
[42] A referência mais clara para o tema é DWORKIN, Ronald. *Freedom's Law*: The Moral Reading of the American Constitution. Massachusetts: Harvard University Press, 1996, especialmente p. 1-38.

justificar qualquer coisa, ou de mera retenção do rótulo, o que reduz empreendimentos teóricos a um simples bordão. Na primeira hipótese, o maior problema é de emprego consistente da expressão sob consideração; na segunda, de esvaziamento. Dessa forma, os desafios indicados neste trabalho erguem a pretensão não só de contribuir para tornar mais forte o potencial de qualquer teoria de diálogos institucionais para lidar com a legitimidade da jurisdição constitucional, como de evitar que ela se resuma a mais um *slogan* disponível para ser usado em qualquer contexto.

Referências

AARNIO, Aulis. *Reason and Authority*: A treatise on the Dynamic Paradigm of Legal Dogmatics. Aldershot: Ashgate, 1997.

ALEXY, Robert. Balancing, constitutional review, and representation. *International Journal of Constitutional Law* (I CON) 3 (2005), p. 572-581.

_____. Hauptelemente einer Theorie der Doppelnatur des Rechts. *ARSP*, v. 95, n. 2, p. 151-166, abr. 2009.

ARGUELHES, Diego Werneck. Poder Não é Querer: Preferências Restritivas e Redesenho Institucional no Supremo Tribunal Federal Pós-Democratização. In: *Universitas Jus*, v. 25, n.1, pp. 25-45, 2014.

ARGUELHES, Diego Werneck; LEAL, Fernando. O argumento das "capacidades institucionais" entre a banalidade, a redundância e o absurdo. *Direito, Estado e Sociedade*, n. 38, p. 6-50, jan/jun 2011.

BARROSO, Luís Roberto. A Razão sem Voto. *Revista Brasileira de Políticas Públicas*, v. 5, número especial, p. 23-50, 2005.

BRASIL. Supremo Tribunal Federal. Ação Direta de Inconstitucionalidade n. 5105. Requerente: Solidariedade. Relator: Luiz Fux. Distrito Federal, 01 de outubro de 2015. Disponível em:< http://redir.stf.jus.br/paginadorpub/paginador.jsp?docTP=TP&docID=10499116>. Acesso em: 20 jun. 2018.

BRASIL. Supremo Tribunal Federal. Mandado de Injunção n. 943. Embargante: Vale S/A e Raimundo Nonato de Almeida. Embargado: Os mesmos. Relator: Gilmar Mendes. Distrito Federal, 27 de fevereiro de 2014. Disponível em: < file:///C:/Users/paula.reis/Downloads/texto_238428534.pdf >. Acesso em: 20 jun. 2018.

DWORKIN, Ronald. *Freedom's Law*: The Moral Reading of the American Constitution. Massachusetts: Harvard University Press, 1996.

FALCÃO, Joaquim. A razão sem voto e um constitucionalismo de realidade. In: Oscar Vilhena Vieira e Rubens Glezer (Org.) *A razão e o voto*: diálogos constitucionais com Luís Roberto Barroso. Rio de Janeiro: FGV Editora, 2017, pp. 224-238.

HOGG, Peter W.; BUSHELL, Anthony A. The Charter Dialogue between Courts and Legislatures (Or Perhaps the Charter of Rights Isn't Such a Bad Thing after All). *Osgoode Hall Law Journal*. v.35, n.1, p. 75-124, 1997.

MANFREDI, Christopher P.; KELLY, James B. Six degrees of dialogue: a response to Hogg and Bushell. *Osgoode Hall Law Journal*, v.37, n.3, p.513-527, 1999.

MENDES, Conrado H. Not last word, but dialogue. Deliberative Separation of Powers 2. *Legisprudence*, v. 3, n. 2, p. 191-246, 2009.

PECZENIK, Aleksander. *On Law and Reason*. Dordrecht: Reidel, 1989.

SILVA, Virgílio Afonso da. Deciding Without Deliberating, *ICON*, v.11, n. 3, p. 557-584, 2013.

TREMBLAY, Luc B. The legitimacy of judicial review: the limits of dialogue between courts and legislatures. *Oxford University Press*, v. 3, n. 4, pp.617-648, 2005, p. 630.

V. BRANDÃO, Rodrigo. *Supremacia Judicial versus Diálogos Constitucionais*. A quem cabe a última palavra sobre o sentido da Constituição? Rio de Janeiro: Lumen Juris, 2012, p. 279.

VIEIRA, Oscar V. Supremocracia. *Revista Direito GV*, v. 4, n. 2, p. 441-464, julho/dezembro.

VIEIRA, Oscar V.; GLEZER, Rubens (Org.). *A razão e o voto*: diálogos constitucionais com Luís Roberto Barroso. Rio de Janeiro: FGV Editora, 2017, p. 108-139.

VOJVODIC, A. M.; MACHADO, A. M. F.; CARDOSO, E. L. C. Escrevendo um Romance, Primeiro Capítulo: Precedentes e Processo Decisório no STF, *Revista Direito GV*, v.5, n.1, São Paulo, p.21-44, 2009.

Informação bibliográfica deste texto, conforme a NBR 6023:2002 da Associação Brasileira de Normas Técnicas (ABNT):

LEAL, Fernando. Três desafios à aplicação da metáfora dos "diálogos institucionais" para a legitimação da jurisdição constitucional. In: BOLONHA, Carlos et al. (Coord.). *30 anos da Constituição de 1988*: uma jornada democrática inacabada. Belo Horizonte: Fórum, 2019. p. 377-388. ISBN 978-85-450-0595-7.

INDEPENDÊNCIA REAL DO MINISTÉRIO PÚBLICO APÓS A CONSTITUIÇÃO DE 1988: DESENHOS INSTITUCIONAIS INFORMAIS E JOGOS OCULTOS ENTRE PODERES

Flavianne Fernanda Bitencourt Nóbrega

1 Introdução: a correlação inversa entre a independência *de jure* e a independência *de facto* do ministério público

Este trabalho teve como objetivo investigar características do desenho institucional do Ministério Público, inaugurado pela Constituição de 1988, no que se refere à sua independência real e relação com os outros Poderes. O paradigma do neoinstitucionalismo,[1] que se preocupa em capturar aspectos da formalidade e da informalidade para análise institucional do Estado de Direito foi a metodologia que guiou a pesquisa. A correlação inversa entre independência *de jure* e independência *de facto* do Ministério Público encontrada originalmente na pesquisa conduzida por Stefan Voigt[2] faz suscitar a hipótese de que em alguns países a independência do Ministério Público é meramente formal e o Estado de Direito é aparente. No Brasil, a independência *de jure* (formal) do Ministério Público é bem conhecida, mas sua independência *de facto* (real) ainda é um dado obscuro. Por esta razão, desenvolveu-se uma pesquisa empírica, analisando a experiência constitucional concreta de Pernambuco como caso teste. A investigação da interação entre os arranjos institucionais formais e informais possibilitou conhecer as jogo ocultos existentes entre os Poderes, relevando, assim, novos indicadores a serem agregados às análises neoinstitucionais sobre independência do Ministério Público.

Em 1988, o Ministério Público ressurgiu pela regra constitucional como novo desenho institucional dotado de independência; estando formalmente separado do Poder Executivo, Legislativo e do Judiciário. Sua missão precípua era ser o fiscal e garantidor do Estado Democrático de Direito. O interesse do constituinte em delegar tanto poder a uma instituição de controle poderia representar o início de uma nova cultura política que estivesse a privilegiar o Estado de Direito.

---

[1] Ronald Coase e Douglass North foram as referências metodológicas da nova economia institucional usadas no trabalho, que definem instituições como "regras do jogo". Foram também incorporadas as contribuições neoinstitucuionais da Ciência Política de Helmke, Daniel Brinks, Stephen Holmes e Stefan Voigt.

[2] Voigt é responsável por coordenar o primeiro grande estudo que sistematiza e cruza dados relativos ao Ministério Público entre diferentes países (mais de 80 países são considerados na regressão estatística). VOIGT, Stefan; VON AAKEN, Anne; FELD, Lars. *Power over prosecutors corrupts politicians*: Cross Country evidence using a new indicator. July, 14, 2004. p.14.

A questão da independência do Ministério Público no Brasil era tratada como algo incontroverso na doutrina jurídica, pois não se diferenciavam aspectos relacionados ao desenho institucional formal e o real. A proposta de Stefan Voigt e Anne van Aaken, que separa pela primeira vez a concepção de independência em *de jure* (formal) e *de facto* (real), vem a inovar o debate e serve de inspiração para este trabalho por trazer uma abordagem neoinstitucional ao também investigar aspectos dos desenhos institucionais informais (regras do jogo formal). Em 2004, concluíram a primeira grande pesquisa comparada entre vários Ministérios Públicos no mundo e constataram uma correlação inversa entre a independência formal e a independência real. Observaram que os países, onde a corrupção tinha índices elevados, a independência do Ministério Público era meramente formal (aparente).

Dessa sorte, justifica-se voltar à atenção para a independência *de facto* (real) do Ministério Público no Brasil, uma realidade até então pouco explorada na Ciência Política e no Direito Constitucional. Para tanto, deve-se levar em consideração a interação entre os desenhos institucionais formais e informais. Só assim seria possível conhecer as regras do jogo que de fato operam na realidade, sem cair na armadilha de estudar desenhos institucionais não mais que aparentes.

Este trabalho explora a hipótese relacionada à independência *de facto* do Ministério Público, sugerida por Stefan Voigt. Leva-se em consideração o pressuposto da interação entre os arranjos institucionais formais e informais na definição das regras do jogo. Os indicadores são construídos com base nessa relação. O contexto de Pernambuco é o pano de fundo da análise empírica. Desse modo, a pesquisa pretende iluminar o debate sobre aspectos da independência do Ministério Público nos Estados e à compreensão do Estado de Direito e guiar futuras pesquisas comparadas entre os Estados.

O resultado que Anne von Aaken, Stefan Voigt, Lars Feld chegam é intrigante: "enquanto a Independência *de jure* aparece para aumentar a corrupção, a Independência *de facto* diversamente a reduz".[3]

A contradição, que pode aparecer em um primeiro contato com o resultado acima, não passa de aparente. Pois é essa suposta contradição que permite colocar a pergunta: Como explicar que a Independência *de jure* teve um resultado diferente da Independência *de facto*?

A conclusão encontrada leva a uma reflexão sobre a possibilidade de uma causalidade reversa[4] – os países que possuem elevados índices de corrupção promoveram apenas a independência formal do Ministério Público, sem assegurar, todavia, sua Independência *de facto*. E os que não possuíam índices elevados de corrupção não precisaram criar garantias formais, porque essas já existiam *de facto*, decorrentes de arranjos institucionais informais.

---

[3] "While de jure PI appears to increase corruption, de facto PI reduces it." PI significa Procuracy Independence – Independência do Ministério Público. VOIGT, Stefan; VON AAKEN, Anne; FELD, Lars. *Power over prosecutors corrupts politicians*: Cross Country evidence using a new indicator. July, 14, 2004. p. 18.

[4] Os autores apontam para a importância de pesquisas futuras nesse sentido, reconhecendo, todavia, que não tinham atentado para o problema antes.

Tendo em vista que a corrupção é tomada pelos autores no sentido de crimes cometidos pelos agentes públicos, pode-se inferir por analogia o seguinte em relação ao Estado de Direito: Havendo uma maior independência *de facto* do Ministério Público, este atua como instituição relevante para fortalecer o cumprimento e aplicação das leis, reforçando a dimensão '*enforcement*' do Estado de Direito, através do controle efetivo das violações e dos crimes cometidos por agentes públicos. E inversamente, onde há a independência *de jure*, o Ministério Público tende a fracassar no controle e no reforço da aplicação da lei, fragilizando o Estado de Direito.

Esta última assertiva inspirada no trabalho de Anne von Aaken , Stefan Voigt, Lars Feld aponta para a necessidade de se investigar a interação entre estruturas institucionais formais e informais relacionadas à independência do Ministério Público. Para citar, tem-se o caso brasileiro em que muito se sabe sobre sua independência formal, mas pouco ou quase nada sobre sua independência real (*de facto*). A dicotomia de Stefan Voigt é fecunda porque instiga as pesquisas posteriores para a problemática da independência real, a qual na maioria das vezes é referida de modo indiferenciado na categoria de independência. A consciência de que a independência *de jure* não garante automaticamente a independência *de facto* é fundamental. O inverso também é verdadeiro – a ausência de uma independência *de jure* não significa necessariamente que não exista a independência *de facto*, pois esta pode estar assegurada por desenhos instituições informais.

2 Desmistificando a independência do Ministério Público no Brasil

O Ministério Público brasileiro é muitas vezes apontado, principalmente pela doutrina jurídica, como quarto poder,[5] situado fora da estrutura do Executivo, Legislativo e Judiciário. Essa ideia ganhou força especialmente com a Constituição Federal de 1988, atualmente vigente, que promoveu uma redefinição substancial do desenho da instituição Ministério Público, expandindo suas atribuições e suas prerrogativas, e dotando-o de autonomia frente ao Executivo, Legislativo e Judiciário. A partir de 1988, o Ministério Público passou a ostentar um volume imenso de atribuições, sem paralelo no mundo. É referido na Constituição Federal, em seu art. 127, como o guardião do Estado de Direito.

Há que se pontuar que a simples desvinculação formal dos outros Poderes não assegura a independência real do Ministério Público brasileiro, nem mesmo garante a concretização ou efetivação de tantas atribuições previstas em abstrato na regra constitucional. O pressuposto desta pesquisa é capturar elementos da informalidade, através da investigação do Brasil real. O modelo brasileiro, todavia,

---

[5] VIEIRA, Judivan J. *Ministério Público e o quarto poder*. Síntese, 2003. A origem da utilização da expressão quarto poder, que hoje é disseminada em vários textos jurídicos, pode ser atribuída a Alfredo Valladão. *O Ministério Público: quarto poder do Estado, e outros estudos jurídicos*. Rio de Janeiro: Livraria F. Bastos, 1973.

quando comparado com outros do direito estrangeiro é apontado como o mais sofisticado e aperfeiçoado do mundo. O perigo é que essas impressões apontadas primeiramente em textos jurídicos sejam reproduzidas inadvertidamente para trabalhos em Ciência Política. Não é difícil encontrar um artigo que não se refira ao Ministério Público brasileiro, tendo como pressuposto de que é plenamente independente desde 1988.

Um critério utilizado pela doutrina para caracterizar o Ministério Público como independente é a sua não vinculação ao Poder Executivo. Esse indicador, todavia, é investigado apenas formalmente. Nesse sentido, Emerson Garcia[6] chega a afirmar que na França, o Ministério Público é menos independente que no Brasil, pelo fato de os promotores guardarem relação de subordinação frente ao Ministro da Justiça (Poder Executivo) e serem por ele nomeados, exonerados e punidos. Segundo ele, o Ministério Público brasileiro seria mais independente por não ser formalmente vinculado ao Poder Executivo, como ocorre em alguns países europeus.

Voigt, todavia, já desmistificou esse pensamento em 2004 ao distinguir a independência *de jure* (formal) da independência *de facto* (real) e apontar indicadores para cada um desse tipo de independência. Ele observa que apesar de formalmente a França não possuir um Ministério Público independente *de jure* por estar formalmente atrelado ao Ministério da Justiça, órgão do Executivo, possui expressiva independência real, estando em primeiro no ranking. Há fortes razões para se acreditar que existam arranjos institucionais informais que fortalecem sua independência *de facto*.

País	De jure Rank	De facto Rank
Argentina	1	70
Venezuela	2	35
Estônia	3	21
Colômbia	4	64
Guatemala	5	55
Suíça	52	17
Alemanha	54	29
Inglaterra	57	18
EUA	60	18
França	63	1
Austrália	74	8
Dinamarca	75	14

---

[6] GARCIA, Emerson. A autonomia financeira do Ministério Público. *Justitia*. Artigo aprovado para publicação em 2007.

O Brasil não aparece explícito nos dados visualizáveis no artigo de Stefan Voigt, mas se fosse incluído estaria entre os primeiros do *ranking* em relação à independência formal do Ministério Público. Preenche todos os indicadores relacionados à independência formal, como a maioria dos países da América Latina. Por outro lado, no Brasil assim como em outros países da América Latina, existiria supostamente uma baixa independência *de facto*. E esta pode estar relacionada à existência de arranjos institucionais informais que interagem produzindo resultados divergentes do previsto na regra formal.[7]

Segundo Daniel Brinks, o primeiro passo para se investigar a existência de arranjos institucionais informais é: observar algumas regularidades que não podem ser explicadas tendo por referência a norma formal. Uma vez constatada essa dissociação entre a regra formal e a realidade, deve ser observada se a regularidade informal, dada por hipótese, possui na realidade mecanismos que reforçam sua aplicação, como a punição por parte dos atores envolvidos daqueles que violarem o arranjo informal.[8]

Para tanto é preciso descer às instituições e observar como elas se comportam na realidade. Pela necessidade de coletar informações relacionadas ao contexto cultural, no qual a instituição se encontra inserida, o Ministério Público de Pernambuco foi eleito como objeto de pesquisa empírica. A metodologia empregada foi a realização de entrevistas, que possibilitasse revelar indícios ou evidências de regras institucionais informais, relacionadas à independência real do Ministério Público e as regras do jogo que operavam de fato.

3 A autonomia financeira e administrativa dada pela Constituição da República Federativa do Brasil em 1988: desenho institucional formal

No que pertine à independência *de facto*, um importante indicador é o relacionado à autonomia financeira e orçamentária do Ministério Público. Essas duas variáveis entram na análise de Stefan Voigt. Aqui no Brasil, Hugo Nigro Mazzili[9] aponta a questão remuneratória e financeira como os dois pontos que mais podem comprometer a independência real do Ministério Público, tornando-o vulnerável à interferência de outros poderes

---

[7] Classificação embasada na contribuição de Helmke. Quando as instituições formais e informais interagem produzindo resultados divergentes é porque a relação entre elas é de acomodação ou de competição. HELMKE, Gretchen; LEVITSKY. *Informal institutions and Democracy*. John Hopkins University Press, Baltimore, 2006. p. 14.

[8] BRINKS, Daniel. The Rule of Non (Law): Prosecuting Police Killings in Brazil and Argentina.. In: *Informal institutions and Democracy*. Org. Helmke, Gretchen and Levitsky. John Hopkins University Press, Baltimore, 2006. p. 206.

[9] Segundo Mazzili tal autonomia é inerente a órgãos funcionalmente independentes como o Ministério Público e os Tribunais de Contas, os quais não poderiam realizar plenamente suas funções se ficassem na dependência financeira de outro órgão controlador de suas dotações. MAZZILLI, Hugo Nigro. *O acesso à justiça e o Ministério Público*. São Paulo: Saraiva, 2001. p. 200.

O Ministério Público, além de ter dotação orçamentária, como qualquer outra unidade de despesa do Estado, é equiparado ao Poder Judiciário e ao Poder Legislativo em termos de autonomia financeira, por também elaborar sua proposta orçamentária e receber a sua dotação em duodécimos. Este último é referido no art. 168 da Constituição de 1988 e significa que até o dia 20 de cada mês o Poder Executivo deve repassar obrigatoriamente os recursos orçamentários, previstos na Lei Orçamentária Anual, os quais serão administrados e geridos pelo próprio Ministério Público, Poder Judiciário e Poder Legislativo de forma independente.[10]

A regra inaugurada com a Constituição de 1988 é de que o Ministério Público tem a liberdade de elaborar sua proposta orçamentária, a qual será apreciada pelo Poder Legislativo local. No direito constitucional brasileiro o Parlamento, formado por representantes do povo, é quem autoriza o gasto público através da votação da lei orçamentária.[11] Quem deflagra este processo legislativo é o Poder Executivo, o qual deve encaminhar as propostas dos outros Poderes, bem como do Ministério Público.[12]

Não cabe ao Poder Executivo redimensionar ou refazer as propostas encaminhada pelos outros poderes. Se ele pudesse modificar as propostas orçamentárias do Ministério Público e dos outros poderes, não haveria sentido em se falar em autonomia financeira desses. A apreciação é dada ao Poder Legislativo e se o Poder Executivo têm interesse em modificar as propostas orçamentárias deve apresentar emendas ao projeto de lei orçamentária, o qual deverá ser feito através de suas lideranças no parlamento.[13] Segundo Mazzili "elaborada a proposta orçamentária pelo Ministério Público, ele encaminhará ao Poder Executivo, que não pode reduzir a proposta, tarefa que cabe apenas ao Poder Legislativo".[14]

A exclusividade que o chefe do Poder Executivo tem de deflagrar o processo legislativo orçamentário, com o encaminhamento dos projetos orçamentários dos outros Poderes, diz respeito apenas ao momento mais oportuno para a abertura das atividades legislativas. Não autoriza a modificação no conteúdo da proposta orçamentária encaminhada pelo Ministério Público, por exemplo. Se isso acontecesse, haveria supressão da atividade típica do Poder Legislativo com a impossibilidade de discussão no parlamento das reais necessidades dos órgãos independentes que gozam de autonomia financeira.

---

[10] Redação original modificada pela Emenda Constitucional nº 45 de 08 de dezembro de 2004 para inclusão da Defensoria Pública. Brasil, Constituição da República Federativa do Brasil de 1988. Art. 168. "Os recursos correspondentes às dotações orçamentárias, compreendidos os créditos suplementares e especiais, destinados aos órgãos dos Poderes Legislativo e Judiciário, do Ministério Público e da Defensoria Pública, ser-lhes-ão entregues até o dia 20 de cada mês, em duodécimos, na forma da lei complementar a que se refere o art. 165, §9º."

[11] PASCOAL, Valdecir Fernandes. *Direito Financeiro e Controle Externo*. Rio de Janeiro: Impetus, 2003. p. 15.

[12] BRASIL. Lei Orgânica Nacional do Ministério Público nº 8625/93 Art. 4º "O Ministério Público elaborará sua proposta orçamentária dentro dos limites estabelecidos na lei de diretrizes orçamentárias, encaminhado-a diretamente ao Governo do Estado, que submeterá ao Poder Legislativo."

[13] GARCIA, Emerson. *Ministério Público*: Organização, Atribuições e Regime Jurídico. 2. ed. Rio de Janeiro: Lumen Juris, 2005. p. 113-114.

[14] MAZZILLI, Hugo Nigro. *Regime Jurídico do Ministério Público*. 2. ed. São Paulo: Saraiva, 1995, p.95.

4 Indícios da não implementação do desenho institucional formal após 1988. A regra constitucional da autonomia administrativa e financeira do Ministério Público não vale para todos

Confrontando, em um primeiro momento, a regra constitucional formal com os dados obtidos na primeira grande pesquisa, realizada pela Secretaria de Reforma do Judiciário Ministério Justiça, sobre o Ministério Público nos Estados, publicada em outubro de 2006, tem-se a seguinte constatação: A autonomia administrativa e financeira é bem avaliada como notas "muito bom" e "bom", somando 64,2%.[15] Esse resultado foi obtido a partir da aplicação de questionários a promotores e procuradores em diferentes partes do Brasil, que deveriam avaliar o quesito autonomia financeira e administrativa do Ministério Público com notas muito bom, bom, regular, ruim e péssimo.

Tendo apenas essa informação em consideração o leitor poderia ser induzido a pensar que existe de fato uma efetiva implementação do desenho institucional, no que se refere à autonomia financeira e administrativa, dado formalmente pela Constituição de 1988, uma vez que seus membros a avaliaram positivamente. Não haveria que se falar, então, em desenhos institucionais informais. A inquietação de Stefan Voigt acerca da baixa independência *de facto* nos países que possuem elevada independência *de jure* (formal), como é o caso do Brasil, ainda guia a pesquisa.

Dessa sorte, desmembrando a avaliação "muito bom" entre as diferentes regiões do Brasil, um dado interessante é revelado: os segmentos do Sudeste e Sul apresentaram notas significativamente mais altas que as demais regiões (31,0% e 28,7% respectivamente). O Nordeste aparece com a pior avaliação, apenas 14,5% consideraram a autonomia financeira e administrativa como "muito bom", seguido do Norte (16,8%) e Centro-Oeste (19,1%).[16]

Este último dado ao apontar uma avaliação não tão positiva em algumas regiões é um forte indício para se desconfiar que a independência formal não tenha sido implementada de fato. A pior avaliação do Nordeste nesse quesito justifica a investigação do Ministério Público de Pernambuco.

O artigo de Hugo de Melo Cavalcanti,[17] publicado no Jornal do Comércio em 29.04.1989, já denunciava a dificuldade da implementação do novo desenho institucional relacionado à autonomia administrativa e financeira do Ministério Público no Estado de Pernambuco. Mostra que, enquanto alguns Estados da Federação deram aplicação imediata e eficácia plena à regra constitucional de 1988, o governador do Estado de Pernambuco, então Miguel Arraes, desprezou o texto

---

[15] Tabela 70. In: *Diagnóstico do Ministério Público nos Estados*. Ministério da Justiça: Brasília, 2006. p. 102-103.
[16] Essa informação sobre as regiões não aparece expressa na tabela de número 70. É apontada nas observações da página seguinte. Diagnóstico do Ministério Público nos Estados. Ministério da Justiça: Brasília, 2006. p. 103.
[17] MELO, Hugo Cavalcanti. A Autonomia do Ministério Público. In: *Quando a vítima é o Ministério Público*. Recife: Bagaço, 1998. p. 89.

constitucional no que pertine à autonomia do Ministério Público. Parafraseando Pontes de Miranda, Hugo Melo alerta para o perigo que é se fazer uma Constituição com o propósito de descumpri-la ou que é muito pior só cumprir os princípios e as regras de que se precisa ou entenda deva ser cumpridos.

Aponta, por exemplo, que um dia após a Constituição, em 6 de outubro de 1988, o Ministro da Justiça, através do expediente AV/GM/SA nº 668, dotou o Ministério Público do Distrito Federal de autonomia administrativa e financeira a ser exercida pelo seu procurador chefe. Mesmo estando vinculado administrativamente ao Ministério da Justiça no período de transição, foi dado a este Ministério Público independência *de facto*. Ou seja, um arranjo institucional informal de cooperação entre o Poder Executivo e o Ministério Público no Distrito Federal garantiu sua autonomia financeira e administrativa, a qual era exercida factualmente.

Relata, ainda, que o Ministério Público da União, já em novembro de 1988, através de seu Procurador-Geral da República, Sepúlveda Pertence, afirmou a auto-aplicabilidade dos dispositivos constitucionais e começou a oficiar em todos os casos de inconstitucionalidade, além de passar e exercer sua autonomia financeira, encaminhando ao Congresso Nacional projeto de lei que dispunha sobre a fixação de vencimentos de membros do Ministério Público Federal, Militar, do Trabalho, do distrito Federal e dos Territórios.

Enumera, ademais, o caso do Ministério Público no Rio Grande do Sul, de Minas Gerais e do Paraná, em que seus Procuradores Gerais passaram a encaminhar projeto de lei à Assembleia Legislativa para reajustar os vencimentos da classe, tendo em consideração a nova regra constitucional.

Esse é um breve panorama apresentado por Hugo Melo a evidenciar as tentativas de implementação de uma independência real do Ministério Público; o qual não foi uniforme em todo o Brasil e dependia, neste primeiro momento, muito mais do governo então presente, que reconhecesse o Ministério Público como órgão independente e o desvinculasse de sua administração, do que da vontade do Procurador-Geral, chefe da instituição Ministério Público. A regra constitucional não foi aplicada automaticamente em vários Estados da Federação. Isso significa que a vontade do Poder Constituinte, expresso na regra constitucional de 1988, não foi suficiente para que novo desenho institucional ao Ministério Público fosse concretizado.

O novo desenho institucional dado pela Constituinte no papel não se transpôs para a realidade como num passe de mágica, ao estalar dos dedos. Em Pernambuco, por exemplo, o Ministério Público não vivenciou as regras do jogo definidas pela Constituição de 1988, em relação a sua autonomia financeira e administrativa, ante a resistência do governo local. Hugo Melo[18] revela ser a autonomia do Ministério Público de Pernambuco puramente ilusória, no período pós 1988. Em relação ao Poder Executivo, existia uma submissão e uma forte dependência resignada

---

[18] MELO, Hugo Cavalcanti. *Quando a vítima é o Ministério Público*. Recife: Bagaço, 1998. p. 41.

ou consentida até fins de 1995, quando tem lugar a grande crise institucional do Ministério Público de Pernambuco, a qual será abordada adiante.

Desse modo, a ideia do Cientista Político Rogério Arantes de que 'soa lugar comum falar da principal conquista do Ministério Público: a independência em relação aos demais poderes a partir do novo desenho dado pela Constituição de 1988' é questionável. Pela breve exposição acima, em específico com o caso do Ministério Público de Pernambuco, há fortes indícios de que o pressuposto apriorístico, até então consolidado pelo senso comum e repetido na Ciência Política[19] e no Direito,[20] acerca da independência do Ministério Público deve ser superado. A assunção de Arantes[21] de que "a *Carta de Curitiba* solicitou e a Constituinte confirmou a autonomia administrativa e financeira introduzida pela Lei orgânica em 1981, mas agora dotada do verdadeiro sentido de autogoverno, graças ao fim da submissão ao Poder Executivo" tem sentido apenas quando se pretende falar em desenho institucional formal. A submissão ou não do Ministério Público ao Executivo, no que se refere à independência financeira e administrativa, só pode ser apreendida pela análise de arranjos institucionais informais que reforcem ou contrariem a regra constitucional.

5 A não independência *de facto* do Ministério Público – O caso de Pernambuco

Na tentativa de capturar elementos da informalidade relacionados com a autonomia administrativa e financeira foram realizadas entrevistas com integrantes do Ministério Público local – ex-Procurador-Geral do Ministério Público em Pernambuco (gestão de 2002-2006), Presidente da Associação do Ministério Público de Pernambuco, ex-Secretários Gerais do Ministério Público – bem como representantes ligados ao Poder Executivo (Governador), Legislativo (Presidente da Assembleia Legislativa), Tribunal de Contas (Presidente) de Pernambuco. Isso para permitir o confronto de informações. A consciência do desafio que foi identificar as regras institucionais informais numa pesquisa neoinstitucional guiou a pesquisadora. A estratégia foi realizar entrevistas, em que os entrevistados ficassem à vontade e livres para falar sobre o tema.

No que se refere à independência *de facto* do Ministério Público há que se destacar a contribuição dos artigos de Hugo Cavalcanti Melo, Procurador de Justiça de Pernambuco aposentado, colecionados no livro "Quando a vítima é o Ministério Público". Apesar de o próprio autor reconhecer que estes não se

---

[19] Tenha-se como referência Fábio Kerche e Rogério Arantes, dois principais cientistas políticos que trouxeram o estudo da instituição Ministério Público para a Ciência Política em suas teses de doutorado.
[20] No Direito, destacam-se as conclusões de Emerson Garcia.
[21] ARANTES, Rogério Bastos. *Ministério Público e Política no Brasil*. São Paulo: Educ, Editora Sumaré, Fapesp, 2002.

revestem de caráter acadêmico, pois publicados em um primeiro momento em jornais de circulação local, a riqueza de seus escritos está em desvelar aspectos do Brasil real a envolver o Ministério Público em Pernambuco, após a Constituição de 1988. Seu trabalho interessa para a análise dessa pesquisa, porque ilumina a compreensão do arranjo institucional real do Ministério Público que se desenhou no contexto local.

5.1 Ministério Público de Pernambuco pós-1988 como Departamento da Secretaria de Justiça do Poder Executivo

O primeiro dado relevante obtido com essas entrevistas é o de que Ministério Público de Pernambuco esteve fortemente atrelado ao Poder Executivo local até final de 1995. Não se verificou a correspondência entre o praticado em Pernambuco e a regra constitucional de 1988, que prescrevia um Ministério Público independente, situado fora da estrutura administrativa do Poder Executivo.

O Ministério Público em Pernambuco, mesmo após a promulgação da Constituição de 1988, não era mais que um departamento da Secretaria da Justiça, subordinada ao Poder Executivo.

Segundo Francisco Sales "A secretaria da justiça ficou fazendo orçamento do Ministério Público, se não me falha a memória, até 95 a instituição fazia. Toda negociação passava pelo secretário de justiça e pelo Secretário da Fazenda, o Procurador-Geral era pouco ouvido. Até porque demissível *ad nutum* pelo governador". (Entrevista concedida em 15 de junho de 2007 – Ex- Procurador-Geral do Ministério Público de Pernambuco)

De acordo com o relato acima o Ministério Público em Pernambuco não detinha qualquer independência para apresentar sua proposta orçamentária, divergindo frontalmente da regra prevista no texto constitucional de 1988, art. 127 §2º e §3º. A Procuradora de Justiça Laís Texeira, então Secretária-Geral do Ministério Público de Pernambuco, em torno de 1995 a 1997, afirmou que não existia sequer discussão da proposta orçamentária do Ministério Público. Mais ainda, nem o próprio Ministério Público pensava isso. Tudo era resolvido pelo Poder Executivo, que era quem elaborava de fato o orçamento do Ministério Público.

A descrição acima evidencia, ademais, a ausência de autonomia administrativa do Ministério Público, que não possuía a gestão de recursos próprios. O então deputado estadual Romário Dias, que nos anos de 91 a 94 foi presidente da Comissão de Constituição e Justiça da Assembleia Legislativa de Pernambuco, seguindo-se na vice-presidência da Comissão nos anos seguintes, confirma que o Ministério Público não recebia o repasse dos duodécimos, obrigatório por lei:

> [...] eu fui presidente da comissão 91, 92, 93 e 94. Esses 4 anos eu fui presidente da comissão, depois eu fui vice-presidente. Foi exatamente nessa época, que nós começamos

a nos a entender [...] A Constituição Federal colocou, mas o governo do Estado sempre tinha dificuldade de colocar um duodécimo. [...] A Constituição já deu (sic) mas o Estado protela. Mas hoje eles já têm um duodécimo. Eles eram muito poucos, eles ganhavam muito mal [...]. (Entrevista concedida em 26 de julho de 2007. Ex-presidente da Assembleia Legislativa de Pernambuco)

Francisco Sales reconhece, todavia, que nessa época anterior ao período de crise de 1995, o próprio Ministério Público era passivo na luta pela sua autonomia: "...mesmo como tudo aquilo no texto legal, o Ministério Público Estadual não se movimentou o suficiente para ter as garantias que aquela lei lhe conferia; porque o regime político de então não dava. E havia uma desinformação, se não um receio da sociedade de fazer essa exigência." (Entrevista concedida em 15 de junho de 2007 – Ex-Procurador-Geral do Ministério Público de Pernambuco).

Hugo Melo acusa também a existência de chefias débeis no Ministério Público pós-1988 em Pernambuco a não enfrentar o governo local e ser omisso na luta pelo fiel cumprimento da lei (regra constitucional): "...administrativamente, em certos aspectos, tem-se sujeitado ao Executivo, como se fora a ele subordinado; e, eventualmente, graças a chefias tímidas, sem consciência do que é a Instituição e do que representa para ela sua autonomia, admite contemporizar com suas ingerências descabidas".[22]

Há que se destacar que mesmo após 1988, o Procurador-Geral de Justiça (Chefe da Instituição Ministério Público em Pernambuco) poderia ser demitido *ad nutum*, ou seja, de acordo com a vontade do governador. Nesse sentido, não teria sentido falar em desenho institucional de Ministério Público independente. A regra inaugurada pela Constituição de 1988 de que o Procurador-Geral deveria ser escolhido pelo chefe do poder Executivo entre os integrantes de uma lista tríplice, votada pelos membros da instituição Ministério Público, por um mandato fixo, não era observada em Pernambuco. A Constituição Federal ainda previa que a destituição do cargo de Procurador-Geral só poderia ser feita através de deliberação por maioria absoluta da Assembleia Legislativa (art. 128, II, §2º e 3º da CF/88).

Logo em 1989, o governo Arraes demonstrou seu interesse em não aplicar a nova regra constitucional relativa ao Ministério Público, encomendando um parecer jurídico dirigido para justificar a não implementação das regras constitucionais em Pernambuco. O artifício jurídico usado pelos assessores do governador foi o de considerar a regra constitucional de 1988 como de eficácia limitada,[23] dependente

---

[22] MELO, Hugo Cavalcanti. A paralisação do Ministério Público. In: *Quando a vítima é o Ministério Público*. Recife: Bagaço, 1998. p. 143

[23] No direito brasileiro, tem-se a classificação do constitucionalista José Afonso da Silva (Aplicabilidade das Normas Constitucionais. São Paulo: Malheiros, 1999): a) normas de eficácia plena, b) normas de eficácia limitada e c) normas de eficácia contida. Dizem respeito ao grau de densidade normativa das regras constitucionais. Algumas são muito abstratas e principiológicas e dependem de regulamentação mais detalhada por parte do legislador infraconstitucional para que densifique o conteúdo dado em abstrato e possa surtir efeitos. Em relação ao desenho institucional do Ministério Público a norma não tinha cunho tão abstrato que justificasse a postergação de seus efeitos só com a existência de lei infraconstitucional. O constituinte deixou claro o desenho da autonomia financeira e administrativa do Ministério Público de modo que já poderia surtir efeitos.

de lei infraconstitucional para torná-la eficaz.[24] Ou seja, interpretou a regra constitucional de 1988 como vazia, não obstante o posicionamento do Supremo Tribunal e de alguns Estados no sentido de dar aplicação plena e imediata à nova regra constitucional no que diz respeito à autonomia do Ministério Público.

Essa atitude evidenciou a falta de interesse do poder político local em implementar as regras constitucionais. Todas relacionadas à autonomia financeira e administrativa do Ministério Público tiveram sua eficácia negada. Consoante lembra Hugo Melo, o próprio governador Arraes externalizou a seguinte frase junto a membros do Ministério Público em seu Palácio: "Nem toda lei é pra ser cumprida".[25]

Dessa sorte, é possível se ter um panorama das regras do jogo que operavam nessa época. O primeiro indício para a existência de arranjos informais é a divergência com a regra e o desenho institucional formal, dado pela Constituição de 1988. O segundo passo é a constatação de regularidades de comportamento que não são explicadas pelo confronto com a regra da Constituição. O terceiro, é o fato de que os atores envolvidos (governador do Estado e Procurador-Geral do Ministério Público) guiarem suas condutas, reconhecendo aquela como a norma então vigente.

O arranjo informal que se tinha até 1995 era de um Ministério Público subordinado ao Poder Executivo, como se um departamento seu fosse. A independência *de facto* da instituição era sonegada pelo poder político vigente. Nesse ponto, Hugo Melo ressalta a resistência do governo de Miguel Arraes (1987-1990) e Joaquim Francisco (1991-1995) em implementar a autonomia financeira e administrativa do Ministério Público em Pernambuco e negar eficácia à regra constitucional de 1988.[26] Identifica na conduta desses governos que se sucederam o que denominou de cultura do desprezo. Revela que o governo Arraes "sequer nomeou o Procurador-Geral de Justiça, chefe da Instituição, nos seus longos primeiros anos de gestão. Deixou o Procurador que encontrou ao empossar-se pra ver como ficava e, depois deixou o que o substituiu à título precário, *ex lege*, até que se esgotou primeiro, para o bem de todo, o próprio governo".[27] Em relação a Joaquim Francisco aponta que havia uma expectativa muito grande, pois quando era candidato procurou o Ministério Público e Associação para ter um diagnóstico da situação real da instituição em Pernambuco. O interesse inédito trouxe otimismo para a classe. Todavia como o próprio Hugo Melo aponta tudo não passou de um "engano d'alma, ledo engano",[28] pois logo que assumiu o poder demonstrou que o Ministério Público não estava na suas preocupações, negando sua independência

---

[24] MELO, Hugo Cavalcanti. *Quando a vítima é o Ministério Público*. Recife: Bagaço, 1998. p. 42
[25] MELO, Hugo Cavalcanti. A paralisação do Ministério Público. In: *Quando a vítima é o Ministério Público*. Recife: Bagaço, 1998 p. 145.
[26] MELO, Hugo Cavalcanti. *Quando a vítima é o Ministério Público*. Recife: Bagaço, 1998. p. 43.
[27] MELO, Hugo Cavalcanti. A expectativa do Ministério Público. In: *Quando a vítima é o Ministério Público*. Recife: Bagaço, 1998. p. 101.
[28] MELO, Hugo Cavalcanti. Engano d'alma, Ledo Engano. In: A expectativa do Ministério Público. In: *Quando a vítima é o Ministério Público*. Recife: Bagaço, 1998. p. 105.

e nomeando o Procurador-Geral de Justiça em cargo de comissão, demissível de acordo com sua vontade.

Laís Texeira,[29] por sua vez, prefere não citar nomes de governadores que anularam a autonomia do Ministério Público em Pernambuco. Reforça, todavia, que a novidade da regra constitucional não se concretizou pela cultura e a visão de Estado de Direito existente à época. A instituição era percebida e compreendida como departamento do Poder Executivo, sem autonomia financeira ou administrativa.

A conduta de desprezo e descaso dos governadores para com a autonomia dada pela regra constitucional ao Ministério Público e apatia dos Procuradores Gerais (chefes da Instituição) na luta pela sua efetivação, revela o contexto cultural, que alimentava o desenho institucional informal então existente nesse período pós 1988. Segundo a classificação de Helmke,[30] este arranjo informal seria do tipo por competição, porque produz um resultado divergente da regra formal (no caso a Constituição Federal de 1988), contraditando a literalidade expressa da lei. O desenho informal compete com a regra constitucional que é ineficaz.

5.2 O início da autonomia administrativa do Ministério Público em Pernambuco: a crise de 1995

Outro dado que aparece nas entrevistas foi o ponto crítico de 1995, na história do Ministério Público pós-1988. A mudança relevante no desenho institucional informal do Ministério Público é que ele deixa de integrar a estrutura do Poder Executivo (Secretaria da Justiça) e passa a receber pela primeira vez os duodécimos, administrando e gerindo seus recursos financeiros.

A crise tem lugar em razão de questões relacionadas ao salário de membros do Ministério Público. Nesse período, o Chefe do Ministério Público tentou exercer sua autonomia administrativa financeira reajustando o salário de seus membros para restaurar a equivalência com o dos magistrados e teve seu ato anulado pelo Poder Executivo. É de notar que o Tribunal de Justiça de Pernambuco exerceu com liberdade sua autonomia administrativa e financeira, reajustando por ato próprio o salário dos magistrados. Hugo Melo dá notícia que à época o Tribunal de Contas

---

[29] [...] ressalte-se, não existiu um governo que fosse... Não era a pessoa do governador, era a visão que se tinha! Era uma instituição nova, que sempre foi vinculada a um dos poderes, que de repente, na Constituição de 88, tornou-se uma instituição independente, autônoma e sem nem que as pessoas soubessem exatamente o que significava isso. Poderia existir alguma entidade pública que não fosse vinculada aos 3 (três) poderes? Quer dizer, é uma novidade pra eles. E ai eu não gosto de sacrificar nenhum dos titulares do governo do Estado, mas a cultura que existia à época. [...] (Entrevista concedida em 19 de Julho de 2007, Laís Teixeira – Ex-Secretária-Geral do Ministério Público de Pernambuco)

[30] HELMKE, Gretchen; LEVITSKY. *Informal institutions and Democracy*. John Hopkins University Press, Baltimore, 2006. p. 14.

também fez o mesmo e restaurou o salário de seus Conselheiros, equiparando ao dos desembargadores.[31]

Vê-se, assim, que tanto o Poder Judiciário e o Tribunal de Contas local puderam exercer sua autonomia administrativa e financeira, sem serem penalizados pelo Poder Executivo. O Tribunal de Contas, apesar de ter o nome Tribunal não se trata de instituição ligada ao Poder Judiciário. É tido pela regra constitucional como órgão auxiliar do Poder Legislativo no controle de contas e dos atos de toda a administração pública que implique receita e despesa. É um órgão fiscalizador da legalidade da aplicação de todo o dinheiro público no Estado e nos municípios. Na constituição está inserido no capítulo do Poder Legislativo, apesar de a ele não estar subordinado, no que se refere a sua autonomia administrativa e financeira.

O auge da crise em Pernambuco foi quando o Poder Executivo retirou, da conta bancária dos promotores e procuradores aposentados, o salário depositado com o aumento dado pelo Ministério Público. Essa informação demonstra que o Poder Executivo tinha o total controle das finanças do Ministério Público, que não geria seus recursos orçamentários:

> [...] os primeiros a receberem o vencimento, com esse reajuste foram os aposentados. Foi depositado em conta deles. E o governo do Estado sacou, mandou retirar das contas dessas pessoas, o que seria uma afronta absurda ao direito individual. Você imagine, uma agressão às regras do sistema monetário e bancário nacional e internacional. Então, a partir desse momento, criou-se um impasse muito grande, com greve...[...] (Entrevista concedida em 19 de julho de 2007, Laís Teixeira, ex-Secretária-Geral do Ministério Público)

Segundo seu relato, esse foi o primeiro momento em que o Ministério Público se insurgiu contra o ato abusivo do Poder Executivo e iniciou a luta pela implementação de sua autonomia financeira, até mesmo com greve e paralisação. O conflito foi levado para a arena judicial, através da propositura de ações judiciais, como o Mandado de Segurança para garantir o repasse dos duodécimos ao Ministério Público, previsto pela regra constitucional.

Judicialmente o Ministério Público teve assegurado o repasse dos duodécimos para que realizasse a gestão de suas finanças. O problema, todavia, era que o Ministério Público local não tinha ainda estrutura para rodar folha de pagamento de seus funcionários e membros. Era algo muito novo e o Ministério Público da época não sabia direito o que fazer na realidade com o dinheiro que passou a receber de repente em um momento de ruptura, através do repasse dos duodécimos por decisão judicial. Essa ruptura é expressa na frase de Laís Teixeira "...um dia nos éramos vinculados ao governo do Estado; no outro dia, nós tínhamos que gerir a nossa própria folha" (Entrevista concedida em 19 de julho de 2007, Laís Teixeira). Ela aponta a dificuldade que era "receber todo o dinheiro e ter que administrar sem a estrutura organizacional própria independente". (Entrevista concedida em 19 de Julho de 2007, Laís Teixeira).

---

[31] MELO, Hugo Cavalcanti. Uma velha aversão. In: *Quando a vítima é o Ministério Público*. Recife: Bagaço, 1998. p. 139.

É de notar que a autonomia administrativa acontece para o Ministério Público em 1995 através da ruptura. Esta não foi sendo construída paulatinamente por cooperação entre o Ministério Público e o Poder Executivo local desde 1988. As regras do jogo mudam de um momento para outro, por força de decisão judicial. O Ministério Público sai da estrutura do Poder Executivo e deixa de ser a ele subordinado, passando a gerir seus próprios recursos.

Em relação ao Ministério Público de Pernambuco, a ruptura de 1995 representou uma mudança no desenho institucional relacionado à sua autonomia administrativa (repasse de duodécimos), mas não à sua autonomia financeira. A regra constitucional de que o Ministério Público tem a prerrogativa de apresentar proposta orçamentária a ser votada no Poder Legislativo não se concretiza. O arranjo institucional informal que se têm até hoje é o Poder Executivo interferindo na definição do orçamento do Ministério Público, realizando cortes em sua proposta orçamentária e vinculando as votações na Assembleia Legislativa. Esse tema é objeto do tópico seguinte.

5.3 Orçamento do Ministério Público definido pelo Poder Executivo – O desenho institucional real e jogos ocultos entre os poderes

No que se refere à autonomia financeira dada pela Constituição de 1988, tem-se a capacidade de o Ministério Público apresentar proposta orçamentária própria a ser votada e discutida na Assembleia Legislativa. Mazzili alerta para a necessidade da implementação de fato dessa nova regra constitucional para que não se institucionalizem relações de troca, em que concessões orçamentárias do Poder Executivo sejam a contrapartida para uma atuação omissa por parte da chefia do Ministério Público (Procurador-Geral de Justiça), que é quem tem o dever de promover com exclusividade ação penal e de improbidade contra o próprio governador.

O dado obtido nas entrevistas é que o Ministério Público apresenta sua proposta orçamentária, mas esta já sofre cortes pelo Poder Executivo, antes mesmo de ir para a discussão na Assembleia Legislativa. A deliberação sobre o orçamento ministerial, que deveria ocorrer no Poder Legislativo é suprimida. Nesse sentido, tem-se a seguinte pontuação de Francisco Sales:

> [...] Então, se falar em autonomia, como é que funciona essa autonomia? A gente, geralmente, faz o orçamento que diz as necessidades do Ministério Público, mas sempre o Poder Executivo cortava. Então, por exemplo, Dr. Romero, Procurador-Geral, nós entramos com Mandado de Segurança contra o Governador. Já na minha gestão entrei com 2 Mandados de Segurança contra Jarbas. Porque a gente mandava os orçamentos e ele cortava os orçamentos do Ministério Público. Às vezes reduzia em 30%, 40% do orçamento. Aí, a gente entrava com Mandado de Segurança, porque, até então a constituição dizia que só quem poderia cortar

o orçamento era o Parlamento, que é óbvio! [...] (Entrevista concedida em 15 de junho de 2007, Francisco Sales – Ex-Procurador-Geral do Estado de Pernambuco)

Observe-se que na explanação de Francisco Sales há referência à utilização de ação judicial (Mandado de Segurança) contra ato abusivo do Poder Executivo que realizou cortes no projeto orçamentário do Ministério Público, antes de ele ser levado à Assembleia Legislativa. Não há, todavia, notícia de representação em que os Procuradores-Gerais alegassem crime de responsabilidade contra o chefe do Poder Executivo por interferência indevida no orçamento do Ministério Público; e por consequência, prejuízo de suas atividades institucionais.

O julgamento desses mandados de segurança foi no sentido de reconhecer a ilegalidade e inconstitucionalidade dos cortes realizados pelo Poder Executivo na proposta orçamentária do Ministério Público para que fosse encaminhada para a Assembleia Legislativa com as reais necessidades orçamentárias do Ministério Público. Como se verá nos parágrafos seguintes, o provimento judicial desse Mandado de Segurança em favor do Ministério Público não representava de fato uma punição ao chefe do Poder Executivo para que esse recuasse. A sua obrigação era restaurar a legalidade e encaminhar para a Assembleia Legislativa o projeto orçamentário do Ministério Público, agora sem cortes. A partir de 1996, tem-se a jurisprudência no Tribunal de Justiça de Pernambuco:[32]

> CONSTITUCIONAL E PROCESSUAL CIVIL – PROPOSTA ORÇAMENTÁRIA – MINISTÉRIO PÚBLICO – ALTERAÇÃO PELO PODER EXECUTIVO IMPOSSIBILIDADE – PRELIMINAR DE EXTINÇÃO DO PROCESSO – REJEIÇÃO – ORDEM CONCEDIDA. O órgão que detém autonomia financeira elabora sua proposta orçamentária e tem o direito de vê-la apreciada pelo Poder competente.[...] Elaborada a proposta orçamentária pelo Ministério Público e encaminhada ao Poder Executivo, cumpre apenas ao Sr. Governador do Estado submetê-la ao Poder Legislativo, e não reduzi-la, competindo a Assembleia a tarefa de alterá-la, como árbitro, dando-lhe a última palavra. Concessão da segurança.

A necessidade de propositura de Mandado de Segurança na gestão dos Procuradores Gerais Romero Andrade (1999-2002) e Francisco Sales (2002-2006) indica que o Poder Executivo continuou desrespeitando a regra constitucional da autonomia financeira do Ministério Público e a jurisprudência de 1996 em Pernambuco não foi suficiente para constranger os governadores posteriores a obedecerem ao prescrito da regra constitucional.

E a estratégia dos governadores mostrou-se ser essa: realizar o corte no orçamento do Ministério Público primeiro. Esperar por uma ação judicial, no caso o Mandado de Segurança, que o Ministério Público poderia propor para restaurar a legalidade. Uma vez o Tribunal determinando que o poder Legislativo é quem deve fazer o corte, este o fazia exatamente na mesma monta que o Poder Executivo o fizera anteriormente. Ou seja, essa ação judicial em nada acrescentava para uma

---

[32] Tribunal de Justiça de Pernambuco. Mandado de Segurança. Acórdão nº 26386-5. Relator: Napoleão Tavares. Julgamento: 12.2.1996. Publicado no Diário de Justiça nº 54 de 25.03.1997.

maior independência de fato do Ministério Público, sendo inócua. A questão é que aquele corte do governador no orçamento já exercia um impacto real para a votação na Assembleia Legislativa, mesmo que a legalidade fosse restabelecida posteriormente por ordem judicial. Laís Teixeira,[33] por exemplo, revela que o Ministério Público entrava com o Mandado de Segurança, mesmo consciente de que ao final resultado poderia ser o mesmo. Assim, ainda que o Tribunal desse provimento à ação para que o projeto orçamentário do Ministério Público fosse deliberado no parlamento, a Assembleia realizava cortes no limite idêntico ao que o Poder Executivo fizera num primeiro momento, de modo ilegal.

Ao se falar em estratégia na primeira linha do parágrafo acima, poder-se-ia pensar no pressuposto da teoria da escolha racional, segundo o qual os atores se comportariam como maximizadores de seus interesses. Nesse sentido, não seria racional por parte do Poder Executivo realizar corte no orçamento do Ministério Público, pois esta ação configuraria ato abusivo e seria objeto de julgamento pelo Tribunal, através do Mandado de Segurança. Essa atitude representaria, assim, uma escolha não ótima. Como explicar essa situação na qual o Poder Executivo escolhe uma conduta que parece ir contra seus próprios interesses? Isso poderia ser entendido fazendo uso da lógica de que o Poder Executivo realizou, na verdade, uma escolha aparentemente sub-ótima, em função de se encontrar inserido numa rede de jogos, ou melhor, em *jogos ocultos*.[34] Nesse ponto, a contribuição de Tsebelis é fecunda. Aqui a escolha racional não é tomada como um limitador, mas como um recurso metodológico que pode acrescentar na compreensão do comportamento aparentemente irracional do chefe do Poder Executivo.

Os cortes que o Poder Executivo realiza previamente na proposta orçamentária do Ministério Público é o que possibilita à Assembleia Legislativa ter referência do que deve ser aprovado na lei orçamentária. Se o Poder Executivo não antecipasse o corte e, portanto, não se deixasse submeter ao constrangimento judicial através do Mandado de Segurança, cuja conseqüência é restaurar apenas a legalidade formal; o parlamento não teria claro e evidente o *quantum* que deveria redimensionar na proposta elaborada pelo Ministério Público. Nesse sentido, *o jogo estratégico não se desenha para a arena judicial; diversamente esta é usada como auxiliar para a rede de jogos (ocultos) que se opera na arena política entre o Poder Executivo e o Legislativo.* A finalidade, então, do descumprimento da regra constitucional pelo

---

[33] [...] entramos com novo mandado de segurança, sabendo até que o resultado seria o mesmo, mas pra defender uma nova ação, uma nova medida judicial pra defender que não poderia ser pelo Executivo. Mesmo que o resultado desse o mesmo. Mas que esse corte tinha que ser na Assembleia Legislativa. [...] A gente obteve (provimento judicial do Mandado de Segurança), mas (o orçamento) foi cortado na Assembleia. [...] (Entrevista concedida em 19 de julho de 2007, Laís Teixeira)

[34] Segundo Tsebelis as escolhas aparentemente sub-ótimas são casos de discordância entre ator e observador. E a razão para essa discordância reside no fato de o ator estar envolvido em jogos de múltiplas arenas ou em projetos institucionais. Para o primeiro caso, o observador deixou de reconhecer a ação como ótima porque sua atenção esteve apenas em um jogo – o da arena principal, enquanto o ator esteve envolvido em uma rede de jogos. Para a segunda, a opção do ator não é ótima para o observador porque este não vê que o ator está num jogo sobre as regras do jogo, ou seja, um jogo no qual o ator procura aumentar as opções disponíveis de modo inovar e modificar as regras desse jogo. TSEBELIS, George. *Jogos Ocultos*. São Paulo: Edusp, 1998. p. 22.

Poder Executivo é garantir, em última instância, e deixar expresso ao parlamento, o limite que aquele pretende que seja aprovado.

Depreende-se, dessa sorte, a existência de um desenho institucional informal, na qual o Poder Executivo define o limite do orçamento do Ministério Público em Pernambuco. Quando este Ministério Público se insurge e tenta transgredir a regra informal, através da propositura de ação judicial (Mandado de Segurança); o próprio Poder Executivo se empenhava em reforçar o arranjo informal institucionalizado, induzindo o Parlamento a repetir o mesmo corte que fizera anteriormente. Como Francisco Sales aponta, a Assembleia Legislativa local é muito sensível ao que o Poder Executivo define: "Você veja a diferença, nós encaminhamos um orçamento de 206 milhões pra a assembleia, o Poder Executivo cortou e aprovou 134. E quando o Poder Executivo corta, a assembleia aprova! Ela é muito sensível ao Poder Executivo" (Entrevista concedida em 15 de junho de 2007, Francisco Sales).

O próprio Romário Dias, então presidente da Assembleia Legislativa em Pernambuco, reconhece essa sensibilidade ao Poder Executivo. O definido pelo governo é o que prevalece na votação do orçamento do Ministério Público. Mesmo que este prove a necessidade de um orçamento no valor "X", a demonstração contábil do Poder Executivo em sentido contrário "X-Y" para redução do valor pedido é a que vence. Dessa sorte, a Assembleia não passaria de casa homologatória do orçamento definido previamente pelo governador. Para o parlamentar, se o Ministério Público não tem poder de barganha para conseguir antes um aumento ou reposição no orçamento, negociando diretamente com o Poder Executivo, as chances de se conseguir na Assembleia são mínimas.

Supõe-se, dessa sorte, a existência de um arranjo institucional informal, no qual é o Poder Executivo quem de fato define e limita o orçamento do Ministério Público. Seguindo a proposta metodológica de Daniel Brinks[35] a evidência desse desenho informal é dada: a) primeiro, pela constatação de uma regularidade divergente da regra constitucional – o comportamento reiterado do Poder Executivo em realizar cortes no orçamento do Ministério Público, suprimindo sua autonomia financeira; b) segundo, a violação da regra informal é punida pelos atores envolvidos: o Ministério Público se insurgiu contra o arranjo informal existente. Na tentativa de evitar o corte do Poder Executivo, encaminhou seu projeto orçamentário diretamente ao Poder Legislativo, solicitando que a Assembleia Legislativa o apreciasse em nome da independência e autonomia financeira da instituição conferida pela regra constitucional. O que se verificou? Ministério Público foi punido, pois transgrediu o arranjo informal. Não aconteceu o simples corte. Mais que isso, não teve sequer sua proposta sua orçamentária considerada, uma vez que seu orçamento acabou por ser elaborada unilateralmente pela Secretaria da Fazenda (Poder Executivo), com base no do ano anterior. E tudo isso homologado pela Assembleia Legislativa.

---

[35] "Beginning Step: Outcomes do not match formal institutional predictions" "Key question: are violations of the hypothesized informal rule punished by relevant agents of social control?" BRINKS, Daniel. The Rule of Non (Law): Prosecuting Police Killings in Brazil and Argentina. In: *Informal institutions and Democracy*. Org. HELMKE, Gretchen; LEVITSKY. John Hopkins University Press, Baltimore, 2006. p. 206.

No que diz respeito à negociação e à deliberação do orçamento do Ministério Público junto à Assembleia Legislativa de Pernambuco, Francisco Sales revela o recado que recebeu dessa casa legislativa, na sua experiência de Procurador-Geral: "A gente ia negociar o orçamento com o Parlamento, e o Parlamento dizia: Não! Essa casa é sensível ao Poder Executivo. Converse com o Poder Executivo, que o que for acertado lá com o Poder Executivo a gente vota aqui". (Entrevista concedida em 15 de junho de 2007, Francisco Sales)

Mendonça Filho, uma vez questionado sobre autonomia financeira do Ministério Público, afirma que, quando foi vice-governador, na gestão Jarbas, (1999-2006) e governador de Pernambuco em 2006, o Ministério Público teve sua autonomia exercida com liberdade nos moldes da regra constitucional. Isso, todavia, conflita com propositura de Mandados de Segurança por Francisco Sales e Romero Andrade, na gestão Jarbas. Segundo Mendonça Filho:

> [...] A autonomia não significa que o Ministério Público fixe o valor que deve ser atribuído para suas despesas. [...] o Ministério Público tem a liberdade de apresentar o seu orçamento, mas há uma consolidação orçamentária, que tem que ser feita por alguém – pelo Executivo. E quando não tem um acordo selado, cabe a palavra final, de acordo com o que reza a constituição federal, ao legislativo, que é o fórum adequado de discussão das questões orçamentárias, definir, votar e aprovar o orçamento público estadual, respeitada as autonomias dos órgãos e dos poderes [...] (Entrevista concedida em 25 de julho de 2007 – Ex-governador de Pernambuco)

Há que se notar, todavia, que o ex-governador fez afirmações apenas acerca do desenho institucional formal dado pela Constituição de 1988, sem revelar os mecanismos informais que operavam na realidade. Deixa, todavia, transparecer que cortes são realizados em nome dessa consolidação do orçamento que é feita pelo Executivo ao unificar as propostas orçamentárias dos órgãos e Poderes independentes. A prática é o Poder Executivo submeter à Assembleia Legislativa o projeto de lei orçamentária com todas as despesas do Estado já com o corte na proposta orçamentária do Ministério Público e, para suprir a ilegalidade, envia o projeto originário do Ministério Público como adendo.[36] Desse modo, o Poder Executivo já indica ao parlamento como ele quer que seja aprovado o orçamento. Ao invés de fazer uso de suas lideranças no Poder Legislativo para que apresentem emendas no sentido de redimensionar o orçamento do Ministério Público; o corte é feito previamente no projeto consolidado que o Poder Executivo encaminha à Assembleia.

Acrescente, ainda, que a Emenda à Constitucional Federal nº 45 de 31.12.2004, conhecida como Reforma do Judiciário, trouxe uma novidade ao cunhar a expressão

---

[36] Veja-se, por exemplo, o Projeto de Lei Ordinária nº 1419/2006, de 11.10.2006 submetido pelo governador Mendonça Filho à Assembleia Legislativa de Pernambuco, em que estima a receita e fixa a despesa do Estado de Pernambuco para o exercício financeiro de 2007. Neste instrumento legislativo, o Poder Executivo fixa previamente o limite de despesa e receita do Ministério Público em seu projeto de lei orçamentário e ressalva que "faço acompanhar, [...], em anexo específico, para que seja objeto de deliberação dessa Assembleia Legislativa, a proposta do Ministério Público, segundo o montante pretendido, a qual, quando comparada com o seu Orçamento para 2006, apresenta um incremento da ordem de 68,6%, portanto, incompatível com o crescimento da Receita Corrente dos Recursos do Tesouro Estadual projetada para 2007"

de que o Poder Executivo pode "ajustar"[37] os orçamentos dos Tribunais e do Ministério Público. Esse ajuste, todavia, é autorizado pela regra constitucional única e exclusivamente no limite estipulado pela lei de diretrizes orçamentárias (LDO). Do ponto de vista jurídico não representa uma inovação relevante: a regra é de que no Poder Legislativo o orçamento seja deliberado e aprovado, podendo ser redimensionado para mais ou para menos. O Poder Executivo passaria a colaborar nesse modelo como fiscal da lei, restaurando a legalidade quando a proposta do Ministério Público extrapolasse os limites da lei de diretrizes orçamentárias, antes mesmo de ela ser submetida à discussão no parlamento.[38] Ocorre, todavia, que do ponto de vista político, a depender da percepção e compreensão que se tenha dessa regra, é possível que se desenhe um arranjo institucional informal em que o Poder Executivo passe a legitimar cortes supostamente realizados em nome da consolidação do orçamento. Especialmente nos Estados, como Pernambuco, onde o Ministério Público ainda não tem voz na elaboração da lei de diretrizes orçamentárias, nem uma autonomia financeira consolidada, o risco de isso acontecer é alto.

Para os Ministérios Públicos e Tribunais que já possuíam de fato sua independência financeira, essa reforma na regra constitucional pode não significar inovação na relação institucional com os outros poderes; mas os que ainda não a possuíam, como o caso do Ministério Público de Pernambuco, o resultado é distinto. A tendência é que a nova regra, que trouxe expresso o verbo "ajustar" pelo limite da lei de diretrizes orçamentárias, seja utilizada como desculpa para justificar a legalidade da prevalência do Poder Executivo na definição do orçamento do Ministério Público, de sorte a reforçar o arranjo institucional existente, como acontece em Pernambuco.

Além da identificação do desenho institucional informal, no qual o Poder Executivo é quem define o orçamento do Ministério Público em Pernambuco, interessa agregar outros três indicadores que repercutem na sua independência *de facto*.

5.4 Outros indicadores relacionados à autonomia financeira do Ministério Público

Outros indicadores relacionados à autonomia administrativa e financeira do Ministério Público foram agregados. Como a pesquisa empírica acerca dos arranjos informais desenvolveu-se na esfera do Estado de Pernambuco, que só possui um Ministério Público, seria necessário trazer outras instituições para comparação. O

---

[37] Brasil, Constituição da República Federativa do Brasil de 1988. Art. 127 §4º "Se o Ministério Público não encaminhar a respectiva proposta orçamentária dentro do prazo estabelecido na lei de diretrizes orçamentárias, o Poder Executivo considerará, para fins de consolidação da proposta orçamentária anual, os valores aprovados na lei orçamentária vigente, ajustados de acordo com os limites estipulados na forma do §3º".

[38] PEREIRA, Viviane Ruffeil Texeira. Orçamento dos Tribunais e do Ministério Público. In: *Reforma do Judiciário Comentada*. VELOSO, Zeno; SALGADO, Gustavo Vaz. (Orgs) São Paulo: Saraiva, 2005. p. 111

Tribunal de Contas e o Tribunal de Justiça serviram para esse objetivo. Observou-se a diferença de tratamento do Poder Executivo e Assembleia Legislativa em relação a essas duas instituições, que contam com um maior poder de barganha e respeito do poder político local face às suas demandas orçamentárias, comparativamente ao Ministério Público. Tribunal de Justiça possui e administra com autonomia um fundo especial, que lhe garante uma receita considerável com a arrecadação das custas, taxas e emolumentos judiciais. Além disso, conta com a cooperação do Poder Executivo e Legislativo para a aprovação de leis temporárias para usar o dinheiro desse fundo peculiar com o pagamento de pessoal, o qual é vedado pela lei que criou o próprio fundo.

Outro indicador levantado pela pesquisa é a interpretação relacionada à Lei de Responsabilidade Fiscal a depender do relacionamento com o Poder Executivo. Foi verificada na pesquisa uma interpretação restritiva da lei, prejudicial ao Ministério Público, quando o Procurador-Geral de Justiça realizou investigação contra o nepotismo no Poder Executivo, Poder Legislativo e Tribunal de Contas e uma intepretação mais favorável quando o Procurador-Geral de Justiça da nova gestão não prejudicava os interesses do poder político local. Outro indicador levantado foi a não aprovação de projetos importantes para colaborar com a independência financeira do Ministério Público, a exemplo do arquivamento feito Assembleia Legislativa da proposta de criação de um fundo contábil para a modernização do Ministério Público, em retaliação as ações de investigação contrárias aos interesses políticos locais.

6 Conclusão: Ministério Público, estado de direito aparente e jornada democrática inacabada

Na investigação empírica sobre a independência *de facto*, pesquisou-se a dimensão relacionada à autonomia administrativa e financeira do Ministério Público em Pernambuco. Os indicadores dessa independência foram elaborados a partir da identificação das regras do jogo que efetivamente operavam, considerando os arranjos institucionais informais.

No contexto local foram descobertos desenhos institucionais divergentes do prescrito na regra constitucional de 1988. O primeiro deles é o arranjo informal no qual o Ministério Público em Pernambuco, pós-1988, continuou integrando a estrutura do Poder Executivo, como se um departamento seu fosse, sem exercer qualquer autonomia administrativa. Essa teve início, ainda de forma incipiente só em 1995, a partir de um momento de ruptura grave, quando passa pela primeira vez a receber o repasse dos duodécimos para realizar a gestão de seus recursos financeiros. Nessa época por integrar o Executivo, o Ministério Público sequer elaborava sua proposta orçamentária. Tudo era internamente resolvido e decidido pela Secretaria de Justiça, a quem o Ministério Público era subordinado *de facto*.

O segundo arranjo institucional informal relevante, vigente pós-1995 até hoje, é o Poder Executivo definindo os limites da proposta orçamentária do Ministério Público. A regra da Constituição de 1988, na qual o parlamento deve ser o fórum de deliberação a quem o Ministério Público deve apresentar sua proposta orçamentária e demonstrar sua real necessidade de despesa, não existe na prática. O Poder Executivo impõe ao Poder Legislativo os limites que ele quer ver na lei orçamentária nas dotações para o Ministério Público.

Todos esses dados empíricos referidos acima apontam para a existência de arranjos institucionais que não favorecem a independência *de facto* do Ministério Público e divergem da finalidade presente na regra constitucional de 1988. Em relação ao Ministério Público, a interação das regras formais sobre autonomia financeira e as regras informais se deu por divergência, na modalidade por competição, tornando ineficaz a finalidade da regra constitucional relacionada à independência do Ministério Público. E em relação ao Tribunal de Justiça e Tribunal de Contas os arranjos informais foram do tipo divergência por acomodação, no qual lei é usada como instrumento de poder para driblar a própria lei.

A observação da predominância do Poder Executivo (em convergência de propósitos com o Poder Legislativo) na definição desses arranjos institucionais informa um desequilíbrio na relação de controle intra-estatal e na checagem a ser exercida no modelo de separação de poderes. A atuação do Ministério Público como agência de acountabilidade horizontal, dessa sorte, fica comprometida. É permitido, assim, inferir que o poder político criou apenas formalmente instituições autônomas de controle para aumentar sua legitimidade e suprir deficiência na representação democrática (acountabilidade eleitoral), sem, todavia, garantir a independência *de facto* dessas instituições.[39] Segundo Moreno, Crisp e Shugart,[40] a explicação da proliferação de agências autônomas de controle intraestatal (como o Ministério Público) na América Latina pode ser dada pela existência de regimes autoritários, em que o presidencialismo hipertrofiado e relações de clientelismos, criam instituições de controle que artificialmente são independentes, mas que vivem sobre sua dependência. A isso também se associa a pergunta reflexa extraída da conclusão do trabalho de Stefan Voigt, segundo o qual os países que possuem um maior nível de corrupção criaram instituições de controle como o Ministério Público, cuja independência é supostamente aparente.

---

[39] ACKERMAN, John M. Autonomous institution and democratic consolidation: the politics of delegation and accountability in Mexico. In: *Congress of the Latin America Studies Association*, San Juan, Puerto Rico, March, 2006, p. 3. Essa inferência é extraída da interpretação que Ackerman tem do trabalho deles. "Crisp, Moreno & Shugart (2003a, 2003b) have recently argued that such "superintendence agencies" are created when electoral accountability is weak and that under such conditions these agencies are doomed to be highly dependent and ineffective. In other words, IPAs are usually created by authoritarian, "majoritarian presidentialist" or patronage based governments in order to boost their legitimacy and apparent accountability without actually changing their behavior".

[40] MORENO, Érika; CRISP, Brian; SHUGART, Matthew Soberg. The Accountability Déficit in Latin América. In: *Democratic Accountability in Latin America*. Ed. Scott Mainwaring and Christopher Welna. New York: Oxford University Press, 2003.p. 82. "The proliferation of entities of superintendence in Latin America, then, must be seen as largely a product of discontent with the functioning of accountability and it represents an effort to find a way around the problem without tackling the roots of the accountability deficit"

Os desenhos institucionais identificados são relacionados à autonomia administrativa e financeira do Ministério Público e repercutem na sua independência real. Desse modo, a probabilidade de o Ministério Público tender a falhar nas suas atribuições de guardião do Estado de Direito é plausível.

A contribuição do caso analisado em Pernambuco serve apenas para falsificar a assunção generalizada de que o Ministério Público possui independência institucional; mas principalmente por trazer elementos que permitam a comparação com arranjos institucionais existentes em outros Estados no Brasil em pesquisas futuras. Há fortes indícios para se desconfiar que a hipótese de Ada Grinover[41] esteja correta, no sentido de que nem todos os Ministérios Públicos no Brasil são independentes e autônomos como deveriam ser. Na década de 90, ela revelou para Sadek a preocupação de que o modelo existente em São Paulo e no Paraná não era uma realidade em todo o Brasil. Os indicadores apresentados com a análise do caso de Pernambuco podem assim iluminar uma futura pesquisa comparada nesse sentido.

Outro dado relevante, relacionado à independência do Ministério Público, que pode ser agregado em análises futuras é a característica de ele possuir no Brasil uma estrutura descentralizada, na qual cada promotor pode atuar com liberdade na interpretação da lei, sem guardar relação de hierarquia com o Procurador-Geral. Este não pode determinar para que um promotor deixe de atuar em um caso e atue em outro. Na pesquisa de opinião esse é um dos pontos mais bem avaliados em relação à independência do promotor.[42] No entanto, ainda se sabe muito pouco sobre a repercussão dessa independência individual (indivíduo promotor) na independência institucional do Ministério Público. Poder ser que seja um contra-balanço na ausência da independência financeira *de facto* ou, o contrário, pode gerar problemas de ação coletiva e fragilizar a própria instituição.[43]

Segundo Sadek um dos principais problemas do Ministério Público é seu baixo nível de institucionalização.[44] A autonomia dada a cada promotor individualmente considerado representou um incentivo para a construção de uma identidade moldada pelas características individuais de cada membro e não da instituição como um todo. A atuação do Ministério Público está relacionada mais a performance individual de cada um dos seus membros considerados isoladamente, o qual pode variar consideravelmente de promotor para promotor.

---

[41] Segundo Sadek as palavras de Ada Grinover foram: "the Public Prosecution's model employed in the state of São Paulo or Paraná, for example, is not a reality throughout the entire county... Not all Public Prosecution are as independent or autonomous as they could be" Sadek, Maria Tereza et alli.The New Brazilian Public Prosecution. In: *Democratic Accountability in Latin America*. Oxford: Oxford, 2003. p. 211.

[42] No Sudeste a independência funcional do promotor foi avaliada com a nota "muito bom" por 90,4% dos entrevistados. Tabela 70. Diagnóstico do Ministério Público nos Estados. Ministério da Justiça: Brasília, 2006. p. 102-103

[43] NÓBREGA, Flavianne Fernanda Bitencourt. The New Institutional Design of the Procuracy in Brazil: Multiplicity of Veto Players and Institutional Vulnerability. ALACDE Annual Papers, Berkeley Program in Law and Economics. Berkeley, CA, 2007.

[44] SADEK, Maria Tereza et alli. The New Brazilian Public Prosecution. In: *Democratic Accountability in Latin America*. *Oxford*: Oxford, 2003. p. 208.

De toda sorte, os arranjos institucionais em torno da independência administrativa e financeira podem inibir a atuação institucional do Ministério Público, especialmente frente ao poder político que compõem a cúpula do Poder Executivo e Legislativo. Isso porque é o Procurador-Geral quem pode responsabilizar e propor a persecução criminal desses atores políticos por violação à lei.

Para poder funcionar como instituição de controle, a independência é um pressuposto fundamental.[45] Sem Ministério Público independente não existirá Estado de Direito para controlar o poder político, com igualdade e previsibilidade. O que pode haver é um aparente governo da lei (*Rule by Law*), na expressão de Stephen Holmes,[46] na qual a legalidade existente é usada para e no interesse do Poder Executivo e Legislativo e a regra constitucional é aplicada de modo seletivo para beneficiar determinados grupos e prejudicar outros. Em um cenário em que a regra constitucional não vale para todos, é como se o papel do Ministério Público no Estado de Direito fosse *de facto* transferido para aquelas instituições políticas. Desse modo, há que se desconfiar que a cultura política do Estado, sobre o qual a regra constitucional que define a independência do Ministério Público vai incidir, tem um peso relevante na definição das efetivas regras do jogo.

Hugo Melo,[47] quando da resistência dos governos em Pernambuco, na década de 90, em cumprir a regra constitucional relativa à independência do Ministério Público, atribuiu a compreensão da política local sobre o significado do Estado de Direito à seguinte máxima coronelista: "lei é como cerca de arame farpado; se é alta, passa-se por baixo, se é baixa, passa-se por cima."

Consoante a ilustração anterior, o arame farpado, ou melhor, os limites que Estado de Direito impõem ao poder político poderiam ser calibrados para mais ou para menos de acordo com sua melhor satisfação. Num contexto, no qual o Ministério Público tem negada sua independência *de facto*, pode-se falar apenas em Estado de Direito aparente e em uma Jornada Democrática inacabada.

Referências

ACKERMAN, John M. Autonomous institution and democratic consolidation: the politics of delegation and accountability in Mexico. In: *Congress of the Latin America Studies Association*. San Juan, Puerto Rico: March, 2006.

ARANTES, Rogério Bastos. *Ministério Público e Política no Brasil*. São Paulo: Educ, Editora Sumaré, Fapesp, 2002.

BRINKS, Daniel. The Rule of Non (Law): Prosecuting Police Killings in Brazil and Argentina.. In: *Informal institutions and Democracy*. Org. HELMKE, Gretchen; LEVITSKY. John Hopkins University Press, Baltimore, 2006.

DIAGNÓSTICO DO MINISTÉRIO PÚBLICO NOS ESTADOS. Ministério da Justiça: Brasília, 2006.

---

[45] GUARNIERI, Carlo. Courts as an Instrument of Horizontal accountability: the case of Latin Europe. In: *Democracy and the Rule of law*. Org. MARAVALL, José Maria; PRZEWORSKI Adam. Cambridge: Cambridge University Press, 2003. p. 237.

[46] HOLMES, Stephen. *Lineages of the rule of law*. In: Democracy and the Rule of law. Cambridge, 2003.

[47] MELO, Hugo Cavalcanti. A paralisação do Ministério Público. In: Quando a vítima é o Ministério Público. Recife: Bagaço, 1998 p. 145

GARCIA, Emerson. A autonomia financeira do Ministério Público. *Justitia*. Artigo aprovado para publicação em 2007.

GARCIA, Emerson. *Ministério Público*: Organização, Atribuições e Regime Jurídico. 2. ed. Rio de Janeiro: Lumen Juris, 2005. p. 113-114. (Coletânea)

GUARNIERI, Carlo. Courts as an Instrument of Horizontal accountability: the case of Latin *Europe*. In: *Democracy and the Rule of law*. Org. MARAVALL, José Maria; PRZEWORSKI Adam. Cambridge: Cambridge University Press, 2003. p. 237.

HELMKE, Gretchen; LEVITSKY. *Informal institutions and Democracy*. John Hopkins University Press, Baltimore, 2006.

HOLMES, Stephen. *Lineages of the rule of law*. In: Democracy and the Rule of law. Cambridge, 2003.

KERCHE, Fábio. *O Ministério Público no Brasil – Autonomia, Organização e Atribuições*. Tese de Doutorado. Programa de Pós-graduação em Ciência Política. Orientadora: Maria Tereza Sadek. São Paulo, 2002

MAZZILLI, Hugo Nigro. *O acesso à justiça e o Ministério Público*. São Paulo: Saraiva, 2001.

MAZZILLI, Hugo Nigro. *Regime Jurídico do Ministério Público*. 2. ed. São Paulo: Saraiva, 1995.

MELO, Hugo Cavalcanti. *Quando a vítima é o Ministério Público*. Recife: Bagaço, 1998.

MORENO, Érika; CRISP, Brian; SHUGART, Matthew Soberg. The Accountability Déficit in Latin América. In: *Democratic Accountability in Latin América*. Ed. Scott Mainwaring and Christopher Welna. New York: Oxford University Press, 2003.

NORTH, Douglass. *Institutions, Institutional Change and Economic performance*. 22nd edition. New York: Cambridge University Press, 2006.

NÓBREGA, Flavianne Fernanda Bitencourt. The New Institutional Design of the Procuracy in Brazil: Multiplicity of Veto Players and Institutional Vulnerability. *ALACDE Annual Papers*, Berkeley Program in Law and Economics. Berkeley, CA, 2007.

PASCOAL, Valdecir Fernandes. *Direito Financeiro e Controle Externo*. Rio de Janeiro: Impetus, 2003.

PEREIRA, Viviane Ruffeil Texeira. Orçamento dos Tribunais e do Ministério Público. In: *Reforma do Judiciário Comentada*. Org. VELOSO, Zeno; SALGADO, Gustavo Vaz. São Paulo: Saraiva, 2005.

SADEK, Maria Tereza et alli. The New Brazilian Public Prosecution. In: *Democratic Accountability in Latin America*. Oxford: Oxford, 2003

SILVA, José Afonso da. *Aplicabilidade das Normas Constitucionais*. São Paulo: Malheiros, 1999.

TSEBELIS, George. *Jogos Ocultos*. São Paulo: Edusp, 1998.

VALLADÃO, Alfredo. *O Ministério Público: quarto poder do Estado, e outros estudos jurídicos*. Rio de Janeiro: Livr. F. Bastos, 1973.

VIEIRA, Judivan J. *Ministério Público e o quarto poder*. Síntese, 2003.

VOIGT, Stefan; VON AAKEN, Anne; FELD, Lars. *Power over prosecutors corrupts politicians*: Cross Country evidence using a new indicator. July, 14, 2004. p.1-29.

VOIGT, Stefan; VON AAKEN, Anne; SALZBERG, Eli. The prosecution of public figures and the separation of powers – confusion within the executive branche – a conceptual framework. *Constitutional Political Economy*, 15, 2004.

Informação bibliográfica deste texto, conforme a NBR 6023:2002 da Associação Brasileira de Normas Técnicas (ABNT):

NÓBREGA, Flavianne Fernanda Bitencourt. Independência real do Ministério Público após a Constituição de 1988: Desenhos institucionais informais e jogos ocultos entre poderes. In: BOLONHA, Carlos et al. (Coord.). *30 anos da Constituição de 1988*: uma jornada democrática inacabada. Belo Horizonte: Fórum, 2019. p. 389-413. ISBN 978-85-450-0595-7.

A CONSTITUIÇÃO FEDERAL DE 1988 E A CULTURA DO INCONSTITUCIONALISMO

Luiz Henrique Urquhart Cademartori
Eduardo de Carvalho Rêgo

1 Introdução

Quando o então Presidente do Supremo Tribunal Federal, o Ministro Ricardo Lewandowski, afirmou em palestra proferida no seminário "República – Impasses da Democracia Brasileira", organizado pela Associação dos Magistrados Brasileiros (AMB), no final do ano de 2014, e na abertura do 17º Congresso Nacional dos Magistrados da Justiça do Trabalho, sediado em Gramado, no Rio Grande do Sul, ocorrido no ano de 2015, que "o século XXI é o século do Judiciário", ele nada mais fez do que constatar e verbalizar o que já se apresentava como evidência insofismável: na era do "endeusamento" das constituições, da popularização do controle judicial de constitucionalidade de normas jurídicas, do crescimento do ativismo judicial e da difusão do que se intitulou neste trabalho de "cultura do inconstitucionalismo",[1] o protagonismo outrora assumido pelos Poderes Executivo e Legislativo em séculos passados parece, de fato, já ser um modismo superado. Hoje em dia, também por conta da inusitada e infindável explosão de casos de corrupção no Brasil, os personagens mais aclamados por público e crítica são indubitavelmente os magistrados.

Atualmente, o Judiciário, ao contrário dos outros dois poderes estatais, tornou-se uma espécie de personagem principal, o protagonista nas decisões mais impactantes da política brasileira, como se fosse o único e verdadeiro detentor da soberania – senão formalmente e nos termos da lei, ao menos na prática, na medida em que é ele quem toma as principais decisões, em última instância, que vão impactar no dia-a-dia do cidadão comum. Definição sobre o número proporcional de vereadores em cada Câmara Municipal, fidelidade partidária, nomeação de parentes no serviço público, necessidade de "ficha limpa" para acesso aos cargos eletivos, casamento entre pessoas do mesmo sexo, descriminalização do aborto, utilização de células-tronco para tratamentos medicinais, possibilidade de prisão antes do trânsito em julgado da condenação e liberação da posse e uso de drogas,

---

[1] O conceito de "cultura do inconstitucionalismo" foi trabalhado, pela vez primeira, na tese de doutorado de Eduardo de Carvalho Rêgo, defendida em fevereiro do corrente ano na Universidade Federal de Santa Catarina sob a orientação de Luiz Henrique Urquhart Cademartori (Cf. RÊGO, Eduardo de Carvalho. *Superpoder Judiciário*: o papel do controle de constitucionalidade na consolidação da juristocracia no Brasil. Tese de Doutorado, Universidade Federal de Santa Catarina, Florianópolis, 2018).

são apenas alguns dos incontáveis exemplos que poderiam ser mencionados aqui, de temas que deveriam ser tratados e resolvidos no âmbito do Poder Legislativo, mas que, atualmente, estão sendo verdadeiramente "legislados" no âmbito do Poder Judiciário.

Essa atividade legislativa pouco ortodoxa do Poder Judiciário, ao contrário do que se poderia pensar, não ocorre apenas em casos de alegada inércia do Poder Legislativo. Muito pelo contrário. Ocorre, com cada vez mais frequência, em relação a assuntos que já foram debatidos e deliberados no seio do Congresso Nacional. Com efeito, lançando mão do controle de constitucionalidade de normas, sobretudo em sua modalidade concentrada, o Poder Judiciário pátrio conseguiu, nos últimos anos, propagar algo inteiramente novo no cenário jurídico brasileiro, uma espécie de "presunção de ilegitimidade" dos atos normativos indesejados, a revelar uma verdadeira "cultura do inconstitucionalismo", em que toda e qualquer lei considerada "inadequada", "injusta", "desarrazoada" ou, mesmo, "politicamente incorreta" pode ser a qualquer momento retirada do ordenamento jurídico sem maiores rigores e sem os menores constrangimentos. Nesse sentido, não é exagerado dizer que o Poder Judiciário brasileiro e, notadamente, o Supremo Tribunal Federal, encontrou no controle de constitucionalidade uma ferramenta poderosa no mister de impor à população brasileira o subjetivismo de seus magistrados.

Esse ativismo judicial exacerbado encontrou nas teses do propalado neoconstitucionalismo terreno fértil para fundamentações jurídicas legitimadoras e acabou por proporcionar a já mencionada "cultura do inconstitucionalismo", na qual a lógica da jurisdição constitucional foi sensivelmente modificada ao longo dos anos: ao invés de se presumir a constitucionalidade das normas impugnadas junto ao órgão de controle, os julgadores, quando conveniente, presumem a sua inconstitucionalidade, numa inversão que viabiliza um maior controle por parte do Poder Judiciário sobre as decisões estratégicas positivadas na forma da lei por iniciativa dos outros dois poderes, em especial do Poder Legislativo.

2 Neoconstitucionalismo e ativismo judicial no contexto brasileiro pós-1988

A Constituição Federal de 1988 foi produzida num período de redemocratização do Brasil. Sua estrutura talvez não tenha sido pensada e organizada a partir da doutrina pós-positivista, ou neoconstitucionalista, muito embora, na época, já se observasse o desenvolvimento e a difusão de tais ideários no cenário jurídico nacional. De todo modo, não se pode negar que, como todo documento constitucional, a Constituição brasileira de 1988 é, também, um produto do seu tempo e, nessa condição, ela acabou por reproduzir algumas características de modelos constitucionais a ela contemporâneos, muitos dos quais inspirados pelo pós-positivismo e, em especial, pelo neoconstitucionalismo.

Antes de adentrar propriamente no tema "neoconstitucionalismo e ativismo judicial no contexto brasileiro pós-88", convém inicialmente esclarecer a diferença conceitual que será estabelecida neste estudo, sobretudo para fins didáticos, entre os consagrados termos "pós-positivismo" e "neoconstitucionalismo", muitas vezes utilizados indiscriminadamente como sinônimos no Brasil.[2] Na verdade, tanto um termo quanto o outro, na prática, remetem a uma mesma ideia de superação do Positivismo Jurídico clássico e de uma aproximação entre Direito e Moral.[3] Entretanto, para fins de diferenciação, utilizando-se um critério meramente pragmático, com o fim de evitar confusão entre os termos, é necessário estabelecer que a expressão "pós-positivismo" aparecerá ligada direta e especificamente à ideia de superação do Positivismo Jurídico (e de seu rigoroso antagonismo em relação ao Jusnaturalismo) e o termo "neoconstitucionalismo" se apresentará conexo, por sua vez, à já mencionada aproximação entre Direito e Moral, sobretudo a partir do reconhecimento da normatividade dos princípios jurídicos em geral, com ênfase naqueles que consagram os direitos fundamentais previstos no ordenamento constitucional. Assim, o termo "pós-positivismo", para os fins deste trabalho, é mais abrangente que o termo "neoconstitucionalismo".

De todo modo, não parece haver dúvidas no sentido de que a principal consequência de se adotar uma constituição pós-positivista, ou especificamente neoconstitucionalista, é o fato de os operadores do Direito terem de lidar, invariavelmente, com normas de conteúdo jurídico aberto e/ou indeterminado, isto é, com normas que, por sua natureza e estrutura, carecem sempre da *complementação conteudística* do intérprete no ato de sua aplicação. Dentre essas normas que carecem de complementação ou de preenchimento obrigatório, pode-se destacar os princípios.

A tarefa de desvendar ou atribuir sentido e promover a adequada aplicabilidade aos princípios não é das mais fáceis. Muitas vezes, o intérprete constitucional é obrigado a ser demasiadamente criativo na tentativa de dar aplicabilidade plena aos princípios constitucionais. Essa "atividade criativa" dos magistrados muitas vezes redunda no chamado ativismo judicial, entendido esse como uma extrapolação da atividade judicial típica, tal como prevista originalmente na constituição. Ou seja, no afã de dar sentido a normas jurídicas demasiadamente abstratas, e de concretizar os direitos fundamentais previstos no ordenamento constitucional, o magistrado, em algumas ocasiões, acaba ultrapassando a função jurisdicional

---

[2] Nesse sentido, veja-se a lição do jurista Ricardo Maurício Soares, para quem, "o neoconstitucionalismo, como manifestação do pós-positivismo jurídico, abarca um conjunto amplo de mudanças ocorridas no Estado Democrático de Direito e no Direito Constitucional, reaproximando as Constituições do substrato ético dos valores sociais e, ao mesmo tempo, abrindo espaço para o reconhecimento da força normativa da Constituição e de uma nova interpretação constitucional de base principiológica" (SOARES, Ricardo Maurício. Breves Notas sobre o Neoconstitucionalismo: Pós-Positivismo e Dignidade da Pessoa Humana. *Campo Jurídico*, v. 1, n. 2, p. 181-194, 2013).

[3] Paulo Maycon Costa da Silva reconhece a imbricação entre o pós-positivismo e o neoconstitucionalismo, mas prefere diferenciar os dois conceitos, esclarecendo que o pós-positivismo seria uma espécie de "premissa filosófica" do neoconstitucionalismo. Isto é, o neoconstitucionalismo, enquanto teoria jurídica, teria se desenvolvido a partir de uma concepção filosófica pós-positivista (SILVA, Paulo Maycon Costa da. O pós-positivismo do neoconstitucionalismo. *Revista Direito e Liberdade*, v. 16, n. 1, p. 171-189, 2014).

e invadindo a seara pertencente às funções dos outros poderes constituídos, a legiferante e a administrativa.

Atrelada ao ativismo judicial, e muitas vezes em sua decorrência, figura a chamada "politização do Direito", consistente na resolução de conflitos pelos magistrados não com base apenas no Direito, mas, sobretudo, por influência e com base nas consequências políticas da tomada de suas decisões. Não por acaso, grande exemplo de decisão ativista é aquela que promove a realização de políticas públicas, a despeito da inércia do Poder Executivo. Nesse sentido, é muito comum ver-se o ativismo judicial e a politização do Direito atreladas à concessão judicial de tratamentos médicos e de remédios pelo Estado – providências que deveriam ser tomadas, em regra, pelo chefe da Administração Pública e não pelo magistrado togado.

O deslumbramento provocado pelo ativismo judicial, com o seu consequente desejo de "promover o bem", acabam fazendo com que o magistrado brasileiro, em muitas ocasiões, não meça esforços na promoção de políticas públicas, mesmo que, para isso, tenha de, em situações-limite nas quais o Direito não fornece normas positivadas para a resolução do caso, manipular o Direito, muitas vezes por meio da "invenção" de princípios jurídicos.[4]

2.1 Neoconstitucionalismo enquanto expressão do chamado "moralismo jurídico"

O neoconstitucionalismo pode ser caracterizado como uma concepção de Direito que defende a superação da dicotomia entre Positivismo Jurídico e Jusnaturalismo, por meio da criação de uma "terceira via", cuja proposta é, basicamente, a aproximação entre Direito e Moral. Nesse sentido é que os principais expoentes de tal doutrina afirmam que o neoconstitucionalismo parte de uma compreensão "pós-positivista" da ciência do Direito.

Crítico do neoconstitucionalismo, sobretudo por ser contrário à tentativa de superação do Positivismo Jurídico, Elival da Silva Ramos designa essa

---

[4] Lenio Streck possui interessante texto, no qual ele elenca uma série de princípios *inventados* no seio do Poder Judiciário brasileiro. Alguns exemplos são o princípio da precaução, o princípio da não surpresa, o princípio da confiança, o princípio da absoluta prioridade dos direitos da Criança e do Adolescente, o princípio da afetividade, princípio do processo tempestivo, princípio da ubiquidade, princípio do fato consumado, princípio do deduzido e do dedutível, princípio da instrumentalidade processual, princípio da alteridade, princípio da confiança no juiz da causa, entre tantos outros. O ponto é que, independentemente da convincente nomenclatura utilizada pelos magistrados-legisladores, o conteúdo de tais princípios revela, quando muito, valores morais não necessariamente assimilados no ordenamento jurídico brasileiro, servindo a sua subsunção aos casos concretos apenas de fundamentação retórica para que o aplicador do Direito consiga fundamentar em algo uma decisão não-jurídica escorada unicamente em seu gosto particular (STRECK, Lenio Luiz. O Panprincipiologismo e a "Refundação Positivista". In: COUTINHO, Jacinto Miranda; FRAGALE, Roberto; LOBÃO, Ronaldo. *Constituição e Ativismo Judicial*: Limites e Possibilidades da Norma Constitucional e da Decisão Judicial. Rio de Janeiro: Lumen Juris, 2011, p. 222-230).

escola de pensamento⁵ de "moralismo jurídico", uma vez que os seus principais expoentes, nomeadamente o norte-americano Ronald Dworkin e o alemão Robert Alexy,⁶ buscaram, por meio do pós-positivismo e do neoconstitucionalismo, a aproximação (ou melhor, uma espécie de reaproximação de viés jusnaturalista) entre o Direito e a Moral.

Relativamente à obra de Robert Alexy, a aproximação entre Direito e Moral por ele sugerida tem por base a teoria dos direitos fundamentais. Especificamente por meio da aplicação do princípio da proporcionalidade, cuja análise final é feita a partir do subjetivismo do julgador, o Direito abraça a Moral, dando primazia a esta última na interpretação jurídica. Assim, sempre que estiver diante de um ato estatal restritivo de direitos fundamentais e, portanto, sujeito à ponderação entre valores jurídicos conflitantes, o julgador deverá examinar se tal ato é, em primeiro lugar, adequado. Por adequado, Alexy entende o ato estatal que é capaz de alcançar o fim almejado. Constatando-se a adequação do ato estatal, passa-se à segunda etapa do exame de sua proporcionalidade, a saber, a necessidade. Para Alexy, "Ela exige que, dentre dois meios aproximadamente adequados, seja escolhido aquele que intervenha de modo menos intenso". Finalmente, tendo o ato estatal passado incólume pelas duas etapas acima explicadas, passa-se à terceira etapa, isto é, à averiguação de sua compatibilidade com o requisito da proporcionalidade em sentido estrito. Quanto a esse terceiro requisito, Alexy o compreende como "a otimização em relação aos princípios colidentes". Para ele, é nessa etapa que o intérprete-julgador goza de maior discricionariedade, pois irá sopesar os valores colidentes, verificando o peso das razões que justificam a preponderância de um sobre o outro, de modo a constatar, no caso concreto, qual deles deverá prevalecer.⁷

Quanto a Ronald Dworkin, é preciso dizer que este defendeu, em algumas de suas obras, sobretudo em *O império do direito*, a ideia do Direito como integridade, no sentido de que, ao jurista, não basta o conhecimento das leis, mas, também, é preciso o compromisso para com outros ideais igualmente importantes, espelhados numa espécie de "comunidade de princípios".⁸ Para o autor, o direito como

---

⁵ O autor, entretanto, faz questão de ponderar que não vê no "moralismo jurídico", propriamente, uma escola: "Não se pode aqui identificar uma escola ou movimento que tenha aglutinado os autores que adotam essa percepção do fenômeno jurídico, havendo significativas diferenças entre eles, até porque alguns trabalham com sistemas filiados ao *common law*, ao passo que outros se vinculam à tradição romano-germânica. No entanto, tomando como referência o antipositivismo ético que os une, permito-me adotar a terminologia propugnada por Miguel Reale ao denominar essa alternativa teórica ao positivismo estrito de 'moralismo jurídico'" (RAMOS, Elival da Silva. *Ativismo Judicial*: Parâmetros Dogmáticos. São Paulo: Saraiva, 2010, p. 49).

⁶ "Na Alemanha, o moralismo jurídico está intimamente associado à implantação de um sistema de controle concentrado de constitucionalidade das leis com o advento da Lei Fundamental de Bonn e ao esforço do *Bundesverfassungsgericht* em identificar uma ordem objetiva de valores, a partir do texto constitucional, servindo de anteparo a qualquer tentativa dos Poderes políticos de desvirtuamento do sistema democrático, pelo uso abusivo de suas franquias" (RAMOS, Elival da Silva. *Ativismo Judicial*, p. 49-50).

⁷ ALEXY, Robert. *Teoria dos Direitos Fundamentais*. São Paulo: Malheiros, 2008. p. 589-595.

⁸ "O direito como integridade, então, exige que um juiz ponha à prova sua interpretação de qualquer parte da vasta rede estruturas e decisões políticas de sua comunidade, perguntando-se se ela poderia fazer parte de uma teoria coerente que justificasse essa rede como um todo" (DWORKIN, Ronald. *O império do direito*. 2. ed. São Paulo: Martins Fontes, 2007. p. 294).

integridade exige que os juízes reconheçam, sempre que possível, que a base do direito está nos princípios consagradores da Justiça, da equidade e do devido processo legal adjetivo, que não podem ser ignorados quando da aplicação da lei, "de tal modo que a situação de cada pessoa seja justa e equitativa segundo as mesmas normas".[9] Assim é que, por meio da aproximação entre o Direito e a Moral, intermediada pelos princípios constitucionais, o jurista é capaz de promover verdadeiramente a "Justiça". Sintetizando o pensamento jurídico de Ronald Dworkin, Elival da Silva Ramos esclarece:

> O moralismo jurídico de Dworkin, portanto, concebe uma ordem objetiva de valores encarnada na história de uma sociedade específica. Destarte, para ele, devem os juízes e tribunais considerar os precedentes, as leis e a Constituição, porém não no sentido limitante característico da postura positivista e sim como parte da tradição política dos Estados Unidos da América.[10]

Com efeito, não obstante as diferenças observadas nas teorias de Ronald Dworkin e Robert Alexy, o ponto fundamental do moralismo jurídico (ou neoconstitucionalismo) parece ser a crença de seus autores na existência de uma espécie de ordem objetiva de valores,[11] hierarquicamente superior e, portanto, quando necessário, derrogatória, do próprio direito positivo.[12]

Não é de surpreender que a doutrina neoconstitucionalista tenha encontrado no Brasil um fértil solo para a sua assimilação e, inclusive, para o seu desenvolvimento. Constituição das mais prolixas, a Carta brasileira de 1988 é alicerçada num sem-número de princípios e regras de conteúdo jurídico indeterminado, que clamam pela complementação – e, em muitos casos, criação – do intérprete. Até mesmo por isso, uma das principais estratégias dos representantes do "moralismo jurídico" é a utilização da Teoria da Argumentação.[13]

Em obra intitulada justamente *Teoria da Argumentação Jurídica*, Alexy desenvolveu raciocínio no sentido de que, quando o magistrado precisar aplicar o Direito sem que haja dispositivo claro na constituição ou na lei a fundamentar

---

[9] DWORKIN, Ronald. *O império do direito*, p. 291.
[10] RAMOS, Elival da Silva. *Ativismo Judicial*, p. 136.
[11] "O caráter fortemente axiológico e finalístico dos princípios constitucionais serviu de autêntica trincheira ao moralismo jurídico, ao lançar o seu postulado central de que o direito positivo deveria, em alguma medida, ser aproximado de uma ordem de valores dotada de certa objetividade e transcendência no tocante ao processo histórico" (RAMOS, Elival da Silva. *Ativismo Judicial*, p. 90-91).
[12] "Vislumbram-se no esboço propositivo neoconstitucionalista as tintas de um fluido moralismo jurídico, que 'não despreza o direito posto', mas que o descarta, se necessário for, para que prevaleça a ordem objetiva de valores a que prestam vassalagem. Cuida-se sim de um jusnaturalismo mitigado, em que se propugna o distanciamento de categorias metafísicas ou do subjetivismo axiológico, para buscar na racionalidade argumentativa (à Alexy) ou na experiência histórica (à Dworkin) um mínimo de objetividade ética que permita a superação (em determinadas circunstâncias, apenas) da objetividade do direito legislado" (RAMOS, Elival da Silva. *Ativismo Judicial*, p. 281).
[13] "A atuação ativa do intérprete-aplicador na concretização dos princípios constitucionais fica evidenciada com a importância que a Teoria da Argumentação vem assumindo no âmbito da Teoria do Direito, em boa medida a partir do trabalho desenvolvido pelas Cortes Constitucionais, priorizando-se 'a perspectiva argumentativa no estudo do Direito, isto é, seu estudo como um sistema dinâmico de argumentos e não como mero sistema estático de regras e princípios'" (RAMOS, Elival da Silva. *Ativismo Judicial*, p. 85).

claramente a decisão, o juiz deve lançar mão da solução que entender mais justa; porém, nesse mister, não havendo espaço para arbitrariedades, exsurge a necessidade de uma fundamentação embasada numa espécie de *argumentação racional*.[14]

Por sua vez, na obra *As razões do Direito*, o jurista espanhol Manuel Atienza foi além, ao defender que uma teoria da argumentação jurídica precisaria cumprir, necessariamente, três funções: "a primeira é de caráter teórico ou cognoscitivo, a segunda tem uma natureza prática ou técnica e a terceira poderia ser qualificada como política ou moral". No que se refere à primeira função, entende o autor espanhol que uma teoria da argumentação jurídica não pode ignorar os estudos sobre a argumentação no âmbito de outras áreas, tais como a lógica, a filosofia a linguística, etc. De igual modo, a teoria da argumentação jurídica deve pretender ser reconhecida e estudada também fora da cultura jurídica. Quanto à segunda função, de caráter predominantemente instrumental, a argumentação jurídica deve municiar o jurista com um método que forneça orientação útil nas tarefas de produzir, interpretar e aplicar o Direito. Nesse sentido, o cuidado para com o ensino do Direito é fundamental, na medida em que o método de aprendizagem empregado permitirá ao estudante aprender a pensar ou a raciocinar como um jurista. Por fim, a respeito da função política ou moral, Atienza defende que a argumentação jurídica tem "de se comprometer com uma concepção – uma ideologia política e moral – mais crítica com relação ao Direito dos Estados democráticos". Quer dizer, em situações-limite, o jurista adepto desse tipo de argumentação jurídica deve poder, inclusive, "argumentar a favor de uma decisão que é a que ele julga correta, embora, ao mesmo tempo, tenha plena consciência de que essa não é a solução a que o Direito positivo leva".[15]

No Brasil, a utilização da Teoria da Argumentação Jurídica acabou por proporcionar, nos últimos anos, uma supervalorização dos princípios jurídicos, de conteúdo fluido e forte carga axiológica, algumas vezes em detrimento das próprias regras, de conteúdo muito mais fechado e, por isso mesmo, menos acessível à flexibilização por meio da argumentação.[16] A consequência direta de tal postura interpretativa é o chamado ativismo judicial. Conforme crítica de Elival da Silva Ramos, o "ideário" neoconstitucionalista, por propagar ideais fortemente ligados ao moralismo jurídico, acaba por impulsionar o ativismo judiciário:

> A principiologização do direito, característica do moralismo, desponta como a face mais visível desse pretenso "pós-positivismo" tupiniquim, abrindo as portas do sistema jurídico

---

[14] ALEXY, Robert. *Teoria da argumentação jurídica*. São Paulo: Landy, 2001, p. 34.

[15] ATIENZA, Manuel. *As razões do direito*: teoria da argumentação jurídica. 2. ed. Rio de Janeiro: Forense Universitária, 2014, p. 269-272.

[16] "Se há algo próprio do neoconstitucionalismo em matéria de Teoria da Interpretação é o exagero na valorização dos princípios constitucionais. Não se trata da afirmação do caráter vinculante das normas-princípio, algo que o constitucionalismo *tout court* já houvera incorporado de há muito e sim de autêntica principiologização do Direito Constitucional, que passa a desprezar regras em favor de princípios e a deles extrair desdobramentos que competiria ao legislador infraconstitucional disciplinar" (RAMOS, Elival da Silva. *Ativismo Judicial*, p. 283).

ao subjetivismo de decisões judiciais que, valendo-se dos contornos menos nítidos das normas-princípio e potencializando-lhes os efeitos para além do que seria lícito fazer, deixam de concretizar a Constituição para, a bem de ver, construí-la, ao sabor das preferências axiológicas de seus prolatores.[17]

No próximo tópico, será apresentado o conceito de ativismo judicial, bem como os desdobramentos práticos de sua implementação no cenário jurídico brasileiro. Uma das principais consequências do ativismo judicial tupiniquim, como se verá na sequência, é a chamada "politização do Direito", fenômeno crescente na realidade forense brasileira.

2.2 Ativismo judicial e politização do Direito

Conforme entendimento de Elival da Silva Ramos, tem-se por ativismo judicial "o afastamento do Poder Judiciário dos limites de sua competência para aplicar a Constituição".[18] Ou seja: quando se fala de ativismo judicial, está-se a aludir a uma atuação judicial contrária à própria constituição. Geralmente, o magistrado ativista atua por meio da usurpação das funções legislativa e/ou executiva, reservadas pela constituição primacialmente aos Parlamentos e à Administração Pública federal, estadual e municipal, substituindo as autoridades competentes na tomada de decisões (camufladas/travestidas de sentenças) com elevado caráter político.

O ativismo judicial não foi criado ou inventado no Brasil. Floresceu, inicialmente, nos Estados Unidos da América, por meio da atuação de sua Suprema Corte (*SCOTUS*). Em texto publicado na Revista de Informação Legislativa, Paulo Roberto Barbosa Ramos e Jorge Ferraz de Oliveira Junior identificaram três fases distintas do ativismo judicial nos Estados Unidos: em primeiro lugar, um ativismo de fortalecimento do governo federal e, por consequência, de enfraquecimento dos poderes estaduais; em segundo lugar, um ativismo de defesa da política econômica liberal, limitando a intervenção do Estado na economia; e, em terceiro lugar, um ativismo de reafirmação das liberdades civis.[19] Em comum às três fases

---

[17] RAMOS, Elival da Silva. *Ativismo Judicial*, p. 285.

[18] Ou, em outros termos: "Ao se fazer menção ao ativismo judicial, o que se está a referir é a ultrapassagem das linhas demarcatórias da função jurisdicional, em detrimento principalmente da função legislativa, mas, também, da função administrativa e, até mesmo, da função de governo. Não se trata do exercício desabrido da legiferação (ou de outra função não jurisdicional), que, aliás, em circunstâncias bem delimitadas, pode vir a ser deferido pela própria Constituição aos órgãos superiores do aparelho judiciário, e sim da descaracterização da função típica do Poder Judiciário, com incursão insidiosa sobre o *núcleo essencial* de funções constitucionalmente atribuídas a outros Poderes" (RAMOS, Elival da Silva. *Ativismo Judicial*, p. 32, 117).

[19] "[...] o ativismo praticado nos Estados Unidos, durante os períodos estudados (1803-1969), pode ser classificado em três fases: 1) a da contenção do poder legiferante dos Estados-membros (ativismo de fortalecimento do Governo Federal); 2) a da contenção da intervenção do Estado na economia, de acordo com determinada política econômica (a do liberalismo político); e 3) a da contenção da atividade legislativa – estadual e federal – no que se refere aos direitos e garantias individuais previstos na Constituição Norte-Americana (Bill of Rights) (RAMOS, Paulo Roberto Barbosa e OLIVEIRA JÚNIOR, Jorge Ferraz de. Características do ativismo judicial nos Estados Unidos e no Brasil: um breve histórico do ativismo judicial na Suprema Corte Norte-

do ativismo judicial nos EUA, pode-se destacar a voluntariedade da *SCOTUS* em assumir o papel relegado pela Constituição dos Estados Unidos aos Poderes Executivo e Legislativo.

Na Alemanha, o ativismo judicial foi sentido, sobretudo, nas decisões proferidas pelo Tribunal Constitucional Federal no segundo pós-guerra. De acordo com Vanice Regina Lírio do Valle, em sua atuação, o *BVerfG* procurou conciliar o texto da Constituição alemã com a concretização de direitos no mundo da vida, independentemente da atuação prévia do legislador.[20] No mesmo sentido é a análise de Donald P. Kommers, para quem a Corte Constitucional da Alemanha tem se configurado, nas últimas décadas, como a principal promotora da doutrina constitucional naquele país, sobretudo quando se leva em conta que seus magistrados são muito conscientes do relevante papel por eles desempenhado na própria formação do Direito Constitucional e na promoção de políticas públicas concernentes aos direitos individuais e ao desenvolvimento da democracia.[21]

Já assimilado à realidade brasileira por meio de transplante,[22] esse ativismo judicial – que pressupõe, em certa medida, a "tomada de poder" pelo Judiciário – traz consigo uma consequência bastante danosa: a preponderância da política sobre o Direito por ocasião do proferimento de decisões judiciais. A influência – ou o domínio – da política sobre o Direito, tal como aqui descrita, é amplamente conhecida nos meios jurídicos como "politização do Direito". Ao contrário da chamada "judicialização da política"[23] – que ocorre independentemente da vontade do magistrado, na medida em que, nessas hipóteses, são os próprios atores

---

Americana e um paralelo com o recente ativismo judicial na Suprema Corte brasileira. *Revista de Informação Legislativa*, nº 204, p. 25-42, 2014).

[20] VALLE, Vanice Regina Lírio do (Org.). *Ativismo Jurisdicional e o Supremo Tribunal Federal*: Laboratório de Análise Jurisprudencial do STF. Curitiba: Juruá, 2009, p. 28.

[21] "[...] the Constitutional Court has been the main source and articulator of constitutional doctrine in the Federal Republic. Moreover, the Justices have been aware of the significant role which they as individuals and the Court as a whole can play in the formulation of constitutional law and policy. [...] the Constitutional Court has played a number of important policy-making roles in the Federal Republic. Among the Court's manifest roles have been those of protector of individual rights, equalizer of socioeconomic opportunity, umpire of federal system, and custodian of party democracy" (KOMMERS, Donald P. *Judicial Politics in West Germany*: A Study of the Federal Constitutional Court. Beverly Hills: Sage Publications, 1976, p. 301).

[22] O jusfilósofo colombiano Diego López Medina escreveu um livro intitulado *Teoría Impura del Derecho*, no qual desenvolveu a ideia de que o transplante descontextualizado de teorias jurídicas norte-americanas e europeias para a América Latina acabou provocando, historicamente, sensíveis distorções em clássicos institutos do Direito. A título de exemplo, López Medina relata que, enquanto na Europa e nos Estados Unidos as ideias de Hart e Dworkin sempre foram vistas como antagônicas, tendo gerado inclusive uma série de debates entre os dois autores, na Colômbia as duas teorias foram recepcionadas como se fossem aliadas em prol de uma crítica antiformalista. Assinala López Medina: "La 'transplantabilidad' de Hart y Dworkin se basaba em la creencia que se trataba de teorías antiformalistas de validez universal porque sus conclusiones se extraían a partir de la naturaleza ubicua del lenguaje y la argumentación jurídica. Estas características, seguía el argumento, son compartidas universalmente por todos los sistemas jurídicos. Por estas razones, se argumenta, el formalismo jurídico estricto dominante en la región era una teoría verificablemente errónea", sobretudo porque, "la obra de Hart era un buen ejemplo de um cierto tipo de teoría altamente formalista" (MEDINA, Diego Eduardo López. *Teoría Impura del Derecho*: la transformación de la cultura jurídica latinoamericana. Bogotá: Legis, 2013, p. 5, 13).

[23] Para Luís Roberto Barroso, a "Judicialização [da política] significa que questões relevantes do ponto de vista político, social ou moral estão sendo decididas pelo Judiciário. Trata-se, como intuitivo, de uma transferência de poder das instâncias tradicionais, que são o Executivo e o Legislativo, para juízes e tribunais" (BARROSO, Luís Roberto. *O novo direito constitucional brasileiro*, p. 38).

políticos que provocam o Judiciário a se manifestar sobre assuntos que poderiam/deveriam ser resolvidos no âmbito interno dos Poderes Executivo e Legislativo – a "politização do Direito" pressupõe a realização de atos comissivos e, em geral, a postura voluntarista do Judiciário, muitas vezes escorada numa leitura pouco convencional e demasiadamente criativa da constituição e das normas jurídicas em geral. Marcelo Neves, em sua destacada obra *A constitucionalização simbólica*, concluiu que a tomada de decisões judiciais com espeque nas ideologias políticas próprias dos magistrados provoca não apenas que o espaço de atuação dos outros poderes (Executivo e Legislativo) fique prejudicado, mas também faz com que o Judiciário se afaste de sua atribuição precípua, vale dizer, de dar consecução às ideologias políticas já previstas inicialmente no texto constitucional, conforme determinação originária do poder constituinte legitimamente designado para tal mister. De acordo com o mencionado autor,

> No caso de constitucionalização simbólica, a politização desdiferenciante do sistema jurídico não resulta do conteúdo dos próprios dispositivos constitucionais. Ao contrário, o texto constitucional proclama um modelo político-jurídico no qual estaria assegurada a autonomia operacional do direito. Mas do sentido em que se orientam a atividade constituinte e a concretização do texto constitucional resulta o bloqueio político da reprodução operacionalmente autônoma do sistema jurídico.[24]

Não restam dúvidas de que a politização do Direito, tal como aqui abordada, pressupõe a motivação política do magistrado ativista na tomada e fundamentação de suas sentenças. Não significa apenas que o Poder Judiciário está substituindo o Administrador Público e/ou o Parlamento na resolução de determinados problemas sociais que chegam ao Poder Judiciário por meio de demandas individuais. É mais do que isso: pressupõe a opção (na maioria das vezes consciente) do Judiciário em assumir o protagonismo político na tomada desse tipo de decisão. Por exemplo: não são raros os juízes de primeiro grau que *decretam* o chamado toque de recolher, consistente na proibição de os cidadãos circularem livremente nas vias municipais após determinado horário, em cidades violentas ou com pouco contingente policial.[25] Ainda, quando se lembra da atuação do Supremo Tribunal Federal, e na ampla regulamentação de temas *in abstracto* promovida pelo órgão de cúpula do Poder Judiciário nacional nos últimos anos, como a proibição do nepotismo, a necessidade de fidelidade partidária ou a liberação de casamento entre pessoas do mesmo sexo, isso fica ainda mais evidenciado.

As razões que historicamente motivam os juízes a enveredarem por esse caminho são diversas. Elival da Silva Ramos fala em estímulo proveniente da tarefa de realizar o controle jurídico da função legislativa; da pressão popular

---

[24] NEVES, Marcelo. *A constitucionalização simbólica*. 3. ed. São Paulo: Martins Fontes, 2013. p. 149.
[25] QUAQUIO, João. *Juiz decreta toque de recolher em 3 cidades do Paraná após assassinato*. Disponível em: <http://g1.globo.com/pr/campos-gerais-sul/noticia/2016/09/juiz-decreta-toque-de-recolher-em-3-cidades-do-parana-apos-assassinato>. Acesso em: 18 ago. 2017.

pela concretização de uma constituição social-democrática, tal qual a Constituição Federal de 1988; e, também da ineficiência dos outros Poderes em garantirem o cumprimento da constituição.[26] Porém, independentemente dos motivos que levam os magistrados a tornarem-se ativistas, proferindo, em muitos casos, decisões com base na política (ou na "bondade") e não no Direito, o ponto é que o ativismo judicial se tornou um instrumento na mão do magistrado, a possibilitar a promoção de sua ideia de Justiça e o seu consequente discurso de autolegitimação enquanto instância hegemônica de poder.

3 Ativismo judicial e controle de constitucionalidade

É natural que se associe o ativismo judicial ao controle judicial de constitucionalidade. Afinal, é justamente por meio dessa última ferramenta que o Poder Judiciário invalida ou promove a adequação dos atos legislativos produzidos em discrepância com a constituição. De fato, se se considera que a função precípua do Judiciário é aplicar a lei aos casos concretos, o ato judicial que invalida ou corrige uma norma jurídica, realmente, parece incompatível com a teoria da separação dos poderes, pois, nesse caso, opera-se uma certa confusão entre as funções legislativa e jurisdicional, entre a política e o Direito.[27] Significa dizer que o aspecto político, que conduz ao ativismo judicial, sempre se fez presente, e de forma decisiva, no controle de constitucionalidade de normas jurídicas.[28]

O ativismo judicial é produto – para não dizer consequência direta – de um modelo de controle de constitucionalidade que alça o Poder Judiciário a guardião da constituição, ou melhor, a guardião do "sentido final" que será conferido às normas constitucionais (explícitas e implícitas). Parece evidente que, se a constituição confere a última palavra acerca de sua interpretação ao Judiciário, então ela praticamente obriga ou força o Judiciário, em maior ou menor medida, a criar Direito. Não se pode negar que o próprio modelo conduz a essa consequência. Porém, o que não se pode perder de vista é que o Judiciário, em sua atuação diária, não evita ou, nem sequer, procura minorar essa consequência. Pelo contrário, ela

---

[26] RAMOS, Elival da Silva. *Ativismo Judicial*, p. 288.
[27] Na opinião de Diogo Bacha e Silva, "Na atividade de fiscalização jurisdicional de constitucionalidade da lei ou ato normativo, por vezes o Poder Judiciário quer substituir o próprio Legislador na criação de normas jurídicas, substituindo o procedimento democrático de deliberação" (SILVA, Diogo Bacha e. *Ativismo no controle de constitucionalidade*: a transcendência dos motivos determinantes e a (i)legítima apropriação do discurso de justificação pelo Supremo Tribunal Federal. Belo Horizonte: Arraes, 2013, p. 193).
[28] Nesse sentido, é interesse pontuar que o viés político foi de suma importância naquele que é considerado, até hoje, o primeiro precedente do controle de constitucionalidade: o caso *Marbury v. Madison*, julgado pela Suprema Corte dos Estados Unidos. Sobre o tema, cf. BASTOS JUNIOR, Luiz Magno e RÊGO, Eduardo de Carvalho. Por trás de Marbury *vs.* Madison: uma análise histórica sobre a política envolvendo a criação do controle jurisdicional de constitucionalidade. In: OLIVEIRA JUNIOR, José Alcebíades de; VILLATORE, Marco Antônio César (Orgs.). *I Encontro de Internacionalização do CONPEDI*. v. 14. Barcelona: Ediciones Laborum, 2015. p. 513-540.

a explora até o limite. Consciente do poder exacerbado do qual goza o guardião da constituição, o Judiciário explora ao máximo a prerrogativa a ele concedida.

Na sequência, serão abordados não apenas os aspectos mais operacionais do ativismo judicial no controle de constitucionalidade, mas, também a cultura do "inconstitucionalismo", com a consequente presunção de inconstitucionalidade das leis, que hoje vige no Brasil. O magistrado ativista, crente na sacralidade da constituição e do controle de constitucionalidade, virou um aficionado pela descoberta de inconstitucionalidades. Quando as descobre, vira um herói, uma espécie de "salvador" do Direito.

3.1 Ativismo judicial no controle de constitucionalidade

Como já mencionado, o ativismo judicial não é prática jurídica aplicada exclusivamente no controle de constitucionalidade. Entretanto, não restam dúvidas de que é no controle de constitucionalidade de normas jurídicas que o ativismo judicial tem a sua mais relevante e acentuada expressão. E isso não deixa de configurar um "paradoxo irretratável", tal como sublinhado por Diogo Bacha e Silva, pois, "A pretexto de exercer a guarda da Constituição, muitas vezes o órgão incumbido de seu controle acaba por infringir seus dispositivos". De acordo com o mencionado autor, esse desrespeito à ordem constitucional ocorre porque "cada vez mais os órgãos incumbidos de realizar o controle de constitucionalidade transpõem os limites indicados pela própria Constituição e monopolizam o próprio sentido da Constituição".[29]

Em síntese: em nome do controle de constitucionalidade, e a pretexto de "defender" a constituição, o Poder Judiciário brasileiro muitas vezes acaba ultrapassando os limites de competência nela previstos, incorrendo em prática nitidamente ativista, o que, em última análise, significa que, também ele, para o bem ou para o mal, acaba perpetrando um ato eivado de inconstitucionalidade.[30]

Na visão da Professora Gisella Martignago, um dos aspectos mais prejudiciais da aplicação do ativismo judicial no controle de constitucionalidade é a alteração de sentido (reconhecimento de uma suposta "mutação constitucional") das normas constitucionais pelo órgão julgador, tendo em vista a sua obsolescência. Para a autora, não é papel do magistrado "atualizar" a constituição, substituindo a vontade do Poder Constituinte originário a cada decisão ativista eventualmente proferida: "Os dispositivos da Constituição não

---

[29] SILVA, Diogo Bacha e. *Ativismo no controle de constitucionalidade*: a transcendência dos motivos determinantes e a (i)legítima apropriação do discurso de justificação pelo Supremo Tribunal Federal. Belo Horizonte: Arraes, 2013, p. 1-2.

[30] "Se, por meio de exercício ativista, se distorce, de algum modo, o sentido do dispositivo constitucional aplicado (por interpretação descolada dos limites textuais, por atribuição de efeitos com ele incompatíveis ou que devessem ser sopesados por outro poder etc.), está o órgão judiciário deformando a obra do próprio Poder Constituinte originário e perpetrando autêntica mutação inconstitucional, prática essa cuja gravidade fala por si só" (RAMOS, Elival da Silva. *Ativismo Judicial*, p. 141).

estão *obsoletos*; e, sim, formam a estrutura básica fundamental, que determina e regula conflitos gerados na coletividade".[31]

Não restam dúvidas de que a combinação entre controle de constitucionalidade e ativismo judicial é sempre "explosiva", pois pode provocar uma dupla agressão ao ordenamento jurídico: em primeiro lugar, a deformação da norma constitucional utilizada como parâmetro de controle ou, dito de outro modo, a distorção do sentido do texto constitucional; e, em segundo lugar, a deformação do objeto de controle, mediante, por exemplo, a declaração de inconstitucionalidade de norma hígida ou, pior, a distorção do seu conteúdo original, mediante a atribuição de exegese extravagante com base nas técnicas consagradas na jurisdição constitucional pátria ("interpretação conforme a constituição" ou "declaração de inconstitucionalidade parcial sem redução de texto").[32]

De acordo com Elival da Silva Ramos,

> [...] a jurisdição constitucional, assim desenvolvida, interfere diretamente no conteúdo dos atos legislativos controlados. O exercício da fiscalização de constitucionalidade, nas condições apontadas, é fator desencadeante do ativismo judiciário na medida em que o órgão de controle perceba tornar-se menos nítida a distinção ente legislação e jurisdição.
>
> Ademais, contribui como fator auxiliar da indução ao ativismo pelo controle concentrado ou pelo controle abstrato de normas a circunstância de que as normas parâmetro utilizadas pela Corte Constitucional (em sentido amplo) para apurar a validade da legislação fiscalizada são, em larga medida, máxime em sede de constitucionalidade material, normas-princípio, cuja formulação textual fluída permite ao órgão de controle maior liberdade de ação no exercício de sua função hermenêutico-concretizadora.[33]

Nesse sentido, a utilização de normas-princípio e de regras de conteúdo jurídico indeterminado no controle de constitucionalidade tem se configurado como uma das principais técnicas de propagação do ativismo judicial no Brasil.[34]

Veja-se, por exemplo, o caso do combate ao nepotismo. No ano de 2008, cerca de um ano e meio após declarar, na ADC nº 12/DF, a constitucionalidade da Resolução nº 07/2005, do Conselho Nacional de Justiça, que proibia o nepotismo no âmbito do Poder Judiciário, o Supremo Tribunal Federal resolveu editar a Súmula Vinculante nº 13, estendendo a vedação do nepotismo a toda a Administração Pública brasileira (União, Estados e Municípios). O argumento do Supremo foi no sentido de que a "norma" que proíbe o nepotismo no serviço público poderia

---

[31] MARTIGNAGO, Gisella. *Controle de constitucionalidade e o ativismo judicial*. Dissertação de Mestrado, Pontifícia Universidade Católica de São Paulo. São Paulo, 2009. p. 106.
[32] RAMOS, Elival da Silva. *Ativismo Judicial*, p. 141-142.
[33] RAMOS, Elival da Silva. *Ativismo Judicial*, p. 277.
[34] "De modo similar às normas-princípio, também as regras constitucionais veiculadoras de conceitos indeterminados propiciam ao Tribunal Constitucional dose maior de criatividade interpretativa, conquanto não sejam comumente encontradas no conjunto de disposições limitativas da legiferação" [...] "A descoberta desse instrumental, relativamente recente no constitucionalismo, tende a provocar certo 'deslumbramento' em Cortes Constitucionais jovens ou em tribunais consagrados, que passem a exercer mais intensamente o controle de constitucionalidade" (RAMOS, Elival da Silva. *Ativismo Judicial*, p. 278).

ser extraída diretamente do princípio constitucional da moralidade, esculpido no *caput* do art. 37 da Constituição Federal. Ou seja: para o STF, quando se lê na Constituição Federal que "A administração pública direta e indireta [...] obedecerá aos princípios da legalidade, impessoalidade, moralidade, publicidade e eficiência", deve-se interpretar que o aludido texto vedou o nepotismo. E mais: deve-se entender que o nepotismo resta configurado sempre que uma autoridade pública nomear um parente nas condições estabelecidas pelo próprio STF.

Não se nega que o combate ao nepotismo possui um nobre propósito. Entretanto, estabelecer abstratamente que sempre configura nepotismo *a nomeação para cargo ou função em comissão de cônjuge ou parente em linha reta, colateral ou por afinidade, até o terceiro grau, da autoridade nomeante ou de servidor da mesma pessoa jurídica investido em cargo de direção, chefia ou assessoramento* extrapola, em muito, a função jurisdicional. Primeiro, porque os "limites" do nepotismo deveriam ter sido discutidos previamente no Poder Legislativo (por qual razão optou-se pelo terceiro grau e não pelo segundo ou quarto graus de parentesco?); segundo, porque o Supremo inviabilizou qualquer nomeação de parentes no serviço público, mesmo quando o nomeado tiver capacidade técnica para assumir o cargo (ceifou-se, dessa forma, o direito de algumas pessoas serem nomeadas para cargos públicos sem observância da reserva de lei).

Enfim, o que se quer dizer é que, por meio das "adequações" promovidas no ordenamento jurídico, sobretudo pelo Supremo Tribunal Federal, o Judiciário brasileiro vem enfraquecendo os outros dois poderes, tornando-os supérfluos em algumas ocasiões. E não é apenas na omissão do Executivo e do Legislativo que o Judiciário tem atuado. Também quando são editadas normas gerais e abstratas, tratando de temas relevantes para a sociedade brasileira, o Judiciário tem se intrometido para promover "correções" na legislação produzida. Como se verá no próximo tópico, essa atividade legislativa extravagante do Judiciário tem consolidado, nos últimos anos, uma espécie de cultura do "inconstitucionalismo", na qual a presunção de constitucionalidade das leis e dos atos normativos é invertida em casos selecionados, para dar lugar a uma presunção de inconstitucionalidade no controle de constitucionalidade.

3.2 A cultura do "inconstitucionalismo" no Brasil contemporâneo

Pode-se compreender como cultura do "inconstitucionalismo" a tendência atual de se enxergar como inconstitucional todo e qualquer ato normativo com o qual não se concorda. E, ao contrário do que se poderia pensar, não são apenas os juristas que padecem desse mal, também figurando como "inconstitucionalistas", em muitas ocasiões, o cidadão comum – aquele que acompanha o "mundo jurídico" do sofá de casa, por meio das notícias e opiniões (supostamente especializadas) veiculadas pela mídia televisiva.

Na obra *A dignidade da legislação*, Jeremy Waldron já alertava para a tendência maniqueísta de se atribuir uma imagem positiva ao julgador e uma imagem negativa ao legislador: enquanto o primeiro, em seu mister constitucional, seria uma espécie de garante da constituição, o segundo seria um contumaz agressor do ordenamento jurídico, por meio da edição de leis inconstitucionais.[35]

No Brasil, não há como negar que o cenário de pessimismo em relação à política se acentuou nos últimos anos, a partir do julgamento e da consequente condenação de diversos políticos pela prática de atos de corrupção, especialmente nos casos *Mensalão* e *Lava Jato*. Nesse sentido, não apenas os legisladores acabaram caindo em descrédito perante a grande massa de brasileiros, mas, também, os membros do Poder Executivo, inclusive os de primeiro escalão. O ponto é que o produto da atividade político-legislativa acabou caindo, junto com os legisladores e administradores brasileiros, em descrédito.[36]

Esse cenário político tem contribuído para a legitimação da "cultura do inconstitucionalismo" e da inversão de clássica teoria do Direito Constitucional: a presunção de constitucionalidade das leis e dos atos normativos. Cânone da hermenêutica constitucional, a presunção de constitucionalidade exige que o intérprete presuma a conformidade do direito infraconstitucional com a constituição. Segundo Cláudio Pereira de Souza Neto e Daniel Sarmento, "Os principais fundamentos teóricos para a presunção de constitucionalidade são a democracia e a separação dos poderes". E prosseguem:

> Dita presunção expressa a deferência devida aos atos emanados dos órgãos eleitos pelo povo. O princípio impõe que se respeite a esfera de atuação própria de cada poder do Estado, o que envolve a preservação do espaço das escolhas normativas feitas pelo Poder Legislativo. É verdade que o nosso sistema de separação de poderes envolve mecanismos de "freios e contrapesos" (checks and balances), dos quais o controle de constitucionalidade das leis é exemplo. Porém, o exercício desse controle deve ser realizado com moderação, de forma a não subtrair do legislador o seu espaço de livre conformação, fundado na democracia e na separação de poderes.[37]

---

[35] Analisando a realidade norte-americana, Waldron afirma: "[...] não possuímos um modelo jurisprudencial capaz de compreender normativamente a legislação como forma genuína de direito, a autoridade que ela reivindica e as exigências que faz aos outros atores em um sistema jurídico [...]. Não apenas não temos os modelos de legislação normativos ou aspiratórios de que precisamos, mas a nossa jurisprudência está repleta de imagens que apresentam a atividade legislativa comum como negociata, troca de favores, manobras de assistência mútua, intriga por interesses e procedimentos eleitoreiros – na verdade, como qualquer coisa, menos decisão política com princípios. E há razão para isso. Pintamos a legislação com essas cores soturnas para dar credibilidade à idéia de revisão judicial (isto é, revisão judicial da legislação, sob a autoridade de uma carta de direitos) e ao silêncio que, de outra maneira, seria o nosso embaraço quanto às dificuldades democráticas ou 'contramajoritárias' que, às vezes, pensamos que a revisão judicial implica. Construímos, então, um retrato idealizado do julgar e o emolduramos junto com o retrato de má fama do legislar" (WALDRON, Jeremy. *A dignidade da legislação*. São Paulo: Martins Fontes, 2003. p. 1-2).

[36] Inclusive, atualmente há em curso no Brasil investigação criminal para averiguar se houve corrupção no processo legislativo de medidas provisórias para beneficiar empresas privadas: "No curso da Operação Zelotes, investiga-se a possibilidade de ter havido a *compra* de medidas provisórias. Nas delações havidas no curso da operação Lava Jato, sugere-se que a Odebrecht teria também pago pela aprovação de leis" (QUINTAS, Fábio Lima. *Corrupção no processo legislativo torna lei inconstitucional?* Disponível em: <http://www.conjur.com.br/2017-ago-12/observatorio-constitucional-corrupcao-processo-legislativo-torna-lei-inconstitucional>. Acesso em: 21 ago. 2017).

[37] SOUZA NETO, Cláudio Pereira de; SARMENTO, Daniel. *Direito Constitucional*: Teoria, história e métodos de trabalho. 2. ed. Belo Horizonte: Fórum, 2014. p. 460.

Obviamente que a presunção de constitucionalidade das leis e dos atos normativos, como o próprio nome já esclarece, não é absoluta, sendo apenas uma "presunção", que pode ser afastada no caso de *constatação* de inconstitucionalidade.[38] Isto é, na hipótese de uma lei ou ato normativo efetivamente ofender o ordenamento constitucional, e em não sendo possível uma leitura/interpretação que compatibilize o seu teor com a constituição, a declaração de inconstitucionalidade pelo Poder Judiciário é não apenas permitida, como também devida.

O que se quer dizer com a afirmação de que houve uma inversão de valores na prática da interpretação constitucional é que, na atual jurisdição constitucional brasileira, o intérprete, ao se deparar com uma norma tida por ele como "indesejada" ou "inadequada", já parte para a leitura da lei e do ato normativo com desconfiança. Ao contrário de aplicar a presunção de constitucionalidade, o exegeta, nesses casos, parte da premissa de que o legislador é "culpado" e de que, por consequência, o produto da atividade legislativa possui vícios.[39]

O mais grave disso tudo é que, para invalidar um ato legislativo desagradável ou antipático, basta a criação, travestida de "importação" de um princípio (supostamente) constitucional. Foi o que aconteceu no caso do botijão de gás, julgado pelo Supremo Tribunal Federal no ano de 1992:

> Gás liquefeito de petróleo: lei estadual que determina a pesagem de botijões entregues ou recebidos para substituição à vista do consumidor, com pagamento imediato de eventual diferença a menor: argüição de inconstitucionalidade fundada nos arts. 22, IV e VI (energia e metrologia), 24 e PARS., 25, PAR. 2., 238, além de violação ao princípio de proporcionalidade e razoabilidade das leis restritivas de direitos: plausibilidade jurídica da argüição que aconselha a suspensão cautelar da lei impugnada, a fim de evitar danos irreparáveis à economia do setor, no caso de vir a declarar-se a inconstitucionalidade: liminar deferida.[40]

Para quem estudou o caso, a impressão que fica é que o Supremo Tribunal Federal não encontrou nenhum outro parâmetro de controle de constitucionalidade para retirar do ordenamento jurídico uma lei considerada inoportuna naquele

---

[38] Mirna Cianci e Gregório Assagra de Almeida ponderam que "No controle da constitucionalidade, especialmente no concentrado por intermédio da ADI, é fundamental a observância do *princípio da presunção de constitucionalidade ou de legitimidade das leis* e dos *atos normativos do Poder Público*. Trata-se de presunção *iuris tantum*, tanto que a declaração de inconstitucionalidade em sede de controle concentrado e abstrato pelo STF elimina essa presunção. Por força desse princípio, a atividade interpretativa do órgão competente deve se pautar no sentido de se preservar a compatibilidade constitucional da norma impugnada, só declarando-a inconstitucional quando verificar ser evidente a sua incompatibilidade com a Constituição" (CIANCI, Mirna; ALMEIDA, Gregório Assagra de. *Direito Processual do Controle da Constitucionalidade*. São Paulo: Saraiva, 2012. p. 98).

[39] Recentemente, por ocasião das anunciadas reformas previdenciária e trabalhista, a atitude de boa parte da comunidade jurídica foi de pessimismo em relação à constitucionalidade de tais propostas (embora tal pessimismo tenha se dado *a priori*, pois a postura crítica se consolidou antes mesmo da apresentação da redação final das aludidas propostas). Independentemente do mérito da questão, o exemplo demonstra que, no cenário jurídico atual, já se parte da presunção de inconstitucionalidade atos normativos.

[40] BRASÍLIA, Supremo Tribunal Federal. Medida cautelar na Ação Direta de Inconstitucionalidade nº 855. Relator: Min. Sepúlveda Pertence, 1993.

contexto fático. Sem outra opção plausível, o STF lançou mão do princípio (constitucional?) da proporcionalidade para corrigir uma decisão política que ele considerou equivocada.

Tal conduta, por óbvio, é irregular e inconstitucional, conforme ponderado por Elival da Silva Ramos:

> A afirmação de um princípio constitucional não pode servir de pretexto argumentativo ao Poder Judiciário para impor normatização que ultrapasse os lindes de sua competência, antes executória do que criadora de normas disciplinadoras de conduta.[41]

Não se pode negar que essa cultura do "inconstitucionalismo" tem se acentuado nos últimos anos, em que o Poder Judiciário tem se consolidado como uma espécie de superpoder que aglutina funções judiciais, executivas e legislativas. Com efeito, na medida em que declara inconstitucionais leis e atos normativos produzidos no Executivo e no Legislativo, o Judiciário não apenas enfraquece os outros dois poderes como também se fortalece no cenário político pátrio, na condição de guardião da constituição.

4 Conclusão

A premissa da qual se partiu no presente trabalho é que a atuação ativista no contexto brasileiro pós-1988 não revela apenas uma inesperada "bondade" de parte dos magistrados brasileiros, no sentido de tentar corrigir os malfeitos e omissões cometidas pelos membros dos outros dois poderes, mas, sim, uma estratégia de poder do Judiciário, consistente na busca de um protagonismo em searas anteriormente relegadas à esfera política, ou seja, por meio da tomada de decisões em âmbitos anteriormente dominados pelos poderes Executivo e Legislativo.

Nesse sentido, merece destaque a atuação do Supremo Tribunal Federal nas últimas três décadas, nas quais o neoconstitucionalismo foi descoberto, adaptado e desenvolvido no seio do órgão de cúpula do Poder Judiciário brasileiro. A profusão de normas principiológicas na Constituição Federal de 1988 deu ensejo a um moralismo jurídico de inspiração jusnaturalista, que permitiu ao magistrado ativista imiscuir-se em praticamente todos os assuntos da vida civil brasileira, estando eles em debate ou não na esfera política do país. Em nome da "defesa da constituição", a intromissão do Judiciário na gestão do orçamento, das políticas públicas e da administração brasileira em geral foi e é justificada quotidianamente. E, quando faltam parâmetros de controle constitucional, o magistrado ativista tem se utilizado da "técnica" de invenção ou descoberta de princípios jurídicos que, em última análise, acaba por justificar esse tipo de intervenção. Conforme

---

[41] RAMOS, Elival da Silva. *Ativismo Judicial*, p. 250.

se depreende da obra de Lenio Streck, vive-se hoje a era do panprincipiologismo, em que praticamente qualquer decisão pode ser fundamentada num princípio inexistente. Inclusive, decisões antagônicas podem ser fundamentadas, ambas, no mesmo "princípio" inventado. A grande conclusão é que esses "princípios", que não possuem qualquer conteúdo objetivo (princípio da confiança, da afetividade, da alteridade, etc.), acabam se tornando fórmulas vazias e genéricas criadas com a única finalidade de "fundamentar" uma decisão contrária ao Direito.

O cenário é ainda agravado quando se considera que o panprincipiologismo tem tomado conta do controle de constitucionalidade no Brasil, sobretudo por meio da aplicação irresponsável do "princípio da proporcionalidade". Tornou-se comum na jurisprudência do Supremo Tribunal Federal a banalização das declarações de inconstitucionalidade com base em princípios vazios, a ponto de ser possível afirmar, atualmente, que houve uma verdadeira inversão de lógica nas decisões proferidas em sede de controle de constitucionalidade: não mais vigora no país uma presunção de constitucionalidade das leis e dos atos normativos; vigora, em verdade, uma cultura do "inconstitucionalismo", escorada numa presunção de inconstitucionalidade das leis consideradas indesejadas pelos julgadores.

A presunção de inconstitucionalidade das leis se opera quase que inconscientemente e revela um verdadeiro preconceito dos juristas em relação aos órgãos de produção legal: uma vez que Executivo e Legislativo caíram em descrédito no Brasil, por conta dos altos níveis de corrupção, e uma vez que os administradores e legisladores pátrios não possuem necessariamente formação jurídica, os juristas (magistrados, promotores de Justiça, advogados, etc.) acabam tentando "corrigir" as leis e atos normativos produzidos, em sua opinião, em desacordo com a constituição.

Referências

ALEXY, Robert. *Teoria da argumentação jurídica*. São Paulo: Landy, 2001.

_____. *Teoria dos Direitos Fundamentais*. São Paulo: Malheiros, 2008.

ATIENZA, Manuel. *As razões do direito*: teoria da argumentação jurídica. 2. ed. Rio de Janeiro: Forense Universitária, 2014.

BARROSO, Luís Roberto. *O novo direito constitucional brasileiro*: contribuições para a construção teórica e prática da jurisdição constitucional no Brasil. Belo Horizonte: Fórum, 2014.

BASTOS JUNIOR, Luiz Magno; RÊGO, Eduardo de Carvalho. Por trás de Marbury *vs.* Madison: uma análise histórica sobre a política envolvendo a criação do controle jurisdicional de constitucionalidade. In: OLIVEIRA JUNIOR, José Alcebíades de; VILLATORE, Marco Antônio César (Orgs.). *I Encontro de Internacionalização do CONPEDI*. v. 14. Barcelona: Ediciones Laborum, 2015. p. 513-540.

BRASÍLIA, Supremo Tribunal Federal. Medida cautelar na Ação Direta de Inconstitucionalidade nº 855. Relator: Min. Sepúlveda Pertence, 1993.

CIANCI, Mirna; ALMEIDA, Gregório Assagra de. *Direito Processual do Controle da Constitucionalidade*. São Paulo: Saraiva, 2012.

DWORKIN, Ronald. *O império do direito*. 2. ed. São Paulo: Martins Fontes, 2007.

KOMMERS, Donald P. *Judicial Politics in West Germany*: A Study of the Federal Constitutional Court. Beverly Hills: Sage Publications, 1976.

MARTIGNAGO, Gisella. *Controle de constitucionalidade e o ativismo judicial*. Dissertação de Mestrado, Pontifícia Universidade Católica de São Paulo: São Paulo, 2009.

MEDINA, Diego Eduardo López. *Teoría Impura del Derecho*: la transformación de la cultura jurídica latinoamericana. Bogotá: Legis, 2013.

NEVES, Marcelo. *A constitucionalização simbólica*. 3. ed. São Paulo: Martins Fontes, 2011.

QUAQUIO, João. *Juiz decreta toque de recolher em 3 cidades do Paraná após assassinato*. Disponível em: <http://g1.globo.com/pr/campos-gerais-sul/noticia/2016/09/juiz-decreta-toque-de-recolher-em-3-cidades-do-parana-apos-assassinato>. Acesso em: 18 ago. 2017.

QUINTAS, Fábio Lima. *Corrupção no processo legislativo torna lei inconstitucional?* Disponível em: <http://www.conjur.com.br/ 2017-ago-12/observatorio-constitucional-corrupcao-processo-legislativo-torna-lei-inconstitucional>. Acesso em: 21 ago. 2017.

RAMOS, Elival da Silva. *Ativismo Judicial*: Parâmetros Dogmáticos. São Paulo: Saraiva, 2010.

RAMOS, Paulo Roberto Barbosa; OLIVEIRA JUNIOR, Jorge Ferraz de. Características do ativismo judicial nos Estados Unidos e no Brasil: um breve histórico do ativismo judicial na Suprema Corte Norte-Americana e um paralelo com o recente ativismo judicial na Suprema Corte brasileira. *Revista de Informação Legislativa*, n. 204, p. 25-42, 2014.

RÊGO, Eduardo de Carvalho. *Superpoder Judiciário*: o papel do controle de constitucionalidade na consolidação da juristocracia no Brasil. Tese de Doutorado, Universidade Federal de Santa Catarina, Florianópolis, 2018.

SILVA, Diogo Bacha e. *Ativismo no controle de constitucionalidade*: a transcendência dos motivos determinantes e a (i)legítima apropriação do discurso de justificação pelo Supremo Tribunal Federal. Belo Horizonte: Arraes, 2013.

SILVA, Paulo Maycon Costa da. O pós-positivismo do neoconstitucionalismo. *Revista Direito e Liberdade*, v. 16, n. 1, p. 171-189, 2014.

SOARES, Ricardo Maurício. Breves Notas sobre o Neoconstitucionalismo: Pós-Positivismo e Dignidade da Pessoa Humana. *Campo Jurídico*, v. 1, n. 2, p. 181-194, 2013.

SOUZA NETO, Cláudio Pereira de; SARMENTO, Daniel. *Direito Constitucional*: Teoria, história e métodos de trabalho. 2. ed. Belo Horizonte: Fórum, 2014.

STRECK, Lenio Luiz. O Panprincipiologismo e a "Refundação Positivista". In: COUTINHO, Jacinto Miranda; FRAGALE, Roberto; LOBÃO, Ronaldo. *Constituição e Ativismo Judicial*: Limites e Possibilidades da Norma Constitucional e da Decisão Judicial. Rio de Janeiro: Lumen Juris, 2011. p. 222-230.

VALLE, Vanice Regina Lírio do (Org.). *Ativismo Jurisdicional e o Supremo Tribunal Federal*: Laboratório de Análise Jurisprudencial do STF. Curitiba: Juruá, 2009.

WALDRON, Jeremy. *A dignidade da legislação*. São Paulo: Martins Fontes, 2003. **A**

Informação bibliográfica deste texto, conforme a NBR 6023:2002 da Associação Brasileira de Normas Técnicas (ABNT):

CADEMARTORI, Luiz Henrique Urquhart; RÊGO, Eduardo de Carvalho. Constituição Federal de 1988 e a cultura do inconstitucionalismo. In: BOLONHA, Carlos et al. (Coord.). *30 anos da Constituição de 1988*: uma jornada democrática inacabada. Belo Horizonte: Fórum, 2019. p. 415-433. ISBN 978-85-450-0595-7.

CONSIDERAÇÕES SOBRE O ATIVISMO JUDICIAL NO SÉCULO XXI

Maria Cristina Irigoyen Peduzzi

1 Introdução

O conceito de Estado de Direito se confunde com a ideia de segurança jurídica. Uma sociedade democrática livre, regida pelo direito, somente é possível caso seus cidadãos tenham expectativas normativas estáveis a respeito de seus direitos e deveres. E essa estabilidade social é a consequência mais direta da adoção de uma ordem jurídica que institucionaliza no seu âmago o princípio da segurança jurídica.

2 Segurança jurídica, hermenêutica e ativismo judicial

Em uma visão retrospectiva, fica claro o quão ingênuo era o ideal iluminista da segurança jurídica. Durante a Revolução Francesa e mesmo posteriormente, na era napoleônica, imperou influente concepção segundo a qual as leis deveriam ter um sentido tão claro e evidente que qualquer cidadão, com simples leitura de seu texto, extrairia o sentido exato da norma. Nessa visão, característica da *Escola da Exegese*, o juiz deveria ser a mera boca da lei; o Poder Legislativo é o responsável pela elaboração da lei, cabendo ao Poder Judiciário tão somente aplicá-la ao caso concreto, em simples juízo de subsunção.

Esse ideal absoluto de segurança jurídica, fundado no controle estrito da discricionariedade judicial, foi abandonado por ser irreal. Já no século XX, o jusfilósofo Hans Kelsen passou a sustentar a impossibilidade do controle estrito das possibilidades de interpretação que estão à disposição do juiz. Embora as normas de hierarquia superior vinculem as normas de hierarquia inferior, determinando seu conteúdo, sempre há um espaço de liberdade hermenêutica que deve ser preenchido pela decisão concreta do julgador. Daí porque o positivismo kelseniano assume que toda norma é, tão somente, uma moldura que admite uma multiplicidade de interpretações possíveis. A posição concreta a ser adotada, contudo, depende da orientação ideológica do julgador.

A segurança jurídica, nessa perspectiva, somente pode ser compreendida em função das restrições interpretativas que a moldura normativa admite, mas não como uma garantia de que uma interpretação *correta* é o resultado final alcançado pelos órgãos judicantes.[1] Essa conclusão é similar à do outro grande positivista do século XX, Herbert Hart, para quem a textura aberta da linguagem torna impossível a tarefa proposta pela Escola da Exegese de afirmar a segurança jurídica como uma consequência do controle da atividade jurisdicional.[2]

A partir da década de 1960, foram travados inúmeros debates que resultaram no pós-positivismo jurídico. Nos Estados Unidos, as discussões advieram de dois modelos antagônicos de atuação dos juízes, denominados *moderação judicial* e *ativismo judicial*.[3] Abandonada a esperança de controlar a interpretação legal, surgiu uma nova questão: considerando a textura aberta do direito, que postura devem os juízes adotar ao interpretar a lei?

O paradigma da moderação judicial prescreve uma postura contida dos juízes, que deveriam se abster de avaliar a posição do Poder Legislativo em temas controversos. O Poder Judiciário não deveria jamais questionar a validade da lei, mas apenas avaliar o procedimento formal adotado pelos órgãos legislativos. Segundo essa concepção, o Judiciário não poderia declarar a inconstitucionalidade de uma lei em decorrência de violar o conteúdo material de uma disposição constitucional abstrata, portanto.

Em contrapartida, o programa do ativismo jurídico exige dos juízes a postura oposta. Eles são audaciosos na interpretação de princípios constitucionais de conteúdo aberto, como a igualdade, a liberdade ou a dignidade da pessoa humana. O juiz ativista é aquele que busca, com sua atuação, afirmar sua concepção política sobre o direito.[4] Para o ativismo, portanto, não há diferença entre direito e política: assim como um deputado ou senador, o juiz é um agente político que decide questões judiciais com base em critérios estritamente políticos.

Para o constitucionalista Ronald Dworkin:

> O ativismo é uma forma virulenta de pragmatismo jurídico. Um juiz ativista ignoraria o texto da Constituição, a história de sua promulgação, as decisões anteriores da Suprema Corte que buscaram interpretá-la e as duradouras tradições de nossa cultura política. O ativista ignoraria tudo isso para impor a outros poderes do Estado seu próprio ponto de vista sobre o que a justiça exige. O direito como integridade condena o ativismo e qualquer prática de jurisdição constitucional que lhe esteja próxima. Insiste em que os juízes apliquem a Constituição por meio da interpretação, e não por fiat, querendo com isso dizer que suas decisões devem ajustar-se à prática constitucional, e não ignorá-la.[5]

---

[1] KELSEN, Hans. *Pure Theory of Law*. Tradução para o inglês da segunda edição alemã por Max Knight. Clark: The Lawbook Exchange, 2005. p.348-356.
[2] HART, Herbert L. *The Concept of Law*. 2. ed. Oxford: Clarendon Press, 1994.
[3] OLIVEIRA, Cláudio Ladeira de. Ativismo Judicial, autorestrição judicial e o minimalismo de Cass Sunstein. *Diritto & Diritto*, v. 1, p. 1-21, 2008.
[4] Cf. DWORKIN, Ronald. *Levando os Direitos a Sério*. Trad. Nelson Boeira. São Paulo: Martins Fontes, 2002. p. 215.
[5] DWORKIN, Ronald. *O Império do Direito*. Trad. Jefferson Luiz Camargo. São Paulo: Martins Fontes, 2003. p. 451-452.

Precisamente por isso, Ronald Dworkin optou por um caminho intermediário, que busca alcançar um resultado justo sem abrir mão da observância da realidade institucional. Sua proposta, o direito como integridade, assume que o juiz está vinculado não apenas aos precedentes judiciais ou à legislação, mas também ao sistema de princípios que esses elementos institucionais pressupõem. Ao contrário dos moderados, sustenta que os juízes devem ir além de um mero controle procedimental da atividade do Poder Legislativo, realizando também um controle substantivo a partir da constelação de princípios que estrutura todo o ordenamento jurídico. E, ao contrário dos ativistas, entende que o exercício da jurisdição é fundamentalmente diferente da política, pois os juízes não têm discricionariedade plena em sua atuação, mas estão limitados pela concepção de direito que melhor justifique as práticas institucionais.

Apesar de não endossar o ativismo judicial, é inegável que a postura pós-positivista de Dworkin traz um imenso potencial de discricionariedade para os juízes. A construção proposta pelo constitucionalista norte-americano é bastante idealizada e supõe juízes que têm pleno conhecimento da história jurídica, da doutrina e dos precedentes judiciais, além de ter a capacidade filosófica de reconstrução e identificação dos princípios que *melhor* justificam esses elementos institucionais. A teoria de Dworkin somente pode ser aplicada pelo julgador ideal, o juiz Hércules, que dispõe de recursos epistemológicos infinitos para julgar.

Esse traço idealizante do modelo hermenêutico de Dworkin também está presente na obra de outro pensador muito invocado pelos pós-positivistas, o alemão Robert Alexy. Embora não invoque a figura mítica de um juiz Hércules, a teoria da ponderação de valores assume que a história institucional é capaz de fixar uma "ordem de valores ou princípios que fixe a decisão jusfundamental em todos os casos de uma maneira intersubjetivamente obrigatória".[6]

A segurança jurídica, no paradigma pós-positivista, é concebida de modo instável, uma vez que propõe que o juiz busque sempre a justiça para o caso concreto, ainda que a adequando à história institucional. A previsibilidade da estrutura jurídica é colocada em segundo plano, subordinada à busca pelo ideal superior de encontrar a solução moralmente desejada pelo julgador.

A postura reconstrutivista de Dworkin, de perspectiva deontológica (preocupação com o dever ser), ainda que não se confunda com o ativismo judicial, pode conduzir a resultados ativistas.

Também a perspectiva axiológica de Robert Alexy, para quem a proporcionalidade é um método apto a conferir racionalidade à decisão, ao considerar o princípio da proporcionalidade no seu conceito trifásico – adequação, necessidade e proporcionalidade em sentido estrito –, pode produzir resultado ativista.

---

[6] ALEXY, Robert. *Teoria de los derechos fundamentales*. Madrid: Centro de Estudios Políticos y Constitucionales, 2002. p. 157

3 Críticas contemporâneas ao ativismo

Enquanto para os pós-positivistas o juiz pode reconstruir o direito, numa perspectiva deontológica ou mesmo axiológica, mas observado o contexto ou a racionalidade de um método, para os ativistas a possibilidade de dizer o direito é ampla, inclusive contra a lei.

Mas essas visões a respeito da atividade judicial têm sido objeto de muitas críticas recentes, lastreadas na tese de que torna o direito menos apto a exercer sua função sociológica de estabilizar congruentemente expectativas normativas,[7] tornando mais previsível o padrão legal de regulação das condutas.[8] Destaco aqui as recentes formulações críticas de Ran Hirschl, professor da Faculdade de Direito de Toronto, Jeremy Waldron, professor de direito da *New York University*, de Cass Sunstein e Mark Tushnet, ambos *da Harvard Law School*.

3.1 Ran Hirschl: ativismo judicial como consequência da juristocracia

Todos os autores mencionados criticam o ativismo judicial, embora por razões muito diferentes. Ran Hirschl, por exemplo, enfrenta o problema a partir de uma perspectiva institucional. Para ele, o ativismo judicial é um problema sistêmico-institucional, não apenas uma decorrência da atuação individual do juiz, como normalmente o tema era tratado no passado. Esse fenômeno decorre da concentração de funções político-institucionais no Judiciário, o que ocorre por razões eminentemente políticas.

Segundo o autor, existe uma tendência global para a *juristocracia*, fenômeno que consiste na transferência de prerrogativas centrais que sempre foram típicas do Poder Legislativo e do Poder Executivo para o Poder Judiciário. Para Ran Hirschl, essa é uma tendência mundial pelo menos desde metade do século XX, e tem sido observável em ao menos oitenta países, com um ritmo que tem se acentuado nos últimos anos.

Esse fenômeno pode ser observado não apenas nos Estados Unidos onde a Suprema Corte chegou a interferir tão agudamente no sistema político que se viu obrigada a decidir uma eleição presidencial (*Bush v. Gore*, em 2000), mas em contextos tão distintos quanto os regimes pós-autoritários na América Latina e os regimes pós-comunistas no leste europeu.

---

[7] LUHMANN, Niklas. *A Sociological Theory of Law*. Trad. Elizabeth King-Utz e Martin Albrow. 2. ed. Nova Iorque: Routledge, 2014. p. 24.
[8] CADENAS, Hugo. Derecho y Sociedad: ¿es Posible la Integración Social Mediante el Derecho?. In: FARIAS, Ignacio; OSSANDÓN, José (eds.). *Observando Sistemas: Nuevas Apropriaciones y Usos de la Teoría de Niklas Luhmann*. Santiago: RIL Editores, 2006. p. 266.

O ponto característico da juristocracia é a judicialização de questões fundamentais da política democrática, o que acaba por concentrar no Poder Judiciário a tomada de decisões fundamentais que não têm, primariamente, natureza legal. O resultado é o esvaziamento das instituições políticas.

Mas por que o fenômeno da juristocracia está dominando o cenário do constitucionalismo mundial? Hirschl defende que a concentração de poderes nos tribunais não decorre, como é comumente alegado, de uma desconsideração pelo princípio da separação de poderes ou pela busca desenfreada por mais prestígio e influência por parte dos magistrados.

A tese central sustentada por Hirschl é a de que, ao contrário do que a doutrina jurídica majoritária sustenta, não é a particular legitimidade das instituições judiciais que provocou o deslocamento de competências institucionais para o âmbito das Cortes, mas razões de ordem política.

Como alternativa, Hirschl propõe o que denomina de "*tese da preservação hegemônica*": a juristocracia, com o consequente ativismo judicial que ela acarreta, resulta do alinhamento de interesses político-estratégicos de três grupos – elites políticas, econômicas e judiciárias. De acordo com ele, os Tribunais são, antes de mais nada, instituições políticas, que não operam em um vácuo institucional e ideológico, separado do Legislativo e do Executivo. Assim, a expansão do poder judicial e, principalmente, a deferência dos demais poderes às decisões das Cortes deve ser compreendida no contexto da política.

Que fatores políticos, segundo Hirschl, levam ao ativismo judicial? Primeiro, a concentração de funções no Judiciário pode decorrer de um sistema político disfuncional e fraco, que abre espaço a que outras instituições ocupem seu lugar.

A tese central é a de que a falta de governabilidade e a incapacidade estrutural da política majoritária corroem a autoridade dos Poderes Legislativo e Executivo, levando a uma situação de dependência do único Poder aparentemente "apolítico" – o Judiciário.

Uma outra hipótese proposta por Hirschl é a de que elites políticas preferem obedecer à maior intervenção dos juízes porque sua própria posição econômica, política e social é reforçada pelas decisões judiciais a um custo político menor. Isso ocorre porque as decisões judiciais, ainda que fundadas em critérios técnicos, têm efeitos distributivos claros, pois privilegiam determinadas visões de mundo, grupos e interesses particulares em detrimento de outras alternativas. Caso a elite acredite que o fortalecimento dos juízes possa, na verdade, manter e expandir seus privilégios, ela voluntariamente aquiescerá ao ativismo judicial.

Outro ponto a ser considerado é que o ativismo judicial é uma maneira de transferir a responsabilidade de decisões impopulares ao Poder Judiciário. Com isso, os membros do Legislativo e do Executivo diminuem o seu custo eleitoral, possibilitando que o sistema institucional tome a decisão ao mesmo tempo em que os custos políticos são atribuídos ao Poder que menos sofre com o seu ônus. Isso ocorre especialmente com questões moralmente complexas, como aborto, eutanásia, casamento homo afetivo, cotas raciais, que envolvem posições políticas controversas e são ambíguas do ponto de vista legal.

Em síntese, a tese central de Hirschl, denominada de "tese da preservação hegemônica", é a de que o ativismo judicial tende a proliferar em contextos de mudança social em que elites (econômicas, políticas e sociais) estão ameaçadas de perder sua influência, e utilizam o Judiciário como meio para manter sua hegemonia.

3.2 Cass Sunstein e o minimalismo judicial

A contribuição de Cass Sunstein a respeito do problema do ativismo judicial deriva de uma proposta de mudança de perspectiva, com uma abordagem que busca construir uma teoria da decisão judicial considerando-se as limitações institucionais a que os juízes estão sujeitos.

O professor de Harvard sustenta que uma postura judicial ativista deriva do fato de que os juízes adotam teorias da interpretação jurídica abstratas comprometidas com teorias filosóficas amplas sobre "democracia, legitimidade, autoridade e constitucionalismo".[9] Como é impossível alcançar um consenso decisivo sobre a melhor teoria filosófica a respeito da natureza da interpretação jurídica ou do fundamento moral das instituições político-jurídicas, os juízes terminam por decidir, nos casos concretos que têm em mãos, de maneira imprevisível, levando adiante seus próprios valores disfarçados sob o manto de teorias filosóficas sofisticadas.

Com isso, os juízes assumem uma postura mais audaciosa – denominada por Sunstein de *perfeccionista*–,[10] especialmente na interpretação de princípios constitucionais abstratos, como igualdade, liberdade de expressão ou dignidade da pessoa humana.[11] A teoria de Dworkin do direito como integridade é considerada como uma típica teoria perfeccionista, na medida em que delega ao juiz o papel hercúleo de "apresentar o material jurídico existente 'em sua melhor luz', ou de torná-lo o 'melhor que possa'".[12] Embora os juízes sejam obrigados a considerar o direito existente, devem resolver por si sós eventuais vaguezas, ambiguidades e lacunas, identificando os princípios constitucionais mais atraentes e que se acomodem ao sistema de princípios fundante da comunidade jurídica.

Todavia, para Sunstein, a postura perfeccionista poderia ser qualificada como ativista porque os juízes reivindicam para si mesmos a *capacidade institucional* de fixar o sentido de conceitos abstratos a partir de teorias filosóficas abstratas sobre as quais não há qualquer tipo de consenso possível. Assim, ainda que contrário

---

[9] SUNSTEIN, C. VERMEULE, A. Interpretation and Institutions. *Michigan Law Review*, v. 101, p. 885-951, 2002.
[10] SUNSTEIN, C. *Radicals in Robes: Why Extreme Right-Wing Courts are Wrong for America*. New York: Basic Books, 2009. p. 32.
[11] LADEIRA, C. Ativismo Judicial, Autorrestrição Judicial e o Minimalismo de Cass Sunstein. *Diritto & Diritti*, v. 1, n., p. 1-21, 2008. p. 4-5.
[12] SUNSTEIN, C. *Radicals in Robes: Why Extreme Right-Wing Courts are Wrong for America*. New York: Basic Books, 2009. p. 32.

a uma postura ativista, o modelo do direito como integridade pode resultar em uma jurisprudência bastante ofensiva e pouco previsível.[13]

Cass Sunstein não critica a teoria do direito como integridade ou as demais teorias da interpretação jurídica por serem abordagens teóricas insustentáveis ou incoerentes. O ponto do professor de Harvard é o de que, ainda que essas teorias da interpretação sejam corretas de uma perspectiva hermenêutica, ignoram questões centrais e anteriores a essa, relativas às *capacidades institucionais* e aos *efeitos dinâmicos* de qualquer abordagem hermenêutica.

Teorias hermenêuticas perfeccionistas assumem que os juízes são capazes de avaliar corretamente todos os elementos e recursos de que necessitam dispor para solucionar corretamente os casos concretos que lhes são distribuídos. Mas os juízes não têm todos os recursos para aplicar o direito tal como prescrevem as teorias perfeccionistas. Ninguém dispõe de tempo hábil, na resolução de um único caso concreto, para examinar toda a jurisprudência, nem tem conhecimento de toda a história institucional (Dworkin) ou dispõe de capacidade econômico-matemática para avaliar corretamente a relação custo-benefício de sua decisão (Posner).

O ponto de Sunstein é que as teorias perfeccionistas sequer consideram essas limitações em suas ponderações, partindo do pressuposto irrefletido de que as instituições têm capacidade para colocar em prática as orientações propostas.

Assim, antes de decidir que teoria hermenêutica específica adotar, é preciso levar em conta que capacidades as instituições existentes têm de fato. Os juízes exercem jurisdição geral ou especializada? A quantidade de casos judiciais distribuídos para julgamento é baixa e possibilita uma análise mais detida ou é elevada e exige respostas mais rápidas e superficiais? Os juízes dispõem de uma grande equipe de analistas e assessores a sua disposição, para auxiliá-los na tarefa de prestar jurisdição, ou apenas com uma equipe pequena? Apenas após solucionar questões dessa ordem, que facilitam o mapeamento das **capacidades institucionais**, é possível discutir uma teoria hermenêutica compatível com a realidade verificada.

Outro ponto destacado por Sunstein diz respeito aos **efeitos dinâmicos** da interpretação judicial. A decisão por uma teoria hermenêutica específica tem impacto "nas partes envolvidas ou mesmo no sistema de adjudicação".[14] Uma teoria perfeccionista como a de Dworkin, por exemplo, pode introduzir um alto grau de incerteza no direito, tornando o sistema jurídico como um todo imprevisível para a comunidade.

De certa maneira, portanto, é possível dizer que Cass Sunstein propõe um "giro institucionalista" na teoria da interpretação judicial. O ativismo judicial não é considerado um produto da vontade de juízes concretos que se propõem a afrontar o texto legal, mas da adoção de uma filosofia da decisão judicial que não leva em conta o contexto institucional em que os juízes decidem casos concretos.

---

[13] LADEIRA, C. Ativismo Judicial, Autorrestrição Judicial e o Minimalismo de Cass Sunstein. *Diritto & Diritti*, v. 1, p. 1-21, 2008. p. 6.
[14] *Ibid*. p.900.

Como alternativa, Sunstein propõe seu próprio modelo de teoria hermenêutica, chamado de *minimalismo judicial*. Levando em consideração as particularidades institucionais do Poder Judiciário, Sunstein propõe recomendações de caráter formal aos juízes, a fim de que evitem argumentos filosoficamente profundos e controversos, prescindíveis para a decisão do caso concretamente debatido.

O minimalismo é uma postura oposta ao ativismo judicial porque mantém em aberto a discussão democrática sobre os fundamentos políticos e morais da vida pública, deixando-as para ser decidida pelos indivíduos em suas vidas privadas ou, quando necessário, pelo Poder Legislativo.[15] A tarefa do Judiciário, nesse sentido, é preservar as condições do debate público, não se substituindo aos outros poderes nessa tarefa.

3.3 Jeremy Waldron, o desacordo moral e a dignidade da legislação

Waldron tem por objetivo reforçar a separação dos poderes, desferindo uma das mais duras críticas a um Poder Judiciário ativista ao longo de sua obra teórica, na qual se destacam dois livros que se tornaram clássicos na teoria jurídica contemporânea: *The Dignity of Legislation* e *Law and Disagreement*.

Os dois livros podem ser compreendidos como uma tentativa de reabilitar o valor institucional da Legislação e do Poder Legislativo e de desconfiar do papel do Poder Judiciário como uma instituição capaz de solucionar controvérsias políticas nas sociedades democráticas contemporâneas.

De acordo com ele, a teoria do direito tem se concentrado bastante na teoria da adjudicação, mas há poucos desenvolvimentos teóricos a respeito das legislaturas ou da legislação. Segundo o autor, "ninguém parece ter visto a necessidade de uma teoria ou idealização que faria pela legislação o que o modelo de juiz de Ronald Dworkin, 'Hércules', propôs-se a fazer pelo raciocínio judicial".[16] A partir do reconhecimento dessa deficiência da filosofia jurídica em mente, o teórico neozelandês assume o desafio de fazer pela teoria da legislação o que Dworkin fez pela teoria da decisão judicial.

O ponto de partida de Waldron é o de que a atividade legislativa é vista com preconceito pela comunidade jurídica, ao passo que a atividade judicial é idealizada como fruto de argumentação racional e ponderada. A proposta de Waldron, em *A Dignidade da Legislação*, nesse sentido, é propor uma visão normativa da atividade legislativa.

---

[15] LADEIRA, C. Ativismo Judicial, Autorrestrição Judicial e o Minimalismo de Cass Sunstein. *Diritto & Diritti*, v. 1, n., p. 1-21, 2008. p. 16.

[16] WALDRON, J. *The Dignity of Legislation*. Cambridge: Cambridge University Press, 1999. p. 1.

3.4 É possível defender a dignidade da legislação?

Combatendo essas críticas, Waldron entende que é possível defender a legislação como uma fonte legítima do direito. Apesar de Hobbes, Rousseau e Bentham serem as fontes filosóficas mais prováveis para discutir a teoria da legislação, Waldron busca fundamento em Kant, Locke e Aristóteles para sustentar a dignidade da legislação. Esses autores são improváveis como base de uma teoria da legislação, porque são usualmente associados à ideia de que o direito positivo deve ser limitado pelos direitos naturais (como Kant e Locke) ou uma filosofia que enxerga a democracia com suspeita (Aristóteles).[17] Mas Waldron enxerga nesses autores ideias importantes para sustentar a relevância da legislação como instituição.

De Kant, Waldron extrai a premissa de que *o desacordo moral persistente é a circunstância da política*. A política existe porque, embora as pessoas discordem a respeito do que é a justiça e a moral, necessitam decidir qual o ponto de vista de sua comunidade jurídica e política a respeito de determinadas questões.[18] O Poder Legislativo é, para Waldron, justamente o fórum institucional onde o desacordo sobre questões políticas morais fundamentais em uma sociedade deve ser solucionado. Mas a solução, ao contrário do que teóricos da democracia deliberativa como Habermas propõem, não se dá por um consenso derivado da busca pelo melhor argumento, em que as partes conflitantes dialogam racionalmente até que se convençam a partir da razão comunicativa.

É por isso que o procedimento de decisão *majoritário* é uma forma de deliberação respeitável: ela torna possível que uma assembleia tome decisões que vinculem a todos ainda que o desacordo político subjacente persista como uma condição perene, *antes* e mesmo *posteriormente* ao resultado da deliberação. O único consenso possível diz respeito ao procedimento de deliberação.

O elogio ao sistema majoritário de votação é fundamentado no pensamento de Locke. A partir do filósofo britânico, Waldron destaca a legitimidade dos procedimentos coletivos de tomada de decisão fundados no princípio majoritário.[19] As decisões por maioria não são defensáveis por serem corretas, mas porque conferem legitimidade ao resultado na medida em que ao ponto de vista de todos é atribuído igual peso no procedimento de formação de vontade do corpo coletivo.

É importante destacar, ainda, que Waldron apreende da filosofia política de Aristóteles – *a sabedoria das multidões* – a ideia de que um órgão deliberativo pode ser mais sábio e chegar a uma conclusão mais correta do que o mais inteligente dos indivíduos que compõem a assembleia. Um corpo legislativo diversificado, representativo dos diversos pontos de vista que compõem as visões morais e

---

[17] WALDRON, J. *The Dignity of Legislation*. Cambridge: Cambridge University Press, 1999. p. 1-5.
[18] WALDRON, J. *The Dignity of Legislation*. Cambridge: Cambridge University Press, 1999. p. 154.
[19] WALDRON, J. *The Dignity of Legislation*. Cambridge: Cambridge University Press, 1999. p. 139-140.

políticas da sociedade, pode elaborar respostas mais complexas (e corretas) aos problemas sociais do que um conselho de sábios jamais poderia.[20]

São esses os principais argumentos de Waldron em suporte à tese de que a legislação é uma instituição digna: em primeiro lugar, é um instrumento que possibilita a tomada de decisões coletivas em contextos de profundo desacordo moral e político. Em segundo lugar, sendo o fruto de um processo de decisão majoritária, uma lei respeita os diversos pontos de vista existentes em uma sociedade, pois é produto de um procedimento que confere igual peso a cada participante da deliberação.[21] E, em terceiro lugar, a legislação se aproveita da sabedoria das multidões, viabilizando-se em um instrumento eficiente de tomada de decisões coletivas.

3.5 O papel do Poder Judiciário na perspectiva de Waldron

Waldron é bastante crítico do papel dos tribunais nas democracias contemporâneas, especialmente no livro *Law and Disagreement* e em alguns artigos esparsos.[22] Sua tese central é a de que as Cortes não têm legitimidade democrática para decidir controvérsias morais e políticas perenes em uma democracia constitucional (o desacordo moral persistente), que somente deveriam ser solucionadas pelo Poder Legislativo. Por essa razão, ele sustenta, inclusive, uma posição de suspeita quanto ao controle de constitucionalidade das leis pelo Poder Judiciário.[23]

De acordo com Waldron, um Poder Judiciário mais ativista deve ser criticado por duas razões centrais. Em primeiro lugar, ao se substituírem à sociedade nos debates públicos sobre o significado de direitos controversos, os juízes se distraem das questões centrais que deveriam ser discutidas e, em segundo lugar, o Judiciário não tem legitimidade para representar as posições políticas dos cidadãos.

Para Waldron, o ativismo judicial, encarnado na possibilidade de um juiz individual afastar a aplicação de uma lei promulgada pelo Poder Legislativo repousa em uma concepção antidemocrática a respeito das capacidades humanas, pois pressupõe uma capacidade moral superior do juiz em relação aos demais cidadãos, organizados na assembleia legislativa.[24]

---

[20] WALDRON, J. *Law and Disagreement*. Oxford: Oxford University Press, 2004. 332 p. p. 133.
[21] Essa ideia tem sido confirmada por teorias matemáticas recentes. O teorema de May, por exemplo, diz que o voto majoritário é a única maneira neutra, anônima, responsiva (cada indivíduo pode afetar positivamente o resultado final) de solucionar problemas de decisão coletiva. Cf. PRZEWORSKI, A. *Democracy and the Limits of Self-Government*. Cambridge: Cambridge University Press, 2010. 200 p. p. 32-33.
[22] Cf. WALDRON, J. The Core of the Case Against Judicial Review. *The Yale Law Journal*, v. 115, n., p. 1348-1406, 2005; WALDRON, J. Lucky in Your Judge. *Theoretical Inquiries in Law*, v. 9, n. 1, p. 185-216, 2008; WALDRON, J. Can There Be a Democratic Jurisprudence? *Emory Law Journal*, v. 58, n., p. 675-712, 2009.
[23] WALDRON, J. The Core of the Case Against Judicial Review. *The Yale Law Journal*, v. 115, n., p. 1348-1406, 2005. p. 1349.
[24] Cf. POSNER, R. A. Book Review (reviewing Jeremy Waldron, Law and Disagreement (1999)). *Columbia Law Review*, v. 100, n., p. 582-592, 2000. p. 587.

Waldron ainda questiona alguns argumentos centrais aos defensores de um Poder Judiciário mais ativista.

O primeiro argumento é baseado na tese da falta de legitimidade democrática dos tribunais para discutir matérias já definidas no âmbito do Parlamento. Enquanto legisladores são eleitos periodicamente, mantendo relação estreita com seus eleitores, os juízes não passam pelo mesmo filtro de legitimidade.

Waldron também rejeita o argumento contramajoritário, segundo o qual o Poder Judiciário seria melhor protetor de direitos fundamentais do que o Legislativo. O argumento é baseado na tese da tirania da maioria,[25] segundo o qual maiorias legislativas ou governos populistas podem aproveitar-se da situação para, em nome da maioria, massacrar direitos de minorias políticas. O Judiciário seria um bastião de proteção de minorias justamente porque sua legitimidade não deriva de maiorias políticas.

Mas Waldron discorda de tal argumento. De acordo com ele, não é claro que o Judiciário tenha sido historicamente uma instituição claramente protetora de direitos de minorias, até porque boa parte dos juízes também compartilha dos valores das maiorias políticas, levando-os a julgar contra os interesses das minorias.

3.6 Mark Tushnet e a crítica dos direitos

Um dos membros fundadores da *Critical Legal Studies* (e o único a discutir detidamente questões relacionadas ao direito constitucional), Mark Tushnet também é um árduo crítico do ativismo judicial e do controle judicial de constitucionalidade das leis.

No fim da década de 80 e início da década de 1990, Tushnet sustentou a tese da *crítica dos direitos*.[26] Longe de deixar de reconhecer importantes avanços democráticos conquistados a partir de decisões judiciais, como no caso *Brown v. Board of Education* (1954), Tushnet mostra-se um crítico da ideia de que o direito é movido a partir de discursos sobre direitos institucionalizados em decisões judiciais.

A crítica dos direitos funda-se na tese de que, muitas vezes, vencer um caso importante em um tribunal pode ser menos importante do que conquistar a opinião pública – algo que pode acontecer inclusive em caso de derrota na arena judicial. Por outro lado, uma vitória judicial pode significar uma derrota política.

Tushnet cita explicitamente o caso *Brown*, que demorou mais de uma década para de fato influenciar a vida política americana justamente porque pouco se continuou a discutir sobre a segregação racial até que os movimentos *políticos* pelos direitos civis ganhasse força na década de 1960. Outro caso mencionado é *Roe v. Wade*,

---

[25] WALDRON, J. *Law and Disagreement*. Oxford: Oxford University Press, 2004. 332 p. 299.
[26] TUSHNET, M. The Critique of Rights. *SMU Law Review*, v. 47, n. 1, p. 23-26, 1993.

em que a Suprema Corte americana declarou inconstitucional a proibição do aborto, mas, com o tempo, os Estados conseguiram aprovar leis restringindo o direito ao aborto, de modo que a vitória judicial se transformou em uma derrota política parcial.

O cerne da crítica de Tushnet é a de que não devemos esperar demais das decisões judiciais, porque elas podem acabar nos desviando das questões políticas fundamentais e, pior do que isso, até impedindo que as discutamos nos fóruns políticos adequados. Com isso, juízes ativistas podem terminar por obter resultados concretos inclusive contrários ao que pretendiam ao prolatar decisões ousadas, levando grupos opostos a sua posição a se organizar e, com o tempo, reverter politicamente o resultado judicial.

Tushnet propõe a abolição do controle de constitucionalidade. De acordo com ele, a interferência do Poder Judiciário em questões que deveriam ser decididas politicamente retira poder do povo, delegando-o aos juízes. Ao invés de debater questões políticas, os cidadãos as submetem às Cortes, com a esperança de que ganharão judicialmente – porque sua posição seria a mais defensável juridicamente – do que poderiam perder politicamente.[27] Sem que os tribunais tivessem tanto poder, os cidadãos poderiam discutir abertamente a questão, chegando a compromissos que satisfizessem minimamente seus interesses. Nesse sentido, um Poder Judiciário muito ativista pode causar a apatia da população em debater questões fundamentais, que não se mobilizariam politicamente para transferir aos tribunais a responsabilidade institucional de decidir questões constitucionais.

Daí o nome do livro clássico de Tushnet, *Taking the Constitution Away from the Courts*. A proposta radical de Tushnet é a de retirar dos tribunais o poder de dizer o que é a Constituição, competindo ao povo, por meio da política, exercer tal atribuição.

4 Conclusão

O discurso sobre o ativismo judicial evoluiu nos últimos anos. Para além de uma discussão limitada ao prisma da consciência do magistrado, a questão tornou-se fundamental para compreender o próprio papel institucional do Poder Judiciário em uma democracia constitucional. Não se trata mais de discutir se o magistrado, tomado individualmente, pode ou não decidir de maneira contrária à lei, mas de definir se cabe ao Poder Judiciário julgar, com base em teorias filosóficas complexas, temáticas de natureza política. Não se trata apenas de discutir as melhores teorias hermenêuticas que devem informar a atividade do juiz, mas de discutir as próprias condições institucionais em que o processo de decisão está inserido e o impacto das decisões judiciais sobre a sociedade.

---

[27] *Ibid.* p. 120.

Considera-se que cada decisão judicial tem impacto não apenas às partes cujas pretensões estão sendo julgadas concretamente, pois, ainda que indiretamente, a jurisprudência firma orientações *normativas* para o futuro. Tanto instituições públicas quanto a sociedade civil têm nas decisões judiciais passadas parâmetros a respeito de como devem agir para atuar conforme o direito.

É precisamente por isso que a segurança jurídica é um tema tão importante.

Referências

ALEXY, Robert. *Teoria de los derechos fundamentales*. Madrid: Centro de Estudios Políticos y Constitucionales, 2002.

CADENAS, Hugo. Derecho y Sociedad: ¿es Posible la Integración Social Mediante el Derecho?. In: FARIAS, Ignacio; OSSANDÓN, José (eds.). *Observando Sistemas: Nuevas Apropriaciones y Usos de la Teoría de Niklas Luhmann*. Santiago: RIL Editores, 2006.

DWORKIN, Ronald. *Levando os Direitos a Sério*. Trad. Nelson Boeira. São Paulo: Martins Fontes, 2002.

DWORKIN, Ronald. *O Império do Direito*. Trad. Jefferson Luiz Camargo. São Paulo: Martins Fontes, 2003.

HART, Herbert L. *The Concept of Law*. 2.ed. Oxford: Clarendon Press, 1994.

KELSEN, Hans. *Pure Theory of Law*. Tradução para o inglês da segunda edição alemã por Max Knight. Clark: The Lawbook Exchange, 2005.

LADEIRA, C. Ativismo Judicial, Autorrestrição Judicial e o Minimalismo de Cass Sunstein. *Diritto & Diritti*, v. 1, n., p. 1-21, 2008.

LUHMANN, Niklas. *A Sociological Theory of Law*. Trad. Elizabeth King-Utz e Martin Albrow. 2. ed. Nova Iorque: Routledge, 2014.

OLIVEIRA, Cláudio Ladeira de. Ativismo Judicial, autorestrição judicial e o minimalismo de Cass Sunstein. *Diritto & Diritto*, v. 1, p. 1-21, 2008.

POSNER, R. A. Book Review (reviewing Jeremy Waldron, Law and Disagreement (1999)). *Columbia Law Review*, v. 100, n., p. 582-592, 2000.

SUNSTEIN, C. *Radicals in Robes: Why Extreme Right-Wing Courts are Wrong for America*. New York: Basic Books, 2009.

SUNSTEIN, C.; VERMEULE, A. Interpretation and Institutions. *Michigan Law Review*, v. 101, n., p. 885-951, 2002.

TUSHNET, M. The Critique of Rights. *SMU Law Review*, v. 47, n. 1, p. 23-26, 1993.

WALDRON, J. *Law and Disagreement*. Oxford: Oxford University Press, 2004.

WALDRON, J. The Core of the Case Against Judicial Review. *The Yale Law Journal*, v. 115, n., p. 1348-1406, 2005;

WALDRON, J. Lucky in Your Judge. *Theoretical Inquiries in Law*, v. 9, n. 1, p. 185-216, 2008;

WALDRON, J. Can There Be a Democratic Jurisprudence? *Emory Law Journal*, v. 58, n., p. 675-712, 2009.

WALDRON, J. *The Dignity of Legislation*. Cambridge: Cambridge University Press, 1999.

Informação bibliográfica deste texto, conforme a NBR 6023:2002 da Associação Brasileira de Normas Técnicas (ABNT):

PEDUZZI, Maria Cristina Irigoyen. Considerações sobre o ativismo judicial no século XXI. In: BOLONHA, Carlos et al. (Coord.). *30 anos da Constituição de 1988*: uma jornada democrática inacabada. Belo Horizonte: Fórum, 2019. p. 435-447. ISBN 978-85-450-0595-7.

JULGANDO FORA DOS AUTOS: UMA NOVA REFLEXÃO SOBRE *OBITER DICTA* EXOPROCESSUAIS NO BRASIL

Thomas Bustamante

1 Introdução

Em um artigo recente, procurei reformular a noção de *obiter dictum* e compreendê-la não apenas em sentido negativo, como o faz a literatura de teoria do precedente judicial encontrada no *common law* e em estudos recentes da nossa tradição jurídica ibérica e latinoamericana. Como expliquei em meu trabalho anterior, "o *obiter dictum* é normalmente definido de maneira negativa, como qualquer pronunciamento realizado por um órgão jurisdicional no curso de um julgamento, mas sem decidir o caso concreto" (Bustamante, 2018).[1] Contra essa imagem tradicional, propus entender o *obiter dictum* como um ato de fala indireto no sentido da filosofia da linguagem de John Searle. Um ato de fala é indireto quando o falante "comunica ao ouvinte mais do que ele de fato diz, por confiar em certas informações de fundo mutuamente compartilhadas, tanto linguísticas quanto não linguísticas, em conjunto com capacidades gerais de racionalidade e inferência por parte do ouvinte" (Searle, 1979, p. 30-31). Classifiquei os *obiter dicta* como atos de fala indiretos, portanto, "porque eles são prolatados em um contexto em que a autoridade judicial é relevante, mas *não* para decidir um caso concreto" (Bustamante, 2018). *Obiter dicta* são apresentados como se fossem somente "interpretações do direito" realizadas pelas autoridades judiciais, mas a força ilocucionária deles é tipicamente outra, haja vista que o falante geralmente tem o propósito de realizar algo mais do que dizer o direito em um caso particular.

Por que *obiter dicta* são relevantes? Em minha opinião, são relevantes porque são pronunciamentos oficiais do judiciário, sobre questões políticas ou jurídicas que reclamam uma elucidação institucional, que não decidem casos concretos. *Obiter dicta* são atos de fala judiciais capazes de gerar "razões relacionadas à identidade" (Marmor, 2011, p. 63), pois o fato de eles serem pronunciados por uma autoridade judicial é a única razão para eles terem uma relevância prática

---

[1] Como explica Neil MacCormick, *obiter dicta* se diferenciam da *ratio decidendi* porque eles são enunciados "para além do ponto ou pontos necessários para solucionar o caso"(MacCormick, 1987, p. 156). Um *obiter dictum* é "algo dito por um juiz ao realizar o seu julgamento que não é essencial para a decisão do caso. Ele não forma parte da *ratio dencidendi* do caso e portanto não cria precedente vinculante, mas pode ser citado como autoridade persuasiva em casos futuros" (MARTIN; LAW, 2006, p. 363).

diferente das meras opiniões jurídicas de professores, advogados e cidadãos. No entanto, essa autoridade judicial é utilizada não para o fim que lhe é próprio (isto é, "dizer o direito no caso concreto"), mas para outra finalidade como, por exemplo, influenciar o comportamento do legislador, da administração ou da população em geral. *Obiter dicta* podem ser utilizados, como expliquei no escrito anterior, com propósitos abusivos, demagógicos e populistas.

Essas constatações, se eu estiver correto, devem nos levar a abandonar uma afirmação reiterada nas diversas teorias do precedente: a asserção de que os *obiter dicta* invariavelmente são prolatados nos autos de um processo, ao longo de um processo decisório diante de um caso particular. Se analisarmos os *obiter dicta* desde uma perspectiva consequencialista, procurando entender este conceito a partir dos efeitos que eles exercem sobre a prática, como Charles S. Pierce propõe com sua "máxima pragmática",[2] veremos que não há razão para insistir na concepção convencional de que os *obiter dicta* seriam apenas pronunciamentos realizados no curso de um processo judicial.

Faz sentido, portanto, se eu estiver correto, apostar em um conceito não essencialista de *obiter dictum*, que considera o fato de ele ser pronunciado nos autos de um processo como uma característica típica, ao invés de necessária: um *obiter dictum* é "um pronunciamento público e oficial de uma autoridade ou órgão do poder judiciário, *normalmente* realizado no curso de um processo judicial, sobre uma questão jurídica controvertida, *normalmente* capaz de influenciar decisões jurídicas posteriores do judiciário ou de outras instituições jurídicas e de gerar razões para novos argumentos jurídicos" (Bustamante, 2018).

Minha definição, portanto, é bastante ampla: podemos empregar uma noção estendida de *obiter dictum* capaz de compreender qualquer pronunciamento institucional de uma autoridade judicial ou órgão jurisdicional dotado de relevância para a fixação do conteúdo do direito.

Como se vê, esse conceito está mais preocupado em apresentar as "semelhanças de família" suficientes para explicar a noção de *obiter dictum* do que em exaurir todas as suas propriedades necessárias.[3] Embora haja dois elementos necessários nesse conceito (a publicidade e o caráter oficial de tais pronunciamentos), é logicamente possível imaginar tanto *obiter dicta* que (i) não são prolatados nos autos de algum processo (como fundamento auxiliar de uma decisão), quanto *obiter dicta* que (ii) não são capazes de influenciar decisões posteriores do judiciário ou de outras instituições políticas. Meu propósito neste ensaio é oferecer uma perspectiva mais completa (comparada à que ofereci anteriormente) apenas da classe de *obiter dicta* que carecem do primeiro elemento não essencial, os quais eu classifiquei como *obiter dicta* exoprocessuais. Oferecerei,

---

[2] A máxima pragmática de Pierce pode ser expressa da seguinte maneira: "considere os efeitos, dentre os que se pode conceber para certos comportamentos práticos, que concebemos que o objeto de nossa concepção possua. Nossa concepção sobre esses efeitos é o conjunto de nossa concepção desse objeto" (Pierce, 2005, p. 138).

[3] A noção de "semelhança de família" oferecida em meu conceito remete a Wittgenstein (1958, §§66-67, p. 33).

nas próximas seções, uma breve explanação dessa noção e de quatro classes de pronunciamentos desta natureza.

2 A noção de *obiter dicta* exoprocessuais

Obiter dicta exoprocessuais são uma espécie de pronunciamento judicial abusivo, pois invariavelmente extrapolam os usos legítimos que se pode fazer da autoridade judicial. Eles constituem uma violação às "obrigações derivadas do papel social" (*role obligations*) da magistratura. De acordo com Michael Hardimon, *role-obligations* são obrigações especiais que se aplicam aos sujeitos que exercem papéis específicos em certas instituições. Uma *role obligation* é "uma exigência moral que se acopla a um papel institucional, cujo conteúdo é fixado pela função de seu papel, e cuja força normativa deriva desse papel" (HARDIMON, 1994, p. 334).

Convém revisar, para fins didáticos, minha exposição anterior sobre as características gerais desse tipo de pronunciamento:

> A doutrina tradicional não considera o que chamo de obiter dicta exoprocessuais como parte do gênero obiter dictum. Trata-se de pronunciamentos prolatados fora dos autos, embora tipicamente retenham um caráter semi-autoritativo semelhante ao dos obiter dicta em sentido estrito [prolatados no curso de um julgamento]. Se adotarmos a definição não essencialista de obiter dictum que ofereci neste ensaio, não há, porém, problemas em se caracterizá-los como obter dicta. Importa, para a caracterização de um obiter dictum exoprocessual, o preenchimento das principais características que mencionamos... [no] presente trabalho. Ainda que fora dos autos, há que ser um pronunciamento público e oficial, cuja relevância é medida não em função do seu conteúdo, mas primordialmente em função da sua origem. O obiter dictum exoprocessual (que também pode ser chamado de obiter dictum em sentido amplo) é importante apenas enquanto ele se refira a pronunciamentos realizados por um magistrado enquanto magistrado, ainda que fora de um processo.
>
> Ademais, só se pode falar em obiter dictum em sentido amplo ou exoprocessual quando o pronunciamento for relevante e versar sobre um caso concreto, uma questão jurídica por ser decidida, capaz de produzir efeitos sistêmicos relevantes ou danos à ordem jurídica. À semelhança dos obiter dicta em sentido estrito, eles constituem uma interpretação do direito realizada por um magistrado ou grupo de magistrados, à qual se agrega uma relevância especial por causa da posição institucional que o magistrado ocupa (BUSTAMANTE, 2018).

Como se depreende desse trecho, um *obiter dictum* exoprocessual reúne duas características comuns a todos *obiter dicta*: a *publicidade* (na medida em que se trata de um pronunciamento que tem como destinatário o público externo à corte) e a *oficialidade* (na medida em que a razão de sua relevância específica está baseada exclusivamente no fato de ele ser pronunciado por uma autoridade judicial). Mas não é só. Eles têm necessariamente uma característica que é considerada meramente típica no caso dos *obiter dicta* em geral: apresentam-se para o público como uma interpretação do direito, ou uma *resposta* a uma questão jurídica de interesse público. Trata-se de uma resposta que é dada com o propósito de influir no desfecho de uma discussão política, quando o judiciário não foi provocado.

Essa resposta é frequentemente pronunciada de maneira abusiva e ilegítima, pois não decorre de uma argumentação dialógica conduzida segundo os princípios do contraditório e do devido processo legal. *Obiter dicta* exoprocessuais têm como fundamento predominante a *doxa*, e raramente se deixam determinar segundo a disciplina e o rigor do *logos*. Trata-se de opiniões onde o risco de pronunciamentos infelizes ou desarrazoados se multiplica, pois o magistrado discursa livre do maior ônus que o sistema jurídico lhe impõe: a "obrigação de fundamentar as suas decisões" (BUSTAMANTE, 2018).

Em tempos de superexposição do Judiciário e de uma perigosa ampliação do poder de influência da magistratura sobre os demais poderes, *obiter dicta* exoprocessuais tendem a constituir uma forma degenerada de atuação política judicial. Via de regra, eles se apresentam como um dos principais mecanismos por meio dos quais a demagogia e o populismo se manifestam nas instituições que compõem o Poder Judiciário, como explica Conrado Hübner Mendes ao introduzir o conceito de "populisprudência":

> Entramos na era da populisprudência, a versão judicial do populismo. A populisprudência sintoniza sua antena na opinião pública e no humor coletivo e "transcende" a lei quando esta não estiver afinada com uma causa maior. Convoca apoiadores e lhes agradece publicamente pela mobilização em defesa da "causa". Adere à cultura de celebridade, aceita prêmios em cerimônias chiques, tanto faz quem as organize ou quem sejam seus companheiros de palco. Frequenta gabinetes políticos e a imprensa, onde opina sobre a conjuntura política, alerta sobre decisões que poderá tomar em casos futuros e ataca juízes não aliados à "missão". A populisprudência é televisionada e tuitada, não está só nos autos (MENDES, 2018).

Veremos, a seguir, algumas classes de *obiter dicta* exoprocessuais que se encaixam precisamente nessa descrição, e procuraremos entender de que maneira esses pronunciamentos constituem uma ameaça ao Estado de Direito e à imparcialidade judicial.

3 Modalidades de *obiter dicta* exoprocessuais

3.1 *Obiter dicta* prejulgadores

Em escrito anterior sobre o tema (BUSTAMANTE, 2018), classifiquei os *obiter dicta* prejulgadores como uma modalidade de *obiter dicta* exoprocessuais que pode, ou não, ser combinada com os *obiter dicta* "indutivos", é dizer, com os pronunciamentos judiciais que pretendem influir sobre o comportamento de outras instituições (como o Ministério Público, a Polícia etc.).

Creio, no entanto, que essa dicotomia deve ser evitada, pois todos os *obiter dicta* exoprocessuais são indutivos, no sentido de que pretendem exercer algum tipo de influência sobre outra instituição ou setor social. Nenhuma classe de pronunciamento judicial exoprocessual vem desacompanhada de uma pretensão de influenciar decisões posteriores do judiciário ou de outras instituições e de, com isso, gerar novas razões para a ação ou para a produção de novos argumentos jurídicos.

Para verificar um *obiter dicta* pré-julgador, basta, portanto, constatar a existência de um pronunciamento realizado fora dos autos sobre matéria que virá (ou poderá vir) a ser submetida à apreciação judicial. "Um *obiter dictum* pré-julgador é um juízo, um ato de interpretação ou aplicação do direito realizado fora dos autos, sobre matéria que está em discussão na sociedade e sobre a qual o judiciário se pronunciará. É um juízo prévio, anterior à apresentação da defesa do réu ou mesmo, em alguns casos, da própria formulação da acusação pela parte autora" (BUSTAMANTE, 2018). Revisito, aqui, o exemplo de *obiter dictum* pré-julgador que ofereci em meu estudo anterior:

> No dia 06 de setembro de 2017, após a repercussão de uma divulgação, pela Procuradoria-Geral da República, de gravações dos empresários Joesley Batista e Ricardo Saudi, executivos do grupo J&F, proprietário da JBS, o Ministro Luiz Fux, do Supremo Tribunal Federal, pediu a palavra no início de uma sessão do Plenário do Supremo Tribunal Federal para se manifestar sobre o conteúdo dessas gravações. Realizou, sentado na cadeira do Plenário do STF, vestindo a toga que os magistrados utilizam ao proferir os seus julgamentos, diante do plenário, um enquadramento jurídico da conduta dos acusados e sugeriu expressamente ao Procurador-Geral da República que pedisse a prisão dos dois acusados. Não havia qualquer pedido de prisão formulado; não havia nenhuma petição, nenhum pedido de providências. O pronunciamento foi externado nos seguintes termos:
>
> "Eu verifico que esse episódio de ontem, que foi difundido de forma transparente pelo Sr. Procurador-Geral da República, revelou que esses partícipes do delito, que figuraram como colaboradores, ludibriaram o Ministério Público, degradaram a imagem do país no plano internacional, atentaram contra a dignidade da justiça e revelaram a arrogância dos criminosos do colarinho branco, de sorte que eu deixo ao alvedrio do Ministério Público a opção de fazer com que esses participantes dessa cadeia criminosa, que confessaram diversas corrupções, que eles passassem do exílio nova-iorquino para o exílio da Papuda. Gostaria de sugerir isso aqui, em meu nome pessoal e eventualmente daqueles que concordam com a minha indignação".[4]
>
> Como de costume, a sessão foi transmitida ao vivo pela TV Justiça e repercutiu em todos os telejornais daquela noite. (...) O Ministro do Supremo Tribunal Federal, do alto de sua autoridade, realiza não só uma interpretação abstrata da lei, como acontece em alguns casos de obiter dictum abusivo, mas também um enquadramento do fato à norma, é dizer, uma operação básica de subsunção, descrevendo detalhadamente as ilicitudes que considera presentes e a consequência (prisão) a ser engendrada. Do ponto de vista prático, ele não apenas é capaz de gerar razões para o Ministério Público pedir a prisão dos acusados, mas também realiza um pré-julgamento baseado nas notícias de jornal que foram veiculadas no dia anterior, violando de maneira grosseira o princípio do devido processo legal. (BUSTAMANTE, 2018).

---

[4] Discurso gravado em meio áudio-visual disponível em Uol Notícias, 2017.

3.2 *Obiter dicta* de competição interna[5]

Um *obiter dictum* pode ser utilizado, ainda, como forma de um magistrado exercer pressão sobre outro, com vistas a minar a autoridade de sua decisão e contribuir para a sua revisão. Fora dos autos, um membro de órgão colegiado pode se manifestar na imprensa contra a decisão de um colega seu, com vistas a ridicularizá-la e a estimular a sua revisão por vias informais.

Para a existência de um *obiter dictum* de competição interna, os seguintes elementos devem se fazer presentes: de início, a existência de uma decisão de outro magistrado ou órgão jurisdicional sobre uma questão controvertida e relevante, sobre a qual exista um amplo desacordo social; em segundo lugar, uma crítica realizada por outro magistrado, normalmente um magistrado da mesma corte, com poder de participar no mesmo julgamento, em grau de recurso, sobre a decisão em tela; em terceiro lugar, que essa crítica se volte para o público externo à corte, e não para as esferas internas de deliberação; em quarto lugar, que a crítica tenha por objetivo não apenas apontar problemas na decisão, mas esvaziar a sua autoridade, criando incentivos para outras instituições se insurgirem contra a decisão.

Não faltam exemplos desse tipo de pronunciamento judicial no Supremo Tribunal Federal. Quando o Ministro Marco Aurélio, do Supremo Tribunal Federal, concedeu medida cautelar na ADPF 402, ajuizada pela Rede de Sustentabilidade, para afastar do exercício do cargo o Presidente do Senado Federal, Renan Calheiros (STF, 2016), não creio que adotou uma interpretação correta da Constituição Federal.[6] Não obstante, o que chama a atenção foi um pronunciamento crítico de outro membro do mesmo tribunal, em sede de *obiter dictum* de competição. O exemplo de *obiter dictum* abusivo não proveio de qualquer crítica institucional, qualquer recurso ou argumento jurídico-processual, mas de uma declaração para a imprensa do Ministro Gilmar Mendes, que classificou o Ministro Marco Aurélio de "doido" e "senil", pedindo publicamente o seu *impeachment*. Nas palavras do Ministro Gilmar Mendes, a decisão seria "indecente" (O Globo, 2016).

Num contexto de profundo conflito entre o Senado e o Supremo Tribunal Federal, o Ministro Gilmar Mendes iniciou uma campanha pela imprensa para encorajar a Casa Legislativa a resistir à decisão judicial já prolatada, intensificando o risco de uma crise institucional mais profunda e uma ruptura da ordem democrática. No dia seguinte à decisão do Ministro Marco Aurélio, após os pronunciamentos do Ministro Gilmar Mendes, a Mesa do Senado Federal decidiu não dar cumprimento à decisão, deliberando por "aguardar a deliberação final do Pleno do Supremo Tribunal Federal" (Senado Federal, 2016).

---

[5] Essa seção reproduz, *in litteris*, a seção 5.2.2. de meu artigo anterior (BUSTAMANTE, 2018). Para o leitor que esteja familiarizado com esta seção e queira evitar repetições, sugere-se avançar para a seção 3.3. deste trabalho.

[6] Ver, nesse sentido, BUSTAMANTE; FREITAS (2017).

Como se observa, ainda que não se possa concluir que o pronunciamento do Ministro Gilmar Mendes de fato implicou a decisão do Senado, fica evidente que ele pelo menos gera razões para a sua realização e cria uma ambiente de grave insegurança jurídica, na medida em que um Ministro da Corte passa a dar incentivos públicos para o descumprimento da decisão de outro e abandona o papel de magistrado para atuar como uma espécie de advogado no caso.

3.3 *Obiter dicta* corporativos

Outra modalidade de pronunciamento institucional abusivo sobre questões jurídicas controvertidas é o que podemos denominar de *obiter dictum* corporativo. Tal modalidade de *obiter dictum* tem lugar quando a sociedade ou alguma instituição coloca em questão a atuação do próprio Poder Judiciário ou de algum dos seus integrantes. Diante de críticas ou eventuais denúncias de ilegalidade ou abuso de poder, estes *obiter dicta* buscam oferecer à autoridade posta em jogo uma espécie de salvaguarda ou respaldo. São pronunciamentos que visam, tipicamente, impedir a responsabilização de agentes judiciais pelos seus atos no exercício da profissão, bem como inviabilizar qualquer tipo de controle externo ao judiciário sobre suas ações.

Na maior parte das vezes, esses pronunciamentos não vêm assinados por um único juiz. Para satisfazer ao desiderato de proteger contra eventuais cobranças da sociedade ou pleitos de responsabilização por abusos no exercício da jurisdição, eles vêm travestidos sob a forma de "moções de desagravo" ou "notas de apoio" a algum magistrado em particular. Costumam vir assinados por dezenas ou até centenas de magistrados, quando não se apresentam oficialmente como um pronunciamento de uma associação profissional como a AMAGES, a ANAMATRA ou a AJUFES.

Quando firmados por tais associações, o que chama a atenção é que esses pronunciamentos costumam ter finalidades estranhas ao seu objetivo social. Ao invés de tratar de pautas ou assuntos de interesse geral da carreira, que justifiquem a atuação da associação, o objetivo desses pronunciamentos é tratar de processos específicos, legitimando condutas e apelando para interesses profissionais e ideológicos da classe da magistratura. Não deixam de ser, porém, *obiter dicta* no sentido em que conceituamos, pois são pronunciamentos oficiais (realizam um juízo concreto sobre problema jurídico de interesse da sociedade) e públicos (dirigem-se para fora do âmbito específico das instâncias do Poder Judiciário).

O exemplo mais notável foi a postura dos magistrados da Associação dos Juízes Federais (AJUFES) ao longo de todas as fases da denominada "Operação Lava-Jato", conduzida pelo juiz federal Sérgio Moro, e que culminou com a condenação do ex-Presidente da República Luís Inácio Lula da Silva. Há pelo menos três momentos em que a estratégia de condução do processo foi duramente questionada por diversos setores da sociedade e da comunidade jurídica.

Em primeiro lugar, uma das estratégias processuais mais utilizadas pelo magistrado, na instrução criminal dos processos, foi a combinação da prisão de natureza cautelar com as denominadas "delações" ou "colaborações" premiadas. Essa estratégia, aliás, não é nova, já que fora previamente empregada na Itália no âmbito da denominada "Operação *Mani Pulite*".[7]

Em segundo lugar, questionou-se também a utilização das denominadas "conduções coercitivas" de pessoas para depor na condição de investigadas, em casos nos quais não tenha havido nem intimação anterior e nem recusa do intimado para prestar tal depoimento.

E finalmente, em terceiro lugar, foram questionados os vazamentos de informações processuais, muitas delas protegidas por lei garantidora de sigilo processual, para a imprensa. Em particular, foram ajuizados procedimentos administrativos e criminais contra o juiz da causa, em face da divulgação de conversa telefônica entre o ex-presidente Luís Inácio Lula da Silva e a então presidenta da República, Dilma Rousseff.[8]

Em todos esses três casos, foram redigidas notas de apoio da AJUFES em defesa do juiz Sérgio Moro, e no caso da condução coercitiva foi redigida ainda uma nota da AMB (Associação dos Magistrados Brasileiros) com a mesma finalidade.

No que concerne à critica de que as delações premiadas não poderiam ser extraídas por meio de prisões cautelares, empregadas com a finalidade de constranger o investigado à delação, a AJUFE lançou uma nota em apoio a Sérgio Moro em 23 de junho de 2015, onde categoricamente afirmava que "as decisões tomadas pelo Juiz Federal Sérgio Moro no curso desse processo são devidamente fundamentadas em consonância com a legislação penal brasileira e o devido processo legal" e procurava, na mesma medida, desqualificar os críticos do magistrado, ao assentar que não iria "admitir alegações genéricas e infundadas de que as prisões decretadas nessa 14ª fase da Operação Lava Jato violariam direitos e garantias dos cidadãos".[9]

De modo análogo, no caso da "condução coercitiva", manifestou-se a AJUFES no sentido de que "a Justiça Federal brasileira e os integrantes do

---

[7] Ao relatar a experiência italiana, Sérgio Moro não esconde sua inspiração na experiência daquela operação: "Por certo, a confissão ou delação premiada torna-se uma boa alternativa para o investigado apenas quando este se encontrar em uma situação difícil. De nada adianta esperar ato da espécie se não existem boas provas contra o acusado ou se este não tem motivos para acreditar na eficácia da persecução penal. A prisão pré-julgamento é uma forma de se destacar a seriedade do crime e evidenciar a eficácia da ação judicial, especialmente nos sistemas judiciais morosos" (MORO, 2004, p. 58-59).

[8] O próprio juiz Sérgio Moro, aliás, em comentário sobre a operação italiana, louva a estratégia processual de sistemática divulgação de informações processuais por meio da imprensa: "A publicidade conferida às investigações teve o efeito salutar de alertar os investigados em potencial sobre o aumento de massa de informações nas mãos dos magistrados, favorecendo novas confissões e colaborações. Mais importante: garantiu o apoio da opinião pública às ações judiciais, impedindo que as figuras públicas investigadas obstruíssem o trabalho dos magistrados, o que, como visto, foi de fato tentado. (...) As prisões, confissões e publicidade conferida às informações obtidas geraram um círculo virtuoso, consistindo na única explicação possível para a magnitude dos resultados obtidos pela operação *mani pulite*" (MORO, 2004, p. 59).

[9] Íntegra da nota disponível no site CONJUR, em: <https://www.conjur.com.br/2015-jun-23/associacao-juizes-defende-prisoes-decretadas-sergio-moro>.

Ministério Público, da Receita Federal e da Política Federal agiram nos estritos limites legais e constitucionais, sempre respeitando os direitos de ampla defesa e do devido processo legal, sem nenhuma espécie de abuso ou excesso". E afirmou ainda que "não se trata de espetáculo midiático, nem há enfoque político por parte dos agentes estatais incumbidos desta tarefa, mas o absoluto cumprimento das funções públicas".[10]

Por derradeiro, adotou-se o mesmo procedimento em relação à divulgação de interceptações telefônicas sem competência para ordená-las e sem vinculação a fatos objeto de investigação criminal. A despeito de proibição legal expressa, com imputação de crime para divulgação indevida de gravações de tal natureza, sustentou a AJUFES que "as decisões tomadas pelo magistrado federal no curso deste processo foram fundamentadas e embasadas por indícios e provas técnicas de autoria e materialidade, em consonância com a legislação penal e a Constituição Federal, sempre respeitando o Estado de Direito. No exercício de suas atribuições constitucionais, o juiz federal Sérgio Moro tem demonstrado equilíbrio e senso de justiça".[11]

Como expus em trabalho anterior, a proximidade entre Moro e a AJUFES, com suas múltiplas declarações públicas não apenas oferecendo apoio institucional, mas ditando o que considera a "interpretação" oficial da legislação e desqualificando o discurso dos críticos ao magistrado, criou um clima de litigiosidade entre o próprio magistrado e as partes acusadas ou os críticos à Operação Lava-Jato:

> Os atos do juiz Sérgio Moro são apresentados pelas associações de magistrados brasileiros como uma espécie de "verdade institucional", é dizer, como decisões imaculadas e inatacáveis, as quais gozam de um respaldo institucional do qual poucos magistrados estão acostumados a desfrutar. A magistratura federal, de modo geral, com raras e honradas exceções, que se expressam de forma cada vez mais tímida, na medida em que os magistrados dissidentes são silenciados ou estigmatizados, apóia expressamente as ações de Sérgio Moro e avaliza a sua conduta, considerando qualquer crítica externa como uma espécie de ofensa institucional (Bustamante, 2017, p. 141).

Ainda que o efeito descrito no parágrafo acima não tivesse se produzido, ou seja, ainda que o *obiter dictum* corporativo não conseguisse produzir os seus efeitos práticos, o mero fato de a AJUFES ter redigido esse tipo de nota para influir na opinião pública e no resultado do julgamento de eventuais processos disciplinares ou administrativos contra o magistrado, ou mesmo no resultado de recursos contra as decisões que vinham sendo questionadas, constitui um pronunciamento judicial ilegítimo, fora dos autos, sem o benefício do contraditório e sem os rigores do devido processo legal, que é recebido pela comunidade com exatamente a mesma força

---

[10] Íntegra da nota disponível em: <http://g1.globo.com/politica/operacao-lava-jato/noticia/2016/03/associacao-de-juizes-federais-nega-abuso-em-decisoes-da-lava-jato.html>.

[11] AJUFE. Nota pública da Associação dos Juízes Federais do Brasil em apoio ao juiz federal Sérgio Moro, 16.03.2016. Disponível em: <http://www.ajufe.org/imprensa/notas-publicas/nota-publica-da-associacao-dos-juizes-federais-do-brasil-em-apoio-ao-juiz-federal-sergio-moro/>. Também disponível em: <https://oglobo.globo.com/brasil/associacao-de-juizes-federais-emite-nota-em-apoio-moro-18894207>.

e poder de persuasão que um *obiter dictum*, ainda que travestido de uma simples nota de apoio. A mensagem passada à sociedade pelos *obiter dicta* corporativos é de que a interpretação por eles encampada é uma "verdade judicial", e qualquer interpretação alternativa um ataque injustificado à independência judicial.

3.4 *Obiter dicta* pseudo-científicos

Uma quarta modalidade de *obiter dictum* é composta pelos denominados "*obiter dicta* pseudo-científicos". Normalmente, um *obtier dictum* desta natureza é prolatado em contextos que ordinariamente estariam acobertados pela liberdade acadêmica e reivindicariam uma "pretensão de verdade", ao invés de uma pretensão de autoridade. Erigir uma pretensão de verdade sobre certa afirmação é própria do discurso científico, onde o falante reivindica para suas asserções uma veracidade que decorre *apenas* da capacidade (dessas asserções) de expressarem fielmente a realidade e oferecerem uma *resposta correta* a um desafio de investigação ou a uma pergunta de pesquisa formulada no início do processo de argumentação.

É comum, no entanto, que circunstâncias pessoais do autor de uma afirmação modifiquem, às vezes de maneira radical, o impacto de determinada afirmação que a primeira vista é caracterizada por essa pretensão de verdade. Uma tese científica sobre uma lei da natureza ou uma tese jurídica sobre a melhor interpretação de uma dada proposição legislativa têm em comum o fato de que a sua resgatabilidade discursiva é completamente independente da autoridade do seu autor. Elas são julgadas como verdadeiras e falsas, ou corretas e incorretas, dependendo somente de sua resistência à crítica e da sua capacidade de justificar-se diante de um auditório qualificado e da evidência apresentada em favor ou contra a sua aceitação. Diferentemente do discurso judicial, o discurso científico (seja ele praticado por físicos, ou biólogos, ou sociólogos, ou mesmo filósofos e juristas) caracteriza-se primordialmente pela completa *independência em relação à autoridade*. O que torna uma afirmação científica merecedora de aceitação é o seu sucesso em um processo de verificação em que as afirmações do autor podem ser contrastadas com a realidade e testadas à luz de hipóteses contrárias. Enquanto as razões jurídicas são razões relacionadas, ao menos em parte, à identidade do autor de certos comandos ou diretivas autoritativas (sendo portanto razões "relacionadas à identidade" no sentido de Marmor (2011)), as razões para aceitar ou rechaçar uma hipótese teórica são relacionadas única e exclusivamente ao conteúdo de certas proposições, pois a sua autoria é completamente irrelevante. Enquanto no direito a autoridade sempre tem algum tipo de relevância prática, no discurso científico ela é sempre irrelevante e o argumento de autoridade é sempre percebido como uma falácia.

Talvez essa circunstância explique o fato de teorias pseudo-científicas, de péssima qualidade, serem levadas a sério *apenas* quando sustentadas por magistrados de tribunais superiores. Quando o Ministro Luís Roberto Barroso afirmou, por exemplo, que nos Estados Unidos há em média apenas 75.000 ações trabalhistas julgadas por ano, e que o Brasil é responsável, sozinho, por 98% de todas as ações trabalhistas do mundo, ninguém no mundo científico poderia levar a sério essa afirmação (BARROSO, 2017-a; BARROSO, 2017-b). Com efeito, em conferência acadêmica em defesa do que chamava de reformas progressistas, entre as quais ocupava destaque a chamada "reforma trabalhista", Luís Roberto Barroso afirma em tom categórico: "a gente na vida tem que trabalhar com fatos e não com escolhas ideológicas prévias. O Brasil, sozinho, tem 98% das ações trabalhistas do mundo" (Barroso, 2017-b).[12]

Não é preciso muito esforço para demonstrar a colossal implausibilidade dessas afirmações. Com efeito, em criterioso estudo realizado por Cássio Casagrande – que diante da ausência de indicação de fontes nos estudos do Ministro Barroso foi checar os dados disponíveis na justiça dos Estados Unidos da América – pôde-se apurar que 11,18% das ações civis ajuizadas na Justiça Federal daquele país têm natureza trabalhista, e que esse percentual tende a se repetir também nas justiças estaduais, que têm competência concorrente com a Justiça Federal e recebem processos de mesma natureza. Com base em uma estimativa conservadora, Casagrande conclui que "os processos trabalhistas na Justiça dos Estados devem girar em torno de 1,7 milhão ao ano" (CASAGRANDE, 2017). Isso sem contar, ainda, que naquele país existem milhares de *class actions* em que "um único litigante pode representar em juízo o interesse de todos os demais que se encontram sob idêntica situação de fato e de direito" (CASAGRANDE, 2017). Quando se analisa os dados dessas ações, Casagrande observa que no Judiciário do Estado da Califórnia, por exemplo, 40% de todas as ações têm natureza coletiva, o que nos conduz à inarredável conclusão de que o número de litigantes trabalhistas nos Estados Unidos é provavelmente superior ao do Brasil. Nesse sentido, cabe reproduzir as seguintes conclusões apontadas por Casagrande:

> Bem, segundo minha calculadora, os "fatos" apresentados pelo Ministro Barroso indicariam o seguinte: se as quatro milhões de ações trabalhistas nacionais representam 98% do total mundial, e se todos os demais países do mundo reunidos têm somente 2% delas, restam apenas... 81 mil ações trabalhistas anuais! Em todo o planeta! Não existe nenhum estudo nacional ou internacional que respalde tamanha bizarria. Com o devido respeito que merece o Ministro e Professor Barroso, a afirmação é surreal. Observe-se que o Ministro não estava usando uma figura de linguagem, pois disse expressamente que estava "trabalhando com fatos". Ele deveria, portanto, apresentar as suas fontes científicas. Não precisa conhecer direito comparado para perceber que o número é o mais absoluto disparate. Já vimos acima que nos EUA as ações trabalhistas são contadas na casa do milhão – numa estimativa conservadora e desconsiderado o efeito multiplicador das *class actions*. E que, segundo o Professor da Universidade de Bremen Wolfgang Däubler, há 600 mil ações trabalhistas anuais somente na Alemanha. A Itália teria cerca de 300 mil ações laborais anuais de acordo com os próprios defensores da reforma. E onde estão os dados dos países que tem órgão judiciais semelhantes à nossa Justiça do Trabalho? Por exemplo, Austrália, Inglaterra, Suécia, África do Sul, etc., etc. ... (CASAGRANDE, 2017).

---

[12] Trecho disponível a partir do minuto 55:08.

Como se percebe, o trabalho acadêmico do Ministro Luís Roberto Barroso sobre a "Reforma Trabalhista" não passaria, se analisado sob o prisma de sua credibilidade científica, de um compilado de *fake news*, um arremedo de falácias e afirmações empíricas desacompanhadas de fontes confiáveis e dados minimamente verificáveis. Poderia, sem grande esforço intelectual, ser facilmente classificada como *junk science*!

Sem embargo, a circunstância de seu autor pronunciar tais argumentos pseudo-científicos *na qualidade de Ministro do Supremo Tribunal Federal* atribui a tais pronunciamentos um ar de institucionalidade e de seriedade que o argumento não merece. Indaga-se: não fosse o Ministro Luís Roberto Barroso um ministro do Supremo Tribunal Federal, qual o grau de confiabilidade se atribuiria a tal argumento científico? É difícil imaginar que fosse qualquer coisa superior a zero.

Não obstante, em vista do cargo e da posição de poder que ele ocupa, o pronunciamento é capaz de exercer profunda influência sobre a vida política do país, inclusive sobre os demais Poderes da República. Em particular, cite-se o fato de que a afirmação de que o Brasil seria palco de 98% de todas as ações trabalhistas do mundo, a despeito de estar evidentemente equivocada, foi citada no Relatório do Senador Ricardo Ferraço (PSDB-ES) como um argumento confiável em favor da aprovação da Reforma Trabalhista (Senado, 2017). O argumento pseudo-científico de Barroso é apresentado, portanto, como apto para *pautar a deliberação no Senado Federal*, em episódio que provocou a indignação de Casagrande no estudo supracitado:

> Então veja-se a que ponto chegamos: o relatório que propõe restringir a jurisdição da Justiça do Trabalho por suposto excesso de litigância foi aprovado na Comissão de Assuntos Econômicos do Senado, com base em dados manifestamente falsos (CASAGRANDE, 2017).

O episódio ilustra, de maneira eloquente, o perigo representado pelos *obiter dicta* pseudo-científicos: hipótese científicas manifestamente equivocadas são tratadas como se fossem argumentos de autoridade, pois magistrados (usualmente das cortes superiores) valem-se de sua própria autoridade para interferir na opinião pública e no funcionamento dos demais poderes.

4 Conclusão

Em sistemas jurídicos com controle de constitucionalidade forte, caracterizados por atribuírem aos juízes a última palavra sobre a validade de uma lei, sua compatibilidade com a constituição e sua interpretação definitiva, pronunciamentos judiciais, principalmente dos tribunais superiores (mormente da Suprema Corte), sempre são relevantes e capazes de influenciar o comportamento das demais instituições políticas, dos atores privados e dos cidadãos em geral.

Pronunciamentos judiciais têm caráter altamente persuasório mesmo quando o que os juízes dizem não passa de uma estupidez, e mesmo quando esses pronunciamentos são prolatados fora dos autos. É por isso que convém classificar certas interpretações judiciais realizadas fora de um contexto processual (como, por exemplo, os pronunciamentos que juízes realizam em entrevistas, palestras ou artigos acadêmicos) como uma espécie de *obiter dictum* exoprocessual. Quando consideramos os efeitos de tais pronunciamentos interpretativos públicos e oficiais, observamos poucas diferenças entre eles e os pronunciamentos convencional e tradicionalmente classificados como *obiter dictum* em sentido estrito.

Tentei demonstrar, neste ensaio, a maneira como *obiter dicta* exoprocessuais realizam atos de fala indiretos, com vistas a não apenas "interpretar o direito" ou "dizer o direito em um caso concreto", mas também criar incentivos para pautas políticas e interesses profissionais dos juízes. Entender o funcionamento e os tipos ou formas de manifestação dos *obiter dicta* exoprocessuais é importante para entender o poder judicial e as formas de exercício da política ordinária pelo Judiciário. Embora o poder de influir na atuação dos demais poderes possa parecer novidade para alguns teóricos do direito, esse poder não é novidade para os juízes. De modo geral, magistrados em tribunais superiores são perfeitamente conscientes desse poder; são conscientes de que o poder de dar a última palavra sobre o sentido da constituição e as obrigações que ela impõe cria nas demais instituições expectativas normativas sobre qualquer pronunciamento judicial, inclusive aqueles que não são realizados nos autos. Analisadas as coisas de um ponto de vista pragmático, é inegável que os juízes detêm o poder *de facto* não apenas de realizar julgamentos e, na maioria dos sistemas jurídicos, declarar a inconstitucionalidade das leis. Eles têm, também, uma importante parcela de poder para determinar o conteúdo do direito e das políticas públicas a serem adotadas pelas outras esferas de governo. Na maior parte das vezes, esse poder *de facto* é exercido de maneira ilegítima, por meio de *obiter dicta* exoprocessuais. Estes pronunciamentos aparentam ser meras opiniões jurídicas, mas na verdade representam a forma mais dissimulada e rasteira de se fazer política que se tem notícia na magistratura brasileira. Como adverte Conrado Hübner Mendes, em artigo já citado neste trabalho, o populismo judicial avança a passos largos na prática jurídica brasileira:

> Assim como a hipocrisia é a homenagem que o vício presta à virtude, a aparência jurídica é o tributo que a populisprudência paga à jurisprudência.
>
> Ou seja, a populisprudência vende uma jurisprudência de fachada para ocultar escolhas de ocasião. É um jogo de alto risco, pois, quando o argumento jurídico passa a ser percebido como disfarce de posição política, e não consegue se diferenciar desta, o estado de direito atinge seu precipício.

É preciso, portanto, mantermo-nos vigilantes diante desse poder de influenciar a política por *obiter dicta*, se quisermos manter de pé as instituições fundamentais do Estado Democrático de Direito.

Referências

BARROSO, Luís Roberto. O momento institucional brasileiro e uma agenda para o futuro. Conferência proferida no Brazil Forum UK 2017. In: *Migalhas*, 15.05.2017 (2017-a). Texto escrito disponível em: <http://www.migalhas.com.br/arquivos/2017/5/art20170515-01.pdf>. Acesso em: 01 jun.2018.

BARROSO, Luís Roberto. O momento institucional brasileiro e uma agenda para o futuro. Conferência proferida no Brazil Forum UK 2017 (2017-b). Audiovisual disponível em: <https://www.youtube.com/watch?v=IeDp2Ga2f6c>. Acesso em: 01 jun. 2018.

BUSTAMANTE, Thomas. Magistratura Federal. In: Alves, Giovanni *et. alli. Enciclopedia do Golpe*, v. 1. Bauru: Práxis, 2016, p. 131-146.

BUSTAMANTE, Thomas. *Obiter Dicta* Abusivos: esboço de uma tipologia dos pronunciamentos judiciais ilegítimos. *Revista Direito GV*, v. 14, n. 2, Agosto 2018, no prelo.

BUSTAMANTE, Thomas; FREITAS, Graça Maria Borges de. Separação e equilíbrio de poderes: reflexões sobre democracia e desenho institucional do STF pós-88. *Cadernos Adenauer*, v. 18, n. 1 (2017), p. 193-216.

CASAGRANDE, Cássio. "Brasil, 'campeão de ações trabalhistas': como se constrói uma falácia". In. *Jota*, 25.06.2017. Disponível em: <https://www.jota.info/opiniao-e-analise/artigos/brasil-campeao-de-acoes-trabalhistas-25062017>. Acesso em: 01 jun. 2018.

HARDIMON, Michael. Role Obligations. *The Journal of Philosophy*, v. 91, n. 7, 1994 p. 333-363.

MACCORMICK, Neil. Why Cases have Rationes and What these are. In: Goldstein, Laurence. *Precedent in Law*. Oxford University Press, 1987, p. 155-182.

MARMOR, Andrei. *Philosophy of Law*. Princeton: Princeton University Press, 2011.

MARTIN, E. A.; LAW, J. *Oxford Dictionary of Law*. Oxford: Oxford University Press, 2006.

MENDES, Conrado Hübner, Populisprudência. In: *Época*, 27/04/2018. Disponível em: <https://epoca.globo.com/politica/Conrado-Hubner/noticia/2018/04/populisprudencia.html>. Acesso em: 01 jun. 2018.

MORO, Sérgio Fernando. Considerações sobre a operação *Mani Pulite*. *Revista CEJ*, v. 8, n. 26, set 2004, p. 56-62.

PEIRCE, Charles Sanders. How to Make Our Ideas Clear. In. Haach, Susan. *Pragmatism, Old & New: Selected Writings*. New York: Prometeus, 2005, p. 127-150.

SEARLE, John R.. Indirect Speech Acts. In: *Expression and Meaning: Studies in the Theory of Speech Acts*. Cambridge: Cambridge University Press, 1979, p. 30-57.

SENADO FEDERAL. Parecer da Comissão de Assuntos Sociais sobre Projeto de Lei da Câmara n. 38 de 2017 (Rel. Senador Ricardo Ferraço). Disponível em: <http://legis.senado.leg.br/sdleg-getter/documento?dm=5333909&disposition=inline>. Acesso em: 01 jun. 2018.

SUPREMO TRIBUNAL FEDERAL, 2016. Medida Cautelar em Arguição de Descumprimento de Preceito Fundamental 402/DF, Decisão Monocrática. Rel. Min. Marco Aurélio, j. 05.12.2016. Íntegra da decisão disponível em: <http://www.migalhas.com.br/arquivos/2016/12/art20161205-12.pdf>. Acesso em: 20 nov. 2017.

UOL NOTÍCIAS, Fux defende no STF prisão de Joesley e Saud: "que passem ao exílio da Papuda" (reportagem de Leandro Prazeres e Felipe Amorim). São Paulo, 06 set. 2017. Disponível em: <https://noticias.uol.com.br/politica/ultimas-noticias/2017/09/06/apos-divulgacao-de-audio-fux-defende-prisao-de-joesley-e-ricardo-saud.htm>. Acesso em: 20 nov. 2017

WITTGENSTEIN, Ludwig. *Philosophical Investigations*. Trad. G.E.M. Anscombe. Oxford: Basil Blackwell, 1958.

Informação bibliográfica deste texto, conforme a NBR 6023:2002 da Associação Brasileira de Normas Técnicas (ABNT):

BUSTAMANTE, Thomas. Julgando fora dos autos: Uma nova reflexão sobre obiter dicta exoprocessuais no Brasil. In: BOLONHA, Carlos et al. (Coord). *30 anos da Constituição de 1988*: uma jornada democrática inacabada. Belo Horizonte: Fórum, 2019. p. 449-462. ISBN 978-85-450-0595-7.

PARTE V
CONSTITUIÇÃO E DIREITO ADMINISTRATIVO

CONSTITUCIONALIZAÇÃO DO DIREITO ADMINISTRATIVO SANCIONADOR: UM PROCESSO EM ANDAMENTO

Alice Bernardo Voronoff

1 Constitucionalização do direito, do direito administrativo e do direito administrativo sancionador: desafios da pós-modernidade.

É inquestionável que a Constituição da República de 1988 produziu impacto avassalador sobre os diversos ramos do direito, impregnados que foram pelos valores da democracia e pelo extenso catálogo de princípios e garantias assegurados pelo constituinte. São direitos tanto substantivos quanto procedimentais, que se espraiam pelas esferas individual, social e difusa e impulsionam não apenas uma recompreensão teórica do ordenamento jurídico, mas a mudança de práticas arraigadas; a superação do viés autoritário enraizado nas instituições; o despertar de uma nova cultura jurídica.

É nesse sentido que se deve compreender a constitucionalização do direito: como um fenômeno complexo e multidimensional. Trata-se de reconhecer que, a um só tempo, as normas e institutos jurídicos devem ser lidos à luz e a partir da Constituição – a chamada *filtragem constitucional*;[1] que essa leitura pressupõe a máxima efetividade do texto constitucional – pois a *Constituição é para valer*,[2] e não mero diploma retórico; e que isso exige dos entes e agentes públicos, mas também do cidadão comum – já que direitos fundamentais detêm *eficácia horizontal*[3] – respeito e esforços voltados a concretizar a Carta Maior. Deve existir um compromisso sério e sincero da sociedade com o Estado Democrático de Direito, a despeito das vicissitudes. Para os que lidam com a Administração Pública, especificamente, isso implica atentar para mudanças e exigências que são significativas.[4]

---

[1] SCHIER, Paulo Ricardo. *Filtragem constitucional*: construindo uma nova dogmática jurídica. Porto Alegre: Safe, 1999.
[2] BARROSO, Luís Roberto. *O direito constitucional e a efetividade de suas normas*. 9. ed. Rio de Janeiro: Renovar, 2009.
[3] SARMENTO, Daniel. *Direitos fundamentais e relações privadas*. 2. ed. Rio de Janeiro: Lumen Juris, 2010.
[4] Nessa linha: "A constitucionalização provocou uma quase revolução no direito administrativo e ainda se faz necessário aprofundá-la em alguns campos. Paralelamente, porém, parece importante chamar atenção para a dependência que a realização do projeto constitucional tem de sua absorção pelo Estado administrativo. Como, em grande parte, a Constituição se realiza para o cidadão pela via da Administração Pública, as leituras e interpretações que a Administração Pública faz do texto constitucional passam a ser fundamentais para o próprio direito constitucional. É ali, nesse campo cotidiano e comezinho, das relações triviais do cidadão com o Estado, que o fenômeno constitucional acaba sendo percebido. Aos estudiosos de ambas as matérias não é

Com efeito, há diversas regras e princípios insculpidos na Constituição e articulados sistematicamente que se voltam direta ou indiretamente para a atividade administrativa, com destaque para o art. 37 da CRFB/88 e seus incisos. Hoje, embora não exista um código de direito administrativo, a Carta Constitucional exerce inegável força convergente. As regras e princípios constitucionais situaram a Administração Pública no paradigma do Estado Democrático de Direito e deflagraram mutações, transformações e inovações nas mais diversas searas.[5]

Ao ver de Fernando Dias Menezes, a Carta de 1988 representa o marco da consolidação da continuidade teórica e maturidade de uma teoria do direito administrativo tipicamente brasileira.[6] Maturidade essa estruturada sob a premissa da supremacia constitucional, que reinventou e oxigena, permanentemente, os diversos campos de atuação estatal.

Resultado disso são os novos e principais objetos de estudos doutrinários no país, orientados a temas como as garantias dos administrados, a processualização da atividade administrativa, a importância da consensualidade e a necessidade de coerência e responsabilidade na atuação do gestor público.[7] Tudo isso se alia a uma preocupação constante de desmitificação de certos dogmas – com destaque para o princípio da supremacia do interesse público sobre o privado –[8] e de ressignificação de conceitos historicamente cunhados para embasar projetos autoritários de poder, como o de poder de polícia.[9]

Aos poucos, mas de forma decisiva, o direito administrativo vai se atualizando e sendo redesenhado pela ação dos três Poderes – Legislativo, Executivo e Judiciário –, e por todos aqueles que pensam e operam nesse campo. O que não significa que esse venha sendo um processo simples e sereno. Inserida no quadro da pós-modernidade,[10] a tarefa é complexa e desafiadora.

---

dado ignorar tal realidade.". BAPTISTA, Patrícia; CAPECCHI, Daniel. Se o direito administrativo fica, o direito constitucional não passa: perspectivas do direito público contemporâneo sobre uma velha questão. *Revista de Direito da Cidade*, v. 8, n. 4, pp. 1.938-1.960, 2016, p. 1.945.

[5] V. MOREIRA NETO, Diogo de Figueiredo. *Mutações do direito público*. Rio de Janeiro: Renovar, 2006; e BAPTISTA, Patrícia. *Transformações do direito administrativo*. Rio de Janeiro: Renovar, 2003.

[6] ALMEIDA, Fernando Dias Menezes de. *Formação da teoria do direito administrativo no Brasil*, São Paulo: Quartier Latin, 2015, p. 436.

[7] Fernando Menezes destaca seis blocos temáticos, a saber: 1) a atuação processualizada da Administração Pública; 2) os controles sobre a ação administrativa e a responsabilidade civil extracontratual do Estado em geral; 3) os serviços públicos em espécie e respectivas agências reguladoras; 4) a utilização de instrumentos contratuais pela Administração; 5) as parcerias da Administração com o terceiro setor; e 6) a introdução da noção de políticas públicas no campo de investigação jurídica (ALMEIDA, Fernando Dias Menezes de. *Op. cit.*, 2015, p. 393-395).

[8] A esse respeito, veja-se a coletânea: SARMENTO, Daniel. (Org.). *Interesses Públicos versus Interesses Privados*: desconstruindo o princípio da supremacia do interesse público. Rio de Janeiro: Lumen Juris, 2005.

[9] Nesse sentido, veja-se BINENBOJM, Gustavo. *Poder de polícia, ordenação, regulação*: transformações político-jurídicas, econômicas e institucionais do direito administrativo ordenador. 2ª ed. Belo Horizonte: Fórum, 2017.

[10] Como descreve Luís Roberto Barroso, a pós-modernidade é marcada *"(...) pelo colapso dos projetos emancipatórios abrangentes, pela fragmentação das ideias e por uma onda de pragmatismo. Um mundo no qual a globalização tornou-se a palavra de ordem e o Estado soberano tradicional enfrenta adversidades externas – com a mitigação da própria ideia de soberania em face do direito comunitário e do direito internacional – e internas, com o questionamento de sua capacidade gerencial, assim como de agente econômico e social eficiente. Faz-se, igualmente, uma reflexão sobre os limites da razão, o*

E não há mal que seja assim. É preciso, apenas, compreender e assimilar as complexidades para se refletir a partir delas, na busca por soluções coerentes, razoáveis e racionais.

Como ensina Gustavo Binenbojm, é parte desse desafio compreender que o direito administrativo da atualidade está sujeito a dois grandes influxos. De um lado, festeja-se o constitucionalismo e seu catálogo de garantias individuais e sociais, que servem de fundamento de legitimidade para o Estado administrativo. Trata-se do que o autor designou de *giro democrático-constitucional*. De outro lado, o *giro pragmático* impõe uma crescente demanda por resultados, da qual se extrai a busca por soluções, decisões e estruturas aptas à produção das melhores consequências.

Ao final, ambos os giros, conjuntamente ou em rota de colisão, funcionam como importantes *vertentes de transformação* do direito administrativo.[11] E é a partir deles que se suscitam indagações do tipo: fins constitucionais podem (e/ou devem) ser alcançados independentemente dos meios? Há limites? Qual o papel da eficiência na definição de políticas públicas? Na organização do sistema público de saúde, *e.g.*, é legítimo priorizar o bem-estar coletivo em detrimento do direito individual à vida? Aliás, quais são as políticas públicas a serem priorizadas?

Note-se que a pluralidade de objetivos constitucionais é *per se* um desafio a ser enfrentado, potencializado pela escassez crônica de recursos e por características próprias do cenário atual, em que deixou de existir consenso sobre o órgão competente para selecionar as prioridades. Se antes essa definição oscilava entre os Poderes Legislativo e Executivo, o que se tem verificado, agora, é a ascensão do Poder Judiciário como ator concomitante – quiçá o protagonista – na efetivação da Constituição.[12] Uma guinada por certo elitista, mas tida como legítima diante das mazelas que contaminam os órgãos eleitos, vistos como ineficientes, antiéticos e corruptos.

Outra característica do Estado brasileiro pós-Constituição de 1988 diz respeito ao perfil de intervenção estatal na economia. No contexto de uma Constituição dirigente e compromissória, poder-se-ia pressupor uma presença ainda maior do Estado por atuação direta, mediante a criação de empresas para exploração de atividades econômicas em sentido estrito e prestação de serviços públicos. Mas durante a década de 1990, o programa de reforma do aparato burocrático e as diversas privatizações e desestatizações implicaram, como contraponto à retirada do Estado da posição de agente econômico, a prevalência

---

papel da ideologia e do inconsciente, bem como sobre os mitos da neutralidade e da objetividade nas ciências humanas e no Direito" (BARROSO, Luís Roberto. *O novo direito constitucional brasileiro*: contribuições para a construção teórica e prática da jurisdição constitucional no Brasil. Belo Horizonte: Fórum, 2012, p. 99-100).

[11] BINENBOJM, Gustavo. *Op. cit.*, p. 37-51 e 51-65.

[12] Essa discussão ganha destaque no âmbito do direito à saúde. V. BUCCI, Maria Paula Dallari; DUARTE, Clarice Seixas (Coords.). *Judicialização da saúde*: a visão do Poder Executivo. 1. ed. 2. tiragem. São Paulo: Saraiva, 2017.

de estratégias de regulação econômico-social, mediante a edição de normas que restringem liberdades privadas e orientam condutas. [13]

A tendência pró-regulação, de sua vez, trouxe novas e acesas perplexidades: como lidar com propostas de regulação setorial que pecam, justamente, pela falta de racionalidade técnica? Até que ponto são legítimas as medidas concebidas por agentes sem a necessária *expertise*, que inovam no ordenamento jurídico, ao fundamento genérico de uma suposta deslegalização? E como lidar com o problema da falta de transparência, que se verifica, *e.g.*, na implementação de parcerias, na elaboração de políticas de fomento e na concessão de benefícios fiscais?

Em suma, há uma gama de desafios que se coloca para o direito administrativo da pós-modernidade. Um direito sob pressão e em construção, nas suas diversas ramificações. Uma delas, de notável relevância, diz respeito ao exercício da competência sancionatória pelo Estado. Urge verificar em que medida esse campo da atividade administrativa foi impregnado pela Constituição de 1988, seus valores, princípios e garantias. É dizer: que novas influências se fizeram sentir? Quais transformações se operaram, vêm se operando e ainda precisam se operar? É possível afirmar que o direito administrador brasileiro foi efetiva e suficientemente constitucionalizado? Em caso negativo, o que falta para se alcançar esse objetivo? São essas as reflexões que orientam o desenvolvimento deste artigo.

2 Primeira etapa do processo de constitucionalização do direito administrativo sancionador: sindicabilidade, extensão de garantias e estreitamento do mérito administrativo

Não há dúvida de que o advento da Constituição de 1988 produziu impactos decisivos sobre a interpretação e aplicação do direito administrativo sancionador. Em um primeiro momento, isso se externou sob a ótica da própria possibilidade do controle judicial da atividade administrativa sancionatória. É que *"a lei não excluirá da apreciação do Poder Judiciário lesão ou ameaça a direito"*, afirma o art. 5º, inciso XXXV da Carta Republicana. Por isso, não poderiam permanecer insindicáveis violações perpetradas por atos punitivos emanados da Administração Pública, já tidos no passado – e na história recente da ditadura brasileira – como expressão intocável do mérito administrativo.

Reconhecer a possibilidade do controle, *per se*, já foi um avanço, ainda que limitado à aferição da regularidade do procedimento administrativo de imposição de sanção, ou, quando muito, ao exame dos elementos vinculados do

---

[13] Alexandre Santos de Aragão refere-se à regulação como o "conjunto de medidas legislativas, administrativas e convencionais, abstratas ou concretas, pelas quais o Estado, de maneira restritiva da liberdade privada ou meramente indutiva, determina, controla, ou influencia o comportamento dos agentes econômicos, evitando que lesem os interesses sociais definidos no marco da Constituição e orientando-os em direções socialmente desejáveis (ARAGÃO, Alexandre Santos de. *Agências reguladoras e a evolução do direito administrativo econômico*. Rio de Janeiro: Forense, 2003, p. 37).

ato administrativo – *i.e.*, forma, competência e finalidade. Refere-se a um controle, como definido pelos tribunais e ainda repetido em julgados, sempre – e somente – de legalidade; jamais do mérito administrativo.[14]

Na prática, isso significa que os magistrados, aludindo à necessidade de se respeitar a separação de Poderes, consideram-se legitimados para aferir, *e.g.*, se o administrado teve assegurados o contraditório e a ampla defesa no processo sancionatório; se o procedimento foi instaurado, conduzido e decidido por autoridades competentes e imparciais; se a decisão gravosa foi devidamente motivada (embora sem adentrar o mérito das razões em si). Também se evoluiu para controlar a aplicação da penalidade à luz de teorias como a dos motivos determinantes[15] e a do desvio de poder ou finalidade.[16] Por exemplo: a aplicação da penalidade de demissão pressupõe o cometimento de uma falta grave pelo servidor, assim caracterizada em lei e descrita no caso concreto pelo administrador. Não pode ser manejada, pois, como meio de vingança disparado pelo gestor contra um inimigo político seu.

Sindicabilidade e controle de legalidade, assim, foram passos importantes para a evolução do direito administrativo no Brasil, nos planos teórico e prático, por influência direta da Carta de 1988. Mas é possível dizer que o movimento de impregnação do direito administrativo sancionador pelos valores, princípios e garantias fundamentais não parou neste ponto.

Refere-se ao esforço hermenêutico desenvolvido por juristas e juízes para justificar uma ampla extensão dos direitos previstos no art. 5º da Constituição à seara administrativa. O movimento pode ser descrito a partir de três grandes frentes. Em primeiro lugar, a do devido processo legal no seu sentido formal, que busca maximizar as garantias procedimentais dos particulares nos processos sancionatórios administrativos. Garantias essas, vale frisar, que o próprio legislador constituinte já estendeu expressamente à esfera administrativa.[17]

Em segundo lugar, a frente do devido processo legal em seu sentido material, cláusula que é fundamento, no ordenamento jurídico brasileiro, para se extraírem os princípios da proporcionalidade e da razoabilidade. Nessa esteira, consolidou-se na jurisprudência o entendimento de que, embora insubstituível, o mérito administrativo pode ser estreitado e controlado pelo Poder Judiciário a

---

[14] Nessa linha: STJ, RMS 16.946-PE 2003/0149.177-7, Sexta Turma, Min. Rel. Maria Thereza de Assis Moura, julgamento em: 28.04.2009, publicação em: 18.05.2009 ("1. Este Superior Tribunal de Justiça tem entendimento pacificado no sentido de que, nos casos de licenciamento *ex officio* de militar não estável, a bem da disciplina, não é necessária a instauração de processo administrativo, bastando a cientificação do militar para que exerça o seu direito defesa. 2. *É inviável a incursão pelo Poder Judiciário sobre o mérito administrativo*. 3. Recurso ordinário improvido"; grifou-se). V., também, STJ, REsp 616.771-CE, Quinta Turma, Min. Rel. Felix Fischer, julgamento em: 19.05.2005, publicação em: 01.07.2005.

[15] Nesse sentido: STJ, AgRg no RMS 32437-MG, Segunda Turma, Rel. Min. Herman Benjamin, julgamento em: 22.02.2011, publicação em: 16.03.2011.

[16] Nessa linha: STJ, RMS 37.327-SE, Segunda Turma, Rel. Min. Herman Benjamin, julgamento em: 20.08.2013, publicação em: 12.09.2013.

[17] Segundo o art. 5º, inciso LV, "os litigantes, em processo judicial ou administrativo, e aos acusados em geral são assegurados o contraditório e ampla defesa, com os meios e recursos a ela inerentes" (grifou-se).

partir dos referidos vetores. Por meio deles, os magistrados buscam aferir, *e.g.*, se a sanção aplicada é adequada para punir o ilícito cometido ou se, de outra forma, ela se revela excessiva; se, na dosimetria, foram considerados elementos particulares da conduta ilícita e do ofensor, capazes de justificar uma redução da penalidade; se os efeitos gerados com a aplicação da medida preservam o núcleo essencial de direitos fundamentais dos particulares.

Mas há ainda uma terceira frente desse movimento de expansão de garantias. Ela se pauta na crença de que o poder punitivo estatal, em sua origem, é uno (o chamado *ius puniendi* único estatal).[18] Por isso, os princípios e garantias penais previstos na Constituição deveriam ser ampla e automaticamente estendidos à seara administrativa, sob pena de se colocarem em risco valores como o da dignidade humana. Refere-se a garantias típicas do direito penal, tais como: *(i)* a exigência de tipicidade, prevista no inciso XXXIX (*"não há crime sem lei anterior que o defina, nem pena sem prévia cominação legal"*); *(ii)* o princípio da irretroatividade da lei penal mais gravosa e, especialmente, o da retroatividade da norma penal mais benéfica, conforme o inciso XL (*"a lei penal não retroagirá, salvo para beneficiar o réu"*); e *(iii)* o princípio da pessoalidade da pena, previsto no inciso XLV (*"nenhuma pena passará da pessoa do condenado, (...)"*).

A estratégia teórica calcada no *ius puniendi* único é simples: se o poder de punir estatal, ao fim e ao cabo, é o mesmo, não existiriam diferenças ontológicas entre sanções penais e administrativas. Justamente por isso, a decisão do Estado entre tipificar ilícitos de uma ou de outra espécie, ou até de ambas, decorreria de pura discricionariedade político-legislativa, sendo que a diferença entre os institutos repousaria apenas do elemento formal, *i.e.*, no regime jurídico escolhido pelo legislador. Regime jurídico esse que, em qualquer caso, estaria jungido ao necessário *"respeito aos valores de proteção e defesa das liberdades individuais e da dignidade da pessoa humana"*, como já teve a oportunidade de registrar o Superior Tribunal de Justiça.[19]

Trata-se, como se mencionou, de construção teórica de fácil assimilação, que, talvez por isso, tenha logrado disseminar-se rapidamente. De toda forma, ela não se desenvolveu de forma inovadora no Brasil, mas colheu inspiração em contribuições do direito comparado, com destaque para o ordenamento jurídico espanhol. No curso da ditadura franquista (1939-1975), pôde-se observar, naquele país, uma tendência de descriminalização de condutas, com a sua transferência para o campo do direito administrativo. Crimes foram convolados em infrações administrativas, o que se deu não com um objetivo liberalizador,[20] mas como

---

[18] Nas palavras de García de Enterría e Tomás-Ramón Fernández, *"[o] mesmo ius puniendi do Estado pode se manifestar tanto pela via judicial como pela via administrativa* GARCÍA DE ENTERRÍA, Eduardo; FERNÁNDEZ, Tomás-Ramón. *Curso de Derecho Administrativo.* 9. ed., v. 2, Madrid: Civitas, 2004, p. 163. Tradução livre.

[19] STJ, Recurso em Mandado de Segurança nº 24.559-PR, Quinta Turma, Rel. Min. Napoleão Nunes Maia Filho, julgamento em: 03.12.2009, publicação em: 01.02.2010.

[20] Saliente-se que, em outros países, esse movimento de "administrativização" das punições foi incentivado por um escopo liberalizador. Após a II Guerra Mundial, o advento do Estado de bem-estar social e a assunção pelo Poder Público de uma série de atividades antes conduzidas pela iniciativa privada nos campos social e econômico implicaram uma maior utilização das sanções administrativas para viabilizar as novas tarefas.

parte de uma estratégia amplamente repressiva voltada a enfraquecer garantias dos jurisdicionados.[21]

Daí porque, passada a ditadura, verificou-se na Espanha um esforço notável da doutrina e do parlamento em torno da construção de um regime jurídico mais protetivo para o direito administrativo sancionador. Um regime assentado justamente na ideia de extensão de garantias e princípios penais à esfera administrativa, com base na premissa teórica do *ius puniendi* estatal único. Inclusive, fez-se constar expressamente na Constituição democrática de 1978 a submissão do poder sancionatório da Administração Pública a limites equiparados aos da esfera penal. É que no art. 25 da Carta Maior,[22] o constituinte submeteu delitos, faltas e infrações administrativas a um mesmo tratamento. A partir daí, pôde-se sustentar, na Espanha, que a unidade do poder punitivo estatal – e a consequente unidade de tratamento jurídico – seriam um imperativo constitucional.

Também no Chile, o discurso de transposição de garantias encontrou terreno fértil.[23] Raúl Letelier[24] explica que, entre as décadas de 1970 e 1990, houve uma onda de intensificação do controle dos atos da Administração Pública, que levou à necessidade de se importarem ou criarem explicações jurídicas tendentes a respaldar o exercício dessa atividade controladora. Para o sucesso da tarefa, era fundamental que as construções teóricas adotadas não fossem complexas nem enveredassem por raciocínios mais sofisticados em torno de suas consequências práticas. A tese das nulidades imprescritíveis foi exemplo desse esforço teórico. Ao lado dela (e de outras teses), o jurista destaca a disseminação do discurso de transposição das garantias do direito penal ao direito administrativo sancionador, respaldado em formulações ainda mais genéricas e de fácil compreensão, como a alusão à dignidade da pessoa humana e ao Estado de Direito. Sempre como bandeiras contra a arbitrariedade.

Em suma, garantias processuais, devido processo legal substantivo e extensão ao campo administrativo de princípios tipicamente penais perfazem um cenário que, assim descrito, soa bastante promissor. Mas a conclusão é precipitada. O processo de oxigenação por que passou o direito administrativo sancionador não impediu que novas dificuldades surgissem – e por que não dizer inconstitucionalidades? Ao menos dois problemas relevantes podem ser identificados: um relacionado às premissas usualmente adotadas pelos

---

Somado a isso, alguns países europeus, ancorados na teoria penal garantista, iniciaram movimentos para se restringir a abrangência que o direito penal havia atingido. Alemanha, Itália e França caminharam nesse sentido, descriminalizando infrações tidas como menos graves.

[21] Para uma abordagem mais aprofundada do tema, ver: VORONOFF, Alice. *Direito administrativo sancionador*. Belo Horizonte: Fórum, 2018.

[22] "Artigo 25.1. Ninguém pode ser condenado ou sancionado por ações ou omissões que, no momento de sua ocorrência, não constituam delito, falta ou infração administrativa, de acordo com a legislação vigente naquele momento." Tradução livre.

[23] De que é exemplo o entendimento de QUINZACARA, Eduardo Cordero. El Derecho administrativo sancionador y su relación con el Derecho penal. *Revista de Derecho*, v. 25, n. 2, p. 131-157, dez., 2012.

[24] LETELIER, Raúl. *Garantías penales y sanciones administrativas* – a propósito de la sentencia de la Corte Suprema en el llamado caso Mackenna. [S.l.: s.n., 20--]. Disponível em: <https://goo.gl/VEzbFa>. Acesso em: 13 jun. 2017.

operadores do direito e o outro relacionado aos critérios utilizados para se interpretar e aplicar o regime jurídico do direito administrativo sancionador. Ambos – premissas e critérios equivocados – evidenciam que a verdadeira constitucionalização da atividade punitiva da Administração depende de uma transformação que é mais profunda. Uma mudança de cultura jurídica, como se tratará a seguir.

3 Segunda etapa do processo de constitucionalização do direito administrativo sancionador: é preciso corrigir premissas e critérios equivocados.

3.1 Premissas equivocadas

Direitos e garantias são essenciais. Isso não se questiona. Ocorre que a discussão em torno da sua aplicabilidade à seara sancionatória administrativa se opera já na fase final do ciclo punitivo, *i.e.*: quando, diante de um marco regulatório já editado, a autoridade administrativa identifica um possível descumprimento, lavra o respectivo auto de infração e notifica o sujeito passivo para se defender. É preciso, assim, direcionar a atenção também para as fases anteriores desse ciclo, sobretudo porque o direito administrativo sancionador brasileiro ainda assenta sobre premissas teóricas bastante desvirtuadas, a saber: *(i)* a de que a sanção administrativa seria uma consequência automática e necessária do cometimento de uma infração; *(ii)* a de que a sua aplicação se justificaria para atender ao interesse público, caracterizando-se como um fim em si mesmo; e *(iii)* a de que a competência punitiva seria sempre vinculada – isto é, o administrador não poderia sequer cogitar de outra solução a não ser punir o infrator, sob pena de ser responsabilizado por órgãos de controle.

Todas essas construções carecem de uma releitura. Primeiro, porque a sanção administrativa é *uma* dentre as respostas possíveis do ordenamento jurídico a uma infração administrativa. Mas não é nem deve ser a única. Nos Estados Unidos, Ian Ayres e John Braithwaite defenderam um modelo a que chamaram de responsivo.[25] Segundo os autores, esquemas fiscalizatórios e sancionatórios precisam responder de forma inteligente e dinâmica às diferentes motivações que levam os particulares a cumprir ou descumprir a regulação. Há violadores contumazes que fazem do ilícito uma estratégia de maximização de seus ganhos. Mas há também particulares movidos por um senso genuíno de responsabilidade cívica e social.

---

[25] AYRES, Ian; BRAITHWAITE, John. *Responsive regulation*: transcending the deregulation debate. New York: Oxford University Press, 1992.

Daí a importância de que o regulador possa manejar um cardápio variado de respostas, tanto persuasivas como de comando e controle. Até porque estratégias regulatórias baseadas somente ou preponderantemente na punição tendem a reduzir o número de agentes dispostos a cooperar. De mais a mais, punir é caro, ao passo que persuadir é barato (ou nem tão caro). Logo, a regulação ancorada apenas na punição desperdiça recursos em litígios que poderiam ser mais bem gastos com monitoramento e persuasão.

Em segundo lugar, a sanção também não figura, necessariamente, como a melhor solução para atender aos objetivos coletivos. Não há um interesse público abstrato que justifique *a priori* a sua aplicação. A punição é instrumento (e jamais fim em si) e o que existe é o interesse público concreto de que os modelos regulatórios sejam adequados e efetivos. Isso não será alcançado pela aplicação irracional de punições, como multas estratosféricas e a adoção de outras medidas gravosas, a exemplo da cassação desproporcional de alvarás de funcionamento de empresas. Certa dose de criatividade, devidamente sujeita a controles pelas instituições competentes, pode levar a soluções mais eficientes. No Brasil, a conversão de multas em investimentos tem potencial para contribuir nesse sentido.[26]

Em terceiro lugar, é preciso ter claro que agir de modo mais criativo não é sinônimo de violar deveres funcionais. Se a atividade punitiva da Administração pode ser tida vinculada, deve sê-lo sob a ótica de que não é dado ao administrador fechar os olhos diante do ilícito – o que seria crime. Mas isso é bem diferente de afirmar que a punição constitua uma resposta indispensável diante de todo e qualquer ilícito administrativo, excludente de qualquer margem de escolha pelo agente estatal. Há circunstâncias, por exemplo, em que uma solução consensual pode se revelar mais eficiente, por assegurar maior comprometimento do agente regulado em cumprir a regulação e reduzir custos públicos de fiscalização e punição.[27] Com isso, não se quer defender a atuação meramente subjetiva do regulador na aplicação da lei, mas o exercício de uma discricionariedade sujeita a controles e orientada por parâmetros normativos. Daí a importância, aliás, de que medidas alternativas sejam previstas desde a concepção dos modelos regulatórios, a fim de proporcionar maior segurança jurídica.

---

[26] Validando esse caminho, veja-se a decisão proferida, em 2010, pelo Tribunal de Contas da União, por meio do processo nº TC 012.178/2005-2; Acórdão nº 3.957/2010.

[27] As multas administrativas são uma ferramenta largamente utilizada no Brasil pelos órgãos e entidades reguladores no âmbito de suas estratégias de *enforcement*. São frequentes, contudo, as críticas em torno da eficiência e efetividade dessas medidas. O problema veio à tona no âmbito de fiscalização realizada pelo Tribunal de Contas da União acerca da arrecadação de multas aplicadas pelas agências reguladoras federais e por outras entidades e órgãos públicos federais. O TCU, ao cotejar o valor das multas aplicadas e o das efetivamente arrecadadas no período de 2005 a 2009, verificou que, em média, apenas 3,7% do montante aplicado teriam ingressado nos cofres públicos (cf. o Acórdão nº 1817/2010). Esse seria um resultado bastante grave por dois motivos: tanto pelo valor expressivo de receita potencial não concretizada em favor do erário (estimado em cerca de R$ 24,9 bilhões), quanto por comprometer a eficácia da atividade sancionatória estatal.

Seja como for, o que não se pode é continuar repetindo o velho axioma de que punir mais atende ao princípio da eficiência e ao ideal de boa gestão. A sanção é sintoma; jamais remédio. Usualmente, é sinal de que o sistema jurídico não foi capaz de criar os incentivos corretos para a conformação da conduta dos particulares. Repensar a visão tradicional, pois, é urgente. E essa virada é fundamental para que a competência sancionatória da Administração possa de fato servir à realização das políticas públicas previstas na Constituição, além de permitir a maior utilização de soluções consensuais e persuasivas, mais alinhadas à proposta de democratização do aparato burocrático.

3.2 Critérios hermenêuticos equivocados

Mas há uma segunda mudança que se faz premente, relacionada à superação da crença, bastante difundida, como se disse acima, de que, sendo o *ius puniendi* estatal único, caberia ao intérprete estender automaticamente princípios e garantias do direito penal à seara administrativa sancionatória. Esse tipo de discurso, que é de fácil aderência e tem potencial para rapidamente se disseminar, gera efeitos colaterais preocupantes.

Realmente, ele negligencia as particularidades que fazem da sanção administrativa um instrumento do direito administrativo (e não do direito penal), voltado à realização de fins cometidos pelo legislador à Administração Pública. Uma ferramenta que, nessa condição, opera segundo uma lógica própria para a produção de incentivos também peculiares. Dito de outra forma, o direito administrativo sancionador e seus institutos ostentam características finalísticas, operacionais e funcionais particulares. E isso faz com que o discurso de transposição de garantias, quando invocado de forma acrítica, dê lugar a soluções inviáveis, irrazoáveis e anti-isonômicas.

No Chile, por exemplo, o ponto foi destacado por Raúl Letelier, ao afirmar que o discurso de transposição automática das garantias penais teria tido a sua viabilidade prática colocada em xeque. Nesse sentido, o autor alude ao julgado proferido pela Corte Suprema de Justiça do Chile em 2014, ao tratar do caso Mackenna.[28] Procedendo a um verdadeiro "giro" exegético e funcional, o Tribunal relativizou o entendimento até então prevalecente de que sanções penais e administrativas estariam sujeitas às mesmas imposições garantísticas derivadas de sua origem comum,[29] para afirmar que

---

[28] Corte Suprema do Chile, Caso Mackenna ou "Fisco de Chile con Dörr Zegers, Maria Teresa y otros", Causa nº 1079/2014 (Otros). Resolución nº 239440 de Corte Suprema, Sala Tercera (Constitucional) de 30 de Octubre de 2014. Disponível em: <https://goo.gl/LM3E3w>. Acesso em: 19 jul. 2017.

[29] Raúl Letelier explica que, antes, a Corte já teria avançado para admitir a transposição das garantias com matizes. Mas ainda de forma limitada. Para ilustrar, ele remete à seguinte decisão da Corte Suprema: Corte Suprema do Chile, Causa nº 479/2011 (Casación). Resolución nº 104625 de Corte Suprema, Sala Cuarta (Mixta) de 28 de Diciembre de 2012. LETELIER, Raúl. *Op. cit.*

essa origem não autoriza "aplicar de modo automático as normas e princípios próprios do direito penal ao direito administrativo sancionador".[30] Trata-se de incidência que deve ocorrer dentro das margens do devido procedimento administrativo em geral – e sancionatório em particular –, sem perder de vista "o contexto que o legislador considerou para optar por uma ou por outra sanção".[31]

Mesmo na Espanha, a extensão automática de princípios e garantias penais à seara administrativa já é alvo de críticas contundentes. Para Alejandro Nieto,[32] constitucionalizar a matriz normativa aplicável ao direito administrativo sancionador, a teor do art. 25 da Constituição espanhola, teria sido um equívoco. Segundo afirma, essa foi uma estratégia disseminada por políticos e estudiosos como supostamente necessária para se conferir consistência ao exercício do poder punitivo pela Administração.[33] Na prática, contudo, ela teria propiciado um regime jurídico excessivamente rígido, o que seria reforçado, ainda, por decisões judiciais favoráveis à larga extensão de princípios penais à seara administrativa.

As preocupações manifestadas pelos autores são pertinentes e apontam para a necessidade de se revisitar a temática. Nessa linha, é fundamental ter em conta, em primeiro lugar, que, do ponto de vista finalístico, a sanção administrativa não atua preponderantemente para fins retributivos, *i.e.*, voltados a causar um mal ao infrator por uma postura reprovável do ponto de vista ético-moral. Ela se volta, majoritariamente, à finalidade de conformação da conduta dos particulares com vista ao alcance de objetivos de interesse público cometidos à Administração Pública, e, justamente por isso, apresenta um componente dissuasório inerente, ao tempo em que preocupações ético-morais são circunstanciais.

A sanção administrativa, ademais, é aplicada segundo um *modus operandi* próprio, conduzido por um corpo orgânico específico (a Administração Pública), diferente do Poder Judiciário. Sua aplicação pode levar a efeitos diversos – reparatórios, restritivos de direitos (sem privação de liberdade), de afetação patrimonial, de esclarecimento público – dissociados ou apenas ancilarmente revestidos do caráter de estigma e da privação de liberdade típicos do direito penal.

Na verdade, o poder de punir da Administração constitui verdadeira técnica regulatória a serviço do Estado para conformar o funcionamento de setores econômicos e sociais em vista de objetivos de interesse público. Insere-se, por isso, em um ambiente usualmente complexo, de maior conotação técnica, dinamismo tecnológico[34] e especialização, no qual diferentes ferramentas se entrecruzam e se

---

[30] Caso Mackenna, decisão citada, considerando nº 9, cit. Tradução livre.

[31] Caso Mackenna, decisão citada, considerando nº 9, cit. Tradução livre. De acordo com o Tribunal: "(...) o recurso aos princípios do direito penal não deve levar à desnaturalização do poder administrativo sancionador de modo que com isso se desconheçam a intenção e as finalidades que o legislador levou em consideração no momento em que recorreu ao poder sancionatório para dotar de eficácia as instituições jurídicas que estabelece por ocasião da regulação de distintas matérias" (Caso Mackenna, decisão citada, considerando nº 9, cit. Tradução livre).

[32] NIETO, Alejandro. *Derecho Administrativo Sancionador*. 5. ed., Madrid: Tecnos, 2012, p. 565-567.

[33] NIETO, Alejandro. *Op. cit.*, p. 566.

[34] A necessidade de um arranjo administrativo sancionador mais atualizado, capaz de fazer frente aos desafios impostos pelas transformações do mundo atual, especialmente em razão das novas tecnologias, foi

combinam para proporcionar modelos regulatórios efetivos e eficientes. Como já deixou consignado o Tribunal Supremo Espanhol:

> (...) neste âmbito o poder sancionatório não se exerce com uma finalidade estritamente repressiva, mas se configura também como um poder de regulação em que se atende a outros interesses públicos (...) associados ao funcionamento concorrencial do mercado, sua transparência e a defesa dos consumidores incorporando aos instrumentos repressivos outros elementos dissuasórios de condutas futuras.[35]

Todos esses aspectos – finalidade conformativa-disssuasória, *modus operandi* peculiar, efeitos passíveis de serem produzidos, especialização técnica – incrementam as preocupações pragmáticas em torno da eficácia e da efetividade das sanções administrativa. Eles também apontam para a necessidade de se alcançar um *equilíbrio fino* na tarefa de interpretação e aplicação do direito administrativo sancionador, que talvez constitua, hoje, um de seus maiores desafios.[36] Há um acerto que precisa ser aperfeiçoado entre pressões pragmáticas e garantistas[37] (um verdadeiro "equilíbrio de forças"), o qual, nas palavras de Alejandro Nieto, "dá a medida de um bom direito administrativo sancionador".[38]

---

bastante ressaltada na exposição de motivos da Medida Provisória nº 784/2017 (EMI nº 00008/2017 BACEN MF, de 10.03.2017), que dispôs sobre o processo administrativo sancionador na esfera de atuação do Banco Central do Brasil e da Comissão de Valores Mobiliários. Confira-se trecho: "Submetemos à consideração de Vossa Excelência o anexo projeto de Medida Provisória, que visa a aperfeiçoar o processo administrativo sancionador na esfera de atuação do Banco Central do Brasil (BC) e na da Comissão de Valores Mobiliários (CVM), dotando as referidas autarquias de instrumentos mais efetivos de supervisão e aplicação de penalidades. 2. Tais medidas vinculam-se ao esforço contínuo do Governo Federal para robustecer o marco regulatório aplicável ao Sistema Financeiro Nacional (SFN). Isso se revela necessário para enfrentar com eficiência os desafios impostos pelas transformações sociais, econômicas e tecnológicas por que passa o mundo atual, caracterizado por transações econômicas progressivamente mais complexas e por instituições financeiras mais interdependentes e competitivas, tanto no plano nacional, quanto no internacional." Disponível em: <https://goo.gl/pc48hp>. Acesso em: 15 jul. 2018. A referida medida provisória perdeu sua eficácia em 19 de outubro de 2017. Ato contínuo, passou a tramitar no Congresso Nacional um projeto de lei para tratar da matéria, que culminou na edição da Lei nº 13.506, de 13 de novembro de 2017, com teor muito próximo ao da medida provisória.

[35] STS de 23 de fevereiro de 2005. Referência extraída de NIETO, Alejandro. *Op. cit.*, p. 106.

[36] A busca desse equilíbrio passa por conciliar a maior eficácia esperada na atuação das unidades administrativas e a preservação dos direitos dos cidadãos, que podem ser colocados em risco, por exemplo, por um reforço nos instrumentos de fiscalização desacompanhado da estruturação de regras e práticas claras, seguras e razoáveis. No ordenamento jurídico português, essa reflexão foi levada a cabo por José António Veloso a propósito da intensificação do processo de transposição de ilícitos penais para o campo administrativo das contraordenações. VELOSO, José António. Boas intenções, maus resultados: notas soltas sobre investigação e processo na supervisão financeira. *Separata da Revista da Ordem dos Advogados*, ano 60, p. 73-102, 2000, p. 101-102.

[37] Referindo-se a impulsos contraditórios na Europa, Carlos Enrico Paliero explica que, de um lado, o sistema normativo da União Europeia em matéria de sanções administrativas, focado na eficiência, busca diferenciar essas espécies sancionatórias das criminais. De outro lado, contudo, o Tribunal Europeu de Direitos Humanos, interpretando a Convenção Europeia de Direitos Humanos (especialmente, seus arts. 6º e 7º), aproximou essas searas ao estender às punições administrativas garantias tradicionalmente afetas à seara penal. PALIERO, Carlos Enrico. The definition of admnistrative sanctions – general report. In: JANSEN, Oswald (Ed.). *Administrative Sanctions in the European Law*. Cambridge: Intersentia, pp. 1-33, 2013, p. 8.

[38] "(...) com a mesma força com que se sustenta que a eficiência administrativa não autoriza atropelar os direitos dos cidadãos, cumpre também afirmar que os direitos deles não autorizam bloquear a eficiência administrativa, nem muito menos os interesses dos demais cidadãos agredidos pelos supostos infratores" (NIETO, Alejandro. *Op. cit.*, p. 567. Tradução livre).

4 Qual o caminho a ser percorrido para a efetiva constitucionalização do direito administrativo sancionador?

Ao longo do artigo, buscou-se demonstrar que o advento da Constituição de 1988 produziu impactos relevantes sobre a forma de se compreender e aplicar o direito administrativo sancionador no Brasil, sobretudo a partir de um discurso de maior garantismo. Os avanços foram reais. Mas há problemas que persistem, ora criados, ora negligenciados ao longo dessa primeira etapa de constitucionalização, cujo enfrentamento é premente, sob pena de se violarem outros princípios e direitos constitucionais.

Em primeiro lugar, é preciso revisitar premissas. Aplicar sanções de modo automático no exercício de uma suposta competência vinculada vai de encontro aos princípios constitucionais da eficiência e da economicidade, que exigem do administrador que avalie custos, benefícios e as consequências de sua atividade.[39] Até porque punir custa caro, e nem sempre esse ferramental se revelará o mais adequado para atender aos interesses públicos definidos na legislação. É urgente, pois, abandonar a cultura do punitivismo e enxergar a sanção como ela é: um instrumento, e não fim em si.[40]

Em segundo lugar, é preciso estabelecer padrões de raciocínio que, ao invés da extensão automática de garantias do campo penal ao administrativo, sejam sensíveis às particularidades da atividade sancionatória da Administração Pública. Nela, há fins, condições operacionais e elementos funcionais que não guardam referibilidade necessária com o direito penal e que precisam ser valorizados. Dito de outra forma, é preciso abandonar a cultura de aproximação automática de regimes jurídicos e reconhecer que campos distintos da atividade punitiva estatal sujeitam-se a lógicas também distintas. Isso é fundamental para se evitar a aplicação irracional do direito administrativo sancionador, capaz de produzir violações à isonomia e a outros princípios fundamentais, dificuldades práticas na condução da atividade administrativa e um quadro preocupante de insegurança jurídica.

Por tudo isso, pode-se dizer que constitucionalizar o direito administrativo sancionador é uma tarefa complexa, ainda em andamento. Sem dúvida, ela pressupõe a definição de um regime jurídico capaz de assegurar aos particulares as garantias constitucionais devidas. Mas é preciso uma mudança mais profunda, de cultura jurídica, que sensibilize o intérprete e aplicador do direito para o papel e a função que a penalidade administrativa pode e deve cumprir no Estado Democrático de Direito. Punir sem observar o devido processo legal é certamente

---

[39] Esses aspectos foram motivações importantes para a edição da Lei nº 13.655/18, que introduziu novos dispositivos à LINDB, com o objetivo de trazer mais segurança jurídica e eficiência, no que tange à criação e aplicação do direito público no Brasil. A título de exemplo, destaca-se o disposto no *caput* do artigo 20 da Lei: "Art. 20. Nas esferas administrativa, controladora e judicial, não se decidirá com base em valores jurídicos abstratos *sem que sejam consideradas as consequências práticas da decisão.* (grifou-se).

[40] Nesse sentido, v. PALMA, Juliana Bonacorsi de. *Sanção e acordo na Administração Pública*. São Paulo: Malheiros, 2015.

inconstitucional. Mas punir injustificadamente, quando a sanção não se revele capaz de produzir incentivos aptos a conformar a conduta dos particulares, ou deixar de punir ilegitimamente, por força da aplicação acrítica de institutos do direito penal, são posturas igualmente violadoras da Constituição.

O caminho a percorrer é desafiador. Também não há arranjos jurídicos evidentes ou predefinidos que facilitem a sua construção. Por certo, haverá boa dose de experimentalismo, o que é positivo. O importante é corrigir rumos desviados e não perder de vista que as direções já foram dadas pelo constituinte. Cabe ao administrador, às instituições e à sociedade ser-lhes fiel.

Referências

ALMEIDA, Fernando Dias Menezes de. *Formação da teoria do direito administrativo no Brasil*. São Paulo: Quartier Latin, 2015.

ARAGÃO, Alexandre Santos de. *Agências reguladoras e a evolução do direito administrativo econômico*. Rio de Janeiro: Forense, 2003.

AYRES, Ian; BRAITHWAITE, John. *Responsive regulation*: transcending the deregulation debate. New York: Oxford University Press, 1992.

BAPTISTA, Patrícia. *Transformações do direito administrativo*. Rio de Janeiro: Renovar, 2003.

BAPTISTA, Patrícia; CAPECCHI, Daniel. Se o direito administrativo fica, o direito constitucional não passa: perspectivas do direito público contemporâneo sobre uma velha questão. *Revista de Direito da Cidade*, v. 8, n. 4, pp. 1.938-1.960, 2016.

BARROSO, Luís Roberto. *O direito constitucional e a efetividade de suas normas*. 9. ed. Rio de Janeiro: Renovar, 2009.

_____. *O novo direito constitucional brasileiro*: contribuições para a construção teórica e prática da jurisdição constitucional no Brasil. Belo Horizonte: Fórum, 2012.

BINENBOJM, Gustavo. *Poder de polícia, ordenação, regulação*: transformações político-jurídicas, econômicas e institucionais do direito administrativo ordenador. 2. ed. Belo Horizonte: Fórum, 2017.

BUCCI, Maria Paula Dallari; DUARTE, Clarice Seixas (Coords.). *Judicialização da saúde*: a visão do Poder Executivo. 1. ed. 2. tiragem. São Paulo: Saraiva, 2017.

GARCÍA DE ENTERRÍA, Eduardo; FERNÁNDEZ, Tomás-Rámon R. *Curso de Derecho Administrativo*. 9. ed., v. 2, Madrid: Civitas, 2004.

LETELIER, Raúl. *Garantías penales y sanciones administrativas* – a propósito de la sentencia de la Corte Suprema en el llamado caso Mackenna. [S.l.: s.n., 20--]. Disponível em: <https://goo.gl/VEzbFa>. Acesso em: 13 jul. 2018.

MOREIRA NETO, Diogo de Figueiredo. *Mutações do direito público*. Rio de Janeiro: Renovar, 2006.

NIETO, Alejandro. *Derecho Administrativo Sancionador*. 5. ed., Madrid: Tecnos, 2012.

PALIERO, Carlos Enrico. The definition of admnistrative sanctions – general report. In: JANSEN, Oswald (Ed.). *Administrative Sanctions in the European Law*. Cambridge: Intersentia, p. 1-33, 2013.

PALMA, Juliana Bonacorsi de. *Sanção e acordo na Administração Pública*. São Paulo: Malheiros, 2015.

QUINZACARA, Eduardo Cordero. El Derecho administrativo sancionador y su relación con el Derecho penal. *Revista de Derecho*, v. 25, n. 2, p. 131-157, dez., 2012.

SARMENTO, Daniel. (Org.). *Interesses Públicos versus Interesses Privados*: desconstruindo o princípio da supremacia do interesse público. Rio de Janeiro: Lumen Juris, 2005.

_____. *Direitos fundamentais e relações privadas*. 2. ed. Rio de Janeiro: Lumen Juris, 2010.

SCHIER, Paulo Ricardo. *Filtragem constitucional*: construindo uma nova dogmática jurídica. Porto Alegre: Safe, 1999.

VELOSO, José António. Boas intenções, maus resultados: notas soltas sobre investigação e processo na supervisão financeira. *Separata da Revista da Ordem dos Advogados*, ano 60, p. 73-102, 2000, p. 101-102.

VORONOFF, Alice. *Direito administrativo sancionador*. Belo Horizonte: Fórum, 2018.

Informação bibliográfica deste texto, conforme a NBR 6023:2002 da Associação Brasileira de Normas Técnicas (ABNT):

VORONOFF, Alice Bernardo. Constitucionalização do direito administrativo sancionador: Um processo em andamento. In: BOLONHA, Carlos et al. (Coord.). *30 anos da Constituição de 1988*: uma jornada democrática inacabada. Belo Horizonte: Fórum, 2019. p. 465-479. ISBN 978-85-450-0595-7.

COMO DESESTRUTURAR UMA AGÊNCIA REGULADORA EM PASSOS SIMPLES[1]

Eduardo Jordão
Maurício Portugal Ribeiro

1 Introdução

O direito administrativo brasileiro foi inundado, na década de 90 e no início dos anos 2000, de artigos e livros que defendiam a conveniência de instalar agências reguladoras e que explicavam como fazê-lo. Essas produções acadêmicas valiam-se da experiência estrangeira e apontavam as características que estas figuras deveriam ter para assegurar o sucesso do Estado Regulador brasileiro: os mandatos fixos, as indicações técnicas, o isolamento da política, entre outros. Estes textos serviram de guia para os políticos e técnicos envolvidos na Reforma do Estado e foram fontes de informação fundamentais para o desenvolvimento deste projeto.

Poucos anos depois do estabelecimento destas estruturas, no entanto, outros atores institucionais, contrariados, buscaram esvaziá-las e começaram a empreender diferentes técnicas para atingir este objetivo. Acontece que, nesta segunda fase, estas ações públicas se deram de forma desorganizada, descoordenada e pouco informada. Ninguém se preocupou em criar o guia que explicasse os passos a serem seguidos ou agrupasse as melhores práticas para realizar estes objetivos destrutivos. É precisamente este espaço que este artigo pretende preencher. Ao invés de ações experimentais e tentativas, os atores institucionais interessados em prejudicar as agências reguladoras passam a contar com um repositório de estratégias já testadas e bem sucedidas. Basta repeti-las para obter resultados semelhantes ou ainda mais significativos.

A experiência mostra que um tal repositório tem público garantido. Este texto mesmo está voltado diretamente para este público, inclusive na sua estrutura. Cada uma das três partes seguintes é destinada a uma audiência específica. A primeira delas traz dicas para os Chefes do Poder Executivo de diferentes níveis federativos: prefeitos, governadores e presidente da república. A segunda

---

[1] Este artigo tem origem numa série de três pequenos textos publicados pelos autores no site Jota (https://jota.info/). Os autores agradecem a Antônio Augusto Bastos pelo excelente trabalho de pesquisa para a elaboração desta versão impressa. Uma versão mais completa, enriquecida com várias notas de rodapé que ilustram os pontos do texto principal, foi publicada na *Revista de Estudos Institucionais*, v. 3, p. 180-209, 2017. Para este texto, as notas de rodapé foram eliminadas, mas foram mantidas, ao final, as referências bibliográficas usadas para o texto publicado na *Revista de Estudos Institucionais*.

parte está voltada aos múltiplos órgãos de controle: juízes, tribunais de contas, controladoria e congresso. A terceira e última parte cuida de estratégias de autoflagelo. Explica aos próprios membros das agências reguladoras o que eles podem fazer para dar a sua parcela de contribuição para o ocaso dessas entidades. A estrutura é didática e permite ao interessado que salte diretamente para as dicas que lhes concerne. Vamos a elas.

2 As dicas para os chefes do Poder Executivo

As primeiras dicas são endereçadas aos chefes do Poder Executivo. Pudera: para vocês, as agências reguladoras são um grande aborrecimento. Boa parte do poder que tinham foi transferido para elas. Disseram que seria para tornar mais técnica e menos política a regulação de setores de infraestrutura, e assim atrair para eles importantes investimentos privados. Mas o resultado é que você já não pode mais alterar livremente as tarifas das telecomunicações ou de energia elétrica, por exemplo, para controlar artificialmente a inflação ou fazer um agrado aos seus eleitores. Além disso, acaba dividindo com as agências pelo menos parte das decisões relativas ao setor regulado. Mas é possível reagir de pelo menos três formas: (i) enfraqueça o corpo diretor das agências; (ii) prejudique a sua operação; e (iii) exponha as suas decisões a todo tipo de controle.

2.1 Enfraqueça o corpo diretor das agências reguladoras

A primeira e mais óbvia dica para enfraquecer as agências reguladoras consiste em atacar o seu corpo dirigente. Sim, nós sabemos, vão lhe dizer que não dá, porque de acordo com a lei os dirigentes das agências reguladoras possuem mandatos e não poderiam ser demitidos. Com um pouco de criatividade, no entanto, dá pra fazer, sim. Uma técnica interessante consiste em utilizar-se da imprensa para pressionar dirigentes indesejados. A estratégia já foi utilizada pelo ex-presidente Luiz Inácio Lula da Silva logo que iniciou o seu primeiro governo. Desapontado com a intenção do então presidente da Anatel Luiz Guilherme Schymura de respeitar os contratos com as concessionárias do serviço de telecomunicações e aplicar o reajuste de tarifas ali previsto, o ex-presidente passou a se manifestar na imprensa, juntamente com o seu então Ministro das Comunicações, Miro Teixeira, contra o dirigente, que havia sido nomeado por Fernando Henrique Cardoso. A técnica foi bem sucedida: alguns meses depois, Schymura renunciou ao seu mandato.

A vacância do cargo de um dos dirigentes (como resultado desta pressão ou pelo simples fim do mandato) é uma boa oportunidade para loteá-lo com dirigentes com perfil político e sem nenhuma experiência na área. Um estudo recente da FGV/SP mostra que, em apenas 58% dos casos, os indicados possuem trajetória profissional relacionada à área de atuação da agência. Em 90% dos casos, eles têm perfil estatal. Só 6% dos nomeados vêm da iniciativa privada. Somente 10% dos dirigentes nunca tinham exercido qualquer cargo em comissão antes da nomeação. Isso significa que a nomeação de dirigentes com perfil político e/ou sem experiência na área não apenas é uma estratégia já testada, como é mesmo a *regra* no governo federal ao longo dos 20 anos desde a criação das grandes agências nos setores de infraestrutura. Se você é Chefe do Poder Executivo estadual ou municipal, dizer que está seguindo uma prática já realizada no Governo Federal é um argumento sem par.

Antes de realizar essas nomeações definitivas, há estratégias adicionais que podem ser implantadas. Para começar, não tenha pressa: assegure-se de deixar as agências por alguns meses sem diretores. Isso gerará uma paralisia decisória, já que, por algum período (na média atual, a vacância é de 6 meses), as agências não terão o quórum mínimo que a lei exige para a tomada de algumas medidas. No mais, deixe as vacâncias dos cargos de diretoria acumularem para fazer as nomeações definitivas em bloco – 2 ou 3 dirigentes de uma só vez. Isso esvaziará o mecanismo dos mandatos escalonados, estabelecido como forma de moderar o impacto de um governo específico no perfil dessas supostas entidades de Estado. Por fim, nomeie, por Decreto, diretores interinos, demissíveis a qualquer tempo. Você terá sempre um excelente argumento para isso: o Congresso, composto na sua visão, por um conjunto de irresponsáveis – ou como disse recentemente um Ministro da Educação –, de achacadores e chantagistas, não quer sabatinar e aprovar os seus indicados para as vagas de diretor das agências. Sem os diretores, como dito acima, a agência fica paralisada. Como você precisa de decisões da agência para dar cabo da sua agenda política, então, nada mais natural que nomear pessoas que possa demitir, a qualquer tempo, se não fizerem o que lhe convém.

É verdade que as estratégias acima contrariam as leis de cada uma das agências. Mas não se preocupe: essas leis não preveem nenhuma espécie de sanção ou de limites para esses comportamentos. E, como visto, você nem terá sido o primeiro a adotá-los.

2.2 Prejudique a operação da agência

A segunda dica consiste em prejudicar a operação cotidiana das agências. Isso pode ser feito por pelo menos duas vias: (i) as restrições orçamentárias e (ii) as limitações à sua capacidade de contratação de quadros.

Em relação à primeira via, sabe-se que, em teoria, a possibilidade de interferir no orçamento das agências estaria afastada, pois o próprio conceito de entidade independente suporia sua autonomia financeira. As agências seriam autossustentáveis, mediante cobrança de taxas de fiscalização, multas, outorgas dos seus regulados, e teriam orçamentos independentes dos ministérios aos quais estão vinculadas. Acontece que, no âmbito da União, desde o governo Fernando Henrique Cardoso, o "Princípio da Unidade Orçamentária" tem sido interpretado como exigência de que todos os recursos arrecadados pela agência voltem para a conta única da União. Assim, ficam dependentes de realocação orçamentária para retornar à agência. Está aí a oportunidade para barrar esta transferência. Basta prever, nas rubricas destinadas às agências na proposta de orçamento anual, – que em tese lhes devolveria, por meio da alocação orçamentária anual os valores que arrecadou no último ano – montantes menores que os arrecadados.

Em relação a esse tema, é bem provável que o Congresso siga a sua sugestão e aprove para as agências somente o valor que você sugeriu em sua proposta de Lei Orçamentária Anual. Não há o que se preocupar quanto a lobbies no Congresso que possam mexer nesse assunto. Ninguém quer uma agência forte. Os regulados preferem uma agência fraca, para poderem descumprir mais tranquilamente os contratos. Os controladores da Administração também preferem uma agência fraca, para substituírem mais facilmente as suas decisões e ocuparem os seus espaços. Então, é quase garantido que a sua proposta de alocação orçamentária à agência será atendida pelo Congresso. Depois disso, você ainda poderá contingenciar esses recursos. Segundo levantamento da entidade Contas Abertas, entre 2010 e 2015, anos do Governo de Dilma Rousseff, o orçamento total previsto para as agências era de R$ 57 bilhões. No entanto, apenas R$ 19,3 bilhões foram efetivamente liberados e gastos. Em 2016, a Aneel havia estimado orçamento de R$ 200 milhões. O Governo aprovou a metade: R$ 100 milhões. Na sequência, dois Decretos reduziram ainda mais o valor: primeiro para R$ 90 milhões e depois para R$ 44 milhões – ou seja, menos de um quarto do valor inicialmente proposto pela agência e cerca de um décimo do que a própria agência arrecadara no ano anterior. No caso da Aneel, o orçamento terminou por ser reestabelecido para R$ 120 milhões; mas com o contingenciamento, as agências precisaram cortar gastos e até mesmo descontinuar serviços e atividades essenciais, como a fiscalização dos serviços. Foi o que aconteceu recentemente com Anac, Anatel e Aneel.

Já no que concerne à segunda via para prejudicar a operação das agências, o ideal é limitar no seu Ministério ou Secretaria de Planejamento todas as contratações de pessoal, negando às agências a independência administrativa, impedindo-as de selecionar e contratar seus próprios quadros. Se você estiver de fato seguindo o nosso conselho em relação ao contingenciamento de recursos, isso não será difícil de fazer. Com escassez de recursos para manter as suas atividades, a agência terá todo incentivo para aceitar que o Ministério ou Secretaria de Planejamento conduza o concurso público, o treinamento dos seus agentes e que se comprometa, por essa via, a destinar, nas alocações orçamentárias anuais para a agência, os recursos para cobrir as despesas com a contratação desses novos quadros. Na verdade, ela se achará privilegiada por receber esse tratamento do Governo, já que, com recursos limitados, ela não poderia arcar com essas atividades.

2 3 Exponha as decisões das agências a todo tipo de controle

As medidas de esvaziamento *interno* das agências acima recomendadas são relevantes e eficazes, mas não são suficientes. É preciso garantir também um ataque externo, para assegurar a sua desestabilização completa. Nesse sentido, táticas adequadas podem consistir (i) na abertura de espaços de controle supostamente indisponíveis e (ii) no favorecimento ou na ampliação da intervenção de controladores já atuantes.

Como exemplo do primeiro caso, há precedente na criação do chamado "recurso administrativo hierárquico impróprio", para permitir a revisão das decisões das agências pelos ministérios aos quais elas estão vinculadas. Em tese, essas decisões das agências deveriam estar imunes a qualquer revisão no âmbito do Poder Executivo. Mas, em 2005, o Ministério dos Transportes acolheu um recurso hierárquico e modificou decisão da ANTAQ sobre a legalidade da cobrança, por operadores portuários, de uma taxa chamada THC2, sobre a movimentação e entrega de contêineres destinados a outros recintos alfandegados. Diante da polêmica que se instalou, a AGU emitiu parecer (depois aprovado pelo ex-presidente Lula), tendo o cuidado de deixar claro que a possibilidade deste recurso era "excepcional". Mas essa palavra não deve impressionar. No trecho em que definia as circunstâncias que autorizariam esta revisão excepcional, a AGU teve o cuidado ainda maior de fazer uso daquelas palavras abstratas e genéricas que deixam as portas bem abertas para a intervenção dos Ministérios, quando julgarem conveniente. No aperto, não se esqueça: a porta segue aberta. Nos Estados e Municípios, o exemplo da União é sempre seguido mimeticamente. Se algo foi feito no âmbito da União, geralmente não é preciso grande justificativa para um agente público estadual ou municipal repetir o mesmo ato no seu respectivo ente governamental.

Como exemplo do segundo caso, instrua as mais variadas agências a submeter *voluntariamente* os seus *projetos de decisões* aos controladores. Isso mesmo: explique às agências que, durante o seu governo, antes de decidir qualquer coisa, elas devem pedir a bênção dos órgãos de controle. Justifique isso com palavras bonitas. Diga que é preciso haver uma "aproximação" entre reguladores e controladores. Diga que eles precisam trabalhar em equipe. Que precisam "conversar". Quem, afinal, é contra um bom bate papo? O recém-empossado governo Temer já deu um grande passo nesta direção. Determinou que todos os editais de licitação das concessões do programa de parceria de investimentos sejam submetidos previamente para aprovação do Tribunal de Contas da União – tal como, aliás, já vinha sendo a prática. Pouco importa que não haja, no direito brasileiro, qualquer norma de qualquer hierarquia que dê este poder prévio ao TCU. Pouco importa, aliás, que a inexistência de previsão normativa destes poderes prévios corresponda a uma opção clara do Constituinte brasileiro, desde 1967, de eliminar a atuação preventiva até então existente desta Corte de Contas.

O que é realmente relevante é que estas conversas prévias abram caminho para que o TCU tome o espaço das agências e atue como efetivo regulador, interferindo diretamente na própria modelagem dos projetos de infraestrutura.

3 As dicas para os órgãos de controle

Nesta segunda parte, as dicas se destinam aos mais diversos órgãos de controle e apresenta as estratégias que podem ser (e já vêm sendo) implementadas por eles para produzir o enfraquecimento das agências. Aqui também são três as estratégias principais: (i) limitar o leque de ações ou instrumentos à disposição das agências; (ii) amedrontar os seus funcionários; e (iii) interferir nas suas escolhas e decisões concretas. As duas primeiras servem para atrapalhar o funcionamento e a eficiência das agências reguladoras. A terceira, para minar a sua legitimidade.

3.1 Limite o leque de ações ou instrumentos à disposição das agências

Comece por adotar interpretações restritivas do direito, que limitem o leque de ações ou instrumentos à disposição das agências. Assim você prejudica o seu funcionamento e o cumprimento de suas missões institucionais.

Siga o exemplo de vários de seus colegas controladores que resistem ao recurso à arbitragem para solucionar controvérsias entre a administração pública e particulares. Valha-se do argumento de que os interesses públicos são indisponíveis – e ignore que o interesse público nos setores de infraestrutura pode consistir precisamente na solução mais rápida, técnica e imparcial dos conflitos, garantida pela arbitragem, cujo uso já foi autorizado pela Lei de Concessões e pela Lei de PPP. Note, afinal, que a disseminação do uso da arbitragem implicaria a redução do seu próprio poder como controlador. Ao viabilizar o acesso a instância alternativa ao Poder Judiciário, apta a dar soluções rápidas e técnicas aos conflitos, abrir-se-ia para os concessionários via para questionar decisões das agências que seguem determinações emitidas pelos controladores. Na prática, portanto, a arbitragem teria o efeito indireto de dar limites ao poder dos controladores da Administração Pública, que tinham suas decisões protegidas pelo temor de submeter as questões ao Poder Judiciário, em vista da demora para obtenção de decisões definitivas, e das dificuldades de um juiz não especialista em infraestrutura entender as questões técnicas e econômico-financeiras relativas a contratos de concessão ou PPP.

Em seguida, dificulte o recurso das agências à expertise de terceiros. Uma vez que diversas de suas atividades são altamente técnicas e especializadas, faria sentido que as agências tivessem maior flexibilidade que outras entidades na contratação de consultores externos. Ao invés disso, a CGU e o TCU consideraram ilícitos os procedimentos expeditos criados, entre outros fins, para a contratação de consultores pela ANATEL, por meio do procedimento chamado de "Consulta", que tinha previsão específica na Lei Geral de Telecomunicações. Além disso, tem sido comum que as Leis de Diretrizes Orçamentárias federais e de alguns estados nos últimos anos prevejam que atividades teoricamente realizáveis por agentes públicos não podem ser objeto de contrato de consultoria. Considere essa regra aplicável às agências e puna os funcionários de agência que tentarem contratar consultorias para assessorá-las.

Último exemplo: o TCU considerou ilícito o convênio de cooperação entre a EBP – Estruturadora Brasileira de Projetos e o BNDES. Esse convênio, entre outros efeitos, dava à EBP um tratamento diferenciado nos processos de PMI perante órgãos do Governo Federal. A decisão é uma lição em si: analisa o convênio com base em parâmetros tradicionais do Direito Administrativo, ignorando o funcionamento paraestatal da EBP e o papel único que teve nos últimos anos na viabilização de concessões e PPPs nos mais diversos setores de infraestrutura, inclusive na realização das principais concessões federais de aeroportos e de rodovias.

3.2 Usem os poderes de punição para amedrontar os funcionários das agências

A segunda estratégia que os controladores podem utilizar para atrapalhar o funcionamento das agências é manejar extravagantemente o seu poder de sanção. Há casos exemplares de punição pessoal do TCU a técnicos e diretores das agências reguladoras em que não há sequer suspeita de obtenção de quaisquer benefícios pessoais – apenas decisões contrárias às que os controladores consideram correta.

Esta forma de agir gera três circunstâncias relevantes para o enfraquecimento das agências reguladoras. Em primeiro lugar, dificulta o recrutamento de bons quadros para compor o seu pessoal. Afinal, estes profissionais se sentirão desestimulados a ingressar neste cenário e arriscar a sua reputação, a sua liberdade, ou o seu bolso. Em segundo lugar, os funcionários que ultrapassem este desestímulo e venham a compor os quadros das agências estarão apavorados e desconfortáveis para tomar qualquer solução mais criativa ou audaciosa. O relevante passa a ser salvar a própria pele, não pensar em soluções que possam conduzir à realização do interesse público. Nem é preciso dizer da ineficiência a se esperar de uma entidade dirigida e tocada por funcionários intimidados. Em terceiro lugar e enfim, este uso desmedido do poder de sanção termina funcionando como gatilho para que o controlador possa impor as suas próprias escolhas sobre as do regulador. A ameaça de aplicar sanções, mesmo quando feita de forma sutil, pode fazer o controlador participar ativamente das decisões regulatórias. Assim, o Ministério Público têm "deixado saber" aos vários reguladores, como uma espécie de "sugestão", as suas escolhas e preferências regulatórias antes mesmo de que decisões específicas tenham sido tomadas. Outras vezes, é o próprio regulador quem, amedrontado, "consulta" o controlador sobre decisão que pretende tomar. No caso do edital de concessão do Aeroporto do Galeão, o TCU sugeriu alterações nas minutas de editais não publicadas. O TCU justificou esta atuação, que não possui base normativa específica, com o argumento de que seria melhor para a própria administração pública que atuasse previamente, já que tinha poderes de sanção e de sustação posteriores à publicação. Em bom português, "é melhor seguir o nosso conselho logo agora". Isso, aliás, não é novidade. Em vários casos, o TCU tem se manifestado sobre minutas de editais e contratos de concessão previamente à sua publicação. Isso porque os reguladores, temerosos das decisões do TCU, enviam-lhe esses documentos previamente à sua publicação.

3.3 Interfira nas escolhas e decisões regulatórias

Uma das técnicas que você, controlador, pode utilizar para interferir nas escolhas das agências reguladoras já foi adiantada acima: usar o poder de sanção em uma mão e as suas "meras sugestões" na outra. Mas há pelo menos duas outras que são bastante bem sucedidas.

A primeira consiste em ignorar a complexidade do direito e a absoluta ausência de "respostas corretas" (ou "únicas respostas lícitas") para várias das questões que devem ser resolvidas pelas agências reguladoras – e impor a sua solução de preferência, sob o argumento de que ela é exigida pelo direito. Em vários países, o reconhecimento da realidade complexa levou tribunais a criarem doutrinas de deferência às soluções escolhidas pelas entidades reguladoras: na ausência de uma resposta pré-concebida pelo direito a problemas específicos, caberia a elas optar por uma dentre as várias decisões abstratamente lícitas. Entre nós, juízes e tribunais têm resistido a dar este voto de confiança ao regulador. Ao invés disso, costumam impor as suas próprias soluções, muitas vezes a partir do que supõem que um princípio abstrato necessariamente exigiria diante de um caso concreto qualquer. Eis um caminho a se seguir. O princípio da dignidade humana sozinho, por exemplo, lhe abrirá um mundo de possibilidades.

A segunda técnica para interferir nas decisões das agências reguladoras consiste em realizar um esgarçamento (ou uma "interpretação criativa") de suas próprias competências de controle. Tome-se o caso do Congresso. A Constituição lhe permite sustar atos normativos do Poder Executivo "que exorbitem do poder regulamentar ou dos limites da delegação legislativa". Mas o dispositivo tem sido usado para afastar regras técnicas impopulares ou regras com as quais o Congresso simplesmente não concorda. Assim se deu em 2014, quando o Congresso editou Decreto Legislativo para sustar a eficácia de resolução da Anvisa que vedava a comercialização de medicamentos inibidores de apetite usados contra a obesidade. Mais recentemente, o Senado já aprovou o Decreto Legislativo que afastará a resolução da Anac que liberava a cobrança, pelas companhias aéreas, de bagagens despachadas em voos domésticos. Há exemplos também do TCU, que costuma se valer dos processos de tomada de contas especial para alterar aspectos regulatórios de contratos de concessão em curso. Em relação aos contratos da 1ª Etapa do Programa de Concessões de Rodovias Federais – PROCOFE, a Corte de Contas exigiu da ANTT a adoção da metodologia do reequilíbrio econômico financeiro por fluxo de caixa marginal para a inclusão de novos investimentos nesses contratos. Este exemplo, aliás, é ótimo para mostrar a eficácia das intervenções do controlador. É que aqui se trata de uma medida que não poderia ter sido tomada nem mesmo pela agência isoladamente – a Lei de Licitações exige o assentimento dos concessionários para alteração de regras econômico-financeiras de contratos em curso.

Mas você, controlador, não precisa se preocupar com estes detalhes. No direito brasileiro, os controladores são muito pouco controlados – e todas as estratégias acima deverão ser (e já vêm sendo) muito eficazes.

4 As dicas para os membros das próprias agências

Um texto com dicas para desestruturar as agências reguladoras não poderia deixar de trazer estratégias de autoflagelo. Normalmente, os integrantes destas entidades supõem que o seu ocaso é culpa de terceiros, políticos e/ou controladores néscios ou sedentos de poder. Nunca admitem que também prestam contribuição relevante para esta situação.

As agências reguladoras foram criadas para garantir atuação estatal imparcial e técnica no acompanhamento, fiscalização e regulação de contratos de longo prazo nos setores de infraestrutura, que envolvem investimentos relevantes do setor privado a serem amortizados em prazos longos, como 20 ou 30 anos. Assim, a estabilidade da regulação, a imparcialidade das decisões, a sua rapidez, solidez técnica e conformidade com as regras e com a lógica jurídica, econômica e financeira são essenciais para manter a credibilidade do sistema regulatório.

No entanto, é frequente que as agências reguladoras (i) atuem de forma errática, com comprometimento da segurança jurídica; (ii) negligenciem importantes regras procedimentais; ou (iii) divulguem inapropriadamente as informações relevantes sobre o setor regulado e sobre as suas próprias decisões.

4.1 Descumpram contratos e frustrem a segurança jurídica

Uma das razões para a criação das agências reguladoras consistia em dar mais estabilidade aos setores regulados. A ideia era a de que a concessão de poderes regulatórios a entidades técnicas, isoladas de influências políticas, favoreceria a previsibilidade, criando ambiente propício para o aporte de investimentos. Como desbaratar este projeto? Assegurando que a estabilidade e a segurança jurídica sejam comprometidas nos setores regulados pela atuação da própria agência.

A forma mais óbvia para fazê-lo é frustrar o cumprimento dos contratos, em especial em relação à garantia do equilíbrio econômico-financeiro dos contratos e realização dos reajustes tarifários. Há aí o cenário propício para ações populistas e para violar os direitos e a expectativa dos concessionários. No caso de disposições relativas ao reequilíbrio econômico-financeiro, uma estratégia particularmente efetiva consiste na anulação de disposições contratuais firmadas anos antes, sob o argumento de mudança de orientação quanto à metodologia aplicável para o seu cálculo. Tome-se o caso emblemático da ação judicial intentada pela Artesp e pelo Governo do Estado de São Paulo para anular aditivos celebrados em dezembro de 2006. A este respeito, argumente que é natural que práticas regulatórias evoluam e que novas formas de cálculo de reequilíbrio sejam desenvolvidas. E ignore que é exatamente por isso que se crê indispensável blindar o passado, preservando a validade e eficácia dos acordos assinados com base nas práticas vigentes à época da sua realização.

Já no caso do reajuste tarifário, é cada vez mais raro o exemplo de Luiz Guilherme Schymura, então presidente do Conselho da Anatel que, em 2003, lutou para impedir que o Governo ignorasse as regras de reajuste de tarifa dos contratos de concessão dos serviços de telefonia. Ao invés disso, tem sido frequente que os diretores de agências reguladoras convalidem reduções de tarifa ou ignorem o direito de reajustá-las quando o Chefe do Poder Executivo assim entender devido, ignorando que a manutenção do valor da tarifa e direito ao seu reajuste só podem ser alterados por acordo entre as partes. Diversas agências reguladoras, particularmente as estaduais, o fizeram após as manifestações sociais de 2013.

O grande mérito da estratégia de descumprimento contratos está em que os seus efeitos vão além do caso concreto. Cria-se a percepção geral de que quaisquer alterações nas condições políticas ou nas orientações das agências sobre questões regulatórias serão suficientes para fazê-las rever decisões passadas e reabrir os processos nos quais elas foram tomadas. Ou seja: consagra-se exatamente o cenário de insegurança que se quis evitar com a criação das agências reguladoras.

4.2 Não liguem muito para procedimentos

Uma segunda estratégia efetiva para minar a credibilidade das agências reguladoras consiste em negligenciar as regras procedimentais que regem (ou deveriam reger) a sua atuação. Ora, o procedimento é um mecanismo jurídico para garantir que as decisões de uma entidade pública sejam tomadas de forma legítima – e não de forma arbitrária. Afinal, decidir seguindo um procedimento é o inverso de decidir livremente. Justamente por isso, desconsiderar as regras procedimentais é forma eficaz de comprometer esta arquitetura institucional e pôr em cheque a sua própria legitimidade.

A estratégia pode ser utilizada tanto na produção normativa como nas chamadas "decisões individuais" (solução de uma controvérsia, imposição de uma sanção etc.). Tome-se a primeira hipótese, de produção normativa. Aqui, a forma mais recorrente de procedimentalização em todo o mundo é o uso da chamada Análise de Impacto Regulatório (AIR). Bem utilizada, a AIR tende a gerar uma regulação de maior qualidade (porque serve a levantar dados relevantes) e mais democrática (porque permite o debate de diferentes opções). Na prática, no entanto, ela ainda está muito longe de ser a regra no Brasil. Na ausência de uma obrigação legislativa genérica, tem cabido às próprias agências reguladoras decidir *quando* e *como* valer-se deste mecanismo. Neste cenário, não é surpresa que, salvo poucas exceções no nível federal (como é o caso da Anvisa), o uso da AIR ainda seja raro. Também no caso das chamadas decisões individuais, é comum a reclamação dos regulados sobre desrespeito de regras procedimentais e dos seus direitos de serem ouvidos, sendo esta a maior causa de contestações judiciais de decisões das agências.

Mas as agências podem ser ainda mais eficientes nesta estratégia de negligência a ritos procedimentais. Elas podem valer-se de disposições contratuais para ampliar os seus próprios poderes e as suas próprias margens de discricionariedade. Ao invés de procedimento, ampla liberdade. Num primeiro exemplo já testado, basta incluir em minutas de contrato fatores indeterminados que lhes dão amplos poderes de mudar a qualquer tempo os seus aspectos econômico-financeiros. Valham-se indiscriminadamente do famoso Fator X. Ignorem a lição de que, tecnicamente, a utilização deste mecanismo só faz sentido para contratos em setores cujos avanços tecnológicos criem periodicamente ganhos operacionais inesperados, como o setor de telecomunicações ou de distribuição de energia elétrica. Usem-no, portanto, mesmo em setores de infraestrutura pesada. Num segundo exemplo também não inédito, subordinem o direito ao reequilíbrio econômico-financeiro do contrato a fatores que as próprias agências estabelecerão a *posteriori*. Assim se cria incerteza sobre a indenização integral dos concessionários pela ocorrência de eventos cujo risco foi atribuído pelo contrato ou pela lei ao Poder Concedente. É o caso da utilização da metodologia do fluxo de caixa marginal para qualquer evento de desequilíbrio (e não apenas para a inclusão de novos investimentos no contrato), com taxa de desconto estipulada posteriormente pela agência reguladora, como tem acontecido nos contratos da ANTT e da ANAC.

4.3 Negligenciem a importância da difusão informacional

Uma última estratégia para comprometer a imagem e a reputação das agências consiste em negligenciar a importância da propagação de informações para a regulação. Há pelo menos duas formas distintas em que ela pode ser relevante.

Numa primeira forma, a difusão informacional é relevante como técnica ou estratégia regulatória. Neste sentido, a agência atua como um centro propagador das informações pertinentes ao setor regulado, tornando-as facilmente acessíveis a todos. Isto tende a ampliar a competitividade entre os *players* do mercado, além de possibilitar escolhas e comportamentos mais conscientes dos consumidores. A despeito disso, medidas tão básicas como a divulgação comparativa de diferentes planos de serviço oferecidos por diferentes operadoras de telefonia seguem sem ser implementadas pela ANATEL, para citar apenas um exemplo. A desculpa para esta inação tem sido a da constante mudança dos planos das operadoras – circunstância que não impediu o Banco Central, por exemplo, de disponibilizar comparativo semelhante relativo às tarifas bancárias.

Numa segunda forma, a divulgação de informações é instrumento de legitimação das escolhas da própria agência. A importância desta específica forma de comunicação resulta particularmente evidente porque o trabalho de uma agência reguladora consiste em arbitrar interesses conflitantes (de diferentes tipos de usuários do serviço, da indústria regulada, do Poder Público etc.). No contexto de tomada de decisões tão complexas e tão propensas a gerar controvérsias, a boa comunicação é a chave para que uma medida seja compreendida e bem avaliada. Comunicar mal neste contexto é o caminho óbvio para que suas ações ou não possam ser avaliadas pela população, ou sejam necessariamente compreendidas como resultado de captura. Isso talvez explique porque inúmeras decisões racionais do ponto de vista econômico venham a ser largamente percebidas pela população como voltadas a favorecer a indústria regulada. Assim, por exemplo, a recente decisão da ANAC de liberar a cobrança de bagagens despachadas. Teria sido possível investir mais na divulgação de estudos e na explicação da regra tanto sob um ponto de vista da sua eficiência (no sistema anterior, passageiros que não despacham bagagens subsidiam aqueles que as levam), como do ponto de vista de sua naturalidade (trata-se de regra que vale em quase todo o mundo, com exceção apenas de México, Venezuela, China e Rússia), como, finalmente, do ponto de vista de suas prováveis consequências (redução de preços por maior amplitude concorrencial, a exemplo do que já vem acontecendo desde que se começou a adotar a liberdade tarifária). Ao invés disso, ela foi objeto de tímidas manifestações oficiais atropeladas por indignações do senso comum.

5 Conclusão

Caso ainda não tenha ficado totalmente evidente, vale a pena esclarecer: o texto acima é irônico. Na realidade, o objetivo dos autores não é "oferecer dicas para a destruição das agências reguladoras". Ao invés disso, o que lhes move é a vontade de denunciar uma série de práticas que já vêm sendo adotadas por diferentes atores institucionais e que, aos seus olhos, possuem efeito deletério evidente sobre o projeto de Estado Regulador Brasileiro. Na oportunidade de celebração dos 20 anos deste projeto institucional, parece essencial fazer esta reflexão sobre o que deu errado até aqui, para que os problemas possam ser corrigidos nas próximas décadas.

Referências

ARAGÃO, Alexandre dos Santos. *As Funções e a Posição das Agências Reguladoras Independentes no Estado Contemporâneo*. Dissertação (Mestrado em Direito), Universidade do Estado do Rio de Janeiro, Rio de Janeiro, 2001.

AZEVEDO, Eurico de Andrade. Agências Reguladoras. *Revista de Direito Administrativo – RDA*, n. 213, 1998.

CONFORTO, Glória. Descentralização e Regulação da Gestão de Serviços Públicos. *Revista de Administração Pública – RAP*, v. 32, 1, 1998.

COTIAS E SILVA, Arthur Adolfo. O Tribunal de Contas da União na História do Brasil: evolução histórica, política e administrativa (1890- 1998). In: *Tribunal de Contas da União*. Prêmio Serzdello Corrêa 1998: Monografias Vencedoras. Brasília, DF: Tribunal de Contas da União/Instituto Serzdello Corrêa, 1999.

DI PIETRO, Maria Sylvia Zanella. *Direito Administrativo*. 30. ed. Rio de Janeiro: Forense, 2017.

GUIMARÃES, Fernando Vernalha. O Direito Administrativo do Medo: a crise da ineficiência pelo controle. 2016. Disponível em: <http://www.direitodoestado.com.br/ colunistas/fernando-vernalha- guimaraes/o-direito-administrativo-do-medo-a-crise-da-ineficiencia- pelo-controle>. Acesso em: 08 ago. 2017.

JORDÃO, Eduardo. A intervenção do TCU sobre editais de licitação não publicados: controlador ou administrador? *Revista Brasileira de Direito Público – RBDP*, v. 12, 47, 2014.

_____. *Cobrança por bagagem*: o que diz o Direito? Disponível em: <https://jota.info/colunas/ supra/cobranca-por-bagagem-o-que-diz-o- direito-24032017>. Acesso em: 08 ago. 2017.

_____. *Controle Judicial de uma Administração Pública Complexa*: a experiência estrangeira na Adaptação da Intensidade do Controle. São Paulo, SP: Malheiros/SBDP, 2016.

JORDÃO, Eduardo; LARDOSA, Arthur. *Congresso x Agências*: limites, só para os outros. Disponível em: <https://jota.info/colunas/supra/congresso-x-agencias-limites-para-os- outros-19122016>. Acesso em: 08 ago. 2017.

JUSTEN FILHO, Marçal. *O Direito das Agências Reguladoras Independentes*. São Paulo: Dialética, 2002.

_____. *Curso de Direito Administrativo*. 12.a ed. São Paulo: Editora Revista dos Tribunais, 2016.

MARQUES NETO, Floriano Azevedo. A Nova Regulação Estatal e as Agências Independentes. In: Carlos Ari Sundfeld. (Org.). *Direito Administrativo Econômico*. São Paulo: Malheiros/SBDP, 2000.

_____. *Agências Reguladoras Independentes*: Fundamentos e seu Regime Jurídico. Belo Horizonte: Fórum, 2005.

MENDONÇA, José Vicente Santos de. *Impacto Regulatório*: um obscuro objeto de desejo. 2010. Disponível em: <http://www.conjur.com.br/2010-set-14/analise-impacto-regulatorio- ainda-obscuro-objeto-desejo>. Acesso em: 08 ago. 2017.

ORGANIZAÇÃO PARA COOPERAÇÃO E DESENVOLVIMENTO ECONÔMICO – OCDE. Recomendação do Conselho sobre Política Regulatória e Governança. 2012. Disponível em: <http://www.oecd.org/gov/ regulatory- policy/Recommendation%20PR%20with%20cover.pdf>. Acesso em: 08 ago. 2017.

PENGUE FILHO, Giovanni. *Quando valor de agência reguladora se mede por eficiência*. Disponível em: <https://jota.info/artigos/quando- valor-de-agencia-reguladora-se-mede-por-eficiencia-12052017>. Acesso em: 08 ago. 2017.

QUEIROZ, José Ricardo Pataro Botelho de. *Sem bagagem e com mais inclusão*. 2016. Disponível em: <http://www1.folha.uol.com.br/opiniao/2016/12/1842673-sem-bagagem- e-com-mais-inclusao.shtml>. Acesso em: 08 ago. 2017.

RIBEIRO, Maurício Portugal. *Comentários às Diretrizes Recentemente Publicadas do Novo Programa de Investimentos em Infraestrutura do Governo Federal*. 2016. Disponível em: <http://www.portugalribeiro. com.br/comentarios-as-diretrizes- recentemente-publicadas-do-novo-programa-de-investimentos-em- infraestrutura-do-governo-federal/>. Acesso em: 08 ago. 2017.

_____. *Novo pacote de infraestrutura do Governo Dilma*

_____: *15 erros que precisam ser corrigidos*. 2015. Disponível em: <https://pt.slideshare.net/portugalribeiro/o-que-precisa-mudar-no-pil- final-publicado-em>. Acesso em: 08 ago. 2017.

_____. "PPP Mais" e o Regime dos Contratos de Concessão e PPP: erros, acertos e oportunidades que não deveriam ser perdidas. 2015, p. 38. Disponível em: <https://pt.slideshare.net/portugalribeiro/ppp-mais- e-o-regime-dos-contratos-de-concesso-e-ppp>. Acesso em: 08 ago.2017.

SALAMA, Bruno Meyerhof; BARRIONUEVO, Arthur; PALMA, Juliana Bonacorsi de; DUTRA, Pedro. *Processo de Nomeação de Dirigentes das Agências Reguladoras*: uma Análise Descritiva. 2016, p. 04. Disponível em: <https://direitosp.fgv.br/sites/direitosp.fgv.br/files/arquivos/GRP_arquivos /sumario_executivo_grp_-_pep_01.pdf>. Acesso em: 16 maio 2017.

SALGADO, Lucia Helena; BORGES, Eduardo Bizzo de Pinho. *Análise de Impacto Regulatório*: uma abordagem exploratória. Texto para Discussão – IPEA, TD 1463, 2010. Disponível em: <http://www.ipea .gov.br/portal/index.php?option=com_content&view= article&id=5010>. Acesso em: 08 ago. 2017.

SALINAS, Natasha Schmitt Caccia. *Por um uso abrangente da Análise de Impacto Regulatório no Brasil*. 2016. Disponível em: <http://www.direitodoestado.com.br/colunistas/natasha-salinas/por- um-uso-abrangente-da-analise-de-impacto-regulatorio-no-brasil>. Acesso em: 08 ago. 2017.

SOUTO, Marcos Juruena Villela. Agências reguladoras. *Revista de Direito Administrativo – RDA*, n. 216, 1999.

SPECK, Bruno Wilhelm. *Inovação e rotina no Tribunal de Contas da União*: o papel da instituição superior de controle financeiro no sistema político-administrativo do Brasil. São Paulo: Fundação Konrad-Adenauer-Stiftung, 2000.

SUNDFELD, Carlos Ari. *Chega de Axé no Direito Administrativo*. Disponível em: <http://www.sbdp.org.br/artigos_ver.php?idConteudo=100>. Acesso em: 08 ago. 2017.

_____. Introdução às Agências Reguladoras. In: Carlos Ari Sundfeld (Org.). *Direito Administrativo Econômico*. São Paulo:Malheiros/SBDP, 2000.

Informação bibliográfica deste texto, conforme a NBR 6023:2002 da Associação Brasileira de Normas Técnicas (ABNT):

JORDÃO, Eduardo; RIBEIRO, Maurício Portugal. Como desestruturar uma agência reguladora em passos simples. In: BOLONHA, Carlos et al. (Coord.). *30 anos da Constituição de 1988*: uma jornada democrática inacabada. Belo Horizonte: Fórum, 2019. p. 481-494. ISBN 978-85-450-0595-7.

PODER DE POLÍCIA, DIREITOS FUNDAMENTAIS E INTERESSE PÚBLICO: 30 ANOS DE CONSTITUCIONALIZAÇÃO DO DIREITO ADMINISTRATIVO NO BRASIL

Gustavo Binenbojm

1 Direitos fundamentais e democracia como elementos estruturantes do estado administrativo contemporâneo

A guinada democrático-constitucional do direito administrativo é fenômeno hoje bastante difundido, mas que ocorreu em momentos históricos distintos nas diferentes partes do mundo ocidental. Enquanto nos Estados Unidos da América a sua percepção é a de um processo de longo curso, gradualmente desenvolvido desde a fundação do país e intensificado a partir do *New Deal*,[1] na Europa continental ela se inicia no segundo pós-guerra e percorre toda a segunda metade do século XX, coincidindo com a redemocratização e a reconstitucionalização das nações submetidas a regimes autocráticos.[2]

No Brasil, tal fenômeno tem como marco político-jurídico seminal a promulgação da Constituição democrática de 1988, força motriz de importantes transformações no direito administrativo pátrio. O Estado democrático de direito então inaugurado passa a afirmar a centralidade do sistema de direitos fundamentais e da democracia, que se apresentam, simultaneamente, como seus elementos estruturantes e fundamentos de legitimidade. A constitucionalização do direito administrativo designa, assim, não apenas a previsão dos grandes princípios e de algumas regras da disciplina no Texto Constitucional, mas sobretudo a *impregnação* da dogmática administrativista pelos vetores axiológicos da Lei Maior, propiciando uma releitura de seus institutos, categorias operativas e formas organizacionais.[3]

---

[1] V. MASHAW, Jerry L. *Creating the administrative constitution*: the lost one hundred years of american administrative law. New Haven and London: Yale University Press, 2012.

[2] Os principais marcos jurídico-políticos de tal fenômeno na Europa foram a redemocratização e a reconstitucionalização da Itália (1947), da Alemanha (1949), de Portugal (1976) e da Espanha (1978). Para uma ampla e percuciente visão do fenômeno da constitucionalização do direito, incluindo o direito administrativo, v. BARROSO, Luís Roberto. Neoconstitucionalismo e constitucionalização do direito: o triunfo tardio do direito constitucional no Brasil. In: BARROSO, Luís Roberto. *O novo direito constitucional brasileiro*: contribuições para a construção teórica e prática da jurisdição constitucional no Brasil. Belo Horizonte: Fórum, 2012, p. 187-235.

[3] Sobre o tema, v. BINENBOJM, Gustavo. *Uma teoria do direito administrativo*: direitos fundamentais, democracia e constitucionalização. Rio de Janeiro: Renovar, 2014, p. 49/79.

A influência do constitucionalismo democrático se dá por meio de mutações que refletem uma nova compreensão sobre a legitimidade da organização e do funcionamento da Administração Pública. Modo geral, esse *giro democrático-constitucional* propulsiona mudanças direcionadas a: (i) incrementar o grau de *responsividade* dos administradores públicos às aspirações e demandas da sociedade, mediante adoção de procedimentos mais transparentes e participativos; (ii) respeitar, proteger e promover os direitos fundamentais dos administrados, por meio de mecanismos que assegurem o devido processo legal e de políticas públicas a eles vinculadas; (iii) submeter a atuação dos administradores públicos a controles efetivos, fundados tanto em parâmetros jurídicos como em termos de resultados práticos.[4]

Mas a existência de uma efetiva *viragem* teórica e dogmática do direito administrativo pressupunha a ruptura com o *status quo* anterior. Com efeito, embora o direito administrativo tenha tido desenvolvimento embrionário associado à afirmação da *rule of law*, da separação de poderes e dos direitos do homem – como bandeiras da Revolução Francesa –, sua estrutura dogmática jamais refletiu, de modo fidedigno, o discurso garantístico e liberal que permeou a sua criação. Ao contrário, a desigualdade entre Estado-Administração e cidadãos, a formatação de categorias jurídicas exorbitantes do direito comum e a preservação da lógica da autoridade – significativamente imunizada da esfera dos órgãos de controle – marcam a contraditória gênese do direito administrativo.[5]

De um lado, a proclamação retórica da subordinação da Administração Pública ao regime de legalidade atende a uma das *palavras de ordem* dos revolucionários contra o Antigo Regime. É conhecida a passagem de Guido Zanobini na qual o publicista italiano atribui a *Loi* do dia 28 do *pluviose* do ano VIII, editada em 1800, o sentido de uma espécie de certidão de nascimento do direito administrativo.[6] Tal lei, ao organizar a estrutura da burocracia francesa e definir as suas funções, teria representado a submissão do Poder Executivo à vontade heterônoma do Poder Legislativo, simbolizando a ruptura com a estrutura de poder do *Ancien Régime,* na qual a vontade do soberano era a lei suprema (*quod regi placuit lex est* ou, em sentido idêntico, *voluntas principis suprema lex est*).[7]

---

[4] Nesse sentido, v. OTERO, Paulo. *Manual de direito administrativo.* Coimbra: Almedina, 2013, v. I, p. 285-286: "O Estado de direito democrático (...) permite observar que as entidades públicas se encontram vinculadas a conferir aplicabilidade direta às normas referentes a certos direitos fundamentais, estando a Administração Pública sujeita a controlo político parlamentar e ao controlo jurídico dos tribunais, registando-se que as decisões destes são obrigatórias e prevalecem sobre as de quaisquer autoridades".

[5] Para maiores detalhes sobre a *ilusão garantística da gênese* e o *pecado original* do direito administrativo, imprescindível v. OTERO, Paulo. *Legalidade e administração pública:* o sentido da vinculação administrativa à juridicidade. Coimbra: Almedina, 2003, p. 269 e ss. No mesmo sentido, v. BINENBOJM, Gustavo. *Uma teoria do direito administrativo*: direitos fundamentais, democracia e constitucionalização. Rio de Janeiro: Renovar, 2014, p. 9-22.

[6] ZANOBINI, Guido. *Corso di diritto amministrativo.* Milano: Giuffrè, 1947, v. I, p. 33.

[7] V., nesse sentido, TÁCITO, Caio. Evolução histórica do direito administrativo. In: *Temas de direito público.* Rio de Janeiro: Renovar, 1997, v. I, p. 2: "O episódio central da história administrativa do século XIX é a subordinação do Estado ao regime de legalidade. A lei, como expressão da vontade coletiva, incide tanto sobre os indivíduos como sobre as autoridades públicas. A liberdade administrativa cessa onde principia a vedação legal. O Executivo opera dentro dos limites traçados pelo Legislativo, sob a vigilância do Judiciário".

De outro lado, todavia, impõe-se reconhecer que a formação e desenvolvimento inicial do direito administrativo na França pós-revolucionária teve pouco que ver com os pilares do liberalismo político – isto é, com as ideias de Estado de direito e de separação dos poderes. De fato, a conhecida origem pretoriana do direito administrativo revela um conjunto de novas categorias e institutos jurídicos que não foram criados por obra do legislador, mas elaborados pelo Conselho de Estado, órgão de cúpula do contencioso administrativo. Tal postura insubmissa do *Conseil d´État* às normas editadas pelo Parlamento – *v.g.*, às normas do Código Civil napoleônico – e a invenção de um regime jurídico-administrativo exorbitante do direito comum traz consigo esta evidente contradição: o surgimento de um direito especial da Administração resultou não da vontade geral, manifestada pelo Legislativo, mas de decisão autovinculativa do próprio Executivo.[8] Isso explica porque o direito administrativo passou ao largo da chamada era das *grandes codificações*, embora tenha nascido e se desenvolvido em tal período de crença na completude das compilações legislativas, sendo até hoje caracterizado pela fragmentação e ausência de organização sistemática.[9]

A segunda contradição verificada nos primórdios da disciplina foi a instituição, por lei datada de 1790, da jurisdição administrativa, com a consequente exclusão dos litígios entre os particulares e o Estado da alçada do Poder Judiciário. Embora alicerçada no brocardo *"juger l'administration c'est encore administrer"* ("julgar a administração ainda é administrar"), supostamente extraído da lógica da separação dos poderes, a introdução do contencioso administrativo tinha por finalidade evitar que os tribunais judiciários – compostos, em grande parte, por nobres hostis à Revolução – exercessem qualquer poder de veto sobre as ações do novo regime.[10] Assim, alheio a qualquer controle judicial, o Conselho de Estado acaba por edificar, paulatinamente, um arcabouço dogmático autônomo, distinto do direito civil, fundado em prerrogativas especiais da Administração Pública, que constituem a tônica e conferem mesmo identidade ao regime jurídico-administrativo.[11]

O nascimento do direito administrativo ocorre, portanto, ao arrepio do princípio da separação de poderes e do primado da lei sobre os atos da Administração. Num arranjo em tudo semelhante ao do velho Estado absolutista, o Poder Executivo concentra em seu plexo de competências, além da função de administrar, poderes para criar o direito que lhe é aplicável e para aplicá-lo aos litígios de que é parte contra os particulares, dirimindo-os em caráter definitivo.

---

[8] Com a mesma percepção, v. DELVOLVÉ, Pierre. Paradoxes du (ou paradoxes sur le) príncipe de séparation des autorités administrative et judiciaire. In: *Mélanges René Chapus*: Droit Administratif. Paris: Montchrestien, 1992, p. 144.

[9] BAPTISTA, Patrícia. *Transformações do direito administrativo*. Rio de Janeiro: Renovar, 2003, p. 2.

[10] Sobre o verdadeiro móvel da criação da jurisdição administrativa, v. LAUBADÈRE, André; VENEZIA, Jean-Claude; GAUDEMET, Yves. *Traité de droit administratif*. Paris: L.G.D.J., 1990, t. 1, p. 248.

[11] Como afirma Vasco Manuel Dias Pereira da Silva, "só pouco a pouco, é que o direito administrativo vai deixando de ser o direito dos privilégios especiais da Administração, para se tornar no direito regulador das relações jurídicas administrativas". SILVA, Vasco Manuel Dias Pereira da. *Em busca do acto administrativo perdido*. Coimbra: Almedina, 1998, p. 37.

Tal modelo não resulta da afirmação histórica da ideia de Estado de direito – mas, antes, representa a sua antítese.

Essas circunstâncias favorecem o desenvolvimento de categorias jurídicas voltadas essencialmente à preservação da autoridade estatal (*potestas*), e não aos direitos individuais dos cidadãos (*libertas*). As relações paritárias, próprias do direito privado, são substituídas por relações desiguais, baseadas na ideia de verticalidade, que confere posição de supremacia ao ente estatal. A própria noção de interesse público é construída a partir da ótica dos governantes, como algo naturalmente superior e contraposto aos interesses dos particulares.

Assim se compreende o *fosso* existente entre as experiências europeia continental e anglo-saxônica, no que se refere ao regime jurídico aplicável às relações entre Estado e cidadãos, ao longo de todo o século XIX e da primeira metade do século XX.[12] Enquanto na tradição da *common law* a submissão dos entes públicos às mesmas normas de direito e aos mesmos juízes ordinários a que estavam sujeitos os particulares representava uma exigência natural da noção de *rule of law*, na tradição continental, ao revés, o direito administrativo é definido, em sua essência, como uma norma desigual, que conferia à Administração prerrogativas especiais e a submetia a julgadores por ela mesma designados.[13]

Desfeito, portanto, o mito de uma origem *milagrosa*,[14] mais adequado parece pensar a evolução histórica do direito administrativo como uma sucessão de

---

[12] DICEY, Albert Venn. *An introduction to the study of the law of the Constitution*. London: Macmillan, 1915 (8th ed.), p. 213-267. No Capítulo XII do livro (cuja primeira edição foi publicada em 1885), sugestivamente intitulado "Rule of law compared to *droit administratif*", Dicey se ocupa das diferenças entre o direito inglês e o *novel* direito administrativo francês, criticando de forma incisiva o regime de privilégios e imunidades da França, assim como o sistema do contencioso administrativo, criado naquele país e replicado no continente europeu.

[13] Confira-se, sobre o ponto, conhecida passagem de TOCQUEVILLE, Alexis. *Democracy in America*. New York: The Library of America, 2004, p. 118-119: "In the year VIII of the French Republic a constitution was drawn up in which the following clause was introduced: 'Art. 75. All the agents of the government below the rank of ministers can only be prosecuted for offences relating to their several functions by virtue of a decree of the Conseil d'Etat; in which the case the prosecution takes place before the ordinary tribunals.' This clause survived the 'Constitution of l'An VIII, and it is still maintained in spite of the just complaints of the nation. I have always found the utmost difficulty in explaining its meaning to Englishmen or Americans. They were at once led to conclude that the Conseil d'Etat in France was a great tribunal, established in the centre of the kingdom, which exercised a preliminary and somewhat tyrannical jurisdiction in all political causes. But when I told them that the Conseil d'Etat was not a judicial body, in the common sense of the term, but an administrative council composed of men dependent on the Crown, so that the king, after having ordered one of his servants, called a Prefect, to commit an injustice, has the power of commanding another of his servants, called a Councillor of State, to prevent the former from being punished; when I demonstrated to them that the citizen who has been injured by the order of the sovereign is obliged to solicit from the sovereign permission to obtain redress, they refused to credit so flagrant an abuse, and were tempted to accuse me of falsehood or of ignorance. It frequently happened before the Revolution that a Parliament issued a warrant against a public officer who had committed an offence, and sometimes the proceedings were stopped by the authority of the Crown, which enforced compliance with its absolute and despotic will. It is painful to perceive how much lower we are sunk than our forefathers, since we allow things to pass under the color of justice and the sanction of the law which violence alone could impose upon them".

[14] Tal é a expressão usada, em termos literais, por WEIL, Prosper. *O Direito administrativo*. Coimbra: Almedina, 1977, p. 7-10: "A própria existência de um direito administrativo é em alguma medida fruto de um milagre. O direito que rege a atividade dos particulares é imposto a estes de fora e o respeito pelos direitos e obrigações que ele comporta encontra-se colocado sob a autoridade e a sanção de um poder exterior e superior: o do Estado. Mas causa admiração que o próprio Estado se considere ligado (vinculado) pelo direito (...) Não esqueçamos, aliás, as lições da história: a conquista do Estado pelo direito é relativamente recente e não está ainda terminada por toda parte (...) Fruto de um milagre, o direito administrativo só subsiste, de resto, por um prodígio a cada

impulsos contraditórios,[15] produto da tensão dialética entre avanços garantísticos, promovidos em momentos de predomínio do espírito liberal e democrático, e retrocessos autoritários, que geralmente afloram em contextos de crise econômica, convulsão social ou de ameaças, efetivas ou ilusórias, à segurança do Estado ou ao regular funcionamento de suas instituições.

Talvez o aspecto mais paradoxal dessa trajetória acidentada, e por vezes circular, seja o que Sebastian Martín-Retortillo Baquer identificou como uma *fuga do direito constitucional*.[16] A experiência da jurisdição administrativa, criada na França e replicada em quase todo o continente europeu, conferiu ao direito administrativo autonomia científica e um certo descolamento do direito constitucional. Além disso, a disciplina foi associada à *continuidade* da burocracia estatal e à estabilidade das instituições, em contraste com a *descontinuidade* das constituições.[17] Isso permitiu que o direito administrativo se nutrisse de categorias, institutos e formas organizacionais próprias, mantendo-se, de certa forma, alheio às sucessivas mutações constitucionais e ocupando posição de proeminência no âmbito do direito público.

Segundo Luís Roberto Barroso, somente após a Segunda Guerra Mundial, com a expansão progressiva do constitucionalismo democrático por diversas partes do hemisfério ocidental, é que tal situação de alijamento começaria a se modificar.[18] De fato, exceção feita à excepcionalidade da contínua experiência democrática norte-americana, somente no segundo pós-guerra é que tem curso o fenômeno da *constitucionalização* do direito, de forma geral, e de alguns de seus ramos, como o direito civil[19] e o direito administrativo,[20] de maneira mais específica e acentuada.

---

dia renovado (...) Para que o milagre se realize e se prolongue, devem ser preenchidas condições que dependem da forma do Estado, do prestígio do direito e dos juízes, do espírito do tempo".

[15] Na mesma linha, v. OTERO, Paulo. *Direito administrativo*: relatório. Coimbra: Almedina, 2001, p. 229.

[16] MARTÍN-RETORTILLO BAQUER, Sebastián. *El derecho civil en la génesis del derecho administrativo y de sus instituciones*. Madrid: Civitas, 1996, p. 215.

[17] Além da célebre frase de Otto Mayer – "as constituições passam, o direito administrativo fica" – já anteriormente mencionada na nota n. 17, veja-se também VEDEL, Georges. Discontinuité du droit constitutionnel et continuité du droit administratif. *In*: *Melanges offerts à Marcel Waline*: le juge et le droit public. Paris: L.G.D.J., 1974, p. 777-793.

[18] Neoconstitucionalismo e constitucionalização do direito: o triunfo tardio do direito constitucional no Brasil. In: BARROSO, Luís Roberto. *O novo direito constitucional brasileiro*: contribuições para a construção teórica e prática da jurisdição constitucional no Brasil. Belo Horizonte: Fórum, 2012, p. 220-221.

[19] Sobre a constitucionalização do direito civil, v. PERLINGERI, Pietro. *Il diritto civile nella legalità costituzionale*. Napoli: Edizioni Scientifiche Italiane, 1991; *Perfis de direito civil*. Rio de Janeiro: Renovar, 1999. No Brasil, v., dentre outros, TEPEDINO, Gustavo. O código civil, os chamados microssistemas e a Constituição: premissas para uma reforma legislativa. In: TEPEDINO, Gustavo (Coord.). *Problemas de direito civil-constitucional*. Rio de Janeiro: Renovar, 2000, p. 1-16; TEPEDINO, Gustavo. *Temas de direito civil*, 2004, t. I; TEPEDINO, Gustavo. *Temas de direito civil*, 2008, t. II; TEPEDINO, Gustavo. *Temas de direito civil*, 2009, t. III; TEPEDINO, Gustavo; MORAES, Maria Celina Bodin; BARBOZA, HELOÍSA HELENA (Coord.). *Código Civil interpretado conforme a Constituição da República*, 2004, v. I; 2006, v. II; 2011, v. III; 2014, v. IV; MORAES, Maria Celina Bodin. A caminho de um direito civil constitucional. *Revista de Direito Civil*, v. 65, p. 21-32, 1993; FACHIN, Luiz Edson. *Teoria crítica do direito civil*. Rio de Janeiro: Renovar, 2000; FACHIN, Luiz Edson (Coord.). *Repensando os fundamentos do direito civil brasileiro contemporâneo*. Rio de Janeiro: Renovar, 2000.

[20] Sobre a constitucionalização do direito administrativo, v. FAVOREU, Louis. La constitutionnalisation du droit. In: MATHIEU, Bertrand; VERPEAUX, Michel (Org.). *La constitutionnalisation des branches du droit*. Paris: Economica, 1998, p. 182. No Brasil, v., dentre outros, JUSTEN FILHO, Marçal. *Curso de direito administrativo*. 9. ed. São Paulo: Revista dos Tribunais, 2013, p. 102-103; BINENBOJM, Gustavo. *Uma teoria do direito administrativo*:

O que aqui se denomina por *giro democrático-constitucional* do direito administrativo é um processo multifário e pluridimensional, que opera por dois caminhos distintos, porém complementares: (i) a disciplina da organização e funcionamento de inúmeros setores da Administração Pública em normas do próprio Texto Constitucional; e (ii) a eficácia *irradiante* dos sistemas democrático e de direitos fundamentais, como elementos estruturantes e fundamentos de legitimidade do Estado democrático de direito – e, por conseguinte, também do Estado Administrativo – nos termos delineados pela Constituição.

Na primeira vertente, o giro segue uma *espiral ascendente*, por via da elevação dos grandes princípios e de diversas regras da disciplina administrativa ao plano da supremacia constitucional. Já na segunda vertente, o giro perfaz uma *espiral descendente*, com a *impregnação* da dogmática do direito administrativo pela normatividade constitucional, influenciando a releitura de seus institutos, categorias e formas organizacionais.

O tratamento constitucional da Administração Pública é algo relativamente recente, tendo se iniciado, de maneira ainda muito concisa, com a Constituição italiana, de 1947, e a Lei Fundamental de Bonn, de 1949.[21][22] Tais precedentes foram substancialmente ampliados com a promulgação da Constituição de Portugal, em 1976, e da Espanha, em 1978. A influência das nações ibéricas foi certamente decisiva para que a Constituição brasileira de 1988 reservasse capítulo próprio para a Administração Pública, enunciando de maneira expressa os seus princípios setoriais e descendo a minúcias, nem sempre desejáveis, acerca de aspectos pontuais do regime jurídico-administrativo a ser seguido no País.

Seja como for, pela vez primeira passou-se a ter um conjunto sistemático de princípios e regras – é dizer, uma "Constituição administrativa" – [23] que representa o cerne da vinculação da Administração Pública à *juridicidade*. Assim, a lei deixa de ser o fundamento único da atuação do Estado-Administração

---

direitos fundamentais, democracia e constitucionalização. Rio de Janeiro: Renovar, 2014, p. 49-79; BINENBOJM, Gustavo. A constitucionalização do direito administrativo: um inventário de avanços e retrocessos. In: SARMENTO, Daniel; SOUZA NETO, Cláudio Pereira (Coord.). *A constitucionalização do direito*: fundamentos teóricos e aplicações específicas. Rio de Janeiro: Lumen Juris, 2007, p. 743-780; BAPTISTA, Patrícia. *Transformações do direito administrativo*. Rio de Janeiro: Renovar, 2003.

[21] A Constituição alemã foi originariamente designada "Lei Fundamental" para sublinhar seu caráter provisório, eis que concebida para uma fase de transição, anterior à recuperação da unidade do país, quando então seria ratificada a Constituição definitiva. O Tratado de Unificação entre a República Democrática Alemã (RDA) e a República Federal da Alemanha (RFA) foi assinado em 31 de agosto de 1990, mas não houve promulgação de uma nova Constituição. Desde 03 de outubro de 1990, a Lei Fundamental vigora em toda a Alemanha.

[22] Para demonstrar a relevância do fenômeno, o comedimento da Lei Fundamental de Bonn no trato da Administração Pública não impediu que a doutrina e a jurisprudência reconhecessem a existência, implícita na Constituição, de importantes princípios reitores do direito administrativo, tais como o princípio da proporcionalidade e o princípio da proteção da confiança legítima. Nesse sentido, v. MAURER, Hartmut. *Elementos de direito administrativo alemão*. Porto Alegre: Sergio Antonio Fabris, 2000, p. 65-84.

[23] Sobre o tema, v. Constituição e direito administrativo: a "Constituição administrativa" portuguesa. In: VARELA, Antunes; AMARAL, Diogo Freitas do; MIRANDA, Jorge; e CANOTILHO, J. J. Gomes (Org.). *Ab Vno ad Omnes*: 75 anos da Coimbra Editora 1920 – 1995. Coimbra: Coimbra Editora, 1998, p. 1141 e ss.; MONIZ, Ana Raquel Gonçalves. O *administrative constitutionalism*: resgatar a Constituição para a administração pública. In: CORREIA, Fernando Alves; MACHADO, Jónatas M.; e LOUREIRO, João Carlos (Coord.). *Estudos em homenagem ao Prof. Doutor José Joaquim Gomes Canotilho*. Coimbra: Almedina, 2012. t. IV, p. 387 e ss..

para tornar-se apenas um dos princípios do *sistema de juridicidade* instituído pela Lei Maior.²⁴

A ideia de *juridicidade administrativa* passa, assim, a abarcar o campo da *legalidade administrativa*, como um de seus princípios intestinos, mas sem ostentar agora o *status* de fundamento exclusivo e quase absoluto dos comportamentos da Administração Pública. Nas palavras de Paulo Bonavides, "se o velho Estado de direito do liberalismo fazia o culto da lei, o novo Estado de direito do nosso tempo faz o culto da Constituição".²⁵

De ordinário, entretanto, o agir administrativo perfaz-se segundo a lei, editada em termos formal e materialmente compatíveis com a Constituição (atividade *secundum legem*). Mas há casos em que as competências encontram-se diretamente habilitadas pela Lei Maior, podendo ser exercidas independentemente da *interpositio legislatoris* (atividade *praeter legem*), em matérias não submetidas às reservas de lei. Existem, ainda, situações de atos da Administração praticados em contravenção à lei, mas que deverão ser validados após juízo de ponderação da legalidade com outros princípios constitucionais, como, *e.g.*, a proteção da confiança legítima (atividade *contra legem*, mas fundada numa otimizada aplicação da Constituição).²⁶

Na mão inversa, isto é, de cima para baixo, opera-se uma redefinição de algumas categorias e o realinhamento do regime jurídico de determinados institutos tradicionais da dogmática administrativista. Assim se dá, *v.g.*, com o vetusto *princípio da supremacia do interesse público sobre os interesses particulares*, de matriz pré-constitucional e viés organicista, que perde sentido diante da preferência *a priori* reconhecida aos direitos fundamentais e do dever de ponderação proporcional que preside a atuação estatal – legislativa, administrativa e judicial – no balanceamento entre interesses individuais e objetivos coletivos nos Estados democráticos de direito.²⁷

Em verdade, todo o arcabouço teórico do direito administrativo tem os seus contornos redefinidos pelos dois pilares estruturantes do Estado constitucional contemporâneo: o sistema democrático e o sistema de direitos fundamentais. Enquanto o sistema de direitos fundamentais viabiliza a *autodeterminação individual*, o sistema democrático viabiliza a *autodeterminação coletiva*, sendo

---

²⁴ OTERO, Paulo. *Legalidade e administração pública*: o sentido da vinculação administrativa à juridicidade. Coimbra: Almedina, 2003, p. 735.

²⁵ BONAVIDES, Paulo. *Curso de direito constitucional*. São Paulo: Malheiros, 1993, p. 362.

²⁶ Para um estudo aprofundado da sistemática proposta para a juridicidade administrativa, v. BINENBOJM, Gustavo. *Uma teoria do direito administrativo*: direitos fundamentais, democracia e constitucionalização. Rio de Janeiro: Renovar, 2014, p. 125-194.

²⁷ Para uma severa revisão do princípio da *prossecução* do interesse público – como era denominado no direito português – no sentido de sua submissão ao princípio da dignidade humana, v. OTERO, Paulo. *Manual de direito administrativo*. Coimbra: Almedina, 2013, v. I, p. 309-328. Como ilustração da tese, o autor apresenta importante decisão do Tribunal Constitucional Federal alemão, datada de 15 de fevereiro de 2006 (decisão *Luftsicherheitsgesetz*), que declarou inconstitucional, em nome do direito à vida e do princípio da dignidade humana de passageiros e tripulantes, norma da Lei de Segurança Aérea que autorizava as Forças Armadas a abaterem avião sequestrado por terroristas que pudesse ser lançado contra alvos civis ou militares. V. *BVerfG*, 1 BvR 357/05.

ambas manifestações da autonomia privada e pública dos cidadãos. Todo o debate em torno da legitimidade da autoridade do Estado e do direito converge, hodiernamente, para as relações de interdependência entre esses dois elementos, essenciais para o respeito, proteção e promoção da dignidade da pessoa humana. À centralidade de tais elementos legitimadores da ordem jurídico-constitucional deve corresponder uma igual centralidade na organização e funcionamento da Administração Pública.

É sintomático que as mais importantes categorias do direito administrativo (interesse público, discricionariedade, poder de polícia, serviço público), em suas versões clássicas, tenham sido elaboradas sem qualquer consideração acerca da eventual influência conformadora da democracia e dos direitos do homem.[28] Na atualidade, entretanto, estes são vetores jurídico-políticos aos quais toda a atividade administrativa se encontra vinculada, assim em seus fundamentos como em seus fins.

De fato, os direitos fundamentais, em suas múltiplas *dimensões*, vinculam a atuação e conformam a organização da Administração Pública. Como se sabe, tais direitos podem ser concebidos, sob o ângulo *subjetivo*, como *direitos de defesa* e *direitos a prestações*, apresentando-se, ainda, como *direitos à organização e ao procedimento*. Ao ângulo *objetivo*, eles carreiam para o Poder Público *deveres de proteção* e servem como diretriz norteadora da ação administrativa.[29]

Na qualidade de *direitos de defesa*, os direitos fundamentais constituem normas de competência *negativa*, protegendo posições individuais contra a atuação do Poder Público e habilitando os particulares ao exercício de instrumentos processuais em sua garantia. A obrigação de *abstenção* imposta ao Estado interdita tanto a prática de operações materiais (*v.g.*, contra a divulgação de um manifesto), como medidas jurídicas ablativas de posições individuais tuteladas pelo direito (*v.g.*, contra direitos adquiridos).

De outra perspectiva, os direitos fundamentais apresentam-se como *direitos a prestações* tanto de natureza concreta ou material, como de natureza normativa. Assim, a polícia de segurança pública, a polícia administrativa de trânsito e os serviços públicos de transportes coletivos constituem atividades administrativas exigidas pelo direito de ir, vir e permanecer dos cidadãos. Aqui também deve ser enquadrado o direito ao *mínimo vital*, como condição necessária ao exercício da liberdade, que enseja e impõe uma série de providências legislativas e administrativas destinadas à preservação da dignidade psicofísica da pessoa humana.[30]

---

[28] No Brasil, coube a Marçal Justen Filho o papel pioneiro de redefinir alguns de seus institutos e a própria disciplina, a partir da teleologia constitucional dos direitos fundamentais. V. JUSTEN FILHO, Marçal. *Curso de direito administrativo*. 11. ed. São Paulo: Revista dos Tribunais, 2015, p. 92: "O direito administrativo é o conjunto de normas jurídicas de direito público que disciplinam as atividades administrativas necessárias à realização dos direitos fundamentais e a organização e o funcionamento das estruturas estatais e não estatais encarregadas de seu desempenho".

[29] SARLET, Ingo Wolfgang. *A eficácia dos direitos fundamentais*. Porto Alegre: Livraria do Advogado, 2004, p. 180-222.

[30] Sobre a questão do mínimo vital ou mínimo existencial, v. TORRES, Ricardo Lobo. *O direito ao mínimo existencial*. Rio de Janeiro: Renovar, 2009.

Concebem-se ainda os direitos fundamentais como *direitos à organização e ao procedimento* para designar aqueles que dependem, para sua realização, da estruturação de determinados arranjos institucionais, ou de medidas de índole normativa, de modo a viabilizar, por exemplo, o exercício de garantias constitucionais-processuais (direito à ampla defesa e ao contraditório em sede administrativa, direito à proteção judiciária, direito à não autoincriminação, direito de propriedade).[31]

Além da dimensão subjetiva, os direitos fundamentais exibem ainda uma *dimensão objetiva*, em virtude da qual sua eficácia se espraia por todo o ordenamento jurídico, independentemente da existência de posições individuais a serem tuteladas.[32] Uma importante consequência do reconhecimento de tal dimensão é o surgimento dos chamados *deveres de proteção* para o Estado,[33] cuja atuação torna-se exigível, em alguma medida, no âmbito das relações privadas. Com efeito, além de não impedir a livre manifestação dos cidadãos nos espaços de convivência coletiva, impõe-se ao Estado o dever de adotar medidas que protejam os manifestantes contra ameaças de grupos ou indivíduos, além de zelar pela liberdade de locomoção de terceiros, assim como por sua integridade física e patrimonial.[34]

Inobstante a proeminência da realização dos direitos fundamentais no elenco de objetivos conformadores da organização e funcionamento da Administração Pública, a tanto não se limitam as tarefas administrativas. Isso porque o sistema democrático também atua decisivamente tanto na limitação como na preordenação dos comportamentos do Estado-administrador.

Aos legisladores e dirigentes superiores do governo, como expressão da vontade majoritária conjuntural, compete concretizar, ampliar ou restringir o conteúdo dos direitos fundamentais em algum grau, seja em prol da realização de outros direitos, seja para a consecução de projetos de bem-estar coletivo. À Administração Pública cumpre tanto a realização dos direitos fundamentais como a consecução de objetivos transindividuais, estabelecidos na Constituição ou legalmente definidos como decorrência do evolver natural da democracia. Para tanto, o direito administrativo impõe abstenções ou prestações positivas ao Poder Público, além de prever um vasto aparato ordenador das relações entre particulares.

Em termos práticos, as mudanças do direito administrativo decorrentes do giro democrático-constitucional perfazem-se em quatro esferas diferentes, numa

---

[31] MENDES, Gilmar Ferreira; COELHO, Inocêncio Mártires; BRANCO, Paulo Gustavo Gonet. *Hermenêutica constitucional e direitos fundamentais*. Brasília: Brasília Jurídica, 2000, p. 205-206.

[32] Há razoável consenso no sentido de que o *leading case* na matéria foi o caso *Lüth*, julgado pelo Tribunal Constitucional Federal da Alemanha em 15 de janeiro de 1958, no qual se reconheceu que o direito fundamental à liberdade de expressão era oponível a particulares (eficácia horizontal) em razão de sua dimensão objetiva. Sobre o tema, na literatura em língua portuguesa, v. SARMENTO, Daniel. *Direitos fundamentais e relações privadas*. Rio de Janeiro: Lumen Juris, 2004, p. 135 e ss.; SARLET, Ingo Wolfgang. *A eficácia dos direitos fundamentais*. Porto Alegre: Livraria do Advogado, 2004, p. 152 e ss.; ANDRADE, José Carlos Vieira. *Os direitos fundamentais na Constituição portuguesa de 1976*. Coimbra: Almedina, 2001, p. 149 e ss.

[33] ALEXY, Robert. *Teoría de los derechos fundamentales*. Madrid: Centro de Estudios Constitucionales, 1993, p. 410.

[34] CORREIA, José Manuel Sérvulo. *O direito de manifestação*: âmbito de proteção e restrições. Coimbra: Almedina, 2006.

relação de *coimplicação*. Assim, no *âmbito jurisdicional* – sobretudo no exercício da jurisdição constitucional –, antigas normas são glosadas, enquanto outras são submetidas a novas interpretações, em conformidade com as exigências da Lei Maior. No campo *legiferante*, igualmente, os ares do constitucionalismo democrático impulsionam a revogação dos antigos diplomas e a promulgação de novos marcos legais alinhados aos novos tempos. Até a atividade *administrativa* propriamente dita, seja pela edição de regulamentos, seja pela prática de atos concretos, acaba por refletir, em maior ou menor medida, a influência conformadora da Constituição.

Por fim, há ainda uma esfera mais sutil de atuação, cuja influência, no entanto, é deveras relevante: a *doutrina*. Como lembra Carlos Ari Sundfeld, em instigante artigo,[35] desde Pimenta Bueno – o Marquês de São Vicente – [36] e Paulino José Soares de Souza – o Visconde do Uruguai – [37] a *Ordem dos Publicistas* sempre foi constituída por membros que transitaram entre a vida acadêmica e a burocracia estatal superior, isto é, aquela com acesso às decisões do poder. Em alguns casos, o ingresso na política acabou sendo um caminho natural, além, é claro, do acesso aos estamentos superiores do Poder Judiciário. A interação entre a comunidade jurídica, os tomadores de decisão e a Academia envolve sempre algum nível de legitimação recíproca – seja pela diferenciação, seja pela identificação.

Por evidente, servindo em funções de assessoria ou ocupando cargos dotados de competências decisórias, os publicistas acabam por exercer forte influência na forma como o direito público é concebido, elaborado, interpretado e aplicado. Tal influência torna-se ainda mais relevante nos períodos de transição, que pressupõem a passagem do velho para o novo estado de coisas. Sobretudo nessas ocasiões surge a ambiência propícia, uma espécie de *ethos* diferenciado para a quebra de paradigmas, quando então os antigos dogmas são reconduzidos ao debate zetético de ideias – invariavelmente pelas novas gerações.

O direito – como, de resto, qualquer outro fenômeno social ou natural – comporta análise sob pelo menos dois enfoques distintos: o dogmático e o zetético.[38] O discurso jurídico, em virtude de sua estrutura voltada à produção de decisões para problemas, é pródigo em eleger determinadas *premissas teóricas* subtraídas à dúvida, ou seja, verdadeiros dogmas irrefutáveis. A produção doutrinária opera,

---

[35] SUNDFELD, Carlos Ari. Ordem dos publicistas. In: SUNDFELD, Carlos Ari. *Direito administrativo para céticos*. São Paulo: Malheiros, 2014, p. 73-111.

[36] Deve-se a Pimenta Bueno, o Marquês de São Vicente, o primeiro tratado de direito constitucional brasileiro, surgido em 1857, sobre a Constituição Imperial de 1824. BUENO, Pimenta. *Direito público e análise da Constituição do Império*. São Paulo: Editora 34, 2002 (Coleção Formadores do Brasil). Pimenta Bueno foi um burocrata que se tornou membro do Conselho de Estado e, íntimo do Imperador D. Pedro II, foi alçado à Presidência do Conselho de Ministros do Império.

[37] Deve-se a Paulino José Soares de Souza, o Visconde do Uruguai, a primeira obra sistemática relevante sobre direito administrativo no Brasil, surgida em 1862. SOUZA, Paulino José Soares. *Ensaio sobre o direito administrativo*. São Paulo: Editora 34, 2002 (Coleção Formadores do Brasil). O Visconde do Uruguai também era um burocrata e chegou igualmente à Presidência do Conselho de Ministros do Império. Cumpre registrar, todavia, que, antes da obra do Visconde do Uruguai, surgiram os *Elementos de direito administrativo*, de Vicente Pereira do Rego, publicado em 1857, e o *Direito administrativo brasileiro*, de Veiga Cabral, publicado em 1859.

[38] FERRAZ JUNIOR, Tércio Sampaio. *Introdução ao estudo do direito*: técnica, decisão, dominação. São Paulo: Atlas, 1994, p. 48.

via de regra, debaixo de tais pontos de partida, que funcionam como verdadeiros paradigmas da ciência jurídica. Enquanto as soluções para os problemas produzidas à luz dos paradigmas vigentes seguem dotadas de sustentabilidade perante a comunidade jurídica, o viés dogmático do direito prepondera.

De outra parte, diz-se zetética a análise cujos pontos de partida são refutáveis, sendo todas as premissas teóricas abertas à problematização. Em algumas quadras da história, por razões variadas, acumulam-se soluções consideradas insatisfatórias, verdadeiras *anomalias* sob os velhos paradigmas, que põem em xeque a sua legitimidade e dão ensejo ao surgimento de *teorias subversivas*. Nesse contexto, os dogmas descem do pedestal e assumem posição central no debate científico, ocorrendo, então, um duelo teórico entre *insiders* e *outsiders*. Tem-se, assim, um momento de *crise de paradigmas*,[39] durante o qual o aspecto zetético dá o tom das discussões até que novas premissas teóricas logrem alcançar certo grau de consenso, aceitação e estabilidade no seio da comunidade científica.[40]

Tal fenômeno aconteceu no direito brasileiro a partir do direito constitucional, por ocasião da redemocratização e da reconstitucionalização do País, na segunda metade dos anos 1980. Se o marco político de tal processo foi o fim da ditadura militar, o marco jurídico foi, certamente, a eleição, instalação e funcionamento da Assembleia Nacional Constituinte. Em meio a debates marcados pelo pluralismo de ideias e visões de mundo, os publicistas exerceram papel de destaque, seja como assessores de parlamentares ou bancadas, seja fazendo *lobby* (defendendo interesses) das carreiras jurídicas que integravam. Para citar apenas dois exemplos de acadêmicos que funcionaram como assessores na Constituinte, merecem destaque os professores José Afonso da Silva (assessor de Mário Covas) e Sérgio Ferraz (assessor do relator-geral, Bernardo Cabral). Mas outros importantes juristas e agentes públicos, com maior ou menor proeminência, deram algum tipo de contribuição ao processo constituinte.[41]

Promulgada a nova Lei Fundamental, os anos 1990 foram devotados à tarefa de explicar aos operadores do direito as inovações por ela introduzidas, o que naturalmente exerceria influência na forma como legisladores, administradores públicos e magistrados a interpretariam e a aplicariam. Por certo, a opção dos constituintes pela manutenção dos Ministros do Supremo Tribunal Federal nomeados durante o regime militar em seus cargos retardou, por pelo menos uma década e meia, a efetiva implementação, em toda a sua potencialidade, das diretrizes da nova Carta Política.

---

[39] Sobre as noções de crise e mudança de paradigmas, v. KUHN, Thomas. *A estrutura das revoluções científicas*. São Paulo: Perspectiva, 2005.

[40] Calha aqui relembrar a frase de Max Planck: "uma verdade científica não triunfa por convencer a seus opositores, mas, antes, porque estes acabam morrendo e surge uma nova geração familiarizada, desde o início, com a nova verdade". Disponível em: <http://www.frasesypensamientos.com.ar/autor/max-planck.html>. Acesso em: 22 jul. 2015.

[41] Segundo Carlos Ari Sundfeld, o então Governador de São Paulo, Orestes Quércia, montou um quarteto de assessores jurídicos para a Bancada paulista na Constituinte, que era formado por Adilson Abreu Dallari, Celso Antônio Bandeira de Mello, Eros Roberto Grau e Geraldo Ataliba. V. SUNDFELD, Carlos Ari. Ordem dos publicistas. In: SUNDFELD, Carlos Ari. *Direito administrativo para céticos*. São Paulo: Malheiros, 2014, p. 104.

Nada obstante, passada a fase de transição, a evolução natural do processo democrático no País, com a chegada ao poder de líderes políticos da geração que fez oposição ao regime militar, a renovação gradual da composição do Supremo Tribunal Federal[42] e a ascensão de publicistas comprometidos com os princípios básicos da Constituição cidadã – alguns deles enriquecidos por estudos e experiências hauridas de grandes centros do constitucionalismo mundial –, resultou na construção de um novo direito constitucional no Brasil.[43] A estabilidade política, a vigência de um Estado de direito real, a conquista incremental de direitos e o funcionamento regular das instituições – com notório destaque para a independência do Poder Judiciário – são importantes conquistas da sociedade brasileira alcançadas sob a égide do nosso constitucionalismo democrático.

As transformações do direito administrativo, contudo, giraram em rotação mais lenta.[44] Talvez em virtude da *força inercial* da burocracia e da legislação infraconstitucional, talvez em razão do amplo plexo de assuntos versados no âmbito jurídico-administrativo, fato é que as repercussões do constitucionalismo democrático sobre a dogmática administrativista brasileira ainda não completaram seu ciclo, sendo perceptível, em alguns domínios, a sobrevivência atávica tanto de normas obsoletas em pleno vigor, como de organizações e práticas antiquadas.

Inobstante os 30 anos da Constituição democrática de 1988, o denominado giro democrático-constitucional do direito administrativo é uma forma de descrever um processo ainda em curso, mas também um modo de *desejá-lo*.[45] Trata-se de uma narrativa, a um só tempo, *descritiva* do caminho já percorrido e *prescritiva* do que ainda se vislumbra por percorrer. O objetivo dos itens seguintes é perscrutar como o instituto do poder de polícia sofreu o impacto dessas transformações.

2 Poder de polícia, direitos fundamentais e democracia

O poder de polícia é tradicionalmente explicado a partir da precedência da sociedade sobre o indivíduo, do público sobre o privado, ou da autodeterminação coletiva sobre a autodeterminação individual. Categorias como a *supremacia geral* do Estado sobre os cidadãos, ou a *sujeição geral* destes em relação àquele, tão caras

---

[42] A renovação gradual da composição do Supremo Tribunal Federal, após a promulgação da Constituição de 1988, permitiu o acesso à Corte de publicistas críticos ao regime militar e historicamente comprometidos com a defesa do Estado de direito, da democracia e dos direitos fundamentais. Tal se deu, *v.g.*, com as nomeações de José Paulo Sepúlveda Pertence, Nelson Jobim, Gilmar Mendes, Carlos Ayres Britto, Cármen Lúcia Antunes Rocha, Eros Roberto Grau, Luís Roberto Barroso e Luiz Edson Fachin.

[43] V., por todos, o clássico BARROSO, Luís Roberto. *O direito constitucional e a efetividade de suas normas*: limites e possibilidades da Constituição brasileira. Rio de Janeiro: Renovar, 2009.

[44] Segundo Paulo Otero, a história mostra que as mudanças constitucionais são sempre mais rápidas do que as mudanças administrativas. V. OTERO, Paulo. *Manual de direito administrativo*. Coimbra: Almedina, 2013, v. I, p. 334.

[45] Neoconstitucionalismo e constitucionalização do direito: o triunfo tardio do direito constitucional no Brasil. In: BARROSO, Luís Roberto. *O novo direito constitucional brasileiro*: contribuições para a construção teórica e prática da jurisdição constitucional no Brasil. Belo Horizonte: Fórum, 2012, p. 189.

à gramática do poder de polícia, são tributárias daquelas concepções coletivistas, costumeiramente aceitas de maneira acrítica e apriorística.

A tensão entre soberania popular (autonomia pública) e direitos individuais (autonomia privada) é resolvida pela filosofia política de duas formas distintas: de um lado, correntes derivadas do *republicanismo* e do *comunitarismo* dão primazia à autonomia pública e ao processo de deliberação coletiva para a definição dos conteúdos dos direitos; de outro lado, correntes do *liberalismo* conferem precedência à autonomia privada e ao reconhecimento de direitos anteriores à etapa da deliberação democrática. O problema da primeira linha de pensamento é o risco da instrumentalização e do esvaziamento dos direitos individuais pela onipotência da coletividade; o da segunda é o apelo a concepções morais metafísicas ou solipsistas para legitimar direitos individuais pré-políticos.

Adota-se aqui a concepção de que democracia e direitos fundamentais são elementos *cooriginariamente* constitutivos e legitimadores do Estado democrático de direito. Isso significa que existe uma *equiprimordialidade* entre as autonomias pública e privada, eis que elas se pressupõem mutuamente.[46] Em outras palavras, o exercício da autonomia pública pressupõe cidadãos emancipados por direitos fundamentais que lhes confiram autonomia; mas os contornos de tais direitos estão atrelados à constituição de um procedimento deliberativo por cidadãos independentes. Democracia e direitos fundamentais estão *coimplicados*, na medida em que guardam entre si uma relação essencialmente dinâmica e maleável até certo ponto, sem fronteiras previamente determinadas.

Assim, as funções de ordenação da vida social e econômica são habilitadas e delimitadas, a um só tempo, pela necessidade de *estruturação interna* do sistema de direitos fundamentais – cuja unidade e coerência exigem restrições que o limitem e o viabilizem, simultaneamente – e de *conformação* desses direitos à luz de *objetivos coletivos*, sob a forma da deliberação democrática. Não há, portanto, em termos apriorísticos, nem *supremacia geral* em favor do Estado, nem *sujeição geral* em desfavor dos particulares, mas um plexo dúctil de *conformações possíveis* entre posições individuais e coletivas, que fazem do poder de polícia um variado instrumental a serviço da realização *coordenada* da democracia e dos direitos fundamentais.

A relação do poder de polícia com os direitos fundamentais e a democracia será didaticamente decomposta a seguir com o estudo dos casos em que aqueles direitos representam limites jurídicos ao seu exercício; ou exijam medidas protetivas e promocionais para a sua realização; ou, ainda, em que objetivos coletivos democraticamente determinados propulsionem as atividades policiais, tornando necessária a ponderação proporcional entre esses objetivos e direitos fundamentais como condição para seu exercício legítimo.

---

[46] HABERMAS, Jürgen. Sobre a coesão interna entre Estado de direito e democracia. In: HABERMAS, Jürgen. *A inclusão do outro*: estudos de teoria política. São Paulo: Loyola, 2002, p. 285-293.

A elevação do instituto do poder de polícia ao plano das discussões acerca da eficácia, restrições e proteção ao conteúdo essencial dos direitos fundamentais, em sua relação dinâmica com a democracia, é uma das mais importantes implicações do giro democrático-constitucional do direito administrativo.

3 Limites impostos ao poder de polícia pelos direitos fundamentais

Cumpre abordar, em primeiro lugar, um conjunto de situações nas quais os direitos fundamentais exercem uma *eficácia bloqueadora* ao exercício do poder de polícia. Nesses casos, a intervenção legislativa ou administrativa será simplesmente inconstitucional. Como ensina Robert Alexy, os direitos fundamentais colocam o Estado numa posição de *não competência*, e o indivíduo na de *não sujeição*.[47] Há três hipóteses típicas em que direitos fundamentais se configuram como barreiras à ação ordenadora do Estado e, por igual ou maior razão, de entes privados.

A primeira hipótese típica ocorre quando a medida de polícia contraria frontal e literalmente o *âmbito de proteção* de um direito fundamental. Entende-se por âmbito de proteção os fatos, atos, estados ou posições jurídicas protegidos pela norma que o assegura.[48] Pois bem: nos casos em que o direito fundamental tem uma dimensão *existencial* (ou comportamental) ou tenha sido razoavelmente delimitado pelo constituinte, estarão automaticamente proscritas quaisquer medidas de polícia voltadas a excluir ou frustrar posições inseridas em seu âmbito de proteção. Têm-se, aqui, situações em que o direito fundamental assume a feição de uma regra e a ordenação estatal a viola de forma chapada.

Em tal situação se enquadrariam medidas ordenadoras que, *v.g.*, pretendessem instituir um regime de *licença prévia* para a publicação de veículo impresso de comunicação, em flagrante violação ao disposto no art. 220, §6º, ou para a manifestação da atividade intelectual, artística, científica e de comunicação em geral, em atentado ao art. 5º, inciso IX, ou ainda para a realização de reunião pacífica e desarmada em locais públicos, em desacordo explícito com o art. 5º, inciso XVI, todos da Constituição Federal. Embora os direitos fundamentais sejam restringíveis em tese, nessas situações, a possibilidade da restrição especificamente pretendida pela disciplina de polícia está excluída, de antemão, pelo teor do comando constitucional expresso que assegura o direito fundamental.

Há exemplos de interdição à adoção de medidas de polícia por afronta à literalidade do âmbito de proteção normativo de direitos fundamentais na jurisprudência do Supremo Tribunal Federal. Veja-se o caso do Decreto

---

[47] ALEXY, Robert. *Teoria de los derechos fundamentales*. Madrid: Centro de Estudios Constitucionales, 1993, p. 223.
[48] SILVA, Virgílio Afonso. *Direitos fundamentais*: conteúdo essencial, restrições e eficácia. São Paulo: Malheiros, 2011, p. 72.

nº 20.098/1999, editado pelo Governador do Distrito Federal, que proibia a realização de manifestações públicas, com a utilização de carros, aparelhos e objetos sonoros, na Praça dos Três Poderes, Esplanada dos Ministérios, Praça do Buriti e vias adjacentes.[49] O ato tinha por objetivo assegurar "o bom funcionamento dos Poderes da República", que não poderiam estar sujeitos a perturbações oriundas das manifestações públicas. Embora a ementa do aresto refira às máximas do dever de proporcionalidade, o caso pode ser resolvido pela constatação da contrariedade chapada do diploma com o âmbito de proteção do art. 5º, XVI, da Lei Fundamental. Com efeito, a proibição *tout court* de manifestações pacíficas e desarmadas em determinados locais públicos é medida ordenadora que contraria a dimensão de regra do direito fundamental à liberdade de reunião e de manifestação. O tipo de restrição pretendido não pode ser sequer cogitado em juízo de ponderação, pois a descrição normativa do direito já o exclui, numa *pré-ponderação* realizada pelo próprio constituinte.

Entendimento semelhante, aplicado embora com técnica distinta, foi adotado pela Suprema Corte brasileira no caso das chamadas *marchas da maconha*, que são reuniões, passeatas ou manifestações, realizadas em espaços públicos ou privados, com o intuito de defender a descriminalização e a legalização do uso e da venda de determinadas drogas, incluindo substâncias entorpecentes. Por via de uma interpretação conforme a Constituição, a Corte deixou claro que a livre expressão do pensamento em relação a quaisquer políticas públicas – inclusive a políticas criminais – não se confunde com a incitação pública à prática de delito, nem se identifica com a apologia de fato criminoso ou de autor de crime, condutas tipificadas como criminosas, respectivamente, nos arts. 286 e 287 do Código Penal.[50] Dito de outra forma, proclamou-se que o âmbito de proteção dos direitos de reunião, manifestação e de expressão em geral bloqueiam a atuação do aparelho repressivo do Estado com tamanho elastério, seja mediante utilização do direito penal, seja por meio do direito administrativo ordenador.[51]

A segunda hipótese típica em que os direitos fundamentais limitam o exercício do poder de polícia ocorre nos casos em que a pretensão ordenadora não ultrapassa as máximas inerentes ao dever de proporcionalidade. Aqui, diferentemente do

---

[49] ADI nº 1.969, rel. Min. Ricardo Lewandowski, Tribunal Pleno, j. em 28.06.2007, DJU de 31.08.2007.
[50] ADPF nº 187, rel. Min. Celso de Mello, Tribunal Pleno, j. em 15.06.2011, DJU de 29.05.2014.
[51] No julgamento do Tema nº 506 da repercussão geral, o Supremo Tribunal Federal discute a constitucionalidade da criminalização do porte de droga para consumo pessoal, tal como operada pelo art. 28 da Lei nº 11.343/2006, à luz dos direitos fundamentais à vida privada e à intimidade, assegurados no art. 5º, inciso X, da Constituição. Até o momento da conclusão deste trabalho, apenas o relator, Ministro Gilmar Mendes, e os Ministros Luiz Edson Fachin e Luís Roberto Barroso haviam proferido voto, todos no sentido da inconstitucionalidade, embora os dois últimos se tenham circunscrito à maconha, que era a droga discutida no caso concreto (RE nº 635.659, rel. Min. Gilmar Mendes, Tribunal Pleno, julgamento interrompido em 10.09.2015, por pedido de vista do Ministro Teori Zavascki). A sagrar-se vencedora a tese da inconstitucionalidade, o STF terá adotado, na espécie, o *princípio do dano*, cunhado por John Stuart Mill em sua obra célebre *On liberty* (1859), segundo o qual somente naquilo que as ações individuais possam causar prejuízos a terceiros restará legitimada a ordenação estatal. Trata-se de entendimento radicalmente contrário ao paternalismo do Estado em relação às escolhas morais dos indivíduos que digam respeito apenas a suas próprias vidas. V. MILL, John Stuart. On liberty. Disponível em: <https://www.gutenberg.org/files/34901/34901-h/34901-h.htm>. Acesso em: 11 set. 2015.

que se passa nas situações previamente descritas, a intervenção conformadora do poder de polícia situa-se na área de proteção do direito fundamental, mas com a suposta finalidade de concretizar outro direito fundamental ou um princípio de interesse geral, ambos também assegurados pela Constituição. A ordenação surge como instrumento a serviço da consistência interna do sistema de direitos fundamentais e seu convívio harmônico e equilibrado com o sistema democrático (de onde provêm as normas que conferem conteúdo aos próprios direitos e a objetivos coletivos apenas abstratamente indicados na Lei Maior).

A legitimidade das medidas de ordenação dependerá da observância, entre outros fatores, da lógica da proporcionalidade, em seus três exames sucessivos: (i) *adequação* (exigência de que a medida restritiva seja apta a promover razoavelmente o direito fundamental ou o objetivo de interesse geral contraposto); (ii) *necessidade* (exigência de que a medida restritiva não possa ser substituída por outra que cumpra a mesma finalidade de forma razoável, mas de maneira menos gravosa ao direito restringido); e (iii) *proporcionalidade em sentido estrito* (exigência de que, consoante algum critério válido de análise de custo-benefício, seja possível afirmar que o grau de importância da promoção do direito fundamental ou do objetivo de interesse geral justifique a gravidade da restrição imposta ao direito em questão).[52]

Diz-se haver, assim, um *efeito recíproco* nas normas que intervêm no âmbito de proteção dos direitos fundamentais: elas os limitam e são limitadas por eles, simultaneamente.[53] Portanto, inexistente um fim constitucionalmente legítimo a justificar a restrição ao direito fundamental (seja ele a promoção de outro direito fundamental ou de um objetivo de interesse geral), a pretensão ordenadora não terá fundamento de validade. Nada obstante, ainda quando presente a finalidade constitucional, a ordenação só será válida quando *vencidos* os exames inerentes ao dever de proporcionalidade. A eficácia bloqueadora do direito fundamental surge justamente quando a medida de polícia não os ultrapassa.

A jurisprudência do Supremo Tribunal Federal registra três casos ligados à ordenação do exercício de profissões liberais que bem ilustram a situação anteriormente descrita. Embora o art. 5º, inciso XIII, da Constituição Federal[54] preveja a possibilidade de a lei instituir exigências de qualificação profissional, tais condicionamentos não estão inteiramente à mercê da discricionariedade legislativa. Além de vinculadas a algum fim constitucional legítimo, as restrições devem ser justificáveis à luz da métrica da proporcionalidade.

---

[52] ÁVILA, Humberto. *Teoria dos princípios*: da definição à aplicação dos princípios jurídicos. São Paulo: Malheiros, 2004, p. 116-125.

[53] DIMOULIS, Dimitri; MARTINS, Leonardo. *Teoria geral dos direitos fundamentais*. São Paulo: Revista dos Tribunais, 2011, p. 142-143: "A jurisprudência do Tribunal Constitucional Federal alemão cunhou, no caso de limitações ao direito fundamental de liberdade de expressão, a denominada *Wechselwirkungstheorie* (teoria do efeito recíproco), segundo a qual uma norma infraconstitucional limitadora da liberdade de expressão, ainda que esteja coberta por uma reserva legal, deveria ser limitada 'de volta' (*Schaukeltheorie*) pelo direito fundamental à liberdade de expressão".

[54] "Art. 5º. (...). XIII – é livre o exercício de qualquer trabalho, ofício ou profissão, atendidas as qualificações profissionais que a lei estabelecer".

Na Representação nº 930, a Corte julgou inconstitucional lei que condicionava o exercício da profissão de corretor de imóveis à inscrição no Conselho Federal da categoria.[55] Ao constatar que o ofício em questão não exigia, por sua natureza, qualificação técnica específica, o Tribunal considerou que a exigência do registro profissional era destituída de fundamento constitucional, sendo odiosamente voltada à consecução de privilégios e à reserva de mercado, mediante restrição do número de profissionais habilitados.

No julgamento do Recurso Extraordinário nº 511.961, o Supremo Tribunal Federal declarou a não recepção, pela Constituição de 1988, do art. 4º, V, do Decreto-Lei nº 972/1969, que exigia a apresentação de diploma universitário de jornalismo como condição para obtenção de registro profissional de jornalista, perante o Ministério do Trabalho.[56] Na oportunidade, o STF declarou que a obrigatoriedade de diploma para o exercício da profissão de jornalista era incompatível com as garantias constitucionais da liberdade de expressão, em sentido amplo, e da liberdade de imprensa, de modo particular.

Com efeito, entendeu-se que a restrição era inadequada para promover o direito fundamental supostamente contraposto – o direito à informação – de vez que a atividade de comunicação social pode ser adequadamente exercida por pessoas com formações variadas. Além disso, o pluralismo do debate público e o próprio acesso à informação são vetores constitucionais cuja concretização depende da possibilidade de livre expressão não apenas de jornalistas, mas também de economistas, juristas, engenheiros, médicos, desportistas, artistas, entre tantos outros especialistas, técnicos ou não. Por isso, a regulamentação legal da profissão de jornalista, além de criar uma injustificável reserva de mercado, acabava por produzir um indesejável efeito silenciador, incompatível com a plenitude das liberdades de imprensa e de expressão, nos termos assegurados pela Constituição. Em outras palavras, a ordenação profissional da atividade jornalística exibia viés corporativo, desvinculado do móvel de realizar outros direitos fundamentais ou interesses transindividuais constitucionalmente relevantes.[57]

Já ao apreciar o Recurso Extraordinário nº 414.426, a Suprema Corte julgou inconstitucional a exigência, contida na Lei nº 3.857/1960, de registro de músico em Conselho Profissional, seja pela ausência de potencial lesivo na atividade a terceiros, seja em razão do direito fundamental à liberdade de

---

[55] Representação nº 930, relator para o acórdão Min. Rodrigues Alckmin (relator originário Min. Cordeiro Guerra), Tribunal Pleno, j. em 05.05.1976, DJU de 02.09.1977. O acórdão foi posteriormente confirmado em sede de embargos infringentes, rel. Min. Antonio Neder, j. em 25.10.1978, DJU de 27.04.1979.

[56] RE nº 511.961, rel. Min. Gilmar Mendes, Tribunal Pleno, j. em 17.06.2009, DJU de 13.11.2009.

[57] Na valiosa síntese de Fernando Dias Menezes de Almeida, "impedir, por razões de polícia das profissões, que algum indivíduo manifeste sua opinião em veículos de imprensa, é necessariamente o mesmo que censurá-lo. A qualificação como jornalista não modifica o *status* do indivíduo como titular da liberdade de expressão". V. ALMEIDA, Fernando Dias Menezes. *Poder de polícia*: alguns aspectos extraídos de decisões recentes do Supremo Tribunal Federal. In: MEDAUAR, Odete; SCHIRATO, Vitor Rhein (Org.). *Poder de polícia na atualidade*. Belo Horizonte: Fórum, 2014, p. 315.

expressão artística, assegurado no art. 5º, inciso IX, da Constituição Federal.[58] Por evidente, não há qualquer fim público ou direito fundamental contraposto a ser protegido que possa justificar a ordenação restritiva de atividades artísticas, como aquelas desempenhadas por músicos, atores, escritores, entre outros. Além da preservação da intangibilidade da liberdade de criação intelectual, parece evidente que cabe ao público exercer livremente as suas preferências em tais campos, sem qualquer interferência estatal.[59]

Por fim, resta abordar uma terceira ordem de situações nas quais os direitos fundamentais assumem esse papel de normas negativas de competência ao Estado. Trata-se dos casos em que o exercício da competência ordenadora, efetiva ou potencialmente, reduza o direito fundamental aquém de um mínimo que o desfiguraria ou aniquilaria. Está-se aqui no campo da doutrina do *limite dos limites (Schranken-Schranken)*, elaborada no direito alemão a partir do art. 19, inciso II, da Lei Fundamental de Bonn, segundo o qual a lei, ao restringir um direito fundamental, não pode atingir o seu *conteúdo essencial*.[60] Nesses casos, portanto, a eficácia bloqueadora do poder de polícia decorre, precisamente, da proteção do núcleo irredutível dos direitos fundamentais contra investidas excessivas do poder de polícia.

Pode-se definir o conteúdo essencial como o âmbito de proteção do direito fundamental que é *inviolável* à ação ordenadora. Diante da dificuldade de definição de um conteúdo *absoluto* e *estático* para cada direito diante da necessidade de ponderação proporcional com outros direitos fundamentais ou com objetivos de interesse geral constitucionalmente protegidos, a doutrina tem se inclinado pela ideia de conteúdo essencial *relativo* e *dinâmico*, resultante da aplicação da proporcionalidade. Assim, as restrições ao direito fundamental que ultrapassem os exames inerentes à proporcionalidade não violam o seu conteúdo essencial, uma vez que este é definido, precisamente, pela aplicação daqueles. Em uma palavra, o conteúdo essencial seria aquilo que sobra depois de uma ponderação.[61]

---

[58] RE nº 414.426, rel. Min. Ellen Gracie, Tribunal Pleno, j. em 1º.08.2011, DJU de 07.10.2011.

[59] Calha lembrar, a propósito, trecho lapidar do voto proferido pelo Ministro Celso de Mello no julgamento do HC nº 82.424/RS, rel. Min. Moreira Alves, rel. para o acórdão Min. Maurício Corrêa, Tribunal Pleno, j. em 17.09.2003, DJU de 19.03.2004: "A Constituição, ao subtrair o processo de criação artística, literária e cultural da interferência, sempre tão expansiva quão prejudicial, do Poder Público, mostrou-se atenta à grave advertência de que o Estado não pode dispor de poder algum sobre a palavra, sobre as ideias e sobre os modos de sua divulgação. Digna de nota, neste ponto, a sempre lúcida ponderação de OCTAVIO PAZ ('O Arco e a Lira', p. 351, 1982, Nova Fronteira), para quem 'nada é mais pernicioso e bárbaro que atribuir ao Estado poderes na esfera da criação artística. O poder político é estéril, porque sua essência consiste na dominação dos homens, qualquer que seja a ideologia que o mascare (...)'".

[60] Para estudo das diversas teorias sobre o conteúdo essencial dos direitos fundamentais, v., dentre outros, PEREIRA, Jane Reis Gonçalves. *Interpretação constitucional e direitos fundamentais*. Rio de Janeiro: Renovar, 2006, p. 366-382; SILVA, Virgílio Afonso. *Direitos fundamentais*: conteúdo essencial, restrições e eficácia. São Paulo: Malheiros, 2011, p. 183-207; ANDRADE, José Carlos Vieira. *Os direitos fundamentais na Constituição portuguesa de 1976*. Coimbra: Almedina, 2004, p. 306 e ss.; RODRÍGUEZ-ARMAS, Magdalena Lorenzo. *Análisis del contenido esencial de los derechos fundamentales*. Granada: Comares, 1996, p. 157 e ss.; e DIMOULIS, Dimitri; MARTINS, Leonardo. *Teoria geral dos direitos fundamentais*. São Paulo: Revista dos Tribunais, 2011, p. 158-160.

[61] ALEXY, Robert. *Teoria de los derechos fundamentales*. Madrid: Centro de Estudios Constitucionales, 1993, p. 288.

A ideia traz em si o risco da relativização abusiva dos direitos fundamentais em decorrência da flexibilidade do método da ponderação proporcional e, portanto, da instabilidade da noção de conteúdo mínimo que dele resulta. Afinal, seria possível questionar até a utilidade do conceito dada a sua *relação de circularidade* com o dever de proporcionalidade.[62] Mas a tanto não se pode chegar.

É que a Constituição contempla, ela própria, algumas *garantias individuais irredutíveis*, sob a estrutura de regras, que interditam qualquer ponderação por parte do Estado, qualquer que seja o direito ou interesse contraposto. Trata-se, nas palavras de Virgílio Afonso da Silva, de "barreira intransponível – ou seja, imune a relativizações a partir de sopesamentos – no conteúdo essencial da dignidade da pessoa humana".[63] Assim, *v.g.*, ninguém será submetido a tortura, nem a tratamento desumano ou degradante (CF, art. 5º, inciso III), nem sentenciado à pena de morte em tempos de paz, nem a penas perpétuas, de trabalhos forçados, de banimento ou cruéis (CF, art. 5º, inciso XLVII, alíneas "a", "b", "c", "d" e "e"), quaisquer que sejam as razões de interesse geral invocadas pelo Estado.

Mas a proteção do conteúdo essencial também exibe utilidade em casos de direitos fundamentais cujo conteúdo está sujeito a ampla conformação legislativa, como o direito de propriedade. Com efeito, embora multiplamente assegurado como *direito fundamental* (CF, art. 5º, incisos XXII, XXVII, XXVIII e XXIX) e como *princípio da ordem econômica* (CF, art. 170, inciso II), o direito de propriedade se sujeita às conformações necessárias (isto é, condicionamentos, encargos e sujeições) ao cumprimento de sua *função social* (CF, art. 5º, inciso XXIII, e art. 170, inciso III). Nesse campo, precisamente onde a ordenação desfruta de maior abertura constitucional, a proteção do conteúdo essencial assume maior relevância.

De um lado, cumprir uma função significa deter um poder protegido pelo direito, mas juridicamente orientado a determinada finalidade, cuja consecução se apresenta como uma obrigação legal (de fazer, não fazer ou suportar).[64] Assim, consoante mandamento constitucional, a propriedade urbana cumpre a sua função social quando atende às exigências fundamentais de ordenação da cidade expressas no plano diretor (CF, art. 182, §2º). Nessa toada, lei específica poderá exigir do proprietário do solo urbano não edificado, subutilizado ou não utilizado, nos termos da lei federal, que promova seu adequado aproveitamento, sob pena, sucessivamente: (i) de parcelamento ou edificação compulsórios; (ii) de cobrança de imposto predial e territorial progressivo no tempo; e, finalmente, (iii) de desapropriação do imóvel, com pagamento parcelado em títulos da dívida pública, assegurados o valor real da indenização e os juros legais (CF, art. 182, §4º).

---

[62] A relação circular consistiria no seguinte: a ponderação proporcional deve respeitar o conteúdo essencial do direito fundamental comprimido; mas o conteúdo essencial só é revelado pela aplicação do método da proporcionalidade.
[63] SILVA, Virgílio Afonso. *Direitos fundamentais*: conteúdo essencial, restrições e eficácia. São Paulo: Malheiros, 2011, p. 202.
[64] ALESSI, Renato. *Principii di diritto amministrativo*. Milano: Giuffrè, 1971, v. I, p. 3.

De outro lado, como adverte Carlos Ari Sundfeld, isso não significa que no ordenamento jurídico brasileiro a propriedade *seja uma função social*, do que decorreria a ausência de proteção jurídica àqueles que a descumpram.[65] Ao contrário, a propriedade continua sendo um direito, protegido ainda quando descumprida a sua função social. A desapropriação, nesses casos, representa a sanção imposta ao proprietário pela inobservância da regra, mas lhe assegura o valor real do bem, além dos juros legais. Caso não houvesse um direito a salvaguardar, a situação resolver-se-ia pelo simples confisco do bem, o que se admite apenas nas situações expressamente contempladas na Constituição.[66]

A noção de conteúdo essencial serve de limite mínimo a ser preservado contra a imposição de condicionamentos, encargos e sujeições pela ordenação estatal, sob pena de configuração de uma *desapropriação indireta*. Assim, embora se reconheça ampla margem de conformação no delineamento do direito de propriedade, se a regulação for longe demais, ela assumirá a forma de desapropriação, passando a sujeitar-se aos respectivos requisitos constitucionais.[67]

Além do esbulho administrativo – condenável situação de fato na qual o Estado se apossa de bem alheio e o afeta a algum fim público, sem observância do devido procedimento expropriatório legalmente previsto – é de ser reconhecida a desapropriação indireta nos casos em que a ordenação importa *esvaziamento econômico* ou *inviabilidade prática* de uso do bem, por via de conformações legais ou administrativas desproporcionais. Tais situações podem ocorrer em casos de limitações, servidões, tombamentos e outras formas de ordenação da propriedade imóvel, nas quais a extensão das obrigações impostas ao proprietário inviabilizem a exploração econômica ou o uso ordinário do bem. A doutrina e a jurisprudência brasileiras não chegam ao ponto de invalidar o ato estatal, mas exigem o pagamento da justa indenização ao proprietário vítima do esbulho ou do esvaziamento – econômico ou prático – de seu direito de propriedade.[68]

No direito norte-americano, a expressão regulação expropriatória (*regulatory taking*) é usada para designar as situações em que a ordenação estatal acaba por

---

[65] SUNDFELD, Carlos Ari. *Direito administrativo ordenador*. São Paulo: Malheiros, 2003, p. 63.

[66] Veja-se que as hipóteses de confisco constitucionalmente admitidas estão previstas no art. 243 da Constituição Federal, com a redação introduzida pela Emenda Constitucional nº 81/2014, circunscritas às propriedades rurais e urbanas de qualquer região do País onde forem localizadas culturas ilegais de plantas psicotrópicas ou a exploração de trabalho escravo, e aos bens de valor econômico apreendidos em decorrência do tráfico ilícito de entorpecentes e de drogas e afins, e da exploração de trabalho escravo. Nessas situações, o próprio constituinte, ao optar pelo perdimento do bem em favor do Estado sem pagamento de indenização, fez uma pré-ponderação em desfavor do direito de propriedade, considerada a gravidade da conduta antissocial do proprietário.

[67] "Art. 5º (...). XXIV – A lei estabelecerá o procedimento para desapropriação por necessidade ou utilidade pública, ou por interesse social, mediante justa e prévia indenização em dinheiro, ressalvados os casos previstos nesta Constituição."

[68] Na jurisprudência do Superior Tribunal de Justiça, vejam-se os seguintes julgados no sentido do reconhecimento da desapropriação indireta: REsp nº 52.905, rel. Min. Humberto Gomes de Barros, Primeira Turma, j. em 14.12.1994, DJ de 06.03.1995; REsp nº 28.239, rel. Min. Humberto Gomes de Barros, Primeira Turma, j. em 13.10.1993, DJ de 22.11.1993; REsp nº 47.865, rel. Min. Demócrito Reinaldo, Primeira Turma, j. em 15.08.1994, DJ de 05.09.1994; REsp nº 401.264, rel. Min. Eliana Calmon, Segunda Turma, j. em 05.09.2002, DJ de 30.09.2002; REsp nº 1.100.563, rel. Ministra Denise Arruda, Primeira Turma, j. em 02.06.2009, DJE de 1º.07.2009.

fulminar o conteúdo essencial do direito, sendo devida a indenização ao seu titular, ainda quando o bem não passe a integrar o domínio público. O caso pioneiro em que restou reconhecida a expropriação regulatória foi *Pennsylvania Coal Co. v. Mahon*, 206 U.S. 393 (1922). No voto condutor da decisão na Suprema Corte, o Juiz Oliver Wendell Holmes Jr. deixou assentado que "quando a atividade regulatória atinge certa magnitude, na maioria, senão na totalidade dos casos, haverá exercício do domínio eminente do Estado, e a compensação ao particular é necessária para sustentar o ato".[69]

Não é fácil, entretanto, identificar o ponto exato em que a ordenação se convola em expropriação. Dificuldade semelhante se apresenta na tarefa de diagnosticar quando a tributação é utilizada com efeito de confisco, o que é vedado pelo art. 150, inciso IV, da Constituição Federal.[70] Na famosa frase do Juiz John Marshall, então Presidente da Suprema Corte dos Estados Unidos, "o poder de tributar envolve o poder de destruir".[71] Com efeito, o confisco está para a tributação assim como a regulação expropriatória está para a ordenação.[72] Em geral, além da exigência de atendimento de um fim constitucionalmente legítimo e da ultrapassagem dos exames da proporcionalidade, as medidas ordenadoras não poderão inviabilizar ou comprometer seriamente o uso do bem ou a exploração de determinada atividade econômica pelo particular, sob pena de caracterização do efeito expropriatório.[73]

De outro lado, a ordenação não produzirá tal efeito se preservar alguma forma de exploração econômica da atividade ou do bem em questão, assegurando razoavelmente a recuperação dos investimentos realizados à vista das expectativas legítimas dos sujeitos afetados. Esse foi o entendimento consagrado pela Suprema Corte norte-americana no caso *Penn Central Transportation Co. v. City of New York* (1978),[74] quando afastou a alegação de regulação expropriatória do *Landmark Preservation Law* por considerar que (i) a propriedade em questão poderia continuar a ser usada como sempre foi; e que, (ii) a despeito das restrições, a sua fruição pelo proprietário poderia proporcionar retorno razoável *vis-à-vis* dos investimentos realizados.

---

[69] No original, em inglês: "When regulation reaches a certain magnitude, in most if not in all cases there must be an exercise of eminent domain and compensation to support the act". Trecho do voto condutor em *Pennsylvania Coal Co. v. Mahon*, 206 U.S. 393 (1922). Traduzido livremente.

[70] ADI nº 2.010 MC, rel. Min. Celso de Mello, Tribunal Pleno, j. em 30.09.1999, DJU de 12.04.2002: "A proibição constitucional do confisco em matéria tributária nada mais representa senão a interdição, pela Carta Política, de qualquer pretensão governamental que possa conduzir, no campo da fiscalidade, à injusta apropriação estatal, no todo ou em parte, do patrimônio ou dos rendimentos dos contribuintes, comprometendo-lhes, pela insuportabilidade da carga tributária, o exercício do direito a uma existência digna, ou a prática de atividade profissional lícita ou, ainda, a regular satisfação de suas necessidades vitais".

[71] *McCulloch v. Maryland*, 17 U.S. 316 (1819).

[72] BINENBOJM, Gustavo. Regulações expropriatórias. *Revista Justiça e Cidadania*, n. 117, 2010. Disponível em: <www.editorajc.com.br/2010/04/regulacoes-expropriatorias>. Acesso em: 08 set. 2015.

[73] Sobre o tema, na literatura jurídica anglo-saxônica, v. EPSTEIN, Richard. *Takings*. Cambridge: Harvard University Press, 1984; FISCHEL, William A. *Regulatory takings*: law, economics and politics. Cambridge: Harvard University Press, 1995; SIDAK, J. Gregory; SPULBER, Daniel F. *Deregulatory takings and the regulatory contract*. Cambridge: Cambridge University Press, 1997. Na literatura jurídica brasileira, v. CYRINO, André Rodrigues. Regulações expropriatórias: apontamentos para uma teoria. *Revista de Direito Administrativo*, v. 267, p. 199-235, 2014.

[74] *Penn Central Transportation Co. v. City of New York*, 438 U.S. 104 (1978).

A possibilidade de repasse razoável do custo criado pela regulação para os preços também tem sido invocada para afastar alegações de *regulatory takings*. Em julgamento de 1981 (*BVerfGE* 58, 137), o Tribunal Constitucional Federal alemão decidiu que inexistia, *a priori*, caráter expropriatório em Lei do Estado de Hessen que determinara que todas as editoras estariam obrigadas a doar para a Biblioteca estadual um exemplar de cada novo livro lançado. A obrigação de fazer, consistente na doação imposta pela ordenação, não tinha conteúdo expropriatório, na medida em que poderia ser razoavelmente absorvida pela editora ou repassada aos preços dos livros sem impactos significativos.

Nada obstante, diante de caso concreto que envolvia um editor que publicava livros valiosos em pequena escala, o Tribunal declarou a inconstitucionalidade da ordenação, tendo em vista que a norma não contemplava qualquer espécie de indenização. A Corte entendeu que a indenização seria devida em alguns casos, como, na situação vertente, em que o dever de entrega gratuita de livros, produzidos com elevado custo e em pequena escala, representava um agravamento desproporcional e anti-igualitário a determinado editor.[75] Note-se que, aqui, além do severo comprometimento da atividade, decorrente da dificuldade de repasse do custo dos livros doados ao preço dos demais, o Tribunal destacou a oneração excessiva de alguns membros da coletividade, que não poderiam ser obrigados a sustentar gratuitamente a constituição do acervo da Biblioteca estadual.

Assim, o conteúdo essencial de determinado direito – como a propriedade de um bem ou a exploração de certa atividade – será afetado quando a atividade ordenadora produzir como efeito o esvaziamento de seu conteúdo econômico ou o tolhimento significativo de sua funcionalidade, frustrando as expectativas legítimas do titular ou onerando-o de maneira anti-igualitária, diante do dever estatal de distribuição equitativa dos ônus sociais. Tal qual na tributação, a ordenação sempre acarreta ônus aos titulares dos direitos sujeitos às suas conformações, distribuídos de maneira mais ou menos equânime entre os distintos membros da coletividade. Mas, como na tributação, o Estado não pode pretender *funcionalizar* os direitos dos particulares a ponto de comprometê-los severamente.[76] Se existente fundamento constitucional e legal para o *sacrifício* do direito em questão, caberá ao Estado percorrer as etapas do devido processo expropriatório, o qual pressupõe, como regra, o pagamento de prévia e justa indenização em dinheiro (CF, art. 5º, inciso XXIV).

A medida ordenadora de conteúdo expropriatório editada sem observância desse procedimento prévio não pode ter como consequência, apenas, sujeitar o Estado ao pagamento de uma indenização a *posteriori*, o que importaria clara

---

[75] MAURER, Hartmut. *Direito administrativo geral*. Barueri: Manole, 2006, p. 796.
[76] Embora o proprietário seja obrigado a suportar o uso de seu imóvel pela Justiça Eleitoral em dias de pleito (requisição administrativa), não se admite que o Estado possa lhe impor um uso no interesse exclusivo da sociedade, como seria a hipótese de criação de um parque para o lazer da coletividade, sob alguma forma disfarçada de ordenação urbanística (desapropriação indireta). Além de anti-isonômica, a medida configuraria confisco vedado pela Constituição, pois ao Estado caberia, fosse o caso, percorrer os trâmites do procedimento de desapropriação, mediante pagamento de prévia e justa indenização em dinheiro.

subversão da garantia constitucional do pagamento prévio da indenização.[77] Ademais, essa solução colocaria o particular na desfavorável posição de postular a indenização numa ação de responsabilidade civil, o que, de resto, do ponto de vista pragmático, representa um incentivo para que gestores irresponsáveis transfiram os ônus resultantes de suas condutas para administrações futuras. Portanto, a consequência jurídica da adoção de uma ordenação expropriatória, sem o prévio pagamento das indenizações devidas, será, pura e simplesmente, a invalidade da medida.

4 O papel do poder de polícia na proteção e promoção de direitos fundamentais

Ao lado da *eficácia bloqueadora*, os direitos fundamentais irradiam também uma *eficácia habilitadora* da atuação do poder de polícia no sentido de sua proteção e, em alguma medida, de sua promoção. Essa tarefa da atividade ordenadora perfaz-se, no mais das vezes, por meio de medidas de *efeitos reflexos*: a proteção de um direito fundamental exige providências restritivas desse mesmo direito ou de outros direitos fundamentais, do próprio titular ou de terceiros.

A polícia administrativa de trânsito constitui caso exemplar de atividade de ordenação do direito fundamental de ir, vir e permanecer, cuja finalidade é assegurar e promover a própria liberdade de locomoção. Como um clássico *problema de ação coletiva*,[78] o trânsito depende da atuação ordenadora do Estado para que a maximização do interesse individual não produza o caos do ponto de vista comunal. Desse modo, a conformação do direito de livre locomoção de cada pessoa pelo poder de polícia é condição *sine qua non* da liberdade *otimizada* de ir e vir de todas as pessoas.

Raciocínio semelhante se aplica à polícia administrativa das manifestações, cuja ordenação tem por objetivo assegurar o exercício das próprias liberdades de reunião e de manifestação, da maneira mais harmoniosa possível com outros direitos fundamentais, como a integridade física e patrimonial, e a liberdade de locomoção, dos próprios manifestantes e de terceiros. Embora, como anteriormente assinalado, faleça ao Estado competência para autorizar reuniões e manifestações, o dever de

---

[77] Na 5ª Emenda à Constituição dos Estados Unidos, que contém a chamada *takings clause*, não há exigência de pagamento *prévio* de indenização, mas apenas de que esta seja justa (*"nor shall private property be taken for public use, without just compensation"*). Daí que o reconhecimento da existência de uma regulação expropriatória, no direito norte-americano, conduza apenas ao pagamento da indenização pelo Estado. Em ordenamentos jurídicos como o brasileiro, que contêm exigência de pagamento prévio da indenização, a solução não pode ser o seu pagamento *a posteriori*, o que significaria desconsiderar a garantia, mas a invalidação da própria medida.

[78] OLSON JR., Mancur. *The logic of collective action*: public groups and the theory of groups. Cambridge: Harvard University Press, 1971, p. 14: "Mesmo que todos os indivíduos de um grupo grande sejam racionais e centrados em seus próprios interesses, e que saiam ganhando se, como grupo, agirem para atingir seus objetivos comuns, ainda assim eles não agirão voluntariamente para promover esses interesses comuns e grupais".

aviso prévio por parte dos manifestantes viabiliza a adoção de providências de polícia que permitam o exercício do direito em concordância prática com outros, efetiva ou potencialmente afetados. A gestão de horários e locais públicos, a aferição concreta do caráter pacífico e desarmado da manifestação e a adoção de critérios razoáveis de prevenção de perigos – eventualmente, em determinados casos, a vedação do anonimato dos manifestantes –[79] constituem exemplos de medidas ordenadoras que limitam e, ao mesmo tempo, protegem os direitos fundamentais envolvidos.

A eficácia horizontal dos direitos fundamentais demanda a atuação protetiva da polícia administrativa no âmbito das relações privadas. Embora, na seara das relações entre particulares, a liberdade seja a regra e a restrição de polícia, a exceção (*la liberté est la règle, la restriction de police l'exception*),[80] há situações especiais em que a atividade ordenadora é não apenas desejável, mas imperiosa para resguardo de seus direitos fundamentais.[81]

Com efeito, as situações de assimetria de poder não se verificam apenas entre o Estado e os cidadãos, existindo também no seio das relações travadas entre pessoas naturais e pessoas jurídicas de direito privado, ou entre umas e outras. Assim, por exemplo, há certas instâncias privadas que atuam em áreas típicas e antes reservadas ao Poder Público, seja por atos de delegação formal (contratos, convênios ou acordos de cooperação híbridos), seja por atos de reconhecimento explícito (credenciamentos, licenciamentos, autorizações) ou implícito (comportamentos informais que configurem consentimento com a atuação do ente privado no desempenho de algumas funções públicas). Nesses casos, não é legítimo que os particulares fiquem imunes à incidência dos direitos fundamentais, que são garantias oponíveis às funções públicas, desempenhadas que sejam por agentes estatais ou por quem lhes faça as vezes.[82]

Tem-se, aqui, campo propício para a aplicação da chamada *public function theory*, formulada no direito norte-americano e que atingiu seu apogeu no julgamento do caso *Marsh v. Alabama*, decidido pela Suprema Corte, em 1946. Naquele precedente, entendeu-se que uma empresa privada, proprietária de terras no interior das quais existia uma pequena cidade (*company town*), não poderia impedir a pregação por Testemunhas de Jeová na área de sua propriedade, em razão da incidência de direitos fundamentais.[83] O poder de polícia restringia

---

[79] A Lei nº 6.528/2013, do Estado do Rio de Janeiro, proíbe o uso de máscaras ou qualquer outra forma de impedir a identificação dos cidadãos em manifestações públicas. A constitucionalidade da medida é controvertida, sobretudo em situações nas quais haja riscos de retaliação aos manifestantes em virtude de suas circunstâncias pessoais, sociais ou profissionais.

[80] WALINE, Marcel. *Droit administratif*. Paris: Sirey, 1963, p. 637.

[81] Sobre o tema, v. SARMENTO, Daniel. *Direitos fundamentais e relações privadas*. Rio de Janeiro: Lumen Juris, 2008; PEREIRA, Jane Reis Gonçalves. *Interpretação constitucional e direitos fundamentais*. Rio de Janeiro: Renovar, 2006; SILVA, Virgílio Afonso. *A constitucionalização do direito*: os direitos fundamentais nas relações entre particulares. São Paulo: Malheiros, 2005.

[82] PEREIRA, Jane Reis Gonçalves. *Interpretação constitucional e direitos fundamentais*. Rio de Janeiro: Renovar, 2006, p. 493.

[83] V. 326 U.S. 501 (1946). Por inspiração em tal precedente do direito norte-americano, aplicável ao sistema jurídico brasileiro, sustenta-se que manifestações em locais públicos, ainda que sob gestão privada, como centros comerciais, estádios de futebol e casas de espetáculos, não podem ser simplesmente proibidos com fundamento

parcialmente a autonomia privada da empresa para proteger a liberdade de expressão e a liberdade religiosa dos pregadores nos espaços públicos da pequena cidade, posto que não estatais.[84]

O Supremo Tribunal Federal, em importante precedente, afirmou a aplicabilidade das garantias constitucionais inerentes ao devido processo legal, como a ampla defesa e o contraditório, para a exclusão de sócio de entidade privada sem fins lucrativos – a União Brasileira dos Compositores – por meio da qual os associados fruem seus direitos autorais. O STF assentou que a associação civil em questão se situava no espaço público não estatal, ao constatar que a entidade integrava a estrutura do Escritório Central de Arrecadação e Distribuição (ECAD) e exercia posição privilegiada na determinação da extensão dos direitos autorais, mantendo seus associados em posição de subordinação econômica e social. Daí restar justificada a presença ordenadora do Estado para assegurar a fruição de direitos fundamentais pelos associados, ainda que no plano meramente processual.[85]

A aplicação dos direitos fundamentais no âmbito das relações privadas não pode se dar, contudo, de forma irrestrita, sob pena de asfixiar o exercício da autonomia privada e comprometer o pluralismo de identidades e escolhas existenciais. É necessário que uma das partes desempenhe atividades dotadas de algum grau de *potestade* ou que ocupe posição de clara superioridade fática, de modo a ameaçar seriamente direitos fundamentais da parte contrária. Além disso, deve-se levar em consideração a proximidade da relação jurídica privada da esfera pública, como outro parâmetro a justificar a ordenação protetiva de direitos fundamentais.

Jane Reis Gonçalves Pereira dá diversos exemplos interessantes para ilustrar os parâmetros justificadores da incidência, ou não, dos direitos fundamentais nas relações privadas. Ninguém poderia cogitar da invocação do princípio da isonomia para impedir que os pais ofereçam mesadas diferentes aos filhos ou lhes apliquem castigos diversos. De outra parte, o direito à igualdade seria invocável para invalidar ato de uma escola particular que adotasse um critério de gênero para o acesso a bolsas de estudo, por exemplo. A inserção social da escola e sua aproximação da esfera pública são determinantes para a incidência do princípio da não discriminação odiosa fundada no gênero dos alunos. No que se refere à preservação do pluralismo, não se poderia cogitar de obrigar uma escola islâmica

---

no direito de propriedade privada. À atividade de ordenação caberá engendrar soluções que permitam o exercício das liberdades de expressão, reunião e manifestação em concordância prática com as atividades-fim dos estabelecimentos privados.

[84] SARMENTO, Daniel. *Direitos fundamentais e relações privadas*. Rio de Janeiro: Lumen Juris, 2008, p. 272/276. Adota-se aqui, no entanto, o entendimento de que o desempenho de atividades dotadas de algum grau de *potestade* ou superioridade fática por particulares, e a proximidade da relação jurídica privada com a esfera pública, são parâmetros que podem justificar a atuação protetiva de direitos fundamentais pelo Estado, sempre sopesados com a preservação da autonomia privada e o pluralismo de identidades e escolhas existenciais.

[85] RE nº 201.819, rel. Min. Ellen Gracie, rel. p/ acórdão Min. Gilmar Mendes, Tribunal Pleno, j. em 11.10.2005, DJU de 27.10.2006.

ortodoxa, a partir do argumento de isonomia, a aceitar alunos não muçulmanos ou alunas muçulmanas que não usem o véu. A aplicação do princípio da igualdade, em tais casos, aniquilaria a própria razão de ser da entidade privada, que é a preservação da identidade cultural e o exercício de uma dimensão da liberdade religiosa, vetores normativos também contemplados na Constituição.[86]

Por fim, é imperioso preservar a inviolabilidade de alguns setores da vida privada à ação do Estado, ainda que as escolhas dos indivíduos possam ser consideradas exóticas, irrazoáveis ou despropositadas, desde que elas não afetem a esfera de terceiros. De fato, há que se ter especial cuidado com ordenações *perfeccionistas*, fundadas na concepção segundo a qual seria uma missão legítima do Estado criar incentivos – como medidas punitivas ou premiais – para que os indivíduos aceitem e materializem ideais válidos de virtude pessoal.[87] Essas ordenações não levam a sério o valor da autonomia da vontade como vetor fundamental para a determinação de planos de vida e cursos de ação do indivíduo, ainda que a liberdade individual pressuponha algumas condições, como a capacidade cognitiva, a maturidade, nível razoável de informação e a ausência de privações essenciais.[88] O consentimento da pessoa, livremente manifestado, carreia para o Estado-ordenador o elevado ônus argumentativo de demonstrar a vulneração de valores fundamentais da coletividade, em especial aqueles ligados à preservação da dignidade humana. A pretensão de imposição de uma concepção moral específica, ainda quando majoritária, como modelo para a exigência pedagógica de comportamentos virtuosos, não se presta de fundamento a qualquer ordenação juridicamente válida da vida privada.

O perfeccionismo não se confunde com ordenações fundadas no paternalismo estatal.[89] Aqui não se cuida da imposição de planos de vida, nem da definição heterônoma de sentidos ou fins últimos para a ação individual, mas de impor condutas aos indivíduos que sejam aptas a permitir que eles satisfaçam as suas preferências subjetivas e seus próprios projetos existenciais. O paternalismo lida, portanto, com uma presumida *debilidade* da vontade, que *vicia* o exercício da autonomia privada: algo como proteger o indivíduo de si próprio, sob determinadas circunstâncias que tornem justificável a tutela do Estado. As ordenações paternalistas que protegem os indivíduos em formação (crianças e adolescentes) são, normalmente, admitidas como válidas, desde que não suprimam

---

[86] PEREIRA, Jane Reis Gonçalves. *Interpretação constitucional e direitos fundamentais*. Rio de Janeiro: Renovar, 2006, p. 494-495.

[87] Para uma visão crítica do perfeccionismo, v. NINO, Carlos Santiago. *Ética y derechos humanos*: un ensayo de fundamentación. Buenos Aires: Astrea, 1989, p. 413-420.

[88] BARROSO, Luís Roberto. A dignidade da pessoa humana no direito constitucional contemporâneo: natureza jurídica, conteúdos mínimos e critérios de aplicação. In: BARROSO, Luís Roberto. *O novo direito constitucional brasileiro*: contribuições para a construção teórica e prática da jurisdição constitucional no Brasil. Belo Horizonte: Fórum, 2012, p. 309.

[89] Sobre paternalismo, v. FEINBERG, Joel. Legal paternalism. In: SARTORIUS, Rolf (Org.). *Paternalism*. Minneapolis: University of Minnesota Press, 1987, p. 3-18; DWORKIN, Gerald. Paternalism: some second thoughts. In: SARTORIUS, Rolf (Org.). *Paternalism*. Minneapolis: University of Minnesota Press, 1987, p.105-112; e ATIENZA, Manuel. Discutamos sobre paternalismo. *Doxa: Cuadernos de Filosofía del Derecho*, n. 5, p. 203, 1988.

ou desconsiderem a prioridade, até certo ponto, das escolhas familiares exercidas pelos pais ou responsáveis.

O risco das ordenações paternalistas decorre da dificuldade em distingui-las, na prática, dos casos em que há apenas uma valoração divergente, feita pelo Estado, quanto à conduta que o sujeita considera essencial ao seu projeto de vida. Esse risco é atenuado quando a ordenação paternalista tem por objetivo proteger interesses reconhecidos como primordiais e os comportamentos impostos não sejam seriamente perturbadores de planos de vida ou ações de valor existencial para o indivíduo.[90] As ordenações de trânsito consubstanciadas na exigência do uso do cinto de segurança em veículos e do capacete por usuários de motocicletas são bons exemplos: o paternalismo estatal visa à proteção da vida e da integridade física, enquanto a medida adotada não tem qualquer repercussão séria sobre escolhas existenciais de quem quer que seja. Em outros casos, a providência de polícia atua, simultaneamente, na proteção de terceiros e do próprio indivíduo, de que são exemplo as medidas sanitárias, como a vacinação obrigatória. Todavia, como se verá logo a seguir, caso o tratamento médico interfira com escolhas existenciais da pessoa humana – como, *v.g.*, suas convicções religiosas ou filosóficas – sem riscos para terceiros, a medida ordenadora deverá ceder ante a autonomia da vontade individual.

A proibição da violência física em relações sexuais sadomasoquistas consentidas, por decisão da Câmara dos Lordes, no Reino Unido,[91] constitui medida revestida tanto de caráter perfeccionista, como imbuída de injustificável paternalismo. Com efeito, além do apelo pedagógico a padrões morais dominantes, a decisão desconsidera o fato de que os praticantes eram indivíduos maiores e capazes, cujas práticas parecem fazer parte de seu modo de vida e orientação sexual. Da mesma maneira, a proibição dos chamados *peep shows*,[92] por decisão do Tribunal Constitucional federal da Alemanha, ignora a circunstância de que as mulheres que fazem as performances em cabines, sob o olhar e os "comandos" dos espectadores, também são maiores e capazes e, em regra, sequer são tocadas, muito menos submetidas a qualquer situação desumana ou severamente degradante.

A proibição dos eventos públicos de *arremessos de anões*, na França, pelo Prefeito da *Commune de Morsang-sur-Orge* – confirmada, em 1995, pelo Conselho de Estado –, também pode ser considerada uma ordenação perfeccionista e paternalista, que ultrapassa as fronteiras da tradicional preservação da ordem

---

[90] Nesse sentido, v. NINO, Carlos Santiago. *Ética y derechos humanos*: un ensayo de fundamentación. Buenos Aires: Astrea, 1989, p. 416.

[91] Reino Unido. Câmara dos Lordes. *R.v. Brwon*. [1993] All ER 75. Disponível em: <http://www.parliament.the-stationery-office.com/pa/ld199798/ldjudgmt/jd970724/brown01.htm>. Acesso em: 10 set. 2015. A decisão foi confirmada pela Corte Europeia de Direitos Humanos (CEDH). V. *Laskey, Jaggard and Brown v. United Kingdom*, 1997. Disponível em: <http://cmiskp.echr.coe.int/tkp197/view.asp?item=1&portal=hbkm&action=html&highlight=Laskey%2C%20|%20Jaggard%20|%20Brown%20|%20v.%20|%20United%20|%20Kingdom&sessionid=25693996&skin=hudoc-en>. Acesso em: 10 set. 2015.

[92] Alemanha. BVerwGE 64:274, 1981, *apud* Beyleveld, Deryck & Brownsword, Roger. *Human dignity in bioethics and biolaw*. Oxford: Oxford University Press, 2004, p. 34.

pública, na sua tradicional trilogia (segurança, tranquilidade e salubridade). A prática, de gosto duvidoso, consistia numa forma de entretenimento na qual pessoas de baixa estatura eram arremessadas de um ponto a outro de uma casa noturna. Embora os eventos não representassem qualquer perturbação, efetiva ou mesmo potencial, à tranquilidade pública, contando, inclusive, com o consentimento explícito das pessoas arremessadas, o Conselho de Estado entendeu que a proteção da dignidade humana estaria englobada nas competências de polícia municipal voltadas à garantia da ordem pública.[93]

Segundo Marçal Justen Filho, o sujeito interessado recorreu à Corte Europeia de Direitos Humanos, alegando que o arremesso não oferecia riscos à sua integridade física e que o efeito necessário da decisão do Conselho de Estado seria a perda do emprego e do correspondente salário, o que comprometeria a sua existência digna. Nada obstante, a decisão do contencioso administrativo francês foi confirmada.[94] O ponto que talvez não tenha sido devidamente considerado é o de que, além da subsistência digna, os espetáculos tinham também um significado existencial para as pessoas que deles participavam. Nesse sentido, talvez fosse o caso de indagar se a Administração Pública poderia proibir tradicionais espetáculos circenses, como o "homem-bala", o "engolidor de fogo ou de espadas" ou o "domador de leões", que se arrisca fazendo estripulias na jaula daqueles animais ferozes. Com o perdão do trocadilho infame, por que os anões seriam artistas de menor envergadura, condenados ao banimento, enquanto outros têm direito assegurado de se expor a perigos muito maiores?

Alguém poderia objetar argumentando com a posição de vulnerabilidade social e econômica das pessoas de baixa estatura, o que as tornaria mais suscetíveis a aceitar posições ultrajantes a sua própria dignidade. A nosso ver, todavia, as providências estatais em defesa de pessoas vulneráveis devem ser estruturadas para, na medida do possível, devolver ao indivíduo a capacidade de decidir autonomamente, não tolhê-la por completo. Assim, programas de qualificação profissional voltados à inclusão de pessoas com necessidades especiais no mercado de trabalho e medidas de incentivos a sua absorção por empresas são preferíveis àquelas que simplesmente lhes interditem o acesso a determinadas atividades pouco valorizadas socialmente.

Outro exemplo de ordenação paternalista contrária à *dignidade humana como autonomia* estava contida no item 2º da Resolução do Conselho Federal de Medicina nº 1.021/1980, que, em casos de risco de morte, impunha a realização de transfusão de sangue, independentemente do consentimento do paciente ou de seus responsáveis. Essa norma, proveniente da autorregulação profissional dos médicos, desrespeitava a autonomia das *Testemunhas de Jeová,* confissão religiosa segundo a qual a interdição à transfusão de sangue decorre da interpretação de textos bíblicos, sendo a sua observância condição de salvação.

---

[93] O aresto está publicado em *L'actualité Juridique Droit Administratif – AJDA,* v. 51, p. 942 e ss., 1995. Sobre o caso, v. CHAPUS, René. *Droit administratif.* Paris: Montchrestien, 1999, t. I., p. 708-711.

[94] JUSTEN FILHO, Marçal. *Curso de direito administrativo.* São Paulo: Revista dos Tribunais, 2014, p. 589.

A vontade do paciente – validamente manifestada, por pessoa maior, capaz e informada sobre os riscos de sua escolha – deve ser respeitada em hospitais e postos médicos, públicos ou privados, como legítima expressão do direito fundamental à autonomia privada do indivíduo. No caso concreto, a autonomia privada consubstancia-se nos direitos fundamentais à privacidade, ao próprio corpo e à liberdade religiosa. A objeção de consciência exibe, no caso, a característica de um genuíno ato de convicção religiosa. O direito fundamental à liberdade de credo e de culto abarca, por evidente, não apenas o direito de prática litúrgica, mas a proteção de *escolhas existenciais* coerentes com a fé religiosa abraçada.

É bem de ver que não há qualquer colisão ou contradição do exercício da autonomia privada com o direito à vida. Com efeito, o direito à vida consiste no direito ao modo singular de ser e viver de cada pessoa humana, coerente com suas íntimas convicções ou seus desejos mais recônditos, ainda quando diferentes dos professados pela maioria das pessoas. O risco de morte, em situações de grave periculosidade à vida do paciente, deve ser entendido como mais um entre os inúmeros riscos inerentes à nossa condição. Assumi-los conscientemente, de acordo com o sentido e o projeto de vida de cada um, integra o conteúdo essencial da dignidade humana como autodeterminação individual.[95]

As medidas de polícia protetivas da dignidade humana adotáveis sem o consentimento expresso do beneficiário seriam aquelas dirigidas a pessoas privadas da capacidade de decisão racional e expostas a grave degradação física, psíquica ou moral. A Lei nº 10.216/2001 prevê tanto a internação involuntária de paciente psiquiátrico – aquela solicitada pela família e chancelada por laudo médico, que deve ser comunicada em até 72 horas ao Ministério Público – como a internação compulsória, que é aquela determinada por decisão judicial, ainda quando ausente a solicitação familiar.

Como privação temporária da liberdade, a internação não consentida é medida ordenadora cuja validade jurídico-constitucional depende sempre de determinação do Poder Judiciário, ainda quando solicitada pela família, em razão da garantia constitucional do devido processo legal (CF, art. 5º, inciso LIV). Ademais, o prazo da internação e o tratamento prescrito devem ser proporcionais à natureza e gravidade do transtorno mental em cada caso, como aspectos a serem expressamente abordados na motivação da decisão judicial, sob a fiscalização do

---

[95] Sobre o tema, imperioso consultar o primoroso trabalho de BARROSO, Luís Roberto. Legitimidade da recusa de transfusão de sangue por testemunhas de Jeová. Dignidade humana, liberdade religiosa e escolhas existenciais. *Revista de Direito do Estado*, n. 17 e 18, p. 507-542, 2010. Segundo o autor, o novo Código de Ética Médica, em vigor desde abril de 2010, teria superado o item 2º da Resolução CFM nº 1.021/1980, permitindo a transfusão sem o consentimento do paciente apenas nos casos em que isso seja impossível, *v.g.*, em razão do estado de inconsciência. No mesmo sentido, v. BINENBOJM, Gustavo. Autonomia privada e direito à recusa a tratamentos médicos invasivos: o caso das Testemunhas de Jeová. *Revista de Direito do Estado*, n. 17 e 18, p. 475-482, 2010. Em sentido contrário, v. WILLEMAN, Flávio de Araújo. Recusa a tratamento da saúde com fundamento em crença religiosa e o dever do Estado de proteger a vida humana: o caso da transfusão de sangue em Testemunha de Jeová. *Revista de Direito do Estado*, n. 17 e 18, p. 483-506, 2010.

Ministério Público.⁹⁶ Por fim, deve-se registrar que a internação não consentida constitui medida de última *ratio*, a ser adotada somente se e quando as providências menos gravosas se mostrarem inócuas, sempre tendo por objetivo a restituição do indivíduo ao convívio social e, na medida do possível, ao exercício livre e consciente de suas próprias escolhas.

5 Poder de polícia, democracia e limites constitucionais: a ponderação proporcional entre objetivos coletivos e direitos fundamentais

Por fim, resta examinar as hipóteses em que ao poder de polícia cabe a tarefa de restringir direitos fundamentais em prol da realização de objetivos de natureza coletiva. Cuida-se da situação típica que outrora se resolvia pela invocação intuitiva e automática da *supremacia do interesse público sobre os interesses particulares*, noção que se constituía mesmo em fundamento do próprio poder de polícia.

Esse recurso retórico não encontra guarida em qualquer ordenamento jurídico erigido sobre o sistema de direitos fundamentais e o sistema democrático, como fundamentos legitimadores e estruturantes do Estado democrático de direito. Com efeito, há três razões básicas que evidenciam a visceral incompatibilidade da noção de supremacia do interesse público com o constitucionalismo democrático: (i) a proteção de posições jurídicas individuais irredutíveis, identificadas, modo geral, com o conteúdo essencial dos direitos fundamentais e, particularmente, da dignidade da pessoa humana; (ii) a primazia *prima facie* dos direitos fundamentais sobre metas ou aspirações coletivas, ainda quando admitida a ponderação proporcional pela sistemática constitucional; e (iii) a polivalência da ideia de interesse público, que pode abarcar, em seu conteúdo semântico, tanto a preservação de direitos individuais como a persecução de objetivos transindividuais, que, de resto, se encontram invariavelmente conjugados ou imbricados. Portanto, não há sentido útil em aludir-se abstratamente à supremacia do interesse coletivo sobre o individual ou do público sobre o privado.⁹⁷

Dito isso, a sistemática constitucional, em diversas situações, admite a conformação de direitos fundamentais de modo a que se atendam determinados interesses coletivos. Em alguns casos, o próprio constituinte sinaliza com essa possibilidade, remetendo a regulação de certos direitos ao legislador ordinário, com ou sem definição dos meios a serem observados e dos fins a serem por

---

⁹⁶ Tal regime jurídico pode ser aplicado também a pessoas que perderam a capacidade de decisão racional e se encontrem em situação de extrema vulnerabilidade, ainda quando não sejam portadores de transtorno mental específico, como aquelas que apresentem quadro grave de adição a drogas.
⁹⁷ BINENBOJM, Gustavo. *Uma teoria do direito administrativo*: direitos fundamentais, democracia e constitucionalização. Rio de Janeiro: Renovar, 2014, p. 83-130.

ele perseguidos. Tome-se como exemplo o direito de propriedade. Além de genericamente sujeito ao cumprimento de sua *função social*, ele está também vinculado a objetivos transindividuais específicos (funções sociais específicas), como: (i) a promoção da adequada ocupação do solo urbano, consoante diretrizes expressas no plano diretor de cada cidade (CF, art. 182, §2º); (ii) a adequada exploração da propriedade rural, segundo critérios e graus de exigência estabelecidos em lei (CF, art. 186); (iii) a proteção e promoção do patrimônio cultural brasileiro, por meio de diversas iniciativas, incluindo o tombamento (CF, art. 216, *caput* e §§1º a 6º).

Outro bom exemplo é a ordenação da liberdade de trabalho, ofício ou profissão (CF, art. 5º, inciso XIII), tendo em vista a imperiosa necessidade de preservação da incolumidade pública nos casos em que o exercício profissional possa colocá-la em risco. O Supremo Tribunal Federal teve a oportunidade de proclamar a constitucionalidade da exigência da aprovação no Exame da Ordem dos Advogados do Brasil (OAB) como condição para o exercício da advocacia.[98] Fez-se, assim, a distinção da advocacia para outros casos, como o de jornalistas e músicos, em que o ofício não exige qualificações técnicas específicas, nem o seu exercício apresenta risco de dano a terceiros passível de ser evitado pela ordenação profissional. Com efeito, enquanto os advogados, como os médicos e os engenheiros, lidam com matérias de elevada sofisticação técnica e de suas atividades profissionais podem resultar danos à vida, à liberdade e ao patrimônio das pessoas, músicos e jornalistas atuam em searas onde a liberdade é plenamente assegurada (liberdade de criação artística e liberdade de informação e de expressão), sujeitas ainda às preferências e ao juízo crítico de cada destinatário.

Portanto, nas situações para as quais não tenha o constituinte realizado uma *pré-ponderação*,[99] caberá ao legislador e ao administrador público, conforme o caso, adotarem medidas orientadas à concretização de interesses coletivos em concordância prática com o sistema de direitos fundamentais, sob a métrica dos três testes da proporcionalidade (adequação, necessidade e proporcionalidade em sentido estrito). A ponderação proporcional, assim, está incrustada no

---

[98] RE nº 603.583, rel. Min. Marco Aurélio, Tribunal Pleno, j. em 26.10.2011, DJU de 25.05.2012. Sobre o tema, v. BINENBOJM, Gustavo; BRANDÃO, Rodrigo. A constitucionalidade do exame de ordem. *Revista Brasileira de Estudos Constitucionais*, v. 2, n. 8, p. 187-215, 2008.

[99] Exemplo ilustrativo de *pré-ponderação* constitucional é o caso da classificação indicativa de espetáculos públicos e de programas de rádio e televisão, prevista no art. 21, inciso XVI, da Constituição Federal. O constituinte fez uma prévia ponderação entre a liberdade de expressão e de programação, de um lado, e a proteção da infância e juventude, de outro, havendo decidido por um tipo de ordenação meramente informativa da natureza dos programas, das faixas etárias a que sejam recomendados e dos horários adequados para sua exibição (CF, art. 220, §3º, inciso I). Ao contrário do que entende o Ministério da Justiça, não cabe ao Estado, mas aos pais ou responsáveis, decidir sobre os horários e os programas a que seus filhos terão acesso, conforme critério de cada unidade familiar. A matéria está em discussão no Supremo Tribunal Federal, na ADI nº 2.404, rel. Min. Dias Toffoli. Na referida ação se discute a constitucionalidade de norma constante do art. 254 do Estatuto da Criança e do Adolescente (ECA), que impõe severas sanções administrativas à emissora de televisão que exiba programa em "*horário diverso do autorizado*" pela classificação indicativa. Até a data de conclusão do presente trabalho, haviam votado pela inconstitucionalidade do dispositivo legal os Ministros Dias Toffoli (relator), Luiz Fux, Cármen Lúcia e Ayres Britto, tendo o julgamento sido interrompido por pedido de vista apresentado pelo Ministro Joaquim Barbosa.

ordenamento jurídico desde a matriz constitucional, espraia-se pela etapa de concretização legislativa, chegando ao seu grau máximo de incidência nas atividades administrativa e judicial. Ao juiz tocará o dever de *refazer* o exame quanto à proporcionalidade das medidas legislativas ou administrativas adotadas, cumprindo-lhe expurgar as que sejam reprovadas em algum dos três testes.

A circunstância de a ordem constitucional contemplar uma ampla variedade de finalidades – de natureza individual e transindividual – cria a necessidade de inúmeros juízos de ponderação, de modo a viabilizar uma acomodação otimizada entre elas. A ponderação proporcional entre bens, interesses e direitos envolvidos é, portanto, um raciocínio inerente à organização político-jurídica das sociedades abertas e pluralistas. Daí se chegar a afirmar que o Estado democrático de direito, em sua dinâmica de funcionamento, deve ser entendido como um *Estado de ponderação*.[100]

Retornando ao direito de propriedade, o constituinte utilizou-se da proporcionalidade, por exemplo, no estabelecimento de medidas ordenadoras gradativamente mais intrusivas sobre a propriedade urbana que descumpra, de forma renitente, a sua função social. Não por outra razão o art. 182, §4º, menciona que o Poder Público poderá exigir do proprietário do solo urbano não edificado, subutilizado ou não utilizado, que promova seu adequado aproveitamento, sob pena, *sucessivamente*, de (i) parcelamento ou edificação compulsórios, (ii) cobrança de IPTU progressivo no tempo, e (iii) desapropriação com pagamento mediante títulos da dívida pública, com prazo de resgate de até dez anos, em parcelas anuais, iguais e sucessivas. É como se a *necessidade* de medidas cada vez mais gravosas decorresse da inércia contínua do proprietário, legitimando a compressão gradual do direito de propriedade até o seu sacrifício, mas com pagamento de indenização.

O raciocínio ponderativo também pautou o constituinte na ordenação da propriedade rural, quando tornou insuscetíveis de desapropriação para fins de reforma agrária a pequena e a média propriedade, nos termos da lei, desde que o proprietário não tenha outra, e a propriedade seja produtiva, estando ela sujeita, no entanto, ao cumprimento dos requisitos relativos à sua função social (CF, art. 185, incisos I e II, e parágrafo único). Somente os demais imóveis rurais descumpridores de sua função social é que estarão sujeitos à desapropriação com pagamento de indenização mediante títulos da dívida agrária, resgatáveis no prazo de até vinte anos, a partir do segundo ano de sua emissão. Também aqui o grau de restrição imposto à propriedade privada foi elevado de acordo com a ausência de meios menos gravosos aptos a adequá-la ao cumprimento da função social, nos termos estabelecidos na lei.

Seguindo a mesma métrica, o art. 243 da Constituição (agora na redação introduzida pela Emenda Constitucional nº 81/2014) prevê que as "propriedades

---

[100] LEISNER, Walter. *Der Abwägungsstaat*: Verhältnismäßigkeit als Gerechtigkeit?. Berlin: Duncker & Humblot, 1997. *Apud* TORRES, Ricardo Lobo. A Legitimação dos direitos humanos e os princípios da ponderação e da razoabilidade. *In*: TORRES, Ricardo Lobo (Org.). *Legitimação dos direitos humanos*. Rio de Janeiro: Renovar, 2002, p. 425/426.

rurais e urbanas de qualquer região do País onde forem localizadas culturas ilegais de plantas psicotrópicas ou a exploração de trabalho escravo na forma da lei serão expropriadas e destinadas à reforma agrária e a programas de habitação popular, sem qualquer indenização ao proprietário". No juízo de ponderação empreendido pelo constituinte derivado, diante da gravidade da conduta em questão, o confisco – isto é, a desapropriação sem pagamento de indenização – seria medida não apenas adequada e necessária para sancionar o proprietário e desestimular outros potenciais infratores, como também ultrapassaria o teste da proporcionalidade em sentido estrito. Com efeito, ao considerar que o ganho social representado pela repressão à produção de drogas ilícitas e ao trabalho escravo (importância e grau de promoção do fim) justificava, excepcionalmente, a supressão do direito de propriedade (intensidade da restrição do direito fundamental em questão), o constituinte realizou uma análise de custo-benefício de resultado positivo.

A ponderação proporcional realizada diretamente no plano constitucional, no entanto, é a exceção, dada a multiplicidade de situações que exigem a adoção de medidas ordenadoras compromissórias entre direitos fundamentais e objetivos coletivos. Em regra, aos legisladores e administradores públicos caberá exercer os juízos de sopesamento, sob o escrutínio do Poder Judiciário. Nada obstante, os testes de adequação, necessidade e proporcionalidade em sentido estrito, longe de representarem garantia de *objetividade* decisória, apenas oferecem modelos argumentativos para o *controle intersubjetivo* das decisões que envolvam ponderações de bens, direitos ou interesses. Em outras palavras, o esforço de justificação das decisões, a partir da lógica da proporcionalidade, permite a crítica e o controle das decisões, pelas próprias instituições do Estado e pela sociedade, embora não possa assegurar o acesso a decisões corretas. Existe, assim, uma íntima relação entre ponderação, instituições e democracia.[101]

Na *reavaliação das avaliações* realizadas pelos Poderes Legislativo e Executivo, o Poder Judiciário deve adotar um nível de escrutínio diretamente proporcional ao *grau de objetividade* extraível do contexto normativo, assim como à *intensidade da restrição* imposta aos direitos fundamentais, tendo em vista a sua primazia *prima facie* sobre objetivos coletivos e o papel contramajoritário reconhecido aos tribunais nas democracias constitucionais. Nesses contextos, o ônus argumentativo exigido para a ultrapassagem dos testes da proporcionalidade deve ser o mais elevado, de modo a justificar cabalmente a medida ordenadora adotada.

Veja-se, por exemplo, o caso em que o Tribunal Constitucional Federal alemão, por decisão proferida em 2006, declarou a inconstitucionalidade de norma da Lei de Segurança Aérea (caso *Luft-sicherheitsgesetz*) que autorizava as Forças Armadas daquele país a abaterem um avião sequestrado por terroristas, cujo objetivo perceptível fosse jogá-lo contra alvos civis ou militares, em situação

---

[101] Sobre o tema, v. SUNSTEIN, Cass; VERMEULE, Adrian. *Interpretation and institutions*. Disponível em: <http://papers.ssrn.com/sol3/papers.cfm?abstract_id=320245>. Acesso em: 14 set. 2015; e VERMEULE, Adrian. *Judging under uncertainty*: an institutional theory of legal interpretation. Cambridge: Harvard University Press, 2006.

análoga ao atentado contra as Torres Gêmeas do *World Trade Center*, em Nova York, ocorrido em 2001.[102] Segundo o Tribunal, os reféns do avião (passageiros e tripulantes) teriam sido reduzidos pelo legislador à condição de meros objetos em prol do interesse público (remoção da ameaça terrorista), em clara afronta de seu direito à vida e à dignidade humana.[103]

Embora a decisão tenha significado simbólico indiscutível, entendemos que havia razões suficientemente consistentes para ultrapassar o mais severo dos escrutínios no reexame da ponderação proporcional realizada para a edição da norma ordenadora em questão. As circunstâncias do sequestro de um avião tornam inquestionáveis, desde logo, a adequação e a necessidade da medida, como único meio apto a demover a ameaça à vida de civis e militares localizados em terra. Por evidente, qualquer medida de evacuação de possíveis alvos não seria realizável em tempo hábil. A discussão reside, assim, no teste da proporcionalidade em sentido estrito, isto é, na possibilidade de pessoas inocentes serem mortas pelo Estado para salvar outras pessoas inocentes. Não estaria o Estado *instrumentalizando* vidas humanas em nome de um interesse coletivo (segurança nacional), numa condenável postura utilitarista? Como comparar o valor de vidas humanas numa análise de custo-benefício? Essas indagações soam irrespondíveis, mas, de fato, não há respostas certas para perguntas erradas.

A metodologia pragmática provê uma abordagem interessante para a solução do dilema. A pergunta formulada pelo pragmatismo seria a seguinte: no contexto concreto de um avião sequestrado por terroristas suicidas, qual a diferença, em termos de consequências práticas, entre as proposições do legislador e do Tribunal? Fosse realizado o abate, morreriam no espaço aéreo os terroristas, tripulantes e passageiros da aeronave, evitando-se o atentado. Cumprida a decisão do Tribunal Constitucional, morreriam, além desses, todas as demais pessoas que o Estado se recusou a defender, tendo este contribuído ainda, com sua omissão, para o sucesso do ataque terrorista.

Não resta dúvida de que a medida de polícia em tela envolve uma *escolha trágica*.[104] Por evidente, a irreversibilidade da situação de emergência deve ser checada consoante os mais rigorosos protocolos militares, sendo necessária ainda a autorização expressa do Comandante em Chefe das Forças Armadas. Cumprida essa etapa, todavia, a atuação estatal reveste-se de legitimidade inquestionável. Observe-se que não se trata de comparar grandezas incomensuráveis, como o

---

[102] V. BVerfG, 1 BvR 357/05, de 15 de fevereiro de 2006. Disponível em: <http://www.bverfg.de>. Para um sumário útil do caso e dos argumentos nele articulados, v. LESPIUS, Oliver. Human dignity and the downing of aircraft: the German Federal Constitutional Court strikes down a prominent anti-terrorism provision in the new AirTransport Security Act 7. *German Law Journal*, n. 9, set. 2006.

[103] Para uma análise do acórdão na doutrina portuguesa, v. DIAS, Augusto Silva. Os criminosos são pessoas?: eficácia e garantias no combate ao crime organizado. In: MONTE, Mário Ferreira (Coord.). *Que futuro para o Direito Processual Penal?*: simpósio em homenagem a Jorge de Figueiredo Dias, por ocasião dos 20 anos do Código de Processo Penal Português. Coimbra: Coimbra Editora, 2009, p. 687-708.

[104] V. CALABRESI, Guido; BOBBITT, Philip. *Tragic choices*. New York: W.W. Norton & Company, 1978.

valor das vidas humanas em risco. Ao contrário, a premissa fática inafastável é a certeza da morte de todas as pessoas a bordo do avião. A ação do Estado, embora trágica, apenas evitará que a tragédia se converta numa catástrofe humanitária de proporções incalculáveis, bastando pensar em possíveis alvos preferenciais, como uma usina nuclear, por exemplo. Ao *lavar as mãos*, a Administração Pública não se eximirá de sua responsabilidade por faltar ao dever de agir para evitar ou minorar os danos, quando poderia fazê-lo eficazmente.[105]

Portanto, mesmo se submetida ao mais severo escrutínio de controle de proporcionalidade exercido pelo Poder Judiciário, que é de fato aplicável na espécie, a ponderação empreendida pelo legislador ficaria de pé. Com efeito, a medida de polícia prevista para a hipótese, além de adequada e necessária, exibe saldo favorável no sopesamento entre seus custos (inevitáveis, infelizmente) e benefícios (todas as potenciais vítimas que serão salvas pela execução da medida). A decisão do Tribunal Constitucional tedesco, ao contrário, acabaria por multiplicar os custos e abrir mão de qualquer possível benefício socialmente desejável.

Há casos, entretanto, em que o Judiciário deverá adotar postura de autocontenção e deferência às ponderações realizadas por órgãos dotados de *legitimidade democrática* ou de *especialização funcional* (*expertise e experiência*), quanto a matérias cujo tratamento exija *juízos de elevado teor político* ou de *cunho predominantemente técnico ou científico*, respectivamente. À falta de parâmetros objetivos confiáveis, deve o Judiciário ater-se a anular medidas *manifestamente inadequadas* (evidentemente, inaptas à promoção do fim) ou *claramente desnecessárias* (cuja configuração depende da existência de meio alternativo que, em aspectos fundamentais, promova igualmente o fim causando menores restrições). Quanto à proporcionalidade em sentido estrito, a postura deve ser também de deferência, devendo limitar-se o juiz a examinar se os fatos foram examinados corretamente e se os argumentos utilizados na análise de custo-benefício são *coerentes* e *sustentáveis*.[106]

No clássico caso da norma de polícia administrativa econômica que previa a necessidade de pesagem de botijões de gás, em balanças de alta precisão, à vista do consumidor, o Supremo Tribunal Federal considerou-a *claramente desnecessária*, porque existiam outras medidas menos restritivas aos direitos fundamentais atingidos, como

---

[105] Vale registrar que, à luz do direito brasileiro, qualquer das duas condutas da Administração Pública resultaria na sua responsabilização civil perante as vítimas. Caso realizado o abate do avião, mesmo sendo lícita a conduta administrativa, incidiria a regra da responsabilidade objetiva, prevista no art. 37, §6º, da Constituição, em virtude da igualdade dos cidadãos perante os encargos sociais. Já na hipótese de inércia administrativa, entendemos que haveria responsabilidade civil do Estado por conduta omissiva antijurídica, dada a falta ao dever constitucional de agir para evitar os danos, quando poderia fazê-lo eficazmente. De todo modo, seria possível cogitar da incidência da Lei nº 10.744/2003, que autoriza a União, na forma e critérios definidos pelo Poder Executivo, "a assumir despesas de responsabilidades civis perante terceiros na hipótese da ocorrência de danos a bens e pessoas, passageiros ou não, provocados por atentados terroristas, atos de guerra ou eventos correlatos, ocorridos no Brasil ou no exterior, contra aeronaves de matrícula brasileira operadas por empresas brasileiras de transporte aéreo público, excluídas as empresas de táxi aéreo".

[106] Para uma proposta de *controle judicial jurídico-funcionalmente adequado* da Administração Pública, v. BINENBOJM, Gustavo. *Uma teoria do direito administrativo*: direitos fundamentais, democracia e constitucionalização. Rio de Janeiro: Renovar, 2014, p. 240-256.

a fiscalização por amostragem, além de *desproporcional no sentido estrito,* uma vez que os seus elevados custos (das balanças a serem instaladas e do tempo e mão de obra necessários à pesagem, que acabariam sendo repassados para os preços) superavam evidentemente os seus possíveis benefícios (proteção do consumidor que poderia ser lesado na compra de botijões sem o conteúdo indicado).[107]

Embora a Corte não tenha chegado a dizê-lo nesses termos, a análise de custo-benefício da medida tinha saldo manifestamente negativo. Isso porque estudos econômicos demonstravam que o repasse dos custos da regulação para os preços acarretaria, para os consumidores, prejuízos superiores, em média, aos danos decorrentes da perda de gás que costumavam ser verificados em botijões antes do surgimento da norma. Sob a perspectiva pragmática, então, a norma também era inválida, eis que seus efeitos seriam contraproducentes para aqueles que ela tinha por objetivo proteger. Tal efeito paradoxal da norma ordenadora traduz-se juridicamente na constatação da sua invalidade por *inadequação* (o meio adotado se revela, afinal, inapto para proteger o consumidor) ou por *desproporcionalidade em sentido estrito* (os custos gerados pelo meio superam os benefícios, tornando-os inócuos).

6 Conclusões

O giro democrático-constitucional do direito administrativo representa um conjunto de modificações que elevam as bases axiológicas da disciplina ao plano da normatividade da Constituição. Em termos operativos, a constitucionalização do direito administrativo importa o reconhecimento da centralidade do sistema de direitos fundamentais e do sistema democrático como fundamentos de legitimidade e elementos estruturantes do Estado Administrativo contemporâneo. O constitucionalismo democrático contribui para a superação de categorias dogmáticas de viés organicista e autoritário – como, *v.g.*, a supremacia do interesse público sobre os interesses particulares – e fornece um novo ideário de objetivos, ligados à autonomia privada e pública das pessoas e ao seu valor intrínseco, que passam a nortear as ações da Administração Pública.

Como o poder de polícia versa sobre *em que medida* e *sob que regime* o Estado pode interferir na liberdade e na propriedade dos particulares – isto é, na aquisição, exercício e extinção de direitos no âmbito da vida privada –, é evidente que sua disciplina sofre o impacto decisivo do giro democrático-constitucional do direito administrativo. A legitimidade do seu exercício está condicionada à realização do sistema de direitos fundamentais e de objetivos coletivos democraticamente determinados, dentro do quadro de possibilidades e limites extraídos da Constituição.

---

[107] ADI nº 855, rel. Min. Octávio Galloti, rel. p/ acórdão Min. Gilmar Mendes, Tribunal Pleno, j. em 06.03.2008, DJU de 26.03.2009.

As funções de ordenação da vida social e econômica são habilitadas e delimitadas, a um só tempo, pela necessidade de *estruturação interna* do sistema de direitos fundamentais – cuja unidade e coerência exigem restrições que o limitem e o viabilizem, simultaneamente – e de *conformação* desses direitos à luz de *objetivos coletivos*, sob a forma da deliberação democrática. Não há, portanto, em termos aprioristicos, nem *supremacia geral* em favor do Estado, nem *sujeição geral* em desfavor dos particulares, mas um plexo dúctil de *conformações possíveis* entre posições individuais e coletivas, que fazem do poder de polícia um variado instrumental a serviço da realização *coordenada* da democracia e dos direitos fundamentais.

Há um conjunto de situações nas quais os direitos fundamentais irradiam uma eficácia *bloqueadora* ao exercício do poder de polícia. Nessas situações, o Estado fica numa posição de *não competência*, e o indivíduo na de *não sujeição*. Há três hipóteses típicas em que direitos fundamentais se configuram como barreiras à ação ordenadora do Estado e, por igual ou maior razão, de entes privados: (i) quando a medida de polícia contraria literal e frontalmente o âmbito de proteção do direito fundamental; (ii) quando a medida pretende restringir direito fundamental em prol da realização de outro direito fundamental ou de objetivo coletivo constitucionalmente assegurado, mas não ultrapassa os exames inerentes ao teste de proporcionalidade; e (iii) quando a medida viola o conteúdo essencial de um direito fundamental, reduzindo-o aquém de um mínimo, a ponto de aniquilá-lo.

Em outras situações, os direitos fundamentais irradiam uma *eficácia habilitadora* da atuação do poder de polícia no sentido de sua proteção e, em alguma medida, de sua promoção. Essa tarefa da atividade ordenadora perfaz-se, no mais das vezes, por meio de medidas de *efeitos reflexos*: a proteção de um direito fundamental exige providências restritivas desse mesmo direito ou de outros direitos fundamentais, do próprio titular ou de terceiros. A polícia administrativa de trânsito constitui caso exemplar de atividade de ordenação do direito fundamental de ir, vir e permanecer, cuja finalidade é assegurar e promover a própria liberdade de locomoção. Como um clássico *problema de ação coletiva*, o trânsito depende da atuação ordenadora do Estado para que a maximização do interesse individual não produza o caos do ponto de vista comunal. Desse modo, a conformação do direito de livre locomoção de cada pessoa pelo poder de polícia é condição *sine qua non* da liberdade *otimizada* de ir e vir de todas as pessoas.

Há ainda casos em que a atuação da polícia administrativa é habilitada pela eficácia horizontal dos direitos fundamentais, no âmbito das relações entre particulares. É necessário que uma das partes da relação de direito privado desempenhe atividades dotadas de algum grau de *potestade* ou que ocupe posição de clara superioridade fática, de modo a ameaçar seriamente direitos fundamentais da parte contrária. Além disso, deve-se levar em consideração a proximidade da relação jurídica privada da esfera pública como outro parâmetro a justificar a ordenação protetiva de direitos fundamentais. Isso porque a atuação do Estado nessa seara não pode se operar de maneira irrestrita, sob pena de asfixiar o exercício da autonomia privada e comprometer o pluralismo de identidades e escolhas existenciais.

Com efeito, é imperioso preservar a inviolabilidade de alguns setores da vida privada à ação do Estado, ainda que as escolhas dos indivíduos possam ser consideradas exóticas, irrazoáveis ou despropositadas, desde que elas não afetem a esfera de terceiros. Não são admissíveis, assim, ordenações de conteúdo *perfeccionista*, assim entendidas aquelas voltadas a fazer com que os indivíduos aceitem e materializem ideais válidos de virtude pessoal. Já as ordenações de caráter *paternalista* são admissíveis em circunstâncias excepcionais, como aquelas em que seja presumível a *debilidade* das manifestações de vontade, de forma a *viciar* o exercício da autonomia privada. Incluem-se nessa categoria medidas que protegem os indivíduos em formação (crianças e adolescentes), desde que não suprimam a prioridade, até certo ponto, das escolhas familiares, exercidas pelos pais ou responsáveis. Também aqui se incluem as medidas protetivas da dignidade humana dirigidas a pessoas privadas da capacidade de decisão racional e expostas a degradação física, psíquica ou moral, como alguns tipos de pacientes psiquiátricos e pessoas que apresentem quadro grave de adição a drogas. Para os demais casos, as ordenações paternalistas válidas são aquelas que se destinam à proteção de interesses primordiais, desde que as condutas impostas não sejam seriamente perturbadoras de planos de vida ou ações de valor existencial para o indivíduo. As ordenações de trânsito consubstanciadas na exigência do uso do cinto de segurança em veículos e do capacete por usuários de motocicletas são exemplos que se enquadram nessa última categoria.

O poder de polícia atua, ainda, na conformação de direitos fundamentais em prol da realização de objetivos de natureza coletiva, quando estes possam ser reconduzidos à sistemática constitucional, de forma explícita ou implícita. O direito de propriedade é um bom exemplo de direito fundamental individual sujeito, por designação constitucional expressa, a conformações destinadas à consecução de objetivos transindividuais. Com efeito, além de genericamente submetido ao cumprimento de sua *função social*, ele está também vinculado a objetivos transindividuais específicos (funções sociais específicas), como: (i) a promoção da adequada ocupação do solo urbano, consoante diretrizes expressas no plano diretor de cada cidade (CF, art. 182, §2º); (ii) a adequada exploração da propriedade rural, segundo critérios e graus de exigência estabelecidos em lei (CF, art. 186); (iii) a proteção e promoção do patrimônio cultural brasileiro, por meio de diversas iniciativas, incluindo o tombamento (CF, art. 216, caput e §§1º a 6º).

O recurso retórico à *supremacia do interesse público sobre os interesses particulares* não encontra guarida em qualquer ordenamento erigido sobre o sistema de direitos fundamentais e o sistema democrático, como fundamentos legitimadores e estruturantes do Estado democrático de direito. Com efeito, há três razões básicas que evidenciam a visceral incompatibilidade da noção de supremacia do interesse público com o constitucionalismo democrático: (i) a proteção de posições jurídicas individuais irredutíveis, identificadas, modo geral, com o conteúdo essencial dos direitos fundamentais e, particularmente, da dignidade da pessoa humana; (ii) a primazia *prima facie* dos direitos fundamentais sobre metas ou aspirações coletivas, ainda quando admitida a ponderação proporcional pela sistemática constitucional, como no caso brasileiro; e (iii) a polivalência da ideia de interesse público, que pode abarcar, em seu conteúdo semântico, tanto a preservação de direitos individuais como a persecução de objetivos transindividuais, que, de resto, se encontram invariavelmente conjugados ou imbricados. Portanto, não há sentido útil em aludir-se abstratamente à supremacia do interesse coletivo sobre o individual ou do público sobre o privado.

Referências

ALESSI, Renato. *Principii di diritto amministrativo*. v. I. Milano: Giuffrè, 1971,

ALEXY, Robert. *Teoría de los derechos fundamentales*. Madrid: Centro de Estudios Constitucionales, 1993.

ALMEIDA, Fernando Dias Menezes. *Poder de polícia*: alguns aspectos extraídos de decisões recentes do Supremo Tribunal Federal. In: MEDAUAR, Odete; SCHIRATO, Vitor Rhein (Org.). *Poder de polícia na atualidade*. Belo Horizonte: Fórum, 2014.

ANDRADE, José Carlos Vieira. *Os direitos fundamentais na Constituição portuguesa de 1976*. Coimbra: Almedina, 2001.

ÁVILA, Humberto. *Teoria dos princípios*: da definição à aplicação dos princípios jurídicos. São Paulo: Malheiros, 2004.

BAPTISTA, Patrícia. *Transformações do direito administrativo*. Rio de Janeiro: Renovar, 2003.

BARROSO, Luís Roberto. Neoconstitucionalismo e constitucionalização do direito: o triunfo tardio do direito constitucional no Brasil. In: BARROSO, Luís Roberto. *O novo direito constitucional brasileiro*: contribuições para a construção teórica e prática da jurisdição constitucional no Brasil. Belo Horizonte: Fórum, 2012.

BINENBOJM, Gustavo. *Uma teoria do direito administrativo*: direitos fundamentais, democracia e constitucionalização. Rio de Janeiro: Renovar, 2014.

BUENO, Pimenta. *Direito público e análise da Constituição do Império*. São Paulo: Editora 34, 2002 (Coleção Formadores do Brasil).

CORREIA, José Manuel Sérvulo. *O direito de manifestação*: âmbito de proteção e restrições. Coimbra: Almedina, 2006.

CYRINO, André Rodrigues. *Regulações expropriatórias*: apontamentos para uma teoria. *Revista de Direito Administrativo*, v. 267, p. 199-235, 2014.

DELVOLVÉ, Pierre. Paradoxes du (ou paradoxes sur le) príncipe de séparation des autorités administrative et judiciaire. In: *Mélanges René Chapus*: Droit Administratif. Paris: Montchrestien, 1992.

DICEY, Albert Venn. *An introduction to the study of the law of the Constitution*. London: Macmillan, 1915 (8th ed.).

DIMOULIS, Dimitri; MARTINS, Leonardo. *Teoria geral dos direitos fundamentais*. São Paulo: Revista dos Tribunais, 2011.

FAVOREU, Louis. La constitutionnalisation du droit. In: MATHIEU, Bertrand; VERPEAUX, Michel (Org.). *La constitutionnalisation des branches du droit*. Paris: Economica, 1998.

FERRAZ JUNIOR, Tércio Sampaio. *Introdução ao estudo do direito*: técnica, decisão, dominação. São Paulo: Atlas, 1994.

LAUBADÈRE, André; VENEZIA, Jean-Claude; GAUDEMET, Yves. *Traité de droit administratif*. Paris: L.G.D.J., 1990, t. 1.

MARTÍN-RETORTILLO BAQUER, Sebastián. *El derecho civil en la génesis del derecho administrativo y de sus instituciones*. Madrid: Civitas, 1996.

MASHAW, Jerry L. *Creating the administrative constitution*: the lost one hundred years of American administrative law. New Haven and London: Yale University Press, 2012.

MAURER, Hartmut. *Elementos de direito administrativo alemão*. Porto Alegre: Sergio Antonio Fabris, 2000.

NINO, Carlos Santiago. *Ética y derechos humanos*: un ensayo de fundamentación. Buenos Aires: Astrea, 1989.

OTERO, Paulo. *Direito administrativo*: relatório. Coimbra: Almedina, 2001.

OTERO, Paulo. *Legalidade e administração pública*: o sentido da vinculação administrativa à juridicidade. Coimbra: Almedina, 2003.

OTERO, Paulo. *Manual de direito administrativo*. v. I. Coimbra: Almedina, 2013.

PEREIRA, Jane Reis Gonçalves. *Interpretação constitucional e direitos fundamentais*. Rio de Janeiro: Renovar, 2006.

SARLET, Ingo Wolfgang. *A eficácia dos direitos fundamentais*. Porto Alegre: Livraria do Advogado, 2004.

SARMENTO, Daniel. *Direitos fundamentais e relações privadas*. Rio de Janeiro: Lumen Juris, 2008.

SILVA, Vasco Manuel Dias Pereira da. *Em busca do acto administrativo perdido*. Coimbra: Almedina, 1998.

SILVA, Virgílio Afonso. *Direitos fundamentais*: conteúdo essencial, restrições e eficácia. São Paulo: Malheiros, 2011.

SUNDFELD, Carlos Ari. Ordem dos publicistas. In: SUNDFELD, Carlos Ari. *Direito administrativo para céticos*. São Paulo: Malheiros, 2014. p. 73-111.

TÁCITO, Caio. Evolução histórica do direito administrativo. In: *Temas de direito público*. Rio de Janeiro: Renovar, 1997, v. I.

TOCQUEVILLE, Alexis. *Democracy in America*. New York: The Library of America, 2004.

TORRES, Ricardo Lobo. *O direito ao mínimo existencial*. Rio de Janeiro: Renovar, 2009.

VEDEL, Georges. Discontinuité du droit constitutionnel et continuité du droit administratif. *In*: *Melanges offerts à Marcel Waline*: le juge et le droit public. Paris: L.G.D.J., 1974.

WALINE, Marcel. *Droit administratif*. Paris: Sirey, 1963, p. 637.

WEIL, Prosper. *O Direito administrativo*. Coimbra: Almedina, 1977.

ZANOBINI, Guido. *Corso di diritto amministrativo*. v. I. Milano: Giuffrè, 1947.

Informação bibliográfica deste texto, conforme a NBR 6023:2002 da Associação Brasileira de Normas Técnicas (ABNT):

BINENBOJM, Gustavo. Poder de polícia, direitos fundamentais e interesse público: 30 anos de constitucionalização do Direito Administrativo no Brasil. In: BOLONHA, Carlos et al. (Coord.). *30 anos da Constituição de 1988*: uma jornada democrática inacabada. Belo Horizonte: Fórum, 2019. p. 495-534. ISBN 978-85-450-0595-7.

INTEGRAÇÃO METROPOLITANA E A PRESTAÇÃO DE SERVIÇOS PÚBLICOS DE INTERESSE COMUM

Sérgio Guerra

1 Introdução

Com o advento da Constituição Federal de 1988 o Estado brasileiro passou a ter uma organização política peculiar, formada pela união indissolúvel dos Estados-membros e Municípios. Os Municípios passaram a se organizar por meio de leis orgânicas próprias, subordinadas aos preceitos da Constituição Federal e aos princípios estabelecidos na Constituição do respectivo Estado.

A Constituição de 1988, sob esse premissa da autonomia municipal, fixou como princípios correlatos e garantidores o poder de auto-organização, a eletividade de seus governantes, a decretação de tributos e a destinação das rendas municipais, e, ainda, o poder de legislar em assuntos de interesse local.

Não obstante a autonomia municipal, e sua competência para legislar sobre matéria de interesse local, o Estado-membro pode instituir regiões metropolitanas, aglomerações urbanas e microrregiões, constituídas por agrupamentos de municípios limítrofes, para integrar a organização, o planejamento e a execução de funções públicas de interesse comum.

Região metropolitana "é aquela constituída pelos Municípios que gravitam em torno da cidade grande, formando com ela uma unidade gêo-econômica, com recíprocas implicações nos seus serviços urbanos e interurbanos. Quando isso ocorre, há necessidade de que tais serviços sejam planejados e executados em conjunto, para que possam efetivamente atender à comunidade interessada, o que só se torna possível com a criação da autoridade metropolitana".[1]

Do exame do permissivo constitucional (art. 25, §3º), verifica-se que o fundamento constitucional da região metropolitana reside, essencialmente, na prestação de serviços comuns aos Municípios integrantes de uma mesma comunidade sócio-econômica, aqui denominada "integração metropolitana".

Nesse contexto, desponta o princípio da predominância do interesse, adotado como fundamento para se operar a repartição das competências constitucionais entre as pessoas jurídicas de direito público interno e a partilha das

---

[1] AZEVEDO, Eurico de Andrade. Instituição de regiões metropolitanas no Brasil. *Revista de Direito Público*. São Paulo, n. 2, p. 191-200, out/dez. 1967.

competências constitucionais entre os entes federados para prestar ou conceder e regular o serviço público.

O presente artigo visa a examinar a instituição de regiões metropolitanas, pelo Estado, para a execução de funções públicas de interesse comum, abordando aspectos acerca da idealização, surgimento e evolução das regiões metropolitanas.

Para tanto, serão abordados o seu conceito, o disciplinamento e o posicionamento jurisprudencial sobre o poder concedente dos serviços públicos nas regiões metropolitanas, notadamente após a decisão do Supremo Tribunal Federal na ADI 1842-RJ. O exame desses aspectos envolvendo as fontes da região metropolitana no direito constitucional e administrativo brasileiro, possibilitam uma melhor compreensão da importância desse instituto.

2 A repartição de competência e o princípio da predominância do interesse

A repartição de competência é essencial à definição jurídico-política da federação. Nesse sentido, o mecanismo para se alcançar essa repartição de competências entre os entes federativos, delineada na Constituição, opera-se com fundamento no princípio da predominância do interesse. À União caberão matérias e questões de predominante interesse geral, nacional. Aos Estados tocarão as matérias e assuntos de predominante interesse regional e, aos Municípios, concernem os assuntos de interesse local.

A repartição de competências entre União, Estados, Distrito Federal e Municípios baseia-se nos interesses diretamente envolvidos na exploração e consequente prestação e regulação dos serviços públicos.

O interesse determinante na atribuição de competência para a prestação de um determinado serviço público não é estático, haja vista a transformação dos interesses dos entes políticos ao longo dos tempos. O predominante interesse nacional atrai, por si só, os serviços públicos que carecem de soluções amplas e de escala. "Demandam, por isso, um tratamento juspolítico integrador e centralizador, hoje absolutamente imprescindível para que possam ser atendidos os referidos princípios regedores dos serviços públicos, a saber: a sua necessária generalidade, como forma de eliminar as desigualdades, obedecendo a um princípio fundamental da Constituição (art. 3º, III), o seu permanente aperfeiçoamento, tanto em termos de extensão como de qualidade, e, não menos importante, em termos econômicos, a sua modicidade, para que o consumidor seja pouco onerado em troca de um bom serviço." [2]

O interesse estadual (comum) institui-se em sede constitucional em oposição ao interesse municipal (local), pois o seu traço característico está, justamente,

---

[2] MOREIRA NETO, Diogo de Figueiredo. *Mutações do direito administrativo.* 2. ed. Rio de Janeiro: Renovar, 2001. p.239.

no interesse comum dos municípios da região. Com base nesse preceito, alguns critérios podem ser fixados para a identificação dos problemas atraídos para o interesse estadual. "Assim serão de competência do órgão metropolitano: a) os problemas que não possam ser resolvidos por um município isoladamente, sem a participação dos demais, como, por exemplo, o sistema viário principal; de nada adianta um município construir uma grande avenida para o trânsito rápido se ela não tiver continuação no município vizinho; b) os problemas que dependam de instrumentos legais ou financeiros, que os municípios da região, isoladamente ou em conjunto, não possuem, subordinando-se ao Estado ou à União; c) os problemas que só podem ser solucionados mediante a organização de um sistema integrado da região, como, por exemplo, o trânsito; d) os problemas cuja solução condicione o desenvolvimento global da região metropolitana, como, por exemplo, o controle do solo."[3]

Comentando o art. 25 da CF, Diogo de Figueiredo Moreira Neto esclarece a distinção entre o interesse comum e o local: "Como o dispositivo está atualmente inserido no art. 25, que elenca competências estaduais, no Capítulo III, Da Organização do Estado, a leitura sistemática não nos deixa dúvida de que o interesse comum nele considerado é aquele que transcende o municipal e passa a ser considerado estadual. Por ser distinto e oposto do interesse local, o interesse comum deverá apresentar aspectos antípodas daquele. Com efeito, se se aplicar a tabulação acima organizada, encontraremos como elementos característicos do interesse comum estadual: 1.que apresenta predominância regional; 2. que se externaliza às cidades e às vilas; 3. que não está isolado; 4. que não está territorialmente limitado ao município; 5. que tem repercussão externa ao município; 6. que transcende das relações de vizinhança; 7. que é simultaneamente oposto a local e nacional; e 8. que está estabilizado por uma definição legal específica."[4]

Segundo o texto constitucional vigente, tratando-se de interesse predominantemente local, caberá ao Município o exercício das atividades relativas aos serviços públicos em geral. A esse respeito, dispõe o art. 30, inciso V, da Constituição, em textual: Art. 30 – Compete aos Municípios: V – organizar e prestar, diretamente ou sob regime de concessão ou permissão, os serviços públicos de interesse local, incluído o de transporte coletivo, que tem caráter essencial.

Será de competência municipal a prestação dos serviços públicos em geral, apenas quando esses serviços restarem caracterizados como de predominante interesse local. Conforme lição de Adilson de Abreu Dallari "a competência do Município é a mais insegura de todas, uma vez que repousa num elemento totalmente abstrato, qual seja o peculiar interesse local".[5]

---

[3] AZEVEDO, Eurico de Andrade. Instituição de regiões metropolitanas no Brasil. *Revista de Direito Público*, v. 2, outubro-dezembro de 1967, p. 195.
[4] Cf. *ob. cit*. p. 246.
[5] DALLARI, Adilson de Abreu. O uso do solo metropolitano. *Revista de Direito Público*, v. 14. p. 285.

Em artigo específico acerca da instituição de regiões metropolitanas no Brasil Eurico de Andrade Azevedo assinala, em posicionamento contrário, que a fórmula do peculiar interesse, encontrada na Constituição para definir a competência do município, é de rara sabedoria. Isto porque, sendo uma fórmula abstrata, permite que se concretize no tempo e no espaço em função da predominância do interesse em jogo. Em outras palavras, a competência pode variar e varia no decorrer do tempo em conseqüência da predominância dos interesses regionais e nacionais sobre os locais, ou destes sobre aqueles.[6]

O fundamento para a competência local reside no entendimento de que a administração municipal é geralmente a mais apta para a organização e a prestação de serviços locais em razão de sua proximidade com o a comunidade citadina, destinatária final dos serviços. E esse interesse local, a que se refere a Carta vigente, em sucedâneo à expressão "peculiar interesse" consagrada nas Constituições anteriores, pressupõe a auto-suficiência municipal, ou seja, a capacidade plena do Município para a correspondente prestação dos serviços públicos, em atendimento às necessidades dos consumidores finais.

A esse respeito, Hely Lopes Meirelles concluiu em obra clássica sobre o assunto, que "peculiar interesse não é interesse exclusivo do município; não é interesse privativo da localidade; não é interesse único dos munícipes. Se se exigisse essa privatividade, essa unicidade, bem reduzido ficaria o âmbito de administração local, aniquilando-se a autonomia de que faz praça a Constituição. Mesmo porque não há interesse municipal que não seja reflexamente da União e do Estado-membro, como também não há interesse regional ou nacional, que não ressoe nos municípios como partes integrantes da federação brasileira através dos Estados a que pertencem. O que define e caracteriza o peculiar interesse, inscrito como dogma constitucional, é a predominância do interesse do município sobre o do Estado ou da União."[7]

A manifestação de Ubirajara Costódia Filho, com arrimo nas lições de Celso Ribeiro Bastos, ajuda a elucidar a questão: "O conceito-chave utilizado pela Constituição para definir a área de atuação do Município é o de interesse local. Cairá, pois, na competência municipal tudo aquilo que for de seu interesse local. É evidente que não se trata de um interesse exclusivo, visto que qualquer matéria que afete uma dada comuna findará de qualquer maneira, mais ou menos direta, por repercutir nos interesses da comunidade nacional. Interesse exclusivamente municipal é inconcebível, inclusive por razões de ordem lógica: sendo o Município parte de uma coletividade maior, o benefício trazido a uma parte do todo acresce a este próprio todo. Os interesses locais dos Municípios são os que entendem imediatamente com suas necessidades imediatas, e, indiretamente, em maior ou menor repercussão, com as necessidades gerais"[8]

---

[6] AZEVEDO, Eurico de Andrade. Instituição de regiões metropolitanas no Brasil. *Revista de Direito Público*. São Paulo, n. 2, p. 191-200, out/dez. 1967.

[7] MEIRELLES, Hely Lopes. *Direito municipal brasileiro*, v. I, 7. ed. São Paulo: Malheiros, 1994, p. 64.

[8] COSTÓDIA FILHO, Ubirajara. *As competências do Município na Constituição Federal de 1988*. São Paulo, Celso Bastos Editor, 1999, p. 78.

3 A função de serviço público e a partilha de competências constitucionais

Os serviços públicos caracterizam-se por serem estatais, ou seja, a sua titularidade não pode ser transferida à iniciativa privada, embora a sua execução, em determinadas hipóteses, possa sê-lo por delegação. De acordo com Renato Alessi, os serviços públicos, em sentido estrito, compreendem as atividades da Administração voltadas a buscar uma utilidade para os particulares, tanto de natureza jurídica, como de ordem econômico-social. Dividem-se em serviços prestados *uti universi*, como o caso da iluminação pública, e *uti singuli*, como no caso dos transportes públicos.[9]

Sendo estatais, os serviços públicos não se confundem com as atividades econômicas privadas, livres à iniciativa privada. A Constituição de 1988 indicou alguns serviços de exclusiva titularidade estatal e que alguns serviços públicos podem ser considerados *não privativos*; isto é, alguns serviços públicos podem, ao mesmo tempo, ser considerados atividades econômicas livres à iniciativa privada. É, por exemplo, o caso da saúde e da educação.[10]

A Constituição Federal de 1988 prevê, em seu art. 175, a delegação de serviços públicos por meio de concessão ou permissão, e algumas de suas especificidades. A concessão comum[11] corresponde à forma descentralizada da prestação de serviço público, que se cristaliza através de um contrato administrativo por meio do qual o Poder Público competente (Poder Concedente) transfere a um particular (Concessionário) a sua execução, sob sua regulação, mediante o pagamento de tarifas pelos usuários. Trata-se de espécie de contrato administrativo, de natureza

---

[9] ALESSI, Renato. *Instituciones de derecho administrativo*, tomo II, Barcelona: Bosch Casa Editorial, 1970. p. 364.

[10] Art. 196. A saúde é direito de todos e dever do Estado, garantido mediante políticas sociais e econômicas que visem à redução do risco de doença e de outros agravos e ao acesso universal e igualitário às ações e serviços para sua promoção, proteção e recuperação. Art. 199. A assistência à saúde é livre à iniciativa privada. §1º — As instituições privadas poderão participar de forma complementar do sistema único de saúde, segundo diretrizes deste, mediante contrato de direito público ou convênio, tendo preferência as entidades filantrópicas e as sem fins lucrativos. §2º — É vedada a destinação de recursos públicos para auxílios ou subvenções às instituições privadas com fins lucrativos. §3º — É vedada a participação direta ou indireta de empresas ou capitais estrangeiros na assistência à saúde no País, salvo nos casos previstos em lei. §4º — A lei disporá sobre as condições e os requisitos que facilitem a remoção de órgãos, tecidos e substâncias humanas para fins de transplante, pesquisa e tratamento, bem como a coleta, processamento e transfusão de sangue e seus derivados, sendo vedado todo tipo de comercialização. Art. 205. A educação, direito de todos e dever do Estado e da família, será promovida e incentivada com a colaboração da sociedade, visando ao pleno desenvolvimento da pessoa, seu preparo para o exercício da cidadania e sua qualificação para o trabalho. Art. 209. O ensino é livre à iniciativa privada, atendidas as seguintes condições: I — cumprimento das normas gerais da educação nacional; II — autorização e avaliação de qualidade pelo Poder Público.

[11] As concessões de serviços públicos, regidas pela Lei nº 8.987/95, passaram a ser denominadas "concessões comuns" pela Lei nº 11.079/2004, que disciplinou as Parcerias Público-Privadas como concessões patrocinadas e administrativas: Art. 1o Esta Lei institui normas gerais para licitação e contratação de parceria público-privada no âmbito dos Poderes da União, dos Estados, do Distrito Federal e dos Municípios. [...] §3o Não constitui parceria público-privada a *concessão comum*, assim entendida a concessão de serviços públicos ou de obras públicas de que trata a Lei nº 8.987, de 13 de fevereiro de 1995, quando não envolver contraprestação pecuniária do parceiro público ao parceiro privado.

especial, que assegura à Administração Pública a utilização de prerrogativas, tradicionalmente conhecidas como "cláusulas exorbitantes",[12] além de especificidades quanto à remuneração em contraprestação ao serviço prestado, seja por tarifas, seja por receitas alternativas.

Ademais, a concessão de serviço público, regida pela Lei nº 8.987/95, envolve a transferência para o particular de todos os custos de operação e riscos do investimento, sendo facultado à Administração Pública o direito de alterar, unilateralmente, determinadas condições regulamentares do contrato[13] e, especialmente, promover a sua regulação.

O serviço público deve ser prestado à generalidade da população, de forma contínua, regular, eficiente e atual, com segurança, cortesia e preocupação com universalização e modicidade da tarifa cobrada como contraprestação. Esses princípios encontram fundamento no antes citado art. 175, inciso IV, da Constituição Federal de 1988, que exige que os serviços públicos sejam prestados de forma "adequada", a qual é então detalhada na também antes mencionada Lei nº 8.987, de 13/02/1995, cujo art. 6º, §1º, dispõe: serviço adequado é o que satisfaz as condições de regularidade, continuidade, eficiência, segurança, atualidade, generalidade, cortesia na sua prestação e modicidade das tarifas.

A estrutura que define a repartição de competências constitucionais entre os entes federativos, como dito, opera-se com fundamento no princípio da predominância do interesse. Nesse sentido, a Constituição Federal enumera os serviços públicos a serem prestados pelo ente federado, por si ou por terceiros, nos termos do art. 175 da Constituição Federal.

3.1 Os serviços públicos de competência da união, dos estados e municípios

Os Estados-membros constituem instituições típicas do federalismo clássico, pois são os mesmos que dão a estrutura conceitual dessa forma de Estado. Nos termos do art. 21, §1º da Constituição Federal, aos Estados

---

[12] Essa expressão sofre críticas por parte de alguns doutrinadores. Sobre a crítica ao uso dessa expressão nos tempos atuais, ver MOREIRA, Egon Bockmann. *Direito das concessões*. São Paulo: Malheiros, 2010. p. 377.

[13] "As cláusulas mutáveis são as que disciplinam as condições de execução da prestação ao particular. A prestação do objeto do contrato sujeita-se a modificações qualitativas e quantitativas, deliberadas unilateralmente pela Administração. A esta cabe poderes não reconhecidos usualmente nos contratos privados, relacionados inclusive com a extinção do contrato sem caracterizar-se inexecução culposa da outra parte. Esses poderes também permitem à Administração imiscuir-se nas atividades necessárias e relacionadas com a execução da prestação por parte do particular. Seriam mutáveis as cláusulas atinentes a: a) definição quantitativa do objeto; b) definição qualitativa do objeto; c) condições de execução da prestação; d) fiscalização da atividade do contratado para execução da prestação, inclusive nas etapas anteriores ao adimplemento; e) vigência do contrato, com a possibilidade de sua extinção, inclusive antecipadamente, independente de inadimplemento de outra parte." JUSTEN FILHO, Marçal. *Teoria geral das concessões de serviço público*. Curitiba: Dialética, 2003. p. 165.

são reservadas todas as competências remanescentes, ou seja, aquelas que a Constituição não tenha vedado expressamente.

Marcos Juruena Vilella Souto destaca, acerca da competência estadual, com arrimo em Manoel Gonçalves Ferreira Filho, que "a doutrina, muitas vezes, tem demonstrado certa vacilação em precisar quais seriam os limites rigorosos desta competência remanescente dos Estados-membros, reconhecendo, mesmo, que, em termos reais, seria das mais reduzidas, seja em extensão, seja em importância. Dessa maneira, numa primeira aproximação do preceito constitucional em comento, passou-se a considerar que estariam excluídas do âmbito da competência dos Estados todas aquelas matérias atribuídas de modo restritivo à competência da União e dos Municípios".[14]

Porém, é extensa a lista de serviços públicos que os Estados podem – e devem –prestar diretamente ou transferir para terceiros, mediante concessão ou permissão. Com efeito, as competências da União estão elencadas no art. 21, enquanto que aos Municípios competem as concessões e permissões dos serviços públicos de interesse local. Assim é que à União compete explorar, ou conceder, os serviços de telecomunicações, serviço postal e aéreo; radiodifusão sonora e de sons e imagens; energia elétrica; aproveitamento energético dos cursos d'água; navegação aérea e infraestrutura aeroportuária; transporte ferroviário e aquaviário entre portos brasileiros, fronteiras nacionais e os que transponham limites de Estados e Territórios; transporte rodoviário interestadual e internacional de passageiros; serviços portuários. Além disso, compete à União instituir sistema nacional de gerenciamento de recursos hídricos e definir critérios de outorga de direitos de seu uso; instituir diretrizes para o desenvolvimento urbano, inclusive habitação, saneamento básico e transportes urbanos; e estabelecer princípios e diretrizes para o sistema nacional de viação.

Aos Estados, compete, expressamente, a prestação dos serviços públicos de distribuição de gás canalizado, e toda e qualquer competência que não tenha sido atribuída à União, nem seja estritamente de interesse local (poderes remanescentes). São eles: transporte ferroviário, exceto quando competente a União, transporte metroviário; Transporte rodoviário intermunicipal; Transporte aquaviário, exceto quando for de competência da União, nos termos do art. 21, XII, d, da CF. Cumpre destacar que aos Estados-membros compete, ainda, mediante lei complementar, instituir regiões metropolitanas, aglomerações urbanas e microrregiões, constituídas por agrupamentos de Municípios limítrofes, para integrar a organização, planejamento e a execução de funções públicas de *interesse comum*.

Aos Municípios compete a prestação dos serviços de interesse local (art. 30, V, CF), que "deve ser entendido como predominante e não exclusivo, para efeito da caracterização da competência em cada caso, máxime se considerarmos

---

[14] SOUTO, Marcos Juruena Villela. *Desestatização, Privatizações, Concessões e Terceirizações*. 4. ed. Rio de Janeiro: Lumen Juris, 2001. p.144.

as alterações tecnológicas, sempre incidentes na evolução dos serviços públicos que são capazes de transformar, em pouco tempo, um serviço tipicamente local num serviço que poderá vir a ser prestado eficientemente em escala regional ou, mesmo, nacional."[15]

Sob a competência municipal, tem-se, ainda, como inovação na Constituição de 1988, as atividades administrativas de interesse comum (art. 23), a exemplo do saneamento básico, objeto da ADI 1842-RJ, adiante examinada, quando da edição de Lei Complementar para a criação de Região Metropolitana pelo Estado do Rio de Janeiro.

4 A instituição de regiões metropolitanas pelo estado para a execução de função pública (serviço público) de interesse comum

Atento ao fato de que o Município não é um ente isolado e auto-suficiente, notadamente considerando que há situações que determinam a predominância do *interesse comum* de um conjunto de Municípios, o Constituinte de 1988 consagrou, paralelamente ao princípio da autonomia municipal constante dos arts. 18 e 29, limites ao exercício dessa autonomia.

E isso se deve ao fato, como leciona Marcos Juruena Villela Souto, que "em algumas situações, a divisão espacial descentralizada da prestação desses serviços, afetos que se encontram, por disposição expressa, às municipalidades, poderia causar inconvenientes insuperáveis pelos Municípios, isoladamente, ainda mais se contemplados os Estados-membros, em que se concentram grandes densidades populacionais, gerando uma interpenetração econômica entre municípios limítrofes, chegar-se-ia, inelutavelmente, à conclusão de que, em vez de prestar, adequadamente, tais serviços, reputados essenciais pelo constituinte, ter-se-ia, isto sim, estabelecido um verdadeiro e completo caos na sua exploração."[16]

Com efeito, com vistas à integração de funções públicas de *interesse comum*, foi conferida aos Estados-membros a competência para a instituição, mediante lei complementar, de regiões metropolitanas, constituídas por agrupamentos de Municípios limítrofes. A previsão constitucional concernente às regiões metropolitanas remete à Constituição do Brasil, de 24.01.1967.[17]

A matéria relativa às regiões metropolitanas não figurava no projeto constitucional, então de iniciativa do Presidente da República, submetido ao Congresso Nacional em 1966, tendo ingressado apenas no sítio constitucional

---

[15] MOREIRA NETO, Diogo de Figueiredo. *Op. Cit.* p. 328.
[16] *Ob. cit.* p. 145
[17] Na Constituição Federal de 1937, o art. 29 já anunciava a futura criação das regiões metropolitanas, ao estabelecer: *"Os municípios da mesma região podem agrupar-se para a instalação, exploração e administração de serviços públicos comuns. O agrupamento assim constituído, será dotado de personalidade jurídica limitada a seus fins. Parágrafo único – Caberá aos Estados regular as condições em que tais agrupamentos poderão constituir-se bem como a forma de sua administração".*

sob a forma de emenda aditiva ao texto (Emenda nº 848), por iniciativa do Senador Eurico Rezende.

A seguinte motivação foi apresentada: "As regiões metropolitanas constituem hoje em dia uma realidade urbanística que não pode ser desconhecida das administrações modernas, nem omitida do planejamento regional. Por regiões metropolitanas entende-se aqueles municípios que gravitam em torno da grande cidade, formando com esta uma unidade sócio-econômica, com recíprocas implicações nos seus serviços urbanos e interurbanos. Assim sendo, tais serviços deixam de ser de exclusivo interesse local, por vinculados estarem a toda a comunidade metropolitana. (...) Eis porque a emenda propõe o reconhecimento constitucional dessa realidade, possibilitando a unificação dos serviços intermunicipais de regiões metropolitanas, subvenção estadual e federal se necessário para o pleno atendimento da imensa população que se concentra nessas regiões. Nações civilizadas já adotaram essa técnica administrativa, com excelentes resultados, como é o caso de Toronto, Londres e Nova Delhi."[18]

Hely Lopes Meirelles foi o autor do "Projeto de reforma da Constituição Federal, no setor municipal", projeto este que foi solicitado pelo Ministério da Justiça em 1965 e inspirou a Emenda Eurico Rezende. Raul Machado Horta assinala que o texto primitivo do projeto de Hely Lopes Meirelles foi modificado nos seguintes pontos: 1) limitou à União a competência para estabelecer regiões metropolitanas; 2) tornou a lei complementar federal o instrumento formal de criação da região; 3) eliminou a figura da administração unificada, de caráter intermunicipal; 4) a solução proposta por Hely Lopes Meirelles incluía a região metropolitana no setor constitucional reservado aos municípios, como parte do todo.[19]

A aludida emenda aditiva ao texto, proposta pelo Senador Eurico Rezende, veio a se traduzir na disposição contida no §10 do art. 157 da Constituição de 1967, com o seguinte teor: Art. 157 – (...) §10 – A União, mediante lei complementar, poderá estabelecer regiões metropolitanas, constituídas por Municípios que, independentemente de sua vinculação administrativa, integrem a mesma comunidade sócio-econômica, visando à realização de serviços de interesse comum.

Bem se vê que a competência para a instituição de regiões metropolitanas era então atribuída à União, ao contrário do que dispõe o texto constitucional vigente. Com a Emenda Constitucional nº 1, de 17.10.1969, que modificou a Constituição de 1967, a matéria constante do §10 de seu art. 157 passou a ser objeto de dispositivo próprio, o art. 164, o qual, com mínimas alterações formais, apresentava a seguinte redação: Art. 164 – A União, mediante lei complementar, poderá, para a realização de serviços comuns, estabelecer regiões metropolitanas, constituídas por municípios que, independentemente de sua vinculação administrativa, façam parte da mesma comunidade sócio-econômica.

---

[18] Anais da Constituição de 1967, publicação do Senado Federal, 6º v., tomo II/913-914, Brasília, 1970.
[19] Cf. *ob. cit*. p. 12.

Na Carta em vigor, relativamente à competência dos Estados-membros para a instituição de regiões metropolitanas, dispõe o §3º do art. 25 da Carta de 1988, in verbis: Art. 25 – Os Estados organizam-se e regem-se pelas Constituições e leis que adotarem, observados os princípios desta Constituição. §3º – Os Estados poderão, mediante lei complementar, instituir regiões metropolitanas, aglomerações urbanas e microrregiões, constituídas por agrupamentos de municípios limítrofes, para integrar a organização, o planejamento e a execução de funções públicas de interesse comum.

Do exame do §3º do art. 25, acima citado, verifica-se que o fundamento constitucional da região metropolitana reside, essencialmente, na realização de serviços comuns aos Municípios integrantes de uma mesma comunidade sócio-econômica. Trata-se, na verdade, do reconhecimento constitucional de uma realidade, qual seja, a impossibilidade de os Municípios poderem executar, isoladamente, determinadas funções públicas, as quais deixam de ser de exclusivo *interesse local*, por serem pertinentes a toda a comunidade metropolitana.

Arnold Wald teve a oportunidade de observar, com arrimo no magistério de José Afonso da Silva: "De acordo com as circunstâncias e a evolução econômica, técnica e social, determinados campos de atuação deixam de ser próprios aos particulares para se transformarem em área de atuação estatal e, do mesmo modo, ocorrem mutações entre as faixas de responsabilidade e as atribuições da União, do Estado e do Município. (...) É o que já salientava o Prof. José Afonso da Silva, em estudo publicado no "Boletim Informativo do SENAM (n. 17/22), intitulado "Normas Urbanísticas da legislação federal", no qual esclarecia que: "Sucede que a dinâmica social e as mutações econômicas modificam constantemente a dimensão dos interesses. Aquilo que em determinado momento histórico é de interesse tipicamente local, amanhã pode transcender as raias municipais, para abranger um círculo mais amplo, como é o fenômeno urbano de nossos dias, que, dada a função das cidades, ou de cada cidade em particular, vincula várias cidades, influindo mutuamente, umas em outras, com repercussões naturais na vida das várias comunidades envolvidas no processo."[20]

Nessa linha de compreensão, vale aduzir, também, a posição de Caio Tácito:[21] "A lei complementar estadual, instituidora da região metropolitana, afirma a íntima correlação de interesses que, em benefício do princípio da continuidade, da produtividade e da eficiência torna unitária e coordenada, em entidade própria, segundo a lei complementar, a gestão de serviços e atividades originariamente adstritos à administração local. (...) O agrupamento de municípios, gerado em lei complementar específica (antes federal e, agora, estadual), exprime um grau de afinidade e de necessária unidade operacional que sobrepõe aos serviços locais a continuidade de serviços comuns a serem integrados em uma administração única."

---

[20] As áreas metropolitanas, Revista de Direito Público nº 22, p. 172
[21] Parecer Saneamento Básico – Região Metropolitana – Competência Estadual, RDA nº 213, p. 324

Nas Regiões Metropolitanas o *interesse metropolitano*, ou seja, as necessidades comuns dos Municípios agrupados, resta predominante e sobrepõe-se ao *estrito interesse local*, o que conduz, como de natural obviedade, a prestação de tais serviços públicos à órbita da competência comum. Discorrendo acerca da peculiaridade metropolitana, Sérgio Ferraz[22] é taxativo ao reconhecer "que não pode o município, quando caracterizada a peculiaridade metropolitana, invocar a peculiaridade municipal – em conseqüência, na área do serviço comum, a atuação municipal terá de cingir-se, obrigatoriamente, ao planejamento metropolitano."

A esse propósito, há que se ressaltar que com a instituição da região metropolitana, o Município não tem a sua autonomia diminuída, pois continua com a competência para atuar no âmbito de todas as atividades que forem de seu *interesse local* ou *"peculiar interesse"*, isto é, de seu interesse predominante.

Com efeito, não há que se cogitar de qualquer usurpação de competência ou violação à autonomia municipal, por parte da lei complementar instituidora de região metropolitana, até mesmo porque, conforme precisa observação de Caio Tácito, esta encontra também fundamento em norma constitucional. "A avocação estadual de matéria ordinariamente municipal não viola a autonomia do Município na medida em que se fundamenta em norma constitucional, ou seja, em norma de igual hierarquia. É a própria Constituição que, ao mesmo tempo, afirma e limita a autonomia municipal."[23]

Com essas bases, a questão a se verificar consiste nos limites da atuação do Estado e dos Municípios na prestação dos serviços públicos objeto da integração metropolitana.

5 A instituição e organização das regiões metropolitanas no Supremo Tribunal Federal: os limites para atuação dos estados e municípios

Na esteira do dispositivo constitucional (art. 164, EC. 1/69), a Lei Complementar nº 14, de 08.06.1973, instituiu as regiões metropolitanas de São Paulo, Belo Horizonte, Porto Alegre, Recife, Salvador, Curitiba, Belém e de Fortaleza.

Essa norma consagrou em seu art. 5º um elenco de serviços comuns que reputou de interesse metropolitano, conforme sustenta o Professor Raul Machado Horta: "A região metropolitana encontra na pluralidade de municípios a sua base constitutiva e nos serviços comuns a esses municípios a finalidade constitucional de sua criação. Os serviços metropolitanos não são serviços públicos locais. Esses pertencem aos municípios, por norma constitucional imperativa, dentro

---

[22] As Regiões Metropolitanas no Direito Brasileiro, *Revista de Direito Público* nº 37/38, p.22.
[23] *Ob. cit.*, p. 324

de sua autonomia administrativa (art. 15, n. II, "b" da Emenda Constitucional n. 1). Os serviços da região metropolitana são serviços públicos regionais, como a Lei Complementar os identificou na relação não exaustiva dos serviços comuns: saneamento básico, uso do solo metropolitano, transportes e sistema viário, produção e distribuição de gás combustível canalizado, aproveitamento dos recursos hídricos e controle da poluição ambiental."[24]

Por outro lado, essa lei veio a regulamentar a forma de representação da Região Metropolitana,[25] enfrentando, em parte, algumas questões suscitadas pela doutrina acerca da organização geral, sendo objeto de algumas críticas.[26]

Com o advento da Constituição Federal de 1988 foi transferida para os Estados-membros a competência para a instituição de regiões metropolitanas. No entanto, a Lei Complementar nº 14/73 permaneceu, na visão do STJ, em vigor nesse novo cenário normativo por recepção constitucional, que compatibiliza a legislação precedente ao estatuto constitucional posteriormente promulgado.

Esse foi o entendimento do Superior Tribunal de Justiça por ocasião do julgamento, em 21.09.1994, do Recurso Ordinário em Mandado de Segurança nº 314-0/MG, com a seguinte ementa do acórdão proferido pela 1ª Turma daquele Tribunal: "CONSTITUCIONAL. ADMINISTRATIVO. INSTITUIÇÃO DE REGIÕES METROPOLITANAS. TRANSFERÊNCIA DA COMPETÊNCIA DA UNIÃO PARA OS ESTADOS. LEI COMPLEMENTAR Nº 14/73. No sistema jurídico – constitucional brasileiro, a promulgação de uma constituição não acarreta, "ipso

---

[24] Regiões Metropolitanas e Direito Constitucional Brasileiro, *Revista de Direito Público* nº 29, p. 16

[25] Art. 2º – Haverá em cada região metropolitana um Conselho Deliberativo e um Conselho Consultivo, criados por lei estadual. §1º – O Conselho Deliberativo constituir-se-á de 5 (cinco) membros de reconhecida capacidade técnica ou administrativa, nomeados pelo Governador do Estado, sendo um deles dentre os nomes que figurem em lista tríplice feita pelo Prefeito da Capital e outro mediante indicação dos demais Municípios integrantes da região metropolitana. §2º – O Conselho Consultivo compor-se-á de um representante de cada Município integrante da região metropolitana sob a direção do Presidente do Conselho Deliberativo. §3º – Incumbe ao Estado prover, a expensas próprias, as despesas de manutenção do Conselho Deliberativo e do Conselho Consultivo. Art. 3º - compete ao Conselho Deliberativo: I – promover a elaboração do Plano de Desenvolvimento integrado da região metropolitana e a programação dos serviços comuns; II – coordenar a execução de programas e projetos de interesse da região metropolitana, objetivando-lhes, sempre que possível, a unificação quanto aos serviços comuns; Parágrafo único – A unificação da execução dos serviços comuns efetuar-se-á quer pela concessão do serviço a entidade estadual, que pela constituição de empresa de âmbito metropolitano, quer mediante outros processos que, através de convênio, venham a ser estabelecidos. Art. 4º – Compete ao Conselho Consultivo: I – opinar, por solicitação do Conselho Deliberativo, sobre questões de interesse da região metropolitana; II – sugerir ao Conselho Deliberativo a elaboração de planos regionais e a adoção de providências relativas à execução dos serviços comuns. Art. 5º – Reputam-se de interesse metropolitano os seguintes serviços comuns aos Municípios que integram a região: I – planejamento integrado do desenvolvimento econômico e social; II – saneamento básico, notadamente abastecimento de água e rede de esgotos e serviço de limpeza pública; III – uso do solo metropolitano; IV – transportes e sistema viário, V – produção e distribuição de gás combustível canalizado; VI – aproveitamento dos recursos hídricos e controle da poluição ambiental, na forma que dispuser a lei federal; VII – outros serviços incluídos na área de competência do Conselho Deliberativo por lei federal. Art. 6º – Os Municípios da região metropolitana, que participarem da execução do planejamento integrado e dos serviços comuns, terão preferência na obtenção de recursos federais e estaduais, inclusive sob a forma de financiamentos, bem como de garantias para empréstimos. Parágrafo único – É facultado ao Poder Executivo federal, incluir, entre as diretrizes e prioridades a que alude o art. 25, §1º, alínea a da Constituição, a participação dos Municípios na execução do planejamento integrado e dos serviços comuns da região metropolitana.

[26] As críticas podem ser conferidas em GRAU, Eros Roberto. *Direito urbano – regiões metropolitanas, solo criado, zoneamento e controle ambiental, projeto de lei de desenvolvimento urbano*. São Paulo: Revista dos Tribunais, 1983. p. 13-14.

facto", a ineficácia da legislação preexistente, derrogando só aquela que, com ela, se mostre incompatível. O conferimento pela atual Carta da República, aos Estados, da competência para instituir as regiões metropolitanas (art. 25, parágrafo 3.), não afasta, só por si, a vigência da Lei Complementar n. 14/73. As regiões metropolitanas criadas sob o império da legislação anterior continuam a existir, salvante a hipótese de os Estados, por via de Lei Complementar, formalmente elaborada, resolverem extinguí-las ou alterar-lhes a Constituição (principio da continuidade da ordem jurídica precedente, no que atende a nova ordem constitucional). É princípio do direito pátrio de que a lei somente será revogada por outra subsequente. Enquanto não editada a Lei Complementar Estadual disciplinando a criação, organização e funcionamento das regiões metropolitanas, continua a vigorar a Lei Complementar n. 14/73, que regula a matéria. Recurso ordinário improvido. Decisão indiscrepante."[27]

Posteriormente, tramitou perante o Supremo Tribunal Federal a ADIN nº 1842-5, requerida em 09 de junho de 1998 pelo Partido Democrático Trabalhista – PDT, contra preceitos da Lei Complementar nº 87, de 16 de dezembro de 1997, editada pelo Estado do Rio de Janeiro. Essa normativa institui a Região Metropolitana composta pelos Municípios do Rio de Janeiro, Belford Roxo, Duque de Caxias, Guapimirim, Nilópolis, Niterói, Nova Iguaçu, Paracambi, Queimados, São Gonçalo, São João de Meriti, Seropédica e Tanguá.

A mencionada Lei criou, ainda, a Microrregião dos Lagos, integrada pelos Municípios de Araruama, Armação dos Búzios, Arraial do Cabo, Cabo Frio, Iguaba Grande, São Pedro D'Aldeia, Saquarema e Silva Jardim. No caso, a norma transferia a titularidade do Poder Concedente para a prestação de serviços públicos de interesse metropolitano ao Estado do Rio de Janeiro, em especial a competência para o saneamento básico.

---

[27] Colhe-se, por oportuno, do voto do Relator, Ministro Demócrito Reinaldo, o seguinte: "É certo que a Lei Complementar nº 14/73, que criou as Regiões Metropolitanas, decorreu da competência, atribuída à União para legislar sobre a matéria pelo art. 146 da Constituição Federal de 1967, com a Emenda 1/69. É, ainda, induvidoso, que o §3º. do art. 25 da Constituição de 1988 transferiu aos Estados a faculdade de instituir, mediante lei complementar, essas regiões constituídas de municípios limítrofes para a organização e execução de funções públicas de interesse comum. Nem por isso, no entanto, pode-se considerar como tendo sido automaticamente revogada a legislação pretérita (L.C. nº 14/73), que disciplinava a matéria. No sistema jurídico-constitucional brasileiro, a promulgação de nova Constituição não acarreta "ipso facto", a ineficácia (ou revogação) da legislação preexistente, derrogando só aquela que, com ela, se mostre incompatível (Resp n. 35.571-0 – 1ª. turma). Destarte, por não conflitar com a Carta Política de 1988, a Lei Complementar n. 14/73 continua em vigor, no pertinente à criação das Regiões Metropolitanas, a respectiva organização e funcionamento. É o conhecido princípio da recepção. Entender ao contrário – a revogação pura e simples da legislação passada – estabelecer-se-ia o caos: a mera descontinuidade da ordem jurídica, com conseqüências imprevisíveis. (...) "In caso" inexiste conflito entre a legislação em que se estribaram as Resoluções atacadas, tendo a Lei Complementar 14/73 sido inteiramente recepcionada pela nova ordem constitucional. A previsão, na atual Carta da República (art. 25, §3º.), do cabimento aos Estados, da competência para instituir as Regiões Metropolitanas, não afasta, por si, a vigência da Lei Complementar 14/74. Estabelecido fica, desde logo, que a criação de outras regiões (metropolitanas) só é possível mediante lei complementar estadual. Entretanto, as Regiões Metropolitanas instituídas sob o império da legislação anterior continuam a existir, salvante a hipótese de os Estados por via de lei complementar formalmente elaborada, resolverem extinguí-las, ou alterar-lhes a constituição, com o acréscimo ou a exclusão de algum município. Ademais, o art. 25, §3º, da Constituição Federal, de que faz escudo o recorrente, no afã de alcançar o desiderato, é daquelas regras a que os juristas denominam de eficácia contida. Essa norma constitucional não tem vigência imediata, dependendo por assim dizer, de regulamentação. (...)"

O Relator do caso em substituição ao Ministro Maurício Corrêa foi o Ministro Luiz Fux, sendo Relator do acórdão o Ministro Gilmar Mendes. Nesse julgado, o STF pontuou algumas questões que de certa forma trazem algum direcionamento sobre os limites do Estado na criação e organização das Regiões Metropolitanas no que se refere à prestação e delegação dos serviços públicos de interesse comum.

A decisão do STF na ADI 1842-RJ adotou, em grande parte, a doutrina de Alaôr Caffé Alves, ao preconizar que "a autonomia dos municípios metropolitanos, ao ser modificada quanto ao conteúdo ou matérias sobre as quais é exercida, não corresponde à ideia de que antes existia uma autonomia ampla e que, depois, com a criação da região metropolitana, da aglomeração urbana ou da microrregião, viesse a ser restringida, diminuindo-lhe o campo de atuação. Não é o que juridicamente ocorre, visto que se os municípios metropolitanos deixam de ter plena e exclusiva atuação sobre determinadas matérias, porque estas passam, pela exigência e natureza das coisas, a ser tratadas a nível regional, ganham, contudo nova responsabilidade de caráter regional, pois terão que participar e decidir, em conjunto, com outros entes político-administrativos, sobre a mesma matéria, agora em nível regional."[28]

Em suma, a manifestação do STF foi assim posta: 1. A lei que transfere a titularidade de Poder Concedente ao Estado é inconstitucional; 2. O caráter compulsório dos Municípios é constitucional, mas não esvazia a autonomia constitucional; 3. A competência para a prestação de serviços públicos é comum para o saneamento básico; contudo, aquelas funções que extrapolam os limites dos municípios passam a ter interesse metropolitano; 4. A participação dos Municípios nos serviços públicos afetos à Região Metropolitana pode ser voluntária, por meio de consórcio ou convênio, ou compulsória nos termos da lei complementar que instituir a Região Metropolitana; 5. O Poder Concedente na Região Metropolitana será do Estado e dos Municípios, com participação não paritária e de acordo com as peculiaridades do serviço, sem o predomínio de um dos entes federados.

6 Conclusão

O princípio geral que norteia a repartição de competência entre as entidades componentes do Estado Federal é o da predominância do interesse, segundo o qual à União caberão aquelas matérias e questões de predominante interesse nacional, ao passo que aos Estados tocarão as matérias e assuntos de predominante interesse regional, e aos Municípios concernem os assuntos de interesse local.

O interesse determinante na atribuição de competência para a prestação de um determinado serviço público não é estático, haja vista a transformação dos

---

[28] ALVES, Alaôr Caffé. Regiões Metropolitanas, aglomerações urbanas e microrregiões: novas dimensões constitucionais da organização do Estado brasileiro. *Revista de Direito Ambiental*. São Paulo, ano 6, n. 21, p. 73. 2001.

interesses dos entes políticos ao longo dos tempos, como ocorreu com os serviços de eletricidade, distribuição de gás canalizado, telefônicos, transportes de massa e tantos outros que vão, ao longo do tempo, alcançando mais e mais comunidades brasileiras, carecendo, portanto, de soluções de escala.

Instituída pelo Estado uma região metropolitana, aglomeração urbana ou microrregião, os serviços públicos ali previstos devem ser prestados de forma integrada. Nesses casos, os Municípios integrantes da respectiva região metropolitana, aglomeração urbana ou microrregião, não serão os titulares para a prestação daquele serviço público em seu espaço territorial, pois o mesmo foi elevado ao interesse comum (e não mais local). O Estado, isoladamente, também não será o Poder Concedente exclusivo. O Poder Concedente dos serviços públicos na região metropolitana será compartilhado pelo Estado-membro e Municípios integrantes sem o predomínio de um dos entes federados.

Por outro lado, na hipótese de não existência de lei complementar, ainda que existam fatores técnicos que recomendem ou justifiquem a prestação do serviço público de forma interligada, a titularidade desses serviços deve ser, do ponto de vista jurídico, tratada de forma individual. Desse modo, uma vez instituída a região metropolitana, aglomeração urbana ou microrregião, não poderão os Municípios integrantes da mesma tergiversarem com vistas à sua não participação, sob pena de violar o disposto no art. 25, §3º, da Constituição Federal. Com efeito, não cabe aos Municípios emitir juízo de valor ou de conveniência, uma vez que, juridicamente, encontram-se submetidos à norma constitucional, dotada de comando imperativo e superior.

Desnecessário acentuar que se houver exorbitância na lei complementar que criar a região metropolitana, ou seja, se a mesma extrapolar os limites da competência estadual, tal norma estará inquinada de inconstitucionalidade, por usurpação e invasão da competência administrativa do Município, conforme decidido – ainda que sem uma uniformidade integral dos votos dos senhores ministros – na ADI 1842-RJ.

Referências

ALESSI, Renato. *Instituciones de derecho administrativo*, tomo II, Barcelona: Bosch Casa Editorial, 1970.

ALVES, Alaôr Caffé. Regiões Metropolitanas, aglomerações urbanas e microrregiões: novas dimensões constitucionais da organização do Estado brasileiro. *Revista de Direito Ambiental*. São Paulo, ano 6, n. 21, p. 73. 2001.

AZEVEDO, Eurico de Andrade. Instituição de regiões metropolitanas no Brasil. *Revista de Direito Público*. São Paulo, n. 2, p. 191-200, out/dez. 1967.

COSTÓDIA FILHO, Ubirajara. *As competências do Município na Constituição Federal de 1988*. São Paulo: Celso Bastos Editor, 1999.

DALLARI, Adilson de Abreu. O uso do solo metropolitano. *Revista de Direito Público*. 14/285.

FERRAZ, Sérgio. As Regiões Metropolitanas no Direito Brasileiro. *Revista de Direito Público* nº 37/38.

GRAU, Eros Roberto. *Direito urbano – regiões metropolitanas, solo criado, zoneamento e controle ambiental, projeto de lei de desenvolvimento urbano*. São Paulo: Revista dos Tribunais, 1983.

HORTA, Raul Machado. Regiões Metropolitanas e Direito Constitucional Brasileiro. *Revista de Direito Público* nº 29, p. 16

JUSTEN FILHO, Marçal. *Teoria geral das concessões de serviço público*. Curitiba: Dialética, 2003.

MEIRELLES, Hely Lopes. *Direito Municipal Brasileiro*, v. I, 7 ed. São Paulo: Malheiros, 1994.

MOREIRA, Egon Bockmann. *Direito das concessões*. São Paulo: Malheiros, 2010.

MOREIRA NETO, Diogo de Figueiredo. *Mutações do Direito Administrativo*. 2. ed. Rio de Janeiro: Renovar, 2001.

SILVA, José Afonso da. *Curso de Direito Constitucional Positivo*. 15. ed, São Paulo: Malheiros, 1998.

SENADO FEDERAL. *Anais da Constituição de 1967*. 6. v., tomo II/913-914, Brasília: 1970.

SOUTO, Marcos Juruena Villela. *Desestatização, Privatização, Concessões e Terceirizações*, 4 ed. Rio de Janeiro: Lumens Juris. 2001.

TÁCITO, Caio. Parecer Saneamento Básico – Região Metropolitana – Competência Estadual, *Revista de Direito Administrativo*, v. 213, p. 324.

WALD, Arnold. As áreas metropolitanas, *Revista de Direito Público* nº 22, p. 172.

Informação bibliográfica deste texto, conforme a NBR 6023:2002 da Associação Brasileira de Normas Técnicas (ABNT):

GUERRA, Sérgio. Integração metropolitana e a prestação de serviços públicos de interesse comum. In: BOLONHA, Carlos et al. (Coord.). *30 anos da Constituição de 1988*: uma jornada democrática inacabada. Belo Horizonte: Fórum, 2019. p. 535-550. ISBN 978-85-450-0595-7.

PARTE VI

OUTRAS ABORDAGENS

A CONSTITUIÇÃO BRASILEIRA DE 1988: ENTRE O *HOMEM ECONÔMICO* E A *MULHER LITERÁRIA*

André Karam Trindade
Guilherme Gonçalves Alcântara

> *Compreender com Descartes o ego pensante como fundamento de tudo, estar assim só em face do universo, é uma atitude que Hegel, a justo título, julgou heroica. Compreender com Cervantes o mundo como ambiguidade, ter que afrontar, ao invés de uma só verdade absoluta, um monte de verdades relativas que se contradizem (verdade incorporadas em egos imaginários chamados personagens), possuir portanto como única certeza a sabedoria da incerteza exige uma força não menos grande (A arte do romance, M. Kundera).*

1 Introdução

A Constituição brasileira completa trinta anos. Esse é, sem dúvida alguma, um fato a ser comemorado. Todavia, sob uma perspectiva mais radical, poderíamos afirmar que a Constituição de 1988 não existe. O que temos, na verdade, é a Constituição de 2018, seja pela quantidade de emendas, seja pelas reiteradas mutilações de seu texto por parte dos tribunais, seja ainda – e esse é o ponto que nos parece mais relevante – pelo modo como se dá o processo interpretativo.

Ao longo das últimas décadas, é possível identificar diferentes fases do constitucionalismo democrático brasileiro. Inicialmente, o que verificamos foi uma espécie de *ressaca constitucional*. A comunidade jurídica e as instituições não sabiam como lidar com o giro copernicano produzido pela Constituição Cidadã. Ficamos a olhar o novo com os olhos do velho. Com o tempo, ocorreu um processo de verdadeiro descobrimento da Constituição. Isso implicou a necessidade de filtragem hermenêutica das normas infraconstitucionais. Como se sabe, a jurisdição constitucional assumiu um papel central nesse processo de *constitucionalização dos direitos*. Então, sob os influxos das teorias neoconstitucionalistas, fundadas na ponderação de princípios e na noção de onipotência judicial, a concretização do texto constitucional restou condicionada a interpretações de matiz voluntarista, sempre blindadas pelo álibi da efetivação dos direitos fundamentais. Isso pavimentou o terreno para a institucionalização de um *ativismo à brasileira*.

Mas o objetivo deste singelo ensaio não é fazer um balanço dos avanços e retrocessos ocorridos desde o advento da Constituição de 1988.

A premissa aqui adotada é que um dos maiores obstáculos à efetividade dos direitos fundamentais – a clássica e constante tensão entre fato e norma – permanece sendo a indevida recepção do *sentido* da Constituição e do próprio Estado Democrático de Direito por uma cultura jurídica liberal-normativista-individualista, moldada sob a forma do *homem econômico,* maximizador de suas preferências subjetivas, porém incapaz de exercitar qualquer a *empatia,* uma vez que despida de alteridade e do compartilhamento intersubjetivo de valores. Essa cultura é reforçada hoje pela propaganda (neo)liberal, travestida de ideais *libertários,* cujo objetivo é manter a Constituição sob o julgo do mercado global, impedindo-a de, em termos nietzscheanos, *tornar-se o que ela é*: ruptura com o regime autoritário, fundação de uma sociedade justa, livre e solidária e redução das desigualdades sociais e regionais.

Nesse contexto, o que se propõe é uma releitura do projeto constitucional à luz da proposta de Robin West, cujo ensaio intitulado *Economic man and literary woman: one contrast* foi publicado, coincidentemente, há trinta anos.

Assim, o presente ensaio dedica-se a contrapor o *homem econômico,* que predomina o imaginário da comunidade jurídica, pela *mulher literária,* cuja maior vantagem é a capacidade de *empatia,* isto é, de sensibilizar-se pela situação do outro. A primeira parte retoma, rapidamente, as distintas fases pelas quais passou a Constituição de 1988, problematizando a ampliação do discursos neoliberais. Na segunda parte, apresentam-se os contornos do *homem econômico,* que Murray N. Rothbard ilustra a partir da obra *As aventuras de Robinson Crusoé,* de Daniel Defoe. A terceira parte traz a *mulher literária,* em oposição ao *homem econômico,* representada pela personagem Susan, protagonista de *Foe,* romance em que J. M. Coetzee faz uma releitura da narrativa de Defoe sobre a natureza humana. A quarta e última parte resgata a singularidade da Constituição de 1988, apontando as possibilidades que se colocam diante da superação do *homem econômico* pela *mulher literária.*

2 Constituição Brasileira de 1988: mulher de fases

A Constituição de 1988 inaugura o constitucionalismo democrático brasileiro, instituindo um novo fundamento de validade – formal ou material – de todo o ordenamento jurídico. Mas, além disso, ela provocou um *giro copernicano* no Direito brasileiro, ao romper com o passado nacional na medida em que se opõe aos regimes autoritários, firmando um compromisso constituinte até então inédito, sob o signo do Estado Democrático de Direito, e estabelecendo novas relações entre sociedade e Estado.

O período sucessivo à sua promulgação, em que os governos Collor e FHC passam a adotar o modelo neoliberal,[1] caracterizou-se pela dificuldade relativa à compreensão da ruptura paradigmática efetuada pela Constituição de 1988. Grande parte das inovações trazidas restaram encobertas, especialmente no que diz respeito aos mecanismos de controle de constitucionalidade e ao catálogo de direitos fundamentais. Eis a chamada *fase da ressaca constitucional*.

A partir do final da década de 90, contudo, inicia-se o processo de descobrimento e de significação da Constituição e, sobretudo, de seus princípios. Passa-se, então, à *fase da constitucionalização dos direitos*, que coloca o exercício da jurisdição constitucional no centro da discussão jurídica. Isso porque aprendemos que as todas as normas infraconstitucionais precisam a ser interpretadas à luz da Constituição.

No entanto, a gradual expansão da esfera jurisdicional é um fenômeno que nos conduziu ao protagonismo do Poder Judiciário na arquitetura do Estado Democrático de Direito. Após a Emenda Constitucional nº 45, de diretriz reconhecidamente neoliberal, inaugura-se a *fase ativista* – marcada por características próprias se comparadas às experiências estadunidense e alemã, por exemplo –, que empodera ainda mais o Supremo Tribunal Federal, cujas interpretações envolvem, cada vez mais, um processo de reescrita do texto constitucional.

Ao completar seus trinta anos, a Constituição talvez inicie sua *fase balzaquiana*. Isso pode significar duas coisas: a continuação de seu infeliz casamento com o neoliberalismo, que retalha (e congela) o corpo constitucional quando lhe convém; ou a tão esperada emancipação, capaz de reforçar a autonomia do Direito e, assim, retomar as promessas e os objetivos traçados em seu texto.

Apostar na segunda opção é sempre mais difícil. Isso porque o neoliberalismo se aproveita da própria crise do modelo de produção do Direito instalada na dogmática liberal-individualista dominante nas práticas dos tribunais para subjugar a Constituição. A dogmática jurídica ainda permanece refratária à incorporação da questão da igualdade como um conteúdo próprio a ser buscado e garantido através do asseguramento mínimo de condições mínimas de vida ao cidadão e à comunidade.

Para complicar a situação, o neoliberalismo como forma de governo se acentuou de maneira gritante nos últimos anos, provocando cortes expressivos nas áreas relacionadas aos direitos sociais. Ao mesmo tempo, multiplicam-se na internet portais de artigos-pílula sobre as "novidades" neoliberais, que

---

[1] "O meu entendimento é que a transição democrática tinha acontecido através de um grande pacto democrático e popular, que começa em 1977 e que entra em colapso com o fracasso do Plano Cruzado. O resultado mais extraordinário desse pacto político foi a Constituição de 1988. [...] O curioso é que a Constituinte termina o seu trabalho no meio de uma crise política que, de certo modo, deslegitimava essa própria Constituinte. Não formalmente [...] O resultado foi uma excelente Constituição – progressista, social-democrata e desenvolvimentista. Entrou em vigor no momento em que o pacto político que lhe dera nascimento entrava em colapso e o Brasil caminhava para um período neoliberal, primeiro sob o comando do Collor, depois do Fernando Henrique. Foi uma coisa muito curiosa, que pouca gente analisa" (CARVALHO, 2017, p. 70).

supostamente abririam caminho para uma sociedade livre, vide, por exemplo, o *Mises Brasil* e o *Spotniks*. Tudo indica, em suma, que o *homem econômico* nunca esteve tão presente desde a promulgação da Constituição de 1988.

3 O *homem econômico*

A concepção de *homem econômico* pode ser compreendida a partir das ideais desenvolvidas por economistas autointitulados *libertários*. Murray N. Rothbard, em *A ética da liberdade* (2010), procura construir as bases para uma filosofia política libertária, com base no jusnaturalismo do século XVIII, principalmente sob o nome de John Locke. O Estado é considerado um inimigo inerente da liberdade e, logo, da lei libertária, que apenas permite o interdito estatal nos casos de violação da propriedade privada. O modelo humano de Rothbard se constroi sob uma interpretação da narrativa de *Robinson Crusoé*, livro de Daniel Defoe que conta a história de um náufrago numa ilha deserta:

> este modelo aparentemente "fantasioso", como tenho tentado demonstrar em outros lugares, é de grande utilidade e até mesmo indispensável. Ele serve para isolar o homem diante da natureza, assim ganhando clareza ao abstrair as relações interpessoais no começo. Mais tarde, esta análise homem/natureza pode ser estendida e ampliada ao "mundo real". A introdução do "Sexta-feira" ou de uma ou mais pessoas, após análises do isolamento rigorosamente robinsoniano, serve então para mostrar como a adição de outras pessoas afeta a discussão. Estas conclusões podem então ser aplicadas ao mundo contemporâneo. [...] Se a economia de Crusoé pode fornecer, e, de fato fornece, a base indispensável para toda a estrutura da economia e da praxeologia – a analise formal geral da ação humana –, um procedimento similar poderia ser capaz de fazer a mesma coisa pela filosofia social, pela análise das verdades fundamentais da natureza do homem vis-à-vis a natureza do mundo em que ele nasce, e que é também o mundo de outros homens. Especificamente, ele pode ser de grande ajuda para solucionar alguns problemas da filosofia política como a natureza e o papel da liberdade, da propriedade e da violência. Digamos que Crusoé aportou em sua ilha e, para simplificar a questão, teve amnésia. Qual fato inescapável Crusoé tem que enfrentar? Ele se encontra, em primeiro lugar, diante da ocorrência primordial de sua própria consciência e de seu próprio corpo. Depois, ele descobre o mundo natural ao seu redor, o habitat e os recursos existentes na natureza, que os economistas resumem com o termo "terra". Ele também verifica que, num aparente contraste com os animais, não possui qualquer conhecimento instintivo inato que o estimule a seguir os caminhos apropriados para satisfazer suas necessidades e seus desejos. [...] Crusoé, então, tem múltiplos desejos que tenta satisfazer, fins que se esforça para alcançar. Alguns desses fins podem ser alcançados com um mínimo esforço de sua parte; se a ilha estiver estruturada deste modo, ele pode ser capaz de apanhar frutos comestíveis dos arbustos próximos. Em casos assim, seu "consumo" de um bem ou de um serviço pode ser obtido rapidamente e quase instantaneamente. Mas, para quase todos os seus desejos, Crusoé descobre que o mundo natural ao seu redor não proporciona satisfação imediata e instantânea [...] Resumindo, ele precisa (a) escolher seus objetivos; (b) aprender como alcançá-los através do uso dos recursos existentes na natureza; e então (c) empregar sua força de trabalho para transformar estes recursos em formas e lugares mais úteis: i.e., em "bens de capital", e finalmente em "bens de consumo" que possa consumir diretamente. Então, Crusoé

poderia fazer para si, a partir dos materiais brutos existentes na natureza, um machado (bem de capital) para derrubar árvores, a fim de construir uma cabana (bem de consumo). Ou ele poderia fazer uma rede (bem de capital) para pegar peixes (bem de consumo). Em cada caso, ele aplica seu conhecimento tecnológico adquirido para empregar seu esforço de trabalho que lhe permite transformar a terra em bens de capital e eventualmente em bens de consumo. Este processo de transformação dos recursos da terra constitui sua "produção". Em resumo, Crusoé precisa produzir antes de poder consumir. E, através desse processo de produção, de transformação, o homem molda e altera seu ambiente natural para seus próprios fins, ao invés de, a exemplo dos animais, ser determinado unicamente por este ambiente. E assim o homem, por não possuir conhecimento inato, instintivo e automaticamente adquirido de seus próprios fins, ou dos meios pelos quais eles podem ser alcançados, precisa aprendê-los, e, para aprendê-los, ele precisa exercer suas capacidades de observação, abstração e reflexão: em suma, sua razão. *A razão é o instrumento do conhecimento e da própria sobrevivência do homem; o uso e a expansão de sua mente, a aquisição de conhecimento sobre o que é melhor para ele e como ele pode obter isso é um método exclusivamente humano de existência e de realização* (2010, p. 85-87, grifo nosso)

Seria interessante comparar essa passagem com o próprio texto do romance *As aventuras de Robinson Crusoé*, de Daniel Defoe, considerado por muitos o primeiro romance inglês (1719). Defoe partilha da filosofia empirista dos ingleses do século XVIII, e expressa os diversos elementos da concepção individualista do ser humano em *Robinson Crusoé* (WATT, 1990, p. 57). O *Robinson* de Rothbard, embora acometido de amnésia, tem o comportamento idêntico ao *Robinson* de Defoe, conforme se vê pela comparação com o romance:

Desci um pouco pela encosta desse vale encantador, examinando-o com uma espécie de prazer secreto (embora misturado a outros pensamentos que me atormentavam), ao pensar que *tudo isso era meu*, que era rei e senhor incontestável de toda essa terra, que dela tinha o direito irrevogável de posse, e que se a conseguisse legitimar publicamente poderia transmiti-la por herança tão bem quanto o feudo de um lorde na Inglaterra (DEFOE, 2010, p. 108, grifo nosso)

Também para Rothbard (2010, p. 90-91), "Crusoé encontra terra virgem e desocupada na ilha; terra, em suma, não usada e não controlada por ninguém, e, portanto, sem dono", e por meio da transformação do ambiente natural para seus próprios fins, torna-se dono do que produz: "consequentemente, o homem isolado possui o que ele usa e transforma".

Esse sujeito surge das profundas transformações sociais que a civilização ocidental sofria no final do século XVI, as quais acarretaram nova ordem filosófica, política, econômica, jurídica, religiosa etc. Tornando-se industrial, a sociedade não mais se baseava na família ou na religião, mas no indivíduo, o indivíduo burguês e protestante (WATT, 1990, p. 56). Como afirma Espíndola:

O homem moderno viu-se perante um mundo de faticidade empírica e de causalidade, axiologicamente neutro, e a modernidade associou-se, dentre outros, à ideia de que o mundo é passível de transformação pela intervenção humana e, portanto, as ações sociais dos indivíduos são mediadas por algum tipo de interesse com um sentido objetivo:

outra racionalidade passou a permear todo o agir social. Ora, a racionalidade invocada pelo funcionalismo jurídico, na verdade, consiste em uma racionalidade finalística (zweckracionalitat), não axiológica (wertrationalitat), [...]. Ou, ainda, de uma razão como instrumento, sob um aspecto utilitarista: uma razão instrumental [...]. A preocupação primeira da perspectiva funcionalista não está em saber particularmente o que é o direito, mas, sim, para que serve: o direito reduzido a instrumento, a procedimento. Embora a perspectiva do funcionalismo (e suas variantes) possa trazer algumas contribuições, em especial no contraponto que faz aos compromissos ideológicos assumidos pelo normativismo legalista, ela peca por projetar o direito como mero instrumento a serviço de finalidades externas ao direito (ESPÍNDOLA, 2016, p. 313).

Rothbard, assim, mantém-se filiado à tradição de pensamento legada por Descartes e Bacon – e seguida por Defoe – para a modernidade: a concepção do *sujeito* desgarrado e superior à natureza – seu instrumento, seu *objeto*, sua *propriedade* em termos políticos. O *homem econômico* também é o tipo humano do projeto do esclarecimento: o do saber *patriarcal*, que é poder e "não conhece nenhuma barreira, nem na escravização da criatura" (ADORNO, HORKHEIMER, 1996, p. 1).

Como nos demonstra Boaventura de Sousa Santos (2011, p. 49), esse é o paradigma de racionalidade dominante desde o século XVIII e que, com o casamento entre capitalismo e política no século XIX, produzirá o Direito moderno. Direito e ciência serão, a partir de então, caracterizados por essa dicotomia sujeito-objeto que corresponde ao modo do *homem econômico* enxergar o mundo.

4 Um contraste: a *mulher literária*

Com efeito, a *distância temporal* entre nosso contexto e o de Defoe (século XVIII) nos provoca a discutir, e não somente acatar cegamente, as pré-concepções arraigadas no lapensamento daquele tempo (GADAMER, 2003, p. 68). Nesse sentido, estudos pós-coloniais a respeito da obra de Defoe visam a desmistificar essa leitura a-histórica de *As aventuras de Robinson Crusoé* e trazê-la para o contexto atual, em que os povos colonizados pelos leitores de Defoe se encontram em posição de compreender sua história.

Basta perceber que no romance de Defoe, Sexta-Feira é tratado como *servo* e um *objeto*, enquanto o capitão do navio atracado posteriormente é tratado como *sujeito*, com o qual inclusive se firma um *contrato*, algo impensável de se fazer com Sexta-Feira. A relação com este é vertical, subordinação irrestrita, conforme o modelo de assujeitamento do esquema *sujeito-objeto*.

Defoe, devido aos pré-juízos de sua tradição, não tece maiores questionamentos quanto às questões relativas à alteridade. A servidão de Sexta-Feira lhe parece natural, assim como pareceu por muito tempo. Os problemas da subjugação do *outro* são maquiadas pela harmonia da convivência entre Crusoé (o *sujeito* branco europeu burguês colonizador) e Sexta-Feira (o *objeto*, colonizado).

A narrativa de Rothbard, justamente, na introdução de Sexta-Feira e de terceiros na ilha, "foge" do texto de Defoe. Rothbard insere pessoas na ilha, cada uma capaz de explorar a natureza de acordo com as suas capacidades e trocando seus direitos de propriedade de seus produtos por outros direitos de propriedade de outros produtos. Isso produziria um campo de negociações regido pelo mercado livre que sustentaria a civilização libertária (2010, p. 93 e seguintes). Rothbard ignora, portanto, as mesmas questões que deixa passar Defoe, as mesmas que passaram despercebidos pela cultura iluminista do século XVIII e que vêm à tona agora com os estudos pós-coloniais.

É preciso admitir, portanto, assim, que o modelo de ser humano e de civilização da ética libertária não ultrapassa o modelo iluminista que inspirou o pensamento moderno. O ser humano, aqui, é o *homem econômico*, cuja racionalidade se apresenta sob os moldes da burguesia europeia. A mesma que – como o personagem Robinson Crusoé – negociava escravos. Nas palavras de Watt:

> Crusoé não é um simples aventureiro, e suas viagens, como sua independência em relação aos laços sociais, não passam de casos um tanto extremos de tendências normais na sociedade moderna como um todo, pois, ao transformar a procura do lucro num motivo básico, o individualismo econômico aumentou em muito a mobilidade individual (WATT, 1990, p. 61)

Embora seja um tipo complexo, o *homem econômico* possui duas características essenciais resumidas por Robin West (1988): (a) ele é o maximizador racional de sua própria utilidade e a coloca de acordo com suas preferências, as quais espelham seu bem estar pessoal. Ele inevitavelmente *escolhe o que prefere, prefere o que quer, quer o que deseja, e deseja o que maximizará seu bem estar subjetivo*; e (b) ele é incapaz de *empatia*. Embora Crusoé chegue a dizer que ama Sexta-Feira e dê presentes à sua irmã e ao capitão do navio que lá atraca, no resto da narrativa ele demonstra pouco afeto sincero com os personagens, ao contrário de Sexta-Feira que "canta e dança" ao rever seu pai.

A incapacidade de empatia, diz West, significa a incapacidade que o *homem econômico* tem de elaborar comparações intersubjetivas, sejam elas de utilidade, morais, políticas, sociais, etc. (1988, p. 869). Em resumo, *o homem econômico é peculiarmente capaz de saber tudo a respeito de sua própria subjetividade, e, ao mesmo tempo peculiarmente incapaz de compreender a subjetividade alheia* (1988, p. 869-870).

West contrasta o *homem econômico*, que serve de modelo humano para as análises econômicas e/ou libertárias do direito, com a *mulher literária*, surgida dos estudos em Direito e Literatura. Em contraponto ao *homem econômico*, ela se caracteriza a) pelo reconhecimento da impossibilidade de conhecer completamente a própria subjetividade e a partir dela criar um *grau zero de sentido*, na esteira da proposta cartesiana. A *mulher literária* é uma personagem *multifacetária*, em oposição à unilateralidade de Crusoé, capaz de ser altruísta, mas também egoísta, submissa, mas também dominadora (1988, 871). Por outro lado, b) o reconhecimento da inaptidão ao completo auto-conhecimento é compensado pelo ganho de habilidade *empática*[2] (1988, p. 871-872): fruto da necessária relação que ocorre entre autor e leitor que compartilham significados por meio do texto (ISER, 1987, 149).

A mulher literária ressalta nossa habilidade de imaginar que aumenta nossa sensibilidade aos detalhes da dor e humiliação de estranhos em relação a nós (RORTY, 1995, p. XV-XVI). Ao ler ou ouvir uma estória elaboramos comparações intersubjetivas, inclusive de *utilidade*, mas também de *moralidade*, especialmente em relação a experiências que não tivemos ou *nunca teremos*. A mulher literária representa, assim, uma habilidade virtualmente infinita de compreender a subjetividade do *outro*, até mesmo quando tal empatia é mais dificultada, como nos casos entre ricos e pobres, mulheres e homens, negros e brancos, jovens e velhos, heterossexuais e homossexuais. Enquanto o homem econômico só faz *calcular*, a mulher literária se põe a *compreender* (WEST, 1988, p. 872-873).

Estamos, portanto, diante de um tipo humano muito distinto do Robinson Crusoé representado tanto por Rothbard-Defoe. O mundo de Defoe é induvitavelmente masculino, burguês, europeu e colonizador. As mulheres aparecem anonimamente: as servas no Brasil, a viúva honesta que guarda o dinheiro de Crusoé, as mulheres enviadas para casar com os habitantes da ilha perto do fim do livro.

No romance *Foe* (1986), J. M. Coetzee reinventa *As aventuras de Robinson Crusoé*, colocando uma mulher (Susan Barton) como personagem principal da narrativa. Susan é uma náufraga que acaba na mesma ilha de Cruso e seu servo Sexta-Feira, o primeiro de poucas palavras; o segundo, de nenhuma – pois teve a língua cortada – e, por isso, pode ser "remodelado dia a dia em conformidade com o desejo dos outros".

Cruso, ao contrário do sempre racional e utilitário Crusoé, perdeu as esperanças de sair da ilha e de recordar a vida passada antes de lá chegar, passando a viver conforme suas próprias regras, as quais impõe a Sexta-Feira. Um ano após viverem na ilha, Susan, Cruso e Sexta-Feira são resgatados por um navio inglês, mas, na viagem, Cruso morre. Restam Sexta-Feira e Susan, esta a única capaz de *narrar* os eventos passados para o escritor Sr. Foe, que se interessa mais pelos dois anos de Susan na Bahia do que com a monótona vida na ilha. Tampouco Cruso se preocupou em contar sua história. Ele se recusa a manter diário ou qualquer outro registro escrito a ser resgatado pela posteridade, exceto os terraços e paredes que o mantém ocupado durante a vida na ilha.

---

[2] "Emoção empática que está ligada à prova, institucionalmente restringida de maneiras apropriadas e livre da referência à situação da própria pessoa apresenta-se não apenas como aceitável, mas como realmente essencial ao julgamento público. Mas é este tipo de emoção, a emoção do espectador judicioso, que as obras literárias constroem em seus leitores, que aprendem o que é ter emoção, não por uma 'massa indiferenciada e sem rosto', mas por um 'ser humano individual e único'. Isso significa, acredito, que obras literárias são [...] construções artificiais de alguns elementos cruciais em uma norma de racionalidade pública, e valiosos guias para a resposta correta" (NUSSBAUM, 2010, p. 374).

Coetzee, assim, representa a mudança paradigmática da filosofia da sociedade europeia que predominou a partir do século XVIII, período que em a subjugação de povos "selvagens" era inquestionada e até estrutural. A *mulher literária* em Susan é pós-colonial e *empática*, deseja dar voz aos povos marginalizados àquela época.[3]

Susan se encarrega de duas responsabilidades: dar 'substância' à sua história e encontrar meios de dar voz a Sexta-Feira. Susan convence Foe a elaborar exercícios hermenêuticos para tanto. Mas Sexta-Feira parece se comunicar somente por dança e sua flauta rudimentar. Para Foe, talvez os capazes de falar se regozijam secretamente da incapacidade comunicativa de outros seres, na medida em que assim seus desejos se tornam obscuros e então desprezíveis, podendo nós usá-los como objeto. Susan rebate que não: os desejos de Sexta-Feira e os dela, não lhe são obscuros. Sexta-Feira e ela desejam ser libertados (COETZEE, 1987, p. 94).

Impossível não fazer um paralelo com *A ciência jurídica e seus dois maridos* (1985), um pioneiro ensaio brasileiro de Direito e Literatura, publicado por Luis Alberto Warat. Com base no romance *Dona Flor e seus dois maridos*, de Jorge Amado, Warat ilustra a posição da protagonista Dona Flor – a ciência jurídica – entre o atual marido Teodoro, a dogmática liberal individualista, cujo perfil é o *homem econômico*, calculista, racional, metódico, e o fantasma de seu primeiro marido boêmio Vadinho, a *literasofia*, uma filosofia do direito *estética* cuja epistemologia é "aberta ao sonho e à criatividade para sair dos impasses da modernidade" (2004, p. 24).

Ao propor que a Dona Flor só está bem casada aceitando seu relacionamento ambíguo com Teodoro e Vadinho, Warat provoca um desvio da visão monogâmica que a ciência empírica de Defoe e Rothbard consideram como modelo de racionalidade para a ciência, justamente por apenas enfocar neste *homem econômico* imitado no Crusoé de Defoe e no Teodoro de Amado, esquecendo a dimensão *estética* simbolizado pela *mulher literária*, por Vadinho.

Este giro de racionalidade na ciência jurídica com base na arte e, logo, na literatura, de que fala Warat tem ligação direta com as exigências do Constitucionalismo Contemporâneo em países de modernidade tardia como o Brasil. As duas grandes responsabilidades de Susan Barton reaparecem se levarmos a sério os objetivos fundamentais da República Federativa do Brasil. Para construir uma sociedade livre, justa e solidária, bem como erradicar a pobreza

---

[3] Esse é o ponto de partida da crítica literária do Direito e de seu precursor, o *Law and Literature Movement*: o Direito não é um elemento acessório na vida de cada pessoa, mas parte fundamental do que somos, pretendemos, fazemos, jogamos, praticamos, exigimos, damos, vivemos e pensamos. Ao analisá-lo através de fórmulas lógicas, esquemas transcendentais, dogmas pseudocientíficos, axiomas supostamente neutros e não valorativos, ou de critérios microeconômicos e de eficiência, sua essência, natureza e função são desviados e afastam-se dos sujeitos reais a quem se dirige, especialmente daqueles que são mais vulneráveis e precisam de proteção. Nem o método juspositivista é apropriado, nem o objeto a ser conhecido, o Direito, existe como uma realidade objetiva, pétrea e cientificamente analisável, nem o sujeito que conhece participa de uma assepsia epistemológica que lhe permita extrair, de modo demonstrável e previsível, o objeto a ser conhecido e as soluções para os problemas que busca resolver (LLANOS, 2017, p. 351).

e a marginalização, nos defrontamos com os desafios de (a) *como dar substância à uma história constitucional marcada por uma crise formal, cujas ideias sempre se apresentaram fora do lugar* (BONAVIDES, ANDRADE, 1991; SCHWARZ, 1992, 1999; BARROSO, 2006, 2008; FAORO, 1974, 2007, 2008)? e (b) *como garantir que os setores mais marginalizados da sociedade tenham voz em um país marcado pela mera simulação de efetivação dos direitos sociais, econômicos e culturais*?

Cruso, o *homem econômico*, cético em relação à possibilidade de ser resgatado, até preferindo viver como rei daquela terra sem ninguém, não vai responder tais questões, porque não lhe interessa. Susan, a *mulher literária*, nos propõe *suspender essa incredulidade*, e se coloca a "perseguir a descrição de experiências humanas concretas [...] as quais, ao serem compartilhadas, geram a necessária empatia desde a qual se gesta a solidariedade e a compaixão" (PRICE, 2017, p. 139).

5 Conclusão

A Constituição de 1988 implementou algumas de suas promessas nestes trinta anos de vigência. Mas, desde que ela foi promulgada, não se pode negar que os juristas fizeram pouco jus ao seu potencial emancipatório. Sobretudo a falta de experiências políticas que povos de outros países tiveram e que resultaram no Estado de Direito permanece como desafio ao processo de constitucionalização de sociedades pós-coloniais como a brasileira (MOREIRA, PAULA, 2017, p. 103).

O pensamento libertário não oferece respostas a essa questão. Como visto, Rothbard muda a sua narrativa sobre a história de Crusoé justamente no ponto em que a alteridade, isto é, o trato com o outro, entra em cena no romance de Defoe. Ele não cogita e problematiza a servidão e mudez de Sexta-Feira, que Coetzee traz como tema principal de *Foe*.

A civilização libertária de Rothbard funciona nos moldes das relações de Crusoé com os homens brancos europeus como ele, as relações de Crusoé com as mulheres e indígenas do romance são, intencionalmente ou não, deixadas de lado. Percebe-se, assim, que o *homem econômico* da ética libertária é um *sujeito do passado*, mais precisamente do início do século XVIII, incapaz de perceber os desafios da sociedade atual, principalmente das civilizações pós-coloniais. Ele não enxerga, não se importa em dar voz à Sexta-Feira – no romance de Defoe, Crusoé ensina apenas o básico para o indígena lhe obedecer, o que lhe confere uma forma de vida – como diria Wittgenstein – servil; no romance de Coetzee, paira a suspeita de que Cruso cortou a língua de Sexta-Feira.

O caminho que o libertarianismo ou neoliberalismo oferece para o Brasil parece não só levar, portanto, ao abandono dos direitos sociais, econômicos e culturais, além dos difusos e coletivos, mas também o da *supressão da liberdade de expressão e dos demais direitos políticos*. Justamente o *poder da fala* de Sexta-Feira é que está em jogo. Basta perceber que Cingapura, a *queridinha* da propaganda neoliberal, não garante *sequer os direitos individuais que o liberalismo oitocentista nos legou como conquista*. Conforme o relatório da *Human Rights Watch* de 2017, o ambiente político de Cingapura é dos mais sufocantes, os cidadãos sofrem severas restrições em seu direito básico de liberdade (d)e expressão e associação. O governo controla não apenas quase todas as empresas, mas também a mídia – impressa ou on-line – e quem faz críticas ao regime político é processado criminalmente por tipos penais vagos e abertos que envolvem palavras como 'ordem pública', 'moralidade', 'segurança', 'harmonia racial e religiosa'.[4]

Combater esse *espectro* que ronda a academia jurídica brasileira e ameaça as promessas que o Constitucionalismo Contemporâneo vem resgatar demanda a aproximação da teoria do direito com a literatura. Como diz Antonio Candido

> Cada sociedade cria as suas manifestações ficcionais, poéticas e dramáticas de acordo com os seus impulsos, as suas crenças, os seus sentimentos, as suas normas, a fim de fortalecer em cada um a presença e atuação deles. Por isso é que nas nossas sociedade a literatura tem sido um instrumento poderoso de instrução e educação, [...] sendo proposta a cada um como equipamento intelectual e afetivo. Os valores que a sociedade preconiza, ou os que considera prejudiciais, estão presentes nas diversas manifestações da ficção, da poesia e da ação dramática. A literatura confirma e nega, propõe e denuncia, apoia e combate" (2013, p. 177).

São inúmeros os textos literários que ensinam muito mais sobre o direito e a política que os manuais "facilitados" encontrados no varejo. Mais que apenas *ensinar*, a literatura – contrária da escola e da família, o lugar do *'status quo'*, das convenções interpretativas – reorganiza percepções de mundo, "possibilita uma nova ordenação das experiências existenciais [...] provoca a formação de novos padrões e o desenvolvimento do senso crítico" (CADEMARTORI, 1994, p. 18-19). Na medida em que se propõe a revolver os padrões interpretativos oferecidos ao homem enquanto ele se desenvolve, a função pedagógica da literatura é também *subversiva* (CADEMARTORI, 1994, p. 22-23).

Podemos, com Ian Ward, concluir que a literatura possui uma dupla função pragmática para os estudos e pesquisas em direito, de que o homem econômico é deficitário: em primeiro lugar, a literatura possui função pedagógica, e, em segundo, a literatura apresenta agendas sócio-políticas das minorias (1995, p. 38). Essas funções precisam ser compreendidas sob à luz dos dois desafios de Susan.

A crise de constitucionalidade formal que perpassa a história do constitucionalismo brasileiro, para Bonavides, demanda a reinvindicação dos princípios e valores incorporados em nossas raízes e tradições, mas raízes e tradições de resistência aos (inúmeros) golpes de Estado presenciados nessa história (2001, p. 7). É neste sentido que a função pedagógica da literatura precisa fazer o direito "reatar suas raízes com a cultura", como diz Ost (2005, p. 58), e não somente reforçar o *sentido comum teórico* liberal-individualista vigente entre os juristas. A literatura – como de toda obra de arte – é subversiva. Ela

---

[4] Disponível em: <https://www.hrw.org/world-report/2017/country-chapters/singapore>. Acesso em: 23 maio 2018.

nos provoca – por meio de uma linguagem "deformada" e autorreferencial – a reconsiderar o óbvio ou as fronteiras do que chamamos realidade (BRUNER, 2014, p. 20), residindo aí, pois, sua utilidade para (re)volver as sedimentações do senso comum teórico dos juristas.

Por outro lado, os textos literários possuem uma *vida própria*, que independe das intenções conscientes e manifestas (ou não) do escritor, e que se *atualiza* e adquire novos sentidos (imprevistos quando na sua produção), apontando para *além do que é dito* (PESAVENTO, 2003, p. 38). Rothbard, nesse aspecto, faz uma leitura pobre do romance de Defoe porque toma o modelo de Robinson Crusoé acriticamente, sem tomar conhecimento dos pré-juízos que constituíam o paradigma filosófico e antropológico do século XVIII. Estes pré-juízos apenas podem ser elucidados graças à distância temporal que medeia a compreensão do intérprete/leitor (GADAMER, 2003, p. 67-68), que Coetzee soube representar na sua releitura em *Foe*. Rothbard, nesse sentido, usa da literatura de Defoe como mero ornamento para seus argumentos, e inclusive omite a questão de Sexta-Feira, imaginando-o como livre e autônomo, para comprovar suas conclusões. Coetzee retoma precisamente a questão de Sexta-Feira, ignorada por Defoe/Rothbard, como mote de seu romance, contrapondo a razão patriarcalista com Susan.

Caso a comunidade jurídica continue a abrir espaço para a ética libertária, nada de realmente novo em um país marcado pela exploração desde o seu nascedouro acontecerá. A literatura, pelo seu viés imaginativo, fornece bases para leituras críticas da sociedade, contribuindo para dar voz aos marginalizados e dominados na história. Este, o grande desafio da mulher literária. E da Constituição brasileira, agora balzaquiana.

Referências

ADORNO, Theodor; HORKHEIMER, Max. O conceito de esclarecimento. In: ADORNO, Theodor. *Textos Escolhidos*. Trad. de Zeljko Loparic. São Paulo: Nova Cultural, 1996.

BALZAC, Honoré de. *La femme de trente ans*. Lausanne: Éditions Rencontre, 1968.

BARROSO, Luis Roberto. A nova interpretação constitucional: ponderação, direitos fundamentais e relações privadas. 3. ed. Rio de Janeiro, Renovar. 2008.

BARROSO, Luis Roberto. O direito constitucional e a efetividade de suas normas. Rio de Janeiro: Renovar, 2006.

BONAVIDES, Paulo. *Teoria constitucional da democracia participativa*. São Paulo: Malheiros. 2001.

BONAVIDES, Paulo; ANDRADE, Paes de. *História constitucional do Brasil*. 3. ed. Rio de Janeiro: Paz e Terra, 1991.

BOURDIEU, Pierre. *Contrafogos: táticas para enfrentar a invasão neo-liberal*. Trad. de Lucy Magalhães. Rio de Janeiro: Jorge Zahar, 1998.

BRUNER, Jerome. *Fabricando histórias: direito, literatura, vida*. Trad. de Fernando Cássio. São Paulo: Letra e voz. 2014.

CADEMARTORI, Ligia. *O que é literatura infantil*. 6. ed. São Paulo: Brasiliense. 1994.

CANDIDO, Antonio. O direito à literatura. In: CANDIDO, Antônio. *Vários escritos*. 5. ed. Rio de Janeiro: Ouro sobre azul, 2013.

CARVALHO, Luiz Maklouf. *1988: os segredos da Constiuinte. Os vinte meses que agitaram e mudaram o Brasil*. Rio de Janeiro: Record. 2017.

COETZEE, J. M. *Foe*. New York: Penguin Books, 1987.

DEFOE, Daniel. *As aventuras de Robinson Crusoé*. Trad. de Albino Poli Jr. Porto Alegre: L&PM, 2010.

ESPÍNDOLA, Angela Araújo da Silveira. Entre a insustentabilidade e a futilidade: a jurisdição, o direito e o imaginário social sobre o juiz. *ANAMORPHOSIS – Revista Internacional de Direito e Literatura*, v. 2, n. 2, p. 293-320, 2016. Disponível em: <http://rdl.org.br/seer/index.php/anamps/article/view/254>.

FAORO, Raimundo. *Os donos do poder: formação do patronato político brasileiro*. 2. ed. São Paulo: Globo. 1974.

FAORO, Raimundo. *A República Inacabada*. São Paulo: Globo. 2007.

FAORO, Raimundo. *A democracia traída*. São Paulo: Globo. 2008.

GADAMER, Hans-Georg. *O problema da consciência histórica*. Trad. de Paulo César Duque Estrada. 2 ed. Rio de Janeiro: Editora FGV. 2003.

ISER, Wolfgang. El proceso de lectura: enfoque fenomenológico. In: MAYORAL, José A. (Comp.). *Estética de la recepción*. Madrid: Arco, 1987.

LLANOS, Leonor Suárez. Literatura do direito: entre a ciência jurídica e a crítica literária. Trad. de Henriete Karam. *ANAMORPHOSIS – Revista Internacional de Direito e Literatura*. v. 3, n. 2, p. 349-386, 2017. Disponível em: <http://rdl.org.br/seer/index.php/anamps/article/view/320>.

MOREIRA, Nelson Camatta; PAULA, Rodrigo Francisco de. O constitucionalismo da falta no Brasil. *Revista de Direito Administrativo e Constitucional*, ano 17, n. 70, p. 93-105, 2017.

NUSSBAUM. Martha. Emoções racionais. In: TRINDADE; André Karam; GUBERT, Roberta; COPPETI NETO, Alfredo (Orgs.). *Direito & literatura: discurso, imaginário e normatividade*. Porto Alegre: Nuria Fabris, 2010. p. 345-377.

OST, François. *Contar a lei: as fontes do imaginário jurídico*. São Leopoldo: Unisinos, 2005.

PESAVENTO, Sandra Jatahy. O mundo como texto: leituras da história e da literatura. *Revista História da Educação*, v. 7, n. 14, p. 31-45, 2003.

PRICE, Jorge Douglas. "Mudar o mundo": justiça ou utopia?. Trad. de Dino del Pino. *ANAMORPHOSIS – Revista Internacional de Direito e Literatura*, v. 3, n. 1, p. 119-152, 2017. Disponível em: <http://rdl.org.br/seer/index.php/anamps/article/view/314>.

RORTY, Richard. *Contingency, irony, and solidarity*. Cambridge University Press. 1995.

ROSA, Alexandre Morais da. Constitucionalismo garantista: notas lógicas. In: FERRAJOLI, Luigi; STRECK, Lenio Luiz; TRINDADE, André Karam (Orgs.). *Garantismo, hermenêutica e (neo)constitucionalismo: um debate com Luigi Ferrajoli*. Porto Alegre: Livraria do Advogado, 2012. p. 133-146.

ROTHBARD, Murray N. *A ética da liberdade*. São Paulo: Instituto Ludwig von Mises Brasil, 2010.

SANTOS, Boaventura de Sousa. *Para um novo senso comum: a ciência, o direito e a política na transição paradigmática*. 8. ed. São Paulo: Cortez, 2011.

SCHWARZ, Roberto (Org.). *Ao vencedor as batatas*. São Paulo: Duas Cidades. 1992.

SCHWARZ, Roberto. *Seqüências brasileiras*. São Paulo: Companhia das Letras. 1999.

STRECK, Lenio Luiz. *Hermenêutica jurídica e(m) crise: uma exploração hermenêutica da construção do Direito*. Porto Alegre: Livraria do Advogado, 1999.

TRINDADE, André Karam. Garantismo versus neoconstitucionalismo: os desafios doprotagonismo judicial em terrae brasilis. In: FERRAJOLI, Luigi: STRECK, Lenio Luiz; TRINDADE, André Karam (Orgs.). *Garantismo, hermenêutica e (neo)constitucionalismo: um debate com Luigi Ferrajoli*. Porto Alegre: Livraria do Advogado, 2012. p. 231-253.

TRINDADE, André Karam. BERNSTS, Luísa Giuliani. O estudo do "direito e literatura" no Brasil: surgimento, evolução e expansão. ANAMORPHOSIS – Revista Internacional de Direito e Literatura, v. 3, n. 1, p. 225/257, 2017. Disponível em: <http://rdl.org.br/seer/index.php/anamps/article/view/326/0>.

WARAT, Luis Alberto. *Territórios desconhecidos: a procura surrealista pelos lugares do abandono do sentido e da reconstrução da subjetividade*. Florianópolis: Boiteaux, 2004.

WARD. Ian. *Law and literature: possibilities and perspectives*. Cambridge University Press. 1995.

WATT, Ian. *A ascensão do romance: estudos sobre Defoe, Richardson e Fielding*. Trad. Hildegard Feist. São Paulo: Companhia das Letras, 1990.

WEST, Robin. Economic man and literary woman: one contrast. *Mercer Law Review*, v. 39. p. 867-878, 1988.

Informação bibliográfica deste texto, conforme a NBR 6023:2002 da Associação Brasileira de Normas Técnicas (ABNT):

TRINDADE, André Karam; ALCÂNTARA, Guilherme Gonçalves. Constituição brasileira de 1988: entre o *homem econômico* e a *mulher literária*. In: BOLONHA, Carlos et al. (Coord.). *30 anos da Constituição de 1988*: uma jornada democrática inacabada. Belo Horizonte: Fórum, 2019. p. 553-566. ISBN 978-85-450-0595-7.

DO LIBERALISMO AO NEOLIBERALISMO: O ESVAZIAMENTO DEMOCRÁTICO E A TIRANIA DO MERCADO

Georgheton Melo Nogueira

1 Liberalismo e democracia

Wood lembra que, até a redefinição da noção de democracia pelo processo de independência americana, o conceito democracia mereceu, de forma generalizada, severos ataques das classes dominantes. Esse conceito, em sua origem grega, remetia ao "povo", "com o significado duplo de *status* cívico e de categoria social."[1]

Foi necessária uma transformação notável na concepção de democracia para que ela assumisse um caráter palatável e louvável no seio das reais forças de comando político da sociedade. E essa transformação transcorreu no desenvolvimento do caráter representativo da sua forma política de poder (democracia representativa) e, no campo da subjetividade social, o saque no conteúdo político da noção de povo.

Aí reside, em parte, aliás, uma das críticas apontadas por Lima aos liberais e à sua noção democrática. Fazendo menção a Bagehot, ele destaca que a personalização do poder constituiu um aspecto importante, até mesmo como elemento de neutralização do potencial caráter subversivo da ofensiva parlamentar, mesmo no interior da formalização liberal de democracia.[2]

Atentamente, Lima (2008) destaca, partindo de Domenico Losurdo (2004), que alguns elementos estruturantes da democracia formal, nos limites das possibilidades liberais, tais como sufrágio universal e outras extensões de direitos políticos, jamais foram endógenos ao liberalismo"[3] e se deram em embates

---

[1] WOOD (2003, p.194).
[2] "Para Bagehot, a unidade entre legislativo e executivo deveria servir à Coroa e seus exércitos, quando assim de fizesse necessário e exigisse a razão de estado. Para os fundadores da república dos Estados Unidos, a separação entre executivo e legislativo não traduzia uma visão oposta à matriz inglesa. Losurdo assim explica esta aparente contradição: "[...] apesar da diversidade da linguagem, o que conta é a preocupação com os graves riscos que um poder legislativo forte e fortemente influenciado pelas massas populares faz correr a propriedade e as relações econômicas existentes. O contrapeso àquilo que respeitados delegados à Convenção da Filadélfia condenam como "despotismo legislativo" e o ideólogo de Luís Napoleão tacha de "onipotência parlamentar" é constituído, tanto na Inglaterra, quanto na América e na França, pela drástica personalização do poder, a ser confiado a um líder capaz de neutralizar politicamente a multidão". (LIMA, 2008, p. 5).
[3] "Em outras palavras: se a versão econômica e política, especialmente, do liberalismo optou por incluir discursivamente nos processos decisórios as camadas sociais estranhas à aristocracia cultural, econômica e política, esta mudança de discurso se deu por pressão externa ao pensamento liberal e, na verdade, o binômio emancipação e 'des-emancipação' nunca deixou de representar a polaridade protagonizada pelos liberais, ou seja, cada conquista revolucionária, correspondia a um tipo de reação interna àquela conquista". (LIMA, 2008, p. 4).

dificilmente processados ao longo de importante percurso histórico. Mesmo o processo de inclusão do povo, na sua diversidade, no rol das condições para escolher seus representantes, foi resolvido apenas no século XX, em países de capitalismo moderno, diga-se de passagem.

Foi inevitável estruturar um discurso calçado numa lógica eleitoral que não aclamasse, ainda que hipocritamente, o valor da participação das massas nos rumos do poder. Notavelmente, isso constituiu um caminho sem volta.

Wood elenca também que as classes dominantes, não obstante o movimento inexorável da democracia de massas, buscaram limitá-la na prática, adotando "estratégias ideológicas que visavam a estabelecer limites para a democracia na teoria. E, assim como 'domesticaram' as teorias revolucionárias [...], também se apropriaram da democracia e a naturalizaram",[4] de modo que incorporaram o significado de democracia "aos bens políticos que seus interesses particulares podiam tolerar."[5]

Nesse sentido, o liberalismo é o próprio esvaziamento da noção de democracia naquilo que sustentava a essência de seu significado. Na medida em que a democracia de massas avançou, ela se estabeleceu ideologicamente até assumir, de forma prática, a separação entre o poder popular efetivo e o poder de decisão.

Essa transição foi possível, seguramente, pelas salvaguardas dos "direitos constitucionais e processuais e do poder coletivo das massas subordinadas para a privacidade e para o isolamento do cidadão individual. Mais e mais o conceito de democracia passou a ser identificado como liberalismo".[6] Noutros termos, a democracia se processou nos limites do liberalismo na medida em que se estabeleceu um importante processo de alienação do poder democrático, clivando o povo do poder.

Os valores fundantes do liberalismo antecedem o próprio capitalismo e se contrapõem às formas pré-modernas e pré-capitalistas de poder. E "o que torna possível a identificação de *democracia* com liberalismo é o próprio capitalismo. O capitalismo tornou possível a *redefinição* de democracia e sua redução ao liberalismo."[7]

A esfera política – que passa a existir – se colocava deslocada do poder econômico, ao passo que a esfera econômica passou a existir sem a marcação do privilégio político.

Assim, diz Wood que "as condições reais que tornam possível a democracia liberal também limitam o alcance da responsabilidade democrática [...]" deixando intocada toda a nova esfera de dominação e coação criada pelo capitalismo.[8]

---

[4] *Idem*, p.195.
[5] *Idem*, p.195.
[6] *Idem*, p. 196.
[7] *Idem*, p. 201.
[8] *Idem*, p. 201.

Esse aspecto permitiu sobremaneira a regulação da vida pelas leis do mercado, pelo critério da maximização do lucro, à mercê do processo político, à margem da responsabilidade democrática, não sendo difícil imaginar a feição "nula" de rugosidades entre a democracia liberal formal e o capitalismo.

O mercado passa a ser visto como espaço da plena liberdade, como instrumento de realização da vontade, das escolhas dos indivíduos postas livremente. Nesse ponto especificamente, a própria compulsão estrutural do capital, direcionada à acumulação-expansão, é atribuída aos indivíduos, como compulsão desses em relação aos seus desejos livremente exercidos.

Essa abordagem, bastante discutida por Adam Smith e utilizada por Hegel para decretar o fim da história projetando um caráter atemporal para o capital, também está na base da compreensão da liberdade no cerne do capitalismo, conforme acreditam os clássicos da economia política burguesa.

O mercado, portanto, jamais é pensado como mecanismo de coação, de dominação, sendo percebido, assim, como esfera da liberdade. Eventuais conjunturas que acentuem algum caráter regulatório mais incisivo buscam apenas aperfeiçoá-lo diante de contextos desfavoráveis, sem jamais situá-lo ao alcance de um processo democrático destoante do que assegura a formalidade da democracia liberal.

Não à toa, a democracia é cada vez mais identificada com a noção de mercado livre, como se as credenciais democráticas de um certo país fossem crescentes na medida da elevação do seu grau de comprometimento com os fundamentos da economia de livre mercado. Numa síntese: menos Estado, menos política.

É óbvio, por assim dizer, o isolamento da dimensão econômica a níveis cada vez mais marcantes do poder democrático. E defender essa clivagem passou a ser um critério vigoroso de democracia.[9]

A defesa de instituições meramente econômicas e fora do alcance do poder democrático passou a ser a regra nas economias de mercado e nos países ditos democráticos. Essa defesa se sustenta numa suposta autonomia decorrente da insubmissão à política e à sujeição a decisões e escolhas dessas a critérios racionais e livres de contaminações que não aquelas da governança próprias às práticas de mercado.

Além do esvaziamento da política, da retração do poder democrático, tem-se a marginalização da esfera pública como espaço de construção de políticas de interesses da coletividade, uma vez que se reduz o alcance dessas instituições meramente aos interesses circunscritos aos segmentos diretamente relacionados às temáticas que operam.

"A esfera de poder econômico, no capitalismo, expandiu-se para muito além da capacidade de enfrentamento da democracia; e a democracia liberal, seja como conjunto de instituições [...] não foi criada para ampliar seu alcance naquele domínio."[10]

---

[9] *Idem*, p. 202.
[10] WOOD (2003, p. 202).

A mesma autora reconhece que a democracia moderna evoluiu incluindo, assegurou a expansão de direitos políticos, suprimiu a escravidão e ofertou cidadania a mulheres e aos trabalhadores; mas ela insiste em que o "progresso da democracia moderna está muito longe da falta de ambiguidades, pois, à medida que os direitos políticos se tornavam menos exclusivos, também perdiam muito de seu poder."[11]

Resta saber se o capitalismo terá como triunfar com a democracia em sua forma literal.

2 A face neoliberal do capitalismo

Levando à radicalização a tendência estrutural do capital, o neoliberalismo encerra a humanidade do homem nos contornos do mercado e de seu modo de operação. Assim como o capitalismo não pode ser reduzido a um modo de produção, mas a uma forma societal capaz de regular toda a vida humana, das manifestações mais externas e objetivas, como o controle de negócios em escala global e as decisões de investimentos neles encerrados, até as aspirações mais íntimas e critérios que definem a subjetividade dos indivíduos nas suas vidas particulares, o neoliberalismo aprofunda este cerco e "tornou-se hegemônico como modalidade de discurso e passou a afetar tão amplamente os modos de pensamento que se incorporou às maneiras cotidianas de muitas pessoas interpretarem, viverem e compreenderem o mundo."[12]

Desde sua emergência, associada ao desmonte do Estado de Bem-Estar em boa parte da Europa, e mesmo seu ingresso nos recém-integrados do Leste europeu, o neoliberalismo varreu o mundo em menor ou maior grau, sendo um marco decisivo nas novas políticas econômicas adotadas e nos perfis de Estado erguidos a partir dos anos 70 do século passado.

Para Duménil e Levy,[13] o neoliberalismo constitui um fenômeno multifacetado e, embora seja difícil precisar seu início, é resultante de um conjunto de determinantes históricos convergentes nos marcos da luta de classes do capitalismo.

A expressão objetiva disso na estrutura da renda nacional nos países representou, particularmente, a apropriação a níveis cada vez mais crescentes de renda pelo capital.

Essas manifestações se deram por meio das fortes pressões sobre o trabalho, não somente nos países centrais, mas em todo o mundo capitalista. Tais pressões situaram-se numa espécie de acumulação reversa, subtraindo concessões dadas ao

---

[11] *Idem*, p. 203.
[12] HARVEY D (2005), p.13.
[13] DUMÉNIL e LEVY (2013).

trabalho, através das reformas, e permitindo a recomposição das taxas de lucros do capital, abaladas nas crises dos anos 70.

Nos anos 90, no Brasil, a vulnerabilidade da economia brasileira, aberta e sem controle de fluxos de capitais, mais a fragilidade do Estado brasileiro, há anos capturado pela necessidade de financiamento, permitiu um recrudescimento das posições reformistas da agenda neoliberal. Várias das políticas de governança das políticas econômicas, vigentes desde então até os dias atuais, implementadas nesse contexto, acabaram aprisionando, em termos efetivos, a institucionalidade do Estado brasileiro à configuração exigida pela acumulação da alta finança dos mercados, fração do capital dominante no ordenamento neoliberal.

É nesse sentido, aliás, que deverá ser observada a relação do Estado brasileiro com a capacidade de implementar os compromissos estabelecidos na Constituição Federal de 1988.

Essa fase do capitalismo brasileiro foi marcada por uma alteração da estrutura institucional de regulação da economia, consolidando políticas e instrumentos de governança apropriados aos interesses do mercado.

Não sem rebatimentos, a agenda política nacional foi totalmente absorvida pelas prioridades alocadas pelas reformas pró-capital atinentes com os novos tempos.

Benjamim identifica esse período como o portador, na história recente, de uma "verdadeira herança maldita" deixada ao país nos anos seguintes. Para o autor, três faces fundamentais caracterizam essa herança no Brasil. A primeira seria a perda de autoconfiança, com uma profunda alteração no imaginário de potencial que marcou o país ao longo do século XX, passando a ser esse submetido a ajustes e restrições de toda ordem, acompanhados de um intenso processo de desmonte do Estado e de parte importante da infraestrutura produtiva e social do País, até então essencial ao seu desenvolvimento.[14]

A segunda herança seria a mutilação da capacidade do país e de suas instituições de formular sua própria agenda.[15] De fato, o neoliberalismo elevou a tirania do retorno financeiro aos limites do possível. No debate público experimentado nessa fase brasileira, extensiva até os dias atuais, predomina a agenda financeira dos mercados, entre outras questões essenciais ao capital financeiro, em detrimento das agendas reais e decisivas para o futuro do país, para as questões concretas do Estado e da nação.

Por fim, arremata Benjamim (2004) que a terceira herança do neoliberalismo no Brasil foi, seguramente, a alteração da percepção da temporalidade em que são construídas as nações. A tirania do curto prazo, intrínseca à natureza do capital financeiro, teria subtraído das instituições políticas e até das pessoas a percepção do tempo e dos reais elementos constitutivos de um povo, de uma nação.

---

[14] BENJAMIM (2004).
[15] *Idem*, p. 133.

É nesse imaginário, nos planos político e ideológico, que se encontra a principal vitória do neoliberalismo, conforme assinala Perry Anderson.[16] Pois socialmente, teria criado sociedades marcadamente desiguais.

De maneira geral, na fase neoliberal do capitalismo ocorre um processo de sofisticação e de aprofundamento dos mecanismos de exploração do trabalho e valoração do capital. Nesse item especificamente, o capital assume uma vertente de acumulação abstrata dificilmente identificada em outros períodos da história. A financeirização[17] da economia, a centralidade que assume o mercado financeiro na definição dos rumos políticos dos países permitiu o desenvolvimento de um aparato extraordinário de expansão fictícia de capital, tornando o sistema como um todo bastante vulnerável, como, aliás, parece der deixado claro a crise dos *subprime* nos EUA, em 2007.

3 A tirania do mercado e a submissão democrática

Frente a esse inexorável movimento de expansão, a força constitucional dos países tem pouca resistência a apresentar. Especialmente no caso brasileiro, é curioso o fato histórico de, imediatamente após a promulgação de uma Carta Constitucional compromissada com vários direitos sociais, prosseguir, no país, uma agenda de recrudescimento de limitação das capacidades do Estado em efetivar as disposições do texto constitucional.

Não desnecessariamente, Eros Graus afirma que a "Constituição formal, especialmente quando concebida como meramente programática [...] consubstancia um instrumento retórico de dominação. Por ter esse perfil, ela se transforma em mito."[18]

O neoliberalismo é incompatível com a Constituição de 88, que se compromete com um Estado de bem-estar[19] e somente avança porque os sucessivos governos se ocupam de curvar a Constituição aos imperativos do mercado, e não o contrário. "E a incompatibilidade entre qualquer deles e o modelo econômico por ela definido consubstancia situação de inconstitucionalidade, institucional e/ou normativa",[20] ainda que isto não constitua qualquer consequência institucional significativa.

Contraditoriamente, ao mesmo tempo que o neoliberalismo estabelece como exigência a configuração de um Estado atenuado, recuado em relação à expansão do capital no que se refere às funções que exerce e até mesmo no caráter regulatório

---

[16] ANDERSON (1995).

[17] "A desregulamentação financeira, que o programa neoliberal postula, criou condições muito mais propícias para a inversão especulativa do que produtiva, ensejando a prática de um volume astronômico de transações puramente monetárias". (*Idem*, p.16).

[18] "[...] continente de normas que não são normas *jurídicas*, na medida em que defini direitos que não garante, na medida em que define direitos que não garante, na medida em que esses direitos só assumem eficácia plena quando implementados pelo legislador ordinário ou por ato Executivo." (GRAUS, 2002, p. 40).

[19] *Idem*, p. 46.

[20] *Idem*, p. 46.

que poderia projetar, exige noutra ponta, em relação ao trabalho, ao menos em termos disciplinador, um Estado forte, capaz de desmontar as suas articulações, de desmobilizar sindicatos e de impor agendas contracionistas,[21] frequentemente reducionistas em termos de direitos ao trabalho e dos direitos sociais.

O alastramento do capital sob a argumentação de promoção do uso generalizado e eficiente dos recursos no planeta traz em seu rastro as crises potencialmente mais desagregadoras da atualidade, como as grandes tragédias humanitárias da guerra, da miséria crescente de seções do trabalho e da crise ambiental sem precedentes.[22]

E, ao dilapidar o espaço público capaz de mediar essas crises; ao implodir a política como meio de controle do destino dos países e suas reais necessidades; ao deslegitimar, por consequência, o espaço democrático necessário ao entendimento e à estruturação de respostas a essas crises colocadas e potencializadas pelo próprio neoliberalismo – porque é isto que constitui sua operação: desmobilizar a dimensão política da vida humana, reduzindo-a um complexo processamento de relações de trocas no mercado –, o neoliberalismo se coloca frontalmente contra a democracia como tal.

"Há marcante contradição entre o neoliberalismo [...] e a democracia, que supõe o acesso de um número cada vez maior de cidadãos aos bens sociais. [...] a racionalidade econômica do neoliberalismo já elegeu seu principal inimigo: O Estado Democrático de Direito".[23]

Atualmente, o mercado, embora não tenha chancela democrática para delegar políticas e diretrizes para o país, representa, efetivamente, uma espécie de parlamento oculto, definindo, junto ao governo eleito para o Executivo, e junto aos congressistas para o Legislativo, os programas a serem priorizados, a natureza da proposição orçamentária, os marcos regulatórios a serem implementados e a agenda de ação a ser estabelecida.[24]

---

[21] "O comprometimento, a partir dos anos setenta do século XX, dos níveis necessários de lucros das empresas e o desencadeamento de processos inflacionários que inevitavelmente conduziriam a uma crise generalizada das economias de mercado impunham, na concepção neoliberal – observa Perry Anderson – a manutenção de um Estado forte em sua capacidade de romper o poder dos sindicatos e no controle do dinheiro, mas parco em todos os gastos sociais e nas intervenções econômicas. 'A estabilidade monetária – prossegue o autor – deveria ser meta suprema de qualquer governo. Para isso seria necessária uma disciplina orçamentária, com a contenção dos gastos com bem-estar, e a restauração da taxa 'natural' de desemprego, ou seja, a criação de um exército de reserva de trabalho para quebrar os sindicatos. Ademais, reformas fiscais eram imprescindíveis, para incentivar os agentes econômicos, então às voltas com uma estagflação, resultado direto dos legados combinados de Keynes e de Beveridge, ou seja, a intervenção anticíclica e a redistribuição social, as quais haviam tão desastrosamente deformado o curso normal da acumulação e do livre mercado'. O Desenho do programa se completa com a política de privatizações." (GRAUS, 2002, p. 48).

[22] Sob o neoliberalismo, "a globalização ameaça a sociedade civil, na medida em que: (i) está associada a novos tipos de exclusão social, gerando um subproletariado (*underclass*), em parte constituído por marginalizados em função da raça, nacionalidade, religião ou outro sinal distintivo; (ii) instala uma contínua e crescente competição entre os indivíduos; (iii) conduz à destruição do serviço público (=destruição do espaço público e declínio dos valores do serviço por ele veiculados). Enfim, a *globalização*, na fusão de competição global e de desintegração social, compromete a liberdade." (*Idem*, p. 49).

[23] *Idem*, p. 55.

[24] "A liberalização financeira teve efeitos para muito além da economia. Há muito que se compreendeu que era uma arma poderosa contra a democracia. O movimento livre dos capitais cria o que alguns chamaram

Tem-se, nessas circunstâncias, um processo de apropriação das instituições democráticas em favor de um segmento sem face, que não se apresenta no debate público, mas disputa e, frequentemente altera a seu favor todo o processo político no país.

Todas as proposituras políticas que contrariam essa perspectiva ganham a marginalidade do debate político e são frequentemente taxadas de irracionais. Sem prejuízo das críticas realmente importantes acerca de práticas predatórias do Estado, não se pode deixar de lembrar que, comumente, políticas que fogem ao *script* da austeridade, fazendo jus às aspirações prudenciais do mercado financeiro, são tratadas de populistas. Esta manifestação se volta, de forma generalizada, à efetivação de políticas sociais, independentemente de estarem estas num rol de políticas concatenadas com as previsões constitucionais, representando, portanto, a efetivação de direitos pelo Estado.

Isso não seria possível não fosse a força ideológica que sustenta esta narrativa. Esses instrumentos de política não teriam a força de convencimento que possuem não fosse a construção desse imaginário que cerca as sociedades neoliberais.

A disputa se dá principalmente no mundo simbólico, no poder das palavras. A narrativa da imprensa corporativa, que impregna e acompanha a discussão que realmente interessa ao mercado financeiro é carregada de significados que exercem importante força atrativa no imaginário social, como: "ajuste", "ordem na casa" e outros, em referência a processos de estruturação orçamentária, de "responsabilidade fiscal", de "sustentabilidade", etc. Que tipo de discurso enfrenta a leitura positiva que trazem esses termos? Noutras palavras, que articulação se posicionaria contrariamente a conceitos aparentemente tão justos?

Benjamim lembra essas aplicações ao tratar da força simbólica que tem a Lei de Responsabilidade Fiscal, por exemplo. Em seus próprios termos, ele lança: "quem, além dos irresponsáveis, pode ser contra uma lei de responsabilidade?",[25] ainda que, no fundo, a lei represente um dispositivo cuja centralidade está tão somente na preservação dos interesses de credores financeiros, em detrimento de outras questões.

A questão da dívida pública constitui tão seriamente um mecanismo de acumulação que um dos principais instrumentos que precificam sua remuneração – a taxa básica da economia, ou Taxa Selic, definida pelo Comitê de Política Monetária do Banco Central –, tornou-se alvo de especulação; e não é incomum ser alvo de movimentações que envolvem a imprensa e o mercado financeiro, visando à sua elevação, com consequências sérias ao custo de financiamento da dívida pública, resultando em mais restrição à capacidade do Estado de cumprir com políticas públicas básicas.

---

um "parlamento virtual" de investidores e credores que controlam de perto os programas governamentais e "votam" contra eles, se os consideram "irracionais", quer dizer, se são em benefício do povo e não do poder privado concentrado.". (CHOMSKY, N., 2015).

[25] BENJAMIM (2004, p. 17).

Até externamente, através de agências de risco, que estão sob julgo do próprio mercado, atuado sob critérios nada transparente, o país transfere poder de decisão e submete as escolhas relativas às suas obrigações constitucionais aos imperativos das expectativas do mercado.

4 Considerações

O embate ideológico posiciona-se de modo central no contexto brevemente discutido neste texto. Porque ela – a ideologia – instaura no teor das instituições políticas, que mediam os valores e as aspirações de uma época, os princípios práticos e objetivos que retroalimentam as relações de produção tiranizadas pelo capitalismo, reproduzindo-as dialeticamente nas formas políticas institucionalizadas no Estado, nas instituições democráticas e no próprio Direito como regulador da vida social.

É preciso compreender que o Estado brasileiro adota independentemente do governo da ocasião, políticas econômicas que assaltam direitos ou desmontam a capacidade do próprio Estado de cumprir com a Constituição do país. É preciso desnudar as narrativas que penetram o imaginário social de grandes contingentes da população. Essas narrativas comportam interesses velados inconfessáveis, alinhados aos segmentos que exercem, nesta fase da história, o controle da economia, dando formas muito específicas à luta de classes processada nestes tempos.

O desenvolvimento desta crítica nas dimensões da democracia, do Direito e do Estado ainda constitui uma tarefa importante para mediar as crises do capitalismo sob um comando ampliado, ao menos para tornar este percurso histórico menos explosivo, reduzindo seu caráter ameaçador diante das crises colocadas.

Nas condições atuais, em que o capital captura as mediações que deveriam ser preenchidas por outras racionalidades de pensamento, as resoluções para os impasses do capitalismo não concebem outras saídas fora dos critérios dos mercados. Serão sempre saídas à frente, deslocando suas contradições para contextos cada vez mais explosivos. E pior, sob essas condições, jamais estão na centralidade do debate aquilo que não seja de interesse dos mercados.

É partindo dessa premissa que o Direito, a política, o Estado e a democracia tendem a ser observados como espaços decisivos de disputa sobre as perspectivas civilizatórias em jogo.

Referências

ANDERSON, P. Balanço do neoliberalismo. In: GENTILI, P.; e SADER, E. (orgs.). *Pós-Neoliberalismo*. São Paulo: Paz e Terra, 1995.

BENJAMIM, C. *Bom combate*. Rio de Janeiro: Contraponto, 2004.

CHOMSKY, N. *A cara antidemocrática do capitalismo*. Disponível em: <http://cartamaior.com.br/?/Editoria/Politica/A-cara-antidemocratica-do-capitalismo%0d%0a/4/14523>. Acesso em: 28 abr. 2015.

DUMÉNIL, G. e LEVY, D. *A Crise do neoliberalismo*. São Paulo: Boitempo, 2013.

GRAUS, E. R. *A ordem econômica na Constituição de 1988*. São Paulo: Malheiros, 2002.

HARVEY, D. *O Neoliberalismo*: história e complicações. São Paulo: Loyola, 2008.

LIMA, Martonio Mont'Alverne Barreto. *Marxismo e Direito*: uma relação sempre dilemática. V Colóquio Internacional Marx e Engels. Centro de Estudos Marxistas (CEMARX) da Unicamp.

LIMA, Martonio Mont'Alverne Barreto. *Constituição e Política*: a impossibilidade da realização da Constituição sem a política na Jurisdição Constitucional. Disponível em: <http://www.oab.org.br/editora/revista/users/revista/1205505815174218181901.pdf>. Acesso em: 10 maio 2015.

LIMA, Martonio Mont'Alverne Barreto. *Marxismo e Direito*: uma relação sempre dilemática. V Colóquio Internacional Marx e Engels. Centro de Estudos Marxistras (CEMARX) da Unicamp.

WOOD, E. M. *Democracia Contra Capitalismo*: a renovação do materialismo histórico. São Paulo: Boitempo, 2003.

WOOD, E. M. *O império do Capital*. São Paulo: Boitempo, 2014.

Informação bibliográfica deste texto, conforme a NBR 6023:2002 da Associação Brasileira de Normas Técnicas (ABNT):

NOGUEIRA, Georgheton Melo. Do liberalismo ao neoliberalismo: O esvaziamento democrático e a tirania do mercado. In: BOLONHA, Carlos et al. (Coord.). *30 anos da Constituição de 1988*: uma jornada democrática inacabada. Belo Horizonte: Fórum, 2019. p. 567-576. ISBN 978-85-450-0595-7.

O FUTURO DA ADVOCACIA: UMA ESPECULAÇÃO FUNDAMENTADA DO QUE NOS ESPERA; O QUE PENSA E QUER A GERAÇÃO QUE VAI FAZER O FUTURO DA ADVOCACIA?

Luiz Guilherme Migliora

1 Introdução

O que se espera do futuro da advocacia? A partir da observação e análise do cenário atual da advocacia e do comportamento dos advogados que chegam ao mercado, esse artigo se propõe a projetar o seu futuro considerando a perspectiva dos novos talentos que ingressam nesse mercado a cada dia.

2 As firmas e suas várias formas no Brasil de hoje

O cenário atual da advocacia no Brasil apresenta facetas aparentemente inconciliáveis de uma mesma atividade. A tentativa de segmentar esse mercado é pouco precisa, mas pode ajudar na construção de um entendimento sobre o tema. Dentre as grandes firmas de advocacia, encontram-se, de um lado, aquelas que se dispõem à prestação de um serviço completo (*full service firms*) para empresas, por preços comumente elevados, baseando-se em reputação e qualidade igualmente elevadas e uma boa dose de tecnologia. De outro, há firmas não menos imponentes em número de advogados e faturamento, mas que se destinam à gestão de grandes volumes de processo em diversas áreas do direito, com foco em áreas em que o volume tem sido historicamente mais elevado: disputas em relações de consumo e trabalhistas principalmente.

Essas estruturas têm em comum apenas o seu tamanho em números de profissionais e seus faturamentos elevados. No mais, são propostas diametralmente opostas. Se, por um lado, os escritórios que se dispõem a gerir grandes volumes de litígios apostam maciçamente em processo e tecnologia para otimizar a realização de trabalhos até certo ponto repetitivos, competindo principalmente por preço, os escritórios *full service* têm como propósito maior a garantia de alta qualidade e integração de várias áreas para poder atender seus clientes e cobrar preços elevados.

Além dessas duas estruturas, há as firmas de menor tamanho que são, em sua grande maioria, escritórios de nicho, com foco em determinadas áreas do direito e oferta de serviços de qualidade, muito das vezes com preços mais competitivos do que as firmas *full service*. A aposta dessas firmas é na oferta de serviços de qualidade comparável ou superior àquela encontrada nas grandes firmas *full service*, mas com preços mais competitivos em vista da sua estrutura mais eficiente, inclusive por causa do tratamento tributário da sua receita (lucro presumido vs. lucro real). Nas comparações, essas firmas de nicho ganham no preço e perdem na capacidade de entrega de serviços jurídicos de forma integrada e eficiente, tornando a gestão dos assuntos mais complexa do lado do cliente por não poderem atendê-lo em diversas áreas.

Não se pode naturalmente deixar de considerar firmas de nicho altamente especializadas, que podem ter tamanhos variados, mas que se caracterizam por serem consideradas líderes em suas áreas, muitas das vezes em decorrência da reputação de seus fundadores, que se estende aos sócios mais novos e perpetua uma noção de alta qualidade e reputação. Essas firmas são poucas e muito bem-sucedidas, cobram honorários elevados e muito das vezes com grandes prêmios pelo atingimento do resultado esperado pelo cliente. São, de certa forma, exceções no mercado, mas, por muito notáveis, devem ser sempre consideradas.

Há naturalmente uma gama de firmas de advocacia que não se enquadram perfeitamente seja como firmas de grande porte *full service* ou dedicadas à gestão de grandes volumes de litígios, seja como firmas de nicho, mas acabam adotando um pouco de cada e se posicionando entre esses três modelos mais claramente identificáveis. A criatividade e dinâmica do mercado da advocacia não permite uma classificação homogênea dos seus atores. As exceções ou os pontos fora da curva confirmam a regra.

3 Os talentos que serão o futuro da advocacia

Nesse cenário, o que esperam os novos talentos da advocacia, assim entendidos como aqueles jovens estudantes de direito que cursam as melhores escolas e podem concorrer às melhores vagas nos escritórios de advocacia? Como a atitude desses novos talentos deve influenciar o futuro da advocacia?

A geração de talentos que hoje chega ao mercado, depois de ter crescido em um ambiente de maior acesso e mobilidade, traz uma preocupação renovada com o equilíbrio entre o trabalho e outros interesses pessoais. Essa geração não se recusa a trabalhar com afinco ou longas horas quando necessário, mas demanda ser seduzida por suas tarefas e espera que haja espaço para conciliar o trabalho com outros interesses pessoais. Aquela geração que se dedicava quase que exclusivamente ao trabalho está envelhecendo e se tornando obsoleta. Obviamente que há variações dependendo das características de cada um, mas nota-se uma inegável busca por trabalhos interessantes e desafiadores e possibilidade de conciliar o sucesso profissional com outros interesses pessoais. Os novos talentos querem se relacionar afetivamente com o seu trabalho.

Essa nova postura dos talentos que competem pelas melhores vagas no mercado e que são disputados pelos melhores escritórios resulta em desafios novos para esses escritórios. Se por um lado eles têm que assegurar remuneração competitiva, isso só não basta. Os escritórios têm também que se manter atrativos para os talentos, cuidando da sua reputação no mercado para atraí-los com a promessa de bons trabalhos. Além disso, têm que implementar sistemas de trabalho criativos para atender às demandas de flexibilidade e conciliação de interesses dos novos talentos. E têm que municiar esses talentos com *feedback* para saberem como estão indo e para onde estão indo. Os novos talentos querem admirar o local onde trabalham e seus líderes, querem ter orgulho de pertencer a esse ou aquele escritório. Mas como se pode proporcionar isso?

Antes de mais nada, é necessário cuidar da reputação capaz de atrair novos talentos. Ela deve ser mantida pela divulgação cuidadosa, mas sistemática, de seus sucessos e manutenção de seu nome em destaque nos ambientes próprios (diretórios especializados, escolas de direito, mídia especializada). As mídias sociais passam a ter um papel relevante na criação e manutenção da reputação de escritórios perante os novos talentos, por ser seu ambiente natural, onde crescem e se reproduzem. Mas isso não basta. Os novos talentos não buscam apenas um lugar que colecione êxitos nos assuntos jurídicos, mas também por iniciativas que capturam desejos atuais da sociedade, que passam pela inclusão de gênero e raça, pelo engajamento em projetos sociais relevantes e pela capacidade de proporcionar treinamento contínuo de qualidade para seus integrantes, por um comportamento "cidadão" por parte dos escritórios, que passam a ser testados também como potenciais elementos modificadores do cenário social.

Em outras palavras, os novos talentos não querem apenas se juntar aos escritórios que têm reputação pelos seus feitos em processos ou em transações, mas querem também se relacionar pessoalmente, afetivamente, com essas entidades e por isso observam e levam em conta as ações da instituição na comunidade em que ela está inserida. Os debates sociais envolvendo posicionamento relativamente a gênero, aceitação e integração de membros da comunidade LGBT, diversidade de raça, abertura de oportunidades para candidatos menos privilegiados (às vezes oriundos de escolas de direito menos prestigiadas, mas com enorme vontade de aprender) são fundamentais para se estabelecer esse relacionamento afetivo entre o jovem advogado e a organização onde trabalha.

A isso se soma uma enorme demanda por informação e transparência quanto ao que querem e o que fazem os escritórios de advocacia interna e externamente. As novas gerações são controladoras e querem mais e mais informação sobre o funcionamento e políticas dos escritórios onde trabalham. Com isso, querem se sentir parte e capazes de influir. Querem, ainda, saber o que essas organizações fazem e pretendem fazer quanto aos temas relevantes da sociedade que podem ser influenciados pela sua atitude com relação a eles.

Essa gama de informação possibilita um envolvimento mais intenso com a organização e um sentimento mais amplo de pertencimento que leva ao maior comprometimento.

Assim, a busca por jovens talentos envolve: (i) remuneração compatível com o mercado, que se fala mais do que nunca e se compara continuamente, pois não se pode esquecer que essa geração está acostumada a disponibilizar e a ter informação disponível instantaneamente em suas mãos; (ii) possibilidade de e clareza na forma como se dará sua evolução na carreira; (iii) possibilidade de conciliar outros interesses pessoais com a sua atividade de advogado, pois esses meninos não querem ser apenas advogados, mas querem dar asas a outros prazeres, que podem incluir atividades artísticas, culinária, viagens, esportes, e aí por diante, em um infinito de possibilidades; e (iv) postura clara e condizente com as convicções dessa geração com relação a questões momentosas como igualdade de gênero e raça, inclusão de LGBTs, atuação social responsável, além de (v) programas de *wellness* dirigidos a seus integrantes e até mesmo espaço físico atual e integrador.

Todos esses elementos proporcionam uma relação entre advogado e escritório de advocacia que ultrapassa os limites da relação profissional fria. Em alguma medida, os desejos dessa geração de advogados capturam e amplificam conceitos novos já consolidados no direito civil que revolucionaram o papel das empresas, como os conceitos de boa fé objetiva em contratos (demanda-se de empresas mais do que o comportamento legal, mas um comportamento ético, leal, de boa-fé) e de função social das empresas (não basta dar lucro e enriquecer seus sócios; tem que atuar de forma positiva na comunidade a sua volta).

4 O comprometimento organizacional afetivo

O tema não é novo. Na literatura especializada no estudo do comportamento de profissionais em locais de trabalho, já de há muito se fala em comprometimento organizacional como elemento essencial para o sucesso da relação entre indivíduos e seus locais de trabalho. Nos anos 90, Allen e Meyer (ALLEN E MEYER, 1990) definiram que os indivíduos permanecem trabalhando em organizações porque têm desejo de ali permanecer quando estão afetivamente comprometidos com a organização. Em artigo clássico de grande impacto na área de administração de pessoas, intitulado "A medição e os antecedentes do comprometimento organizacional afetivo, de continuação e normativo" (*The measurement and antecedents of affective, continuance and normative commitment to the organization*), Allen e Meyer estabeleceram três modalidades de comprometimento dos indivíduos com as organizações onde trabalham.

"O *comprometimento organizacional afetivo* é considerado presente quando há uma ligação emocional e afetiva entre o indivíduo e a organização, de modo que o indivíduo fortemente comprometido se identifica e tem prazer na sua vinculação com a instituição"[1] (ALLEN E MEYER, 1990). Por outro lado, o *"comprometimento organizacional de continuidade* foi conceituado exatamente como levando em conta (...) as perdas inerentes à saída de uma organização (alto sacrifício) e a percepção de falta de outra oportunidade de emprego/trabalho (poucas alternativas)"[2] (HERRBACH, 2006, página 633). O *comprometimento de continuidade* ou *continuance commitment* se dá quando o indivíduo permanece na organização principalmente por causa dos custos envolvidos na implementação de sua saída da organização comparados com a conveniência de continuar no mesmo lugar. Trata-se eminentemente de uma análise de custo-benefício e falta de melhor opção (Allen & Meyer, 1990). Por fim, o chamado *comprometimento organizacional normativo* se relaciona fortemente com a lealdade para com a organização e/ou seus fundadores. Essa forma de comprometimento tem a ver com obrigação moral e não com prazer ou desejo ou com uma análise de custo-benefício.

Já nos anos 90 se falava que naturalmente o comprometimento afetivo do indivíduo com a organização onde trabalha é a modalidade de comprometimento, considerando a classificação de Allen e Meyer, mais desejada pelas organizações, pois resulta em relações mais duradouras e produtivas. A mera observação dos jovens talentos que hoje ingressam na advocacia leva à inequívoca conclusão de que eles buscam mais e mais essa relação afetiva com os locais que escolhem para trabalhar como estagiários ou jovens advogados.

Portanto, cabe aos escritórios de advocacia proporcionar o surgimento e manutenção dessa forma de comprometimento por parte dos jovens talentos.

5 E o que têm feito os escritórios de advocacia nesse cenário?

Interessante notar que os novos talentos são mais diversos em suas demandas e anseios. No passado recente, todos os advogados ingressantes em um escritório queriam a mesma coisa: trabalhar furiosamente, tornar-se sócios na corrida pela sociedade, ganhar muito bem, adquirir bens que demonstram para a comunidade em que estão inseridos seu sucesso e ascensão social e continuar trabalhando sem perder o foco até a aposentadoria.

Hoje naturalmente que ainda há talentos famintos e que repetem esse padrão, mas há outros tantos que não confirmam essa regra. Há os que querem trabalhar com afinco, *ma non tropo,* ganhar bem para poder morar naquele apartamento bacana na área da moda, mas não quer carro (muito menos importado e caro); não quer relógios que custam milhares de dinheiros e outros símbolos de sucesso e

---

[1] Affective commitment is "considered an affective and emotional attachment to the organization such that the strongly committed individual is identified with, is involves in, and enjoys membership in, the organization"

[2] "continuance commitment has been conceptualized precisely as taking into account (...) the losses incurred when leaving an organization ("high sacrifice") and the perception of a lack of other employment opportunities ("low alternatives")"

que são por eles considerados supérfluos; não querem viagens de primeira classe nem destinos caríssimos, mas querem poder viajar para os lugares descolados, se hospedar em *hostels* ou *airbnb's*; querem comprar comida orgânica, cuidar da saúde, andar de bicicleta ou *scooter*, usar roupas compradas em brechós e viver com qualidade alta, conciliando muitos interesses.

Esses talentos, muitas vezes muito eficientes no dia a dia das firmas, olham para os sócios dessas firmas, trabalhando, ainda, longas horas aos 50 ou 60 anos, mostrando sinais de cansaço físico e desgaste pelos anos de maus tratos à sua saúde, e até mesmo uma incapacidade de encontrar prazer fora do trabalho, reféns de um padrão de vida muito elevado que foi sendo montado com o passar dos anos e das suas polpudas distribuições de lucros e dizem com todas as letras: "não é isso definitivamente o que eu quero para mim". Aqui há uma importante quebra de paradigma.

Esses talentos muitas vezes nem mesmo almejam a sociedade nos escritórios onde se inserem, mas se contentam e são mais felizes em posições que demandem menor dedicação e nível de aborrecimento com remuneração competitiva, mas não tão generosa quanto a dos sócios (as chamadas carreiras "Y") e desprezam olimpicamente as demonstrações de riqueza e ostentação dos sócios das suas firmas. Essa geração fará parte do futuro da advocacia e vem mudando a forma como os escritórios de organizam para atraí-los e retê-los.

Essa demanda fez com que escritórios cada vez mais invistam no fortalecimento e manutenção da sua reputação perante a nova geração de advogados, com importante investimentos nas áreas de diversidade, trabalhos sociais, treinamento e, naturalmente, marketing digital para colocar tudo isso nas mídias sociais e no radar dos novos talentos. E isso significa mais custos para as firmas sem necessariamente poderem esses custos ser repassados para os preços dos seus serviços.

Esse movimento é mais notável hoje nas firmas *full service*, que disputam com os escritórios de nicho os melhores alunos das melhores escolas de direito. Esses grandes escritórios, pela sua maior estrutura administrativa e contato com as novas tendências na área de gestão de pessoas, acabam por ser vanguarda nesses movimentos. Os escritórios de nicho tendem a seguir, exceto por aqueles altamente especializados que, da mesma forma que atraem clientes por sua expertise única, têm a capacidade de atrair talentos por esse mesmo motivo. Os escritórios que se dedicam à gestão de contencioso de massa tendem a ser menos influenciados por essas demandas, o que se explica pelo seu foco em custo e não necessariamente pelo recrutamento e manutenção dos profissionais mais disputados no mercado como regra.

Na busca por atender às demandas dessa nova geração, nota-se nas firmas de advocacia um maior empenho na busca por eficiência. Essa eficiência decorre das pressões internas por novos investimentos e pela natural pressão dos clientes por previsibilidade nos honorários e preços competitivos. A fatia mais sofisticada desse mercado vivia há não mais do que 20 anos predominantemente da geração de honorários por horas trabalhadas, sem se importar muito com limites e orçamentos, previsibilidade de parte a parte.

Hoje, essa forma de cobrar honorários está muito menos presente no dia a dia dos escritórios de grande porte, mesmo os mais prestigiosos. Por isso, a eficiência interna se tornou essencial para poder ser competitivo em preço sem perder a rentabilidade essencial para que o negócio prospere. Aquilo que era feito por dois ou três advogados, muitas vezes com dupla revisão, passou a ser feito por advogados mais novos bem treinados, por paralegais e estagiários, com controles baseado em sistemas e com uma revisão para controle final de qualidade menos extensa por parte dos sócios.

Mas isso não basta para fazer frente aos desafios de redução de custos, realização de investimentos necessários e manutenção da competividade de preços. Olhando para uma firma de advocacia, seus três maiores custos normalmente são impostos, pessoal e espaço físico. Impostos não podem ser reduzidos sem riscos muitas vezes superiores aqueles que se quer correr. O pessoal é a alma da firma de serviços e por isso há um limite para o que se pode fazer em termos de redução de custos nessa área. Sobra, então, o espaço físico. Nota-se nos últimos anos uma clara tendência de migração para espaços de trabalho menos suntuosos no tamanho e no acabamento, ambientes de espaço aberto, com advogados trabalhando em baias e dividindo salas, sócios com salas pequenas e concebidas para serem eficientes e não mais símbolos de status. As grandes mesas de madeira e cadeiras de couro, os tapetes e quadros foram substituídas por mesas moduladas, espaços reduzidos, cadeiras ergonômicas e painéis de formica onde se pode escrever na parede (quando há paredes).

Como os advogados são adeptos a uma certa ostentação, a parte suntuosa das firmas vem, aos poucos, sendo limitada aos espaços destinados aos clientes, moda lançada pelos grandes escritórios de Londres e NY e adotada gradativamente por grandes firmas locais. O espaço do cliente é o único onde o cliente vai. Ele não vê mais onde trabalham os advogados, não se encanta com a mesa de madeira de lei, não pisa mais naqueles tapetes persas escolhidos a dedo pelo sócio para ornar sua suntuosa sala. Isso tudo ficou limitado ao espaço do cliente. Com isso, gera-se mais eficiência por redução de custos com aluguel e manutenção de espaços físicos e mobiliário, que passa a ser definido com base em sua funcionalidade e não na sua beleza e mensagem de opulência e prosperidade.

Os novos espaços de trabalho (*co-working*) ajudam a consolidar a ideia de que um ambiente suntuoso não é necessário. Há outros benefícios mais sedutores do que esse. O ambiente de funcionalidade torna também mais comum e aceitável o trabalho em sistemas de home office, que tende a ser mais utilizado e mais aceito. Hoje esse sistema ainda sofre preconceitos da geração que não o entende ("não consigo trabalhar em casa", dizem os *baby boomers*) e das limitações legais impostas pela legislação trabalhista, mal equipada para essa modalidade até a recente reforma trabalhista, que introduziu um regramento mais claro, mas ainda sujeito às chuvas e tempestades da interpretação que será dada a esse regramento pelos juízes do trabalho.

Assim, as firmas de grande porte que normalmente inovam na gestão de escritórios de advocacia têm implementado cada vez mais medidas que antes eram estranhas à sua atividade.

No campo da atuação social, cada vez mais há comitês e planos para tratar da diversidade de gênero e raça, garantir que há espaço e perspectiva de carreira para advogadas do sexo feminino, para homossexuais e transgêneros, bem como para negros e para candidatos oriundos de escolas publicas e faculdades menos prestigiadas. Diversidade está no topo da lista de demandas desses escritórios hoje. Essa demanda vem de fora, de clientes estrangeiros, mas é reproduzida com enorme rapidez pelas novas gerações que recebem uma enormidade de informações sobre o tema na internet e se revoltam com as práticas ainda prevalentes no país.

Ainda nesse campo, há uma demanda cada vez maior pela atuação dos escritórios em causas *pro bono*, que atendam a interesses da comunidade sem a cobrança de honorários. Aqui, o papel social da empresa é cobrado pela sociedade e as novas gerações querem entender a extensão desse compromisso na sua relação com as organizações em que trabalham.

No campo da conciliação de interesses e promoção de evolução de carreira, as firmas têm revisto e melhor definido seus planos de carreiras, prevendo posições que possam demandar menos engajamento e menor remuneração (mas ainda atrativa) para os que preferem ter mais flexibilidade, mas mantendo o espaço para os que pretendem ter maior engajamento e concorrer pelas melhores remunerações. Aqui entram programas como os de trabalho remoto (*home office*) e flexível.

No campo do treinamento e desenvolvimento profissional, cada vez mais os escritórios têm adotado programas de treinamento constante dentro de suas instalações, utilizando a expertise de seus integrantes mais seniores e de consultores externos. Os treinamentos são os mais variados e incluem matérias jurídicas e não jurídicas, como línguas (o português e as estrangeiras), oratória, gestão de projetos etc. Não menos comuns e importantes são as oportunidades de estudos e treinamentos no exterior, seja para curso de curta duração, seja para mestrados, seja através de estágios em escritórios estrangeiros parceiros das bancas nacionais nas quais trabalham os candidatos.

6 Conclusão

O comportamento e as demandas dos novos talentos têm modificado de forma gradual, mas continua o ambiente e as prioridades dos escritórios de advocacia. A mudança começa nos escritórios de grande porte, com maior acesso e sensibilidade a novas modalidades de gestão de pessoas, mas aos poucos de alastra par ao mercado de uma forma geral. A organização de carreiras, o espaço físico, o trabalho não necessariamente presencial, as formas de remuneração, os interesses por temas antes estranhos à área do direito sã apenas algumas das manifestações essa revolução em curso. Aqueles que estão nesse mercado há algumas décadas já podem sentir a magnitude dessas mudanças. Os mais novos irão com o tempo consolidá-las e torna-las mais definitivas. As novas gerações estão pouco a pouco moldando o futuro da advocacia.

Referências

ALLEN, N. J., & Meyer, J. P. (1990). The measurement and antecedents of affective, continuance and normative commitment to the organization. *Journal of Occupational Psychology, 63*(1), 1-18.

HERRBACH, O. (2006). A matter of feeling? The affective tone of organizational commitment and identification. *Journal of Organizational Behavior, 27*(5), 629-643.

Informação bibliográfica deste texto, conforme a NBR 6023:2002 da Associação Brasileira de Normas Técnicas (ABNT):

MIGLIORA, Luiz Guilherme. O futuro da advocacia: Uma especulação fundamentada do que nos espera; o que pensa e quer a geração que vai fazer o futuro da advocacia? In: BOLONHA, Carlos et al. (Coord.). *30 anos da Constituição de 1988*: uma jornada democrática inacabada. Belo Horizonte: Fórum, 2019. p. 577-585. ISBN 978-85-450-0595-7.

O PRINCÍPIO DA COLABORAÇÃO NO CÓDIGO DE PROCESSO CIVIL DE 2015: BREVE ANÁLISE SOB A ÓTICA DOS PRINCÍPIOS CONSTITUCIONAIS

Marcia Cristina Xavier de Souza

1 Introdução

Como é cediço, o Código de Processo Civil de 2015 implantou, desde antes da sua entrada em vigor, profundas e significativas alterações não só no direito processual civil brasileiro, mas no direito processual pátrio como um todo.

As alterações, mais do que serem meras modificações nos procedimentos dos meios de solução de conflitos, visaram a uma transformação da mentalidade tradicional reinante entre os sujeitos em juízo: o processo não mais poderia ser visto como uma batalha ou um jogo, em que a vitória impõe algumas práticas de caráter individualista.

Além disso, o atual Código de Processo Civil vem na esteira da constitucionalização do direito brasileiro, em homenagem à Carta Magna de 1988, que em 2018 completa seus 30 anos de vigência, o que é também evidenciado por serem os seus primeiros 12 artigos totalmente voltados para a principiologia processual, que nada mais é que uma alocação, na lei, de princípios que já constam da Constituição.

O Código de Processo Civil anterior, de 1973, apesar dos grandes avanços técnicos em relação ao revogado CPC de 1939, foi obra que ainda levava em consideração as características jurídicas da época, como, por exemplo, o individualismo nas relações processuais entre os sujeitos em juízo. Outra característica era o desprezo por formas de solução de conflitos advindas de fora do Poder Judiciário ou, ainda que inseridas em sua estrutura, que não fossem fruto de decisões proferidas exclusivamente pelos juízes, como se estes fossem os únicos habilitados a solucionar controvérsias jurídicas.

Atitudes meramente individuais não são mais a tônica do atual Código de Processo Civil: verifica-se que não há mais condições de se proporcionar ao sujeito da relação conflituosa uma adequada e efetiva solução sem a sua participação. Não é mais possível ao juiz proferir os provimentos ignorando as partes, seja provimentos de direito processual ou de direito material.

Destarte, erige-se a princípio processual a cooperação ou colaboração (art. 6º, do CPC/2015), entendendo-se que devem colaborar entre si todos os sujeitos diretamente envolvidos na solução do conflito civil (juízes togados ou arbitrais, auxiliares de justiça, partes, advogados etc), mas também eventuais terceiros.[1]

O princípio da cooperação ou da colaboração, inicialmente foi visto como uma deturpação da atividade processual, notadamente a atividade advocatícia. Mantendo ainda uma visão individualista, algumas vozes se insurgiram contra a ideia de uma colaboração entre partes, confundindo com a noção de que os sujeitos em conflito, bem como seus representantes, deveriam atuar como se estivessem em um jogo, cujo único objetivo é a vitória.[2]

Primeiro, como afirmado acima, não são só as partes que devem colaborar entre si no processo. Essa colaboração não significa a abolição de estratégias que visem à obtenção da melhor solução para o conflito levado ao juiz, mas é necessária a superação da antiquada visão de que o processo é um jogo que só pode terminar com um vencedor[3] e não se pode esquecer que há o dever recíproco de boa-fé entre as partes (art. 5º, do CPC/2015). Também não há porque olvidar-se da participação colaborativa dos advogados (privados ou públicos) e do Ministério Público, bem como de terceiros estranhos ao feito, nele interessados ou não.

Segundo, a colaboração deve envolver partes e juízes, mas não apenas como um dever daquelas em colaborar para que estes possam bem proferir uma decisão. É necessário, também, que o juiz colabore com as partes, para que estas possam lhe fornecer material (argumentações, provas etc) para decidir sozinho, ou, pelo menos, para o bom desenvolvimento do processo que pode até chegar ao seu término com uma decisão conjunta.

Terceiro, os órgãos do Poder Judiciário devem colaborar entre si para bem administrar o processo e para alcançar uma efetiva solução dos conflitos. Se, tradicionalmente, uma sentença era uma decisão solitária do juiz, os atos a serem praticados até que a decisão final (incluindo esta) possa ser proferida já há muito que deixaram de ser privativos do juízo da causa.

Em verdade, visa a colaboração a retirar a jurisdição (notadamente a estatal) do centro das atenções, reservando este espaço para o processo, o que se coaduna com a moderna visão pluralista e democrática do Estado Constitucional.[4]

---

[1] Não era outro o entendimento de Mauro Cappelletti, que concebia a justiça com uma finalidade pacificadora e não sentenciadora, no que ele denominou de justiça coexistencial ("Problemas de Reforma do Processo Civil nas Sociedades Contemporâneas", pp.127-143)

[2] "... a colaboração no processo não implica colaboração entre as partes. As partes não querem colaborar. A colaboração no processo que é devida no Estado Constitucional é a colaboração do juiz para com as partes. (...). As partes não colaboram e não devem colaborar porque obedecem a diferentes interesses no que tange à sorte do litígio.(...) Portanto, a colaboração não deve ser vista como fonte de deveres recíprocos entre as partes nem como um incentivo ao juiz para impor sanções às partes por falta de cooperação recíproca (YARSHELL, 2014, 111)". (Daniel Mitidiero. "A colaboração como norma fundamental do Novo Processo Civil", p. 49).

[3] Uma das finalidades do processo moderno é a efetiva solução do conflito, o que nem sempre é alcançado sem a colaboração entre as partes: por este motivo, há um incentivo, no atual Código de Processo Civil, pelas soluções consensuais (art. 3º, caput e §§2º e 3º, do CPC/2015), o que se evidencia pela instituição da audiência de conciliação e mediação (art. 334, da referida lei).

[4] Para uma visão mais ampla deste tema, ver Daniel Mitidiero, "Colaboração no processo civil como prêt-a-porter? Um convite ao diálogo para Lenio Streck".

É com esta visão mais ampla do princípio da colaboração, que se passa a uma breve análise de algumas de suas vertentes.

2 Cooperação nacional

Apesar de não ser uma novidade, o CPC/2015 inovou ao explicitar as formas como os órgãos do Poder Judiciário nacional devem colaborar entre si (arts. 67 a 69), independente do ramo em que estejam inseridos (arts. 92 a 126, da CF), simplificando procedimentos de maneira a permitir que o tempo de espera pelo atendimento de ato solicitado a outro juízo não seja mais um obstáculo para a duração razoável do processo.

A grande novidade trazida por este Código em termos de colaboração entre juízes foi a criação das cartas arbitrais (arts. 69, §e 237, inc. IV, do CPC), o que evidencia a tendência do direito processual civil em retirar do Poder Judiciário o monopólio da solução de conflitos jurídicos.

Desde a entrada em vigor da Lei da Arbitragem (Lei nº 9.307/1996) que vem se ampliando paulatinamente a utilização deste meio não estatal de solução de conflitos, mas o que o CPC de 2015 faz é efetivamente confirmar a arbitragem como um processo cujo juiz somente não se iguala aos juízes togados por não deter o poder de *executio* e de *coertio*. Portanto, conforme determina o art. 18 da Lei de Arbitragem, o árbitro, por ser juiz de fato e de direito, deve ser tratado em igualdade de condições com os demais juízes, especialmente no que toca ao dever de colaboração. E os juízes togados devem colaborar com os árbitros em prol da melhor solução para os conflitos.

3 Igualdade

Ao juiz, como principal condutor do processo, incumbe velar pelo princípio da igualdade das partes (art. 5º, inc. I, da CF).

É despiciendo rememorar a máxima aristotélica, que foi reproduzida por Ruy Barbosa e que é o fio condutor deste princípio constitucional. O importante é sempre frisar que as partes devem ser tratadas de forma igual dentro de uma perspectiva substancial e não meramente formal, o que era a tônica jurídica de tempos passados.

Assim, incumbe ao juiz assegurar que os hipossuficientes tenham, dentro do possível, igualdade de condições de expor suas alegações e de produzir suas provas. Para tanto, entre outras mudanças, o CPC/2015 inovou ao prever a possibilidade de o juiz distribuir o ônus da prova de maneira dinâmica, ao invés de se manter a rígida e tradicional regra que determinava a incumbência de provar àquele que tinha feito as alegações em juízo (art. 373, incs. I e II). Ou, excepcionalmente, poderia o juiz inverter o ônus da prova sempre que houvesse indícios de hipossuficiência da parte a quem incumbisse o ônus (veja-se, por exemplo, as hipóteses dos art. 6º, inc. VIII, do Código de Defesa do Consumidor).

Entretanto, o que se verificava, na prática jurídica, era a insuficiência dessa inversão em casos concretos: como a distribuição *ope judicis*[5] referia-se a todas as alegações feitas pela parte, eventualmente algumas delas eram de difícil ou impossível prova.

Esta dificuldade foi superada com a adoção da teoria da distribuição dinâmica do ônus da prova, que possibilita ao juiz verificar, a cada prova, qual a parte mais apta para bem se desincumbir de sua produção (art. 373, §§1º e 2º, do CPC).

Entretanto, incumbe ao juiz, para evitar surpresa para a parte que deve se desincumbir do ônus de provar de forma diferente da tradicional, informar da sua decisão em tempo oportuno para não lhe causar prejuízo (art. 373, §§1º, *in fine*, do CPC) e de maneira a permitir-lhe o exercício do contraditório. De outra sorte, estaria o juiz impondo à parte a prática de produção de prova diabólica, o que também feriria o princípio da ampla defesa (art. 5º, inc. LV, da CF).

4 Contraditório, vedação de decisão surpresa e fundamentação

Um dos mais importantes princípios do processo e que têm assento constitucional, é o princípio do contraditório (art. 5º, inc. LV, da CF e arts. 7º, 9º e 10, do CPC).

O contraditório consistia, tradicionalmente, em abertura de prazo para manifestação de uma parte sobre atos da parte contrária: a existência ou inexistência de tal manifestação e o conteúdo da mesma não eram considerados, uma vez que não tinham grande importância no convencimento do juiz. Ou seja, o mais importante era a abertura da oportunidade, pouco importando o resultado da mesma.

Com os diversos estudos sobre a efetiva influência que as alegações e provas das partes devem exercer sobre o juiz, foi atualizado o conceito do contraditório, que deixou de ser meramente formal, para adquirir contornos mais aprofundados.

Dessa forma, o contraditório passa a ser visto como uma forma de participação das partes na decisão judicial, ou seja, como uma forma de influenciá-la. A parte tem o direito de não apenas ser ouvida, mas de ter suas argumentações levadas em consideração, ainda que não sejam suficientes para convencer o juiz.

Por outro lado, tem o juiz o dever de demonstrar, em suas decisões, que as argumentações das partes foram efetivamente levadas em consideração e não apenas formalmente "ouvidas" (art. 7º, do CPC).

E esse dever do juiz tem que ser exercido para todo e qualquer provimento, tenha o mesmo cunho decisório ou não.

Nas palavras de Antônio do Passo Cabral:

> O julgador, dentro de suas prerrogativas funcionais, pode até reputar errôneos os argumentos utilizados, mas deve, em respeito ao direito de influência, além de tomá-las

---

[5] Mas que também poderia ocorrer por convenção entre as partes (art. 373, §§1º e 2º, do CPC).

em consideração, fazer menção expressa às teses levantadas pelos sujeitos processuais. Trata-se do dever de atenção às alegações, intrinsecamente conectado ao dever de motivação das decisões estatais e correlato ao direito dos sujeitos processuais de ver sua linha argumentativa considerada pelo julgador.[6]

Nesse diapasão, tendo as partes o direito de tentar, com suas alegações e provas, convencer o juiz (contraditório como direito de influência) e tendo o juiz o dever de demonstrar que, efetivamente, levou em consideração as manifestações das partes, outro dever/direito daí decorre: é a vedação das decisões-surpresa (arts. 9º e 10, do CPC).

Qualquer decisão a ser proferida pelo juiz, ainda que a questão seja daquela que, ordinariamente, ocorre de ofício, deve antes passar pelo contraditório participativo.[7] Isso para evitar que a parte seja surpreendida com uma decisão judicial que foi proferida sem que a ela, parte, tivesse sido dada a oportunidade de se manifestar e, até, evitar eventual decisão desfavorável à sua situação jurídica.

Com as devidas exceções previstas em lei (art. 9º, parágrafo único, do CPC), tem o juiz o dever de ouvir as partes de maneira não apenas formal: é imprescindível que em sua decisão fique demonstrado que todos os argumentos expostos pelas partes foram considerados, ainda que tenham sido rechaçados.[8]

Dessa maneira, o julgador demonstra que, efetivamente, levou em consideração todas as argumentações feitas pelas partes ao fundamentar sua decisão (art. 93, inc. IX, da CF). A fundamentação deve não apenas demonstrar que houve atenta leitura dos atos processuais e de que a decisão não parte de premissas alheias aos autos, mas que cada fundamento foi devidamente analisado com o intuito de ser ou não aceito na decisão.

Tradicionalmente, ao julgador era permitido fundamentar sua decisão da maneira que melhor lhe conviesse, o que levava a decisões cujos fundamentos se limitavam a fazer lacunosas referências a peças processuais, à doutrina ou à jurisprudência.

Atualmente, o art. 489, em seu §1º, do CPC, impõe ao juiz regras que devem orientar a correta fundamentação das decisões, em homenagem ao princípio do contraditório e da proibição da decisão-surpresa. Assim, uma fundamentação robusta permite às partes e à sociedade fiscalizarem o real cumprimento de todos os princípios que se correlacionam com a colaboração entre partes e juiz.

---

[6] CABRAL, Antônio do Passo. "Contraditório" in Dicionário de Princípios Jurídicos, p. 200.

[7] GRECO, Leonardo. *Instituições de Processo Civil*, v. I, p. 513.

[8] Não tem sido este, contudo, o entendimento do STJ, como pode-se verificar do acórdão proferido nos EDecl do MS n. 21.315/DF: "(...) O julgador não está obrigado a responder a todas as questões suscitadas pelas partes, quando já tenha encontrado motivo suficiente para proferir a decisão. A prescrição trazida pelo art. 489 do CPC/2015 veio confirmar a jurisprudência já sedimentada pelo Colendo Superior Tribunal de Justiça, sendo dever do julgador apenas enfrentar as questões capazes de infirmar a conclusão adotada na decisão recorrida" (BRASIL. Superior Tribunal de Justiça. Mandado de Segurança nº 21.315/DF. Relatora Desembargadora Convocada do Tribunal Regional Federal da 3ª Região Diva Malerbi. Brasília, DF, 24 fev. 2016. Publicação: DJe de 29 mar. 2016. Disponível em: <http://www.stj.jus.br/SCON/jurisprudencia/toc.jsp?livre=%28%22Primeira+Secao%22%29.org.&ref=CPC-15+MESMO+ART+ADJ+%2700489%27&&b=ACOR&thesaurus=JURIDICO&p=true>. Acesso em: 29 jun. 2018.

5 Negócios jurídicos processuais e calendário processual

Uma das tônicas do Código de Processo Civil de 2015 foi a de conceder às partes o poder de resolver seus próprios conflitos; apesar de ter sido levado ao Poder Judiciário, elas são, em regra, as que poderão chegar a uma solução mais apta de ser cumprida, sem recursos ou necessidade de cumprimento forçado.[9]

Todavia, apenas ampliar a possibilidade de as partes resolverem seus conflitos que permitam autocomposição mediante conciliação ou transação (art. 334, do CPC/2015) não é o suficiente.

A simplificação ou flexibilização do procedimento, com sua respectiva adequação aos casos concretos, mediante negócios processuais, é uma das mais festejadas (e criticadas) novidades processuais.

Preliminarmente, observe-se que a existência de negócios processuais não é novidade no ordenamento jurídico pátrio;[10] a novidade é que, ao contrário do que estava previsto no CPC/1973 – negócios jurídicos processuais típicos – a atual lei processual se refere a uma "cláusula geral dos negócios processuais".[11] Por ela, as partes, em colaboração, podem "estipular mudanças no procedimento para ajustá-lo às especificidades da causa e convencionar sobre os seus ônus, poderes, faculdades e deveres processuais, antes ou durante o processo" (art. 190, *caput*, do CPC/2015).

A forma ou o momento desta colaboração entre as partes são determinados por elas, cabendo ao juiz, tão somente, verificar a capacidade dos convenientes e a possibilidade de os direitos admitirem ou não autocomposição, bem como outros requisitos legais (art. 190, parágrafo único, do CPC/2015).

Extensa é a lista de temas que podem ensejar as partes a praticarem negócios processuais com fulcro no art. 190, do CPC/2015.[12] Mas, em outros dispositivos, a lei expressamente permite às partes convencionar sobre atos processuais que sempre foram privativos do juiz (como, por exemplo, a convenção delimitando as questões de fato e de direito que serão objeto de saneamento no processo – art. 357, §2º – ou a escolha convencional do perito – art. 471).

Apesar da clara e óbvia inspiração no processo arbitral, não se está, de modo algum, privatizando o processo.[13] Busca-se, ao contrário, diminuir os

---

[9] Foi com tal espírito que a CF de 1988 determinou, em seu art. 98, inc. I, a criação dos Juizados Especiais com competência para "a conciliação, o julgamento e a execução de causas cíveis de menor complexidade (...)".

[10] A título de exemplo, são bem conhecidos os seguintes negócios jurídicos processuais: convenção instituindo foro de eleição (art. 63), convenção de arbitragem, distribuição convencional sobre o ônus da prova (art. 373, §3º), suspensão convencional do processo (art. 313, inc. II) etc.

[11] DIDIER JR, Fredie. *Curso de Direito Processual Civil*, v, 1, p. 329.

[12] Veja-se, a título de exemplificação, os Enunciados nº 19, 21, 262, 490, 491 e 580 do Fórum Permanente de Processualistas Civis.

[13] Esta sempre foi uma das grandes preocupações de José Carlos Barbosa Moreira ("O neoprivatismo no processo civil", Revista de Processo, n. 122, p. 9-21): o retorno às origens imanentistas do direito processual, fazendo-o perder suas características publicistas. Porém, também não se pode deixar de verificar uma certa divergência entre os doutrinadores que defendiam uma visão mais ativa do juiz (como o próprio e saudoso Professor Barbosa Moreira) e outros que defendem uma mais livre atuação das partes, sem que isto leve a uma ofensa às garantias do processo.

atos processuais dispensáveis em certos casos concretos, permitindo às partes, de comum acordo, auxiliar o juiz na melhor gestão do processo.[14] E, em última análise, levar o processo a ter uma duração verdadeiramente razoável (art. 5º, inc. LXXVIII, da CF e art. 4º, do CPC2015).[15]

Ainda neste contexto, as partes e o juiz poderão convencionar sobre prazos para a prática de atos processuais, mediante a calendarização do processo (art. 191, do CPC/2015). Como o juízo (e seus auxiliares) também participa da convenção, o processo poderá ter uma duração bem mais reduzida.

Com a calendarização, poder-se-á definir datas determinadas para que os atos processuais sejam praticados (desprezando-se os prazos legais, por exemplo), o que vinculará a todos e dispensando-se a intimação das partes para a prática de seus respectivos atos processuais (art. 190 e parágrafos, do CPC/2015), em mais uma salutar prática de colaboração entre os sujeitos do processo.[16]

6 Colaboração entre os representantes legais das partes

Além de colaboração entre as partes, os juízes e daquelas colaborarem com estes, também são possíveis atos de cooperação entre os advogados, públicos ou particulares, visando a um melhor desenvolvimento do processo, de maneira a que sua duração seja razoável (art. 93, inc. LXXVIII, da CF).

A partir de convênios firmados entre as procuradorias estaduais e distrital, podem seus respectivos procuradores "ajustar compromisso recíproco para prática de ato processual" (art. 75, §4º, do CPC/2015). Considerando-se que também os Municípios têm legitimidade para estar em juízo, representados por seus procuradores ou prefeitos (art. 75, inc. III, do CPC), indaga-se porque esses representantes legais não têm a mesma permissão.

Outro dispositivo que tem a finalidade de dar maior celeridade ao processo, é o que permite aos advogados promover a intimação do procurador da outra parte por meio do correio (art. 269, §1º, do CPC/2015). Isso facilita a celeridade do processo, ao liberar o Poder Judiciário da tarefa de intimação que pode ser feita informalmente, devendo o procurador juntar aos autos cópia do aviso de recebimento. Esta facilitação da intimação não fica adstrita aos advogados particulares, podendo os procuradores dos entes públicos também dela fazerem uso (art. 269, §3º, do CPC/2015).

---

[14] PINHO, Humberto Dalla Bernardina de. *Direito Processual Civil Contemporâneo*, p. 472.

[15] Mesmo em processos cujos procedimentos já sejam céleres não há óbice a que as partes (com ou sem a colaboração do juízo), pratiquem atos convencionais (neste sentido, ver Marcia Cristina Xavier de Souza. "Breves considerações acerca das convenções processuais nos Juizados Especiais Cíveis", p. 367-387).

[16] Importante observar que o calendário definido vincula não apenas o juiz, mas o juízo como um todo: em outras palavras, juiz titular e eventual substituto (ainda que qualquer um dos dois não tenha participado da convenção processual) estão vinculados ao convencionado (art. 191, §1º, do CPC, na interpretação que lhe deu o Enunciado nº 414, do Fórum Permanente de Processualistas Civis).

7 Conclusão

Como visto neste breve trabalho, o princípio da colaboração, mais do que ser um mero dever entre partes, é um direito das partes e do juízo para o bom desenvolvimento da gestão do processo.

Ver este princípio como uma "camisa de força" para a parte, como se estivesse obrigada a abrir mão de seus direitos em prol da outra e pudessem ambas vir a ser punidas pelo seu descumprimento, é manter-se dentro de uma visão antiquada do caráter pacificador do processo. É ainda vê-lo como um conjunto de atos belicosos, dentro da ótica do "perde-ganha", que não tem mais sentido nos tempos atuais.

Em resumo, a colaboração se coaduna com a atual concepção democrática do processo e, portanto, há que se considerar o dever de colaboração em uma perspectiva ampla, de forma a que possam ser observadas as garantias trazidas pela Constituição de 1988 que, em boa hora, foram incorporadas ao texto do Código de Processo Civil de 2015.

Referências

CABRAL, Antônio do Passo. "Contraditório" in TORRES, Ricardo Lobo *et al. Dicionário de Princípios Jurídicos*. São Paulo: Elsevier, 2011.

CAPPELLETTI, Mauro. Problemas de Reforma do Processo Civil nas Sociedades Contemporâneas, *Revista de Processo*, ano 17, n. 65, ed. Revista dos Tribunais, São Paulo, janeiro-março/1992, p.127-143.

DIDIER JR, Fredie. *Curso de Direito Processual Civil*, v. 1. 19. ed. Salvador: JusPodivum, 2017.

GRECO, Leonardo. *Instituições de Processo Civil*, v. I. 2. ed. São Paulo: Forense, 2016.

MITIDIERO, Daniel. "A colaboração como norma fundamental do Novo Processo Civil", *Revista dos Advogados – O Novo Código de Processo Civil*. São Paulo: AASP, 2015, n. 126, p. 47-52.

_____. Colaboração no processo civil como prêt-a-porter? Um convite ao diálogo para Lênio Streck, *Revista de Processo* n. 194. São Paulo: Revista dos Tribunais, 2011, p. 55-68.

MOREIRA, José Carlos Barbosa. O neoprivatismo no processo civil, *Revista de Processo*, n. 122, São Paulo: Revista dos Tribunais, p. 9-21.

PINHO, Humberto Dalla Bernardina de. *Direito Processual Civil Contemporâneo*. 2. ed. v. I. São Paulo: Saraiva, 2015.

SOUZA, Marcia Cristina Xavier de. Breves considerações acerca das convenções processuais nos Juizados Especiais Cíveis, in MARCATO, Ana *et al.* (coord.). *Negócios Processuais* – v. 1. Salvador: JusPodivm, 2017, p. 367-387.

A TRIBUTAÇÃO NA ERA DA AUSTERIDADE SELETIVA

Ricardo Lodi Ribeiro

Com o desenvolvimento do comércio internacional, o avanço tecnológico nas áreas do transporte e da comunicação, e a universalização da circulação de ideias e pessoas dá-se a ruptura de uma das principais premissas da *Era Moderna*, a de que vivemos em espaços delimitados pelos Estados nacionais. Neste contexto, aprofunda-se o processo de *Globalização* econômica, social, política e cultural, gerando, de um lado, o crescimento do poder das empresas multinacionais e a fragilização dos Estados nacionais e dos trabalhadores, e de outro a revolução e pulverização nos meios de informação e comunicação que contribuíram para a universalização dos direitos humanos e da democracia representativa, despertando a atenção global sobre as questões ambientais, os direitos das minorias e a pobreza mundial.[1]

Contudo, esse processo veio acompanhado de expressivo aumento da desigualdade social e da concentração de riquezas. O aumento da desigualdade em parte se explica por razões de mercado, como o avanço tecnológico, o desenvolvimento do comércio internacional, a abertura dos novos mercados emergentes que, modificando a quantidade de bens e serviços trocados ou produzidos, acabaram por afetar emprego, preços e salários, a partir da adoção das políticas de austeridade.

Por outro lado, essa tendência natural da economica é exacerbada não só pela inação do Estado, mas, principalmente pela adoção das políticas de austeridade, que se traduzem em uma opção pela contração voluntária que ajusta a economia por meio da redução de salários, preços e gastos públicos, a fim de restaurar a competitividade, que é, supostamente, em uma visão mais ortodoxa, mais facilmente alcançada pelo corte de orçamento, das dívidas e do déficit do Estado. Sua efetivação, de acordo com seus defensores, irá inspirar *confiança empresarial*, já que o governo não poderá atrair investimentos sugando todo o capital privado disponível por meio do endividamento público e nem aumentar a dívida, que quase sempre já se encontra em patamar muito elevado.[2]

Ilustrativa de tal pensamento, é a posição de John Cochrane,[3] que sustenta que cada dólar gasto pelo governo deve corresponder a um dólar a menos a ser gasto pelo setor privado. De acordo com esse ponto de vista, os empregos criados pelo estímulo estatal são compensados pela perda de empregos no setor privado.

Argumentam os defensores da austeridade que, independentemente de sua origem ou destino, a dívida acaba no balanço de passivos estatais, devendo ser reduzida a fim de que não seja prejudicado o crescimento. Embora o raciocínio pareça plausível, e não se possa ser contrário à ideia de controle racional do gasto público, por outro lado, não se deve concordar com o corte injusto e insustentável que só atinge aos mais pobres. Como diz Mark Blyth,[4] devemos ser a favor de que todos apertem os seus cintos, desde que todos estejam vestindo as mesmas calças.

A crítica que os monetaristas fazem aos economistas keynesianos quando estes defendem as políticas anticíclicas de aumentar o gasto público como medida de combate à recessão é, em certa medida, baseada na *Ley de Say*,[5] segundo a qual, o gasto público não cria uma nova demanda, uma vez que apenas transfere o dinheiro de um grupo para outro, já que o governo não gera riqueza, mas a obtém de empréstimos ou tributos. Na verdade, de acordo com essa visão, não é possível haver falta de demanda total que prejudique a economia e justifique o gasto público, pois se os consumidores endividados resolvem evitar realizar determinadas despesas, esse dinheiro ficará com os bancos que emprestarão para outros consumidores.

Porém, como destaca Paul Krugman,[6] em momentos em que os investimentos privados estão deprimidos, o gasto público acaba por movimentar a economia, uma vez que se converteram em receitas dos seus destinatários, que vão custear despesas com esses recursos. Estas, por sua vez vão gerar novas receitas para terceiros, pelo fato de *"suas despesas serem as minhas receitas e de minhas despesas serem as suas receitas"*. De acordo com o citado vencedor do Prêmio Nobel de Economia de 2008, a Ley de Say deve ser refutada por três razões: (i) a existência de um nível inadequado demanda total é, de fato, uma possibilidade real; (ii) as economias realmente podem ficar deprimidas em decorrência de falhas de coordenação, em vez de falta de capacidade de produção (problema de dínamo do motor da economia); (iii) aumentar a oferta de moeda é o modo de sair da recessão.

O mito de que a austeridade recupera a economia e de que a presença do Estado a deprime se baseia na crença de que os empresários, constatando que as contas do governo estão saudáveis ficariam mais confiantes para investir. O que é paradoxal é que a confiança não é despertada pelo investimento estatal, que, decerto geraria mais oportunidade de negócios e de crescimento econômico, apontando a austeridade em sentido oposto.[7] Para Paul Krugman[8], com base na lição de Michal Kalecki, a intervenção do Estado na criação de empregos é vista com relutância pelo mercado, uma vez que, quando inexistente a atuação estatal, o nível de empregos depende, em grande parte, do chamado *estado de confiança do mercado*. Se esse se deteriora, os investimentos privados declinam, resultando em queda da atividade econômica e do emprego, conferindo aos investidores um poderoso controle indireto sobre as políticas públicas. Assim, de acordo com essa lógica, tudo o que puder abalar o estado de confiança deve ser evitado a fim de afastar o risco de crise econômica. Porém, se o governo aumenta o emprego por meio dos seus gastos, esse potente dispositivo de controle perde a eficácia. Por isso, os déficits orçamentários necessários para executar intervenções governamentais devem ser considerados perigosos: *"A função social da doutrina da 'finança saudável' é fazer o nível de emprego depender do estado de confiança*. Tais sentimentos geram um ambiente de *keynesfobia,* na expressão de Krugman, para quem, *a influência da riqueza não teria ido tão longe se não tivesse sido reforçada por uma espécie de sociologia acadêmica galopante por meio da qual noções absurdas se converteram em dogma na análise das finanças e da macroeconomia.*

Um outro mito, que deriva do primeiro, relativo à confiança dos investidores, é o de que o orçamento do Estado é como um orçamento familiar, a partir da crença de que cada família, mais cedo ou mais tarde, tem que viver dentro das suas possibilidades financeiras. Na verdade, a comparação é incabível pois o aumento das despesas estatais pode estimular o aumento da produção, criando novos empregos que serão ocupados por pessoas que estariam desempregadas, o que acaba por estimular o crescimento econômico em um múltiplo da despesa estatal, e o aumento da arrecadação tributária que propiciará a redução da dívida pública. Na esfera familiar, ao contrário, o aumento de despesas não tem o condão de transformar a macroeconomia, mas apenas elevar o endividamento.[9]

Em uma economia deprimida, os recursos oriundos dos déficits orçamentários não competem com os fundos do setor privado e, portanto, não levam a taxa de juros às alturas. Na verdade, o governo passa a oferecer um destino para o excesso de dinheiro do setor privado que irá emprestá-lo ao Estado. Assim, sem esses déficits públicos, a conduta do setor privado de gastar menos do que ganha provocaria profunda recessão. Com os déficits, esses recursos, que são emprestados ao Governo, são por estes empregados para movimentar a economia.[10]

Por outro lado, aqueles que estão na parte inferior da distribuição de renda e riqueza necessitam das prestações estatais, por meio de serviços públicos e transferências, tornando possível a manutenção de uma classe média a partir das políticas redistributivas do Estado. Embora aqueles que se encontram na parte de cima da pirâmide social sejam menos dependentes de tais atividades estatais, também acabam por sentir o impacto da austeridade em razão da redução do crescimento econômico.

Quando os serviços públicos são cortados por causa do discurso dos *gastos perdulários*, que embala a adoção da política de austeridade seletiva, não serão as pessoas no topo da distribuição de renda que deverão apertar os cintos, mas sim aqueles que se encontram na parte inferior, quase sempre recebedores de salários sem aumento real há muito tempo. Estes são os cidadãos que dependem de serviços públicos e que vêm tomando uma enorme quantidade de dívida. É por isso que a austeridade é antes de tudo um problema político de distribuição e não um problema econômico da contabilidade.[11]

No plano tributário, as políticas de austeridade seletiva também se fazem presentes, o que é facilitado pela possibilidade do grande capital deslocar-se com facilidade para qualquer parte do mundo em decorrência da globalização e do avanço tecnológico. Nesse diapasão, os sistemas fiscais dos Estados nacionais passaram a adotar estratégias, cada vez mais ousadas, para atrair esse capital volátil sempre em busca das melhores oportunidades de negócios. Diante da motivação crescente na atração de novos capitais por parte da maioria dos países do mundo, instalou-se um ambiente de guerra fiscal internacional, tendente à redução da tributação dos rendimentos do capital, como o imposto de renda e sobre o patrimônio.

Porém, se os governos abrem mão das receitas tributárias relacionadas com o patrimônio e renda, não conseguem livrar-se da necessidade de angariar receitas para as crescentes prestações estatais positivas exigidas pela população, notadamente nos sistemas democráticos que utilizam o sufrágio universal como forma de escolha dos governantes.

Nesse cenário, desonerados os grandes capitais, as fazendas públicas esperam, à luz do discurso da extrafiscalidade atrativa de investimentos, da geração de empregos e da praticabilidade na arrecadação tributária, obter os recursos necessários às suas obrigações na massa de trabalhadores e consumidores que não tem acesso ao planejamento fiscal, em face das técnicas simplificadoras aplicadas pela legislação, como a retenção na fonte dos assalariados e a tributação indireta dos bens de consumo.

É como explica Onofre Alves Batista Júnior:[12]

> A resposta dos países desenvolvidos e em desenvolvimento tem sido a de, em primeiro lugar, transferir a carga fiscal da tributação dos rendimentos do capital (mais fluido) para os rendimentos do trabalho (mais sólido) e, quando a tributação dos rendimentos do trabalho se torna política e economicamente inviável, começam a cortar serviços públicos. Nesse sentido, a acelerada mobilidade do capital dificulta a intervenção estatal nos lucros e nas fortunas. Da mesma forma, o acirramento da "concorrência por posições" no cenário internacional provoca uma redução nas receitas tributárias, porque a simples ameaça de "emigração do capital" acaba intimidando os "cobradores de impostos", impedindo-os de "impor a legislação vigente". A globalização econômica, assim, promove significativa pressão fiscal por "recursos do Estado passíveis de taxação". Nesse compasso, a globalização econômica vem provocando uma verdadeira crise fiscal nos Estados nacionais e prejudicando a possibilidade desses países de prestar serviços públicos de qualidade para os cidadãos, exatamente no momento em que estes se fazem mais necessários (quando cresce a população; a desigualdade de renda se agrava; a insegurança se torna maior; aumenta a volatilidade de renda).

Com isso, a tributação deixa de se basear na justiça fiscal e na capacidade contributiva para fundar-se em critérios utilitaristas lastreados na maior praticabilidade da arrecadação, desaguando em um sistema tributário que, longe de servir de instrumento de combate às desigualdades sociais, acaba as exacerbando. É o fenômeno da *neotributação*, na dicção de Marciano Buffon e Mateus Bassani:[13]

> A denominada neotributação foi gerada a partir dos paradigmas neoliberais que propuseram a redução de tributos e a consequente retirada do Estado dos campos protetores sociais, deixando que o mercado regulasse a organização social e a redistribuição de riqueza. No entanto, a diminuição da arrecadação passa a ser visível apenas àqueles com maior capacidade econômica, o que amplia a distância entre as classes sociais e torna a tributação injusta. Pode-se dizer, enfim, que o modelo tributário ora vigente não se coaduna com os critérios mais elementares de justiça, representando um instrumento de concentração de renda e colaborando significativamente para a ampliação do fosso da desigualdade social.

Em nosso país, o sistema tributário nacional apresenta-se ainda mais iníquo, se comparado a outros países de economia de semelhante porte, sendo a carga fiscal muito mais suportada pelos pobres do que pelos ricos, constituindo-se em um elemento agravador da agudíssima concentração de renda no Brasil. A atuação para que se institua e se preserve tal legislação fiscal perversa se traduz verdadeira política de *rent seeking* que tem como consequência a exacerbação do nosso quadro de desigualdade extrema.

A despeito das experiências históricas exitosas da segunda metade do século XX, na Europa e nos EUA, de combate à desigualdade por meio da progressividade tributária, os dias atuais apresentam peculiaridades que não podem ser olvidadas por aqueles que desejam simplesmente reproduzir automaticamente os modelos vigentes durante o período compreendido entre 1945 a 1979. É que com a globalização, a mobilidade internacional de empresas e de capitais acaba por restringir a capacidade de um país, isoladamente considerado, de escolher a estrutura tributária que melhor reflita as suas necessidades e preferências. Esse movimento exerce uma pressão decrescente sobre os impostos das sociedades e desloca a carga fiscal do capital, que é internacionalmente móvel, ao trabalho, que é muito menos. Assim, com o desenvolvimento da concorrência fiscal internacional, retoma-se uma tendência do século XIX de se tributar mais pesadamente o consumo, com maior desoneração da renda.[14]

Nessa trilha, vivemos tempos em que há forte pressão sobre os governos dos Estados nacionais para reduzir as alíquotas de impostos corporativos e fornecer mais subsídios às empresas com base na ameaça, às vezes mais velada que outras, de transferência de domicílio fiscal ou das atividades operacionais para países com carga tributária mais baixa e subsídios comerciais mais elevados.

Em consequência do triunfo das ideias advindas desse modelo excludente, os tributos, que deveriam ser exigidos para financiar as prestações estatais em favor dos derrotados da internacionalização econômica, na visão dos arautos desta, tornariam o país menos competitivo, o que não seria viável no mundo atual. Assim, a globalização prejudica os mais pobres duplamente. Diretamente pela perda dos empregos e redução dos salários, e indiretamente pelos cortes nas despesas sociais e restrição à progressividade tributária.[15]

A consequência disso é o crescimento vertiginoso da desigualdade de renda e um *boom* corporativo aparentemente infinito.[16] De acordo com Dani Rodrik,[17] houve uma notável redução nos impostos corporativos em todo o mundo desde o início de 1980. A média para os países membros da OCDE, exceto os EUA, caiu de cerca de 50%, em 1981, para 30%, em 2009. Entre os norte-americanos, o imposto sobre o capital estatutário desceu de 50% para 39% em relação ao mesmo período. A *concorrência fiscal internacional* tem desempenhado um papel relevante nesta mudança. Por outro lado, um estudo econômico detalhado sobre as políticas fiscais da OCDE constata que, quando outros países reduzirem suas taxas de imposto corporativo em 1%, o país de origem promove a redução da sua alíquota em 0,7%, como defesa contra o risco de ver suas empresas partirem para jurisdições fiscais mais baixas, respondendo na mesma moeda. Curiosamente, o mesmo estudo constata que os efeitos lesivos da concorrência fiscal internacional têm lugar apenas entre os países que suprimiram os seus controles sobre a mobilidade do capital. Quando esses mecanismos se mantêm, o capital e os lucros não podem se mover tão facilmente através das fronteiras nacionais e não há pressão para baixo sobre os impostos de capital. A remoção dos controles de capital parece ser o principal fator determinante da redução das taxas de imposto sobre as sociedades desde o 1980. No entanto, há um certo conservadorismo jurídico na tendência de prestigiar ao direito absoluto de livre circulação de bens e capitais em relação aos direitos dos Estados de promover o interesse geral, o que inclui o direito de exigir impostos.[18]

Por essas razões baseadas na concorrência fiscal internacional vigente no mundo globalizado, as medidas destinadas a combater a desigualdade econômica devem ser implementadas de forma global e articuladas de forma clara, a fim de obter um certo nível adequado de diversidade para que possa ser aplicado pela maioria dos países.[19] É que ainda não é chegado o tempo em que se poderia recomendar algum tipo de sistema de tributação internacional, que seria aplicado da mesma forma por todos os países do mundo. Este é claramente utópico para o momento. Atualmente, o objetivo possível é tornar os deslocamentos de capitais mais transparentes para que os governos nacionais possam manter algum poder de tributação autônoma e, portanto, alguns meios para minorar o grau de desigualdade na sua população por meio da sua política fiscal.[20]

Neste início do século XXI, começa a despertar uma maior consciência nos meios políticos, jurídicos e econômicos para a importância do tema da justiça distributiva, na defesa do direito do contribuinte, não apenas sob uma perspectiva individual, como também – e principalmente – com vistas à criação de um sistema tributário nacional efetivamente justo.

Reflexo dessa tendência, decorrente do princípio da transparência, é a adoção, por vários países, de medidas tendentes ao combate da elisão abusiva, seja por uma interpretação que se abre aos valores, seja pela adoção das cláusulas antielisivas, pela flexibilização do sigilo bancário, pela troca de informações entre as fazendas nacionais[21] e pelo fortalecimento dos direitos dos contribuintes, como contrapartida às novas armas obtidas pela Administração Tributária.[22]

No âmbito da tributação, a transparência fiscal se dirige contra o planejamento fiscal praticado com abuso de direito e o combate por meio de cláusulas antielisivas que procuram afastar estratagemas destinados a evitar ou minorar a tributação por meio da criação de estruturas societárias opacas, sem atividade operacional, destinadas viabilizar a transferência, por meio de operações artificiais, de todo o lucro auferido em determinado país para outro de tributação favorecida.

Embora a erosão das bases tributárias nacionais seja um problema que já existe há várias décadas, somente agora é considerado mais preocupante em face da sua contribuição para as crises globais e para a destruição da riqueza nacional e do equilíbrio social. Se o fenômeno era tolerado no âmbito do G8 e da União Europeia,[23] muito porque os estrangulamentos orçamentários foram utilizados, em geral, como veículos para reduzir as despesas do Estado no espírito dos programas de neoliberais, hoje não há mais como fugir à solução da questão.[24]

O efeito corrosivo produzido pelas jurisdições de baixa tributação e pelos planejamentos fiscais abusivos e evasivos continua a representar um grande obstáculo para a solução dos assuntos econômicos globais que permita a modernização e o desenvolvimento sustentável dos estados mais pobres, combinado com a justiça social.

É preciso, a partir de um esforço multilateral, coragem para implementar mudanças urgentes no panorama fiscal internacional, a fim de eliminar os efeitos da concorrência fiscal internacional sobre o espaço de conformação do legislador nacional. É preciso reconhecer que, se os Estados nacionais não tributam a riqueza com receio de que ela se esconda, há mecanismos para neutralizar esses efeitos por meio da pressão internacional sobre os paraísos fiscais e a fixação de regras que permitam o maior acompanhamento da mobilidade do capital em nome da transparência fiscal. Com o desaparecimento da opacidade financeira, os Estados recuperam sua soberania fiscal e, consequentemente, os instrumentos para enfrentar a desigualdade que as jurisdições fiscais opacas lhe retiraram.[25]

Porém, ao mesmo tempo, cada país tem a possibilidade de promover, no plano interno, medidas que possam tornar o seu sistema tributário mais justo e mais adequado à função redistribuidora de riquezas e contribuir para o início da mudança do panorama internacional, seja por sua legislação interna, seja pela articulação de tratados internacionais. O Brasil, que mantém um dos sistemas mais iníquos do mundo, tem, por isso mesmo, um espaço enorme para trilhar em direção a uma reforma tributária igualitária sem que seja acossado pela ameaça da fuga de capitais em direção a outros países, já que ainda lhe resta a oportunidade de adotar medidas que há muito já foram implementadas em outras nações.

Nesse cenário, é preciso discutir no Brasil as seguintes medidas, ensejadoras de uma verdadeira *reforma tributária igualitária*:

　i tributação progressiva de todos os rendimentos da pessoa física, inclusive lucros e dividendos, ficando a tributação dos lucros das empresas como mera antecipação da primeira;

　ii ampliação do número de alíquotas da tabela do imposto de renda das pessoas físicas, de modo a tributar efetivamente os mais ricos, e elevação dos limites das faixas mais baixas, a fim de preservar a renda dos assalariados;

　iii fim das distinções entre os rendimentos decorrentes dos ganhos de capital, inclusive heranças, descontado o valor pago no imposto sucessório, e do trabalho.

　iv aumento das alíquotas e estabelecimento da progressividade da tributação sobre heranças e doações;

　v instituição do imposto sobre grandes fortunas, considerando o patrimônio todo do contribuinte, inclusive as dívidas, tendo o contribuinte o direito de dedução do valor pago dos impostos atualmente existentes sobre a propriedade (IPTU, ITR e IPVA);

vi alívio na carga fiscal sobre o consumo, com a extinção do PIS e COFINS, e a modificação do perfil do IPI, que passaria a incidir apenas sobre bens suntuosos;

vii revisão dos benefícios fiscais concedidos com inobservância da capacidade contributiva e dos estímulos exacerbados aos investimentos, como a dedução de juros sobre capital próprio;

viii incremento das políticas de transparência fiscal, de combate à evasão e à elusão, da flexibilização do sigilo bancário e da imunização dos efeitos dos paraísos fiscais.

No entanto, aqui e alhures, não são subestimadas as dificuldades práticas de implementação dessas medidas em um sistema político dominado pelos mais ricos a partir do financiamento de campanhas eleitorais pelos extratos mais poderosos da pirâmide social.[26] Todavia, o agravamento da situação social não confere outra alternativa democrática senão o enfrentamento das injustiças sociais, cuja viabilidade financeira depende de uma profunda *reforma tributária igualitária*.

Em nosso país, vivemos um ambiente em que as políticas distributivas são traumaticamente substituídas pela austeridade seletiva em meio a uma crise econômica e política decorrente de um processo de impeachment de discutível legitimidade, tudo em nome da doutrina do choque, que aqui ganha vida com a alegoria da falência do Estado, a viabilizar a implementação de políticas de *rent seeking* em que setores financeiros alargam suas fatias do orçamento, em detrimento da maioria da população cujo presente e futuro dependem de prestações sociais do Estado.

Portanto, em nosso país, é preciso ousar para fazer com que a Constituição Cidadã chegue à vida e à mesa de todos os brasileiros, o que não só é o desafio dessas primeiras décadas do século XXI, mas pressuposto para o próprio desenvolvimento econômico e social do Brasil, pois não há investimentos sem paz social e não há paz social sem o atendimento das necessidades básicas da população mais pobre, que, por sua vez, não se viabiliza sem um sistema tributário mais justo.

Afinal, o que nós temos hoje não é um problema de pobreza. O mundo nunca foi tão rico. A questão está em um modelo em que os mais ricos se apropriam de todos os resultados do esforço comum em detrimentos demais. Como dizia R. H. Tawney,[27] o que as pessoas ricas sábias chamam de problema de pobreza, os pobres sábios chamam, como igual justiça, de um problema de riquezas.

Referências

1 RIBEIRO, Ricardo Lodi. *A Segurança Jurídica do Contribuinte* – Legalidade, Não-surpresa e Proteção à Confiança Legítima. Rio de Janeiro: Lumen Juris, 2008, p. 32.

2 BLYTH, Mark. *Austerity* – the history of a dangerous idea. New York: Oxford University Press, 2013, p. 20.

3 COCHRANE, John. "Fiscal Stimulus, Fiscal Inflation, or Fiscal Fallacies?" Version 2.5, 2009. Disponível em: <http://faculty.chicagobooth.edu/john.cochrane/research/Papers/fiscal2.htm>. Acesso em: 01 nov. 2016.

4 BLYTH, Mark. *Austerity* – the history of a dangerous idea, p. 23: "Personally, I am all in favor of "everyone tightening their belts" — as long as we are all wearing the same pants".

5 O nome se refere ao seu criador, o economista francês Jean-Baptiste Say, que, no Século XIX, defendia que a existência prévia de oferta gerava o surgimento de uma demanda.

6 KRUGMAN, Paul. *Um basta à Depressão Econômica* – Propostas para uma recuperação plena e real da economia mundial. Trad. Afonso Celso da Cunha Serra. Rio de Janeiro: Elsevier, 2012, p. 24-28.

7 STIGLITZ, Joseph. *O Preço da Desigualdade*. Trad. Dinis Pires. Lisboa: Bertrand, 2014, p. 315.

8 KRUGMAN, Paul. *Um basta à Depressão Econômica* – Propostas para uma recuperação plena e real da economia mundial, p. 84-88.

9 STIGLITZ, Joseph. *O Preço da Desigualdade*, p. 316.

10 KRUGMAN, Paul. *Um basta à Depressão Econômica* – Propostas para uma recuperação plena e real da economia mundial, p. 125.

11 BLYTH, Mark. *Austerity* – the history of a dangerous idea, p. 24.

12 BATISTA JÚNIOR, Onofre Alves. *O Outro Leviatã e a Corrida ao Fundo do Poço*. São Paulo: Almedina, 2015, p. 303.

13 BUFFON, Marciano; BASSANI, Mateus. Os Malefícios do Neoliberalismo no Modo de Tributar Brasileiro. *Revista de Finanças Públicas, Tributação e Desenvolvimento*. v. 1, 2013. Disponível em: <http://www.e-publicacoes.uerj.br/index.php/rfptd/article/view/5626/4223>.

14 PIKETTY, Thomas. *O Capital no Século XXI*. Trad. Mônica Baumgarten de Bolle. Rio de Janeiro: Intríseca, 2014, p. 546.

15 STIGLITZ, Joseph. *O Preço da Desigualdade*, p. 129.

16 CHANG, Ha-Joon. *23 Coisas que não nos contaram sobre o capitalismo* – os maiores mitos do mundo em que vivemos – como reconstruir a economia mundial. Trad. Claudia Gerpe Duarte. São Paulo: Cultrix, 2013, p. 43.

17 RODRIK, Dani. *The Globalization Paradox*: Democracy and the Future of the World Economy. New York: Norton, 2011, Chapter 9: The Political Trilemma of the World Economy, p. 11-12.

18 PIKETTY, Thomas. *O Capital no Século XXI*, p. 551.

19 SHILLER, Robert. *Las Finanzas en una Sociedad Justa* – Dejemos de condenar el sistema financiero y, por el bien común, recuperémoslo. Trad. Mar Vidal. Bilbao: Deusto, 2012, Cap. 27, Desigualdad e Injusticia, p. 19-20.

20 BORGUIGNON, François. *The Globalization of Inequality*. Trad. Thomas Scott-Railton. New Jersey: Princeton University Press, 2015, p. 189.

21 Para Heleno Torres, a importância da troca de informações reside "nas gestões de controle fiscal sobre a contabilidade de grandes e complexos grupos multinacionais de sociedades, no recolhimento de informações gerais sobre a atividade econômica de sujeitos dotados de dupla nacionalidade, coligados a residentes de outro Estado contratante, ou que operem atividades prejudiciais entre os Estados, com a expectativa de benefícios evasivos ou elisivos, bem como na perseguição de sujeitos que subtraiam à Administração Tributária, por atividades ilícitas, criminalidade organizada etc." (TORRES, Heleno. Pluritributação Internacional sobre as Rendas de Empresas. 2. ed. São Paulo: Revista dos Tribunais: 2001, p. 670).

22 TORRES, Ricardo Lobo. Princípio da Transparência Fiscal. *Revista de Direito Tributário* nº 79: 7-18, 2001, p. 7.

23 TORRE DÍAZ, Francisco de la. *Hacienda Somos Todos?* – Impuestos y Fraude em Espanã. Barcelona, Debate, 2014, p. 169.

24 LEAMAN, Jeremy; WARIS, Attiya. Why Tax Justice Matters in Global Economic Development. In: LEAMAN, Jeremy; WARIS, Attiya (org.). *Tax Justice and the Political Economy of Global Capitalism, 1945 to the Present*. New York: Berghahn Books, p. 1-16, 2013, p. 3.

25 ZUCMAN, Gabriel. *A Riqueza Oculta das Nações* – Inquérito sobre os Paraísos Fiscais. Trad. Jorge Pereirinha Pires. Lisboa: Círculo de Leitores, 2014, p.12.

26 Sobre o tema do financiamento privado de campanhas como obstáculo à implementação de propostas favoráveis à sociedade, vide: DWORKIN, Ronald. A virtude soberana – A teoria e a prática da igualdade. Trad. Jussara Simões. São Paulo: Martins Fontes, 2005, p. 493; RAWLS, John. O Direito dos Povos. Trad. Luís Carlos Borges. São Paulo: Martins Fontes, 2004, p. 31-32; MURPHY, Liam e NAGEL, Thomas. O mito da propriedade – os impostos e a justiça. Trad. Marcelo Brandão Cipolla. São Paulo: Martins Fontes, 2005, p. 257; PIKETTY, Thomas. O Capital no Século XXI, p. 500.

27 TAWNEY. R. H. "Poverty as an industrial problem', in Memoranda on the Problems of Poverty. London: William Morris Press, 1913. No texto, livre tradução da seguinte passagem da obra: "What thoughtful rich people call the problem of poverty, thoughtful poor people call with equal justice a problem of riches."

Informação bibliográfica deste texto, conforme a NBR 6023:2002 da Associação Brasileira de Normas Técnicas (ABNT):

RIBEIRO, Ricardo Lodi. A tributação na era da austeridade seletiva. In: BOLONHA, Carlos et al. (Coord.). *30 anos da Constituição de 1988*: uma jornada democrática inacabada. Belo Horizonte: Fórum, 2019. p. 595-604. ISBN 978-85-450-0595-7.

RESILIÊNCIA CONSTITUCIONAL E O PAPEL ESTABILIZADOR DAS CONSTITUIÇÕES NAS SOCIEDADES DEMOCRÁTICAS

Luís Cláudio Martins de Araújo

Introdução

O presente artigo será estruturado a partir da formulação de um modelo que busque justificar, nas sociedades democráticas contemporâneas, marcadas pelo pluralismo, a ideia de resiliência constitucional. Assim, ao lidar com temas essenciais, o exercício da dinâmica deliberativa, baseado na razão e na reflexão bem informada e livremente aceita, deve ser exercido de acordo com valores essenciais cujos elementos se pode esperar que razoavelmente todos possam aderir, na busca de uma maior estabilidade da construção de modelos constitucionais.[1]

Neste sentido, cabe destacar a necessária construção de argumentos que permitam justificar um modelo, sob a égide de mecanismos capazes de possibilitar um novo paradigma de legitimação da comunidade, no que tange ao comportamento normativo e deliberativo e às suas funções dialógicas. Desta forma, a ideia será trabalhar a integração estável, no plano cooperativo e dialógico, buscando alcançar uma deliberação que atenda aos interesses e valores da coletividade, resultados de uma prática discursiva racional.

Neste sentido, para o desenvolvimento deste artigo, será preciso recorrer a algumas referências teóricas fundamentais, para estabelecer uma teoria que compreenda mecanismos e instrumentos, pela via sistêmico-dialógica, estabelecendo uma dinâmica segura na adoção de princípios aprioristicos devidamente compartilhados.

Assim, uma reflexão sobre tais princípios deve estar diretamente relacionada à ideia de razão pública, defendida por Rawls[2] como uma cultura democrática, e, desenvolvida por Habermas[3] como uma instrumentalização racional da comunicação e interação entre seus atores discursivos. Da mesma forma, será

---

[1] RAWLS, op. cit., p. 45-53.
[2] RAWLS, John. Justiça e democracia. São Paulo: Martins Fontes, 2000.
[3] HABERMAS, Jürgen. Direito e democracia: entre facticidade e validade. Tradução Flávio Beno Siebeneichler. 2. ed. Rio de Janeiro: Tempo Brasileiro, 2003, v. 1.

necessário tomar como referencial, a observação de Jeremy Waldron,[4] no sentido de que há a necessidade de criação de uma rede de reciprocidade arquitetada a partir de um consenso por meio de um procedimento democrático compatível com as diferentes concepções de justiça de uma sociedade complexa.[5] Por fim, as ideias de Tom Ginsburg, sobre a longevidade das constituições,[6] [7] devem ser analisadas, especialmente no que toca aos desdobramentos na estabilidade social alcançada pelas constituições em cenários democráticos.[8]

1 Constitucionalismo e a criação das Constituições

Ao longo da história do constitucionalismo, muito se falou sobre os direitos do homem sob uma perspectiva mais teológica ou filosófica do que jurídica, todavia, como observado, apenas com as revoluções liberais dos séculos XVII e XVIII, se estabelece, propriamente, a noção de que todo homem possui certos direitos inalienáveis e imprescritíveis, decorrentes da própria natureza humana e existentes independentemente do Estado, como forma de proteger o indivíduo do arbítrio estatal,[9] conferindo um tratamento digno, justo e igual a todos os cidadãos.

Portanto, nota-se que o início do discurso sobre o constitucionalismo moderno, está fundado na proteção do indivíduo perante o Estado, e, nesse sentido, pode-se afirmar que, em um primeiro momento, o paradigma constitucional objetivava a defesa de liberdades e direitos individuais em

---

[4] WALDRON, Jeremy. Teaching cosmopolitan right. In: MCDONOUGH, Kevin; FEINBERG, Walter. (Eds.) Education and citizenship in liberal-democratic societies: cosmopolitan values and cultural identities. Oxford: Oxford University Press, 2003. p. 25-35.

[5] Idem. Minority cultures and the cosmopolitan alternative. University of Michigan Journal of Law Reform, v. 25, p.751-778, 1991-1992.

[6] Segundo Tom Ginsburg, as constituições duram em média apenas 19 anos, sendo que a maioria das que ultrapassam essa idade dificilmente se tornam cinquentenárias. A cada ano, até cinco constituições serão substituídas, quinze constituições serão alteradas e outras vinte emendas serão apreciadas por parlamentos ao redor do mundo. ELKINS, Zachary; GINSBURG, Tom; MELTON, James. *The Endurance of National Constitutions*. New York: Cambridge University Press, 2009. 270pp.

[7] Para os autores, a longevidade constitucional está relacionada a três características básicas tais como a sua flexibilidade, a sua inclusão e a especificidade. A permitiria ajustes necessários de modo a tornar duradoura a constituição, se adaptando às novas questões sociais. A inclusão constitucional refere-se à amplitude de participação na formulação do acordo constitucional, na sua atualização e na sua execução corrente. A especificidade constitucional refere-se ao nível de detalhamento da constituição e à amplitude de assuntos que o documento abrange. ELKINS; GINSBURG; MELTON, loc. cit.

[8] Os dados apresentados pelos autores sugerem que a duração constitucional está positivamente associada ao PIB de um país, à democracia e à estabilidade política. Em média, quando as constituições possuem maior longevidade, os países são mais ricos, mais democráticos, politicamente mais estáveis e passam por menos crises institucionais. ELKINS; GINSBURG; MELTON, loc. cit.

[9] Segundo Locke, era preciso proteger os direitos individuais em face do Estado e esses direitos eram, sobretudo liberdades, a "liberdade dos modernos". Locke reconheceu que o homem possuía direitos inalienáveis, como vida, liberdade e propriedade, que eram oponíveis contra o Estado, que devia respeitá-los em qualquer situação, mesmo no contrato social, onde anteriormente afirmou-se que o indivíduo abriria mão de todos os seus direitos. BONAVIDES, Paulo. Curso de direito constitucional. 26. ed. São Paulo: Malheiros, 2010, p. 225-250.

face do Estado, que em sua essência impõem um dever de abstenção estatal, de não intervenção na esfera individual, com a limitação do papel do Estado, impedindo o embaraço à fruição das liberdades individuais, com o direito de defesa em face dos governantes.[10]

Nesse sentido, quando se discute o conceito de constitucionalismo, deve-se ter em mente que o movimento constitucional gerador da Constituição em sentido moderno tem várias raízes, localizadas em horizontes temporais distintos e em espaços históricos geográficos e culturais diferenciados, e, assim, a partir desta delimitação, podemos compreender o sentido — conectado ao resgate histórico e à contextualização, do fecundo debate teórico que envolve o sentido moderno de Constituição — e o desdobramento deste conceito,[11] sobretudo, para possibilitar a construção de uma concepção jurídica que corresponda aos reclames políticos e sociológicos da sociedade contemporânea.[12]

Ou seja, partindo da ideia de que a Constituição em sentido moderno se vincula, principalmente, ao constitucionalismo que resulta das revoluções liberais do fim do século XVIII na França e Estados Unidos[13] — e, atipicamente, do desenvolvimento lento e gradual do constitucionalismo britânico —, a palavra Constituição e o significado de constitucionalismo corresponderam às transformações estruturais da sociedade, com um sentido plenamente emancipatório.[14]

Neste sentido apenas no século XVIII os processos sociais de diferenciação entre política e direito, que antes eram considerados mais elementos de um processo evolutivo, do que propriamente expressões semânticas do constitucionalismo contemporâneo,[15] eclodiram, especialmente na Europa, com o início da limitação

---

[10] Neste quadro, surge o chamado Estado de Direito e os direitos de primeira geração — ou como muitos autores preferem, direitos de primeira dimensão — que são os direitos de liberdade, que em sua essência, impõem ao Estado um dever de abstenção, de não intervenção na esfera individual. Os direitos fundamentais de primeira geração ou dimensão visam à tutela do valor liberdade (direitos civis e políticos), correspondendo ao *status* negativo (*negativus* ou *libertatis*) da Teoria de Jellinek, em que ao indivíduo é reconhecida uma esfera individual de liberdade imune à intervenção estatal. Vide SARLET, Ingo Wolfgang; MARINONI, Luiz Guilherme; MITIDIERO, Daniel. Curso de direito constitucional. São Paulo: Revista dos Tribunais, 2012, p. 254-265.

[11] NEVES, Marcelo. *Transconstitucionalismo*. São Paulo: WMF Martins Fontes, 2009, p. 1-62.

[12] É importante frisar que, ainda que a polissemia do termo Constituição tenha acarretado a confusão de seu sentido — com vocábulos que expressam ideias abstratas e conceitos distintos, como forma política de Estado, ato solene do poder constituinte, ação continuada, resultante da espontaneidade dos fatos, formas de domínio, ato de decisão — por outro lado, foi ferramenta que consolidou a estrutura jurídica que forjou o direito constitucional das sociedades modernas. Vide SAMPAIO, José Adércio Leite. Teorias constitucionais em perspectiva: em busca de uma Constituição pluridimensional. In: _____ (Coord.). *Crises e desafios da Constituição*: perspectivas críticas da teoria e das práticas constitucionais brasileiras. Belo Horizonte: Del Rey, 2004, p. 3-54.

[13] Como afirma Sanchís "*ni las desigualdades estamentales ni los privilegios jurídicos eran propios de las colonias americanas, lo que significa que tos derechos no vengan a remover el orden social, sino en cierto modo a confirmaría. Sostener en Norteamérica la libertad y la igualdad no tenía ni mucho menos el mismo sentido polémico que en Francia; en cierto modo, era sostener algo que ya se tenía en la sociedad y cuya fuerza se hacía valer solo contra el Parlamento de la metrópoli. Esto puede explicar que la revolución norteamericana no buscase un legislador virtuoso y omnipotente a fin de emprender la transformación social, sino, al contrario, un legislador limitado que no reincidiese en el desconocimiento de los derechos. Había sido la omnipotencia del Parlamento inglés el origen de todos los agravios al violar los derechos históricos*". PRIETO SANCHÍS, Luis. Justicia constitucional y derechos fundamentales. Madrid: Trotta, 2003, p. 48.

[14] NEVES, Marcelo. Transconstitucionalismo. São Paulo: WMF Martins Fontes, 2009, p. 1-62.

[15] NEVES, loc. cit.

do poder estatal, resultando em uma nova concepção que, embora se constate a presença de um pensamento marcado pelo transcendente,[16] em contrapartida, distancia-se da lógica organicista medieval, sobretudo pela noção de alteridade que essas novas convenções carregam, com a passagem de uma sociedade marcada pelo governo de reis que se autolegitimavam, para uma sociedade governada por representantes escolhidos pelo povo,[17] possibilitando a primazia de um convencionalismo individualista no Estado do Direito, que, inevitavelmente, reforçou a ideia de resistência contra a tirania e na ruptura contra o passado.

Desse modo, nesse novo cenário, a igualização formal dos indivíduos, após a abolição dos privilégios estamentais, com a limitação jurídica do poder do Estado em prol da liberdade dos governados, garantiu uma esfera individual intangível,[18] e, assim, temos tanto os cidadãos como, concomitantemente, destinatários e autores de direitos, quanto a metamorfose do *pactum societatis* em algo novo, ou seja, um documento que representa não apenas um simples pacto entre homens com interesses convergentes, mas em um contrato escrito, supremo, dotado de força vinculante e instituidor de um Estado-nação.[19] [20]

---

[16] KANT, Immanuel. Fundamentação da metafísica dos costumes. Tradução Paulo Quintela. Lisboa: Edições 70, 2007.

[17] SAMPAIO, José Adércio Leite. Mito e história da Constituição: prenúncios sobre a constitucionalização do direito. In: SOUZA NETO, Cláudio Pereira de; SARMENTO, Daniel (Orgs.). A constitucionalização do direito: fundamentos teóricos e aplicações específicas. Rio de Janeiro: Lumen Juris, 2007, v. 1, p. 177-201.

[18] SARMENTO, Daniel. Os direitos fundamentais nos paradigmas liberal, social e pós-social. In: SAMPAIO, José Adércio Leite (Org.). *Crises e desafios da Constituição*. Belo Horizonte: Del Rey, 2004, p. 375-414.

[19] Segundo Canotilho "É difícil compreender a ideia moderna de contrato social sem conhecermos o filão da politologia humanista neoaristotélica centrado na ideia de bem comum. A progressiva aceitação de 'pactos de domínio' entre governantes e governados, como uma forma de limitação do poder ganha força política através da crença religiosa do calvinismo em uma comunidade humana dirigida por um poder limitado por leis e radicado no povo". Vide CANOTILHO, J. J. Gomes. *Direito constitucional e teoria da Constituição*. 5. ed. Coimbra: Almedina, 2002, p. 53.

[20] Jean-Jacques Rousseau, ao traçar hipoteticamente a história da humanidade, narrando a trajetória e as condições que levaram à desigualdade ente os homens a partir da sua condição inicial de liberdade no estado de natureza, explicita que os homens nascem livres e sua liberdade lhes pertence e ninguém tem o direito de dispor dela, sendo ilegítima e nula a convenção que estipula, de um lado, uma autoridade absoluta, e, de outro, uma obediência sem limites. Assim, se nenhum homem tem autoridade natural sobre seu semelhante e se a força não produz direito algum, restam então as convenções como base de toda autoridade legítima entre os homens. Portanto, é preciso remontar à primeira convenção, visto que o ato pelo qual um povo se constitui, sendo necessariamente anterior à eleição do soberano, é o verdadeiro fundamento da sociedade. Com efeito, se não houvesse convenção anterior, a menos que a eleição fosse unânime, não haveria obrigação dos menos numerosos se submeterem à escolha dos mais numerosos. Ou seja, é necessário um pacto que defenda e proteja a pessoa e os bens de cada associado, e, pelo qual, cada um, unindo-se a todos, só obedeça a si mesmo e permaneça tão livre quanto antes. Dessa forma, em vez da pessoa particular de cada contratante, esse ato produz um corpo moral e coletivo, composto de tantos membros quantos são os membros da comunidade. Por outro lado, as cláusulas desse pacto são determinadas pela natureza do ato, implicando a alienação total e sem reservas de cada associado de todos os seus direitos a toda a comunidade. Assim, a menor modificação nas cláusulas as torna inúteis e sem efeito, e, violado o pacto social, cada qual retorna aos seus primeiros direitos e retoma a liberdade natural, perdendo a liberdade convencional pela qual renunciara. Portanto, o ato de associação encerra um compromisso recíproco em que cada indivíduo contratando consigo mesmo, acha-se comprometido como membro do soberano em face dos particulares, e como membro do Estado em face do soberano. Logo, assim que essa multidão se encontre reunida em um corpo, o poder soberano não pode ter interesse contrário ao dos particulares que o compõe, porque não se pode ofender um dos membros sem atacar o corpo, nem ofender o corpo sem que os membros disso se ressintam. Porém, o mesmo não ocorre com os súditos em relação ao soberano. Cada indivíduo pode ter uma vontade particular diversa da vontade geral. Assim, aquele que se recusar a obedecer à vontade geral, a isso será constrangido por todo o corpo — o que significa apenas que será forçado a ser livre — pois é esta

Diante disso, com o abandono da tradição herdada pelo pensamento medieval, acrescenta a fundamentação individualista a essa nova concepção, embebida das fontes filosóficas iluministas,[21] para consolidar os primeiros documentos fundacionais dos novos Estados que se formavam, na qualidade de cartas limitadoras do poder estatal, possibilitando que o termo Constituição deixasse de significar simples roteiros normativos simbólicos, vazios de sentido, que encenavam uma falsa realidade de igualdade entre os indivíduos, para sugerir a invenção de uma nova forma de ordenação e fundamentação do poder político, com a ordenação sistemática e racional da comunidade através de um documento escrito, no qual se declaram as liberdades e os direitos e se fixam os limites do poder.[22]

Logo, ao analisar esse contexto histórico, fica evidente que, o constitucionalismo como teoria do governo limitado, indisponível à garantia dos direitos na dimensão estruturante da organização político-social de uma comunidade, surge, sobretudo, a partir de meados do século XVIII, ou seja, o movimento político, social e cultural que questiona nos planos político, filosófico e jurídico os esquemas tradicionais de domínio, nasce com o advento das Revoluções Liberais e a criação do Estado de Direito, fundado no reconhecimento de um conjunto de direitos inatos e invioláveis frente ao Estado, na subordinação do Poder Executivo a uma competência normativa,[23] e, na ideia de *checks and balances* — com a existência de poderes, independentes, autônomos e harmônicos entre si, com a função de autocontenção, na medida em que se controlam mutuamente.[24]

---

a condição que entregando ao todo, cada cidadão o garante contra toda dependência pessoal. Desta forma, a passagem do estado de natureza ao estado civil, conquanto prive o homem de muitas vantagens concedidas pela natureza, transforma-o de um animal limitado em um ser inteligente. O que o homem perde pelo contrato social, é a liberdade natural e um direito ilimitado a tudo quanto deseja e pode alcançar. O que com ele ganha, é a liberdade civil e a propriedade de tudo o que possui. Assim, a liberdade civil é a única que torna o homem verdadeiramente senhor de si, porquanto a obediência à lei que se prescreveu a si mesmo é a liberdade. Da mesma forma, no estado natural, todo homem tem naturalmente direito a tudo o que lhe é necessário. Assim, o direito do primeiro ocupante só se torna um verdadeiro direito, após o estabelecimento do direito de propriedade em que todos se tornam iguais por convenção e de direito. Logo, passando os possuidores a terem os seus direitos respeitados por todos os membros do Estado, o direito de cada particular sobre seus próprios bens, está sempre subordinado ao direito da comunidade sobre todos, sem o que não teria solidez o vínculo social, nem força real o exercício da soberania. Assim, o direito de primeiro ocupante, tão frágil no estado de natureza, passa a respeitável para todos os homens. ROUSSEAU, Jean-Jacques. *Discurso sobre a origem e os fundamentos da desigualdade entre os homens*: do contrato social. São Paulo: Ática, 1989, v. 1.

[21] Segundo Luís Roberto Barroso "O Iluminismo designa a revolução intelectual que se operou na Europa, especialmente na França, no século XVIII. O movimento representou o ápice das transformações iniciadas no século XIV, com o Renascimento. O antropocentrismo e o individualismo renascentistas, ao incentivarem a investigação científica, levaram à gradativa separação entre o campo da fé (religião) e o da razão (ciência), determinando profundas transformações no modo de pensar e de agir do homem. Para os iluministas, somente através da razão o homem poderia alcançar o conhecimento, a convivência harmoniosa em sociedade, a liberdade individual e a felicidade. Ao propor a reorganização da sociedade com uma política centrada no homem, sobretudo no sentido de garantir-lhe a liberdade, a filosofia iluminista defendia a causa burguesa contra o Antigo Regime. Alguns nortes que merecem destaque na filosofia e na ciência política: Descartes, Locke, Montesquieu, Voltaire e Rousseau". BARROSO, Luís Roberto. *Curso de direito constitucional contemporâneo*: os conceitos fundamentais e a construção do novo modelo. 5. ed. São Paulo: Saraiva, 2015, p. 49.

[22] CANOTILHO, J. J. Gomes. *Direito constitucional e teoria da Constituição*. 5. ed. Coimbra: Almedina, 2002, p. 51-87.

[23] CANOTILHO, J. J. Gomes. Direito constitucional e teoria da Constituição. 5. ed. Coimbra: Almedina, 2002, p. 51-87.

[24] O princípio da separação de poderes já era sugerido por Platão em *A República* no século IV a.C., ao subdividir as funções do Estado, de forma que esta não se concentrasse em apenas uma pessoa. Aristóteles em *A Política*, também no século IV a.C., admitia existir três órgãos separados a quem cabiam as decisões do Estado. O

Portanto, é a partir do debate jurídico-constitucional que se inicia nos séculos XVII e XVIII, e, se consolida ao longo do século XIX, que irão se desenvolver perspectivas políticas, religiosas e jurídico-filosóficas, sem o conhecimento das quais não seria possível compreender o próprio fenômeno da modernidade constitucional, e, ademais, esta advertência serve, também, para salientar que o conceito de Constituição moderna, pressupõe uma profunda transmutação semântica de alguns dos conceitos estruturantes da teoria clássica das formas de Estado, especialmente, por força das normas de repartição e limitação do poder, bem como de proteção dos direitos individuais em face do Estado.

2 Resiliência constitucional e o papel estabilizador das constituições nas sociedades democráticas

Apesar do constitucionalismo implicar no reposicionamento da questão democrática e da normatividade constitucional,[25] também se percebe a necessidade de construção de um sistema jurídico capaz de proporcionar uma racionalidade política democrática adequada, em que os direitos positivados na Constituição não passem a ser meras ilusões textuais sem receptividade prática na esfera pública estatal.[26]

Consequentemente, nesta perspectiva, o constitucionalismo, como um ideário extenso e profundo de reconhecimento e concretização do direito constitucional,[27]

---

princípio também é desenvolvido por John Locke, em sua obra *Segundo tratado sobre o governo civil* de 1690 (século XVII), trabalhando de forma mais aprofundada a ideia da distribuição funcional. Todavia, a formulação mais completa, foi trazida por Montesquieu, no capítulo VI do livro XI do *Espírito das leis*, em 1748, ao identificar o exercício de três funções estatais conectadas a três órgãos distintos, o Legislativo, o Executivo e o Judiciário, independentes, autônomos e harmônicos entre si. Montesquieu pensou inicialmente em um órgão legislativo composto de duas Câmaras (uma de nobres e outra de origem burguesa), o Executivo e o Judiciário (composto basicamente por um conselho de jurados de convocação temporária). O princípio foi posteriormente positivado na Constituição da Virgínia (1776), na Constituição Americana (1787), na Declaração de Direitos do Homem e do Cidadão (1789) e na Constituição Francesa (1791). As Constituições brasileiras desde 1891 trazem o princípio — apesar da Constituição de 1891 trazer o Poder Moderador. Vide SAMPAIO, José Adércio Leite. Mito e história da Constituição: prenúncios sobre a constitucionalização do direito. In: SOUZA NETO, Cláudio Pereira de; SARMENTO, Daniel (Orgs.). A constitucionalização do direito: fundamentos teóricos e aplicações específicas. Rio de Janeiro: Lumen Juris, 2007, v. 1, p. 177-201.

[25] Segundo Luís Roberto Barroso, com o reconhecimento da força normativa da Constituição e do caráter vinculativo e obrigatório de suas disposições, as normas constitucionais passam a ser dotadas de imperatividade, atributo de todas as normas jurídicas, o que permite a deflagração dos mecanismos próprios de coação, no caso de sua inexecução. Ademais, a interpretação constitucional, decorrência natural da força normativa da Constituição, exige o reconhecimento de pressupostos lógicos, metodológicos ou finalísticos da aplicação das normas constitucionais, que seriam o da supremacia da Constituição, o da presunção de constitucionalidade das normas e atos do Poder Público, o da interpretação conforme a Constituição, o da unidade, o da razoabilidade e o da efetividade. Vide BARROSO, Luís Roberto. Curso de direito constitucional contemporâneo: os conceitos fundamentais e a construção do novo modelo. 5. ed. São Paulo: Saraiva, 2015, p. 27-66.

[26] NEVES, Marcelo. Transconstitucionalismo. São Paulo: WMF Martins Fontes, 2009, p. 1-62.

[27] BARROSO, Luís Roberto. Fundamentos teóricos e filosóficos do novo direito constitucional brasileiro: pós-modernidade, teoria crítica e pós-positivismo. In: _____ (Org.). *A nova interpretação constitucional*: ponderação, direitos fundamentais e relações privadas. 2. ed. Rio de Janeiro: Renovar, 2006, p. 27-28.

permite considerar a racionalidade jurídica no âmbito da adequação e coerência do direito,[28] a partir da constitucionalização das relações sociais.

Ademais, ainda que inexista uma constância absoluta entre a adequação e a consistência da autolegitimação pelos procedimentos democráticos de participação constitucionalmente assegurados, há a necessidade de se reforçar a representação e participação política das minorias na esfera pública pluralista da sociedade complexa da contemporaneidade.[29] [30]

Nesse sentido, a fonte de legitimação do poder passa a ser analisada, não apenas sob uma perspectiva ligada a argumentos procedimentais de ordem majoritária, mas sim, e, principalmente, sob uma visão de respeito aos direitos individuais e à pluralidade, com a promoção de direitos fundamentais necessários ao estabelecimento da igualdade material.[31]

Portanto, há a necessidade de se assegurar uma razão compartilhada, a partir do consenso sobreposto de doutrinas abrangentes razoáveis e racionais, desenvolvidas em uma sociedade cooperativa, em que o pluralismo, coexistindo sob certas condições políticas e sociais, fornece a base para unidade social dos cidadãos de uma sociedade democrática, voltada especificamente para a estrutura básica de uma sociedade bem-ordenada composta por seres livres e iguais.[32]

Neste sentido, ainda que não haja uma concordância sobre a forma pela qual as democracias constitucionais devam ser organizadas para satisfazer os termos equitativos de cooperação entre cidadãos considerados livres e iguais entre si, existindo uma profunda discordância sobre a melhor maneira de se efetivar os valores da liberdade e da igualdade na estrutura básica da sociedade, cada vez mais a compreensão constitucional passa pelo conceito de enunciados normativos que garantem a igualdade de oportunidades para todos os cidadãos na esfera pública, com o comprometimento dos cidadãos na ordem jurídica e político-democrática constitucionalmente estabelecida.[33]

Desta forma, diante da necessidade de se equilibrar o jogo democrático e o processo político, surge a preocupação em atrair a discursividade racional,

---

[28] DWORKIN, Ronald. *O império do direito*. São Paulo: Martins fontes, 2007, p. 213-333.

[29] Nesse novo modelo de constitucionalismo, da mesma maneira, passa a haver situações de embate entre o substancialismo e o procedimentalismo. Pelo substancialismo, caberá à Constituição definir um conjunto de decisões valorativas, que considera essenciais e consensuais. Já pelo procedimentalismo, caberá à Constituição, em cada momento histórico, decidir a definição de seus valores e opções políticas, a cargo da maioria, pelo sistema de participação democrático. ESPINOZA, Danielle Sales Echaiz. *Entre substancialismo e procedimentalismo*: elementos para uma teoria constitucional brasileira adequada. Maceió: EDUFAL, 2009, p. 111 e ss.

[30] HABERMAS, Jürgen. *Direito e democracia*: entre facticidade e validade. Tradução Flávio Beno Siebeneichler. 2. ed. Rio de Janeiro: Tempo Brasileiro, 2003, v. 1, p. 193-247.

[31] Segundo Luís Roberto Barroso "Constitucionalismo e democracia são conceitos que se aproximam, frequentemente se superpõem, mas que não se confundem. Eventualmente, pode haver até mesmo tensão entre eles. Constitucionalismo traduz, como visto, limitação do poder e Estado de direito. Democracia identifica, de modo simplista, soberania popular e governo da maioria. Pois bem: a Constituição se impõe, muitas vezes, como instrumento de preservação de determinados valores e de proteção das minorias, inclusive, e sobretudo, em face das maiorias e do seu poder de manipulação do processo político". Vide BARROSO, Luís Roberto. *Curso de direito constitucional contemporâneo*: os conceitos fundamentais e a construção do novo modelo. 5. ed. São Paulo: Saraiva, 2015, p. 29.

[32] RAWLS, John. *O liberalismo político*. São Paulo: Ática, 2000, p. 45-85.

[33] RAWLS, John. *Justiça e democracia*. São Paulo: Martins fontes, 2002, p. 199-242.

em torno de pontos que reúnam condições mínimas de consenso, através de um pluralismo razoável e de valores cooperativos na vida política, buscando reconciliar democracia e direitos, de modo a adaptar-se a uma realidade dinâmica de uma sociedade pluralista.[34]

Nesse sentido, a liberdade de ação dos membros de uma comunidade jurídica, passa a ser baseada em discursos racionais de comunicação não etnocêntrica, com o reconhecimento intersubjetivo de posturas a iguais liberdades de ação no processo de formação da opinião, contemplando uma abertura ao uso da racionalidade comunicativa, que possibilite a legitimação do direito.[35]

Ademais, nesta compreensão, deve ser assegurada a participação devidamente informada, com vista a promover o reconhecimento recíproco de direitos entre os cidadãos, no exercício cívico da autonomia política institucionalizada, especialmente quando se consideram como legítimos apenas os direitos que foram racionalmente acordados por todos os consorciados jurídicos.[36]

Por outro lado, a abertura constitucional, que se associa ao pluralismo, diante da necessidade de se compreender os conteúdos constitucionais moldados pelo jogo político democrático, que possibilitam que projetos político-sociais ingressem no sistema normativo, acaba por levar a uma autoconsciência constitucional, ao se criar um Estado constitucional-democrático de direito, com o incentivo a interconexões dinâmicas mediante o fomento ao pluralismo, enquanto plano de identidade coletiva da sociedade e unidade social do Estado.[37]

Nessa perspectiva, a Constituição enquanto unidade normativa e processo dinâmico, que não apenas regula a vida política, como também assegura a própria existência estatal, diante dos questionamentos decorrentes do pluralismo acaba por reunir as regras jurídicas e as instituições concernentes à estrutura estatal de governabilidade e participação político-democrática.[38]

Desse modo, a Constituição deve se conectar às mudanças valorativas, sobretudo porque a estrutura aberta de sentidos e linguagem permite sua concretização, de forma a promover a estabilidade constitucional, incorporando uma série de valores, dentro de uma sociedade pluralista, que reconhece uma ordem plúrima, como um documento fundamental para a disciplina da vida política e para a promoção dos valores compartilhados nas deliberações democráticas.[39]

Portanto, somente será possível considerar a racionalidade jurídica, no âmbito da adequação e coerência do direito, quando se observe uma constância

---

[34] RAWLS, John. *Justiça e democracia*. São Paulo: Martins fontes, 2002, p. 199-242.
[35] HABERMAS, Jürgen. Direito e democracia: entre facticidade e validade. Tradução Flávio Beno Siebeneichler. 2. ed. Rio de Janeiro: Tempo Brasileiro, 2003, v. 1, p. 193-247.
[36] RAWLS, John. O liberalismo político. São Paulo: Ática, 2000, p. 45-85.
[37] SAMPAIO, José Adércio Leite. Teorias constitucionais em perspectiva: em busca de uma Constituição pluridimensional. In: _____ (Coord.). Crises e desafios da Constituição: perspectivas críticas da teoria e das práticas constitucionais brasileiras. Belo Horizonte: Del Rey, 2004, p. 3-54.
[38] MIRANDA, Jorge. Teoria do Estado e da Constituição. 2. ed. Rio de Janeiro: Forense, 2009, p. 164-165.
[39] CANOTILHO, J. J. Gomes. Direito constitucional e teoria da Constituição. 5. ed. Coimbra: Almedina, 2002, p. 285-352.

entre a adequação e a consistência da autolegitimação pelos procedimentos democráticos de participação constitucionalmente assegurados às minorias na esfera pública pluralista da sociedade complexa da contemporaneidade.[40]

Assim, a abertura no processo de criação e de reforma constitucionais, acaba por gerar mais identificação e adesão de seus destinatários, com a reformulação dos conceitos de representação, por meio do reconhecimento popular, reescrevendo as fronteiras do constitucionalismo, por um policentrismo constitucional-popular, que leva à melhor estruturação do processo democrático.[41]

Ademais, pode-se afirmar que, em uma sociedade pluralista, marcada por uma multiplicidade de concepções de vida, a legitimidade das constituições depende de que o procedimento decisório envolva a devida reflexão de visões que possam ser compartilhadas, com base em um acordo racional, bem-informado e voluntário,[42] na projeção conceitual de um sistema que permita que as criações constitucionais sejam desenvolvidas de forma coerente[43] com outras instituições, a partir de uma visão de previsibilidade e equidade.[44] [45]

Logo, nas sociedades contemporâneas, marcadas pela diversidade de doutrinas religiosas, filosóficas e morais,[46] pessoas com cosmovisões bastante heterogêneas convivem em um mesmo *telos* social,[47] e, portanto, as controvérsias na atuação relacional, deve buscar um sistema colaborativo e progressivo das relações sistêmico-

---

[40] NEVES, Marcelo. Transconstitucionalismo. São Paulo: WMF Martins Fontes, 2009, p. 1-62.

[41] ELKINS, Zachary; GINSBURG, Tom; MELTON, James. *The Endurance of National Constitutions*. New York: Cambridge University Press, 2009. 270pp.

[42] WALDRON, Jeremy. O *judicial review* e as condições da democracia. Tradução de Julia Sichieri Moura. In: BIGONHA, Antônio Carlos Alpino; MOREIRA, Luiz (Orgs.). *Limites do controle de constitucionalidade*. Rio de Janeiro: Lumen Juris, 2009. Coleção ANPR de direito e democracia.

[43] DWORKIN, Ronald. *O império do direito*. Tradução de. Jefferson Luiz Camargo. São Paulo: Martins Fontes, 2003, p. 254.

[44] RAWLS, John. *O liberalismo político*. 2. ed. São Paulo: Ática, 2000, p. 261-305.

[45] A justiça como equidade na concepção rawlsiana, envolve dois princípios de justiça: a) o de que toda pessoa tem igual direito a um projeto inteiramente satisfatório de direitos e liberdades básicas iguais para todos (projeto este compatível com os demais), e, nesse projeto, as liberdades políticas deverão ter seu valor equitativo garantido; e b) o de que as desigualdades sociais e econômicas, devam estar vinculadas a posições e cargos abertos a todos, em condições de igualdade equitativa de oportunidades, e devem representar o maior benefício possível aos membros menos privilegiados da sociedade. Da junção destes dois princípios (com prioridade do primeiro sobre o segundo), decorrem as instituições básicas de uma democracia constitucional, bem como as características e elementos principais de uma concepção liberal de justiça. Logo, uma concepção política de justiça, deve envolver a devida reflexão (equilíbrio reflexivo), das concepções dos indivíduos, refletida em todos os níveis de generalidade. Assim, a justiça como equidade, tem sua ideia organizadora em uma sociedade concebida como um sistema equitativo de cooperação social, entre pessoas livres e iguais. Além do que, tem como objetivo uma concepção de justiça que possa ser compartilhada pelos cidadãos, com base em um acordo político racional, bem-informado e voluntário. Logo, a justiça como equidade, parte da ideia de sociedade como um sistema equitativo de cooperação ao longo do tempo, de uma geração até a seguinte, e, da mesma forma, a teoria da justiça como equidade é uma concepção liberal, bem como uma concepção de justiça válida para uma democracia, proporcionando uma base para os princípios constitucionais e para os direitos e liberdades básicas. RAWLS, John. *Justiça e democracia*. São Paulo: Martins Fontes, 2000, p. 199-241.

[46] RAWLS, op. cit., p. 205-207.

[47] Este cenário se projeta, naturalmente, para o campo da interpretação constitucional, na medida em que na esfera política, ao lidar com temas essenciais, só são admissíveis argumentos independentes de doutrinas religiosas ou metafísicas controvertidas. Ou seja, na discussão pública, os cidadãos devem apresentar argumentos que possam ser racionalmente aceitos pelos seus interlocutores, independentemente das respectivas crenças religiosas ou metafísicas. RAWLS, John. *O liberalismo político*. 2. ed. São Paulo: Ática, 2000, p. 261-305.

dialógica, acaba por trabalhar em descompasso com a legitimidade popular e a questão democrática.[48]

Desta feita, o que se observa é que, sem dúvida, na atividade democrática nas sociedades contemporâneas, a integração estável dos Estados, nas suas relações instituicionais, deve ser o resultado de um contínuo diálogo,[49] que permita a determinação do equilíbrio apropriado,[50][51] e a proteção de direitos, sobretudo no contexto de sociedades marcadas por desacordos persistentes a respeito das mais variadas questões, devem ser resolvidas no plano cooperativo.[52]

Portanto, no contexto de uma sociedade bem ordenada, marcada pelo desacordo razoável[53] e pelo pluralismo, apesar de não haver uma concordância sobre a forma de organização, em termos equitativos, de cooperação entre cidadãos, a estruturação constitucional deve empregar um procedimento que goza de legitimidade e possa ser aceito por aqueles afetados pela decisão,[54] uma vez que existe uma profunda discordância sobre a melhor maneira de se efetivar os valores da liberdade e igualdade na estrutura básica da sociedade.[55]

Ou seja, há a necessidade de se estabelecer uma dinâmica segura, na adoção de visões devidamente compartilhadas,[56] como uma cultura desenvolvida para uma instrumentalização racional de comunicação e interação entre partes livres e iguais, a partir de um ponto de vista equitativo,[57] em que a atividade interpretativa

---

[48] CHILDRESS III, Donald E. Using Comparative Constitutional Law to Resolve Domestic Federal Questions. *Duke Law Journal*, n. 53, 2003, p. 221.

[49] A Suprema Corte do Canadá, atribuiu uma definição muito ambiciosa de diálogo no caso *Vriend v. Alberta* de 1998, expondo que os tribunais possuem atribuições visando à defesa da Constituição, e é a própria Constituição expressamente que lhes compete tal papel. No entanto, é igualmente importante o respeito mútuo entre esses poderes, para fins de concretização da democracia constitucional. Caso *Vriend v. Alberta*. Disponível em: <http://scc-csc.lexum.com/scc-csc/scc-csc/en/1607/1/document.do>. Acesso em: 6 fev. 2016.

[50] TREMBLAY, Luc. The legitimacy of judicial review: the limits of dialogue between courts and legislatures. *International Journal of Constitutional Law*, v. 3, n. 4, 2005, p. 617-648.

[51] LECLAIR, Jean. Réflexions critiques au sujet de la métaphore du dialogue en droit constitutionnel canadien. *Revue du Barreau*, Numéro Spécial, 2003. Disponível em: <https://papyrus.bib.umontreal.ca/jspui/handle/1866/2549>. Acesso em: 10 jan. 2016.

[52] SUNSTEIN, Cass R. Beyond Judicial Minimalism. *Harvard Public Law Working Paper*, n. 08-40, 2008. Disponível em: <http://ssrn.com/abstract=1274200>. Acesso em: 6 fev. 2016.

[53] O desacordo moral razoável é uma característica das sociedades pluralistas contemporâneas, e duas técnicas principais são usadas para compatibilizar o reconhecimento de cosmovisões diferentes: os compromissos dilatórios e os acordos incompletamente teorizados. Os primeiros, consistem em acordos quanto a princípios gerais, diante da persistência do desacordo em relação a normas específicas. Já os segundos, consistem no oposto, acordos quanto a decisões sobre casos concretos, mantendo-se o desacordo quanto aos seus fundamentos mais gerais. RAWLS, *Justiça e democracia*. São Paulo: Martins Fontes, 2000, p. 206-212.

[54] Esta visão se aproxima do conceito de justiça procedimental perfeita de Rawls, ou seja, não há critério independente para o resultado correto, em vez disso, existe um procedimento correto ou justo, de modo que o resultado será também correto ou justo, qualquer que seja ele, contando que o procedimento tenha sido corretamente aplicado. RAWLS, op. cit., p. 116-118.

[55] Uma concepção política de justiça para Rawls, se liga à estrutura básica de uma sociedade, englobando as principais instituições políticas, sociais e econômicas de uma sociedade, e a maneira pela qual se combinam, em um sistema unificado de cooperação social de uma geração até a seguinte. RAWLS, op. cit., p. 53-58.

[56] RAWLS, John. *O liberalismo político*. 2. ed. São Paulo: Ática, 2000, p. 261-305.

[57] Rawls trabalha aqui a questão da posição original, a partir da concepção tradicional de justiça, que especifica os princípios adequados para realizar a liberdade e a igualdade. Neste sentido, deve-se buscar um ponto de vista a partir do qual, um acordo equitativo entre pessoas livres e iguais, possa ser estabelecido. A posição original com os traços do "véu da ignorância" (*veil of ignorance*), é este ponto de vista. Por sua vez, a ideia de "véu da

se processa, em grande parte, por meio de um diálogo permanente,[58][59] para melhor conformação de cosmovisões distintas.

Portanto, a atuação da comunidade deve ter em conta a compreensão da estrutura do Estado, para que se possa alcançar o objetivo último da segurança e estabilidade jurídica,[60] reafirmando a relação dialética e interdependente de uma ordem deliberativa, em que as questões de longevidade constitucional não possam ser adequadamente resolvidas, sem a atenção à necessidade de se reduzir o déficit de legitimidade, a partir de um diálogo efetivo nas sociedades democráticas.[61]

3 Conclusão

Como pode se observar, em sociedades democráticas e em condições de pluralismo, a prática discursiva, em um procedimento permanente, possibilita a estabilidade institucional, impondo a prática de uma razão comunicativa que constrói um modelo resiliente de estrutura constitucional, em uma concepção intersubjetiva de valores compartilhados e resultantes dos acertos discursivos, como uma constante procedimental, que se configuram a partir de uma prática construtiva discursiva, que busca o consenso e a igualdade entre cidadãos livres e iguais dentro da esfera pública.

Logo, é fundamental a construção de um ambiente pautado na cooperação, na deliberação e no diálogo, tendo como alvo a produção de um diálogo efetivo, em que os deveres institucionais sejam determinados por um procedimento que possa ser permanentemente concebido como legítimo pela sociedade, em discursos racionais, a partir de uma comunicação não etnocêntrica e reflexiva, e com o reconhecimento intersubjetivo de posturas na liberdade comunicativa.

---

ignorância", se liga à ausência de conhecimento da posição social ou a doutrina abrangente das partes. Ou seja, para haver um acordo equitativo entre pessoas livres e iguais, se deve eliminar as vantagens que surgem em função das tendências sociais, históricas e naturais. Logo, a posição original, deve ser considerada um artifício de representação, e todo acordo entre as partes como hipotético e não histórico. Rawls trata da posição original, como um caso de justiça procedimental pura, no sentido de que os princípios de justiça apropriados para especificar os termos equitativos de cooperação social, são aqueles que seriam selecionados como resultado de um processo de deliberação racional (ao contrário de justiça procedimental imperfeita, em que já há um critério já determinado do que é justo). Assim, as partes não seriam obrigadas a aplicar nenhum princípio de justiça delimitado previamente. RAWLS, op. cit., p. 65-72.

[58] É preferível adotar um modelo que não atribua a nenhuma instituição o "direito de errar por último", abrindo-se a permanente possibilidade de correções recíprocas no campo da hermenêutica, com base na ideia de diálogo, em lugar da visão mais tradicional, que concede a última palavra nessa área aos tribunais. SOUZA NETO, Claudio Pereira. SARMENTO, Daniel. *Direito constitucional:* teoria, história e métodos de trabalho. Belo Horizonte: Fórum, 2012.

[59] A Suprema Corte do Canadá, por exemplo, no caso *R. v. Oakes* de 1986, estabeleceu um *test case* que permite, ao menos em tese, a possibilidade de correções recíprocas entre Poderes, no famoso teste Oakes. Por meio do teste Oakes, se permite analisar se são razoáveis, em casos comprovadamente justificados, limitações a direitos e liberdades (*limitations clause*), em uma sociedade livre e democrática. Esse teste se aplica, quando se pretende demonstrar que a Seção 1 da *Canadian Charter of Rights and Freedoms* foi violada. Caso *R. v. Oakes*. Disponível em: <https://scc-csc.lexum.com/scc-csc/scc-csc/en/item/117/index.do>. Acesso em: 6 fev. 2016.

[60] VERMEULE, Adrian. System effects and the constitution. *Harvard Law School Paper*, n. 642, 2009.

[61] BICKEL, Alexander. Foreword: the passive virtues. *Harvard Law Review*, v. 75, 1961, p. 40.

Desta feita, a prática constitucional deve passar a assumir uma compreensão argumentativa, enquanto resultado de um processo continuado de aprendizagem, partindo de ideais gerais e abstratos, como uma decorrência do compromisso atual da comunidade com a estrutura precedente, a partir da história em movimento.[62]

Portanto, na justificação de um modelo constitucional que se entenda resiliente às transformações sociais e que permita alcançar uma maior estabilidade na estrutura de determinada sociedade democrática, deve-se ampliar o debate participativo e pluralista, a partir do diálogo e consenso entre as partes envolvidas, permitindo acomodar situações de desacordo razoável, ocorridas em sociedades complexas e em situações de pluralismo, como um verdadeiro projeto democrático.

Referências

ACKERMAN, Bruce. New separation of powers. *Harvard Law Review*, v. 133, p. 633, 2000.

ADAM, Colin Turpin. *British Government and the Constitution*. Cambridge: Cambridge University Press, 2011.

BARROSO, Luís Roberto. *Curso de direito constitucional contemporâneo*: os conceitos fundamentais e a construção do novo modelo. São Paulo: Saraiva, 2009.

BICKEL, Alexander. Foreword: the passive virtues. *Harvard Law Review*, v. 75, 1961.

BOLONHA, Carlos; RANGEL, Henrique. Separação de Poderes da Europa aos EUA: mutações e o *judicial review*. Anais do XX Congresso Nacional do Conselho Nacional de Pesquisa e Pós-Graduação em Direito. Florianópolis: Fundação Boiteux, 2011, p. 11132-11155.

BRANDÃO, Rodrigo. *Supremacia judicial versus diálogos constitucionais*: a quem cabe a última palavra sobre o sentido da Constituição? Rio de Janeiro: Lumen Juris, 2012.

CANOTILHO, José Joaquim Gomes. *Direito constitucional e teoria da Constituição*. 5. ed. Coimbra: Almedina, 2002.

CHILDRESS III, Donald E. Using Comparative constitutional law to resolve domestic federal questions. *Duke Law Journal*, n. 53, 2003.

CRAIG, Paul. Constitutionalizing Constitutional Law: HS2, [2014] Public Law 373. *Oxford Legal Studies Research Paper*, n. 45, 2014.

DIXON, Rosalind. Weak-form judicial review and the American excepcionalism. *Chicago Law School Public Law and Legal Theory Working Papers Series*, n. 348, 2011.

DWORKIN, Ronald. *O domínio da vida*. Tradução Jefferson Luiz Camargo. São Paulo: Martins Fontes, 2003.

_____. *O império do direito*. São Paulo: Martins Fontes, 2007.

ELLIOTT, Mark. Interpretative Bills of Rights and the Mystery of the Unwritten Constitution. *New Zealand Law Review*, n. 4, 2011, p. 591-623.

_____; THOMAS, Robert. *Public law*. Oxford: Oxford University Press, 2014.

ELKINS, Zachary; GINSBURG, Tom; MELTON, James. *The Endurance of National Constitutions*. New York: Cambridge University Press, 2009. 270pp.

HABERMAS, Jürgen. *Direito e democracia*: entre facticidade e validade. Tradução Flávio Beno Siebeneichler. 2. ed. Rio de Janeiro: Tempo Brasileiro, 2003, v. 1.

---

[62] DWORKIN, loc. cit.

_____. *Teoria de la accion comunicativa*. Madrid: Taurus Ediciones, 1987.

HOGG, Peter; BUSHELL, Allison. The "Charter" dialogue between Courts and Legislatures. *Osgood Hall Law Journal*, v. 35, n. 1, 1997.

LECLAIR, Jean. Réflexions critiques au sujet de la métaphore du dialogue en droit constitutionnel canadien. *Revue du Barreau*, Numéro Spécial, 2003. Disponível em: <https://papyrus.bib.umontreal.ca/jspui/handle/1866/2549>. Acesso em: 10 jan. 2016.

LEVINSON, Daryl; PILDES, Richard. Separation of parties, not Powers. *Harvard Law Review*, v. 119, n. 1, 2006.

MARTINS DE ARAUJO, Luis Claudio. A jurisdição constitucional no sistema da *commonwealth*: a conformação de uma nova alternativa institucional à supremacia judicial. *Revista Jurídica Luso Brasileira*, v. 4, 2015, p. 853-877.

_____. *Constitucionalismo transfronteiriço, direitos humanos e direitos fundamentais*: a consistência argumentativa da jurisdição de garantias nos diálogos transnacionais. Rio de Janeiro: Lumen Juris, 2017. 376 p.

_____. Supremacia ou diálogos judiciais? O desenvolvimento de uma jurisdição constitucional verdadeiramente democrática a partir da leitura institucional. *Revista do Instituto do Direito Brasileiro*, v. 1, 2014, p. 1-46.

MIRANDA, Jorge. *Teoria do Estado e da Constituição*. 2. ed. Rio de Janeiro: Forense, 2009.

MOREIRA, Eduardo Ribeiro. La reforma de las constituciones de Bolivia, Ecuador y Venezuela según el neuvo modelo de constitucionalismo bolivarianao. In: TAYAH, José Marco; ARAGÃO, Paulo (Org.). *Reflexiones sobre Derecho Latino Americano*. Buenos Aires: Editorial Quorum, 2012, v. 7, p. 17-33.

NEVES, Marcelo. *Transconstitucionalismo*. São Paulo. Martins Fontes, 2009.

RAWLS, John. *Justiça e democracia*. São Paulo: Martins Fontes, 2000.

_____. *O liberalismo político*. 2. ed. São Paulo: Ática, 2000.

ROSENFELD, Michel. The Rule of Law and the Legitimacy of Constitutional Democracy. Cardoso Law School, *Working Paper Series*, n. 36, 2001. Disponível em: <http://papers.ssrn.com/paper.taf?abstract_id=262350>. Acesso em: 6 fev. 2016.

SAMPAIO, José Adércio Leite. Mito e história da Constituição: prenúncios sobre a constitucionalização do direito. In: SOUZA NETO, Cláudio Pereira de; SARMENTO, Daniel (Org.). *A constitucionalização do direito: fundamentos teóricos e aplicações específicas*. Rio de Janeiro: Lumen Juris, 2007, v. 1, p. 177-201.

_____. Teorias constitucionais em perspectiva: em busca de uma Constituição pluridimensional. In: SAMPAIO, José Adércio Leite (Coord.). *Crises e desafios da Constituição*: perspectivas críticas da teoria e das práticas constitucionais brasileiras. Belo Horizonte: Del Rey, 2004, p. 3-54.

SARLET, Ingo Wolfgang; MARINONI, Luiz Guilherme; MITIDIERO, Daniel. *Curso de direito constitucional*. São Paulo: Revista dos Tribunais, 2012.

SOUZA NETO, Claudio Pereira. A justiciabilidade dos direitos sociais. Críticas e parâmetros. In: SOUZA NETO, Claudio Pereira. SARMENTO, Daniel (Org.). *Direitos sociais*: fundamentos, judicialização e direitos sociais em espécie. Rio de Janeiro: Lumen Juris, 2008.

_____; SARMENTO, Daniel. *Direito constitucional*: teoria, história e métodos de trabalho. Belo Horizonte: Fórum, 2012.

SUNSTEIN, Cass R. Beyond Judicial Minimalism. *Harvard Public Law Working Paper*, n. 08-40, 2008. Disponível em: <http://ssrn.com/abstract=1274200>. Acesso em: 6 fev. 2016.

_____. Beyond Marbury: the Executive's power to say what the Law is. *Chicago Law Scholl and Economics Working Papers Series*, n. 268, 2005.

SUNSTEIN, Cass R.; VERMEULE, Adrian. Interpretation and institutions. *Chicago Public Law and Legal Theory Working Paper Series*, n. 28, 2002.

TREMBLAY, Luc. The legitimacy of judicial review: the limits of dialogue between Courts and Legislatures. *International Journal of Constitutional Law*, v. 3, n. 4, 2005.

VERMEULE, Adrian. System Effects and the Constitution. *Harvard Law School Paper*, n. 642, 2009.

WALDRON, Jeremy. O judicial review e as condições da democracia. Tradução Julia Sichieri Moura. In: BIGONHA, Antônio Carlos Alpino; MOREIRA, Luiz (Orgs.). *Limites do controle de constitucionalidade*. Rio de Janeiro: Lumen Juris, 2009. Coleção ANPR de direito e democracia.

Informação bibliográfica deste texto, conforme a NBR 6023:2002 da Associação Brasileira de Normas Técnicas (ABNT):

ARAÚJO, Luís Cláudio Martins de. Resiliência constitucional e o papel estabilizador das constituições nas sociedades democráticas. In: BOLONHA, Carlos et al. (Coord.). *30 anos da Constituição de 1988*: uma jornada democrática inacabada. Belo Horizonte: Fórum, 2019. p. 605-618. ISBN 978-85-450-0595-7.

SOBRE OS AUTORES

Alice Bernardo Voronoff
Doutora e mestre em direito público pela UERJ. Procuradora do Estado do Rio de Janeiro e advogada.

Ana Paula de Barcellos
Professora Titular de Direito Constitucional da Faculdade de Direito da UERJ. Mestre e Doutora em Direito Público – UERJ. Pós-doutora – Harvard.

André Karam Trindade
Doutor em Teoria e Filosofia do Direito (UNIROMA3). Coordenador do Programa de Pós-Graduação em Direito da UniFG. Coordenador do SerTão – Núcleo Baiano de Direito e Literatura (DGP/CNPq). Presidente da Rede Brasileira Direito e Literatura. E-mail: andrekaramtrindade@gmail.com

André Ramos Tavares
Professor Titular da Faculdade de Direito do Largo São Francisco – USP e Professor da PUC-SP.

Cass R. Sunstein
Atualmente é o professor Robert Walmsley University, da Universidade de Harvard.

Carlos Bolonha
Professor da Faculdade Nacional de Direito – UFRJ. Professor do Programa de Pós-graduação em Direito – UFR. Pesquisador do CNPq. Coordenador do Laboratório de Estudos Institucionais – LETACI.

Daniel Braga Lourenço
Doutor em Direito pela Universidade Estácio de Sá (UNESA). Mestre em Direito pela Universidade Gama Filho (UGF). Professor de Biomedicina e Direito Ambiental da Faculdade de Direito da Universidade Federal do Rio de Janeiro (UFRJ) e de Direito Ambiental do Instituto Brasileiro de Mercado de Capitais (IBMEC). Professor convidado do FGV Law Program e da Pós-Graduação em Direito Ambiental Brasileiro da PUCRio. Professor Permanente do Programa de Pós-Graduação em Direito da Faculdade de Guanambi (FG). Coordenador do Laboratório de Ética Ambiental/UFRJ-UFF. E-mail: daniel@lourenco.adv.br.

Daniel de Souza Lucas
Bacharel em Direito e Mestrando em Teorias Jurídicas Contemporâneas no Programa de Pós-graduação em Direito da Faculdade Nacional de Direito da Universidade Federal do Rio de Janeiro (FND/UFRJ). Pesquisador do Laboratório de Estudos Institucionais LETACI.

Daniel Sarmento
Professor titular de Direito Constitucional da UERJ, coordenador da Clínica de Direitos Fundamentais da Faculdade de Direito da UERJ e advogado.

Daniel Vargas
Professor da FGV Direito Rio, mestre e doutor por Harvard Law School.

Deisy Ventura
Professora Titular de Ética da Faculdade de Saúde Pública da Universidade de São Paulo, Doutora em Direito Internacional da Universidade de Paris 1 (Panthéon-Sorbonne).

Diego Werneck Arguelhes
Professor da FGV Direito Rio. Doutor em Direito pela Universidade Yale (EUA).

Dimitri Dimoulis
Doutor e Pós-doutor em Direito pela Universidade do Sarre (Alemanha). Professor da Escola de Direito de São Paulo da Fundação Getúlio Vargas (Graduação e Mestrado). Presidente do Instituto Brasileiro de Estudos Constitucionais.

Eduardo de Carvalho Rêgo
Doutor em Direito, Política e Sociedade e Mestre em Teoria, História e Filosofia do Direito pela Universidade Federal de Santa Catarina (UFSC). *E-mail:* eduardorego@gmail.com.

Eduardo Jordão
Professor da FGV Direito Rio. Doutor em Direito Público pelas Universidades de Paris (Panthéon-Sorbonne) e de Roma (Sapienza), em cotutela. Master of Laws (LL.M) pela London School of Economics and Political Science (LSE). Mestre em Direito Econômico pela Universidade de São Paulo (USP). Bacharel em Direito pela Universidade Federal da Bahia (UFBA). Foi pesquisador visitante na Yale Law School, nos Estados Unidos, e pesquisador bolsista nos Institutos Max-Planck de Heidelberg e de Hamburgo, na Alemanha.

Emerson Garcia
Doutor e Mestre em Ciências Jurídico-Políticas pela Universidade de Lisboa. Especialista em *Education Law and Policy* pela *European Association for Education Law and Policy* (Antuérpia – Bélgica) e em Ciências Políticas e Internacionais pela Universidade de Lisboa. Membro do Ministério Público do Estado do Rio de Janeiro, Consultor Jurídico da Procuradoria-Geral de Justiça e Diretor da Revista de Direito. Consultor Jurídico da Associação Nacional dos Membros do Ministério Público (CONAMP). Integrante da Comissão de Juristas instituída no âmbito da Câmara dos Deputados para alterar a Lei nº 8.429/1992. Membro da *American Society of International Law* e da *International Association of Prosecutors* (Haia – Holanda). Membro Honorário do Instituto dos Advogados Brasileiros (IAB).

Fábio Corrêa Souza de Oliveira
Professor de Direito Administrativo da Faculdade de Direito da Universidade Federal do Rio de Janeiro (UFRJ). Professor do PPGD/UNESA e Diretor da Pós-Graduação *Stricto Sensu* em Direito do Centro Universitário Guanambi (BA).

Fábio Perin Shecaira
Professor Adjunto da Faculdade Nacional de Direito. E-mail: <fabioperin@direito.ufrj.br>.

Fábio Zambitte Ibrahim
Advogado, professor titular de Direito Previdenciário e Tributário do Instituto Brasileiro de Mercado de Capitais (IBMEC), professor adjunto de Direito Financeiro da Universidade do Estado do Rio de Janeiro (UERJ), professor e coordenador de Direito Previdenciário da Escola de Magistratura do Estado do Rio de Janeiro (EMERJ). Doutor em Direito Público pela UERJ, mestre em Direito pela PUC/SP. Foi auditor fiscal da Secretaria de Receita Federal do Brasil e presidente da 10ª Junta de Recursos do Ministério da Previdência Social.

Fernando Leal
Professor da FGV Direito Rio. Doutor pela Christian-Albrechts-Universität zu Kiel. Doutor e mestre em Direito Público pela Universidade do Estado do Rio de Janeiro (UERJ). Este texto reproduz, em grande medida, o argumento desenvolvido em LEAL, Fernando. Até que ponto é possível legitimar a jurisdição constitucional pela racionalidade? Uma reconstrução crítica de 'A Razão sem Voto'. In: Oscar Vilhena Vieira e Rubens Glezer (Org.) A razão e o voto: diálogos constitucionais com Luís Roberto Barroso. Rio de Janeiro: FGV Editora, 2017, pp. 108-139.

Flavianne Fernanda Bitencourt Nóbrega
Professora de Teoria Política e do Estado da Faculdade de Direito do Recife – Universidade Federal de Pernambuco. Coordenadora do Laboratório de Pesquisa em Desenhos Institucionais – LAPEDI. Mestre em Ciência Política e Mestre em Direito pela UFPE. Doutora em Direito pela UFPE, com período sanduíche na Bucerius Law School – Hamburg. Pesquisadora visitante do Max Planck Institute for Comparative and International Private Law.

Georgheton Melo Nogueira
Economista e Mestre em Direito. Reitor da UNIFG. geoeconomia@gmail.com

Guilherme Gonçalves Alcântara
Mestrando em Direito (UniFG). Membro do SerTão – Núcleo Baiano de Direito e Literatura (DGP/CNPq). Bolsista CAPES-PROSUP.

Gustavo Binenbojm
Professor Titular de Direito Administrativo da Faculdade de Direito da Universidade do Estado do Rio de Janeiro – UERJ. Doutor e Mestre em Direito Público pela UERJ. Master of Laws (LL.M.) pela Yale Law School (EUA)

Gustavo Silveira Siqueira
Professor Associado da UERJ. Bolsista de Produtividade do CNPq e Pesquisador da FAPERJ. Coordenador do Laboratório Interdisciplinar de História do Direito (http://lihduerj.com) e Professor Adjunto da UNESA. E-mail: gustavosiqueira@uerj.br

Ingo Wolfgang Sarlet
Doutor em Direito pela Universidade de Munique, Alemanha. Professor Titular do Programa de Pós-Graduação em Direito da Escola de Direito da PUCRS. Desembargador do Tribunal de Justiça do Rio Grande do Sul.

Jayme Weingartner Neto
Professor do Mestrado em Direito da Unilasalle/Canoas, Pesquisador do Centro Brasileiro de Estudos em Direito e Religião (CEDIRE), Doutor em Direito do Estado (PUCRS) e Mestre em Ciências Jurídico-Criminais (Universidade de Coimbra), Desembargador do Tribunal de Justiça do Rio Grande do Sul/Brasil.

Larissa Pinha de Oliveira
Professora de Direito Administrativo da Faculdade de Direito da Universidade Federal do Rio de Janeiro (UFRJ). Mestre em Teoria do Estado e Direito Constitucional pela PUC/RJ e Doutoranda em Direito pela UERJ. Aluna especial do Doutorado em Direito da USP (2013). Pós-Graduação *Lato Sensu* na Faculdade de Direito da Universidade de Coimbra (2004).

Lenio Luiz Streck
Pós-doutor pela Faculdade de Direito da Universidade de Lisboa (FDUL). Doutor em Direito pela Universidade Federal de Santa Catarina (UFSC). Jurista e professor titular da Universidade do Vale do Rio dos Sinos (Unisinos) e da Universidade Estácio de Sá (Unesa) do Rio de Janeiro. Professor visitante da Universidade Javeriana (Bogotá) e das Universidades de Lisboa e Coimbra. Coordenador do Núcleo de Estudos Hermenêuticos (DASEIN) (Unisinos). Advogado. São Leopoldo – Rio Grande do Sul – Brasil. Procurador de justiça aposentado. Advogado parecerista. Sócio do escritório Streck e Trindade Advogados Associado.

Leonam Baesso da Silva Liziero
Pós-Doutor em Direito pela Universidade Federal do Rio de Janeiro - FND/UFRJ. Doutor e Mestre em Teoria e Filosofia do Direito pela Universidade do Estado do Rio de Janeiro - UERJ. Pesquisador do Letaci/PPGD/FND/UFRJ.

Luigi Bonizzato
Professor Associado de Direito Constitucional da Faculdade de Direito da Universidade Federal do Rio de Janeiro (FND/UFRJ), além de Professor do Programa de Pós-Graduação *stricto-sensu* da mesma Faculdade (PPGD/UFRJ). Um dos Coordenadores, junto a esta Instituição de Ensino Superior, do LETACI/FND/UFRJ (*Laboratório de Estudos Teóricos e Analíticos sobre o Comportamento das Instituições*), que se encontra vinculado à Faculdade de Direito da UFRJ e à linha de pesquisa do PPGD/UFRJ intitulada *"Democracia, Instituições e Desenhos Institucionais"*. Autor de diversos artigos jurídicos publicados em revistas especializadas no Brasil e no exterior e de vários livros sobre temas correlatos. Editor da REI (Revista Estudos Institucionais) e criador do APP (IOS e ANDROID) "CONSTITUIÇÃO PARA LEIGOS". *Site:* <www.bonizzato.com.br>. Endereço eletrônico (e-mail): <bonizzato@bonizzato.com.br>.

Luis Cláudio Martins de Araújo
Pós-Doutor por Oxford e pela UFRJ. Doutor pela UERJ, com período sanduíche em Cambridge. Mestre pela UFRJ. Graduado pela PUC-Rio. Professor Titular IV do IBMEC. Membro da AGU de categoria especial.

Luís Roberto Barroso
Ministro do Supremo Tribunal Federal. Professor Titular de Direito Constitucional da Universidade do Estado do Rio de Janeiro (UERJ). Professor Visitante da Universidade de Brasília (UnB). Graduado em Direito pela UERJ. Mestre (*Master of Laws*) pela *Yale Law School*. Doutor e Livre-Docente pela UERJ. Estudos de Pós-Doutorado na *Harvard Law School*. Professor Visitante da Universidade de Poitiers, França (fev. 2010) e da Universidade de Wroclaw, Polônia (out. 2009). Experiência acadêmica na área de direito público em geral, incluindo teoria constitucional, direito constitucional contemporâneo, interpretação constitucional, controle de constitucionalidade, direito constitucional econômico, administrativo.

Luiz Henrique Urquhart Cademartori
Possui Pós-Doutorado em Filosofia do Direito pela Universidade de Granada (Espanha). Doutor em Direito do Estado e Mestre em Instituições Jurídico-políticas pela Universidade Federal de Santa Catarina (UFSC). *E-mail:* luiz.cademartori@gmail.com.

Luiz Guilherme Migliora
Sócio de Capital de Veirano Advogados, professor de Relações de Trabalho da Escola de Direito do Rio de Janeiro da Fundação Getúlio Vargas e Doutorando pela *ESC Rennes School of Business* na área de Gestão de Pessoas, com conclusão do seu *Doctorate in Business Administration* (DBA) em fevereiro de 2020.

Marcia Cristina Xavier de Souza
Doutora em Direito pela Universidade Gama Filho. Professora Adjunta de Teoria do Processo e Direito Processual Civil da Faculdade Nacional de Direito da Universidade Federal do Rio de Janeiro. Membro do Instituto dos Advogados do Brasil, do Instituto Carioca de Processo Civil e da Associação Brasileira de Processo.

Maria Cristina Irigoyen Peduzzi
Ministra do Tribunal Superior do Trabalho. Ex-Conselheira do CNJ. Ex-Diretora da ENAMAT. Mestre em Direito, Estado e Constituição pela UnB.

Maria Elizabeth Guimarães Teixeira Rocha
Ministra e ex-presidente do Superior Tribunal Militar do Brasil. Doutora em Direito Constitucional pela Universidade Federal de Minas Gerais – Brasil. Doutora honoris causa pela Universidade Inca Garcilaso de la Vega – Lima - Peru. Mestra em Ciências Jurídico-Políticas pela Universidade Católica de Lisboa- Portugal. Professora Universitária em Brasília. Autora de diversos livros e artigos jurídicos no Brasil e no exterior.

Maria Paula Dallari Bucci
Professora da Faculdade de Direito da Universidade de São Paulo

Maurício Portugal Ribeiro
Sócio do Portugal Ribeiro Advogados, Professor da Pós-Graduação da Faculdade de Direito da FGV, São Paulo, Ex-Professor da disciplina Direito de Infraestrutura do Curso de Graduação em Direito da FGV, Rio de Janeiro (2009-2012), Ex-Chefe do Departamento de Consultoria em Infraestrutura para o Brasil, no IFC - International Finance Corporation, instituição do Grupo Banco Mundial (2008-2011), Ex-Chefe ("Director") para os Setores de Infraestrutura e Setor Público, no Citibank Brasil (2007-2008), Ex-Conselheiro de Administração da CHESF (2005-2007), CEG (2005-2007) e ACESITA (2006-2007), Mestre em Direito (LL.M.), pela Harvard Law School (2004). Foi um dos redatores do projeto de lei de PPP, que virou a Lei n. 11.079/04. Foi um dos redatores da parte da Lei 11.096/06, que reformou a Lei n. 8.987/95 (a Lei Geral de Concessões). Como advogado de entes da iniciativa privada, participou das discussões que gerou as Medidas Provisórias 575/12 e 752/16.

Noel Struchiner
Professor do Programa de Pós-Graduação em Direito da PUC-Rio. Cientista do Nosso Estado (FAPERJ). Bolsista de Produtividade em Pesquisa do Conselho Nacional de Desenvolvimento Científico e Tecnológico (CNPq). E-mail: <struchiner@gmail.com>.

Paulo Bonavides
Catedrático emérito da Faculdade de Direito da Universidade Federal do Ceará, em Fortaleza. Doutor *honoris causa* pela Universidade de Lisboa. Medalha Rui Barbosa, a mais alta distinção honorífica que concede a Ordem dos Advogados do Brasil. Fundador e presidente do Conselho Diretivo da *Revista Latino-Americana de Estudos Constitucionais*.

Peter Häberle
Professor titular aposentado de Direito Público e Filosofia do Direito da Universidade de Bayreuth e atual diretor do Centro de Pesquisas em Direito Constitucional Europeu do Instituto de Direito e Cultura Jurídica Europeia da mesma instituição. Foi professor visitante nas Universidades de St. Gallen, Roma e Granada. Doutor *Honoris Causa* pelas Universidades de Granada, Pontifícia Universidade Católica de Lima, Universidade de Brasília, Universidade de Lisboa, Universidade Estatal de Tbilis e Universidade de Buenos Aires. Em 2011, recebeu a comenda do Cruzeiro do Sul em Brasília.

Ricardo Lodi Ribeiro
Professor Adjunto de Direito Financeiro da UERJ. Diretor da Faculdade de Direito da UERJ. Presidente da Sociedade Brasileira de Direito Tributário (SBDT). Advogado e Parecerista.

Schuma Schumaher
É feminista, escritora, foi uma das coordenadoras do Lobby do Batom durante o processo Constituinte. Atualmente é Coordenadora Executiva da Redeh – Rede de Desenvolvimento Humano e ativista da Articulação de Mulheres Brasileiras (AMB).

Sérgio Guerra
Pós-Doutor (*Visiting Researcher*, Yale Law School), Doutor e Mestre em Direito. Pós-Doutor em Administração Pública. Diretor e Professor Titular de Direito Administrativo da FGV Direito Rio. Editor da Revista de Direito Administrativo — RDA. Coordenador Geral do Curso Internacional Business Law da University of California - Irvine. Embaixador da Yale University no Brasil. Árbitro da Câmara FGV de Mediação e Arbitragem, da Câmara Brasileira de Mediação e Arbitragem e da Câmara de Arbitragem da Federação da Indústria do Paraná e do Centro Brasileiro de Mediação e Arbitragem - CBMA. Consultor jurídico da Comissão de Direito Administrativo da OAB/RJ.

Soraya Gasparetto Lunardi
Doutora em Direito pela Pontifícia Universidade Católica de São Paulo. Pós-Doutora pela Universidade Politécnica de Atenas. Professora de direito público da Universidade Estadual Paulista (Unesp).

Thomas Bustamante
Professor da Faculdade de Direito da Universidade Federal de Minas Gerais. Bolsista de Produtividade em Pesquisa do CNPq (PQ-2).

Vanessa Batista Berner
Doutora em Direito pela UFMG, Professora Titular de Direito Constitucional da Faculdade Nacional de Direito da UFRJ. Feminista, Ativista de Direitos Humanos, e Coordenadora do Laboratório de Direitos Humanos da UFRJ.

Esta obra foi composta em fonte Palatino Linotype, corpo 10,5
e impressa em papel Offset 75g (miolo) e Supremo 250g (capa)
pela Gráfica Laser Plus, em Belo Horizonte/MG.